"十二五"普通高等教育本科国家级规划教材

供临床、预防、基础、口腔、麻醉、影像、药学、检验、护理、法医等专业使用

药 理 学

第 4 版

陈建国　主编

科学出版社

北　京

内容简介

本教材以全日制5年制医学专业为主体，兼顾其他学制和专业教学。全书由九篇组成，总计五十章，即药理学总论，作用于传出神经系统药物，作用于中枢神经系统药物，影响自体活性物质的药物，作用于肾脏和心血管系统的药物，作用于内脏和血液系统的药物，作用于内分泌系统的药物，化学治疗药物，影响免疫功能的药物。本书在多数章节介绍了药物的来源及药物研究的发展史；在药物作用的机制方面，增加了一些新理论和新进展；同时对近年问世的临床常见病、多发病的药物做了介绍。未单列各药的用法和用量。为适应双语教学的需要，本书在每章前增加了英文要点，以提高学生学习专业外语的兴趣。为便于理解和记忆，本书在图表的关键部位及其他重点部分均以套色印刷。为适应现代数字和网络技术的发展，编写了配套教材（包括辅助指导教材和多媒体教材）。

图书在版编目(CIP)数据

药理学/陈建国主编.—4版.—北京：科学出版社，2016.6
"十二五"普通高等教育本科国家级规划教材
ISBN 978-7-03-047155-0

Ⅰ.①药… Ⅱ.①陈… Ⅲ.①药理学-医学院校-教材 Ⅳ.① R96

中国版本图书馆 CIP 数据核字 (2016) 第 013586 号

责任编辑：朱 华 / 责任校对：张怡君
责任印制：赵 博 / 封面设计：陈 敬

版权所有，违者必究。未经本社许可，数字图书馆不得使用

科学出版社 出版
北京东黄城根北街16号
邮政编码：100717
http://www.sciencep.com
保定市中画美凯印刷有限公司印刷
科学出版社发行 各地新华书店经销

*

2002年8月第 一 版　开本：850×1168 1/16
2016年6月第 四 版　印张：26
2024年7月第二十八次印刷　字数 915 000
定价：**98.00元**
（如有印装质量问题，我社负责调换）

"十二五"普通高等教育本科国家级规划教材
《药理学》（第4版）编写人员名单

主　　编　陈建国（华中科技大学同济医学院）
副 主 编　胡　刚（南京中医药大学）
　　　　　　周黎明（四川大学华西医学中心）
　　　　　　王　芳（华中科技大学同济医学院）
编　　者　（以姓名字母为序）
　　　　　　陈　忠（浙江大学医学部）
　　　　　　陈晓红（第三军医大学）
　　　　　　崔明霞（兰州大学医学院）
　　　　　　胡长平（中南大学湘雅医学院）
　　　　　　胡艳丽（石河子大学）
　　　　　　康金森（新疆医科大学）
　　　　　　李　玲（第二军医大学）
　　　　　　李明凯（第四军医大学）
　　　　　　刘　红（湖北民族学院）
　　　　　　刘　慧（华中科技大学同济医学院）
　　　　　　刘慧青（山东大学医学院）
　　　　　　刘景根（中国科学院上海药物研究所）
　　　　　　刘艳霞（天津医科大学）
　　　　　　乔海灵（郑州大学）
　　　　　　邱丽颖（江南大学）
　　　　　　石刚刚（汕头大学医学院）
　　　　　　石京山（遵义医学院）
　　　　　　宋君秋（天津医科大学）
　　　　　　孙宏丽（哈尔滨医科大学大庆校区）
　　　　　　孙鹏远（大连医科大学）

汪　晖（武汉大学）
王贵林（长江大学医学院）
王建刚（河南科技大学医学院）
吴基良（湖北科技学院）
吴周环（九江学院）
肖军花（华中科技大学同济医学院）
徐江平（南方医科大学）
叶少剑（江汉大学）
张　东（包头医学院）
张京玲（南开大学）
郑卫红（三峡大学医学院）
周　筠（西安交通大学医学院）

编写秘书　肖军花（华中科技大学同济医学院）

前　言

本教材是"十二五"普通高等教育本科国家级规划教材，是继教育部面向21世纪课程教材《药理学》第一版（2002年）、第二版（2007年）和第三版（2010年）出版以来的第四次再版，并入选国家"十二五"规划教材。为了适应我国医疗卫生体制改革、创新型医学人才培养以及进展迅速的药理学研究、不断深入的药理学教学观念、手段和内容改革的需要，根据广大师生及读者在使用前三版教材中提出的宝贵意见和建议，完成了第四版的修订工作。

本版教材的编写精神与前三版一致，在坚持体现三基、五性、三特定的基础上，紧跟当今医学研究前沿和药理学研究领域的最新进展，对部分章节的药物进行了更新，特别是近年问世的临床常见病、多发病的治疗药物介绍；在药物作用机制方面，增加了近几年来的新理论和新进展，并理顺了与相关学科内容的关系，避免了不必要的重复。同时，为了适应现代数字和网络技术的发展，编写了配套教材（包括辅助指导教材和多媒体教材），促进了立体化教材的建设，最大限度地满足教师教学和学生学习的需要。

本书在编写过程中得到了各位编委及所在单位的鼎力支持，确保教材按期完成。华中科技大学同济医学院基础医学院药理学系的老师为本书文字纠错和修改、英文编辑和校对等做了大量工作。科学出版社编辑为本书出版提供了保证，在此一并致谢。

限于我们的学识和水平，加之时间仓促，不足之处在所难免，恳请各位读者批评指正。

陈建国　胡　刚　周黎明　王　芳
2015年12月

目 录

第一篇 药理学总论

第一章	绪论……………………(1)	第一节	药物分子的跨膜转运………(16)
第二章	药物效应动力学………(5)	第二节	药物的体内过程……………(18)
第一节	药物的基本作用………(5)	第三节	体内药量变化的时间过程…(25)
第二节	量效关系与构效关系…(7)	第四节	药物消除动力学……………(26)
第三节	药物的作用机制………(8)	第四章	影响药物效应的因素及合理用药原则…(32)
第四节	药物与受体的相互作用…(10)	第一节	影响药物效应的因素………(32)
第三章	药物代谢动力学………(16)	第二节	临床合理用药原则…………(37)

第二篇 作用于传出神经系统的药物

第五章　传出神经系统药理概论……(39)
　第一节　传出神经系统的分类、递质和受体……(39)
　第二节　传出神经系统受体的信号转导通路……(43)
　第三节　传出神经系统的生理功能……(45)
　第四节　传出神经系统药物的作用靶点与药物分类……(46)
第六章　胆碱受体激动药……(48)
　第一节　M、N胆碱受体激动药……(48)
　第二节　M胆碱受体激动药……(50)
　第三节　N胆碱受体激动药……(53)
第七章　抗胆碱酯酶药和胆碱酯酶复活药……(54)
　第一节　胆碱酯酶……(54)
　第二节　易逆性胆碱酯酶抑制药……(54)
　第三节　难逆性胆碱酯酶抑制药……(57)
　第四节　胆碱酯酶复活药……(58)
　第五节　有机磷酸酯类中毒的防治……(59)
第八章　M胆碱受体阻断药……(60)
　第一节　阿托品及其类似生物碱……(60)
　第二节　阿托品的合成代用品……(62)
第九章　作用于神经肌肉接头和自主神经节的药物……(64)
　第一节　N_N胆碱受体阻断药——神经节阻断药……(64)
　第二节　N_M胆碱受体阻断药——骨骼肌松弛药……(64)
第十章　肾上腺素受体激动药……(67)
　第一节　化学结构、构效关系及分类……(67)
　第二节　α受体激动药……(68)
　第三节　α、β受体激动药……(71)
　第四节　β受体激动药……(74)
第十一章　肾上腺素受体阻断药……(76)
　第一节　α肾上腺素受体阻断药……(76)
　第二节　β肾上腺素受体阻断药……(79)

第三篇 作用于中枢神经系统的药物

第十二章　中枢神经系统药理学概论……(84)
　第一节　中枢神经系统的细胞学基础……(84)
　第二节　中枢神经递质及其受体……(86)
　第三节　中枢神经系统药理学特点……(90)
第十三章　局部麻醉药……(92)
　第一节　概述……(92)
　第二节　常用局麻药……(95)
第十四章　全身麻醉药……(96)
　第一节　吸入麻醉药……(96)
　第二节　静脉麻醉药……(98)
　第三节　复合麻醉……(100)
第十五章　镇静催眠药……(101)
　第一节　苯二氮䓬类……(101)
　第二节　其他镇静催眠药……(104)
第十六章　抗癫痫药与抗惊厥药……(106)
　第一节　抗癫痫药……(106)
　第二节　抗惊厥药……(110)
第十七章　抗中枢神经系统退行性疾病药……(111)
　第一节　抗帕金森病药……(111)
　第二节　治疗老年性痴呆症药……(115)
第十八章　抗精神失常药……(118)
　第一节　抗精神病药……(118)

第二节　抗躁狂症药……………………(122)	第三节　阿片受体激动药……………………(131)
第三节　抗抑郁症药……………………(123)	第四节　阿片受体部分激动药和激动-拮抗药…(135)
第十九章　阿片类镇痛药、药物依赖性与药物	第五节　其他镇痛药……………………(136)
滥用……………………………(127)	第六节　阿片受体拮抗药……………………(137)
第一节　概述……………………………(127)	第七节　阿片类药物依赖性与药物滥用……(137)
第二节　阿片受体及内源性阿片肽………(130)	

第四篇　影响自体活性物质的药物

第二十章　解热镇痛抗炎药……………………(140)	第七节　选择性抑制COX-2的NSAIDs…(146)
第一节　概述……………………………(140)	第八节　其他治疗类风湿性关节炎的药物…(147)
第二节　水杨酸类………………………(143)	第九节　抗痛风药………………………(147)
第三节　对氨基酚类……………………(144)	第二十一章　抗变态反应药……………………(149)
第四节　丙酸类…………………………(145)	第一节　组胺和抗组胺药………………(149)
第五节　烯醇酸类………………………(145)	第二节　5-羟色胺和抗5-羟色胺药……(153)
第六节　其他有机酸类…………………(145)	第三节　白三烯和抗白三烯药物………(154)

第五篇　作用于肾脏和心血管系统的药物

第二十二章　利尿药与脱水药…………………(156)	第三节　利尿药…………………………(184)
第一节　利尿药作用的生理学基础………(156)	第四节　β受体阻断药…………………(184)
第二节　常用利尿药……………………(158)	第五节　强心苷类………………………(185)
第二十三章　作用于肾素-血管紧张素-醛固	第六节　其他治疗心衰的药物…………(189)
酮系统的药物………………(162)	第七节　心衰药物治疗的用药原则……(190)
第一节　肾素-血管紧张素-醛固酮系统	第二十六章　抗心肌缺血药……………………(192)
及其功能……………………(162)	第一节　硝酸酯类………………………(193)
第二节　肾素-血管紧张素-醛固酮系统	第二节　钙通道阻滞药…………………(196)
抑制药………………………(164)	第三节　β肾上腺素受体阻断药………(202)
第二十四章　抗心律失常药……………………(170)	第四节　抗血小板和抗血栓形成药……(203)
第一节　心律失常的电生理基础………(170)	第五节　其他抗心肌缺血药……………(204)
第二节　抗心律失常药的基本作用机制和	第二十七章　调血脂药和抗动脉粥样硬化药…(206)
分类…………………………(172)	第一节　调血脂药………………………(206)
第三节　常用的抗心律失常药物………(173)	第二节　抗氧化剂………………………(211)
第四节　快速型心律失常的药物选用…(178)	第三节　多烯脂肪酸……………………(212)
第二十五章　抗慢性心功能不全药……………(179)	第四节　黏多糖和多糖类………………(213)
第一节　心衰的病理生理学及治疗心衰药物	第二十八章　抗高血压药………………………(214)
的分类………………………(179)	第一节　常用抗高血压药物……………(215)
第二节　肾素-血管紧张素-醛固酮系统	第二节　其他经典抗高血压药物………(218)
抑制药………………………(182)	第三节　高血压药物治疗的新概念……(221)

第六篇　作用于内脏和血液系统的药物

第二十九章　作用于呼吸系统的药物…………(222)	第一节　抗消化性溃疡药………………(229)
第一节　平喘药…………………………(222)	第二节　助消化药………………………(235)
第二节　镇咳药…………………………(227)	第三节　止吐药与促胃肠动力药………(236)
第三节　祛痰药…………………………(227)	第四节　泻药……………………………(239)
第三十章　作用于消化系统的药物……………(229)	第五节　止泻药…………………………(240)

第六节　护肝及利胆药……………………(241)
第三十一章　子宫平滑肌兴奋药和抑制药……(245)
　　第一节　子宫平滑肌兴奋药…………………(245)
　　第二节　子宫平滑肌抑制药…………………(252)
第三十二章　作用于血液及造血器官药………(254)
　　第一节　抗凝血药……………………………(254)
　　第二节　抗血小板药…………………………(257)
　　第三节　纤维蛋白溶解药……………………(259)
　　第四节　促凝血药……………………………(260)
　　第五节　抗贫血药及造血细胞生长因子……(261)
　　第六节　血容量扩张药………………………(263)

第七篇　作用于内分泌系统的药物

第三十三章　肾上腺皮质激素类药物…………(264)
　　第一节　糖皮质激素类药物…………………(265)
　　第二节　促皮质激素及皮质激素抑制药……(271)
　　第三节　盐皮质激素…………………………(272)
第三十四章　胰岛素及口服降血糖药…………(273)
　　第一节　胰岛素………………………………(273)
　　第二节　口服降血糖药………………………(275)
　　第三节　其他新型降血糖药…………………(277)
第三十五章　甲状腺激素和抗甲状腺药………(279)
　　第一节　甲状腺激素…………………………(279)
　　第二节　抗甲状腺药…………………………(282)
第三十六章　性激素类药与避孕药……………(285)
　　第一节　生殖过程及其调控…………………(285)
　　第二节　雌激素类药及抗雌激素类药………(286)
　　第三节　孕激素及抗孕激素类药物…………(288)
　　第四节　雄激素类及抗雄激素类药物………(290)
　　第五节　避孕药………………………………(291)

第八篇　化学治疗药物

第三十七章　抗菌药物概论……………………(295)
　　第一节　抗菌药物的常用术语………………(296)
　　第二节　抗菌药物的作用机制………………(296)
　　第三节　细菌耐药性及其发生机制…………(298)
　　第四节　抗菌药物合理应用基本原则………(299)
第三十八章　β-内酰胺类抗生素………………(303)
　　第一节　抗菌作用机制及耐药机制…………(303)
　　第二节　青霉素类抗生素……………………(304)
　　第三节　头孢菌素类抗生素…………………(308)
　　第四节　非典型β-内酰胺类抗生素…………(309)
第三十九章　大环内酯类、林可霉素类及其他
　　　　　　抗生素………………………………(313)
　　第一节　大环内酯类抗生素…………………(313)
　　第二节　林可霉素类抗生素…………………(316)
　　第三节　其他抗生素…………………………(316)
第四十章　氨基苷类及多黏菌素类抗生素……(319)
　　第一节　氨基苷类抗生素……………………(319)
　　第二节　多黏菌素类抗生素…………………(324)
第四十一章　四环素类及氯霉素类抗生素……(326)
　　第一节　四环素类……………………………(326)
　　第二节　氯霉素类……………………………(329)
第四十二章　人工合成抗菌药…………………(330)
　　第一节　喹诺酮类药物………………………(330)
　　第二节　磺胺类抗菌药………………………(336)
　　第三节　其他合成抗菌药物…………………(339)
第四十三章　抗真菌药及抗病毒药……………(341)
　　第一节　抗真菌药……………………………(341)
　　第二节　抗病毒药……………………………(343)
第四十四章　抗结核病药及抗麻风病药………(350)
　　第一节　抗结核病药…………………………(350)
　　第二节　抗麻风病药…………………………(355)
第四十五章　抗疟药……………………………(357)
　　第一节　控制症状的抗疟药…………………(358)
　　第二节　用于根治的抗疟药…………………(361)
　　第三节　主要用于病因性预防的抗疟药……(362)
　　第四节　抗疟药的合理应用…………………(362)
第四十六章　抗阿米巴病药及抗滴虫药………(363)
　　第一节　抗阿米巴病药………………………(363)
　　第二节　抗滴虫病药…………………………(365)
第四十七章　抗血吸虫病药和抗丝虫病药……(366)
　　第一节　抗血吸虫病药………………………(366)
　　第二节　抗丝虫病药…………………………(367)
第四十八章　抗肠蠕虫药………………………(368)
　　第一节　广谱抗肠蠕虫药……………………(368)
　　第二节　其他抗肠蠕虫药……………………(369)
　　第三节　抗肠蠕虫药的应用原则……………(369)
第四十九章　抗恶性肿瘤药……………………(371)
　　第一节　抗肿瘤药物的作用机制及分类……(371)
　　第二节　常用抗肿瘤药………………………(373)
　　第三节　肿瘤耐药性机制及抗肿瘤药的不良
　　　　　　反应…………………………………(384)
　　第四节　抗肿瘤药物的合理应用……………(386)

第九篇 影响免疫功能的药物

第五十章 免疫调节药 (387)
 第一节 概述 (387)
 第二节 免疫抑制药 (389)
 第三节 免疫增强药 (393)

索 引

索引 (396)

第一篇 药理学总论

第一章 绪论

- Pharmacology is a study of the interaction of drugs with living systems.
- Drugs may broadly refer to the substances that act on living systems at the chemical (molecular) level; drugs could be used for the treatment, diagnosis, prevention of disease, or for planning reproduction, and bring benefit to the patients or the recipients.
- Pharmacology consists of two basic aspects: pharmacodynamics and pharmacokinetics. Pharmacodynamics describes the actions and mechanisms of a drug on living systems, e.g. the relationship between the drug concentration and the magnitude of effect. Pharmacokinetics describes the fate of a drug, especially includes absorption, distribution, metabolism and excretion of drugs. Knowledge of both pharmacodynamics and pharmacokinetics is essential to understand what drugs do, and how they do it.

一、药理学的性质与任务

药理学（pharmacology）是研究药物与机体（包括病原体）相互作用及作用规律的学科，为防治疾病、合理用药提供基本理论、基本知识和科学的思维方法，是连接基础医学与临床医学、医学与药学的桥梁学科。

药物（drug）是指能够影响机体（包括病原体）功能和（或）细胞代谢活动的化学物质，用于预防、治疗和诊断疾病及计划生育等方面。古代药物来源于天然物质，包括植物、动物和矿物质。现代药物则主要来自天然物质中有效成分和人工合成的化学物质。近年出现的生物技术药物是采用DNA重组技术（recombinant DNA technology）、单克隆抗体技术（monoclonal antibody technology）或其他生物新技术研制成的蛋白质、抗体或核酸类药物。药物和毒物之间无严格界限，毒物是指在较小剂量对机体产生有害作用，损害人体健康的化学物质，任何药物剂量过大或用药时间过长都可产生毒性反应。毒理学（toxicology）是研究化学物质（包括药物、工业污染物、天然有机的和无机的毒物等）对生物机体的不良作用，也属于药理学范畴。

药理学研究内容包括：①药物效应动力学（pharmacodynamics，PD）简称药效学，研究药物对机体的作用及作用机制等；②药物代谢动力学（pharmacokinetics，PK）简称药动学，研究机体对药物的作用，包括药物在体内的吸收、分布、代谢及排泄过程，特别是血药浓度随时间变化的规律。

药理学的学科任务包括：①阐明药物与机体相互作用的基本规律和原理，作为药物治疗学的基础，指导临床合理用药；②发现药物靶点，研究开发新药，发现药物新用途。药效学和药动学是新药研究、开发工作中的重要组成部分；③为阐明生物机体的生理、生物化学及病理过程提供重要的理论依据和研究方法，推动生命科学的发展。

二、药理学发展简史

从远古时代起，人类从生产、生活的经验中认识到某些天然物质可以治疗疾病与伤痛，在与疾病斗争中积累了丰富的医药实践经验。药物的历史可追溯到五、六千年以前，人类从尝试各种食物时遇到毒性反应后，寻找解毒物而开始的，如饮酒止痛、大黄导泻和柳皮退热等，这是药物发展的最初阶段。在有文字以后，这些经验便被记录下来，形成了一些文明古国如古埃及、巴比伦、印度和中国最早的药物学著作。例如在我国，早在公元一世纪前后就出现《神农本草经》（*Shen Nong's Herbal Classic*），全书收载药物365种，其中不少药物仍沿用至今。唐代的《新修本草》是我国第一部政府颁发的药典，收载药物884种。明朝医药学家李时珍历时27载完成的《本草纲目》（*Compendium of Materia Medica*），收载药物1892种，方剂11 000余条。这部巨著已被译成英、日、朝、德、法、俄及拉丁七种文本，广为流传，至今仍是医药领域的重要参考书。

现代药理学起源于19世纪初。随着化学和生理学研究的发展，欧洲医药学研究进入一个崭新的阶段，发生了本质性的变革。首先是化学的发展把药物从复杂的粗制剂发展成为化学纯品，解决了药理学研究中的精确定量、重复给药的问题。如 1803 年从鸦片中提取得到吗啡，1823 年从金鸡纳树皮中分离得到奎宁，1833 年从颠茄及洋金花中提取得到阿托品等。而生理学理论和方法的建立为药理学的发展奠定了科学基础，进而发展出生物鉴定法，使药效学研究具备了定量的概念和方法。被誉为"实验医学之父"的法国生理学家 Claude Bernard 于 1856 年证实箭毒的作用部位在神经肌肉接头，这是关于药物作用机制的最早研究。爱沙尼亚 Dorpat 大学药理学教授 Rudolf Buchheim 于 1847 年写出第一本药理学教科书，使药理学正式成为一门独立学科，并提出药物作用是细胞和药物相互作用的结果，成为"受体"理论的前驱。

20 世纪 30 年代到 50 年代是新药发展的黄金时代，磺胺类和几种抗生素的发现是药理学发展史上里程碑式的事件，从而创立了化学疗法的新概念。现在临床上常用的几大类药物，如甾体激素、非甾体类抗炎药以及维生素类中许多药物均是在这一时期研制开发的。Waston and Crick 于 1953 年发现 DNA 双螺旋结构，使人们对物质结构及核酸、蛋白质、酶等大分子化合物的结构与功能有了深入了解，推动了药理学的发展。Numa 应用分子克隆技术首先成功克隆了乙酰胆碱受体亚单位，阐明了亚单位的氨基酸序列，推动了整个受体蛋白分子结构研究的发展。

20 世纪 80 年代以来，随着单克隆抗体、基因克隆、通道电流测定、磁共振、X 线衍射、扫描隧道显微镜、计算机辅助蛋白质结构和功能预测等技术的发展，实验医学有了重大突破，各种与药物相互作用的受体分子、离子通道、药物结合蛋白及药物作用的靶酶被一一克隆出来，药理学研究从原来的系统、器官水平深入到细胞、亚细胞及分子水平，加速了新药研究与开发。

20 世纪 90 年代初启动的人类基因组计划（human genome project）为研究基因变异与药物个体效应之间相互关系提供了科学依据。后基因组（post genome）研究则为阐明基因与疾病关系以及基因治疗（gene therapy）奠定基础，由此形成一门新的药理学分支学科，即基因组药理学（genomic pharmacology），推动基因工程药物的发展。目前国际上已取得的生物技术研究成果有 60% 以上集中在医药工业，已经上市的产品有重组链激酶、人胰岛素、人生长素、干扰素类及白介素类等。

几十年来，应用现代科学方法研究中药药理已取得长足进展，如对青蒿素的研究开创了治疗耐药疟疾的新途径，是中药现代化的历史丰碑，中国科学家屠呦呦也因在青蒿素研制工作中的杰出成就，获得 2015 年诺贝尔生理学或医学奖。但中药药理学作为一个学科，尚处于建立初期，还未形成完整的理论体系。对中药单一成分的药理学研究虽已有可循的成功事例，但与中医的辨证论治理论的结合尚有较大差距。以中医理论为指导，采用现代新技术，以复方（特别是经典方）研究为重点继续深入、扩大研究，从化学、药理学、分子生物学等方面，研究方剂产生作用的物质基础、各成分的单一作用及相互作用，对症治疗和对因治疗的关系等，将可使中医的辨证理论与现代医学理论得到更好的结合，加深对人体生理和病理的理解，促进中西医结合，加速中药现代化。

展望未来，随着先进技术的不断出现，21 世纪药理学将更加注重不同学科、不同层次研究方法的综合运用，研究药物分子与生物大分子之间的相互作用，针对疾病的根本原因，发展病因特异性药物治疗，期望收到药到病除的效果。

三、药理学分支

药理学的建立和发展与现代科学技术的发展紧密相连。近几十年来，现代药理学已由过去的单一学科发展成为与生物物理学、生物化学以及分子生物学等紧密联系、相互渗透的综合学科，出现了许多边缘交叉的分支学科。根据人体器官系统，药理学包括心血管药理学、神经药理学、呼吸药理学、免疫药理学、生殖药理学、内分泌药理学等；根据所研究的解剖学层次，出现了细胞药理学、分子药理学、基因组药理学等；根据相关学科和范围，出现了临床药理学、遗传药理学、生化药理学、数学药理学、中药药理学等；根据涉及的机体发育阶段，出现了围生期药理学、发育期药理学、老年药理学、妊娠药理学等。此外还有药物经济学、药物流行病学等。药理学分支学科的建立是药理学发展的必然趋势，是药理学科内涵积累的具体体现。反向药理学、多向药理学和网络药理学的兴起，为新药研发提供新的思路。随着科技的发展和药理学科向相邻学科的渗透和结合，相信将会有更多的药理学分支学科出现。

四、药理学与新药研究

药品是指加工成为剂型，并规定有适应证、用法、用量及剂型的药物。新药系指化学结构、药品组分或药理作用不同于现有药品的药物。为强调物质基础的原创性和新颖性，我国按照国际惯例，正在逐步将新药的标准逐步提高为"未在中国境内外上市销售的药品"。《药品管理法》规定"已生产过的药品改变剂型、改变给药途径、增加新的适应证，亦属新药范围"。世界各国均制定了相应的法律法规对药品的研制、审批、生产、销售等环节进行规范化管理。

一种药物从发现到获准生产并供临床应用，一般要经过创新和开发两个阶段。在创新阶段，要选择大量合成的有机化合物或分离提纯的天然产物有效成分，在有效的病理模型上进行随机筛选，从而发现具有进一步开发价值的化合物。该化合物称之为先导化合物（lead compound），这是新药研究的基础，涉及的学科包括天然药物化学、微生物药物化学、合成药物化学等。在开发阶段，以先导化合物为基础研究构效关系，并按国家关于新药审批办法的有关规定进行制药工艺学研究、制剂研究、质量控制、药效学评价、安全性评价、临床前研究及临床研究等，主要涉及药剂学、制药工程、药物分析、药理学和临床药理学等方面的工作。

新药研究过程大致可分为临床前研究、临床研究和上市后药物监测（post-marketing surveillance）三个阶段。

临床前研究包括药学、药理学研究。前者包括药物制备工艺路线、理化性质及质量控制标准等，后者包括以符合《实验动物管理条例》（1998年，中华人民共和国科技部）的实验动物为研究对象的药效学、药代动力学及毒理学研究，有效保证用药的安全、有效、可控。临床前药理研究是整个新药评价系统中不可逾越的桥梁阶段，其所获结论对新药从实验研究过渡到临床应用具有重要价值。但许多情况下，药物的作用存在着明显的种属差异，加之目前由于手段的限制，一些难以量化的药物不良反应无法在动物实验中准确观察，且易受实验者主观因素的干扰，如药物对心理、行为、精神的影响等。因此，各国药品行政管理部门明文规定，新药在进行临床研究（即临床药理研究）之前必须向药品行政管理部门提出申请，经批准后在指定的医院进行，研究药物在人体内作用规律和人体与药物间相互作用过程。临床药理学（clinical pharmacology）是以药理学和临床医学为基础，主要以人体为研究对象，其内容涉及临床用药科学研究的各个领域，包括临床药效学、临床药动学、新药临床试验、临床疗效评价、不良反应监测以及药物相互作用等。

新药的临床研究分为四期临床试验（clinical trial）进行。Ⅰ期（phase Ⅰ）是在人体进行新药研究的起始阶段，是初步的临床药理学及人体安全性评价试验，观察人体对新药的耐受程度，了解新药在人体内的药物代谢动力学过程，为制定给药方案提供科学依据。Ⅱ期（phase Ⅱ）为随机双盲对照临床试验，对新药的有效性及安全性做出初步评价，推荐临床给药剂量。Ⅲ期（phase Ⅲ）为新药批准上市前，试生产期间，扩大的多中心随机对照临床试验，目的在于对新药的有效性、安全性进行社会性考察。新药通过该期临床试验后，方能被批准生产、上市。Ⅳ期（phase Ⅳ）也称新药上市后监测，在广泛使用条件下考察新药的疗效和不良反应，应特别注意罕见不良反应，对最终确立新药的临床价值具有重要意义。

五、药理学研究与学习方法

药理学既是理论科学，又是实验科学，现代药理学研究越来越依赖于基础学科的前沿知识，如基因工程、配体-受体理论等。随着学科的相互渗透，生物物理学、遗传学、分子生物学、数学和计算机应用等学科的研究方法也越来越多地应用于药理学研究。药理学的研究可在整体、器官、组织、细胞、亚细胞和分子水平进行。常用的药理学实验方法有整体（in vivo）与离体器官（in vitro）功能检测法、生物检定法（bioassay）、形态学方法、电生理学方法、行为学方法、生物化学和分子生物学方法、细胞及亚细胞结构及功能检测法、蛋白质与细胞因子功能检测法、免疫学方法及化学分析方法等。

根据研究对象的不同，又可将研究方法分为基础药理学方法与临床药理学方法。基础药理学方法以动物为实验对象，研究药物与动物相互作用的规律，这些方法包括：①实验药理学方法，以健康动物（包括清醒动物和麻醉动物）和正常器官、组织、细胞、亚细胞和受体分子为实验对象，进行药效学研究，对于分析药物作用及作用机制具有重要意义；②实验治疗学，以病理模型动物或组织器官为实验对象，观察药物治疗作用。③药代动力学研究，研究药物在动物体内的转运（吸收、分布、排泄）、转化（代谢）和血药浓度随时间变化的规律。临床药理学方法是以健康志愿者或患者为实验对象，研究药物与人体相互作用的规律，阐明药物的临床疗效、不良反应和药动学，并对药物的疗效和安全性进行评价，促进新药开发，推动药物治疗学的发展，确保合理用药。

药理学是一门综合性机能学科，其基本理论与生理学、生物化学、微生物学、病理学等医学基础学科有极其密切的联系，因此，学习药理学要注意与其他基础医学学科的联系。药物产生的任何作用均与机体的原有功能有关，学习每一类药物都应当密切联系相关的基础医学知识，从而加深对药理作用与作用机制等内容的理解。

疾病谱在不断变化，新药不断涌现，临床上可供选择药物的范围以及机体或病原体与药物之间相互作用的规律始终处于动态变化中。因此，医学生通过学习药理学，掌握药物作用的基本规律和基本原理及严重的不良反应，熟悉临床应用、注意事项及药物分类，了解药物的相互作用及药动学特点等，为指导临床合理用药，充分发挥药物的治疗作用，避免药物的不良反应奠定基础。学习过程中，既要注重掌握药理学的基本理论、基本知识，又应掌握具体药物的药理学内容，包括药物的作用与机制、临床应用、不良反应、与其他药物的相互作用以及药动学特点等。教材中涉及的药物较多，通常在一个章节要介绍数种甚至数十种药物，学习中应当注意掌握具有代表性的"重点药"，在此基础上，了解或熟悉"非重点药"与"重点药"的异同及其主要特点。在学习过程中应坚持辩证唯物主义观点，学习方法上力求理论联系实际，纵向联系、横向扩展，比较分析同类药的共性及各药的特性，全面系统地掌握药理学知识。

（华中科技大学同济医学院　陈建国）

第二章 药物效应动力学

- Pharmacodynamics is defined as the study of the biochemical and physiological effects of drugs and their mechanisms of action. The analysis of pharmacodynamics provides the basis for both the rational therapeutic use of a drug and the design of a new and superior therapeutic agent. Furthermore, the research in pharmacodynamics also provides fundamental insights into biochemical and physiological regulation.
- Most drugs given to patients have a direct effect on a particular and often specific molecule or class of molecules. These molecules are likely to be receptors, enzymes, ion channels, transporter molecules, or nucleic acid, etc. Drugs that bind to physiological receptors and mimic the regulatory effects of the endogenous signal compounds are termed as agonists. Other drugs that bind to receptors without regulatory effects, but blockade of the binding of the endogenous ligands, are termed antagonists. The basic currency of receptor pharmacology is the dose-response curve, a depiction of the observed effect of a drug as a function of its concentration in the receptor compartment. Receptors not only initiate regulation of physiological and biochemical functions but also are subjects to many regulatory and homeostatic controls.

药物效应动力学（pharmacodynamics）简称药效学，研究药物对机体的作用、作用规律及作用机制，其内容包括药物与细胞靶点之间相互作用所引起的生物化学、生理学和形态学变化，药物作用的全过程和分子机制。药物效应动力学的研究为临床药物治疗和新药研究提供依据，也为促进生命科学发展发挥重要作用。

第一节 药物的基本作用

一、药物作用的特征

（一）药物作用与药理效应

药物作用（drug action）是药物与机体细胞或大分子间的初始相互作用，主要指分子反应机制。药物效应（drug effect）或药理效应（pharmacological effect）是这种相互作用的结果，主要指机体反应的表现。药物作用改变相关分子的结构和功能，引起相应的生物化学或生理学变化，使机体产生特征性反应。如肾上腺素通过激动心脏 $β_1$ 受体这一药理作用，产生心率加快、心肌收缩力加强的药理效应。但是药物作用与药理效应通常并没有严格区别，一般二者可以通用。

（二）药物作用的基本类型

药理作用的基本类型是原有功能的增强或减弱，前者称为兴奋（excitation），后者称为抑制（inhibition）。肾上腺素升高血压、呋塞米增加尿量属兴奋，阿司匹林退热、普萘洛尔减慢心率则属抑制。产生药理作用可以是药物对它所接触的器官、细胞产生的直接作用，也可以是通过机体反射机制或生理性调节产生的间接作用。去甲肾上腺素直接作用于血管平滑肌细胞上的 α 肾上腺素受体，使血管收缩、血压升高，同时也通过机体的血压反射机制间接地引起心率减慢。

（三）药物作用的选择性

药理作用的选择性（selectivity）反映药物作用的范围。作用范围窄的药物选择性高，作用范围广的药物选择性低。药物作用的选择性受多种因素的影响：

1. 药物作用的受体 例如，阿托品对 M 胆碱受体有较高选择性，但对 M 受体亚型的选择性较低，对 M_1、M_2、M_3 受体都有阻断作用，属于非选择性 M 受体阻断药；而哌仑西平则选择性阻断胃壁细胞上的 M_1 受体。

2. 药物的立体结构 例如，奎尼丁（右旋体）抑制心脏钠离子电流作用强，用于治疗心律失常，而奎宁（左旋体）抑制疟原虫 DNA 复制作用强，用于治疗疟疾。

3. 药物的脂溶性 例如，M 受体阻断药苯海索脂溶性高，能够透过血脑屏障，用于治疗帕金森病；而同为 M 受体阻断药的山莨菪碱脂溶性低，不易透过血脑屏障，主要用于缓解内脏平滑肌痉挛。

4. 药物的浓度和组织的敏感性 例如，由于 M 受体分布广泛，各器官对阿托品的敏感性也不同。因此，随着剂量的增加，该药可依次出现腺体分泌较少，瞳孔扩大和调节麻痹、胃肠道及膀胱平滑肌

5. 细胞的生理、生化特性 例如，青霉素抑制细菌细胞壁的合成，而人类细胞没有细胞壁，因此不受此类药物杀伤细胞作用的影响。

药理作用的基本类型和选择性是药理学中药物分类的基础，又是临床用药时选择药物和制订治疗方案的主要依据。

二、治疗作用与不良反应

（一）治疗作用

治疗作用（therapeutic effect）是指符合用药目的，并有利于患者恢复健康的作用。根据用药目的，治疗作用可分为对因治疗（etiological treatment）和对症治疗（symptomatic treatment）。对因治疗是消除原发致病因子的治疗，例如应用抗生素杀灭体内致病微生物。对症治疗是改善症状的治疗，例如高热时，应用解热镇痛药阿司匹林，解除发热给患者带来的痛苦。在治疗作用中，对因治疗固然重要，但有时对症治疗，例如针对休克、心力衰竭、脑水肿、惊厥等临床急症分秒必争地进行抢救，以维持重要生命指标，赢得对因治疗的时机亦不可忽视。进行药物治疗时，应根据患者的具体情况按照"急则治其标（对症），缓则治其本（对因），标本兼治"的原则，妥善处理对症治疗和对因治疗的关系。此外，体内营养或代谢物质不足，给予补充的治疗称为补充疗法（supplement therapy）。

（二）不良反应

不良反应（adverse drug reaction，ADR）是指上市的合格药品出现的与用药目的无关，并给患者带来痛苦或危害的反应。治疗作用与不良反应是药物本身所固有的两重性作用。临床用药时，应根据需要权衡利弊，决定取舍，充分保证药物治疗的安全和有效。药物不良反应在一定条件下可以构成药源性疾病。后者是以药物为致病因子引起人体功能或组织结构损害，并具有相应的临床症状和体征的疾病。药源性疾病可在药物常规用法、用量情况下出现，也可在超量或其他不正当使用时出现。药物的不良反应主要有以下几类：

1. 副作用（side effect） 是由于药物作用选择性低，作用范围广，在治疗剂量引起的，与用药目的无关的作用。例如，阿托品用于治疗胃肠痉挛时，往往引起口干、视力模糊、排尿困难等副作用。副作用也属于药理作用的一部分，一般可以预知，反应较轻微，停药后可恢复，危害不大。

2. 毒性反应（toxic effect） 是由于用量过大或用药时间过长引起的严重不良反应。有时用药剂量不大，但机体对药物过于敏感也能出现毒性反应。多数药物都有一定的毒性，例如治疗慢性心功能不全的药物地高辛过量可引起心律失常，阿司匹林过量可引起恶心、呕吐、耳鸣，甚至胃黏膜损伤。短期内大量用药引起的毒性称为急性毒性（acute toxicity），多损害循环、呼吸及神经系统功能。长期用药时由于药物在体内蓄积而逐渐发生的毒性称为慢性毒性（chronic toxicity），常损害肝、肾、造血器官及内分泌等器官的功能。药物的致癌（carcinogenesis）、致畸胎（teratogenesis）、致突变（mutagenesis）作用属于慢性毒性中的特殊毒性。

3. 后遗效应（residual effect） 是指在停药后，血浆药物浓度下降至阈浓度以下时残存的药理效应。例如服用巴比妥类催眠药后，次晨仍有嗜睡、困倦现象，长期应用肾上腺皮质激素后肾上腺皮质功能低下，数月内难以恢复等。

4. 变态反应（allergic reaction） 是药物引起的免疫反应。反应性质与药物原有效应无关，其临床表现包括免疫反应的各种类型。致敏原可以是药物本身、或药物代谢产物，亦可能是制剂中的杂质或辅剂。大分子多肽或蛋白质类药物直接具有抗原性，小分子药物可作为半抗原通过与体内蛋白结合形成抗原。抗体的产生约需7～10天的敏化过程，再次与抗原接触即导致发病。

5. 继发反应（secondary reaction） 是继发于药物治疗作用之后的不良反应。例如，长期应用广谱抗生素，使敏感细菌被杀灭，而耐药菌株大量繁殖，造成二重感染（superinfection）。

6. 停药反应（withdrawal reaction） 是指患者长期应用某种药物，突然停药后发生病情恶化的现象。例如癫痫患者长期服用苯妥英钠，突然停用时，诱发更严重的癫痫发作；长期服用可乐定降压药，突然停用，可出现急剧血压升高。

7. 特异质反应（idiosyncratic reaction） 指少数患者由于遗传因素对某些药物的反应性发生了改变。药物代谢酶、药物受体、药物载体、细胞膜离子通道以及多药耐药蛋白等基因多态性等均能影响药物体内过程、药物效应及毒性。特异质反应表现为对药物的反应特别敏感，或出现与常人不同性质的反应。例如，先天性葡萄糖-6-磷酸脱氢酶（glucose-6-phosphate dehydrogenase，G-6-PD）缺乏的患者服用伯氨喹（primaquine）后，容易发生急性溶血性贫血和高铁血红蛋白血症。

8. 依赖性（dependence） 是药物与机体相互作用所造成的一种状态，表现出强迫要求连续或定期使用该药的行为或其他反应，其目的是感受药物的精神效应，或避免由于停药造成身体不适应。依赖性可分为生理依赖性（physical dependence）和精神依赖性（psychologic dependence）。生理依赖性指大多数具有依赖性特征的药物经过反复使用所造成的一种适应状态，用药者一旦停药，将发生一系列生理功能紊乱，称为戒断综合征（withdrawal syndrome）；精神依赖性是指使人产生一种对药物欣快感的渴求，这种精神上不能自制的强烈欲望驱使滥用者周期性或连续性地用药。

第二节 量效关系与构效关系

药理效应的强弱与其剂量大小或浓度高低呈一定关系，即剂量-效应关系（dose-effect relationship），简称量效关系。量效关系可用量效曲线（dose-effect curve）或浓度-效应曲线（concentration-effect curve）定量地反映药物作用特点。量效曲线通常以药理效应的强度为纵坐标，药物剂量或浓度为横坐标。在离体器官或细胞实验，可以直接用药物浓度表示药量。在整体动物实验，由于药物浓度的检测很复杂，以给药剂量表示药量。

药理效应按性质可分为量反应（graded response）和质反应（quantal response）两种情况。量反应的强弱随药物剂量或浓度的逐渐增加或减少呈连续性量的变化，例如药物引起血压或平滑肌张力的变化。而质反应的强弱则随药物剂量或浓度的变化呈"全或无"性质的改变，如阳性或阴性、存活或死亡，清醒或睡眠等。

（一）量反应的量效曲线

量反应的量效曲线常用多次实验测得的数据，计算其平均值和标准差作图。常见的绘制方法有两种：①以剂量或浓度为横坐标，以效应强度为纵坐标作图可获得长尾的"S"形曲线；②将横坐标改为对数坐标，或将剂量或浓度改为以对数剂量或对数浓度表示，以效应强度为纵坐标作图则曲线呈对称的"S"形（图1-2-1）。

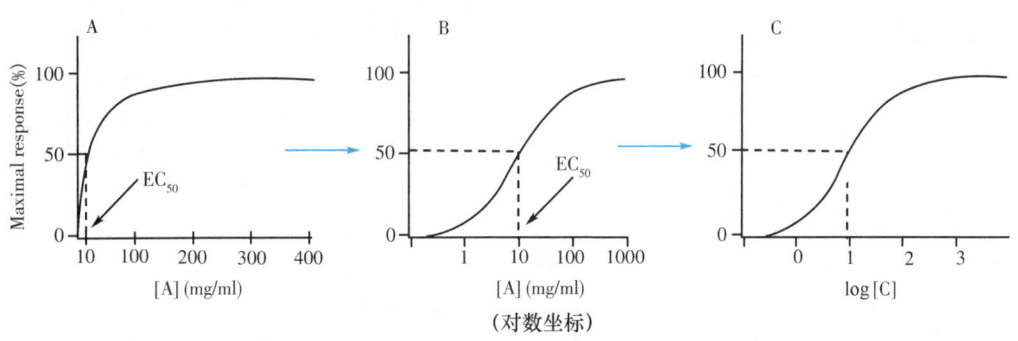

图 1-2-1　量反应的量效曲线

A. 横坐标为药物浓度，量效关系呈直方双曲线；B. 横坐标采用对数坐标作图，量效关系呈对称的"S"形曲线，A、B图中50%效应强度所对应之浓度均为EC_{50}；C. 横坐标为对数浓度，量效关系也呈对称的"S"形曲线，50%效应强度所对应值为EC_{50}的对数值

从量反应量效曲线衍生的下列概念，在药理学上有重要意义。

斜率（slope）　量效曲线效应量的16%～84%区段大致呈直线，该段直线与横坐标夹角的正切值称量效曲线的斜率。斜率大的药物在药量微小变化时，可出现效应的明显改变，提示药效较激烈；斜率小的药物药效较温和。因此，斜率的大小是临床选药和确定用药剂量的依据之一。

最小有效量（minimal effective dose）或**最小有效浓度**（minimal effective concentration）是指引起效应的最小药量或最低药物浓度，亦称阈剂量或阈浓度。

最大效应（maximal effect，E_{max}），在一定范围内增加药物剂量或浓度，效应强度随之增加，但当效应增强到最大时，继续增加剂量或浓度，效应不再增强。这一药理效应的极限称为最大效应，又称效能（efficacy）。

50%最大效应浓度（50% concentration of maximal effect，EC_{50}）是指引起50%最大效应的浓度。

效价强度（potency）用于作用性质相同的药物之间的等效剂量的比较，达到等效时所用药量较小者效价强度大，所用药量大者效价强度小（图1-2-2）。

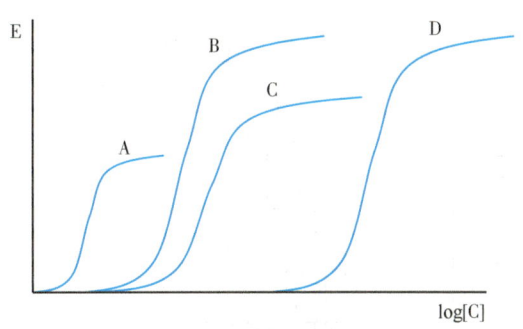

图 1-2-2　A、B、C、D四种药物的效能与效价比较

纵坐标为效应E，横坐标为对数浓度。效价强度比较：A＞B＞C＞D，效能比较：B＝D＞C＞A

效能和效价强度反映药物的不同性质，二者具有不同的临床意义，常用于评价同类药物中不同品

种的作用特点。例如，在镇痛药中，吗啡的有效剂量为每次 10 mg，而芬太尼是 0.1 mg，后者的效价强度是前者的 100 倍。在利尿药中，呋塞米属于高效能利尿药，而氢氯噻嗪属于中效能利尿药，呋塞米的效能高于氢氯噻嗪。氢氯噻嗪和环戊噻嗪都是中效能利尿药，二者效能相同，氢氯噻嗪的有效剂量是 25 mg，环戊噻嗪为 0.25 mg，后者的效价强度是前者的 100 倍。

个体差异 (individual variability) 药理效应的个体差异普遍存在。量效曲线上的任何一点都可以有 4 个方向的变异，即同一剂量可引起不同效应，而相同的效应又可由不同剂量引起（图 1-2-3）。

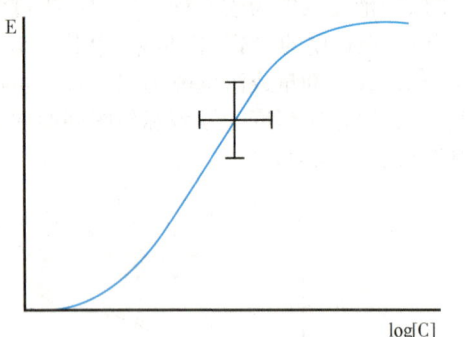

图 1-2-3　反映个体差异的量效曲线

（二）质反应的量效曲线

在实验中，常将动物按用药剂量分组，以阳性反应百分率为纵坐标，以剂量或浓度为横坐标作图，可得到质反应的量效曲线。如果纵坐标为累计阳性反应百分率，则可得到与量反应曲线相似的"S"形曲线。如果按照药物浓度或剂量的区段出现阳性反应频率作图可得到呈常态分布的曲线（图 1-2-4）。在量反应实验，如确定某一反应强度为标准，将大于此强度者视为阳性，小于者视为阴性，也可绘出类似质反应的量效曲线。

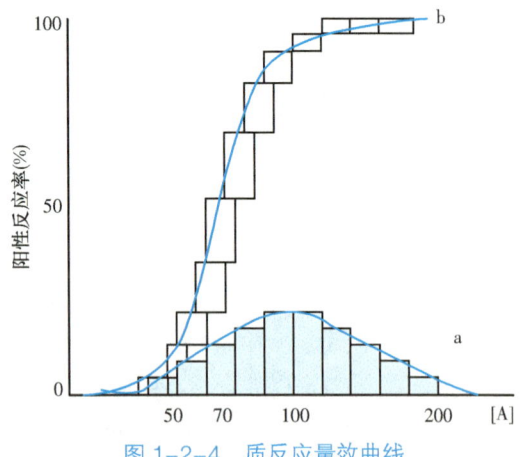

图 1-2-4　质反应量效曲线

曲线 a 为区段反应率，曲线 b 为累计反应率

半数有效量 (median effective dose，ED_{50}) 是指在质反应中引起 50% 实验对象出现阳性反应的药量。以此类推，如效应指标为惊厥或死亡，则分别称为半数惊厥量 (median convulsion dose) 或半数致死量 (median lethal dose，LD_{50})。药物的安全性与其 LD_{50} 的大小成正比，与 ED_{50} 成反比。因此，常以药物的 LD_{50} 与 ED_{50} 的比值表示药物的安全性，称为治疗指数 (therapeutic index，TI)。但当药物的量效曲线与其剂量毒性曲线不平行时，用 LD_{50} 与 ED_{50} 的比值表示药物的安全性就不甚合理。故通常用 LD_5 与 ED_{95} 之间或 LD_1 与 ED_{99} 之间的距离表示药物的安全范围 (margin of safety)。

（三）构效关系

化学结构相似的药物可通过同一机制发挥作用，引起相似或相反的效应。药物结构的改变，包括其基本骨架、侧链长短、立体异构（手性药物）、几何异构（顺式或反式）的改变均可影响药物的理化性质，进而影响药物的体内过程，影响药效乃至毒性。药物的结构与药理活性或毒性之间的关系称为构效关系 (structure activity relationship，SAR)。了解药物的构效关系不仅有利于深入认识药物的作用，指导临床合理用药，而且在定向设计药物结构，研制开发新药方面都有重要意义。

20 世纪 60 年代出现了定量的构效关系研究，即对大样本相似化合物的生物学活性与化学结构之间的关系运用数学方法进行分析，为设计新药的分子结构提供依据。近年来，人们注意到分子空间构象的三维定量构效关系 (three-dimensional quantitative structure activity relationship，3D-QSAR)。运用分子形状分析、距离几何、比较分子力场分析等方法，分析药物分子三维结构与受体作用的相互关系，深入地揭示了药物与受体相互作用的机制。构效关系研究已在计算机辅助药物设计中发挥作用，应用受体的结构信息，指导药物设计趋于合理。药物的计算机辅助设计已成为新药研究中的热点之一。随着计算机技术和相关学科的迅速发展，3D-QSAR 的研究方法将不断完善并发挥更大作用。

第三节　药物的作用机制

大多数药物通过与机体生物大分子相互作用，引起机体生理生化功能改变，而产生药理效应。药物与机体生物大分子的结合部位就是药物作用的靶点。机体的每一个细胞都有其复杂的生命活动过程，药物作用的靶点几乎涉及生命活动过程相关的所有环节，已知药物的作用靶点涉及受体、酶、离子通道、核酸、转运体、免疫系统、基因等。此外，有些药物通过理化作用或补充机体所缺乏的物质而发挥作用，因此药物的作用机制十分复杂。

一、作用于受体

受体的概念是 Langley 和 Ehrlich 于 19 世纪末和 20 世纪初在实验研究基础上提出。Langley 在研究南美箭毒和烟碱对骨骼肌收缩作用时发现：对保留神经支配和预先切断运动神经的两种肌肉标本，应用烟碱或直接电刺激均能引起肌肉兴奋；箭毒抑制烟碱引起的收缩反应，但不能抑制电刺激引起的肌肉收缩。他认为箭毒和烟碱作用于既不是神经也不是肌肉的某种特殊物质结构，烟碱与之结合引起收缩，箭毒与之结合却不引起收缩，并阻断烟碱的作用。因此，Langley 设想存在能与化合物结合的特殊接受物质（receptive substance）。Ehrlich 在研究抗寄生虫药物的作用部位时，发现药物的毒性反应有高度特异性，他提出药物必须与机体结合才能发挥作用的观点，由此提出受体（receptor）的概念。近年来，蛋白质化学和分子生物学的发展推动了受体研究。目前已有数以百计的受体蛋白被克隆，且其分子结构与功能亦相继得以阐明（受体理论见本章第四节）。

二、影响酶的活性

酶是由机体细胞产生的具有催化作用的蛋白质，具有立体结构特异性、高度敏感性和高度活性，能促进各种细胞成分的代谢。酶的生成由遗传因素所决定，其代谢转换受各种生理、病理、药物及环境因素调节。有些药物以酶为作用靶点，对酶产生激活、诱导、抑制或复活作用。例如，抗消化性溃疡药奥美拉唑通过抑制胃黏膜的 H^+-K^+-ATP 酶，产生抑制胃酸分泌的作用；苯巴妥诱导肝药酶；氯霉素抑制肝药酶；卡托普利抑制血管紧张素转化酶；解磷定使被有机磷酸酯类所抑制的胆碱酯酶复活等。还有些药物本身就是酶，例如胃蛋白酶、胰蛋白酶。也有些药物是酶的底物，需经转化后发挥作用。例如左旋多巴通过血脑屏障后，在纹状体中被多巴脱羧酶所代谢，代谢产物多巴胺发挥补充中枢神经递质的作用。磺胺类通过与对氨苯甲酸（PABA）竞争二氢叶酸合成酶，妨碍二氢叶酸的合成，抑制细菌体内叶酸的代谢而干扰核酸的合成；喹诺酮类抑制 DNA 回旋酶，影响 DNA 的合成，而发挥杀菌作用。

三、作用于离子通道

离子通道由肽链经多次折返跨膜形成的亚基组成。主要的离子通道有 Ca^{2+}、K^+、Na^+ 及 Cl^- 通道，这些通道目前均已被克隆。通道的开放或关闭影响细胞内外无机离子的转运和分布，并迅速改变细胞功能，引起神经兴奋、血管收缩或腺体分泌等。有些离子通道就是药物的直接作用靶点，药物改变离子通道的构象使通道开放或关闭。例如阿米洛利阻滞肾小管 Na^+ 通道，硝苯地平阻滞 Ca^{2+} 通道，吡那地尔激活血管平滑肌 K^+ 通道等。有些受体与离子通道处于耦联状态，通过激活受体可调控离子通道。例如，激活 N 胆碱受体可引起其本身的通道开放，引起 Na^+ 内流，激活 GABA 受体可引起其本身的 Cl^- 通道开放，激活 α 肾上腺素受体可引起所耦联 Ca^{2+} 通道开放等。

四、作用于转运体

转运体（transporter）是存在于细胞膜上的一种蛋白质，能促进内源性递质或代谢产物的转运过程。有些药物可通过某种转运体的抑制而产生效应。例如丙磺舒竞争性抑制肾小管对弱酸性代谢物的主动转运，抑制尿酸再吸收，用于痛风的防治。再如，利尿药呋塞米和氯噻嗪抑制肾小管对 Na^+、K^+ 及 Cl^- 再吸收而发挥利尿作用，三环类抗抑郁药抑制神经末梢对去甲肾上腺素再摄取发挥抗抑郁作用，是通过作用于转运体而产生效应。

五、影响核酸代谢

抗癌药、抗病毒药及抗真菌药等通过干扰靶细胞或 RNA 的代谢过程而发挥作用。例如，抗癌药顺铂进入体内转化后，能与 DNA 链上的碱基形成交叉联结，破坏 DNA 的结构和功能。

六、影响免疫系统

正常免疫反应是机体消除入侵微生物和自身变异肿瘤细胞的重要机制。某些药物本身就是免疫系统中的抗体（如丙种球蛋白）或抗原（如疫苗）。免疫抑制药如环孢素（cyclosporin）可用于抑制器官移植后的排异反应，治疗自身免疫性疾病及 Rh 阳性新生儿溶血病等。免疫增强药多作为辅助治疗药物，用于免疫缺陷疾病如艾滋病、慢性感染及癌症等。

七、调节基因的功能

近年来，随着基因研究的深入，人类基因组计划的实施，某些疾病的相关基因陆续被发现。研究表明高血压、冠心病、糖尿病等系多基因病；多囊肾是一种单基因病，主要是由常染色体 16p13.3 处存在有缺陷的等位基因 PKD1 所引起的显性遗传。

20 世纪中叶以来，分子生物学特别是 DNA 重组技术的迅猛发展，推动了整个生物学和医学领域的进步，并出现了基因治疗（gene therapy）这一全新的医学治疗方法。基因治疗是指通过基因转移方式将正常基因或其他有功能的基因导入体内，使之表达以获得疗效。迄今世界上已有数百种基因治疗项目获准临床试验。例如囊性纤维化（cystic fibrosis，CF）是常染色体隐性遗传病，其基因定位在 7q22.3→q23.1。患者受损细胞的氯离子转运异常，以肺部受累为多见。临床试验方案一般采用腺病毒和阳离子脂质体为载体，将编码囊性纤维化跨膜传导调节因子基因导入患者呼吸道上皮细胞，治疗后基因转移部位的氯离子转运缺陷可获得纠正。

与基因治疗不同，基因工程药物是指应用基因工程技术生产的药品，这类药物是将目的基因与载体分子组成重组 DNA 分子后，转移到新的宿主细胞系统，并使目的基因在新的宿主细胞系统内表达，然后对基因表达产物进行分离、纯化和鉴定，大规模生产目的基因表达产物。已应用的基因工程药有人胰岛素、人生长素、干扰素类、组织纤溶酶原激活剂、重组链激酶、白介素类、促红细胞生成素、乙肝疫苗、嗜血性流感嵌合疫苗等。

八、其 他

有些药物通过简单的物理化学作用，如酸碱反应、渗透压改变、氧化还原（自由基清除）等改变机体内环境。还有些药物补充机体所缺乏的物质，如维生素、多种元素等。

第四节 药物与受体的相互作用

受体是对生物活性物质具有识别和结合能力，并具有介导细胞信号转导功能的蛋白质。多数受体存在于细胞膜上，并镶嵌在脂质双层膜结构中，少数受体存在于细胞内。受体接受生物活性物质的刺激后，通过一系列信息传递机制激活细胞的特异性效应，使机体的生命活动正常进行。与受体特异性结合的生物活性物质称为配体（ligand）。配体与受体大分子中的某一部位结合，该部位仅占受体的一小部分，叫做结合位点或受点（binding site）。配体可分为内源性和外源性两种。内源性配体有神经递质、激素、活性肽、抗原、抗体、代谢物等。外源性配体有药物及毒物。受体与配体结合后引发机体某一特定结构产生生物学效应，该特定结构叫效应器（effector）。许多药物通过与受体结合而发挥作用。

受体具有如下特性：①灵敏性（sensitivity）：受体只需与很低浓度的配体结合就能产生显著的效应；②特异性（specificity）：引起某一类型受体兴奋反应的配体的化学结构非常相似，不同光学异构体的反应可以完全不同。同一类型的激动药与同一类型的受体结合时产生的效应类似；③饱和性（saturability）：受体数目是一定的，因此配体与受体结合的剂量反应曲线具有可饱和性，作用于同一受体的配体间存在竞争现象；④可逆性（reversibility）：配体与受体的结合是可逆的，配体与受体复合物可解离，而得到原来的配体而非代谢产物；⑤多样性（multiple-variation）：同一受体可广泛分布到不同的细胞而产生不同效应，受体多样性是受体分类的基础，受体受生理、病理及药理因素调节，经常处于动态变化之中；⑥亲和性（affinity）：受体与内源性配体、激动药或拮抗药之间有亲和力；⑦竞争性（competition）：作用于同一受体的药物与受体结合存在竞争作用。

20 世纪 80 年代以来，许多受体蛋白分子结构、跨膜信息传递方式以及信号转导通路被识别，受体和效应器蛋白被提纯和分离。按分子结构、效应特点及细胞反应的生理学分类原则将受体分为若干家族。传统的受体分类方法是按受体的内源性配体进行分类，并以具有选择性作用的激动药或拮抗药引起的效应或相对效价强度为基础，将不同类别的受体分为若干亚型。但目前受体类别和亚型分类趋向综合药物作用和分子生物学的分类原则。

一、受体的类别和亚型

目前对受体进行分类主要依据以下原则：①与高选择性配体结合的特点；②与神经递质结合后细胞内信号转导机制；③受体的分子结构。按综合分类方法，许多受体又分为不同的家族或亚型。应用分子克隆技术获得的多种克隆的受体，又发现许多新的受体亚型。例如，M 受体又分为 $M_1 \sim M_5$ 亚型。5-羟色胺（5-hydroxytryptamine，5-HT）受体分为 $5\text{-}HT_1 \sim 5\text{-}HT_7$ 受体。$5\text{-}HT_1$ 受体又分为 $5\text{-}HT_{1A}$、$5\text{-}HT_{1B}$、$5\text{-}HT_{1C}$、$5\text{-}HT_{1D}$ 和 $5\text{-}HT_{1E}$ 次级受体亚型。受体亚型的研究对阐明受体的特征，揭示药物的作用与作用机制、临床诊断、药物治疗和新药研究与开发均具有重要意义。

二、受体家族与细胞内信号转导

药物或内源性配体与受体结合后可引起一系列细胞反应，并由此产生生理生化效应。该过程中，药物或内源性配体首先被特异的受体识别，并与之结合，再经过一系列复杂的介导过程，导致细胞内效应器活性的变化，调节细胞的各种活动。根据受体蛋白存在位置、分子结构、跨膜信息传递方式以及信号转导通路，可将受体分为若干家族，例如 G 蛋白耦联受体、配体门控离子通道受体、酶活性受体、细胞内受体（转录因子）等（图 1-2-5）。

（一）G蛋白耦联受体

现已发现40余种神经递质或激素受体通过G蛋白（guanine nucleotide binding protein）耦联机制产生作用。这些配体通过G蛋白耦联受体（G protein-coupled receptor）将配体带来的信号通过第二信使环磷酸腺苷（cyclic adenosine monophosphate，cAMP）、环磷酸鸟苷（cyclic guanosine monophosphate，cGMP）、肌醇三磷酸（inositol-1，4，5-triphosphate，IP_3）、二酰甘油（diacylglycerol，DG）以及Ca^{2+}传导至效应器，产生生物效应。

G蛋白耦联受体有共同的基本结构：均由350~500个氨基酸残基组成；分子量在40~55 kDa范围内；都具有7次跨膜区段，这些跨膜肽段均为α螺旋结构并由疏水氨基酸组成；在各跨膜区由细胞膜内侧及外侧的亲水肽环连接，其N末端位于膜外，具有糖基化位点。G蛋白由α、β、γ三种亚基组成的三聚体，激活时分解为α亚基与βγ二聚体。α亚基与鸟苷二磷酸（GDP）结合并与配体受体复合物耦合，继之可使GDP被鸟苷三磷酸（GTP）置换成α-GTP复合物，被释放出来，并与反应体分子相互作用。α亚基本身有GTP酶活性，使与α亚基结合的GTP水解成为GDP，恢复βγα-GDP基础状态而进入循环。

G蛋白有许多类型，常见的有：兴奋型G蛋白（stimulatory G protein，Gs）激活AC，增加cAMP生成；抑制型G蛋白（inhibitory G protein，Gi）抑制AC，减少cAMP生成；磷脂酶C型G蛋白（PI-PLC G protein，Gp），激活磷脂酰肌醇特异的PLC；转导素（transducin，Gt）及Go。Go参与Ca^{2+}和K^+离子通道的调节。属于G蛋白耦联受体家族的有M胆碱受体、α和β肾上腺素受体、多巴胺受体、$GABA_B$受体、阿片受体，以及除$5-HT_3$亚型受体以外的5-HT受体。

（二）配体门控离子通道

离子通道按生理功能分类，可分为配体门控离子通道及电压门控离子通道。配体门控离子通道受体（ligand-gated ion channel receptor）由离子通道与受体两部分构成。药物或内源性配体与受体结合后，受体变构使通道开放或关闭，改变离子跨膜转运，导致膜电位的变化，传递信息而引起生理效应。N胆碱受体由5个亚基在细胞膜内呈五边形排列围成离子通道，当与乙酰胆碱结合时，膜通道开放，膜外的阳离子（以Na^+为主）内流，引起突触后膜的电位变化。γ氨基丁酸受体有A、B两种亚型，其中A型为$GABA_A$受体，由α、β和γ等亚基组成五聚体。所形成的通道控制Cl^-的内流，可使突触后膜超极化，对神经元有普遍的抑制作用。β型亚基的结构不完全清楚，已知与K^+及Ca^{2+}通道耦联，参与突触抑制。甘氨酸受体也调控Cl^-通道而具有抑制作用。谷氨酸受体属兴奋性受体，是一价阳离子通道，与谷氨酸结合时，通道开放，突触后膜的Na^+、K^+通透性增强，膜电位下降而产生兴奋性突触后电位。机体内还存在着多种与受体耦联的离子通道，这些离子通道虽然不是受体本身的一部分，但通道的活性受到受体的调控。此外，受体耦联的离子通道也与G蛋白有关。属于配体门控离子通道受体家族的有N胆碱受体、$GABA_A$受体和$5-HT_3$受体等（图1-2-5）。

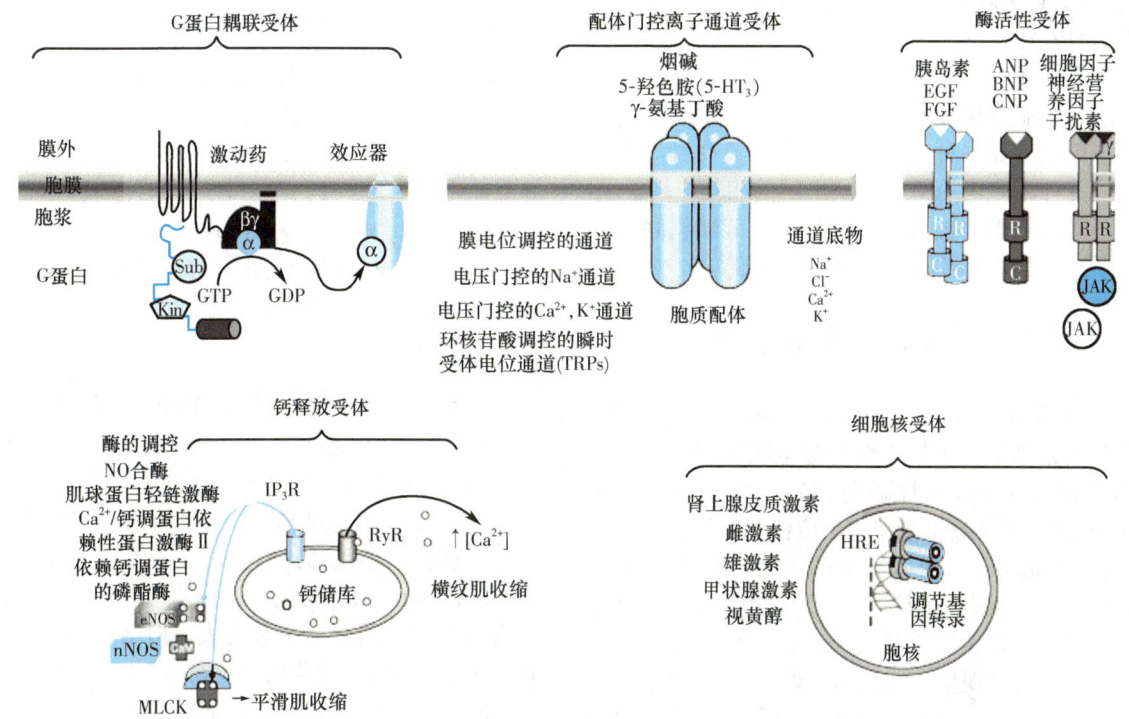

图 1-2-5　受体结构与信号转导通路示意图

药物作用位于细胞表面的受体通过内源性因子或钙离子释放，或作用于位于细胞内或核上的受体通过影响转录，调控细胞功能机制的多样性

（三）酶活性受体

酶活性受体家族是一类位于细胞膜上的受体，由受体部分和细胞膜内侧的蛋白激酶组成，受体被激活后直接调节蛋白磷酸化。这类受体主要有酪氨酸激酶受体（tyrosine kinase receptor）（如胰岛素受体和表皮生长因子受体）和非酪氨酸激酶受体（如生长激素受体和干扰素受体）。

酪氨酸激酶受体都是跨膜糖蛋白，胞外部分构成结合域以结合配体，中间有20多个疏水氨基酸构成的跨膜段，胞内有可被磷酸化的酪氨酸残基。胰岛素受体或生长因子受体与配体结合后，受体变构，酪氨酸磷酸化，激活酪氨酸蛋白激酶，引起一系列细胞内信息传递。

（四）细胞内受体（转录因子）

类固醇激素（steroid hormones）、甲状腺素（thyroid hormone）、维A酸（retinoic acid）、维生素A（vitamin A）、维生素D（vitamin D）等在细胞质内或细胞核上有相应的受体。位于细胞核上的受体称为细胞核激素受体（cell nuclear hormone receptor）。所形成的激素或药物受体复合物，在细胞核中产生调控基因转录的作用。细胞核激素受体属于转录因子（transcription factors）大家族的一部分，激素或药物则是这种转录因子的调控物。

应当指出，药物及信号物质种类繁多，受体本身也具有多样性。在哺乳动物中发现与G蛋白耦联的受体（包括各种受体的亚型）有百余种，其中已确定的M胆碱受体有5种亚型，肾上腺素受体有8种亚型，5-HT受体有7个家族14种亚型。但目前已知的细胞内转导系统以及效应器系统的种类却有限，因此有学者认为很可能存在多种细胞外信号物质共用有限的细胞内信使物质和效应体系而发挥作用的现象；可能存在多种介质、激素及调节物质与同一细胞或几种细胞内的信使物质之间相互作用；存在一种受体亚型可能与若干不同的效应器耦联，而若干不同种受体又可能影响同一效应器。

三、受体上调与下调

受体数量及反应性受体内生理、病理因素或药物等因素影响，可发生受体数量或反应性变化。受体数量减少或反应性减弱称为受体下调（down-regulation）；受体数量增加或反应性增强称为受体上调（up-regulation）。受体周围的生物活性物质浓度高或长期受激动药作用时可使受体数量减少，引起向下调节，表现为该受体对激动药的敏感性降低，出现脱敏或耐受现象。如长期应用β肾上腺素受体激动药治疗哮喘，患者出现耐受现象。受体长期受阻断药作用时可使其数目增加，引起向上调节，表现为该受体对该生物活性物质的敏感性增高，出现超敏或高敏性，停药症状或"反跳"现象。如高血压患者长期应用β肾上腺素受体阻断药普萘洛尔，突然停药可引起血压升高等反跳现象。

四、药物与受体相互作用的学说

（一）占领学说（occupation theory）

占领学说是Clark于1926年，Gaddum于1937年先后提出的。该学说认为：受体只有与药物结合才能被激活并产生效应，而效应的强度与被占领的受体数量成正比，全部受体被占领时出现最大效应。1954年Ariens修正了占领学说，他把决定药物与受体结合时产生效应的能力称为内在活性（intrinsic activity）。药物与受体结合不仅需要亲和力，而且还需要有内在活性才能激动受体而产生效应。只有亲和力而没有内在活性的药物，虽可与受体结合，但不能激动受体故不产生效应。

1956年Stephenson认为，药物只占领小部分受体即可产生最大效应，未经占领的受体称为储备受体（spare receptor）。因此，当不可逆性结合或其他原因而丧失一部分受体时，并不会立即影响最大效应。进一步研究发现，内在活性不同的同类药物产生同等强度效应时，所占领受体的数目并不相等。激动药占领的受体必须达到一定阈值后才开始出现效应。当达到阈值后被占领的受体数目增多时，激动效应随之增强。阈值以下被占领的受体又称为沉默受体（silent receptor）。

（二）速率学说（rate theory）

Paton于1961年提出速率学说，该学说认为药物发挥作用最重要的因素是药物分子与受体结合与分离的速率，即药物分子与受体碰撞的频率。药物作用的效应与其占有受体的速率成正比，效应的产生是药物分子与受体上的结合位点相碰撞时产生一定量的刺激，并传递到效应器的结果，而与其占有受体的数量无关。

（三）二态模型学说（two model theory）

此学说认为受体的构象（conformation）分活化状态（R*）和失活状态（R）。R*与R处于动态平衡，可相互转变。药物可与R*或R状态受体结合，但与哪一种构象的受体结合取决于亲和力。激动药与R*状态的受体亲和力大，结合后可产生效应；而拮抗药与R状态的受体亲和力大，但结合后不产生效应。当激动药与拮抗药同时存在时，两者竞争受体，其效应取决于R*-激动药复合物与R-拮抗药复合物的比例。如后者较多时，则激动药的作用被减弱或阻断。部分激动药对R*与R均有不同程度的亲和力，因此它既可引起较弱的效应，也可阻断激动药的部分效应。

五、激动药与拮抗药

根据与受体相互作用的情况，可将药物分为激动药和拮抗药二种主要类型。

（一）激动药 (agonist)

激动药为既有亲和力又有内在活性的药物，它们能与受体结合并激动受体而产生效应。根据亲和力和内在活性的不同，激动药又分为完全激动药 (full agonist) 和部分激动药 (partial agonist)。前者有较强的亲和力和较强的内在活性 (α=1)，后者有较强的亲和力，但内在活性不强 (α<1)。完全激动药（如吗啡）可产生较强的效应，而部分激动药（如喷他佐辛）只引起较弱的效应，有时还可以对抗激动药的部分效应，即表现部分阻断作用。20世纪80年代报道了一类称为负性拮抗药 (negative antagonist) 或反向激动药 (inverse agonist) 的配体。这类配体与受体结合后可引起受体的构象向非激活状态方向转变，因而引起与原来的激动药相反的生理效应（图1-2-6）。典型的例子为苯二氮䓬类的β-卡波啉乙酯 ethyl β-carboline-3-carboxylate（β-CCE）可产生与地西泮 (diazepam) 完全相反的作用，即产生焦虑和惊厥作用。早期反向激动药是否具有内在活性尚不明确。但随着受体固有活性的发现，研究表明反向激动药确实产生了与激动药相反的效应，然而，这种相反的效应并非源自于对受体的反向"激活"，而只是减少或消除了激活态受体的数目，使受体不发挥基础效应，其实质是"去激活"。因此，目前的观点认为反向激动药并无内在活性。

（二）拮抗药 (antagonist)

拮抗药有较强的亲和力，而无内在活性 (α=0)。拮抗药与受体结合但不能激活受体，如纳洛酮 (naloxone)、普萘洛尔 (propranolol) 分别是阿片受体和β-肾上腺素受体的拮抗药。在临床使用的药物中，这类完全拮抗药所占的比重是很小的，以作用于G蛋白耦联受体的药物为例，有85%的受体拮抗药后被证实为反向激动药，例如抗精神病药物利培酮和心血管用药氯沙坦都属于此类药物。有些药物以拮抗作用为主，同时还兼具微弱的内在活性并表现一定的激动受体的效应，则为部分拮抗药，如氧烯洛尔是β肾上腺素受体的部分拮抗药（图1-2-6）。

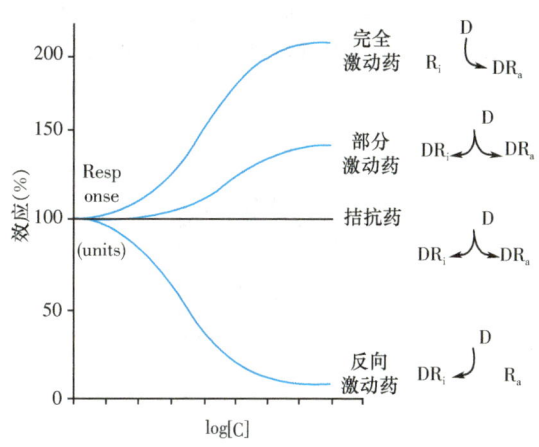

图 1-2-6 激动药、部分激动药、拮抗药和反向激动药的浓度-效应曲线

R_a和R_i分别代表不同活性的受体构象，纵坐标为R_a兴奋产生的效应，完全性激动药选择性地与R_a结合，产生最大效应。无活性化合物与R_a和R_i亲和力相等，综合作用结果不产生效应，相当于拮抗药的作用。部分激动药与R_a有较强亲和力，但与R_i亲和力较弱。反向激动药（负性拮抗药）与受体结合后引起受体的构象向R_i转化，引起与激动药相反方向的作用

根据拮抗药与受体结合是否有可逆性，而将其分为竞争性拮抗药 (competitive antagonist) 和非竞争性拮抗药 (noncompetitive antagonist)。竞争性拮抗药能与激动药竞争相同受体，其结合是可逆的。竞争性拮抗药能使激动药的量效曲线平行右移，但最大效应不变。例如，阿托品是乙酰胆碱的竞争性拮抗药，可使乙酰胆碱的量效曲线平行右移，但不影响后者的效能（图1-2-7）。竞争性拮抗药对相应激动药的拮抗作用强度通常用拮抗参数 (pA_2) 表示。$pA_2 = -\log[A_2]$，$[A_2]$是指在拮抗药的这一浓度下，可使激动药在2倍浓度时所产生的效应恰好等于未加入拮抗药时激动药引起的效应。pA_2的大小反映竞争性拮抗药与受体的亲和力，pA_2值越大，拮抗作用越强。

非竞争性拮抗药多指拮抗药与受体结合是相对不可逆的，或能引起受体构象的改变，从而干扰激动药与受体的正常结合，使激动药不能竞争性对抗这种干扰。因此，增大激动药的剂量也不能使量效曲线的最大作用强度达到原来的水平。随着此类拮抗药剂量的增加，激动药量效曲线逐渐下移。pA_2'是非竞争拮抗药的亲和力参数，又称减活指数，是指使激动药的最大效应降低一半时，非竞争拮抗药摩尔浓度的负对数。

六、受体与药物反应动力学基本公式

药物与受体的相互作用首先是药物与受体结合，结合后产生的复合物仍可解离。配体（包括药物）

与受体结合的化学力主要有共价键、离子键、偶极键、氢键以及范德华引力等,其中离子键较常见。药物与受体之间可有多个结合部位,各结合部位可能存在不同的化学键。

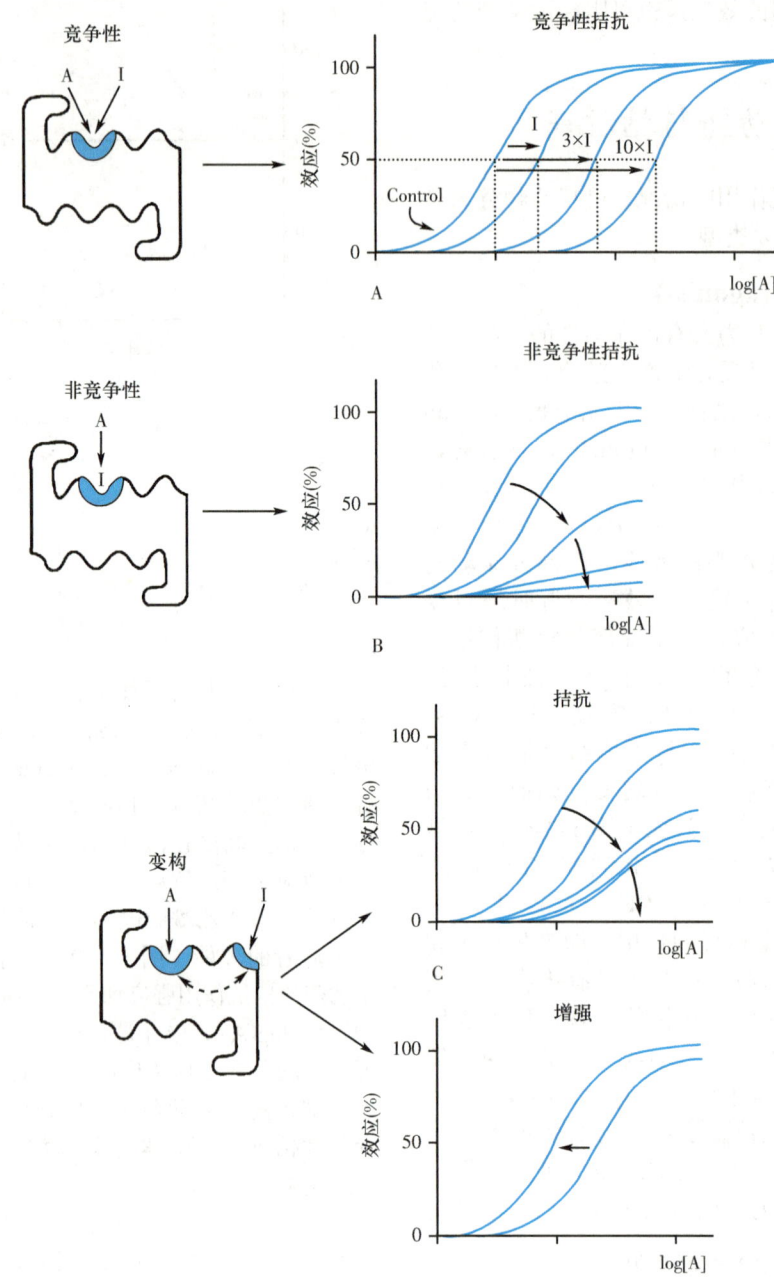

图 1-2-7 受体拮抗作用机制

图 A 为竞争性拮抗作用,激动药 A 与拮抗药 I 竞争受体上的同一结合位点,激动药的浓度-效应曲线在拮抗药的作用下呈浓度依赖性平行右移;图 B 为非竞争性拮抗作用,拮抗药与激动药作用于同一位点,但拮抗药与结合位点解离缓慢或呈不可逆性结合,引起浓度-效应曲线右移,最大反应下降;如果 A 和 I 作用在不同位点上,引起受体活性位点构象改变,产生拮抗作用(图 C)或增强激动药的效应(图 D)

药物作用的第一步是与受体结合,按质量作用定律:

$$D+R \underset{k_2}{\overset{k_1}{\rightleftharpoons}} DR \longrightarrow E$$

(D:药物;R:受体;DR:药物受体复合物;E:效应)

$$K_D = \frac{k_2}{k_1} = \frac{[D][R]}{[DR]} \quad (K_D 是解离常数)$$

设 R_T 为受体总量,因此 $R_T=[R]+[DR]$,代入上式可得:

$$K_D = \frac{[D]([R_T]-[DR])}{[DR]} \quad 经推导得:$$

$$\frac{[DR]}{[R_T]} = \frac{[D]}{K_D+[D]}$$

根据占领学说点，受体只有与药物结合才能被激活并产生效应，而效应的强度与被占领的受体数量成正比，全部受体被占领时出现最大效应（E_{max}）。由上式可得：

$$\frac{E}{E_{max}} = \frac{[DR]}{[R_T]} = \frac{[D]}{K_D + [D]}$$ 该公式是药物反应动力学的基本公式：Langmuir公式。

设 $\frac{[DR]}{[R_T]} = r$（r 为药物受体结合百分率），则可得：

$$E = rE_{max} = \frac{[D]}{K_D + [D]} E_{max}$$

当50%受体被占领时，即 $r=50\%$ 时，$K_D = [D]$。K_D 与 D 和 R 的亲和力成反比。K_D 越小，药物与受体的亲和力越大。药物-受体复合物解离常数 K_D 的负对数（$-\log K_D$）为 pD_2，其值与 D 和 R 的亲和力成正比。其意义是引起最大效应的一半时（即50%受体被占领时）所需的药物浓度（图1-2-8）。

药物与受体结合产生效应不但要有亲和力，还要有内在活性。内在活性的有无和大小决定效应的性质和效能的大小。以 α 表示内在活性，一般 $0 \leq \alpha \leq 1$，药物效应的公式可以修正为：

$$\frac{E}{E_{max}} = \frac{[DR]}{[R_T]} \text{ 和 } E = r\alpha E_{max}$$

如果两个药的亲和力（r）相等，效应的强度取决于内在活性大小（图1-2-8A）；如果内在活性（α）相等，同一浓度下的效应强度取决于亲和力的大小，但效能相同（图1-2-8B）。

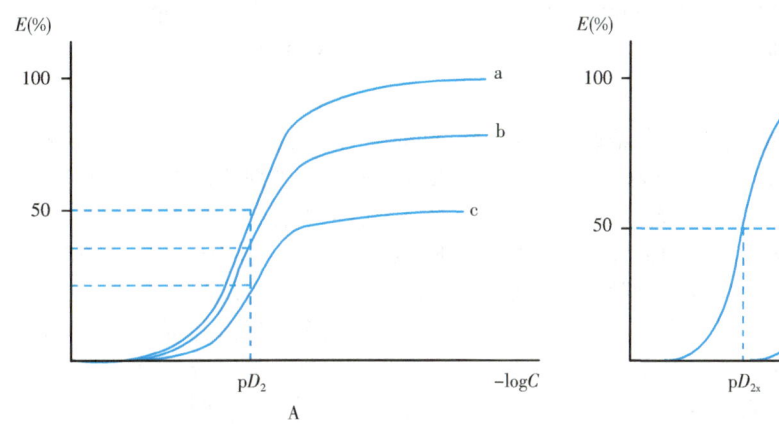
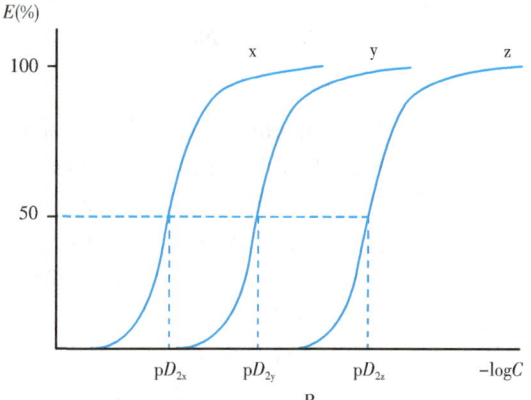

图1-2-8　三种激动药的受体亲和力及内在活性比较

A. 图为a、b、c三种比较，亲和力比较：a＝b＝c，内在活性：a＞b＞c；B. 图为x、y、z三种比较，亲和力比较：x＞y＞z，内在活性：x＝y＝z

（华中科技大学同济医学院　陈建国）

第三章　药物代谢动力学

- Drug actions are controlled by four fundamental pathways of drug movement and modification in the body. Pharmacokinetics is concerned with these kinetic processes, including drug absorption, distribution, metabolism (biotransformation), and excretion (elimination).
- Drug absorption from the site of administration permits entry of the therapeutic agent into plasma (Absorption). Drug may distribute into the interstitial and intracellular fluids from the bloodstream (Distribution). Drug may be metabolized by enzymes in the liver, kidney, or other tissues (Metabolism). Drug and its metabolites are removed from the body in urine, bile, or feces (Elimination).
- Pharmacokinetics also describes the quantitative, time-dependent changes in both the plasma concentration and the total amount of drug in the body. Mathematical models of first-order elimination kinetics and zero-order elimination kinetics are often used to describe the kinetics of drug. Major parameters of pharmacokinetics are bioavailability, area under time-concentration curve (AUC), apparent volume of distribution (V_d), half-life ($t_{1/2}$), plasma clearance (CL), and steady-state concentration (C_{ss}).

药物代谢动力学（pharmacokinetics）系从希腊词药物和毒物（pharmakon）和动力学（kinetics）合并而来，亦称药物动力学，简称药代动力学、药动学。药代动力学应用动力学原理和数学公式阐明人体对药物处置的动力学过程和体内药物的量或浓度随时间变化的规律。药代动力学的发展，不仅丰富了药理学的基本理论，成为现代药理学重要组成部分，而且在新药的研究与开发、改进药物剂型、临床给药方案优选、提高药物疗效与减少不良反应等方面都具有重要指导意义。本章包括药物的体内过程及体内药量或浓度随时间变化过程两部分。

第一节　药物分子的跨膜转运

药物分子通过生物膜的转运分为非载体转运（non-carrier transport）、载体转运（carrier transport）和膜动转运（membrane moving transport）。滤过（filtration）和简单扩散（simple diffusion）属非载体转运，主动转运（active transport）和易化扩散（facilitated diffusion）属载体转运。膜动转运包括胞饮（pinocytosis）和胞吐（exocytosis）。

药物在体内的转运需要通过具有复杂分子结构与生理功能的生物膜，如细胞膜、各种细胞器的亚细胞膜或细菌表面的被膜等。因此，必须了解药物通过生物膜的机制及其影响因素。本节主要以细胞膜为例介绍药物的转运情况。

细胞膜主要由脂质和蛋白质组成。脂质分子呈双层反向排列，其一端带有磷酸甘油基团为亲水端，朝向膜的内侧和外侧表面；另一端带有脂肪酸链为疏水端，朝向膜的中心。两个脂质分子在疏水端相接，形成疏水区，而亲水端成为膜的内外两面，从而构成膜的双分子层基本骨架。大多数极性药物和离子型药物难于通过脂质双层，而脂溶性药物可以通透。酶、载体、通道或受体等均为蛋白质，也是细胞膜的重要组分，它们多呈球形并可移动，与膜功能密切相关。由亲水性氨基酸组成的膜蛋白以非共价键结合在脂质双分子层上；而两端由亲水性氨基酸、中间由疏水性氨基酸组成的蛋白质则嵌入脂质双分子层，有些蛋白分子从膜一侧穿向另一侧，构成细胞膜主动转运通道，另一些蛋白分子相互连接，形成膜孔，小分子药物可从膜孔通透。药物通过细胞膜的能力主要决定于药物的脂溶性、解离度及分子量。

（一）非载体转运

非载体转运指药物依赖于膜两侧的浓度差，从高浓度侧经细胞膜向低浓度侧的转运过程，又名"下山"或顺流转运。该过程的特点是：①转运不需要载体；②不消耗能量；③无转运饱和现象；④两种物质同时转运时无竞争抑制；⑤当膜两侧浓度平衡时，转运停止并呈动态平衡。非载体转运包括滤过和简单扩散。

1. 滤过　是小分子的、水溶性的极性或非极性物质在流体静压或渗透压的作用下通过亲水膜孔进行跨膜转运的方式，也称水溶性扩散。

2. 简单扩散　又称被动转运（passive transport）、被动扩散（passive diffusion）或脂溶性扩散（lipid diffusion），是药物转运的一种最常见、最重要的形式，绝大多数药物以此种方式通过细胞膜。简单扩散的速度主要决定于膜两侧药物浓度梯度及药物的脂溶性。脂溶性或油水分布系数越大、浓度梯度越高，扩散就越快。因为药物必须先溶于体液才能抵达细胞膜，因此水溶性太低也不利于药物通过细胞膜，药物在具备脂溶性时仍需具有一定的水溶性才能快速通过细胞膜。

药物在体内按照极性和电性分为极性分子、非极性分子和解离型分子、非解离型分子。非极性分子内部正负电荷数目相等，分布平衡。极性分子内部正负电荷数目相等，但分布不平衡，如水分子。药物的极性对简单扩散影响很大，如强心苷类药物的极性大小依次为毒毛花苷 K＞毛花苷 C＞地高辛＞洋地黄毒苷，其口服吸收率依次为 2%～5%，20%～30%，60%～85% 和 90%～100%，原型药的肾脏排泄率依次为 100%，90%，60% 和 10%。

药物解离度对简单扩散影响很大。多数药物是弱酸或弱碱，在体内以解离和非解离两种形式存在。由于非解离型是脂溶性的，易于通过生物膜，而解离型较难溶于脂类，不易通过生物膜，因此，在考虑扩散速度时必须了解非解离型与解离型的浓度比。该比值取决于药物本身的 pK_a 和所在环境的 pH，它们之间的关系可用 Handerson-Hasselbalch 方程式表示。

弱酸性药物：

$$\underset{(\text{非解离型})}{HA} \overset{K_a(\text{解离常数})}{\rightleftharpoons} \underset{(\text{解离型})}{H^+ + A^-}$$

$$K_a = \frac{[H^+][A^-]}{[HA]}$$

双侧取 $-\log$：

$$-\log K_a = -\log[H^+] - \log\frac{[A^-]}{[HA]}$$

因为 $-\log K_a = pK_a$；$-\log[H^+] = pH$

所以

$$pK_a = pH - \log\frac{[A^-]}{[HA]}$$

$$pH - pK_a = \log\frac{[A^-]}{[HA]}$$

$$10^{pH-pK_a} = \frac{[A^-]}{[HA]} \text{ 即 } \frac{[\text{解离型}]}{[\text{非解离型}]}$$

弱碱性药物：

$$\underset{(\text{解离型})}{BH^+} \overset{K_a(\text{解离常数})}{\rightleftharpoons} \underset{(\text{非解离型})}{H^+ + B}$$

$$K_a = \frac{[H^+][B]}{[BH^+]}$$

双侧取 $-\log$：

$$-\log K_a = -\log[H^+] - \log\frac{[B]}{[BH^+]}$$

因为 $-\log K_a = pK_a$；$-\log[H^+] = pH$

所以 $pK_a = pH - \log\frac{[B]}{[BH^+]} = pH + \log\frac{[BH^+]}{[B]}$

$$pK_a - pH = \log\frac{[BH^+]}{[B]}$$

$$10^{pK_a - pH} = \frac{[BH^+]}{[B]} \text{ 即 } \frac{[\text{解离型}]}{[\text{非解离型}]}$$

由上式可见，当 pH=pK_a 时，则 [HA]=[A$^-$]，[B]=[BH$^+$]，即 pK_a 是弱酸性或弱碱性药物在 50% 解离时溶液的 pH。当 pH 与 pK_a 的差以数学值增减时，解离型药物与非解离型药物浓度的比值相应地以指数值变化。说明药物所处体液的 pH 的微小变化可显著改变药物的解离度，从而影响药物在体内转运。通常，pH 较高（碱化），酸性药物解离多，碱性药物解离少。pH 较低（酸化），酸性药物解离少，碱性药物解离多（表 1-3-1，图 1-3-1）。

表 1-3-1 体液 pH 改变对弱酸性或弱碱性药物解离与非解离浓度比值的影响

pH	弱酸性药物 非解离型：解离型	弱碱性药物 非解离型：解离型
=pK_a-2	100：1	1：100
=pK_a-1	10：1	1：10
=pK_a	1：1	1：1
=pK_a+1	1：10	10：1
=pK_a+2	1：100	100：1

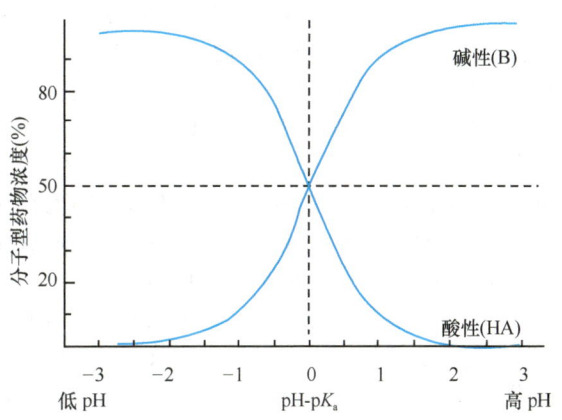

图 1-3-1 体液 pH 对弱酸性或弱碱性药物解离的影响

每个药物都有固定的 pK_a。药物的 pK_a 与药物是属于弱酸性还是弱碱性药物无关，弱酸性药物的 pK_a 可以大于 7，而弱碱性药物的 pK_a 可以小于 7。从一般规律来看，弱酸性药物 pK_a 越低，酸性越强，弱碱性药物的 pK_a 越高，则碱性越强。应指出，极弱的弱酸性药物（如异戊巴比妥，pK_a=7.9）或极弱的弱碱性药物（如地西泮，pK_a=3.3）在机体生理性 pH 范围内基本上是非解离的，其扩散较快，pH 变化对其影响不大；较强的弱酸性药物（如色甘酸钠，pK_a=2.0）或较强的弱碱性药物（如胍乙啶，pK_a=11.4）在生理性 pH 范围内基本上是解离的，其扩散困难，pH 变化对其影响也不大。一般地说，pK_a 3～7.5 的弱酸性药物以及 pK_a 7～11 的弱碱性药物的简单扩散易受生理性 pH 变化的影响。绝大部分呈解离型的药物将被限制在膜的一侧而不能进行跨膜转运,这种现象称为离子障(ion trapping)。

弱酸性药物在 pH 较低的胃液中解离度低,易吸收。如果同时服用抗酸药,提高了胃液的 pH,药物的吸收率会降低。相反,弱酸性药物在碱性的尿液中不易被肾小管重吸收,因此静脉点滴碳酸氢钠碱化尿液,常用于解救弱酸性药物中毒,加速药物自肾脏的排泄。

(二) 载体转运

载体转运是指细胞膜上的转运体(transporter)与药物结合,并载运药物到膜另一侧的过程。包括主动转运与易化扩散。

1. 主动转运 指药物逆浓度梯度或逆电化学梯度的跨细胞膜转运,即可从低浓度或低电位一侧向高浓度或高电位一侧的转运过程,又称"上山"或逆流转运。它的特点是:①细胞膜载体对药物有一定的选择性;②消耗细胞能量,故代谢抑制物能阻断此类转运过程;③以同一载体转运的两种药物可出现竞争性抑制;④转运速度有最高限度,即转运过程有饱和现象,当转运药物浓度高至一定程度时,转运系统即达饱和;⑤当膜一侧药物转运完毕时转运即停止。细胞内 Na^+ 向细胞外转运,葡萄糖自肾小管重吸收,弱酸与弱碱性药物自肾小管的分泌以及药物自肝细胞转运等都是主动转运过程。有的转运体可以将药物由细胞内转运至细胞外,如 P-糖蛋白(P-glycoprotein,P-gp)、乳腺癌耐药蛋白(breast cancer resistance protein,BCRP)、肺耐药蛋白(lung resistance protein,LRP)、多药耐药相关蛋白(multidrug resistance protein,MRP)等。

2. 易化扩散 与主动转运有相似处,亦具有饱和现象和竞争性抑制等,但易化扩散不能逆浓度梯度移动,也不耗能。如有机阴离子转运多肽(organic anion transporting polypeptide,OATP)、有机阳离子转运体(organic cation transporter,OCT)、寡肽转运体(oligopeptide transporter,PEPT)等,多数情况下是将药物由细胞外转运至细胞内。甲氨蝶呤进入白细胞,葡萄糖进入红细胞,维生素 B_{12} 从胃肠道吸收等是通过易化扩散方式进行的。易化扩散能加快药物的转运速度。

(三) 膜动转运

大分子物质及重金属的转运伴有膜的运动,称为膜动转运。

1. 胞饮 细胞膜可以内陷,将液态蛋白质或其他大分子物质吞噬进入细胞内。

2. 胞吐 又称胞裂外排。细胞膜可以包裹某些液态大分子物质形成微小的囊泡,并将其从细胞内转运至细胞外。

第二节 药物的体内过程

从药物进入机体至排出体外的过程称为药物的体内过程,也称机体对药物的处置(disposition)过程。它包括药物在体内的吸收、分布、代谢和排泄。其中,吸收、分布与排泄统称药物转运,代谢又称生物转化或药物转化。它们的相互关系见图 1-3-2。

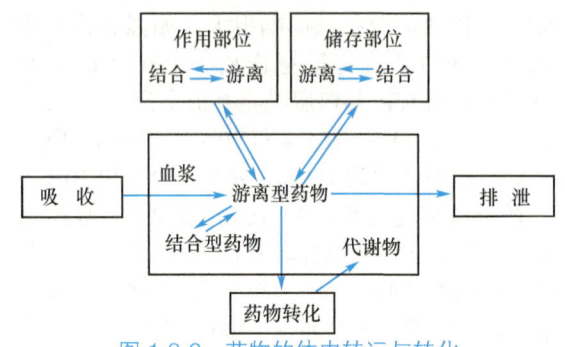

图 1-3-2 药物的体内转运与转化

一、吸 收

吸收(absorption)是指药物从给药部位进入血液循环的过程。不同的药物其吸收速度和程度不同。药物的吸收速度影响药物产生作用的快慢,而药物的吸收程度影响其作用的强弱。根据吸收部位不同,可将其分为经消化道内吸收(enteral absorption)与消化道外吸收(parenteral absorption)。

(一) 消化道内吸收

1. 从口腔吸收 片剂舌下(sublingual)给药,药物溶解后通过简单扩散可从口腔黏膜吸收。口腔黏膜面积虽小,但血管丰富,故吸收迅速,如高脂溶性的硝酸甘油舌下给药。由于经口腔黏膜吸收的药物不经过肝门静脉,故可避免首关效应。

2. 从胃肠道吸收 口服给药(per os)是最常用、最安全的给药方式。口服后药物自胃肠道吸收的主要方式是简单扩散。

(1) 从胃吸收:弱酸性药物在酸性胃内容物中的解离度低,可在胃内吸收。例如,丙磺舒是一弱酸性药物(pK_a=3.4),在 pH 为 1.4 的胃液中仅 1% 解离,99% 的非解离型药物可经胃黏膜向血浆扩散;在 pH 为 7.4 的血浆中约 99.99% 解离,解离型药物不易自血浆转运至胃中。当理论上达到平衡时,血浆浓度应为胃内浓度的 10 000 倍,即几乎全部吸收。相反,弱碱性药物如茶碱,在酸性胃内容物中大部分解离,胃中难于吸收。

(2) 从小肠吸收:人小肠长约 280 cm,直径 4 cm,具有丰富的绒毛,其 200 m^2 的吸收面积远超过 1 m² 的胃。此外，小肠还具有蠕动快、丰富的血管及淋巴管等有利于药物吸收的特点，因此，小肠是口服给药的重要吸收部位。除简单扩散外，小肠吸收尚有主动转运过程。例如维生素 B_1、B_2、B_6，以及与内源性物质结构相似的药物如氟尿嘧啶、甲基多巴等均为主动吸收。

（3）从直肠吸收：栓剂或溶液剂直肠给药（per rectum）时，药物可从直肠吸收。直肠黏膜面积虽小，但血液供应充足，药物吸收很快。例如硫喷妥钠可由直肠给药作基础麻醉。由于直肠给药时 2/3 的给药量不经过肝门静脉而直达体循环，故药物的首关效应较少。

（二）影响药物从消化道内吸收的主要因素

1. 药物制剂因素 药物的崩解、释放、溶出剂型、粒径的大小、添加剂、片子大小以及打片机的压力等均能影响药物溶解，因而影响药物从消化道的吸收。

2. 生物学因素

（1）胃肠 pH：胃内容物的 pH 为 1.0～3.0，肠内容物的 pH 为 4.8～8.2，肠段愈下，pH 愈高。弱酸性药物易在胃吸收，弱碱性药物易从小肠吸收。改变胃肠道 pH 可以改变药物从胃肠道吸收。

（2）胃排空速度和肠蠕动：胃排空速度显著影响药物的吸收。如疼痛、糖尿病等病症、抗胆碱药阿托品等可延长胃排空时间，相反，拟胆碱药等可缩短胃排空时间。肠蠕动加快可缩短药物在肠内停留时间，吸收减少。例如，甲氧氯普胺能加快肠蠕动，使地高辛吸收减少，而减慢肠蠕动的溴丙胺太林则能增加地高辛在肠内的溶解与吸收。

（3）胃肠道内容物：胃肠中食物可使某些药物吸收减少或减慢，而使另一些药物吸收增加或加速，对有些药物则无影响。食物中某些营养成分也能改变药物吸收。高蛋白饮食能减少左旋多巴在胃肠道的主动吸收，食物中的纤维因能吸附地高辛而使其吸收减少，高脂肪食物能增加脂溶性药物如灰黄霉素的吸收。胃肠道内两价或三价金属阳离子如 Mg^{2+}、Fe^{2+}、Fe^{3+}、Ca^{2+}、Al^{3+} 等，能与四环素或氟喹诺酮类药物形成不溶性络合物，因而减少它们从胃肠道的吸收。

3. 首关效应 首关效应（first-pass effect）是指某药物通过肠壁或经门静脉进入肝脏时被其中的酶所代谢，致使进入体循环药量减少的现象。首关效应又称首关消除（first-pass elimination）或首关代谢（first-pass metabolism）。例如口服异丙肾上腺素后，绝大部分药物与肠黏膜细胞内硫酸结合，进入体循环药量极少。口服普萘洛尔后约 90% 在肝脏被代谢，进入体循环的药量仅为给药量的 10% 左右。首关效应不但表示原形药在体循环药量减少，也包含着代谢物的形成。大多数情况下代谢物没有活性，首关效应将使药物作用降低；但如果代谢物具有显著活性，则首关效应可能使药物作用增强。首关效应直接影响药物的生物利用度，临床用药时应调整给药剂量，或改变给药途径。

（三）消化道外吸收

1. 从注射部位吸收 静脉注射（intravenous injection, iv）和静脉滴注（intravenous infusion, inf）药物可使药物迅速完全入血，无吸收过程，血药浓度可立即达到较高水平。皮下注射（subcutaneous injection, sc）或肌内注射（intramuscular injection, im）时，药物先沿结缔组织扩散，再经毛细血管和淋巴毛细管进入血液循环。由于注射部位的毛细血管具有较大孔道（直径 60～120 Å），吸收速度远比胃肠道黏膜快。药物经皮下或肌内注射的吸收速率决定于药物的水溶性以及注射部位的血流量。油剂、混悬剂、胶体制剂或其他缓释制剂比水溶液吸收慢。组织血流量的改变对药物吸收有较大影响，在外周循环衰竭时，皮下吸收速度极其缓慢。每单位重量的肌肉和皮下组织相比，血流较丰富，因而肌内注射的吸收速度较皮下注射快。动脉注射（intraarterial injection, ia）可将药物输送至该动脉分布部位而发挥局部作用并减少全身反应。例如将纤维蛋白溶解药用导管注入冠状动脉以治疗心肌梗死。由于许多药物因血脑屏障的缘故而不能进入到中枢神经系统内，当出现急性感染、肿瘤或需腰麻时可采用鞘内注射（intrathecal injection）给药，药物便可直接到达中枢神经系统内。

2. 从皮肤吸收 完整皮肤吸收能力很差，在涂布面积有限时，药物吸收很少。皮肤角质层仅能通过脂溶性较高的药物，对亲水性物质则因皮脂腺分泌物的覆盖而能阻其通过皮肤。一些促皮吸收剂如氮酮（azone）可与药物制成贴剂经皮给药（transdermal administration）后可产生局部或全身作用，如硝苯地平贴剂可以预防心绞痛发作。

3. 从黏膜吸收 某些药物通过黏膜给药（mucosal administration）可以产生局部作用和全身作用，如眼、鼻、咽喉、阴道、尿道、膀胱等部位。改变药物的剂型可以控制药物产生局部作用和全身作用。如滴眼剂除产生局部作用外，还可以通过鼻泪管外排引起全身作用，改用眼膏剂可以避免或减轻全身作用。

4. 从支气管或肺泡吸收 某些气体药物、挥发性液体药物、气雾剂、喷雾剂以简单扩散方式可从支气管吸收（bronchial absorption）或肺吸收（pulmonary absorption），但仅适用于少数药物。肺泡血流丰富，毛细血管面积约 90 m²，肺泡总面积达

200 m²，且肺泡膜甚薄，药物极易通过。在吸入给药（inhalational administration）时，对颗粒状态的药物需注意粒径大小。粒径过大将停留在气管或细支气管内，例如药粒 10 μm 以上主要在上呼吸道，2～10 μm 可达细支气管，小于 2 μm 的药粒方可进入肺泡。粒径过小（如小于 0.5 μm）吸入后可随呼气排出。一些药物在到达靶组织之前可在肺内被部分代谢或排泄，这也是首过消除效应。

二、分　布

分布（distribution）是指吸收入血的药物随血流转运至器官和组织的过程。影响药物分布速率和分布范围的因素较多，包括药物的理化性质、器官组织的血流量及毛细血管通透性、细胞膜及体内膜屏障对药物的通透性等。大部分药物的分布过程属于被动转运，少数为主动转运。

（一）血浆蛋白结合率

多数药物在血浆中可不同程度地与血浆蛋白结合而形成结合型药物（bound drug），未与血浆蛋白结合的药物称游离型药物（free drug）。药物与血浆蛋白的结合程度常用血浆中结合型药物浓度占总药物浓度的百分数来表示，即血浆蛋白结合率（plasma protein binding rate）。血浆白蛋白占血浆总蛋白的一半，是最重要的结合蛋白，许多药物尤其是弱酸性药物可与其结合。血浆白蛋白至少有三个结合位点与不同药物相结合，分别为华法林结合位点、吲哚及苯二氮䓬类结合位点、洋地黄毒苷结合位点。血浆中 α_1- 酸性糖蛋白（α_1-acid glycoprotein）主要与碱性药物结合，它与药物可能仅有一个结合位点。此外，血浆中的脂蛋白也可结合脂溶性较强的药物，如脂溶性维生素类。

药物与血浆蛋白结合主要借助范德华力、氢键或离子键实现，这种结合通常是可逆的。当血中游离型药物被代谢、排泄而清除时，结合型药物立即解离，释放出游离型药物，以维持游离型与结合型药物的动态平衡。药物与血浆蛋白结合可视为药物在体内的一种贮存形式，结合型药物常暂时失去药理活性。只有游离型药物可以通过细胞膜转运，药物与血浆蛋白结合后经生物膜的转运受到限制。结合型药物不能透入脑脊液。例如，磺胺嘧啶与血浆蛋白的结合率比磺胺噻唑低，透入脑脊液相对较多，故在防治流行性脑脊髓膜炎时宜选用磺胺嘧啶。药物与血浆蛋白结合也限制药物从肾小球的滤过。

在血浆蛋白结合部位上，药物与药物或与内源性化合物间可能互相竞争。例如，内源性物质胆红素与血浆蛋白结合率可被磺胺异噁唑所降低，新生儿给予该药曾发生致死性脑核黄疸症，其原因是磺胺异噁唑将胆红素从血浆蛋白部位上置换出来，并进入脑内的缘故。抗凝血药华法林的血浆蛋白结合率为 99%，当与保泰松合用时，结合型的华法林被置换出来。按理论计算，若使华法林的血浆蛋白结合率下降 1%，具有药理活性的游离型药物浓度可增加 1 倍，因而抗凝作用增强，甚至造成危及生命的出血。应指出，药物在血浆蛋白结合部位上的相互作用并非都有临床意义。一般认为，对于血浆蛋白结合率高、分布容积小、消除慢或治疗指数低的药物，这种相互作用才具有临床意义，使用时注意对给药剂量的调整。

（二）体液的 pH

在生理情况下细胞内液 pH 为 7.0，细胞外液及血浆为 7.4。弱酸性药物在细胞外液中解离型药物多，不易进入细胞内，因此，它们在细胞外液的浓度高于细胞内液。提升血液 pH 可促使弱酸性药物向细胞外转运，降低血液 pH 则使其向细胞内浓集。在临床上给予碳酸氢钠使血液碱化，可促进弱酸性药物巴比妥类由脑细胞向血浆转运，并且碳酸氢钠可以碱化尿液，减少巴比妥类药物在肾小管的重吸收，促进药物从尿排出。因此，碳酸氢钠可以解救巴比妥类药物中毒。弱碱性药物与弱酸性药物相反，它易进入细胞，且在细胞内解离型药物多，不易透出，故细胞内浓度略高于细胞外液。改变血液的 pH，也可相应改变其原有的分布特点。

（三）器官血流量

人体各组织器官的血流量差别很大。在药物分布的早期阶段，肝、肾、脑、肺等高血流灌注器官，药物分布较快，肌肉、皮肤等低血流灌注器官，药物分布较慢，随后药物还可进入再分布（redistribution）阶段。例如静脉注射高脂溶性的硫喷妥钠，药物首先进入血流量大的脑组织而发挥麻醉作用，而后又向血流量少的脂肪组织转移，以致麻醉作用迅速消失。

（四）组织细胞结合

药物与某些组织亲和力强是药物作用部位具有选择性的重要原因，一些药物在组织中的浓度高于血浆游离药物浓度。例如，碘经过特殊转运在甲状腺中浓度比其他组织约高 10 000 倍，故放射性碘适用于甲状腺功能的诊断和甲状腺功能亢进的治疗；氯喹在肝内浓度比血浆浓度高 700 倍，适用于治疗阿米巴性肝脓肿；四环素与钙形成络合物储于骨及牙齿，导致小儿生长抑制与牙齿变色或畸形。药物所分布的组织细胞可能是发挥药物作用的部位，但多数是贮藏现象。例如脂肪组织是脂溶性药物的巨大贮库。硫喷妥钠在用药后 3 小时有 70% 贮藏在脂肪组织。地高辛 50% 以上贮藏在骨骼肌内。细胞膜对药物的通透性不同。肾毛细血管内皮膜孔大，肝静脉窦缺乏完整的内皮，因此药物容易通过肾与肝的毛细血管，这些结构特点，不仅对药物从肾、肝消除具有重要意义，而且在药物中毒时肝、肾器官往往首先受累。

（五）体内屏障

1. 血脑屏障 脑组织内的毛细血管，其内皮细胞间的联结比较紧密，且管壁几乎全为星形胶质细胞所包围，这种特殊结构形成了血浆与脑脊液之间的屏障。脑细胞、血液与脑脊液，脑细胞与脑脊液之间的隔膜统称为血脑屏障（blood-brain barrier，BBB）。此屏障能阻止许多大分子的水溶性或解离型药物通过，但脂溶性较高的药物仍能以简单扩散的方式穿过血脑屏障。已经证明，P-gp 是 BBB 中的一个重要功能组成部分，主要定位于脑毛细血管内皮细胞的腔膜面上，发挥外排泵的作用，使经简单扩散进入脑毛细血管内皮细胞的药物被泵回到血液。如长春新碱、环孢素 A、秋水仙碱等具有相当高的脂溶性，因被 BBB 上的 P-gp 主动外排，脑内浓度仍然很低。当给予 P-gp 单克隆抗体或 P-gp 抑制药，如维拉帕米、奎尼丁、氯丙嗪等后，药物在脑内的浓度明显增加，表明脑毛细血管内皮细胞上的 P-gp 参与了 BBB 的屏障作用。除了 P-gp 抑制药能改变 BBB 通透性外，静脉注射高渗甘露醇、急性高血压或炎症等也可改变其通透性。例如，青霉素在健康人即使静脉注射大剂量也难进入脑脊液，而在脑膜炎患者，血脑屏障对青霉素的通透性增高，药物在脑脊液中可达到有效治疗浓度。

2. 胎盘屏障 胎盘屏障（placental barrier）是指胎盘将母体与胎儿血液分开的屏障。药物通过胎盘的方式与一般生物膜没有明显差别。脂溶性药物能以简单扩散的方式经胎盘而进入胎儿体内，水溶性或高度解离的药物则不易通透。孕期用药，药物可能通过胎盘屏障，接触胎儿，有些药物对胎儿毒性较大，甚至可能导致畸胎，因此孕妇用药应特别审慎。

3. 血眼屏障 血眼屏障（blood-eye barrier）是指血液与房水、玻璃体、视网膜之间屏障的总称。某些药物在房水、晶状体、玻璃体内的浓度远低于血药浓度，全身用药很难在眼内达到有效浓度，因此眼科用药多采用局部给药。

三、生物转化或代谢

生物转化（biotransformation）是指药物在体内发生化学结构的改变，又称代谢（metabolism）。阐明生物转化规律的意义在于：①药物经生物转化生成的代谢物通常极性较母药增大，水溶性增强，易随尿液及胆汁排出；②多数药物经生物转化后活性降低，即从活性药物变成无活性的代谢物，称为灭活（inactivation）；③某些无活性药物或前体药物（prodrugs）经生物转化后形成活性代谢物，称为活化（activation）；也有的活性药物转化成仍具有活性的代谢物，但与母药相比，它们的作用或体内过程可能发生不同程度地改变；④有些药物等外源性化合物（xenobiotics）经生物转化后可形成具有高度化学反应性的毒性代谢物（toxic chemically reactive metabolites）。

（一）生物转化的类型

药物在体内生物转化的步骤常分两相反应。Ⅰ相反应（Phase Ⅰ reaction）包括氧化（oxidation）、还原（reduction）和水解（hydrolysis），Ⅱ相反应（Phase Ⅱ reaction）即结合反应（conjugation）。

大多数药物在体内经过生物转化后失去活性，少数则产生活性；药物代谢也是体内产生毒性代谢产物的主要途径。有些药物可经多种途径被代谢，另一些药物几乎完全经一种途径代谢，还有些药物可以不经代谢以原形排泄。Ⅰ相反应是机体向母药引入极性基团如 $-OH$、$-COOH$、$-NH_2$ 或 $-SH$ 等过程，可通过肝微粒体药物代谢酶或非微粒体酶系催化。某些酯类、酰胺类及糖类的药物，可通过血浆或其他组织的水解酶而水解。例如酯键水解、酰胺键水解等。体内环氧化物在微粒体环氧化物水解酶（epoxide hydrolase）的催化下，可迅速水解为二醇类，这是环氧化物重要的解毒过程。Ⅱ相反应即结合反应。药物分子的极性基团与内源性结合物，如葡萄糖醛酸、硫酸、醋酸、甲基以及某些氨基酸等以共价键结合，形成极性更大，水溶性高的结合物，易于经尿排泄。

表 1-3-2 列举了 Ⅰ 相反应的主要类型及实例。

表 1-3-2　Ⅰ 相反应的类型及实例

转化类型	结构改变	催化酶系	实例
①氧化			
脂肪族羟化	$RCH_2CH_3 \rightarrow RCH_2CH_2OH$ $RCH_2CH_3 \rightarrow RCHCH_3$ $|$ OH	微粒体酶	司可巴比妥

续表

转化类型	结构改变	催化酶系	实例
芳香族羟化	Ar → ArOH	微粒体酶	苯巴比妥
N 脱烃基	$RNHCH_3 \to RNH_2 + CH_2O$	微粒体酶	吗啡
O 脱烃基	$ROCH_3 \to ROH + CH_2O$	微粒体酶	可待因
S 脱烃基	$RSCH_3 \to RSH + CH_2O$	微粒体酶	美西妥拉
S 氧化	$R_1R_2S \to R_1R_2S=O$	微粒体酶	氯丙嗪
N 氧化	$RNH_2 \to RNHOH$	微粒体酶	苯胺
	$R_1R_2NH \to R_1R_2N-OH$		对乙酰氨基酚
	$R_1R_2R_3N \to R_1R_2R_3N \to O$		烟碱
脱氨	$RCHCH_3\text{-}NH_2 \to R\text{-}CCH_3 + NH_3$ (=O)	微粒体酶	苯丙胺
脱硫	$R_1R_2C=S \to R_1R_2C=O$	微粒体酶	硫喷妥钠
环氧	$RCH=CHR \to R-C(OH)-C(H)-R$	微粒体酶	氯甲桥萘
醇类氧化	$RCH_2OH \to RCHO$	非微粒体酶	乙醇
醛类氧化	$RCHO \to RCOOH$	非微粒体酶	乙醛
胺类氧化	$RCH_2NH_2 \to RCHO + NH_3$	非微粒体酶	肾上腺素
② 还原			
偶氮还原	$RN=NR_1 \to RNH_2 + R_1NH_2$	微粒体酶	百浪多息
硝基还原	$RNO_2 \to RNO \to RNHOH \to RNH_2$	微粒体酶	氯硝西泮
醛类还原	$RCHO \to RCH_2OH$	非微粒体酶	水合氯醛
酮类还原	$RCR'(=O) \to RCHR'(OH)$	非微粒体酶	美沙酮
③ 水解			
酯键水解	$R_1COOR_2 \to R_1COOH + R_2OH$	非微粒体酶	普鲁卡因
酰胺键水解	$RCONHR_1 \to RCOOH + R_1NH_2$	非微粒体酶	利多卡因

（二）生物转化的部位及其催化酶

生物转化的主要部位是肝脏，肝外组织如胃肠道、肾、肺、脑、肾上腺及卵巢等也能不同程度地代谢药物。生物转化是药物在药物代谢酶（drug-metabolizing enzymes）的作用下发生化学结构和理化性质改变的过程。药物代谢酶是参与药物等外源化合物代谢酶类总称，简称药酶。药酶可分为两类，一类是专一性酶，如胆碱酯酶、单胺氧化酶等分别转化乙酰胆碱和单胺类药物；另一类是非专一性酶，主要分布在肝细胞的微粒体、线粒体和细胞质中，故简称肝药酶。肝药酶主要包括有细胞色素 P450 酶系（cytochrome P450, P450 or CYP）、含黄素单氧化酶系（flavin-containing monooxygenases, FMO）、环氧化物水解酶系（epoxide hydrolases, EH）和结合酶系（conjugating enzymes, CE）。

1. 细胞色素 P450 酶系 CYP 是一个超家族（superfamily），根据基因编码氨基酸序列的相似程度，可将其划分为不同的家族（family）和亚家族（subfamily）。CYP 超家族的命名是以 CYP 开头，后面的阿拉伯数字表示基因家族，如 CYP2；其后大写英文字母表示亚家族，如 CYP2D；最后的阿拉伯数字表示 CYP 酶个体，如 CYP2D6。在人类肝脏中与药物代谢密切相关的 CYP 主要是 CYP1A1，1A2，1B1，2A6，2B6，2C8，2C9，2C19，2D6，2E1，3A4 和 3A5，共 12 种，它们占肝脏中 CYP 总含量的 75% 以上。多种类型的 CYP 具有重叠的催化药物特异性，每一个CYP均具有广谱的催化药物代谢的能力（表1-3-3）。了解每一个CYP所催化的药物，对于合理用药以及阐明在生物转化环节上发生的药物相互作用很有意义。

表1-3-3　人肝中主要CYP及其催化的药物

CYP	药	物	底	物
1A1	7-ethoxyresorufin		R-华法林	
1A2	咖啡因	对乙酰氨基酚	昂丹司琼	
	安替比林	非那西丁	他克林	
	他莫昔芬	R-华法林	茶碱	
	维拉帕米	普罗帕酮		
1B1	雌激素			
2A6	香豆素	烟碱		
2B6	环磷酰胺			
2C8	紫杉醇	Amodiaquine		
2C9	甲苯磺丁脲	海索比妥	苯妥英钠	
	三甲双酮	S-华法林	双氯芬酸	
	氟比洛芬	吡罗昔康	替尼酸	
	托拉塞米	布洛芬	美芬妥因	
	磺胺异噁唑			
2C19	S-美芬妥英	地西泮	R-华法林	
	喷他脒	普萘洛尔	奥美拉唑	
	萘普生			
2D6	异喹胍	右美沙芬	丁呋洛尔	
	可待因	地昔帕明	米帕明	
	恩卡尼	氟西汀	氟哌啶醇	
	去甲替林	司巴丁	氟卡尼	
	美西律	美托洛尔	奋乃静	
	硫利达嗪	帕罗西汀	普罗帕酮	
2E1	氯唑沙宗	对乙酰氨基酚	咖啡因	
	乙醇	氟烷	甲氧氟烷	
	恩氟烷	茶碱		
3A4	睾酮	红霉素	氨苯砜	
	可待因	环孢素	非洛地平	
	地西泮	氢化可的松	英地那韦	
	咪达唑仑	洛伐他汀	奎尼丁	
	硝苯地平	卡马西平	尼群地平	
	特非那定	维拉帕米	利多卡因	
	胺碘酮	地尔硫䓬	地高辛	
	他莫昔芬	奥美拉唑	炔雌醇	
	华法林	孕二烯酮	对乙酰氨基酚	
	黄体酮	醋竹桃霉素		
3A5	硝苯吡啶			

细胞色素P450酶系氧化药物至少有六个步骤（图1-3-3）：药物首先与氧化型CYP(Fe^{3+})结合成CYP(Fe^{3+})-药物复合物。第二步是该复合物接受由NADPH（还原型辅酶Ⅱ）提供并经NADPH-细胞色素P450还原酶传递的一个电子，形成还原型CYP(Fe^{2+})-药物复合物。第三步是该复合物结合一分子氧。第四步是再接受一个电子，使O_2活化为氧离子。第二个电子的来源可能也是由NADPH-细胞色素P450还原酶传递的或（和）由NADH（还原型辅酶Ⅰ）提供并经NADH-细胞色素b5还原酶传递的。第五步是活化的氧离子一方面把与CYP结合的药物氧化；另一方面与两个质子生成水。第六步是氧化药物释放，氧化型CYP再生。此外，该酶系在无氧条件下，还可使偶氮及芳香硝基化合物产生还原反应。该反应始动于还原型CYP与该类化合物形成复合物，然后再接受一个电子，最后形成氧化型CYP以及还原的胺基产物。

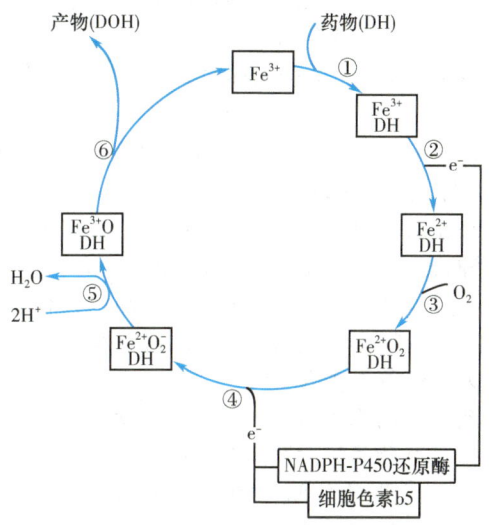

图1-3-3　细胞色素P450酶系氧化药物的过程
Fe^{3+}：氧化型CYP；Fe^{2+}：还原型CYP

2. 含黄素单氧化酶系　FMO是参Ⅰ相药物氧化反应的另一个药酶超家族，与CYP共同存在于肝脏微粒体且含量很高，主要参与水溶性药物代谢物的反应。该酶系包括6个家族，其中FMO_3含量最丰。FMO_3主要代谢烟碱、西咪替丁、雷尼替丁、氯氮平、依托必利（itopride）等，此酶有遗传缺陷时则不能将海产品中的N-氧化三甲胺（TMAO）代谢为三甲胺（TMA），使得TMAO在体内堆积，出现一种难闻的鱼腥味，称为鱼腥味综合征（fish-odor syndrome）。与CYP不同的是，FMO在药物代谢中处于次要地位，产生的代谢物基本无活性，也不被诱导剂诱导和抑制剂抑制，也未见药物相互作用。

3. 环氧化物水解酶系　EH分为两种，一种是存在于细胞质中的可溶性环氧化物水解酶（sEH），另一种是存在于细胞微粒体环氧化物水解酶（mEH）。

某些药物经 CYP 代谢后生成的环氧化物可以和细胞核中的蛋白质、DNA、RNA 高亲和力结合，导致细胞结构改变并产生细胞毒作用。该酶系的作用是将此种环氧化物进一步水解变成无毒或毒性很弱的代谢物。如抗癫痫药卡马西平 (carbamazepine) 是一前体药，经 CYP 代谢后生成有药理活性的卡马西平-10，11-环氧化物，再经 mEH 代谢成无活性的产物。若同服抗癫痫药丙戊酸 (valproic acid) 抑制 mEH，将使卡马西平-10,11-环氧化物血浆浓度增加，疗效增强，同时不良反应也增强。

4. 结合酶系 在 II 相药物结合反应中有许多 CE 参与，除了葡萄糖醛酸转移酶位于微粒体外，其余的酶都位于细胞质中，以便快捷地将代谢物随尿液和胆汁排出。该酶系反应速度通常快于参与 I 相反应的酶系，故可迅速地终止代谢物的毒性。

（三）生物转化的差异性及其影响因素

生物转化有明显的种族差异和个体差异。

遗传决定氧化反应及结合反应的多态性 (polymorphisms)。根据人体对某些药物生物转化的强度与速度不同，可将人群分为强代谢者 (extensive metabolizers) 或快代谢者 (rapid metabolizers) 与弱代谢者 (poor metabolizers) 或慢代谢者 (slow metabolizers)。如人群对异烟肼的 N-乙酰化存在快慢两种表型，慢乙酰化者肝 N-乙酰转移酶含量明显减少。异喹胍与美芬妥英的氧化代谢也具有遗传多态性。在人群中弱代谢者异喹胍羟化酶活性缺乏，表现为 CYP2D6 基因变异。

药物代谢酶的活性可以发生改变。某些化学物质能提高肝药酶的活性，增加自身或其他药物的代谢速率，此现象称酶的诱导 (enzyme induction)。具有酶诱导作用的化学物质称酶的诱导剂 (enzyme inducing agent)。表 1-3-4 列举了一些在临床上常见的诱导剂以及受其诱导的 CYP。属于该酶的底物（见表 1-3-3）均有可能被其相应诱导剂所诱导。对于在体内灭活的药物来说，由于药酶诱导后代谢加快，血浆药物浓度降低，从而使治疗效果减弱。例如苯巴比妥是典型的酶诱导剂，它能提高 CYP2C9 及 CYP2C19 几个同工酶的催化能力。华法林在体内经这些同工酶羟化失活，苯巴比妥可加速其代谢，使其抗凝效果降低。长期服用苯巴比妥者，需较大剂量的华法林才能产生抗凝效果。当停用苯巴比妥后，血浆华法林浓度迅速回升。因此，两药合用的患者，在停用苯巴比妥时需相应减少抗凝剂用量，否则有出血危险。某些化学物质能抑制肝微粒体药物代谢酶的活性，减慢其他药物的代谢速率，此现象称酶的抑制 (enzyme inhibition)。具有酶抑制作用的化学物质称酶的抑制剂 (enzyme inhibitory agent)。通常，酶的抑制剂对 CYP 酶的抑制作用也有一定的特异性。表 1-3-4 列举了一些在临床上常见的抑制剂以及受其抑制的 CYP 酶。属于该酶的底物（见表 1-3-3）均有可能被其相应抑制剂所抑制。在体内灭活的药物经酶抑制剂作用后，代谢减慢，作用增强，甚至导致毒性反应。例如受 CYP3A4 代谢的红霉素能竞争性抑制其底物华法林、卡马西平、环孢素 A 及咪达唑仑的代谢，使它们作用增强，甚至可致中毒水平。西咪替丁能与 CYP 的血红素铁形成复合物，使 CYP 酶活性明显降低，进而抑制许多药物的氧化代谢，如普萘洛尔、茶碱、华法林及苯妥英钠等。

表 1-3-4 人体肝 CYP 酶的诱导剂与抑制剂

CYP	诱导剂	抑制剂
3A4	苯巴比妥	酮康唑
	苯妥英钠	孕二烯酮
	地塞米松	西咪替丁
	卡马西平	伊曲康唑
	醋竹桃霉素	红霉素
	利福平	葡萄柚汁
	克霉唑	
	磺胺二甲嘧啶	
2C9	苯巴比妥	磺胺苯吡唑
	利福平	
1A2	奥美拉唑	呋拉茶碱
	咖啡因	氟伏沙明
	吸烟	环丙沙星
2C19	苯巴比妥	氟康唑
	利福平	氟伏沙明
2E1	乙醇	双硫仑
	异烟肼	
2A6	苯巴比妥	奎尼丁
	利福平	丁呋洛尔
		氟西汀
1A1	3-甲基胆蒽	7,8-苯并黄酮
		美替拉酮

除遗传因素外，用药者的年龄、营养、重要脏器的功能状态、疾病等因素也对药物代谢产生影响，详见第四章。

四、排　泄

排泄 (excretion) 是指体内药物或其代谢物排出体外的过程，它与生物转化统称为药物消除 (elimination)。肾脏是大多数药物排泄的重要器官，有些药物可经胆汁排泄，某些药物也可从肺、乳腺、唾液腺或汗腺排出。

（一）肾脏排泄

药物从肾脏排泄需经历肾小球滤过、肾小管分泌与肾小管重吸收三个过程，前两过程是将药物排入肾小管腔内，后一过程是将肾小管腔内药物转运至血液中。

1. 肾小球滤过 肾小球基底膜呈筛状，筛孔较大（约50Å；5 nm），除与血浆蛋白结合的药物外，游离型药物或代谢物都能从肾小球滤过。影响药物滤过的主要因素是肾血流量与药物血浆蛋白结合的程度。肾血流量低或药物的血浆蛋白结合程度高均可使滤过药量减少。疾病状态下可改变滤过率，如肾病患者血浆蛋白大量丢失，使结合型药物减少，游离型药物增多，肾排泄量增加。肾小球肾炎患者的基底膜由于炎症而使药物滤过减少，肾排泄量减少。

2. 肾小管分泌 肾小管分泌主要在近端肾小管进行，是主动转运过程，需载体参与，有饱和现象，一般不受蛋白结合影响。肾小管细胞的转运载体包括有机酸转运载体和有机碱转运载体，分别分泌有机酸类药物和有机碱类药物。分泌机制相同的两药合用，可发生竞争性抑制。例如丙磺舒与青霉素的分泌机制相同，合用丙磺舒可因竞争性抑制，减少青霉素从有机酸转运系统分泌，提高其血药浓度，使药效增强并延长。从有机碱分泌系统分泌的西咪替丁能抑制其他有机碱如普鲁卡因胺，雷尼替丁、氨苯喋啶、阿米洛利及二甲双胍的分泌，当这些药物与西咪替丁合用时，它们的血药浓度增加，作用增强，甚至产生毒性反应。

3. 肾小管重吸收 肾小管腔内药物因水重吸收而被浓缩，并通过简单扩散的方式而被肾小管重吸收。重吸收的程度即决定于药物本身的理化性质如极性、解离度、分子量等，也决定于机体生理状态如尿量及尿pH等。水溶性药物重吸收少，易从尿中排出。增加尿量可降低肾小管细胞两侧的药物浓度梯度，减少其重吸收，因而增加某些药物的排泄。例如，渗透性利尿药甘露醇可增加溴剂、锂盐、苯巴比妥以及水杨酸盐从肾脏的排出。尿液pH决定弱酸性和弱碱性药物的解离度，影响药物在远端肾小管的重吸收。酸化尿液，弱碱性药物在肾小管中大部分解离，重吸收少，排泄增加；碱化尿液，则弱酸性药物在肾小管中大部分解离，重吸收少，排泄增加。临床上可用调节尿液pH的方法作为解救药物中毒的措施之一。例如，巴比妥类或水杨酸类等酸性药物中毒，给予碳酸氢钠可加速排泄。

（二）胆汁排泄

许多药物或其代谢物能从胆汁排泄。它是一个复杂的过程，包括药物在肝细胞的摄取、贮存、转化以及向胆汁的主动转运过程。药物的理化性质及某些生物学因素能影响上述过程。对于从胆汁排泄的药物，除需具有一定的化学基团及极性外，对其分子量似有一定阈值的要求。通常相对分子质量大于0.5 kDa的化合物可从人胆汁排出，但超过5 kDa的大分子化合物难从胆汁排出。药物经胆汁排泄的种属差异很大，从动物实验所取得的实验结果不宜外推于人。

由胆汁排入十二指肠的药物有的直接随粪排出，但较多的药物可由小肠上皮吸收，并经肝脏重新进入全身循环，这种小肠、肝脏、胆汁间的循环称为肠肝循环（enterohepatic circulation）。肠肝循环的临床意义视药物的胆汁排出量而定。药物从胆汁排出量多，肠肝循环可延长药物的作用时间，如洋地黄毒苷。洋地黄毒苷中毒时，服用消胆胺可在肠道中与其结合，切断肠肝循环而加速其排泄。

（三）乳汁排泄

某些药物可经乳汁排出。血浆的pH为7.4，而乳汁的pH为7.0，故弱碱性药物在乳汁的浓度可能高于血浆，弱酸性药物可能与此相反。如果药物与母亲的血浆蛋白结合率很高，则药物通过乳腺腺泡膜的简单扩散减少。药物经乳汁排泄量对其总消除量而言虽然意义不大，但对乳儿可能产生不良影响，值得注意。例如哺乳妇女服用甲巯咪唑，将会抑制受乳儿的甲状腺功能。

（四）其他途径排泄

某些药物可经肠黏膜排入肠腔而随粪便排出，也可从呼气、汗液、泪液或唾液排出。由于某些药物在唾液中浓度与血药浓度平行，故唾液可作为生物样品而用于治疗药物监测。

第三节 体内药量变化的时间过程

药物的体内过程是随时间而不断变化的动态过程。该动态过程必然使体内药量随给药后时间的推移而不断发生变化。为了揭示体内药量随时间而变化的定量规律，通常从给药后的一系列时间点采取血样，测定血浆（或血清）药物浓度，然后对血药浓度-时间数据进行分析。

一、时量关系及时量曲线

时量关系（time-concentration relationship）是指血浆药物浓度（C）随时间（t）的改变而发生变化的规律。以血浆药物浓度为纵坐标，以时间为横坐标作图，即为时量曲线（time-concentration curve）。时量曲线亦称药-时曲线或C-t曲线。

当单次血管外给予一室模型药物后，其时量曲线可区分为升段、峰值与降段（图1-3-4）。曲线升段主要反映吸收过程，其坡度反映该过程的速度。

坡度越陡，则吸收越快。曲线的峰值（或称峰浓度，peak concentration，C_{max}）是指给药后所达到的最高血药浓度，它反映吸收速度与消除速度相等。从给药后至峰值的时间称为达峰时间（peak time，t_{max}），它反映药物的吸收速度。曲线的降段主要反映药物的消除过程，其坡度反映消除过程的速度。坡度陡，则消除快；坡度平，则消除慢。当然，曲线升段时分布与消除过程已经开始，只是吸收超过分布与消除，同样，曲线降段时吸收也未完全停止，只是消除超过吸收。

时量曲线下面积（area under curve，AUC）与吸收后进入体循环的药量成正比例，它反映进入体循环药物的相对量。AUC 是血药浓度随时间变化的积分值，可由下式求得：

$$AUC = \int_0^\infty C(t) \cdot dt = \int_0^\infty C_0 \cdot e^{-k_e \cdot t} \cdot dt = C_0 \int_0^\infty e^{-k_e \cdot t} \cdot dt = \frac{C_0}{k_e}$$

式中 $C(t)$ 代表 t 时的药物浓度，C_0 代表零时的药物浓度，t 代表时间，k_e 代表消除速率常数。AUC 的单位是 mg/(L·h)，它是计算生物利用度的基础数值。有关多次给药后的时量曲线及其特点见第四节。

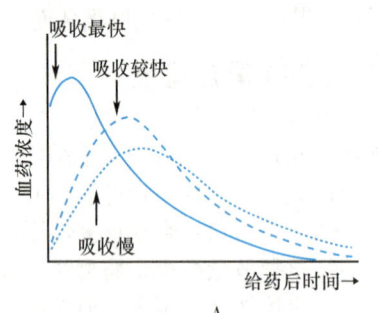 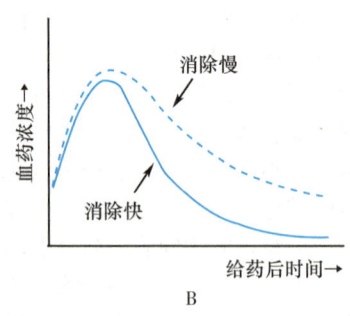

图 1-3-4　单次血管外给药的时量曲线
A. 吸收速度不同；B. 消除速度不同

二、生物利用度

生物利用度（bioavailability）是指药物从某制剂吸收进入血液循环的相对数量和速度。它的吸收相对数量是用 AUC 进行估算，而其吸收速度是以 C_{max} 与 t_{max} 估算。生物利用度是评价药物制剂质量的一个重要指标。

生物利用度可区分为绝对生物利用度（absolute bioavailability，F）与相对生物利用度（relative bioavailability，F'）。一般认为，静脉注射药物的生物利用度是 100%，如果把静脉注射（iv）与血管外途径给药（ev）时的 AUC 值进行比较，并计算后者的生物利用度，即为绝对生物利用度。生物利用度也可在同一给药途径下对不同制剂进行比较，这就是相对生物利用度。其计算式为：

$$F = \frac{AUC_{ev}}{AUC_{iv}} \times 100\%$$

$$F' = \frac{AUC_{受试制剂}}{AUC_{标准制剂}} \times 100\%$$

应指出，有时药物口服后由于首关效应的影响，可使生物利用度降低，两者之间的定量关系可用下式表示：

$$F = F_{ab} \cdot F_I \cdot F_H = F_{ab} \cdot (1-E_I) \cdot (1-E_H)$$

式中 F_{ab} 代表口服药物吸收至肠黏膜内的量与给药剂量的比值，F_I 及 F_H 分别代表避开肠（I）首关效应及肝（H）首关效应的量与给药剂量的比值，E_I 和 E_H 分别代表肠和肝提取率。例如，口服咪哒唑仑进入肠黏膜的量是给药剂量的 100%，但肠道的首关效应为剂量的 43%，肝脏的首关效应为剂量的 44%，结果咪哒唑仑的口服生物利用度仅为 32%。

第四节　药物消除动力学

药物消除动力学过程（elimination kinetic process）是指进入血中的药物由于分布、生物转化及排泄，使其血药浓度不断衰减的过程。该过程可控制着作用部位的药物浓度，从而影响作用的持续时间及药物效应强度。

一、消除动力学类型

按药物在血中的消除速率与浓度之间的关系，可将药物自血中的消除动力学分为一级消除动力学、零级消除动力学以及米氏消除动力学过程。

（一）一级消除动力学

一级消除动力学（first-order elimination kinetics）

是指血中药物消除速率（dC/dt）与血中药物浓度的一次方成正比。即血药浓度高，单位时间内消除的药量多，血药浓度降低，单位时间内消除的药量少，即药物的消除速率是按比例进行，也称为定比消除。描述一级消除动力学的方程式是：

$$\frac{dC}{dt} = -k_e C^1 = -k_e C$$

式中 C 为药物浓度，k_e 为消除速率常数（elimination rate constant），它是与消除速率过程有关的一个比例常数，单位是 1/时间或时间$^{-1}$，表示单位时间内药物消除的量与药物消除前存量的比值，例如 $k_e = 0.1\ h^{-1}$，表示现存药量中 1 小时后将有 10% 被消除，剩余的药量在下 1 小时后仍有 10% 被消除。负号表示血药浓度随时间推移而下降。将上式积分，得：

$C_t = C_0 \cdot e^{-k_e \cdot t}$，取自然对数，则：
$\ln C_t = \ln C_0 - k_e t$，换算为常用对数：

$$\log C_t = \log C_0 - \frac{k_e}{2.303} \cdot t$$

$$t = \log \frac{C_0}{C_t} \times \frac{2.303}{k_e}$$

式中 C_t 表示在时间 t 时的血药浓度，C_0 为初始的血药浓度。从上式可见，将 t 时血药浓度的对数值与时间作图（即 C-t 数据在半对数纸上绘图）可得一条直线，其斜率为 $-k_e/2.303$，所以，一级动力学又称线性动力学（linear kinetics）。如果将血药浓度与时间在普通坐标纸上作图，将得到一条凹形曲线，即数学上的指数曲线（图 1-3-5）。

一级动力学过程属于被动转运的特征。由于多数药物的分布与消除是被动转运，故多数药物自血中的消除属一级动力学消除。除定比消除外，一级消除动力学还有下述特点：

（1）半衰期恒定，与血药浓度高低无关。半衰期（$t_{1/2}$）是指血浆药物浓度下降一半所需时间，即 $C_t = 1/2 C_0$，将此代入上式，则：

$$t_{1/2} = \log 2 \times \frac{2.303}{k_e} = 0.301 \times \frac{2.303}{k_e} = \frac{0.693}{k_e}$$

式中均为恒定常数且与 C_0 无关。

（2）停药后约经 5 个 $t_{1/2}$ 药物从体内基本消除完毕，按相同剂量相同间隔时间给药，约经 5 个 $t_{1/2}$ 达到稳态浓度。

已知，药物在体内经过 t 时后，体内剩余药量可按下式计算：

$$A_t = A_0 \cdot e^{-k_e \cdot t},\ k_e = 0.693/t$$

式中 A_t 是指 t 时后体内剩余药量，A_0 是体内初始药量，t 以 $t_{1/2}$ 为单位计（即 $t = n \cdot t_{1/2}$），则：

$$A_t = A_0 \cdot e^{-0.693 \cdot n} = A_0 \cdot \left(\frac{1}{2}\right)^n$$

当 $n = 5$ 时，$A_t \approx 3\% A_0$，即经过 5 个 $t_{1/2}$ 后体内药物已基本消除完毕。同理，如果每隔一个 $t_{1/2}$ 给药一次（A_0），则体内药量（或血药浓度）逐渐累积，经过 5 个 $t_{1/2}$ 后，消除速度与给药速度相等，达到稳态：

$$A_t = A_0 (1 - e^{-k_e \cdot t})$$
$$= A_0 (1 - e^{-0.693 \cdot n})$$
$$= A_0 \left[1 - \left(\frac{1}{2}\right)^n\right]$$

上式 A_t 为体内累积药量。当 $n = 5$ 时，$A_t \approx 97\% A_0$。

（3）时量曲线下面积与所给予的单一剂量成正比。

（二）零级消除动力学

零级消除动力学（zero-order elimination kinetics）是指血中药物消除速率与浓度的零次方成正比。即血药浓度按恒定消除速度（单位时间消除的药量）进行消除，与血药浓度无关，也称定量消除。描述零级消除动力学的方程式是：

$$\frac{dC}{dt} = -k_0 C^0 = -k_0$$

式中 k_0 为零级消除速率常数，单位是药量/时间。将上式积分：

$$C_t = C_0 - k_0 t$$

式中 C_0 为初始血药浓度，C_t 为 t 时的血药浓度。可见，将 t 时的血药浓度与时间在普通坐标纸上作图可得一直线，其斜率为 $-k_0$。在半对数纸上绘图，得到的却是一条凸出曲线（图 1-3-5）。

零级动力学过程具有主动转运的特征。有少数药物的分布与消除过程需一些载体或酶系统参与，当体内药量过大，超过其负荷能力，则可成为零级消除动力学。乙醇、苯妥英钠、阿司匹林、双香豆素及丙磺舒等可出现这种情况。除定量消除外，零级消除动力学还有下述特点：

（1）$t_{1/2}$ 不恒定，它与初始血药浓度（给药量）有关，剂量越大，$t_{1/2}$ 越长。这是因为将 $C_t/C_0 = 1/2$ 代入上式，$t_{1/2} C_0 = C_0 - k_0 t_{1/2}$，则 $t_{1/2} = 0.5 C_0/k_0$。

（2）时量曲线下面积与给药剂量不成正比，剂量增加，其面积可以超比例增加。

（三）米氏消除动力学

米氏消除动力学（Michaelis-Menten elimination kinetics）是包括零级和一级消除动力学在内的混合型消除过程。该消除过程在高浓度时为零级过程，而在低浓度时为一级过程。描述米氏消除动力学的方程式是：

$$\frac{dC}{dt} = -\frac{V_m \cdot C}{K_m + C}$$

式中 V_m 是该过程最大消除速率常数，K_m 是米氏常数，它是消除速率为 V_m 一半时的药物浓度。

对于该消除动力学过程，当用 C-t 数据在普通坐标纸上绘图，是一条上部分稍凹，下部分更凹的曲线。而在半对数纸上作图，则得到一条上部分变凸，下部分变直的曲线（图1-3-5）。

当体内消除能力远远大于药物浓度时，即 $C \ll K_m$ 时，上式分母中的 C 可略而不计，方程式可简化为：

$$\frac{dC}{dt} = -\frac{V_m}{K_m} \cdot C$$

由于 V_m 与 K_m 两者都是常数，故 V_m/K_m 可视为一个新的常数 k，显然，当血药浓度远小于 K_m 时，其 C-t 曲线将遵循一级消除动力学。

当体内消除能力远远小于药物浓度时，即 $C \gg K_m$，此时上式分母中 K_m 可略而不计，方程式可简化为：

$$\frac{dC}{dt} = -V_m$$

说明药物浓度变化等于一常数，即当血药浓度明显超过消除过程 K_m 时，将服从零级消除动力学过程。

零级消除动力学与米氏消除动力学又称非线性动力学（nonlinear kinetics）。

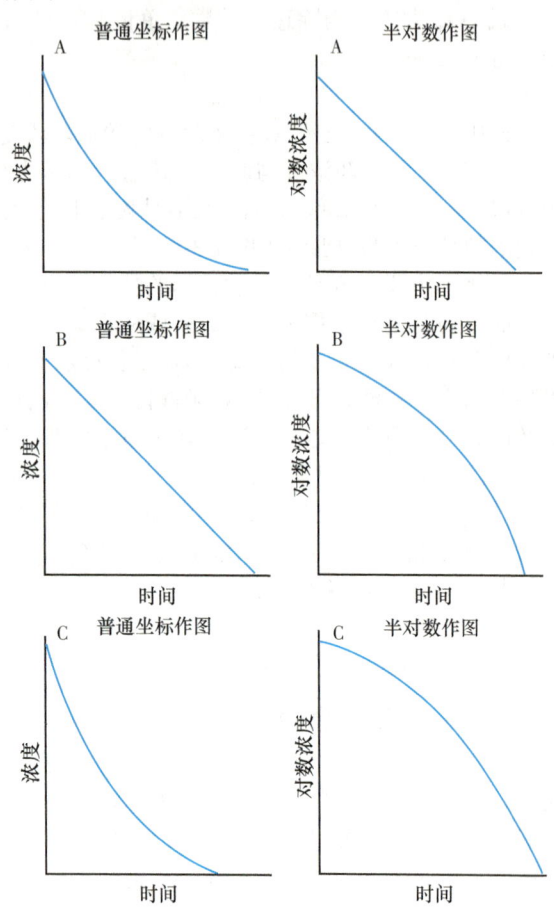

图1-3-5 药物在体内消除过程的时量曲线
A. 一级消除动力学；B. 零级消除动力学；C. 米氏消除动力学

二、药代动力学参数的计算及意义

（一）半衰期

正如前述，半衰期（half-life, $t_{1/2}$）通常指血浆消除半衰期，是药物在体内分布达到平衡状态后血浆药物浓度降低一半所需的时间，是表述药物在体内消除快慢的重要参数。对于一级消除动力学药物，不论给药量多少，其 $t_{1/2}$ 是一个常数，它可用 k_e 计算。

$$t_{1/2} = \frac{0.693}{k_e}$$

$t_{1/2}$ 因药而异，变化范围很大。例如青霉素0.5小时，吗啡3小时，乙酰水杨酸6小时，地高辛36小时，苯巴比妥5天，洋地黄毒苷9天。了解 $t_{1/2}$ 有助于设计最佳给药间隔、预测停药后药物从体内消除的时间以及预测连续给药后达到稳态血药浓度的时间（见一级消除动力学）。除少数 $t_{1/2}$ 很短、很长的药物或零级动力学药物外，按 $t_{1/2}$ 设计给药间隔时间是安全的给药方法。

（二）表观分布容积

表观分布容积（apparent volume of distribution, V_d）是指体内药物总量分布达平衡后，按测得的血浆药物浓度计算时所需的体液总容积。若体内总药量为 A，并设血浆与组织间达到平衡时的血浆药物浓度为 C，则：

$$V_d = \frac{A}{C}$$

式中 A 为 mg，C 为 mg/L，V_d 可用 L 表示，若 A 为 mg/kg 体重，则 V_d 可用 L/kg 体重表示。该式可见，V_d 是体内药量与血浆药物浓度间的比例常数，将此比例常数乘于血浆药物浓度，其乘积恒等于体内总药量。从公式也可看出，在体内药物总量相同情况下，血药浓度高，V_d 值低，血药浓度低，V_d 值高。

V_d 是一个理论的容积，它不代表体内具体的生理性容积。但从 V_d 可以反映药物分布的广泛程度或与组织中大分子的结合程度。例如，酚红静脉注射的 V_d 为 4 L，约等于正常成人的血浆容积，说明酚红不向组织脏器分布，全部集中在血浆中；菊糖的 V_d 大约为 15 L，与正常成人的细胞外液相近，说明它能通过毛细血管内皮，但不能通过细胞膜，仅分布在细胞外液中；乙醇的 V_d 为 41 L，说明这些药物能通过细胞膜而分布在正常成人的总体液中，但不被组织结合。药物若能被组织细胞选择性结合，则其 V_d 可远远大于生理性总容积。例如，体重70 kg 的人给予地高辛 0.5 mg，其血浆浓度为 0.7 μg/L，按此浓度除以体内总药量，则地高辛的 V_d 为 700 L，超过生理性总容积的10倍以上。

（三）总清除率

总清除率（total body clearance，TBCL）又称血浆清除率（plasma clearance，CL），是机体消除药物速率的另一种表示方法。指体内诸消除器官在单位时间内清除药物的血浆容积，是肝、肾以及其他消除途径清除率的总和。其计算式为：

$$CL = V_d \cdot k_e$$

或

$$CL = \frac{A}{AUC}$$

式中V_d为表观分布容积，k_e为消除速率常数，A为体内药量，AUC为时量曲线下面积。CL是以L/h或升/小时表示。

1. 肝清除率 药物的肝清除率（hepatic drug clearance，CL_H）指单位时间内肝脏清除药物的血浆容积，即单位时间内肝脏消除药物的总量与当时血浆药物浓度的比值，可用下式表示：

$$CL_H = \frac{Q_H(C_A - C_V)}{C_A}$$

式中Q_H为肝血流量，$C_A - C_V$分别代表进出肝脏的动脉和静脉血药浓度。CL_H高的药物，血浆中的药物通过肝脏时可立即清除，几乎不能进入体循环，CL_H几乎等于肝血流。这类药物受肝血流影响较大，而受血浆蛋白结合的影响较小，口服药物首关效应非常显著，生物利用度低。CL_H低的药物，受血浆蛋白结合的影响较大，而受肝血流影响较小，口服药物首关效应不明显，其生物利用度高，且易受肝功能影响。

2. 肾清除率 药物的肾清除率（renal clearance，CL_R）指单位时间内肾脏清除药物的血浆容积。它可从血浆药物浓度（C_p）、尿中药物浓度（C_u）及单位时间尿量（V_u）进行计算：

$$CL_R = \frac{C_u \cdot V_u}{C_p}$$

肌酐自肾脏排泄仅涉及肾小球滤过，其CL_R为125 ml/min或毫升/分。若药物的CL_R超过125 ml/min，表示有肾小管分泌，低于125 ml/min，表示有肾小管重吸收，但兼有两种过程的药物，对CL_R的解释要慎重。老年人及肾功能不全患者的肾血流量、肾小球滤过率及肾小管分泌功能均明显减少，使药物的CL_R减少，且易致不良反应，因此，用药应根据CL_R调整给药方案。

三、房室模型

为了定量地分析药物在体内的动力学过程，常将身体视为一个系统，系统内部按动力学特点分为若干房室（compartments），房室是一个假设空间，它的划分主要取决于药物在体内的转运速率（K）。转运速率与房室数常用半对数纸作图的C-t曲线来判断。若C-t曲线呈直线，即血药浓度的衰减速率始终一致，则为一室模型；若C-t曲线不是直线，而是由几个不同斜率的线段组成，则可能为二室模型或多室模型。

（一）一室模型

一室模型（one-compartment model）假定身体由一个房室组成。药物进入全身循环后迅速分布到机体各部位，并瞬即达到动态平衡。血浆药物浓度变化能成比例地定量反映组织内浓度变化。血浆药物浓度衰减是药物消除的体现。将属于一室模型的药物单次静脉注射，用血药浓度的对数与时间作图可得一条直线，即时量曲线呈单指数衰减（图1-3-6a）。其时量曲线可用下式表示：$C_t = C_0 \cdot e^{-k_e \cdot t}$。

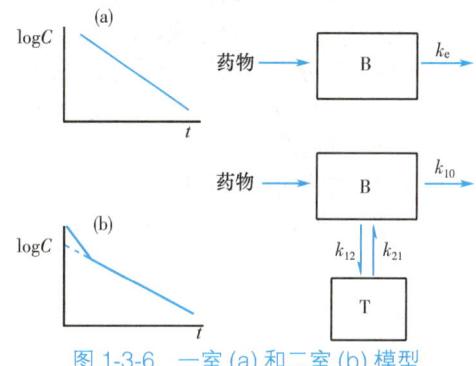

图1-3-6 一室（a）和二室（b）模型

B：中央室；T：周边室；k_{12}：药物由中央室转运至周边室的一级速率常数；k_{21}：药物由周边室转运至中央室的一级速率常数；k_{10}或k_e：药物由中央室消除的一级速率常数；$\log C$：血药浓度的对数；t：时间

（二）二室模型

二室模型（two-compartment model）假定身体由两个房室组成，分别称中央室（central compartment）与周边室（peripheral compartment）。药物首先进入中央室并在该室瞬间均匀地分布，而后才缓慢地分布到周边室（图1-3-6b）。一般认为，中央室包括血液、细胞外液以及血流丰富的组织器官如肝、肾、心、肺等；周边室则包括血流灌注比较贫乏的组织，如肌肉、皮肤、脂肪等。大多数药物属二室模型药物。

将属于二室模型的药物单次快速静脉注射，用血浆药物浓度的对数与时间作图可得双指数衰减曲线（图1-3-7）。时量曲线的初段血药浓度迅速下降，称为α相或分布相，它主要反映药物自中央室向周边室的分布过程。一旦分布平衡后，曲线进入较慢

衰落的 β 相或消除相，它主要反映药物从中央室的消除过程。其时量曲线可用下式表示：

$$C = A \cdot e^{-\alpha t} + B \cdot e^{-\beta t}$$

式中 α 与 β 分别代表分布相与消除相的速率常数，B 表示时量曲线 β 相段外展至纵坐标的截距。将血药浓度的实测值减去 β 线上相应数值，其差值在同一半对数坐标纸上作图可得出另一条直线，此直线外展至纵坐标的截距即为 A。由截距和斜率分别算得 A、α、B、β 后，可进一步求出 k_{21}（药物由周边室向中央室转运的一级速率常数）、k_{10} 或 k_e（药物由中央室消除的一级速率常数）、k_{12}（药物由中央室向周边室转运的一级速率常数）、V_1（中央室表观分布容积）及 CL 等。

有时二室模型还不能满意地说明药物的体内过程，例如药物可缓慢地进入骨或脂肪，或与某组织结合得非常牢固，其时量曲线呈三相指数衰减，即为三室模型。

房室模型的选择主要取决于药物与实验设计的精确性。对于某一具体药物来说，准确地选择模型是进行药代动力学分析的关键，因为不同的模型，将用不同的计算式估算其特定的药代动力学参数。由于实验数据总有误差以及参数计算过程相当复杂，现在已采用先进的药代动力学专用计算机程序进行。如国外的 PCNONLIN，国内的 3P97、PKBP-NI、DAS 等。

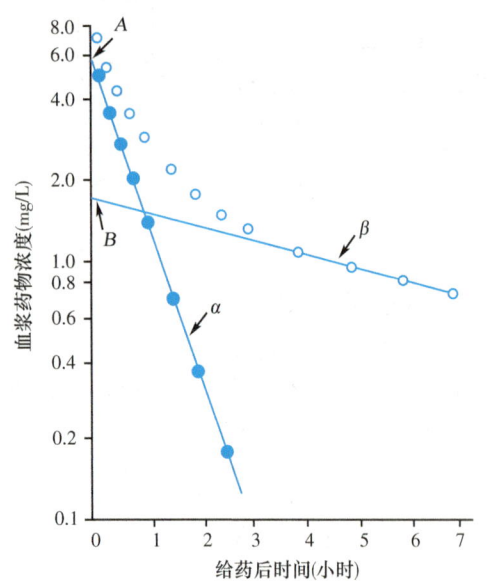

图 1-3-7　二室模型的时量曲线
○ 实测值；● 实测值与 β 线上相应点之差值

四、多次给药

临床用药常需多次给药，其目的是为了使药物达到并维持有效血药浓度水平。在一级动力学药物中，若按固定间隔时间给予固定药物剂量，在每次给药时体内总有前次给药的存留量，多次给药形成不断蓄积，随着给药次数的增加，体内总药量的蓄积逐渐减慢，直至在剂量间隔内药物的消除量等于给药剂量，从而达到平衡，这时的血药浓度称为稳态血药浓度或稳态浓度（steady-state concentration, C_{ss}），也称坪水平（plateau level）或靶浓度（target concentration）。静脉滴注时 C_{ss} 是一平滑曲线，而在多次静脉注射或血管外给药时 C_{ss} 是一个"篱笆"型的血浆药物浓度曲线，它在最高稳态浓度（稳态峰浓度，$C_{ss, max}$）和最低稳态浓度（稳态谷浓度，$C_{ss, min}$）之间波动（图 1-3-8）。多次给药的 C_{ss} 可用下列公式描述：

$$C_{ss} = \frac{RE}{CL} = \frac{RA}{CL} = \frac{D_m/\tau}{CL} = \frac{D_m/\tau}{K_e V_d} = \frac{1.44 D_m}{V_d \cdot \tau} \cdot t_{1/2}$$

式中 RE 为消除速度（单位时间消除的药量），RA 为给药速度（单位时间给予的药量），D_m 为维持剂量（maintenance dose），τ 为给药间隔时间。从上式可见，C_{ss} 与给药的维持量成正比，与给药间隔时间成反比。即剂量大，C_{ss} 高，剂量小，C_{ss} 低，给药间隔时间缩短能提高 C_{ss}，并使其波动减少。达稳态浓度的时间，仅取决于药物的 $t_{1/2}$，与剂量、给药间隔时间以及给药途径无关。从临床用药角度，通常认为在给药 5 个 $t_{1/2}$ 后，可视为达到 C_{ss}。如果实际测得的 C_{ss} 过高或过低，可以按已测得的 C_{ss} 与预期达到的 C_{ss} 比值进行给药速度（RA）的调整，即：

$$\frac{C_{ss}(已测得的)}{C_{ss}(预期的)} = \frac{RA(已用的)}{RA(将调整的)}$$

但从调整给药速度（剂量）时开始需再经过 5 个 $t_{1/2}$ 方能达到预期的 C_{ss}

稳态峰、谷浓度可按下式计算：

$$C_{ss, max} = \frac{A}{V_d} \cdot \left(\frac{1}{1-e^{-k_e \cdot \tau}}\right)$$

$$C_{ss, min} = C_{ss, max} \cdot e^{-k_e \cdot \tau}$$

当预先选好稳态峰、谷浓度，上式也可计算静脉注射的剂量。

在病情危重希望在第一次给药后即刻达到稳态浓度时，可用给予负荷剂量（loading dose, D_L）的方法，其计算式为：

$$D_L = C_{ss} \cdot V_d = \frac{RA}{k_e} = \frac{RA}{0.693/t_{1/2}} = 1.44 \cdot t_{1/2} \cdot RA$$

式中 D_L 为负荷剂量，RA 为给药速度。可见，将第一个 $t_{1/2}$ 内静脉滴注剂量的 1.44 倍在静脉滴注开始时一次推注静脉内即可立即达到并维持 C_{ss}。已知，在多次恒速给药达到 C_{ss} 时，体内药量（A_{ss}）是

维持剂量与体内上一剂量残余药量的和，即

$$A_{ss} = D_m + A_{ss} \cdot e^{-k_e \cdot t}, \quad D_L = A_{ss} \frac{D_m}{1 - e^{-k_e \cdot t}}$$

当给药间隔时间 $\tau = t_{1/2}$ 时，则：

$$D_L = \frac{D_m}{1 - e^{-0.693}} = \frac{D_m}{0.5} = 2D_m$$

可见，每隔一个 $t_{1/2}$ 给一次药时，采用首剂加倍剂量的负荷量，可使血药浓度迅速达到 C_{ss}。

对于零级动力学药物，由于体内剂量超过机体最大消除能力，若多次恒速给药，体内药量不断蓄积，血药浓度将无限增高。在多次给药时应警惕出现这种情况。

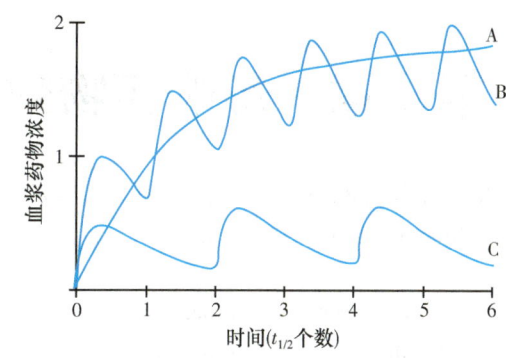

图 1-3-8　多次给药时的时量曲线

A. 静脉滴注，$D_m/t_{1/2}$；B. 肌内注射，$D_m/t_{1/2}$；C. 肌内注射，$1/2D_m/2t_{1/2}$；D_m 维持剂量

（天津医科大学　刘艳霞）

第四章 影响药物效应的因素及合理用药原则

- There are significant interindividual variation in the therapeutic effectiveness and adverse effects of medicines in clinical practice. Types of these variations can be classified as pharmacodynamic and pharmacokinetic variation.
- There are different factors that affect drug efficacy and safety, including the characteristics of drug delivery system, interaction with other drugs, physiological and psychological variables of patients, pathological factors of patients, and diet or other environmental factors.
- Optimal therapeutic decisions should be based on an understanding of the characteristics of the individual patient that will determine the response to the drug. Rational use of medicines requires that patients receive medications appropriate to their clinical needs, in doses that meet their own individual requirement, for an adequate period of time, and at the lowest cost to them and their community.

临床实践中,医师根据对患者病情的正确诊断,依据对不同类别药物药理作用和适应证的认识,选定适当药物,制定符合患者实际的药物治疗方案。只要选药得当,药物治疗方案符合患者病情需要,多数患者可获预期的治疗效果。但临床也常有患相同疾病的不同患者,应用相同药物治疗,其治疗效应呈现明显差异,甚至产生与预期效应不同的临床反应。这类差异是药物效应受药物和机体的多种因素影响的结果。药物因素主要有药物剂型、剂量和给药途径、联合用药以及药物相互作用等。机体因素主要有年龄、性别、种族、遗传变异、心理、生理和病理等因素。临床用药时应熟悉各种因素对药物作用的影响,根据个体的情况,选择合适的药物和剂量,做到用药个体化,充分发挥药物有利作用,最大限度地减少临床用药风险,以获取药物最佳疗效。

第一节 影响药物效应的因素

一、药物因素

任何药物,根据其固有的药理性质都规定有相应的适应证、用法和用量。临床用药必须根据临床用药的目的和用药途径,选择合适的剂型、剂量和给药途径。

(一)药物化学结构和理化性质

药物的化学结构是决定药物效应的本质因素。药物通过其化学结构中的不同化学键与人体细胞内相关靶点(如酶、离子通道或受体等)结合,由此产生相应的药物效应。一般而言,具有相同基本化学结构的同类药物具有相似的药物效应。具有特定化学结构的药物还可能有立体结构的差异。如药物化学结构中有一个不对称碳原子,会存在右旋(+)及左旋(-)两个光学异构体。不同光学异构体的药物,其效应可能全然不同。例如,左旋氯霉素具有抗菌活性,右旋氯霉素则无抗菌活性,两个光学异构体构成的等量外消旋混合物合霉素的抗菌活性仅为左旋体的一半。

药物的基本理化性质如溶解度、分配系数及解离度等,亦会对药物效应产生影响。如脂溶性高、分配系数大的药物,易透过血脑屏障,向脑组织分布,易呈现中枢神经系统作用;而水溶性高、分配系数小的药物,则不易透过血脑屏障,故一般不影响中枢神经系统功能。药物的晶型特征可影响药物效应,如 H_2 受体拮抗药西咪替丁有多种晶型,但仅 A 型有效,其他晶型则无药理效应。药物的晶型还可能影响药物制剂的稳定性、溶出度和生物利用度等。

(二)药物剂量

任何药物的临床效应都与临床用药剂量相关。通常情况下,随着药物剂量的增加,药物的药理效应可由量反应转变为质反应。如中枢抑制药苯巴比妥,口服一次量 15~30 mg,产生镇静作用,口服 60~100 mg 则产生催眠作用,一次服用 10 倍以上催眠剂量,则可引起昏迷、呼吸抑制,更大剂量甚至危及生命。

(三)药物剂型

按性状可分为以下类型:固体剂型如片剂、胶囊、颗粒剂及透皮贴剂等;半固体剂型如软膏、糊剂等;液体剂型如注射剂、溶液剂、合剂、糖浆剂等;另有气体剂型如喷雾剂及气雾剂等。同一药物由于剂型不同,采用的给药途径不同,所引起的药物效应也会不同。

1. 影响药物吸收程度和速率　同一药物的不同剂型释放速度各不相同，导致药物在人体内吸收程度和速率不同。如注射、气雾剂吸收迅速而完全，起效时间短；而片剂、胶囊等固体剂型口服后，需在胃内崩解，药物逐渐溶出，继而吸收产生效应，故起效相对较缓。液体剂型如溶液剂、糖浆剂等无崩解和溶出过程，故其吸收较固体剂型片剂和胶囊剂快；固体剂型中的泡腾片剂在贮存时为固体状，服用时置于水中，经泡腾反应，迅速崩解而成溶液状态，具有溶液剂型特征；药物分散片剂在水中崩解迅速，溶出度高，亦具有吸收较快的特点。

缓释剂型中的药物在人体内随时间先多后少地非恒速缓慢释放；而控释剂型中的药物在人体内接近恒速地缓慢释放。缓（控）释剂型使血中药物浓度在较长时间内维持于有效血药浓度范围，既可使药物作用持久，每日仅用药一次或两次，有利于提高患者用药依从性，又可避免出现过高药物峰浓度，从而减轻药物不良反应。如抗高血压药硝苯地平普通剂型，因 $t_{1/2}$ 仅 2 小时，每日至少用药三次，且血药浓度波动大，不良反应较多；而硝苯地平控释剂型，每日仅用药一次，即可控制血压，又可降低药物不良反应。

2. 靶向剂型产生药物靶向作用　药物靶向剂型指能使药物浓集于人体靶器官、靶组织、靶细胞的特殊给药系统。某些具有微米粒或纳米粒载体的制剂，如乳剂、微球制剂、脂质体制剂均具有一定靶向作用，可使药物在肝、肾和肺脏等组织内分布浓度较高，产生药物靶向治疗效应。如脂质体（liposome）制剂将药物包封于类脂双分子层内，可被网状内皮系统巨噬细胞作为异物吞噬，使药物主要分布在肝、脾、肺等器官组织中。用脂质体为载体的抗癌药物可改变其在组织中的分布，有选择性地杀伤或抑制病变部位的癌细胞，从而减轻对正常细胞和组织的损害。

（四）给药途径

1. 给药途径对药物起效速度的影响　静脉注射时药物直接进入体循环，到达靶器官，作用最为迅速，适用于急性重症患者的药物治疗；肌内注射或皮下注射时药物需经肌肉组织或皮下组织吸收入血，药物起效较静脉注射慢，但一般仍比口服制剂起效快，生物利用度亦相对较高，适用于不宜经消化道应用或不易经消化道吸收的药物。

口服制剂需在胃肠道内崩解溶出，经胃肠黏膜吸收入血，并经肝脏首关代谢，再入体循环而呈现药物效应，故作用较注射制剂慢，且易受饮食等因素影响。

直肠栓剂置于直肠内，药物自栓剂逐渐释出，扩散分布于直肠黏膜表面而被吸收，故药效发挥较慢。药物经直肠黏膜吸收后，大部分随直肠中静脉和直肠下静脉进入体循环，而避免肝脏首关代谢，故有较高生物利用度。

透皮吸收制剂的药物须透过皮肤表皮结构进入真皮组织，被吸收入血。药物经完整皮肤吸收的药量仅占透皮制剂中全部药量的小部分，故透皮制剂起效缓慢而温和，适合慢性疾病的治疗用药。

2. 给药途径决定药物的不同效应及临床用途　药物采用不同给药途径可能会产生不同的作用和用途。如利多卡因局部注射，产生局部麻醉作用；静脉注射则具有抗心律失常作用。又如硫酸镁口服可以导泻，注射则有止痉、镇静作用并降低血压。

（五）用药间隔与用药时间

1. 用药间隔　多数药物均按照药物 $t_{1/2}$ 间隔给药，药物 $t_{1/2}$ 越短，每日给药次数应相应增加，以保证血药浓度维持在有效范围内。长效制剂或缓（控）释制剂给药间隔时间应相应延长，有利于减少每日用药次数，提高患者用药依从性。

2. 用药时间　饭前服药吸收较好，起效较快；饭后服药吸收较差，起效较慢，但可减少药物对胃肠道的刺激。高血压患者清晨血压相对较高，降压药应在清晨服用；催眠药则应在睡前服用。人体内肾上腺皮质激素分泌于每日清晨为分泌高峰期，故肾上腺皮质激素一日量于清晨一次服用，可减轻对垂体前叶的抑制。

（六）药物相互作用

药物相互作用（drug interactions）指同时或先后序贯应用两种或多种不同药物，通过不同方式相互影响而使药物的药理效应或毒性发生变化。药物相互作用可发生于药物在体外配制过程中，亦可发生于药物代谢或产生药理效应的过程中。

1. 药物在体外的相互作用　临床上将不同药物配伍应用时，如在输液中添加其他注射药物，或将固体药物组成复方粉末，此时不同药物间，药物与赋形剂、辅料、溶媒间可能发生理化性质变化，从而对药物疗效和安全性产生不利影响，即产生药物配伍禁忌（incompatibility）。配制液体药物时，由于药物相互作用，药液可因理化性质改变，导致药液分层、沉淀、变色和潜在变化（虽无外观改变，但药效发生改变）。因此，向静脉输液中加入其他注射药物时，务必注意配伍禁忌。

2. 药物在体内的相互作用

（1）药物效应动力学相互作用：此类相互作用不影响药物在体液中的浓度但改变药理作用，常发生于：①两种药物作用于同一靶部位，发生相互作用或竞争性结合，影响药物效应；②某些药物改变机体电解质平衡使药物效应发生改变。如噻嗪类利尿药排钠利尿同时丢失钾离子，而低血钾状态易诱发强心苷心脏毒性；③不同药物影响同一生理和生化过程。如氯丙嗪（chlorpromazine）增强其他中枢抑制药的中枢抑制作用；细菌二氢叶酸还原酶抑制药甲氧苄啶（trimethoprim，TMP）与抑制细菌二氢叶酸合成酶的磺胺药合用，可双重阻断细菌叶酸的合成，使抗菌活性增加20～100倍。

一般而言，作用性质相同药物联合应用可产生效应增强（相加、协同），作用性质相反药物的联合应用可使药效减弱（拮抗）。因此，可将药效学相互作用分为：①相加（addition），指两种性质相同的药物联合应用产生的效应等于或接近两药分别应用产生效应之和；②协同（synergism），指两药联合应用产生的效应大于两者分别应用产生效应之和；③拮抗（antagonism）即两药联合应用所产生的效应小于单独应用一种药物的效应。

（2）药物代谢动力学相互作用：通过影响药物的吸收、分布、代谢、排泄，改变药物在作用部位的浓度而影响药物作用。

1）影响药物吸收：药物经消化道吸收可受药物相互作用的影响：①加速胃排空，如胃肠促动药莫沙必利（mosapride）可使胃中的其他药物迅速入肠，加速其他药物在肠道的吸收；②增强胃肠蠕动，胃肠促动药甲氧氯普胺（metoclopramide）增强胃肠蠕动使肠内容物加速移行，使药物经肠吸收减少；③改变消化液分泌及其pH，如抗胆碱药阿托品使唾液分泌减少，可减少硝酸甘油片舌下含服崩解和吸收。抗酸药和H_2受体阻断药可使胃液pH升高，妨碍弱酸性药物的吸收；④离子络合作用，含二价或三价金属离子（如钙、镁、铁、铝、铋）的药物与四环素类抗生素在消化道形成难溶解的络合物，减少四环素类药物吸收。

2）竞争血浆蛋白结合：两种药物若相互竞争与血浆蛋白的结合，可导致被竞争置换的药物游离型浓度增加，药效或毒性反应增强。

3）影响肝药酶活性：肝药酶抑制药可减弱肝脏代谢药物能力，使药物消除减慢，血药浓度增高，药效或毒性反应增强。肝药酶诱导药促使肝药酶活性增强，使本身和其他药物代谢加速，易导致药物耐受性。对于某些前体药物，药酶诱导可加速其转化为活性产物而使作用增强。

4）对药物肾脏排泄的影响：两种或两种以上药物若经肾排泌机制相同，则会产生竞争性抑制，使某种药的排泄减少。如经肾小管分泌的药物如丙磺舒可竞争性抑制青霉素或头孢菌素的分泌而延长其抗菌作用时间。

二、机体因素

（一）生理因素

1. 年龄 人在不同的年龄段对药物的反应，不仅有量的差别，亦会有质的不同，临床用药时应重视不同年龄段患者的用药特点。

（1）新生儿及婴幼儿

1）药代动力学特征：①胃蠕动能力低、胃排空时间较长、胃内酸度低，故药物吸收过程较慢且不规则。②体内脂肪含量低，脂溶性药物分布容积小，且药物与血浆蛋白结合率低，导致游离药物浓度高，易引发药物毒性反应。③血脑屏障功能不完善，药物较易透过血脑屏障，故对作用于中枢神经药物敏感。如吗啡用于新生儿易引发呼吸中枢抑制等中毒症状。④肝脏酶系统发育尚不成熟，药物代谢结合反应功能低下，易致药物体内蓄积中毒。如新生儿使用一般剂量的氯霉素即可因代谢消除缓慢，而致"灰婴综合征"，甚至诱发循环衰竭。⑤经体表面积标准化后，新生儿肾小球滤过率和肾小管最大分泌率均仅为成人的20%，故主要经肾清除的药物在新生儿中的$t_{1/2}$比成人长。

2）药物效应动力学特征：婴儿对某些药物反应有不同的特点。如婴儿应用四环素，可导致牙齿黄染，应用阿司匹林可能引起肝脏损害和代谢性酸中毒等。婴幼儿处于智力发育的重要时期，常用中枢抑制药可使婴幼儿智力发育迟缓。但婴儿对强心苷地高辛的耐受性较成人高，血浆地高辛浓度达3 ng/ml以上才出现中毒反应，而成年人血浆地高辛浓度超过2 ng/ml就能引发毒性反应。

3）儿童药物常用量计算：鉴于机体能量和水代谢与体表面积成比例，故按体表面积计算药物剂量较为精确。

儿童剂量=每平方米用药量 (mg/m^2) × 儿童体表面积 (m^2)

儿童体重低于30 kg者，其体表面积可按下列公式计算：

体表面积 (m^2) = [体重 (kg) × 0.035 (m^2/kg)] + 0.1 (m^2)

为方便临床使用，一般药物可用成人剂量折算儿童各年龄段用药剂量（见表1-4-1）。

表1-4-1 儿童药量按成人剂量折算表

儿童年龄	相当于成人用量的比例
初生～1月	1/18～1/14
1月～6月	1/14～1/7
6月～1岁	1/7～1/5
1～2岁	1/5～1/4
2～4岁	1/4～1/3
4～6岁	1/3～2/5
6～9岁	2/5～1/2
9～14岁	1/2～2/3

（2）老年人

指65岁以上高龄人群。随着年龄增长，人体对药物的处置及药效反应都会发生相应改变。

1）药代动力学特征：①体内水分相对减少，脂肪组织则相对增多，故水溶性药物分布容积减小，药效相应增强；而脂溶性强的药物，如普萘洛尔、胺碘酮、地西泮等则分布容积随年龄增长而增大，血药峰浓度则相应降低。②血浆蛋白含量有所降低。合并用药时由于药物竞争性结合血浆蛋白，游离药物浓度可明显增加，导致药物效应增强。③肝实质量相对减少，肝血流量降低，药物代谢延缓，消除减慢。若使用某些需经肝脏代谢才有效的药物（如可的松需经肝转化为具活性的氢化可的松）时，应改用其他合适的药物（如氢化可的松）。④肾脏重量、肾血流量、肾小球滤过率、肾小管分泌功能均降低，从而影响药物在体内的消除，故使用主要经肾排泄的药物时，易发生药物毒性反应。应根据肾功能状况（肾清除率高低）调整用药剂量和用药间隔时间。

2）药物效应动力学特征：老年人药物作用靶点的敏感性升高或降低导致药物反应性发生改变，如苯二氮䓬类药物在老年人中更易引起精神错乱和呼吸抑制等，降压药物在老年人因压力感受器敏感性降低更易发生体位性低血压。老年人常有多种并发疾病，常需服用更多的药物，发生药物相互作用的概率相应增加。老年人用药剂量应低于成年人用量，一般应从小剂量开始，逐渐增加至获得满意疗效的剂量，通常使用成年人剂量 3/4 左右为宜。

2. 性别

（1）性别差异影响药物体内过程：一般成年男性体内肌肉脂肪比大于同龄女性，因此，女性使用脂溶性高的药物如美托洛尔等，分布容积较大。女性对某些药物（如甲基泼尼松龙）的消除速率较男性快。

（2）女性特殊生理状态对临床用药的影响

1）月经期：子宫平滑肌对药物反应敏感，泻药及刺激性较强的药物易引发痛经和月经过多。

2）妊娠期：除了维持妊娠的药物外，其他药物的应用均应慎重，因进入母体内的药物也可能通过胎盘屏障进入胎儿体内。凡能对母体产生轻微不良反应的药物都可能影响胚胎或胎儿发育，如甾体激素、抗甲状腺药、抗代谢药、抗肿瘤药及口服降糖药等。因新生儿对药物的代谢和排泄功能不全，在分娩过程中对母体使用的药物也可对新生儿产生持久的作用。

妊娠晚期常见胃排空延迟、胃肠蠕动减慢，从而使药物吸收延缓，吸收程度增高。妊娠期肝脏代谢酶活性增强，一些经肝代谢的药物如苯妥英、茶碱的消除加速。妊娠期肾血流量较非妊娠期增加一倍，经肾排泄药物如羟氨苄青霉素或头孢拉定等的消除加速，故应用此类抗生素治疗全身性感染，宜加量应用。

3）哺乳期：经乳汁排出量多的药物，如氨基苷类抗生素、喹诺酮类抗菌药、口服降糖药、抗肿瘤药等可能对婴儿造成不良影响。

3. 精神或心理因素

（1）患者精神和心理状态影响药物疗效：患者乐观的情绪、战胜疾病的信心和对医务人员的信赖有利于取得较好的药物治疗效果。因此，医护人员接诊患者时关爱和蔼的态度，建立相互信任的医患关系，鼓励患者正确对待疾病、树立战胜疾病的信心，都会对药物治疗产生积极影响。

（2）安慰剂与安慰剂效应：安慰剂一般指本身不含有特殊药理活性，仅含赋形剂制成的外形似药的制剂。广义上安慰剂还包括本身没有特殊作用的医疗措施，如假手术等。当把安慰剂作为"药物"用于治疗某些临床病症时观察到的效应，称为安慰剂效应（placebo effect），主要由患者的精神或心理因素引起。由于安慰剂效应的广泛存在，在评价药物的临床疗效时，应考虑这一因素的影响，采取双盲法和安慰剂对照。

4. 遗传因素

遗传是药物代谢和效应的决定因素。基因是决定药物代谢酶、药物转运蛋白和受体活性和功能表达的结构基础，基因的突变可引起所编码的药物代谢酶和受体蛋白氨基酸序列和功能异常，是产生药物效应个体差异和种族差异的主要原因。

（1）遗传多态性：是一种孟德尔单基因性状，由同一正常人群中的同一基因位点上具有多种等位基因引起，并由此导致多种表型。表型是在环境影响下基因型所产生的机体的物理表现和可见性状。药物代谢酶的表型表现为催化代谢活性的大小，可通过测定其底物的代谢率确定。常见药物代谢酶如（表 1-4-2）N-乙酰转移酶（N-acetyltransferase，NAT）、CYP2D6、CYP2C19 和 CYP2C9 等均有遗传多态性。

NAT 是参与 II 相乙酰化反应的药物代谢酶，其活性在人体中呈多态分布，人群被分为慢乙酰化代谢者、快乙酰化代谢者及中间型乙酰化代谢者。经乙酰化代谢的药物如异烟肼、肼屈嗪、柳氮磺吡啶、氨苯砜、普鲁卡因胺等，其血浆药物浓度的高低取决于 NAT 遗传多态性，从而影响其疗效和不良反应。慢乙酰化型者应用此类药物，药物半衰期长，血浆药物浓度高；而快乙酰化型者用药，则药物半衰期短，血浆药物浓度低。

CYP2C19 也被称为美芬妥英羟化酶，其遗传多态性是由多个 SNP 所引起，以 CYP2C19*2 和 CYP2C19*3 两种突变等位基因发生频率最高，特别是在中国人和日本人群中。许多抗抑郁药、抗癫痫药、抗焦虑药和抗消化性溃疡药经 CYP2C19 代谢，它们在体内的代谢与 CYP2C19 的基因型有关，如奥美拉唑在野生型纯合子中代谢清除率比野生型杂合子高，而后者又比突变等位基因纯合子高，因此，奥美拉唑在突变等位基因纯合子患者中的溃疡愈合率最高。

抗凝药华法林主要代谢酶是CYP2C9，其具有高度的遗传多态性，较常见的突变等位基因为CYP2C9*2和CYP2C9*3，其编码的酶活性较野生型分别降低了30%和80%，使CYP2C9突变个体对华法林的需求剂量降低，在使用初期有较高的出血危险性。

表1-4-2 常见药物代谢酶的药物底物

酶	已知药物底物（代表药）
CYC2C9	华法林，苯妥英，非甾体类抗炎药，甲苯磺丁脲
CYP2C19	美芬因因，奥美拉唑，普萘洛尔，氯吡格雷
NAT2	异烟肼，肼屈嗪，磺胺，氨苯砜，普鲁卡因胺

（2）种族差异：人体遗传多态性存在种族差异（racial differences），如NAT遗传多态性其慢乙酰化型发生率，阿拉伯人高达83%，白种人50%左右，黄种人10%～30%，而爱斯基摩人仅5%。又如催化多种药物代谢的CYP2D6呈现遗传多态性，根据酶活性可分为强代谢型者（extensive metabolizer，EM）和弱代谢型者（poor metabolizer，PM）两种表型。不同种族中PM发生率不相同。如白种人PM发生率为5%～10%，而黄种人仅1%左右。此外，种族差异还表现在受体敏感性方面，如普萘洛尔对心血管系统的作用，黄种人较白种人敏感，黑人的敏感性最低。

（二）疾病因素

疾病状态可能改变人体对药物的处置过程，从而影响药物的疗效和不良反应。如胃肠切除手术后的患者，其消化道对铁剂、叶酸和脂溶性维生素的吸收可能减少；低血浆蛋白血症患者使用血浆蛋白结合率高的药物，其血中游离型药物浓度高于血浆蛋白浓度正常的患者，且药物不良反应会相应增加。

鉴于肝脏和肾脏是重要的药物消除器官，这两个脏器的功能障碍对药物处置的影响最为显著。

1. 肝功能损害 药物用于肝脏功能明显受损的患者时经肝脏代谢减少，肝脏首关消除降低。一些主要经肝代谢的药物如普萘洛尔、拉贝洛尔、氯美噻唑等可获较高的生物利用度。有些药物如维拉帕米、地西泮、甲苯磺丁脲、利福平等则清除率降低，血浆半衰期延长。因此，主要经肝脏代谢的药物用于慢性肝脏疾病及肝硬化患者时应减量慎用，并应避免使用对肝有较大毒性的药物。

2. 肾功能损害 肾功能受损的患者肌酐清除率都有不同程度降低，表明肾排泄功能障碍，由此导致一些主要经肾排泄的药物及其代谢产物的肾清除率降低，药物$t_{1/2}$明显延长，药物在体内的蓄积增加，由此可引起药物毒性反应。如抗高血压药卡托普利在正常人的消除$t_{1/2}$为2小时，而严重肾功能不良患者则延长至25小时；抗生素羟氨苄青霉素正常人消除$t_{1/2}$为2小时，严重肾功能不良患者则可延长达14小时。人工合成镇痛药哌替啶的主要代谢物去甲哌替啶具有明显的中枢兴奋作用。该活性代谢物主要经肾排泄。当肾功能受损时，去甲哌替啶体内蓄积、易引发肌颤、抽搐、甚至惊厥等毒性反应。因此患者肾功能受损时，应根据肾功能受损程度及时调整药物治疗方案，减少用药剂量。

三、饮食与其他因素

（一）饮食因素

1. 食物对药物吸收的影响 通常情况下，药物空腹时服用，胃排空迅速，药物很快进入小肠，故吸收较快，血药浓度较高。进食后胃排空速率减漫，从而延缓药物吸收，血药浓度较低。有些食物在胃内与药物接触，出现理化反应。如牛奶或其他乳制品中的钙离子与四环素形成络合物，减少四环素的吸收；茶水中的鞣酸与铁制剂中的铁离子结合，影响铁离子的吸收。而有些食物则可改变胃排空速率，进而影响药物吸收。对水溶性低、脂溶性高的药物而言，进食高脂饮食可提高该类药物的溶解性，进而提高其生物利用度；亲脂性碱性药物易受肝脏首关消除影响。进食可加速肝脏血流，降低首关效应，亦可提高生物利用度。

2. 进食对药物体内代谢的影响 高蛋白低碳水化合物饮食可加速肝脏药物代谢，而低蛋白高碳水化合物饮食则可能降低肝脏药物代谢能力，这可能与改变肝脏微粒体混合功能氧化酶活性有关。

（二）烟酒因素

1. 吸烟 香烟中的主要成分烟碱可降低普萘洛尔、地西泮、丁丙诺啡的疗效，增强口服避孕药的促凝血的不良反应。吸烟妇女服用口服避孕药发生心肌梗死或脑卒中等的危险性较非吸烟妇女高10倍以上。烟碱是一种药物代谢酶诱导剂，能使多种药物代谢速率增加，从而使某些药物$t_{1/2}$缩短。如吸烟者茶碱平均$t_{1/2}$为4.3小时，而不吸烟者平均$t_{1/2}$为7小时。烟碱亦可使部分药物代谢发生障碍，从而使某些药物如解热镇痛药的$t_{1/2}$明显延长。

2. 饮酒 酒与其他中枢抑制药如催眠药、安定药、抗癫痫药、抗组胺药等合用可产生协同的中枢抑制效应。酒中所含乙醇作为肝药酶诱导剂可加速抗癫痫药的肝脏代谢。酒中所含酪胺可使服用单胺氧化酶抑制药如吗氯贝胺（meclobemide）的高血压病患者产生高血压危象。

第二节　临床合理用药原则

为达到有效、安全、经济的合理用药目的，需要遵循以下原则。

（一）明确诊断，确定药物治疗目的

临床用药必须以明确诊断为前提，以此为根据，即可确定药物治疗所需达到的目的，决定选用病因治疗药物或对症治疗药物。如不同感染性疾病，可根据临床诊断和病原学诊断，选用对不同感染性疾病的特定病原体敏感的抗病原体药物治疗，有效地杀灭或抑制病原体，即可获得良好治疗效果。

药物对症治疗亦是临床药物治疗不可忽视的重要环节。如原发性高血压是一种病因未明的常见病，血压过高可能损害心、脑、肾等重要脏器，甚至危及生命。采用抗高血压药物对症治疗，降低血压对于减轻临床症状，保护实质器官免受损害，进而改善患者生活质量，有着积极意义。药物对症治疗亦必须以明确的临床诊断为基础。

临床用药还需权衡不同药物在临床应用中可能产生的利弊。对病情紧急的患者，迅速有效地控制危及患者生命的症状为当务之急。即使所选对症治疗药物有潜在不良反应，若符合救治疾病的紧急需要，临床用药利大于弊，仍应视为合理用药。

（二）分析影响药物作用的因素，实施个体化用药方案

临床明确诊断后，医生需对患者是否必须接受药物治疗以及药物治疗的目的作出合乎实际的决定。如根据心律失常的类型、发作频度、原发病因以及对血流动力学干扰的程度，决定心律失常患者是否使用药物治疗及其预期目标。若患者仅为偶发房性期前收缩，并无临床症状，则可不用药物治疗。若对有器质性心脏损害或伴有临床症状的心律失常患者，应当进行有效的抗心律失常药物治疗，并分析影响药物作用的诸因素，制定符合患者实际的个体化临床用药方案，以期达到治疗目的。

通过对基因检测分析来判断不同疾病的风险或作出相关疾病的诊断，并根据不同患者的基因检测特征，选定合适的药物和适当的剂量，实现以基因结构信息为基础的个体化药物治疗，将有助于进一步提高药物疗效，减少药物不良反应。

（三）力求实现临床用药安全、有效、经济、适当

临床用药应对所用药物的安全性、有效性、经济性及适用性进行综合评价。我国实行国家基本药物政策，按照临床必需、安全有效、价格合理、使用方便的原则制订适宜全民基本卫生保健需要的基本药物目录。临床用药首选适当的基本药物，亦是保障临床合理用药的重要措施之一。

用药适当，应包括剂型选择、剂量与疗程的确定以及给药途径的选择。剂型和给药途径的选择，应根据病情而定。一般情况应选用口服用药，病情急重，需选用起效迅速的注射途径。有明确适应证时，才选用静脉注射途径用药。临床用药剂量不足或疗程太短，都将使治疗半途而废，甚至加重病情或导致疾病复发。但剂量过大或疗程过长，亦会引发药物不良反应。故应根据病情适时调整用药剂量和疗程。

（四）加强治疗药物监测，及时把握药物治疗转归

加强治疗药物监测，提高患者用药依从性，把握药物治疗转归，是合理用药的重要原则。

1. 改善患者用药依从性　药物治疗中不少患者未能按照医师的医嘱使用药物，用药依从性偏低，这将使一些半衰期短（如苯妥英）或血药浓度治疗窗狭窄的药物（如茶碱）的临床治疗归于失败；不按规定服药，甚至超量用药，则是引发药物毒性反应的重要原因。改善患者用药依从性可采取以下主要措施：

（1）完善用药方案：应尽可能减少用药品种，用药制剂应适合不同患者需要，如老年患者服用片剂、胶囊不便者，应采用口服液体制剂；儿童患者使用糖浆剂或直肠栓剂，避免吞服固体剂型给小儿带来困难。尽量减少每日服药次数，必要时采用缓释或控释剂型。应在保证有利治疗的前提下，适当缩短疗程。

（2）建立良好的医患关系：医生应充分体谅患者的困难和感受，以通俗易懂的语言告知患者相关用药知识。

（3）定期复查患者用药情况：在治疗过程中应要求患者定期就医或随访，清点患者现有药物，了解患者用药的效应及依从性，以便及时纠正用药中存在的问题。

2. 实行治疗药物监测，适时调整用药方案　药物治疗方案实施过程中，应有计划地对药物疗效及安全性进行监测，根据药物的药理特征，选定客观

指标，如体温、脉率、心率、血压、血糖、肝肾功能等进行监测，必要时监测患者血药浓度。根据临床用药反应及血药浓度水平，适时调整用药剂量、用药频度及服药时间。当疾病已获痊愈，应适时停药；若有严重不良反应，应考虑调整用药或更换其他有效药物；若治疗未达预期疗效，应重新考虑临床诊断是否正确、药物治疗目的选定是否恰当、所选药物是否适合于患者、患者用药依从性是否良好、治疗药物监测是否适当等。经过对现行药物治疗方案的复核，并有针对性地调整用药方案，将会达到合理用药的预期目标。

（华中科技大学同济医学院　王　芳）

第二篇 作用于传出神经系统的药物

第五章 传出神经系统药理概论

- The efferent nervous system consists of the autonomic nervous system and the somatic motor nervous system and the former is also called the vegetative nervous system. The autonomic nervous system is subdivided into three portions, the sympathetic nervous system, the parasympathetic nervous system and enteric nervous system.
- The autonomic nervous system is the primary regulator to stabilize the internal environment of the organism. Respiration, circulation, digestion, body temperature, metabolism, sweating and certain endocrine activity are regulated, in part or entirely, by the autonomic nervous system.
- The cholinergic fibers comprise all preganglionic autonomic fibers, all postganglionic parasympathetic fibers, and a few postganglionic sympathetic fibers and the somatic motor fibers. The neurotransmitter of cholinergic fibers is acetylcholine (Ach). The adrenergic fibers comprise the majority of the postganglionic sympathetic fibers. The neurotransmitter of adrenergic fibers is noradrenaline (NA).

传出神经系统（efferent nervous system）包括自主神经系统（autonomic nervous system，ANS）和躯体运动神经系统（somatic motor nervous system，SMNS）。前者又称植物神经系统（vegetative nervous system），分为交感神经系统（sympathetic nervous system）、副交感神经系统（parasympathetic nervous system）和肠神经（enteric nervous system）三部分。

在外周，自主神经系统的分布遍及机体，其神经通路和神经网络构成了对心脏、血管、腺体、内脏器官和平滑肌的神经支配（图 2-5-1）。自主神经系统的整合作用对机体生命过程十分重要。呼吸、循环、消化、体温、代谢以及某些内分泌过程（部分或全部）都是由自主神经系统调节的。

自主神经系统从中枢发出后，经过外周神经节（交感或副交感神经节），更换神经元，再到达效应器（effector），所以又有节前纤维和节后纤维之分。躯体运动神经系统自中枢发出后，不更换神经元，直接到达所支配的骨骼肌。因此，无节前和节后纤维之分。肠神经主要由胃肠道的固有神经丛构成，独立于中枢神经系统自主活动。

第一节 传出神经系统的分类、递质和受体

在传出神经系统中，神经信息的传递在神经纤维是靠局部电位的作用进行的电传递过程；在突触部位，当神经冲动通过突触间隙（synaptic cleft）或神经效应器接头部位时，神经信息由电传递过程转为化学传递（chemical transmission）过程，即依靠神经递质（neurotransmitter）的释放完成神经冲动在突触部位的传递。神经释放递质通过与突触后膜或效应器细胞膜上相应受体相结合，调节效应器的生物学功能。

一、传出神经的分类

传出神经按其末梢释放的神经递质不同，分为以乙酰胆碱（acetylcholine，ACh）为递质的胆碱能神经（cholinergic nerve）和以去甲肾上腺素（noradrenaline，NA）为递质的去甲肾上腺素能神经（noradrenergic nerve）。胆碱能神经包括：①全部交感神经与副交感神经节前纤维；②副交感神经节后纤维；③极少数交感神经节后纤维；④运动神经。去甲肾上腺素能神经包括绝大部分交感神经节后纤维（图 2-5-2）。

二、传出神经系统递质

化学传递神经冲动的过程，首先是由 Loewi 于 1921 年采用蛙心灌流实验观察到的。他发现当刺激蛙心迷走神经时，心脏受到抑制（供体心），而其灌流液可使另一个蛙心（受体心）也表现抑制，说明通过供体心释放的某种物质使受体心发生同样改变。Loewi 称该物质为"迷走物质"（vagusstoff，vagus substance)。1926年 Loewi 和 Navratil 证实这种物质是 ACh。1933年 Feldberg 和 Krayer 也证明哺乳动物心脏的迷走物质是 ACh。1946年 von Euler 的工作表明交感神经末梢中的拟交感物质与 NA 相似。由此，传出神经系统的化学递质学说趋于完善。

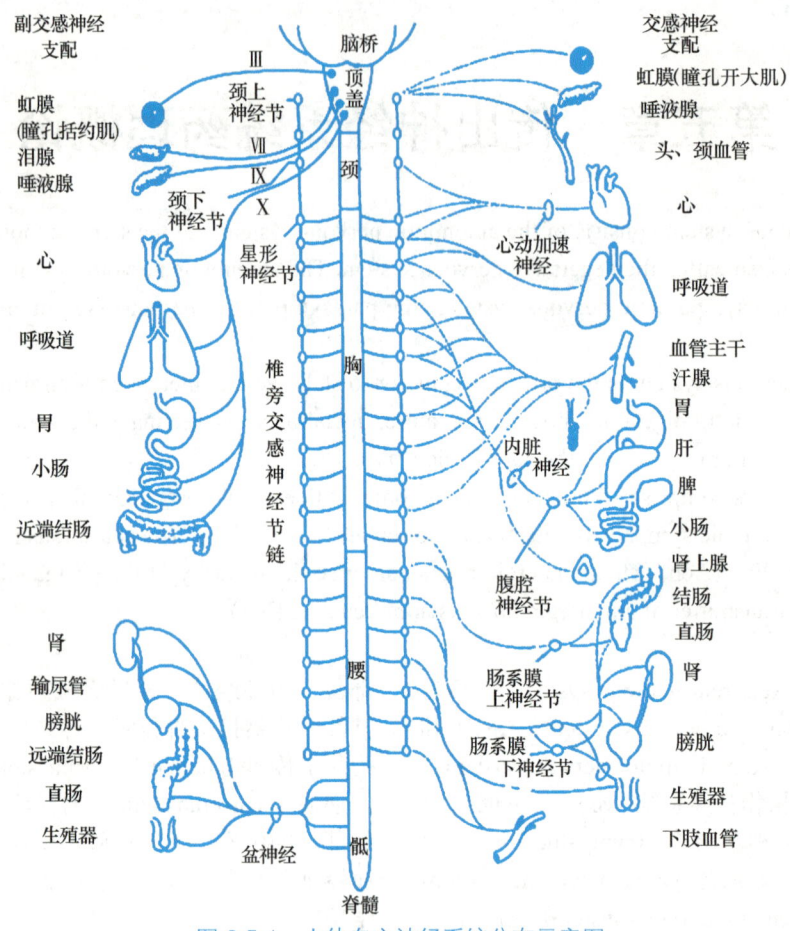

图 2-5-1　人体自主神经系统分布示意图

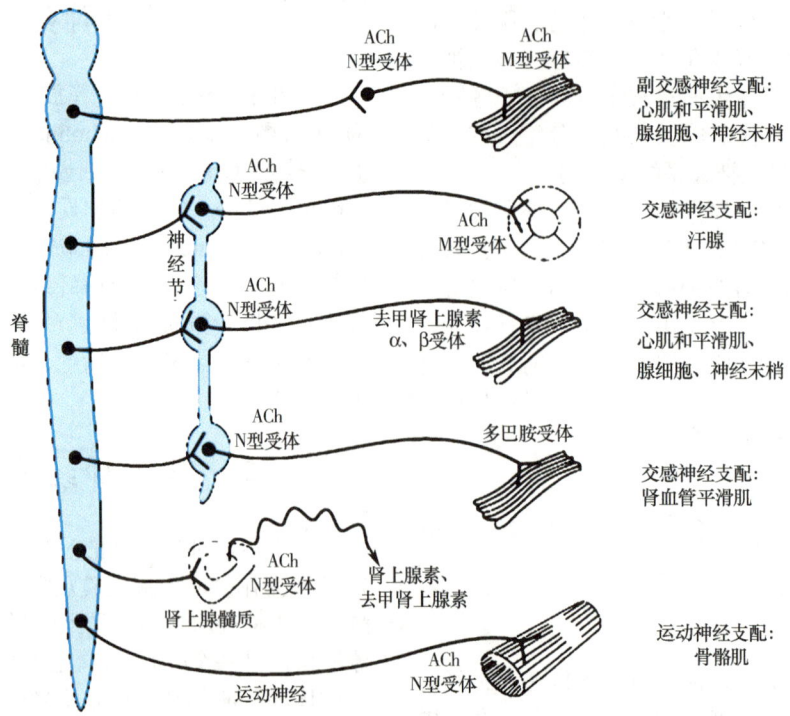

图 2-5-2　传出神经分类模式图

介导传出神经系统冲动传导的化学递质主要是 ACh 和 NA。它们在体内的生物合成、贮存、释放和代谢等过程，在不同程度上都可成为药物干预的作用靶点，导致不同效应的产生。

（一）乙酰胆碱

1. 合成与贮存 胆碱能神经末梢部位所存在的 Ach，是在胆碱乙酰转移酶（choline acetyl transferase, ChAT）催化下，由胆碱和乙酰辅酶 A 合成。ChAT 在细胞体内合成，随轴浆转运至末梢。乙酰辅酶 A 在神经末梢线粒体内合成，须先与草酰乙酸缩合成枸橼酸盐，才能穿过线粒体膜进入胞质液中。胆碱则是通过高亲和力胆碱摄取过程主动摄入胞质液中，此过程是 ACh 合成的限速因素。ACh 形成后，即进入囊泡并与 ATP 和囊泡蛋白共同贮存于囊泡中，其直径为 20～40 nm。

2. 释放 囊泡为运动神经末梢释放 ACh 的单元。每一个囊泡的 ACh 释放量就是一个量子。当神经冲动到达末梢时，通过细胞外排方式可有 200～300 个以上囊泡（或量子）同时释放 ACh。据测定每个囊泡中贮存的 ACh 量通常是相当恒定的。以囊泡为单位的"倾囊"而出被称为"量子释放"（quantum release）。释放的 ACh 与效应器（或神经节）细胞上胆碱受体结合，产生效应。

3. 代谢 ACh 主要是被突触间隙中的乙酰胆碱酯酶（acetylcholinesterase，AChE）所水解，形成乙酸和胆碱，在数毫秒内迅速失活。部分胆碱（约 1/3～1/2）迅速通过主动转运被胆碱能神经摄取，供再合成用（图 2-5-3）。

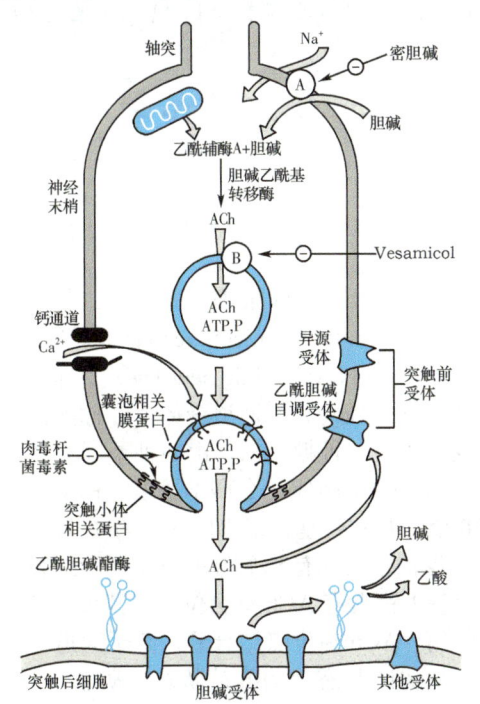

图 2-5-3 胆碱能神经末梢递质合成、贮存、释放和代谢示意图
Ach：乙酰胆碱，ATP：三磷酸腺苷，P：多肽

（二）去甲肾上腺素

1. 合成与贮存 包括 NA 在内的儿茶酚胺类递质生物合成的主要部位在神经末梢，其前体物质均为酪氨酸。在酪氨酸羟化酶催化下生成多巴，再经多巴脱羧酶催化生成多巴胺。多巴胺进入囊泡后，经多巴胺 β-羟化酶的催化生成 NA，与 ATP 和嗜铬颗粒结合储存于囊泡中。酪氨酸羟化酶活性较低且对底物要求专一，是儿茶酚胺类递质生物合成过程中的限速酶。当胞质中多巴胺或游离的 NA 浓度增高时，对该酶有反馈性抑制作用。反之，对该酶抑制作用减弱，合成过程加速。去甲肾上腺素能囊泡直径 40～130 nm。

2. 释放 当神经冲动到达末梢时，钙离子进入神经末梢，促进囊泡膜与突触前膜融合，形成裂孔，通过裂孔将囊泡内容物（NA、ATP、多巴胺、多巴胺 β-羟化酶等）一并排出至突触间隙。这种方式称为胞裂外排（exocytosis）。释放的递质即与突触后膜（或前膜）的受体结合，产生效应。

3. 代谢 NA 失活过程有摄取机制和酶的催化之分。

（1）摄取 1：突触前膜将释放的 NA 摄取入神经末梢，使其作用消失，这种摄取称为摄取 1（uptake1），又称为神经摄取（neuronal uptake）。这是通过依赖能量的胺泵（amine pump）逆浓度梯度的主动转运过程。其摄取量为释放量的 75%～95%。摄取入神经末梢的 NA 尚可进一步转运进入囊泡贮存，以供再次释放用。胞质内部分未进入囊泡的 NA 被线粒体膜上单胺氧化酶（monoamine oxidase，MAO）破坏。

（2）摄取 2：非神经组织如心肌、平滑肌等也能摄取 NA，称为摄取 2（uptake 2），又称为非神经摄取（non-neuronal uptake）。通过这种方式摄取入组织后，NA 即被细胞内的儿茶酚氧位甲基转移酶（catechol-o-methyltransferase，COMT）和 MAO 所破坏。此外尚有小部分 NA 释放后从突触间隙扩散到血液中，为肝、肾等组织的 COMT 所降解（图 2-5-4）。

（三）乙酰胆碱和去甲肾上腺素以外的递质

乙酰胆碱和去甲肾上腺素不是唯一的传出神经系统递质。研究发现，血管活性肠肽、一氧化氮和 ATP 等在血管舒缩、平滑肌收缩中发挥着重要作用，在此不予赘述。

三、传出神经系统受体

传出神经系统受体的命名根据与之选择性结合的递质或药物而定。能与 ACh 结合的受体，称为胆碱受体（choline receptors，ChR）。胆碱受体分为两类：①在副交感神经节后纤维支配的效应器细胞膜上的胆碱受体对以毒蕈碱（muscarine）为代表的拟胆碱药特别敏感，故将这部分受体称为毒蕈碱型胆碱受体（muscarinic receptor），简称 M 胆碱受体（M 受体）；②在神经节及骨骼肌细胞膜上的胆碱受体对烟碱（nicotine）特别敏感，故称为烟碱型胆碱受体（nicotinic receptor），简称 N 胆碱受体（N 受体）。能与 NA 或肾上腺素结合的受体称为肾上腺素受体（adrenoceptor，AR），分布于大部分交感神经节后纤维支配的效应器（汗腺除外）细胞膜上。它们又可分为 α 肾上腺素受体（α 受体）和 β 肾上腺素受体（β 受体）。

（表 2-5-1）。

表 2-5-1　M 受体亚型及分布

心脏	支气管平滑肌	肠道平滑肌	胰腺	膀胱逼尿肌	外分泌腺	神经节	中枢神经
m_2	m_2、m_3	m_2、m_3	m_3	m_2、m_3	m_1、m_2、m_3	m_1、m_2、m_4	$m_1 \sim m_5$

M 受体属于 G 蛋白耦联受体，是一种糖蛋白，由 400 多个氨基酸残基组成，N 端位于细胞外，C 端位于细胞内，有 7 个 α 螺旋跨膜区（transmembrane domain，TM Ⅰ～Ⅶ），其间形成 3 个细胞内区间环（$i_1 \sim i_3$）和 3 个细胞外区间环（$o_1 \sim o_3$）。每个 TM 由 20 余个氨基酸残基组成，其中 TM Ⅲ、Ⅵ和Ⅶ富含大量疏水氨基酸，是与 ACh 结合的部位。哺乳动物 5 种 M 受体亚型的氨基酸序列很相似，均有一段长约 145 个氨基酸的区域。相比较而言，各亚型之间的差异主要取决于连接 TM Ⅴ和 TM Ⅵ之间的细胞内区间环（i_3），m_1、m_2、m_3、m_4 和 m_5 的 i_3 分别由 156、181、241、184 和 230 个氨基酸组成。不同 M 受体亚型此环结构的不同，导致激活不同的 G 蛋白，从而引起不同生物效应（图 2-5-5）。

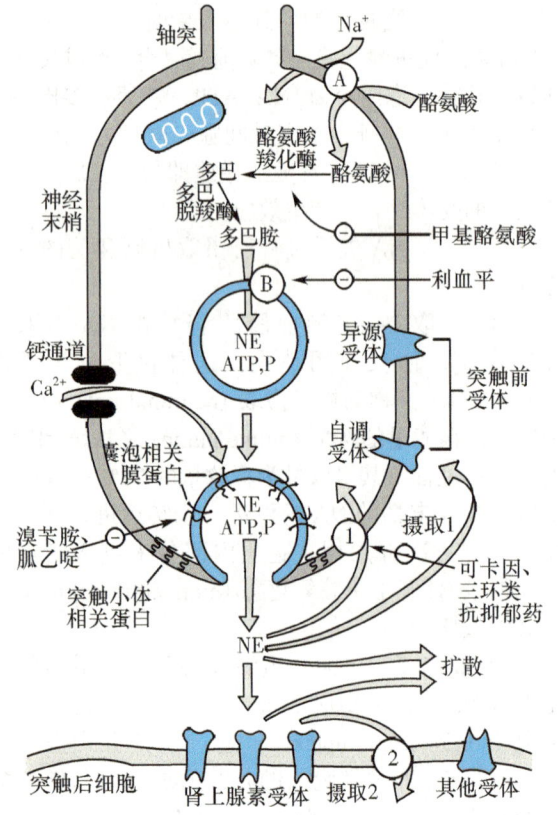

图 2-5-4　去甲肾上腺素能神经末梢递质合成、贮存、释放和代谢示意图

NE：去甲肾上腺素，ATP：三磷酸腺苷，P：多肽

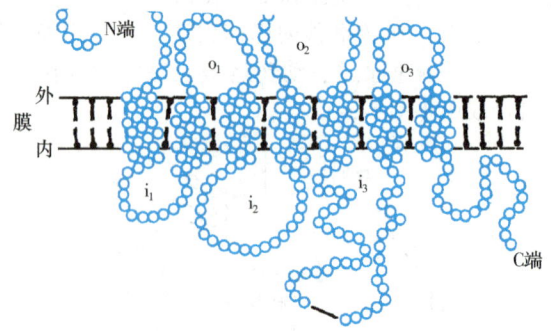

图 2-5-5　M 受体及七个跨膜区在膜上示意图

（一）乙酰胆碱受体

1. M 受体　M 受体主要分布于副交感神经节后纤维所支配的效应器，如心肌、胃肠平滑肌、膀胱逼尿肌、瞳孔括约肌和各种腺体。目前，按药理学分型，M 受体家族可分为 M_1、M_2、M_3、M_4 和 M_5 5 种亚型；按分子生物学可分为 m_1、m_2、m_3、m_4 和 m_5 5 种亚型。哺乳动物 M 受体不同亚型分布有一定特异性，组织中可有多种亚型并存，功能上有时以一种亚型为主，其他亚型起一定辅助作用

2. N 受体　N 受体根据分布不同，分为神经肌肉接头 N 受体，即 N_M（nicotinic muscle）受体和神经节 N 受体，即 N_N（nicotinic neuronal）受体。N 受体是一种配体依赖性离子通道受体，亦称配体门控受体。该受体是一种糖蛋白，由四种不同亚基构成的五聚体（$\alpha_2\beta\gamma\delta$）围成一个离子通道。每个亚基各含约 450 个氨基酸残基，亲水性 N 端和 C 端均位于细胞外，两者之间具有 4 个疏水的 α 螺旋跨膜区。两个 α 亚基上都含有 ACh 结合位点，其余亚基只起结构性作用。ACh 与位点结合后，离子通道构象发生改变，从关闭状态变为开放状态，从而调节 Na^+、K^+、Ca^{2+} 的跨膜流动（图 2-5-6）。

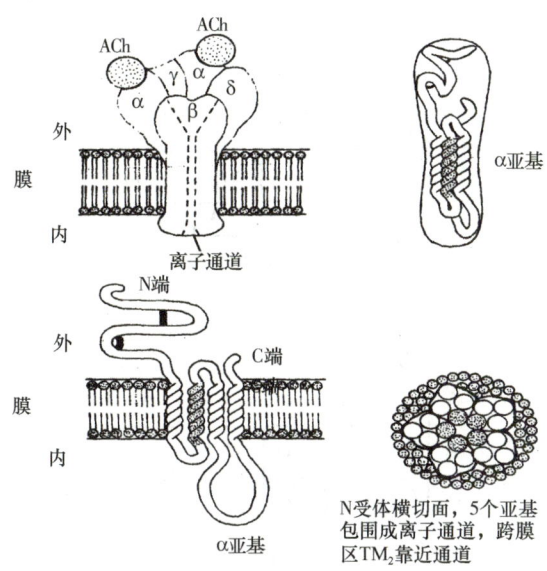

图 2-5-6　N 受体及四个跨膜区在膜上的示意图

α_{2A}、α_{2B}、α_{2C}（表 2-5-2）。β 受体有 β_1、β_2、β_3 3 种亚型。肾上腺素受体（α、β 受体）与 M 胆碱受体相似，均属于 G 蛋白耦联受体，有 7 个跨膜区 (transmembrane domain, TM Ⅰ～Ⅶ)。以 β_2 受体为例，其伸出细胞外的 N 端较短，伸入细胞内的 C 端较长，每个 TM 是由 20 余个氨基酸残基组成的亲脂性螺旋结构，7 个 TM 间形成 3 个细胞内区间环和 3 个细胞外区间环，其中 TM Ⅴ 和 TM Ⅵ 之间的细胞内区间环链比较长（图 2-5-7）。神经递质或激动药与受体结合后，触发信号转导途径，调节细胞功能。

表 2-5-2　α 受体亚型

药理分型	人染色体基因定位	组织分布
α_{1A}	8	心、肝、小脑、大脑皮层、前列腺、肺、输精管
α_{1B}	5	肾、脾、主动脉、肺、大脑皮层
α_{1D}	20	主动脉、大脑皮层、前列腺、海马
α_{2A}	10	血小板、大脑皮层、蓝斑、脊髓
α_{2B}	2	肝、肾
α_{2C}	4	大脑皮层

（二）肾上腺素受体

按目前分类标准，AR 可分为 α 受体和 β 受体两种，α 受体又分为 α_1 和 α_2 两种亚型，其中每种亚型均已被克隆出三种亚型基因，即 α_{1A}、α_{1B}、α_{1D} 和

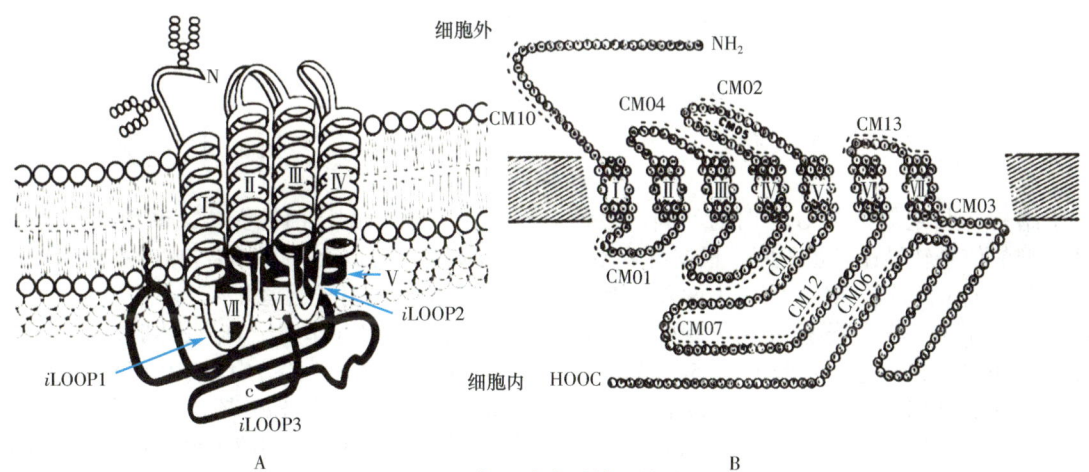

图 2-5-7　肾上腺素受体立体结构图

第二节　传出神经系统受体的信号转导通路

神经递质或激动药与受体结合后，可通过受体门控机制或受体 - 酶耦联方式而产生效应，称为受体激动 - 效应耦联过程。

在受体 - 酶耦联方式中，GTP 结合蛋白（GTP binding protein），简称 G 蛋白（G protein），是细胞外信号通过膜受体转入细胞内的重要转导分子。G 蛋白分子为异三聚体，由 α、β、γ 亚基组成，α 亚基可与 GTP 结合，形成 α-GTP 并解离出 βγ 亚基；而 GTP 酶又可水解 α-GTP，产生的游离 α 亚基即与 βγ 亚基形成异三聚体 G 蛋白，构成所谓 G 蛋白循环（图 2-5-8）。G 蛋白 α 亚基根据对霍乱毒素、百日咳毒素敏感性不同，分为以下几类：① Gs 对霍乱毒素敏感，激活腺苷酸环化酶（adenylate cyclase, AC），增加细胞内环磷酸腺苷（cyclic adenosine monophosphate, cAMP）浓度；② Gi/Go 对百日咳毒素敏感，抑制 AC，激活磷脂酶 A_2 (phospholipase A_2, PLA_2) 和磷脂酶 C (phospholipase C, PLC)；③ Gq 对两种毒素均不敏感，可以激活 PLC。神经递质或激动药激活不同的 α 亚基，导致下游不同的信号通路激活，产生各

种效应。

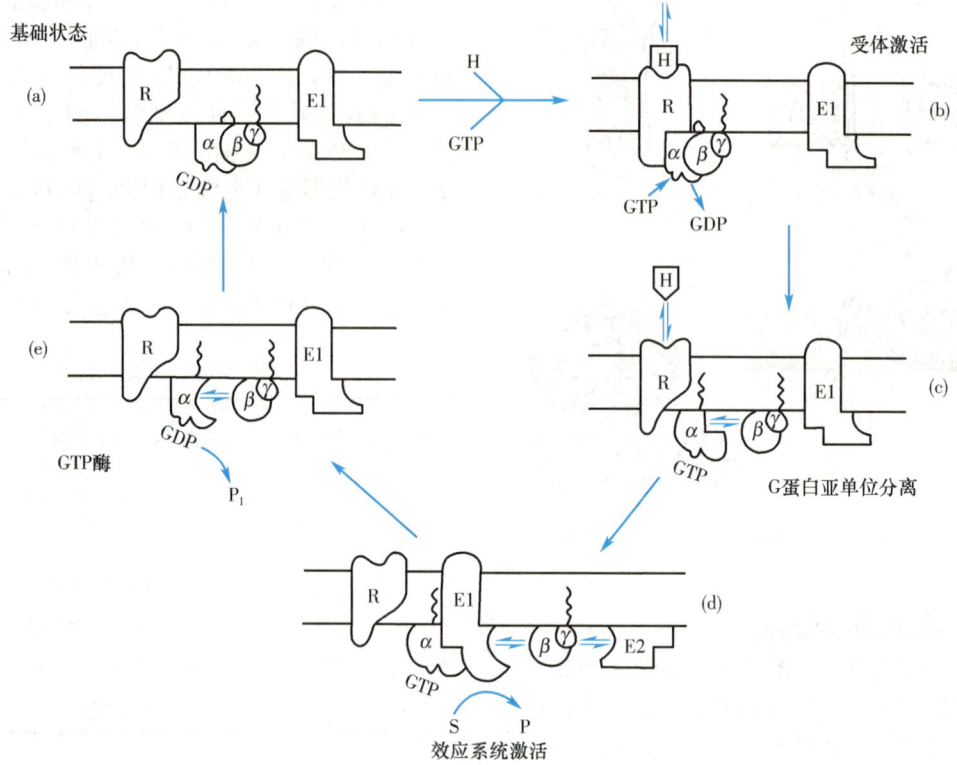

图 2-5-8 受体-G 蛋白-效应系统的作用
H：激动药；E：效应系统；R：受体

一、M 受 体

由于结构和与之耦联的 G 蛋白的不同，各种 M 受体亚型的信号转导途径也不同。根据各亚型 i_3 结构和生物效应的异同，M 受体分为两类，其中 m_1、m_3、m_5 的 i_3 和信号转导途径较为相似，通过 Gq 蛋白激活 PLC，PLC 进一步催化 4,5-二磷酸磷脂酰肌醇（phosphatidyl inositol 4,5-diphosphate, PIP_2），使之水解成 1,4,5-三磷酸肌醇 (inositol 1,4,5-triphophate, IP_3) 和二酰甘油 (diacylglycerol, DAG)。IP_3 作用于内质网上的受体，引起细胞内贮 Ca^{2+} 释放，$[Ca^{2+}]_i$ 升高，使平滑肌收缩，腺体分泌；DAG 激活蛋白激酶 C (protein kinase C, PKC)，使靶蛋白磷酸化而产生效应。或与某些 G 蛋白耦联，激活磷脂酶 D (phospholipase D, PLD)。而 m_2、m_4 则通过 Go/Gi 蛋白，抑制 AC，使 cAMP 减少（表 2-5-3）。

表 2-5-3 M 受体及其效应系统

M 受体	G 蛋白	生物化学效应
m_1、m_3、m_5	Gq	激活 PLC、PLD，Ca^{2+} 流入增多
m_2、m_4	Gi/Go	抑制 AC，Ca^{2+} 流入减少

二、N 受 体

N 受体属配体门控受体，也是离子通道。当 2 个 α 亚基上的 2 个 ACh 结合位点各结合 1 分子 ACh 后，直接操纵离子通道开关，不需要细胞内其他信使物质。当 ACh 作用于 N_M 受体时，配体依赖性离子通道开放，Na^+、Ca^{2+} 内流产生终板电位（endplate potential, EPP），当 EPP 超过肌纤维扩布性除极化阈值时，即可打开细胞膜上电压依赖性离子通道，引起大量 Na^+、Ca^{2+} 内流，产生可传播动作电位，使细胞内 Ca^{2+} 大量释放，激发兴奋—收缩耦联，最终导致肌肉收缩。

三、α 受 体

α 受体可激活细胞内多种信号转导途径（表 2-5-4）。除经典的 IP_3-Ca^{2+} 信号系统与 DAG-PKC 信号系统外，还包括磷酯酶 A_2-花生四烯酸信号系统、酪氨酸激酶磷酸化系统与 AC-cAMP 信号系统。

IP_3-Ca^{2+} 信号系统是目前最清楚的 $α_1$ 受体介导的信号转导途径。该系统通过 G 蛋白激活 PLC 导致 PIP_2 水解，生成 DAG 和 IP_3，IP_3 引起细胞内贮 Ca^{2+}

释放和细胞外 Ca^{2+} 内流。所有 $α_1$ 受体激活均导致 $[Ca^{2+}]_i$ 升高。

不同亚型耦联的 G 蛋白不同：$α_{1A}$ 受体与 $Gα_q$、$Gα_{11}$ 或 $Gα_{14}$ 相耦联，$α_{1B}$ 受体与 $Gα_q$、$Gα_{11}$、$Gα_{14}$ 或 $Gα_{16}$ 相耦联，而 $α_{1D}$ 受体与 $Gα_q$ 或 $Gα_{11}$ 相耦联。$α_1$ 受体三种亚型所介导的 IP_3- 信号也存在差异。$α_{1A}$ 受体主要以细胞内贮 Ca^{2+} 释放为主，而 $α_{1B}$ 和 $α_{1D}$ 受体比 $α_{1A}$ 受体更依赖于细胞外 Ca^{2+} 内流。$α_1$ 受体亚型所介导的信号转导途径存在差异，有可能是由于采用的组织或细胞不同所致。

使其构象变为功能活性状态。活化的 AC 可使第二信使 cAMP 生成增多，cAMP 则可激活依赖 cAMP 的蛋白激酶 PKA 和 PKG 而使靶蛋白磷酸化，导致呼吸肌舒张、生物活性物质释放减少；cAMP 亦可使 Na^+/K^+ 转运系统磷酸化，促进 Na^+/Ca^{2+} 交换，或激活 Ca^{2+} 泵，使细胞内 Ca^{2+} 外流或进入 Ca^{2+} 库贮存，从而舒张气道平滑肌、抑制生物活性物质释放，起解痉平喘作用。在心脏，$β_1$ 受体兴奋后可以产生正性变时和正性变力作用。

第三节 传出神经系统的生理功能

传出神经系统功能在于调节心脏、平滑肌、腺体等组织器官的活动。这些组织器官一般都是接受双重神经支配，即去甲肾上腺素能神经和胆碱能神经两种神经纤维的支配，少数器官只受交感神经支配。这两类神经兴奋时所产生的效应往往是相互拮抗的，例如，去甲肾上腺素能神经对心脏的兴奋性及胆碱能神经的抑制性效应。然而，它们的作用又是对立统一的，共同维持了器官活动的协调一致。

传出神经系统药物基本药理作用，表现为拟似（激动）或拮抗（阻断）肾上腺素能神经或胆碱能神经兴奋时所产生的效应。因此，熟悉传出神经系统的生理功能，对掌握本章节各类药物的药理作用十分重要。

传出神经系统参与调节机体多种活动，主要包括：①心脏搏动；②平滑肌收缩与舒张；③内分泌和外分泌；④能量代谢；⑤肾、免疫系统和感觉系统的功能。传出神经系统对主要效应器的影响见表 2-5-5。

表 2-5-4 肾上腺素受体及其效应系统

肾上腺素受体	G 蛋白	生物化学效应
$α_1$	G_q	激活 PLC、PLD，激活 Ca^{2+} 通道?
	G_q、G_o/G_i	激活 PLA_2
$α_2$	G_i	抑制 AC，激活 K^+ 通道
	G_o	抑制 Ca^{2+} 通道（L-型、N-型）
$β_1$	G_s	激活 AC，激活 Ca^{2+} 通道（L-型）
$β_2$	G_s	激活 AC
$β_3$	G_s	激活 AC

四、β 受 体

肾上腺素能受体均能与 G 蛋白耦联，产生不同的生物学效应（表 2-5-4）。所有 β 受体亚型与激动药结合后，均能通过 Gs 蛋白兴奋 AC，使 cAMP 增加，产生不同效应。$β_2$ 受体与激动药结合后，与 G 蛋白耦联，α-GTP 与 AC（效应系统）的催化亚单位结合，

表 2-5-5 传出神经系统生理功能

效应器	主要受体		神经兴奋		去甲肾上腺素能反应（A）/胆碱能反应（C）
	肾上腺素	胆碱	去甲肾上腺素能	胆碱能	
眼					
开大肌，虹膜	$α_1$	—	收缩（扩瞳）	—	A
括约肌，虹膜	—	M	—	收缩（缩瞳）	C
睫状肌	$β_2$	M	松弛（远视）	收缩（近视）	C
心脏					
心率	$β_1$	M_2	增加	减慢	C
收缩力	$β_1$	M_2	增强	减弱	C
血管					
动脉（大多数）	$α_1$	—	收缩	—	A
骨骼肌血管	$β_2$	—	舒张	—	A
静脉	$α_1$	—	收缩	—	A
支气管平滑肌	$β_2$	M	舒张	收缩	C
胃肠道	$α_2$	M	松弛	收缩	C
肾脏	$β_1$	—	肾素分泌	—	A

续表

效应器	主要受体		神经兴奋		去甲肾上腺素能反应（A）/胆碱能反应（C）
	肾上腺素	胆碱	去甲肾上腺素能	胆碱能	
膀胱					
逼尿肌	β_2	M_3	松弛	收缩	C
三角肌与括约肌	α_1	M_3	收缩	松弛	AC
输尿管（张、动力）	α_1	M	增加	增加	A
子宫	α_1	M	收缩（妊娠）	收缩	
输精管	α_1	M_3	收缩		A
前列腺包膜	α_1		收缩		A
胰腺（胰岛素释放）	α_2	—	减少		A
脾脏包膜	α_1		收缩		A
脂肪细胞	β_1		脂肪分解		A
肝糖原分解	α_1		增加	—	A
毛囊平滑肌	α_1		收缩（竖毛）	—	A
鼻分泌	—	M		增加	C
唾液腺	α_1	M	分泌增加	分泌增加	C
汗腺		M	分泌增加	分泌增加	C
骨骼肌	β_2	N_M	收缩，K^+摄取	收缩	C
自主神经末梢					
交感		M		减少 NA 释放	
副交感	α		减少 ACh 释放		

总而言之，传出神经系统受体遍布全身，不同受体激活后通过对效应器的调节发挥不同的生理效应（表 2-5-6）。

表 2-5-6 传出神经系统受体激活后的生理效应

受体分型	生理效应
m_1	缓慢兴奋神经节
m_2	心率减慢，心肌收缩力下降
m_3	促进腺体分泌、内脏平滑肌收缩、血管舒张
N	兴奋性突触传递、骨骼肌收缩
α_1	血管收缩、胃肠平滑肌松弛、唾液分泌、肝糖原分解
α_2	血小板聚集、血管平滑肌收缩、抑制胰岛素释放
β_1	增加心率和心肌收缩力
β_2	支气管扩张、血管扩张、内脏平滑肌松弛、肝糖原分解
β_3	脂肪分解

第四节 传出神经系统药物的作用靶点与药物分类

一、传出神经系统药物的作用靶点

传出神经系统药物的效应甚为广泛，它们主要通过影响传出神经在传导冲动过程中的不同靶点而发挥作用。药物可能产生干预的环节包括以下方面：

（一）直接作用于受体

许多传出神经系统药物可直接与胆碱受体或肾上腺素受体结合，可产生两种完全不同的结果：如结合后所产生的效应与神经末梢释放的递质产生的效应相似，称为激动药（agonist）；如结合后不产生或较少产生拟似递质的作用，并可妨碍递质与受体的结合，产生与递质相反的作用，就称为阻断药（blocker），或称为拮抗药（antagonist）。

（二）影响递质

1. 抑制递质的生物合成 卡比多巴（carbidopa）和 α-甲基多巴（α-methyldopa）抑制外周多巴脱羧酶，前者是左旋多巴（L-dopa）治疗帕金森病的重要辅助药物，后者是血管运动中枢突触后膜 α_2 受体激动药。苠胆碱（hemicholinium）通过阻断胆碱摄取，抑制 ACh 生成而产生作用。

2. 抑制递质释放 胍乙啶（guanethidine）通过稳定去甲肾上腺素能神经末梢膜体膜，妨碍胞裂外排中的膜融合过程，从而抑制 NA 的释放。肉毒杆菌毒素致死性的作用是阻止所有胆碱能神经末梢部位释放 ACh。

3. 促进递质释放 麻黄碱（ephrine）与间羟胺

(metaraminol）可促进 NA 释放，有间接拟交感作用。

4. 妨碍递质贮存 利血平（reserpine）影响 NA 在囊泡内贮存，使囊泡递质耗竭。

5. 影响递质再摄取 非选择性单胺摄取抑制药如三环类抗抑郁药，通过阻断 NA 及 5-HT 递质的再摄取，使突触间隙递质浓度增加。

值得注意的是，宓胆碱、肉毒杆菌毒素选择性低，可同时阻断交感、副交感神经节和神经肌肉接头，因此无临床应用意义。

二、传出神经系统药物分类

传出神经系统药物根据其对不同受体的选择性和药物作用性质进行分类，分别表现为激动或拮抗胆碱能神经以及激动或拮抗去甲肾上腺素能神经的效应，见表 2-5-7。

表 2-5-7　传出神经系统药物分类

胆碱能神经系统	去甲肾上腺素能神经系统
（一）胆碱受体激动药	（一）肾上腺素受体激动药
1. M、N 胆碱受体激动药（卡巴胆碱，carbachol）	1. α 受体激动药
2. M 胆碱受体激动药（毛果芸香碱，pilocarpine）	α_1、α_2 受体激动药（去甲肾上腺素，noradrenaline）
3. N 胆碱受体激动药（烟碱，nicotine）	α_1 受体激动药（去氧肾上腺素，phenylephrine）
（二）抗胆碱酯酶药（新斯的明，neostigmine）	α_2 受体激动药（羟甲唑啉，oxymetazoline）
（三）胆碱受体阻断药	2. α、β 受体激动药（肾上腺素，adrenaline）
1. M 受体阻断药	3. β 受体激动药
非选择性 M 受体阻断药（阿托品，atropine）	β_1、β_2 受体激动药（异丙肾上腺素，isoprenaline）
M_1 受体阻断药（哌仑西平，pirenzepine）	β_1 受体激动药（多巴酚丁胺，dobutamine）
M_2 受体阻断药（戈拉碘铵，gallamine triethiodide）	β_2 受体激动药（沙丁胺醇，salbutamol）
2. N 受体阻断药	（二）肾上腺素受体阻断药
N_N 受体阻断药（美卡拉明，mecamylamine）	1. α 受体阻断药
N_M 受体阻断药（琥珀胆碱，succinylcholine）	α_1、α_2 受体阻断药（酚妥拉明，phentolamine）
	α_1 受体阻断药（哌唑嗪，prazosin）
	α_2 受体阻断药（育亨宾，yohimbine）
	2. β 受体阻断药
	β_1、β_2 受体阻断药（普萘洛尔，propranolol）
	β_1 受体阻断药（阿替洛尔，atenolol）
	β_2 受体阻断药（布他沙明，butaxamine）
	3. α_1、α_2、β_1、β_2 受体阻断药（拉贝洛尔，labetalol）

（西安交通大学医学院　周　筠）

第六章 胆碱受体激动药

- Drugs discussed in this chapter are direct-acting cholinergic drugs, including drugs activating both of muscarinic (M) receptor and nicotinic (N) receptor, e.g., acetylcholine (ACh), selective M receptor agonist, e.g., pilocarpine, and selective N receptor agonist, e.g., nicotine.
- Muscarinic effects: M receptor agonist can produce both of stimulatory and inhibitory effect depending on which subtype of M receptor it acts on. Activation of M_2 and M_4 receptor produces inhibitory effect characterized by plasma membrane hyperpolarization. For instance, activation of cardiac M_2 receptor results in a decrease in cardiac rate, conduction and the force of cardiac contraction. Activation of M_1, M_3 and M_5 receptor produces stimulatory effect characterized by plasma membrane depolarization. For instance, activation of M_3 receptor leads to an increase of secretion of glands, and to an increase of contraction of smooth muscle, e.g., bronchoconstriction, contraction of ciliary and sphincter muscle of iris, increased motility and tone of intestine. However, with respect to vasculature, activation of M_3 receptor causes increased synthesis of nitric oxide, which diffuses to adjacent vascular smooth muscle cells and causes them relaxation
- Nicotinic effects: The effect from activation of muscle type N receptor (N_M) receptor is the contraction of skeletal muscle. The effect from activation of autonomic ganglia type N receptor (N_N) resembles the stimulation of both sympathetic and parasympathetic neuron. Nicotinic receptor activation in the hippocampus, amygdala and frontal cortex has been demonstrated to be vital to memory function. Nicotinic agonists have potential value in the treatment of Alzheimer's disease and Parkinson's disease.

胆碱受体激动药（cholinoceptor agonists）亦称为拟胆碱药，可激动毒蕈碱（muscarinic，M）受体和烟碱（nicotinic，N）受体，对效应器官产生与胆碱能神经递质乙酰胆碱相似的作用。根据其对不同受体亚型的选择性，胆碱受体激动药可分为三个亚类：①M、N胆碱受体激动药；②M胆碱受体激动药；③N胆碱受体激动药。

第一节 M、N胆碱受体激动药

本节介绍的M、N胆碱受体激动药为胆碱酯类。乙酰胆碱、卡巴胆碱、氯贝胆碱和醋甲胆碱等4种胆碱酯类拟胆碱药具有共同的季铵酯的基本化学结构；多数胆碱酯类拟胆碱药既可作用于副交感神经节后纤维所支配效应器上的M受体，也可作用于自主神经节N_N受体及神经肌肉接头N_M受体。少数胆碱酯类拟胆碱药，如氯贝胆碱，选择性作用于M受体，无N样作用，将在M胆碱受体激动药一节介绍。

乙酰胆碱

$$H_3C-\overset{CH_3}{\underset{CH_3}{N^+}}-CH_2-CH_2-O-\overset{O}{C}-CH_3$$

乙酰胆碱（acetylcholine，ACh）是胆碱能神经递质。ACh是运动神经与副交感神经的递质，其可自交感神经节前纤维释放，作为递质支配肾上腺髓质；也可自交感神经节后纤维释放，作为递质支配汗腺。ACh在中枢起到了觉醒（arousal）、奖赏（reward）和促进感官感知（enhancement of sensory perception）等作用。

【药理作用】

ACh是季铵化合物，脂溶性低，可人工合成；外源性应用ACh不易透过血脑屏障，对中枢系统无直接作用；ACh直接激动M受体和N受体，产生M样及N样作用；应注意ACh的剂量不同，其最终效应可能不同。ACh化学性质不稳定，在体内极易被乙酰胆碱酯酶（acetylcholinesterase，AChE）水解而失效，且其作用广泛，选择性差，作用时间短。ACh本身虽然临床实用价值较小，但因其作为内源性神经递质和本类药物的代表，具有非常重要的生理功能。

1.M样作用 静脉注射小剂量ACh，主要激动M受体，产生与兴奋胆碱能神经节后纤维相似的作用。

（1）心血管系统：①对心脏功能的影响 减弱心肌收缩力，ACh可通过激动心脏M_2受体抑制心肌收缩力，即产生负性肌力作用（negative inotropic effect）；减慢心率，即产生负性频率作用（negative chronotropic effect）；抑制传导，即产生负性传导作用（negative dromotropic effect）。ACh 的负性肌力作用主要是间接的：通过副交感神经对交感神经末梢的异向抑制（heterotropic inhibition），即与交感神经末梢相连的副交感神经末梢释放 ACh 作用于交感神经末梢突触前膜 M_1 受体，抑制去甲肾上腺素释放、使心肌细胞 Ca^{2+} 内流减少、心肌对儿茶酚胺的敏感性降低，心肌收缩力减弱。ACh 的负性频率作用与其抑制 Ca^{2+} 内流、促进 K^+ 外流而引起窦房结舒张期超极化而延缓自动除极有关。ACh 的负性传导作用与其延长房室结与浦肯野纤维的不应期有关。②对血管与血压的影响　虽然缺乏副交感神经支配血管的证据，但 ACh 本身具有血管扩张作用。该作用可能与其激动血管内皮细胞上 M_3 受体，释放内皮依赖性舒张因子（endothelium-derived relaxing factor, EDRF），如一氧化氮（nitric oxide，NO）有关，NO 扩散至邻近的平滑肌细胞，扩张血管；其次，ACh 通过激动交感神经末梢突触前膜 M_1 胆碱受体，使去甲肾上腺素释放减少，减少血管收缩，从而间接参与血管扩张。如果在注射 ACh 前，先给予阿托品阻断 M 受体，则由于 N 受体的激动作用，使交感神经兴奋和肾上腺髓质肾上腺素释放增加而导致血压升高。小剂量 ACh（5～50 μg/kg）静脉注射，可产生一过性血压下降，并同时产生一过性的反射性心动过速；大剂量 ACh（500 μg/kg）可升高血压并反射性引起心率和房室传导减慢，其大剂量升高血压的作用与兴奋交感神经末梢及激动肾上腺髓质 N_N 受体促进儿茶酚胺释放有关。

（2）平滑肌：ACh 作用于胃肠道平滑肌、膀胱逼尿肌、支气管平滑肌 M_3 受体，引起平滑肌收缩；ACh 作用于胃肠道与膀胱括约肌 M 受体，产生舒张作用。ACh 作用强度与组织的敏感性和剂量正性相关。迷走神经释放的 ACh 可明显兴奋胃肠道平滑肌，使其收缩幅度和张力均明显增加，促进腺体分泌，出现恶心、呕吐、嗳气、小肠痉挛和排便等症状；但外源性 ACh 由于迅速被血浆丁酰胆碱酯酶水解而难以抵达效应器官发挥作用。ACh 可增强泌尿道平滑肌蠕动，使膀胱逼尿肌收缩，膀胱最大自主排空压力增加，降低膀胱容积，同时舒张膀胱三角区和外括约肌，使膀胱排空。

（3）腺体：ACh 作用于副交感神经支配的所有腺体，如泪腺、气管和支气管腺体、唾液腺、消化道腺体及汗腺的 M_3 受体，使分泌增加。

（4）眼：应用 ACh 局部滴眼，其可作用于瞳孔括约肌 M_3 受体，引起瞳孔缩小（瞳孔括约肌收缩），眼内压降低；另外，其可作用于睫状肌 M 受体，引起睫状肌收缩（调节近视），调节痉挛。

2. N 样作用　大剂量 ACh 除激动 M 受体外，同时也激动神经节上的 N_N 受体、运动神经终板上的 N_M 受体及肾上腺髓质嗜铬细胞的 N_N 受体。①兴奋植物神经节 N_N 受体，使节后胆碱能神经和去甲肾上腺素能神经同时兴奋，其结果较复杂：胃肠道、膀胱平滑肌和腺体是以胆碱能神经支配占优势，N_N 受体兴奋的结果呈现 M 样作用，即胃肠道、膀胱等器官平滑肌兴奋，腺体分泌增加；心肌和小血管则以去甲肾上腺素能神经支配占优势，N_N 受体兴奋的结果是促进去甲肾上腺素释放，使小血管收缩，血压升高；②兴奋肾上腺髓质嗜铬细胞的 N_N 受体，引起肾上腺素释放，使血压升高；③激动运动神经终板上的 N_M 体，引起骨骼肌收缩；④激动中枢 N 受体与疼痛、学习、记忆等功能有关。

【用途】

ACh 本身并无临床应用价值，不能作为治疗药物应用。但由于其为内源性神经递质，分布广泛，具有重要的生理功能，因此常作为药理实验工具药使用。

醋甲胆碱

醋甲胆碱（methacholine，乙酰甲胆碱，mecholyl）属于人工合成的胆碱酯类季铵化合物，口服不易被吸收，也不易穿过血脑屏障。醋甲胆碱具有甲基基团，此基团增强了其对 AChE 水解作用的抵抗力，故 AChE 水解醋甲胆碱速度比水解 ACh 慢，因此，其作用时间较 ACh 长。醋甲胆碱对 M 受体的选择性较 ACh 高，因而对心血管系统作用显著，同时其有微弱 N 样作用。

醋甲胆碱临床上用于诊断支气管高敏性（bronchial hypersensibility）或口腔黏膜干燥症。禁用于支气管哮喘、冠脉缺血和溃疡病患者，因醋甲胆碱可加重这些疾病的症状。

卡巴胆碱

卡巴胆碱（carbamylcholine，卡巴可，carbachol）属于人工合成的胆碱酯类季铵化合物，化学性质稳定，口服吸收差，不易穿过血脑屏障。卡巴胆碱选择性差，其可直接激动 M 和 N 受体，也可促进胆碱能神经末梢释放 ACh 而间接发挥作用。卡巴胆碱不易被 AChE 所代谢，作用时间长，局部用药作用可持续 4～8 小时。由于该药不良反应较多，阿托品对其解毒作用差，限制了其在全身的应用，目前主要用于局部滴眼治疗青光眼。其机理为促进房水外流，降低眼内压。卡巴胆碱还用于白内障晶体置换术后缩瞳，以避免强光刺激。卡巴胆碱也用于手术后或排尿机制异常造成的膀胱尿潴留。禁忌证同醋甲胆碱。

第二节 M胆碱受体激动药

M胆碱受体激动药主要是通过兴奋M胆碱受体而发挥作用。

毛果芸香碱

毛果芸香碱（pilocarpine，匹罗卡品）是从南美洲灌木毛果芸香属植物（*pilocarpus jaborandi*）的叶子中提取的生物碱，为叔胺类化合物，其水溶液稳定，现已能人工合成。1630年，科学家发现人们经常利用毛果芸香属植物促进出汗、唾液分泌及排尿来对抗感冒及某些毒物中毒。1873年首次在毛果芸香属植物中提纯了毛果芸香碱，并发现该类植物中起促进唾液分泌、降低眼内压的有效成分是毛果芸香碱。

【药理作用】

毛果芸香碱可选择性地激动胆碱能神经节后纤维所支配效应器上的M受体，产生M样作用，对眼和腺体的作用最强。

1. 对眼的作用　毛果芸香碱滴眼可引起缩瞳、降低眼内压和调节痉挛等作用（图2-6-1、图2-6-2）。

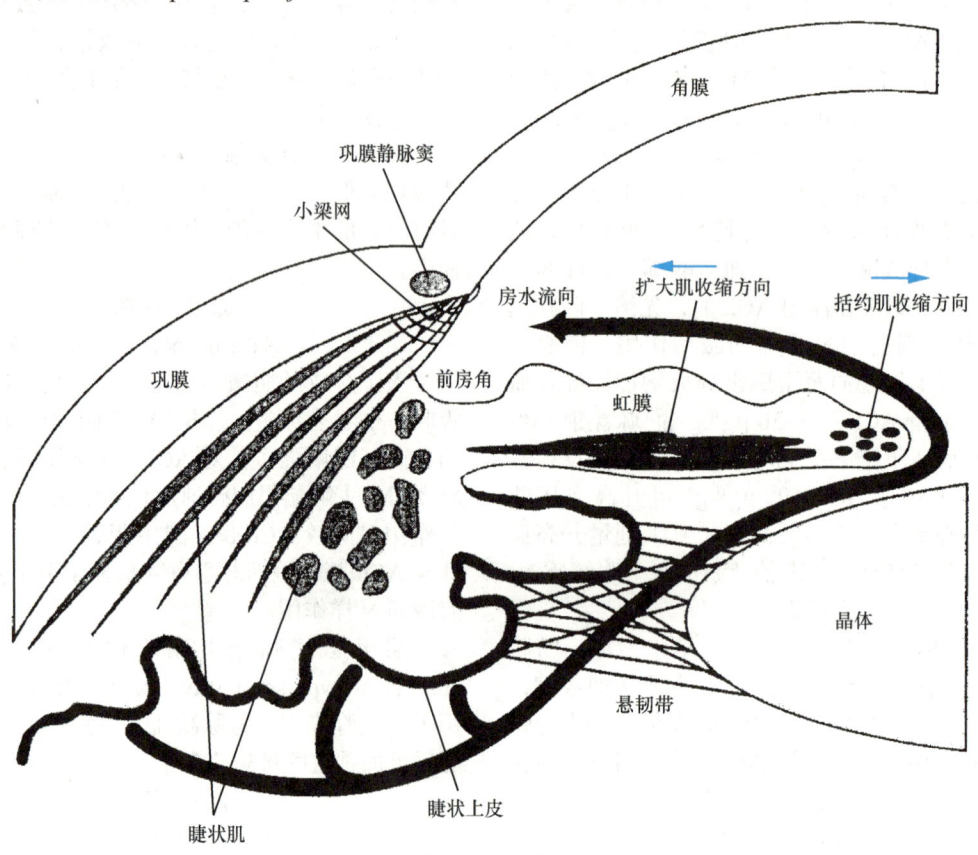

图2-6-1　房水出路：箭头表示房水回流方向

（1）缩瞳：虹膜平滑肌分为两种：一种是瞳孔括约肌，受胆碱能动眼神经支配，激动瞳孔括约肌M受体缩小瞳孔；另一种是瞳孔开大肌，受去甲肾上腺素能神经支配，激动其α受体使瞳孔开大肌向外周收缩，瞳孔扩大。毛果芸香碱可激动瞳孔括约肌上的M胆碱受体，使瞳孔括约肌收缩，导致瞳孔缩小，局部用药作用可持续数小时至1天。

（2）降低眼内压：眼内压由房水正常循环维持。房水由睫状体上皮细胞分泌及血管渗出而产生，经虹膜流入前房，通过前房角间隙，经小梁网（滤帘）流入巩膜静脉窦而进入血循环。毛果芸香碱可通过缩瞳作用使虹膜向瞳孔中心拉紧，致使虹膜根部变薄，前房角间隙扩大，房水易于通过巩膜静脉窦而进入血液循环，降低眼内压。本品滴眼后，眼内压可能短暂上升，数分钟后开始下降，降压作用可维持数小时。

（3）调节痉挛：使晶状体聚焦、物体成像于视网膜上，适合于看清物体的过程称为调节。眼的调节主要取决于晶状体的曲度变化。晶状体曲度受晶状体本身弹性与悬韧带的紧张度调节，悬韧带的紧张度受睫状肌调节。睫状肌由环状和辐射状两种平滑肌纤维组成，其中以动眼神经支配的环状肌纤维

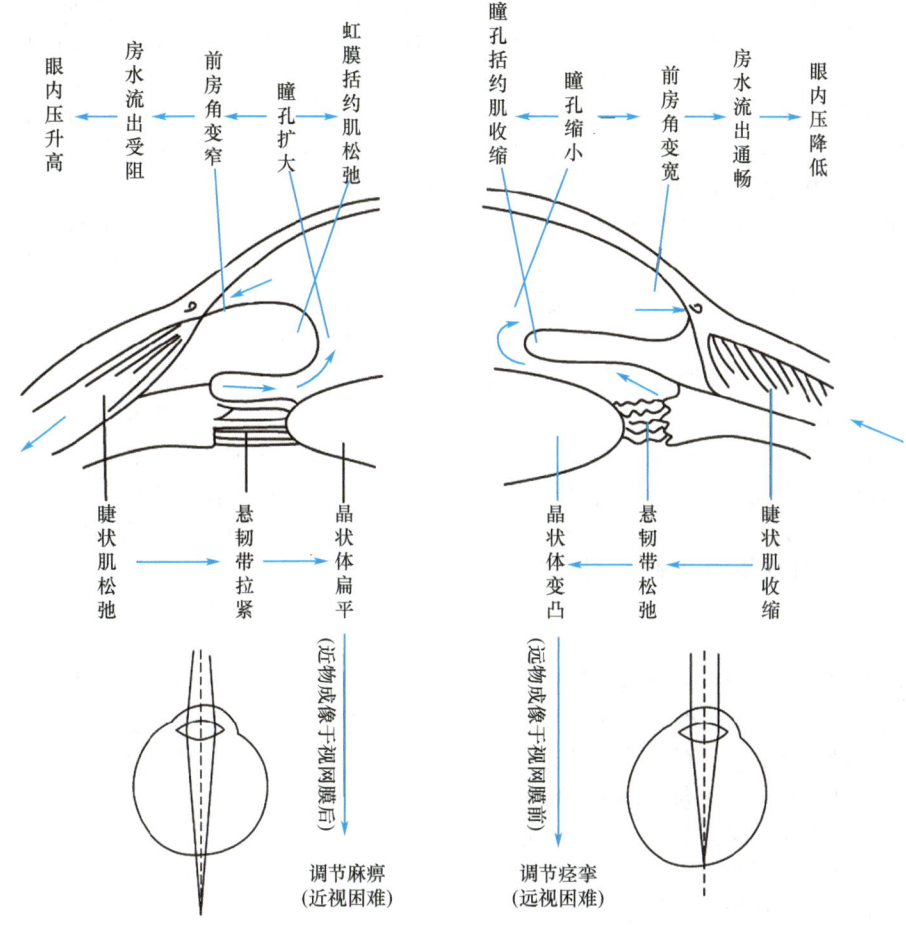

图 2-6-2 胆碱受体激动药与阻断药对眼的作用

M 受体激动药作用于虹膜内括约肌，使瞳孔缩小，眼内压降低；作用于睫状肌中的环状肌，调节痉挛，不能聚焦看清远物。M 受体阻断药的作用恰好与 M 受体激动药相反，即瞳孔扩大、眼内压升高，调节麻痹，不能聚焦看清近物。

为主。视远物时，睫状肌处于松弛状态，悬韧带保持一定紧张度，使晶状体相对扁平；视近物时，可反射引起睫状肌收缩，悬韧带松弛，晶状体由于自身的弹性而变凸，屈光度增加，视近物清楚。毛果芸香碱激动睫状肌环形纤维上 M 受体，使睫状肌向虹膜中心方向收缩，悬韧带松弛，晶状体变凸，屈光度增加，使远物不能聚焦成像于视网膜上，因此模糊不清，此时，只适合于视特定近距离的物体，这种作用称为调节痉挛。本品的调节痉挛作用可在 2 小时内消失。

2. 对腺体的作用 毛果芸香碱可激动腺体的 M 受体，使腺体分泌增加，以汗腺和唾液腺分泌增加最为明显（皮下注射 10～15 mg），也增加泪腺、胃腺、胰腺、小肠腺体和呼吸道腺体的分泌。

3. 其他系统

（1）平滑肌：毛果芸香碱可兴奋肠道，使肠道平滑肌张力和蠕动加强；支气管平滑肌兴奋，诱发哮喘；此外，毛果云香碱也可以兴奋子宫、膀胱、胆囊及胆道平滑肌。

（2）心血管系统：毛果芸香碱静脉注射（0.1 mg/kg）时，可引起心率和血压短暂下降，这主要是激动心脏与血管 M 受体所致。

【体内过程】

毛果芸香碱滴眼后，易透过角膜，1% 溶液滴眼，10～30 分钟后可开始缩瞳，持续 4～8 小时。眼内压降低作用数分钟即可起效，达峰时间为 75 分钟左右，持续 4～8 小时。调节痉挛作用可维持 2 小时。

【临床应用】

主要用于眼科，还可用于抗胆碱药阿托品中毒的解救。

1. 青光眼 青光眼患者以进行性视神经乳头凹陷及视力减退为主要病变特征，主要症状是眼内压升高，可引起头痛、视力减退甚至失明。青光眼可分为闭角型与开角型两类。闭角型为急性或慢性充血性青光眼，以前房角狭窄，房水回流障碍，眼内压升高为特征；开角型青光眼主要是由于小梁网及巩膜静脉窦发生变性或硬化，阻碍房水循环，引起眼内压增高。治疗青光眼主要有两种方式，即促进房水循环或减少房水产生。低浓度的毛果芸香碱（≤2%）使前房角间隙扩大，房水易进入血液循环，导致眼内压降低，从而缓解或消除青光眼的各种症状，适用于闭角型青光眼。高浓度的毛果芸香碱可使青光眼症状加重。毛果芸香碱对开角型青光眼也有一定疗效，可能是由于此药扩张巩膜静脉窦周围的小血管及收缩睫状肌后，使小梁网结构变化而导致眼内压降低。

对于紧急状况下的闭角型及开角型青光眼，毛果芸香碱是首选药。

2. 虹膜炎 本品与扩瞳药阿托品交替应用，可防止虹膜与晶状体黏连。

3. 口腔等干燥 毛果芸香碱口服，可用于头颈部放射治疗后的口腔、喉咙及眼干燥，同时汗腺分泌也会明显增加。

此外，毛果芸香碱还可以作为解救抗胆碱药阿托品中毒使用。

【不良反应】

滴眼时应压迫内眦，避免药液经鼻泪管流入鼻腔吸收，而产生不良反应。全身给药吸收入血后引起汗腺分泌增加是最常见的不良反应，可补充足量的水以避免脱水。其他不良反应包括流涎、哮喘、恶心、呕吐、腹泻、头痛、腹泻等症状。大剂量可导致副交感神经过度兴奋引起呼吸困难，可给予足量阿托品并采用对症和支持疗法，如维持血压和人工呼吸等。

氯贝胆碱

氯贝胆碱（bethanechol chloride；别名：乌拉胆碱，urecholine）属于胆碱酯类，不易穿透血脑屏障，化学性质稳定，能耐受胆碱酯酶及非特异性胆碱酯酶，口服有效。氯贝胆碱选择性作用于M胆碱受体，无N受体激动作用。氯贝胆碱对胃肠道和膀胱平滑肌作用明显，对心血管几乎无作用，可用于手术后及产后腹气胀、尿潴留及胃肠张力缺乏症及胃溃留等治疗，也可用于口腔黏膜干燥症。不良反应可见脸红、出汗、嗳气、腹部痉挛性疼痛、膀胱紧张感、眼调节痉挛、头痛和流涎等。禁忌证同醋甲胆碱。

毒蕈碱

许多蕈类含有毒蕈碱（muscarine），毒蕈碱在丝盖伞菌属（*Inocybe*）和杯伞菌属（*Clitocybe*）中含量较高，可由捕蝇蕈分离提取。毒蕈碱于1869年首次被纯化，是第一个被研究的拟胆碱药。毒蕈碱与M胆碱受体结合，产生M样作用，过量毒蕈碱可导致严重的外周拟胆碱样作用。毒蕈碱在捕蝇蕈中含量很低（约0.003%），因而人食用捕蝇蕈后并不至于引起毒蕈碱中毒，但在食用丝盖伞菌属和杯伞菌属这些含有高的毒蕈草成分菌属后，可在30～60分钟内出现毒蕈碱中毒症状，表现为流涎、流泪、恶心、呕吐、头痛、视觉障碍、腹部绞痛、腹泻、心动过缓、血压下降、支气管痉挛、惊厥、心脏衰竭及休克。毒蕈碱属于季铵化合物，难以通过血脑屏障，因此无中枢作用。毒蕈碱中毒除采用支持疗法外，可肌内注射阿托品1～2 mg，每30分钟一次，可迅速缓解症状。本药虽不作为治疗性药物，但其具有重要药理学及毒理学意义。

占诺美林

占诺美林（xanomeline）易透过血脑屏障，对M_1受体有较强的亲和力，是选择性M_1受体激动药，对M_4受体有一定作用；近年来，正在进行有关占诺美林治疗阿尔茨海默病（Alzheimer's disease）的临床研究；此外，也发现占诺美林在中脑边缘系统有抗多巴胺样作用，具有潜在治疗精神失常的可能性。

部分拟胆碱药的作用与用途见表2-6-1。

表2-6-1 部分拟胆碱药的作用与用途

胆碱酯类	对胆碱酯酶的敏感性	M样作用					N样作用	用途
		心血管 M_2, M_3	胃肠道 M_2	膀胱 M_2	眼 M_3	CNS* M_1		
乙酰胆碱	+++	++	++	++	+	−	++	实验工具药
醋甲胆碱	+	+++	++	++	+	−	+	支气管高敏性诊断
卡巴胆碱	−	+	+++	+++	+	−	+++	尿潴留、青光眼
氯贝胆碱	−	±	+++	+++	++	−	−	术后腹气胀、尿潴留等
毒蕈碱	−	++	+++	+++	++	−	−	毒理学相关研究
毛果芸香碱	−	+	+++	+++	++	−	−	青光眼、虹膜炎
占诺美林						+++		阿尔茨海默病

*胆碱脂类皆为季铵化合物，不易透过血脑屏障；毛果芸香碱可透过血脑屏障，但未发现其治疗作用；占诺美林选择性作用于中枢M_1受体

第三节 N胆碱受体激动药

N胆碱受体由五个亚基构成，分为α及β两类亚基；其中α亚基有九种亚型（$α_2 \sim α_{10}$），β亚基有三种亚型（$β_2 \sim β_4$），分布于外周与中枢。外周N胆碱受体分为N_N和N_M两种亚型。N_N受体分布于交感神经的神经节、副交感神经节和肾上腺髓质，已知的受体亚基组成有三种，即$α_3β_2$、$α_3β_4$、$α_3β_4α_5$。激动N_N受体不仅兴奋交感神经和副交感神经，同时也激动肾上腺髓质嗜铬细胞的N_N受体，促使去甲肾上腺素与肾上腺素释放（详见ACh的N样作用）。N_M受体分布于神经骨骼肌终板，已知的受体亚单位组成为$α_1β_1δ_γ$。激动N_M受体使骨骼肌收缩。已知中枢N胆碱受体亚单位组至少有六种亚类，其中与学习、记忆及认知有关的N受体亚类组成为$α_2β_4$与$α_7$。

一、烟　　碱

烟碱（nicotine）自烟草（tobacco）中提取的一种液体生物碱，可激动N_N和N_M受体，以激动N_N受体为主，能作用于多种神经效应器和化学感受器。烟碱虽然被称为激动药，然而，烟碱究竟呈现为激动药还是功能性拮抗药（functional antagonist），依赖于以下因素，如剂量的大小、作用时间的长短以及受体的亲和状态（affinity state）。例如，小剂量烟碱主要激动N_N受体产生兴奋作用，如吸烟产生提神及依赖作用；大剂量烟碱先短暂激动N胆碱受体，继而转为阻断作用。

长期给予大鼠及恒河猴低剂量的烟碱以及人体临床实验表明，烟碱可增强记忆力。近年研究表明，吸烟人群中帕金森病患者明显少于正常人群，烟碱可降低实验性帕金森病的发生。长期低剂量透皮给予烟碱可改善轻度阿尔茨海默病患者症状，且未发现严重副作用及不能耐受的现象。烟碱亦试用于溃疡性结肠炎的透皮治疗及戒除烟瘾。由于烟碱作用广泛、复杂，故无临床实用价值，仅有毒理学意义。

二、其他N受体激动药

N受体激动药ABT-418可显著提高阿尔茨海默病患者的学习与记忆力。SIB-1508与其异构体SIB-1765F、SIB-1508Y可改善帕金森病症状，尤其是与左旋多巴合用时。

三、中枢N受体的部分激动药

瓦伦尼克林（varenicline）是中枢N受体的部分激动药，可减弱机体对尼古丁的需求。对数百名吸烟者临床试验表明，口服7星期瓦伦尼克林，有半数吸烟者达到戒烟效果。

（大连医科大学　孙鹏远）

第七章 抗胆碱酯酶药和胆碱酯酶复活药

- Both reversible and irreversible inhibitors of cholinesterase produce their M and N effects by binding to cholinesterase and inhibit their activity for hydrolyzing ACh, resulting in an indirect increase in ACh in synapse.
- Neostigmine, a representative drug of reversible inhibitor of cholinesterase, mimics the effects of stimulation of the parasympathetic nervous system by inhibiting the activities of cholinesterase, which breakdowns ACh at autonomic ganglia (N_N receptor), parasympathetic nerve endings (M receptor), and end-plate of skeletal muscle (N_M receptor). Neostigmine increases contraction of intestinal smooth muscles and secretion of glands, inhibits cardiac activities, contracts pupils, decreases intraocular pressure, and triggers skeletal muscle contraction. Neostigmine is used for myasthenia gravis, urinary retention, and curariform drug toxicity.
- Organophosphates share a common mechanism of toxicity via "rreversible" inhibition of the activity of cholinesterase by forming covalent chemical bonds via phosphorylation and causing deactivation of acetylcholinesterase. Symptoms of organophosphate intoxication include M and N effects. Muscarinic receptor antagonist atropine and pralidoxime chloride which is regenerator of cholinesterase are used concurrently in the treatment in most situation.

第一节 胆碱酯酶

胆碱酯酶分为真性胆碱酯酶和假性胆碱酯酶。真性胆碱酯酶亦称为乙酰胆碱酯酶（acetylcholinesterase，AChE），主要存在于胆碱能神经元、神经肌肉接头、红细胞等组织中，特异性水解ACh，作用强、效率高。假性胆碱酯酶（pseudocholinesterase）亦称丁酰胆碱酯酶（butyrylcholinesterase，BuChE），水解ACh的作用较弱，可水解其他酯类，如琥珀胆碱，主要存在于血浆、肝、肾、肠等组织中。BuChE 由肝脏合成，是评价肝细胞合成功能的灵敏指标。AChE 蛋白分子表面活性中心有两个可与ACh结合的部位，即带负电荷的阴离子部位与酯解部位。前者含有一个谷氨酸残基，后者含有一个由丝氨酸的羟基构成的酸性作用点和一个由组氨酸咪唑环构成的碱性作用点，它们通过氢键结合，增强了丝氨酸羟基的亲核性，使之较易与ACh结合。AChE 水解ACh的过程可分为三步：① AChE 的阴离子部位通过静电引力与ACh分子中的季铵阳离子部位结合，同时AChE 酯解部位丝氨酸的羟基与ACh 的羰基碳以共价键结合，形成ACh-AChE 复合物；② ACh 的酯键断裂，生成胆碱和乙酰化胆碱酯酶；③乙酰化胆碱酯酶迅速水解，释放出乙酸，AChE 活性恢复。AChE 活性极高，一个酶分子可在1分钟内催化水解 6×10^5 个ACh分子（图2-7-1）。

根据胆碱酯酶抑制药与AChE结合后水解速度的快慢，可将其分为两类：一类是易逆性胆碱酯酶抑制药，与胆碱酯酶结合后，酶活性易恢复，如新斯的明和毒扁豆碱等；另一类为难逆性胆碱酯酶抑制药，与胆碱酯酶结合后，酶活性难恢复，如有机磷酸酯类。

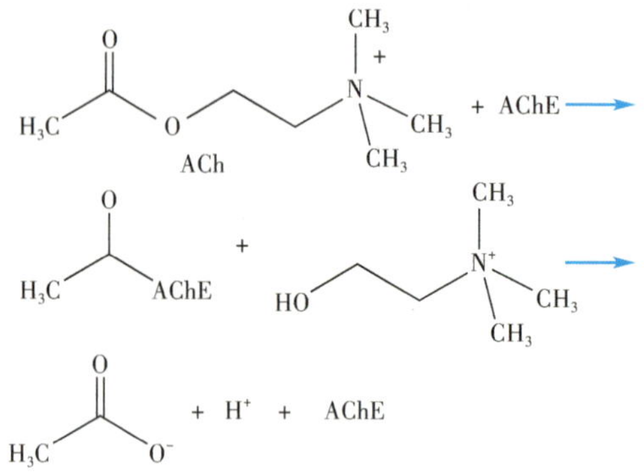

图 2-7-1 AChE 对 ACh 的作用

第二节 易逆性胆碱酯酶抑制药

易逆性胆碱酯酶抑制药的作用机制（图2-7-2）是与ACh 竞争AChE 的结合部位，由于其与AChE 结合相对较牢固，水解较慢，可以使AChE 的活性暂时消失（但较难逆性抗AChE 药使酶活性消失的时间短），进一步使胆碱能神经末梢释放的ACh 水解减慢而积聚，产生M和N样作用。

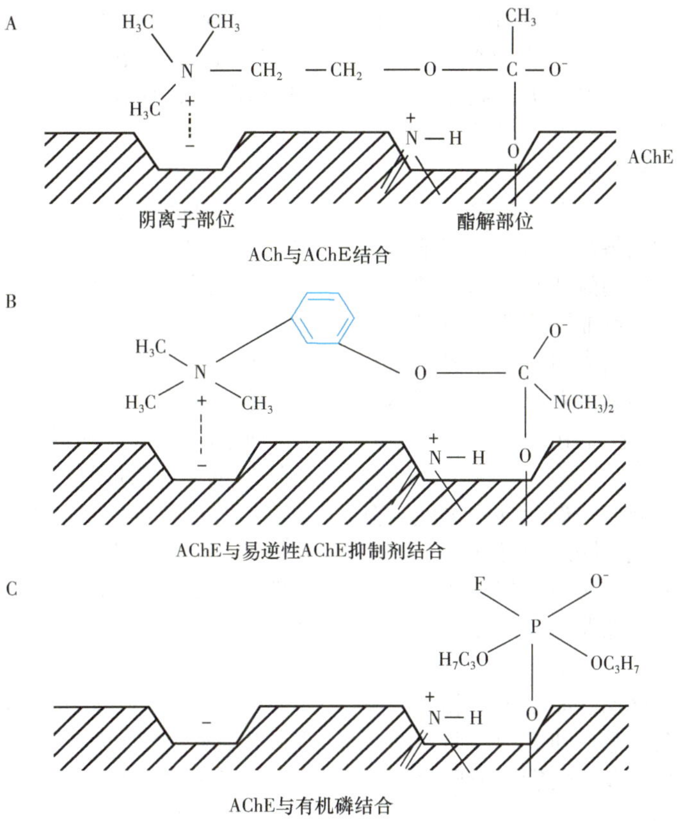

图 2-7-2 ACh、可逆性 AChE 抑制药及难逆性 AChE 抑制药（有机磷）与 AChE 结合示意图

A. ACh 与 AChE 结合形成乙酰化 AChE，然后迅速被水解为乙酸，AChE 重新恢复活性；B. 可逆性 AChE 抑制药与 AChE 结合，形成氨基甲酰化 AChE，但其活性恢复较慢，因此，可逆性 AChE 抑制药作用时间较长；C. 有机磷与 AChE 形成较氨基甲酰 AChE 更不易恢复活性的磷酰化 AChE，如果磷酰化 AChE 长时间不被水解，则 AChE 发生"老化"而失去水解 ACh 的活性

新斯的明

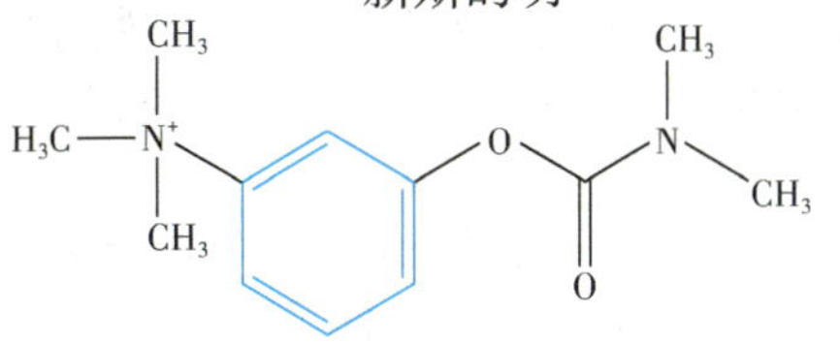

新斯的明（neostigmine，prostigmine）为人工合成的二甲氨基甲酸酯类化合物。

【药理作用】

新斯的明与 ACh 以可逆及竞争的方式与 AChE 结合，从而抑制了 AChE 对 ACh 的水解，而产生 M 样和 N 样作用。

新斯的明 M 样作用的特点为对胃肠道和膀胱平滑肌的兴奋作用较强；对心血管、腺体、眼和支气管平滑肌的作用较弱。新斯的明 N_M 样作用的特点为对骨骼肌的兴奋作用最强，有三个方面的机制：①抑制 AChE 活性，使 ACh 的水解减慢、作用时间延长；②直接激动骨骼肌运动终板上 N_M 受体；③促进运动神经末梢 ACh 释放。

【体内过程】

新斯的明为人工合成的季铵类化合物，脂溶性低，口服吸收少而不规则，不易透过血脑屏障。新斯的明既可被血浆中的 AChE 水解，亦可在肝脏代谢，用药量的 80% 可在 24 h 内经肾排泄。新斯的明溶液滴眼时不易透过角膜进入前房，故对眼的作用较弱。

【临床应用】

1. 重症肌无力 (myasthenia gravis) 重症肌无力是一种神经肌肉接头传递功能障碍的自身免疫性疾病。多数患者血清中存在抗 ACh N_M 受体的抗体，可导致 N_M 受体受损，使运动终板 ACh 受体数目减少，妨碍 ACh 与受体的结合，因而发生神经肌肉传递功能障碍，出现骨骼肌进行性肌无力，表现为眼睑下垂，肢体无力，咀嚼和吞咽困难等症状，严重者可致呼吸困难。新斯的明可以直接和间接的方式激动 N_M 受体，缓解重症肌无力的症状，但应避免过量用药，以免导致持久除极化，反而加重神经肌肉传递功能障碍，导致"胆碱能危象"（cholinergic crisis）；此时应停用新斯的明，改用阿托品和 AChE 复活药如解磷定或氯解磷定等。

2. 手术后腹气胀和尿潴留 新斯的明能兴奋胃肠道平滑肌及膀胱逼尿肌，促进排气和排尿。但禁用于肠梗阻、泌尿道梗阻、腹膜炎、大肠坏死或由炎症性疾病导致大肠功能障碍的患者。

3. 阵发性室上性心动过速 新斯的明通过其拟胆碱作用，使心率减慢。在某些患者中如心律失常、心率减慢、血压下降、迷走神经张力升高、癫痫、甲亢和帕金森病等，应慎用本品。新斯的明与β受体阻断药合用可使患者心率减慢及血压下降。

4. 肌松药过量中毒 可用于非除极化型骨骼肌松弛药如筒箭毒碱过量时的解救。新斯的明不宜与除极化型肌松药合用，在环丙烷或氟烷麻醉过程中也不宜使用本品。本品与具有非除极化型阻滞作用的氨基苷类抗生素合用时，后者可减弱前者作用。此外某些能干扰神经肌肉传递的药物如奎尼丁亦能使新斯的明作用减弱，故不宜合用。

【不良反应】

新斯的明不良反应主要与胆碱能神经过度兴奋有关。治疗量副作用较少，过量可产生恶心、呕吐、腹痛及腹泻。对于重症肌无力患者，如药物过量可导致"胆碱能危象"，使骨骼肌持久除极化，加重肌无力症状，表现为大量出汗、大小便失禁、瞳孔缩小、睫状肌痉挛、前额疼痛、心动过缓和心律失常等，亦可见低血压、肌痉挛、肌无力、肌麻痹、进行性肌无力、胸腔紧缩感及支气管平滑肌痉挛引起的呼吸困难。

毒扁豆碱

毒扁豆碱（physostigmine；依色林，eserine）是从西非产毒扁豆（*Phsostigma venenosum*）种子中提取的一种生物碱，属叔铵类化合物，现已能人工合成。

【药理作用】

毒扁豆碱是可逆性胆碱酯酶抑制药，其基本作用机理与新斯的明相似，但较强，而无直接兴奋M、N胆碱受体作用。并可进入中枢，故对外周和中枢都有较强作用。

1. 眼 毒扁豆碱对眼的作用类似于毛果芸香碱，但作用强而持久。滴眼后5分钟开始出现瞳孔缩小，眼内压降低，1～2小时作用达高峰，作用可维持1～2天；也可致睫状肌收缩，引起调节痉挛。

2. 吸收作用 毒扁豆碱吸收后在外周可产生完全类似ACh的M及N样作用；如兴奋平滑肌，促进腺体分泌、激动交感神经节、激动肾上腺髓质的N_N受体促进儿茶酚胺释放以及激动骨骼肌上的N_M受体，引起肌束颤动。毒扁豆碱对中枢作用表现为先兴奋后抑制，中毒时可引起呼吸麻痹。

【体内过程】

毒扁豆碱为叔铵类化合物，脂溶性较高。口服、注射和黏膜给药均易吸收，也易透过血脑屏障进入中枢神经系统。毒扁豆碱主要由血浆AChE水解灭活。皮下注射2 mg后，大部分药物可在2小时内被灭活。

【临床应用】

1. 青光眼 由于毒扁豆碱对睫状肌收缩作用较强，用药后常引起睫状肌痉挛，可致头痛、眼痛及视物模糊等不良反应。对于青光眼，毛果芸香碱效果更好。本品可单独或与毛果芸香碱合用，先用本品滴眼数次，后改用毛果芸香碱维持疗效。

2. 抗胆碱药中毒的解救 常用于阿托品等抗胆碱药中毒的解救，可用本品静注或肌内注射。利用毒扁豆碱可穿透血脑屏障的优点，治疗一些具有中枢抗胆碱作用药物中毒，如三环类抗抑郁药、抗组胺药、镇吐药、某些帕金森病药以及吩噻嗪类抗精神失常药。

【不良反应】

本品可进入血脑屏障，故全身毒性反应较新斯的明严重，大剂量时可出现惊厥、心动过缓、骨骼肌麻痹等症状，中毒时可致呼吸麻痹。由于本品选择性低、毒性大，故除用于治疗阿托品类药物中毒外，一般不作全身应用。同样，本品过量时（口服1 g）也可用阿托品治疗。

加兰他敏

加兰他敏（galantamine）是从石蒜属植物中提取的生物碱。作用类似于新斯的明，可透过血脑屏障。

【药理作用】

加兰他敏属于竞争性、可逆性胆碱酯酶抑制药，还可直接非竞争性激动N受体。加兰他敏不仅抑制胆碱酯酶的活性，也直接激动N受体，并调节中枢与学习有关区域的N受体构象，增加该区域N受体的数量，使ACh作用增强。

【体内过程】

加兰他敏口服吸收良好，生物利用度在80%～100%。$t_{1/2}$约为7小时，主要在肝脏代谢。

【临床应用】

由于阿尔茨海默病记忆力、学习能力下降与其在中枢的胆碱能N受体变构导致ACh的作用减弱有关，加兰他敏能增强记忆力，可用于轻、中度阿尔茨海默病的治疗。本品也可用于重症肌无力及脊髓灰质炎后遗症的治疗。

卡巴拉汀

卡巴拉汀（利乏斯的明，rivastigmine）可逆性抑制AChE与BuChE活性。研究表明卡巴拉汀显著改善痴呆、阿尔茨海默病及帕金森病的认知与行为障碍，但作用机制尚不清楚。卡巴拉汀临床用于治疗轻、中度阿尔茨海默病。

吡斯的明

吡斯的明（吡啶斯的明，pyridostigmine）为人工合成的季铵化合物，作用机制同新斯的明，但起效缓慢，作用较弱，作用时间较长。临床上主要用于治疗重症肌无力，也用于手术后腹气胀、尿潴留及严重便秘。吡斯的明不良反应较少，很少引起胆碱能危象；禁忌证同新斯的明。

依酚氯铵

依酚氯铵（edrophonium；腾喜龙，tensilon）作用机制同新斯的明，该药吸收较新斯的明快，作用较新斯的明短（10～20分钟），为超短时抗AChE药。依酚氯铵作用较弱，但对骨骼肌仍有较强作用，一般用于肌无力危象（myasthenic crisis）与胆碱能危象（cholinergic crisis）的鉴别诊断。肌无力危象患者不能产生足够的神经肌肉兴奋，依酚氯铵可增强肌无力危象患者骨骼肌的收缩；胆碱能危象患者存在过多的神经肌肉刺激，而导致骨骼肌松弛，依酚氯铵反而使胆碱能危象患者肌肉松弛加剧。不良反应与新斯的明类似。

安贝氯铵

安贝氯铵（ambenonium chloride）是双季铵类化合物，为可逆性AChE抑制药，作用机制类似于新斯的明，但较持久（4～8小时）；临床主要用于不能耐受新斯的明、吡斯的明的重症肌无力患者。不良反应同新斯的明，M样副作用较少，过量可引起"胆碱能危象"，可用阿托品对抗。

石杉碱甲

石杉碱甲（huperzine）是石杉科石杉属植物中提取的生物碱，具有促进记忆再现和记忆巩固的作用；其作用特点与新斯的明相似，对AChE具有选择性抑制作用，易通过血脑屏障进入中枢，兼具有中枢及外周治疗作用。石杉碱甲作用时间长，从胃肠道吸收良好，安全指数大，稳定性好。对AChE的抑制强度为：石杉碱甲＞毒扁豆碱＞新斯的明＞加兰他敏。临床上石杉碱甲用于治疗阿尔茨海默病和单纯记忆障碍。

他克林

他克林（tacrine）属于可逆性胆碱酯酶抑制药，也是第一个被批准的中枢AChE抑制药，用于治疗阿尔茨海默病。他克林可改善患者的认识能力，亦可改善定向能力；最常见和最重要不良反应为肝脏毒性，约有50%接受低剂量该药治疗患者可出现转氨酶升高。

地美溴铵

地美溴铵（demecarium bromide）属于易逆性抗AChE药，作用时间较长，主要用于无晶状体畸形、开角型青光眼治疗；滴眼后15～60分钟可见瞳孔缩小，可持续1周或更长时间。

第三节 难逆性胆碱酯酶抑制药

有机磷酸酯类（organophosphates）（简称有机磷）属于难逆性AChE抑制剂。按其用途可分为两类：①杀虫剂类，如乐果（rogor）、敌百虫（dipterex）、敌敌畏（DDVP）、甲拌磷（3911）、对硫磷（parathion，605）、内吸磷（systox，E1059）等；②战争毒剂类，如塔崩（tabun）、沙林（sarin）以及梭曼（soman）等。

本类药物对人畜均有毒性，临床用药价值不大，主要为毒理学意义。职业中毒最常见途径为经皮肤吸收或呼吸道吸入，非职业性中毒则大多由口摄入。杀虫剂中毒为临床较常见的问题之一。

【化学结构】

有机磷的基本化学结构如图：R和R′多是烷基，如CH_3、C_2H_5、C_3H_7等，O一般是氧或硫，X是烷氧基、烷硫基或卤素等。

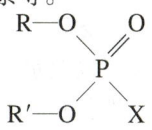

【物理特征与体内过程】

有机磷杀虫剂大都呈油状或结晶状，色泽由淡黄至棕色，稍有挥发性，且有蒜味。神经性毒剂都含有磷，无特殊色与味，对人畜有剧毒。有机磷杀虫剂中除敌百虫外，一般难溶于水，在碱性条件下易分解失效。有机磷可通过皮肤、呼吸道及消化道吸收，吸收后可分布全身，主要在肝脏进行生物转化。有机磷具有相同的化学性质，如具有磷与硫的双键。有机磷的一种代谢方式为磷与硫的双键在肝中转化为磷与氧的双键后，对AChE的抑制能力更强，如乐果氧化成氧化乐果。有机磷在体内的另一种代谢方式为水解，水解后的有机磷丧失抑制AChE的能力，经肾排泄。

有机磷杀虫剂中毒后，可因洗胃、导泻不彻底，导致残余毒物在胃肠道继续被吸收；此外，有机磷在肝内氧化成毒性更强的成分等皆可导致中毒症状反跳。

【中毒机制】

有机磷的作用机制与可逆性胆碱酯酶抑制药相似，但与胆碱酯酶的结合更为牢固。有机磷中的磷原子以共价键与胆碱酯酶酯解部位丝氨酸上的羟基结合，生成难水解的磷酰化胆碱酯酶，使AChE失去水解ACh的能力，ACh浓度升高，引起中毒。若不及时抢救，酶将"老化"。"老化"可能是由于磷酰化胆碱酯酶的磷酰化基团上的一个烷基或烷氧基断裂，生成更加稳定的单烷基磷酰化胆碱酯酶或单烷氧基磷酰化胆碱酯酶。胆碱酯酶复活药应在24h内应用，否则即使再用，也难以恢复酶活性。水解ACh的能力须待新生的AChE出现，才能恢复。因此，一旦发生有机磷中毒，应立即进行抢救（图2-7-2）。

【急性中毒】

有机磷酸酯类中毒时，ACh在体内大量堆积。由于ACh的作用极其广泛，中毒症状表现多样化，其中毒症状与中毒程度有关。轻度中毒以M样症状为主；中度中毒可同时有M和N样症状；重度中毒除外周M和N样症状外，还可出现中枢神经系统症状。有机磷经皮肤吸收，一般在接触2～6天出现中毒症状；经口中毒在10分钟至2小时内出现症状。急性有机磷酸酯类中毒死亡可发生在 5 分钟至 24 小时内，取决于摄入人体内的毒物种类、剂量、途径及其他因素等，死亡的主要原因为呼吸衰竭及继发性心血管功能障碍。

1. M 样作用 这些症状出现最早，主要是 ACh 水解减少，兴奋副交感神经末梢 M 受体所致，产生类似毒蕈碱样作用。①腺体分泌增加：表现为多汗、流泪、流涕、流涎、口吐白沫、呼吸道分泌物增加及肺部湿罗音等症状；②收缩胃肠道道平滑肌：表现为恶心、呕吐、腹痛以及水样腹泻；③收缩虹膜括约肌及睫状肌：表现为瞳孔缩小、视力模糊以及眼痛；④收缩呼吸道平滑肌：表现为胸闷、气急、呼吸困难，严重者可出现肺水肿；⑤松弛膀胱括约肌：表现为小便失禁；⑥抑制心脏：心跳减慢减弱；⑦舒张血管：表现为血压下降。

2. N 样作用 有机磷通过抑制 AChE，导致大量 ACh 作用于 N 受体产生以下作用。①作用于骨骼肌神经肌肉接头 N_M 受体，使面、眼睑、舌、四肢和全身骨骼肌发生肌纤维颤动，患者常有全身紧束和压迫感。随着中毒时间延长，N_M 受体持续除极化，进而发生肌力减退和瘫痪，可导致呼吸肌麻痹引起周围性呼吸衰竭。②作用于神经节 N_N 受体同时激活副交感、交感神经，作用于肾上腺髓质 N_N 受体，促使儿茶酚胺释放；由于平滑肌、腺体、瞳孔以副交感神经支配为主，激动 N_N 受体表现为 M 样作用，即平滑肌收缩、腺体分泌及瞳孔缩小；心脏、血管以交感神经支配为主，激动 N_N 受体，表现为心脏兴奋导致心率加快，血管平滑肌收缩导致血压升高。应注意，血压与心率的实际变化与 M 受体与 N 受体两者的相对激活程度相关。如小剂量轻度中毒时，主要表现为 M 样作用，表现为心率减慢，血压下降；大剂量时则表现为心率加快，血压上升。

3. 中枢神经系统作用 有机磷中毒中枢神经系统症状包括头晕、头痛、疲乏、共济失调、烦躁不安、意识模糊以及震颤（帕金森样作用），进而转变为抑制与昏迷。

【迟发性神经毒性】

迟发性神经毒性（delayed neurotoxicity）是由部分含氟有机磷造成的神经毒性。一次性接触或多次接触含氟有机磷数天至几个星期后，可产生感觉迟钝、肌肉抽搐、运动失调等症状。迟发性神经毒性与 AChE 活性的抑制无直接关系，完全恢复可能需要数年时间。严重迟发性神经毒性可导致死亡；死亡通常由于呼吸中枢抑制、呼吸肌麻痹、呼吸道分泌过多导致呼吸不畅等因素所致。

第四节　胆碱酯酶复活药

胆碱酯酶复活药（cholinesterase reactivator, AChE 复活药）是一类能使已被有机磷酸酯类抑制的 AChE 恢复活性的药物，它不但使单用阿托品所不能控制的严重中毒患者得到解救，而且可以显著缩短中毒的病程。常用的药物有碘解磷定和氯解磷定等，均为肟类（oxime）化合物。

解磷定恢复 AChE 活性的机制如下：解磷定分子中吡啶环的氮带正电荷，能被磷酰化 AChE 阴离子部位所吸引，以静电引力相结合，进而其肟基（＝N—OH）与磷酰化 AChE 的磷结合，使 AChE 游离出来，恢复了 AChE 水解 ACh 的活性。此外，解磷定还可与体内游离的有机磷酸酯类直接结合，形成无毒的磷酰化解磷定，从而防止了游离的有机磷进一步与 AChE 结合（图 2-7-3）。

胆碱酯酶复活药对解除 N 样作用较为明显，但对各种有机磷中毒的疗效并不完全相同。如果超过最佳剂量，解磷定也可与胆碱酯酶结合，产生类似于有机磷中毒样作用，但这种结合是可逆的。因此，应注意解磷定的用量不可过大。

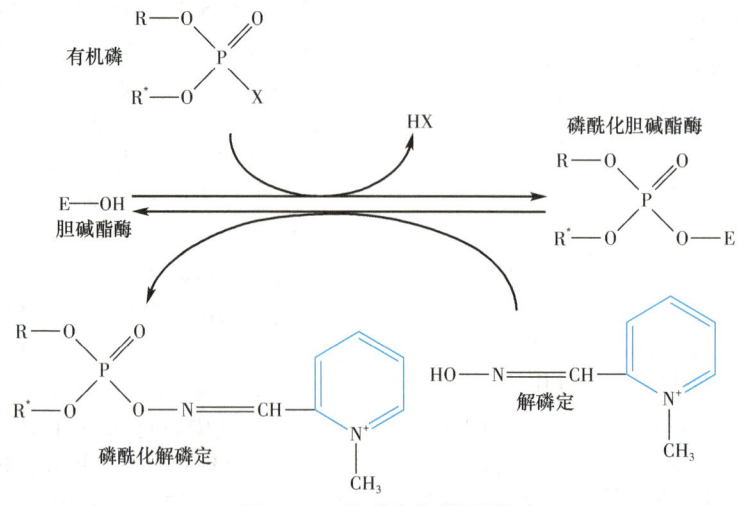

图 2-7-3　解磷定作用原理

有机磷与胆碱酯酶结合形成磷酰化胆碱酯酶；使用解磷定后，解磷定与有机磷形成磷酰化解磷定，使胆碱酯酶游离出来

当同时应用解磷定与阿托品解救有机磷中毒时，患者更易出现阿托品化（atropinization）样作用，即心率加快、口干、瞳孔扩大等症状；因此，应注意因阿托品过量引起的某些症状类似于有机磷的中毒症状，而误诊为阿托品不足，继续加大阿托品用量，造成阿托品中毒。

碘解磷定

碘解磷定（pralidoxime iodide；派姆，PAM）为最早用于临床的 AChE 复活药。碘解磷定水溶性较低、不稳定，久置可释放出碘。在碱性溶液中可水解生成氰化物，因此忌与碱性药物合用。

【药理作用】

PAM 使酶复活的作用在神经肌肉接头处最为显著，可迅速制止中毒所致的肌束颤动，对自主神经系统功能的恢复较差。对中枢神经系统的中毒症状也有一定改善，可使昏迷患者迅速苏醒、停止抽搐。

【体内过程】

静脉注射后，PAM 在肝、肾、脾、心等组织的含量较高，血、骨骼肌、肺中次之，仅有少量进入中枢神经系统。主要经肾排泄，部分在肝代谢。

【临床应用】

PAM 可使形成不久的磷酰化 AChE 复活，AChE"老化"后，则效果不佳，故应及早用药。PAM 不能直接对抗体内积聚的 ACh 作用，应与阿托品合用，以便及时控制症状。PAM 对高毒的对硫磷、内吸磷、甲拌磷、特普等有良好的疗效；对敌百虫、敌敌畏疗效较差；对乐果效果差；抢救乐果中毒应以阿托品为主。

【不良反应】

一般治疗剂量时，不良反应少见。PAM 注射速度过快时，由于药物本身的神经肌肉传导阻滞作用和抑制 AChE 的作用，可产生轻度乏力、视力模糊、眩晕，有时出现恶心、呕吐和心动过速等症状。由于本药不良反应较多，疗效较弱，又只能静脉注射，故目前已较少使用。

氯解磷定

氯解磷定（pralidoxime chloride，PAM-Cl）药理作用及临床应用与碘解磷定相似，但水溶性好，溶液稳定，可肌内注射或静脉注射给药，复活 AChE 的作用较强，约为碘解磷定的 1.5 倍；氯解磷定对有机磷杀虫剂引起的 N 样症状作用明显，而对 M 样症状作用较弱，对中枢神经系统症状作用不明显。氯解磷定不良反应较碘解磷定轻，且价格低廉，因此已成为胆碱酯酶复活药中的临床常用药。

第五节 有机磷酸酯类中毒的防治

急性中毒的药物治疗原则：正确积极使用解毒药物是有机磷酸酯类中毒抢救的关键，应遵循联合、早期、足量和重复用药的原则。

1. 预防 ①职业接触，如生产和使用有机磷时，要严格执行该类药物的生产管理制度，加强劳动保护措施及安全知识教育；②应避免偶然因素所致中毒，如食用可能被有机磷农药污染的蔬菜，接触有机磷中毒患者而疏于防范等。

2. 急性中毒的治疗

（1）迅速清除毒物、离开现场，除去污染衣物。对于经皮肤吸收中毒者，应用肥皂水清洗污染的皮肤、毛发和指甲。口服中毒者用生理盐水、2% 碳酸氢钠溶液（敌百虫中毒忌用）或高锰酸钾溶液（对硫磷中毒忌用）反复洗胃，至无农药气味为止，然后再给硫酸镁导泻。眼部污染可用 2% 碳酸氢钠溶液或生理盐水冲洗。在迅速清除毒物的同时，应尽快应用药物治疗，以缓解中毒症状。若在中毒后 4～6 小时内，应用药物治疗控制症状，再加上后续治疗的措施，可挽救多数病人的生命。

（2）应用 M 胆碱受体阻断药治疗：阿托品可缓解 M 样症状和对抗呼吸中枢抑制，能迅速解除支气管痉挛、支气管腺体和唾液腺分泌，降低胃肠道平滑肌的兴奋性等。阿托品也能部分解除中枢神经系统中毒症状，使患者苏醒。大剂量阿托品可一定程度阻断神经节的 N_N 胆碱受体，对抗 N_N 样作用。阿托品不阻断 N_M 受体，不能解除骨骼肌震颤，也不能恢复胆碱酯酶活力。当出现"阿托品化"表现时，应停止应用阿托品。由于阿托品有加快心率和抑制汗腺分泌的作用，因此，对有心动过速或高热患者，应慎用阿托品。阿托品应用过程中应密切观察患者全身反应和瞳孔大小，并随时调整剂量。

（3）应用胆碱酯酶复活药：胆碱酯酶复活药可迅速解除肌束颤动，但对解除 M 样症状作用较弱；对中枢神经系统的中毒症状有一定改善作用。

对于中度和重度中毒患者，阿托品应与胆碱酯酶复活药合用。应注意 AChE 复活后，机体可恢复对阿托品的敏感性，导致阿托品中毒。因此，两药合用时，应减少阿托品的剂量。

3. 迟发性神经毒性的治疗 目前尚无理想的药物疗法，但应及时脱离与有机磷酸酯类的接触以及采用物理疗法等措施。

（大连医科大学 孙鹏远）

第八章 M胆碱受体阻断药

- M-cholinoceptor blocking drugs competitively antagonize the muscarinic effects of Ach by blocking muscarinic cholinergic receptors at neuroeffector sites on smooth muscle, myocardium, gland cells and in the central nervous system.
- The class of M-cholinoceptor blocking drugs includes ① the naturally occurring alkaloids, e.g. atropine and scopolamine; ② semisynthetic derivatives of these alkaloids, which primarily differ from the parent compounds in their intracorporal process or duration of action; ③ synthetic congeners, some of which show selectivity for particular subtypes of muscarinic receptors.
- Atropine is a highly selective drug for muscarinic receptors and its effect on nicotinic receptors is much lower.

胆碱受体阻断药（cholinoceptor blocking drug）能与胆碱受体结合而不产生或产生微弱的拟胆碱作用，并因此阻碍ACh或胆碱受体激动药与胆碱受体的结合，从而拮抗拟胆碱作用。按其对M和N受体作用选择性不同，分为M胆碱受体阻断药和N胆碱受体阻断药。M胆碱受体阻断药又称平滑肌解痉药，可分为M_1、M_2和M_3胆碱受体阻断药。N胆碱受体阻断药又可分为N_N胆碱受体阻断药和N_M胆碱受体阻断药，前者即神经节阻滞药，后者即神经肌肉阻滞药。

M胆碱受体阻断药通常对ACh引起的N胆碱受体兴奋作用影响较小。然而，阿托品的季铵类衍生物及其相关药物具有一定的拮抗N胆碱受体的活性，可干扰外周神经节或神经肌肉的兴奋传递。在中枢神经系统也存在胆碱能神经递质传递及M和N胆碱受体的激动效应，大剂量或毒性剂量的阿托品及其相关药物通常对中枢神经系统具有先兴奋后抑制的作用；但季铵类M胆碱受体阻断药不易透过血脑屏障，因此对中枢神经系统的影响很小。

第一节 阿托品及其类似生物碱

本类药物包括阿托品、东莨菪碱、山莨菪碱和樟柳碱等，多从茄科植物颠茄（atropa belladonna）、曼陀罗（datura stramonium）、洋金花（datura sp.）、莨菪（hyoscyamus niger）以及唐古特莨菪（scopolia tangutica）等天然植物中提取。

一、阿托品

【来源及化学】

阿托品（atropine）属于植物中的天然生物碱，是不稳定的左旋莨菪碱（L-hyoscyamine）在提取过程中得到的稳定的消旋莨菪碱（dl-hyoscyamine）即为阿托品。阿托品及其类似生物碱的基本结构为托品酸和莨菪碱所构成的酯。

【体内过程】

口服吸收迅速，1h后血药浓度达峰值，生物利用度约50%。作用可维持3～4小时，但对眼（虹膜与睫状肌）的作用可长达72小时或更久。阿托品亦可经黏膜吸收，但皮肤吸收差。吸收后广泛分布于全身组织，可通过胎盘及血脑屏障。阿托品在体内可被迅速清除，$t_{1/2}$为2～4小时。约60%的阿托品以原形经肾排出，其余为水解物，与葡萄糖醛酸结合后从尿中排出。

【药理作用及作用机制】

阿托品为竞争性M受体阻断药，其作用广泛，对M受体有较高选择性，但对各种M受体亚型的选择性较低。不同效应器官上的M受体对阿托品的敏感性不同，随着剂量增加，可依次出现腺体分泌减少，瞳孔扩大和调节麻痹，胃肠道及膀胱平滑肌抑制，心率加快等作用，大剂量时还可出现中枢症状（表2-8-1）。

表2-8-1 阿托品作用与剂量的关系

剂量	作用
0.5 mg	轻度口干，汗腺分泌减少，轻度心率减慢
1.0 mg	口干，口渴感，心率加快（有时心率可先减慢），轻度扩瞳
2.0 mg	明显口干，心率明显加快，心悸，扩瞳和调节麻痹
5.0 mg	上述所有症状加重，皮肤干燥，发热，疲劳，头痛，说话和吞咽困难，不安，排尿困难，肠蠕动减少
10.0 mg及以上剂量	上述所有症状加重，皮肤红、热、干，脉细速，瞳孔极度扩大，极度视物模糊，运动失调，幻觉，谵妄和昏迷

1. 腺体 阿托品阻断 M 受体，从而抑制腺体分泌。唾液腺和汗腺对阿托品最敏感，小剂量（0.5 mg）就可使唾液腺和汗腺分泌减少，引起口干、皮肤干燥，剂量增大时抑制作用则更为显著，同时泪腺及呼吸道腺体分泌也明显减少。在婴儿和儿童，中等剂量就可引起"阿托品发热"，可导致婴儿体温高达 43℃。阿托品并不能阻断胃肠道激素和非胆碱能神经递质对胃酸分泌的作用；同时阿托品可抑制胃中 HCO_3^- 的分泌，故对胃酸浓度影响较小，较大剂量也可抑制胃液分泌。阿托品对胰液、肠液分泌基本无作用。

2. 眼 阿托品阻断 M 受体，使瞳孔括约肌和睫状肌松弛，出现扩瞳、眼内压升高和调节麻痹（cycloplegia）。上述对眼的作用，在局部给药和全身用药时均可出现，应予以重视。

（1）扩瞳：阿托品阻断瞳孔括约肌上的 M 受体，使去甲肾上腺素能神经支配的瞳孔开大肌功能占优势，使瞳孔扩大。

（2）眼内压升高：由于瞳孔扩大，使虹膜退向四周外缘，前房角间隙变窄从而阻碍房水回流入巩膜静脉窦，造成眼内压升高，故青光眼患者禁用。

（3）调节麻痹：阿托品阻断睫状肌上的 M 受体，使睫状肌松弛而退向外缘，悬韧带拉紧，晶状体变为扁平，其折光度降低，故不能将近物清晰地成像于视网膜上，造成视近物模糊不清，只适于看远物，这一作用称为调节麻痹。

3. 平滑肌 阿托品对多种内脏平滑肌具有松弛作用，尤其对处于过度活动或痉挛状态的平滑肌，其松弛作用更为显著。阿托品可降低痉挛的胃肠道平滑肌蠕动的幅度和频率，从而缓解胃肠绞痛；可使尿道与膀胱逼尿肌的张力与收缩幅度降低，引起尿潴留；可解除药物引起的输尿管张力增高；对胃肠括约肌的作用常取决于括约肌的功能状态，如幽门括约肌痉挛时，有一定的解痉作用；对胆管、支气管和子宫平滑肌的作用较弱。

4. 心血管系统

（1）心脏：阿托品对心脏的主要作用是加快心率，但治疗量（0.4～0.6 mg）的阿托品可使部分患者出现心率短暂性轻度减慢，每分钟可减少 4～8 次。这种心率减慢并不伴有血压与心排出量的变化。研究发现，选择性 M_1 胆碱受体阻断药哌仑西平也有减慢心率作用，如果先用哌仑西平再用阿托品，则阿托品不能进一步减慢心率，提示阿托品减慢心率的作用是由于阻断了副交感神经节前纤维突触前膜 M_1 受体，使突触中 ACh 抑制自身递质释放的作用减弱所致。较大剂量阿托品通过阻断窦房结 M_2 受体，解除迷走神经对心脏的抑制作用，引起心率加快。心率加快的程度取决于迷走神经张力的高低。在迷走神经张力高的健康青壮年心率加快明显，如肌内注射阿托品 2.0 mg，心率可增加 35～40 次。对迷走神经张力低的婴幼儿及老年人，即使大剂量的阿托品对心率的影响也不大。阿托品可拮抗迷走神经过度兴奋所致的传导阻滞和心律失常，也可缩短房室结的有效不应期，增加房扑或房颤患者的心室率。

（2）血管与血压：因为大多数血管床缺少胆碱能神经支配，故治疗量的阿托品对血管和血压无显著影响。大剂量阿托品可引起皮肤血管舒张，表现为皮肤潮红，尤以面颈部较为显著。在病理情况下，微循环小血管痉挛时，大剂量阿托品有明显的解痉作用，可以改善微循环，恢复重要器官的血供，缓解组织缺氧状态。阿托品的扩血管作用机制可能是机体对其引起体温升高（汗腺分泌减少）的代偿性散热反应，也可能是大剂量阿托品直接扩张血管作用的结果。

5. 中枢神经系统 阿托品可兴奋延髓和大脑。治疗量（0.5～1.0 mg）可轻度兴奋迷走神经中枢，使呼吸速率加快。剂量增加至 2.0～5.0 mg 时，出现烦躁不安、多言。中毒剂量（10.0 mg 以上）常产生运动失调、惊厥、定向障碍、幻觉和谵妄等。严重中毒时，则由兴奋转为抑制，出现昏迷与呼吸麻痹，最后死于循环与呼吸衰竭。阿托品还可增加癫痫发作频率。

【临床应用】

1. 解除平滑肌痉挛 适用于各种内脏绞痛，对胃肠绞痛及膀胱刺激症状如尿频、尿急等疗效较好。松弛膀胱逼尿肌作用可用于小儿遗尿症。但对胆绞痛及肾绞痛的疗效较差，常与阿片类镇痛药合用。阿托品虽能使支气管平滑肌扩张，但由于它能抑制呼吸道腺体的分泌，使呼吸道分泌物黏稠而难以清除，易引起继发感染，故不用作平喘药。

2. 抑制腺体分泌 阿托品用于全身麻醉前给药，以减少呼吸道腺体及唾液腺分泌，防止分泌物阻塞呼吸道及发生吸入性肺炎。阿托品也可用于治疗严重的盗汗、流涎症（如重金属中毒和帕金森病）等。阿托品虽对胃酸浓度影响较小，但有抑制胃肠道平滑肌痉挛作用，有助于缓解溃疡病的症状，故可作为溃疡病的辅助用药。

3. 眼科

（1）消炎：0.5%～1.0% 阿托品溶液滴眼，可用于治疗虹膜睫状肌炎和角膜炎，原因在于瞳孔括约肌和睫状肌松弛有利于炎症消退，同时可预防虹膜与晶状体粘连。阿托品常与缩瞳药交替使用。

（2）验光配镜：眼内滴用阿托品具有调节麻痹作用，此时由于晶状体固定，可准确测定晶状体的屈光度。但阿托品作用持续时间较长，其扩瞳作用可维持 1～2 周，调节麻痹作用可维持 2～3 天，视力恢复较慢，目前常用作用持续时间较短的后马托品取代之。但因儿童的睫状肌调节功能较强，验光时仍需使用阿托品,发挥其充分的调节麻痹作用。

4. 心血管系统

（1）抗心律失常：阿托品适用于迷走神经过度兴奋所致的窦性心动过缓、窦房传导阻滞、房室传导阻滞等缓慢型心律失常。在急性心肌梗死的早期，尤其是发生下壁或后壁急性心肌梗死时，常伴有窦性或房室结性心动过缓，严重时可引起低血压及迷走神经张力过高，导致房室传导阻滞。阿托品通过恢复心率和促进房室传导，改善患者的临床症状。但使用时需注意，剂量过低会加重心动过缓，剂量过大则引起心率加快，使心肌耗氧量增加，反而加重心肌梗死，并有引起室颤的危险。

（2）抗休克：对暴发型流行性脑脊髓膜炎、中毒性菌痢、中毒性肺炎等所致的多种感染性休克，由于大剂量阿托品改善微循环的作用，从而使休克好转。但对休克伴有高热或心率过快者，不宜用阿托品。目前多用不良反应较少的山莨菪碱取代之。

5. 中枢神经系统
①解救有机磷酸酯类中毒，见第七章。②治疗帕金森综合征和抗精神病药物引起的锥体外系副作用。

6. 其他
对抗新斯的明或其他抗胆碱酯酶药物治疗重症肌无力时引起的拟副交感效应。

【不良反应及禁忌证】

阿托品作用广泛，临床上应用其中一种作用时，其他作用便可成为不良反应，常见有口干、瞳孔扩大、视力模糊、心悸、皮肤干燥潮红、排尿困难、便秘等。上述症状在停药后可消失，故无需特殊处理。但随着剂量增大，其不良反应可逐渐加重，出现呼吸频率加快、烦躁不安、惊厥、幻觉、谵妄等中枢中毒症状。严重中毒时，可由中枢兴奋转为抑制，出现昏迷和呼吸麻痹等。

解救阿托品中毒主要为对症治疗。阿托品口服中毒，应采用洗胃、导泻等措施，以促进毒物排出，并可注射胆碱酯酶抑制药毒扁豆碱，常需反复给药或持续应用。中枢兴奋症状明显时，可适当地用地西泮，但不可过量或应用吩噻嗪类药物，以避免与阿托品类药物的中枢抑制作用产生协同作用。此外对于"阿托品发热"的儿童患者，需要控制高热。

青光眼及前列腺肥大患者禁用阿托品。

二、阿托品类生物碱

阿托品类生物碱药理作用与阿托品类似，但各有侧重，见表2-8-2。

表 2-8-2 阿托品类生物碱

药名	药理作用	临床应用	不良反应
东莨菪碱（scopolamine）	治疗剂量即可引起中枢神经系统抑制，小剂量有镇静作用，大剂量有催眠作用；抑制腺体分泌作用较阿托品强；对心血管系统的作用较阿托品弱；扩瞳及调节麻痹作用较阿托品稍弱；阻断中枢M受体作用较阿托品强	麻醉前给药作用优于阿托品；晕动病预防用药，与苯海拉明合用；与左旋多巴交替或联合应用于帕金森病；代替洋金花进行中药麻醉	与阿托品相似，但毒性较低
山莨菪碱（anisodamine）	抑制唾液腺分泌和扩瞳作用较阿托品弱；不易通过血脑屏障，中枢兴奋作用很弱；血管解痉作用选择性较高；对平滑肌痉挛的抑制作用稍弱于阿托品	代替阿托品用于胃肠绞痛及感染性休克	同上
樟柳碱（anisodine）	外周作用与山莨菪碱相似；中枢抑制作用弱于东莨菪碱而强于山莨菪碱	用于偏头痛型血管性头痛、脑血管病引起的急性瘫痪、视网膜血管痉挛、帕金森病等	同上

第二节 阿托品的合成代用品

为克服阿托品类不良反应较多的缺点，提高疗效，通过改变其化学结构，合成了一些不良反应较少的代用品，包括扩瞳药、解痉药和选择性M受体阻断药。

一、合成扩瞳药

临床常用于扩瞳的药物有 后马托品（homatropine），托吡卡胺（tropicamide），环喷托酯（cyclopentolate）和 尤卡托品（eucatropine）等，均为短效M受体阻断药。这些药物与阿托品比较，其扩瞳和调节麻痹的持续时间明显缩短，适用于一般的眼科检查（表2-8-3）。

后马托品也可用于虹膜睫状肌炎和葡萄球菌角膜炎，以防虹膜与晶状体粘连。

表 2-8-3 几种扩瞳药滴眼作用的比较

药物	浓度（%）	扩瞳作用		调节麻痹作用	
		高峰（min）	消退（d）	高峰（h）	消退（d）
硫酸阿托品	1.0	30～40	7～10	1～3	7～12
氢溴酸后马托品	1.0～2.0	40～60	1～2	0.5～1	1～2
托吡卡胺	0.5～1.0	20～40	0.25	0.5	＜0.25
环喷托酯	0.5	30～50	1.0	1.0	0.25～1.0
尤卡托品	2.0～5.0	30	1/12～1/4	（无作用）	

二、合成解痉药

（一）季铵类解痉药

异丙托溴铵（ipratropium bromide），又称溴化异丙托品，为非选择性 M 受体阻断药，可减少下呼吸道分泌物积聚，主要用于慢性阻塞性肺病，也可用于预防支气管哮喘发作，与 β 肾上腺素受体激动药联合应用可控制哮喘症状。常见副作用为口干。

溴丙胺太林（propantheline bromide），又称普鲁本辛，对胃肠道 M 胆碱受体选择性较高，主要用于胃、十二指肠溃疡，胃肠痉挛、泌尿道痉挛，遗尿症及妊娠呕吐。大剂量溴丙胺太林对神经节具有阻滞作用。

此外，奥芬溴铵（oxyphenonium bromide）、格隆溴铵（glycopyrronium bromide）、地泊溴铵（diponium bromide）及喷噻溴铵（penthienate bromide）等药物均可用于缓解内脏平滑肌痉挛，作为消化性溃疡的辅助用药。

（二）叔胺类解痉药

贝那替嗪（benactyzine），又称胃复康，能够缓解平滑肌痉挛，抑制腺体分泌，还有中枢安定作用，因此适用于伴有焦虑症的溃疡病患者。不良反应有口干、头晕和嗜睡等。

另外，双环维林（dicyclomine）、羟苄利明（oxyphencyclimine）、氨戊酰胺（aminopentamide）及甲卡拉芬（metcaraphen）等药物均有非特异性内脏平滑肌解痉作用。

三、选择性 M 受体阻断药

阿托品及其合成或半合成的阿托品代用品，大多数对 M 受体亚型缺乏选择性，因此应用时不良反应较多。选择性 M 受体阻断药对 M 受体亚型的选择性较高，从而使不良反应明显减少。

哌仑西平（pirenzepine）为 M_1 受体阻断药。替仑西平（telenzepine）为哌仑西平同类物，但其对 M_1 受体的选择性阻断作用更强。两者均可抑制胃酸及胃蛋白酶的分泌，用于治疗消化性溃疡。

此外，还有一些选择性 M_2 和 M_3 受体阻断药如 tripitamin 和达非那新（darifenacin），可用于对抗胆碱能性的心动过缓（M_2）和平滑肌活性过高或上皮细胞分泌增加（M_3），如尿潴留等，但尚未应用于临床。

（西安交通大学医学院 周 筠）

第九章 作用于神经肌肉接头和自主神经节的药物

> - Nicotinic cholinergic blocking drugs include ganglionic blocking agents and skeletal muscular relaxants.
> - The ganglionic blocking agents are also named N_N-cholinoceptor blockers, which act on the nicotinic receptors of both parasympathetic and sympathetic autonomic ganglia. These drugs show no selectivity toward the parasympathetic or sympathetic ganglia, therefore are rarely used therapeutically.
> - Skeletal muscular relaxants are called N_M-cholinoceptor blockers, which block cholinergic transmission between motor nerve endings and the nicotinic receptors on the neuromuscular endplate of skeletal muscle. They are distinguished by whether or not they induce depolarization of the motor endplate, and classified either as depolarizing agents, such as suxamethonium, or as non-depolarizing agents, such as *d*-tubocurarine. Clinically, these blockers are used as adjunct in anesthesia to relax skeletal muscle, they are not therapeutic intervention.

第一节 N_N胆碱受体阻断药——神经节阻断药

N_N胆碱受体阻断药（N_N cholinoceptor blocking drugs）又称神经节阻断药（ganglionic blocking drugs），能选择性地与神经节细胞膜上的N_N胆碱受体相结合，竞争性地阻断乙酰胆碱的作用，使节前纤维末梢释放的乙酰胆碱不能引起节后神经细胞的去极化，从而阻断神经冲动在神经节的传递。神经节阻断药有季铵类、非季铵类和硫化物，临床常用的有非季铵类美加明（mecamylamine）和硫化物咪噻芬（trimetaphan camsilate）。

【体内过程】
季铵类与硫化物口服不易吸收，药物吸收后，主要分布于细胞外液，以原形经肾排泄。非季铵类药物美加明口服易吸收，吸收后在肝肾中浓度高，排泄慢，作用时间持久。

【药理作用】
神经节阻断药的选择性低，对交感神经节和副交感神经节都有阻断作用，由于多数效应器官是由交感神经和副交感神经双重支配的，因此这类药物对效应器官的综合效应视两类神经对该器官的支配以何者占优势而定。

1. 心血管系统 交感神经对血管的支配占优势，故用药后对血管主要表现为扩张作用，可使小动脉扩张，外周阻力降低，血管床血流量增加；使静脉扩张，回心血量和心排出量减少，使血压明显下降，尤其以坐位或立位时血压下降明显。由于副交感神经对窦房结的支配占优势，用药后可使心率轻度加快。

2. 眼 副交感神经对睫状肌和虹膜括约肌的控制占优势，用药后有扩瞳和调节麻痹作用。

3. 平滑肌和腺体 胃肠道、膀胱平滑肌及腺体以副交感神经支配占优势，用药后可抑制胃肠道运动，引起便秘；使膀胱平滑肌松弛，导致尿潴留；抑制腺体分泌，出现口干等症状。

【临床应用】
用于麻醉时控制血压，减少手术区出血。也可用于主动脉瘤手术，不仅能降压，而且能有效控制因手术撕拉组织所造成的交感神经反射，使患者血压不至于明显升高。偶用于其他降压药无效的急进型高血压脑病和高血压危象。因本类药物作用广泛、不良反应多，现除美加明和咪噻芬外，其他已基本不用。

第二节 N_M胆碱受体阻断药——骨骼肌松弛药

N_M胆碱受体阻断药（N_M cholinoceptor blocking drugs）又称骨骼肌松弛药（skeletal muscular relaxants），简称肌松药，能选择性地与骨骼肌神经肌肉接头处骨骼肌运动终板后膜上的N_M胆碱受体结合，阻断神经冲动向骨骼肌的正常传递，导致肌张力下降，肌肉松弛。根据作用机制不同，该类药物可分为除极化型肌松药（depolarizing muscular relaxants）和非除极化型肌松药（non-depolarizing muscular relaxants）。

一、除极化型肌松药

这类药物是受体的激动药，其分子结构与乙酰胆碱相似，能与神经肌肉接头后膜的N_M胆碱受体结合，产生与乙酰胆碱相似但较持久的除极化作用，使神经肌肉接头后膜的 N_M 胆碱受体不能对乙酰胆碱起反应。除极化开始时骨骼肌可有短暂的肌束颤动，而后处于麻痹状态。

其作用特点为：①用药后出现短暂的肌束颤动，与药物对不同部位的骨骼肌除极化出现的时间先后不同有关；②连续用药可产生快速耐受性；③此类药物不易被胆碱酯酶分解，抗胆碱酯酶药不能拮抗其肌松作用，反能加强之，因此过量时不能用新斯的明解救；④治疗剂量无神经节阻断作用；⑤目前临床应用的除极化型肌松药只有琥珀胆碱。

琥 珀 胆 碱

琥珀胆碱（suxamethonium, succinylcholine, 司可林, scoline）由琥珀酸和两个分子的胆碱组成。

【体内过程】

该药口服不吸收，注射后在体内可被血液和肝脏中的假性胆碱酯酶迅速水解为琥珀酰单胆碱，然后进一步被水解成琥珀酸和胆碱，肌松作用消失。约 2% 药物以原形经肾排泄，其余以代谢产物的形式从尿液中排出。

【药理作用】

琥珀胆碱的肌肉松弛作用出现快，持续时间短，较易控制。肌肉松弛作用从颈部肌肉开始，逐渐波及肩胛、腹部和四肢。肌松部位以颈部和四肢肌肉最明显，面、舌、咽喉和咀嚼肌次之，呼吸肌松弛作用最不明显。持续静脉滴注可维持较长时间的肌松作用。

【临床应用】

静脉注射给药适用于气管内插管、气管镜、食管镜和胃镜等短时操作。静脉滴注可维持较长时间的肌松作用，便于在浅麻醉下进行外科手术，以减少麻醉药用量，保证手术安全。本药可引起强烈的窒息感，故对清醒患者禁用，可先用硫喷妥钠行静脉麻醉后，再给琥珀胆碱。成人短时外科手术，一般用氯化琥珀胆碱静脉注射。由于此药个体差异较大，故剂量和给药速度均需个体化。

【不良反应】

1. **窒息** 过量应用可致呼吸肌麻痹，遗传性胆碱酯酶活性低下者可出现严重窒息，故在临床应用时需备有人工呼吸机。

2. **肌肉酸痛** 琥珀胆碱在产生肌松作用前有短暂肌束颤动，有 25%～50% 患者术后出现肩胛部、胸腹部肌肉疼痛，可能为肌束颤动损伤肌梭所致，一般 3～5 天可自愈。

3. **血钾升高** 由于骨骼肌细胞持久除极化，使细胞内 K^+ 释放，可导致血钾升高。故血钾较高的患者，如广泛软组织损伤、烧伤、恶性肿瘤、脑血管意外和肾功能不全等患者禁用，以免产生高血钾性心搏骤停。

4. **其他** 眼内压升高、恶性高热、心律失常、低血压、增加腺体分泌、促进组胺释放等。

【药物相互作用】

本品在碱性溶液中可分解，故不宜与硫喷妥钠混合使用。胆碱酯酶抑制药，环磷酰胺、氮芥等抗肿瘤药，普鲁卡因、可卡因等局麻药均可降低假性胆碱酯酶的活性而使琥珀胆碱作用增强。有的氨基苷类抗生素及多肽类抗生素也有肌肉松弛作用，与琥珀胆碱合用时，易致呼吸麻痹。

二、非除极化型肌松药

又称竞争型肌松药（competitive muscular relaxants）。这类药物能与乙酰胆碱竞争神经肌肉接头的 N_M 胆碱受体，能竞争性阻断乙酰胆碱的除极化作用，使骨骼肌松弛。

本类药物特点为：①骨骼肌松弛前无肌束颤动现象；②肌肉松弛作用可被抗胆碱酯酶药所拮抗，过量时可用新斯的明解救；③吸入性全麻药和氨基苷类抗生素能增强和延长本类药物的作用；④肌肉松弛作用可被同类药物所增强；⑤有不同程度的神经节阻断作用和促组胺释放作用。

本类药物多为天然生物碱及其类似物，按其化学结构可分为苄基异喹啉类（benzylisoquinolines）和类固醇铵类（ammonio steroids）。苄基异喹啉类主要包括筒箭毒碱、阿曲库铵（atracurium）、多库铵（doxacurium）和咪库铵（mivacurium）等；类固醇铵类主要包括潘库铵（pancuronium）、哌库铵（pipecuronium）、罗库铵（rocuronium）和维库铵（vecuronium）等。

筒 箭 毒 碱

筒箭毒碱（d-tubocurarine）是从南美产的番木科植物箭毒和防己科植物中提取的生物碱，右旋体具有活性。筒箭毒碱是临床应用最早的典型非除极化型肌松药，但其作用时间较长，用药后作用不易逆转，不良反应较多，临床上已少用。

【体内过程】

该药极性大，口服难吸收，静脉给药后 2～3 分钟起效，5 分钟达高峰，作用可维持 80～120 分钟。主要分布在细胞外液中。约 70% 药物以原形，其余以代谢物从肾脏排泄。其作用的消失为体内再分布所致，故重复用药需减量以避免蓄积中毒。

【药理作用】

1. **肌松作用** 静脉注射筒箭毒碱后，不同部位的肌肉松弛速度不同，从眼部肌肉开始，然后为四肢、颈部和躯干，最后是肋间肌松弛，出现腹式呼吸，如剂量加大，最终可致膈肌麻痹，患者出现呼吸停止。肌肉松弛恢复时，其顺序与肌松时相反。

2. **其他** 具有神经节阻断和组胺释放作用，可引起心率加快、血压下降、支气管痉挛和唾液分泌增多等。

【临床应用】

全麻辅助用药，适用于胸腹部手术及气管插管等。

【不良反应】

常用量有心率加快、血压下降、支气管痉挛和唾液分泌过多。过量可致呼吸肌麻痹，应及时进行人工呼吸，并静脉注射新斯的明来解救。

【禁忌证】

禁用于重症肌无力、休克、呼吸肌功能不良或肺部疾患患者，有过敏史者慎用。

其他药物

目前已基本上取代了传统的筒箭毒碱，用做麻醉辅助药，由于体内过程不同，它们在起效时间和持续时间上存在差异，见表2-9-1。

表2-9-1 非除极化型肌松药分类及作用特点比较

分类	药物	肌松特性	起效时间 (min)	持续时间 (min)
苄基异喹啉	筒箭毒碱	长效	3~6	80~120
	阿曲库铵	中效	2~4	30~40
	多库铵	长效	4~6	90~120
	咪库铵	短效	2~4	12~18
类固醇铵	潘库铵	长效	4~6	120~180
	哌库铵	长效	2~4	80~120
	罗库铵	中效	1~2	30~40
	维库铵	中效	2~4	30~40

（哈尔滨医科大学大庆校区　孙宏丽）

第十章　肾上腺素受体激动药

- Adrenoceptor agonists are classified into α-adrenoceptor agonists, α, β-adrenoceptor agonists and β-adrenoceptor agonists.
- The most important action of α-adrenoceptor agonists is on vascular smooth muscle, particularly in the skin and splanchnic vascular beds, which are strongly constricted via activation of α-adrenoceptor. Large arteries and veins, as well as arterioles, are also constricted, resulting in decrease of vascular compliance and increase of central venous pressure as well as peripheral resistance. All of these contribute to the rise in systolic and diastolic arterial pressure, causing reflex bradycardia.
- Stimulation of β-adrenoceptors causes relaxation of most kinds of smooth muscle by increasing cAMP formation. Relaxation is usually a $β_2$-adrenoceptor effect. It occurs in many vascular beds, especially in skeletal muscle. Bronchial smooth muscle is strongly relaxed by activation of $β_2$-adrenoceptors.
- Adrenoceptor agonists, acting on $β_1$-adrenoceptors, exert a powerful stimulant effect on heart. Both the rate and force of cardiac muscle contraction are increased, resulting in a remarkable enhancement of cardiac output and oxygen consumption. The cardiac efficiency is reduced. Catecholamines can also disturb the cardiac rhythm, even cause ventricular fibrillation.
- β-adrenoceptor agonists accelerate the conversion of energy stores (glycogen and fat) to freely available fuels (glucose and free fatty acids), and increase the level of the latter substances in plasma.

肾上腺素受体激动药（adrenoceptor agonists）可与肾上腺素受体结合，激动受体产生肾上腺素样作用，又称为拟肾上腺素药。因其作用与交感神经兴奋产生的效应相似，故亦称为拟交感药（sympathomimetic drugs）。交感神经在体内对很多重要器官的功能有调节作用，因此这一类药物有着广泛的药理效应和临床应用价值。

肾上腺素受体激动药的主要作用可概括为以下七个方面：①心脏作用：增加心率和心肌收缩力；②某些平滑肌及腺体：如对皮肤、黏膜、肾脏血管平滑肌以及唾液腺、汗腺的兴奋作用；③其他类型平滑肌：如对肠道和支气管平滑肌、骨骼肌血管平滑肌的抑制作用；④代谢作用：促进肝、肌糖原分解，促进脂肪细胞释放游离脂肪酸；⑤中枢神经系统：兴奋呼吸、调节精神活动等；⑥内分泌作用：调节胰岛素、肾素释放；⑦突触前膜：影响神经递质去甲肾上腺素、乙酰胆碱的释放。大多数拟交感药都有上述作用，但作用强度上存在差异。

第一节　化学结构、构效关系及分类

一、化学结构

肾上腺素受体激动药的基本化学结构为 β-苯乙胺（β-phenylethylamine），即苯环及其乙胺基侧链（图 2-10-1）。苯环、α-、β-碳原子和氨基上分别被不同基团取代后，可产生具有不同拟交感活性的药物。去甲肾上腺素、肾上腺素、多巴胺、异丙肾上腺素等都在苯环 3、4 位上被羟基取代。因邻位二羟基苯结构被称为儿茶酚，故凡在芳香环的上述部位有羟基的拟交感胺类药物统称为儿茶酚胺类（catecholamines），这有别于不含该结构的非儿茶酚胺类拟交感药，如麻黄碱。儿茶酚胺类药物有较强的外周作用，对中枢作用弱。且易被细胞内的儿茶酚氧位甲基转移酶（catechol-*O*-methyltransferase，COMT）灭活，故作用时间短。非儿茶酚胺类药物的外周作用减弱，中枢作用增强。肾上腺素受体激动药化学结构见表 2-10-1。

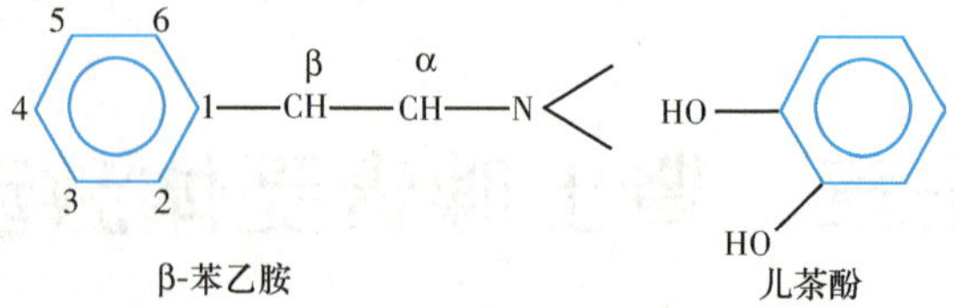

β-苯乙胺 　　儿茶酚

图 2-10-1　β-苯乙胺和儿茶酚化学结构

表 2-10-1　肾上腺素受体激动药的化学结构

苯乙胺 (phenylethylamine)		—	CH H	—	CH H	—	NH H
肾上腺素（adrenaline）	3-OH,4-OH		OH		H		CH₃
去甲肾上腺素（noradrenaline）	3-OH,4-OH		OH		H		H
多巴胺（dopamine）	3-OH,4-OH		H		H		H
多巴酚丁胺（dobutamine）	3-OH,4-OH		H		H		①
异丙肾上腺素（isoproterenol）	3-OH,4-OH		OH		H		CH(CH₃)₂
特布他林（terbutaline）	3-OH,5-OH		OH		H		C(CH₃)₃
间羟胺（metaraminol）	3-OH		OH		CH₃		H
去氧肾上腺素（phenylephrine）	3-OH		OH		H		CH₃
甲氧明（methoxamine）	2-OCH₃,5-OCH₃		OH		CH₃		H
沙丁胺醇（salbuterol）	3-CH₂OH,4-OH		OH		H		C(CH₃)₃
苯丙胺（amphetamine）			H		CH₃		H
甲基苯丙胺（methamphetamine）			H		CH₃		CH₃
麻黄碱（ephedrine）			OH		CH₃		CH₃
苯乙醇胺（phenylpropanolamine）②			OH		CH₃		H
美芬丁胺（mephentermine）			H		③		CH₃

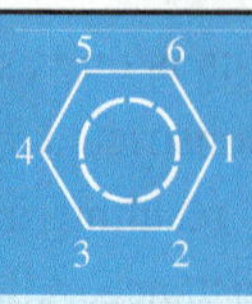

注：①—CH—(CH₂)₂—〔苯环〕—OH；②曾用作鼻黏膜血管收缩药；③—C(CH₃)₂—
　　　　CH₃

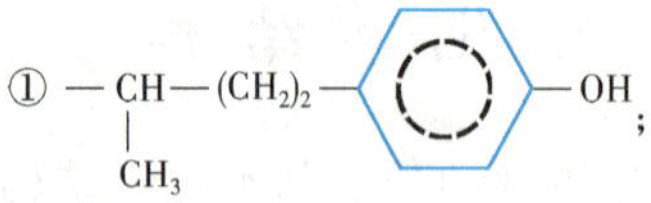

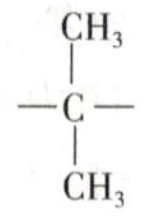

二、分　　类

根据对不同肾上腺素受体及其亚型的选择性，肾上腺素受体激动药可分为：

1. α 受体激动药
(1) α₁、α₂ 受体激动药：如去甲肾上腺素。
(2) α₁ 受体激动药：如去氧肾上腺素。
(3) α₂ 受体激动药：如羟甲唑啉。

2. α、β 受体激动药　如肾上腺素和麻黄碱

3. β 受体激动药
(1) β₁、β₂ 受体激动药：如异丙肾上腺素。
(2) β₁ 受体激动药：如多巴酚丁胺。
(3) β₂ 受体激动药：如沙丁胺醇。

第二节　α 受体激动药

一、α₁、α₂ 受体激动药

去甲肾上腺素

去甲肾上腺素 (noradrenalin, NA；亦称 norepinephrine, NE)。

【来源及化学】

去甲肾上腺素是去甲肾上腺素能神经末梢释放的主要递质。它占成人肾上腺髓质中儿茶酚胺含量的 10%～20%。药用去甲肾上腺素为人工合成品，化学性质不稳定，见光易分解，在中性尤其在碱性溶液中迅速氧化变为粉红色甚至棕色而失效，在酸性溶液中较稳定，因此常用其重酒石酸盐。

【体内过程】

口服在胃内因局部作用使胃黏膜血管收缩，在肠道易被碱性肠液破坏而失效，皮下或肌内注射因血管强烈收缩，吸收很少，且易发生局部组织坏死，故通常采用静脉滴注给药。外源性去甲肾上腺素进入体内后，难以通过血脑屏障进入脑组织，在外周通过摄取过程和酶的催化代谢而失活。在 COMT 和单胺氧化酶 (monoamine oxidase, MAO) 的作用下，分别催化形成间甲去甲肾上腺素 (normetanephrine) 和 3-甲氧-4-羟扁桃醛 (3,4-dihydroxyphenylglycoaldehyde, DOPGAL)，后者再经醛脱氢酶 (aldehyde dehydrogenase, ADH)

和醛还原酶（aldehyde reductase，ADR）催化形成 3-甲氧-4-羟扁桃酸（3-methoxy-4-hydroxymandelic acid，VMA）和 3-甲氧-4-羟苯乙二醇（3-methoxy-4-hydroxyphenylethylene glycol，MOPEG）（图 2-10-2）。部分去甲肾上腺素或其间甲化合物尚可与硫酸基或葡萄糖醛酸基结合。正常情况下少量去甲肾上腺素以原形经肾排出（4%～16%），尿中代谢产物以 VMA 为主，约占儿茶酚胺代谢物总量的 90%。嗜铬细胞瘤患者尿中 VMA 排泄量显著增加。

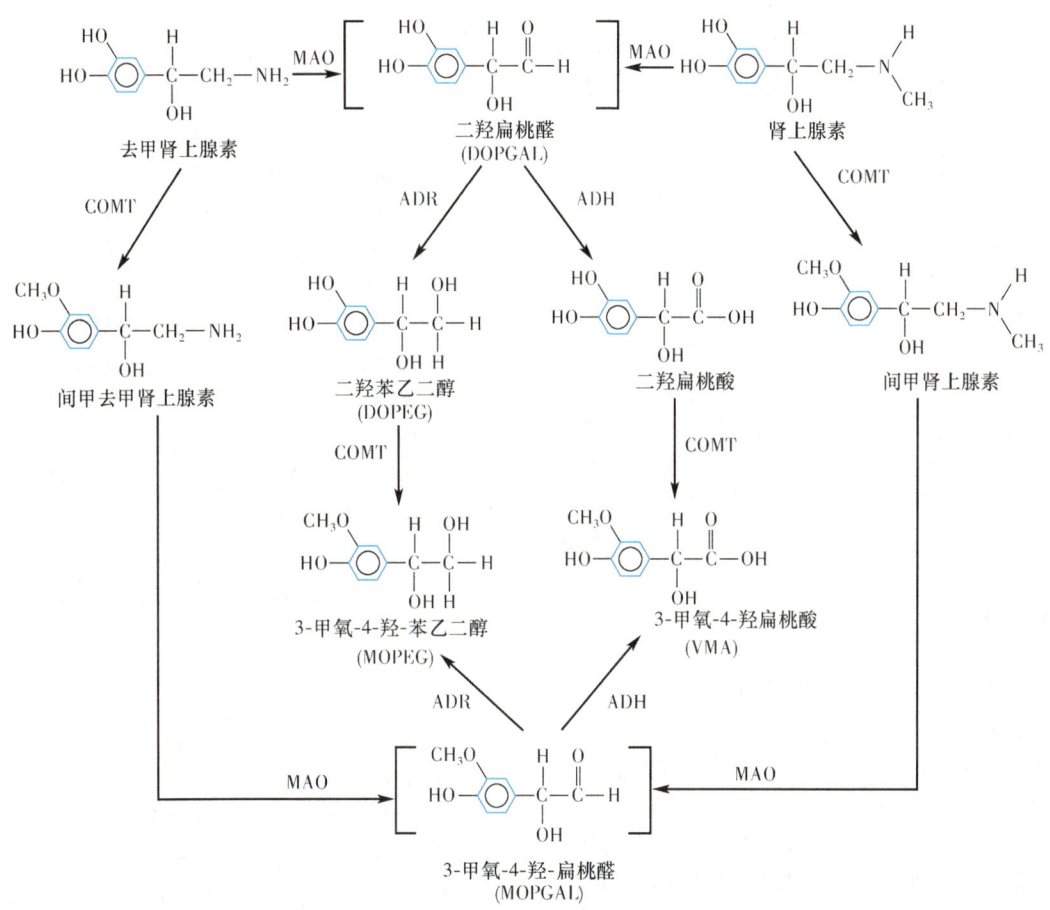

图 2-10-2　去甲肾上腺素和肾上腺素的代谢
ADR：醛还原酶；ADH：醛脱氢酶

由于去甲肾上腺素进入体内后迅速被摄取和代谢，因此作用短暂，静脉滴注停止后，作用仅维持 1～2 分钟。

【药理作用】

非选择性激动 α_1、α_2 受体，作用强大。对心脏 β_1 受体作用较弱，对 β_2 受体几乎无作用。主要作用部位为心脏和血管。

1. 心血管系统

（1）血管、血压：激动血管 α_1 受体，使小动脉和小静脉收缩。对各器官血管收缩程度与该部位的 α 受体分布密度有关。对皮肤黏膜血管的收缩作用最明显，其次是肾血管。肾血管收缩时，肾小球滤过率可维持不变；若肾血流量显著减少，则肾小球滤过率下降。使肠系膜血管收缩，内脏和肝血流量减少。可使冠状动脉流量增加，这是因为心肌兴奋后的代谢产物（腺苷）增加，引起冠状血管扩张，同时血压上升提高了冠脉灌注压共同作用的结果。

静脉滴注去甲肾上腺素 10 μg/分钟，使收缩压、舒张压上升，脉压加大，心排出量不变或减少，总外周阻力加大（图 2-10-3）。

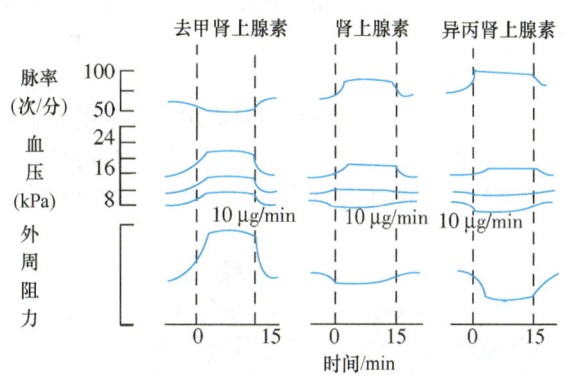

图 2-10-3　静脉滴注去甲肾上腺素、肾上腺素、异丙肾上腺素作用比较

(2) 心脏：轻度激动心脏 $β_1$ 受体，兴奋心脏作用较肾上腺素为弱。由于血压增高，出现反射性迷走神经兴奋，使去甲肾上腺素加速心率的直接作用转为心率减慢。当剂量过大，静脉注射过快，可引起心律失常，但较肾上腺素为少。

2. 其他 去甲肾上腺素不具有肾上腺素的体内"激素"效应，故对代谢影响小，仅在大剂量时才出现血糖升高。此外，去甲肾上腺素可使孕妇子宫收缩频率增加。

【临床应用】

1. 休克 在休克治疗中已不占主要地位，仅限于嗜铬细胞瘤切除术、交感神经切除术、败血症、药物反应等所引起的急性低血压状况。在心脏骤停的心脏复苏过程中，在采用有效恢复心跳、呼吸等措施的情况下，静脉给予去甲肾上腺素可作为辅助用药，以恢复和维持适当的血压。去甲肾上腺素在休克的应用仅仅是暂时措施，如长时间或大剂量应用反而加重微循环障碍。故可将去甲肾上腺素与 α 受体阻断药酚妥拉明合用，以拮抗其缩血管作用，保留其 β 效应。

2. 上消化道出血 稀释后口服可用于上消化道出血的治疗。

【不良反应】

1. 高血压 为避免高血压产生，开始给药时每 2 分钟测量血压一次，直至适当的血压高度。若需继续用药，则每 5 分钟测量一次。长期静脉滴注时，注意不可突然停药，应逐渐减少剂量或减慢滴注速度，以避免血压突然下降。

2. 血管外渗 (extravasation) 药液漏出血管外，可引起局部缺血坏死。尽量选用大静脉给药，如肘前静脉。有时沿注射血管出现苍白，这是因血管滋养管收缩所致，此时静脉壁渗透性增加，易引起血管外渗。需注意检查和更换注射部位，必要时进行热敷或用 α 受体阻断药酚妥拉明作局部浸润注射，以扩张血管。

3. 急性肾功能衰竭 剂量过大时可引起肾血流量显著减少，产生少尿或无尿。因此需监测尿量，尿量低于 25 ml/ 小时，应减量或停用。

【禁忌证】

禁用于高血压、动脉硬化症、器质性心脏病患者。孕妇禁用。

【药物相互作用】

不宜与氟烷等麻醉药同时应用，因可引心脏毒性，如严重室性心律失常。不宜与三环类抗抑郁药、单胺氧化酶抑制药同时使用，因可导致严重持续高血压与心律失常。

间 羟 胺

间羟胺 (metaramine) 又名阿拉明 (aramine)，为 α 受体激动药，对 $β_1$ 受体作用较弱。除直接作用外，尚可被肾上腺素能神经末梢摄取，促进囊泡内去甲肾上腺素释放，间接发挥作用。静脉给药后 1～2 分钟起效，肌内注射后约 10 分钟起效，皮下注射约 5～20 分钟发挥作用。作用持续 20～60 分钟。因不易为 MAO 破坏，故作用时间较去甲肾上腺素持久。

间羟胺有加强心肌收缩力、收缩血管的作用。可增加外周阻力，升高血压，反射性引起心率减慢。由于间羟胺升压作用可靠，维持时间较长，比去甲肾上腺素较少引起心悸、少尿等不良反应，还可肌内注射，故临床上作为去甲肾上腺素的代用品，用于预防或治疗脊椎麻醉时低血压。也用于出血、外科手术、脑外伤等引起的休克，此时间羟胺的缩血管作用对血管收缩不良者有益，若休克状态下已有代偿性血管收缩时，间羟胺可引起血管阻力进一步增加，将会导致重要器官血流量下降。也用于阵发性房性心动过速。

α 受体阻断药可减弱间羟胺升压效果，但不会产生翻转作用（见第十一章）。短期内反复用药，可因囊泡内去甲肾上腺素减少而使效应逐渐减弱，产生快速耐受性。原发性或继发性血压下降、心动过速少见。注意避免血压不恰当地升高，血压快速上升可引起急性肺水肿、心律失常、脑出血等。

二、$α_1$ 受体激动药

去氧肾上腺素

去氧肾上腺素 (phenylephrine)，又名苯肾上腺素 (neosynephrine)、新福林，是人工合成的拟交感药。

【体内过程】

口服吸收不规则，首关消除显著，生物利用度低。皮下或肌内注射后 10～15 分钟起效。作用持续时间在皮下注射约 1 小时，静脉给药约 20 分钟。

【药理作用】

主要激动 $α_1$ 受体，为血管收缩药。本品显著收缩血管作用与去甲肾上腺素非常相似，可使机体大部分血管床收缩，肾脏、皮肤、肢体血流量减少；肺血管收缩，肺动脉压上升；冠状动脉血流量增加。注射给药使收缩压、舒张压上升，反射性引起心率减慢，该作用可被阿托品阻断。去氧肾上腺素对心脏 $β_1$ 受体作用很小，几乎无增加心肌收缩力或加快心率的作用。大剂量时偶有心律失常。

去氧肾上腺素经眼睛局部用药，有明显的缩血管作用，并激动瞳孔开大肌 $α_1$ 受体，使开大肌收缩而散瞳。不同浓度的去氧肾上腺素溶液对眼睛的作用见表 2-10-2。

表 2-10-2　不同浓度去氧肾上腺素溶液对眼睛的作用

浓度（%）	散瞳		调节麻痹
	最大效应时间 (min)	恢复时间 (h)	
2.5	15～60	3	微弱
10.0	10～60	6	轻度

【临床应用】

用于麻醉、药物引起的低血压。在脊椎麻醉中，去氧肾上腺素可以延长脊椎麻醉时间或预防、治疗脊椎麻醉时的低血压。本品也可用作局部麻醉时的血管收缩药。眼科局部应用，可作为减轻充血药（decongestant）；其扩瞳作用可用于眼色素层炎、手术或眼科检查诊断，一般不引起眼内压升高和调节麻痹。还可用于阵发性室上性心动过速、减少鼻部充血症状等。

【不良反应】

过量时出现血压过高，应立即用 α 受体阻断药酚妥拉明缓解之。眼睛局部用药，若吸收量大，偶可引起全身性 α 受体激动效应，血压上升，心动过缓；老年人前房角狭窄者可能引起眼内压升高。

【禁忌证】

严重动脉粥样硬化、严重高血压、甲状腺功能亢进、心肌病、闭角型青光眼患者和老年人禁用。

【药物相互作用】

三环类抗抑郁药、单胺氧化酶抑制药等可显著增加本药的升压作用。

甲氧明

甲氧明（methoxamine）为人工合成品，有选择性 α_1 受体激动作用，可引起与剂量相关的外周阻力增加。收缩血管，血压升高的同时，通过迷走神经反射，引起窦性心率减慢。甲氧明几无 β 受体激动作用，也不引起中枢兴奋，高浓度甲氧明还具有阻断 β 受体的作用。

静脉注射后起效迅速，作用维持时间短，肌内注射约 15～20 分钟起效，作用持续时间约 1.5 小时。用于麻醉、手术等所引起的低血压，并用于对其他治疗无效的室上性心动过速。

动脉硬化、器质性心脏病、甲状腺功能亢进、严重高血压者禁用，可使肾血流量减少，较去甲肾上腺素更明显。大剂量可引起血压过高、头痛、心动过速、恶心、呕吐。有时会出现竖毛反应（pilomotor reaction）。

三、α_2 受体激动药

羟甲唑啉（oxymetazoline）为外周突触后膜 α_2 受体激动药，为鼻部黏膜血管收缩药。利用其收缩血管作用，可用于减轻感冒、鼻炎、枯草热或其他呼吸道过敏引起的鼻黏膜充血症状。成人和 6 岁以上儿童，用 0.05% 浓度 2～3 滴 / 每侧鼻孔，2 次 / 日，2～5 岁儿童用 0.025% 浓度。约 5～10 分钟起效，作用维持 6 小时，给药不超过 3 天。羟甲唑啉可能加剧异丙肾上腺素、肾上腺素的心脏毒性，可导致小儿中枢神经系统症状，故 2 岁以下儿童禁用。抗高血压药如甲基多巴、利血平能减弱本药的作用。

中枢性 α_2 受体激动药可乐定见第十八章抗高血压药。

第三节 α、β 受体激动药

肾上腺素

【来源及化学】

肾上腺素（adrenaline，epinephrine）是去甲肾上腺素在肾上腺髓质经苯乙胺 -N- 甲基转移酶作用甲基化生成，是肾上腺髓质的主要激素。药用肾上腺素可从家畜肾上腺提取或人工合成。

【体内过程】

肾上腺素因在胃肠道黏膜和肝脏迅速氧化、结合而失效，在碱性肠液中易失活，故口服给药无效。皮下注射吸收缓慢，肌内注射吸收较为迅速。吸入（浓度 1%）时，其作用可较局限在呼吸道平滑肌，但剂量较大时仍会出现全身反应，如心律失常等。

肾上腺素的代谢途径与去甲肾上腺素类似，主要以间甲肾上腺素、VMA 等代谢物的形式经肾排出，原形排出量仅约 2%～7%。

【药理作用】

肾上腺素有显著激动 α、β 受体作用，对靶器官的效应较为复杂。主要作用部位为心脏、血管及平滑肌。

1. 心血管系统

（1）心脏：作用于心肌、心传导系统和窦房结的 β_1 受体，使心肌收缩力加强，心率加快，传导加速，心肌兴奋性提高，心输出量增加。肾上腺素是一个强效心脏兴奋药，因心脏作功及代谢显著增强，使心肌耗氧量也增加，较大剂量或静脉给药太快可提高心脏自律性，引起心律失常，出现期前收缩，甚至引起心室纤颤。

（2）血管：激动血管平滑肌上 α 受体，血管收缩，肾上腺素主要作用部位在较小动脉和毛细血管前括约肌，对大动脉和静脉收缩作用较弱，这是因为较小动脉和毛细血管前括约肌上 α 受体密度高，而大动脉和静脉上受体密度较低。激动 β_2 受体，血管舒张。由于不同血管床的反应不同，可引起机体血流重分配。

皮肤、黏膜血管以 α 受体占优势，注射肾上腺素可以显著减少皮肤血流量，使手足部位的血流减少。一般治疗量对脑血管收缩作用不明显，可使肺动脉压、静脉压上升。激动肾血管平滑肌 α 受体，使肾血管显著收缩，肾血流量减少；激动肾小球旁细胞（juxtaglomerular cells）β_1 受体，促进肾素分泌。骨骼肌血管以 β_2 受体占优势，故血管舒张，血流量增加。冠状动脉血流量增加，部分因激动冠状动脉

β₂受体，部分因心肌兴奋后的代谢产物（腺苷）增加，使冠状血管扩张，以及血压上升所致。

（3）血压：治疗量肾上腺素有显著升压作用。肾上腺素升高血压的机制有以下几方面因素：①直接兴奋心肌，增加心肌收缩力；②机体多个部位血管收缩，尤其皮肤黏膜、肾脏前毛细血管、阻力血管收缩和静脉收缩。肾上腺素对血压的影响与剂量、不同部位 α、β 受体的比例以及机体代偿性反应等多种因素有关。

极小剂量（0.1 μg/kg）肾上腺素引起血压下降。较大剂量血压出现双相反应，即血压上升，当反应逐渐减弱后，平均血压可能降至正常以下再恢复至正常水平，这是因为有扩张血管作用的 β₂ 受体对低浓度肾上腺素的敏感性大于收缩血管的 α₁ 受体。如预先给予 α 受体阻断药，肾上腺素的升压作用可被翻转，表现为明显的降压作用。

肾上腺素升压效果尚与给药途径有关。皮下注射时，使局部血管收缩，延缓药物吸收。静脉给予肾上腺素，血压迅速上升，其升高幅度与剂量成比例。治疗量时由于收缩压升高程度大于舒张压，脉压差增大。大剂量肾上腺素强烈兴奋心脏，收缩外周血管，收缩压和舒张压均升高。

2. 平滑肌　肾上腺素对平滑肌的作用取决于分布的受体类型。激动支气管平滑肌 β₂ 受体，使支气管舒张；激动胃肠道平滑肌 β₂ 受体可松弛胃肠道平滑肌，使张力、自发性收缩频率与收缩幅度均下降；激动膀胱逼尿肌 β₂ 受体，使逼尿肌松弛，同时兴奋 α₁ 受体，使膀胱三角肌与括约肌收缩，引起排尿困难和尿潴留。在妊娠末期和临产时，对子宫张力和收缩有抑制作用。

3. 代谢　肾上腺素有升高血糖作用。激动 α₂ 受体，抑制胰岛素分泌；激动 β₂ 受体，促进胰高血糖素分泌。肾上腺素占主导作用的是抑制胰岛素分泌，降低外周组织对葡萄糖摄取；并通过兴奋胰岛 α 细胞上 β 受体使胰高血糖素分泌增加，使肝糖原、肌糖原分解和糖原异生。肾上腺素兴奋脂肪细胞 β 受体，激活甘油三酯酶，加速甘油三酯降解为游离脂肪酸和甘油。

4. 中枢神经系统　肾上腺素不易通过血脑屏障，治疗量一般无明显中枢兴奋现象。有时会出现不安、恐惧、头痛、震颤等。

【临床应用】

1. 支气管哮喘　主要用于控制急性发作。除松弛支气管平滑肌外，肾上腺素尚因激动支气管黏膜 α 受体，使黏膜血管收缩减轻气道黏膜水肿；同时激动支气管黏膜层和黏膜下层肥大细胞上 β₂ 受体，抑制肥大细胞释放组胺和其他炎性介质，这些作用有利于控制哮喘症状。

2. 过敏性休克　首选用于药物或其他抗原引起的过敏性休克。对于青霉素等引起的过敏性休克，肾上腺素能激动 α 受体，明显收缩小动脉和毛细血管前括约肌，降低毛细血管通透性；同时通过激动 β 受体，改善心脏功能和缓解呼吸困难等症状。

3. 心脏骤停　由麻醉、手术意外、溺水等引起心脏骤停，在采用各种心肺复苏措施的同时，肾上腺素对改善心排血量及血压可起到有益的作用。可采用经周围静脉给药，也可经气管给药。心内注射只能在开胸心脏按压时或无其他给药途径时施行，因可增加冠状动脉撕裂、心脏压塞、气胸等的危险性。

4. 与局部麻醉药合用　与局部麻醉药合用，使注射部位血管收缩，延长局部麻醉药作用时间，减少其吸收中毒的可能性。一般局麻药中肾上腺素的浓度为 1 : 250 000，单次最大用量不超过 0.3 mg。

5. 鼻黏膜与齿龈出血　将浸有盐酸肾上腺素的纱布（1 : 1000）填塞出血处，可有效止血。

【不良反应】

一般有心悸、不安、面色苍白、恐慌、焦虑、搏动性头痛、震颤等。采取静卧休息以及注意消除患者顾虑等措施，上述症状可缓解。用药剂量大或静脉滴注速度过快，血压骤升可引起严重不良反应如脑出血等。β₁ 受体兴奋过强时可引起心律失常，甚至心室纤颤。肾上腺素还可诱发冠状动脉疾病患者的心绞痛发作。

【禁忌证】

禁用于器质性心脏病、高血压、糖尿病、甲状腺功能亢进等患者。

【药物相互作用】

禁与氟烷等合用，因会增加心脏毒性。禁止与非选择性 β 受体阻断药合用，因可导致严重高血压和脑出血。亚硝酸酯类、硝普钠等血管扩张药可对抗大剂量肾上腺素引起的升压作用。

多 巴 胺

【来源及化学】

多巴胺（dopamine）是合成去甲肾上腺素的前体，也是脑内重要的儿茶酚胺类神经递质。药用多巴胺为人工合成品。

【体内过程】

口服无效。在体内迅速为 COMT 与 MAO 代谢破坏。主要采用静脉给药，$t_{1/2}$ 极短，仅约 2 分钟，因不易透过血脑屏障，故无明显中枢作用。

【药理作用】

多巴胺主要激动 α 受体、β₁ 受体和多巴胺受体（D₁ 受体）。

因多巴胺血药浓度低，$t_{1/2}$ 短，内源性多巴胺没有明显拟交感活性。外源性多巴胺采用静脉给药，小剂量可引起血管舒张，主要对肾、肠系膜、冠状血管的作用显著,可增加肾血流量和肾小球滤过率。多巴胺尚有利钠排尿作用。多巴胺舒张血管作用不为普萘洛尔等β受体阻断药、阿托品以及抗组胺药所拮抗,但可被多巴胺受体阻断药氟哌啶醇所抑制,因此认为其机制与激动分布于血管床的 D_1 受体,增加腺苷酸环化酶活性,使胞内 cAMP 含量增加有关。较高浓度多巴胺能加强心肌收缩力,这是直接激动心脏 $β_1$ 受体和促进神经末梢释放去甲肾上腺素的共同作用结果。与异丙肾上腺素相比较,多巴胺引起心动过速较少。因收缩压上升,舒张压不变或轻度升高,从而使脉压加大。由于小剂量或中等剂量多巴胺仅使肾、肠系膜等区域性的血管阻力下降,对其他部位血管影响小,故总外周阻力不变。大剂量多巴胺则激动 $α_1$ 受体,收缩血管,使肾血流量和尿量减少。

【临床应用】

用于心源性、感染性以及低血容量性等休克所致的血流动力学紊乱。对心收缩力减弱伴有少尿而血容量已补足的休克患者尤为合适。也用于嗜铬细胞瘤手术后的低血压,尚可与利尿药合用治疗急性肾功能衰竭。还可用于急性心功能不全患者。

【不良反应】

过量可出现恶心呕吐、心动过速、心绞痛、心律失常、头痛、高血压等。由于本药 $t_{1/2}$ 很短,减慢静脉滴速或停药,上述症状通常会很快消失。偶尔需要用短效α受体阻断药酚妥拉明对抗。给药时若药液漏出也会引起局部缺血性坏死。

治疗休克时,注意补充血容量,监测心血管参数(动脉压、中心静脉压)、尿量等,同时纠正酸中毒。

【药物相互作用】

用 MAO 抑制药时,应避免应用本品或减少本品剂量(1/10 剂量以下)。与三环类抗抑郁药合用时,也需注意调整剂量。

麻 黄 碱

【来源及化学】

麻黄碱(ephedrine)是从中药麻黄中提取的生物碱。麻黄在我国应用已有两千多年的历史。麻黄碱不具有儿茶酚结构,化学结构中有两个不对称碳原子,只有左旋体或消旋体有效。药用麻黄碱现为人工合成品。

【体内过程】

口服吸收完全,1 小时后即可达峰浓度。部分经脱胺氧化,79% 以原形随尿排出。代谢、排泄都较缓慢,$t_{1/2}$ 为 3~4 小时。易通过血脑屏障进入脑脊液。

【药理作用】

与肾上腺素比较,其作用缓慢而持久。口服有效。

麻黄碱激动 $β_1$ 受体,增加心肌收缩力、心率和心排出量,使血压上升;激动 $β_2$ 受体而使支气管平滑肌松弛;兴奋膀胱底部α受体,松弛膀胱壁和逼尿肌,收缩括约肌,引起排尿阻力上升;另有明显中枢兴奋作用。短期内反复用药,其药理作用逐渐减弱,表现出快速耐受性。

【作用机制】

麻黄碱有直接激动 α、β 受体作用,并通过促进交感神经末梢释放去甲肾上腺素而发挥间接作用。

麻黄碱的快速耐受性产生的机制,一般认为有受体逐渐饱和与递质逐渐耗竭两种因素。此外,有实验表明,在连续给予豚鼠离体肺组织放射性标记的麻黄碱后,其与β受体的亲和力显著下降。

【临床应用】

用于防治低血压,如防治硬膜外和蛛网膜下腔麻醉所引起的低血压。预防支气管哮喘或治疗轻症患者,但因有明显的中枢兴奋作用,故不推荐作为长期用药。用于治疗鼻黏膜充血引起的鼻塞,常用 0.5%~1% 溶液滴鼻,以消除黏膜肿胀。曾利用其中枢兴奋作用治疗嗜睡症、抑郁症,但目前已有其他治疗方法替代。

【不良反应】

有时出现不安、头痛、心悸、出汗、失眠。注射给药可能出现高血压、心律失常。

【禁忌证】

高血压、冠心病及甲状腺功能亢进者禁用。

附 伪麻黄碱(pseudoephedrine)是麻黄碱的立体异构体,引起心动过速、血压升高、中枢兴奋作用较麻黄碱弱。因激动 $β_2$ 受体作用小,故治疗支气管哮喘无效。可激动α受体,产生血管收缩作用,作为非处方药用作鼻部减充血剂(decongestants),用于感冒、鼻炎等引起的鼻部黏膜充血肿胀。口服给药吸收良好,起效时间约为 30 分钟,作用持续时间 4~6 小时。在肝脏代谢,以原形和代谢产物经肾排出。本品可减弱甲基多巴、利血平等抗高血压药物的降压作用,加剧异丙肾上腺素、肾上腺素的心脏作用而引起心律失常。有严重高血压和冠状动脉疾病患者禁用。

美 芬 丁 胺

美芬丁胺(mephentermine),又名甲苯丁胺。作用机制与麻黄碱类似,主要激动β受体。能增强心肌收缩力,并使静脉血管收缩,静脉回流增强,心脏的排血量增加,因而使血压升高。对周围血管作用较小,不减少体内重要器官如脑、肾及冠状动脉的血流量。升压作用比去甲肾上腺素弱,但较为持久,用药后不致发生心律失常、血压突然过高引起组织坏死等后果。具有中枢兴奋作用。

主要用于治疗心源性休克及严重内科疾病所引起的低血压,也可用于麻醉引起的低血压和消除鼻黏膜充血。高血压、甲状腺功能亢进、两周内用过单胺氧化酶抑制剂者禁用。失血性休克患者慎用。美芬丁胺作用较弱,且过量能抑制心脏,现已少用于临床。

第四节 β 受体激动药

一、β_1、β_2 受体激动药

异丙肾上腺素

【来源及化学】

异丙肾上腺素（isoprenaline，isoproterenol）为人工合成盐酸盐，以异丙基取代去甲肾上腺素氨基上的氢原子。

【体内过程】

口服给药后，在肠黏膜产生磺基化结合反应而失效。舌下给药可从黏膜下舌下静脉丛迅速吸收而发挥作用。气雾吸入给药吸收较快。主要经肝脏和其他组织中 COMT 代谢失活，MAO 对其作用弱。本药作用时间虽较肾上腺素长，但仍短暂。静脉注射 $t_{1/2}$ 约为数分钟；吸入给药 2～5 分钟起效，维持时间 0.5～2 小时。

【药理作用】

为非选择性 β 受体激动药，对 β_1、β_2 受体均有强大的兴奋作用。

1. 心脏和血管 异丙肾上腺素因激动心脏 β_1 受体，可增加心肌收缩力，加快心率，加速传导，增加心输出量。异丙肾上腺素对心脏的效应可引起心悸、窦性心动过速等。激动 β_2 受体对血管有舒张作用，主要舒张骨骼肌血管，对肾血管、肠系膜血管作用较弱，从而使外周阻力下降，舒张压下降。亦可舒张冠状血管使冠脉血流量增加。静脉给药时，因舒张压明显下降，冠脉灌注压下降，则冠脉血流量不增加。由于心排出量增加，收缩压不变或升高，舒张压降低，使脉压加大，平均动脉压下降（图 2-10-3）。

2. 支气管平滑肌 本药对于各种平滑肌都有舒张作用，尤其当张力增高时，其松弛作用更为明显，尤其对支气管平滑肌的舒张作用显著（图 2-10-4）。也有抑制肥大细胞释放炎性介质的作用，但对支气管黏膜血管无收缩作用，故消除黏膜水肿效果不如肾上腺素。

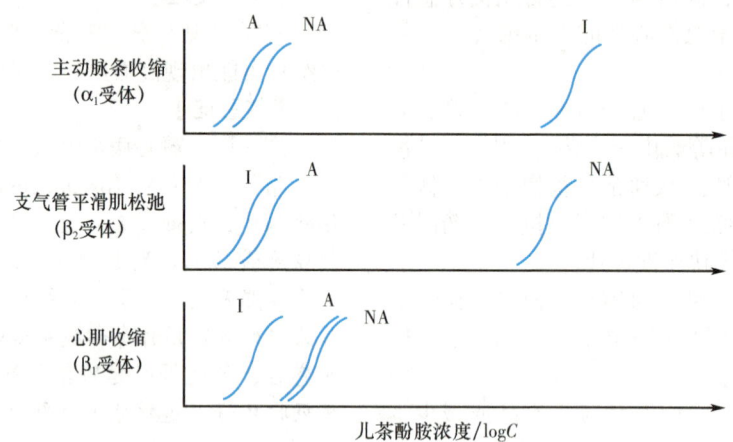

图 2-10-4　异丙肾上腺素与肾上腺素、去甲肾上腺素主要作用的效价强度比较
A：肾上腺素；NA：去甲肾上腺素；I：异丙肾上腺素

3. 其他 能增加糖原分解，增加组织耗氧量，但升高血糖作用较肾上腺素弱，因对胰岛细胞 β 受体有明显激动作用而促进胰岛素分泌。异丙肾上腺素和肾上腺素在促进游离脂肪酸释放和能量代谢方面的作用相似。

【临床应用】

1. 支气管哮喘 采用舌下或气雾剂吸入给药，能迅速控制急性发作。易引起心悸，长期反复使用可产生耐受性，现已有其他选择性 β_2 受体激动药可供选用。

2. 房室传导阻滞 可用于治疗 Ⅱ、Ⅲ 度房室传导阻滞。一般采用舌下给药，严重时则静脉滴注给药，根据心率调整滴速。

3. 心脏骤停 利用异丙肾上腺素兴奋心脏的作用，用于置入人工心脏起搏器时出现的心动过缓或心脏阻滞等紧急情况。常与去甲肾上腺素或间羟胺合用于心室内注射。

4. 休克 利用异丙肾上腺素增加心输出量和舒张血管的作用，用于中心静脉压高、心排出量低的感染性休克，但给药同时要注意补液及心脏毒性。

【不良反应】

常见心悸、头晕、心动过速、头痛、面色潮红。用药期间，注意观察心率，超过 110 次 / 分钟，需减慢滴速或停药；超过 130 次 / 分钟，可引起室性心律失常。对于支气管哮喘患者应控制吸入剂量，因其本身已处于缺氧状态，如异丙肾上腺素剂量过大，可致心肌耗氧量增加，引发严重的心律失常。

【禁忌证】

冠心病、糖尿病、甲状腺功能亢进者禁用。

二、β_1 受体激动药

多巴酚丁胺

【来源及化学】

多巴酚丁胺（dobutamine）化学结构与多巴胺相似，药用为人工合成品，为含左旋和右旋多巴酚丁胺的消旋体。

【体内过程】

与肾上腺素相似。口服无效，必须静脉滴注。主要代谢产物为结合型多巴酚丁胺和 3-O- 甲基多巴酚丁胺。进入体内后，分布至组织中。$t_{1/2}$ 约为 2 分钟。10～12 分钟达稳态血药浓度。

【药理作用】

多巴酚丁胺有直接激动 α、β 受体的作用，对 β_1 受体的激动作用强于 β_2 受体，故属于 β_1 受体激动药。本药不引起递质释放，也不影响多巴胺受体。因具有不对称碳原子中心，故其药理效应较复杂。临床应用的多巴酚丁胺消旋体，其左旋异构体有明显的激动 α_1 受体作用，引起显著升压效应；相反，右旋异构体为 α_1 受体拮抗药，可阻断左旋多巴酚丁胺的升压作用。这两个同分异构体均激动 β 受体，而右旋异构体激动 β 受体的强度是左旋异构体的 10 倍。综合其总体效应而言，仍为完全激动药。

与异丙肾上腺素相比，多巴酚丁胺增强心肌收缩力的作用比加快心率作用显著。这种相对性的选择作用有其临床价值。其原因可能是由于外周阻力变化不大和心脏 β_1 受体激动的正性肌力作用的参与。本药的兴奋窦房结作用较异丙肾上腺素弱，但促进房室、室间传导作用相似。

多巴酚丁胺对肾、肠系膜血管无明显作用，外周阻力较为稳定，可能由于 α_1 受体介导的血管收缩作用和 β_2 受体介导的血管舒张作用共同作用的结果。

多巴酚丁胺给药的速度不超过 20 μg(kg·min)，心率加快不明显或略有加快。

多巴酚丁胺与其他肾上腺素受体激动药对心率的影响，见表 2-10-3。

表 2-10-3　肾上腺素受体激动药对心率的作用

药物	激动受体	血压（总外周阻力）	心率 反射	心率 直接	心率 反射与直接
去甲肾上腺素	α_1, β_1	↑	↓*	↑	↓或↑
去氧肾上腺素	α	↑	↓*	0	↓
异丙肾上腺素	β_1, β_2	↓	↑	↑	↑↑
多巴酚丁胺	β_1	0	0	↑	↑

* 可为阿托品所阻断

【临床应用】

用于充血性心力衰竭、急性心肌梗死时伴有心脏失代偿。可短期用多巴酚丁胺 2.5～10 μg(kg·min)，增加心排出量和搏出量。其对左室功能衰竭的改善作用优于多巴胺。用于休克治疗时，疗效较异丙肾上腺素更优。连续用药可产生快速耐受性。

【不良反应】

少数患者出现恶心、头痛、心悸、血压增高、心绞痛。因可增加房室传导速度，有使房颤发展为室率加快的危险，需用地高辛等进行预防。因 $t_{1/2}$ 短，故通过停药或减慢给药速度，可使大部分不良反应消失。给药前，注意纠正低血容量。

【禁忌证】

由于该药可增加心肌耗氧量，可能增加已有心肌梗死患者的梗死面积，故特发性肥厚梗阻型心肌患者禁用，急性心肌梗死或心源性休克伴有严重低血压者慎用。因其可促进房室传导，心房纤颤患者禁用。

【药物相互作用】

禁止与氟烷等合用。不宜与 β 受体阻断药合用，因会取消其正性肌力作用。

三、β_2 受体激动药

本类药物有沙丁胺醇（salbutamol，羟甲叔丁肾上腺素）、特布他林（terbutaline，间羟叔丁肾上腺素）、克仑特罗（clenbuterol，双氯醇胺）、奥西那林（orciprenaline，间羟异丙肾上腺素）等。由于它们有选择性 β_2 受体激动作用，故对支气管平滑肌有强而较持久的舒张作用，对心血管系统和中枢神经系统的影响很小，是临床上治疗支气管哮喘的一类主要药物。

（武汉大学　汪　晖）

第十一章 肾上腺素受体阻断药

- Adrenergic antagonists bind to adrenoceptors, antagonize the effects of sympathetic nerve stimulation and exogenous agonists. Most of α-receptor antagonists (α-blockers) bring about vasodilation and thus, decrease blood pressure. These antagonists exhibit greater clinical utilities. The side effects of the α-blockers are directly related to their α-blocking activities. The most common side effects are postural hypotension and tachycardia.
- The actions of β-receptor antagonists (β-blockers) on blood pressure are complex. Chronic administration of β-blockers will, however, decrease blood pressure in people with high blood pressure. The β-blockers have widespread use in management of cardiac arrhythmias, angina, and hypertension. β-blockers are also used in the treatment of hyperthyroidism, glaucoma, migraines, and anxiety. The adverse effects of these drugs are directly related to their β-blocking action, including bronchoconstriction and decrease in heart rate and cardiac output. Some β-blockers are partial agonists with intrinsic sympathomimetic activities.

肾上腺素受体阻断药(adrenoceptor blocking drugs)，也称肾上腺素受体拮抗药(adrenoceptor antagonists)。除酚苄明呈非竞争性拮抗作用外，大多数肾上腺素受体阻断药是通过竞争性拮抗作用，对交感神经末梢所支配器官的生理功能产生影响。临床上主要用于心血管系统疾病。

根据其在外周所阻断的受体不同，可将此类药物分为 α 肾上腺素受体阻断药、β 肾上腺素受体阻断药及 α、β 肾上腺素受体阻断药。

第一节 α 肾上腺素受体阻断药

α 肾上腺素受体（α 受体）可介导内源性儿茶酚胺体内多种重要功能。激动 $α_1$ 受体引起动脉、静脉收缩；激动交感神经末梢突触前膜 $α_2$ 受体，通过负反馈调节，可减少去甲肾上腺素释放；激动中枢延脑孤束核及侧网状核 $α_2$ 受体，可使外周交感神经活性降低。另外，α 受体尚参与代谢过程调节。α 受体阻断药可使外周血管阻力降低，血压下降。作用强度取决于患者用药时的交感神经张力，对卧位时的作用比立位时弱，降低血压的作用在血容量较低时更加明显。α 受体阻断引起血压下降可反射性地导致心率加快、心排出量增加及水钠潴留等。$α_1$ 受体阻断药还可产生一些与阻断受体无关的其他药理作用。

根据 α 受体阻断药对 $α_1$、$α_2$ 受体亲和力的不同，可将其分为三类：

1. $α_1$、$α_2$ 受体阻断药 同时阻断 $α_1$ 和 $α_2$ 受体，如酚妥拉明、酚苄明。

2. $α_1$ 受体阻断药 选择性阻断 $α_1$ 受体，如哌唑嗪。

3. $α_2$ 受体阻断药 选择性阻断 $α_2$ 受体，如育亨宾。

一、$α_1$、$α_2$ 受体阻断药

酚妥拉明

酚妥拉明(phentolamine, 立其丁, regitine)为咪唑啉衍生物（图2-11-1）。酚妥拉明与受体结合力弱，容易解离，故作用维持时间短，属短效类竞争性 α 受体阻断药。

【体内过程】

口服吸收差，生物利用度低，口服效果仅为注射给药的20%左右，故主要采用注射给药。肌内注射作用维持30~45分钟，静注后2~5分钟起效。大部分以无活性代谢产物从尿中排泄。

【药理作用】

1. 心血管系统 酚妥拉明是竞争性的 $α_1$ 和 $α_2$ 受体阻断药。酚妥拉明阻断 $α_1$ 受体后，使小动脉等阻力血管和静脉扩张，外周阻力降低，血压下降。酚妥拉明同时可兴奋心脏，加强心肌收缩力，心率加快，心输出量增加。对心脏的兴奋作用主要有两个原因：一是由于血管扩张、血压下降，反射性地兴奋心脏；二是因为可阻断交感神经末梢突触前膜 $α_2$ 受体，促进去甲肾上腺素释放所致。有时还可导致心律失常。

酚妥拉明等 $α_1$ 受体阻断药使肾上腺素的升压作用翻转为降压作用，此作用称为"肾上腺素作用翻转"(adrenaline reversal)，主要原因是 $α_1$ 受体被阻断，使肾上腺素兴奋 $α_1$ 受体，收缩血管的作用被取消，进而充分表现出肾上腺素激动 $β_2$ 受体的血管扩张效应所致。

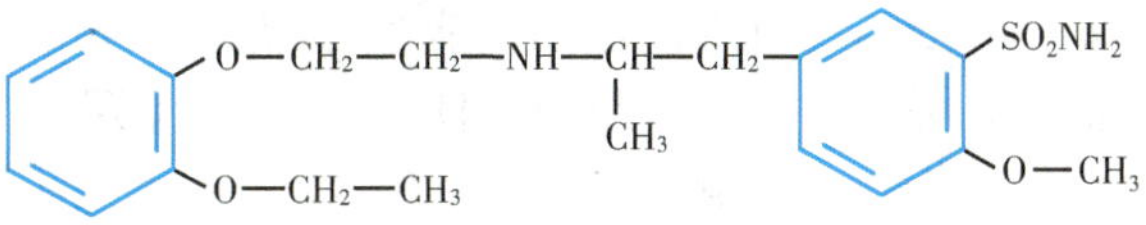

图 2-11-1 α 受体阻断药的化学结构

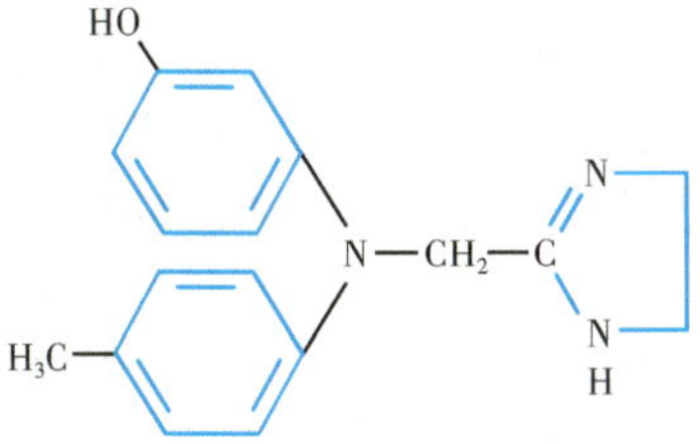

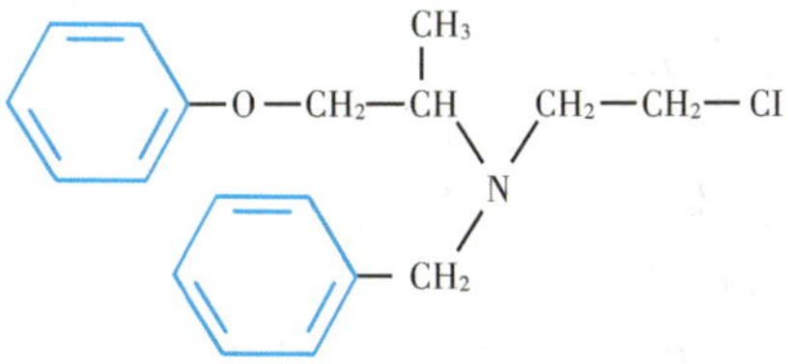

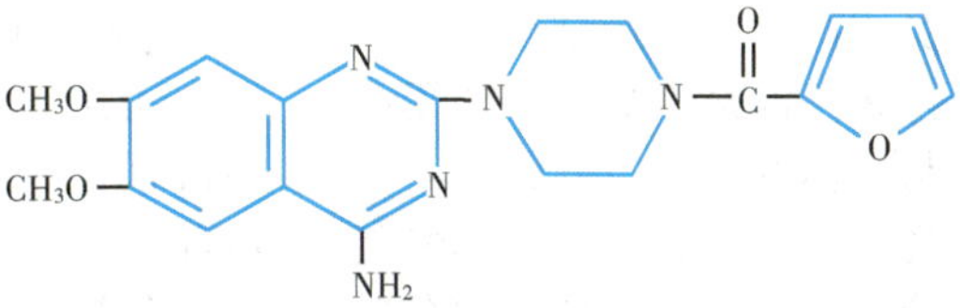

2. 其他作用 酚妥拉明能阻断 5-HT 受体，激动 M 受体和 H_1、H_2 受体，促进肥大细胞释放组胺，兴奋胃肠道平滑肌，引起胃肠道张力增加。其兴奋胃肠道平滑肌的作用可被阿托品所阻断。

【临床应用】

1. 外周血管痉挛性疾病 治疗外周血管痉挛性疾病，如肢端动脉痉挛性疾病、血栓闭塞性脉管炎等。

2. 嗜铬细胞瘤 肾上腺嗜铬细胞瘤的鉴别诊断以及其后期骤发高血压危象的控制和手术前的准备，能使嗜铬细胞瘤所致的高血压下降。作嗜铬细胞瘤鉴别诊断实验时，有产生严重低血压的危险性，曾有致死的报道，应特别慎重，现已少用。

3. 阻断去甲肾上腺素的缩血管效应 静脉滴注去甲肾上腺素发生外漏时，可用酚妥拉明作局部皮下浸润注射，防止局部组织缺血坏死。

4. 抗休克 酚妥拉明能扩张外周血管，降低外周血管阻力，增加心输出量，改善机体重要器官的血流灌注，解除微循环障碍。尤其是本药能降低肺血管阻力，对肺水肿有较好的治疗作用。但使用本药抗休克治疗前必须先补足血容量。临床上可将酚妥拉明与去甲肾上腺素联合应用，以对抗去甲肾上腺素强烈的 α_1 受体效应，使血管收缩作用不致过分强烈，而保留激动 β_1 受体的作用，产生兴奋心脏的协同作用，使心肌收缩力增加，心输出量增多，从而提高抗休克的疗效。可用于感染性、心源性和神经源性等休克。

5. 急性心肌梗死和顽固性充血性心力衰竭 酚妥拉明扩张外周动脉和静脉血管、降低外周血管阻力，可以显著减轻左心室的前后负荷，降低左心室舒张末期充盈压，使心功能不全的症状和体征得以改善。

6. 其他 酚妥拉明还可以用于治疗男性勃起功能障碍（阳痿）。

【不良反应】

主要为 α 受体阻断后引起的体位性低血压和心动过速。心律失常、心绞痛等也有发生。其他尚有恶心、腹痛、乏力、头晕、鼻塞等，可诱发或加剧消化性溃疡。冠心病、胃十二指肠溃疡患者慎用。

妥 拉 唑 林

妥拉唑林（tolazoline）与酚妥拉明相似，也属咪唑啉类短效 α 受体阻断药，对 α_1、α_2 受体均有阻断作用，但其作用较弱。拟胆碱作用相对较强，能兴奋胃肠道平滑肌，可促进胃酸、肠液、唾液腺、泪腺、汗腺等分泌。其降压作用不稳定。妥拉唑林口服吸收较好，肌内注射吸收更为迅速，主要以原形经肾排出，有报道在新生儿的 $t_{1/2}$ 为 3～10 小时。

临床上主要用于血管痉挛性疾病，如肢端动脉痉挛、闭塞性血栓静脉炎等的治疗。不良反应与酚妥拉明相似，但发生率较高。

酚 苄 明

酚苄明（phenoxybenzamine）又称苯苄胺（dibenzyline），化学结构为氯化烷基胺。

【体内过程】

胃肠道吸收不完全，口服仅 20%～30% 吸收，起效缓慢，需经数小时后才发挥作用。因局部刺激性大，一般不作肌内或皮下注射，仅作静脉注射给药，约 1 小时作用达峰值，$t_{1/2}$ 约 24 小时。经肝脏代谢，由肾和胆汁排出。

【药理作用及作用机制】

为长效非竞争性 α 受体阻断药，特点为起效慢、作用强、持久。对 $α_1$、$α_2$ 受体均有阻断作用，能扩张外周小动脉和小静脉，降低外周血管阻力，使血压下降，反射性引起心率加快，心输出量增加。酚苄明阻断突触前膜 $α_2$ 受体，可促进去甲肾上腺素释放，并能抑制神经元和非神经元组织对儿茶酚胺的摄取，使心率加快更为明显。

酚苄明对正常静卧位时的血压影响较小；当患者血容量减少或直立体位时，机体有代偿性、交感兴奋性血管收缩，此时酚苄明阻断 α 受体，使血压显著下降。较大剂量有抗组胺和抗 5-HT 作用。

酚苄明进入体内后，分子中的氯乙胺基环化形成乙撑亚胺基，能与 α 受体产生共价键结合，难以解离，因此作用缓慢而持久。但是影响药物作用的时间，不仅取决于药物与受体的结合方式，同时与 α 受体合成的速度也有关。靶细胞表面 α 受体恢复至正常需若干天；在血管平滑肌尚有所谓"储备"受体存在，这些都会影响药物的效应。

【临床应用】
(1) 外周血管痉挛性疾病。
(2) 休克：主要用于感染性休克的治疗。
(3) 肾上腺嗜铬细胞瘤：术前准备或不能施行手术的患者，以控制过量儿茶酚胺释放引起的严重高血压。
(4) 良性前列腺增生：用于前列腺增生所引起的阻塞性排尿困难，可以显著改善症状。其作用可能与阻断前列腺、膀胱等部位 $α_1$ 受体有关。

【不良反应】
常见体位性低血压、心悸、心律失常、鼻塞等；口服可致恶心呕吐、思睡乏力、口干。静脉注射必须缓慢给药，严密监测血压等。

二、选择性 $α_1$ 受体阻断药

选择性 $α_1$ 受体阻断药具有哌嗪喹唑啉结构。对 $α_1$ 受体亲和力大于对 $α_2$ 受体的 1000 倍以上，使外周血管阻力降低，血压下降。对突触前膜上 $α_2$ 受体无明显作用，因此在拮抗去甲肾上腺素和肾上腺素升压作用的同时，无促进神经末梢释放去甲肾上腺素的作用，无明显加快心率作用，也不增加肾素的分泌。主要用于治疗高血压。本类药物有哌唑嗪、特拉唑嗪、多沙唑嗪、坦洛新 (tamsulosin) 等。

哌唑嗪

哌唑嗪 (prazosin) 选择性阻断 $α_1$ 受体。

【体内过程】
口服吸收良好，生物利用度约 50%～70%，1～3 小时血药浓度达峰值。血浆蛋白结合率高，仅约 5% 以游离形式存在。在肝脏广泛代谢，5%～11% 以原形经肾排出。$t_{1/2}$ 约 2～3 小时，药物作用时间持续 1～6h。

【药理作用】
通过阻断小动脉、静脉 $α_1$ 受体，使血管扩张，外周阻力下降，回心血量减少。在治疗剂量时并不阻断 $α_2$ 受体，故没有促进去甲肾上腺素释放的作用。此外哌唑嗪降低心脏前负荷，心排血量不增加。与其他扩血管药不同，本药对心率影响较小。尚可松弛由 $α_1$ 受体介导的膀胱颈部、前列腺囊和前列腺尿道平滑肌收缩，改善良性前列腺增生出现的排尿困难。膀胱底部 $α_1$ 受体较少，故对膀胱收缩影响较小。有报道在前列腺部位主要是 $α_{1A}$ 受体。

【临床应用】
可用于治疗高血压。对良性前列腺肥大患者，可降低排尿阻力，缓解尿道阻塞症状。因能降低心脏前、后负荷，可用于抗慢性心功能不全。

【不良反应】
首次用药可致严重低血压、晕厥、心悸等，称为"首剂效应"，多在首次用药 30～90 分钟发生。对伴有肝、肾功能不良及老龄患者更需谨慎。首次剂量减半，睡前服用可避免首剂效应。与利尿药或其他抗高血压药合用，可加强本药的降压效果。其他不良反应有眩晕、嗜睡、头痛、乏力等，减量或持续用药，上述症状可减轻。

特拉唑嗪

特拉唑嗪 (terazosin) 化学结构与哌唑嗪相似，作用较哌唑嗪稍弱，主要区别在其药动学特点。特拉唑嗪水溶性高，生物利用度大于 90%，血药浓度达峰时间为 1 小时，$t_{1/2}$ 约 12 小时，作用时间可持续 18 小时以上。临床用于治疗高血压病、顽固性心功能不全，也用于良性前列腺增生，缓解排尿困难症状。不良反应与哌唑嗪相似。

多沙唑嗪

多沙唑嗪 (doxazosin) 化学结构与哌唑嗪相似，对 $α_1$ 受体也具有高度亲和力。口服后，2～3 小时血药浓度达峰值，生物利用度约 65%。主要经肝代谢，有肝肠循环。$t_{1/2}$ 约 10～20 小时，作用持续时间 36 小时。其血流动力学性质、临床应用与不良反应同哌唑嗪。

三、选择性 $α_2$ 受体阻断药

育亨宾

育亨宾 (yohimbine) 属吲哚烷基胺生物碱，对 $α_2$ 受体有选择性、竞争性阻断作用。其进入中枢神经系统后引起血压上升，心率加快。育亨宾也属 5-HT 阻断药。育亨宾主要用于实验研究的工具药，临床可用于治疗男性性功能障碍和糖尿病患者的神经病变。

第二节 β肾上腺素受体阻断药

β受体阻断药能阻断β受体，拮抗去甲肾上腺素能神经递质或肾上腺素受体激动药对β受体的作用而产生β受体阻断效应。几乎在临床上应用的β受体阻断药都是竞争性的。临床上主要用于治疗高血压、心绞痛、心肌梗死、某些心律失常和青光眼，也可用于预防偏头痛等。普萘洛尔是这类药物的典型代表。普萘洛尔的问世和其确切的临床治疗效果，极大地激发了全球对β受体阻断药的研究兴趣，同时也促进了肾上腺素受体理论等相关研究（图2-11-2）。

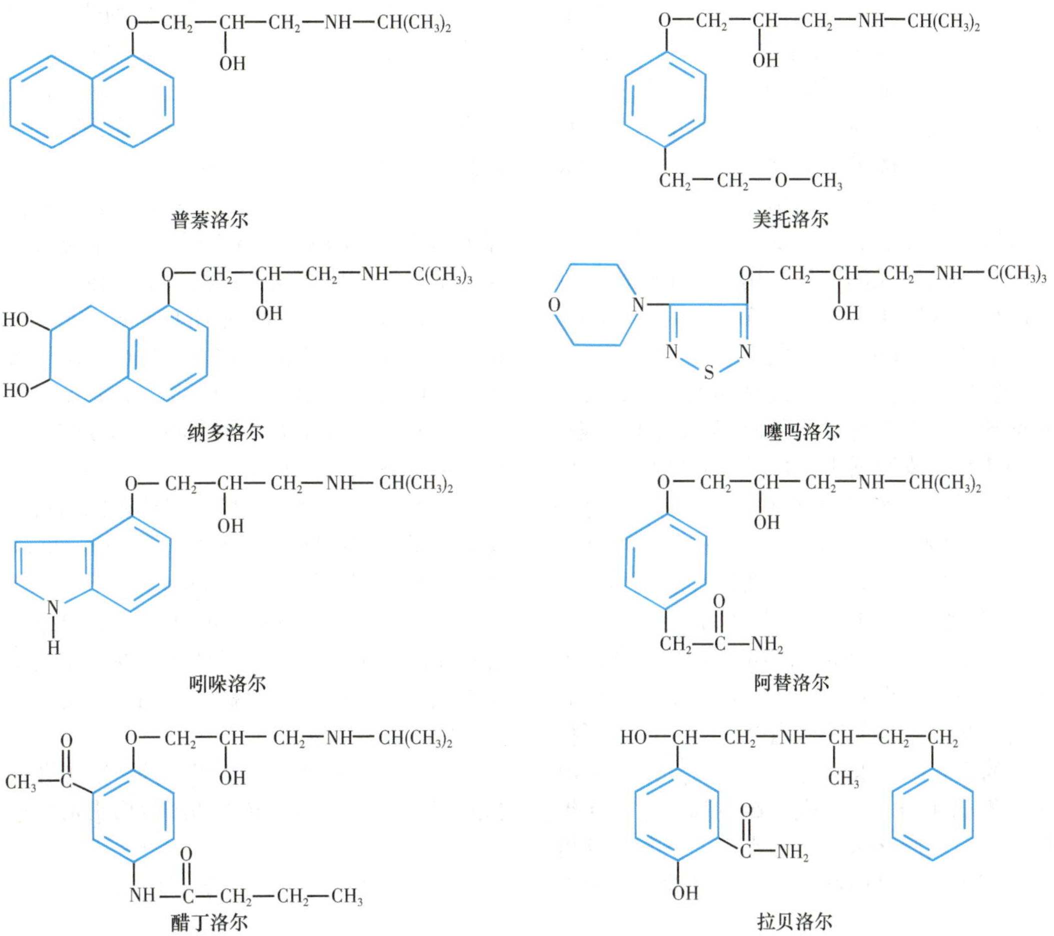

图2-11-2　β受体阻断药的化学结构

【β受体阻断药分类】

根据对受体的选择性及有无内在拟交感活性，本类药物可分为：

1. $β_1$、$β_2$受体阻断药（非选择性β受体阻断药）

（1）Ⅰa类：无内在拟交感活性的β受体阻断药，如普萘洛尔、噻吗洛尔等。

（2）Ⅰb类：有内在拟交感活性的β受体阻断药，如吲哚洛尔等。

2. 选择性 $β_1$ 受体阻断药（心脏选择性β受体阻断药） 对心脏$β_1$受体选择性较高，$β_2$受体的选择性较低。

（1）Ⅱa类：无内在拟交感活性的$β_1$受体阻断药，如阿替洛尔、美托洛尔等。

（2）Ⅱb类：有内在拟交感活性的$β_1$受体阻断药，如醋丁洛尔、塞利洛尔等。

3. α、β受体阻断药 如拉贝洛尔等。

【药理作用】

β受体阻断药的主要药理作用都与其β受体阻断作用有关，但也有部分药物尚有其他药理作用，如内在拟交感活性、膜稳定作用和抑制血小板聚集作用等。

1. β受体阻断作用

（1）心血管系统：阻断心血管系统的β受体，减弱或取消儿茶酚胺对$β_1$受体的激动作用，使心率减慢，心肌收缩力减弱，心输出量减少，血压稍有下降。此效应在机体交感神经张力比较高时更加明显，如运动、应激状态等。

$β_1$受体阻断药可减慢窦房结节律，延缓心房和房室结的传导，延长房室结有效不应期。

β受体阻断药因阻断心脏β₁受体，使心排血量降低，交感神经张力代偿性增高，同时因阻断血管β₂受体，使血管α受体活性增加，外周血管阻力增高，骨骼肌、肝肾血管血流量减少。

机体在运动或应激状态时，冠脉血流量增加，以满足心肌代谢需要，此时心率加快，心肌收缩力增强，使心肌耗氧量增加，冠心病患者则可引起心绞痛。β受体阻断药使心率减慢，心肌收缩力减弱，使心肌耗氧量明显降低，但同时因抑制心肌收缩而增大心室容积，延长射血时间，又相对增加心肌耗氧量。但其净效应是改善心肌供氧与需氧之间的关系，使心绞痛患者运动耐量增加。

β受体阻断药对正常人的血压没有明显影响，对高血压患者则有明显的降压作用，常用于原发性高血压的治疗。其降压机制比较复杂，尚未充分阐明，可能是多系统β受体阻断的结果。

(2) 收缩支气管平滑肌：β受体阻断药阻断支气管平滑肌细胞膜上的β₂受体，使支气管平滑肌收缩，增加呼吸道阻力，常可诱发或加重哮喘的急性发作甚至产生哮喘持续状态，严重时可危及生命。这一作用对正常人影响较小。选择性β受体阻断药和有内在拟交感活性的β受体阻断药增加气道阻力的作用较弱，但用药仍需十分谨慎，并严密观察。

(3) 影响代谢：β受体阻断药可以影响机体的糖代谢和脂肪代谢。肝糖原分解与激动α₁和β₂受体有关。当β受体阻断药与α受体阻断药合用时，可拮抗肾上腺素的升高血糖作用。普萘洛尔(propranolol)不影响正常人的血糖水平，也不影响胰岛素降血糖作用，但能延缓用胰岛素后血糖水平的恢复，这可能由于其抑制了低血糖引起儿茶酚胺释放所致的糖原分解。

近年认为，β₃受体介导脂肪细胞的脂肪分解。β₃受体激动剂可显著增加线粒体呼吸，阻止ATP合成，氧化消耗更多的脂肪，释放热能。非选择性β受体阻断药可轻度升高血甘油三酯水平，降低高密度脂蛋白水平，而低密度脂蛋白水平基本不变。选择性β₁受体阻断药和有内在活性β受体阻断药对脂类代谢影响较小。

(4) 减少肾素分泌：β受体阻断药可以阻断肾小球球旁细胞的β₁受体，抑制肾素的分泌。肾素分泌的减少，使肾素-血管紧张素-醛固酮系统对机体的水盐电解质平衡和血压的调节作用减弱，这可能是β受体阻断药抗高血压的主要原因之一。

2. 内在拟交感活性 有些β受体阻断药具有部分激动药(partial agonists)的受体动力学特征。除有阻断β受体作用外，尚对β受体有部分激动作用，称为内在拟交感活性(intrinsic sympathomimetic activity，ISA)。通常情况下，ISA的作用较弱，常被强大的β受体阻断作用所掩盖。ISA作用较强的药物抑制心肌收缩力、减慢心率和收缩支气管作用较不具有ISA的药物为弱。

3. 膜稳定作用 有些β受体阻断药可降低细胞膜对离子的通透性，具有奎尼丁(quinidine)和局麻药样的膜稳定作用(membrane-stabilizing activity)，即具有奎尼丁样作用(quinidine-like effects)。由于这一作用常常在高浓度时产生，在常用剂量下其意义不大，故一般认为膜稳定作用与β受体阻断药的治疗作用基本无关。

4. 其他 某些β受体阻断药可减少儿茶酚胺引起的震颤，抗血小板聚集和减少房水形成而降低眼内压。

β受体阻断药的药效特性比较，见表2-11-1。

表2-11-1 β受体阻断药的药效特性比较

药物	选择性	部分激动活性	作用强度*	膜稳定作用
Ⅰ类 β₁、β₂受体阻断药				
Ⅰa 无内在拟交感活性类				
普萘洛尔(propranolol，心得安)	—	—	1	+
噻吗洛尔(timolol，噻吗心安)	—	—	6~100	—
纳多洛尔(nadolol，羟萘心安)	—	—	2~4	—
索他洛尔(sotalol，甲磺胺心定)	—	—	0.1~0.33	—
布拉洛尔(bupranolol，氯甲苯心安)	—	—	1	+
Ⅰb 有内在拟交感活性类				
二氯异丙肾上腺素(dichloroisoprenaline)	—	+++	0.1	+
吲哚洛尔(pindolol，心得静)	—	++	6~15	+
氧烯洛尔(oxprenolol，心得平)	—	+	2	+
阿普洛尔(alprenolol，心得舒)	—	+	0.33	+

续表

药物	选择性	部分激动活性	作用强度*	膜稳定作用
莫普洛尔（moprolol，甲氧苯心安）	—	+	1	+
托利洛尔（toliprolol，甲苯心安）	—	+	1	+
卡波洛尔（carbonolol，喹诺酮心安）	—	+	10	—
硝苯洛尔（nifenalol，硝苯心定）	—	+	0.04	—
丙萘洛尔（pronethalol，萘心定）	—	+	0.1	+
Ⅱ类 β₁受体阻断药				
Ⅱa 无内在拟交感活性类				
阿替洛尔（atenolol，氨酰心安）	+	—	0.5～1	—
美托洛尔（metoprolol，美多心安）	+	—	1	—
妥拉洛尔（tolamolol，胺甲苯心定）	+	—	1	—
倍他洛尔（betaxolol，倍他心安）	+	—	4(人)	±
Ⅱb 有内在拟交感活性类				
普拉洛尔（practolol，心得宁）	+	+	0.5	—
醋丁洛尔（acebutolol，醋丁酰心安）	±	+	0.5	+
Ⅲ类 α，β 阻断药				
拉贝洛尔（labetalol，柳胺苄心定）	—	±	0.25	±

*在犬，对标准剂量异丙肾上腺素心率加速的拮抗作用比较

【临床应用】

1. 心律失常　主要用于多种原因所引起的快速型室上性心律失常。普萘洛尔还可用于运动或情绪激动所引发的室性心律失常以及减少肥厚型心肌病所致的心律失常。

2. 高血压病　是治疗高血压的基础药物。能使高血压患者的血压明显下降，同时伴有心率减慢。根据病情可单独应用或与其他药物合用。

3. 心绞痛和心肌梗死　对心绞痛有良好疗效，能使心绞痛发作减少，运动耐量增加。急性心肌梗死早期静脉注射β受体阻断药美托洛尔、阿替洛尔可降低死亡率10%，长期应用可以降低复发率和猝死率。

4. 慢性心功能不全　曾认为β受体阻断药可抑制心肌收缩力，因此禁用于慢性心力衰竭。但研究表明本类药物可以改善慢性心力衰竭症状，提高射血分数，减轻左室肥厚等。尤其在心肌状态严重恶化前，早期应用，可以缓解儿茶酚胺引起的心脏损害，显著改善某些充血性心衰的症状，改善预后。

5. 其他　可用作甲状腺功能亢进的辅助用药，可以缓解激动不安、心动过速等症状，普萘洛尔也可抑制甲状腺素（T₄）转变为三碘甲状腺原氨酸（T₃）。β受体阻断药还可以预防偏头痛、预防社交恐慌症引起的心动过速、肌肉震颤以及酒精中毒。噻吗洛尔局部用药减少房水形成，降低眼内压。

【不良反应】

主要由阻断β受体所致。

1. 心血管系统　对心功能不全、窦性心动过缓、房室传导阻滞患者，可使病情加剧，出现重度心功能不全、肺水肿，房室完全传导阻滞等。

由于外周血管收缩，可引起四肢发冷，皮肤苍白或发绀，引起间歇性跛行、雷诺症等，严重者甚至可以引起脚趾溃烂和坏死。

2. 诱发或加剧支气管哮喘　由于阻断支气管平滑肌细胞膜上的β₂受体，非选择性β₂受体阻断药可以增加呼吸道阻力，从而诱发或加剧哮喘。而有内在拟交感活性或选择性β₁受体阻断药抑制支气管平滑肌收缩作用则较弱，一般不会引起上述不良反应，但仍应禁用于伴有支气管哮喘的患者。

3. 反跳现象　长期应用β受体阻断药的患者如突然停药，常使原来的病情加重，如血压上升、严重心律失常、心绞痛发作加剧等，增加猝死危险性。因此在长期用药者停药前需缓慢减量直至停药。

4. 中枢神经系统　出现疲劳、睡眠障碍（失眠、噩梦等）、精神抑郁等。

5. 其他　恶心，轻度腹泻，偶见过敏性皮疹和血小板减少等。

【药物相互作用】

糖尿病患者应用胰岛素同时应用β受体阻断药，可加强降血糖作用，但可掩盖低血糖时出汗、心率加快的症状，故应慎用。与钙拮抗药（维拉帕米等）合用将进一步抑制心肌收缩力和房室传导。氢氧化铝、考来烯胺（消胆胺）、考来替泊（降胆宁）能降低β受体阻断药的吸收。苯妥英钠、苯巴比妥、

利福平等则能加速β受体阻断药代谢速度，降低血药浓度。西咪替丁增加普萘洛尔生物利用度。吲哚美辛等非甾体抗炎药能减弱普萘洛尔的抗高血压作用。

一、β_1、β_2受体阻断药

普萘洛尔

普萘洛尔（propranolol）对β受体没有选择性，与β_1、β_2受体的亲和力相似，对β_1、β_2受体均有阻断作用，无内在拟交感活性，对α受体没有作用。

普萘洛尔脂溶性高，口服吸收完全。有明显首关消除，生物利用度较低，仅约30%左右。到达体循环的药物个体差异较大，血药浓度差异可达20倍。普萘洛尔表观分布容积大，易通过血脑屏障。血浆蛋白结合率高，大于90%，主要经肝脏代谢，代谢产物4-羟普萘洛尔仍具有一定β受体阻断作用。血浆$t_{1/2}$约4小时，但抗高血压作用时间长，可每日给药两次。临床用药需从小剂量开始，逐渐增加到适当剂量。

纳多洛尔

纳多洛尔（nadolol）对β_1、β_2受体亲和力大致相同，无膜稳定作用和内在拟交感活性。

纳多洛尔口服吸收不完全，生物利用度约35%。口服给药血药浓度达峰时间为2～4小时。个体差异较普萘洛尔小。体内代谢不完全，主要以原形经肾排出，血浆$t_{1/2}$约20小时。因作用时间长，可每日给药一次。肾功能不全者注意调整剂量。

噻吗洛尔

噻吗洛尔（timolol）为已知作用最强β受体阻断药，对β受体没有选择性，无内在拟交感活性，无膜稳定性。药理作用与普萘洛尔相似。

口服吸收良好。生物利用度为30%～75%，有中等程度的首关消除。肝脏代谢完全，少量以原形经肾排出。血浆$t_{1/2}$约4小时。口服和滴眼都可以减少房水生成，降低眼内压。局部用药治疗青光眼时，敏感的患者也可以吸收而引起全身不良反应，如哮喘发作或充血性心力衰竭。

吲哚洛尔

吲哚洛尔（pindolol）对β_1、β_2受体的阻断作用无选择性，但作用较普萘洛尔强6～15倍，且有较强的内在拟交感活性和较弱的膜稳定作用，故减少心率及心输出量的作用较弱。口服易吸收，生物利用度为90%，0.5～3小时后血药浓度达峰值。与血浆蛋白结合率为50%。约50%在肝中被代谢。$t_{1/2}$为3～4小时。用于高血压、心绞痛、心律失常、心肌梗死、甲状腺功能亢进等治疗。

二、选择性β_1受体阻断药

美托洛尔

美托洛尔（metoprolol）选择性阻断β_1受体，无内在拟交感活性。

口服吸收完全，有首过消除，生物利用度较低，约为40%。血药浓度个体差异可达17倍。主要经肝脏代谢，约10%以原形经肾排除。血浆$t_{1/2}$约3～4小时。

临床上用于治疗高血压、稳定型心绞痛，也用于急性心肌梗死早期治疗。

阿替洛尔

阿替洛尔（atenolol）选择性阻断β_1受体，无内在拟交感活性。

阿替洛尔口服吸收不完全，血药浓度个体差异较小。大部分以原形经肾排出。血浆$t_{1/2}$约5～8小时。肾功能不全者在体内有蓄积，肌酐清除小于35 mL/分钟者，需调整剂量，临床上用于治疗高血压。

艾司洛尔

艾司洛尔（esmolol）为超短效的选择性β_1受体阻滞剂，具有减缓静息和运动心率，降低血压，降低心肌耗氧量的作用。无内在拟交感活性，无膜稳定作用。静滴后迅速达稳态血药浓度。药物在体内迅速分布和消除，分布半衰期仅2分钟，清除半衰期为9分钟，其迅速起效及较短的半衰期对于临床状况不稳定的患者可以在几分钟内达到预期的临床效果。

用于快速室上性心律失常的迅速控制，也用于手术中、术后、麻醉时出现的高血压和心动过速。

三、α、β受体阻断药

拉贝洛尔

拉贝洛尔（labetalol）有两个光学中心，含有四个相等的非对映体异构物，各异构体又具有不同的相对活性，故药理作用复杂。可选择性阻断α_1受体，同时阻断β_1、β_2受体，还具有β_2受体部分激动作用，并抑制去甲肾上腺素重摄取过程。其阻断β受体作用较强，是α受体阻断作用的5～10倍。

拉贝洛尔的α_1受体阻断作用引起动脉血管扩张，血压下降，直立时降压作用更为显著；β受体阻断也与降压作用有关，同时也阻断反射性交感神经引起的心脏兴奋。由于拉贝洛尔的内在拟交感活性，可以通过激动β_2受体或直接作用也参与其扩张血管作用，增加肾脏血流量。

胃肠道吸收良好，但有明显首关消除，口服生物利用度约20%～40%。个体差异大，主要由肝脏代谢。$t_{1/2}$约5～8小时。

拉贝洛尔可口服给药，用于中、重度高血压的治疗，高血压危象可采用静脉注射给药。

拉贝洛尔对支气管平滑肌的收缩作用不明显，但对有哮喘病史者仍应谨慎用药。

阿罗洛尔

阿罗洛尔（arotinolol）为一种非选择性的α、β受体阻断药，与拉贝洛尔相比，其α受体阻断作用

明显强于β受体阻断作用。阿罗洛尔可降低心肌收缩力，减慢心率，降低心肌耗氧量，减少心输出量。其适度的α受体阻断作用，在不使末梢血管阻力升高的情况下，呈现β受体阻断效应而降低血压。

阿罗洛尔口服后，2小时可达血药浓度峰值，其$t_{1/2}$约为10小时。连续给药没有明显蓄积性。经肝脏代谢后，部分代谢产物仍有一定药理活性，代谢产物大部分经肾脏排泄。

阿罗洛尔可用于高血压、心绞痛和室上性心动过速的治疗，尤对高血压合并冠心病者疗效较好，可以提高生存率。其还可以用于原发性震颤的治疗。

如长期应用本品应定期监测心功能和肝肾功能。如有明显心动过缓或低血压，应减少剂量直至停药。

卡 维 地 洛

卡维地洛（carvedilol）兼有α_1和β_1、β_2受体阻断作用，无内在拟交感活性。阻断α_1受体，扩张血管、降低外周血管阻力；阻断β_1受体，抑制肾脏分泌肾素，阻断肾素-血管紧张素-醛固酮系统，产生降压作用。卡维地洛降压迅速，可长时间维持降压作用。另外尚有抗炎、抗氧化、抗心肌细胞凋亡，抑制心肌重塑等作用。

卡维地洛临床用于治疗原发性高血压，本药也是第一个被FDA批准用于治疗充血性心力衰竭的β受体阻断药。

（第三军医大学　陈晓红）

第三篇 作用于中枢神经系统的药物

第十二章 中枢神经系统药理学概论

> - Drugs that affect the central nervous system (CNS) can selectively relieve pain, reduce fever, suppress disordered movement, induce sleep or arousal, reduce the desire to eat, or allay the tendency to vomit.
> - Selectively acting drugs can be used to treat anxiety, mania, depression, or schizophrenia and do so without altering consciousness.
> - Approaches to the elucidation of the sites and mechanisms of action of CNS drugs demand an understanding of the cellular and molecular biology of the brain. Although knowledge of the anatomy, physiology, and chemistry of the nervous system is far from complete, the acceleration of interdisciplinary research on the CNS has led to remarkable progress.

人体生命活动过程中复杂而精细的生理机能主要依赖神经和内分泌（体液）两大系统进行调节，而中枢神经系统（central nervous system, CNS）则起主导和协调作用，以维持内环境的稳定和对外环境变化作出即时反应。CNS 的结构和功能远较外周神经系统复杂，含有大量神经元、神经元间有多种形式的突触联系，并由多种神经递质传递信息，通过激活相应的受体与离子通道和逐级放大的细胞内信号转导途径耦联而介导繁杂的功能调节。作用于 CNS 的药物主要通过影响中枢突触传递的不同环节（如递质、受体、受体后的信号转导等），从而改变人体的生理功能。因此，理解突触传递及其过程的基本知识，无疑将有助于掌握作用于 CNS 的药物。

第一节 中枢神经系统的细胞学基础

一、神经元

神经元是 CNS 的基本结构和功能单位，人脑内的神经元总数估计有 $10^{10} \sim 10^{12}$ 个，胶质细胞较此多出 $10 \sim 50$ 倍。神经元最主要的功能是传递信息，包括生物电和化学信息。突触是神经元间或神经元与效应器间实现信息传递的中心部位。

典型的神经元由树突、胞体和轴索三个部分组成。胞体内含有特别大的细胞核和各种合成细胞生命活动物质所需要的细胞器如粗面内质网、高尔基器、线粒体、溶酶体等，这些细胞器的功能与其他组织细胞的细胞器相同。神经元胞浆中尚含有内涵物，包括一些致密小体和色素颗粒如脂褐素等。内涵物出现于成年期，随年龄增长而增加。神经元的细胞骨架与其他细胞一样，由丝状结构组成，包括微管、微丝和神经细丝。由这些成分组成的框架，支持延长的神经元突起包括树突和轴突，调节神经元的形状，也参与神经元内物质的运输如轴浆快相运输等。在病理状态如慢性铝中毒脑病、老年性痴呆症时，受累神经元微管可出现异常磷酸化，与神经纤维缠结的形成有关。

二、神经胶质细胞

神经胶质细胞（neuroglia）按形态可分为星形胶质细胞（astrocyte）、少突状胶质细胞（oligodendrocyte）和小胶质细胞（microglia），均起源于中胚层。CNS 内神经元间的空隙几乎全由胶质细胞所填充，因此几乎不存在细胞间隙。包围在脑毛细血管周围的细胞以及室管膜（ependymal）细胞也都是胶质细胞。髓鞘在中枢神经系统中由少突胶质细胞，在外周神经系统中由 Schwann 细胞包围裹叠而成。胶质细胞的主要功能是发挥支持和绝缘作用，并维持神经组织的内环境稳定，在 CNS 发育过程中具有引导神经元走向的作用。突触周围的胶质细胞能摄取递质而参与递质的灭活过程（如谷氨酸转运体对谷氨酸的再摄取），防止递质弥散。胶质细胞还参与修复与神经再生的调节。神经胶质细胞与 CNS 生理功能的调节、一些神经精神疾病（如帕金森病、脑中风、精神分裂症、药物成瘾等）的发生发展密切相关，已经成为研发神经精神系统疾病药物的重要靶标。

三、神经环路

神经元参与神经调节活动大多是通过不同的神

经元组成的各种神经环路（neuronal circuit）进行的，通过这些神经环路对大量繁杂的信息进行处理和整合。神经环路中能进行信息传递作用的部位是突触。一个神经元的树突或胞体能够接受许多轴突末梢的突触联系，这些轴突可以来自一个神经元，也可以来自多个神经元，这种多信息影响同一个神经元的调节方式称为聚合。一个神经元也可同时与多个神经元建立突触联系，使信息放大，这种方式称为辐散。CNS 中各种不同的神经环路均包含着多次的辐散、聚合形式，使信息处理出现扩散或聚合、时空模式的叠加，构成复杂的神经网络，使信息加工、整合更加精细，调节活动更加准确、协调、和谐。神经元的树突、轴突与其他神经元各个部分均可建立突触联系，构成具有各种特殊功能的微环路。

CNS 存有大量具有短轴突、胞体较小的中间神经元，人脑中间神经元数目占神经元总数的 99%。这些中间神经元都参与脑内各核团间或核团内局部神经环路的组成。中间神经元在 CNS 的作用显得越来越重要，CNS 活动的复杂性主要是由神经回路的多样性决定的。同样的传入信息可经不同途径传递到脑内各级中枢，也可通过不同的途径传至效应器。许多中间神经元又与各种长投射系统的神经元建立联系组成复杂的多形式的局部神经环路，对信息进行深加工并不断对传递的信息进行调制。不同水平的神经环路的基本处理形式也许很相似，但在某一具体行为的调节时，不同等级或水平上信息处理的相对重要性及各环路之间的相互作用则有相应的变化，使神经活动调节更加复杂。

四、突触与信息传递

神经元的主要功能是传递信息。神经元之间或神经元与效应细胞之间的信息传递往往通过突触进行。突触由突触前组分、突触后组分和突触间隙等基本结构构成。根据突触传递的方式及结构特点，突触分为电突触、化学性突触和混合性突触。在哺乳动物脑内，除少部分脑区存在一些电突触外，几乎所有的突触都是化学性突触，是 CNS 中最重要的信息传递结构。

神经递质把信息从突触前神经元传递到突触后神经元。突触前神经元兴奋时，峰电位沿细胞膜传播到突触前膜，引起膜去极化，开启电压依赖钙通道，胞外钙内流，胞内游离钙升高。钙与钙调蛋白结合，激活了依赖钙调素的蛋白激酶 B（PKB），导致一些底物蛋白的磷酸化。突触前膜内含有神经递质的囊泡，静息时通过突触素 I（synapsin I）固定在神经元末梢的骨架—微管或长丝上，囊泡膜上的突触蛋白 I 被 PKB 磷酸化后，通过一些突触蛋白的作用，使囊泡从固定点脱落并移动到突触前膜的活动区。

神经冲动传递到突触前膜通常只能使锚定在突触前膜的囊泡与突触前膜融合并释放到突触间隙，经胞裂外排，突触囊泡的内含物以量子形式释放。神经递质经弥散而作用于突触后膜上的受体，触发突触后神经元一系列的生化或膜电位变化，产生突触后效应，完成突触间的信息传递。

释放的神经递质需要迅速消除而终止其作用，以保证突触传递的效率；另一方面又需回收突触囊泡蛋白，通过神经末梢膜的内吞合成新的囊泡，形成囊泡的再循环，准备新一轮递质的合成、贮存和释放。突触间隙递质的消除主要是通过突触前膜及神经胶质细胞的摄取（如单胺类递质和谷氨酸等）或酶解作用（如乙酰胆碱）而实现的。

突触传递的过程主要包括神经递质的合成和贮存、突触前膜去极化和胞外钙内流触发神经递质的释放、神经递质与突触后受体结合引起突触后生物学效应、释放后的递质消除及囊泡的再循环。神经递质的释放受到突触前膜受体的反馈调控，改变进入末梢的钙离子量及其对钙离子的敏感性等均能调节递质的释放。

过去认为突触传递是单向性的，信息只从突触前传递到突触后。目前已证实，神经系统内存在交互突触，信息既可从突触前传递到突触后，也可从突触后传递到突触前。另一方面，腺苷、腺苷三磷酸、NO、花生四烯酸、血小板活化因子等均可作为逆行信使分子，作为突触后神经元对突触前传递信息的应答，逆行弥散至突触前神经元调节突触前神经元活动和递质的合成与释放。

五、离子通道

神经系统细胞的膜上主要存在两种类型的通道，根据调控其开放的机制不同分为电压门控性和配体门控性通道。电压门控性通道对膜电位的变化做出反应。在神经元，这些通道都集中在轴突始段（initial segment）、轴突区域，参与形成快速的动作电位，将信号从胞体传导至末梢。在胞体、树突和轴突始段，分布有多种类型的电压门控性钙通道和钾通道，以一种更为缓慢的方式调控神经元的放电，如一些钾离子通道在细胞除极化时开放，可阻止神经元进一步除极化，从而发挥限制细胞膜电位进一步除极化的制动器样作用。配体门控性通道也称作亲离子型受体，其开放是通过神经递质与其受体的结合而实现的。受体是由不同数量的亚单位构成的，离子通道是受体复合物的重要组成部分。这类通道对膜电位不敏感或者仅轻度敏感，通道的活化一般导致短暂的（几毫秒到几十毫秒）通道开放。配体门控性通道参与 CNS 中的逐级通路（hierarchical pathways）的快速突触信息传递。一些神经递质除了与亲离子型受体结合，还可与 G 蛋白耦联的亲代谢型受体相结合。亲代谢型受体被激活后通过 G 蛋白直接调控电压门控性通道，这种相互作用的调控完全发生在膜内，是一种局限于膜的通路。与亲离子受体的短暂作用不同，亲代谢受体活化导致的作用可以持续数秒到数十分钟。

第二节　中枢神经递质及其受体

近年来不断发现有神经活性物质随突触前膜去极化从末梢释放。其中既包括经典的小分子神经递质如 ACh、NE、DA 等，也包括日益增多的神经肽类物质如 P 物质、阿片肽类等，并提出神经递质（neurotransmitter）、神经调质（neuromodulator）和神经激素（neurohormone）的概念。神经递质是指神经末梢释放的、作用于突触后膜受体、导致离子通道开放并形成兴奋性突触后电位或抑制性突触后电位的化学物质，其特点是传递信息快，作用强，选择性高。而神经调质也是由神经元释放，其本身不具递质活性，大多与 G 蛋白耦联的受体结合后诱发缓慢的突触前或突触后电位，并不直接引起突触后生物学效应，但能调制神经递质在突触前的释放及突触后细胞的兴奋性，调制突触后细胞对递质的反应。神经调质的作用开始慢而持久，但范围较广。近年来日益受到重视的一氧化氮、花生四烯酸也是重要的神经调质，可由神经组织或非神经组织生成。神经激素也是神经末梢释放的化学物质，主要是神经肽类。神经激素释放后，进入血液循环，到达远隔的靶器官发挥作用。例如，下丘脑释放一系列调节激素，这些激素进入垂体门脉系统，在垂体前叶发挥其调节分泌的作用。一般说来，氨基酸类是递质，乙酰胆碱和单胺类既是递质，又是调质，主要视作用于何处的受体而定。而肽类少数是递质，多数是调质或神经激素。多种神经递质及调质的存在及两者共存于同一神经末梢，使神经传递和调节的形式更加精细和多样化。另外，一些由非神经元细胞释放的神经营养因子主要通过作用于与酪氨酸蛋白激酶耦联的受体而调节基因表达、控制神经元的生长和表型特征；一些细胞因子、化学因子、生长因子、类固醇激素等主要通过影响基因转录而调控脑内一些长时程的变化，如突触可塑性和重构等。

一、乙酰胆碱

乙酰胆碱（acetylcholine，Ach）是第一个被发现的脑内神经递质。由于至今仍缺乏高灵敏的、特异的检测脑内 Ach 的方法，对脑内 Ach 的认识远落后于单胺类递质。

1. 中枢 Ach 能通路　脑内 Ach 的合成、贮存、释放、与受体相互作用及其灭活等突触传递过程与外周胆碱能神经元相同。脑内的胆碱能神经元分布上存在二种类型：①局部分布的中间神经元，参与局部神经回路的组成。在纹状体、隔核、伏隔核、嗅结节等神经核团均存有较多的胆碱能中间神经元，尤以纹状体最多；②胆碱能投射神经元，这些神经元在脑内分布较集中，分别组成胆碱能基底前脑复合体和胆碱能脑桥 - 中脑 - 被盖复合体。老年性痴呆症的病理改变中，基底前脑复合体胆碱能神经元明显丢失是突出的病理特征之一。

2. 脑内 Ach 受体　绝大多数脑内胆碱能受体是 M 受体，N 受体仅占不到 10%。脑内的 M 或 N 受体的药理特性与外周相似。M 受体属 G 蛋白耦联受体，由单一肽链组成，含有 7 个跨膜区段。目前已经发现 5 种不同亚型的 M 受体（$M_1 \sim M_5$），其中 M_1、M_3 和 M_5 通过 G 蛋白和磷脂酶 C 与膜磷脂酰肌醇水解耦联，IP_3 和 DG 是它们的第二信使分子，M_2 和 M_4 亚型受体亦通过 G 蛋白，抑制腺苷酸环化酶而降低胞内 cAMP，或作用于离子通道，在不同组织细胞，M_2 和 M_4 受体与 G 蛋白可耦联不同的第二信使系统，引起生物学效应。阿托品、东莨菪碱等目前常用的 M 受体阻断药与上述亚型受体均有相似的亲和力。M 受体在脑内分布广泛，密度较高的脑区包括大脑皮层、海马、纹状体、伏隔核、隔核、缰核、脚间核、上丘、下丘和顶盖前区等。脑内以 M_1 受体为主，占 M 受体总数的 50%～80%。

有关脑内 N 受体的药理特性和功能目前所知甚少。直至最近，采用基因克隆与重组等分子生物学技术，脑内 N 受体的研究才有较大的进展。中枢 N 受体属于配体门控受体离子通道的大家族。受体被激动后可开放受体离子通道，增加 Na^+、K^+ 和 Ca^{2+} 的通透性，引起膜去极化，产生突触后兴奋效应。

3. 中枢 Ach 的功能　中枢 Ach 主要涉及觉醒、学习、记忆和运动调节。脑干的上行激动系统包含有胆碱能纤维，该系统的激活对于维持觉醒状态发挥重要作用。学习、记忆功能障碍是老年性痴呆的突出症状，病理研究显示梅奈特（Meynert）基底核胆碱能神经元明显减少、神经元丢失的程度与学习记忆障碍的程度密切相关。目前临床使用的治疗老年性痴呆症药物大多是中枢拟胆碱药。

纹状体是人类调节锥体外系运动的最高级中枢。Ach 与多巴胺两系统功能间的平衡失调则会导致严重的神经系统疾患，如多巴胺系统功能低下使 Ach 系统功能相对亢进，可出现帕金森病的症状。相反，则出现亨廷顿（Huntington）舞蹈病的症状，治疗前者可使用 M 受体阻断药，后者可使用 M 受体激动药。

二、γ-氨基丁酸

γ-氨基丁酸（γ-aminobutyric acid，GABA）是脑内最重要的抑制性神经递质，脑内约 30% 左右的突触以 GABA 为神经递质，外周组织仅含微量。脑内 GABA 是以谷氨酸为底物，经谷氨酸脱羧酶（glutamate decarboxylase，GAD）脱羧而成。GABA 能神经元兴奋时，GABA 被神经末梢释放到突触间隙后，终止递质的作用主要依赖突触前膜和胶质细胞摄取 GABA。脑内广泛存在 GABA 能神经元，主要分布在大脑皮层、海马和小脑。目前仅发现两条长轴突投射的 GABA 能通路：小脑-前庭外侧核通路，从小脑浦肯野细胞投射到小脑深部核团及脑干的前庭核；另一通路是从纹状体投射到中脑黑质。黑质是脑内 GABA 浓度最高的脑区。

GABA 受体被分为 $GABA_A$、$GABA_B$ 和 $GABA_C$ 三型。脑内 GABA 受体主要是 $GABA_A$ 受体，$GABA_B$ 受体较少，$GABA_C$ 受体目前仅发现在视网膜。$GABA_A$ 受体与烟碱受体相同是化学门控离子通道受体家族的成员，是镇静催眠药和一些抗癫痫药的作用靶点；$GABA_B$ 受体则属 G 蛋白耦联受体家族。

1. $GABA_A$ 受体 $GABA_A$ 受体是镇静催眠药的作用靶点。$GABA_A$ 受体由 5 种不同的亚基组成（α、β、γ、δ 和 ρ），每个亚基都是一条多肽链，含有 4 个跨膜区，5 个亚基围绕组成中空的氯离子通道。在 β 亚基上有 GABA 的结合点，在其他部位也存在一些调节 GABA 受体氯离子通道的位点，这些调节点包括：苯二氮䓬类（BDZ）、巴比妥类、印防己毒素等离子通道阻滞药、类固醇和兴奋剂的结合点。上述药物与相应的位点结合可引起 $GABA_A$ 受体构象改变，影响与 GABA 的亲和力和氯通道的氯电导变化。其中以 BDZ 调节点最引人瞩目。BDZ 位点在 α 亚基上，BDZ 位点的激动药如地西泮、氯硝西泮、反相激动药如 β-咔啉（β-carboline）和拮抗药氟马西尼等均可与 α 亚基结合，flumazenil 可拮抗 BDZ 激动药和反相激动药的作用。BDZ 激动药与 α 亚基结合后可增强受体与 GABA 的亲和力、增加氯通道的开放频率，增强 GABA 能神经元的传递作用，产生抗焦虑、镇静催眠、抗惊厥等作用。反相激动药与 BDZ 结合位点结合则产生拮抗 GABA 的作用，可诱发焦虑、惊厥。苯巴比妥类及印防己毒素主要作用在氯离子通道，分别开放或阻滞离子通道。

2. $GABA_B$ 受体和 $GABA_C$ 受体 $GABA_B$ 受体激活后通过 G 蛋白及第二信使系统如 cAMP 或 IP_3 介导 K^+ 通道开放或 Ca^{2+} 通道关闭，但不影响氯离子通透性。在突触后，K^+ 通道开放可诱导迟缓的抑制性突触后电位（inhibitory postsynaptis potential，IPSP），而不是 $GABA_A$ 受体诱导的快速 IPSP。

$GABA_B$ 受体主要分布在突触前末梢，通过关闭 Ca^{2+} 通道而负反馈调节神经递质的释放。因此，无论在突触前或突触后，$GABA_B$ 受体均介导抑制性效应。

$GABA_C$ 受体主要分布在视网膜，受体本身也是氯离子通道，激活可引起 Cl^- 内流，产生快速的 IPSP。苯二氮䓬类和巴比妥类对 $GABA_C$ 受体无变构调节作用，印防己毒素却可阻滞 $GABA_C$ 受体的 Cl^- 通道。

GABA 通过激活不同 GABA 亚型受体而产生突触前或突触后抑制效应。BDZ 和巴比妥类药物通过增强中枢 GABA 能系统传递功能，产生镇静、抗焦虑、抗惊厥等作用。新近的研究发现 GABA 在癫痫、老年性痴呆症、帕金森病和亨廷顿病的发病机制中也具有重要作用。此外，GABA 还参与疼痛、神经内分泌和摄食行为的调节。

三、兴奋性氨基酸

谷氨酸（glutamate，Glu）是 CNS 内主要的兴奋性递质，脑内 50% 以上的突触是以 Glu 为递质的兴奋性突触，大脑皮层投射到纹状体、丘脑、黑质、红核、楔核、脊髓的纤维，内嗅皮层至海马下脚及海马投射到隔核、斜角带核、伏隔核、新纹状体等核团的投射纤维都是 Glu 能纤维。除 Glu 外，天冬氨酸也发挥相似的作用。Glu 是哺乳动物脑内含量最高的氨基酸，也是合成 GABA 的前体物质。目前尚无法区别作为中间代谢产物的 Glu 与作为神经递质的 Glu。一般认为谷氨酰胺酶水解谷氨酰胺生成的 Glu 可能是合成 Glu 递质的途径。作为递质的 Glu 可贮存在突触囊泡内，也存在于神经末梢的胞质中。

Glu 或天冬氨酸被释放后，与不同的兴奋性氨基酸受体结合，诱发突触后神经元兴奋，产生 EPSP。Glu 受体可因它们对不同激动药的选择性分为三类：N-甲基-D-天冬氨酸（NMDA）能选择性激活的受体称为 NMDA 受体，对 α-氨基羧甲基恶唑丙酸（AMPA）有较高敏感性的受体称为 AMPA 受体，对海人藻酸（kainic acid，KA）敏感的受体称为 KA 受体。这三类受体均属配体门控离子通道受体。20 世纪 80 年代中期发现一类与 G 蛋白耦联的 Glu 受体，被激活后影响磷酯酰肌醇代谢或腺苷酸环化酶的活性，导致突触后第二信使如 IP_3、DG、cAMP 浓度的变化，故称为亲代谢型谷氨酸受体。

1. NMDA 受体 NMDA 受体在脑内广泛分布，但在海马及大脑皮层分布最密集。NMDA 受体已经成为多种神经精神疾病治疗药物研制的重要靶标。NMDA 受体激动时，其耦联的阳离子通道开放，除 Na^+、K^+ 离子通过外，还允许 Ca^{2+} 离子通过，高钙电导是 NMDA 受体的特点之一，也是 NMDA 受体与 Glu 兴奋性神经毒性、长时程突触增强（long-term potentiation，LTP)、记忆学习行为密切相关的原因。

2. 非 NMDA 受体 非 NMDA 受体包括 AMPA 受体及 KA 受体，也是化学门控离子通道受体。受体兴奋时离子通道开启仅允许 Na^+、K^+ 单价阳离子进出，胞外 Na^+ 内流引起突触后膜去极化，诱发快速的兴奋性突触后电位（excitatory postsynaptic potential，EPSP），参与兴奋性突触的传递。非 NMDA 受体与 NMDA 受体在突触传递及 Glu 的兴奋神经毒性作用中有协同作用。AMPA 受体在脑内的分布与 NMDA 受体几乎平行，提示这两种受体在突触传递过程中的协同关系。

3. 亲代谢型谷氨酸受体 亲代谢型谷氨酸受体（metabotropic glutamate receptors，mGluRs）通过 G 蛋白与不同的第二信使系统耦联，改变第二信使的胞内浓度，触发较缓慢的生物学效应。目前已克隆出 8 种不同亚型的 mGluRs（$mGluR_1$-$mGluR_8$）。根据一级结构的相似性、耦联的信号转导途径及药理学特性的差异，将 8 种 mGluRs 亚型分成 3 组：第 1 组包括 $mGluR_1$ 和 $mGluR_5$，通过 G 蛋白激活磷酯酶 C，促进磷酯酰肌醇水解，使 IP_3 及 DG 升高，导致 K^+ 通道关闭使膜去极化，产生兴奋效应，与分布在同一神经元上的 NMDA 受体和非 NMDA 受体有协同作用；第 2 组包括 $mGluR_2$ 和 $mGluR_3$，受体激活后通过 G_i 蛋白耦联腺苷酸环化酶（AC），使胞内 cAMP 下降而介导生物学效应；第 3 组包括 $mGluR_4$、$mGluR_6$、$mGluR_7$ 和 $mGluR_8$，这组受体也通过 G_i 蛋白与 AC 相耦联。第 2 组和第 3 组 mGluRs 可分布在 Glu 能神经末梢上，作为自身受体，对神经递质释放产生负反馈调节作用。mGlusR 自身受体的作用可拮抗 Glu 的兴奋性神经毒性，产生保护神经元的作用。在海马 CA3 区，LTP 的形成依赖 mGluRs 功能的表达。

兴奋性氨基酸通过上述受体的介导，不但参与快速的兴奋性突触传导，而且在学习、记忆、神经元的可塑性、神经系统发育及一些疾病发病机制如缺血性脑病、低血糖脑损害、癫痫、脑外伤和老年性中枢退行性疾病等发挥重要作用。有关 Glu 受体的研究已经成为当今神经科学研究的前沿领域，多亚型的 Glu 受体为寻找高效、安全的新药提供了有益的靶标。

四、去甲肾上腺素

脑内去甲肾上腺素（noradrenaline，NA）能神经突触传递的基本过程包括递质合成、贮存、释放、与受体相互作用和递质的灭活与外周神经系统相似。值得注意的是，脑内儿茶酚胺类递质和 5-HT 递质摄取转运体的研究日益受到重视。临床上一些药物如抗抑郁药的主要作用机制就是抑制这些再摄取转运系统，间接增强了 NA 能、5-HT 能和 DA 能神经的传递功能。苯丙胺、可卡因的药理作用也与抑制上述转运系统相关。

脑内 NA 能神经元胞体分布相对集中在脑桥及延髓，但 NA 能神经元胞体密集在蓝斑核，从蓝斑核向前脑方向发出 3 束投射纤维，分别是中央被盖束、中央灰质背纵束和腹侧被盖 - 内侧前脑束。三束纤维主要同侧上行支配大脑皮层各区、边缘系统包括扣带回、杏仁核、海马、下丘脑和中脑被盖等核团、丘脑和上、下丘、蓝斑核，另发出投射纤维到小脑，终止于小脑皮质和中央核群。蓝斑核下行 NA 能纤维投射到延髓及脊髓。除蓝斑核外，在脑桥延脑外侧大脑脚被盖网状结构中较松散聚集着一些 NA 能神经元核团，它们发出的投射纤维混合在蓝斑核的上述投射束投射到不同脑区。基底前脑和隔区的 NA 能纤维主要来源于这些非蓝斑核 NA 能神经元。

五、多巴胺

多巴胺（dopamine，DA）是脑内十分重要的一种神经递质。DA 神经元在 CNS 的分布相对集中，投射通路清晰，支配范围局限，在大脑的运动控制、情感思维和神经内分泌方面发挥重要的生理作用，与帕金森病、精神分裂症、药物依赖与成瘾的发生、发展密切相关。

1. 中枢 DA 神经系统及其生理功能 哺乳动物脑内 DA 神经元主要从中脑和下丘脑投射到其支配区域，调节其生理功能。脑内 DA 能神经纤维主要投射至纹状体、广泛的边缘系统和新皮质，人类中枢主要存在 4 条 DA 通路：①黑质 - 纹状体通路 其胞体位于黑质致密区，主要支配纹状体，该通路所含有的 DA 含量占全脑的 70% 以上，是锥体外系运动功能的高级中枢，各种原因减弱该通路的 DA 功能均可导致帕金森病。反之，该通路的功能亢进时，则出现多动症；②中脑 - 边缘通路 其胞体位于顶盖腹侧区，主要支配伏膈核和嗅结节；③中脑 - 皮层通路 其胞体主要位于顶盖腹侧区，支配大脑皮层的一些区域，如前额叶、扣带回、内嗅脑和梨状回的皮层。中脑 - 边缘通路和中脑 - 皮层通路主要调控人类的精神活动，前者主要调控情绪反应，后者则主要参与认知、思想、感觉、理解和推理能力的调控。目前认为 I 型精神分裂症主要与这两个 DA 通路功能亢进密切相关；④结节 - 漏斗通路 其胞体主要位于弓状核和室周核，DA 神经末梢终止在漏斗核和正中隆起，主要调控垂体激素的分泌，如抑制催乳素（prolactin，PRC）的分泌、促进 ACTH 和 GH 的分泌等。

2. DA 受体及其亚型 应用放射性配体 - 受体

结合法，Seeman 等（1980 年）把脑内 DA 受体分为 D_1、D_2、D_3 和 D_4 四种亚型。后来应用重组 DNA 克隆技术的研究确定脑内存在 5 种 DA 亚型受体（D_1、D_2、D_3、D_4 和 D_5），其中 D_1 和 D_5 亚型受体在药理学特征上符合上述的 D_1 亚型受体，而 D_2、D_3、D_4 受体则与上述的 D_2 亚型受体相符合，因此分别被称为 D_1 样受体（D_1-like receptors）和 D_2 样受体（D_2-like receptors）。黑质纹状体通路主要存在 D_1 样受体（D_1 和 D_5 亚型）和 D_2 样受体（D_2、D_3 亚型），其中 D_3 亚型主要为突触前 DA 受体，即 DA 自身受体，主要参与 DA 神经元自身功能（放电、递质的合成和释放）的负反馈调控；中脑-边缘通路和中脑-皮质通路主要存在 D_2 样受体（D_2、D_3 和 D_4 亚型）。值得注意的是，D_4 亚型受体特异存在于这两个 DA 通路。已经证实 D_4 亚型受体与精神分裂症的发生和发展密切相关，目前仅发现氯氮平对其具有高亲和力。结节-漏斗系统主要存在 D_2 样受体中的 D_2 亚型。所有多巴胺受体都是亲代谢型受体。

3. DA 受体与神经精神疾病 各种病理因素导致黑质-纹状体通路的 DA 功能减弱均可导致帕金森病，目前临床使用的抗帕金森病药主要是根据此学说研发的，药理作用机制是补充 DA 的绝对不足或应用 DA 受体激动药。精神分裂症（尤其是 I 型）则是由于中脑-边缘通路和中脑-皮层通路的 D_2 样受体功能亢进所致，因此，目前临床治疗精神分裂症的药物大多是 DA 受体拮抗药。

4. DA 转运体 释放于突触间隙的 DA 的灭活主要依赖于突触前膜的 DA 转运体的再摄取而实现。已经阐明，DA 转运体与许多神经精神疾病的发生发展相关，如可卡因成瘾的主要机制在于对 DA 转运体的抑制，DA 转运体功能的减退是帕金森病早期的重要病理机制之一。因此，DA 转运体已经成为研发神经精神疾病治疗药物的重要靶标。

六、5-羟色胺

5-羟色胺（5-Hydroxytryptamine，5-HT）能神经元与 NA 能神经元的分布相似，主要集中在脑桥、延脑中线旁的中缝核群，共组成 9 个 5-HT 能神经核团（B1 — B9），以中脑核群含量最高，其次为黑质、红核、丘脑及丘脑下部、杏仁核、壳核、尾核和海马含量较低。

脑内 5-HT 具有广泛的功能，参与心血管活动、觉醒-睡眠周期、痛觉、精神情感活动和下丘脑-垂体的神经内分泌活动的调节。脑内存在众多的 5-HT 受体亚型，与不同的信号传导系统耦联，受体亚型分布也存在不同的模式，使单一的一种物质 5-HT 能同时在不同的脑区产生不同的效应，体现了脑对信息处理的多样性和灵活性。

脑内 5-HT 神经元主要在末梢合成 5-HT，色氨酸在色氨酸羟化酶的催化下生成 5-羟色氨酸，再经脱羧酶的作用成为 5-HT。5-HT 的贮存、释放和灭活均与 NA、DA 等儿茶酚胺递质相似。突触前膜 5-HT 摄取转运体与 NA、DA、GABA 和甘氨酸的转运体属同一家族。5-HT 转运体是抗抑郁症药的主要作用靶标，目前临床使用的抗抑郁症药的主要治疗机制就是抑制 5-HT、DA 和 NA 的再摄取。

1. $5-HT_1$ 受体 已克隆出 14 种不同亚型的 5-HT 受体，根据受体耦联的信号转导系统及其氨基酸顺序的同源性，把 5-HT 受体分成 7 种亚型（$5-HT_{1～7}$），每种亚型受体又存在不同的亚亚型。$5-HT_1$ 受体可分为 5 个亚亚型（$5-HT_{1A}$、$5-HT_{1B}$、$5-HT_{1D}$、$5-HT_{1E}$ 和 $5-HT_{1F}$）。$5-HT_{1A}$ 受体主要分布在边缘系统和 5-HT 神经元。$5-HT_{1B}$ 和 $5-HT_{1D}$ 受体主要分布在基底神经节和黑质，可作为突触前自身受体，负反馈调节递质释放。$5-HT_1$ 受体尽管亚型不同，但均通过 G_i/G_o 蛋白抑制 AC 而使 cAMP 下降引起生物学效应。

2. $5-HT_2$ 受体 这类受体均通过 G_q 蛋白激活磷酯酶 C，促进磷酯酰肌醇代谢。因对不同阻断药的亲和力差异，$5-HT_2$ 受体可分为 $5-HT_{2A～C}$ 三种亚亚型。$5-HT_{2A}$ 受体主要分布在大脑皮层，激活 $5-HT_{2A}$ 受体可兴奋面神经核的运动神经元和脊髓运动神经元。$5-HT_{2C}$ 的分子结构和药理特性均与 $5-HT_{2A}$ 相似，分布在边缘系统、基底节和黑质等脑区及脑脉络丛。$5-HT_{2B}$ 的分布与作用均不清楚。

3. $5-HT_3$ 受体 $5-HT_3$ 受体是 5-HT 受体中唯一的配体门控离子通道受体。$5-HT_3$ 受体集中在延髓极后区和弧束核，大脑皮层、海马和内侧缰核也有分布，激活 $5-HT_3$ 受体可引起快速的 EPSP，易出现受体脱敏，但易恢复。$5-HT_3$ 受体通道可通过 Na^+ 和 K^+ 的跨膜转运而引起膜去极化。中枢 $5-HT_3$ 受体与痛觉传递、焦虑、认知、药物依赖等有关。$5-HT_3$ 受体阻断药在临床上有很强的镇吐作用，可用于肿瘤化疗的辅助治疗。

4. $5-HT_{4-7}$ 受体 除 $5-HT_5$ 受体外，$5-HT_4$、$5-HT_6$ 和 $5-HT_7$ 受体的信号转导系统均与 G_s 蛋白/AC 耦联，增加胞内的 cAMP。$5-HT_4$ 受体主要分布于海马、嗅结节、四叠体、伏隔核、黑质、苍白球和大脑皮层，可能参与情感、精神运动、觉醒、视觉和学习记忆等活动。$5-HT_5$ 受体已克隆出 2 种受体基因 $5-HT_{5A}$ 和 $5-HT_{5B}$，前者分布在大脑皮层、海马、缰核、嗅结节等脑区，后者仅局限于缰核和海马 CA1 区，功能及信号转导系统还不清楚。$5-HT_6$ 主要位于纹状体、嗅结节、大脑皮层和海马等脑区，$5-HT_7$ 受体主要位于丘脑和海马 CA3 区，功能还不清楚。

七、组　胺

含组胺（histamine）的神经元主要位于下丘脑结节乳头核和中脑的网状结构，发出上、下行纤维。上行纤维经内侧前脑束弥散投射到端脑，下行纤维可投射到低位脑干及脊髓。脑内组胺的生理作用目前还不清楚，可能参与饮水、摄食、体温调节、觉醒和激素分泌的调节。临床上影响脑内组胺作用的药物用途有限，其中枢作用往往是药物副作用的基础。

组胺受体被分为 H_1、H_2 和 H_3 受体。H_1 和 H_2 受体是 G 蛋白耦联受体，前者通过 G_q 蛋白耦联磷酯酶 C 促进磷酯肌醇代谢，增加 IP_3 和 DG，后者与 G_s 蛋白结合耦联 AC，升高 cAMP。H_3 受体的信号转导途径目前仍不清楚。

脂溶性好的 H_1 受体阻断药在临床上常产生镇静作用，脑内存在组胺能网状结构上行投射纤维，两者结合提示 H_1 受体可能与觉醒有关。随着 H_2 选择性阻断药西咪替丁治疗溃疡病的应用，目前已推出系列 H_2 受体阻断药，能进入中枢的选择性 H_2 受体的阻断药只有佐兰替丁（zolantidine）。H_3 受体被认为是位于突触前膜的受体，激活 H_3 受体可减少组胺及其他单胺递质和神经肽的合成与释放。

八、神　经　肽

20世纪50年代中期已从下丘脑分离纯化出加压素和催产素，是最早确定的神经肽（neuropeptides）。随后相继在脑内发现几十种神经肽，目前所知作为激素发挥作用的神经肽仅占少部分，大多数神经肽参与突触信息传递，发挥神经递质或调质的作用。神经肽的发现是近代神经科学的重大突破之一，也是当今生命科学中异常活跃的研究领域，至今许多神经肽的确切功能仍不清楚。

1. 神经肽的代谢　具有合成、释放神经肽功能的神经元称为肽能神经元。神经肽与经典神经递质的合成、贮存、释放、与受体相互作用及灭活方式都不同。神经肽是多肽，与其他蛋白、多肽合成一样，受基因 DNA 模板控制，经转录成 mRNA 后在核糖体翻译。往往先合成神经肽的前体后被输入粗面内质网经一系列酶的修饰加工成为神经肽原，再从神经肽原转化为有活性的神经肽。储存神经肽的囊泡明显比储存经典小分子神经递质的囊泡大，常常在这些致密大囊泡中同时贮存经典递质及神经肽，递质与神经肽共存于同一神经元是中枢较为普遍的现象。

作为神经递质的多肽如初级痛觉传入纤维中的 P 物质，可释放到突触间隙，与突触后受体作用发挥递质功能。目前已知多数神经肽常与经典递质共存，在突触传递过程中扮演神经调质的角色。装有神经肽的大囊泡往往从突触外区释放，以非突触传递形式弥散到附近细胞，即以旁分泌的形式起作用，影响范围比神经递质大，反应潜伏期较长。神经肽还可作为神经激素从神经元释放出来后作用于远处细胞发挥激素作用，如神经垂体释放的加压素、催产素等。

神经肽起效慢、降解也较慢，作用时间相对较长。但有些神经肽如十肽的血管紧张素 Ⅰ 经酶解后成为活性更强的八肽的血管紧张素 Ⅱ 发挥生理作用。

2. 神经肽受体　与经典递质相似，各种神经肽都有各自的受体及不同的受体亚型。几乎所有的神经肽受体都属 G 蛋白耦联受体家族，具有这个家族分子生物学的共同特点。阿片受体 μ、δ、κ 受体通过 G_i/G_o 蛋白与腺苷酸环化酶或钙通道、钾通道耦联，引起 cAMP 下降或膜对 Ca^{2+}、K^+ 通透性改变。

总而言之，经典小分子神经递质因其较易合成，更新率快，释放后迅速灭活及重新利用，效应潜伏期及持续时间较短，适合于完成快速而精确的神经活动。相反，神经肽合成复杂，更新慢，释放量一般较少，失活较缓慢，效应潜伏期与作用时间较长，效应较弥散、影响范围广，适合于调节缓慢而持久的神经活动。经典递质与神经肽的作用是相辅相成的，二者共同作用使信息加工更精细，神经调节更精确、协调。

第三节　中枢神经系统药理学特点

尽管 CNS 功能非常复杂，但就其功能水平而言，无外乎兴奋和抑制。因此，可以将作用于 CNS 的药物分为中枢兴奋药和中枢抑制药两大类。从整体水平来看，中枢神经兴奋时，其兴奋性自弱到强表现为欣快、失眠、不安、幻觉、妄想、躁狂、惊厥等；中枢神经抑制则表现为镇静、抑郁、睡眠、昏迷等。进化程度高的脑组织对药物的敏感性高，大脑皮层的抑制功能又比兴奋功能敏感，易受药物影响。延脑的生命中枢则较稳定，只有在极度抑制状态时才出现血压下降、呼吸停止。药物可对中枢某种特殊功能产生选择性作用，如镇痛、抗精神病、解热等。

绝大多数中枢药物的作用方式是影响突触化学传递的某一环节，引起相应的功能变化，例如，影响递质的生成、储存、释放和灭活过程，激动或阻断受体等。凡是使抑制性递质释放增多或激动抑制性受体，均可引起抑制性效应，反之，则引起兴奋；凡是使兴奋性递质释放增多或激动兴奋性受体，引起兴奋效应，反之，则导致抑制。因此，研究药物对递质和受体的影响是阐明中枢药物作用复杂性的关键环节，而对细胞内信使和离子通道及其基因调控的研究则可更进一步探索药物作用的本质。

尚有少数药物只一般性地影响神经细胞的能量代谢或膜稳定性。药物的效应除随剂量增加外，还表现为作用范围的扩大。这类药物无竞争性拮抗药或特效解毒药。此类药物亦称非特异性作用的药物，例如全身麻醉药等。

作用于 CNS 药物作用的方式与作用于传出神经系统的药物相似，也可按其对递质和受体的作用进行分类，见表 3-12-1。表内基本概括了本教材涉及的所有作用于 CNS 药物的主要药理作用、作用靶点和机制。

表 3-12-1　作用于中枢神经系统的药物按作用机制分类

作用靶点	作用机制	代表性药物	主要药理作用或应用
Ach 受体	激动 M_1 受体	毛果芸香碱	觉醒
	阻断 M_1 受体	哌仑西平、东莨菪碱	中枢抑制、抗帕金森病
	激动 M_2 受体	6-β-乙酰氧基去甲托烷	中枢抑制
	阻断 M_2 受体	阿托品	中枢兴奋
	激动 N 受体	烟碱	惊厥
	抑制胆碱酯酶	毒扁豆碱、他克林	催醒、抗老年性痴呆
NA 受体	促进 NA 释放	麻黄碱、苯丙胺	中枢兴奋
	抑制 NA 释放	锂盐	抗躁狂
	抑制 NA 摄取	可卡因、丙咪嗪	欣快、抗抑郁
	抑制 NA 灭活	单胺氧化酶抑制剂	抗抑郁
	耗竭 NA 贮存	利血平	安定、抑郁
	激动 α 受体	去甲肾上腺素	兴奋
	激动 $α_2$ 受体	可乐定	降血压、镇静
	阻断 $α_2$ 受体	育亨宾	升血压、兴奋
	阻断 β 受体	普萘洛尔	降血压、恶梦、幻觉
DA 受体	激动 DA 受体	去水吗啡	催吐
	阻断 DA 受体	氯丙嗪、氯氮平、舒必利	安定、抗精神病、镇吐
	合成 DA	左旋多巴	抗帕金森病
5-HT 受体	激动 5-HT 受体	麦角酸二乙胺	精神紊乱、幻觉、欣快
	阻断 5-HT 受体	二甲麦角新碱	中枢抑制
GABA 受体	激动 GABA 受体	蝇蕈醇	抑制兴奋、抗焦虑、催眠、抗惊厥
	阻断 GABA 受体	荷包牡丹碱	精神紊乱、阵挛抽搐、抗镇静
	增强 GABA 作用	苯二氮䓬类	
Gly 受体	阻断 Gly 受体	士的宁	抑制兴奋、抗焦虑、催眠、抗惊厥兴奋、强直惊厥
H 受体	阻断 H_1 受体	苯海拉明	抑制、抗晕动、抗过敏
	阻断 H_2 受体	西咪替丁	精神紊乱
阿片受体	激动阿片受体	阿片类（吗啡、度冷丁）	镇痛、镇静、呼吸抑制
	阻断阿片受体	纳洛酮	吗啡中毒
细胞膜	稳定	乙醚等	全身麻醉

（南京中医药大学　胡　刚）

第十三章 局部麻醉药

- The chapter covers the mechanism of action of various local anesthetics, their therapeutic use and routes of administration and individual side effects.
- The main mechanism of action of local anesthetics is blockade of voltage-gated sodium channel and results in inhibition of action potential generation and nerve impulse conduction.
- The local anesthetics can be administered by a variety of routes, including surface, infiltration, conduction, spinal and epidural anesthesia. Local anesthetics mainly include procaine, tetracaine, lidocaine and bupivacaine, etc.

局部麻醉药（local anesthetics）简称局麻药，是一类以适当浓度应用于局部神经末梢或神经干周围，能暂时、完全和可逆性地阻断神经冲动的产生和传导，在意识清醒的状态下，使局部的痛觉暂时消失，而对各类组织无损伤性的药物。

第一节 概 述

一、构效关系与分类

局麻药在化学结构上由三部分组成：亲脂性芳香基团、中间链和亲水性胺基团（表3-13-1）。芳香基团为苯环，是局麻药分子亲脂疏水性的主要结构。胺基团属弱碱性，大多数为叔胺，少数为仲胺，具有亲水疏脂性，因此局麻药具有亲脂疏水性和亲水疏脂性的双重性。中间链是由两个以上碳原子组成的酯类和酰胺类，依中间链的不同，局麻药可分为两大类，中间链为酯键者构成酯类局麻药，常用药物有普鲁卡因、丁卡因等，中间链为酰胺键者构成酰胺类局麻药，常用药物有利多卡因、布比卡因等。酯类局麻药代谢是在血浆内被水解或被胆碱酯酶所分解，酰胺类局麻药则在肝内被肝微粒体酶、酰胺酶所分解。一般认为，酯类局麻药所含的对氨基化合物可形成半抗原，以致引起变态反应；酰胺类则不能形成半抗原，故引起变态反应者极为罕见。

表3-13-1 几种常用局麻药比较

分类	亲脂基团	化学结构中间链	亲水基团	pKa	相对强度（比值）	相对毒性（比值）	作用持续时间 (h)	一次极量 (mg)
酯类 普鲁卡因	$H_2N-\bigcirc-$	$-COCH_2CH_2N\langle$	C_2H_5 / C_2H_5	8.90	1	1	1	1000
丁卡因	$H_9C_4-HN-\bigcirc-$	$-COCH_2CH_2N\langle$	CH_3 / CH_3	8.45	10	10	2～3	100
酰胺类 利多卡因	CH_3-苯环-CH_3	$-NHCCH_2N\langle$	C_2H_5 / C_2H_5	7.90	2	2	1～1.5	500
布比卡因	CH_3-苯环-CH_3	$-NHC-$	哌啶-C_4H_9	8.20	6.50	>4	5～~10	150

二、药理作用与机制

（一）局麻作用

局麻药作用于神经，能使神经纤维兴奋阈升高、传导速度减慢、动作电位幅度降低，最后完全丧失产生动作电位的能力从而对神经冲动的产生和传导起到阻滞作用。其阻滞的程度与局麻药的剂量、浓度、神经纤维的类别、粗细以及刺激强度等因素有关，低浓度时阻断感觉神经冲动的发生和传导，较高浓度时对神经系统的任何部分和各类神经纤维，如外周神经、中枢神经、植物神经和运动神经都有阻断作用。对神经纤维末梢、神经节及中枢神经系统的突触部位最为敏感，一般直径小的 B、C 类神经纤维比直径大的 A 类纤维对局麻药的作用敏感；无髓鞘神经较有髓鞘神经更易被阻断。在局麻药作用下，痛觉首先消失，其次是冷觉、温觉、触觉和压觉，最后是运动麻痹，神经冲动传导的恢复则是按相反的顺序进行。

局麻药主要作用于神经细胞膜。在正常情况下神经细胞膜的去极化有赖于 Na^+ 内流，局麻药可直接与电压门控的 Na^+ 通道相互作用而抑制 Na^+ 内流，阻止动作电位的产生和神经冲动的传导，产生局麻作用。

关于局麻药的作用机制，目前公认的学说认为局麻药主要是作用于细胞膜 Na^+ 通道上一个或更多的特殊结合位点。近年随着对 Na^+ 通道的结构和功能的分子生物学的研究证实，Na^+ 通道是一大分子糖蛋白的杂三聚复合物，它有 α、$β_1$、$β_2$ 三个亚单位。最大的 α 亚单位是其主要的功能单位，包括四个相似的区域（Ⅰ～Ⅳ），而每一个区域又由六个螺旋结构的跨膜片段组成（S_1-S_6）。研究表明局麻药主要作用于 Na^+ 通道细胞膜内侧 α 亚单位第Ⅳ区的 S_6 节段上的氨基酸残基，封闭神经细胞膜 Na^+ 通道的内口，而非膜表面的外口，因此在神经外使用的局麻药必须通过神经细胞膜才能发挥局麻作用。

局麻药阻滞 Na^+ 内流的作用，具有使用依赖性（use-dependence），即开放的通道数目越多，受其阻滞作用越大，局麻效应也越强。因此，局麻药的作用与神经的状态有关，处于兴奋状态的神经因其开放的 Na^+ 通道数目较多，因而比静息状态的神经对局麻药产生的效应更明显。

（二）吸收作用

局麻药从给药部位吸收后能引起全身反应，包括中枢神经系统和心血管系统反应，特别是当其药物剂量或浓度过高时易出现毒性反应。

1. 中枢神经系统　局麻药对中枢神经系统的作用表现为先兴奋后抑制，应用初期表现为兴奋、烦躁不安、肌肉震颤、焦虑甚至惊厥等，如吸收量过大，则中枢系统普遍被抑制，出现昏迷、呼吸麻痹甚至呼吸衰竭死亡。这是由于中枢抑制性神经元对局麻药比较敏感，首先被局麻药抑制，引起脱抑制而出现兴奋现象。一般认为，局麻作用越强越容易引起惊厥，其原因是边缘系统兴奋性扩散所致，苯二氮䓬类能加强边缘系统 GABA 能神经元的抑制作用，故能对抗局麻药中毒引起的惊厥。普鲁卡因易影响中枢神经系统，因此常被利多卡因取代，可卡因可引起欣快和一定程度的情绪及行为改变。

2. 心血管系统　电生理研究表明，非心脏毒性剂量的局麻药都有程度不同的抗心律失常作用，以利多卡因抗室性心律失常作用最为明显。在中毒剂量时，局麻药可明显降低心肌兴奋性，使心肌收缩力减弱、传导减慢和不应期延长。多数局麻药还能使小动脉扩张，血压下降，因此在血药浓度较高时可引起血压剧降、休克等心血管反应，偶可突发心室纤颤而导致死亡。

三、局部麻醉方法

（一）表面麻醉 (surface anesthesia)

表面麻醉是将穿透性较强的局麻药涂于黏膜表面，使黏膜下神经末梢麻醉。适用于鼻、口腔、喉、气管、支气管、食道、生殖泌尿道等黏膜部位的浅表手术。常用药物有丁卡因（2%）和利多卡因（2%～5%）。由于局麻药黏膜吸收的速度不亚于静脉注射，因此用药过程要强调分次给药，用量不得超过常用量。

（二）浸润麻醉 (infiltration anesthesia)

浸润麻醉是将局麻药注入皮下或手术切口部位，使局部的神经末梢麻醉。常用药物为利多卡因（0.5%～1.0%）、普鲁卡因（0.5%～1.0%）和布比卡因（0.125%～0.25%）。根据需要可在溶液中加少量肾上腺素。浸润麻醉的优点是麻醉效果好，对机体的正常功能无影响。缺点是用量较大，麻醉区域较小。在做较大手术时，因所需药量较大易产生全身毒性反应。

（三）传导麻醉 (conduction anesthesia)

将局麻药注射到外周神经干附近，阻断神经冲动传导，使该神经分布的区域麻醉。阻断神经干所需的局麻药浓度较麻醉神经末梢所需的浓度为高，但用量较少，麻醉区域较大。常用药物为普鲁卡因（0.5%～2%）、利多卡因（1%～2%）或布比卡因（0.25%～0.5%）。

（四）蛛网膜下腔麻醉 (subarachnoidal anesthesia)

蛛网膜下腔麻醉又称脊髓麻醉或腰麻（spinal anesthesia），是将局麻药注入腰椎蛛网膜下腔，麻醉该部位的脊神经根。首先被阻断的是交感神经纤维，其次是感觉纤维，最后被麻醉的是运动纤维。常用于下腹部和下肢手术。常用药物为利多卡因、丁卡因、普鲁卡因。药物在脊髓腔内的扩散受病人体位、姿势、药量、注射速度和比重的影响。为了控制药物扩散，通常将药物配成高比重或低比重溶液。普鲁卡因溶液通常比脑脊液比重大。如用放出的脑脊液溶解或在局麻药中加10%的葡萄糖溶液，其比重就高于脑脊液，用蒸馏水溶解其比重低于脑脊液。患者取坐位或头高位时，高比重溶液可扩散到硬脊膜腔的最低部位，相反，如采用低比重溶液有扩散到颅腔的危险。

蛛网膜下腔麻醉的主要危险是呼吸麻痹和血压下降，后者主要是由于失去神经支配的静脉和小静脉显著扩张所致，其扩张的程度由管腔的静脉压决定，静脉血容量增大时会引起心排出量和血压的显著下降，因此维持足够的静脉血回流心脏是至关重要的，亦可取轻度的头低位（10°～15°）或事前应用麻黄碱预防。

（五）硬膜外麻醉 (epidural anesthesia)

硬膜外麻醉是将药液注入硬膜外腔，麻醉药沿着神经鞘扩散，穿过椎间孔阻断神经根。硬膜外腔终止于枕骨大孔，不与颅腔相通，药液不扩散至脑组织，无腰麻时头痛或脑脊膜刺激现象。临床上常插入硬膜外导管以便反复多次给药。对于肌松要求高的腹部手术，常用浓度较高的局麻药液：丁卡因（0.3%），布比卡因（0.5%～0.75%）。较高浓度的局麻药可以产生交感、躯体感觉和躯体运动神经的阻滞。对于肌松要求不高的下肢、腰部手术，可用中等浓度的局麻药溶液：丁卡因（0.2%）、利多卡因（1.6%）、布比卡因（0.375%）。硬膜外阻滞所用局麻药的剂量较蛛网膜下腔大5～10倍，如将药物误入蛛网膜下腔，可引起全脊髓麻醉，迅速引起呼吸、心跳停止，故应十分谨慎。局麻药中加入微量的肾上腺素（1/200 000～1/100 000），可减慢局麻药从作用部位的吸收和延长局麻作用时间。

四、影响局麻药作用的因素

（一）药物剂量

药物剂量的大小可影响局麻药的潜伏期、阻滞深度和时效，增加药物浓度和容量都可增加药物总量，临床常采用增加浓度的方法以达到适当的阻滞浓度，但剂量的增加又容易导致毒性反应的发生，故应注意。

（二）体液 pH

常用局麻药均溶于水，在其水溶液中存在着未解离型的碱基（B）和解离型的阳离子（BH$^+$）两种形式。局麻药的未解离碱基亲脂性高，易穿透细胞膜进入神经细胞而发挥局麻作用，当pH偏高时，未解离碱基较多而局麻作用较强；相反，pH降低时，未解离碱基减少则局麻作用减弱。在炎症区域与坏死组织中，因其pH降低，局麻药的作用减弱，所以在切开脓肿手术前，如将局麻药直接注入脓腔就不易取得局麻效果，必须在脓腔周围做环行浸润才能生效。

（三）溶液中加入血管收缩药

局麻药液中加入适量肾上腺素（1/200 000～1/100 000）可收缩用药局部的血管，减慢药物吸收，既能延长局麻药作用时间，又可减少局麻药吸收中毒的发生。但在手指、足趾及阴茎等末梢部位，应禁用肾上腺素，以免引起局部组织坏死。

（四）局麻药混合应用

混合应用局麻药是利用不同药物的优缺点相互补偿，以期获得较好的临床效果。一般以起效较快的短效局麻药与起效慢的长效局麻药合用。临床上多采用注药先后顺序联合法，即先注入显效快的药物，再在适当时机投入长效药物。例如利多卡因与丁卡因合用于硬膜外阻滞已属常用的方法。

五、不良反应

（一）毒性反应

主要表现为中枢神经系统和心血管系统的毒性，主要原因是局麻药在一定时间内超剂量误入血管所致。处理应以预防为主，掌握药物浓度和一次允许的最大剂量，并采用分次小剂量注射的方法，防止或尽量减少局麻药吸收入血。小儿，孕妇，肝肾功能不全等病人应适当减量。

（二）过敏反应

轻者仅见荨麻疹或局部水肿，重者表现为支气管痉挛、呼吸困难、血压下降、心律失常甚至循环衰竭。一般认为酯类局麻药比酰胺类更易发生过敏反应，如普鲁卡因。

过敏反应的防治：①询问过敏反应史和家族史，麻醉前过敏反应试验可采用皮内注射，并观察皮丘和皮疹，滴鼻法看表面黏膜，喷雾或涂敷法观察全身反应。以上实验阳性者并不一定会过敏而阴性者仍有可能发生过敏,故目前仍无可以信赖的预测方法。②其严重程度与药物引起组胺和其他自体活性物质释放的量有关,故用药时先小剂量给予,若患者无特殊的主诉和异常才能追加至适量。③一旦发生过敏反应,应立即停药、吸氧、补液,并适当应用肾上腺皮质激素、肾上腺素、抗组胺药等。

第二节 常用局麻药

一、酯类局麻药

普鲁卡因

普鲁卡因(procaine),其盐酸盐又称奴佛卡因(novocaine),为短效局麻药。因其对黏膜的穿透力弱,需注射给药方可产生局麻作用,临床主要用于浸润麻醉、传导麻醉、腰麻和硬膜外麻醉,不适用于表面麻醉。注药后约在1～3分钟内起效,作用维持30～45分钟,溶液中加入少量肾上腺素能使局麻作用延长至1～2小时。普鲁卡因在血浆中被酯酶水解,变为对氨苯甲酸和二乙氨基乙醇,前者能对抗磺胺类药物的抗菌作用,故应避免与磺胺类药物同时应用。用药过量能引起中枢神经系统及心血管反应,还可出现过敏反应。

丁卡因

丁卡因(tetracaine,地卡因,dicaine,潘妥卡因,pantocaine),为长效局麻药,化学结构与普鲁卡因相似,麻醉强度为普鲁卡因的10倍,毒性反应率比普鲁卡因高。其脂溶性高,穿透性强,与神经组织结合快而牢固,且作用迅速,1～3分钟显效,持续2小时以上。故常用于表面麻醉,也可用于传导麻醉、腰麻和硬膜外麻醉。因毒性大,一般不用于浸润麻醉。

二、酰胺类局麻药

利多卡因

利多卡因(lidocaine,塞罗卡因,xylocaine)为中效局麻药,其盐酸盐水溶液稳定,长时间贮存不分解。与相同浓度的普鲁卡因相比,利多卡因起效快,作用强而持久,穿透力也较强。局麻时效与药液浓度有关,一般维持1.5小时左右。本药对组织无刺激性,局部血管扩张作用不明显,加入血管收缩药如肾上腺素,可延缓吸收,延长其作用时间。本药安全范围较大,能穿透黏膜,可用于各种局麻方法,有全能局麻药之称,主要用于传导麻醉和硬膜外麻醉。因其为酰胺类药物,对酯类局麻药过敏者可改用此药。

布比卡因

布比卡因(bupivacaine,麻卡因,marcaine)为长效局麻药,麻醉作用较利多卡因强3～4倍,持续时间也更长,可达5～10小时,用于浸润麻醉、传导麻醉和硬膜外麻醉。

依替卡因

依替卡因(etidocaine)为利多卡因的衍生物,起效迅速,作用时间较布比卡因长,对运动神经阻滞较感觉神经更为显著,适用于浸润麻醉、神经阻滞和硬膜外麻醉。

(九江学院 吴周环)

第十四章 全身麻醉药

- General anesthesia is the absence of sensation associated with a reversible loss of consciousness. General anesthetics are used as an adjunct to surgical procedures in order to render the patient unaware of and unresponsive to painful stimuli. Modern anesthesia is characterized by the so-called balanced technique, in which drugs and anesthetic agents are used specifically to produce analgesia, sleep/sedation, muscle relaxation and abolition of reflexes. No one drug or anesthetic agent can produce all these effects, and so a combination of agents is used in the clinical stages of surgical general anesthesia. General anesthetics are classified as inhalation anesthetics and intravenous anesthetics.
- Examples of inhalation anesthetics include halothane, enflurane, isoflurane, sevoflurane and desflurane. Nitrous oxide also has anesthetic properties. Inhalation anesthetics may be gases or volatile liquids. They are commonly used for the maintenance of anesthesia after induction with an intravenous agent.
- Intravenous anesthetics, e.g. thiopental, propofol and ketamine, are all CNS depressants. They produce anesthesia by relatively selective depression of the reticular activating system of the brain. They may be used alone for short surgical procedures, but they are used mainly for the induction of anesthesia, and, therefore, it is rapidity of onset that is the desirable feature. Intravenous anesthetics are all highly lipid soluble agents and cross the blood-brain barrier rapidly.

全身麻醉药（general anesthetics）简称全麻药，是一类作用于中枢神经系统、能可逆性地引起意识、感觉（特别是痛觉）和反射消失的药物。全身麻醉药按给药途径分为吸入麻醉药和静脉麻醉药两类。理想的全麻药除具备上述作用外，还应具有理化性质稳定，无明显局部刺激，麻醉深度易于控制，麻醉诱导及苏醒迅速、平稳、舒适，有良好的镇痛、肌松、安定、遗忘作用，安全范围大，毒性低，不良反应少而轻，以及所需设备简单，使用方便，价格低廉等特点。目前临床使用的全身麻醉药安全范围小，很难达到理想的要求。因此，常根据患者情况和手术要求，加入一定剂量的麻醉辅助药，如阿片类镇痛药、M胆碱受体阻断药、镇静催眠药、骨骼肌松弛药，以及吸入麻醉药和静脉麻醉药联合使用等，以获得满意的麻醉效果。

第一节 吸入麻醉药

吸入麻醉药（inhalational anesthetics）是通过呼吸道吸入而达到麻醉效果的药物，实际上吸入麻醉药亦可由气管滴入或注射给药。吸入麻醉药包括气体和液体吸入麻醉药。气体吸入麻醉药中的氧化亚氮因麻醉效价低，现多为含氟的液体麻醉药所代替，如氟烷、异氟烷、恩氟烷、地氟烷及七氟烷、甲氧氟烷、乙醚等。

吸入麻醉药对患者的麻醉深度分为四期，即镇痛期、兴奋期、外科麻醉期和麻醉中毒期，镇痛期和兴奋期合称为诱导期。由于目前使用的非乙醚麻醉药作用快，患者呼吸受呼吸机控制，术前和术中使用多种麻醉辅助药，以及静脉麻醉药和吸入麻醉药联合使用，使上述四个麻醉期很难区分。目前临床主要依据患者血压的变化、呼吸的形式、对疼痛刺激的反应、反射情况、瞳孔变化及肌肉张力等把麻醉分为浅、中和深三度。

由于达到麻醉稳定状态时脑内麻醉药浓度相当于肺泡内药物浓度。因此，吸入麻醉药可根据"肺泡气最低有效浓度"（minimum alveolar concentration，MAC）来表示各药的麻醉强度。MAC是指在一个大气压下，使50%的患者或动物对伤害性刺激不再产生体动反应（逃避反射）时呼气末潮气（相当于肺泡气）内麻醉药浓度，单位是Vol%。各个吸入麻醉药都有恒定的MAC值，MAC越小，麻醉药的效价越高。

【药理作用】

1. 中枢神经系统作用 吸入麻醉药对中枢神经系统具有抑制作用，与吸入麻醉药的剂量相关（取决于脑内药物浓度）。某些特殊神经元和神经通路对药物的敏感性亦有较大差异。脊髓背角胶质细胞对药物最敏感，因而首先出现该区域脊髓丘脑束感觉传递阻断，导致痛刺激反射减弱或消失；较高浓度时抑制许多脑区小的抑制性神经元，导致受其控制的其他神经元释放兴奋性神经递质，产生所谓"去抑制效应"，网状激活系统升支通路的进行性抑制使脊髓反射活动减弱或消失；延髓呼吸中枢和血管运动中枢对全麻药最不敏感，高浓度才能导致呼吸和循环衰竭。除氧化亚氮外，各药均可不同程度地降低脑代谢，扩张脑血管，增加脑血流量和升高颅内压力。

2. 心血管系统作用 吸入麻醉药除氧化亚氮外，含氟麻醉药均能不同程度地抑制心肌收缩力、扩张外周血管、降低血压和心肌耗氧量；并降低压力感受器的敏感性，使内脏血流量减少。以上作用常受手术前的精神状况、手术刺激、麻醉深度、麻醉辅助药的使用以及患者血氧等因素的干扰。氟烷和氧化亚氮可增加心肌对儿茶酚胺的敏感性，而七氟烷、恩氟烷、异氟烷和地氟烷等影响相对较小。

3. 呼吸系统作用 吸入麻醉药均能扩张支气管和降低呼吸中枢对 CO_2 的敏感性，恩氟烷作用最强。除氧化亚氮外，各药均降低潮气量、增加呼吸频率，降低每分通气量，并抑制缺氧所致代偿性换气。含氟吸入麻醉药在麻醉诱导期对呼吸道均有不同程度的刺激作用，可引起咳嗽甚至支气管平滑肌痉挛，地氟烷刺激性最大，而七氟烷最小。

4. 骨骼肌松弛作用 吸入麻醉药除氧化亚氮外，含氟麻醉药均有不同程度的骨骼肌松弛作用。此作用与非除极化型骨骼肌松弛药（筒箭毒碱）有协同作用，可能与抑制中枢神经系统和增加神经肌肉接头对肌肉松弛药的敏感性有关。

5. 子宫平滑肌松弛作用 吸入麻醉药除氧化亚氮外，各药均能明显松弛子宫平滑肌，使产程延长和产后出血增多。

【体内过程】

1. 吸收 吸入麻醉药均是挥发性液体或气体，脂溶性高，易透过生物膜，经肺泡扩散而吸收入血，其吸收速度除了受药物的理化性质（脂溶性）影响外，还与肺通气量、肺血流量、吸入浓度和血/气分配系数等有关。吸入浓度即吸入气中药物浓度，是指吸入麻醉药在吸入混合气体中的浓度，它与肺泡麻醉药的浓度呈正相关。血/气分配系数是指血中药物浓度与吸入气体中药物浓度达到平衡时的比值，血/气分配系数大的药物（如乙醚），在血液中的溶解度高，与吸入气之间不易达到平衡，肺泡、血中和脑内的药物分压上升比较缓慢，麻醉诱导时间较长。

2. 分布 吸入麻醉药的分布与各器官的血流和组织内类脂质含量有关。休息状态时，每 100 g 脑组织每分钟平均流量为 54 ml，而每 100 g 肌肉只有 3～4 ml，脂肪组织更少。因此在血流快而血供丰富的组织如脑、心、肺和肝分布快，在皮肤和肌肉中分布所需的时间居中，而在脂肪、骨、软骨及韧带等的分布最慢。脑组织血流丰富且类脂质含量也高，所以有利麻醉药进入。麻醉药进入脑组织的速度与药物的脑/血分配系数有关。脑/血分配系数是指脑中药物浓度与血中药物浓度达到平衡时的比值，脑/血分配系数大的药物（如氟烷）较易进入脑组织，麻醉作用发挥较快。

3. 消除 吸入麻醉药多以原形从肺排出，部分经肝代谢。排出速度与肺通气量、肺血流量、血/气和脑/血分配系数有关。血/气和脑/血分配系数越小的药物，消除越快，患者从麻醉状态苏醒的时间越短。各药的特点见表 3-14-1。

表 3-14-1 吸入麻醉药的特点比较

	沸点（℃）	MAC（%）	每 ml 液体产生的蒸汽（ml）20℃	分配系数 (37℃)				代谢量（%）
				血/气	脑/血	油/水	肌/血	
氧化亚氮	-89	105	—	0.47	1.10	1.40	1.2	0.004
氟烷	50.2	0.77	227	2.50	2.00	224.0	3.4	20.0
恩氟烷	56.5	1.68	198	1.80	1.40	98.5	1.7	2～8
异氟烷	48.5	1.15	196	1.40	1.60	94.0	2.9	0.20
地氟烷	23.5	7.25	—	0.42	1.30	19.0	2.0	0.1
七氟烷	58.5	1.71	—	0.69	1.70	53.9	3.1	1～5
乙醚	34.6	1.92	233	12.0	2.00	65.0	1.3	>10

【不良反应】

1. 呼吸和心脏抑制 如果吸入超过外科麻醉量 2～4 倍的药物可明显抑制呼吸和心脏功能，严重者可导致死亡。

2. 胃内容物被吸入肺 麻醉时正常反射消失，胃内容物可能反流并被吸入至肺，导致支气管痉挛和手术后肺部炎症。

3. 恶性高热 (malignant hyperthermia) 是麻醉期极为罕见的严重并发症，除氧化亚氮外，所有吸入麻醉药和很多肌松药均可引起，而氟烷和琥珀胆碱合用引起者最多。表现为心动过速、血压升高、酸中毒、高血钾、肌肉僵直和体温异常升高（可达 43℃，严重者可引起心力衰竭和死亡）。恶性高热的发病可能与先天因素有关，有家族遗传性，因此难以预防。对症处理可采用丹曲林静脉注射和降低体温，以及纠正电解质和酸碱平衡紊乱。

4. 肝、肾损害 少数患者在用氟烷麻醉后出现肝炎、肝坏死，称氟烷性肝炎（halothane hepatitis），其发生率约为万分之一。重症典型患者在氟烷全麻后 2～5 天出现发热、厌食、恶心、嗜酸粒细胞增多和肝功能异常，逐渐发展为黄疸、肝衰竭，病死率高达 50% 以上。最近认为所有含氟麻醉药都可致肝损害。肾损害仅见于甲氧氟烷，表现为多尿、尿渗透压降低和尿比重低，尿素清除率低，给加压素一般难以纠正。研究发现七氟烷在 CO_2 吸附器内部分降解形成的烯烃化物，对实验大鼠有明显的肾脏毒性，值得注意。

5. 局部刺激性 如乙醚具有很强的局部刺激性，可引起呛咳、喉头痉挛和反射性呼吸停止，并引起呼吸道分泌增加。开放性麻醉时，可引起结膜炎。

6. 心律失常 氟烷除可引起心动过缓外，还可引起室性心律失常，尤其在缺氧和呼吸性酸中毒时更易发生。

7. 对手术室工作人员的影响 手术室工作人员长期吸入全麻醉药有可能致头痛、警觉性降低和孕妇流产。

【常用药物】

1. 氧化亚氮（nitrous oxide，N_2O） 俗称笑气，是无色、带有甜味、无刺激性的气体，性质稳定、不燃不爆，也不在体内代谢；虽然麻醉效价低，但镇痛作用较强，吸入含 20% 氧化亚氮气体即有镇痛作用。合用可减少其他吸入麻醉药用量 50% 以上，从而减轻其他吸入麻醉药对呼吸和心脏的抑制及其他不良反应。

2. 氟烷（fluothane，halothane） 无色透明液体，略带有水果香味，无刺激性，临床使用浓度不燃不爆。化学性质不稳定，遇光可缓慢分解。氟烷是临床使用最早的含氟吸入麻醉药。本药麻醉效能高，诱导迅速、舒适、平稳、苏醒亦快，麻醉深度较易调节，但分期不够明显，安全范围较小。本药镇痛作用较弱，肌肉松弛作用常难以满足手术要求，因此一般需加用阿片类镇痛药或肌肉松弛药。本药可使心脏对肾上腺素的反应增加，当与拟肾上腺素药合用而患者又处于酸血症或缺氧状态时，易致心律失常。

3. 恩氟烷（enflurane，安氟醚）和异氟烷（isoflurane，异氟醚） 两者为同分异构体，与氟烷有相似特性，但化学性质稳定，是目前广泛使用的吸入麻醉药。其特点为麻醉效价虽稍低于氟烷，但麻醉诱导期平稳快速，麻醉深度易于调整；对心血管系统抑制作用比氟烷弱，亦不明显敏化心肌对儿茶酚胺的反应性；肌肉松弛作用大于氟烷，但要达到满意的肌松效果仍需加用肌肉松弛药，恩氟烷、异氟烷均具有中等程度的镇痛作用。异氟烷在麻醉诱导期对呼吸道刺激较大，可致咳嗽、分泌物增加和喉头痉挛。恩氟烷浓度过高可致惊厥，有癫痫史者应避免使用。

4. 地氟烷（desflurane，地氟醚、脱氟醚） 化学结构与异氟烷相似，异氟烷分子中的 O 被 F 取代。有刺激性气味，化学性质非常稳定。脂溶性和代谢低，麻醉作用强度小。血 / 气分配系数仅为 0.42，为现有吸入麻醉药中最低者，故诱导、苏醒作用非常迅速。但 MAC 相对较高，麻醉性能较弱。地氟烷有一定的刺激性，可引起咳嗽、屏气、喉头痉挛。对心血管功能影响小是地氟烷的突出优点之一。本药适合于成人及儿童的麻醉维持，尤其是需要较长时间的麻醉。也可用于成人诱导麻醉。

5. 七氟烷（sevoflurane，七氟醚） 无色透明液体，无恶臭味，临床使用浓度不燃不爆，化学性质不够稳定。全麻效能高，无明显呼吸道刺激作用。麻醉诱导、苏醒作用均很迅速，诱导过程舒适、平稳，很少有兴奋现象，苏醒期亦平稳，麻醉深度易于控制。对心脏影响亦小。目前广泛用于儿童及成人诱导麻醉和维持麻醉，对严重缺血性心脏病而施行高危心脏手术者尤为适合。

6. 乙醚（diethyl ether） 无色液体，极易挥发，具刺激性臭味，易燃易爆，化学性质不够稳定，遇光、热、空气易氧化。全麻效能高，血 / 气分配系数是 12.0，因此诱导和苏醒缓慢。诱导期易出现兴奋、挣扎、躁动、喉头痉挛和呼吸不规则等反应。镇痛作用强，但麻醉操作不易掌握。乙醚对呼吸的抑制比其他吸入麻醉药轻，但易引起恶心、呕吐。可用于各种大、小手术的全麻，既可单独使用，亦可与其他药物合用，组成复合麻醉。

【药物相互作用】

阿片类镇痛药、镇静催眠药均能增强本类药的麻醉作用，因此合用时麻醉药用量应适当减少。骨骼肌松弛药可增强本类药的肌松效果，合用时肌松药剂量宜减半。含氟麻醉药，尤其是氟烷可增加心肌对儿茶酚胺的敏感性，β 受体阻断药能增强本类药物对心脏的抑制作用。

第二节　静脉麻醉药

凡经静脉途经给予的全身麻醉药，统称为静脉麻醉药（intravenous anesthetics）。主要包括以硫喷妥钠为代表的超短效巴比妥类药物、氯胺酮、苯二氮䓬类、丙泊酚等。选择性 α_2 受体激动药有望成为一类新型的静脉麻醉药。本类药单独给予即可产生全身麻醉作用，但临床主要与吸入性麻醉药配合使用，以增加后者的适应性和确保催眠、镇痛、肌松、控制内脏反射作用和减少吸入麻醉药的用量。静脉麻醉药与吸入麻醉药相比，具有以下优点：①使用方便，不需要特殊设备；②对呼吸道无刺激性，患者易于接受；③不燃烧、不爆炸；④不污染手术室空气；⑤起效快。主要缺点：①麻醉作用不完善，均无肌松作用，除氯胺酮外，其他药物无明显镇痛作用；②消除有赖于肺外器官，剂量过大难以迅速排除；③麻醉分期不明显。

硫喷妥钠

硫喷妥钠（thiopental sodium）为超短效类静脉麻醉药。

【药理作用】

该药脂溶性高，静脉注射后几秒钟即可进入脑组织，所以静脉注射后 10～20 秒内患者意识丧失，30 秒脑内即达峰浓度，作用迅速，无兴奋期。由于本药能迅速从脑组织和血流丰富的组织再分布到脂肪和肌肉等组织，5 分钟后脑内浓度即降至峰浓度的一半，所以作用维持时间短，一次注射仅维持数分钟。硫喷妥钠能降低脑血流、脑代谢和脑耗氧量，麻醉期间不升高颅内压，但镇痛效应差，肌肉松弛不完全。

【临床应用】

临床主要用于诱导麻醉和基础麻醉，用药前宜皮下注射硫酸阿托品预防喉头痉挛。

【不良反应】

对呼吸中枢有明显抑制作用，新生儿、婴幼儿易禁用；还可造成喉头和支气管痉挛，故支气管哮喘患者禁用。苏醒期常见寒战。

氯 胺 酮

氯胺酮（ketamine）是唯一具有确切镇痛作用的静脉麻醉药。

【药理作用】

氯胺酮具有显著的镇痛作用，尤其是体表镇痛效果显著，且对呼吸和循环系统影响较轻。该药的麻醉体征与传统的全麻药不同，单独注射后不像其他全麻药呈类自然睡眠状，而呈木僵状。氯胺酮一方面阻断痛觉冲动向丘脑和大脑皮层传导，导致意识模糊，记忆丧失，痛觉消失，对环境刺激无反应；另一方面兴奋脑干及边缘系统，导致患者睁眼凝视呈木僵状，肌张力增加，心率加快，血压升高，眼球震颤，少数患者出现牙关紧闭和四肢不自主活动。这种抑制与兴奋并存的麻醉状态称为分离麻醉。该药分子量小，且脂溶性较高，故能很快透过血脑屏障。注射药物后 15 秒内出现感觉分离，45 秒内出现明显意识丧失、镇痛和记忆缺失。单剂给药意识丧失长达 10～15 分钟，镇痛达 40 分钟，记忆缺失达 1～2 小时，数小时后患者才从麻醉状态下完全恢复。

氯胺酮产生全身麻醉作用的机制可能与阻断 NMDA 受体有关。

【临床应用】

临床主要用作麻醉诱导药或与地西泮合用，为各种特殊目的，如创伤、急诊手术、换药、心脏手术等提供安全麻醉。

【不良反应】

由于分离麻醉，患者在恢复期常有精神方面的不良反应，如幻觉和怪梦，谵妄或兴奋，前者有时可持续数天或数周。儿童精神反应发生率相对较低。氯胺酮既可兴奋中枢交感神经，使内源性儿茶酚胺释放增加，又对心肌有直接的抑制作用。因此，对交感神经系统活性正常的患者，主要表现为心率加快、心排出量增加、血压升高，脑血流、脑代谢和颅内压也增加。而在危重患者和交感神经活性减弱的患者，则主要表现为心血管系统抑制作用，心肌收缩力减弱，心排出量降低，血压下降。

依 托 咪 酯

依托咪酯（etomidate）为强效超短时非巴比妥类催眠药。

【药理作用】

该药可抑制大脑皮层及脑干网状结构，无明显镇痛作用。主要优点是起效快、维持时间短、苏醒迅速，其催眠效应是硫喷妥钠的 12 倍，对心功能无明显影响。成人静脉给予后几秒钟内意识丧失，3～5 分钟苏醒，常伴有肌肉频繁活动。一次静脉注射可用于全麻的诱导，全麻维持则需静脉滴注。作诱导麻醉时，常需加用镇痛药、肌松药和（或）吸入麻醉药。

【临床应用】

适用于心血管疾病，尤其适用于冠心病、瓣膜病和其他心脏储备功能差的患者，呼吸系统疾病，颅内高压以及不宜采用硫喷妥钠的患者。

【不良反应】

恢复期可出现恶心、呕吐，其发生率高达 50%；抑制肾上腺皮质激素合成，单剂给药后血浆可的松水平持续降低长达 6 小时。较大剂量可引起呼吸暂停，还可致肌肉痉挛。

苯二氮䓬类

苯二氮䓬类（benzodiazepines，BDZ）为应用最广泛的镇静催眠药，具有抗焦虑、镇静催眠、抗惊厥、抗癫痫和中枢性肌肉松弛作用。其中地西泮（diazepam，安定）、劳拉西泮（lorazepam）和咪哒唑仑（midazolam）用于静脉麻醉，作为麻醉诱导药或麻醉补充药。苯二氮䓬类药物静脉注射，诱导麻醉时间比硫喷妥钠长，安全范围大，呼吸抑制轻微，可产生明显的镇静、嗜睡和抗焦虑作用；50% 以上患者出现记忆缺失（amnesia）。苯二氮䓬类既无明显镇痛作用，也不产生外科麻醉。主要用于不需镇痛的手术，如内窥镜检查、心脏复律术和心导管术及诱导麻醉。地西泮 0.6 mg/kg 静脉注射足以致患者昏迷、意识丧失。

丙 泊 酚

丙泊酚（propofol，异丙酚）室温下呈油状，制剂为 1% 的乳剂。本药脂溶性高，2 mg/kg 静脉注射与硫喷妥钠相似，诱导麻醉迅速，麻醉平稳、渐进、舒适，无呼吸道刺激，作用时间短，苏醒快，醒后精神错乱发生率低，恶心和呕吐发生率低于硫喷妥钠。丙泊酚的作用机制尚未阐明，目前认为主要是通过增强 γ-氨基丁酸的作用，从而产生镇静、催眠与遗忘作用。目前普遍用于诱导麻醉、镇静及维持麻醉。不良反应主要为明显抑制心血管和呼吸系统功能，注射过快可致呼吸和（或）心脏暂停、血压下降约 30%、心动过缓等，也能增加心肌对肾上腺素的敏感性。

第三节 复合麻醉

复合麻醉是指同时或先后应用两种以上麻醉药物或其他辅助药物，以达到满意的术中和术后镇痛以及满意的手术条件。理想的全麻药应具有良好的镇痛作用，足够的骨骼肌松弛作用；能消除各种不利于患者的反射活动，对呼吸、循环和肝、肾功能无明显影响；麻醉过程平稳，诱导和苏醒迅速而舒适，且麻醉深度易于调节。但目前临床上使用的全麻药单独应用都不够理想，尚难完全符合以上要求。为了克服全麻药的不足，减少其不良反应和增加麻醉的安全度，常采用联合用药，即为复合麻醉。常用的复合麻醉有以下几种。

1. 麻醉前给药 (premedication) 指手术前为了消除患者的紧张情绪以及弥补麻醉药的缺点所应用的药物。如手术前夜常用巴比妥类、苯二氮䓬类消除患者紧张情绪。用阿托品或东莨菪碱对抗乙醚引起的呼吸道分泌物增加，保持呼吸道通畅并防止术后肺炎的发生；也可对抗氟烷麻醉引起的心率减慢，以及防止硫喷妥钠引起的喉头痉挛和支气管痉挛。还可同时注射吗啡、哌替啶或冬眠合剂等增强麻醉药的镇痛效果或减少麻醉药的用量等。

2. 诱导麻醉 (induction of anesthesia) 为了缩短乙醚等全麻药的诱导期，避免诱导期的不良反应，先用作用迅速的全麻药如硫喷妥钠或氧化亚氮等，使患者迅速进入外科麻醉期，然后改用其他药物维持麻醉，称诱导麻醉。

3. 基础麻醉 (basal anesthesia) 对于过度紧张或不能合作的小儿患者，为了使麻醉顺利进行，可在进入手术室前给予大剂量催眠药，如巴比妥类等，使患者达浅麻醉状态，此称基础麻醉。在此基础上进行麻醉，可减少麻醉药用量，麻醉平稳。

4. 合用肌松药 根据手术对肌肉松弛的要求，可在麻醉时合用琥珀胆碱或筒箭毒碱类骨骼肌松弛药，以满足手术时肌肉松弛的要求。

5. 神经安定镇痛术 (neuroleptanalgesia，NLA) 和神经安定麻醉 (neuroleptanesthesia，NLAN) 神经安定镇痛术是一种复合镇痛方法，常用安定药氟哌利多 (droperidol) 和镇痛药芬太尼 (fentanyl) 按 50∶1 组成氟芬合剂做静脉注射，使患者处于意识朦胧、自主动作停止、痛觉消失，适用于外科小手术。NLA、氧化亚氮和肌松药（如琥珀胆碱）合用则可达到满意的外科麻醉效果，称为神经安定麻醉。

6. 控制性降压 (controlled hypotension) 加用短时作用的血管扩张药硝普钠或钙拮抗药使血压适度适时下降，并抬高手术部位，以减少出血。

7. 低温麻醉 (hypothermal anesthesia) 合用氯丙嗪 (chlorpromazine) 使体温在配合物理降温时下降至较低水平（28～30℃），机体基础代谢率降低，重要器官的耗氧量降低，可应用于一些复杂的心血管、颅脑等手术以及脑缺氧的患者。

（包头医学院 张 东）

第十五章　镇静催眠药

- Anxiety states and sleep disorders are common problems, and sedative-hypnotics are the most widely prescribed drugs world-wide.
- An effective sedative drug should reduce anxiety and exert a calming effect with little or no effect on motor or mental functions.
- A hypnotic drug should produce drowsiness and encourage the onset and maintenance of a state of sleep that resembles natural sleep state in its electroencephalographic characteristics. Hypnotic effect involves more pronounced depression of the central nervous system than sedative effect, and this can be achieved with most sedative drugs simply by increasing the dose.
- All drugs with sedative and hypnotic activity act additively with other drugs that possess a central depressant action.

镇静催眠药（sedative-hypnotics）是一类对中枢神经系统具有抑制作用的药物，小剂量引起安静或思睡，表现出镇静作用；较大剂量引起类似生理性睡眠，即催眠作用。某些镇静催眠药尚具有抗惊厥作用。根据化学结构，镇静催眠药可分为三类：苯二氮䓬类、巴比妥类及其他类。巴比妥类是传统的镇静催眠药物，剂量增大时还具有麻醉作用，过量可致昏迷，严重者可因呼吸循环衰竭而死亡。苯二氮䓬类及一些新型镇静催眠药安全范围大，几乎无麻醉或致死作用，成为目前最常用的镇静催眠药物。

正常生理性睡眠可分为非快动眼睡眠（non-rapid-eye movement sleep，NREMS）和快动眼睡眠（rapid-eye-movement sleep，REMS），前者又可分为1、2、3和4期，其中3期和4期又合称为慢波睡眠（slow wave sleep，SWS）。SWS有助于机体的发育和疲劳的消除，而REMS则对脑发育和智力的增强起重要作用。镇静催眠药可诱导入睡和延长睡眠时间，使患者的精神和体力得以恢复，但不同的药物对睡眠时相的影响各有不同。巴比妥类缩短REMS，长期用药骤停可引起REMS反跳，出现焦虑不安、失眠和多梦。苯二氮䓬类则延长NREMS第2期，缩短SWS。水合氯醛和格鲁米特则抑制REMS。对失眠患者，在采用镇静催眠药物治疗前要仔细询问失眠的原因，其治疗的适应证主要是健康人暂时性或老年人间断性失眠。对长期失眠者应以非药物治疗为主，而药物只作为辅助手段。应用镇静催眠药尽可能使用最低有效剂量和最短的使用时间，长期应用可产生耐受性，使药效降低，或停药后产生反跳性失眠，导致患者对药物的依赖。对于抑郁症伴随的失眠，往往可用镇静性抗抑郁药物改善，而催眠药物疗效差，而且催眠药能增加抑郁症的发病率，故应予以避免。

第一节　苯二氮䓬类

多数苯二氮䓬类（benzodiazepines，BDZ）药物属1,4-苯并二氮䓬的衍生物。在1,4苯并二氮䓬环上，1、2、3、4、5、7位的取代基与药物的药理活性有密切关系。在苯二氮䓬的R_1，R_2，R_4及R_7的侧链中，引入不同基团，可得到一系列苯二氮䓬类药物（图3-15-1，表3-15-1）。各药在抗焦虑、镇静催眠、抗惊厥、肌肉松弛的作用上各有侧重。在药代动力学上也各有差异，有的经肝脏代谢后产生有活性的代谢产物，作用时间显著延长，与其血浆$t_{1/2}$并不平行。根据药物（及其活性代谢物）消除半衰期的长短，苯二氮䓬类药物可分为三类：长效类如地西泮（diazepam），中效类如艾司唑仑（estazolam），短效类如三唑仑（triazolam）等（表3-15-1）。

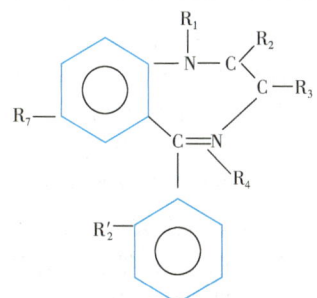

图3-15-1　苯二氮䓬类药物的母核结构

表 3-15-1　常用苯二氮䓬类药物的分类及作用时间

分类	药物	血浆浓度达峰时间（h）	血浆半衰期（h）	代谢物半衰期（h）
短效类（3～8小时）	三唑仑（triazolam）	1	2～3	7
	奥沙西泮（oxazepam）	2～4	10～20	—
中效类（10～20小时）	阿普唑仑（alprazolam）	1～2	12～15	—
	艾司唑仑（estazolam）	2	10～24	—
	劳拉西泮（lorazepam）	2	10～20	—
	替马西泮（temazepam）	2～3	10～40	—
	硝西泮（nitrazepam）	1	16～48	±
长效类（24～72小时）	地西泮（diazepam）	1～2	20～80	80
	氟西泮（flurazepam）	1～2	40～100	80
	氯氮䓬（chlordiazepoxide）	2～4	15～40	80
	夸西泮（quazepam）	2	30～100	73

地西泮

地西泮（diazepam）为苯二氮䓬类的代表药物，也是目前临床上最常用的镇静、催眠及抗焦虑药。地西泮为白色或类白色结晶性粉末，无臭，味微苦，在丙酮或氯仿中易溶，在水中几乎不溶。熔点为 130～134℃。

【别名】

安定，苯甲二氮䓬。

【体内过程】

口服后吸收迅速而完全，经 0.5～1.5 小时达血药浓度峰值。肌内注射时，由于体液 pH 的影响，吸收缓慢而不规则，且峰浓度低于同剂量口服，故急需发挥疗效时应口服或静脉注射。本药脂溶性高，易透过血脑屏障和胎盘屏障，亦可自乳汁排出。地西泮与血浆蛋白结合率高达 95% 以上。在肝脏代谢，主要活性代谢物为去甲西泮、奥沙西泮和替马西泮，最后形成葡萄糖醛酸结合物随尿排出。

【药理作用与临床应用】

1. 抗焦虑作用　焦虑是多种精神失常的常见症状，患者多有恐惧、紧张、忧虑、失眠并伴有心悸、出汗、震颤等自主神经功能紊乱症状。地西泮的抗焦虑作用选择性较高，小剂量即可明显改善上述症状，并对各种原因引起的焦虑均有显著疗效。

2. 镇静催眠作用　随着剂量增大，地西泮有镇静及催眠作用，可明显缩短入睡时间，显著延长睡眠持续时间，减少觉醒次数，主要延长 NREMS 的第 2 期，明显缩短慢波睡眠期，而对 REMS 影响不明显，进一步加大剂量也不引起全身麻醉。地西泮作为镇静催眠药有以下优点：①治疗指数高，对呼吸影响小，安全范围大。②对 REMS 影响较小，停药后出现反跳性 REMS 睡眠延长的作用较巴比妥类轻，但可明显缩短或取消 NREMS 睡眠第 3 相和第 4 相，因此可减少发生于此期的夜惊或夜游症。③对肝药酶几无诱导作用，不影响其他药物的代谢。④依赖性、戒断症状较轻。⑤嗜睡、运动失调等一般副作用较轻。基于这些优点，此类药物已成为临床最常用的镇静催眠药。

3. 抗惊厥、抗癫痫作用　动物实验发现地西泮很小剂量即能对抗戊四唑/印防己毒素等致惊厥剂引起的阵挛性惊厥，而对士的宁及电刺激引起的强直性惊厥则需较大剂量才有效。地西泮具有抑制癫痫病灶异常放电扩散的作用，虽不能减少惊厥原发病灶的放电，却能阻止癫痫病灶异常放电向周围皮层及皮层下的扩散，终止和减轻惊厥的发作，因此具有很强的抗惊厥和抗癫痫作用。临床上可用于辅助治疗破伤风、子痫、小儿高热惊厥及药物中毒性惊厥，对癫痫大发作能迅速缓解症状，对癫痫持续状态疗效显著，静脉注射给药是临床治疗癫痫持续状态的首选用药。对癫痫小发作也有效。

4. 中枢性肌肉松弛作用　地西泮可缓解动物的去大脑僵直，对人类大脑损伤所致的肌肉僵直有较强的肌肉松弛作用，一般不影响正常活动。这与地西泮抑制脑干网状结构下行系统对 γ 神经元的易化作用以及增强脊髓神经元的突触前抑制有关。临床上可用于脑血管意外，脊髓损伤等引起的中枢性肌肉强直，缓解局部关节病变、腰肌劳损及内镜检查所致的肌肉痉挛。

5. 其他作用　较大剂量可致暂时性记忆缺失。一般剂量对正常人呼吸功能无影响，较大剂量可轻度抑制肺泡换气功能，有时可致呼吸性酸中毒，对慢性阻塞性肺部疾病患者，上述作用可加剧。对心血管系统，小剂量作用轻微，较大剂量可降低血压，减慢心率。常用作心脏电复律及各种内窥镜检查前用药。

【作用机制】

目前认为苯二氮䓬类的中枢作用主要与药物作用于不同部位中枢抑制性神经递质 γ-氨基丁酸 A 型（$GABA_A$）受体，加强 GABA 的作用有关。$GABA_A$ 受体是一个大分子复合体，为神经元膜上的配体门控性 Cl^- 通道 (ligand-gated Cl^- channel)。在 Cl^- 通道周围有不同配体，包括 GABA、苯二氮䓬类、巴比妥类、印防己毒素和神经甾体化合物的结合位点。$GABA_A$ 受体含有 14 个不同的亚单位，按其氨基酸排列次序可分为 α、β、γ、δ 亚单位。GABA 作用于 $GABA_A$ 受体，使细胞膜对 Cl^- 通透性增加，Cl^- 大量进入细胞内，引起膜超极化，使神经元兴奋性降低。苯二氮䓬类与 $GABA_A$ 受体复合体上的 BDZ 结合位点结合，可以诱导受体发生构象改变，促进 GABA 与 $GABA_A$ 受体结合，增加 Cl^- 通道开放的频率而增强 GABA 的作用。地西泮等药物与 BDZ 位点的结合可被 GABA 促进，而被 $GABA_A$ 受体阻断药荷包牡丹碱 (bicuculline) 阻断。一般认为苯二氮䓬类抗焦虑作用主要与杏仁核和海马部位的受体有关，镇静催眠作用与脑干部位的受体有关。

【不良反应】

地西泮毒性小，安全范围大，很少因用量过大而引起死亡。过量中毒时除采用洗胃、对症治疗外，还可采用特效拮抗药氟马西尼进行抢救。

一般不良反应与药物对中枢神经系统的抑制有关。最常见的是嗜睡、头昏、乏力和记忆力下降。其次为早醒、易激动、头痛。大剂量偶见共济失调，还可影响技巧动作和驾驶安全。偶见过敏反应，表现为皮疹和白细胞减少等。静脉注射偶可引起局部疼痛或血栓性静脉炎，注射速度过快可引起呼吸和循环功能抑制，严重者可致呼吸及心搏停止。长期应用可产生耐受，需增加剂量。用于治疗失眠耐受性产生较快，而用于抗焦虑则耐受性产生较慢。久服可发生依赖性，骤然停药可诱导出现反跳现象和戒断症状，表现为失眠、焦虑、兴奋、心动过速、呕吐、出汗及震颤，甚至惊厥，还可出现感冒样症状以及感觉障碍等。其症状严重程度和剂量大小有关，故不宜长期服用，宜短期或间歇性用药，尽可能应用控制症状的最低剂量，停药时逐渐减少剂量，以避免出现戒断症状。

【禁忌证】

地西泮可通过胎盘亦可自乳汁排出，临产前应用时新生儿可出现肌无力、低血压、低体温及轻度呼吸抑制，婴儿可出现倦怠和体重减轻，故产前及哺乳期妇女禁用。老年患者、肝、肾和呼吸功能不全者、驾驶员、高空作业和机器操作者以及青光眼和重症肌无力者慎用。

【药物相互作用】

与其他中枢抑制药、乙醇合用，可增强中枢抑制作用，加重嗜睡、呼吸抑制、昏迷，严重者可致死。肝药酶诱导剂利福平、卡马西平、苯妥英钠或苯巴比妥等药物可增加其消除率，显著缩短 $t_{1/2}$；肝药酶抑制剂如西咪替丁等药物可抑制地西泮在肝脏的代谢，导致其清除率降低，$t_{1/2}$ 延长。

氯 氮 䓬

氯氮䓬 (chlordiazepoxide，利眠宁) 是长效苯二氮䓬类镇静催眠药。其药理作用及不良反应类似于地西泮。口服后吸收完全但较缓慢，肌内注射吸收缓慢且不规则，与血浆蛋白结合率可高达 96%。药物缓慢进入脑组织，也能透过胎盘，$t_{1/2}$ 为 7～13 小时。在体内可代谢为去甲氯氮䓬、地莫西泮、去甲地西泮等。这些代谢物均具有活性，且在体内代谢缓慢，故长期应用可引起代谢物积聚，导致后遗效应。原形及代谢物均随尿排出。可用于抗焦虑、催眠及缓解酒精戒断症状。

硝 西 泮

硝西泮 (nitrazepam) 是中效苯二氮䓬类镇静催眠药。口服易吸收，2 小时达血药浓度峰值，但个体差异较大。与血浆蛋白结合率高达 87%，血浆 $t_{1/2}$ 约为 29 小时。在肝中代谢，代谢物活性甚低，代谢物及少量原形药随尿排出。硝西泮消除缓慢，大约 70% 可于服药后 120 小时从尿中检出。可用于抗焦虑、催眠以及抗癫痫，对于高热惊厥和癫痫持续状态有显著效果，与其他抗惊厥药合用有协同作用，可用于混合型癫痫，尤适于婴儿痉挛及阵发性肌痉挛。

艾 司 唑 仑

艾司唑仑 (estazolam，舒乐安定) 属中效苯二氮䓬类。具有较强的镇静催眠、抗惊厥、抗焦虑作用及较弱的肌肉松弛作用。催眠作用比硝西泮强。$t_{1/2}$ 为 10～20 小时，在肝中氧化代谢，对各型失眠症有良好疗效，也可用于癫痫、惊厥、焦虑症及麻醉前给药。

三 唑 仑

三唑仑 (triazolam) 属短效类镇静催眠药，特点是诱导入睡迅速，口服后 15～30 分钟即可生效，次晨无宿醉现象。口服吸收迅速而完全，血药浓度达峰时间约 1.3 小时，血浆蛋白结合率约为 90%，$t_{1/2}$ 为 2～3 小时。在肝内代谢，代谢产物无催眠作用，体内极少蓄积。可短时用于入睡困难的严重失眠症。应用较大剂量时顺行性记忆缺失和异常行为发生率增高，长期使用较易诱发依赖性。

附 氟马西尼 (flumazenil，安易醒) 为咪唑并苯二氮䓬化合物。动物实验显示，静脉注射、腹腔注射、大量口服或脑室内微量注射均能竞争性拮抗 BDZ 受体激动药和反向激动药（如 β-卡波林衍生物）的中枢抑制效应，但对巴比妥类和三环类过量引起的中枢抑制无对抗作用。氟马西尼单剂量口服 20～90 分钟后血药浓度达峰值，由于存在明显的首关消除，生物利用度平均为 16%。静脉注射后 5～8 分钟脑脊液浓度达峰值，与血浆蛋白结合率为 40%～50%，几乎全部在肝内代谢为无活性产物，血浆 $t_{1/2}$ 平均为 1 小时，肝硬化患者口服生物利用度提高，血浆 $t_{1/2}$ 延长。主要用途是诊断和治疗苯二氮䓬类药物使用过量，能有效地催醒患者和改善中毒所致的呼吸和循环抑制。用于苯二氮䓬类过量中毒，开始时以 0.1～0.2 mg 静脉注射，每 60 秒重复 1 次，直到清醒后再以静脉滴注维持，维持量为 0.1～0.4 mg/h。总量不超过 2 mg。如累积剂量达 5 mg 仍不起反应，则该患者的抑制状态并非由苯二氮䓬类所引起。通常患者对氟马西尼能很好耐受，常见的不良反应有恶心、呕吐、烦躁、焦虑不安、不适感等。有癫痫病史者可能诱发癫痫，长期应用苯二氮䓬类药物者应用氟马西尼可诱发戒断症状。

第二节　其他镇静催眠药

一、新型 BDZ 受体激动药

这类药物包括唑吡坦 (zolpidem)、扎来普隆 (zaleplon)、佐匹克隆 (zopiclone) 和右佐匹克隆 (eszopiclone)，通常被称为"Z 化合物"。这些药物的化学结构之间没有相关性，也不属于苯二氮䓬类，但它们均能与 $GABA_A$ 受体复合体上的 BDZ 结合位点结合，发挥激动剂的作用。BDZ 受体拮抗剂氟马西尼可拮抗这类药物的作用，因此过量中毒时，可用氟马西尼解救。

唑吡坦可缩短睡眠潜伏期，减少觉醒次数。唑吡坦可缩短 REM 睡眠，延长总睡眠时间，对 SWS 影响很小。过晚服用可在次晨出现镇静、反应迟钝、顺行性遗忘等后遗效应。长期使用可诱导躯体依赖性，但作用弱于苯二氮䓬类。扎来普隆也可缩短睡眠潜伏期，但对睡眠时相影响不大。因扎来普隆半衰期只有约 1 小时，所以几无后遗效应，长期使用无明显的耐药和停药反跳现象。佐匹克隆作用迅速并且能维持有效达 6 小时，使患者入睡快且延长总睡眠时间。后遗效应及依赖性轻于苯二氮䓬类药物。右佐匹克隆是佐匹克隆的右旋体，药效是其母体的两倍，因此所用剂量更低，不良反应也更小。

二、丁螺环酮

丁螺环酮 (buspirone) 是一种新型抗焦虑药物，作用与地西泮类似，但无镇静催眠、肌肉松弛和抗惊厥作用。丁螺环酮的抗焦虑作用可能与 5-HT 受体有关。中枢神经系统 5-HT 是引起焦虑的重要递质。丁螺环酮是 5-HT_{1A} 受体的部分激动药，通过激动突触前的 5-HT_{1A} 受体，反馈性抑制 5-HT 释放。它对 $GABA_A$ 受体没有作用。该药起效缓慢，抗焦虑作用在服药后 1～2 周才能显效，4 周达到最大效应。口服吸收好，首关效应明显，在肝中代谢，$t_{1/2}$ 为 2～4 小时。临床适用于焦虑性激动、内心不安和紧张等急慢性焦虑状态。不良反应有头晕、头痛及胃肠功能紊乱等，无明显的依赖性和成瘾性。

三、巴比妥类

巴比妥类镇静催眠药是巴比妥酸的衍生物。巴比妥酸本身并无中枢抑制作用，C_5 上的两个氢原子被不同基团取代后获得一系列中枢抑制药，显示出强弱不等的镇静催眠作用。取代基长而有分支（如异戊苯巴比妥）或双键（如司可巴比妥），则作用强而短；若其中一个氢原子被苯基取代（如苯巴比妥），则具有较强的抗惊厥、抗癫痫作用；如 C_2 的 O 被 S 取代（如硫喷妥钠），则脂溶性更高，作用更快，维持时间更短。

【体内过程】

巴比妥类药物口服或肌内注射均易吸收，并迅速分布于全身组织、体液，也易通过胎盘进入胎儿循环，亦可经乳汁分泌。各药进入脑组织的速度与药物的脂溶性呈正比，如硫喷妥钠脂溶性极高，极易通过血脑屏障，故静脉注射后立即奏效，而脂溶性小的苯巴比妥即使静脉注射，也需 30 分钟才起效。药物在体内消除方式有两种，即经肝肝药酶代谢和以原形肾排出。尿液 pH 对以原形经尿液排泄的药物（如苯巴比妥）影响较大。碱化尿液时，该药解离增多，肾小管再吸收减少，排出增加。因此，苯巴比妥中毒时，可用碳酸氢钠碱化尿液以促进药物的排泄。严重中毒者可采用透析疗法。

【药理作用和临床应用】

巴比妥类对中枢神经系统表现普遍性抑制作用，随着剂量增加，其中枢抑制作用也由弱到强，相继呈现镇静、催眠、抗惊厥及抗癫痫、麻醉等作用。大剂量对心血管系统有明显的抑制作用。催眠量 10 倍以上可引起呼吸中枢麻痹而致死。由于安全性差，易发生依赖性，其应用已日渐减少，目前在临床上主要用于抗惊厥、抗癫痫和麻醉。

1. 镇静催眠　小剂量巴比妥类药物可起到镇静作用，可缓解焦虑、烦躁不安状态；中等剂量可催眠，即缩短入睡时间，减少觉醒次数和延长睡眠时间。巴比妥类药物可改变正常睡眠的模式，缩短 REMS。久用停药后，REMS 睡眠时相可"反跳性"地显著延长，伴有多梦，引起睡眠障碍，导致患者不愿停药，这可能是巴比妥类药物产生精神依赖性和躯体依赖性的重要原因之一。

2. 抗惊厥和抗癫痫　苯巴比妥有较强的抗惊厥

及抗癫痫作用，临床可用于癫痫大发作和癫痫持续状态的治疗，也应用于小儿高热、破伤风、子痫、脑膜炎、脑炎及中枢兴奋药引起的惊厥。

3. 麻醉及麻醉前给药　硫喷妥钠静脉注射可产生短暂的麻醉作用。

【作用机制】

巴比妥类药物对中枢的抑制作用与其激活 $GABA_A$ 受体有关。无 GABA 存在时，巴比妥类能模拟 GABA 的作用，增加 Cl^- 的通透性。与苯二氮䓬类药物增加 Cl^- 通道的开放频率不同，巴比妥类主要延长 Cl^- 通道的开放时间。此外，巴比妥类还可减弱或阻断谷氨酸作用于相应的受体后除极导致的兴奋性反应。

【不良反应】

催眠剂量的巴比妥类可致眩晕、困倦、精细运动不协调。少数人服用后可见荨麻疹、血管神经性水肿、多形性红斑及哮喘等过敏反应，偶可引起剥脱性皮炎。中等剂量可轻度抑制呼吸中枢，严重肺功能不全和颅脑损伤所致呼吸抑制者禁用。短期内反复服用巴比妥类可产生耐受性。长期连续服用巴比妥类可使患者产生对该药的精神依赖性和躯体依赖性，迫使患者连续用药，终至成瘾。成瘾后停药，可出现戒断症状，表现为兴奋、失眠、焦虑、震颤、肌肉痉挛甚至惊厥。

巴比妥类可诱导肝药酶活性，不仅加速自身代谢，还可加速其他药物经肝代谢，减弱其作用强度，缩短其作用时间。

四、其　他

其他镇静催眠药还包括水合氯醛（chloral hydrate）、甲丙氨酯（meprobamate）、甲喹酮（methaqualone）、褪黑素（melatonin）、雷美替胺（ramelteon）等。它们的给药途径、药理作用、临床应用和主要不良反应详见表 3-15-2。

表 3-15-2　其他镇静催眠药作用、用途及主要不良反应

药物	给药途径	药理作用和临床应用	主要不良反应
水合氯醛	口服	催眠作用强大，大剂量有抗惊厥作用	类似巴比妥类，安全范围较小
	直肠给药	用于子痫、破伤风、小儿高热等惊厥	黏膜刺激，恶心，呕吐，心肌抑制
甲丙氨酯	口服	镇静、抗焦虑、中枢性肌松作用，催眠效果较好，适用于老年失眠患者	类似巴比妥类
甲喹酮	口服	镇静催眠和抗惊厥，局部麻醉、止咳和抗组胺等，主要用于催眠	口干、恶心、头痛、反应迟钝，久用可致依赖性和成瘾性。
褪黑素	口服	镇静、催眠，适用于睡眠节律障碍	轻微头晕、疲劳、嗜睡；可能增加催乳素分泌。不宜用于未成年人失眠
雷美替胺	口服	与褪黑素类似	与褪黑素类似

（浙江大学医学部　陈　忠）

第十六章　抗癫痫药与抗惊厥药

- E epilepsies are common and frequently devastating disorders. Epileptic seizures often cause transient impairment of consciousness, leaving the individual at risk of bodily harm and often interfering with education and employment.
- Therapy with available drugs for epilepsies is symptomatic, but neither effective prophylaxis nor cure is available. Compliance with medication is a major problem because of the need for long term therapy together with unwanted effects of many drugs. The antiepileptic drugs exhibit many similar pharmacologic properties.
- Antiepileptic drugs act by one of three mechanisms: (1) modification of ionic conductances, (2) enhancement of GABAergic (inhibitory) transmission, or (3) diminution of excitatory (usually glutamatergic transmission).

第一节　抗癫痫药

癫痫（epilepsies）是一种反复发作的慢性神经系统疾病。发作是由于脑局部病灶的神经元兴奋性过高所致的阵发性异常高频放电，并向周围扩散而导致大脑功能短暂失调。其发作具有突然性、短暂性和反复性等特点。全球大约有1%的人口患有癫痫。患者不仅身心受到伤害，而且严重影响学习、工作甚至日常生活。临床上根据发作时的症状和脑电图（EEG）的表现不同，分为多种类型。按简化的国际分类法，癫痫可分为以下几种类型：

1. 部分性发作

（1）单纯部分性发作：多种临床表现与发作时被激活的皮层部位有关，主要特征是不影响意识，每次发作持续20～60秒。

（2）复杂部分性发作：又称精神运动性发作。发作时出现意识障碍，经常伴有无意识的活动，如口唇抽动、摇头等。每次发作持续30秒～2分钟不等。

（3）部分性发作继发全身强直-阵挛性发作：上述两种部分性发作可发展成伴有意识丧失的强直-阵挛性发作。全身肌肉处于强直收缩状态，而后进入收缩-松弛状态，可持续1～2分钟。

2. 全身性发作

（1）失神性发作：又称小发作，突然短暂意识丧失，常伴有对称的阵挛活动，EEG 出现3 Hz/秒左右相称的同步化棘波。每次发作约30秒。

（2）失张力性发作：肌张力突然丧失，导致头或肢体下垂，甚至跌倒。可伴有短暂的意识丧失。

（3）强直性发作：全身肌肉强直性痉挛。

（4）阵挛发作：全身或部分肌群呈节律性阵挛性收缩，多发生于幼儿。

（5）强直-阵挛性发作：即大发作，突发意识丧失和全身惊厥，强烈的强直性痉挛后进入匀称的阵挛性抽搐，继之出现较长时间的中枢神经系统功能的全面抑制，然后恢复。如果大发作频繁，间歇期甚短（几分钟），患者持续昏迷，称为癫痫持续状态。

抗癫痫药物化学结构不同，临床应用也不同。根据作用机制，抗癫痫药被分为三大类：第一类是抑制电压依赖性离子通道（主要是 Na^+ 通道、Ca^{2+} 通道），降低神经元的兴奋性；第二类是增强 GABA 介导的抑制性突触传递的功能；第三类是减弱兴奋性谷氨酸能神经传导。目前的抗癫痫药物只能减少或防止发作，但不能有效地预防和治愈，患者需长期用药，有的甚至需要终生用药。虽然常规的药物治疗可控制大部分患者的病情，但仍有近1/3的患者发展成为难治性癫痫。

苯妥英钠

苯妥英钠（phenytoin sodium）为二苯乙内酰脲的钠盐，1938年开始用于抗癫痫。为白色粉末，无臭，味苦，水溶液呈碱性，常因部分水解而浑浊，可溶于水或乙醇，几乎不溶于氯仿或乙醚。

【别名】

大仑丁（dilantin），二苯乙内酰脲钠，二苯基海因。

【体内过程】

苯妥英钠呈碱性，刺激性强，不宜作肌内注射，口服吸收不规则，连续服药每日0.3～0.6 g，须经6～10天才达到有效的稳态血浆浓度（10～20 μg/ml）。在血中约有85%～90%与血浆蛋白结合。主要由肝药酶代谢为羟基苯妥英，然后与葡萄糖醛酸结合经肾排出。消除速度与血药浓度有关，血药浓度低于10 μg/ml 时，按一级动力学方式消除，血浆 $t_{1/2}$ 约为20小时，血药浓度增高时，则按零级动力学方式消除，$t_{1/2}$ 亦随之延长（20～60小时）。本药血浆浓度的个体差异较大，故临床应注意剂量个体化，这与治疗效果密切相关。苯妥英钠血药浓度为 10 μg/ml 可控制癫痫发作，20 μg/ml 则出现轻度毒性反应。

【药理作用及作用机制】

苯妥英钠能对抗实验动物的电休克惊厥，但不能对抗戊四唑所引起的阵发性惊厥，无镇静催眠作用。实验证明，它不能抑制癫痫病灶异常放电，但可阻止病灶部位的异常放电向病灶周围的正常脑组织扩散。其抗癫痫作用机制较为复杂，主要与其膜稳定作用有关。苯妥英钠能降低细胞膜对 Na^+ 和 Ca^{2+} 的通透性，抑制 Na^+ 和 Ca^{2+} 的内流，从而降低了细胞膜的兴奋性，使动作电位不易产生。膜稳定作用还与其治疗三叉神经痛等多种慢性神经痛和抗心律失常的作用有关，是苯妥英钠的药理作用基础。膜稳定作用机制概括如下：

1. 阻滞电压依赖性钠通道 电生理和放射性配体-受体结合实验证实，苯妥英钠对于 Na^+ 通道具有选择性阻滞作用。治疗浓度能选择性地阻断小鼠大脑皮质神经元和脊髓神经元的持久高频反复放电（sustained high frequency repetitive firing, SRF），SRF 的形成是由于神经处于高度兴奋状态，Na^+ 依赖性动作电位不断形成的结果，其性质与电休克惊厥相似。苯妥英钠主要与失活态的 Na^+ 通道结合，阻止 Na^+ 内流，这是其抗惊厥作用的主要机制。

2. 阻滞电压依赖性钙通道 治疗浓度的苯妥英钠能选择阻滞 L 型和 N 型 Ca^{2+} 通道，对哺乳动物丘脑神经元的 T 型通道无阻滞作用。

3. 对钙调素激酶系统的影响 Ca^{2+} 的多种第二信使作用均是由 Ca^{2+}-受体蛋白-钙调素（calmodulin）及其耦联的激酶系统介导的。苯妥英钠能明显抑制钙调素激酶的活性，影响突触传递功能。通过抑制其在突触前膜的磷酸化过程，导致 Ca^{2+} 依赖性释放过程减弱，减少了谷氨酸等兴奋性神经递质的释放；通过抑制其在突触后膜的磷酸化，减弱递质与受体结合后引起的去极化反应，加之对 Ca^{2+} 通道的阻滞作用，产生细胞膜稳定作用。

4. 对强直后增强 (post tetanic potentiation, PTP) 的影响 PTP 是指反复高频电刺激突触前神经纤维后，引起的突触传递易化，使突触后反应增强的现象。PTP 是神经通路中的一种正常生理过程，代表突触后功能的扩大，对神经元兴奋性具有调节作用，在癫痫病灶异常放电的扩散过程中也起易化作用。治疗浓度的苯妥英钠能够选择性地阻断 PTP 的形成。

【临床应用】

1. 抗癫痫 苯妥英钠是广谱抗癫痫药，可用于治疗部分性发作和全身性强直-阵挛发作，但对小发作无效。由于起效慢，故常先用苯巴比妥等作用较快的药物控制发作，在改用本药前，应逐步撤除前用的药物，并不宜长期合用。因具有非线性药代动力学特点，容易引起毒副反应，而且药物之间相互作用多，长期使用的副作用比较明显，所以已经逐渐退出癫痫治疗的一线药物。

2. 治疗外周神经痛 如三叉神经、舌咽神经和坐骨神经等疼痛。这种作用可能与其稳定神经细胞膜有关。

3. 抗心律失常 （见抗心律失常药）。

【不良反应】

1. 局部刺激 苯妥英钠碱性较强，对胃肠道有刺激性，口服易引起食欲减退、恶心、呕吐、腹痛等症状，宜饭后服用。静脉注射可发生静脉炎。长期应用还能使齿龈增生，多见于儿童及青少年，发生率约 20%，与部分药物从唾液排出刺激胶原组织增生有关。轻者不影响继续用药，注意口腔卫生，防止齿龈炎，经常按摩齿龈可以减轻。一般停药 3~6 个月后可自行消退。

2. 神经系统 药量过大引起急性中毒，导致小脑-前庭系统功能失调，表现为眼球震颤、复视、共济失调等。严重者可出现语言障碍、精神错乱、甚至昏睡、昏迷等。

3. 造血系统 长期应用可导致叶酸缺乏，发生巨幼红细胞性贫血，可能与本药抑制叶酸吸收和代谢有关，可用甲酰四氢叶酸治疗。

4. 过敏反应 少数患者发生皮疹、粒细胞缺乏、血小板减少、再生障碍性贫血和肝坏死。长期用药者应定期检查血常规和肝功能，如有异常应及早停药。

5. 骨骼系统 本药能诱导肝药酶，可加速维生素 D 的代谢，长期应用可致低血钙症，儿童患者可发生佝偻病样改变。少数成年患者可出现骨软化症。必要时应用维生素 D 预防。

6. 其他反应 偶见男性乳房增大、女性多毛症、淋巴结肿大等。早孕妇女服药后，可偶致畸胎，故孕妇慎用。久服骤停可使癫痫发作加剧，甚至诱发癫痫持续状态。

【药物相互作用】

保泰松、磺胺类、水杨酸类、苯二氮䓬类和口服抗凝血药等可与苯妥英钠竞争血浆蛋白结合部位，使后者游离型血药浓度增加；氯霉素、异烟肼等通过抑制肝药酶可提高苯妥英钠的血药浓度；苯巴比妥和卡马西平等通过肝药酶诱导作用可加速苯妥英钠的代谢，从而降低其血药浓度。苯妥英钠可通过诱导肝药酶加速某些药物的代谢，降低它们的疗效。如苯妥英钠与口服避孕药合用，可能会导致意外怀孕。苯妥英钠有致畸的可能，故应特别注意。

卡马西平

卡马西平（carbamazepine）又名酰胺咪嗪，化学结构类似于三环类抗抑郁药。此药从 1963 年开始用于治疗三叉神经痛和癫痫。

【药理作用及应用】

经过多年临床应用证明，卡马西平是一种很有效的广谱抗癫痫药，对各种局限性发作疗效好，对大发作也有效，对小发作和肌阵挛发作效果差。卡马西平对三叉神经痛疗效优于苯妥英钠，对舌咽神经痛也有效。还具有抗躁狂作用，可用于锂盐无效的躁狂症患者，其副作用比锂盐少而疗效好。

卡马西平的作用机制目前尚不清楚，可能是降低神经细胞膜对 Na^+ 和 Ca^{2+} 的通透性，降低神经元的兴奋性和延长不应期。亦可能与增强 GABA 神经元的突触传递功能有关。

【体内过程】

口服吸收缓慢、不规则，2～6小时血药浓度达峰值，有效血药浓度为4～10 μg/ml。约有80%与血浆蛋白结合，在体内主要代谢为环氧化物，仍有抗癫痫作用。单次给药 $t_{1/2}$ 约为36小时，因卡马西平能诱导肝药酶，加速自身代谢，故反复用药后 $t_{1/2}$ 可缩短。常见的不良反应有眩晕、视力模糊、恶心、呕吐，少数患者可出现共济失调、手指震颤、皮疹、中性粒细胞及血小板减少。

奥卡西平

奥卡西平 (oxcarbazepine) 是一种新型的抗癫痫药物，是卡马西平的10-酮衍生物，治疗癫痫发作的适应证及作用机制与卡马西平相同，也可作为添加药物用于难治性癫痫的治疗。奥卡西平是一种无活性前体物，在肝脏内迅速转变为10-羟基代谢产物，发挥抗癫痫作用。口服吸收完全，生物利用度为96%。该药物主要以10-羟基代谢产物葡萄糖苷酸形式排泄。奥卡西平的抗癫痫作用弱于卡马西平，达到相同的治疗效果需要的临床剂量比卡马西平高50%。奥卡西平的优点是肝药酶诱导作用很低及药代动力学相互作用极少，变态反应少见，仅25%与卡马西平有交叉过敏反应。因而患者对奥卡西平的耐受性较好。

丙戊酸钠

丙戊酸钠 (sodium valproate) 的化学名为二丙基醋酸钠。此药早在1882年即被合成，一直作有机溶媒使用，直到1963年才偶然发现它具有较强的抗惊厥作用，1964年在法国首先用于治疗癫痫获得成功，1964年开始在欧美各国临床广泛应用，目前已在世界各国广泛应用，成为治疗癫痫的一线治疗药物。

【临床应用】

丙戊酸钠对各类型癫痫都有一定疗效。虽然对大发作的疗效不及苯妥英钠、苯巴比妥，但不良反应较轻。当后两药无效时，用本药仍有效。对小发作疗效优于乙琥胺，但因其肝脏毒性，一般不作首选。对精神运动性发作疗效与卡马西平相似。

【作用机制】

丙戊酸钠的抗癫痫作用与 GABA 有关，它能抑制脑内 GABA 转氨酶，减慢 GABA 的代谢；提高谷氨酸脱羧酶活性，使 GABA 形成增多，使脑内 GABA 含量增高，并能提高突触后膜对 GABA 的反应性，从而增强 GABA 能神经突触后抑制。它不抑制癫痫病灶放电，但能阻止病灶异常放电的扩散。此外，丙戊酸钠也能阻滞 Na^+ 通道和 L 型 Ca^{2+} 通道。

【体内过程】

口服吸收迅速而完全，生物利用度在80%以上，1～4小时血药浓度达峰值，有效血药浓度为30～100 μg/ml，约有90%与血浆蛋白结合。$t_{1/2}$ 约为8～15小时。在体内主要代谢为丙戊二酸与葡萄糖醛酸结合，经肾排泄。丙戊酸钠能提高苯妥英钠、苯巴比妥、氯硝西泮和乙琥胺的血药总浓度和抗癫痫作用，而苯妥英钠、苯巴比妥、扑米酮和卡马西平则能降低丙戊酸钠的血药浓度和抗癫痫作用。

【不良反应】

不良反应轻，常见有恶心、呕吐、食欲减退，饭后服用或逐渐加量可减轻。中枢神经系统不良反应主要表现为嗜睡、平衡失调、乏力、精神不集中、不安和震颤等，但少见，减量可减轻。严重不良反应为肝功能损害，约有25%的患者服药数日后出现肝功能异常，尤其是在开始用药的前几个月较常见，故在用药期间应定期检查肝功能。孕妇慎用。

乙 琥 胺

【药理作用及应用】

乙琥胺 (ethosuximide) 对戊四唑所致惊厥有显著对抗作用。临床对小发作（失神性发作）有效，这与乙琥胺选择性阻滞丘脑神经元 T 型 Ca^{2+} 通道有关。其疗效虽不及氯硝西泮，但副作用及耐受性的产生较后者为少，故为防治小发作的首选药，对其他癫痫类型无效。

【体内过程】

乙琥胺口服可完全吸收，3小时后血药浓度达峰值。较少与血浆蛋白结合，很快分布到各组织，其表观分布容积为0.7 L/kg。不在脂肪组织中蓄积。长期用药时脑脊液内的药物浓度与血浆浓度近似。儿童需4～6日血药浓度才达稳定水平，成人需时更久。控制小发作的有效血药浓度约为40～100 μg/ml。成人血浆 $t_{1/2}$ 为40～50小时，儿童约为30小时。大约25%以原形随尿排出，其余被肝药酶代谢，其主要代谢产物是羟乙基衍生物，与葡萄糖醛酸结合后随尿排出。

【不良反应】

常见副作用为胃肠道反应，如厌食、呃逆、恶心和呕吐等。其次为中枢神经系统反应，如头痛、头晕、困倦、嗜睡及欣快等。对有精神病史的患者可引起精神行为异常，表现为焦虑、抑郁、短暂的意识丧失、攻击行为、多动、注意力不集中和幻听等。偶见嗜酸性粒细胞增多或粒细胞缺乏，严重者发生再生障碍性贫血，故用药期间应勤查血象。此外，该药本身也可加重癫痫发作，可使部分失神性发作患者转为大发作。由于失神性发作常伴有大发作，在这种情况下，应与抗癫痫大发作药物合用，找出其适宜剂量后，再加用乙琥胺。

拉莫三嗪

拉莫三嗪（lamotrigine）的化学结构为3,5二氨基-6-(2,3-二氯苯基)-1,2,4-三嗪，属苯三嗪类，其化学结构近似叶酸拮抗药，但其抗叶酸作用很弱，这一作用与其抗惊厥作用无关。1990年首次在国外上市，1999年在美国被批准用于治疗部分性发作，是一种较新的抗癫痫药。

【药理作用及应用】

拉莫三嗪的作用机制可能与其阻滞电压依赖性Na^+通道，从而稳定神经细胞膜和抑制兴奋性氨基酸释放有关。拉莫三嗪可在不影响正常神经元的电生理活动的同时，选择性抑制癫痫灶内神经元去极化和高频放电过程，从而阻止病灶异常放电。拉莫三嗪还能阻滞N型和P/Q型Ca^{2+}通道，通过阻止痫性放电的扩散来发挥抗癫痫作用。主要用于治疗部分性发作（包括继发全身性部分发作）、全身性发作（肌阵挛性发作除外），对失神发作也有效。对其他抗癫痫药不能控制的难治性癫痫也有不同程度的疗效。

【体内过程】

口服易从胃肠道吸收，1～3小时后血药浓度达峰值，有效血药浓度为1～3 μg/ml，一次用量$t_{1/2}$约为33小时。消除主要经肝脏葡萄糖苷酸化后，经肾脏分泌排出体外。与其他抗癫痫药物如苯巴比妥、苯妥英合用时，可使其$t_{1/2}$下降为13小时，而与丙戊酸钠合用时，则明显延长其$t_{1/2}$。口服生物利用度为98%。

【不良反应】

常见的不良反应为头晕，平衡失调，困倦，头痛，复视，恶心和呕吐，这些反应并不严重。其缺点是可引起皮疹，在服药4～6周后可出现这种反应，如丘疹状或红斑状皮疹，连续用药可消失，但有时可引起全身症状，如发热或淋巴结肿大。约10%成年患者可发生严重的、有生命危险的皮疹，如斯-约综合征（Stevens-Johnson syndrome）、中毒性表皮坏死、伴有高热的血管性水肿和淋巴结病。如与丙戊酸钠合用，上述症状发生的风险可增加3倍。突然停药可发生惊厥，如果停用时，需在2周内逐渐减量后停用。因可由乳汁分泌，故哺乳期妇女禁用。

托 吡 酯

托吡酯（topiramate）是磺酸基取代的单糖衍生物，是1995年上市的新型广谱抗癫痫药物。

【药理作用及应用】

单药用于治疗部分性（包括继发全身性部分发作）及强直-阵挛性全身性发作，对失神发作也有效，但剂量宜大。可作为添加药物用于难治性部分性发作及全身性发作的辅助治疗。

托吡酯可阻断电压依赖性Na^+通道，减少Na^+离子内流强度，但作用弱于苯妥英钠和卡马西平。托吡酯也可增加GABA诱发的Cl^-内流，提高GABA介导的抑制性作用。还可阻滞谷氨酸受体，抑制谷氨酸介导的兴奋性作用。有研究发现托吡酯对电压门控Ca^{2+}通道可能也有阻滞作用。

【体内过程】

托吡酯口服吸收迅速，生物利用度为80%。血浆蛋白结合率约为15%。本品20%～50%在肝脏代谢为无活性产物，其余以原形经肾脏排出体外。半衰期为20～30小时。

【不良反应】

主要见于中枢神经系统，可有眩晕、感觉异常、语言障碍、嗜睡、思维异常、抑郁、意识模糊、遗忘等，久用能自行消失。胃肠道反应可有食欲缺乏、恶心、腹泻等。少数患者见体重减轻、肾结石、青光眼等，有致畸的报道。

左乙拉西坦

左乙拉西坦（levetiracetam）是吡拉西坦（脑复康）的同类物，于1999年在美国正式批准使用，是一种新型抗癫痫药。它的作用机制尚未阐明，可能与选择性结合突触囊泡蛋白2A（SV2A），通过影响囊泡功能调节谷氨酸和GABA的释放有关。本品单药用于治疗部分性发作和肌阵挛发作，也可作为添加药物用于难治性部分性发作、全身性强直阵挛发作以及肌阵挛发作的辅助治疗。左乙拉西坦口服吸收迅速而完全，1.3小时血浆浓度达峰值。半衰期为6～8小时，三分之二以原形经肾脏排出体外。常见不良反应有嗜睡、无力、共济失调、头晕等。较严重的不良反应包括情绪和行为的改变。

其他抗癫痫药物

其他抗癫痫药物还包括苯巴比妥（phenobarbital, luminal, 鲁米那）、苯二氮䓬类、氟桂利嗪等。它们的药理作用、临床应用和主要不良反应见表3-16-1。

表 3-16-1　其他抗癫痫药物作用、用途及不良反应

药物	药理作用及机制	临床应用	主要不良反应
苯巴比妥	作用于突触后膜上的 GABA$_A$ 受体及突触前膜 Ca^{2+} 通道。抑制病灶异常放电的产生和扩散	防治癫痫大发作及治疗癫痫持续状态。对单纯性部分性发作及精神运动性发作亦有效	嗜睡、精神萎靡、共济失调；耐药性；肝药酶诱导
苯二氮䓬类	作用于突触后膜上的 GABA$_A$ 受体	用于癫痫大发作，小发作，肌阵挛发作和婴儿痉挛及其他原因引起的惊厥发作；地西泮是治疗癫痫持续状态的首选药	嗜睡，头昏，乏力，头痛，恶心，过敏反应；耐药性
氟桂利嗪	选择性阻滞 T 和 L 型 Ca^{2+} 通道	各型癫痫的辅助性治疗药物,对部分性发作、大发作效果较好	困倦，镇静，体重增加
抗痫灵	可能与其升高脑内 5-HT 和 GABA 含量有关	单药或添加药物用于治疗各型癫痫，对大发作效果较好	厌食、恶心、头晕，嗜睡

【应用抗癫痫药注意事项】

癫痫是一种慢性疾病，需长期用药，甚至终生用药，故要求所用药物应具备毒性低、疗效高、抗癫痫谱广及价格便宜等优点。在应用时须注意如下几点：

(1) 一年内偶发 1～2 次者，一般不用药物。

(2) 单纯型癫痫选用一种有效药即可，一般先从小剂量开始，逐渐增量，直至获得理想疗效时维持治疗。如果两次单药治疗无效，再选第三种单药治疗获益的可能性很小，预示属于难治性癫痫的可能性较大，可以考虑合理的多药治疗。若一种药难于奏效或混合型癫痫患者，常需联合用药。最多不要超过三种抗癫痫药物联合使用。

(3) 在治疗过程中不宜随便更换药物，必要时须采用过渡换药方法，即在原药基础上加用新药，待其发挥疗效后再逐渐撤掉原药。即使症状完全控制后，也不能随意停药，至少维持 2～3 年再逐渐停药。否则会导致复发。

(4) 长期使用抗癫痫药时，需注意毒副作用，密切观察和定期进行有关检查。

(5) 因大部分抗癫痫药物有致畸的可能，孕妇在药物选择上要慎重，育龄妇女在治疗过程应注意避孕。

第二节　抗惊厥药

惊厥是由于中枢神经系统过度兴奋而引起的全身骨骼肌强烈的不随意收缩，呈强直性或阵挛性抽搐，常见于高热、子痫、破伤风、癫痫大发作及某些药物中毒引起中枢神经的过度兴奋。常用巴比妥类、地西泮或水合氯醛治疗，也可注射硫酸镁抗惊厥。

硫　酸　镁

镁离子是体内重要的阳离子之一，在神经冲动传递及神经肌肉应激的维持方面具有重要作用。同时，镁离子也是体内多种酶的辅助因子，参与蛋白质、脂肪和糖的代谢。此外，镁离子也是中枢兴奋性氨基酸受体 NMDA 受体的抑制性因子，调节其功能。

硫酸镁（magnesium sulfate）可因给药途径不同而产生完全不同的药理作用。口服硫酸镁有泻下及利胆作用，但很少吸收。注射给药则产生吸收作用，可引起中枢抑制和骨骼肌松弛。在体内，镁离子主要存在于细胞内液。细胞外液仅占 5%。血液中镁离子为 2～3.5 μg/100 ml，低于此浓度时，神经及肌肉组织的兴奋性升高。镁离子能阻滞神经肌肉接头的传递，产生箭毒样的肌松作用。这主要是因为运动神经末梢释放 ACh 的过程需要钙离子参与，而镁离子与钙离子化学性质相似，可通过竞争拮抗钙离子的作用，使运动神经末梢 ACh 释放减少。当镁离子过量中毒时可用钙离子来解救，亦出于同样原理。硫酸镁可引起血管扩张，导致血压下降。由于硫酸镁的中枢抑制作用及骨骼肌松弛作用、降压作用，临床上常以肌内注射或静脉滴注给药，主要用于缓解子痫、破伤风等惊厥，也常用于高血压危象的救治。血镁过高可引起呼吸抑制、血压剧降和心脏骤停而致死。肌腱反射消失是呼吸抑制的先兆，因此在连续用药期间应经常检查腱反射。中毒时应立即进行人工呼吸，并缓慢静脉注射氯化钙或葡萄糖酸钙紧急抢救。

（浙江大学医学部　陈　忠）

第十七章 抗中枢神经系统退行性疾病药

- The chapter focuses mainly on two common neurodegenerative conditions, namely Parkinson's disease (PD) and Alzheimer's disease (AD).
- The chief symptoms of PD are tremor at rest, muscle rigidity and suppression of voluntary movements (hypokinesis). PD is associated with early degeneration of dopaminergic nigrostriatal neurons, followed by more general neurodegeneration. Drugs used in PD are L-dopa, carbidopa, selegiline, etc.
- AD is characterized by progressive impairment of memory and cognitive functions and may lead to a completely vegetative state. Drugs used in AD are donepezil, memantine, etc.

神经退行性疾病（neurodegenerative diseases）是一类慢性、进行性、不可逆性神经组织退行性变性而产生的疾病的总称。主要包括帕金森病（Parkinson's disease，PD）、阿尔茨海默病（Alzheimer's disease，AD）、肌萎缩侧索硬化症（amyotrophic lateral sclerosis，ALS）、亨廷顿病（Huntington's disease，HD）、脊髓肌萎缩症和脊髓小脑共济失调等。虽然这类疾病的病变部位和发病机制各不相同，但神经细胞发生退行性病理学改变是其共同的特征。随着社会人口老龄化，神经退行性疾病已成为严重影响人类健康和生活质量的重要疾病。流行病学调查结果显示，帕金森病和老年性痴呆症（主要包括阿尔茨海默病、血管性痴呆症等）发生于中、老年人。随着人类寿命的延长，老年性痴呆症的发病率正逐年增加，是继肿瘤、心脏病、脑血管病之后引起老年人死亡的第四大病因，而老年性痴呆症患者中约70%的患者为阿尔茨海默病。神经退行性疾病的病因复杂，至今尚无有效的治疗方法，目前的药物治疗仍然是针对神经元丢失的功能代偿，而不能逆转神经元的丢失。近年来，在患者脑内陆续发现了一些不溶性沉积物（包涵体），这些沉积物是由某些蛋白质的异常积聚（aggregation）或蛋白质的淀粉样化（amyloidogenesis）而形成的，如β-淀粉样肽（β-amyloid peptide，β-AP）、tau 蛋白、突触核蛋白家族（α-突触核蛋白、$Syn_{61\sim95}$）以及甲状腺素运载蛋白等。

除帕金森病和老年性痴呆症外，其他神经退行性疾病的治疗药物目前尚未形成体系，治疗效果亦无定论。因此，本章重点介绍治疗帕金森病和老年性痴呆症的药物。

第一节 抗帕金森病药

帕金森病（Parkinson's disease，PD）又称震颤麻痹（paralysis agitans），是一种由锥体外系功能障碍引起的慢性、进行性中枢神经系统退行性疾病。因英国人 J. Parkinson 于 1817 年首先描述而得名。多发于老年人，临床症状主要为静止性震颤（resting tremor）、肌强直（muscular rigidity）、运动迟缓（bradykinesia）和共济失调，严重者伴记忆障碍和痴呆等症状。临床上按不同病因分为原发性、老年性血管硬化、病毒性脑炎和化学药物中毒（如 Mn^{2+}、CO、抗精神病药物中毒）四类，它们均可引起类似帕金森病的症状，统称为帕金森综合征。

在锥体外系，黑质多巴胺能神经元发出神经纤维与尾-壳核神经元形成突触，以 DA 为递质；另一方面，尾核中的胆碱能神经元发出神经纤维与尾-壳核神经元形成突触，以 ACh 为递质。上述多巴胺能神经通路对脊髓前角运动神经元发挥抑制作用，而胆碱能神经通路对脊髓前角运动神经元具有兴奋作用。生理条件下，这两条通路的功能或两种递质（DA、ACh）处于动态平衡，共同参与机体运动的调节。帕金森病的主要病变区域是中枢神经系统的黑质-纹状体多巴胺能神经通路，该神经受损时 DA 合成减少，纹状体内 DA 含量降低，造成多巴胺能神经功能减弱；另一方面，由于胆碱能神经通路的功能未受影响而处于相对优势状态，使得锥体外系的平衡被打破，脊髓前角运动神经元的兴奋性增高，患者出现肌张力增高等帕金森病的症状。

关于黑质多巴胺能神经元发生退行性病变的机制，最近提出了"氧化应激-自由基学说"。该学说认为，在氧化应激条件下，DA 代谢途径可产生大量的 H_2O_2 和超氧阴离子。尤其是在黑质部位，亚铁离子（Fe^{2+}）进一步催化 H_2O_2 和超氧阴离子生成毒性更大的羟自由基（OH·）。而此时黑质部位的细胞呼吸链的复合物Ⅰ（complex Ⅰ）活性下降，抗氧化物（特别是谷胱甘肽）消失，无法清除自由基。黑质部位的高浓度自由基可损害线粒体功能，促进神经细胞膜类脂的氧化，破坏 DA 神经细胞膜的功能甚至损伤 DA 神经细胞的 DNA，最终导致神经元变性（图 3-17-1）。

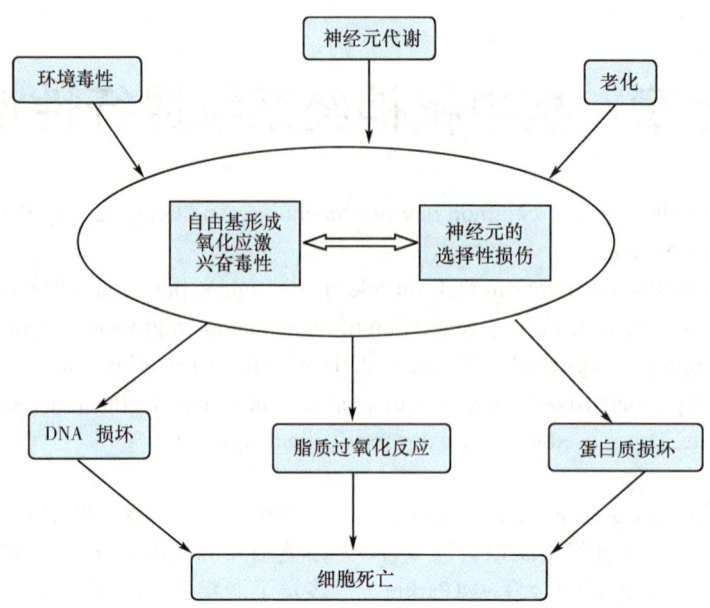
图 3-17-1 帕金森病选择性神经元损伤的机制

传统的抗帕金森病药主要是拟多巴胺类药和抗胆碱药两类，前者通过直接补充 DA 的前体物或抑制 DA 降解而产生作用，后者则通过降低相对增高的胆碱能神经的活性，最终恢复多巴胺能和胆碱能神经系统功能的平衡状态而发挥治疗作用。另一方面，"氧化应激－自由基学说"为帕金森病的治疗开拓了新的方向，即从治疗症候群方向转向预防 DA 神经元自身中毒的问题，如司来吉兰除选择性抑制 MAO-B 外，还具有一定的自由基清除剂的功能。此外，DA 受体及其亚型选择性激动药也已成为 PD 治疗的亮点，胚胎干细胞移植和基因干预治疗等方法也正在研究之中。

一、拟多巴胺类药

（一）多巴胺前体药

左旋多巴

左旋多巴（levodopa，L-dopa）是由酪氨酸形成儿茶酚胺的中间产物，即 DA 前体，现已人工合成。

【药理作用】

帕金森病患者脑内多巴胺能神经元发生退行性变，负责将酪氨酸转化为左旋多巴的酪氨酸羟化酶亦减少，但将左旋多巴转化为 DA 的能力仍存在。左旋多巴通过血脑屏障，进入中枢神经系统后转变为 DA，补充纹状体中多巴胺的不足并使 DA 和 ACh 的浓度趋于平衡，而发挥抗帕金森病的作用。至于左旋多巴在中枢转变为 DA 的详细过程尚不十分清楚。左旋多巴的临床疗效随病情发展而降低，提示其作用可能依赖残存神经元，然而动物实验表明，左旋多巴的疗效可不依赖于多巴胺能神经的

存在。多巴胺因不易通过血脑屏障，不能用于治疗 PD。

【体内过程】

左旋多巴口服后，经小肠芳香族氨基酸转运载体迅速吸收，0.5～2 小时达 C_{max}。食物中的其他氨基酸可与左旋多巴竞争同一转运载体，从而减少药物的吸收。胃排空延缓、胃液 pH 偏低或抗胆碱药等也可降低左旋多巴的生物利用度。左旋多巴穿过血脑屏障进入中枢时亦依赖于芳香族氨基酸转运载体。药物必须以原形进入脑内才能发挥疗效，但是绝大部分的左旋多巴在肠黏膜、肝和其他外周组织被左旋芳香族氨基酸脱羧酶（L-amino acid decarboxylase，AADC，亦称左旋氨基酸脱羧酶）代谢，脱羧生成 DA。由于 L-Dopa 脂溶性较差，难以通过血脑屏障，故进入中枢神经系统的左旋多巴仅为用药量的 1%～3%。外周 DA 的生成不仅减弱了左旋多巴的疗效，而且成为左旋多巴不良反应的重要原因。若同时合用 AADC 抑制药，可减少外周 DA 生成，使左旋多巴更多地进入脑内，增加血和脑内左旋多巴达 3～4 倍，转化为 DA 而生效，并可减少不良反应。DA 最终被单胺氧化酶（MAO）或儿茶酚氧位甲基转移酶（COMT）代谢为双羟苯乙酸（DOPAC）和高香草酸（HVA），并经肾排泄，$t_{1/2}$ 为 1～3 小时。

【临床应用】

1. 抗帕金森病 约 75% 的帕金森病患者用药后可获较好疗效。其作用特点为：①疗效与黑质纹状体病损程度相关，轻症或较年轻患者疗效好，重症或年老体弱者疗效较差。②对肌肉僵直和运动困难的疗效好，对肌肉震颤的疗效差。③起效慢，用药 2～3 周出现体征改善，用药 1～6 个月后疗效最强。长期服用左旋多巴可延长患者寿命，提高生活质量。

左旋多巴对其他原因引起的帕金森综合征也有效，但对阻断多巴胺受体的抗精神病药如吩噻嗪类引起的锥体外系不良反应无效（因该类药物阻断了DA受体）。

2. 治疗肝昏迷　左旋多巴进入脑内可合成去甲肾上腺素，恢复中枢神经系统功能，使肝昏迷患者苏醒，但不能改善肝功能。

【不良反应】

分为早期反应和长期反应两大类型，主要由左旋多巴在体内生成多巴胺而引起。

1. 早期反应　大部分患者在用药早期会出现胃肠道及心血管系统等的不良反应，但在用药几周后逐步缓解，直至消失。

（1）胃肠道反应：治疗初期约80%的患者出现恶心、呕吐和食欲不振等，数周后能耐受。与多巴胺直接刺激胃肠道和兴奋延髓催吐化学感受区 D_2 受体有关。还可引起腹胀、腹痛和腹泻等。饭后服药或剂量递增速度减慢，可减轻上述症状。偶见溃疡出血或穿孔。

（2）心血管反应：治疗初期约30%的患者出现直立性低血压，可能与外周组织中过多的多巴胺作用于血管壁的多巴胺受体或交感神经末梢突触前膜多巴胺受体有关，导致血管扩张或NA释放减少。另外，多巴胺作用于心脏β受体，引起心动过速、心绞痛和心律失常等。

2. 长期反应

（1）精神症状：出现失眠、焦虑、幻觉、夜间谵妄、精神错乱和情感抑郁等。可能与多巴胺作用于皮质下边缘系统有关。应减量或更换药物。

（2）运动障碍（亦称运动过多症）：高龄患者出现头颈前后、左右不规则扭动，皱眉和伸舌等不自主运动；年轻患者出现舞蹈样异常运动。与服药后纹状体内多巴胺浓度过高，多巴胺受体过度兴奋有关。服药2年以上者发生率可达90%。

（3）症状波动：多发生于初期疗效好且连续服药1年以上的患者。轻症患者表现为症状波动；严重者出现"开-关"现象（on-off phenomenon），即突然发生的少动（肌强直性运动不能，即所谓"关"），此现象持续数分钟或数小时后，又突然自动恢复为良好状态但常伴有运动障碍（即所谓"开"）。"开-关"现象的发作可每天数次或数天1次。为减轻症状波动，可合用AADC抑制药缓释剂或用多巴胺受体激动药，或加用MAO抑制药如司来吉兰等，也可调整左旋多巴的给药方案如改用静脉滴注、增加服药次数而不增加或减少药物剂量，减量或停药1~2周。

【药物相互作用】

（1）维生素 B_6 是多巴脱羧酶的辅酶，能加速左旋多巴在外周组织转化成多巴胺，可增强多巴胺的外周副作用，降低疗效。

（2）利血平可耗竭黑质纹状体中的多巴胺，故能降低左旋多巴的疗效。

（3）抗精神病药物阻断中枢多巴胺受体，除降低左旋多巴的疗效外，还可引起帕金森综合征。

（4）抗抑郁药能引起直立性低血压，加强左旋多巴的副作用。

（二）左旋多巴降解抑制药

卡比多巴

卡比多巴（carbidopa），又名α-甲基多巴肼（α-methyldopa）、洛得新。作为AADC抑制药用于治疗帕金森病。卡比多巴是较强的多巴脱羧酶（AADC）抑制药，因其不能通过血脑屏障，与左旋多巴合用时，仅抑制外周左旋多巴的脱羧反应，减少外周多巴胺生成，而且可使血中更多的左旋多巴进入中枢，增强疗效。本品与左旋多巴合用时，还可明显减轻后者诱发的不良反应，如症状波动、对心脏的毒副作用等。

卡比多巴与左旋多巴组成的复方制剂称卡比多巴-左旋多巴，又名心宁美（sinemet）、复方多巴，两者的混合比例为1：4或1：10，可使左旋多巴的剂量减少75%，现有卡左双多巴控释片。

苄丝肼

苄丝肼（benserazide）又名羟苄丝肼、色丝肼，属AADC抑制药，其药理作用和临床应用类似卡比多巴。苄丝肼和左旋多巴组成的复方制剂称多巴丝肼，又名美多芭（madopa, madopar）、复方左旋多巴、复方苄丝。苄丝肼与左旋多巴的混合比例为1：4。美多芭临床上常用于治疗帕金森病、症状性帕金森综合征（脑炎后、动脉硬化性或中毒性），但不用于药物引起的帕金森综合征，禁用于25岁以下的患者。

（三）单胺氧化酶B抑制药

司来吉兰

司来吉兰（selegiline）又名丙炔苯丙胺（deprenyl）、塞利吉林。属选择性MAO-B的单胺氧化酶抑制药。人体内MAO分为A、B两种，肠道内以MAO-A为主，黑质-纹状体内以MAO-B为主，肝中两者所占的比例大致相等。肝和肠道中的MAO主要代谢食物中、肠道内和血液循环中的单胺（NE、5-HT、DA）；黑质-纹状体的MAO-B主要代谢DA。司来吉兰是MAO-B的选择性和不可逆性抑制药，易透过血脑屏障，在中枢神经系统减慢黑质-纹状体多巴胺的代谢速率，使该脑区多巴胺浓度增加；与左旋多巴合用时，能增强疗效并减少左旋多巴用量，从而减少左旋多巴引起的外周不良反应。临床研究资料表明：两者合用更有利于缓解症状，延长患者寿命。在早期治疗中，司来吉兰单药治疗，能减慢症状进展，延缓左旋多巴的使用。由于司来吉兰使脑内多巴胺含量持续性增加，可减少甚至消除长期单独使用左旋多巴出现的"开-关"现象。近来发现司来吉兰作为神经保护药优先抑制黑质-纹状体的超氧阴离子和羟自由基生成，延迟神经元变性和氧化损伤导致的PD发展，这一作用对于延迟帕金森病患者神经元变性和病情发展具有重要意义。司来吉兰对外周MAO-A影响很小，故肠道和血液中的多巴胺和酪胺仍可由MAO-A代谢，不会出现高血压危象。但是大剂量司来吉兰亦可抑制MAO-A，应限制临床用量。不良反应中偶见兴奋、失眠、幻觉、恶心、低血压和运动障碍等。亨廷顿病或家族遗传性震颤患者禁用，精神病或癫痫患者慎用。禁与哌替啶或其他MAO抑制药合用。

（四）儿茶酚氧位甲基转移酶抑制药

硝替卡朋

硝替卡朋（nitecapone）属选择性COMT抑制药。应用AADC抑制药治疗帕金森病时，左旋多巴代谢的其他途径（特别是COMT途径）代偿性激活，血浆中左旋多巴代谢产物3-甲氧酪氨酸（3-O-methyldopa，3-O-MD）浓度升高。已经确认，患者出现高浓度3-O-MD时，左旋多巴的疗效下降，其部分原因可能是3-O-MD与左旋多巴竞争共同的主动转运机制，最终导致左旋多巴由肠道吸收以及透过血脑屏障的量减少。应用选择性COMT抑制药既可延长左旋多巴有效血药浓度的时程，又可消除3-O-MD对左旋多巴转运的抑制作用，增加左旋多巴的口服生物利用度和进入中枢神经系统的量。

硝替卡朋不易通过血脑屏障，故其仅在外周发挥作用，与卡比多巴合用时，增加纹状体中左旋多巴和多巴胺含量。

托卡朋和恩他卡朋

托卡朋（tolcapone）和恩他卡朋（entacapone）为COMT抑制药，能延长左旋多巴半衰期，稳定血浆浓度，使更多的左旋多巴进入脑组织，安全而有效地延长症状波动患者"开"的时间。两者均可明显改善病情稳定的PD患者日常生活能力和运动能力，尤其适用于伴有症状波动的患者。其中托卡朋是唯一能同时抑制外周和中枢COMT的药物，比恩他卡朋的生物利用度高，半衰期长，COMT抑制作用也更强，而恩他卡朋仅抑制外周COMT。托卡朋的主要不良反应为肝损害，甚至出现暴发性肝功能衰竭，仅用于其他抗帕金森病药物无效时，且应用时需严密监测肝功能。

（五）多巴胺受体激动药

溴 隐 亭

溴隐亭（bromocriptine）又名溴麦角隐亭，是一种半合成的麦角生物碱。溴隐亭是D_2样受体家族（D_2受体、D_3受体和D_4受体）的激动药，对D_1样受体家族（D_1受体和D_5受体）、外周DA受体和α受体也有较弱的激动作用。小剂量溴隐亭激动结节-漏斗通路的D_2受体，抑制催乳素和生长激素释放，临床用于治疗催乳素分泌过多引起的乳溢、闭经、经前期综合征，缓解周期性乳房痛和乳房结节的症状，也可治疗肢端肥大症和女性不孕症；大剂量溴隐亭可激动黑质-纹状体通路的D_2受体，临床用于治疗帕金森病。左旋多巴对重症帕金森病的疗效常常不理想，因此溴隐亭主要用于左旋多巴疗效差或不能耐受者，与左旋多巴合用时能减少症状波动并减少"开-关"现象。

不良反应较多，消化系统常见食欲减低、恶心、呕吐、便秘，对消化性溃疡患者可诱发出血。用药初期，心血管系统常见直立性低血压；长期用药中，特别对于有雷诺氏现象病史者可出现无痛性手指血管痉挛，减少药量可缓解；也可诱发心律失常，一旦出现应立即停药。大剂量治疗时，可能会出现幻觉、意识精神错乱、视觉障碍、运动障碍等，这些副作用均为剂量依赖性，减量就可使症状得到控制。其他不良反应包括头痛、鼻塞、腹膜和胸膜纤维化、红斑性肢痛。

普拉克索和罗匹尼罗

普拉克索（pramipexole）和罗匹尼罗（ropinirole）为非麦角生物碱类DA受体激动药，是美国FDA最近批准用于治疗帕金森病的新型药物。据国外报道，这两个药物的临床应用广泛。普拉克索是D_2样受体家族的选择性激动药，其中对D_3受体的亲和力明显高于D_4受体和D_2受体，分别为后两者的7倍。普拉克索对D_1样受体家族几乎没有作用。研究资料显示：普拉克索亦通过其抗氧化作用对帕金森病患者发挥神经保护作用。罗匹尼罗是第一个用于临床的非麦角生物碱类DA受体激动药，对早期帕金森病单独应用即可产生满意效果；也可作为辅助用药与左旋多巴合用，使左旋多巴的疗效平稳，延长症状波动患者"开"的时间。

一般认为，患者对普拉克索和罗匹尼罗的耐受性较好，但它们仍具有拟多巴胺类药共有的不良反应，如恶心、直立性低血压和运动功能障碍等。作为辅助用药可引起幻觉和精神错乱。已证实服用罗匹尼罗和普拉克索的患者在驾车时，出现突发性睡眠，酿成交通事故，故服药期间禁止从事驾驶和高警觉性工作。

阿扑吗啡

阿扑吗啡（apomorphine）又名去水吗啡，是多巴胺受体激动药，可改善严重的"开-关"现象。但长期用药可引起QT间期延长、肾功能损害和精神症状。仅用于其他药物对"开-关"现象无效时。

二、中枢 M 受体阻断药

M 受体阻断药是最早用于治疗帕金森病的药物，因阿托品和东莨菪碱治疗帕金森病时的外周抗胆碱副作用大，主要使用中枢 M 受体阻断药。随着拟多巴胺类药物的发展，中枢 M 受体阻断药的临床应用逐渐居次要地位。本类药物可阻断中枢 M 受体，抑制黑质-纹状体通路中 ACh 的作用，对帕金森病的震颤和僵直有效，但对动作迟缓无效。其疗效不如左旋多巴，临床上主要用于早期轻症患者、不能耐受左旋多巴或禁用左旋多巴的患者以及抗精神病药所致的帕金森综合征。此外，有报道认为本类药物可能加重帕金森病患者伴有的痴呆症状。因此，伴有明显痴呆症状的帕金森病患者应慎用本类药物。

苯海索

苯海索（trihexyphenidyl）又名安坦。口服易吸收，抗震颤效果好，也能改善运动障碍和肌肉僵直，外周抗胆碱作用为阿托品的 1/10～1/2。对少数不能使用左旋多巴或多巴胺受体激动药的帕金森病患者，可使用本药，临床上还用于药物引起的锥体外系疾患。不良反应与阿托品相同，如口干、视物模糊等，偶见心动过速、恶心、呕吐、尿潴留、便秘等，长期应用可出现嗜睡、抑郁、记忆力下降和幻觉等。青光眼、尿潴留和前列腺肥大的病人禁用。苯海索对帕金森病的疗效有限，不良反应较多，现已少用。

苯扎托品

苯扎托品（benzatropine）又名苄托品。作用近似阿托品，具有抗胆碱作用，有一定的中枢选择性。还有抗组胺和局部麻醉作用，对大脑皮层有抑制作用。用于治疗帕金森病和抗精神病药物引起的帕金森综合征。外周不良反应较轻。

三、其他药物

金刚烷胺

金刚烷胺（amantadine）又名金刚胺，系合成类抗病毒药，在用于流感预防时偶然发现其对帕金森病有效。疗效不及左旋多巴和溴隐亭，但优于胆碱受体阻断药。金刚烷胺的抗帕金森病作用涉及多个环节，包括促进纹状体中残存的多巴胺能神经元释放 DA、抑制 DA 再摄取、直接激动 DA 受体和较弱的抗胆碱作用。近年研究认为，金刚烷胺的作用机制也与抑制 NMDA 受体有关。其抗帕金森病的特点为：用药后显效快，作用持续时间短，应用数天即可获得最大疗效，但连用 6～8 周后疗效逐渐减弱。对 PD 的肌肉僵直、震颤和运动障碍的缓解作用较强。长期用药时常见下肢皮肤出现网状青斑，可能与儿茶酚胺释放引起外周血管收缩有关。此外，可引起精神不安、失眠和运动失调等。偶致惊厥，癫痫患者禁用。

第二节 治疗老年性痴呆症药

老年性痴呆症大致可分为阿尔茨海默病（AD）、血管性痴呆症（vascular dementia）和两者的混合型。AD 是一种与年龄高度相关的、以记忆和认知功能进行性损害为特征的、多病因相关的神经退行性疾病。AD 占老年性痴呆症患者总数的 70% 左右，患者表现为记忆、判断和抽象思维等能力丧失，但视力、运动能力等则不受影响；病理学特征为弥漫性脑萎缩、特征性神经元纤维缠结、脑组织内老年斑沉积以及脑动脉淀粉样变性等。美国一项调查结果显示：AD 的发病率在 65～74 岁老年人群中为 3%，在 85 岁以上老年人群中高达 47%。我国 AD 患者可能不少于 500 万人。

临床病理学研究显示，AD 患者脑内胆碱能神经元明显减少；随后的研究进一步证实，患者尚有胆碱能神经纤维退变，ACh 合成减少，M_2 受体数量减少以及 M_1 受体与药物的亲和力降低等。因此，目前临床主要使用胆碱酯酶抑制药治疗 AD。但是随着病情加重，能释放 ACh 的神经元越来越少，胆碱酯酶抑制药的效果降低。此时，由于突触后膜 M_1 受体的数目变化不大，所以选择性 M_1 受体激动药具有一定的开发应用前景。此外，β 和 γ 分泌酶抑制剂、非甾体类抗炎药、自由基清除剂和 AD 疫苗等药物也正在研究之中。

他克林是美国 FDA 批准的第一个治疗 AD 的药物，属选择性中枢 AChE 抑制药，因其不良反应较为严重，现已下市。

一、AChE 抑制药

多奈哌齐

多奈哌齐（donepezil）又名安理申（aricept），为第二代可逆性中枢乙酰胆碱酯酶（AChE）抑制药，对中枢神经系统 AChE 的选择性和专属性高，对丁酰胆碱酯酶无作用。多奈哌齐口服吸收完全，不受食物影响。药物主要由肝药酶代谢，代谢产物中 6-O-脱甲基衍生物的体外抗 AChE 活性与母体药物相同。$t_{1/2}$ 约为 70 小时，故可每天服用 1 次。临床用于轻、中度 AD 患者的治疗，其中对轻度 AD 作用更佳，能显著改善认知功能障碍，是目前用于治疗 AD 最常用的药物。可改善患者的认知功能并可延缓病情发展，具有剂量小、毒性低和价格相对较低等优点。肝毒性及外周抗胆碱副作用较同类药物他克林轻。

对于肾功能不全的患者，由于其清除并不受此影响，故服用方法与正常人相似。轻、中度肝功能不全患者应适当减量。不良反应可见腹泻、肌肉痉挛、乏力、恶心、呕吐和失眠。少数患者出现血肌酸激酶轻微升高。禁用于孕妇。

石杉碱甲

石杉碱甲（huperzine A）又名双益平、哈伯因。该药系我国学者从石杉科植物千层塔（Huperzia Serrata）中提取的生物碱，并首次发现对 AChE 具有高选择性可逆性抑制作用，可显著改善记忆功能和认知功能。临床用于老年性记忆功能减退及 AD 患者，对改善记忆功能有良好作用，效果优于国外同类产品，可用于各型 AD 患者的治疗。石杉碱甲口服吸收迅速、完全，生物利用度为 96.9%，易透过血脑屏障。少数患者用药后出现恶心、出汗、腹痛、肌肉震颤、视力模糊和瞳孔缩小等不良反应。心绞痛、哮喘、肠梗阻以及重症心动过缓和重症低血压患者慎用。

加兰他敏

加兰他敏（galantamine）属第二代 AChE 抑制药，是竞争性 AChE 抑制药，对神经元中的 AChE 有高选择性，其对神经元中 AChE 的抑制强度比血中丁酰胆碱酯酶强 50 倍。用于治疗轻、中度 AD，有效率为 50%～60%。用药 6～8 周后疗效显著，疗效与他克林类似，可延缓病情，提高患者的认知能力和自理能力，但没有肝毒性。还可用于重症肌无力、儿童脑性瘫痪、面神经麻痹、脑神经麻痹、多发神经炎等。治疗初期（2～3 周）有恶心、呕吐及腹泻等不良反应，连续用药可逐渐消失。

利凡斯的明

利凡斯的明（rivastigmine）又名卡巴拉汀，系第二代中枢性 AChE 抑制药。卡巴拉汀对大脑皮质和海马的 AChE 具有选择性抑制作用，而对纹状体和心脏的 AChE 几无影响。可以改善 AD 患者胆碱能神经介导的认知功能障碍，提高记忆力、注意力和方位感；尚可减慢淀粉样蛋白前体（amyloid precursor protein，APP）的形成。卡巴拉汀口服迅速吸收，约 1 小时达到 C_{max}，血浆蛋白结合率约为 40%，易透过血脑屏障。临床用于治疗轻、中度 AD 型痴呆。主要不良反应有恶心、呕吐、乏力、眩晕、精神错乱、嗜睡、腹痛和腹泻等，继续服用一段时间或减量一般可消失。国内临床试验资料显示，除消化道不良反应发生率略高于多奈哌齐，其他不良反应与多奈哌齐相似。禁用于严重肝、肾损害患者及哺乳期妇女。病窦综合征、房室传导阻滞、消化性溃疡、哮喘、癫痫、肝或肾功能中度受损患者慎用。

美曲膦酯

美曲膦酯（metrifonate）又名敌百虫。1952 年开发美曲膦酯作为杀虫药使用，直到 20 世纪 80 年代才被试用于治疗 AD。美曲膦酯是目前用于 AD 治疗的唯一以无活性前药形式存在的 AChE 抑制药，服用数小时后转化为活性的代谢产物而发挥持久的疗效。与毒扁豆碱和他克林相比，本药能显著提高大鼠脑内 DA 和 NA 的浓度（不提高 5-HT 的浓度），易化记忆过程，既有益于改善早老性痴呆患者的行为障碍，也可以提高患者的认知功能。本药可使人体红细胞 AChE 活性平均下降 52% 左右。高剂量（2.0 mg/kg）服用能显著提高患者的认知能力，对患者的幻觉、抑郁、焦虑、情感淡漠症状亦有明显改善。

不良反应较少，偶见腹泻、下肢痉挛、鼻炎等症状，继续治疗会自行消失。

二、NMDA 受体非竞争性拮抗药

美金刚

美金刚（memantine）别名美金刚胺，是 NMDA 受体非竞争性拮抗药，可与 NMDA 受体上的环苯己哌啶（phencyclidine）结合位点结合。当谷氨酸以病理量释放时，美金刚可减少谷氨酸的神经毒性作用；当谷氨酸释放过少时，美金刚可改善记忆过程所需谷氨酸的传递。临床研究表明，该药能显著改善轻度至中度血管性痴呆症患者的认知能力，而且对较严重的患者效果更好；对中度至重度的老年痴呆症患者，还可显著改善其认知、行为、日常活动和临床症状。因此，临床上用于治疗中重度至重度阿尔茨海默型痴呆。美金刚是第一个用于治疗晚期 AD 的 NMDA 受体非竞争性拮抗药，将美金刚与 AChE 抑制药同时使用效果更好。

不良反应及注意事项：①服后有轻微眩晕、不安、头重、口干等。饮酒可能加重不良反应。②癫痫患者或癫痫易感体质的患者、意识紊乱患者以及孕妇、哺乳妇女禁用。③对于轻度肾功能不良（肌酐清除率 50~80 mL/min）患者，用药时无需调整剂量，中重度肾功能不全患者应减量。

三、M 胆碱受体激动药

呫诺美林

呫诺美林（xanomeline）是 M_1 受体选择性激动药，对 M_2、M_3、M_4 受体作用很弱，为目前发现的选择性最高的 M_1 受体激动药之一。口服易吸收，易通过血脑屏障，给药后在大脑皮层和纹状体提取率最高。临床试验表明，本品高剂量服用可明显改善 AD 患者的认知功能和行为能力，但因易引起胃肠道和心血管方面的不良反应限制了其应用。有研究发现经皮肤给药可明显减少上述不良反应，但仍需大规模临床试验来进一步验证。本品拟将成为第一个能有效治疗 AD 的 M 胆碱受体激动药。

沙可美林

沙可美林 (sabcomeline) 常用其盐酸盐，为相对选择性 M_1 受体激动药，对 M_1 受体的选择性高于 M_2 受体 100 倍。动物实验表明，本品能逆转 DA 诱导产生的认知缺陷，提高认知能力；临床试验亦显示，AD 患者服用后，认知能力得到显著提高。具有安全、耐受性好等优点，常见不良反应有轻微流汗等。

脑血管意外、脑动脉硬化等亦能造成脑组织供血不足和神经元退行性变性，中枢神经系统中某些部位的缺血性损伤也可导致血管性痴呆症。因此对老年性痴呆症也应配合使用促脑功能恢复药如胞磷胆碱和吡拉西坦等、改善脑循环药如双氢麦角碱和尼莫地平等，通过促进脑代谢、扩张脑血管和改善微循环等协同作用，进一步改善老年性痴呆症患者的学习和记忆能力。

（南方医科大学　徐江平）

第十八章 抗精神失常药

- Neuroleptic dugs (also called antischizophrenic drugs, antipsychotic drugs, or major tranquilizers) are used primarily to treat schizophrenia but are also effective in other psychotic states, such as manic states and delirium.
- The traditional neuroleptic drugs are competitive inhibitors at a variety of dopamine receptors, but their antipsychotic effects reflect competitive blocking of dopamine receptors. In contrast, the newer "atypical" antipsychotic drugs appear to owe their unique activity to blockade of serotonin receptors.
- All clinically useful antidepressant drugs (also called thymoleptics) potentiate, either directly or indirectly, the actions of norepinephrine, and/or serotonin in the brain.
- The tricyclic and polycyclic antidepressants block norepinephrine, and serotonin uptake into the neuron.
- The selective serotonin-reuptake inhibitors (SSRIs) are a new group of chemically unique antidepressant drugs that specifically inhibit serotonin reuptake. Compared with tricyclic antidepressants, the SSRIs cause fewer anticholinergic effects and lower cardiotoxicity.

精神失常是由多种原因引起的精神活动障碍的一类疾病，包括精神分裂症、躁狂症、抑郁症和焦虑症。治疗这些疾病的药物统称为抗精神失常药。根据其临床用途分为抗精神病药物（antipsychotic drugs）或神经安定药（neuroleptics）、抗躁狂症药物（antimanic drugs）、抗抑郁症药物（antidepressants）和抗焦虑症药物（anxiolytics）。临床上常用的抗焦虑症药苯二氮䓬类已在镇静催眠药章节述及。

第一节 抗精神病药

精神分裂症（schizophrenia）是一组以思维、情感、行为之间不协调，精神活动与现实脱离为主要特征的最常见的一类精神病。根据临床症状，将精神分裂症分为Ⅰ型和Ⅱ型，前者以阳性症状（幻觉和妄想）为主，后者则以阴性症状（情感淡漠、主动性缺乏等）为主。本节述及的药物大多对Ⅰ型治疗效果好，对Ⅱ型则效果较差甚至无效。抗精神病药也称作神经安定药（neuroleptic drug），主要用于治疗精神分裂症，对其他精神病的躁狂症状也有效。这类药物大多是强效多巴胺受体拮抗剂，在发挥治疗作用的同时，大多药物可引起情绪冷漠、精神运动迟缓和运动障碍等不良反应。根据化学结构，将抗精神分裂症药分为四类：吩噻嗪类（phenothiazines）、硫杂蒽类（thioxanthenes）、丁酰苯类（butyrophenones）及其他。这些抗精神分裂症药大多具有相似的药理作用机制，故在此一并阐述。

【抗精神病作用机制】

1. 阻断中脑-边缘系统和中脑-皮层系统多巴胺受体 针对精神分裂症的病因曾先后提出过多种假说，但迄今为止，只有中脑-边缘通路和中脑-皮层通路DA系统功能亢进的学说得到了广泛的认可。该假说认为精神分裂症是由于中枢DA系统功能亢进所致，许多研究资料支持该病因学说，如：促进DA释放的苯丙胺可致急性或慢性妄想型精神分裂症，加剧精神分裂症的症状；减少DA的合成和储存能改善病情；未经治疗的Ⅰ型患者，死后病理检查发现其壳核和伏隔核DA受体（尤其是D_2样受体）数目显著增加；目前临床使用的各种高效价抗精神病药物均是强效DA受体拮抗剂，且对Ⅰ型精神分裂症有较好的疗效。

DA是中枢神经系统内一种重要的神经递质，其通过与脑内DA受体结合参与人类神经精神活动的调节（详见第十二章），其功能亢进或减弱均可导致严重的神经精神疾病。目前认为，吩噻嗪类等抗精神病药主要通过阻断中脑-边缘通路和中脑-皮层通路的D_2样受体而发挥疗效。值得注意的是，目前临床使用的大多抗精神病药物并不是选择性D_2样受体拮抗剂，因此，在发挥疗效的同时亦可非特异性阻断黑质-纹状体通路的DA受体，均会不同程度地引起锥体外系的不良反应。

2. 阻断5-HT受体 目前临床常用的一些非经典抗精神病药物如氯氮平（clozapine）和利培酮（risperidone）的抗精神病作用机制涉及阻断5-HT受体。其中，氯氮平是选择性D_4亚型受体拮抗药，对其他DA亚型受体几无亲和力，对M胆碱受体和α肾上腺素受体也有较高的亲和力；利培酮阻断$5-HT_2$亚型受体的作用显著强于其阻断D_2亚型受体的作用。因此，即使长期应用氯氮平和利培酮也几无锥体外系反应发生。

一、吩噻嗪类

吩噻嗪是由硫、氮联结两个苯环的一种三环结构，其 2，10 位被不同基团取代则获得本节述及的吩噻嗪类抗精神病药物。氯丙嗪是吩噻嗪类药物的典型代表，也是应用最广泛的抗精神病药物。

氯 丙 嗪

氯丙嗪（chlorpromazine）又名冬眠灵（wintermine），主要通过阻断脑内边缘系统多巴胺（dopamine, DA）受体发挥抗精神病作用。氯丙嗪也能阻断肾上腺素 α 受体和 M 胆碱受体，因此其药理作用广泛，这是其长期应用产生严重不良反应的基础。DA 能神经元并不只存在于边缘系统，如 D_2 样受体也分布在黑质纹状体系统（锥体外系）以及其他区域（结节－漏斗系统）。因此，DA 受体拮抗药氯丙嗪虽可改善精神分裂症症状，但长期应用也可导致锥体外系运动障碍和内分泌改变。尽管氯丙嗪选择性较低，但作为第一个精神安定药及抗精神失常药，目前在临床治疗中仍发挥着巨大的作用。

【药理作用及机制】

1. 对中枢神经系统的作用

（1）抗精神病作用：氯丙嗪对中枢神经系统有较强的抑制作用，也称神经安定作用（neuroleptic effect）。氯丙嗪能显著控制活动状态和躁狂状态而又不损伤感觉能力；能显著减少动物自发活动，易诱导入睡，但动物对刺激有良好的觉醒反应；与巴比妥类催眠药不同，加大剂量也不引起麻醉；能减少动物的攻击行为，使之驯服，易于接近。正常人口服治疗量氯丙嗪后，出现安静、活动减少、感情淡漠和注意力下降、对周围事物不感兴趣、答话缓滞，而理智正常，在安静环境下易入睡，但易唤醒，醒后神态清楚，随又易入睡。精神分裂症患者服用氯丙嗪后则显现良好的抗精神病作用，能迅速控制兴奋躁动状态，大剂量连续用药能消除患者的幻觉和妄想等症状，减轻思维障碍，使患者恢复理智，情绪安定，生活自理。对抑郁无效，甚至可使之加剧。

氯丙嗪等吩噻嗪类药物主要是通过阻断中脑－边缘系统和中脑－皮层系统的 D_2 样受体而发挥疗效的。但是，由于氯丙嗪对这两个通路和黑质－纹状体通路的 D_2 样受体的亲和力几无差异，因此，在长期应用氯丙嗪的患者中，锥体外系反应的发生率较高。

（2）镇吐作用：氯丙嗪具有较强的镇吐作用。小剂量时即可对抗 DA 受体激动药阿扑吗啡（apomorphine）引起的呕吐反应，这是其阻断了延脑第四脑室底部的催吐化学感受区的 D_2 受体的结果。大剂量的氯丙嗪直接抑制呕吐中枢。但是，氯丙嗪不能对抗前庭刺激引起的呕吐。对顽固性呃逆有效，其机制是氯丙嗪抑制位于延脑与催吐化学感受区旁呃逆的中枢调节部位。

（3）对体温调节的作用：氯丙嗪对下丘脑体温调节中枢有很强的抑制作用，与解热镇痛药不同，氯丙嗪不但降低发热机体的体温，也能降低正常体温。氯丙嗪的降温作用随外界环境温度而变化，环境温度愈低其降温作用愈显著，与物理降温同时应用，则有协同降温作用；在炎热天气，氯丙嗪却可使体温升高，这是其干扰了机体正常散热机制的结果。

2. 对自主神经系统的作用 氯丙嗪能阻断 α 肾上腺素受体和 M 胆碱受体。阻断 α 受体可致血管扩张、血压下降，但由于连续用药可产生耐受性，且有较多副作用，故不适合于高血压的治疗；阻断 M 胆碱受体作用较弱，引起口干、便秘、视力模糊。

3. 对内分泌系统的影响 结节－漏斗系统中的 D_2 亚型受体可促使下丘脑分泌多种激素，如催乳素释放抑制因子、卵泡刺激素释放因子、黄体生成素释放因子和 ACTH 等。氯丙嗪阻断 D_2 亚型受体，增加催乳素的分泌，抑制促性腺激素和糖皮质激素的分泌。氯丙嗪也可抑制垂体生长激素的分泌，可试用于巨人症的治疗。

【体内过程】

氯丙嗪口服后吸收慢而不规则，到达血药浓度峰值的时间为 2～4 小时。胃中食物、服用抗胆碱药均能延缓其吸收。肌内注射吸收迅速，到达血液后，90% 以上与血浆蛋白结合。氯丙嗪分布于全身，脑、肺、肝、脾、肾中较多，其中脑内浓度可达血浆浓度的 10 倍。主要经肝脏 CYP450 系统代谢为多种产物，经肾排泄。因其脂溶性高，易蓄积于脂肪组织，停药后数周乃至半年后，尿中仍可检出其代谢物。不同个体口服相同剂量的氯丙嗪后血药浓度可差 10 倍以上，故给药剂量应个体化。氯丙嗪在体内的消除和代谢随年龄而递减，故老年患者须减量。

【临床应用】

1. 精神分裂症 氯丙嗪能够显著缓解阳性症状，如进攻、亢进、妄想、幻觉等。但对冷漠等阴性症状效果不显著。急性期时药物起效较快。氯丙嗪主要用于Ⅰ型精神分裂症（精神运动性兴奋和幻觉妄想为主）的治疗，尤其对急性患者效果显著，但不能根治，需长期用药，甚至终生治疗；对慢性精神分裂症患者疗效较差。对Ⅱ型精神分裂症患者无效甚至加重病情；氯丙嗪对其他精神病伴有的兴奋、躁动、紧张、幻觉和妄想等症状也有显著疗效；对各种器质性精神病（如脑动脉硬化性精神病、感染中毒性精神病等）和症状性精神病的兴奋、幻觉和妄想症状也有效，但剂量要小，症状控制后须立即停药。用于临床急诊或急性期治疗，可首先采用 25～50 mg 氯丙嗪与等量异丙嗪混合深部肌内注射或静脉滴注，达到快速有效地控制兴奋和急性精神病性症状，然后视病情制定进一步的治疗方案。

2. 呕吐和顽固性呃逆 氯丙嗪对多种药物（如洋地黄、吗啡、四环素等）和疾病（如尿毒症和恶性肿瘤）引起的呕吐具有显著的镇吐作用。对顽固性呃逆具有显著疗效。对晕动症无效。

3. 低温麻醉与人工冬眠 物理降温（冰袋、冰浴）配合氯丙嗪应用可降低患者体温，因而可用于低温麻醉。氯丙嗪与其他中枢抑制药（哌替啶、异丙嗪）合用，则可使患者深睡、体温、基础代谢及组织耗氧量均降低，增强患者对缺氧的耐受力，减轻机体对伤害性刺激的反应，并可使自主神经传导阻滞及中枢神经系统反应性降低，机体处于这种状态，称为"人工冬眠"，有利于机体度过危险的缺氧缺能阶段。为进行其他有效的对因治疗争得时间。人工冬眠多用于严重创伤、感染性休克、高热惊厥、中枢性高热及甲状腺危象等病症的辅助治疗。

【不良反应】

由于氯丙嗪的药理作用广泛，所以不良反应也较多。

1. 常见不良反应 中枢抑制症状（嗜睡、淡漠、无力等）、M受体阻断症状（视力模糊、口干、无汗、便秘、眼压升高等）和α受体阻断症状（鼻塞、血压下降、直立性低血压及反射性心悸等）。由于局部刺激性较强，可用深部肌内注射。静脉注射可致血栓性静脉炎，应以生理盐水或葡萄糖注射液稀释后缓慢注射。为防止体位性低血压，注射给药后立即卧床休息2小时左右，然后缓慢起立。

2. 锥体外系反应 长期大量服用氯丙嗪可出现三种反应：①帕金森综合征（parkinsonism）：表现为肌张力增高、面容呆板、动作迟缓、肌肉震颤、流涎等；②静坐不能（akathisia）：患者表现坐立不安、反复徘徊；③急性肌张力障碍（acute dystonia）：多出现在用药后第一天至第五天。由于舌、面、颈及背部肌肉痉挛，患者可出现强迫性张口、伸舌、斜颈、呼吸运动障碍及吞咽困难。以上三种反应是由于氯丙嗪阻断了黑质-纹状体通路的D_2样受体，使纹状体中的DA功能减弱、Ach的功能增强而引起的，可用减少药量、停药来减轻或消除，也可用抗胆碱药以缓解。

此外，长期服用氯丙嗪后，部分患者还可引起一种特殊而持久的运动障碍，称为迟发性运动障碍（tardive dyskinesia，TD），表现为口-面部不自主的刻板运动，广泛性舞蹈样手足徐动症，停药后仍长期不消失。其机理可能是因DA受体长期被阻断、受体敏感性增加或反馈性促进突触前膜DA释放增加所致。此反应难以治疗，用抗胆碱药反使症状加重，抗DA药使此反应减轻。约有20%的患者服用氯丙嗪后出现TD，病程长的患者可高达40%。尽管TD症状通常较轻，但一旦发展为严重病例，则进一步

恶化患者的生活质量。老年患者应尽量避免使用此类药物。

3. 精神异常 氯丙嗪本身可以引起精神异常，如意识障碍、萎靡、淡漠、兴奋、躁动、消极、抑郁、幻觉、妄想等，应与原有疾病加以鉴别，一旦发生应立即减量或停药。

4. 惊厥与癫痫 少数病人用药过程中出现局部或全身抽搐，脑电有癫痫样放电，有惊厥或癫痫史者更易发生，应慎用，必要时加用抗癫痫药物。

5. 过敏反应 常见症状有皮疹、接触性皮炎。少数患者出现肝损害、黄疸，也可出现粒细胞减少、溶血性贫血和再生障碍性贫血等。

6. 心血管和内分泌系统反应 直立性低血压，持续性低血压休克，多见于年老伴动脉硬化、高血压患者；心电图异常，心律失常。长期用药还会引起内分泌系统紊乱，如乳腺增大、泌乳、月经停止、抑制儿童生长等。主要是由于氯丙嗪阻断了DA受体介导的下丘脑催乳素释放抑制途径，引起高催乳素血症，导致乳漏、闭经及妊娠试验假阳性；正常的男性激素向雌激素转变受到影响时会导致性欲的增强。性功能障碍（阳痿、闭经）的出现可能会导致病人不配合治疗。

7. 急性中毒 一次吞服大剂量氯丙嗪后，可致急性中毒，患者出现昏睡、血压下降至休克水平，并出现心肌损害，如心动过速、心电图异常（P-R间期或Q-T间期延长，T波低平或倒置），此时应立即对症治疗。

【药物相互作用及禁忌证】

氯丙嗪能增强其他一些药物的中枢抑制作用，如乙醇、镇静催眠药、抗组胺药、镇痛药等，联合使用时注意调整剂量。特别是当与吗啡、哌替啶（度冷丁）等合用时要注意呼吸抑制和降低血压的问题。此类药物抑制DA受体激动药、左旋多巴的作用。氯丙嗪的去甲基代谢物可以拮抗胍乙啶的降压作用，可能是阻止后者被摄入神经末梢。某些肝药酶诱导剂如苯妥英钠、卡马西平可加速氯丙嗪的代谢，应注意适当调节剂量。

氯丙嗪能降低惊厥阈，诱发癫痫，故有癫痫及惊厥史者禁用；氯丙嗪能升高眼压，青光眼患者禁用；乳腺增生症和乳腺癌患者禁用；对冠心病患者易致猝死，应慎用。

其他吩噻嗪类药物

吩噻嗪中侧链为哌嗪环者有 奋乃静（perphenazine）、氟奋乃静（fluphenazine）及 三氟拉嗪（trifluoperazine）。

奋乃静作用较氯丙嗪缓和，对心血管系统、肝脏及造血系统的副作用较氯丙嗪轻。除镇静作用、控制精神运动兴奋作用次于氯丙嗪外，其他同氯丙嗪。奋乃静对慢性精神分裂症的疗效则高于氯丙嗪。

三氟拉嗪和氟奋乃静的中枢镇静作用较弱，且具有兴奋和激活作用。除有明显的抗幻觉妄想作用外，此两药对行为退缩、情感淡漠等症状有较好疗效，适用于精神分裂症偏执型和慢性精神分裂症。

硫利达嗪（甲硫达嗪，thioridazine）的侧链为哌啶环，此药有明显的镇静作用，抗幻觉妄想作用不如氯丙嗪，锥体外系副作用小，老年人易耐受，作用缓和为其优点。各药特点见表3-18-1。

表 3-18-1　常用抗精神病药作用比较

药物	抗精神病剂量（mg/d）	副作用		
		镇静作用	锥体外系反应	降压作用
氯丙嗪	25～300	+++	++	+++（肌内注射） ++（口服）
氟奋乃静	2～20	+	+++	++
三氟拉嗪	5～20	+	+++	++
奋乃静	8～32	++	+++	++
硫利达嗪	150～300	+++	+	+++
氟哌啶醇	10～80	+	+++	++
氯氮平	12.5～300	++		+++
利培酮	1～8	+	+	++

+++ 强；++ 次强；+ 弱

二、硫杂蒽类

硫杂蒽类（thioxanthenes）的基本结构与吩噻嗪类相似，但在吩噻嗪环上第10位的氮原子被碳原子取代，所以此类药物的基本药理作用与吩噻嗪类也极为相似。

氯普噻吨

氯普噻吨（chlorprothixene）也称泰尔登（tardan），又名氯丙硫蒽，是该类药的代表，其结构与三环类抗抑郁药相似，故有较弱的抗抑郁作用。其调整情绪、控制焦虑抑郁的作用较氯丙嗪强，但抗幻觉妄想作用不及氯丙嗪。氯普噻吨适用于带有强迫状态或焦虑抑郁情绪的精神分裂症、焦虑性神经官能症以及更年期抑郁症患者。由于其抗肾上腺素与抗胆碱作用较弱，故不良反应较轻，锥体外系症状也较少。

氟哌噻吨

氟哌噻吨（flupenthixol）也称三氟噻吨，抗精神病作用与氯丙嗪相似，但具有特殊的激动效应，故禁用于躁狂症病人。氟哌噻吨也用于治疗抑郁症或伴焦虑的抑郁症。血浆蛋白结合率＞95%，血浆 $t_{1/2}$ 为35小时，V_d 为14 L/kg。

治疗精神病的剂量，口服其盐酸盐 3～9 mg/次，2次/天，最大剂量 18 mg/天。长效制剂氟哌噻吨癸酸酯，可深部肌内注射，第一次 20 mg，隔 2～4 周根据病人的反应给予 20～40 mg。

该药低剂量具有一定的抗抑郁焦虑的效果，口服 0.5～3 mg 可用于治疗焦虑和轻度抑郁，每天最后一次用药不得迟于午后4点，用药一周无效应停药。

氟哌噻吨镇静作用弱，但锥体外系反应常见。偶有猝死报道。

三、丁酰苯类

尽管丁酰苯类（butyrophenones）的化学结构与吩噻嗪类完全不同，但其药理作用和临床应用与吩噻嗪类相似。

氟哌啶醇

氟哌啶醇（haloperidol）是第一个合成的丁酰苯类药物，是这类药物的典型代表。其化学结构与氯丙嗪完全不同，却能选择性阻断 D_2 样受体，有很强的抗精神病作用。口服后 2～6 小时血药浓度达高峰，作用可持续 3 天。氟哌啶醇不仅可显著控制各种精神运动兴奋的作用，同时对慢性症状有较好疗效。其锥体外系副作用发生率高、程度严重，但由于其对心血管系统的副作用较轻、对肝功能影响小而保留其临床应用价值。

氟哌利多

氟哌利多（droperidol）也称氟哌啶。氟哌利多在体内代谢快，作用维持时间短，作用时间 6 小时左右，知觉的改变约 12 小时，作用与氟哌啶醇相似。临床上主要用于增强镇痛药的作用，如与芬太尼配合使用，使患者处于一种特殊的麻醉状态：痛觉消失、精神恍惚、对环境淡漠，被称为神经阻滞镇痛术（neuroleptanalgesia），作为一种外科麻醉，可以进行小的手术如烧伤清创、窥镜检查、造影等，其特点是集镇痛、安定、镇吐、抗休克作用于一体。也用于麻醉前给药、镇吐、控制精神病人的攻击行为。

氟哌利多吸收快，肌内注射后起效时间几乎与静脉注射相同，在体内广泛代谢，75%从尿中排除，其余从粪便中排泄。血浆 $t_{1/2}$ 分两部分，开始为10分钟，最终为2.2小时。因为其作用时间比芬太尼长，故第二次重复给药一般只给芬太尼，避免氟哌利多蓄积。

匹 莫 齐 特

匹莫齐特（pimozide）为氟哌利多的双氟苯衍生物，临床上用于治疗精神分裂症、躁狂症和秽语综合征。此药有较好的抗幻觉、妄想作用，并使慢性退缩被动的病人活跃起来。与氯丙嗪相比，其镇静、降压、抗胆碱等副作用较弱，而锥体外系反应则较强。匹莫齐特易引起室性心律失常和心电图异常（如QT间隔延长、T波改变），故对伴有心脏病的患者禁用。

四、其他抗精神病药物

氯 氮 平

氯氮平（clozapine）属于苯二氮䓬类，为新型抗精神病药。目前在我国许多地区已将其作为治疗精神分裂症的首选药。

氯氮平为一广谱神经安定药，对精神分裂症的疗效与氯丙嗪相当，但起效迅速，多在一周内见效；抗精神病作用强，对其他药无效的病例仍有效，也适用于慢性患者；氯氮平对其他抗精神病药无效的精神分裂症的阴性和阳性症状都有治疗作用。氯氮平是选择性 D_4 亚型受体拮抗药，其特别的优点是几无锥体外系反应，与其特异性阻断中脑边缘系统和中脑皮层系统的 D_4 亚型受体、对黑质-纹状体系统的 D_2 和 D_3 亚型受体几无亲和力有关。氯氮平主要用于其他抗精神病药无效或锥体外系反应过强的患者。新近也有报道氯氮平抗精神病的治疗机制涉及阻断 $5-HT_{2A}$ 和 DA 受体、协调 5-HT 与 DA 系统的相互作用和平衡，因此，氯氮平也被称为 5-HT-DA 受体阻断剂（serotonin-dopamine antagonists，SDA），并由此提出了精神分裂症的 DA 与 5-HT 平衡障碍的病因学说。

氯氮平也可用于长期给予氯丙嗪等抗精神病药物引起的迟发运动障碍，可获明显改善，原有精神疾病也得到控制。氯氮平对情感淡漠和逻辑思维障碍的改善较差。

氯氮平具有抗胆碱作用、抗组胺作用、抗α肾上腺素受体作用，几乎无锥体外系反应和内分泌紊乱等不良反应，但可引起粒细胞减少，严重者可致粒细胞缺乏（女性多于男性），可能由于免疫反应引起，因此，用药前及用药期间须作白细胞计数检查。亦有引起染色体畸变的报道。

利 培 酮

利培酮（risperidone）是第二代非典型抗精神病药物。利培酮对 5-HT 受体和 D_2 亚型受体均有阻断作用，但对前者的阻断作用显著强于后者。利培酮对精神分裂症阳性症状如幻觉、妄想、思维障碍等以及阴性症状均有良效。适于治疗首发急性和慢性患者。不同于其他药物的是该药对精神分裂症患者的认知功能障碍和继发性抑郁亦具治疗作用。由于利培酮有效剂量小，用药方便、见效快，锥体外系反应轻，且抗胆碱样作用及镇静作用弱，易被患者耐受，治疗依从性优于其他抗精神病药。自20世纪90年代推广应用于临床以来，已成为治疗精神分裂症的一线药物。

舒 必 利

舒必利（sulpiride）属苯甲酰胺类，选择性地阻断中脑-边缘系统 D_2 受体。对紧张型精神分裂症疗效高，奏效也较快，有药物电休克之称。此药有改善病人与周围的接触、活跃情绪、减轻幻觉和妄想的作用，对情绪低落、忧郁等症状也有治疗作用，对长期用其他药物无效的难治性病例也有一定疗效。舒必利对中脑-边缘系统的 D_2 受体有高度亲和力，对纹状体的亲和力较低，因此其锥体外系不良反应较少。

五 氟 利 多

五氟利多（penfluridol）属二苯基丁酰哌啶类（diphenylbutylpiperidines），是口服长效抗精神分裂症药，一次用药疗效可维持一周。其长效的原因可能与贮存于脂肪组织，从而缓慢释放入血有关。五氟利多能阻断 D_2 样受体，有较强的抗精神病作用，亦可镇吐。对精神分裂症的疗效与氟哌啶醇相似，镇静作用较弱，适用于急慢性精神分裂症，尤其适用于慢性患者，对幻觉、妄想、退缩均有较好疗效。五氟利多的副作用以锥体外系反应最常见。

第二节　抗躁狂症药

躁狂症的临床特征是情绪高昂、烦躁不安、活动过度及思维、语言不能自控。抗躁狂症药物（antimanic drugs）主要用于治疗此类疾患，上述抗精神病药物也经常用于治疗躁狂症，此外一些抗癫痫药如卡马西平和丙戊酸钠也具有抗躁狂症作用。碳酸锂是目前临床最常用的抗躁狂症药物。

碳 酸 锂

碳酸锂（lithium carbonate）于1949年应用于临床治疗躁狂症。碳酸锂主要是锂离子发挥药理作用，治疗剂量对正常人的精神行为没有明显的影响。尽管研究已经发现锂离子在细胞水平具有多方面的作用,但其情绪安定作用的确切机制目前仍不清楚。目前认为其治疗机制主要在于:①在治疗浓度抑制去极化和 Ca^{2+} 依赖的 NA 和 DA 从神经末梢释放,而不影响或促进 5-HT 的释放;②摄取突触间隙中儿茶酚胺,并增加其灭活;③抑制腺苷酸环化酶和磷脂酶 C 所介导的反应;④影响 Na^+、Ca^{2+}、Mg^{2+} 的分布,影响葡萄糖的代谢。

锂盐对躁狂症患者有显著疗效,特别是对急性躁狂和轻度躁狂疗效显著,有效率为 80%。碳酸锂主要用于抗躁狂,但对抑郁症也有效,故有情绪稳定(mood-stabilizing)药之称。碳酸锂还可用于治疗躁狂抑郁症(manic-depressive psychosis),该病的特点是躁狂和抑郁的双向循环发生。长期使用碳酸锂不仅可以减少躁狂复发,对预防抑郁复发也有效,但其抗抑郁作用不及抗躁狂作用显著。

碳酸锂口服吸收快,血药浓度高峰出现于服药后 2~4 小时。锂离子先分布于细胞外液,然后逐渐蓄积于细胞内。不与血浆蛋白结合,$t_{1/2}$ 为 18~36 小时。锂虽吸收快,但通过血脑屏障进入脑组织和神经细胞需要一定时间,因此,锂盐显效较慢。主要经肾排泄,约 80% 由肾小球滤过的锂在近曲小管与 Na^+ 竞争重吸收,故增加钠摄入可促进其排泄,而缺钠或肾小球滤出减少时,可导致体内锂潴留,引起中毒。

锂盐不良反应较多,安全范围窄,最适浓度为 0.8~1.5 mmol/L 之间,超过 2 mmol/L 即出现中毒症状。轻度的毒性症状包括恶心、呕吐、腹痛、腹泻和细微震颤;较严重的毒性反应涉及神经系统,包括精神紊乱、反射亢进、明显震颤、发音困难、惊厥、直至昏迷与死亡。由于该药治疗指数很低,测定血药浓度至关重要。当血药浓度升至 1.6 mmol/L 时,应立即停药。

锂盐中毒无特异解毒药,主要是对症处理,包括洗胃、导泻,生理盐水可增加肾清除率,中毒严重时须进行血液透析。注意维持液体和电解质平衡,否则易出现高钠血症。用药期间应保持钠的摄入量,以减少锂盐的蓄积。心血管疾病和肾功能不全的患者禁用,定期检查甲状腺功能以防发生功能低下。不与利尿药合用,孕妇和哺乳期妇女禁用。

第三节　抗抑郁症药

抗抑郁症药(antidepressant drugs)是主要用于治疗情绪低落、抑郁消极的一类药物。各种抗抑郁药物均可使 70% 左右的抑郁患者病情显著改善,长期治疗可使反复发作的抑郁减少复发。抗抑郁症药对焦虑性障碍、惊恐发作、强迫性障碍及恐惧症也有效。丙米嗪和选择性 5-HT 重摄取抑制剂对非情感性障碍如遗尿症、贪食症等也有效。

目前临床使用的抗抑郁症药包括三环类抗抑郁症药(抑制 NA、5-HT 再摄取的药物)、NA 再摄取抑制剂、5-HT 再摄取抑制药及其他抗抑郁药。这些药物大多基于抑郁症发病机制的单胺学说,所以在药理作用、临床应用和不良反应等方面具有许多相似之处。就不良反应而论,因增加 5-HT 和阻断 α 受体而影响睡眠和血压,因阻断 M 受体引起口干、便秘、视力模糊,NA 增加和 M 受体的阻断可致心律失常,中枢和外周自主神经功能的失衡也会诱发惊厥、性功能障碍和摄食、体重的改变等。

一、三环类抗抑郁症药

由于这些药物结构中都有 2 个苯环和 1 个杂环,故统称为三环类抗抑郁症药(tricyclic antidepressants,TCAs),在结构上与酚噻嗪类有一定相关性。常用药物有丙米嗪、地昔帕明、阿米替林、多塞平(多虑平)等。

在作用机制上,三环类抗抑郁症药属于非选择性单胺摄取抑制剂,主要抑制 NA 和 5-HT 的再摄取,从而增加突触间隙这两种递质的浓度。TCAs 以及文拉法辛(venlafaxine)具有阻断上述神经递质再摄取的作用,使突触间隙的 5-HT 和 NA 增加而发挥抗抑郁作用。大多数 TCAs 具有抗胆碱作用,引起口干、便秘、排尿困难等副作用。此外 TCAs 还阻断 $α_1$ 肾上腺素受体和 H_1(组胺)受体而引起过度镇静。

丙　米　嗪

【药理作用】

1. 对中枢神经系统的作用　正常人服用丙米嗪(imipramine,米帕明)后出现安静、嗜睡、血压稍降、头晕、目眩,并常出现口干、视力模糊等抗胆碱反应,连用数天后这些症状可能加重,甚至出现注意力不集中和思维能力下降。但抑郁症患者连续服药后,出现精神振奋现象,连续 2~3 周后疗效才显著,使情绪高涨,症状减轻。

目前认为,丙米嗪抗抑郁作用的主要机制是阻断 NA、5-HT 在神经末梢的再摄取,从而使突触间隙的递质浓度增高,促进突触传递功能。

2. 对自主神经系统的作用　治疗量丙米嗪有显著阻断 M 胆碱受体的作用,表现为视力模糊、口干、便秘和尿潴留等。

3. 对心血管系统的作用　治疗量丙米嗪可降低血压,致心律失常,其中心动过速较常见。心电图可出现 T 波倒置或低平。这些不良反应可能与该药阻断单胺类再摄取从而引起心肌中 NA 浓度增高有关。另外,丙米嗪对心肌有奎尼丁样直接抑制效应,故心血管病患者慎用。

【体内过程】

丙米嗪口服吸收良好，2～8小时血药浓度达高峰，血浆 $t_{1/2}$ 为10～20小时。在体内丙米嗪广泛分布于各组织，以脑、肝、肾及心脏分布较多。丙米嗪主要在肝内经药酶代谢，通过氧化变成2-羟基代谢物，并与葡萄糖醛酸结合，自尿排出。

【临床应用】

1. 抑郁症 用于各种原因引起的抑郁症，对内源性抑郁症、更年期抑郁症效果较好。对反应性抑郁症次之，对精神病的抑郁症状效果较差。此外，抗抑郁药也可用于强迫症的治疗。治疗剂量：开始时25 mg/次，3次/天，逐渐增加到50 mg/次，3～4次/天，严重病例最高可用到300 mg/天。

2. 遗尿症 对于儿童遗尿可试用丙米嗪治疗，剂量依年龄而定，睡前口服，疗程以3个月为限。

3. 焦虑和恐惧症 对伴有焦虑的抑郁症患者疗效显著，对恐惧症也有效。

【不良反应】

常见的不良反应有口干、扩瞳、视力模糊、便秘、排尿困难和心动过速等抗胆碱作用，还出现多汗、无力、头晕、失眠、皮疹、体位性低血压、反射亢进、共济失调、肝功能异常、粒细胞缺乏症等。因其阻断M胆碱受体作用而易致尿潴留和升高眼内压，故前列腺肥大、青光眼患者禁用。

【药物相互作用】

三环类与血浆蛋白的结合能被苯妥英钠、保泰松、阿司匹林、东莨菪碱和吩噻嗪竞争而减少。如和单胺氧化酶抑制药（MAOI）合用，可引起血压明显升高、高热和惊厥。这是由于三环类抑制NA再摄取、MAOI减少可对NA灭活、使NA浓度增高所致。三环类还能增强中枢抑制药的作用，如与抗精神病药、抗帕金森病药合用时，其抗胆碱作用可相互增强。此外，抗抑郁药还能对抗胍乙啶及可乐定的降压作用。

阿米替林

阿米替林（amitriptyline）又名依拉维，是临床上常用的三环类抗抑郁药，其药理学特性及临床应用与丙米嗪极为相似，与后者相比，阿米替林对5-HT再摄取的抑制作用明显强于对NA再摄取的抑制；镇静作用和抗胆碱作用也较强。鉴于阿米替林有较强的镇静催眠作用，主张每天口服一次，从25 mg开始逐渐增加剂量，甚至用到150 mg，睡前口服。口服后可稳定地从胃肠道吸收，但剂量过大可延缓吸收。在肝脏生成活性代谢物去甲替林，最终代谢物以游离型或结合型从尿中排除。在体内与蛋白质广泛结合，消除半衰期为9～36小时。

阿米替林的不良反应与丙米嗪相似，但比丙米嗪严重，偶有加重糖尿病症状的报道。禁忌证与丙米嗪相同。

氯米帕明

氯米帕明（clomipramine）又名氯丙米嗪，药理作用和应用类似于丙米嗪，但对5-HT再摄取有较强的抑制作用，而其体内活性代谢物去甲氯丙米嗪则对NA再摄取有相对强的抑制作用。临床上用于抑郁症、强迫症、恐惧症和发作性睡眠引起的肌肉松弛。不良反应及注意事项与丙米嗪相同。

多塞平

多塞平（doxepin）又名多虑平，作用与丙米嗪类似，抗抑郁作用比后者弱，抗焦虑作用强，镇静作用和对血压影响也比丙米嗪强，但对心脏影响较小。

对伴有焦虑症状的抑郁症疗效最佳，焦虑、紧张、情绪低落、行动迟缓等症状数日后即可缓解，达显效需2～3周。也可用于治疗消化性溃疡。

不良反应和注意事项与丙米嗪类似。慎用于儿童和孕妇，老年患者应适当减量。

二、NA摄取抑制药

该类药物选择性抑制NA的再摄取，用于以脑内NA缺乏为主的抑郁症，尤其适用于尿检MH-PG（NA的代谢物）显著减少的患者。这类药物的特点是奏效快，而镇静作用、抗胆碱作用和降压作用均比TCAs弱。

地昔帕明

【药理作用】

地昔帕明（desipramine）又名去甲丙米嗪，在去甲肾上腺能神经末梢是一强NA摄取抑制剂，其效率为抑制5-HT摄取的100倍以上。对DA的摄取亦有一定的抑制作用。对H_1受体有强拮抗作用。对α受体和M受体拮抗作用较弱。

对轻、中度的抑郁症疗效好。有轻度镇静作用，缩短REM睡眠，但延长了深睡眠。血压和心率轻度增加，有时也会出现体位性低血压，可能是由于抑制NA再摄取、阻断α受体作用所致。

【体内过程】

口服快速吸收，2～6小时达血药浓度峰值，血浆蛋白结合率为90%，在肝脏代谢生成具有活性的去甲丙米嗪，主要在尿中排泄，少量经胆汁排泄，其中原形占5%。

【临床应用】

治疗抑郁症开始口服剂量25 mg/次，3次/天，逐渐增加到50 mg/次，3～4次/天，需要时最大可用到300 mg/天。老年人应适当减量。

【不良反应及注意事项】

与丙米嗪相比，不良反应较小，但对心脏影响与丙米嗪相似。过量则导致血压降低、心律失常、震颤、惊厥、口干、便秘等。

【药物相互作用】

不能与拟交感胺类药物合用,因会明显增强后者的作用;同样,与 MAO 抑制药合用也要慎重;与胍乙啶及作用于肾上腺素能神经末梢的降压药合用会明显降低降压效果,因为抑制了药物经胺泵摄取进入末梢。

马普替林

【体内过程】

马普替林(maprotiline)口服后吸收缓慢但能完全吸收,9～16 小时之间达血浆药物峰浓度,广泛分布于全身组织,肺、肾、心、脑和肾上腺的药物浓度均高于血液,血浆蛋白结合率约 90%。

【药理作用】

马普替林为选择性 NA 再摄取抑制剂,对 5-HT 摄取几无影响。抗胆碱作用与丙米嗪类似,远比阿米替林弱。其镇静作用和对血压的影响与丙米嗪类似。与其他三环类抗抑郁药一样,用药 2～3 周后才充分发挥疗效。对睡眠的影响与丙米嗪不同,延长 REM 睡眠时间。对心脏的影响也与三环类抗抑郁药一样,延长 QT 间隔,增加心率。

【临床应用】

治疗抑郁症与丙米嗪相似,开始口服剂量每天 25～75 mg/天,分 3 次服用;逐渐增加到 150 mg/天,对于严重病例最大可用到 225 mg/天。因为半衰期较长,也可晚间一次服用。

【不良反应及注意事项】

治疗剂量可见口干、便秘、眩晕、头痛、心悸等。也有用药后出现皮炎和皮疹的报道。能增强拟交感胺药物作用,减弱降压药物反应等。

去甲替林

【药理作用】

去甲替林(nortriptyline)的药理作用与阿米替林相似,但本药抑制 NA 摄取远强于对 5-HT 的摄取。与母药阿米替林相比,其镇静、抗胆碱、降低血压作用及对心脏的影响和诱发惊厥作用均较弱。有助于抑郁症患者入睡,但缩短 REM 睡眠时间。由于阻断 α_1 受体可致直立性低血压,由于抗胆碱作用可致心率加快。

去甲替林治疗内源性抑郁症效果优于反应性抑郁症,比其他三环类抗抑郁药治疗显效快。

【体内过程】

口服后完全从胃肠道吸收,血浆蛋白结合率为 90%～95%,V_d 值为 14～40 L/kg,62% 以代谢物形式从尿中排泄,肾衰竭病人也可安全使用本药,血浆 $t_{1/2}$ 为 18～60 小时。

【不良反应及注意事项】

其镇静作用、抗胆碱作用、降低血压作用、对心脏的影响等虽均比丙米嗪弱,但仍要注意过量引起的心律失常,尤其是心肌梗死的恢复期、传导阻滞或原有心律失常的病人,用药不慎会加重病情。双相抑郁症患者可引起躁狂症发作,应注意。本药像三环类抗抑郁症药物一样,可降低惊厥发作阈,癫痫患者应慎用。

三、5-HT 再摄取抑制药

虽然三环类抗抑郁药(TCAs)疗效确切,但仍有 20%～30% 的患者无效,副作用较多,患者对药物的耐受性差,过量易引起中毒甚至死亡。从 20 世纪 70 年代起开始研制的选择性 5-HT 再摄取抑制药与 TCAs 的结构迥然不同,但对 5-HT 再摄取的抑制作用选择性更强,对其他递质和受体作用甚微,既保留了 TCAs 相似的疗效,也克服了 TCAs 的诸多不良反应。这类药物包括临床常用的氟西汀、帕罗西汀、舍曲林等,很少引起镇静作用,也不损害精神运动功能。对心血管和自主神经系统功能影响很小。这类药物还具有抗抑郁和抗焦虑双重作用,其抗抑郁效果也需要 2～3 周才显现出来。

这类药物多用于脑内 5-HT 减少所致的抑郁症,也可用于病因不明但其他药物疗效不佳或不能耐受其他药物的抑郁症患者。

氟西汀

【药理作用】

氟西汀(fluoxetine)又名百忧解,是一种强效选择性 5-HT 再摄取抑制药,比抑制 NA 摄取作用强 200 倍。氟西汀对肾上腺素受体、组胺受体、$GABA_B$ 受体、M 受体、5-HT 受体几无亲和力。对抑郁症的疗效与 TCAs 相当,耐受性与安全性优于 TCAs。此外,该药对强迫症、贪食症亦有效。

【体内过程】

口服吸收良好,达峰值时间 6～8 小时,血浆蛋白结合率 80%～95%;给予单个剂量时血浆消除半衰期为 48～72 小时,在肝脏经 CYP2D6 代谢生成去甲基活性代谢物去甲氟西汀,其活性与母体相同,但半衰期较长。

【临床应用】

1. 抑郁症　常用剂量 20～40 mg/天,1 次服用,需要时可用到 80 mg/天。因药物在肝脏代谢,肝功能不好时可采取隔日疗法。

2. 神经性贪食症　剂量 60 mg/天可有效控制摄食量。

【不良反应及注意事项】

偶有恶心呕吐、头痛头晕、乏力失眠、厌食、体重下降、震颤、惊厥、性欲降低等。肝病者服用后半衰期延长,须慎用。肾功能不全者,长期用药须减量,延长服药间隔时间。氟西汀与 MAO 抑制剂合用时须警惕"5-HT 综合征"的发生,初期主要表现为不安、激越、恶心、呕吐或腹泻,随后高热、强直、肌阵挛或震颤、自主神经功能紊乱、心动过速、高血压、意识障碍，最后可引起痉挛和昏迷，严重者可致死，应引起临床重视。心血管疾病、糖尿病者应慎用。

帕罗西汀

帕罗西汀（paroxetine）又名赛洛特，为强效 5-HT 摄取抑制药，增高突触间隙递质浓度而发挥治疗抑郁症的作用。口服吸收良好，消除相半衰期 21 小时。抗抑郁疗效与 TCAs 相当，而抗胆碱副作用、体重增加、对心脏影响及镇静等副作用均较 TCAs 弱。

常见不良反应为口干、便秘、视力模糊、震颤、头痛、恶心等。禁与 MAO 抑制药联用，避免显著升高脑内 5-HT 水平而致"5-HT 综合征"。

舍曲林

舍曲林（sertraline）又名郁乐复，是一选择性抑制 5-HT 再摄取的抗抑郁药，可用于各类抑郁症的治疗，并对强迫症有效。主要不良反应为口干、恶心、腹泻、男性射精延迟、震颤、出汗等。该药与其他药物的相互作用临床经验不多，借鉴氟西汀的经验，禁与 MAO 抑制药合用。

四、其他抗抑郁药

曲唑酮

曲唑酮（trazodone）不增强 L-DOPA 的行为效应，不具抑制单胺氧化酶的活性和抗胆碱效应，也不增强 5-HT 前体物质 5-HTP 的行为效应。但在不影响非条件反应的剂量时就可减少小鼠的条件性回避反应，保护小鼠减轻苯丙胺基团毒性等。曲唑酮有镇静作用，但抑制 REM 睡眠。

曲唑酮具有抗精神失常药物的一些特点，但又与之不完全相同。其抗抑郁作用机制可能与抑制 5-HT 摄取有关，但目前还不清楚。具有 α_2 受体阻断剂的特点，可翻转可乐定的中枢性心血管效应。

曲唑酮用于治疗抑郁症，具有镇静作用，适于夜间给药。无 M 受体阻断作用，也不影响 NA 的再摄取，所以对心血管系统无显著影响。也少见口干、便秘等不良反应，是一个较安全的抗抑郁药。不良反应较少，偶有恶心、呕吐、体重下降、心悸、直立性低血压等，过量中毒会出现惊厥、呼吸停止等。

【体内过程】

口服后吸收快速、完全，2 小时血药浓度达高峰，血浆蛋白结合率为 89%～95%。在肝脏代谢，其中间代谢物氯苯哌嗪在动物实验仍显示抗抑郁活性，主要以代谢物的形式从尿中排泄。

米安舍林

米安舍林（mianserin）为一种四环类抗抑郁药。对突触前 α_2 肾上腺素受体有阻断作用。其治疗抑郁症的作用机制是通过抑制负反馈而使突触前 NA 释放增多。疗效与 TCAs 相当，而较少引起抗胆碱能样副作用。常见头晕、嗜睡等。

米氮平

米氮平（mirtazapine）通过阻断突触前 α_2 肾上腺素受体而增加 NA 的释放，间接提高 5-HT 的更新率而发挥抗抑郁作用，抗抑郁效果与阿米替林相当，其抗胆碱样不良反应及 5-HT 样不良反应（恶心、头疼、性功能障碍等）较轻。主要不良反应为食欲增加及嗜睡。

（南京中医药大学　胡　刚）

第十九章 阿片类镇痛药、药物依赖性与药物滥用

- Pain is an unpleasant sensory and emotional experience associated with actual or potential tissue damage, or described in terms of such damage. Opioids are primarily used in medicine for the treatment of pain.
- Three main groups of endogenous opioid peptide (enkephalin, endorphin and dynorphin) are found in the body. They have many physiological functions, including analgesic activity.
- Analgesics are drugs that act on specific receptors in the central nervous system (CNS) to reduce perception of pain. They include opioid receptor agonists (e.g. morphine, pethidine and fentanyl), opioid receptor partial agonists and mixed agonists/antagonists (e.g. pentazocine, butorphanol and nalbuphine) and other analgesics (e.g. tramadol, bucinnazine).
- Opioid receptors are activated by both endogenous peptides as well as the known synthesized drug. To date, four subtypes of opioid receptors have been successfully cloned, including μ, δ, κ and ORL1 receptors. Each opioid receptor shares 50% ~ 60% sequence homology and signals though associated G-protein to inhibit adenylyl cyclase. They also facilitate opening of potassium channels and inhibit opening of calcium channels. μ-receptors are thought to be responsible for most of the analgesic effects of opioids, and for some major unwanted effects.
- Opioids analgesics relieve the pain by mimicking the function of the endogenous opioid peptides, and are also involved in the control of respiration, euphoria, dysphoria, sedation and physical dependence in the CNS as well as regulation of gastrointestinal motility in the periphery.
- Opioids and their associated receptors are important targets in both pain and addiction research.

第一节 概 述

一、疼痛的定义和分类

疼痛是与实际的或潜在的组织损伤相关联的不愉快感觉和情绪体验，或用这类组织损伤的词汇来描述的自觉症状，常伴有不愉快的情绪或心血管和呼吸方面的变化。疼痛就其生物学意义来讲是一种警戒信号，表示机体已经发生组织损伤或预示即将遭受损伤而通过神经系统的调节引起一系列防御反应。因此，疼痛既是对机体的一种保护性反应，也是临床许多疾病的常见症状。剧烈疼痛不仅给患者带来痛苦和紧张不安等情绪反应，还可引起机体生理功能紊乱，甚至诱发休克。如果疼痛长期持续，便失去警戒信号的意义，对机体构成难以忍受的精神折磨，严重影响生活质量。因此，控制疼痛是临床药物治疗的主要目的之一。

根据痛觉冲动的发生部位，疼痛可分为躯体痛、内脏痛和神经性痛三种类型。躯体痛是由于身体表面和深层组织的痛觉感受器受到各类伤害性刺激所致，又可分为急性痛（亦称锐痛）和慢性痛（亦称钝痛）两种。前者为尖锐而定位清楚的刺痛，伤害性刺激达到阈值后立即发生，刺激撤除后很快消失；后者为强烈而定位模糊的"烧灼痛"，发生较慢，持续时间较长。内脏痛是由于内脏器官、体腔壁浆膜及盆腔器官组织的痛觉感受器受到炎症、压力、摩擦或牵拉等刺激所致。神经性痛是由于周围或中枢神经系统原发性或继发性损害或功能障碍或短暂紊乱引起的疼痛。

二、疼痛的产生和传导

（一）内源性致痛物质

伤害性刺激会导致外周组织生成和释放多种化学物质或细胞因子，这些物质参与激活和调节伤害性感受器，并通过痛觉传导通路引起痛觉。内源性致痛物质包括：①损伤细胞合成的炎症介质，包括缓激肽（bradykinin，BK）、前列腺素（prostaglandin，PG）；②受损伤细胞溢出的化学物质，包括组胺（histamine，HA）、5-羟色胺（5-hydroxytryptamine，5-HT）、H^+、K^+、三磷酸腺苷（adenosine triphosphate，ATP）、去甲肾上腺素（norepinephrine，NE）、乙酰胆碱（acetylcholine，Ach）；③细胞因子，包括神经生长因子（nerve growth factor，NGF）、白细胞介质（interleukin，IL）、肿瘤坏死因子（tumor necrosis factor，TNF）；④感觉神经末梢释放的神经递质或调质，包括谷氨酸、P物质、一氧化氮（NO）。

(二)痛觉感受器和传入纤维

1. 痛觉感受器 内源性致痛物质主要通过激活背根节(dorsal root ganglion, DRG)神经元的G蛋白耦联受体、配体门控离子通道及酪氨酸激酶受体,进而引起伤害性感受器激活或敏感化而发挥致痛作用。伤害性感受器专门负责传递伤害性信息,也称为痛觉感受器,在形态学上属于"游离"或未分化的神经末梢,分布非常广泛,皮肤、躯体(包括肌肉、肌腱、关节、骨膜和骨骼)、小血管和毛细血管旁结缔组织的内脏神经末梢都是痛觉的外周伤害感受器。痛觉感受器是产生痛觉信号的外周换能装置,机械、温度及各种致痛物质均可以激活相应的受体使痛觉感受器去极化,产生冲动并由Aδ或C类痛觉纤维传入中枢。痛觉感受器主要行使警报器的功能,使机体能及时避开伤害性刺激,防止组织受损伤。

痛觉感受器按照分布主要可以分为如下几类:①皮肤痛觉感受器,位置较浅表主要引起皮肤痛,分为机械性痛觉感受器、热痛觉感受器及多型痛觉感受器;②肌肉、关节痛觉感受器,位置较深,主要感受肌腱、骨膜和关节的伤害性刺激,能引起躯体深部痛觉;③内脏痛觉感受器,主要引起内脏痛,如空腔内脏、心脏、肺脏等。

2. 传入纤维 周神经传入纤维能将外周感受器的信息传入中枢神经系统,因此也称为感觉神经。传入神经纤维可分为Aα(Ⅰ类)、Aβ(Ⅱ类)、Aδ(Ⅲ类)和C(Ⅳ类)纤维。一般认为躯体痛觉主要由Aδ(Ⅲ类)和C(Ⅳ类)纤维传导,内脏痛觉主要由C类纤维传导。

Aδ(Ⅲ类)属于有髓神经纤维,是A类神经纤维中最细的一种,直径约1~6μm。传导速度快(15~30 m/秒),兴奋阈低。A类纤维所传导的痛觉冲动能迅速抵达中枢,疼痛的性质是尖锐、定位准确的快痛,痛觉持续时间短。C(Ⅳ类)纤维直径小于2μm,属于无髓神经纤维。其动作电位传播依赖于神经纤维膜上局部电流的扩步性传递,冲动传递速度慢(0.5~2.0 m/秒),兴奋阈高。C类纤维传导的痛觉冲动在外周延搁时间较长,疼痛性质是钝性、定位模糊的慢痛,痛觉持续时间长。

(三)痛觉传导

痛觉传导系统主要包括外周感觉神经、脊髓到脑干和丘脑的神经元网络,及丘脑和大脑皮层的相互联系(图3-19-1)。

1. 痛觉传导神经 伤害性感受器的传入冲动,在脊髓背角神经元经过初步整合后,由脊髓白质的腹外侧索、背外侧索和脊柱传递到丘脑进行加工,伤害性信息最后到大脑皮层产生痛觉。参与伤害性信息传递的神经束主要有:

(1)脊髓丘脑束(脊丘束):由背角非伤害性感受、特异伤害性感受和非伤害性感受等三类投射神经元的轴突组成,是指由脊髓背角痛敏神经元发出在脊髓同一节段交叉后终止在对侧丘脑的神经纤维。

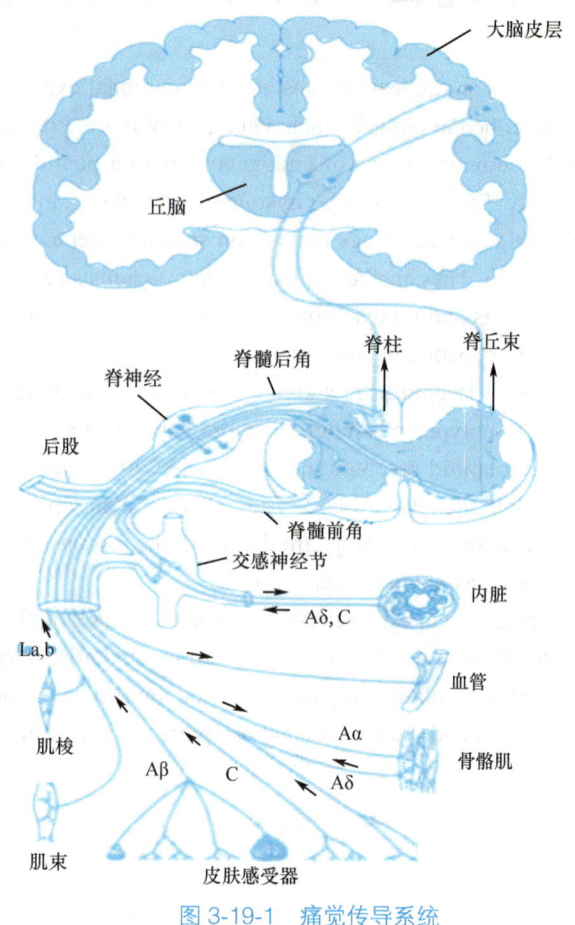

图3-19-1 痛觉传导系统

(2)脊髓网状束(脊网束):指由脊髓神经元上行终止于延髓和脑桥内侧网状结构的纤维;进入延髓的纤维主要终止于同侧腹侧网状核和巨细胞核,在脑桥主要终止于双侧脑桥尾侧网状核。

(3)脊髓中脑束(脊中脑束):指在脊髓交叉至对侧通过中脑网状结构传至丘脑特异性和非特异性核群的神经纤维。

(4)脊髓颈核束(脊颈束):指从脊髓背角神经元传入至外侧颈核并交叉到对侧上升至丘脑特异核群的神经纤维,可能是痛觉传导的通路。

(5)脊柱突触后纤维束:是经脊柱传至延脑薄束和楔束核并交叉到对侧上传到丘脑特异核团的神经纤维,属于非特异性伤害感受单位。

(6)脊髓下丘脑束:是直接投射到同侧下丘脑并交叉至对侧下丘脑的神经纤维,在应激状态下的疼痛感受和痛觉情感成分的信息传递中起重要作用。

(7)脊髓旁臂杏仁束:由对侧背外侧束终止在旁臂核,经换能后最终投射到杏仁核的神经纤维。

(8)脊髓旁臂下丘脑束:由对侧背外侧束终止在旁臂核,经换能后最终投射到下丘脑的神经纤维。

(9) 脊髓固有系统：指围绕脊髓灰质四周，含来自脊髓神经元并终止于脊髓的短轴突和较长轴突的一层神经纤维。

2. 痛觉上行传导通路　身体不同部位的疼痛信号在脊髓的上行传导通路可分为头面部痛觉通路、躯干和四肢痛觉通路和内脏痛觉通路。

（1）头面部痛觉通路：头面部三叉神经节—三叉神经脑桥核/脊束核—丘脑腹后内侧核—中央后回下部；

（2）躯干和四肢痛觉通路：脊神经节—薄、楔束核—背侧丘脑腹后外侧核—中央后回中上部；

（3）内脏痛觉通路：内脏痛觉传入通路较分散，一个脏器的痛觉传入纤维可经过多个节段的脊髓进入中枢，而一条脊神经包含多个脏器的传入纤维，因此内脏痛往往弥散且定位不准。

3. 痛觉传导系统　痛觉冲动从感受器传导至大脑皮层，主要通过2个传导系统，即特异性和非特异性传导系统。

（1）特异性传导系统：痛觉经此系统传至高位神经中枢，需要通过三级神经神经元。①脑干和脊髓神经节的神经元（第一级神经元）：这些神经元与脊髓背角神经元构成突触联系，主要神经递质是P物质和兴奋性氨基酸；②脑神经核或脊髓灰质神经元（第二级神经元）：其轴突交叉到对侧并上行进入丘脑，脊髓背角是痛觉的初级感觉中枢，脊髓是疼痛信号处理的初级中枢；③丘脑神经元（第三级神经元）：其轴突通过内囊导向大脑皮层，既是痛觉信息进入大脑皮层前最重要的传递中枢，也是与痛觉相关的最重要的整合中枢。

（2）非特异性传导中枢：痛觉纤维在传导过程中还与脊髓和脑干的多种神经元发生联系，然后进入丘脑，构成非特异性痛觉传导中枢；其确切结构尚不完全清楚，所感知的痛觉性质是双侧性定位模糊的疼痛。

（四）痛觉整合中枢

1. 脊髓背角　脊髓是痛觉信息调整的初级中枢，脊髓背角不同板层内的神经元和痛觉信息的传递有着密切关系。由Aδ和C纤维导入的痛觉冲动经背根进入脊髓，在背角交换神经元后经数条痛觉信息传导通路上传至中枢。中枢对外周痛觉冲动的抑制效应也主要作用于脊髓水平。

解剖学上，通常将脊髓灰质分为10层（Ⅰ~Ⅹ层），与感觉传入有关的主要在Ⅰ~Ⅶ层及Ⅹ层。

2. 丘脑　疼痛信号经过丘脑整合后，上行到达大脑皮层的不同区域，才能产生痛觉。丘脑对痛觉冲动具有意识性的判别能力，丘脑内几乎所有核团，包括内侧丘脑核团和外侧丘脑核团，均与痛觉调制密切相关，因而丘脑是最主要的痛觉分析和调整信息中枢。丘脑受损可表现出感觉丧失和感觉过敏异常，并伴随激烈的自发痛。

3. 大脑皮层　大脑皮层是多种感觉信号进入意识领域形成感觉的重要部位，痛觉最终必须在大脑皮层加工后才能上升到意识。大脑皮层在痛觉整合过程中的主要作用是对痛觉进行分辨。不同皮层区域参与不同性质的痛觉信息加工，生理性痛觉信息主要在丘脑的特异核团和皮层体感区加工整合，而与边缘系统有密切联系的皮层区整合病理性痛觉传入。

三、疼痛的调控

（一）参与痛觉调控的神经递质

目前已经确认的参与痛觉信息传递的神经递质主要包括神经肽类、单胺类、氨基酸类和胆碱类。

1. 神经肽类

（1）阿片肽及其受体：内源性阿片肽主要包括脑啡肽（enkephalin，ENK）、内啡肽（endorphin，END）、强啡肽（dynorphin，DYN）、内吗啡肽（endomorphin，EM）、孤啡肽（orphanin，OFQ）。阿片肽镇痛系统在生理状态下处于静息态，机体受到伤害性刺激时可被激活，通过抑制内源性阿片肽降解而提高镇痛作用。内源性阿片肽主要与各型阿片受体结合发挥镇痛作用；

阿片受体主要有μ、δ、κ和ORL1四种亚型，其中内啡肽和内吗啡肽主要激活μ受体，脑啡肽和强啡肽则主要激活δ和κ受体。吗啡激活阿片受体后，通过G蛋白的作用增加神经元K^+电流并降低Ca^{2+}、Na^+电流，导致神经元活动减弱而产生镇痛作用。

（2）胆囊收缩素（cholecystokinin，CCK）。

（3）P物质：是由外周痛觉感受器到中枢神经系统传递痛觉信息的感觉递质。

（4）血管活性肠肽（vasoactive intestinal peptide，VIP）：能降低或减弱高位中枢对痛觉信息的感知。

2. 单胺类神经递质及其受体　包括5-HT，NE，多巴胺等。

3. 氨基酸类　包括兴奋性氨基酸（excitatory amino acids，EAA），如谷氨酸和天冬氨酸；以及抑制性氨基酸（inhibitory amino acids，IAA），主要是γ-氨基丁酸（gamma-aminobutyric acid，GABA）。

4. 乙酰胆碱　其中与痛觉信息传递有关的主要是胆碱能网状上行系统、纹状体及大脑皮层。目前认为乙酰胆碱主要参与皮层下行调节疼痛的作用。

（二）中枢神经系统对痛觉的调控

神经系统中存在痛觉调制系统，能够感受、分辨、抑制或易化痛觉信号。痛觉信息的最终调整结果取决于中枢多个疼痛调制网络间的相互作用。

1. 脊髓水平的调控 伤害性信息传入脊髓背角神经网络后，经易化或抑制等不同过程，最终上行传入高位中枢。因此脊髓背角是疼痛冲动的第一级中枢，是痛觉传入和调控系统的最重要组成，对疼痛冲动的传入起调制作用。

2. 丘脑水平的调控 传递痛觉的信号必须经过丘脑整合并上行到达大脑皮质的不同区域才能产生痛觉。

3. 脑干下行性痛觉调控 脑干网状结构是中枢内痛觉感受系统中的重要组成部分，与疼痛时的警觉状态和防御活动有关。

4. 大脑皮层的调控 大脑皮层可在不同水平对痛觉产生强大而精细的下行性调制。主要包括：皮层水平的调控，皮层对丘脑的调控，对脑干网状结构神经元的调控，以及对脊髓神经元的调控。

5. 纹状体-苍白球系统的调控 纹状体-苍白球系统中最大的核团是尾核，它能接受内外感受器传来的感觉冲动，并与丘脑、脑干网状结构及边缘系统有着广泛联系。

6. 边缘系统的调控 边缘系统如海马、杏仁核、扣带回等对形成痛觉情绪反应具有重要作用。

四、镇痛药的分类

镇痛药（analgesics）是作用于中枢神经系统，在对听觉、触觉和视觉等感觉无明显影响，并保持意识清醒的剂量下，能选择性地缓解疼痛反应的药物。临床使用的镇痛药可分为非麻醉性镇痛药（即解热镇痛抗炎药，详见第二十章）和麻醉性镇痛药（本章讨论）。

麻醉性镇痛药主要是阿片类药物，泛指天然、合成、半合成及具有吗啡样性能的内源性阿片肽。这类药物主要作用于中枢神经系统，通过激动中枢神经系统的阿片受体，阻断痛觉冲动的突触传递、产生镇痛作用。由于此类药物长期使用会致成瘾，因此也被称之为成瘾性镇痛药。

第二节 阿片受体及内源性阿片肽

一、阿片受体及内源性阿片肽的发现

阿片（opium）为罂粟科植物罂粟未成熟蒴果浆汁的干燥物，其药理功效早在公元前3世纪即有文献记载，在公元16世纪已被广泛地用于镇痛、止咳、止泻、镇静催眠。1806年，Sertürner从罂粟粗提物中纯化出阿片活性成分并命名为morphine，即吗啡。随着对吗啡作用机制的深入研究，人们相继发现了阿片受体及内源性阿片肽（endogenous opioid peptides）。Martin等通过研究包括吗啡、ketocyclazocine和消旋化合物SKF-10047的效应，确定了μ、κ两种阿片受体的存在。Richard等用放射性标记研究确认了δ型阿片受体的存在。

阿片受体的发现，加上吗啡脑内极低浓度即可产生药效，使人们推测脑内存在阿片受体的内源性配体。1974年，Hughes首先从猪脑内找到了两种具有阿片活性的五肽，即脑啡肽和后来在垂体中发现的β-内啡肽。同时，Goldstein在垂体后叶提取物中发现了强啡肽。这些内源性阿片肽在体内分布广泛，除中枢神经系统外，也分布于植物神经节、肾上腺、消化道等组织和器官。在脑内，阿片肽的分布与阿片受体分布近似，广泛分布于纹状体、杏仁核、下丘脑、中脑导水管周围灰质（periaqueductal gray，PAG）、低位脑干、脊髓胶质区等许多核区。阿片肽起着神经递质或神经调质（调节神经递质释放）或神经激素的作用，往往与其他神经递质共存，对痛觉、神经内分泌、心血管活动和免疫反应起重要调节作用。

1994年，Bunzow和Mollereau两个实验室同时克隆出阿片受体样受体（opioid receptor-like receptor，ORL1），该受体与三种阿片受体有较高同源性，但与当时已知的阿片受体激动药的亲和力极低，故又称孤儿阿片受体（orphan opioid receptor）。1995年，Meunier和Reinscheid实验室分别克隆出其内源性配体（17肽），其化学结构与强啡肽高度相似，能选择性激活孤儿受体，称为孤啡肽（orphanin，FQ）或痛敏肽（nociceptin）。孤啡肽受体广泛分布于中枢神经系统如下丘脑、PAG、蓝斑核和脊髓背角等部位，特别是在中枢下行痛觉控制环路有高表达，从而参与痛觉的感受和调控过程。此外，孤啡肽受体也参与阿片类药物耐受和药物依赖性的形成，也与机体应激反应、摄食行为和学习记忆过程有关。

二、阿片和阿片受体参与疼痛调节

在内源性痛觉调制系统的关键脑区，包括PAG、延髓嘴端腹侧和脊髓后角，均发现有高水平的阿片受体存在。这些脑区的阿片受体可被阿片样物质激活，从而抑制神经元放电。

PAG是内源性阿片肽及其受体参与疼痛调节的关键部位。电刺激PAG区域可产生显著的镇痛效果，而非选择性阿片受体拮抗剂纳洛酮能部分抑制PAG电刺激所致镇痛作用，提示电刺激PAG区域可促使某些作用于阿片受体的物质释放；将微量吗啡直接注入PAG区同样具有镇痛作用。

延髓嘴端腹侧区是内源性阿片肽及其受体参与痛觉调控的另一重要脑区，从该区域投射至脊髓后角的神经元分为"开启"神经元（on-cell）、"关闭"神经元（off-cell）以及对任何刺激均不起反应的神经元。同时，孤啡肽可对来自延髓嘴端腹侧阿片肽激活的下行致痛通路起到抑制作用，从而调节痛觉传导。

脊髓后角不仅是痛觉传递的中继站，而且是伤害和抗伤害感受的重要整合区。此区域P物质神经元末梢分布大量阿片受体，而在胶状质及三叉神经脊髓核中强啡肽含量很高，且存在很多强啡肽能神经元胞体及纤维网，提示强啡肽能神经元及κ受体在脊髓镇痛中占有重要地位。

内源性阿片肽及阿片受体在疼痛调制中起到至关重要的作用，以阿片受体为作用靶点的药物如吗啡等仍是临床治疗中重度疼痛的一线药物。根据药理作用机制，阿片类镇痛药可分为三类：①阿片受体激动药，②阿片受体部分激动药和激动-拮抗药，③其他镇痛药。

第三节 阿片受体激动药

阿片受体激动药包括阿片生物碱类镇痛药（吗啡、可待因）及人工合成镇痛药（哌替啶、芬太尼、美沙酮等）。

吗 啡

【来源及构效关系】

吗啡（morphine）是阿片中的主要生物碱，含量高达10%，其化学结构于1902年确定，基本骨架是以A、B、C、D环构成的氢化菲核（图3-19-2）。其中环A与环C间以氧桥形式连接，环B与环D相稠合。环A上的酚羟基和环C上的醇羟基具有重要的药理作用。

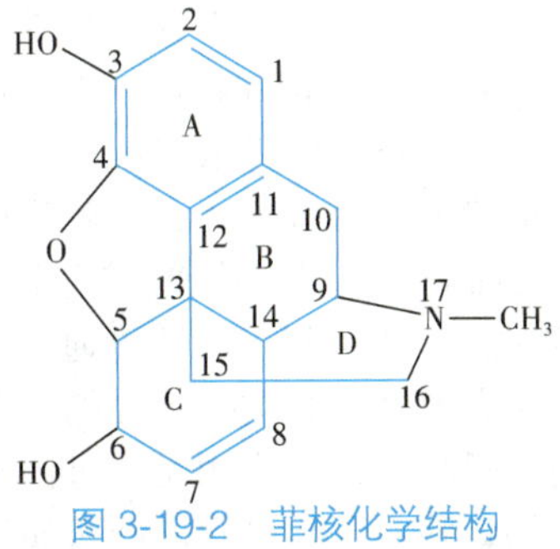

图3-19-2 菲核化学结构

当环A上酚羟基的氢原子被甲基取代，成为可待因，其镇痛作用减弱，当环A和环C上的羟基均被甲氧基取代，成为蒂巴因（thebaine），无镇痛作用，但经结构修饰可产生具有强大镇痛作用的药物如埃托啡（etorphine）；叔胺氮上甲基被烯丙基取代，则变成吗啡的拮抗药如烯丙吗啡（nalorphine）和纳洛酮；破坏氧桥以及17位无侧链形成阿扑吗啡（apomorphine），成为多巴胺激动药，失去镇痛作用而产生很强的催吐作用。3位和6位羟基被取代可改变药代动力学特性，如可待因生物利用度高于吗啡，二醋吗啡（diamorphine，海洛因）易通过血脑屏障（表3-19-1）。

表3-19-1 吗啡及其衍生物的化学结构

阿片肽或药物	阿片受体亚型		
	μ	δ	κ
阿片肽类			
β-内啡肽	+++	+++	+++
亮氨酸脑啡肽	+	+++	
甲硫氨酸脑啡肽	++	+++	
强啡肽	++	+	+++
内吗啡肽	+++		
激动药			
吗啡	+++	+	++
可待因	+	+	+
哌替啶	++	+	
美沙酮	+++		
芬太尼	+++		
二氢埃托啡	+++		
部分激动药			
喷他佐辛	P		++
布托洛啡	P	+	+++
丁丙诺啡	P		
纳布啡	--		++
拮抗药			
纳洛酮	---	--	--
纳曲酮	---	--	--

注：+激动；-阻断；P部分激动

【药理作用】

1. 中枢神经系统

（1）镇痛作用：吗啡具有强大的镇痛作用，对绝大多数急性痛和慢性痛的镇痛效果良好，对持续性慢性钝痛作用大于间断性锐痛，对神经性疼痛的效果较差。成人皮下注射5～10 mg能明显减轻或消除疼痛。椎管内注射可产生节段性镇痛，不影响意识和其他感觉。一次给药，镇痛作用可持续4～6小时，主要与其激动脊髓胶质区、丘脑内侧、脑室及导水管周围灰质的阿片受体有关。

（2）镇静、致欣快作用：吗啡能改善由疼痛所引起的焦虑、紧张、恐惧等情绪反应，产生镇静作用，提高对疼痛的耐受力。给药后，患者常出现嗜睡、精神朦胧、理智障碍等，在安静环境易诱导入睡，但易被唤醒。吗啡还可引起欣快症（euphoria），表现为满足感和飘然欲仙等，且对正处于疼痛折磨的患者十分明显，而对已适应慢性疼痛的患者则不显著或引起烦躁不安，这也是吗啡镇痛效果良好的重要因素，同时也是造成强迫用药的重要原因。吗啡改变情绪的作用机制尚未明了，可能与激活边缘系统和蓝斑核的阿片受体，以及中脑边缘叶的中脑腹侧背盖区－伏隔核多巴胺能神经通路与阿片受体/肽系统的相互作用有关。

(3) 抑制呼吸：治疗量即可抑制呼吸，使呼吸频率减慢、潮气量降低、每分通气量减少，其中呼吸频率减慢尤为突出，并随剂量增加而作用增强，急性中毒时呼吸频率可减慢至3～4次/分，呼吸抑制是吗啡急性中毒致死的主要原因。呼吸抑制发生的快慢及程度与给药途径密切相关，静脉注射吗啡5～10分钟或肌内注射30～90分钟时呼吸抑制最为明显。当药物经胃肠外给药用于即将分娩的妇女时，药物透过胎盘屏障引起新生儿一过性呼吸抑制。与麻醉药、镇静催眠药及酒精等合用，加重其呼吸抑制，但与全麻药和其他中枢抑制药不同，吗啡抑制呼吸的同时，不伴有对延髓心血管中枢的抑制，该作用与其降低脑干呼吸中枢对血液CO_2张力的敏感性，以及直接抑制脑桥呼吸调节中枢有关。

(4) 镇咳：直接抑制延髓咳嗽中枢，使咳嗽反射减轻或消失，产生强大的镇咳作用。该作用与其镇痛和呼吸抑制作用无关，可能与激动延脑孤束核阿片受体有关。但因其成瘾性强，故临床不作为镇咳药使用。

(5) 缩瞳：吗啡可兴奋支配瞳孔的副交感神经，引起瞳孔括约肌收缩，使瞳孔缩小。吗啡中毒时瞳孔极度缩小，针尖样瞳孔为其中毒特征。吗啡缩瞳作用可产生一定耐受性，但对于循环中含高浓度阿片类药物的成瘾者，缩瞳效应持续存在。治疗量吗啡尚可降低正常人和青光眼患者眼内压。

(6) 其他中枢作用：吗啡作用于下丘脑体温调节中枢，改变体温调定点，使体温略有降低，但长期大剂量应用，体温反而升高；兴奋延髓催吐化学感受区，引起恶心和呕吐；抑制下丘脑释放促性腺激素释放激素（GnRH）和促肾上腺皮质激素释放激素（CRH），从而降低血浆促肾上腺皮质激素（ACTH）、黄体生成素（LH）、卵泡刺激素（FSH）的浓度。

2. 外周作用

(1) 血管扩张：吗啡能扩张阻力血管和容量血管，降低血压，当患者由仰卧位转为直立时可发生直立性低血压，其降压作用除了降低中枢交感张力外，还与其促进组胺释放有关。治疗量吗啡仅轻度降低心肌氧耗量和左室舒张末压。吗啡因抑制呼吸使体内CO_2蓄积，引起脑血管扩张和阻力降低，导致脑血流增加和颅内压增高。治疗剂量的吗啡还可引起皮肤血管扩张，使面颈部和胸部上方的皮肤发红，注射部位常出现荨麻疹，可能与其促组胺释放引起，并非由阿片受体介导，纳洛酮不能对抗。

(2) 兴奋平滑肌：治疗剂量吗啡可兴奋胃肠道平滑肌，减慢胃蠕动，使胃排空延迟，提高胃窦部及十二指肠上部的张力，易致食物反流，减少其他药物吸收；提高小肠及大肠平滑肌张力，减弱推进性蠕动，延缓肠内容物通过，促使水分吸收增加，并抑制消化腺的分泌；提高回盲瓣及肛门括约肌张力，加之对中枢的抑制作用，使便意和排便反射减弱，因而易引起便秘。吗啡还可引起胆道奥狄括约肌痉挛性收缩，使胆囊内压明显提高，可致上腹不适甚至胆绞痛，阿托品可部分缓解。治疗量吗啡降低子宫平滑肌张力，延长产妇分娩时程；吗啡还能提高膀胱外括约肌张力和膀胱容积，可引起尿潴留；治疗量对支气管平滑肌兴奋作用不明显，但大剂量可引起支气管收缩，诱发或加重哮喘，可能与其促进柱状细胞释放组胺有关。

3. 免疫系统 吗啡对免疫系统有抑制作用，包括抑制淋巴细胞增殖，减少细胞因子的分泌，减弱自然杀伤细胞的细胞毒作用，这主要与激动μ受体有关。吗啡也可抑制人类免疫缺陷病（human immunodeficiency virus，HIV）蛋白诱导的免疫反应，这可能是吗啡吸食者易感HIV病毒的主要原因。

【作用机制】

内源性阿片肽和阿片受体共同组成机体的抗痛系统，调控痛觉，维持正常痛阈，发挥生理性止痛作用。阿片类药物的镇痛作用是同时通过直接抑制源自脊髓背角的痛觉上行传入通路和激活源自中脑的痛觉下行控制环路来实现的。痛觉传入神经末梢通过释放谷氨酸、P物质等而将痛觉冲动传向中枢，内源性阿片肽由特定的神经元释放后，可激动脊髓感觉神经突触前、后膜上的阿片受体，通过百日咳毒素敏感的G蛋白耦联机制，抑制腺苷酸环化酶（adenylyl cyclase）、促进K^+外流、减少Ca^{2+}内流，使突触前膜递质释放减少，突触后膜超极化，最终减弱或阻滞痛觉信号的传递，产生镇痛作用（图3-19-3）。同时，内源性阿片肽还可通过增加中枢下行抑制系统对脊髓背角感觉神经元的抑制作用而产生镇痛作用。吗啡的镇痛作用是通过激动脊髓胶质区、丘脑内侧、脑室及导水管周围灰质等部位的阿片受体，主要是μ受体，模拟内源性阿片肽对痛觉的调制功能而产生镇痛作用。其缓解疼痛所引起的不愉快、焦虑等情绪和致欣快的药理作用则与其激活中脑边缘系统和蓝斑的阿片受体而影响多巴胺能神经功能有关。

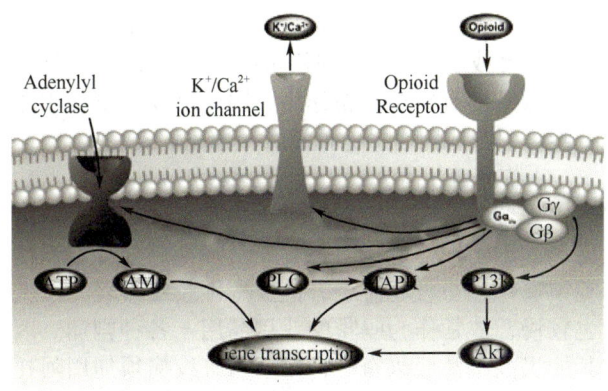

图 3-19-3 吗啡镇痛作用机制示意图

【体内过程】

口服后易从胃肠道吸收，但首过消除强，生物利用度约为 25%。常注射给药，皮下注射 30 分钟后吸收 60%，硬膜外或椎管内注射可快速渗入脊髓发挥作用。本品吸收后约 1/3 与血浆蛋白结合，游离型吗啡迅速分布于全身各组织器官，尤以肺、肝、肾和脾等血流丰富的组织中浓度最高。该药在组织滞留时间短，一次用药 24 小时后组织药物浓度几乎检测不到。本品脂溶性较低，仅有少量通过血脑屏障，但足以发挥中枢性药理作用。吗啡在肝内与葡萄糖醛酸结合，代谢产物吗啡-6-葡萄糖醛酸具有药理活性，且活性比吗啡强。动物静脉注射等量吗啡-6-葡萄糖醛酸，其镇痛强度是吗啡的 2 倍，而直接脑内或椎管内注射，作用强度为吗啡的 100 倍。吗啡主要以吗啡-6-葡萄糖醛酸的形式经肾排泄，肾功能减退者和老年患者排泄缓慢，易致蓄积效应，少量经乳腺排泄，也可通过胎盘进入胎儿体内。吗啡血浆 $t_{1/2}$ 为 2～3 小时，而吗啡-6-葡萄糖醛酸血浆 $t_{1/2}$ 稍长于吗啡。

【临床应用】

1. 镇痛 吗啡对多种原因引起的疼痛均有效，可缓解或消除严重创伤、烧伤、手术等引起的剧痛和晚期癌症疼痛；对内脏平滑肌痉挛引起的绞痛，如胆绞痛和肾绞痛，加用 M 胆碱受体阻断药如阿托品可有效缓解；对心肌梗死引起的剧痛，除能缓解疼痛和减轻焦虑外，其扩血管作用可减轻患者心脏负担，但对神经压迫性疼痛疗效较差。吗啡镇痛效果与个体对药物的敏感性以及疼痛程度有关，应根据不同患者对药物的反应性来调整用量。久用易成瘾，除癌症剧痛外，一般仅于其他镇痛药无效时短期应用。诊断未明前慎用，以免掩盖病情而延误诊断。

2. 心源性哮喘 对于左心衰竭突发急性肺水肿所致呼吸困难（心源性哮喘），除应用强心苷、氨茶碱及吸入氧气外，静脉注射吗啡可迅速缓解患者气促和窒息感，促进肺水肿液的吸收。其机制可能是由于吗啡扩张外周血管，降低外周阻力，减轻心脏前、后负荷，有利于肺水肿的消除；其镇静作用又有利于消除患者的焦虑、恐惧情绪。此外，吗啡降低呼吸中枢对 CO_2 的敏感性，减弱过度的反射性呼吸兴奋，使急促浅表的呼吸得以缓解，也有利于心源性哮喘的治疗。但伴有休克、昏迷、严重肺部疾患或痰液过多时禁用。对其他原因引起的肺水肿，如尿毒症所致肺水肿，也可应用吗啡。

3. 止泻 适用于减轻非细菌性急、慢性消耗性腹泻症状，可选用阿片酊或复方樟脑酊。如伴有细菌感染，应同时服用抗生素。

4. 复合麻醉 由于吗啡具有镇静、镇痛等作用，常做手术前用药。有时也在术中与其他麻醉药配合，以提高麻醉效果。在冠状动脉旁路移植手术等高危手术时，为了降低手术造成心血管抑制的危险，有时会以大剂量吗啡及芬太尼等阿片类药物为主进行麻醉，但必须使用呼吸机辅助，预防呼吸抑制所造成的后果。近年来，吗啡越来越多地被用于硬脊膜外腔局部麻醉。如发生呼吸抑制，可以纳洛酮拮抗。

【不良反应】

1. 耐受性和依赖性 治疗量的吗啡连续反复应用后，除了缩瞳和便秘外，其他大部分效应都会逐渐减弱，形成耐受性，表现为吗啡使用剂量逐渐增大和用药间隔时间缩短。阿片类药物间存在交叉耐受性。患者会发生病态性嗜好而产生依赖性，包括精神依赖性和生理依赖性。一旦停药可在 6～10 小时后产生戒断症状，出现烦躁不安、失眠、疼痛、流涕、流泪、出汗、震颤、呕吐、腹泻、虚脱甚至危及生命。停药后 36～48 小时最严重，5 日后症状可逐渐消失。此类患者具有强烈的用药渴求，可不择一切手段获取药品，不仅严重损害用药者的健康，还可造成严重的社会问题。故阿片类镇痛药应按国家颁布的"麻醉药品和精神药品管理条例"严格管理，限制使用。

2. 一般不良反应 治疗量吗啡可引起眩晕、恶心、呕吐、便秘、呼吸抑制、尿少、排尿困难（老年多见）、胆道压力升高甚至胆绞痛、颅内压升高、直立性低血压（低血容量者易发生）和免疫抑制等。偶见烦躁不安等情绪改变。

3. 急性中毒 吗啡过量可引起急性中毒，主要表现为昏迷、深度呼吸抑制（可致 2～4 次/分）以及瞳孔极度缩小（针尖样瞳孔）三联征，常伴有血压下降、严重缺氧以及尿潴留。呼吸肌麻痹是致死的主要原因。抢救措施为人工呼吸、适量给氧以及静脉注射阿片受体阻断药纳洛酮。

【禁忌证】

吗啡对抗缩宫素对子宫的兴奋作用而延长产程，且能通过胎盘屏障或经乳汁分泌，抑制新生儿和婴儿呼吸，故禁用于分娩止痛和哺乳期妇女止痛。

因抑制呼吸、抑制咳嗽反射以及促组胺释放可致支气管收缩，禁用于支气管哮喘及肺心病患者。低血容量患者应慎用吗啡，因其可能导致或加重低血容量性休克。颅脑损伤所致颅内压增高的患者、肝功能严重减退患者及新生儿和婴儿禁用。

可 待 因

可待因（codeine）又名甲基吗啡，经肝脏代谢转化为吗啡及其他具有活性的阿片类代谢产物。口服易吸收，生物利用度为60%，血浆 $t_{1/2}$ 为2～4小时，过量时可延长至6小时。大部分在肝内代谢为非活性产物，约10%脱甲基为吗啡。代谢产物及少量原形（10%）经肾排泄。可待因与阿片受体亲和力低，药理作用与吗啡相似，但作用较吗啡弱，镇痛作用为吗啡的1/10～1/12，镇咳作用为吗啡的1/4，对呼吸中枢抑制也较轻，无明显的镇静作用。临床上用于中等程度疼痛和剧烈干咳。无明显便秘、尿潴留及直立性低血压等副作用，欣快及成瘾性也低于吗啡，但仍属限制性应用的精神药品。

哌 替 啶

哌替啶（pethidine），又名度冷丁（dolantin），为苯基哌啶衍生物，于1937年在人工合成阿托品类似物时发现其具有吗啡样作用，是目前临床常用的人工合成镇痛药。

【药理作用】

1. 中枢神经系统 作用与吗啡相似。皮下或肌内注射后10分钟可产生镇静镇痛作用，但作用持续时间比吗啡短，仅2～4小时。镇痛强度约为吗啡的1/10。部分患者用药后出现欣快感，成瘾性发生较慢，戒断症状持续时间较短。哌替啶亦使呼吸中枢对 CO_2 的敏感性降低而抑制呼吸，但较吗啡弱。可兴奋延脑催吐化学感受区及增加前庭器官的敏感性，故易产生眩晕、恶心和呕吐。

2. 平滑肌 可中度提高胃肠道平滑肌及括约肌张力，减少推进性蠕动，但作用短暂，所以不引起便秘，亦无止泻作用。可引起胆道括约肌痉挛，提高胆道内压力，但比吗啡弱。治疗量对支气管平滑肌无影响，大剂量可引起支气管平滑肌收缩。对妊娠末期子宫无影响，并不对抗催产素的作用，故不延缓产程。

3. 血管扩张 治疗量哌替啶可扩张血管引起直立性低血压。由于呼吸抑制使体内 CO_2 蓄积，扩张脑血管升高颅内压。

【体内过程】

口服易吸收，口服生物利用度为40%～60%，皮下或肌内注射吸收更迅速，起效更快，故临床常用注射给药。血浆蛋白结合率为60%，可通过胎盘屏障，进入胎儿体内。血浆 $t_{1/2}$ 为3小时，肝硬化患者 $t_{1/2}$ 显著延长。哌替啶在肝内代谢为哌替啶酸和去甲哌替啶，两者再以结合形式经肾排泄，仅少量以原形排出。去甲哌替啶血浆 $t_{1/2}$ 为15～20小时，肾功能不良或反复大剂量应用可能引起其蓄积。此外，去甲哌替啶有中枢兴奋作用，因此反复大量使用哌替啶可引起肌肉震颤、抽搐甚至惊厥。

【临床应用】

1. 镇痛 哌替啶对各种疼痛均有效，如手术后疼痛、创伤性疼痛、内脏绞痛及晚期癌症等。哌替啶镇痛作用虽较吗啡弱，但成瘾性较吗啡轻，产生也较慢，故常作为吗啡的代用品用于各种剧痛。因其能提高平滑肌兴奋性，用于内脏绞痛须加用阿托品。因代谢产物的毒性作用，哌替啶不再被推荐用于慢性癌性疼痛的治疗。鉴于新生儿对哌替啶的呼吸抑制作用极为敏感，因此产妇临产前2～4小时内不宜使用。

2. 麻醉前给药及人工冬眠 麻醉前给予哌替啶，能使患者安静，消除患者术前紧张和恐惧情绪，减少麻醉药用量并缩短诱导期。本品与氯丙嗪，异丙嗪组成冬眠合剂，以降低需人工冬眠患者的基础代谢。

3. 心源性哮喘和肺水肿 哌替啶可替代吗啡作为心源性哮喘的辅助治疗，且效果良好，其机制与吗啡相同。哌替啶扩张外周血管，降低外周阻力，减轻心脏负荷，有利于肺水肿的消除。

【不良反应】

治疗量时不良反应与吗啡相似，可致眩晕、出汗、口干、恶心、呕吐、心悸和直立性低血压等。剂量过大可明显抑制呼吸。偶可致震颤、肌肉痉挛、反射亢进甚至惊厥，中毒解救时可配合抗惊厥药。有轻微的阿托品样作用，给药后可致心率加快，故室上性心动过速患者不宜使用。久用产生耐受性和成瘾性。禁忌证与吗啡相同。

【药物相互作用】

本品与单胺氧化酶抑制药合用可因干扰去甲哌替啶的代谢而使之蓄积，引起"5-羟色胺综合征"，如谵妄、高热、多汗、惊厥、严重呼吸抑制、昏迷甚至死亡，这可能是由于哌替啶抑制神经元5-羟色胺再摄取所致。纳洛酮、尼可刹米、丙烯吗啡可降低本品的镇痛作用；而巴比妥类、吩噻嗪类、三环类抗抑郁药和硝酸酯类抗心绞痛药可增强本品的呼吸抑制和镇静作用；可加强双香豆素等抗凝血药的作用，合用时应酌情减量。与氨茶碱、肝素钠、磺胺嘧啶、呋塞米、头孢哌酮等药配伍，易产生混浊或沉淀。

芬 太 尼

芬太尼（fentanyl）化学结构与哌替啶相似，为 μ 受体激动药，属短效、强效镇痛药。作用与吗啡相似，镇痛效力为吗啡的80～100倍。

【体内过程】

起效快，静脉注射后1分钟起效，5分钟达高峰，维持约10分钟；肌内注射15分钟起效，维持1～2

小时。血浆蛋白结合率为84%，经肝脏代谢而失活，血浆 $t_{1/2}$ 为3～4小时。

【临床应用】

临床主要用于麻醉前、中、后的镇静与镇痛，是目前复合全麻中的常用药物。用于麻醉前给药和麻醉诱导，并作为辅助用药与全麻药、局麻药合用于各种手术。与氟哌利多（droperidol）合用产生神经阻滞镇痛，适用于外科小手术。亦可通过硬膜外或蛛网膜下腔给药治疗急性手术后痛和慢性痛。其透皮制剂可持续释放药物48小时或更长时间，可用于缓解慢性癌性疼痛。

【不良反应】

不良反应有眩晕、恶心、呕吐及胆道括约肌痉挛，弱于吗啡。大剂量可产生明显肌肉僵直（与抑制纹状体多巴胺能神经功能有关，可用纳洛酮拮抗）。静脉注射过快可致呼吸抑制。反复用药能产生依赖性。不宜与单胺氧化酶抑制药合用。禁用于支气管哮喘、重症肌无力、颅脑肿瘤或外伤引起昏迷的患者以及2岁以下婴幼儿。

美 沙 酮

美沙酮（methadone）为长效μ受体激动药，是左、右旋异构体各半的消旋体，镇痛作用主要为左旋美沙酮，作用强度为右旋美沙酮的50倍。

【药理作用】

美沙酮镇痛作用强度与吗啡相当，但持续时间较长，镇静、抑制呼吸、缩瞳、引起便秘及升高胆道内压等作用较吗啡弱。由于本品先与各种组织中蛋白结合，停药后再缓慢释放入血，维持较低的血药浓度，因此与吗啡等短效药物相比，耐受性与成瘾性发生较慢，戒断症状略轻且延迟出现。口服美沙酮后再注射吗啡不能引起原有的欣快感，亦不出现戒断症状，因而使吗啡等的成瘾性减弱，并能减少吗啡或海洛因成瘾者自我注射带来的血液传播性疾病的危险。因此是吗啡和海洛因成瘾者脱毒治疗时的替代药物。

【体内过程】

口服吸收良好，生物利用度为92%，30分钟起效，4小时达血药浓度峰值，皮下或肌内注射达峰更快，约为1～2小时。血浆蛋白结合率为89%，血浆 $t_{1/2}$ 为35小时，主要在肝脏代谢为去甲美沙酮，随尿、胆汁或粪便排泄，酸化尿液可增加其排泄。美沙酮与各种组织包括脑组织中蛋白结合，反复给予美沙酮可在组织中蓄积，停药后组织中药物再缓慢释放入血。

【临床应用】

适用于创伤、手术及晚期癌症等所致剧痛，亦可用于吗啡、海洛因等成瘾的脱毒治疗。

【不良反应】

一般为恶心、呕吐、便秘、头晕、口干和抑郁等。

长期用药易致多汗、淋巴细胞数增多、血浆白蛋白和糖蛋白以及催乳素含量升高。皮下注射有局部刺激作用，可致疼痛和硬结。禁用于分娩止痛，以免影响产程和抑制胎儿呼吸。用于阿片成瘾者的替代治疗时，肺水肿是过量中毒的主要死因。

第四节　阿片受体部分激动药和激动-拮抗药

阿片受体部分激动药在小剂量或单独使用时，可激动某型阿片受体，呈现镇痛等作用；当剂量加大或与激动药合用时，又可拮抗该受体。此外，某些阿片类药物对某一亚型的阿片受体起激动作用，而对另一亚型的阿片受体则起拮抗作用，因此被称为阿片受体混合型激动-拮抗药（mixed opioid receptor agonists/antagonists）。此外，本类药物以镇痛作用为主，呼吸抑制作用较弱，成瘾性较小，但有拟精神失常等副作用。

喷 他 佐 辛

喷他佐辛（pentazocine）又名镇痛新，为苯并吗啡烷类衍生物，为阿片受体部分激动药，主要激动κ、δ受体，对μ受体有弱的阻断作用。

【药理作用】

镇痛作用为吗啡的1/3，呼吸抑制作用为吗啡的1/2，但剂量超过30 mg时，呼吸抑制程度并不随剂量增加而加重，故相对较安全。大剂量（60～90 mg）则可产生烦躁不安、梦魇、幻觉等精神症状，可用纳洛酮拮抗。镇静作用弱。对胃肠道和子宫平滑肌的兴奋作用与哌替啶相似，但对括约肌的兴奋作用弱，胆道内压力升高不明显。对心血管系统的作用与吗啡不同，大剂量可加快心率和升高血压，这与其升高血中儿茶酚胺浓度有关。冠心病患者静脉注射本药能提高平均主动脉压、左室舒张末压，增加心脏做功。

【体内过程】

口服、皮下和肌内注射均吸收良好，口服首过消除明显，仅20%药物进入体循环，血药浓度与其镇痛作用强度、持续时间相一致。肌内注射15分钟～1小时、口服后1～3小时镇痛作用最明显。血浆蛋白结合率为60%，血浆 $t_{1/2}$ 为4～5小时，可通过胎盘屏障，但较哌替啶少。主要经肝脏代谢，代谢速率个体差异较大，是其镇痛效果个体差异大的主要原因。60%～70%以代谢物形式和少量以原形经肾排泄。

【临床应用】

喷他佐辛有轻度μ受体拮抗作用，成瘾性小，与吗啡同用时可对抗吗啡的药理作用，在药政管理上已列入非麻醉品。临床主要用于各种慢性疼痛及术后疼痛，对剧痛的止痛效果不及吗啡。口服用药可减少不良反应的发生。由于本品仍有产生依赖性的倾向，仍不能作为理想的吗啡替代品。

【不良反应】

常见有镇静、嗜睡、眩晕、出汗、轻微头痛，恶心、呕吐少见。剂量增大能引起烦躁、幻觉、噩梦、血压升高、心率增快、思维障碍和发音困难等，局部反复注射，可使局部组织产生无菌性脓肿、溃疡和瘢痕形成，应常更换注射部位。经常或反复使用，可产生吗啡样生理依赖性，但戒断症状比吗啡轻，此时应逐渐减量至停药，与吗啡合用可加重其戒断症状。因能增加心脏负荷，故不适用于心肌梗死时的疼痛。

布托啡诺

布托啡诺（butorphanol）为阿片受体部分激动药，常用其酒石酸盐（又名 stadol）。

【药理作用】

布托啡诺主要激动κ受体，对μ受体有弱的竞争性拮抗作用。本品可在未引起显著致幻效应剂量下，产生高效镇痛效果，镇痛效力和呼吸抑制作用为吗啡的 3.5～7 倍，镇痛作用持续时间与吗啡相似，成瘾性发生率较低，呼吸抑制程度不随剂量增加而加重。对胃肠道平滑肌兴奋作用较吗啡弱。本品可增加外周血管阻力和肺血管阻力，因而增加心脏做功。

【体内过程】

口服可吸收，首过消除明显，生物利用度低（<17%），肌内注射吸收迅速而完全，10 分钟起效，30～60 分钟血药浓度达高峰，持续时间为 4～6 小时，血浆 $t_{1/2}$ 为 4～5 小时，老年人或肾功能减退患者血浆 $t_{1/2}$ 延长。血浆蛋白结合率为 80%，主要经肝脏代谢，大部分代谢产物和少量原形（5%）随尿排出。

【临床应用】

用于缓解中、重度疼痛，如术后、外伤和癌症疼痛以及肾或胆绞痛等，对急性疼痛的止痛效果好于慢性疼痛。也可作麻醉前用药。

【不良反应】

常见有恶心、呕吐、乏力、出汗、个别出现嗜睡、头痛、眩晕、飘浮感、精神错乱等。久用产生依赖性。

丁丙诺啡

丁丙诺啡（buprenorphine）是一种高脂溶性的蒂巴因半合成衍生物，属于μ阿片受体部分激动药。以激动μ受体为主，对κ受体和δ受体有拮抗作用。其镇痛效力为吗啡的 25 倍，作用时间长。与喷他佐辛相比，较少引起烦躁等精神症状，但更易引起呼吸抑制。成瘾性比吗啡小，海洛因成瘾者服用后，能较好地控制毒瘾。临床应用同布托啡诺，也可用于吗啡或海洛因成瘾的脱毒治疗。不良反应常见头晕、嗜睡、恶心、呕吐等。

纳布啡

纳布啡（nalbuphine）激动κ受体，拮抗μ受体。镇痛作用稍弱于吗啡，是喷他佐辛的 3 倍。静注 2～3 分钟起效，30 分钟达到最大效应，镇痛作用可维持 3～6 小时。可用于各种疾病引起的中度至重度疼痛的止痛治疗。呼吸抑制作用较轻，依赖性小，戒断症状轻。不增加心脏负荷，可用于心肌梗死和心绞痛患者的止痛。纳洛酮可拮抗本品的镇痛及呼吸抑制作用。主要经静脉用药，口服生物利用度只有 20%～25%。临床应用同布托啡诺。

地佐辛

地佐辛（dezocine）是κ受体激动药，也是μ受体拮抗药。皮下、肌内注射吸收迅速，肌注 30 分钟内生效，静注 15 min 内生效。本品镇痛作用强于喷他佐辛，5～10 mg 的镇痛效力相当于哌替啶 50～100 mg。临床用于术后疼痛、内脏及癌症疼痛，成瘾性小。不良反应常见恶心、呕吐、头晕、厌食、定向障碍、幻觉、出汗、心动过速等。静注可引起呼吸抑制，可用纳洛酮对抗。冠心病患者慎用。

第五节　其他镇痛药

曲马多

曲马多（tramadol）是一种合成的可待因类似物，为中枢性镇痛药。本品有较弱的μ受体激动作用，与μ受体的亲和力为吗啡的 1/6000，并能抑制去甲肾上腺素和 5-羟色胺再摄取。镇痛效力与喷他佐辛相当，镇咳效力为可待因的 1/2，呼吸抑制作用弱，对胃肠道无影响，也无明显的心血管作用。镇痛作用机制较为复杂，本药的代谢物 O-去甲基曲马多对μ受体的亲和力比原型药高 200 倍，但其镇痛效应并不被纳洛酮完全拮抗，提示尚有其他机制参与其镇痛作用。口服生物利用度为 68%，主要经肝代谢和肾排泄。血浆 $t_{1/2}$ 为 6 小时，代谢物半衰期为 7.5 小时。口服后 1 小时起效，2～3 小时血药浓度达峰值，作用维持 6 小时，推荐的最大剂量为 400 mg。本品适用于中、重度急、慢性疼痛，如手术、创伤、分娩及晚期癌症疼痛等。治疗量不抑制呼吸，对心血管功能无明显影响，亦不产生便秘。抗癫痫药卡马西平可降低曲马多血药浓度，减弱其镇痛作用。安定类药可增强其镇痛作用。不良反应有多汗、头晕、恶心、呕吐、口干、疲劳等，可引起癫痫，静脉注射过快可有颜面潮红、一过性心动过速。长期应用也可成瘾。

罗 通 定

罗通定（rotundine）即延胡索乙素（tetrahydropalmatine），为我国学者从中药延胡索中提取的生物碱，为消旋四氢巴马汀，有效部分为左旋体，现已人工合成。本类药物有镇静、安定、镇痛和中枢性肌肉松弛作用。镇痛作用较哌替啶弱，但较解热镇痛药作用强，无明显的成瘾性。镇痛作用与脑内阿片受体及前列腺素系统无关，它能阻断脑内多巴胺受体，亦增加与痛觉有关的特定脑区脑啡肽原和内啡肽原的 mRNA 表达，促进脑啡肽和内啡肽释放，过量可致帕金森病。口服吸收后，10～30分钟起效，作用维持2～5小时。对慢性持续性钝痛效果较好，对创伤或手术后疼痛或晚期癌症的止痛效果较差。主要用于治疗胃肠及肝胆系统疾病等引起的钝痛、一般性头痛以及脑震荡后头痛，月经痛等，也可用于痛经及分娩止痛，对产程和胎儿无不良影响。安全性较大，久用不成瘾。偶见眩晕、乏力、恶心和椎体外系症状。大剂量对呼吸中枢有一定抑制作用。

布 桂 嗪

布桂嗪（bucinnazine）又名强痛定（fortanodyn, AP-273），其镇痛效力约为吗啡的1/3。口服10～30分钟后或皮下注射10分钟后起效，作用持续3～6小时。呼吸抑制和胃肠道作用较轻。临床多用于偏头痛、三叉神经痛、炎症性及外伤性疼痛、关节痛、痛经及晚期癌症疼痛。偶有恶心、头晕、困倦等神经系统反应，停药后症状即消失，有一定的成瘾性。

第六节 阿片受体拮抗药

纳 洛 酮

【药理作用】

纳洛酮（naloxone）对各型阿片受体均有竞争性拮抗作用，作用强度依次为：μ 受体＞κ 受体＞δ 受体。

【体内过程】

口服易吸收，首过消除明显，故常静脉给药。静脉注射2分钟后起效，作用持续30～60分钟。血浆 $t_{1/2}$ 为40～55分钟，在肝脏与葡萄糖醛酸结合而失活。巴比妥类药物或长期饮酒诱导肝微粒体酶。可缩短其血浆 $t_{1/2}$。

【临床应用】

1. 阿片类药物急性中毒 首选用于已知或疑为阿片类药物过量引起的呼吸抑制和昏迷等，可迅速改善呼吸，使意识清醒；对阿片类药物的其他效应均能对抗。吗啡中毒者仅需注射小剂量（0.4～0.8mg）即能迅速翻转吗啡的作用，1～2分钟使呼吸抑制现象消失，增加呼吸频率。亦能解除喷他佐辛引起的焦虑、幻觉等精神症状。对阿片类药物依赖者，可同时促进戒断症状产生，应注意区别。

2. 解除阿片类药物麻醉的术后呼吸抑制及其他中枢抑制症状 芬太尼、哌替啶等作静脉复合麻醉或麻醉辅助用药时，术后呼吸抑制仍明显者，纳洛酮可反转呼吸抑制。用量过大或给药过快，可同时取消或显著减弱阿片类药物的镇痛作用，故应注意掌握用量和给药速度。

3. 阿片类药物成瘾者的鉴别诊断 对阿片类药物依赖者，肌内注射本品可诱发严重戒断症状，结合用药史和尿检结果，可确认为阿片类药物成瘾。但纳洛酮鉴别试验阴性者，不能排除阿片类药物依赖性。

4. 研究与救治 研究疼痛与镇痛的重要工具药试用于急性酒精中毒、休克、脊髓损伤、中风以及脑外伤的救治。

【不良反应】

纳洛酮无内在活性，本身不产生药理效应，不良反应少，大剂量偶见轻度烦躁不安。

纳 曲 酮

纳曲酮（naltrexone）与纳洛酮相似，但对 κ 受体的拮抗作用强于纳洛酮，具有更高的口服生物利用度（30%）和更长的作用时间。临床应用同纳洛酮。

纳 美 芬

纳美芬（nalmefene）是纳曲酮的衍生物，本身无内在活性，但能竞争性拮抗 μ、κ、δ 阿片受体，其中与 μ 受体的亲和力最强。本品仅可静脉注射。临床应用同纳曲酮，但其半衰期更长（8～10小时），用于阿片类药物过量的解救。

第七节 阿片类药物依赖性与药物滥用

一、药物依赖性与药物滥用

药物依赖性是某些作用于中枢神经系统药物的一种特性。世界卫生组织（World Health Organization，WHO）对药物依赖性的定义是："药物依赖性是药物与机体相互作用所造成的一种精神状态，同时也包括身体状态，它表现出一种强迫性地要连续或定期用该药的行为和其他反应，为的是要感受它的精神效应，或是为了避免由于断药所引起的不舒适；可以发生或不发生耐受；同一人可以对一种以上药物产生依赖性"。

药物依赖临床表现十分复杂，可依其呈现的特殊精神状态或身体状态分为精神依赖性（psychic

dependence）和身体依赖性。前者又称心理依赖性，是药物对中枢神经系统作用所产生的一种精神活动，使患者对药物产生一种异常的心理渴求，患者必须连续使用这种药物来刺激自己，从而不断得到精神上的快感。后者又称生理依赖性，是指长期反复使用某种药物后，机体对药物产生的适应性改变，一旦停药或突然减少药量，身体通常会产生难以忍受的不适感，如兴奋、失眠、流泪、流涕、出汗、呕吐、腹泻、甚至虚脱、意识丧失等，称为戒断综合征。

阿片类药物可产生欣快，患者感觉心情舒畅、情绪高涨以及飘飘欲仙等，这是阿片类药物产生精神依赖性的基础。生理依赖性可在动物模型上观察到，而精神依赖性则与人类心理、精神活动有关，难以用动物模型加以研究。依赖性形成过程中，通常最早产生精神依赖性，然后产生生理依赖性，后者又将使精神依赖性进一步加重。临床上习惯将药物精神依赖性和生理依赖性俗称为药物成瘾，但鉴于这一术语内涵不甚确切，现已少用。成瘾者有一种内在的强迫感，它驱使用药者不顾一切不断地寻觅和使用该药，即"强迫性觅药行为"，以达到享受用药带来的欣快感和避免停药所致戒断症状的目的，由此导致药物滥用，给社会带来极大的危害。

药物依赖和药物滥用通常相提并论，但两者是不同的概念。药物依赖是一个科学和医学的概念，而药物滥用是指不适当地使用医学上不必要的药物，是指药物成瘾者为了逃避停药所致的戒断症状和（或）体会用药所带来的欣快感而乱用药物的行为。除了经典的阿片类麻醉药品外，其他如苯二氮䓬类、苯巴比妥类亦存在药物滥用现象。此外，苯丙胺类新型合成毒品如冰毒、摇头丸、氯胺酮等的滥用现象近年亦有上升趋势，尤其是在青少年人群中比较严重，给社会治安和青少年的健康成长带来极大危害。

阿片类药物耐受性和依赖性的产生机制尚未明了，现有资料提示它们所涉及的机制相似，与神经组织对吗啡产生的适应有关，导水管周围灰质的脑啡肽能神经元、谷氨酸能神经元和 GABA 能神经元及其相互作用与吗啡的戒断症状亦密切相关。其细胞水平的发生机制可能与阿片受体去敏感、受体内陷、受体下调以及腺苷酸环化酶激活有关。此外，其他神经递质如谷氨酸、去甲肾上腺素等可能参与了这一过程。最近研究表明，吗啡的依赖性与 μ 阿片受体直接相关。在缺失 μ 受体的基因敲除小鼠，吗啡不产生镇痛作用与依赖性。一般认为精神依赖性是促使成瘾者复吸的关键原因，其心理学基础为强化效应或奖赏效应。中脑-边缘 DA 系统，尤其是伏隔核区是药物奖赏效应的神经解剖基础，其中的 D_1 受体可能参与成瘾中与感觉成分有关的欣快感。

二、阿片类药物依赖的治疗

俗话说，"一朝吸毒，十年戒毒，终生想毒"。经过脱毒治疗，戒毒者可以摆脱身体上的依赖，但要彻底摆脱对毒品的依赖，则必须摆脱心理依赖，这是一个漫长而艰巨的过程。阿片类药物依赖而导致的药物滥用已成为一个困扰全球各国政府的社会问题，对其进行治疗的过程称为"戒毒"治疗。药物治疗只是戒毒的第一步，因治疗期短，复吸率高。根据国际经验，完整的药物依赖治疗应包括脱毒（药物治疗），康复（心理康复和行为矫正），回归社会（技能培训，重新适应社会）三个部分，是一项需要政府部门参与，社会和家庭配合的系统治疗。一般戒毒治疗分三步进行：

第一步：脱毒治疗

脱毒治疗是为减轻吸毒者在戒毒期间出现的严重的戒断综合征，给予戒毒者以药物治疗使其顺利渡过急性戒断反应期，帮助减轻身体上的戒断症状，使吸毒者能够脱离毒品而没有生理上的痛苦。该阶段通常需要 1～3 周或更长时间，是戒毒治疗的第一步和基础，随后应转入后两个阶段。若只进行单纯的脱毒治疗，则疗效不佳，近期的复吸率可高达 90% 以上。

替代递减脱毒疗法，简称递减疗法或替代脱毒疗法，是目前国内外毒品成瘾脱毒治疗中最常用和最有效的方法，也是各国官方推荐使用的方法。替代药物选用的原则为药理作用与原成瘾毒品相近，成瘾性相对较低，作用时间较长。通常采用维持时间长、成瘾性较低的阿片 μ 受体激动药，如美沙酮或丁丙诺啡来部分满足吸毒者的要求，然后将药量逐渐减少，使戒断症状逐渐消失，在两周内可达到平稳脱毒的目的。此类替代药物既可缓解阿片类的戒断症状，自身的药物依赖性较低，可阻断阿片类药物的致欣快作用，淡化心理渴求，吸毒者较易接受。其他非阿片类药物有中枢 α_2 受体激动药可乐定及其第二代产品洛非西定，它们对轻度成瘾者有一定疗效，但对严重戒断症状疗效仍不令人满意。

脱毒治疗给药方案一般建议采用"梯度戒毒方案"：即在脱毒治疗前 2～3 天给予阿片受体激动药，如美沙酮；随后 2～3 天给予部分激动药，如丁丙诺啡；接着一周给予非阿片类药物，如可乐定及其他各种对症药物过渡；最后给予阿片受体拮抗药，如纳曲酮预防复吸。这种方案从激动药、部分激动药，经非阿片类药物到拮抗药，使所有药物对阿片受体的内在活性呈梯度递减，并且将防止复吸的治疗与之紧密地结合在一起，在理论上是最佳的，但临床疗效尚待进一步验证。

第二步：康复治疗

脱毒治疗完毕绝非是戒毒治疗的终结，在常规的脱毒治疗中，由于药物的作用只是消除了与生理依赖性有关的戒断症状，而戒毒者的心理、神经功能、身体状况还未恢复，行为还未得到矫正，这些都是导致复吸的因素，因此需要有一个过程来处理脱毒后的稽延性戒断症状、心理和行为问题，这个过程就是康复阶段。在此阶段，一般建议使用美沙酮、长效制剂 α-乙酰美沙酮等长期维持给药。此外，脱毒后口服足量的纳曲酮可消除患者的欣快感，进一步减弱其精神依赖性和生理依赖性，逐步消除渴求行为，使复吸者不再有欣快感，并结合心理疏导、正面教育、社会帮助、体育锻炼、改善营养等措施以消除稽延性症状和心瘾，纠正个体的不良心理、行为态度，完成心理上的康复，该阶段往往需要 1～3 年。

第三步：回归社会

药物依赖者回归社会是戒毒康复工作的最终目的。回归社会包括两方面内容：一是药物依赖患者回归社会之后，建立监督、扶持、帮教系统给予后续照管，以便对戒毒者提供心理、专业或职业辅导以及其他方面的支持和帮助，使其作为对社会有用的人再次融入正常的社会生活，开始新生活；二是使戒毒者远离吸毒环境，消除促使其复吸的诱因，不受毒品诱惑，能坚持寻求社会支持，成为一个正常人。这是戒毒能否成功的最后、也是最关键的阶段，是患者彻底恢复健全人格和行为模式的过程。

（中国科学院上海药物研究所　刘景根）

第四篇　影响自体活性物质的药物

第二十章　解热镇痛抗炎药

- Most currently available traditional nonsteroidal anti-inflammatory drugs (tNSAIDs) inhibit both cyclooxygenase-1 (COX-1) and cyclooxygenase-2 (COX-2) activities, and thereby inhibit synthesis of prostanoids including prostaglandin, prostacyclin and thromboxane. The inhibition of COX-2 is thought to mediate, at least in large part, the antipyretic, analgesic, and anti-inflammatory action of tNSAIDs, but the simultaneous inhibition of COX-1 results in unwanted side effects occurring in gastrointestinal tract.
- Acetaminophen is a very weak anti-inflammatory drug. It is an effective alternative to aspirin as an antipyretic and analgesic agent and has a low incidence of gastrointestinal side effects.
- Selective inhibitors of COX-2 known as coxibs are developed based on the hypothesis that they would afford efficacy similar to tNSAIDs with better gastrointestinal tolerability. However, most coxibs have been either severely restricted in their use or withdrawn from the market in view of their cardiovascular adverse events profile.

第一节　概　述

解热镇痛抗炎药（antipyretic, analgesic and anti-inflammatory drugs）是一类具有解热镇痛，而且大多数还有抗炎抗风湿作用的药物。由于其具有特殊的抗炎作用，化学结构不同于糖皮质激素的甾体结构，因此又被称为非甾体抗炎药（nonsteroidal anti-inflammatory drugs，NSAIDs）。阿司匹林在这类药物中颇具代表性，故这类药物也被称为阿司匹林类药物（aspirin-like drugs）。NSAIDs主要通过抑制体内环氧酶（cyclooxygenases，COXs）的活性而发挥作用。选择性COX-2抑制药的消化道不良反应明显较轻，但有增加心血管系统不良反应的隐患，被单独作为一个亚类。

用柳树皮解热始于希波格拉底，1829年Leroux得到水杨苷结晶（salicin，又名柳皮精、水杨素）。Pina于1836年分离到水杨酸，法国化学家Gerhardt于1853年制备了乙酰水杨酸，尽管不良反应减轻，但效果未见改善，故被放弃。1859年Kolbe成功合成水杨酸，1874年开始工业化生产，并很快用于治疗风湿热、痛风及一般解热，但胃肠道的不良反应使许多人难以耐受。1899年，Bayer公司的Hoffmann为了解决水杨酸的不良反应，重拾Gerhardt的工作，很快从动物试验过渡到人体试验，并以aspirin上市。阿司匹林用于解热镇痛抗炎已逾百年，至今仍广泛应用，全球年需求量高达4万～5万吨。解热镇痛抗炎药的化学结构各异，但多为有机酸衍生物（表4-20-1）。也有人将选择性COX-2抑制药以外的解热镇痛抗炎药称之为传统的非甾体抗炎药（traditional NSAIDs，tNSAIDs），实际上tNSAIDs中的双氯芬酸、美洛昔康和尼美舒利也具有一定程度的COX-2选择性抑制作用。

表4-20-1　非甾体抗炎药按化学结构的分类和各类主要药物

药物类别	药物名称	英文名
水杨酸类	阿司匹林	aspirin
	二氟尼柳	diflunisal
	美沙拉嗪	mesalamine
对氨基酚类	对乙酰氨基酚	acetaminophen
乙酸类	吲哚美辛	indomethacin
	舒林酸	sulindac
	依托度酸	etodolac
	托美丁	tolmetin
	酮咯酸	ketorolac
	双氯芬酸	diclofenac
灭酸酯类	甲灭酸	mefenamic acid
	甲氯灭酸	meclofenamate
	氟灭酸	flufenamic acid
丙酸类	布洛芬	ibuprofen
	萘普生	naproxen
	非诺洛芬	fenoprofen
	酮洛芬	ketoprofen
	氟比洛芬	flurbiprofen

续表

药物类别	药物名称	英文名
烯醇酸类	奥沙普秦	oxaprozin
	吡罗昔康	piroxicam
	美洛昔康	meloxicam
	萘丁美酮	nabumetone
吡唑酮类	氨基比林	aminopyrine
	安乃近	analgin
	保泰松	phenylbutazone
选择性COX-2抑制药	塞来昔布	celecoxib
	帕瑞昔布	parecoxib
	艾托昔布	etoricoxib
	鲁米昔布	lumiracoxib
其他	尼美舒利	nimesulide
	阿扎丙宗	apazone

【作用机制】

细胞膜磷脂在磷脂酶A_2的作用下释放出花生四烯酸（arachidonic acid，AA）。游离的AA有数个代谢途径（图4-20-1）：①在细胞微粒体内经前列腺素G/H合成酶，即环氧酶（COX）催化生成类前列腺素（prostanoids），包括前列腺素（prostaglandins，PGs）如PGE_2、PGF_2、PGD_2、前列环素（prostacyclin，PGI_2）以及血栓素（thromboxane A_2，TxA_2），它们作用于各自的受体，广泛参与多种生理和病理过程的调节，如炎症、发热、疼痛、凝血、胃酸分泌，以及血管、支气管和子宫平滑肌的舒缩。②在细胞质中经各种脂氧酶（lipoxygenase，LOXs）催化生成相应活性物质，如经5-LOX催化生成白三烯类（leukotrienes，LTs），参与过敏反应、诱发炎症、增强白细胞和巨噬细胞的趋化以及支气管、胃肠平滑肌收缩等活动，或经15-LOX催化最终生成脂氧素（lipoxins）等。

COX是机体合成类前列腺素的限速酶，主要有两种同工酶，即COX-1与COX-2。COX-1为结构型COX，在多数细胞呈固有表达，尤其是较高表达于血小板、内皮细胞及胃肠道细胞中，其功能与调节血小板聚集、保护胃肠黏膜、调节血管张力等有关。COX-2为诱导型COX，具备高度可调节基因的特征，含有对炎症介质敏感的TATA和CAAT序列。正常情况下，各组织细胞中仅表达非常少量的COX-2，但处于炎症的病理状态时，COX-2受细胞因子、应激和生长因子诱导，表达急剧增加，在急性炎症反应中起主要作用。有研究提出还存在另一种同工酶COX-3。COX-3被认为是COX-1的变异体，可能介导疼痛，但其生理和病理作用尚未明确。

COX-1和COX-2有61%的氨基酸序列相同，晶体结构非常相似，都具有COX活性和氢过氧化物酶（hydroperoxidase，HOX）活性。它们的COX活性负责将AA转化为PGG_2，而HOX活性将PGG_2进一步转化为PGH_2（图4-20-1）。合成类前列腺素的酶的表达有一定程度的细胞特异性，多数细胞主要生成一种或两种类前列腺素，如血小板主要由COX-1与TxA合成酶协同生成TxA_2，在激活的巨噬细胞则由COX-2分别与PGE合成酶和TxA合成酶协同生成PGE_2和TxA_2。

NSAIDs抑制COXs活性，减少类前列腺素的生成，影响其参与调节的所有生理、病理生理过程。此机制几乎可以解释NSAIDs的全部药理作用。值得一提的是，大多NSAIDs是竞争性可逆性抑制COX活性，而阿司匹林乙酰化COX的两种同工酶，产生不可逆的抑制作用。

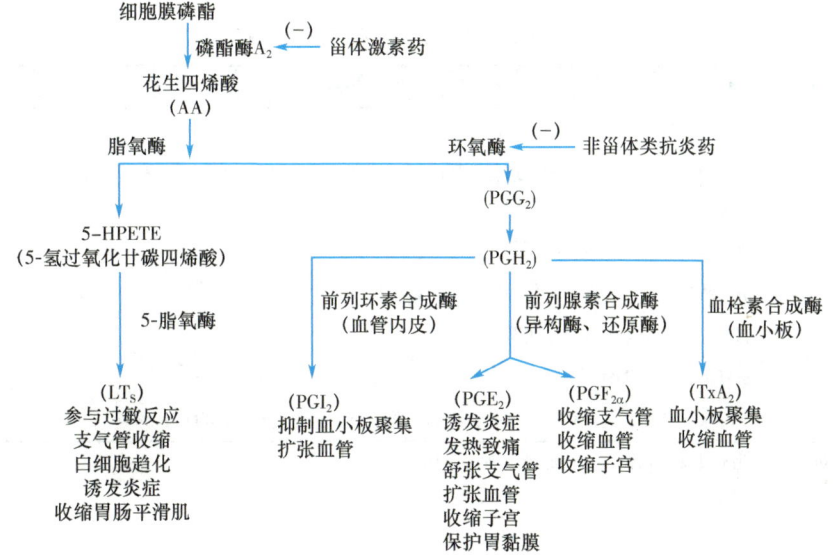

图4-20-1 花生四烯酸代谢途径、主要代谢物的生物活性和NSAIDs的作用部位

【药理作用及临床应用】

1. 解热 NSAIDs 降低发热患者的体温，而对正常体温几无影响。位于下丘脑的体温调节中枢通过对产热和散热过程的调节，使体温保持在相对恒定水平（正常人为 37℃左右）。发热是病原体及其毒素或其他致热原（抗原抗体反应、炎症、组织损伤和癌症等）刺激中性粒细胞或其他细胞，使之产生并释放内热原，后者作用于体温调节中枢，使该处 PGE 合成、释放增多，导致体温调定点提高，继而产热增加，散热减少，体温升高。虽然多种 PGE 都能致热，但以 PGE_2 作用最强。给家兔静脉注射内毒素引起发热时，其脑脊液中 PGE 含量增高 2 倍。猫发热时脑脊液中 PGE 水平也显著增加。NSAIDs 对各种促使体内 PGs 合成和释放增多的病因所引起的发热有解热作用，但对脑室内微量注射 PGs 引起的发热无影响。治疗剂量的 NSAIDs 即可抑制 COX，减少 PGs 合成。因此可以认为，本类药物是通过抑制中枢神经系统内 PGs 的合成而发挥其解热作用的，它使异常升高的体温调定点恢复至正常水平，散热增加，如体表血管扩张、出汗增多等，因而退热。

2. 镇痛 NSAIDs 对轻到中等程度的疼痛，如牙痛、头痛、神经痛、肌肉痛、关节痛及月经痛等慢性钝痛均有较好的镇痛效果。上述慢性钝痛由局部产生的某些致痛化学物质（也是致炎介质）如缓激肽、PGs 和组胺等作用于神经末梢所致。PGs 本身有一定的致痛作用，并显著地提高痛觉神经末梢对缓激肽等致痛物质的敏感性。NSAIDs 抑制炎症局部的 PGs 合成，因而对致痛化学物质所致慢性钝痛有较好的止痛效果。NSAIDs 常作为一线药物用于治疗偏头痛发作，但对空腔脏器所致疼痛（月经痛除外）和神经病理性疼痛无效。本类药物产生镇痛作用时，对疼痛的情绪反应影响很小，无欣快现象，对呼吸亦无抑制作用，长期应用一般不产生耐受性和依赖性。本类药物的镇痛作用部位主要在外周神经系统，并部分地通过中枢神经系统（大部分 NSAIDs 可在中枢神经系统达到较高浓度）发挥其镇痛作用。

3. 抗炎 抗炎是 NSAIDs 的主要临床应用（除对乙酰氨基酚外）。PGs 参与炎症反应，它们不仅能使血管扩张，通透性增加，引起局部充血、水肿和疼痛，还能增强缓激肽等的致炎作用。皮内、静脉或动脉内微量注射 PGE 或 PGI_2，均可引起强烈的炎症反应。在炎症组织包括类风湿性关节炎的关节腔中，均发现有大量 PGs。NSAIDs 抑制 PGs 合成，缓解炎症的红、肿、热、痛等反应，故可明显地缓解风湿及类风湿性关节炎、强直性脊柱炎的症状，但不能根除病因，也不能阻止病程的发展或并发症的出现。

4. 其他 阿司匹林可降低高风险人群（曾有心肌梗死病史）发生严重心血管事件的风险，这种心脏保护作用与其持久、不可逆地抑制血小板 TxA_2 形成有关。NSAIDs 还可试用于治疗全身性肥大细胞增多症（systemic mastocytosis）、家族性腺瘤性息肉病（familial adenomatous polyposis，FAP）、巴特综合征（Bartter's syndrome，先天性醛固酮增多症）和肿瘤（特别是胃肠道肿瘤）的化学预防。临床也有 NSAIDs 尤其是布洛芬降低阿尔茨海默病（Alzheimer's disease）发病风险的报道。

【不良反应】

表 4-20-2 列举了 NSAIDs 共同的不良反应。限制 tNSAIDs 临床应用的主要障碍是胃肠道的不良反应，尤其是用于抗炎时（剂量较大、疗程较长）发生率高、程度重。美国 FDA 已加强现有的警告标签，非阿司匹林 NSAIDs 可能会增加心脏病发作或卒中的风险。

表 4-20-2 NSAIDs 共同的不良反应

系统	表现
胃肠道	恶心、食欲减退、腹痛、腹泻、溃疡*、出血*、穿孔*
肾脏	水钠潴留、在心肝肾病患者可致肾功能减退、抗高血压的治疗效果降低、利尿药的药效降低、尿酸排泄减少（尤其是阿司匹林）、高血钾
心血管	心肌梗死**、中风**、血栓形成**
中枢神经系统	头痛、眩晕、抑郁、癫痫发作阈值降低、过度换气（水杨酸类）
血小板	抑制血小板激活*、增加出血危险*
子宫	延长妊娠、抑制分娩
高敏	血管舒张性鼻炎、血管神经性水肿、哮喘、荨麻疹、脸面发红、低血压、休克

*：选择性 COX-2 抑制药的此不良反应减轻；**：低剂量阿司匹林除外

第二节 水杨酸类

水杨酸类（salicylates）药物包括阿司匹林和水杨酸钠（sodium salicylate）等，由于水杨酸本身刺激性强，仅作为抗真菌药和角质溶解药，而阿司匹林则应用广泛。

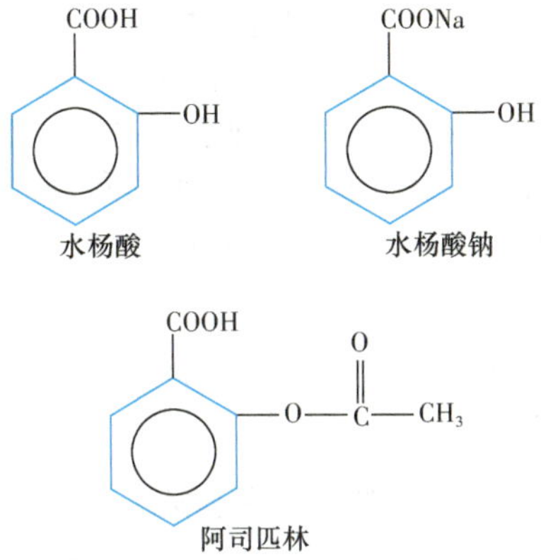

图 4-20-2　水杨酸类药物化学结构

阿司匹林

阿司匹林（aspirin），又名乙酰水杨酸（acetylsalicylic acid）。尽管不断出现新的NSAIDs，阿司匹林仍然被广泛应用，并且是评价本类其他药物的标准参照。

【药理作用与临床应用】

1. 解热镇痛抗炎抗风湿　阿司匹林的解热镇痛作用较强，常用剂量（0.5g）即有显著的解热镇痛作用。对感冒发热可增强散热过程，使发热的体温降至正常，而对正常体温一般无明显影响。体温过高或持久发热能消耗体力，并引起头痛、失眠、谵妄及昏迷，小儿高热易致惊厥，严重者可危及生命，及时应用解热镇痛药可缓解这些症状。但发热是机体的一种防御反应，热型也是诊断疾病的重要依据之一，因此不宜见热就解。对幼儿、老年和体弱的患者，体温骤降及出汗过多可导致虚脱。阿司匹林对轻、中度的体表疼痛尤其是炎性疼痛如头痛、牙痛、神经痛、月经痛和术后创口痛等有明显镇痛作用。阿司匹林的抗炎抗风湿作用也较强，急性风湿热患者用药后24～48小时即可退热，关节红肿疼痛症状亦明显缓解。由于它的疗效迅速、确切，故可辅助风湿病的鉴别诊断。阿司匹林抗风湿和抗炎所需剂量较大，其血药浓度已接近轻度中毒水平，现已改用其他NSAIDs。

2. 抑制血小板聚集，抗血栓形成　临床试验证明，每天给予小剂量阿司匹林（＜100 mg）可用于防治血栓性疾病如冠状动脉硬化性疾病、心肌梗死和脑血栓形成；用于手术后有静脉血栓形成倾向患者，能减少缺血性心脏病发作和复发的危险，也可降低缺血性中风的发生率和病死率。血小板内存在COX-1和TxA_2合成酶，血管内膜存在COX-1和PGI_2合成酶，都能催化AA形成PGH_2、进而分别生成TxA_2和PGI_2。TxA_2是强大的血小板诱聚剂，促进凝血及血栓形成，PGI_2则是TxA_2的生理对抗物。阿司匹林能与COX-1第530位的丝氨酸共价结合，不可逆地乙酰化COX-1而使其失活，从而干扰血小板TxA_2的合成，影响血小板功能，抑制血小板聚集。血小板的寿命仅8～11天，且没有合成COX-1的能力，故血小板功能的恢复有赖于新的血小板的补充。小剂量阿司匹林即可最大限度地抑制血小板聚集。而血管内膜有合成COX-1的能力，小剂量阿司匹林对其PGI_2的合成无明显影响。

3. 其他　流行病学研究支持结直肠癌高风险人群服用小剂量阿司匹林，可降低结直肠癌患病风险，但目前阿司匹林能否作为结直肠癌预防用药尚有待循证研究。儿科还可用于川崎病的治疗。

【体内过程】

阿司匹林口服吸收迅速，小部分在胃，大部分在小肠上段吸收。一般片剂口服后1小时左右血药浓度达峰值。阿司匹林在吸收过程中与吸收后迅速被胃肠黏膜、血浆、肝及红细胞中的酯酶水解为乙酸及水杨酸，后者以水杨酸盐形式存在。因此阿司匹林的血浆浓度甚低，$t_{1/2}$约为20分钟。阿司匹林本身与血浆蛋白结合较少，但水解后生成的水杨酸盐与血浆蛋白结合率可达80%～90%。游离型水杨酸盐在体内迅速分布到各组织，也能进入关节腔、脑脊液和乳汁中，并通过胎盘进入胎儿体内。水杨酸盐主要经肝药酶代谢，大部分与甘氨酸结合成水杨尿酸，少部分与葡萄糖醛酸结合，另有小部分氧化生成龙胆酸。肝脏代谢水杨酸的能力有限。当口服小剂量阿司匹林（0.6 g）时，其水解生成的水杨酸的量较少，水杨酸按一级动力学消除，$t_{1/2}$为2～3小时。但当较大剂量（≥1 g）时，由于水杨酸生成量大，肝脏代谢水杨酸的能力已达饱和，则按零级动力学消除，$t_{1/2}$显著延长，甚至可达15～30小时。临床上治疗风湿或类风湿性关节炎时，由于所需水杨酸的血药浓度较高（一般解热镇痛的血药浓度为20～100 μg/ml，抗风湿为150～300 μg/ml），故用药剂量大，每日3～5 g，且用药时间长，此时剂量稍有增加就会引起稳态血药浓度的显著增加，导致严重的中毒反应。阿司匹林主要以其代谢产物的形式从尿中排出，只有很少部分以水杨酸形式排出。随着给药剂量的增加，代谢物的排出百分率减少而水杨酸的排出百分率增加。尿液pH可影响水杨酸的排泄速度，当尿液碱化时，解离型的水杨酸盐增多，肾小管对其再吸收减少。故当水杨酸盐急性中毒时，可用碳酸氢钠碱化尿液，以加速水杨酸的排出，降低其血药浓度。

【不良反应和注意事项】

1. 胃肠道反应 口服对胃黏膜有直接刺激作用，引起恶心、呕吐、上腹部不适等，较大剂量时能兴奋延髓催吐化学感受区引起呕吐。长期大量服用阿司匹林可致不同程度的胃黏膜损伤如糜烂性胃炎、胃溃疡和出血，除了药物对胃肠黏膜的直接刺激作用外，抑制胃肠黏膜的PG合成也很关键。如将PGE_2与阿司匹林同服，可减少胃出血，其疗效与PGE_2的剂量成比例，提示阿司匹林致溃疡与其抑制PG合成有关。选择性COX-2抑制药引起胃肠黏膜损伤的作用远比阿司匹林轻，提示阿司匹林的胃肠道不良反应与COX-1抑制有关。内源性PGs对胃黏膜保护作用表现为：参与维持胃黏膜的血流；促进胃和十二指肠黏液分泌而抑制胃酸分泌；促进胃和十二指肠重碳酸盐的分泌而减少氢离子反弥散至黏膜层血管，因此增强胃黏膜的屏障作用；刺激胃基底细胞向表面迁移而促进黏膜修复。

2. 凝血障碍 出血倾向明显，因TxA_2合成受阻，干扰血小板聚集，引起凝血功能障碍，延长出血时间。严重肝损害、低凝血酶原血症、维生素K缺乏和血友病患者禁用。手术前一周的患者应停用阿司匹林，以防出血。产妇临产前不宜应用，以免延长产程和增加产后出血。

3. 水杨酸中毒 阿司匹林剂量过大（每日5 g以上）可致中毒反应，表现为头痛、眩晕、恶心、呕吐、耳鸣，以及视力和听力减退等，统称为水杨酸中毒，严重者可致过度换气、酸碱平衡障碍、电解质紊乱、高热、精神错乱、昏迷，应立即停药，静脉滴注碳酸氢钠以碱化尿液，加速水杨酸盐从尿排出。

4. 过敏反应 偶见皮疹、荨麻疹、血管神经性水肿和过敏性休克。有些哮喘患者服用阿司匹林或某些解热镇痛药后可诱发支气管哮喘，称为"阿司匹林哮喘"。其发病机制可能在于阿司匹林抑制环氧酶，而脂氧酶活性相对增高，使致支气管痉挛的白三烯类（LTs）合成增加，因而诱发哮喘。肾上腺素治疗"阿司匹林哮喘"无效，可试用PGE_2或糖皮质激素。哮喘、鼻息肉及慢性荨麻疹患者禁用阿司匹林。

5. 瑞氏综合征（Reye's syndrome） 对患病毒性感染伴有发热的儿童和青年，服用阿司匹林有发生瑞氏综合征的危险。此症虽少见，但可以致死。自从1986年充分认识此危险后，阿司匹林在儿童的应用骤减，多以对乙酰氨基酚等药代替，瑞氏综合征也几乎绝迹。

【药物相互作用】

（1）阿司匹林与香豆素类抗凝药、磺酰脲类降糖药、苯巴比妥、苯妥英钠及糖皮质激素等合用，因发生血浆蛋白结合的置换而增强上述药物的作用。

（2）阿司匹林妨碍甲氨蝶呤从肾小管分泌而增强其毒性；与呋塞米合用，因竞争肾小管分泌系统而使水杨酸排泄减少造成蓄积中毒。

（3）氨茶碱或其他碱性药物如碳酸氢钠可降低阿司匹林疗效；酸性药物可使水杨酸盐的血药浓度增加。

（4）阿司匹林与布洛芬等非甾体抗炎药合用时，抗血小板作用降低。

美沙拉嗪

美沙拉嗪（mesalamine，5-氨基水杨酸，5-aminosalicylic acid）为一种水杨酸盐，可在炎性肠道发挥局部抗炎作用。通过口服缓释制剂或直肠给药，美沙拉嗪可用于治疗溃疡性结肠炎和Crohn病。

第三节　对氨基酚类

对乙酰氨基酚

对乙酰氨基酚（paracetamol，扑热息痛）是非那西丁（phenacetin）的活性代谢产物。非那西丁因引起溶血性贫血、肾病、膀胱癌等严重不良反应而被淘汰。

【药理作用与应用】

解热镇痛作用与阿司匹林相当，用于感冒发热、神经痛、肌肉痛及对阿司匹林不能耐受或过敏的患者。抗炎作用很弱，据认为是炎症部位高浓度的过氧化物妨碍了其对COX的抑制作用，确切机制并不清楚。

【体内过程】

口服易吸收，达血药浓度峰值时间为30～60分钟，主要在肝脏代谢。在肝脏转化为羟基化的毒性代谢产物，可引起高铁血红蛋白血症和溶血性贫血。治疗量时约60%与葡萄糖醛酸结合，35%与硫酸结合，3%与半胱氨酸结合而解毒，经肾排出。仅极少部分经肝脏细胞色素P450氧化生成N-乙酰对位苯醌亚胺（N-acetyl-p-benzoquinoneimine），并与谷胱甘肽结合而解毒。$t_{1/2}$为2～3小时，肝功能减退时可延长1～2倍。

【不良反应与注意事项】

治疗量的对乙酰氨基酚不良反应较少，对胃无刺激性，不引起胃出血。偶见皮疹、荨麻疹、药热及粒细胞减少等过敏反应。过量（成人一次10～15 g）急性中毒可致严重肝脏损害，有些患者长期服用治疗量可引起慢性肝损害。这可能是对乙酰氨基酚在体内的毒性代谢产物（N-乙酰对位苯醌亚胺）超过了谷胱甘肽的解毒能力，这些毒性代谢产物与细胞大分子结合，导致肝细胞坏死。故对乙酰氨基酚不宜大剂量或长期服用，肝、肾疾病患者慎用。

第四节　丙　酸　类

丙酸类衍生物（propionic acid derivatives），包括布洛芬、萘普生、非诺洛芬、酮洛芬、氟比洛芬、奥沙普秦，获准用于类风湿性关节炎、骨性关节炎、强直性脊柱炎和急性痛风关节炎的对症治疗，也作为镇痛药用于腱炎、滑囊炎和原发性痛经。

布 洛 芬

布洛芬[ibuprofen, brufen, 芬必得（缓释胶囊），FENBID]是第一个被广泛使用的丙酸类 tNSAIDs，也是最常用的 tNSAIDs 之一，属非处方药。口服吸收快且完全，1~2 小时血药浓度可达峰值，$t_{1/2}$ 约 2 小时。本药可缓慢进入滑膜腔，血药浓度降低后关节腔内仍能保持较高的浓度。该药易透过胎盘和进入乳汁中，血浆蛋白结合率为 99%，主要经肝脏代谢，代谢物自肾脏排出。

布洛芬有较强的抗炎抗风湿及解热镇痛作用，其效力与阿司匹林相近。主要用于风湿性及类风湿关节炎和骨性关节炎，也可用于一般解热镇痛。

布洛芬的胃肠道反应较阿司匹林为轻，患者较易耐受。但长期服用仍应注意胃肠溃疡和出血。偶见头痛、眩晕和视力模糊。其他不良反应如抑制骨髓造血功能、肾毒性及过敏反应均较少见。孕妇、哺乳期妇女及哮喘患者禁用。

萘 普 生

萘普生（naproxen）口服吸收完全，2~4 h 血药浓度达峰值。$t_{1/2}$ 为 12~15 h，每日服用 2 次即可。血浆蛋白结合率 98%~99%。本药能透入胎盘和进入乳汁中，除 10% 以原形随尿排出外，大部分在肝脏代谢为去甲基萘普生，其中 60% 与葡萄糖醛酸结合，其余部分是以去甲基萘普生代谢物形式自肾脏排出。

萘普生具有较强的抗炎抗风湿和解热镇痛作用，适用于风湿性和类风湿关节炎、骨性关节炎及急性痛风等，对三叉神经痛、头痛也有较好的疗效。胃肠道不良反应的发生率与吲哚美辛相似，但程度较轻，患者较易耐受。其他尚有眩晕、乏力，偶见过敏反应、黄疸、肾功能受损、血管性水肿、血小板减少、粒细胞缺乏等。

其他丙酸类

非诺洛芬（fenoprofen）口服吸收约 85%，被广泛代谢，经尿排泄。临床应用和不良反应同布洛芬和萘普生。

酮洛芬（ketoprofen）药理学特点与其他丙酸类药物相似。除抑制 COX 外，尚见稳定溶酶体膜和拮抗缓激肽的作用，但尚不清楚这些作用与其治疗作用有何关系。

氟比洛芬（flurbiprofen）主要应用与其他丙酸类药物相似，其滴眼液可抑制内眼手术时的瞳孔缩小。

奥沙普秦（丙嗪，oxaprozin）药理学特点与其他丙酸类药物相似。但药代动力学特性显示，该药口服后血浆药物浓度的达峰时间为 3~6 小时，$t_{1/2}$ 长达 40~60 小时。

第五节　烯醇酸类

烯醇酸类（enolic acid derivatives）药物也被称之为苯并噻嗪类（oxicams），通常被视为非选择性的 COX 抑制药，尽管美洛昔康的 COX-2 选择性与塞来昔布相似。本类药物治疗类风湿性关节炎和骨性关节炎的长期疗效与阿司匹林、吲哚美辛和萘普生相似，主要优点是半衰期长，每天只需用药 1 次。

吡罗昔康

吡罗昔康（piroxicam，炎痛喜康，费啶，feldene）是有效的抗炎药，除抑制 COX 活性外，尚见其抑制中性粒细胞激活，抑制软骨组织的蛋白聚糖酶和胶原酶活性，故其抗炎模式可能有别于其他 NSAIDs。口服吸收完全，2~4 小时血药浓度达峰值。有肝肠循环，$t_{1/2}$ 变异较大，平均约为 50 小时。血浆蛋白结合率为 99%。每天 20 mg，经 7~12 天后达稳态血药浓度，此时关节腔药物浓度与血浆浓度相近。大部分药物经肝脏 CYP2C 代谢及与葡萄糖醛酸结合后，经肾脏排出。原形排出的药物不足 5%。用于治疗类风湿性关节炎和骨性关节炎。由于起效慢、达稳态血药浓度时间长，不适于急性镇痛，但一直被用于治疗急性痛风。与其他非选择性 NSAIDs 相比，吡罗昔康可能引起更多的胃肠道和严重皮肤反应，不作建议为一线药物使用。

美洛昔康

美洛昔康（meloxicam，莫比克，MOBIC）对 COX-2 有一定的选择性抑制作用，可用于治疗骨性关节炎（每天 7.5~15 mg）和类风湿性关节炎（每天 15 mg），但其临床优点和缺点有待评价。对有心肌梗死和卒中危险的患者，美洛昔康不能用作 COX-2 选择性抑制药的替代品。

第六节　其他有机酸类

吲哚美辛

吲哚美辛（indomethacin，消炎痛），为 1963 年人工合成的吲哚衍生物。

【体内过程】

口服后吸收快而完全，1~2 小时血药浓度达峰值。血浆蛋白结合率为 90%。$t_{1/2}$ 为 2~3 小时。主要经肝脏代谢，代谢物由尿、胆汁及粪便排出。

【药理作用及应用】

吲哚美辛抑制 COX 的作用比阿司匹林强，具有显著的抗炎抗风湿和解热镇痛作用。由于本药不良反应多且严重，不用于常规的解热镇痛，仅用于其他药物疗效不显著的病例。本品缓解关节疼痛、肿胀，缩短晨僵时程等作用是阿司匹林的 20 倍，约 2/3 患者能获明显改善。对强直性关节炎、骨性关节炎和急性痛风性关节炎也有效。

吲哚美辛正式获准用于早产儿动脉导管未闭的治疗，静脉注射 0.1～0.25 mg/(kg·12 h)，用 3 次，成功关闭率约 70%。对肾脏的毒性是其应用受限的主要因素，尿量少于 0.6 ml/(kg·h) 为停药指征。肾衰、小肠结肠炎、血小板减少症、高胆红素血症均为此用法的禁忌。

【不良反应与注意事项】

治疗量约有 35%～50% 的患者发生不良反应，约 20% 患者因不能耐受而被迫停药。主要不良反应为：

（1）常见胃肠道反应，包括恶心、呕吐、腹痛、腹泻、食欲缺乏、溃疡，有时能引起胃出血、穿孔。与水杨酸盐类合用，胃肠道副作用明显增加，且疗效不如单用吲哚美辛好。

（2）中枢神经系统症状，如头痛、眩晕等发生率较高，偶有精神失常。

（3）可引起肝损害，如黄疸、转氨酶升高，抑制造血系统，可见粒细胞减少、血小板减少，偶发再生障碍性贫血。

（4）常有皮疹、哮喘等过敏反应，也可发生"阿司匹林哮喘"。与阿司匹林有交叉过敏性，对阿司匹林过敏者不宜使用本品。与氨苯蝶啶合用可引起肾功能损害。

禁用于孕妇和儿童，以及哮喘、溃疡病、精神失常、癫痫、帕金森病和肾病患者。

舒 林 酸

舒林酸（sulindac）是一前体药物，在体外几无活性，在体内转化为硫化代谢物后活性增加 500 倍。作用与应用均与吲哚美辛相同，作用强度约为后者的一半。口服约 90% 被吸收，1～2 小时达血药浓度峰值，$t_{1/2}$ 约为 7 小时，硫化活性代谢物 $t_{1/2}$ 约为 18 小时。主要用于治疗类风湿性关节炎、骨性关节炎、强直性脊柱炎、急性痛风，其抗炎和镇痛作用与阿司匹林相当，常用量 150～200 mg，每天 2 次。

酮 咯 酸

酮咯酸（ketorolac）是一种芳香基乙酸衍生物，镇痛作用较强，而抗炎作用较弱。

酮咯酸起效迅速，作用时间短。用于急性疼痛的治疗时，用药时间不超过 5 天，可口服、肌注或静脉注射。与其他 NSAIDs 一样，阿司匹林过敏的患者禁用。副作用包括嗜睡、眩晕、头痛、胃肠道不适、出血、肾功能损害以及注射痛等。

双氯芬酸

双氯芬酸 [diclofenac，凯扶兰，CATAFLAM；扶他林（缓释剂），VOLTARIN] 是欧洲最常用的 tNSAIDs。其抑制 COX-2 的作用强于吲哚美辛、萘普生和其他 tNSAIDs，对 COX-2 的选择性与塞来昔布相似，还能降低白细胞胞内 AA 浓度。用于类风湿性关节炎、骨性关节炎和强直性脊柱炎的长期对症治疗，用量为 100～200 mg/天，分数次服用。也可短时间用于治疗肌肉骨骼痛、术后痛、痛经。如与米索前列醇合用，疗效得以维持，胃肠道的不良反应却明显减轻，且此合用之费用也低于 COX-2 选择性抑制药。双氯芬酸的眼药水用于治疗白内障摘除术后的炎症。

主要不良反应是胃肠道反应，发生率约 20%，2% 用药者需停药。5%～15% 受治者出现血浆肝转氨酶升高，此变化是可逆的，个别患者可升高 3 倍，如持续升高则应停药。

尼美舒利

尼美舒利（nimesulide，茂欣，瑞芝清）首先在欧洲上市，抑制 COX-2 的选择性较高。除抑制 COX 外，还抑制白细胞激活、减少细胞因子的生成，也可能激活糖皮质激素受体。抗炎作用较强。口服后吸收迅速、完全。其血浆蛋白结合率达 99%，$t_{1/2}$ 为 2～3 小时。其作为抗炎镇痛的二线用药，只能在至少一种其他非甾体抗炎药治疗失败的情况下使用，且限用于类风湿关节炎和骨性关节炎等慢性疼痛，以及手术和急性创伤后疼痛等。尼美舒利口服制剂禁用于 12 岁以下儿童。

第七节　选择性抑制 COX-2 的 NSAIDs

tNSAIDs 的临床应用受制于其胃肠道不良反应，寻找抗炎效果好而胃肠道不良反应少的药物曾是本领域的热点。COX 有 COX-1 和 COX-2 两种同工酶。由于 COX-2 的表达受细胞因子和分裂素的诱导调节，推测其是炎症和肿瘤时 PGs 生成的主要途径。已知固有的 COX-1 在胃肠黏膜负责生成保护性 PGs，如能选择性地抑制 COX-2 将保留与 tNSAIDs 相似的抗炎作用、减轻胃肠道的不良反应，此研究于 20 世纪 90 年代末取得突破。

塞来昔布（celecoxib）、罗非昔布（rofecoxib）、伐地昔布（valdecoxib）最先在美国和欧洲获准上市，随后帕瑞昔布（parecoxib）、依托昔布（etoricoxib）和鲁米昔布（lumiracoxib）在不同国家上市，这些药物均选择性地抑制 COX-2。上市后对罗非昔布和塞来昔布与 tNSAIDs 的胃肠道不良反应进行了前瞻性比较研究。结果表明，罗非昔布引起胃肠道不良反应事件比萘普生少 50%（VIGOR study），而塞来昔布与布洛芬和双氯芬酸之间没有明显差异（CLASS study）。但选择性 COX-2 抑制药上市后的大样本临床试验结果显示，与安慰剂相比，受试药物增加心脑血管事件的发生率，这导致罗非昔布和伐地昔布被撤出市场，并认定心血管事件（心肌梗死和缺血性卒中）增加是本类药物的共同问题。市场上的选择性 COX-2 抑制药都必须在标签上明确警示心脑血管危险性，且不应用于缺血性心脏病及中风患者。鲁米昔布因可导致严重的肝脏毒性也逐渐被撤出市场。

塞来昔布

塞来昔布（celecoxib，西乐葆），是美国目前唯一仍获批上市的选择性 COX-2 抑制药。口服吸收好、迅速，血浆蛋白结合率约为 97%，生物利用度为 20%～60%，口服后 2～4 小时血药浓度达峰值。主要在肝脏被 CYP2C9 代谢，肝功能受损者，需减少药物用量。全部以代谢物经尿和粪排出，消除半衰期为 11～12 小时。抑制 CYP2D6 作用明显，故合用经此酶代谢的药物（如美托洛尔）时需调整剂量。

塞来昔布在美国获准用于治疗骨性关节炎、类风湿性关节炎、强直性脊柱炎和原发性痛经，也可用于成人急性镇痛。推荐剂量为 200 mg，每天一次；或 100 mg，每天两次。现有证据不支持塞来昔布作为一线用药，建议用量尽量小、疗程尽量短。塞来昔布也可用作结肠息肉的化学预防。在美国国立癌症研究所组织的一项塞来昔布用于预防结肠息肉的临床研究中，服用塞来昔布的患者发生心血管疾病的危险性，为服用安慰剂组患者的 3.4 倍。

其他选择性 COX-2 抑制药

帕瑞昔布（parecoxib，特耐，dynastat）是唯一可作注射的选择性 COX-2 抑制药，主要用于急性疼痛的短期治疗，包括中度至重度的手术后疼痛。帕瑞昔布在体内水解为活性代谢物伐地昔布，因此也要警惕与伐地昔布相关的心血管事件和严重皮肤反应（如中毒性表皮坏死溶解症）发生的可能性。

依托昔布（etoricoxib）对 COX-2 的选择性仅次于鲁米昔布，半衰期长达 20～26 小时，可每日给药一次用于缓解骨性关节炎、类风湿性关节炎、急性痛风性关节炎患者的症状，也可用于肌肉骨骼痛、术后疼痛和原发性痛经的短期治疗。

第八节　其他治疗类风湿性关节炎的药物

类风湿性关节炎是自身免疫性疾病，发病率约 1%。NSAIDs 对类风湿性关节炎的治疗只能改善症状，不能预防或延缓关节的损伤。现倾向于在病程早期使用改善病情的抗风湿病药物（disease-modifying anti-rheumatoid drugs，DMARDs），大多是免疫抑制药或免疫调节药，这类药物包括不同种类的小分子非生物制剂以及生物制剂（主要为抗体或结合蛋白），分类见表 4-20-3。这些药物都可能引起严重的不良反应，故需权衡利弊，注意治疗方案个体化。通常先短时间地使用糖皮质激素，迅速控制炎症程度，继而联合应用小剂量的非生物制剂类 DMARDs，如甲氨蝶呤、柳氮磺吡啶或小剂量的免疫抑制药等。如疗效不佳，可换用生物制剂类 DMARDs，如 TNF-α 拮抗药或 IL-1 受体拮抗药。合用 NSAIDs 与上述药物正在普及。

金制剂、青霉胺、氯喹等老药，作用机制不明、疗效有限、副作用明显，已少用。

表 4-20-3　改善病情的抗风湿病药物

药物	分类或作用
小分子非生物制剂	
甲氨蝶呤（methotrexate）	叶酸拮抗药
来氟米特（leflunomide）	嘧啶合成酶抑制药
羟氯喹（hydroxychloroquine）	抗疟药
米诺环素（minocycline）	5-脂氧酶抑制药、四环素类抗生素
柳氮磺胺吡啶（sulfasalazine）	水杨酸类
硫唑嘌呤（azathioprine）	嘌呤合成酶抑制药
环孢霉素（cyclosporine）	钙调磷酸酶抑制药
环磷酰胺（cyclophosphamide）	烷基化药物
生物制剂	
阿达木单抗（adalimumab）	抗体，TNF-α 拮抗药
戈利木单抗（golimumab）	抗体，TNF-α 拮抗药
英夫利昔单抗（infliximab）	TNF 嵌合单克隆抗体
赛妥珠单抗（certolizumab）	抗 TNF 单克隆抗体
阿巴西普（abatacept）	T 细胞共刺激调节药
利妥昔单抗（rituximab）	CD20 抗体
阿那白滞素（anakinra）	IL-1 受体拮抗药

* IL：interleukin，白介素；TNF：tumor necrosis factor，肿瘤坏死因子

第九节　抗痛风药

痛风为嘌呤代谢紊乱所致的疾病，是尿酸盐结晶在组织中沉积而导致的炎症反应。急性痛风常产生远端单关节的剧烈疼痛，也可导致关节损伤、痛风结节、肾结石和肾损伤。痛风的病理生理学尚未完全阐明，但高尿酸血症是必要前提，可能是尿酸的生成增多或排出减少。

痛风的治疗目标为减轻急性发作的症状、减少再发作的危险、降低血清尿酸水平。抗痛风药也因此包括缓解炎症和疼痛的药物，如 NSAIDs、秋水仙碱和糖皮质激素；对抗尿酸盐结晶引起的炎症反应的药物，如秋水仙碱和 NSAIDs；抑制尿酸生成或促进尿酸排泄以降低血中尿酸水平的药物，如别嘌醇、非布司他和丙磺舒。

别 嘌 醇

别嘌醇（allopurinol）为次黄嘌呤的异构体。次黄嘌呤及黄嘌呤可被黄嘌呤氧化酶催化而生成尿酸。别嘌醇及其代谢产物别黄嘌呤可抑制黄嘌呤氧化酶，减少尿酸生成。本品口服后由胃肠道吸收，经肝代谢，约 70% 代谢物为有活性的别黄嘌呤。用量宜从小剂量开始。不良反应较少，偶见皮疹、转氨酶增高、粒细胞减少等，应定期检查肝功能和血象。

非 布 司 他

非布司他（febuxostat）为一新型非嘌呤类的黄嘌呤氧化酶抑制药，适用于有症状痛风患者高尿酸血症的长期治疗，不推荐用于治疗无症状的高尿酸血症。服用本品初期，经常出现痛风发作频率增加，这是因为血尿酸水平降低，导致组织中沉积的尿酸盐动员，可同时给予 NSAIDs 或秋水仙碱以预防痛风发作。口服吸收迅速，常见不良反应包括肝功能异常、关节痛、恶心、皮疹。本品禁用于正在接受硫唑嘌呤、巯嘌呤、茶碱治疗的患者。

拉 布 立 酶

拉布立酶（rasburicase）是一种重组尿酸氧化酶，可促进尿酸分解为可溶性、无活性的代谢物尿囊素。有报道本品比别嘌醇能更有效地降低尿酸水平。拉布立酶用于治疗和预防血液恶性肿瘤患者的急性高尿酸血症，尤其适用于化疗所致高尿酸血症。常见副作用包括恶心、呕吐、腹泻、腹痛、发热和头痛等。

葡萄糖-6-磷酸脱氢酶缺乏者应用本品可发生溶血，高铁血红蛋白血症、急性肾衰和过敏反应也见有报道。

丙 磺 舒

丙磺舒（probenecid）口服吸收完全，大部分通过肾近曲小管主动分泌排出，因其脂溶性高，易被肾小管再吸收，此时可竞争性抑制尿酸的再吸收，增加尿酸排泄而降低血中尿酸浓度。本品也可在肾小管与青霉素或头孢菌素类抗生素竞争同一分泌机制，减慢后两者的排泄，提高其血药浓度。治疗初期可使痛风发作加重，少数患者可有胃肠道反应、皮疹、发热等。加服碳酸氢钠并大量饮水可防止尿酸在泌尿道沉积，促其排出。

苯 溴 马 隆

苯溴马隆（benzbromarone）为苯并呋喃衍生物，对肾脏近曲小管上的尿酸盐阴离子转运体具有可逆的抑制作用，从而抑制肾小管对尿酸的再吸收，促进尿酸排泄。口服易吸收，在肝内脱溴生成活性代谢产物后经胆汁排出。其他抗痛风药物引发过敏反应或疗效欠佳时可选用本品，肾功能不全患者也可使用，不良反应少见。

秋 水 仙 碱

秋水仙碱（colchicine）为抗有丝分裂药，对急性痛风性关节炎有选择性消炎作用，可迅速解除急性痛风发作症状。其作用机制为抑制急性发作时的粒细胞浸润。本品不良反应较多，常见消化道反应。中毒时可有水样便及血便、脱水和休克，对肾和骨髓有损害作用。由于其治疗窗窄、副作用发生率高，一般作为二线用药。

（华中科技大学同济医学院　刘　慧）

第二十一章 抗变态反应药

- The action of histamine, an endogenous substance widely distributed, is mediated through H_1, H_2, H_3, and H_4 receptors. Acting at H_1 receptor, histamine plays an important role in the immediate allergic reaction. Binding with H_2 receptor, histamine is also a powerful gastric secretagogue. Mediated by H_3 receptor, histamine acts as a modulator of neurotransmitter in the central and peripheral nervous systems. Biological roles of the H_4 receptor are not defined.
- H_1 receptor antagonists are used to treat cases of allergic rhinitis and motion sickness, and sometimes induce sleep. The main clinical use of H_2 receptor antagonists is as inhibitors of gastric acid secretion.
- 5-hydroxytryptamine (5-HT) is initially as a powerful vasoconstrictor occurring in blood and other tissues, and now as a neurotransmitter that affects numerous functions, including learning, sleep, and control of mood. There are at least 7 types of HT receptor situated in various parts of the human body and triggering various responses. 5-HT_3 receptors are ligand-gated ion channels receptors and the others are G protein-coupled receptors.
- Leukotrienes (LTs) are a family of eicosanoid inflammatory mediators produced in leukocytes by the oxidation of arachidonic acid by the enzyme arachidonate 5-lipoxygenase. LTs are involved in asthmatic and allergic reactions and act to sustain inflammatory reactions. Several LT receptor antagonists such as montelukast and zafirlukast are used to treat asthma.

第一节 组胺和抗组胺药

一、组胺及组胺受体激动药

组胺（histamine）自然存在于动物、植物、细菌与毒素中。1927年，Best和Dale首先从动物的肺与肝脏提取、分离而得。哺乳动物中，其主要分布于皮肤、胃肠道、心肌、肺的肥大细胞和嗜碱性粒细胞中，脑脊液中也含有大量的组胺。组胺是体内重要的自体活性物质（autacoids），具有很强的生物活性，由组氨酸经组氨酸脱羧酶脱羧产生，与蛋白质、肝素结合，以复合物的形式贮存。化学或物理等许多因素能诱使组胺从结合部位释放，活性（游离）组胺是速发型变态反应、局部炎症反应与中枢神经系统调节的重要介质，在炎症和变态反应等病理过程和生理功能调节中发挥重要作用。组胺本身无治疗价值，但其拮抗药却有着广泛的临床应用。

【药理作用与作用机制】

位于靶细胞膜上的组胺受体为G蛋白耦联受体，有H_1、H_2、H_3和H_4四种亚型（表4-21-1）。组胺激活H_1受体，通过G蛋白而激活磷脂酶C（PLC），产生三磷酸肌醇（IP_3）和二酰基甘油（DAG），与G蛋白结合耦联腺苷酸环化酶（AC），升高cAMP，导致蛋白激酶C（PKC）活化和细胞内Ca^{2+}浓度增加，引起支气管及胃肠道平滑肌兴奋、毛细血管通透性增加和部分血管扩张作用。组胺激活H_2受体，由cAMP介导产生胃酸分泌、部分血管扩张和心脏的正性频率作用。中枢及外周神经末梢存在有H_3受体，参与组胺合成与释放的负反馈调节。在大脑，H_1、H_2受体主要分布于突触后膜，H_3受体主要分布于突触前膜。近年研究发现组胺H_3受体广泛分布于组胺能神经末梢的突触前膜，不仅参与调节脑内组胺的释放、合成与代谢，而且参与调节脑内5-羟色胺（5-HT）、去甲肾上腺素（NE）、乙酰胆碱（Ach）、神经肽等多种神经递质的释放与代谢，从而调节中枢的诸多神经行为功能，如学习记忆、癫痫、自发运动、觉醒与睡眠以及饮水饮食行为等。另外还参与调节胃肠道、呼吸道、血管、心脏等外周器官的诸多功能活动。H_4受体主要分布于造血干细胞，可能与参与变态反应及炎症的肥大细胞、嗜碱粒细胞、嗜酸粒细胞等细胞的转化有关。

表4-21-1 组胺受体分类与效应

组胺受体亚型	H_1	H_2	H_3	H_4
第二信使分布	↑Ca^{2+}；↑cAMP 平滑肌内皮细胞，中枢神经系统	↑cAMP 胃壁细胞，心肌细胞，肥大细胞，中枢神经系统	↓cAMP 中枢及外周组胺能神经末梢的突触前膜	↓cAMP；↑Ca^{2+} 造血干细胞

续表

组胺受体亚型	H₁	H₂	H₃	H₄
效应	兴奋支气管、胃肠道、子宫平滑肌，增加毛细血管通透性，扩张皮肤血管	刺激胃酸分泌，心脏的正性肌力和正性频率作用，扩张血管作用	对组胺的释放及合成起负反馈作用，参与多种神经行为功能调节	（可能与免疫、炎症有关）
激动药	2-甲基组胺（2-CH₃-histamine）	英普咪啶（impromidine）	（R)-a-甲基组胺［(R)-a-methylhistamine］	clobenpropit（可能为部分激动药）
拮抗药	苯海拉明（diphenhydramine）	雷尼替丁（ranitidine）	硫丙咪胺（thioperamide）	JNJ7777120

注：虽然 1-[（5-Cl-1H-吲哚)]-4-甲基哌嗪（JNJ7777120）是具有相对特异性的 H₄ 受体阻断药，然而，与 H₃ 与 H₄ 受体结合的化合物没有高度的特异性

组胺的药理作用主要有：

1. 促进腺体分泌　组胺激动胃壁细胞 H₂ 受体，激活 AC，使细胞内 cAMP 水平增加，激活壁细胞顶端囊泡膜上 H⁺-K⁺-ATP 酶，泵出 H⁺，具有强大的刺激胃酸分泌作用。组胺尚可引起人的胃蛋白酶分泌增加。另外，也能促进唾液腺、胰腺和支气管腺体的分泌，但作用较弱。

2. 兴奋平滑肌　组胺激动支气管平滑肌细胞 H₁ 受体，使支气管平滑肌收缩，引起呼吸困难，支气管哮喘患者对此尤为敏感，而健康人对其敏感性较低。组胺对多种动物胃肠道平滑肌都有兴奋作用，豚鼠回肠最为敏感，可作为组胺生物检定的标本。对子宫平滑肌的作用有种属差异，收缩豚鼠子宫，松弛大鼠子宫，人子宫不敏感。

3. 扩张血管　组胺激动血管平滑肌细胞 H₁、H₂ 受体，使小动脉、小静脉扩张，外周阻力降低，回心血量减少，引起血压下降。激动 H₁ 受体可使毛细血管扩张，毛细血管通透性增加，引起局部水肿和全身血液浓缩。注射大剂量组胺，可发生强而持久的血压下降，甚至休克。组胺引起的心率加快是由于反射和组胺对心脏的直接作用引起的，后者主要是通过 H₂ 受体介导的。

4. 激动中枢神经系统的 H₃ 受体，调节多种神经行为功能　诸如学习记忆、癫痫、自发运动、饮食行为、觉醒与睡眠等。

5. 小剂量组胺皮内注射，可出现"三重反应"　毛细血管扩张出现红斑；毛细血管通透性增加，在红斑上形成丘疹；最后，通过轴索反射致小动脉扩张，丘疹周围形成红晕。麻风患者由于皮肤神经受损，"三重反应"常不完全，可作为麻风病的辅助诊断。

【临床应用】

主要用于鉴别真假胃酸缺乏症。晨起空腹皮下注射磷酸组胺 0.25～0.5 mg，若仍无胃酸分泌，即为真性胃酸缺乏症，见于胃癌患者和恶性贫血。由于五肽胃泌素的应用，组胺的应用日趋减少。

【不良反应】

有颜面潮红、头痛、体位性低血压等。溃疡病、胃肠出血及支气管哮喘患者禁用。

倍他司汀

倍他司汀（betahistine，抗眩啶）是组胺 H₁ 受体激动药，能导致血管扩张，但不增加毛细血管通透性。其可促进脑干和迷路的血液循环，纠正内耳血管痉挛，减轻膜迷路积水。尚有抗血小板聚集及血栓形成作用。临床上用于：①内耳眩晕病，能消除眩晕、耳鸣、恶心及头痛等症状，近期治愈率较高；②慢性缺血性脑血管病；③多种原因引起的头痛。不良反应较小，偶有恶心、头晕、心悸、胃部不适等症状，溃疡病患者慎用。哮喘、嗜铬细胞瘤患者应避免使用。

倍他唑与英普咪定

倍他唑（betazole，氨乙吡唑）和英普咪定（impromidine，甲双咪胍）均为选择性 H₂ 受体激动药，刺激胃酸分泌，用于胃功能检查。英普咪定对 H₂ 受体具有高度选择性，还可增强心室收缩功能，试用于治疗心力衰竭。

二、抗组胺药

抗组胺药（antihistamine）又称组胺受体阻断药（histamine receptor antagonist），根据药物对组胺受体的选择性不同，可将抗组胺药分为 H₁、H₂、H₃ 和 H₄ 受体阻断药四类。H₁ 和 H₂ 受体阻断药已广泛用于临床，H₃ 受体阻断药目前仅作为科学研究的工具药，H₄ 受体阻断药（JNJ7777120）具有抗炎和抗过敏作用，目前尚在研究中。另外，拮抗组胺的作用还可通过其他多种途径实现：肾上腺素具有许多与组胺相反的作用，故用于组胺及其他内源性活性物质释放引起的过敏性休克和支气管哮喘的治疗；色甘酸钠可抑制肥大细胞脱颗粒，减少组胺释放；β₂ 肾上腺素受体激动药也具有减少组胺释放的作用。

（一）H₁ 受体阻断药

H₁ 受体阻断药大多具有组胺分子中的乙基胺结构，组胺为乙基伯胺，而 H₁ 受体阻断药则为乙基叔胺，这是与组胺竞争结合受体的必需结构。

1. 常用的第一代 H₁ 受体阻断药有：

(1) 乙醇胺类：苯海拉明（diphenhydramine，苯

那君）、茶苯海明（dimenhydrinate，乘晕宁）等；

（2）吩噻嗪类：异丙嗪（promethazine，非那根）、阿利马嗪（alimemazine，异丁嗪）等；

（3）乙二胺类：曲吡那敏（tripelennamine，吡苄明，扑敏宁）、美吡拉敏（mepyramine，吡拉明）等；

（4）烷基胺类：氯苯那敏（chlorphenamine，扑尔敏）、溴苯那敏（brompheniramine）、二甲茚定（dimetindene）等；

（5）哌嗪类：布克利嗪（buclizine，氯苯丁嗪，安其敏）、美克洛嗪（meclozine，氯苯甲嗪，敏克静）等；

（6）哌啶类：赛庚啶（cyproheptadine）、苯茚胺（phenindamine，抗敏胺）等。

2. 第二代 H_1 受体阻断药有：

（1）烷基胺类：阿伐斯汀（acrivastine，新敏乐）；

（2）哌嗪类：西替利嗪（cetirizine，仙特敏）；

（3）哌啶类：阿司咪唑（astemizole，息斯敏）、氯雷他定（loratadine）、地氯雷他定（desloratadine）、特非那定（terfenadine）、非索非那定（exofenadine）、左卡巴斯汀（levocabastine）；

（4）三环二苯氮䓬类：氮䓬斯汀（azelastine）。

3. 两代受体阻断药比较 第一代 H_1 受体阻断药称为镇静性抗组胺药，具有明显的镇静和抗胆碱作用，对 H_1 受体选择性差，表现为疲倦、乏力、注意力不集中等。第二代 H_1 受体阻断药中枢作用弱，对 H_1 受体选择性高，称为非镇静性抗组胺药，某些药物的作用时间较长，消化道不良反应较少。常用 H_1 受体阻断药的作用和应用特点见表 4-21-2。

表 4-21-2 H_1 受体阻断药的药理作用特点的比较

药物	持续（小时）	镇静催眠	防晕止吐	主要用途	单次剂量（mg）
乙醇胺类					
苯海拉明	4～6	+++	++	皮肤黏膜过敏、晕动病	25～50
茶苯海明	4～6	+++	+++	晕动病	25～50
吩噻嗪类					
异丙嗪	6～12	+++	++	皮肤黏膜过敏、晕动病	12.5～50
乙二胺类					
曲吡那敏	4～6	++		皮肤黏膜过敏	25～50
烷基胺类					
氯苯那敏	4～6	+		皮肤黏膜过敏	4
哌嗪类					
西替利嗪	12～24	+		皮肤黏膜过敏	10
布克利嗪	16～18	+	+++	防晕止吐	25～50
美克洛嗪	12～24		+++	防晕止吐	25
哌啶类					
氯雷他定	8～20	—	—	皮肤黏膜过敏	10
赛庚啶	3	++		过敏/偏头痛（抗 5-HT）	4
苯茚胺	6～8	（兴奋）	—	皮肤黏膜过敏	25～50
酮替芬	40			皮肤黏膜过敏	1
其他类					
氮䓬斯汀	50			支气管哮喘预防，皮肤黏膜过敏	4

【体内过程】

H_1 受体阻断药口服或注射均吸收完全、迅速。口服后多数在 15～30 分钟起效，1～2 小时作用达高峰，一般持续 4～6 小时。大部分在肝内代谢，代谢物经肾排出，药物极少以原形排泄。新型的 H_1 受体阻断药阿司咪唑、特非那定等不能通过血脑屏障，在体内可形成活性代谢产物，使作用时间延长，如阿司咪唑口服后达峰时间约 2～4 小时，$t_{1/2}$ 约为 20 小时，代谢产物去甲基阿司咪唑仍具有 H_1 受体阻断活性，存在肝肠循环，故其 $t_{1/2}$ 可长达 10 天以上；特非那定口服后血浆药物浓度在 1～2 小时达峰值，$t_{1/2}$ 为 4～5 小时，但其作用维持时间可达 12 小时以上，这可能与其在体内形成活性代谢产物有关。美克洛嗪的 $t_{1/2}$ 长达 12～24 小时。

【药理作用与作用机制】

1. 抗 H_1 受体作用 H_1 受体阻断药可完全对抗组胺引起的支气管、胃肠道平滑肌的收缩作用。小剂量组胺即可引起豚鼠呼吸抑制而死亡，如事先给

H_1 受体阻断药，可保护豚鼠耐受数倍甚至千倍以上致死量的组胺而不死亡，亦可对抗豚鼠以支气管痉挛为主要症状的过敏性休克。在人类，过敏性休克除组胺外，还有其他介质参与，因此 H_1 受体阻断药对人的过敏性休克几无对抗作用，但对组胺引起的毛细血管扩张和通透性增加（局部水肿）有很强的抑制作用。对组胺引起的血管扩张和血压降低，此类药仅有部分的对抗作用，并需同时应用 H_1 和 H_2 受体阻断药才能完全对抗。

2. 中枢抑制作用　多数第一代 H_1 受体阻断药可通过血脑屏障，有不同程度的中枢抑制作用，表现为镇静、嗜睡。苯海拉明和异丙嗪抑制作用最强，氯苯那敏作用最弱，阿司咪唑不易透过血脑屏障，故无中枢抑制作用，苯茚胺则有中枢兴奋作用。中枢抑制作用的产生，可能是由于中枢的 H_1 受体被阻断，拮抗脑的内源性组胺介导的觉醒反应。苯海拉明、异丙嗪、美克洛嗪和布克利嗪止吐和防晕作用较强，可能与中枢抗胆碱作用有关。第二代 H_1 受体阻断药没有明显的中枢抑制作用和抗胆碱作用。

3. 其他作用　多数组胺受体阻断药具有抗胆碱作用，能减少唾液腺和支气管腺体分泌，产生较弱的阿托品样作用。较大剂量的苯海拉明、异丙嗪等有较弱的局麻作用和对心脏的奎尼丁样作用。此外，赛庚啶还能阻断 5-HT 受体，具有较强的抗 5-HT 作用。

【临床应用】

1. 变态反应性疾病　H_1 受体阻断药对荨麻疹、花粉症、过敏性鼻炎等疗效较好，可作为首选药物，通常选用镇静作用弱的第二代 H_1 受体阻断药。对昆虫咬伤所致的皮肤瘙痒和水肿亦有良效。对血清病、药疹和接触性皮炎也有一定疗效。对支气管哮喘效果很差，对过敏性休克无效。由于氮䓬斯汀和酮替芬可抑制肥大细胞和嗜碱粒细胞释放组胺和白三烯等炎性介质，尚用于支气管哮喘的预防性治疗。

2. 晕动症及呕吐　用于晕动病、放射病等引起的呕吐，最有效的药物是茶苯海明、苯海拉明和异丙嗪。

3. 镇静催眠　具有明显镇静作用的 H_1 受体阻断药如异丙嗪、苯海拉明，可短期用于治疗失眠，尤其是因变态反应性疾病引起的失眠。

【不良反应】

1. 中枢神经系统反应　多见镇静、嗜睡、乏力等中枢抑制现象，以苯海拉明和异丙嗪最为明显，驾驶员或高空作业者工作时不宜用，以免发生事故。第二代 H_1 受体阻断药（苯茚胺、阿司咪唑）无中枢抑制作用。少数人也可产生失眠和烦躁不安。

2. 消化道反应　口干、厌食、恶心、呕吐、便秘或腹泻等，宜餐后服以减轻症状。

3. 其他反应　偶见粒细胞减少及溶血性贫血。美克洛嗪及布克利嗪可致动物畸胎，孕妇不宜用。大剂量特非那定可引起心律失常。阿司咪唑可引起心律失常、晕厥、心跳停止，应予注意。

（二）H_2 受体阻断药

目前应用于临床的 H_2 受体阻断药主要有西咪替丁（cimetidine，甲氰咪胍）、雷尼替丁（ranitidine，呋喃硝胺）、法莫替丁（famotidine）和尼扎替丁（nizatidine）等。它们均可选择性地阻断 H_2 受体，不影响 H_1 受体。雷尼替丁、法莫替丁和尼扎替丁的药理作用及其在治疗消化道溃疡方面的临床应用见第三十章。

西 咪 替 丁

【体内过程】

口服易吸收，生物利用度约 75%，口服后 1~3 小时达血药浓度峰值，血浆 $t_{1/2}$ 为 2 小时。单次剂量作用约维持 4 小时。主要经肾排泄，其中约 50% 为原形药，15% 经肝代谢。西咪替丁可通过胎盘屏障和血脑屏障。

【药理作用与作用机制】

1. 抑制胃酸分泌　见第三十章。

2. 心血管系统　西咪替丁能拮抗组胺对离体心脏的正性肌力作用和正性频率作用。整体实验中可部分对抗组胺的扩张血管和降压作用。但在抑制胃酸分泌的剂量，对心血管系统影响很小。

3. 免疫调节作用　现已知组胺对免疫系统有抑制作用，细胞免疫和体液免疫功能均有所降低。组胺作用于免疫活性细胞（特别是 T 细胞）的 H_2 受体，使之产生一种组胺诱生的抑制因子（histamine-induced suppressive factor，HSF），HSF 是组胺产生免疫抑制作用的主要原因。

西咪替丁由于阻断 T 细胞的 H_2 受体，减少 HSF 的产生，从而逆转组胺的免疫抑制作用，其表现为：①促进有丝分裂引起的人或动物淋巴细胞的增殖反应；②增强人的皮肤迟发型变态反应和移植物抗宿主反应（GVHR）。病理性 GVHR 阴性者，用药后有明显的恢复作用；③促进淋巴因子如白细胞介素 2（IL-2）、γ干扰素和巨噬细胞移动抑制因子（MIF）的产生；④促进抗原引起的 B 细胞增殖，增加抗体的产生；⑤对动物移植性肿瘤和人黑色素瘤有一定抑制作用；⑥使免疫功能低下动物的免疫功能得以恢复。

【临床应用】

用于治疗胃和十二指肠溃疡，能减轻疼痛，促进愈合。对于胃肠道出血，特别是胃肠黏膜糜烂引起的出血有效，多采用静脉滴注给药。也可治疗胃酸分泌过多症（卓-艾综合征，Zolinger-Ellison syndrome，ZES）和食管炎。还可用于各种原因引起的免疫功能低下和肿瘤的辅助治疗。

【不良反应】

1. 中枢神经系统 头痛、眩晕、语言不清、幻觉、惊厥等反应，多见于老人、幼儿及肝肾功能不全患者。

2. 消化系统 可有恶心、呕吐、腹泻和便秘等胃肠道反应。

3. 造血系统 少数患者有粒细胞减少、血小板减少和再生障碍性贫血等，用药期间应注意检查血象。

4. 泌尿系统 可致急性间质性肾炎、肾衰竭。用药期间应定期检查肾功能。

5. 心血管系统 静脉注射偶致心动过缓、房室传导阻滞及血压骤降等。

6. 其他 因西咪替丁有抗雄性激素作用，所以男性患者可有乳腺增生，女性患者可发生溢乳症。

【药物相互作用】

西咪替丁可抑制细胞色素 P450 药物氧化途径，使肝药酶活性降低，并使肝脏血流量减少，因而使药物代谢减慢，药理作用和毒性增强。可影响华法林、苯妥英钠、普萘洛尔、拉贝洛尔、奎尼丁、咖啡因、利多卡因、钙通道阻滞药、苯二氮䓬类、磺酰脲类、三环类抗抑郁药和乙醇等药物的代谢，这些药物与西咪替丁合用时应引起注意。

第二节　5-羟色胺和抗5-羟色胺药

5-羟色胺（5-hydroxytryptamine，5-HT）又叫血清素（serotonin）是一种自体活性物质，广泛分布于胃肠道、脾脏、血液和中枢神经系统等组织。胃肠道的 5-HT 分布在肠嗜铬细胞和嗜铬样细胞中，约占全身总量的 90%；脾脏和血液的 5-HT 主要存在于血小板中，约占全身 5-HT 总量的 8%；中枢神经系统的 5-HT 约占 2%，以神经递质的形式主要存在于松果体和下丘脑，可能参与睡眠、体温、痛觉和血压等多种生理功能的调节。

5-HT 的作用是通过多种受体介导的，目前已发现 7 种 5-HT 受体。5-HT$_3$ 受体与配体门控离子通道耦联，有 4 个跨膜段，该受体活化影响到离子通道，会进一步调控中枢神经系统多种递质的释放，如 Ach、DA、NA 等；其余 6 种与 G 蛋白耦联，它们的结构包括 7 个跨膜区段、3 个胞内环和 3 个胞外环。5-HT 受体是分型最多的一种受体，5-HT$_{5-7}$ 受体亚型还缺乏公认的作用和特异性结合配体。有关 5-HT$_{1-4}$ 受体亚型的分布、功能及其选择性激动药和拮抗药见表 4-21-3。

表 4-21-3　5-HT 受体主要亚型的特征

分型	分布	主要效应	激动药	拮抗药
5-HT$_1$				
5-HT$_{1A}$	海马、中缝核	行为变化、血压降低	8-OH-DPAT	WAY 100635
5-HT$_{1B}$	黑质、基底神经节	抑制递质释放	CP-93129	CR 55562
5-HT$_{1D}$	皮层、脑动脉	脑血管收缩、感觉	舒马普坦	—
5-HT$_{1E}$	皮层、纹状体	抑制腺苷酸环化酶	—	—
5-HT$_{1F}$	皮层、海马	抑制腺苷酸环化酶	LY 334370	—
5-HT$_2$				
5-HT$_{2A}$	外周血管、血小板、CNS	血管收缩、血小板聚集	α-M-5-HT	酮色林
5-HT$_{2B}$	胃底	肌肉收缩	α-M-5-HT	SB204741
5-HT$_{2C}$	脉络膜丛、黑质	激活磷脂酶 C	α-M-5-HT	美舒麦角
5-HT$_3$	极后区、孤束核	感觉、呕吐反射	m-氯苯双胍	昂丹司琼
5-HT$_4$	上下丘脑、海马	胃肠分泌、蠕动	BIMU 8	GR113808

一、5-羟色胺和5-羟色胺受体激动药

5-羟色胺

5-羟色胺通过激动不同亚型 5-HT 受体而产生不同的药理作用。

【药理作用与作用机制】

1. 心血管系统 5-HT 激动 5-HT$_2$ 受体，对血管主要表现为收缩反应，引起肾、肺血管平滑肌收缩；而激动内皮细胞 5-HT$_1$ 受体，使其释放内皮细胞舒张因子（EDRF）和前列腺素（PGs），可使心脏血管和骨骼肌血管扩张。静脉注射数微克 5-HT 可引起血压的三相反应：①血压短暂的降低，这与 5-HT 激动 5-HT$_3$ 受体，引起心脏负性频率作用有关；②持续数分钟血压升高，这是血管收缩反应所致；③长时间的血压降低，是骨骼肌血管舒张所致。

2. 兴奋平滑肌 5-HT 激动 5-HT$_2$ 受体可引起胃

肠道平滑肌收缩；激动 5-HT_4 受体，兴奋肠壁内神经节细胞也可引起胃肠道平滑肌收缩，胃肠道张力增加，肠蠕动加快。5-HT 可兴奋支气管平滑肌，对正常人作用小，但哮喘患者对其特别敏感。

3. 促进血小板聚集 5-HT 激动血小板 5-HT_2 受体，引起血小板聚集。

4. 神经系统 5-HT 刺激感觉神经末梢，引起瘙痒。虫咬和某些植物的刺可刺激 5-HT 释放，引起痒、痛。5-HT 是中枢递质，是影响痛觉、睡眠、体温、食欲、性行为和昼夜节律等生理活动的神经递质，也与焦虑和情绪等精神活动有关。5-HT 能神经系统功能紊乱可导致抑郁症、强迫观念及行为异常等精神疾病。给动物侧脑室注入 5-HT 后，可引起镇静、嗜睡和一系列行为反应，并影响体温调节和运动功能。

【临床应用】

5-HT 本身无临床应用价值，但一些选择性 5-HT 受体亚型激动药却有一定临床应用价值。

常见 5-HT 受体激动药如下：

舒马普坦（sumatriptan）是 5-HT_{1D} 受体激动药，可引起颅内血管收缩，是治疗急性偏头痛最有效的药物。每次服用 100 mg，30 分钟头痛开始缓解。最常见的不良反应是感觉异常，最严重的不良反应是心肌缺血，因此禁用于缺血性心脏病患者。

西沙必利（cisapride）和伦扎必利（renzapride）选择性激动肠壁神经节丛神经细胞上的 5-HT_4 受体，促进神经末梢释放 ACh，具有促胃肠动力作用，临床用于治疗胃食道反流症等胃肠动力失调疾病。

右芬氟拉明（dexfenfluramine）是 5-HT_1 受体选择性激动药，由于其强大的抑制食欲作用而被广泛用于控制体重和肥胖症的治疗。其作用是芬氟拉明消旋体的 2 倍，可见只有右旋体具有活性。与苯丙胺相比，右芬氟拉明对肥胖患者的抑制食欲作用比非肥胖者更明显。

丁螺环酮（buspirone）、吉哌隆（gepirone）、伊沙匹隆（ipsapirone）可选择性激动 5-HT_{1A} 受体，是一类有效的非苯二氮䓬类抗焦虑药。

氟西汀（fluoxetine）抑制 5-HT 再摄取，发挥拟 5-HT 作用，用于抑郁症的治疗，也试用于减肥。

二、5-羟色胺受体阻断药

赛庚啶和苯噻啶

赛庚啶（cyproheptadine）和苯噻啶（pizotifen，新度美安）均有拮抗 5-HT 的作用，选择性阻断 5-HT_2 受体，并有阻断 H_1 受体和较弱的抗胆碱作用。可用于荨麻疹、湿疹、接触性皮炎、皮肤瘙痒和过敏性鼻炎的治疗。也可用于预防偏头痛发作，机制尚不清楚。两药不良反应相似，均可致口干、恶心、乏力、嗜睡。由于兴奋下丘脑摄食中枢，使食欲增加，体重增加。青光眼、前列腺肥大及尿潴留患者禁用。驾驶员及高空作业者慎用。

酮色林

酮色林（ketanserin，凯坦色林）选择性阻断 5-HT_2 受体，对 5-HT_{2A} 受体作用强；此外，有较弱的阻断 α 肾上腺素受体和 H_1 受体作用。酮色林可对抗 5-HT 引起的血管收缩、支气管收缩和血小板聚集。酮色林扩张阻力血管和毛细血管，降低血压，主要是因其阻断 α 肾上腺素受体。酮色林口服主要用于治疗高血压病；静脉或肌内注射治疗高血压危象。不良反应有镇静、头昏、眩晕、口干、胃肠功能紊乱和体重增加等。

昂丹司琼

昂丹司琼（ondansetron）选择性阻断 5-HT_3 受体，具有强大的镇吐作用，主要用于癌症患者手术和化疗伴发的严重恶心、呕吐。

第三节 白三烯和抗白三烯药物

白三烯（leukotriene，LTs）为花生四烯酸经 5-脂氧酶途径代谢而产生。与组胺不同之处是，白三烯是在肥大细胞激活后新合成，而组胺是预先合成，然后储存于肥大细胞颗粒中。白三烯包括 LTC_4、LTD_4、LTE_4 等，为体内的重要炎性介质，可使支气管收缩、黏液分泌增加，引发哮喘。还能促进中性粒细胞游走，向炎症部位聚集，使毛细血管通透性增加，参与和加重炎症反应。近年来的研究表明它不仅是一组炎性介质，同时在过敏反应的发生中也起着非常重要的作用。许多过敏反应的症状与白三烯有关，如过敏性哮喘、过敏性鼻炎、阿司匹林哮喘等。抗白三烯药物主要包括白三烯受体阻断药（扎鲁司特、孟鲁司特等）和 5-脂氧酶抑制药（如齐留通）。

扎鲁司特

扎鲁司特（zafirlukast）口服吸收良好，血浆蛋白结合率为 99%。主要在肝脏代谢，$t_{1/2}$ 为 10 小时。选择性拮抗 LTD_4 和 LTE_4 受体，可有效拮抗白三烯所致的支气管平滑肌收缩、血管通透性增加、气道水肿，抑制嗜酸性粒细胞、淋巴细胞的浸润，减少肺泡巨噬细胞产生的过氧化物，但不影响组胺和前列腺素受体。对多种刺激如二氧化硫、阿司匹林和冷空气等所致的支气管痉挛均有良好疗效。适用于慢性轻、中度哮喘的预防和治疗，对阿司匹林哮喘者尤为适宜，但不适于急性哮喘的治疗。本品耐受性良好，常见的不良反应有轻微头痛、胃肠道反应、咽炎，偶见转氨酶升高。

孟鲁司特钠

孟鲁司特钠（montelukast sodium）是一种强效

选择性半胱氨酰白三烯拮抗药，能有效阻断 LTC_4、LTD_4 和 LTE_4 与白三烯受体结合所产生的生物效应，阻断白三烯的致炎作用，抑制炎性反应，减轻气道炎性细胞浸润，抑制变应原激发的气道高反应性。也能抑制过敏性鼻炎患者的炎症反应，有效改善鼻痒、喷嚏、流涕和鼻塞等过敏性鼻炎的症状。主要用于成人和儿童慢性哮喘的预防和治疗；过敏性鼻炎尤其是鼻塞严重者。本品一般耐受性良好，偶见过敏反应、血管性水肿、皮疹、瘙痒、胃肠道反应、嗜睡、激惹、烦躁不安等。

（包头医学院　张　东）

第五篇 作用于肾脏和心血管系统的药物

第二十二章 利尿药与脱水药

> - Diuretics increase the rate of urine flow and sodium excretion, and are used to adjust the volume and/or composition of body fluids in a variety of clinical situations.
> - Carbonic anhydrase inhibitors have limited usefulness as diuretics, but can be used for non-diuretic indications, such as management of glaucoma, and with anti-epileptic drugs as adjuvants.
> - Loop diuretics are high efficacy diuretics that have in common an ability to block the Na^+-K^+-$2Cl^-$ symport in the thick ascending limb of the loop of Henle. A major use of these drugs is in the treatment of acute pulmonary edema.
> - Thiazides and thiazide variants are moderate efficacy diuretics that inhibit the Na^+-Cl^- symport at early distal tubule. These drugs are mainly used for mild congestive heart failure and hypertension, and also for diabetes insipidus.
> - Potassium-sparing diuretics are low efficacy diuretics that consist of spironolactone, amiloride and triamterene. They are often co-administered with thiazides or loop diuretics in the treatment of edema and hypertension.
> - Osmotic diuretics are agents that are freely filtered at the glomerulus, undergo limited reabsorption of Na^+ and water by the renal tubule, and are relatively inert pharmacologically. They are primarily used to reduce tissue edema.

利尿药（diuretics）是直接作用于肾脏，增加Na^+、Cl^-等离子和水的排出，使尿量增多的药物。临床主要用于治疗各种原因引起的水肿，也用于高血压、尿崩症、肾结石等非水肿性疾病的治疗。

临床应用最早的利尿药是有机汞利尿药，毒性较大。20世纪50年代，安全、有效的噻嗪类利尿药问世，淘汰了沿用几十年之久的有机汞利尿药。之后，新的噻嗪类利尿药、袢利尿药和保钾利尿药相继用于临床，并在利尿药作用机制的研究方面取得了较大进展。

利尿药的分类尚未统一，可根据利尿药的作用部位、化学结构、作用机制等进行分类。按作用部位和机制分为以下5类：

1. 袢利尿药（loop diuretics） 又称高效能利尿药（high efficacy diuretics）或Na^+-K^+-$2Cl^-$同向转运体抑制药（inhibitors of Na^+-K^+-$2Cl^-$ symport），主要作用于髓袢升支粗段，抑制Na^+-K^+-$2Cl^-$同向转运体，利尿作用强，如呋塞米、布美他尼等。

2. 噻嗪类利尿药（thiazide diuretics） 又称为中效能利尿药（moderate efficacy diuretics）或Na^+-Cl^-同向转运体抑制药（inhibitors of Na^+-Cl^- symport），主要作用于远曲小管近端，抑制Na^+-Cl^-同向转运体，利尿作用强度中等，如氢氯噻嗪等。

3. 保钾利尿药（potassium-sparing diuretics） 又称为低效能利尿药（low efficacy diuretics），主要作用于远曲小管和集合管，利尿作用弱，能减少K^+排出，如螺内酯、氨苯蝶啶等。

4. 碳酸酐酶抑制药（carbonic anhydrase inhibitors） 主要作用于近曲小管，抑制碳酸酐酶活性，利尿作用弱，如乙酰唑胺等。

5. 渗透性利尿药（osmotic diuretics） 又称为脱水药（dehydrant agents），主要作用于髓袢及肾小管其他部位，如甘露醇等。

第一节 利尿药作用的生理学基础

利尿药的作用主要是影响尿液生成过程，特别是抑制肾小管的重吸收和分泌功能。为了正确理解利尿药的作用及其机制，合理使用利尿药，有必要了解与利尿作用有关的肾泌尿生理学基础。

尿液的生成是通过肾小球滤过、肾小管和集合管的重吸收和分泌而实现的。利尿药通过作用于肾单位的不同部位，而发挥利尿作用。

（一）肾小球滤过

血液流经肾小球时，除血细胞和蛋白质外，其他成分均可经肾小球滤过而形成原尿。正常成人在安静状态下，每日由肾小球滤过形成 180 L 原尿，其中含钠约 600 g。但正常人每日排出的终尿仅为 1～2 L，含钠 3～5 g，可见原尿中 99% 的水和钠在肾小管和集合管中被重吸收。因此，单纯增加肾小球滤过率的药物如氨茶碱、多巴胺等，只能产生很弱的利尿作用。因此，目前常用的利尿药不是作用于肾小球，而是直接作用于肾小管，通过减少它对水、电解质的重吸收而发挥利尿作用。但在肾小球滤过率明显下降如严重心衰或休克，引起少尿时，应用增加肾小球滤过率的药物（如氨茶碱）能较好发挥利尿作用。

（二）肾小管和集合管的重吸收

经肾小球滤过后，原尿在经过近曲小管、髓袢、远曲小管及集合管的过程中，99% 的水、钠被重吸收。各段肾小管和集合管对水和电解质的重吸收性能各异，不同部位的肾小管和集合管对利尿作用的影响有明显区别（图 5-22-1）。

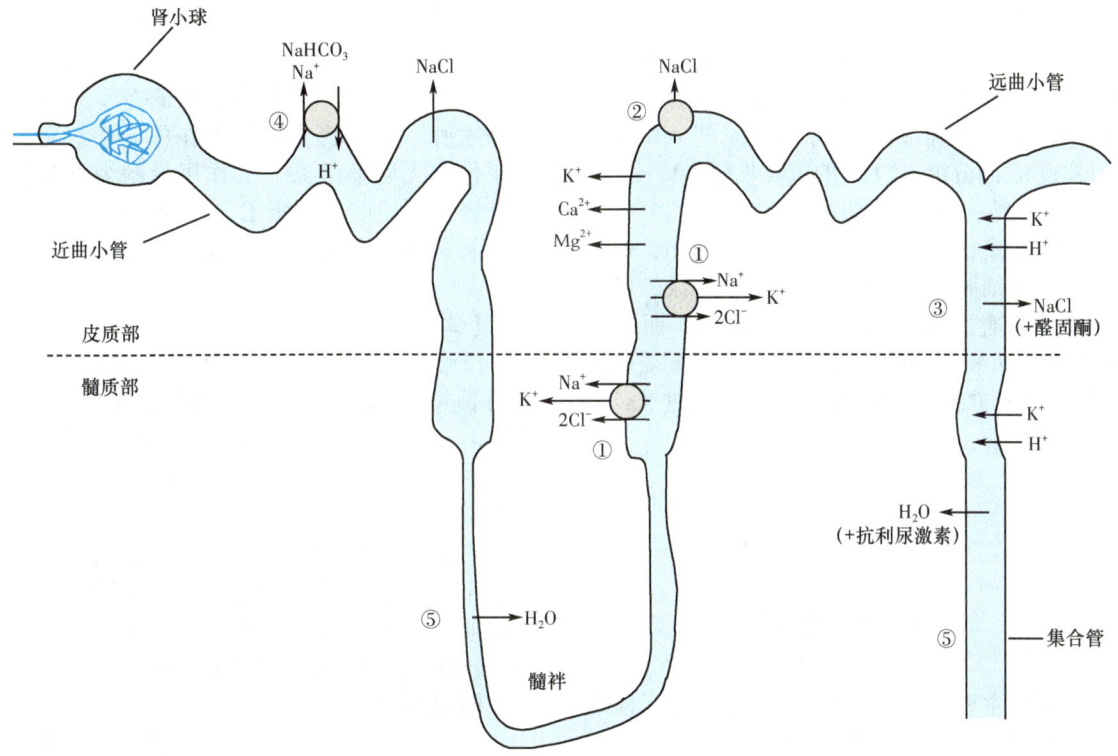

图 5-22-1　肾小管转运系统及利尿药作用部位
①袢利尿药；②噻嗪类药物；③保钾利尿药；④碳酸酐酶抑制药；⑤渗透性利尿药

1. 近曲小管　是 Na^+ 重吸收的主要部位，原尿中约 70% 的 Na^+ 在近曲小管被重吸收。除了以弥散方式通过 Na^+ 通道外，Na^+ 还受碳酸酐酶的调节。碳酸酐酶在近曲小管上皮细胞中催化 CO_2 和 H_2O 生成 H_2CO_3，并解离成 H^+ 和 HCO_3^-，H^+ 和原尿中的 Na^+ 通过 H^+-Na^+ 交换方式重吸收 Na^+。近曲小管对 Cl^-、Ca^{2+}、K^+ 和 Mg^{2+} 都有重吸收。

抑制近曲小管对 Na^+ 重吸收的药物并不呈现明显的利尿作用。原因是 Na^+ 的重吸收被抑制后，近曲小管管腔内原尿量增多，肾小管扩张，原尿吸收面积增大；同时，其他部位肾小管对 Na^+ 的重吸收也呈代偿性增强。这是目前尚无作用于近曲小管的高效利尿药的原因。如乙酰唑胺为碳酸酐酶抑制药，通过抑制 H^+ 生成，使 Na^+-H^+ 交换减少，而发挥弱的利尿作用。

2. 髓袢升支粗段　原尿中约 25% 的 Na^+ 在髓袢升支粗段被重吸收。升支粗段的顶端膜上有 Na^+-K^+-$2Cl^-$ 同向转运体，该转运体可使小管液中 1 个 Na^+、1 个 K^+ 和 2 个 Cl^- 同向转运进入上皮细胞内。进入细胞的 Na^+ 由 Na^+ 泵泵至组织间液，Cl^- 由于浓度梯度经管周膜上的 Cl^- 通道进入组织间液，而 K^+ 则顺浓度梯度经管腔膜而返回管腔内。由于管腔内 Cl^- 流出和 K^+ 流回管腔，造成管腔内呈正电位，促进管腔液中 Ca^{2+}、Mg^{2+} 等二价阳离子的被动重吸收。

髓袢升支粗段上皮细胞对水的通透性很低，水不被重吸收而停留在管腔内。由于管腔液中的 NaCl 被重吸收至组织间液，造成管腔液稀释成低渗，组织间液呈高渗状态。因此，当尿液从肾乳头流向肾皮质时，管腔内尿液渗透压逐渐由高渗变为低渗，这就是肾对尿液的稀释功能。当低渗尿流经处于高渗髓质的集合管时，在抗利尿激素的影响下，水被重吸收，即净水重吸收，使尿液浓缩，称为肾对尿液的浓缩功能。

呋塞米等袢利尿药可抑制 $Na^+-K^+-2Cl^-$ 同向转运体，抑制了 NaCl 的重吸收，而发挥利尿作用。

3. 远曲小管 原尿中约 10% 的 Na^+ 在远曲小管和集合管被重吸收，主要通过 Na^+-Cl^- 共同转运体。与升支粗段一样，远曲小管相对不通透水，NaCl 的重吸收进一步稀释了小管液。噻嗪类利尿药通过阻断 Na^+-Cl^- 共同转运体而发挥作用。

4. 集合管 原尿中约 2%～5% 的 Na^+ 在集合管被重吸收。主细胞顶面质膜通过分离的通道转运 Na^+ 和 K^+，进入主细胞的 Na^+ 通过基侧质膜的 Na^+-K^+-ATP 酶转运进入血液循环。由于 Na^+ 进入细胞的驱动力超过 K^+ 的分泌，故 Na^+ 的重吸收超过 K^+ 分泌，形成管腔负电荷，促进 Cl^- 吸收。

醛固酮在集合管的重吸收中起重要作用，通过激活集合管主细胞内的受体，促进基因转录，增加 Na^+ 通道、K^+ 通道和 Na^+-K^+-ATP 酶活性，而促进 Na^+ 的重吸收和 K^+ 的分泌。螺内酯等醛固酮受体阻断药可抑制 Na^+ 的重吸收和 K^+ 的分泌，促进 Na^+ 和水的排出而利尿。

第二节 常用利尿药

一、袢利尿药

本类药物主要作用于髓袢升支粗段，选择性地抑制 $Na^+-K^+-2Cl^-$ 同向转运体，利尿作用迅速强大。因本类药物不易导致酸中毒，是目前最有效的利尿药。

呋 塞 米

呋塞米（furosemide，速尿）属于磺酰类化合物，是邻氨基苯甲酸衍生物。

【药理作用】

1. 利尿作用 利尿作用迅速、强大、短暂。呋塞米可使肾小管对 Na^+ 的重吸收由原来的 99.4% 下降为 70%～80%。正常状态下，持续给予大剂量呋塞米可使成人排尿量明显增加，每分钟排尿量可达 30～40 ml。

呋塞米可与髓袢升支粗段 $Na^+-K^+-2Cl^-$ 同向转运体的 Cl^- 结合部位结合，抑制其转运能力，使 NaCl 重吸收减少，而降低肾的稀释功能。同时因使肾髓质间液渗透压降低，也抑制了肾的浓缩功能，排出大量近于等渗的尿液。

由于 K^+ 的重吸收减少，降低了 K^+ 的再循环，减弱了 Ca^{2+}、Mg^{2+} 重吸收的驱动力，使 Ca^{2+}、Mg^{2+} 排泄增加。大剂量呋塞米还可抑制近曲小管的碳酸酐酶活性，使 HCO_3^- 排出增加。输送到远曲小管和集合管的尿液中 Na^+ 增加可使 Na^+-K^+ 交换增加。终尿中 Na^+、K^+、Cl^-、Mg^{2+}、Ca^{2+}、HCO_3^- 排出均增多。长期应用袢利尿药可引起低血钾、低血镁和低氯性碱中毒，但由于 Ca^{2+} 在远曲小管可被主动重吸收，故较少发生低血钙。

2. 扩张血管 扩张小动脉，增加肾血流量；扩张小静脉，减轻心脏负荷，降低左室充盈压，减轻肺水肿。扩血管作用发生在尿量增加之前，与利尿作用无明显关系。其作用机制为抑制前列腺素分解酶，使前列腺素 E_2 含量增加。吲哚美辛通过抑制肾脏前列腺素的合成，而减弱其扩张血管作用。

【体内过程】

口服吸收不完全，吸收率约为 60%。口服后约 30 分钟起效，60～120 分钟血药浓度达峰值，作用持续 4～6 小时。静脉注射作用更快，5 分钟起效，30 分钟达高峰，维持 2～3 小时。血浆蛋白结合率为 95%～99%。

呋塞米可通过胎盘，并可经乳汁分泌。主要经肾小管有机酸分泌机制分泌，主要以原形经尿排出。因排泄较快，反复给药不易在体内蓄积。$t_{1/2}$ 为 1 小时，心力衰竭和肾功能衰竭时可明显延长。

【临床应用】

1. 急性肺水肿和脑水肿 静注呋塞米能迅速扩张容量血管，使回心血量减少，在利尿作用发生之前即可缓解急性肺水肿；治疗脑水肿是继发其利尿作用，使血容量减少，血液浓缩，血浆渗透压升高，有利于减轻脑水肿。

2. 其他严重水肿 对心、肝、肾性水肿等均有效。因易引起电解质紊乱，主要用于其他利尿药无效的严重水肿。

3. 急性肾功能衰竭 早期应用呋塞米，对急性肾功能衰竭有较好的防治作用。主要通过利尿、增加肾血流量，以维持一定的尿量，并减轻肾小管萎缩、坏死。

4. 高钙血症 抑制 Ca^{2+} 的重吸收，降低血钙。通过联合应用袢利尿药和静脉输入生理盐水而大大增加 Ca^{2+} 的排泄，这对迅速控制高钙血症有一定的临床意义。

5. 加速某些毒物排出 可用于巴比妥类、水杨酸类等药物中毒的抢救处理，配合输液可促进药物从尿中排出。这一作用仅对以原形或活性代谢产物经肾排泄的药物或毒物有效。

【不良反应】

1. 水与电解质紊乱　为最常见的不良反应。常因过度利尿引起，表现为低血容量、低血钾、低血钠、低氯性碱中毒等，长期应用还可引起低血镁。其中以低血钾最为常见，一般用药后 1～4 周出现，临床表现为恶心、腹胀、乏力及心律失常等，且低血钾可增强强心苷对心脏的毒性，还有认为肝昏迷也与低血钾有关。故应注意严密监测血钾浓度，当低于 30 mmol/L 时，应及时补充钾盐或合并应用保钾利尿药。当低血钾与低血镁同时存在时，应注意纠正低血镁，否则难以纠正低血钾，因 Na^+-K^+-ATP 酶的激活需要 Mg^{2+}。

2. 耳毒性　表现为耳鸣、眩晕、听力减退，甚至发生暂时或永久性耳聋，呈剂量依赖性，肾功能减退者或合用氨基苷类抗生素尤易发生。其原因可能与内耳淋巴液电解质成分改变和耳蜗管基底膜毛细胞损伤有关。

3. 高尿酸血症　由于利尿作用使血容量降低，细胞外液浓缩，导致近曲小管对尿酸盐重吸收增加；另外，呋塞米还可竞争性抑制尿酸经肾小管分泌排泄。长期用药多数患者可出现高尿酸血症，但较少引发痛风。痛风患者慎用。

4. 代谢障碍　长期应用可引起高血糖、高脂血症、高尿酸血症，肾功能减退患者可引起血氨升高。这些不良反应与用药剂量有关，宜从小剂量开始用药。

5. 其他　口服或静脉注射时可致恶心、呕吐、腹泻，剂量过大时可致胃肠出血。少数患者可发生白细胞、血小板减少。也可发生过敏反应，表现为皮疹、嗜酸性粒细胞增多、间质性肾炎等。

其他袢利尿药

布美他尼（bumetanide，丁苯氧酸）为间氨苯磺氨基衍生物，利尿作用及作用机制与呋塞米相似。利尿作用强度为呋塞米的 40 倍，但最大利尿效应与呋塞米相似。口服吸收快且完全，吸收率为 80%。不良反应较呋塞米轻，耳毒性亦低。大剂量可出现肌肉疼痛和痉挛。本药与磺胺类药物有交叉过敏反应。

托拉塞米（torasemide）的化学结构、作用机制与呋塞米相似，利尿作用较强而持久，尿中钾、钙的排出作用较弱。

依他尼酸（ethacrynic acid，利尿酸）的利尿作用和机制与呋塞米相似。但不良反应较多，可致永久性耳聋，现已少用。

阿佐塞米（azosemide）和**吡咯他尼**（piretanide）利尿作用的部位和机制、临床应用及不良反应等均与呋塞米相似。

二、噻嗪类药物

噻嗪类药物又称为中效能利尿药，包括噻嗪类（thiazides）和非噻嗪类，利尿作用相似。主要作用于远曲小管近端，通过抑制 Na^+-Cl^- 同向转运体而发挥利尿作用。

噻嗪类是临床广泛应用的口服中效利尿药。该类药物有共同的基本结构，由一个杂环苯并噻二嗪和一个磺酰胺基组成。其一系列的衍生物是在 2、3、6 位代入不同基团而得。包括**氯噻嗪**（chlorothiazide）、**氢氯噻嗪**（hydrochlorothiazide）、**苄噻嗪**（benzthiazide）、**氢氟噻嗪**（hydroflumethiazide）、**苄氟噻嗪**（bendroflumethiazide）、**环戊噻嗪**（cyclopenthiazide）、**泊利噻嗪**（polythiazide）、**三氯噻嗪**（trichlormethiazide）、**甲氯噻嗪**（methyclothiazide）等，其中最常用的是氢氯噻嗪。本类药物作用相似，仅效价强度和作用时间长短不同。

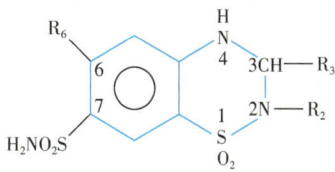

噻嗪类

非噻嗪类药物虽无噻嗪环，但利尿作用与噻嗪类相似。包括**氯噻酮**（chlorthalidone）、**吲达帕胺**（indapamide）、**美托拉宗**（metolazone）、**喹乙宗**（quinethazone）、**希帕胺**（xipamide）等。

【药理作用】

1. 利尿作用　噻嗪类具有中等强度的利尿作用，作用温和而持久。其作用机制是抑制远曲小管近端 Na^+-Cl^- 同向转运体，使 NaCl 重吸收减少，降低肾的稀释功能，而对浓缩功能无影响。尿中除 Na^+、Cl^- 排出增多外，K^+ 的排泄也增多，主要是由于转运至远曲小管的 Na^+ 增加，促进了 Na^+-K^+ 交换。本类药还促进远曲小管对 Ca^{2+} 的重吸收而减少尿 Ca^{2+} 含量，减少钙在肾小管内沉积，可抑制因高尿钙所致的肾结石形成。Ca^{2+} 重吸收增加的原因是由于 Na^+ 重吸收减少，细胞内 Na^+ 降低，促进基侧膜 Na^+-Ca^{2+} 交换。本类药对碳酸酐酶有轻度抑制作用，略增加 HCO_3^- 的排泄。故应用本类药后，尿中 Na^+、Cl^-、K^+、Mg^{2+}、HCO_3^- 排出均增加。

2. 抗利尿作用　噻嗪类药对尿崩症患者具有明显的抗利尿作用，能明显减少其尿量及口渴等症状。其作用机制尚未阐明。

3. 降压作用　噻嗪类单用对轻度高血压患者有降压作用，与其他抗高血药联合应用能对抗血管扩张引起的水钠潴留（详见第二十八章）。

【体内过程】

口服吸收良好，除氯噻嗪外，其他噻嗪类吸收率较高，一般在 1~2 小时内起效，4~6 小时血药浓度达高峰。主要以原型经肾小管分泌排出。氯噻嗪吸收较慢，作用时间较长。

【临床应用】

1. 水肿 噻嗪类可用于各种原因引起的水肿。对轻、中度心源性及肾源性水肿疗效较好，因本类药物在肾小球滤过率低于 30 ml/分钟时，利尿作用明显降低，故对严重肾功能不全者疗效较差。对肝性水肿与螺内酯合用有较好疗效，但易致血氨升高，有加重肝昏迷的危险，应慎用。

2. 高血压病 是治疗高血压的基础药物之一，多与其他降压药合用。

3. 尿崩症 对轻型尿崩症有一定疗效，可用于肾性尿崩症及加压素无效的垂体性尿崩症。

【不良反应】

1. 电解质紊乱 长期用药可致低钾、低镁、低氯血症等，尤以低血钾为常见，合用保钾利尿药可防治。

2. 代谢障碍 大剂量长期应用可引起高血糖、高脂血症、高尿酸血症，在肾功能不全患者可致血尿素氮升高等。可使糖尿病以及糖耐量中度异常患者血糖升高，还可升高胆固醇和低密度脂蛋白等。糖尿病、高脂血症和痛风患者应慎用。

3. 过敏反应 本类药物为磺胺类药物，可引发过敏反应如皮疹、皮炎等，偶见溶血性贫血、血小板减少等。

三、保钾利尿药

保钾利尿药包括醛固酮受体拮抗药和 Na^+ 通道阻滞药，如螺内酯、氨苯蝶啶和阿米洛利。它们均作用于远曲小管远端和集合管。本类药物利尿作用弱，较少单用，主要与其他利尿药合用。

螺 内 酯

螺内酯（spironolactone，安体舒通，antisterone）是人工合成的甾体化合物，其化学结构与醛固酮相似。

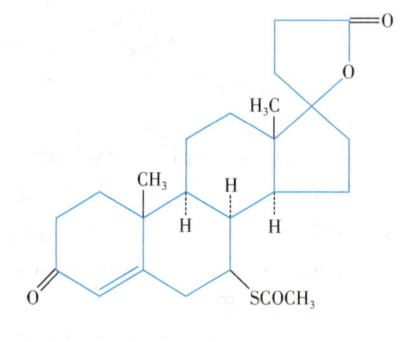
螺内酯

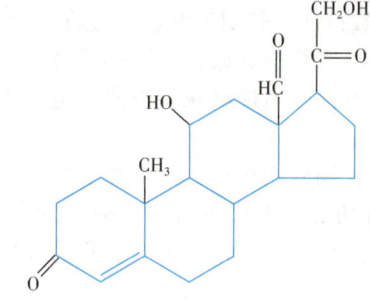
醛固酮

【药理作用】

螺内酯是醛固酮的竞争性拮抗药。本药及其代谢产物坎利酮（canrenone）的化学结构与醛固酮相似，通过竞争性地与醛固酮受体结合，对抗醛固酮诱导蛋白的合成，从而对抗醛固酮的作用。抑制 Na^+ 的重吸收和 K^+ 的分泌，表现出排钠保钾的利尿作用。螺内酯的利尿作用弱，其利尿作用与体内醛固酮水平有关，当体内醛固酮水平高时作用明显，对切除肾上腺的动物则无利尿作用。

【体内过程】

口服吸收率约为 65%，血浆蛋白结合率为 90%，经肝代谢，坎利酮为其活性代谢物。螺内酯消除较快，$t_{1/2}$ 约为 16 小时，坎利酮的 $t_{1/2}$ 达 165 小时，大大延长了螺内酯的利尿作用。

【临床应用】

用于治疗与醛固酮增加有关的顽固性水肿，如肝硬化、心力衰竭、肾病综合征等引起的水肿。因其利尿作用弱，较少单用，常与噻嗪类利尿药或高效能利尿药合用，以增强利尿效果并减少 K^+ 丢失。

【不良反应】

长期或大剂量应用可引起高血钾，肾功能不良者易发生。少数患者可引起头痛、困倦和精神紊乱等。有性激素样作用，偶可引起内分泌系统紊乱，如月经不调、更年期阴道出血、女性多毛、性欲减退、男性乳房女性化等。

氨苯蝶啶和阿米洛利

氨苯蝶啶（triamterene，三氨蝶啶）和阿米洛利（amiloride，氨氯吡咪）虽化学结构不同，但药理作用相同。

【药理作用】

作用于远曲小管远端和集合管，阻滞 Na^+ 通道，抑制 Na^+ 的重吸收。由于 Na^+ 的重吸收减少，而降低管腔内驱动 K^+ 分泌的负电位，减少 K^+ 分泌，抑制 Na^+-K^+ 交换，从而产生排钠、保钾的利尿作用。其作用机制不受体内醛固酮水平影响，对切除肾上腺的动物仍有利尿作用。大剂量时，还可抑制 Ca^{2+}、Mg^{2+} 的重吸收和 H^+ 的分泌。

【临床应用】

常与排钾利尿药合用，用于治疗心力衰竭、肝硬化和肾炎等引起的水肿。

【不良反应】

较少。常见有恶心、呕吐、乏力、头痛、眩晕等。大剂量或长期应用可引起高血钾，肾功能不全、糖尿病及老年患者易发生，应慎用。氨苯蝶啶可抑制二氢叶酸还原酶，可引起叶酸缺乏。

四、碳酸酐酶抑制药

乙酰唑胺（acetazolamide，醋唑磺胺，diamox）为碳酸酐酶抑制药，其化学结构中有磺胺基，是其活性必需基团。

【药理作用】

乙酰唑胺通过抑制碳酸酐酶的活性而抑制HCO_3^-的重吸收，治疗量时乙酰唑胺抑制近曲小管约85% HCO_3^-的重吸收。由于Na^+在近曲小管可与HCO_3^-结合排出，近曲小管Na^+重吸收会减少，水的重吸收减少。但集合管Na^+重吸收会大量增加，使K^+的分泌相应增多（Na^+-K^+交换增多）。因而碳酸酐酶抑制药主要造成尿中HCO_3^-、K^+和水的排出增多。

乙酰唑胺还抑制肾脏以外部位碳酸酐酶依赖的HCO_3^-的转运，如眼睫状体向房水中分泌HCO_3^-，脉络丛向脑脊液分泌HCO_3^-，而减少房水和脑脊液生成。

【临床应用】

目前临床很少作为利尿药使用，但它仍有几种特殊的用途。

1. 青光眼 减少房水的生成，降低眼内压，对多种类型的青光眼有效，是乙酰唑胺应用最广的适应证。

2. 急性高山病 乙酰唑胺可减少脑脊液的生成和降低脑脊液及脑组织的pH，减轻症状，改善机体功能。在开始攀登前24小时时口服乙酰唑胺可起到预防作用。

3. 碱化尿液 可增加尿中HCO_3^-排出而碱化尿液，可促进尿酸、胱氨酸和弱酸性物质（如阿司匹林）的排泄。但只在用药初期有效，长时间服用乙酰唑胺要注意补充给予碳酸氢盐。

4. 代谢性碱中毒 用于心力衰竭患者过量使用利尿药造成的代谢性碱中毒，或呼吸性酸中毒继发的代谢性碱中毒。

【不良反应】

严重不良反应少见。常见有嗜睡、面部和四肢麻木感。长期应用可发生低血钾症、代谢性酸中毒、偶有粒细胞缺乏及过敏反应。肝、肾功能不全患者慎用。

五、渗透性利尿药

渗透性利尿药（osmotic diuretics）是一类能提高血浆渗透压，使组织脱水的药物。临床应用的药物有甘露醇、山梨醇、高渗葡萄糖等。该类药物具备以下特点：①静脉注射后不易通过毛细血管进入组织；②易经肾小球滤过；③不易被肾小管重吸收。

甘 露 醇

甘露醇（mannitol）是一种六元醇，临床常用其20%高渗溶液。

【药理作用】

1. 脱水作用 口服极少吸收，只发挥泻下作用。静脉注射高渗甘露醇后，因不易从毛细血管渗入组织，能迅速提高血浆渗透压，使组织间液水分向血液转移而产生脱水作用。对脑、眼前房等具屏障功能的组织脱水作用更为明显。静脉注射20分钟左右起效，颅内压明显下降，2~3小时达最低水平，作用维持6小时以上。

2. 利尿作用 静脉注射高渗甘露醇后的脱水作用使血液稀释，增加血容量和肾小球滤过率。该药在肾小管中几乎不被重吸收，使小管液渗透压增高，减少髓袢升支及集合管等对NaCl和水的重吸收，使尿量增加。尿中Na^+、K^+、Ca^{2+}、Mg^{2+}、Cl^-、HCO_3^-等电解质排出均增加。一般静脉注射后10分钟起效，2~3小时作用达高峰，作用持续6~8小时。

【临床应用】

1. 脑水肿及青光眼 该药不易进入脑组织、眼前房等有屏障的特殊组织，是目前降低颅内压安全有效的首选药。用于脑外伤、脑瘤、脑膜炎及脑组织缺氧等引起的脑水肿，也适用于青光眼和大面积烫伤引起的水肿。

2. 预防急性肾功能衰竭 在急性肾功能衰竭伴有少尿时，甘露醇通过脱水作用减轻肾间质水肿。通过利尿作用，稀释肾小管内有害物质，防止肾小管坏死。此外，还能改善急性肾功能衰竭早期的血流动力学变化，对肾功能衰竭伴有低血压者效果较好。

【不良反应】

不良反应少见，注射过快可引起头痛、眩晕、恶心、视力模糊等。心功能不全、活动性颅内出血患者禁用。

山 梨 醇

山梨醇（sorbitol）是甘露醇的同分异构体，药理作用、临床应用及不良反应与甘露醇相似。常用其25%的高渗溶液。部分在肝内转化为果糖，故作用较弱。

葡 萄 糖

葡萄糖（glucose）制成50%高渗液，也能产生脱水及利尿作用。但因其易从血管弥散进入组织，且迅速被代谢，故作用弱而不持久，主要用于脑水肿和急性肺水肿，一般与甘露醇合用。

（郑州大学　乔海灵）

第二十三章　作用于肾素-血管紧张素-醛固酮系统的药物

- The renin-angiotensin-aldosterone system (RAAS) participates significantly in the pathophysiology of hypertension, congestive heart failure, myocardial infarction and diabetic nephropathy.
- Angiotensin Ⅱ (Ang Ⅱ) is considered as the main effector of the RAAS. Angiotensin converting enzyme (ACE) converts angiotensin Ⅰ to angiotensin Ⅱ, it also inactivates bradykinin. ACE inhibitors suppress a major portion of the Ang Ⅱ synthesis, and are used extensively in the clinic.
- Most of the known actions of Ang Ⅱ are mediated by the AT_1 receptor subtype. Ang Ⅱ receptor antagonists bind to the AT_1 receptors with high affinity, and inhibit the various effects of Ang Ⅱ at the receptor level. Unlike ACE inhibitors, Ang Ⅱ receptor antagonists do not cause dry cough.

第一节　肾素-血管紧张素-醛固酮系统及其功能

肾素-血管紧张素-醛固酮系统（renin-angiotensin aldosterone system，RAAS）调节心血管系统与肾脏的正常生理功能，在高血压、充血性心力衰竭、糖尿病肾病等疾病的病因学与发病过程中也具有重要作用。

一、肾素-血管紧张素-醛固酮系统的组成成分

过去传统观点认为肾素-血管紧张素-醛固酮系统（renin-angiotensin-aldosterone system，RAAS）是一典型的内分泌系统。血液循环中来源于肾的肾素，作用于血浆中由肝产生的血管紧张素原而生成血管紧张素Ⅰ（angiotensin Ⅰ，Ang Ⅰ）。Ang Ⅰ被血浆中的和肺内皮细胞的血管紧张素转化酶（angiotensin converting enzyme，ACE）转化为血管紧张素Ⅱ（angiotensin Ⅱ，Ang Ⅱ），后者刺激肾上腺皮质球状带细胞释放醛固酮。Ang Ⅱ及醛固酮随血流运送至靶器官而产生生理效应。

自20世纪80年代起，由于细胞、分子生物学实验研究技术的进步，发现除循环中的 RAAS 外，在许多组织（如心脏、血管、脑、肾、肾上腺、垂体等）有肾素、血管紧张素原、血管紧张素转化酶 mRNA 的表达。除肾上腺外，多种组织（如心脏、血管、脑、肾等）也能合成醛固酮，或表达醛固酮合成酶基因 mRNA。近年来，对 RAAS 的认识从传统的全身性 RAAS 逐渐扩展至包括局部组织的 RAAS、不依赖血管紧张素转化酶的 Ang Ⅱ 合成途径、其他具有生物活性的血管紧张素肽如血管紧张素-(1-7)，以及多种血管紧张素结合受体［血管紧张素受体（angiotensin receptor）如 AT_1、AT_2 和 AT_4，Mas 受体］（图 5-23-1）。

（一）肾素（renin）

肾素是一种蛋白水解酶，肾入球小动脉的球旁细胞能合成、储存和释放肾素。肾素的主要底物是血管紧张素原。血液循环中的肾素 $t_{1/2}$ 较短，约为15分钟。

肾素的释放主要通过下列途径调控：①远曲小管致密斑：当流经致密斑的 NaCl 浓度降低时，促进球旁细胞释放肾素。反之，肾素释放减少；②肾内压力感受器：当入球小动脉血管壁张力降低时，可促进球旁细胞释放肾素；③球旁细胞 $β_1$ 受体：交感神经张力升高，激动 $β_1$ 受体，使肾素释放增加。

在体内还存在生理性反馈调节机制，调控肾素的释放：在肾素释放增加时，促进 Ang Ⅱ 的生成，Ang Ⅱ 激动球旁细胞的 AT_1，使肾素释放减少（此效应被称为短回路负反馈）；Ang Ⅱ 激动血管平滑肌细胞的 AT_1，使血管收缩和血压升高，后者通过压力感受器降低肾交感张力而使肾素释放减少。血压升高增加肾入球小动脉血管壁张力并使近曲小管对 NaCl 的重吸收减少，增加流经致密斑的 NaCl 浓度，都可导致肾素释放减少。这种因 Ang Ⅱ 升高血压而抑制肾素释放的效应被称为长回路负反馈。

药物可影响肾素的释放，如 ACE 抑制药及血管紧张素Ⅱ受体阻断药因干扰短、长回路负反馈调节而促进肾素的释放，利尿药及血管扩张药降低血压也能促进肾素的释放；β 受体阻断药及中枢性降压药可乐定则能抑制肾素的释放。

(二) 血管紧张素原 (angiotensinogen)

血管紧张素原是一种球状糖蛋白。人体血管紧张素原含有 452 个氨基酸残基，主要在肝内合成。在肾素作用下血管紧张素原的氨基端亮氨酸-缬氨酸处水解，由此生成 10 肽化合物 Ang Ⅰ。

(三) 血管紧张素转化酶 (ACE)

ACE 是一种含锌的多肽链糖蛋白，最初自猪肺中提纯。ACE 在体内分布广泛，大量存在于血管内皮细胞膜的表面。人体 ACE 含 1277 个氨基酸残基。ACE 是一种非特异性的酶，能从不同氨基酸序列的底物切掉两个氨基酸。ACE 在 Ang Ⅰ 的羧基端处切去两个氨基酸（组氨酸-亮氨酸），使 Ang Ⅰ 转化为 8 肽化合物 Ang Ⅱ。ACE 又称为激肽酶 Ⅱ（kinase Ⅱ），还能降解缓激肽和其他扩管肽类等。

与 ACE 同源的 ACE2，是一种羧肽酶，主要表达在心脏和肾脏的血管内皮细胞。ACE2 能将 Ang Ⅰ 转化为血管紧张素-(1-9)，也可将 Ang Ⅱ 转化为具有活性的血管紧张素-(1-7)，ACE2 与 Ang Ⅱ 的亲和力高于与 Ang Ⅰ 亲和力的 400 倍。ACE2 不降解缓激肽，也不为一般所说的 ACE 抑制药所抑制。

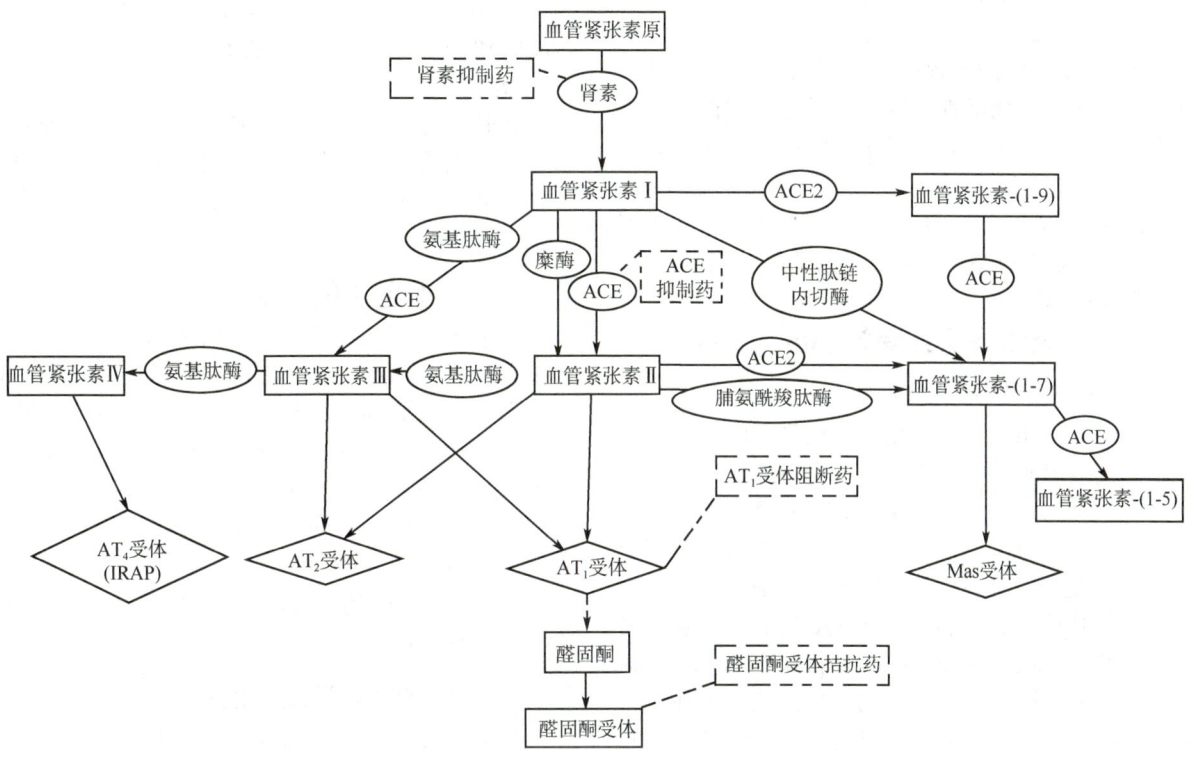

图 5-23-1　肾素-血管紧张素-醛固酮系统及药物作用环节
ACE：血管紧张素转化酶；IRAP：胰岛素调节的氨肽酶

(四) 血管紧张素肽 (angiotensin peptides)

Ang Ⅰ 本身对心、血管平滑肌和肾上腺皮质的作用强度只相当于 Ang Ⅱ 的 1%，静脉注射 Ang Ⅰ，可迅速转化为 Ang Ⅱ 而发挥作用。Ang Ⅰ 转化为 Ang Ⅱ 除经 ACE 途径外，也可经糜酶（chymase）的作用途径。糜酶属于丝氨酸蛋白酶，人糜酶分布于心、血管及肾等部位。在病理状态时，如心力衰竭、心肌梗死后、血管成形术后再狭窄时，经糜酶途径生成的 Ang Ⅱ 占重要地位。心脏局部生成的 Ang Ⅱ 对心肌重构及纤维化起重要作用。

血管紧张素-(1-7) 具有生物活性，可经多条途径生成，主要通过 Mas 受体发挥作用，与 Ang Ⅱ 引起的大部分效应相反。

血管紧张素 Ⅳ，也称为血管紧张素-(3-8)，经由血管紧张素 Ⅲ 转化而成，通过与 AT₄ 受体即胰岛素调节的氨肽酶 (insulin-regulated aminopeptidase, IRAP) 结合，抑制 IRAP 活性，从而使得与记忆相关的多种神经肽蓄积。血管紧张素 Ⅳ 类似物为治疗阿尔茨海默病认知障碍提供了潜在可能。

参与降解和失活这些血管紧张素肽的酶类包括氨基肽酶、肽链内切酶、羧肽酶等。

(五) 血管紧张素受体

血管紧张素肽与效应器细胞膜上的特异性受体结合而产生其生物效应，研究较多的有两种亚型受体，即 AT_1 和 AT_2。

AT_1 及 AT_2 分别由 359 及 363 个氨基酸组成，在体内的分布及密度有较显著的种族及组织差异性。

AT_1 可在多种器官组织（血管、心、肾、肾上腺皮质、肝、脑、肺）表达。AT_2 主要分布于胚胎组织，在成人其分布仅局限于脑、心、肾上腺髓质、子宫和卵巢。

AT_1 与 AT_2 均属于 G 蛋白耦联受体。Ang Ⅱ 与 AT_1 结合后能激活多种胞内信号转导通路，包括激活磷脂酶 C-β、蛋白激酶 C、磷脂酶 D、磷脂酶 A_2、酪氨酸激酶、丝裂原活化蛋白激酶等信号系统，从而产生多种效应。Ang Ⅱ 的绝大多数作用是由 AT_1 受体介导的，AT_2 受体介导的生理功能及其信号转导通路仍不十分清楚，但一般认为 AT_2 受体在许多方面与 AT_1 功能相反，如抑制细胞增殖、诱导细胞凋亡、扩张血管、降低血压等。

AT_4 受体（IRAP）含有 1025 个氨基酸，介导血管紧张素Ⅳ的生物活性，这一跨膜蛋白在许多组织均有表达，如心脏、脉管系统、肾皮质、与感觉和运动功能相关的脑区。

Mas 受体介导 Ang(1-7) 的生物效应，包括扩张血管、促进 NO 生成、抗增殖等作用，与 Ang Ⅱ 的生理作用相反。

（六）醛固酮及其受体 (aldosterone and its receptor)

Ang Ⅱ 作用于肾上腺皮质球状带细胞，在低于升压作用浓度时，能刺激肾上腺皮质球状带细胞分泌醛固酮（aldosterone）；后者作用于远曲小管远端及集合小管，与肾小管上皮细胞的胞质内醛固酮受体结合，形成醛固酮与其受体的复合物，然后转位移入细胞核内，诱导特异性 DNA 转录，合成醛固酮诱导蛋白（aldosterone-induced protein，AIP），调节生理功能。用放射标记探测发现，除肾脏外，醛固酮受体在心肌、血管平滑肌细胞、心血管系统的成纤维细胞等均有表达。

二、肾素 - 血管紧张素 - 醛固酮系统的功能

Ang Ⅱ 和醛固酮对生理功能有重要影响，并具有重要病理生理作用。

（一）对血压的影响

Ang Ⅱ 通过对血管平滑肌的直接收缩作用、易化外周交感神经冲动的传递、促进肾上腺髓质释放儿茶酚胺及对中枢神经系统的作用等多种作用机制，产生快速加压反应，使外周阻力增加与血压升高。单次静脉注射 Ang Ⅱ 的升压作用强度比去甲肾上腺素约强 40 倍。Ang Ⅱ 也可引起慢加压反应，有助于在较长时间稳定动脉血压。这一反应可能与 Ang Ⅱ 降低肾脏排泄功能、导致水钠潴留有关。

（二）对血管和心脏的影响

Ang Ⅱ 在心血管重构中起关键作用。Ang Ⅱ 提高血管平滑肌细胞 DNA 和蛋白质的合成速度，促进血管平滑肌细胞肥大和增殖，使血管壁厚度增加，中层/管腔直径比值增加，血管壁顺应性降低，引起血管重构。Ang Ⅱ 对心肌有明显的正性肌力作用和正性频率作用，能增强和延长心室肌细胞 L-型钙通道的开放。Ang Ⅱ 经 AT_1 受体介导使心肌细胞 DNA 和蛋白合成增加，引起心肌细胞肥大。Ang Ⅱ 也促进心脏成纤维细胞增殖和胶原合成，引起心肌间质纤维化。Ang Ⅱ 的这些效应是通过直接作用于细胞，诱导原癌基因（*c-fos*，*c-jun*，*c-myc* 和 *egr-1*）的表达，从而促进生长因子的合成而实现的。

醛固酮能使心脏成纤维细胞Ⅰ型、Ⅲ型胶原合成增多，有促进心肌间质纤维化作用，在心肌肥厚和心肌重构中起重要作用。Ang Ⅱ 也通过促进醛固酮的分泌介导心肌重构。

（三）对肾脏的影响

Ang Ⅱ 对肾入球小动脉及出球小动脉均有直接收缩作用，从而增加肾小球毛细血管压力；Ang Ⅱ 还使肾小球血管间质细胞增生及基质生成，在糖尿病性肾病等肾疾病的发病学中占重要地位。醛固酮可通过对血流动力学的影响以及直接细胞作用两种主要机制参与肾脏损伤，其非血流动力学效应主要通过增加纤溶酶原激活物抑制剂的表达、增加转化生长因子 -$β_1$ 的表达以及增加活性氧的产生等机制参与介导肾脏损伤。

（四）对肾上腺皮质的影响

Ang Ⅱ 作用于肾上腺皮质球状带，促进醛固酮的释放，醛固酮作用于肾远曲小管远端及集合管，增加水钠潴留。

第二节 肾素 - 血管紧张素 - 醛固酮系统抑制药

一、血管紧张素转化酶抑制药

1965 年从南美洲毒蛇（蝮蛇 *Bothrops jararaca*）的毒液中发现一种能增强缓激肽作用的肽类物质，此肽类也能抑制 ACE 转化 Ang Ⅰ 为 Ang Ⅱ，并证明 ACE 与激肽酶Ⅱ是同一物质，既能转化 Ang Ⅰ 为 Ang Ⅱ，也能使缓激肽失活。在 20 世纪 70 年代初人工合成了第一个 ACE 抑制药 teprotide，用于原发性高血压患者可降低血压，但其缺点是只能静脉

注射，口服无效，且作用时间较短。卡托普利是第一个口服有效、用于临床的 ACE 抑制药。自 1981 年卡托普利用于临床以来，ACE 抑制药的发展很快，现已成为临床上治疗高血压、慢性心功能不全等心血管疾病的重要药物。

【药理作用】

1. 扩管降压 ACE 抑制药对动脉及静脉均有舒张作用，使外周阻力降低、血压下降。使醛固酮的释放减少，从而减少水钠潴留与降低血容量。对慢性心功能不全者，通过降低前、后负荷，减慢心率、增加心输出量而改善心功能。ACE 抑制药能舒张冠状动脉和脑部大血管，降低心脑血管阻力，增加心、脑血流量。还能增加大血管顺应性，这有利于降低高血压患者的收缩压。对肾脏出球小动脉也有明显舒张作用，能增加肾血流量，一般不影响肾小球滤过率。

ACE 抑制药对高血压病人有明显的降压作用。在降压时不引起反射性心率增快，这可能是取消了 Ang Ⅱ 对交感神经冲动传递的易化作用所致。直立性低血压也少见。无水钠潴留现象，也不易产生耐药性。

2. 抑制和逆转心血管重构 ACE 抑制药长期应用能抑制和逆转心血管重构，减轻左室重量，改善心肌硬度及心脏的收缩和舒张功能，增加冠状动脉血流量，降低动脉壁中层的厚度与中层/管腔直径比率，从而增加动脉的顺应性和改善组织的血流动力学。ACE 抑制药通过多种作用途径抑制和逆转心血管重构：ACE 抑制药降低高血压、慢性心功能不全患者心脏的前、后负荷；ACE 抑制药减少 Ang Ⅱ 的生成，抑制 Ang Ⅱ 对心肌及血管平滑肌细胞的促增生作用；ACE 抑制药还能减轻心肌间质纤维化。

3. 保护血管内皮细胞 ACE 抑制药对血管内皮细胞有保护作用。ACE 抑制药通过减少氧自由基产生与抑制缓激肽降解，促进 NO 及前列环素（prostacyclin，PGI_2）生成，恢复内皮依赖的血管舒张功能。

4. 抗心肌缺血与心肌保护作用 动物实验显示 ACE 抑制药有抗心肌缺血和抗心肌梗死作用，可减轻心肌缺血再灌注损伤。其保护心肌作用与保存缓激肽活性、清除氧自由基等有关。

5. 肾脏保护作用 ACE 抑制药降低动脉血压并舒张肾脏出球小动脉，从而使肾小球毛细血管压力降低。延缓糖尿病肾病进展，长期应用时对肾脏有保护作用，能降低肾小球对蛋白的通透性，减少尿蛋白。肾小球血管间质细胞过度增生及细胞外基质蛋白积聚是糖尿病肾病等肾脏疾病的共同特征。ACE 抑制药减少 Ang Ⅱ 产生，抑制肾小球血管间质细胞增生及基质蛋白积聚，能防止或减轻肾小球损伤及硬化病变。ACE 抑制药还能延缓肾功能衰竭，可降低高血压合并肾功能衰竭患者血清肌酐浓度。

6. 抗动脉粥样硬化作用 Ang Ⅱ 促进低密度脂蛋白的氧化及巨噬细胞的吞噬作用，使血管壁泡沫细胞形成增加及胆固醇积聚，从而加速动脉粥样硬化病变进程。在多种动脉粥样硬化动物模型，ACE 抑制药能延缓动脉粥样硬化病变的进程。ACE 抑制药对实验动物的抗动脉粥样硬化作用可能与其降低 LDL 的氧化、抑制血管平滑肌细胞的增生和迁移、抑制巨噬细胞功能等作用有关。

【作用机制】

1. 抑制循环及局部组织 ACE，减少 Ang Ⅱ 生成 由于抑制循环中 ACE，血浆 Ang Ⅱ 和醛固酮水平降低，从而使血管舒张和血容量降低，这是用药初期外周阻力降低、血压下降的主要原因。ACE 抑制药对局部组织（血管壁、脑、肾等部位）中的 ACE 也有抑制作用，且与 ACE 结合较持久，这与 ACE 抑制药的长期降压作用有关。

卡托普利的三个基团可与酶的三个活性部位相结合，一是脯氨酸羧基与 ACE 的正电荷部位（精氨酸）呈离子键结合；二是肽链的羰基与 ACE 的供氢部位呈氢键结合；三是巯基与 ACE 的 Zn^{2+} 结合，而使酶失去活性（图 5-23-2）。

2. 减少缓激肽的降解 ACE 与激肽酶 Ⅱ 是同一物质，ACE 抑制药抑制激肽酶 Ⅱ，使缓激肽降解减少，缓激肽激动血管内皮细胞的缓激肽 B_2 受体，产生 NO，并使 PGI_2 的合成增加。NO 与 PGI_2 均有扩张血管作用。上述作用协同 ACE 抑制药减少 Ang Ⅱ 生成而产生的扩血管效应，发挥降压作用。

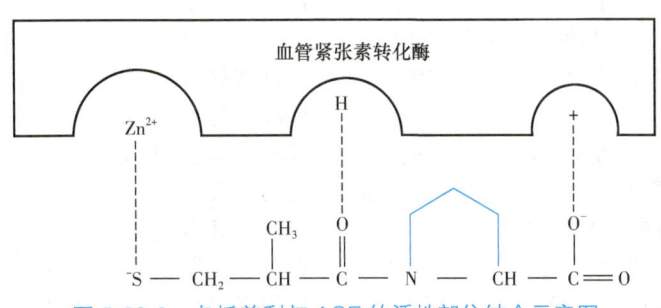

图 5-23-2　卡托普利与 ACE 的活性部位结合示意图

3. 抑制交感神经递质的释放 Ang Ⅱ作用于交感神经末梢突触前膜 AT_1 受体，增加外周去甲肾上腺素能神经递质的释放。ACE 抑制药减少 Ang Ⅱ 的生成，减弱 Ang Ⅱ 对交感神经冲动传递的易化作用而使血管扩张。

4. 自由基清除作用 Ang Ⅱ 激活 NADH/NADPH 氧化酶，从而使 O_2^- 产生增加。NO 的 $t_{1/2}$ 可被超氧化物歧化酶延长而被 O_2^- 缩短，ACE 抑制药减少 Ang Ⅱ 的生成，减少氧自由基产生，能使 NO 降解减慢。在心肌缺血再灌注时，释放氧自由基，能导致脂质过氧化和加重心肌损伤，ACE 抑制药通过对自由基的清除和增加 NO，产生对缺血再灌注损伤心肌的保护作用。

【临床应用】

1. 高血压 ACE 抑制药降压效果明显，对轻中度高血压，单用 ACE 抑制药可使约 50% 患者的血压降至正常，与利尿药、β 受体阻断药和钙拮抗药任一类联用可使 90% 患者的血压得以控制。对合并有糖尿病的高血压患者，ACE 抑制药可改善内皮细胞功能，减少心血管事件，优于其他抗高血压药物。

2. 充血性心力衰竭 如无禁忌证，无论有否明显的心衰症状，所有左室收缩功能受损的患者均应使用 ACE 抑制药。对心衰患者，ACE 抑制药可逆转心室重构，阻止或延缓心衰进程，减少猝死和心肌梗死事件，降低住院率，改善生活质量。

3. 急性心肌梗死 在心肌梗死的急性期应当立即开始使用 ACE 抑制药，伴有高血压和糖尿病的患者受益尤多。

4. 糖尿病性肾病和其他肾病 糖尿病患者常并发肾脏病变，在 1 型糖尿病和糖尿病性肾病患者，ACE 抑制药能阻止或延缓肾病的进展。ACE 抑制药也可延缓多种非糖尿病性肾病（如肾小球病变、间质性肾炎）患者肾功能不全的进程。

5. 其他 ACE 抑制药可改善硬皮病肾危象患者的生存。

【不良反应】

ACE 抑制药一般耐受性良好。

1. 低血压 在血浆肾素活性升高的患者，ACE 抑制药可能引起首剂现象，导致血压陡降。

2. 咳嗽 ACE 抑制药可在 5%～20% 患者引起干咳，停药后咳嗽会消失，其机制可能与缓激肽、P 物质、前列腺素等在肺内的蓄积有关。可考虑减量或换用 AT_1 受体阻断药。

3. 高血钾 肾功能正常的患者很少出现血钾升高，但在肾功能不全、糖尿病、正在补钾或同时服用保钾利尿药的患者则可能引起高血钾。

4. 急性肾功能衰竭 肾动脉狭窄患者依靠 Ang Ⅱ 收缩肾出球小动脉而维持肾小球滤过率，ACE 抑制药因减少 Ang Ⅱ 的生成而取消了这一适应性自动调节机制，可使肾小球滤过率显著降低而致肾功能衰竭，故 ACE 抑制药禁用于双侧肾动脉狭窄或仅有单肾的肾动脉狭窄患者。因腹泻或使用利尿药而致低血容量者也要警惕。

5. 其他 皮疹、血管性水肿、味觉障碍、中性粒细胞减少等。ACE 抑制药对胎儿有害，孕妇禁用。

【分类及常用药物】

根据 ACE 抑制药与 ACE 活性中心 Zn^{2+} 结合的活性基团不同，ACE 抑制药可分为三类：

1. 含有与 Zn^{2+} 结合的巯基 (—SH) 如卡托普利。

2. 含有与 Zn^{2+} 结合的羧基 (COO^-) 大部分 ACE 抑制药，如依那普利、赖诺普利、培哚普利、贝那普利、咪达普利等。

3. 含有与 Zn^{2+} 结合的次膦酸基 (POO^-) 如福辛普利等。

卡托普利为具有活性的 ACE 抑制药，口服吸收后可直接发挥其对 ACE 的抑制作用，但多数 ACE 抑制药为前体药 (prodrug)，吸收后需在体内转化成为其活性代谢物后，才能发挥作用，如依那普利在肝内转化成其活性代谢物依那普利拉。多数 ACE 抑制药是通过肾脏排泄的，肾功能受损时应适当调整给药剂量。

卡 托 普 利

卡托普利 (captopril) 是第一个用于临床口服有效的含巯基 ACE 抑制药。

【别名】

开博通 (capoten)

【体内过程】

口服吸收快，生物利用度为 75%，食物能影响其吸收，因此宜在进餐前 1 小时服用。$t_{1/2}$ 为 2 小时，在体内消除较快，其巯基在体内易被氧化成为二硫化合物。以原形或其代谢物形式经肾排泄。

【药理作用】

在体内及体外均能抑制 ACE。高血压患者口服卡托普利可使收缩压、舒张压均降低，且在降低收缩压方面优于 β 受体阻断药，降压时不伴有反射性心率增快。长期服用卡托普利能逆转左室肥厚及改善心功能，增加每搏量及心输出量。心力衰竭患者口服卡托普利可使外周血管阻力及肺血管阻力降低，血压轻度下降，心率减慢或不变，肺毛细血管楔压降低，心脏指数增加，心输出量增加。对高血压合并糖尿病肾病患者，卡托普利能通过扩张肾出球小动脉，降低肾小球囊内压，改善胰岛素依赖性糖尿病的肾病变，使尿蛋白减少，血清肌酐清除率增加，肾功能改善。

卡托普利对其他一些重要器官（如脑及冠状血管）的血流量一般也仍能良好保持，对脂质代谢及血中尿酸均无明显影响。血清钾浓度在用药后可轻度升高，是由于醛固酮分泌减少所致。

【临床应用】

1. 高血压　单用或与其他抗高血压药合用治疗高血压。常用量：口服，25～50 mg/次，2～3次/日。用于高血压首次剂量为 25 mg。因食物能影响其吸收，因此需在进餐前 1 小时服用。

2. 充血性心力衰竭　卡托普利用于充血性心力衰竭是有效和安全的治疗药物，能降低充血性心力衰竭病人的死亡率。

3. 心肌梗死　卡托普利对缺血心肌有保护作用，能减轻缺血再灌注损伤和由此引起的心律失常。心肌梗死患者在心肌梗死后早期应用卡托普利，能改善心功能和降低死亡率。

4. 糖尿病肾病　卡托普利有控制血压、减少蛋白尿、延缓肾功能不全进展的作用。

【不良反应】

较少。主要不良反应为长期用药时出现的频繁干咳。其他不良反应有皮疹、瘙痒、嗜酸性粒细胞增多、味觉缺失等，但都较短暂，可自行消失。少数患者用药后出现中性粒细胞减少，蛋白尿在肾脏有实质性病变时较易发生。少数患者在服用卡托普利后出现血管神经性水肿，表现为咽喉、唇、口腔等部位急性水肿，常发生于用药后最初几小时内，但停药后症状常会迅速减轻或消失，必要时可用肾上腺素、抗组胺药、皮质激素对症治疗。心力衰竭或重度高血压患者在应用利尿药基础上，首次应用卡托普利时可引起血压陡降。故在首次应用卡托普利时应减小剂量。一般不会引起血钾过高，但给患者补钾或同时服用保钾利尿药时应予以注意。卡托普利用于肾功能不全患者应适当调整剂量，并在用药后经常检查患者的血象和尿常规。

【禁忌证】

禁用于双侧肾动脉狭窄患者和孕妇。

【药物相互作用】

抗酸药可降低 ACE 抑制药的口服生物利用度。非甾体类抗炎药（包括阿司匹林）可降低 ACE 抑制药的抗高血压效应。ACE 抑制药可提高地高辛的血浆药物浓度和增强对别嘌醇的高反应性。

依那普利

依那普利（enalapril，悦宁定，vasotec）是一前体药，口服后在肝酯酶作用下生成二羧酸活性代谢物依那普利拉（enalaprilat），对 ACE 的抑制作用比卡托普利强约 10 倍。口服易吸收，生物利用度约为 60%，食物不影响其吸收。依那普利拉血浆 $t_{1/2}$ 约为 11 小时，主要经肾排泄。作用维持时间较长，可达 24 小时以上，因此可每日给药一次。可用于治疗高血压及慢性心功能不全患者。不良反应较少，一般均为轻度、短暂的，不影响继续治疗。常见不良反应为干咳。

赖诺普利

赖诺普利（lisinopril，捷斯群尔，Zestril）的化学结构与依那普利相似，是依那普利拉的赖氨酸类似物。与依那普利不同，赖诺普利对 ACE 有直接抑制作用。其抑制 ACE 的作用比依那普利拉稍强，作用持续时间也较长，可每日给药一次。口服吸收较慢，且不完全，其吸收不受食物影响。血浆 $t_{1/2}$ 为 12 小时，主要经肾消除。可用于高血压、充血性心力衰竭治疗，对糖尿病肾病患者也有保护作用。

培哚普利

培哚普利（perindopril，雅施达，acertil，aceon）是一长效 ACE 抑制药。在肝内转化成活性代谢物培哚普利拉（perindoprilat），后者对 ACE 的抑制作用稍强于依那普利拉。口服易吸收，食物不影响其吸收。培哚普利拉的消除呈双相性，主要经肾排泄。

贝那普利

贝那普利（benazepril，洛汀新，lotensin）是一强效、长效 ACE 抑制药，在肝内酯解生成其活性代谢物贝那普利拉（benazeprilat）。食物轻度影响其吸收。贝那普利拉血浆 $t_{1/2}$ 为 10～11 小时，随尿液及胆汁排出。

福辛普利

福辛普利（fosinopril，蒙诺，monopril）是一前体药。口服吸收后在体内代谢成其活性代谢物福辛普利拉（fosinoprilat），后者对 ACE 的抑制作用比卡托普利强，但比依那普利拉弱。口服吸收缓慢而不完全，食物可减慢其吸收速率，但不影响其吸收的量。福辛普利经肝及肾消除的量几乎相等，福辛普利拉的血浆 $t_{1/2}$ 为 11.5 小时。福辛普利的代谢物随尿液及胆汁排泄。用于高血压治疗时，对肝功能或肾功能降低者，一般不需调整用药剂量。

咪达普利

咪达普利（imidapril，达爽，tanatril）口服后在肝内转化成其活性代谢物咪达普利拉。其降压作用比卡托普利强，而与依那普利的作用强度相似，其降压作用维持时间也比卡托普利长。长期用药能减轻心力衰竭症状与抑制心肌重构，对糖尿病肾病也有保护作用。其消除 $t_{1/2}$ 为 8 小时。主要经肾排泄。连续用药未见在体内有蓄积现象，但对肾功能不全患者应适当减少用药剂量。

二、血管紧张素Ⅱ受体阻断药

非肽类血管紧张素受体阻断药氯沙坦，在 1995 年被批准用于临床。随后有一批"沙坦"类（sartan）药物相继上市，如缬沙坦、厄贝沙坦、坎地沙坦、替米沙坦、依普沙坦等，这些药物均属于 AT_1 受体阻断药（AT_1 receptor antagonists）。

【药理作用】

AT_1 受体阻断药对 AT_1 受体有高度选择性阻断作用，对 AT_1 受体的亲和力一般比其对 AT_2 受体的亲和力高约 10 000～20 000 倍。AT_1 受体阻断药与 AT_1 受体的亲和力强度依次为：坎地沙坦＞厄贝沙坦＝依普沙坦＞替米沙坦＝缬沙坦＝氯沙坦的活性代谢物 EXP3174＞氯沙坦。

AT_1 受体阻断药选择性地抑制 Ang Ⅱ 经 AT_1 受体介导的大多数效应，包括 Ang Ⅱ 引起的血管收缩和升压反应、口渴、促进加压素的释放和醛固酮的分泌、促进肾上腺髓质释放儿茶酚胺、易化交感神经冲动传递作用、增加外周交感神经张力、对肾功能的影响，以及细胞肥大与组织增生等。AT_1 受体阻断药降低血压，对外周阻力血管的扩血管作用强于其对静脉的作用，对血流动力学的影响与 ACE 抑制药相似，一般不引起体位性低血压，也不引起反射性心率加快。

AT_1 受体阻断药与血管紧张素转化酶抑制剂比较，其药理作用的差异主要表现在下列几方面：① Ang Ⅱ 生成途径除 ACE 途径外，还存在非 ACE 途径。ACE 抑制药对非 ACE 途径（如经糜酶途径）生成的 Ang Ⅱ 无作用，因此，对 Ang Ⅱ 生成的阻断作用是不完全的。而 AT_1 受体阻断药能在 AT_1 受体水平阻断 Ang Ⅱ 的作用，对肾素-血管紧张素系统的阻断作用较为完全；② ACE 抑制药在减少 Ang Ⅱ 生成的同时，也因抑制 ACE 使 ACE 的其他作用底物如缓激肽的降解减少，导致体内缓激肽积聚。缓激肽浓度增高，引起扩血管效应，有利于降压，但缓激肽在肺部积聚，是引起 ACE 抑制药主要不良反应干咳的重要因素。AT_1 受体阻断药对 ACE 无作用，不引起干咳不良反应；③ ACE 参与血管紧张素-(1-7) 的清除，故 ACE 抑制药可升高血管紧张素-(1-7) 的水平，血管紧张素-(1-7) 则通过 Mas 受体发挥扩张血管效应。ACE 抑制药这一作用强于 AT_1 受体阻断药；④ ACE 抑制药可促进肾素释放，但阻断 Ang Ⅰ 向 Ang Ⅱ 的转化；AT_1 受体阻断药也可刺激肾素释放，但其数倍升高循环中 Ang Ⅱ 的水平，增高的 Ang Ⅱ 对未被阻断的 AT_2 受体起激动作用，可能产生有利于心血管系统的影响，包括扩张血管、抗组织增生等作用。

【临床应用】

所有 AT_1 受体阻断药均获批用于治疗高血压。此外，厄贝沙坦和氯沙坦还获批用于治疗糖尿病肾病，氯沙坦用于预防卒中，缬沙坦用于充血性心力衰竭和心肌梗死的治疗。

【不良反应】

AT_1 受体阻断药一般耐受性良好，血管性水肿和咳嗽的发生率较 ACE 抑制药低。AT_1 受体阻断药有致畸胎可能，孕妇禁用。对于动脉血压或肾功能高度依赖于 RAAS 的患者，如肾动脉狭窄患者，AT_1 受体阻断药可导致低血压、少尿、进行性氮血症或急性肾功能衰竭。在有肾病、正在补钾或服用保钾利尿药的患者，AT_1 受体阻断药可引起高钾血症

氯 沙 坦

氯沙坦（losartan）为非肽类血管紧张素受体阻断药。

【别名】

科索亚（cozaar）

【体内过程】

口服易吸收，生物利用度为 33%。口服后约 14% 的氯沙坦在人体肝内代谢为 5-羧酸代谢物 EXP3174，后者在给药后约 3 小时血中浓度达峰值。氯沙坦和 EXP3174 的 $t_{1/2}$ 分别为 2.5 小时和 6～9 小时。氯沙坦与 EXP3174 均不易透过血脑屏障。大部分药物在体内被肝细胞色素 P450 系统代谢，仅少量氯沙坦与 EXP3174 以原形随尿排泄。

【药理作用】

氯沙坦对 AT_1 受体有选择性阻断作用，对 AT_1 受体的亲和力比其对 AT_2 受体的亲和力高约 20 000～30 000 倍。EXP3174 是氯沙坦的活性代谢物，其阻断 AT_1 受体作用比氯沙坦强 10～40 倍。氯沙坦（口服，50 mg/次，1 次/天）用于高血压患者，其抗高血压疗效与依那普利（口服，20 mg/次，1 次/天）相似，给药后 3～6 小时达最大降压作用，可持效 24 小时。氯沙坦长期用药还能抑制左室心肌肥厚和血管壁增厚。

氯沙坦对高血压和糖尿病合并肾功能不全患者也有保护作用。氯沙坦还有促进尿酸排泄的作用，这对应用利尿药有可能引起高尿酸血症的高血压病患者是有利的。

【临床应用】

可用于高血压、糖尿病肾病的治疗，还可预防卒中。

【不良反应】

较少。干咳不良反应比服用 ACE 抑制药明显减少。氯沙坦对血中脂质及葡萄糖含量均无影响，也不引起体位性低血压。低血压、严重肾功能不全及肝病患者慎用。应避免与补钾或留钾利尿药合用。

【禁忌证】

禁用于孕妇、哺乳妇女及肾动脉狭窄患者。

厄 贝 沙 坦

厄贝沙坦（irbesartan，安博维，aprovel）是一强效、长效的 AT_1 受体阻断药。厄贝沙坦对 AT_1 受体的亲和力比氯沙坦强约 10 倍，而比氯沙坦的活性代谢物 EXP3174 作用稍强。口服厄贝沙坦降压作用持效 24 小时以上。厄贝沙坦还能逆转左室肥厚和降低糖尿病肾病进展的危险性。口服易吸收，其吸收不受食物的影响，消除 $t_{1/2}$ 较长，可达 11～15 小时。在体内主要经肝脏细胞色素 P450 代谢，通过胆道和肾排泄。厄贝沙坦用于高血压、糖尿病肾病的治疗。

坎地沙坦酯

坎地沙坦酯（candesartan cilexetil，维尔亚，atacand）为无活性的酯类前体药，其口服生物利用度为42%，食物不影响其吸收。坎地沙坦酯口服后在体内迅速水解为活性代谢物坎地沙坦（candesartan）。坎地沙坦对AT_1受体具有强效、长效、选择性高等特点，它对AT_1受体的亲和力比氯沙坦强50～80倍。坎地沙坦的血浆$t_{1/2}$约为9小时，经肾及胆汁排出体外。

缬沙坦

缬沙坦（valsartan，代文，diovan）对AT_1受体的亲和力比其对AT_2受体的亲和力强24 000倍。高血压患者口服缬沙坦，降压作用可持续24小时，长期给药也能逆转左室肥厚和血管壁增厚。缬沙坦可降低左室衰竭或心肌梗死后左室功能不全患者（临床稳定者）的心血管病死率。不良反应发生率较低，咳嗽发生率明显低于ACE抑制药，且不引起首剂低血压反应。

缬沙坦与脑啡肽酶抑制药sacubitril组成的复方制剂entresto于2015年7月在美国获批，是首个血管紧张素受体-脑啡肽酶双重抑制药，可在增强心脏保护性神经内分泌系统（钠尿肽）作用的同时抑制RAAS，用于治疗射血分数降低的心力衰竭。

替米沙坦

替米沙坦（telmisartan，美卡素，micardis）对AT_1受体的亲和力与缬沙坦相似，与AT_1受体的结合作用持久。口服易吸收，生物利用度约为50%。在血中大部分与血浆蛋白结合，血浆$t_{1/2}$为24 h。主要以原形自胆汁排泄。用于治疗高血压患者可每日给药一次。轻度或中度肾功能不全患者服用本品，不需调整剂量。肝功能受损者，应适当减少剂量。

依普沙坦

依普沙坦（eprosartan；依普罗沙坦，teveten）对AT_1受体有高选择性、竞争性拮抗作用。对交感神经末梢突触前膜AT_1受体也有阻断作用，能减少交感神经递质释放。口服生物利用度为13%。血浆$t_{1/2}$约为5～9小时。不由细胞色素P450系统代谢，故药物相互作用发生少。主要通过胆道和肾脏排泄。肝肾功能不全可影响其在体内消除。依普沙坦单用或与氢氯噻嗪合用对原发性高血压患者有良好的降压作用。

三、醛固酮受体阻断药

充血性心力衰竭时RAAS过度激活，血浆中醛固酮的浓度可高于正常人20倍。近年研究已确定醛固酮在充血性心力衰竭发病过程中的重要作用，醛固酮受体阻断药也因此用于充血性心力衰竭的治疗中。

螺内酯

螺内酯（spironolactone；安体舒通，aldactone）的化学结构与醛固酮相似，为留钾利尿药（详见第二十二章），可与醛固酮竞争醛固酮受体，拮抗醛固酮作用。

螺内酯抑制胶原积聚，可防止心肌间质纤维化，阻抑心肌重构，改善心室功能。RALES（Randomized Aldactone Evaluation Study）等大规模临床试验证明：充血性心力衰竭患者在接受ACE抑制药治疗同时，联合应用小剂量螺内酯（25 mg/天）可降低病死率，减少心律失常及猝死发生率（详见第二十五章）。

主要不良反应与其抗雄性激素作用有关，表现为乳房肿胀（约为10%）、不孕、性功能障碍等。可出现高血钾，治疗期间应注意检查肾功能。

依普利酮

依普利酮（eplerenone），2002年获批投入临床应用的第一个选择性醛固酮受体阻断药。对联用多种降压药未能控制的重度高血压，加用依普利酮可使血压明显降低，尤其收缩压下降更为显著。对严重心力衰竭和心肌梗死患者，本品与ACE抑制药和AT_1受体阻断药联用可提高生活质量和降低死亡率。

本品口服吸收好，食物不影响其吸收。口服后1.5小时达血药峰浓度。蛋白结合率为50%，半衰期4～6小时。在体内主要由肝细胞CYP3A4酶代谢。

本品耐受性好，不良反应较螺内酯小，偶见血钾升高。

四、肾素抑制药

肾素抑制药从经典激活级联反应的初始环节抑制RAAS的活性，降低肾素活性，减少Ang Ⅱ和醛固酮的生成。早期开发的雷米吉仑（remikiren）为肽类肾素抑制药，但口服生物利用度差，半衰期短，降压效果差。

阿利吉仑

阿利吉仑（aliskiren，tekturna）为低分子量非肽类肾素抑制药，对肾素活性具有强大的选择性的抑制作用，用药后可降低循环中Ang Ⅰ、Ang Ⅱ和醛固酮水平，发挥降压作用。

阿利吉仑可用于治疗原发性高血压，推荐剂量为150 mg，每天一次。阿利吉仑不良反应轻，耐受性好。临床试验表明，使用ACE抑制药或AT_1受体阻断药的糖尿病或肾功能不全患者，联用阿利吉仑可导致肾功能损害、低血压和高血钾，因而应避免用于肾小球滤过率＜60 ml/分钟的此类患者。本品禁用于孕妇。

（华中科技大学同济医学院　刘　慧）

第二十四章 抗心律失常药

- Normal cardiac electrophysiology is mainly based on the action potential of individual cardiac cells. The properties of action potential are determined by the function of ion channels on the surface of individual cells.
- Cardiac arrhythmias may cause the heart to beat too slowly (bradyarrhythmias) or too rapidly (tachyarrhythmias). Tachyarrhythmias are common clinical problems and the drugs used for this type of arrhythmias are called antiarrhythmic drugs. For tachyarrhythmias, three major underlying mechanisms have been identified: enhanced automaticity, afterdepolarizations and triggered automaticity, reentry.
- Antiarrhythmic drugs generally affect the action potential of cardiomyocytes by facilitating or blocking certain ion flow through membrane ion channels. Antiarrhythmic drugs have traditionally been divided into four main classes according to the action on different ion channels or action mechanisms: ① Class Ⅰ (Na^+ channel blocker): They block Na^+ channel and are subdivided into Ⅰa, Ⅰb and Ⅰc according to their effects on the kinetics of interactions with Na^+ channels and on the action potential duration; ② Class Ⅱ (β-adrenergic receptor blocker): They interfere with the increased sympathetic control of the heart; ③ Class Ⅲ (K^+ channel blocker): They show blocking action on K^+ channel, and prolong action potential duration; ④ Class Ⅳ (Ca^{2+} channel blocker): They block the activation of L-type Ca^{2+} channels.

心律失常（arrhythmias）是心肌细胞电活动异常，导致心动节律、频率、起源部位、传导速度异常。心律正常时心脏协调而有规律地收缩、舒张，顺利地完成泵血功能；心律失常时心脏泵血功能发生障碍，影响全身器官的供血。心律失常是各种心脏病的信号，某些类型的心律失常，如心室颤动，可危及生命，导致猝死，因此，及时纠正和预防心律失常极为重要。按心动频率将心律失常分为缓慢型和快速型；按心律失常发生的部位又可分为室上性和室性心律失常。缓慢型有窦性心动过缓、传导阻滞等，常用阿托品及异丙肾上腺素治疗。快速型则发病机制和治疗都较复杂。本章主要讲述治疗快速型心律失常的药物。

心律失常的治疗方式有药物治疗和非药物治疗（起搏器、电复律、导管消融和手术等）。药物治疗在抗心律失常方面发挥了重要作用，但抗心律失常药同时又存在致心律失常的副作用。要做到正确合理应用抗心律失常药，必须掌握心脏电生理知识、心律失常发生机制和药物作用机制。

第一节 心律失常的电生理基础

一、正常心肌电生理

（一）心肌细胞膜电位

正常心肌细胞在静息状态时，细胞膜两侧存在的外正内负且相对平稳的电位差即为静息电位。心肌细胞在静息电位基础上接受有效刺激后产生的一个迅速的可向远处传播的膜电位波动，即为动作电位（action potential，AP）。心室肌细胞动作电位由除极化和复极化两个过程或5个时期组成，即0、1、2、3、4期。0期为除极过程，1、2、3期为复极过程。从0期除极化开始到3期复极化完毕这段时间称为动作电位时程（action potential duration，APD）（图5-24-1）。

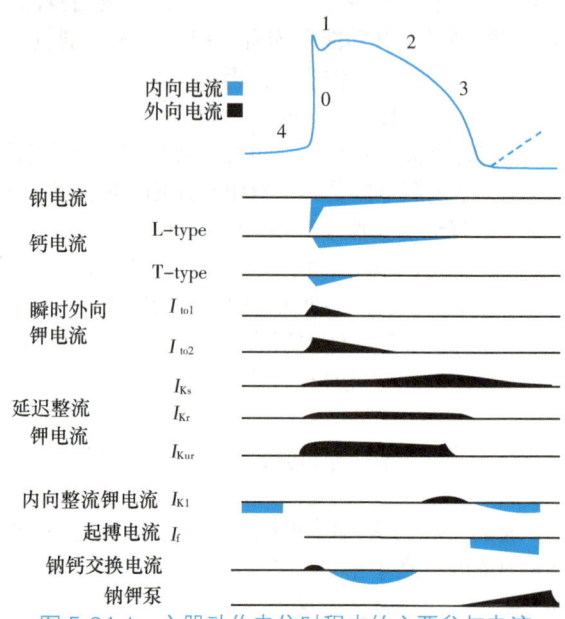

图5-24-1 心肌动作电位时程中的主要参与电流

0期（快速除极期）：0期除极化主要由内向Na^+电流（sodium current，I_{Na}）而引起，T型钙电流

(T-type calcium current, I_{Ca-T}) 参与 0 期末段的形成，由于 I_{Ca-T} 电流较弱，因而在 0 期除极过程中所起的作用不大。

1 期（快速复极初期）：瞬时外向钾电流（transient outward potassium current, I_{to}）是 1 期快速复极的主要跨膜电流，此外氯电流（chloride current, I_{Cl}）也有微弱而短暂的作用。

2 期（平台期）：参与 2 期的离子流较多，既有内向电流，也有外向电流。在内向电流中，L 型钙电流（L-type calcium current, I_{Ca-L}）是主要的除极化电流，慢失活的 I_{Na} 以及 Na^+-Ca^{2+} 交换电流（Na^+-Ca^{2+} exchange current, I_{Na-Ca}）对平台期的形成也起一定的作用。在外向电流中，内向整流钾电流（inward rectifier potassium current, I_{K1}）的内向整流特性可阻碍 K^+ 外流，是造成平台期持续时间较长的重要原因；另一个重要的外向电流是延迟整流钾电流（delayed rectifier potassium current, I_K）包含缓慢成分（slowly activating component, I_{Ks}）、快速成分（rapidly activating component, I_{Kr}）和超快速成分（ultrarapidly activating component, I_{Kur}）；此外，钠泵活动引起的泵电流（pump current, I_{pump}）也是保持持续活动的外向电流，但是对动作电位影响不大。

3 期（快速复极末期）：3 期是复极化的主要部分，其离子流主要是外向电流。I_K 的逐渐加强是促进复极的重要因素，I_{K1} 对 3 期复极也起明显作用，此外，I_{Na-Ca}、I_{pump} 也都参与 3 期复极。

4 期（完全复极期或静息期）：由于在动作电位期间发生了各种离子流，少量 Na^+ 和 Ca^{2+} 进入细胞，少量 K^+ 流出细胞。因此 4 期内钠泵活动增强，膜中 Na^+-Ca^{2+} 交换体的活动也加强，此外，有少量 Ca^{2+} 可直接由钙泵主动排出细胞，以恢复静息电位时的离子分布。

（二）自律性 (automaticity)

心脏自律细胞在没有外来刺激的条件下，自动地发生节律性兴奋的能力或特性，称为自律性。心脏的自律细胞主要有房室束、束支、浦肯野细胞、窦房结及房室结细胞。根据动作电位 0 期除极化的速度及幅度，可将心肌细胞分为快反应自律细胞（包括房室束、束支及浦肯野细胞）及慢反应自律细胞（包括窦房结及房室结）。影响自律性的因素主要有 4 期自动除极化速度、最大复极电位水平和阈电位水平，其中 4 期自动除极化速度最为重要。动作电位 4 期自动除极化是自律细胞产生自律性的基础。快反应自律细胞 4 期除极速率主要由起搏电流（pacemaker current, I_f）决定，慢反应自律细胞 4 期自动除极是 I_{Na-Ca}、I_K、I_f、I_{Ca-T} 和 I_{Ca-L} 共同参与的结果。当膜电位复极达最大舒张电位时，内向 I_{Na-Ca}、外向 I_K 逐渐减小，而内向 I_f 开始激活。净内向电流的增加使膜进一步除极，进而激活 I_{Ca-T} 和 I_{Ca-L}，产生动作电位。

（三）传导性 (conductivity)

传导性是指心肌细胞具有传导兴奋的能力或特性。心肌细胞膜的任何部位产生的兴奋不但可以沿整个细胞膜扩布，且可通过细胞间通道传导到另一个心肌细胞，从而引起整个心脏的兴奋和收缩。快反应细胞 0 期除极化是由钠内流决定，慢反应细胞 0 期除极化是由钙内流决定。传导的快慢主要取决于 0 期除极速度和幅度、膜电位水平和邻旁未兴奋区心肌膜的兴奋性，其中 0 期除极化的速度和幅度是影响心肌传导速度的最重要因素，0 期除极的速度和幅度又受兴奋前膜电位水平的影响。一般情况下，膜电位（负值）越大，0 期除极速率越快，动作电位振幅越大，传导速度也越快，反之则慢。

（四）有效不应期 (effective refractory period, ERP)

在动作电位时程中，当膜电位恢复到 -60～-50 mV 时，细胞才对刺激产生可扩布的动作电位。从除极开始到不能再产生动作电位的这一段时间即为有效不应期，其时间长短一般与 APD 的长短相关，二者呈平行关系（图 5-24-2）。ERP 反映膜的除极化能力，APD 主要反映膜的复极化速度。一个 APD 中，ERP 比值大，就意味着心肌不能产生可扩布动作电位的时间长，不易发生快速型心律失常。因此，药物若能使 ERP 相对延长（ERP/APD 比值增大）则可产生抗心律失常的作用。

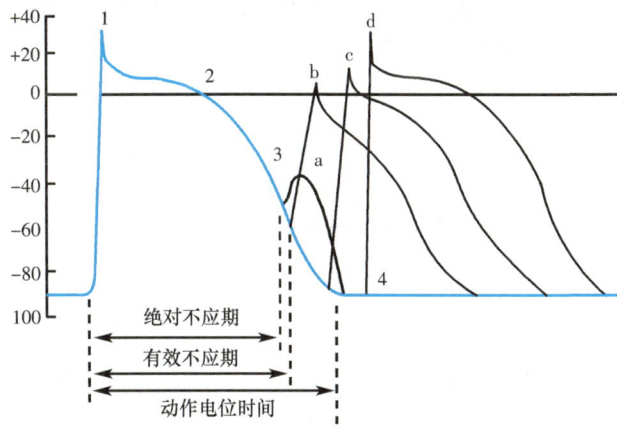

图 5-24-2 心肌细胞不应期与动作电位时程

a 为局部兴奋

二、心律失常发生的电生理学机制

窦房结的自律性最高，是心脏的正常起搏点，窦房结的兴奋沿着正常传导通路依次传导下行，直至整个心脏兴奋，完成一次正常的心脏节律。其中任一环节发生异常，都会产生心律失常。

（一）冲动形成障碍

1. 自律性异常　包括正常自律活动改变和异常自律机制形成。正常自律活动只见于具有自律性的心肌细胞中，常受植物神经、电解质、缺氧、心肌牵张等因素的影响而发生自律性改变。异常自律机制形成是指非自律性心肌细胞在某些条件下出现异常自律性，如心室肌细胞在缺血缺氧条件下也会出现异常自律性。异常自律机制的发生可能是由于损伤造成细胞膜通透性增高和静息膜电位绝对值降低。这种异常自律性向周围组织扩布就会产生心律失常。

2. 后除极和触发活动　后除极是指在一个动作电位中继 0 期除极后所发生的除极，其频率较快，振幅较小，膜电位不稳定，易引起异常冲动发放，引起触发活动（triggered activity）。根据发生时间的不同，后除极可分为两种类型：

（1）早后除极（early afterdepolarization, EAD）：是一种发生在完全复极之前的后除极，常见于 2、3 期复极中，主要由 Ca^{2+} 内流增多所引起，动作电位时程过度延长时易于发生（图 5-24-3A）。诱发早后除极的因素有药物、低血钾等。早后除极所触发的心律失常以尖端扭转型室性心动过速（torsades de pointes, TdP）常见。

（2）迟后除极（delayed afterdepolarization, DAD）：发生在动作电位完全或接近完全复极时，由细胞内 Ca^{2+} 超载诱发 Na^+ 暂内流所引起（图 5-24-3B）。细胞内 Ca^{2+} 超载时，激活 Na^+-Ca^{2+} 交换电流，泵出 1 个 Ca^{2+}，泵入 3 个 Na^+，形成内向电流，产生迟后除极。诱发迟后除极的因素有强心苷中毒、心肌缺血、低钾、细胞外高钙等。

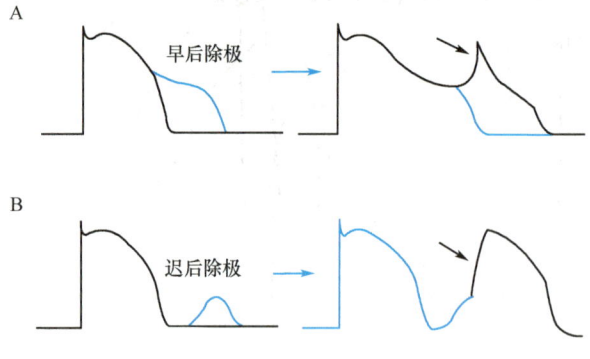

图 5-24-3　心肌细胞的早后除极和迟后除极

（二）冲动传导障碍

1. 单纯性传导障碍　包括传导减慢、传导阻滞及单向传导阻滞等。后者的发生可能与邻近细胞不应期长短不一或病变引起的传导递减有关。

2. 折返激动（reentrant excitation）　是指一次冲动下传后，又可顺着另一环形通路折回再次兴奋原已兴奋过的心肌，是引起快速型心律失常的重要机制之一。正常心肌组织中，兴奋冲动沿主支、两侧分支分别传至心室肌，并分别消失在对方不应期中。在病理状态下，如一侧分支有病变，发生单向传导阻滞，当冲动下达到此区时，因被阻滞而不能通过；但在另一侧分支，冲动能顺利通过，并经心室肌逆传至病变侧，而且能逆向通过阻滞区，如果这时正常一侧的不应期已过，则可因受到逆传冲动的影响而再次兴奋，然后冲动沿上述通道继续运行，形成折返（图 5-24-4）。单次折返可引起期前收缩，连续折返则引起阵发性室上性或室性心动过速、心房或心室扑动或颤动等。以下几种情况可产生折返激动：①心肌组织存在解剖性环形通路，如窦房结附近的心房肌，围绕腔静脉构成的环形通路；浦肯野纤维末梢深入心内膜下心肌约 1/3 室壁厚度分成两支，并与心肌相连形成环形通路；②心肌组织存在功能性环形通路，如心肌缺血导致单向传导阻滞时，虽然没有明显解剖性环形通路存在也可发生功能性折返（图 5-24-4）；③相邻心肌细胞有效不应期长短不一致，折回的冲动落在原已兴奋心肌的不应期之外。

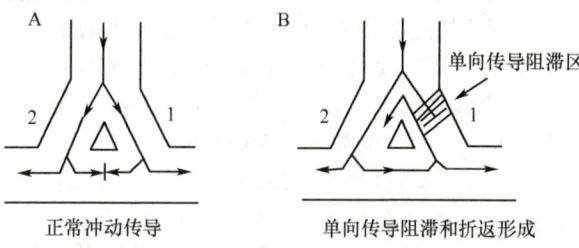

图 5-24-4　浦肯野纤维末梢正常冲动传导、单向传导阻滞和折返形成

（三）心肌复极过程减慢

Q-T 间期延长综合征（long Q-T syndrome, LQTS）是第一个被肯定由基因缺陷引起的心肌复极异常疾病，表现为心电图 Q-T 间期延长并发生恶性心律失常性晕厥及猝死。现已鉴定出至少有 12 个基因突变可以导致 LQTS。由于基因突变造成通道功能异常，心肌复极化减慢，导致 Q-T 间期延长。某些Ⅲ类抗心律失常药也可导致 Q-T 间期延长。

第二节　抗心律失常药的基本作用机制和分类

一、抗心律失常药的基本作用机制

心肌细胞电生理特性的本质是离子通道的活

动,抗心律失常药通过影响心肌细胞的离子通道活动而发挥作用。基本作用机制如下:

(一)降低自律性

抗心律失常药可通过降低动作电位4期自动除极速率,增加最大舒张电位,提高阈电位水平,延长动作电位时程等作用方式降低自律性(图5-24-5)。

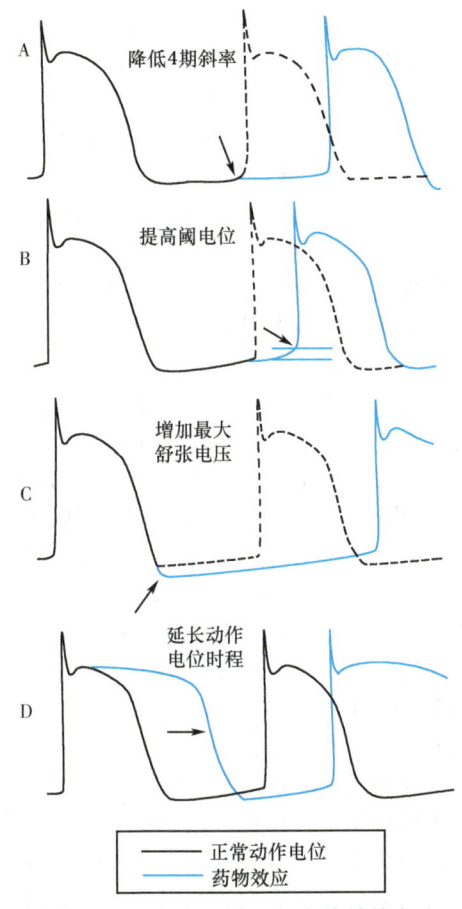

图5-24-5 降低自律组织自律性的方式

(二)减少后除极和触发活动

抗心律失常药可通过促进或加速复极,减少早后除极的发生;也可通过减少细胞内钙蓄积或抑制一过性钠内流而减少迟后除极的发生。

(三)消除折返

1. 改变传导性 抗心律失常药可通过加快传导取消单向传导阻滞,或减慢传导使单向传导阻滞变为双向传导阻滞而终止折返激动。

2. 改变不应期 可通过如下三种方式:
(1) 绝对延长ERP:延长APD和ERP,以延长ERP更为显著,ERP/APD比值增大。
(2) 相对延长ERP:缩短APD和ERP,以缩短APD更为显著,ERP/APD比值增大。
(3) 使相邻细胞不均一的ERP趋向均一化。

二、抗心律失常药的分类

Vaughan Williams分类法根据药物的主要作用通道和电生理特点,将抗心律失常药物归纳为四类:

(一)Ⅰ类 钠通道阻滞药

本类药物又分为三个亚类:即Ⅰa、Ⅰb和Ⅰc。

1. Ⅰa类 适度阻滞钠通道,降低动作电位0期上升速率,不同程度抑制心肌细胞膜K^+、Ca^{2+}通透性,延长复极过程,以延长ERP更为显著。代表药物有奎尼丁、普鲁卡因胺等。

2. Ⅰb类 轻度阻滞钠通道,轻度降低动作电位0期上升速率,抑制4期Na^+内流,降低自律性;促进K^+外流,缩短动作电位复极过程,以缩短APD更显著,相对延长ERP。代表药物有利多卡因、苯妥英钠等。

3. Ⅰc类 明显阻滞钠通道,显著降低动作电位0期上升速率和幅度,减慢传导的作用最为明显。代表药物有普罗帕酮、氟卡尼等。

(二)Ⅱ类 β肾上腺素受体阻断药

阻断心脏β受体,同时具有阻滞钠通道和缩短复极过程的作用。表现为减慢4期舒张期除极速率而降低自律性,降低动作电位0期上升速率而减慢传导性。代表药物有普萘洛尔等。

(三)Ⅲ类 延长动作电位时程药

又称钾通道阻滞药,抑制多种钾电流,延长APD和ERP,但对动作电位幅度和除极化速率影响很小。代表药物有胺碘酮等。

(四)Ⅳ类 钙通道阻滞药

通过阻滞L型钙通道,抑制Ca^{2+}内流,降低窦房结、房室结细胞的自律性,减慢房室结传导性。代表药物有维拉帕米和地尔硫䓬等。

第三节 常用的抗心律失常药物

一、Ⅰ类 钠通道阻滞药

(一)Ⅰa类药

奎 尼 丁

【来源及化学】
奎尼丁(quinidine)是从金鸡纳树皮中分离出的一种生物碱,为奎宁的右旋体。

【体内过程】
口服后几乎全部被胃肠道吸收,经1~2小时血药浓度达峰值,生物利用度可达70%~80%。血浆蛋白结合率约80%，组织中药物浓度较血药浓度高10～20倍，心肌浓度尤高。$t_{1/2}$为5～7小时。主要经过肝脏CYP450氧化代谢，其代谢产物仍具有药理活性。20%的原形药及代谢物经肾排泄。奎尼丁为弱碱性药，故酸化尿液可增加药物的排泄。

【药理作用】

奎尼丁与心肌细胞膜钠通道蛋白结合而阻滞钠通道，适度抑制钠内流，低浓度时即可阻滞I_{Na}、I_{Kr}，较高浓度尚具有阻滞I_{Ks}、I_{K1}、I_{to}及I_{Ca-L}作用。此外，本药还具有明显的抗胆碱作用和阻断外周血管α受体作用。

1. 降低自律性　降低浦肯野纤维的自律性及心房肌、心室肌细胞的异常自律性，对正常窦房结影响较小，对病窦综合征者则明显降低其自律性。

2. 减慢传导　降低心房肌、心室肌、浦肯野纤维等的0期上升最大速率和幅度，使传导速度减慢，使病理情况下的单向传导阻滞变为双向传导阻滞，从而消除折返激动引起的心律失常。

3. 延长APD和ERP　奎尼丁阻滞钾通道，抑制K^+外流，延长心房肌、心室肌、浦肯野纤维的复极过程，使APD和ERP延长，心电图显示为Q-T间期延长。心肌局部缺血时，由于浦肯野纤维的不应期缩短或不一致，造成邻近细胞复极不均一而形成折返，奎尼丁延长ERP并使其均一化，从而有利于消除折返激动引起的心律失常。

4. 其他　减少Ca^{2+}内流，具有负性肌力作用。

【临床应用】

奎尼丁是广谱抗心律失常药，用于治疗多种快速型心律失常。适用于心房纤颤、心房扑动、室上性和室性心动过速的转复和预防，以及频发室上性和室性早搏的治疗。目前对心房纤颤、心房扑动虽多采用电转律法，但奎尼丁仍有应用价值，是重要的心律失常转复药物，用于转律后防止复发。

奎尼丁抗胆碱作用可增加窦性频率，加快房室传导，治疗心房纤颤或心房扑动时能加快心室率，因此应先给予钙通道阻滞药、β肾上腺素受体拮抗药或强心苷类抑制房室传导以免心室率过快。

【不良反应】

1. 胃肠道反应　多见于用药初期，出现恶心、呕吐、腹痛、腹泻等。

2. 金鸡纳反应　长时间用药，可出现"金鸡纳反应"，表现为头痛、头晕、耳鸣、腹泻、恶心、视力模糊等症状。

3. 心脏毒性　中毒浓度可致房室及室内传导阻滞。应用奎尼丁的病人2%～8%可出现Q-T间期延长和尖端扭转型心动过速。

4. 奎尼丁晕厥或猝死　是偶见而严重的不良反应。发作时病人意识丧失，四肢抽搐，呼吸停止，出现阵发性室性心动过速，甚至心室纤颤而死亡。

5. 其他　奎尼丁的α受体阻断作用使血管扩张、心肌收缩力减弱、血压下降。若出现明显心率减慢（< 60次/分）、收缩压下降（< 90 mmHg）、Q-T间期延长（> 30%），应停药。

【药物相互作用】

本药与地高辛合用，使后者肾清除率降低而增加其血药浓度；与双香豆素、华法林合用，可竞争与血浆蛋白的结合，使后者抗凝血作用增强；肝药酶诱导药苯巴比妥能加速奎尼丁在肝的代谢，西咪替丁、钙通道阻滞药减慢奎尼丁在肝的代谢；奎尼丁减慢三环类抗抑郁药、可待因在肝的代谢。

普鲁卡因胺

普鲁卡因胺（procainamide）是局部麻醉药普鲁卡因的酰胺型化合物，具有与奎尼丁相似的广谱抗心律失常作用，对房性心律失常的作用比奎尼丁弱，而对室性心律失常的作用优于奎尼丁。

【体内过程】

口服吸收迅速而完全，1小时血药浓度达高峰。肌内注射后0.5～1小时、静脉注射后4分钟血药浓度即达峰值，有效血药浓度为4～10 μg/ml。生物利用度约80%。$t_{1/2}$为3～6小时。约20%与血浆蛋白结合，体内分布广，但不易透过血脑屏障。在肝内的代谢物N-乙酰普鲁卡因胺仍具有抗心律失常作用，但其药理学特性与母药不同，它几乎没有Ⅰ类药物的作用，而具有明显Ⅲ类药物的作用。

【药理作用】

该药对心肌的直接作用与奎尼丁相似而较弱，但无明显阻断胆碱或α肾上腺素受体作用。该药抑制浦肯野纤维的自律性，治疗浓度能降低快反应细胞动作电位0期上升最大速率与振幅，减慢传导速度，使单向传导阻滞变为双向传导阻滞而消除折返激动。延长心房、心室及浦肯野纤维的APD及ERP。该药以抑制房室结以下传导为主，对房性心律失常作用较差。

【临床应用】

主要用于治疗室性心动过速，作用快于奎尼丁，静脉注射或静脉滴注用于抢救危急病例，但对于急性心肌梗死所致的持续性室性心律失常，普鲁卡因胺不作首选（首选利多卡因）。

【不良反应】

口服有胃肠道反应，静脉给药可引起低血压。大剂量有心脏抑制作用。过敏反应较常见，出现皮疹、药热、白细胞减少、肌痛等。中枢不良反应为幻觉、精神失常等。少数患者长期应用可出现红斑狼疮综合征。

丙吡胺

丙吡胺（disopyramide，吡二丙胺，达舒平）对心肌电生理的作用与奎尼丁相似，抑制浦肯野纤维4期除极速率而降低自律性，抑制快反应细胞 0 期上升速率而减慢传导，延长心房、心室的 APD 及 ERP。该药有明显的抗胆碱作用。口服后 80%～90% 被吸收，0.5～3 小时血药浓度达高峰。临床用于治疗室性早搏，室上性、室性心动过速。对急性心肌梗死引起的室性心律失常也有效。主要不良反应为低血压及心脏抑制，还可引起 Q-T 间期延长，易产生尖端扭转型室性心动过速。

（二）Ib 类药

利多卡因

利多卡因（lidocaine）是目前治疗室性心律失常的首选药物。此外，还具有局部麻醉作用。

【体内过程】

口服吸收良好，但肝脏首关消除明显，生物利用度低，仅 1/3 进入血液，难以达到临床有效血药浓度，故需静脉注射给药，作用迅速，仅维持 20 分钟左右。血浆蛋白结合率约为 70%，体内分布广泛。有效血药浓度为 1～5 μg/ml。本药几乎全部在肝中代谢，$t_{1/2}$ 为 2 小时。经肾排泄，原形占总量 10%。

【药理作用】

抑制浦肯野纤维和心室肌细胞的 Na^+ 内流，促进 K^+ 外流，对心房几乎无作用。

1. 降低自律性 利多卡因减小动作电位 4 期除极斜率，提高兴奋阈值，降低心肌自律性。主要对除极化（缺血或强心苷中毒所致）心肌组织的自律性有较强的抑制作用。

2. 传导性 利多卡因对传导速度的影响比较复杂，治疗浓度对希-浦系统的传导速度没有影响，但在细胞外 K^+ 浓度较高时则能减慢传导。在心肌梗死区缺血的浦肯野纤维，此药可抑制 Na^+ 内流，减慢传导，防止折返激动。如果细胞外低 K^+ 或心肌组织损伤使心肌部分除极化时，利多卡因可促进 3 期 K^+ 外流，引起超极化而加速传导，因此改善单向传导阻滞而中止折返激动。高浓度时，利多卡因明显抑制 0 期上升速率而减慢传导。

3. 动作电位时程和有效不应期 利多卡因抑制参与动作电位复极 2 期的少量钠内流，缩短浦肯野纤维及心室肌的 APD、ERP，以缩短 APD 为显著，故为相对延长 ERP。

【临床应用】

主要用于室性心律失常，如心脏手术、心导管术、急性心肌梗死或强心苷中毒所致的室性心动过速或心室纤颤，为首选药。本药对室上性心律失常效果较差。

【不良反应】

主要表现为中枢神经系统症状，肝功能不良患者静脉注射过快，可出现头昏、嗜睡或激动不安、感觉异常等。剂量过大可引起心率减慢，房室传导阻滞和低血压。Ⅱ、Ⅲ 度房室传导阻滞患者禁用。心衰、肝功能不全者长期滴注后可产生药物蓄积，儿童或老年人应适当减量。西咪替丁和普萘洛尔可增加利多卡因的血药浓度。

苯妥英钠

苯妥英钠（phenytoin sodium）为乙内酰脲类抗癫痫药，现为治疗强心苷中毒所致快速型心律失常的首选药物。

【体内过程】

口服吸收慢而不完全，8～12 小时血药浓度达峰值。有效血药浓度为 5～20 μg/ml。生物利用度为 60%～80%，血浆蛋白结合率约为 80%，主要在肝中水解灭活。

【药理作用】

作用与利多卡因相似，降低正常及部分除极的浦肯野纤维 4 期自发除极速率，降低其自律性。促进 K^+ 外流，缩短 APD 和 ERP，相对延长 ERP。苯妥英钠对窦房结传导性无明显影响，但增加房室结 0 期除极化速率，加快其传导，可对抗强心苷中毒所致的房室传导阻滞。苯妥英钠还可改善强心苷中毒引起的浦肯野纤维 0 期除极减慢，加快其传导。与强心苷竞争 Na^+/K^+-ATPase，抑制强心苷中毒所致的迟后除极。

【临床应用】

主要用于治疗室性心律失常，特别是对强心苷中毒引起的室性心律失常有效。亦可用于心肌梗死、心脏手术、心导管术等所引发的室性心律失常，但疗效不如利多卡因。对房扑、房颤和室上性心律失常也有效，但治疗房扑、房颤时须注意该药可改善房室结传导而加快心室率。

【不良反应】

快速静脉注射容易引起低血压，高浓度可引起心动过缓。常见中枢不良反应有头昏、眩晕、震颤、共济失调等，严重者出现呼吸抑制。低血压或心肌抑制时慎用，窦性心动过缓及 Ⅱ、Ⅲ 度房室传导阻滞者禁用。肝药酶抑制药异烟肼、氯霉素、西咪替丁可抑制苯妥英钠代谢，提高其血药浓度；肝药酶诱导药卡马西平可加快苯妥英钠的代谢。

美 西 律

美西律（mexiletine，慢心律，脉律定）电生理作用与利多卡因相似。口服吸收迅速而完全，口服后 3 小时血药浓度达峰值，作用维持 8 小时，生物利用度为 90%，有效血药浓度为 0.5～2 μg/ml，血浆蛋白结合率为 60%。主要在肝内代谢灭活，约 10% 以原形经肾排泄，$t_{1/2}$ 约 12 小时。降低浦肯野纤维自律性，提高阈电位，减慢传导。缩短浦肯野纤维和心室肌 APD 和 ERP，相对延长 ERP。用于室性心律失常，特别是对心肌梗死后急性室性心律失常有效。不良反应与剂量相关，可出现胃肠道不适，长期口服有神经症状如震颤、共济失调、复视、精神失常等。房室传导阻滞、窦房结功能不全、心室内传导阻滞、有癫痫病史、低血压或肝病者慎用。

（三）Ic 类药

普罗帕酮

【别名】

心律平。

【体内过程】

普罗帕酮（propafenone）口服吸收良好，2～3小时作用达高峰，持续8小时以上。初期给药肝脏首关消除作用强，生物利用度低；长期给药后，首关消除作用减弱，生物利用度几乎达100%。血浆蛋白结合率高达95%～97%。主要在肝代谢，99%以代谢物形式随尿排出。

【药理作用】

普罗帕酮能明显阻滞钠通道。减慢心房、心室和浦肯野纤维传导，降低浦肯野纤维自律性，延长APD和ERP，但对复极过程影响弱于奎尼丁。普罗帕酮化学结构与普萘洛尔相似，具有轻度的肾上腺素受体阻断作用，以及钙通道阻滞作用。

【临床应用】

适用于室上性和室性早搏，室上性和室性心动过速，伴发心动过速和心房颤动的预激综合征。

【不良反应】

胃肠道不良反应常见有恶心、呕吐、味觉改变等。心血管系统不良反应常见有房室传导阻滞、窦房结功能障碍、加重充血性心衰、体位性低血压等；由于其减慢传导程度超过延长ERP程度易致折返，引发心律失常。

肝肾功能不全时应减量。心电图QRS延长超过20%以上或Q-T间期明显延长者，宜减量或停药。本药不宜与其他抗心律失常药合用，以免产生相互作用而致心脏抑制。

氟卡尼

氟卡尼（flecainide）口服吸收良好，生物利用度达90%，3小时血药浓度达峰值，有效血药浓度为0.2～1 μg/ml。血浆蛋白结合率约40%。主要在肝脏代谢，约25%以原形经肾排泄。健康成年人 $t_{1/2}$ 为14小时，肾功不全者 $t_{1/2}$ 超过20小时。氟卡尼对钠通道的抑制作用强于Ⅰa、Ⅰb类药物，明显减慢心肌细胞0期最大上升速率并降低幅度，减慢心脏传导。本药对 K^+ 通道有明显抑制作用，使心房、心室肌APD明显延长。本药属广谱抗快速型心律失常药。用于室上性和室性心律失常，由于该药致心律失常发生率较高，临床主要用于顽固性心律失常或其他抗心律失常药无效时使用。该药致心律失常不良作用较多，包括室性心动过速或心室颤动、房室传导阻滞、诱发折返性心律失常和Q-T间期延长综合征。此外还有头晕、乏力、恶心、震颤等。

二、Ⅱ类药 β肾上腺素受体阻断药

普萘洛尔

【别名】

心得安。

【体内过程】

普萘洛尔（propranolol）口服吸收完全，肝脏首过消除作用强，生物利用度为30%，口服后2小时血药浓度达峰值，但个体差异大。血浆蛋白结合率为93%。主要在肝脏代谢，大部分经肾排泄。$t_{1/2}$ 为3～4小时。由于个体差异，血药浓度变化较大，临床用药时需注意个体化。

【药理作用】

普萘洛尔抗心律失常作用主要通过以下两个机制：①竞争性阻断心肌β受体，抑制β受体激活所介导的心脏反应，如心率加快、心肌收缩力增强、房室传导速度加快等；②抑制 Na^+ 内流，具有膜稳定作用。

1. 自律性 降低窦房结、心房及浦肯野纤维的自律性，在运动及情绪激动时作用明显。能降低儿茶酚胺所致的迟后除极而防止触发活动。

2. 传导速度 阻断β受体的浓度并不影响传导速度，高浓度则有膜稳定作用，能明显减慢房室结及浦肯野纤维的传导速度。

3. 动作电位时程和有效不应期 治疗浓度缩短浦肯野纤维APD和ERP，高浓度则延长之。延长房室结ERP，与减慢房室结传导作用是普萘洛尔治疗室上性心律失常的作用基础。

【临床应用】

主要用于室上性心律失常。对于交感神经过度兴奋、甲状腺功能亢进及嗜铬细胞瘤等引起的窦性心动过速效果良好。与强心苷或地尔硫䓬合用，控制心房扑动、心房颤动及阵发性室上性心动过速时的室性频率过快效果较好。可减少心肌梗死患者心律失常的发生，缩小心肌梗死范围，降低死亡率。普萘洛尔还可用于治疗运动或情绪激动所引发的室性心律失常，减少肥厚型心肌病所致的心律失常。

【不良反应】

主要表现为窦性心动过缓、房室传导阻滞、诱发心力衰竭和哮喘、低血压、精神压抑、记忆力减退等。长期应用对脂质代谢和糖代谢有不良影响。长期服用突然停药可产生反跳现象，使冠心病病人发生心绞痛加重或心肌梗死。故停用该药时应逐渐减量，一般减量过程以2周为宜。有下列情况者不宜使用：心率低于50次/分钟，收缩压低于80 mmHg，充血性心力衰竭、窦房传导阻滞及房室传导阻滞、哮喘及慢性喘息性气管炎。高脂血症、糖尿病患者应慎用。

阿替洛尔

阿替洛尔（atenolol）是长效 $β_1$ 受体阻断药，对心脏选择性作用强，可抑制窦房结及房室结自律性，减慢房室结传导，对希-浦系统也有抑制作用。主要用于室上性心律失常，减慢心房颤动和心房扑动时的心室率。对室性心律失常亦有效。口服后 2～3 小时血药浓度达峰值，$t_{1/2}$ 为 6～9 小时。不良反应与普萘洛尔相似。

艾司洛尔

艾司洛尔（esmolol）为短效 $β_1$ 受体阻断药，对心脏具有选择性，可抑制窦房结及房室结的自律性、传导性。主要用于室上性心律失常，减慢心房扑动、心房颤动时的心室率。本药静脉注射后数秒钟起效，$t_{1/2}$ 为 9 分钟。不良反应有低血压、轻度心肌抑制。

三、Ⅲ类 延长动作电位时程药

胺 碘 酮

【别名】

乙胺碘呋酮，安律酮。

【体内过程】

胺碘酮（amiodarone）脂溶性高，口服、静脉注射给药均可。口服给药吸收缓慢，生物利用度约 40%～50%；静脉注射 10 分钟起效，吸收后药物迅速分布到各组织器官中，其中心脏药物浓度可达血浆药物浓度的 30 倍。血浆蛋白结合率为 95%。主要在肝脏代谢，$t_{1/2}$ 长达数周，停药后作用可持续 4～6 周。主要经胆汁由肠道排泄。

【药理作用】

对多种心肌细胞膜钾通道均有抑制作用，抑制复极过程，明显延长 APD 和 ERP。对钠通道及钙通道亦有抑制作用，降低窦房结和浦肯野纤维的自律性、传导性。此外，胺碘酮尚有非竞争性阻断 α、β 肾上腺素受体作用和扩张血管平滑肌作用，能使冠状动脉扩张，增加冠脉流量，减少心肌耗氧量。

【临床应用】

治疗心房扑动、心房颤动和室上性心动过速效果良好，对预激综合征引起者效果更佳。适用于对传统药物治疗无效的室上性心律失常。对室性心动过速、室性早搏亦有效。

【不良反应】

常见心血管不良反应如窦性心动过缓、房室传导阻滞及 Q-T 间期延长，偶见尖端扭转型室性心动过速；长期应用可见角膜褐色微粒沉着，不影响视力，停药后微粒可逐渐消失；少数患者发生甲状腺功能紊乱（亢进或减退）及肝坏死；个别患者可出现间质性肺炎或肺纤维化。长期应用必须定期测肺功能、进行肺部 X 线检查，定期监测血清 T_3、T_4 水平。

索他洛尔

索他洛尔（sotalol）为非选择性 β 受体阻断药，能阻断心脏 β 受体，降低窦房结和浦肯野纤维的自律性，减慢房室传导；能抑制动作电位 3 期 K^+ 外流，延长心房肌、心室肌及浦肯野纤维的 APD 和 ERP，但以延长 ERP 为主。索他洛尔口服吸收快，无首过消除，生物利用度达 90%～100%。本药与血浆蛋白结合少，在心、肝、肾浓度高。在体内不被代谢，几乎全部以原形经肾排出，$t_{1/2}$ 为 12～15 小时。临床主要用于治疗各种严重室性心律失常，也可治疗阵发性室上性心动过速及心房颤动。不良反应较少，少数 Q-T 间期延长者偶可出现尖端扭转型室性心动过速。

溴 苄 铵

溴苄铵（bretylium）能延长浦肯野纤维和心室肌的 APD 和 ERP，提高心室致颤阈，对于心室纤颤有一定疗效。不同于其他抗心律失常药，此药能增强心肌收缩力。口服不吸收，故需肌内注射或静脉给药。用于利多卡因或直流电除颤无效的心室纤颤患者。

多 非 利 特

多非利特（dofetilide）是特异性 I_{Kr} 钾通道阻滞药，可使心肌 APD 和 ERP 延长，仅阻滞 I_{Kr} 钾通道而无其他药理作用。口服吸收良好，生物利用度约达 100%，主要以原形经肾排泄，肾功能不良者宜减量。本药长期口服可有效维持或恢复心房颤动病人的窦性心率。主要不良反应是引起室性心律失常，可诱发尖端扭转型室性心动过速，不宜同可延长 Q-T 间期的药物合用。

四、Ⅳ类 钙通道阻滞药

维 拉 帕 米

【别名】

异搏定、戊脉安。

【体内过程】

维拉帕米（verapamil）口服吸收迅速而完全，2～3 小时血药浓度达峰值。首过效应明显，生物利用度仅 10%～30%。在肝脏代谢，其代谢产物去甲维拉帕米仍有活性，$t_{1/2}$ 为 3～7 小时。约 75% 由肾脏排泄。

【药理作用】

阻滞心肌慢 Ca^{2+} 通道，抑制 Ca^{2+} 内流，对钙通道作用呈现频率依赖性。窦房结、房室结对此药敏感。对 I_{Kr} 钾通道亦有抑制作用。

1. 自律性 降低窦房结舒张期自动除极斜率，增加最大舒张电位，降低其自律性。虽然正常心房肌、心室肌、浦肯野纤维对此药不敏感，但当心肌缺血时，上述心肌组织膜电位水平可减少至 -40～-60 mV，出现异常自律性，维拉帕米能使其降低。此外，也能减少或取消后除极所引发的触发活动。

2. 传导性 窦房结、房室结 0 期除极由 Ca^{2+} 内流介导，维拉帕米抑制 0 期 Ca^{2+} 内流，减慢 0 期上升最大速度而减慢窦房结、房室结传导速度，终止房室结的折返激动。尚能防止心房扑动、心房颤动引起的心室率加快。

3. 有效不应期 延长窦房结、房室结 ERP，大剂量维拉帕米也能延长浦肯野纤维的 APD 和 ERP，对心房和心室肌 ERP 略缩短。

【临床应用】

治疗室上性心律失常和房室结折返引起的心律失常效果好，为治疗阵发性室上性心动过速的首选药。对急性心肌梗死、心肌缺血及强心苷中毒引起的室性早搏也有一定的疗效。

【不良反应】

口服较安全，可出现便秘、腹胀、腹泻、头痛、瘙痒等不良反应。静脉给药可引起血压降低、暂时窦性停搏。Ⅱ、Ⅲ度房室传导阻滞、心功能不全、心源性休克病人禁用此药，老年人、肾功能低下者慎用。

地尔硫䓬

地尔硫䓬（diltiazem）对心肌电生理的影响和抗心律失常作用机制与维拉帕米相似。可降低自律性，减慢房室结传导，延长其有效不应期。此外，还有扩血管和负性肌力作用。临床主要用于治疗室上性心动过速。对心房扑动和心房颤动虽难以恢复窦性心律，但可以减慢心室率。

五、其 他 类

腺 苷

腺苷（adenosine）为内源性嘌呤核苷酸，通过与特异性 G 蛋白结合，作用于腺苷受体，激活乙酰胆碱敏感 K^+ 通道，抑制窦房结传导，降低自律性。腺苷还抑制 L- 型钙通道，抑制房室传导，延长房室结 ERP，抑制交感神经兴奋所致的迟后除极。静脉注射腺苷后迅速起效，$t_{1/2}$ 约 10 秒。该药可被体内大多数组织细胞所摄取，并被腺苷脱氨酶灭活，使用时需静脉快速注射给药，否则在药物到达心脏前即被灭活。临床主要用于迅速终止折返性室上性心律失常。静脉注射速度过快可致短暂心脏停搏。治疗剂量，多数病人会出现胸闷、呼吸困难。

第四节　快速型心律失常的药物选用

一、用药原则

快速型心律失常紧急处理的总体原则是：纠正心律失常、控制基础疾病、纠正诱发因素。选用抗心律失常药物应考虑多种因素，包括心律失常的性质、病情的紧迫性、患者的心功能状态、患者的基础疾病等。

抗心律失常药物治疗的一般用药原则是：①规范用药、剂量充足。不主张短期换用或合并另一种抗心律失常药物；②以最小剂量取得满意的临床效果；③先考虑降低危险性，再考虑缓解症状；④充分注意药物的副作用及致心律失常作用。

二、合理用药

1. 窦性心动过速 应针对病因治疗，需要治疗时可采用 β 受体阻断药。

2. 房性早搏 一般不需要药物治疗，若频繁发生，并引起阵发性房性心动过速，可用 β 受体阻断药、维拉帕米、地尔硫䓬或Ⅰ类抗心律失常药。

3. 心房扑动、心房颤动 不伴有心力衰竭、低血压或预激综合征的患者，可选用 β 受体阻断药、胺碘酮或普罗帕酮。合并有心功能不全、低血压应给予胺碘酮或强心苷类。无器质性心脏病可用普罗帕酮，有器质性心脏病应选用胺碘酮。

4. 阵发性室上性心动过速 这类心律失常多由房室结折返引起，故常用具有延长房室结不应期的药物。急性发作时宜首选维拉帕米或普罗帕酮，亦可选用腺苷、地尔硫䓬、β 受体阻断药等。存在心衰时可应用胺碘酮、强心苷类。

5. 室性早搏 可选用普鲁卡因胺、丙吡胺、美西律或其他Ⅰ类抗心律失常药以及胺碘酮。心肌梗死时首选 β 受体阻断药、胺碘酮、利多卡因。强心苷中毒者可用苯妥英钠。

6. 阵发性室性心动过速 可应用 β 受体阻断药、利多卡因、丙吡胺、普鲁卡因胺、美西律、胺碘酮、奎尼丁，维持用药与治疗室性早搏相同。

7. 心室纤颤 首选电除颤，药物应用可选用利多卡因、普鲁卡因胺和胺碘酮。

（哈尔滨医科大学大庆校区　孙宏丽）

第二十五章 抗慢性心功能不全药

- Heart failure is a progressive disease that is characterized by a gradual reduction in cardiac performance, punctuated in many cases by episodes of acute decompensation.
- The goals of treatment are reducing symptoms and slowing progression as much as possible during relatively stable periods, and managing acute episodes of decompensated failure.
- The homeostatic responses of the body to depressed cardiac output are mediated mainly by the sympathetic nervous system and the renin-angiotensin-aldosterone system. While these responses may temporarily improve cardiac output, they also increase the load on the heart; the increased load contributes to a further decline in cardiac function.
- Pharmacologic therapies for congestive heart failure include the removal of retained salt and water with diuretics; direct treatment of depressed heart with positive inotropic drugs such as digitalis glycosides; modulation of the neurohormonal activation with β-blockers; reduction of preload or afterload with vasodilators; and reduction of afterload and retained salt and water by angiotensin-converting enzyme inhibitors.

心功能不全（cardiac insufficiency），又称为心力衰竭（heart failure，HF，简称心衰）是由于任何心脏结构或功能异常导致心室充盈或射血能力受损的一组复杂临床综合征，其主要临床表现为呼吸困难和乏力（活动耐量受限），以及液体潴留（肺淤血和外周水肿），故以往又称为充血性心力衰竭（congestive heart failure，CHF）。心衰呈进行性发展，即使没有新的心肌损害，心脏功能仍不断逐渐恶化，是各种心脏疾病的严重和终末阶段，发病率高，是当今最重要的心血管病之一。根据心衰发生的时间、速度、严重程度可分为慢性心衰和急性心衰。在原有慢性心脏疾病基础上逐渐出现心衰症状、体征的为慢性心衰。目前，药物治疗仍是治疗心衰的主要手段。

第一节 心衰的病理生理学及治疗心衰药物的分类

一、心衰的认识历程及治疗药物的演变

20世纪初以来，心衰的病理生理研究和治疗策略经历了3个模式变化。

第一阶段（解剖学阶段）：20世纪70年代以前，认为心衰是心肌收缩功能不足所致。20世纪20年代，具有正性肌力作用的洋地黄类（digitalis）药物被用于增强心脏的收缩功能，由此进入了强心苷类药物治疗心衰的时代。20世纪40年代的心肾学说，把心衰的症状与心脏相关的肾灌注不足相关联，50年代噻嗪类利尿药的问世，并与强心苷合用，是心衰治疗史上的一次重大进展。

第二阶段（血流动力学阶段）：20世纪70年代起由于 Swan Ganz 漂浮导管的出现，认识到周围循环可通过影响心脏的前后负荷而影响心脏功能，各种外周血管扩张药和正性变应性药物（β受体激动药多巴酚丁胺及磷酸二酯酶Ⅲ抑制药米力农等）得以应用，以改善血流动力学。但上述两种模式在心衰治疗上未能显示病人预后的改善，且久用疗效降低。

第三阶段（神经体液阶段）：20世纪80年代，血管紧张素转换酶抑制药（ACEI）成功地用于治疗心衰，明显改善心衰的症状，降低死亡率和改善预后，从而奠定了ACEI在心衰治疗中的地位，是一重大的突破性进展，也使人们对心衰发病机制的认识产生了根本性转变，认识到神经内分泌过度激活导致心室重构（remodeling）是心衰发生发展的重要因素，产生了慢性心衰治疗的新模式：从旨在改善短期血液动力学状态转变为长期的修复性策略，以改变衰竭心脏的生物学性质；从采用强心、利尿、扩血管药物转变为神经内分泌抑制剂，并积极应用非药物的器械治疗。治疗目标不仅是改善症状、提高生活质量，更重要的是针对心肌重构的机制，防止和延缓心肌重构的发展，从而降低心衰的病死率和住院率。所用的主要药物有ACEI、血管紧张素Ⅱ受体阻断药（ARB）、β受体阻断药及醛固酮拮抗药（螺内酯）。

随着分子生物学的发展，从现代分子学水平上

认识心衰，其本质是心肌细胞与心肌间质细胞基因调控与表达异常的结果，如果能从纠正调控与基因表达异常的基因入手，或是心肌细胞移植，则有望从根本上治愈心衰。这也许是心衰治疗模式的第四阶段（分子生物学阶段）。

二、心衰的病理生理学

心衰是各种心脏疾病导致的心肌损伤，表现为左心、右心或全心功能障碍。依据左心室射血分数（left ventricular ejection fraction，LVEF），心衰可分为LVEF降低的心衰（heart failure with reduced left ventricular ejection fraction，HF-REF）和LVEF保留的心衰（heart failure with preserved left ventricular ejection fraction，HF-PEF）。LVEF保留或正常的情况下收缩功能仍可能是异常的，部分心衰患者收缩功能异常和舒张功能异常可以共存。LVEF是心衰患者分类的重要指标，也与预后及治疗反应相关。

一般来说，HF-REF指传统概念上的收缩性心衰（systolic heart failure），而HF-PEF指舒张性心衰（diastolic heart failure）。绝大多数患者以HF-REF为主，心肌收缩力减弱，心搏出量减少，LVEF下降明显。少数患者为HF-PEF，由于心肌肥厚和僵硬，心室顺应性下降，虽然代表心脏收缩功能的射血分数可维持正常，但心搏出量降低，正性肌力药物对HF-PEF疗效差。

心衰的主要发病机制之一为心肌病理性重构，导致心衰进展的两个关键过程，一是心肌死亡（坏死、凋亡、自噬等）的发生，如急性心肌梗死（AMI）、重症心肌炎等；二是神经内分泌系统过度激活所致的系统反应，其中肾素-血管紧张素-醛固酮系统（RAAS）和交感神经系统过度兴奋起着主要作用。切断这两个关键过程是心衰有效预防和治疗的基础。

心肌舒缩功能发生障碍时，心排血量下降，组织器官血液灌流不足，激活神经内分泌系统，尤其是交感神经系统和肾素-血管紧张素-醛固酮系统，在短期内维持循环及重要器官的灌注，起代偿作用；但长期活性增高则会引起心肌肥厚和心室重构，最终失代偿，导致心力衰竭（图5-25-1）。

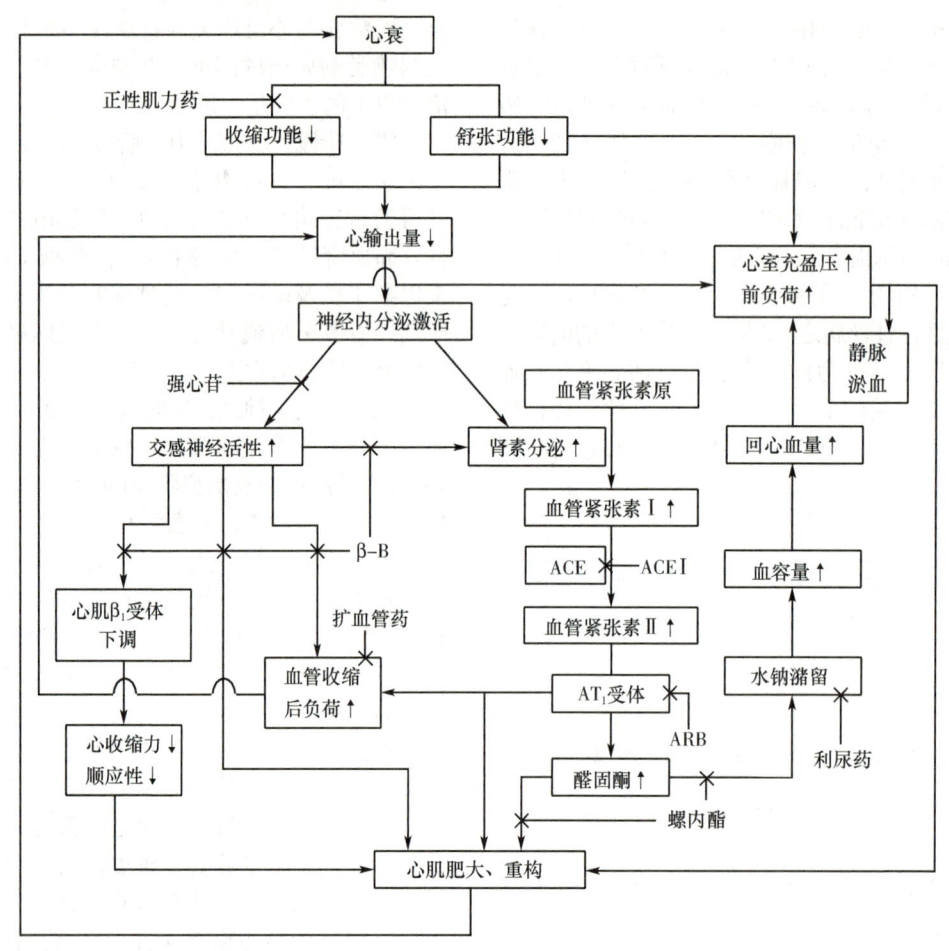

图5-25-1　心力衰竭的病理生理机制及药物作用的环节

β-B：β受体阻断药；ACEI：血管紧张素转化酶抑制药；ARB：血管紧张素Ⅱ受体（AT₁受体）阻断药

（一）Frank-Starling 机制（心肌异长自身调节）

心排血量下降，心室收缩末期剩余血量增多，加上舒张期正常静脉回心血量，导致心室舒张末期容量（end-diastolic volume, EDV）增大，心室充盈压（ventricular filling pressure）增大，前负荷增加；使心室肌纤维初长度拉长，粗肌丝与细肌丝重叠部分增加，即肌球蛋白和肌动蛋白交联数量增多从而增强心肌收缩力，使心搏出量（stroke volume, SV）增加而起到代偿作用。这是心血管系统通过动用前负荷储备以维持心搏出量的内在基本机制，可用Frank-Starling 关系曲线反映（图 5-25-2）。由于心衰患者心脏收缩功能障碍，曲线右下偏移，在正常心室充盈压下，心搏出量低，射血分数下降。正性肌力药物（I）可以使心功能曲线上移，在同等心室充盈压下使心搏出量增加；血管扩张药（V）可以使心室充盈压和后负荷都下降，使心功能曲线左上移；利尿药（D）可以降低心室充盈压，改善充血症状，但对心功能曲线没影响；联合用药（I+V，I+V+D）将产生协同作用。如果前负荷储备不足以维持心搏出量，将进一步引起其他代偿反应。

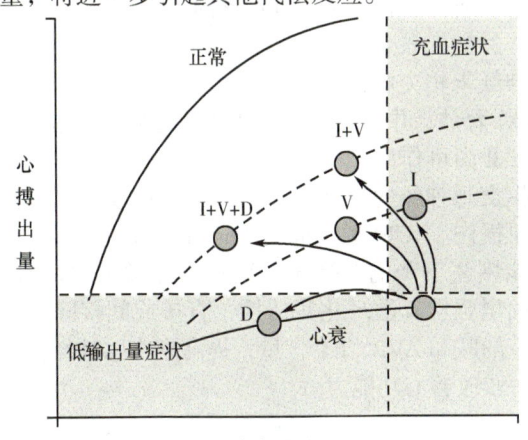

图 5-25-2　心力衰竭时心功能曲线的改变及治疗药物的影响
I：正性肌力药；V：血管扩张药；D：利尿药

（二）神经内分泌变化

1. 交感神经系统激活　为心衰敏感的调节和代偿机制。心排出量下降，动脉压力感受器反射使交感神经系统活性增高，心脏收缩加强；外周血管收缩，维持循环及重要器官的灌注，起一定代偿作用。交感神经递质作用于 β_1 受体，通过第二信使 cAMP 和三磷酸肌醇（IP_3）促进 Ca^{2+} 进入心肌细胞，细胞质 Ca^{2+} 增多，舒张期泵出 Ca^{2+} 负荷过重，心肌舒张受限，心肌能量消耗增加，长期激活促进心肌细胞肥大以致凋亡。有研究发现，心衰患者压力感受反射重调，对动脉压力敏感性下降，即使正常压力下向血管运动中枢发放冲动也减少，反馈增加中枢交感张力，使交感神经兴奋。加上血管紧张素 II 和内皮素的强烈收缩血管作用，使心脏后负荷增加，进一步降低射血分数和心输出量，出现恶性循环。

交感神经长期激活可致心肌 β 受体 -G_S- 腺苷酸环化酶 -cAMP 信号通路发生脱敏。心衰时心肌 β_1 受体密度降低，数目减少；兴奋性 G 蛋白（G_s）数量减少，而抑制性 G 蛋白（G_i）数量增多，G_S/G_i 比值下降；腺苷酸环化酶活性下降，cAMP 生成减少，使心脏对 β_1 受体激动药的反应性降低。同时，G 蛋白耦联受体激酶（G-protein-coupled receptor kinase, GRKs）活性增加，GRKs 能使已被激动药占领并与 G 蛋白相耦联的 β 受体磷酸化，然后抑制蛋白 - 阻碍素（arrestin）结合到磷酸化 β 受体上，使受体与 G 蛋白脱耦联而减敏。

2. 肾素 - 血管紧张素 - 醛固酮系统（renin-angiotensin-aldosterone system，RAAS）激活　心排出量下降，肾动脉灌注压下降，球旁细胞的压力感受器激活，释放肾素增加；交感神经兴奋，也激活球旁细胞上 β_1 受体，释放肾素，最终使血管紧张素 II（Ang II）增加。Ang II 强烈收缩血管，增加外周阻力，收缩肾小球出球小动脉而提高肾小球滤过压；促肾上腺髓质释放儿茶酚胺；促肾上腺皮质释放醛固酮引起水钠潴留；还有促进生长因子的产生及增加细胞外基质合成等作用，引起心肌肥厚、心室重构。

3. 其他神经内分泌变化　心衰时还有精氨酸加压素（arginine vasopressin, AVP）、内皮素（endothelin, ET）、肿瘤坏死因子（tumor necrosis factor, TNF-α）、利钠肽类（natriuretic peptides）、前列环素（prostacyclin, PGI_2）、肾上腺髓质素（adrenomedullin, AM）等分泌增多，以及一氧化氮（nitric oxide, NO）、降钙素基因相关肽（calcitonin gene-related peptide, CGRP）等的减少。除利钠肽系统（利钠因子强有力的扩血管和利尿排钠作用可调整机体对收缩血管和水钠潴留激素的反应）外，其他系统的长期活化对心力衰竭的进展均有促进作用。针对这些活性物质及其受体的药物研发，是近年治疗心衰药物发展的一个新趋势。

（三）心肌肥厚与心室重构

心衰早、中期出现心肌肥厚，是心室对压力负荷过重或缺氧的一种适应性反应，表现为心肌细胞肥大，细胞内收缩成分代偿性增多等。晚期心肌细胞继续肥大以致凋亡，出现胚胎基因和蛋白的再表达，细胞外基质（extracellular matrix, ECM）出现胶原蛋白沉积和纤维化，导致心脏的收缩和舒张功能障碍，进而形成不断进展的恶性循环。这一过程称为心室重构,是由一系列复杂的细胞及分子机制导致的心肌结构、功能和表型的变化,是心衰不断进展的病理生理基础。如何抑制心室重构过程是改善远期预后和延长心衰自然病程,提高远期存活率的基本手段。

三、治疗心衰药物的分类

心衰治疗药物的分类:

1. 肾素-血管紧张素-醛固酮系统(RAAS)抑制药

(1) 血管紧张素转化酶抑制药(angiotensin-converting enzyme inhibitors,ACEI):卡托普利、依那普利等。

(2) 血管紧张素Ⅱ受体(AT₁)阻断药(angiotensin Ⅱ receptor blockers,ARB):氯沙坦等。

(3) 醛固酮受体阻断药(aldosterone receptor blockers):螺内酯、依普利酮。

2. 利尿药(diuretics) 氢氯噻嗪、呋塞米等。

3. β受体阻断药(β-adrenoreceptors blockers) 美托洛尔、比索洛尔、卡维地洛等。

4. 强心苷类(cardiac glycosides) 地高辛等。

5. 血管扩张药(vasodilators) 硝普钠、硝酸异山梨酯、肼屈嗪、哌唑嗪等。

6. 其他治疗心衰的药物

(1) 非苷类正性肌力药(inotropic agents)

1) 拟交感神经药(sympathomimetics):多巴酚丁胺等。

2) 磷酸二酯酶Ⅲ抑制药(PDE Ⅲ inhibitors):米力农、维司力农等。

(2) 钙通道阻滞药(calcium channel blockers):氨氯地平等。

第二节 肾素-血管紧张素-醛固酮系统抑制药

一、血管紧张素转化酶抑制药

1981年第一个口服有效的ACEI卡托普利问世,被用于高血压的治疗。ACEI用于心衰的治疗是近20多年来心衰药物治疗最重要的进展之一。大规模多中心临床试验证明,ACEI不仅能缓解心衰的症状,提高生活质量,且能降低心衰的病死率和改善预后。基础研究也证实,ACEI能逆转左室肥厚,在相当程度上逆转心衰的病理过程和防止心室重构。常用于治疗心衰的ACEI有:卡托普利(captopril)、依那普利(enalapril)、雷米普利(ramipril)、群多普利(trandolapril)、赖诺普利(lisinopril)、福辛普利(fosinopril)、贝那普利(benazepril)、培哚普利(perindopril)、咪达普利(imidapril)等。

【治疗心衰的作用机制】

1. 降低心脏前后负荷,改善血流动力学 ACEI可抑制循环及局部组织中血管紧张素Ⅰ(Ang Ⅰ)向血管紧张素Ⅱ(Ang Ⅱ)的转化,使血及组织中Ang Ⅱ含量降低,拮抗Ang Ⅱ的血管收缩作用;还能抑制缓激肽的降解,后者通过缓激肽B₂受体使NO和PGI₂生成增加,发挥扩血管与抑制血小板聚集等作用,降低全身血管阻力,降低心脏后负荷。ACEI降低肾血管阻力,增加肾血流量,提高肾小球滤过率,增加尿量;还可减少醛固酮生成,减轻钠水潴留,使血容量降低,从而减少回心血量,降低左室充盈压,降低心脏前负荷,改善心功能,增加心排血量。与其他血管扩张药的不同在于其久用仍有效。

2. 抑制心肌肥厚和血管重构 Ang Ⅱ作用于AT₁受体,通过信号转导系统诱导相关基因的转录表达,促进细胞的生长、增殖。ACEI通过抑制Ang Ⅱ对心肌及血管平滑肌细胞的促增生作用,有效地阻止或逆转心室重构,减轻左室重量,改善心肌硬度及心脏的收缩、舒张功能。其增加缓激肽含量也有助于逆转心肌肥厚和血管重构。

3. 抑制交感神经活性 Ang Ⅱ通过作用于交感神经末梢突触前膜AT₁受体,促进去甲肾上腺素(NA)释放,并可促进交感神经节的神经传递功能。Ang Ⅱ尚可作用于中枢神经系统的AT₁受体,促进中枢交感神经的冲动传递,进一步加重心肌负荷及心肌损伤。ACEI通过抑制Ang Ⅱ发挥抗交感作用,并能恢复下调的β受体的数量,并增加Gs蛋白含量而增强腺苷酸环化酶活性,直接或间接降低血中儿茶酚胺和AVP、ET含量,提高副交感神经张力,进一步改善心功能。

4. 保护心肌和血管内皮细胞 ACEI可扩张冠状血管,增加冠脉血流量;对抗氧自由基对心肌的损伤,减轻心肌缺血再灌注损伤。促进NO生成,恢复乙酰胆碱诱导的内皮依赖性血管扩张功能,对血管内皮细胞有保护作用。有利于缓解心衰及急性心肌梗死症状。

【临床应用】

ACEI是治疗慢性心衰的基础药物,凡无禁忌证者均需应用,包括无症状心衰。常与利尿药、β受体阻断药、地高辛合用。ACEI的用量不应当依据症状的改善来确定它们的用量,因为在心衰中应用ACEI和β受体阻断药是为了减少心室重构的发生,同时降低死亡率、改善预后,而不是对症治疗;所用剂量应当上调至大规模临床试验中所显示的有效剂量(表5-25-1)。

表 5-25-1 常用 ACEI 治疗心衰的剂量

药名	开始量（mg）	治疗量（mg）	最高量（mg）	达峰时间（h）
卡托普利	6.25～12.5	50×3 次/d	100×3 次/d	1～2
依那普利	2.5～5	10×2 次/d	20×2 次/d	4～6
雷米普利	1.25～2.5	5×2 次/d	10×2 次/d	4～6
福辛普利	5～10	20/d	40/d	2～6
赖诺普利	2.5～5	10～20/d	40/d	4～6

二、血管紧张素 II 受体（AT$_1$）阻断药

本类药物常用的有氯沙坦（losartan）、缬沙坦（valsartan）、厄贝沙坦（irbesartan）、替米沙坦（telmisartan）、坎地沙坦（candesartan）等。Ang II 受体阻断药（ARB）对 AT$_1$ 受体有高度选择性阻断作用，对 ACE 途径及非 ACE 途径（如糜酶途径）产生的 Ang II 均有拮抗作用，能扩张血管、预防和逆转心血管重构。

就作用机制而言，ACEI 的诸多有益作用是通过肾素-血管紧张素系统（RAS）和缓激肽-前列腺素-NO 通路（KKS 系统）介导的；两系统对降低血压、保护靶器官都有作用。ARB 作用于 RAS 通路的末端，通过抑制 Ang II 与 AT$_1$ 受体结合而发挥其有利作用；同时反馈性使循环和局部组织中的 Ang II 浓度增加，能更多地与 AT$_2$ 受体结合，产生与激动 AT$_1$ 受体相反的效应，理论上有利于心衰的治疗，真正是否有益于临床预后，还需要更多的证据。ARB 和 ACEI 两者的区别见表 5-25-2。

【临床应用】

ARB 治疗心衰有效，但未能证实其疗效相当于或优于 ACEI，因而尚不足以支持 ARB 作为治疗慢性心衰的首选治疗药物。对不能耐受 ACEI（大多数由于顽固性咳嗽）的心衰患者，ARB 替代是有益的。

表 5-25-2 ARB 和 ACEI 的区别

	ARB	ACEI
作用环节	作用在受体水平，同时阻断 ACE 途径和非 ACE 途径（糜酶途径）	作用于转化酶水平，只阻断 ACE 途径，有逃逸现象
对 AT$_2$ 受体的作用	增强 AT$_2$ 受体的作用，可能有益	不影响 AT$_2$ 受体的作用
对缓激肽的影响	无	阻断缓激肽灭活
不良反应	较少	干咳、血管神经性水肿、高血钾、首剂低血压等

三、醛固酮受体阻断药

醛固酮（aldosterone）是 RAAS 的重要组成部分，在心衰发病中有重要意义。以往认为醛固酮仅作用于肾盐皮质激素受体，发挥保钠排钾、排镁作用。近来发现，醛固酮受体也大量存在于心肌细胞、成纤维细胞、血管平滑肌细胞中，促进细胞生长增殖，诱导蛋白合成，引起心肌纤维化，参与心肌重构过程，增强交感神经活性，还可影响 Na$^+$ 通道，增加心肌细胞的兴奋性和收缩性，诱发心律失常和猝死。

研究表明，ACEI 治疗 4～6 周可使醛固酮降低，但治疗 3～12 个月后，虽然 Ang II 水平仍然较低，而醛固酮水平开始回升，出现所谓"醛固酮逃逸"现象。RALES 临床试验表明：对严重心力衰竭患者，在常规抗心力衰竭治疗的基础上加用低剂量的醛固酮受体阻断药如螺内酯，能显著改善患者的症状、减少因心力衰竭的住院时间、延长患者的生存期。

【临床应用】

与 ACEI 合用，同时抑制 Ang II 和醛固酮，收效更大。醛固酮受体阻断药的主要危险是引起高钾血症，因此，用量宜小，须与袢利尿药合用，并停用钾盐；联合应用大剂量 ACEI，发生高钾血症的危险增高，ACEI 应减量。肾功能受损、高龄或肌肉重量轻的患者，慎用，应注意监测血钾。

螺内酯（spironolactone）为一非选择性醛固酮受体阻断药，能与其他类固醇受体（如雌激素及雄激素受体）结合，引起与性激素相关的副作用，如男子乳房女性化、阳痿、女子月经不调、多毛症等而使其应用受限。螺内酯的起始剂量为 12.5 mg，可增至 25 mg。

依普利酮（eplerenone）为一选择性醛固酮受体阻断药（selective aldosterone receptor antagonist, SARA），对其他类固醇受体几乎无亲和力，较少引起与性激素相关的副作用，是治疗心衰安全有效的药物。依普利酮的起始剂量为 25 mg，可增至 50 mg。

第三节 利 尿 药

利尿药是治疗心衰及容量超负荷的一线治疗药。

【治疗心衰的作用机制】

利尿药能促进 Na^+、水排泄，减少体液量，减轻容量超负荷，降低心脏前负荷，从而改善心衰症状。另外，排 Na^+ 可导致血管平滑肌细胞内 Na^+ 含量降低，通过 Na^+-Ca^{2+} 交换，减少血管壁 Ca^{2+} 的含量，使容量血管和阻力血管舒张，降低心脏前、后负荷。然而利尿药并不影响心衰的自然过程，单用不能延长患者的生存期，是心衰基础治疗的标准辅助用药。

【临床应用】

适用于心衰有容量超负荷征象，如水肿或有明显充血和淤血者。如无症状或静脉充血征象时，应用利尿药并无意义，反因激活神经内分泌功能而产生不利影响。轻度心衰可单独应用噻嗪类利尿药，如 GFR 小于 30 ml/ 分钟则无效；中度心衰，可口服袢利尿药或与噻嗪类和留钾利尿药合用，并根据体重等调节剂量；重度心衰、急性肺水肿或全身水肿者，噻嗪类利尿药常无效，可静脉注射高效利尿药如呋塞米，使循环血量迅速下降，并通过迅速扩张容量血管，减少回心血量，降低右房压、肺楔压及左室舒张末压而消除左心衰所致的急性肺水肿，改善心功能。临床应用还需注意以下几点：

（1）利尿药需与 ACEI 合用，因 ACEI 可抑制利尿药引起的神经内分泌激活，而利尿药可加强 ACEI 缓解心衰症状的作用。

（2）利尿药一般采用小剂量给药，以能解除心衰的充血症状（水肿、颈静脉压升高、呼吸困难等）、体征和维持稳定的循环状态为度。不应过度、快速地降低血管容量，以免引起症状性低血压、电解质异常或肾功能恶化等。

（3）利尿药引起的电解质平衡紊乱，尤其是排钾利尿药引起的低钾血症，是心衰时诱发心律失常的常见原因之一。应注意补充钾盐或合用留钾利尿药。

（4）对心衰伴肾功能衰竭的患者，应避免与非甾体类抗炎药，如吲哚美辛等合用，以免其通过抑制环氧酶、减少肾前列腺素的合成而干扰利尿药的排钠、利尿作用。

第四节 β受体阻断药

β受体阻断药治疗心衰由禁忌到提倡使用是近年来心衰治疗的重要进展之一。传统观念认为 β 受体阻断药具有负性肌力作用，应禁用于心衰。然而交感神经系统长期激活，对心脏的有害效应远超过其短期激活的有利效应。自 1975 年 Waagstein 等首次报道 β 受体阻断药用于治疗充血性心肌病以来，大量基础研究和临床试验都显示了 β 受体阻断药对慢性心衰的有益，长期应用可以改善心衰症状，提高射血分数，改善患者生活质量，降低死亡率，已成为心衰的标准治疗药物之一。

【治疗心衰的作用机制】

1. 拮抗交感神经活性和上调 $β_1$ 受体 交感神经系统与 RAAS 的激活是心衰时最重要的神经-体液变化。β受体阻断药可抑制高浓度儿茶酚胺对心肌的损害和致心律失常作用；减慢心率，延长心室充盈时间，增加心肌血流灌注，减少心肌耗氧量，改善心功能；降低能量消耗，抑制心室重构。通过上调衰竭心肌 $β_1$ 受体的数量和恢复其信号转导能力，改善其对儿茶酚胺的敏感性。

2. 抑制 RAAS 的激活 β受体阻断药可抑制肾素的释放，减少 Ang Ⅱ 和醛固酮对心肌的损害。

【临床应用】

β受体阻断药对所有稳定性心衰患者均有益。在标准治疗（利尿药 + ACEI）的基础上，不论缺血性或非缺血性的轻、中、重度心衰患者均应接受 β受体阻断药治疗。然而，β 受体阻断药品种繁多，药理作用不完全相同，并非所有的 β 受体阻断药都使心衰患者获益，扎莫特罗（xamoterol）甚至增加心衰患者病死率。目前循证医学的证据，只有美托洛尔（metoprolol）、比索洛尔（bisoprolol）与卡维地洛（carvedilol）适用于心衰的治疗。

1. 适应证和禁忌证 基础病因为扩张性心肌病者尤为适宜。β受体阻断药应在心力衰竭血液动力学稳定的基础上开始使用，不能用于"抢救"急性心衰患者。应在治疗心衰三联基础上加用，不应该首选或单独应用。严重心动过缓、重度房室传导阻滞、低血压及支气管哮喘患者慎用或禁用。

2. 用药方法 β受体阻断药的剂量必须个体化，应根据病人的耐受性及心率情况来确定。开始宜用极小剂量，以后逐渐增量，通常每 2 周 1 次，最后达到靶剂量（表 5-25-3）。一旦应用 β 受体阻断药已达靶剂量，应长期维持，心功能改善的平均奏效时间为 3 个月（心功能改善与治疗时间呈正相关）。突然停用 β 受体阻断药，可导致临床病情恶化，应予避免。

表 5-25-3 β受体阻断药治疗心衰的剂量递增方案

药物	首剂（mg）	靶剂量（mg/d）	递增间期
比索洛尔	1.25	10	2 周～1 月
美托洛尔	5	150	2 周～1 月
美托洛尔缓释剂	12.5～25	200	2 周～1 月
卡维地洛	3.125	50～100	2 周～1 月

第五节 强心苷类

强心苷是一类具有强心作用的苷类化合物,自 1785 年 William Withering 用洋地黄治疗水肿以来,强心苷 200 多年来一直是治疗心衰的主要药物之一。

【来源及化学】

强心苷来源于植物,已从 30 余种植物中提出可供临床应用的强心苷类。玄参科植物洋地黄中提取出了地高辛(digoxin)、洋地黄毒苷(digitoxin)、毛花苷 C(lanatoside C;又称西地兰,cedilanid),夹竹桃科植物绿毒毛旋花中提取出毒毛花苷 K(strophanthin K)等。天然存在于植物中的为一级苷,如毛花苷 C;提取过程中经水解失去乙酰基和糖成为二级苷,如地高辛、洋地黄毒苷等。强心苷由苷元和糖结合而成(地高辛结构式见图 5-25-3),苷元含有一个甾核和一个不饱和内酯环,是药理活性基团,但其本身对心肌的作用微弱而短暂,与糖结合后作用强度和持久性均增加。糖的种类除葡萄糖外,还有洋地黄毒糖,能增加苷元的水溶性,影响强心苷的药物动力学性质(吸收、半衰期、代谢等)。各种强心苷的作用性质基本相同,只是由于化学结构上的某些取代基不同,而有作用强弱、快慢和久暂之分。

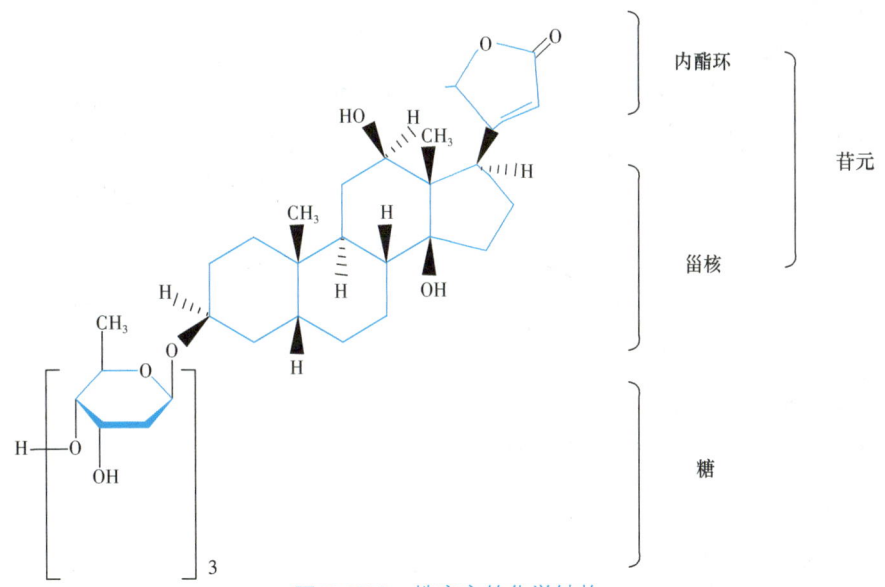

图 5-25-3 地高辛的化学结构

【体内过程】

不同的强心苷其体内过程和药代动力学参数不同,主要与其化学结构中羟基等极性基团的多寡有关。

洋地黄毒苷脂溶性高、吸收好,大多经肝脏代谢后经肾脏排泄,也有一部分经胆道排出而形成肝肠循环,$t_{1/2}$ 长达 5~7 天,属长效强心苷。

中效类的地高辛口服生物利用度约 60%~80%,约 25% 与血浆蛋白结合,随血流分布全身各组织中,组织分布浓度以肾最高,依次为心 > 胰 > 肝 > 骨骼肌 > 脑。地高辛代谢转化不多,主要被氢化成二氢地高辛后再被水解成不同产物。二氢地高辛的生成,有赖于肠道细菌迟缓真杆菌的存在,当应用抗菌药物抑制肠道细菌生长,可引起血药浓度升高,增加毒性反应。地高辛主要经肾小球滤过和肾小管分泌,约 60%~90% 以原形随尿排出,小部分地高辛经胆道排泄,肾功能不全、老人易发生地高辛蓄积中毒。$t_{1/2}$ 为 36 小时。肝功能降低的患者可以安全使用。

毛花苷 C 和毒毛花苷 K 口服吸收甚少,需静脉给药,绝大部分以原形经肾脏排出,显效快,作用维持时间短,属短效类。

【药理作用和作用机制】

(一)对心脏的作用

1. 正性肌力作用 (positive inotropic action) 强心苷对心脏具有高度的选择性,能显著增强心肌的收缩力,表现为心肌收缩时最高张力和最大缩短速率的提高,使心室收缩期缩短(心电图上表现为 Q-T 间期缩短),舒张期相对延长,从而增加心肌供血和回心血量。在同等前后负荷条件下,强心苷能增强心脏的每搏作功及搏出量。可增加心衰患者心排血量,但不增加正常人心排血量,因强心苷可直接收缩血管,对正常人增加外周血管阻力,限制心排血量的增加;而心衰时,因强心苷可通过间接反射抑制兴奋的交感神经活性,抵消强心苷的缩血管作用,从而使外周阻力并不增加,得以保持心排血量增加。

其正性肌力作用机制是：强心苷可结合于心肌细胞膜上 Na^+-K^+-ATP 酶的 α 亚基，抑制酶的活性，导致细胞内 Na^+ 增多，继而通过 Na^+-Ca^{2+} 交换而使胞内 Ca^{2+} 增加，被肌浆网的 Ca^{2+}-ATP 酶（SERCA）摄取，使较多的 Ca^{2+} 贮存在肌浆网内，当除极时，Ca^{2+} 释放增加而使心肌收缩力增加（图5-25-4）。

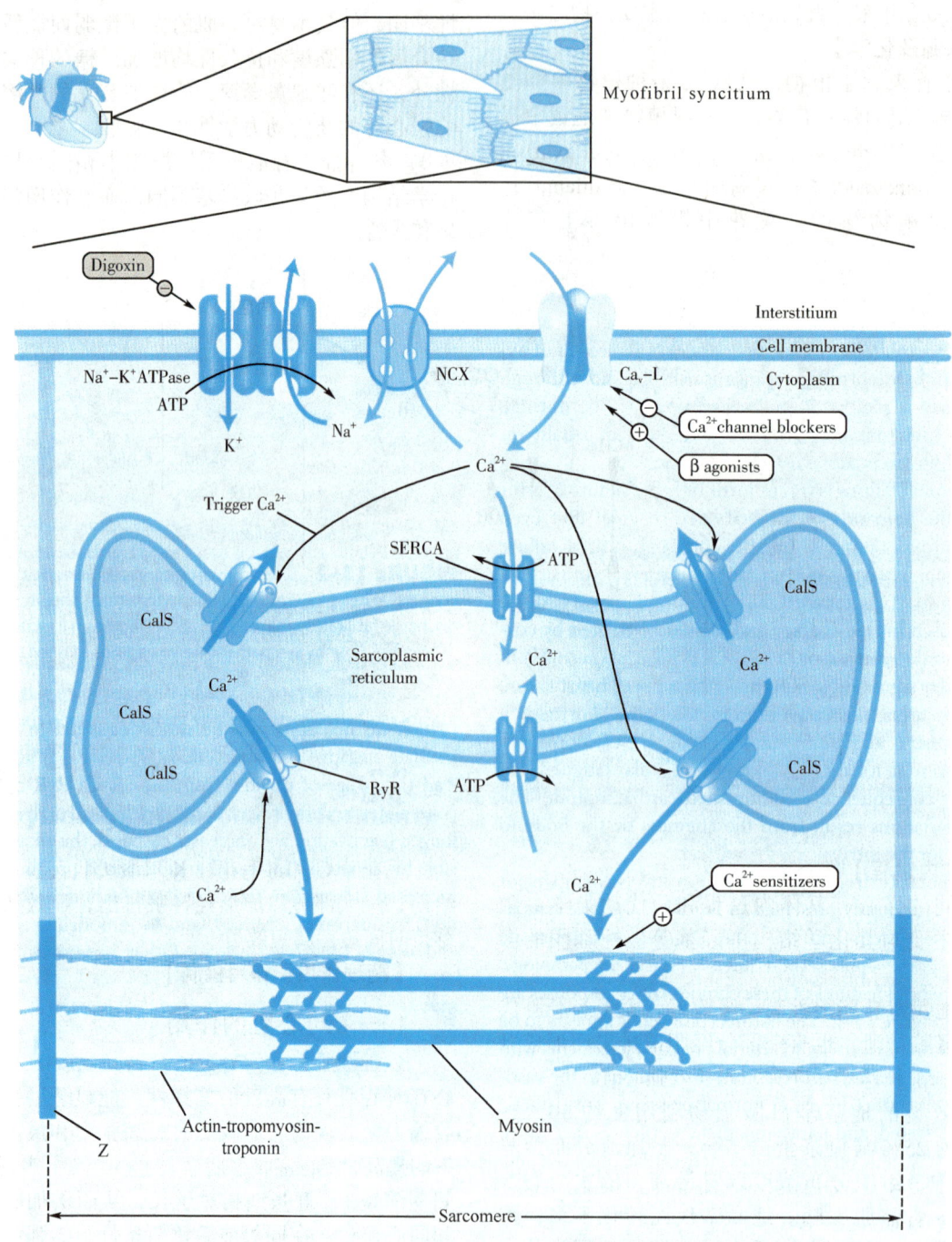

图 5-25-4　心肌肌小节及影响心肌收缩力药物的作用位点（摘自 Bertram G. Katzung 等主编 Basic & Clinical Pharmacology, 第 11 版）

NCX：Na^+-Ca^{2+} 交换体；Ca_v–L：电压依赖性 L– 型钙通道；SERCA：肌浆网钙泵；CalS：与肌浆网内集钙蛋白结合的钙；RyR：Ryanodine 受体

2. 负性频率作用 (negative chronotropic action) 治疗剂量的强心苷对正常心率影响小，但对心率加快及伴有房颤的心衰患者则可显著减慢心率。强心苷使心衰患者心搏出量增加，使其代偿性心率加快的反射消失。另外，强心苷能增敏窦弓压力感受器，增强迷走神经传出冲动，降低窦房结自律性，减慢房室传导而减慢心率。故强心苷过量引起的心动过缓和传导阻滞可用阿托品对抗。

心衰时，压力感受器细胞膜上的 Na$^+$-K$^+$-ATP 酶活性增高，使胞内 K$^+$ 增多，胞膜超极化，细胞敏感性降低，窦弓反射失灵，导致交感神经及 RAAS 功能提高。强心苷抑制 Na$^+$-K$^+$-ATP 酶，翻转上述作用，恢复窦弓反射的敏感性，得以增强迷走神经活性，并降低交感神经活性。

3. 对心肌耗氧量的影响 决定心肌耗氧量的主要因素是室壁张力、心率和心室收缩力。虽然强心苷增加心肌收缩力，使正常人心肌耗氧量增加，但其正性肌力作用能增强衰竭心脏的搏出量，使心室残余血量减少，降低室壁张力，加上负性频率的综合作用，并不增加心衰患者的心肌耗氧量，甚至有所降低。这是强心苷有别于儿茶酚胺类药物的显著特点。

4. 对传导组织和心肌电生理特性的影响 强心苷对心肌电生理特性的影响比较复杂（表 5-25-4），有直接对心肌细胞和间接通过迷走神经作用之分，还随剂量高低、不同心脏组织及病变情况而有所不同。

表 5-25-4 强心苷对心肌电生理的作用

低电生理特性	窦房结	心房	房室结	浦肯野纤维
自律性	↓			↑
传导性		↑	↓	↓
有效不应期		↓	↑（治疗量）/↓（中毒量）	↓

治疗量强心苷增强迷走神经活性而降低窦房结自律性，迷走神经兴奋时，神经末梢释放 ACh，使 K$_{ACh}$ 通道开放频率增加，加速 K$^+$ 外流，增加最大舒张电位（负值更大），并降低起搏电流（pacemaker current, I$_f$）通道和 I$_{Ca-L}$ 通道的电导，使窦房结自律性下降而减慢心率。

对心房，缩短心房有效不应期（ERP），也是通过迷走神经促 K$^+$ 外流所介导，这是强心苷使房扑转为房颤的原因。

对房室结，因加强迷走神经活性而减慢 Ca^{2+} 内流，使传导减慢（负性传导作用）。因慢反应细胞的不应期取决于 I$_{Ca-L}$ 通道的复活，治疗量强心苷加强迷走神经活性使 ERP 延长；但中毒量强心苷兴奋交感神经中枢，增加交感神经冲动发放，反而使 ERP 缩短，易引起快速型心律失常。

相反，强心苷能提高浦肯野纤维的自律性及缩短其 ERP，对此迷走神经影响很小，强心苷直接抑制 Na$^+$-K$^+$-ATP 酶发挥了主要作用，结果是细胞失 K$^+$，最大舒张电位减弱（负值减少），接近阈电位，从而提高自律性；同时由于最大舒张电位的减小，除极发生在较小膜电位，故 ERP 缩短，这是强心苷中毒时出现室性心动过速或室颤的机制。中毒量时重度抑制 Na$^+$-K$^+$-ATP 酶，使胞内 Na$^+$、Ca^{2+} 大量增加，K$^+$ 明显减少而引起各种心律失常，出现室颤或室性心动过速。

5. 对心电图的影响 在治疗量时最早可使 T 波压低，甚至倒置，S-T 段呈鱼钩状；随即引起 P-R 间期延长，反映房室传导减慢；也见 Q-T 间期缩短，提示浦肯野纤维 ERP 及 APD 缩短；P-P 间隔延长，反映窦性频率减慢。中毒量会引起各种心律失常，心电图也出现相应变化。

（二）对神经内分泌系统的作用

治疗量强心苷可直接抑制交感神经活性，增强迷走神经活性，降低心衰患者血浆肾素活性，进而降低 Ang Ⅱ 和醛固酮水平，对心衰时过度激活的 RAAS 产生拮抗作用。

中毒量强心苷可兴奋延脑催吐化学感受区（chemoreceptor trigger zone, CTZ），引起呕吐；还可兴奋交感神经中枢，增加交感神经冲动发放，引起快速型心律失常。严重中毒时还可引起中枢神经系统、兴奋症状，如行为失常、精神失常、谵妄甚至惊厥。

（三）对肾脏的作用

强心苷对心衰者有明显的利尿作用，是正性肌力作用后肾血流量增加所致，并与其直接抑制肾小管 Na$^+$-K$^+$-ATP 酶，减少肾小管对 Na$^+$ 的重吸收，促进 Na$^+$ 和水排泄有关。

（四）对血管的作用

强心苷能直接收缩血管平滑肌，增加外周阻力，升高血压，减少局部血流，这一作用与交感神经系统及心排血量的变化无关。但心衰患者用药后，因交感神经活性降低的作用超过直接收缩血管的效应，因此血管阻力下降，心输出量及组织灌流增加，动脉压不变或略升。

【临床应用】
主要用于治疗心衰与房颤、房扑。

1. 心衰 强心苷治疗心衰历史悠久，其优点是作用较持久，无耐受现象，有神经内分泌样作用；缺点是缺乏正性松弛作用，长期疗效差，不能延长患者生存时间，毒性大，安全范围小。1997 年洋地黄研究组的结论称，地高辛能改善症状，提高左室 EF，降低住院率及再入院率，减少心衰恶化所致的病死率，但并不降低总病死率。随着对心衰病理生理认识的不断深入，强心苷的治疗适应证已减少，不再作为心衰的首选药。目前主要用于收缩功能障碍为主的心衰患者。

强心苷对不同类型或不同病因的心衰疗效不同：有房颤伴心室率快的心衰是强心苷的最佳适应证；对瓣膜病、风湿性心脏病（高度二尖瓣狭窄除外）、高血压、冠状动脉粥样硬化所致的低排血量心衰疗效较好；对贫血、甲状腺功能亢进及 $VitB_1$ 缺乏所致能量产生障碍的心衰疗效差；对肺源性心脏病、活动性心肌炎（如风湿活动期）因心肌缺氧和能量代谢障碍而产生的心衰疗效差，且易中毒；扩张性心肌病、心肌肥厚、舒张性心衰不宜选用强心苷；对伴有机械阻塞性病变使心脏舒张或血液充盈受限，如重度二尖瓣狭窄及缩窄性心包炎者无效或有害。

2. 某些心律失常

（1）心房纤颤：房颤的主要危害在于心房过多的冲动下传至心室，引起心室率过快，心室充盈不足，心排血量减少。强心苷通过抑制房室传导，使过多冲动隐匿在房室结中不能下传至心室，减慢心室率，增加排血量。其治疗目的不在于停止房颤而在于防止心室率过快，避免循环障碍。

（2）心房扑动：房扑的异位节律相对较规则，冲动相比房颤虽少但较强，易传入心室引起室率过快及循环障碍。强心苷通过不均一缩短心房 ERP，使房扑转为房颤，然后再通过负性传导作用，减慢心室率。部分病例在停用强心苷后，可恢复窦性节律。这是因为停用强心苷，相当于取消了其缩短心房 ERP 的作用，也就是相对延长了心房的 ERP，使折返冲动较多落于不应期而终止折返激动，恢复窦性节律。强心苷是治疗房扑最常用的药物。

（3）阵发性室上性心动过速：强心苷可通过负性传导作用，中断折返，终止心动过速。但预激综合征并发房室正路逆传型心动过速的患者应禁用强心苷。还应注意，强心苷中毒也会出现阵发性室上性心动过速，用药前应先鉴别发病原因。所以临床较少用。

【不良反应】

强心苷治疗安全范围小，一般治疗量已接近中毒剂量的 60%，毒性反应发生率高；而且个体差异较大，特别是当低血钾、高血钙、低血镁、心肌缺氧、酸碱平衡失调、肾功能不全等因素存在时，毒性反应更容易发生。

1. 胃肠道反应 是最常见的早期中毒症状，主要表现为厌食、恶心、呕吐、腹痛和腹泻等。恶心、呕吐是由于强心苷兴奋了延髓的催吐化学感受区。剧烈呕吐可导致失钾而加重强心苷中毒，应注意补钾或考虑减量、停药。还需注意区别因强心苷用量不足，心衰疾病本身所致的胃肠道症状。

2. 中枢神经系统反应 头痛、头晕、疲倦、失眠、谵妄等。此外，还可见视觉异常如黄视、绿视、视物模糊等，可能与强心苷分布于视网膜有关。视觉异常亦为中毒先兆，是停药的指征之一。

3. 心脏反应 常见室上性或室性心律失常及房室传导障碍，是强心苷最严重的不良反应。因中毒量强心苷重度抑制 Na^+-K^+-ATP 酶，造成细胞内严重失钾而使最大舒张电位负值变小，自律性增高所致，尚可引起迟后除极而致快速型心律失常。其中以室性早搏为多见早见，约占心脏反应的 33%，依次为房室传导阻滞、房室结性心动过速、房性心动过速兼房室传导阻滞、室性心动过速、窦性停搏等。

【中毒防治】

防治上首先应注意诱发因素，还应警惕中毒先兆症状，及时停药。测定强心苷血药浓度有助于及早发现。一般地高辛血药浓度在 3 ng/ml，洋地黄毒苷在 45 ng/ml 即可诊断为中毒。

对快速型心律失常者可静脉滴注钾盐，轻者口服。因细胞外 K^+ 可阻止强心苷与细胞膜 Na^+-K^+-ATP 酶的结合，故能阻止毒性的发展。但强心苷中毒后补钾只能阻止强心苷继续与心肌细胞的结合，不能将已与心肌细胞结合的强心苷置换出来，故防止低血钾比救治补钾更重要。补钾不可过量，同时注意患者的肾功能，防止高血钾的发生。对并发传导阻滞的强心苷中毒不能补钾，否则可致心脏停搏。

严重者，还需用苯妥英钠，它与强心苷争夺 Na^+-K^+-ATP 酶，使与强心苷结合的 Na^+-K^+-ATP 酶解离下来，恢复酶的活性。也可用利多卡因解救室性心动过速及室颤。对危及生命的极严重中毒者，宜用地高辛抗体 Fab 片段作静脉注射，它能迅速结合并中和地高辛，使后者脱离 Na^+-K^+-ATP 酶而解除毒性，静脉注射 Fab 在 20 分钟内见效，80 分钟效应最高，Fab 每 80 mg 能拮抗 1 mg 地高辛。

对强心苷中毒引起的心动过缓和房室传导阻滞等缓慢型心律失常，不宜补钾，宜用阿托品等 M 受体阻断药解救，无效时采用快速起搏。

【药物相互作用】

奎尼丁能使 90% 患者的地高辛血药浓度提高 1 倍，提高的程度与奎尼丁用量相关，为奎尼丁自组织结合处置换地高辛之故。其他抗心律失常药胺碘酮、钙通道阻滞药、普罗帕酮使地高辛血药浓度提高 70%，引起缓慢型心律失常。与上述药物合用宜减少地高辛用量。拟肾上腺素药可提高心肌自律性，使心肌对强心苷的敏感性增高，而导致强心苷中毒。苯妥英钠可增加地高辛的清除而降低地高辛的血药浓度。

【用法】

1. 全效量法 是经典的给药方法，即先在短期内给予能充分发挥效应,而不致中毒的最大耐受量,即全效量,称为"洋地黄化"。然后再给予维持量,以补充每日排出的药量而维持疗效。此法因易引起不良反应,现已少用。

2. 每日维持量法 目前倾向于小剂量化。对病情不急者,每日给维持量地高辛,经 4～5 个半衰期能在体内达到稳态血药浓度而发挥疗效。通常地高辛,每天 0.25～0.375 mg,经 6～7 天可达稳态血药浓度;老人(男)地高辛的维持量为 0.125 mg/天,血清地高辛水平在 0.5～0.8 ng/ml 之间较为安全;如血清地高辛水平在 1.2 ng/ml 或更高时,则明显增加死亡率。此法不适于急性病例。肾功能减退者、老人等宜减量。基本病因为缺血性心脏病、心肌病及肺源性心脏病等,剂量也应酌减,因心肌缺血、缺氧时对地高辛的耐受性降低。

【禁忌证】

房室传导阻滞、室性心律失常、病态窦房结综合征、预激综合征和主动脉瘤等禁用强心苷。

第六节 其他治疗心衰的药物

一、血管扩张药

【治疗心衰的作用机制】

扩张静脉(容量血管)减少静脉回心血量,降低前负荷,进而降低肺楔压、LVEDP 等,缓解肺部充血症状。扩张小动脉(阻力血管)降低外周阻力,降低后负荷,进而改善心功能,增加心排血量和动脉供血,缓解组织缺血症状,并可弥补或抵消因小动脉扩张而可能发生的血压下降和冠状动脉供血不足等不利影响。

【临床应用】

应根据患者血流动力学效应选用血管扩张药,如以前负荷升高为主,肺淤血症状明显者,宜用扩张静脉为主的硝酸酯类;若以后负荷升高为主,心排血量明显减少者,宜用扩张动脉为主的肼屈嗪等,对前后负荷均升高者,则应兼顾用药,选用硝普钠,或联合应用硝酸酯类和肼屈嗪。

所用剂量应参考血压及肺楔压而定,一般以维持血压于 90～100 mmHg/50～60 mmHg、维持肺楔压在 15～18 mmHg 为宜。否则因动脉压过低或左室充盈不足,影响体循环和冠脉供血。

血管扩张药对短期的血流动力学指标和中期的运动耐力的改善是肯定的,但不能防止心衰的进展,可迅速产生耐受性和反射性激活神经内分泌机制等,不能降低病死率。是心衰的辅助用药。

血管扩张药减轻心脏负荷,可导致体液潴留而产生耐受性,需联合应用利尿药。

1. 硝酸酯类 (nitrates) 如硝酸甘油(nitroglycerin)、硝酸异山梨酯(isosorbide dinitrate),主要扩张静脉,降低前负荷,略降后负荷。它们在体内转化成 NO 而生效,对心衰的血流动力学可产生良好效应。能使静脉容量增加而降低右房压,明显减轻肺充血及呼吸困难等症状,还选择性扩张心外膜冠状血管,增加冠脉流量,促进心室收缩及舒张功能。尤适用于冠心病、肺楔压增高的心衰患者及肺淤血症状明显的患者。

2. 肼屈嗪 (hydralazine) 扩张小动脉,降低心脏后负荷,增加心搏量,也较明显增加肾血流量。因能反射性激活交感神经和 RAAS,故长期单独应用疗效难以维持。主要用于肾功能不良或不耐 ACEI 的心衰者。

3. 硝普钠 (sodium nitroprusside) 扩张小动、静脉,降低心脏前后负荷,作用快,可快速控制失代偿性心衰(decompensated heart failure)。也适用于需迅速降低血压、肺楔压、肺水肿及高血压危象等危急病例。口服无效,仅用静脉滴注法给药。

4. 哌唑嗪 (prazosin) 选择性 α_1 受体阻断药,能扩张动、静脉,降低前后负荷,增加心排血量。适用于心排血量低而肺静脉压高,有肺淤血的患者。久用效果差,一般较少用。

5. 奈西立肽 (nesiritide) 为重组人 B 型利钠肽(human B-type natriuretic peptide,hBNP),于 2001 年获 FDA 批准用于治疗急性失代偿性充血性心衰(acute decompensated heart failure)。除具有利尿作用外,还能与血管平滑肌细胞、血管内皮细胞表面的鸟苷酸环化酶受体结合,增加细胞内 cGMP 含量,松弛血管平滑肌,降低动、静脉张力;抑制去甲肾上腺素、肾素释放,拮抗醛固酮等作用。因其半衰期只有 18 min,临床上先静脉注射后静脉点滴维持疗效。该药可剂量依赖性的增高血清肌酐水平,提示其对肾功能有一定的影响。

二、非苷类正性肌力药

包括 β 受体激动药和磷酸二酯酶抑制药等。临床试验证明,短期内可获得一定的疗效,长期应用不良反应多,可增加心衰患者的病死率,故不宜作常规治疗用药。

(一) 儿茶酚胺类

心衰时,交感神经处于激活状态,心脏的 β_1 受体下调,对儿茶酚胺类药物及 β_1 受体激动药的敏感性下降,在后期更是心衰恶化的主要因素之一。β 受体激动药的应用就像"疲马加鞭",长期应用反而对心衰不利。主要用于强心苷疗效不佳或禁忌者,更适用于伴有心率减慢或传导阻滞患者的短期应用。

1. 多巴酚丁胺 (dobutamine) 对心肌的 β_1 受体有相对选择性，对多巴胺受体无作用，能明显增强心肌收缩性，降低血管阻力，增加心排血量。其缺点是降低肺动脉压作用不强，久用易脱敏。有报道与对照组相比，多巴酚丁胺致死亡较多，不适宜作常规治疗心衰之用。

2. 多巴胺 (dopamine) 选择性作用于 D_1、D_2 受体，扩张肾及冠脉血管，剂量小于 2 μg/(kg·min) 时能增加肾血流量和肾小球滤过率，促进排钠。较大剂量激动 β 受体，并促使 NA 释放，抑制其摄取。剂量为 2～10 μg/(kg·min) 时能增加外周血管阻力，加强心肌收缩力。大剂量时激动 α 受体，收缩血管，增加心脏后负荷。多用于急性心力衰竭，常采用静脉滴注给药。

（二）磷酸二酯酶抑制药 (phosphodiesterase inhibitor，PDEI)

磷酸二酯酶广泛分布于心肌、平滑肌、血小板及肺组织，至少有 7 种亚型。PDE Ⅲ型是心肌中降解 cAMP 为 AMP 的主要亚型。PDEI 通过抑制 PDE Ⅲ 而明显增加心肌细胞内 cAMP 含量，后者通过激活蛋白激酶 A (PKA) 使 Ca^{2+} 通道磷酸化，促进 Ca^{2+} 内流而增加细胞内 Ca^{2+} 浓度，发挥正性肌力作用。此外，cAMP 扩张动、静脉，特别对静脉与肺血管床扩张较明显，使心脏负荷降低，心肌耗氧量下降。PDEI 是一类正性肌力扩血管药 (inodilating drugs) 或强心扩血管药 (inodilator)。代表药有米力农 (milrinone，甲氰吡酮)、依诺昔酮 (enoximone) 和维司力农 (vesnarinone) 等。主要用于心衰短时间的支持疗法，尤其是对强心苷、利尿药及血管扩张药反应不佳的患者。

1. 米力农 双吡啶类衍生物，能选择性抑制 PDE Ⅲ 活性而提高细胞内 cAMP 含量，具有增加心肌收缩力和扩张血管的作用。有报道能增加病死率，故仅作短期静脉给药治疗急性心力衰竭。不良反应较同类药物氨力农 (amrinone，氨吡酮) 少，但仍可引起室上性及室性心律失常、低血压、心绞痛样疼痛及头痛等。而消化道症状、发热及血小板缺乏症均低于氨力农。

2. 维司力农 是一种口服有效的 PDE Ⅲ 抑制药，有强效的正性肌力作用和适度的血管扩张作用。对 PDE Ⅲ 的抑制比双吡啶类的米力农和氨力农弱。除抑制 PDE Ⅲ 外，还能激活 Na^+ 通道，促进 Na^+ 内流；抑制 K^+ 通道，延长动作电位时程，从而增加细胞内 Ca^{2+} 含量；还可增加心肌收缩成分对 Ca^{2+} 的敏感性；抑制 TNF-α 和干扰素 -γ 等细胞因子的产生和释放。临床报道称维司力农能降低心衰者的病死率。

（三）钙增敏药 (calcium sensitizers)

钙增敏药可作用于收缩蛋白水平，增加肌钙蛋白 C (troponin C，TnC) 对 Ca^{2+} 的亲和力；能在不增加胞内 Ca^{2+} 的条件下，加强心肌收缩性。因此可避免细胞内过高 Ca^{2+} 浓度所引起的不良后果，也可节约部分供 Ca^{2+} 转运所耗的能量。是正性肌力药物开发的新方向，但具有舒张延缓和提高舒张期张力的副作用。大多数钙增敏药还兼具有 PDE Ⅲ 的抑制作用，可部分抵消钙增敏药的副作用。代表药有匹莫苯 (pimobendan)、左西孟旦 (levosimendan) 和噻唑嗪酮 (thiadizinone)。

在动物实验及临床试验中，短期使用能改善血流动力学效应及症状，治疗急性心衰获得较好的效果。其作用机制尚有待进一步探讨，疗效还有待大规模的临床研究。

三、钙通道阻滞药

钙通道阻滞药可缓解钙超载，改善心脏舒张期功能障碍；扩张血管，降低外周阻力，增加冠脉流量，理论上应有益于心衰的治疗。但短效钙通道阻滞药如硝苯地平、地尔硫䓬和维拉帕米反而可使心衰症状恶化，特别是收缩性心衰、缺血性心脏病患者，可增加病死率。可能与药物的负性肌力作用及反射性激活神经内分泌系统等有关。故不适于心衰的治疗。

长效钙通道阻滞药如氨氯地平 (amlodipine)、非洛地平 (felodipine) 对血管的选择性较高，负性肌力作用较弱，在治疗心衰时少伴有不利的神经内分泌方面的不良作用，还可降低细胞因子如 IL-6 和 TNF-α 的水平，可用于舒张性心衰、左室功能障碍的非缺血性心衰及伴心绞痛、高血压的心衰患者。

第七节　心衰药物治疗的用药原则

心衰药物治疗的目标不仅要缓解症状，改善血流动力学变化，还要防止并逆转心室肥厚、重构，降低病死率和改善预后，延长患者生存期。

当前心衰的标准治疗药仍然是 ACEI、β 受体阻断药和利尿药。前二类药能提高心衰患者的生存率。必要时，如收缩功能不良者，可加用地高辛，改进生活质量。AT_1 受体阻断药也能降低病死率，效似 ACEI，就目前而言，可作为不能耐受 ACEI 时的替代药应用。醛固酮受体阻断药加用于标准药物时，能进一步降低病死率。

中国心衰治疗指南还专门对神经内分泌抑制药的联合应用作出了指导：

1. ACEI 和 β 受体阻断药的联用 两药合用称之为"黄金搭档"，可产生相加或协同的有益效应，使死亡危险性进一步下降，应尽早合用。β 受体阻断药治疗前，不应使用较大剂量的 ACEI。在一种药低剂量基础上,加用另一种药,比单纯加量获益更多。两药合用后可交替和逐步递加剂量,分别达到各自的目标剂量或最大耐受剂量。为避免低血压,β受体阻断药与ACEI可在一日中不同时间段服用。

2. ACEI与醛固酮受体阻断药联用 进一步降低慢性心衰患者的病死率,又较为安全,但要严密监测血钾水平,通常与排钾利尿药合用以避免发生高钾血症。在上述ACEI和β受体阻断药黄金搭档基础上加用醛固酮受体阻断药,三药合用可称之为"金三角",应成为慢性HF-REF的基本治疗方案。

3. ACEI与ARB联用 能否合用治疗心衰,仍有争论。两者联合使用时,不良反应如低血压、高钾血症、血肌酐水平升高,甚至肾功能损害发生率增高(ONTARGET试验),应慎用。AMI后并发心衰的患者亦不宜合用。随着最近的临床试验结果公布,醛固酮受体阻断药的应用获得积极推荐,在ACEI和β受体阻断药黄金搭档之后优先考虑加用,故一般情况下ARB不再考虑加用,尤其禁忌将ACEI、ARB和醛固酮受体阻断药三者合用。

4. ARB与β受体阻断药或醛固酮受体阻断药联用 不能耐受ACEI的患者,ARB可代替应用。此时,ARB和β受体阻断药的合用,以及在此基础上再加用醛固酮受体阻断药,类似于"黄金搭档"和"金三角"。

未来临床心衰治疗的干预靶点不仅要抑制或拮抗有害的生物活性因子(如Ang Ⅱ、NE、ET-1、VP、TNF-α),也要增强某些有益的神经激素(如BNP、PGI_2、AM)的作用。预计今后心衰的治疗研究还将超越神经体液系统,采用多项抗重构策略而向前进展。

(汕头大学医学院　石刚刚)

第二十六章 抗心肌缺血药

- Angina pectoris, the primary symptom of ischemic heart disease, is caused by transient episodes of myocardial ischemia that are due to an imbalance in oxygen supply-demand relationship.
- The major pharmacological agents used in the treatment of myocardial ischemia are organic nitrates, Ca^{2+} channel blockers and β adrenergic receptor antagonists. All these agents improve the balance of myocardial oxygen supply and demand.
- Organic nitrates such as nitroglycerine act by promoting vascular smooth muscle relaxation. Nitric oxide liberated from organic nitrates activates the soluble guanylyl cyclase, thereby increasing the intracellular levels of cyclic GMP. In turn, this promotes the dephosphorylation of the myosin light chain and the reduction of cystolic Ca^{2+} and leads to the relaxation of smooth muscle cells in a broad range of tissues. Nitric oxide-mediated activation of guanylyl cyclase also inhibits platelet aggregation.
- Calcium channel blockers act by inhibiting the L-type voltage-dependent Ca^{2+} channels and decreasing Ca^{2+} influx. In vascular smooth muscle, this leads to relaxation, especially in arterial beds. These drugs also may produce negative inotropic and chronotropic effects in the heart. Verapamil mainly affects the heart, while dihydropyridines such as nifedipine are more potent vasodilators and increase coronary blood flow.
- β adrenergic receptor antagonists such as propranolol act primarily by reducing cardiac oxygen consumption and are effective in prophylaxis of myocardial ischemia.

缺血性心脏病（ischemic heart disease）亦称冠状动脉性心脏病（coronary heart disease），系指冠状动脉功能性或器质性病变引起冠状动脉梗阻或狭窄，心肌缺血缺氧而引起的心脏病。缺血性心脏病的主要病因为冠状动脉粥样硬化病变，导致血管管腔狭窄。此外，冠状动脉炎症、冠状动脉内血栓形成以及冠状动脉痉挛等病因也可导致冠脉管腔狭窄。心绞痛（angina pectoris）是缺血性心脏病最常见的临床症状，其典型表现为阵发性、突发性胸骨后压榨性疼痛，并向心前区或左上肢放射。心绞痛持续发作如不及时治疗则可发展为心肌梗死（myocardial infarction）。心绞痛的主要病理生理机制是冠脉病变导致冠脉舒张功能减弱，冠脉循环的储备能力下降，不能满足心肌耗氧量增加的需要，引起心肌氧的供需失衡，导致心肌组织相对或绝对缺血、缺氧，代谢产物堆积于心肌组织，刺激神经末梢引起疼痛。

心肌氧的供给取决于动、静脉氧分压差和冠状动脉的血流量。由于心肌在休息状态时摄氧量已达极限，增加心肌氧的供给主要通过增加冠状动脉的血流量而实现。冠脉血流量主要取决于灌注压、冠脉阻力以及灌注时间。升高血压、降低冠脉阻力及减慢心率均可增加冠脉血流量。此外，由于冠状动脉分支之间普遍存在侧支循环，在冠状动脉粥样硬化引起血管阻塞时，侧支循环可起一定的代偿作用。某些抗心肌缺血药通过扩张冠状动脉与侧支血管而增加缺血区的血液供应。

决定心肌耗氧量的主要因素包括心室壁张力、心率和心肌收缩力。心室壁张力（相当于动脉收缩压）与心室内压力和心室容积成正比。心室壁张力越大，维持张力所需的能量越多，耗氧量也就越大。每分钟射血时间等于心室每搏射血时间与心率的乘积，射血时心室壁张力增加，每搏射血时间延长，心肌耗氧量增加（图5-26-1）。临床上常以"三项乘积"（收缩压×心率×射血时间）粗略估算心肌的耗氧量。

经皮穿刺冠状动脉腔内成形术（percutaneous coronary intervention，PCI）和冠状动脉搭桥术（coronary artery bypass grafting，CABG）的开展和普及使缺血性心肌病的治疗取得了长足进步，但药物治疗仍是心肌缺血最基础和最主要的治疗方式。心肌缺血的药物治疗原则是降低心肌耗氧，增加缺血区心肌的血液供应，恢复心肌氧的供需平衡，纠正心肌代谢紊乱，保护受损心肌细胞。抗心肌缺血药物可通过下列几个环节发挥作用：①增加心肌氧供应：舒张冠状动脉，解除冠状动脉痉挛或促进缺血区血管生长、开放侧支循环而增加冠状动脉血流量和缺血区域血液供应；②减少心肌耗氧量：扩张外周血管，降低心脏的前后负荷，降低室壁张力，或减慢心率，减弱心肌收缩力；③改善心肌代谢：降低细胞内Ca^{2+}浓度，保护线粒体功能，纠正心肌代谢紊乱；④抑制血小板集聚和抗血栓形成。

治疗心肌缺血的药物主要包括：①硝酸酯类，

如硝酸甘油；②钙通道阻滞药，如硝苯地平；③β肾上腺素受体阻断药，如普萘洛尔；④抗血小板和抗血栓形成药，如阿司匹林；⑤其他抗心肌缺血药，如改善心肌能量代谢的药物雷诺拉嗪等。

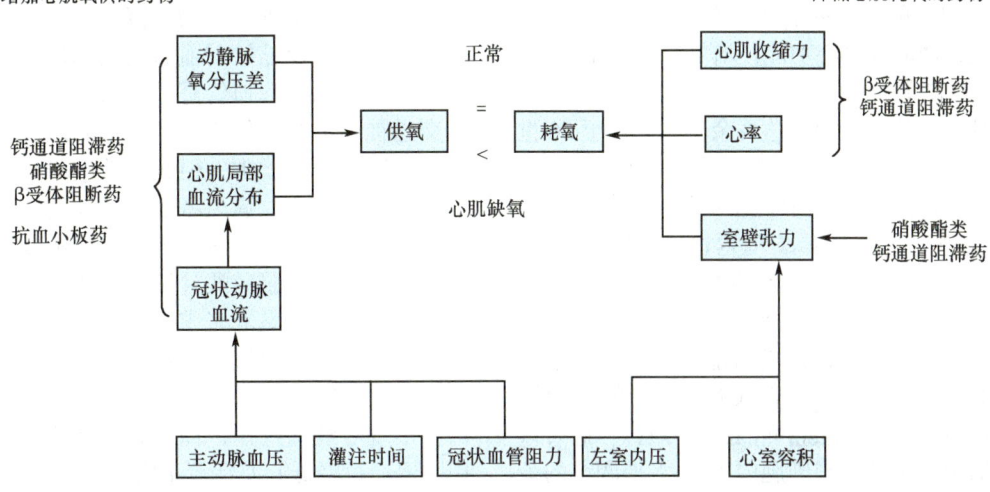

图 5-26-1　影响心肌氧供需的因素及抗心肌缺血药物的作用环节

第一节　硝酸酯类

硝酸酯类药物用于缓解心绞痛发作始于1867年，因其起效迅速、疗效可靠，目前仍然是临床上首选的一线抗心绞痛药物。常用的硝酸酯类药物包括三类：速效类的硝酸甘油，中效类的硝酸异山梨酯；长效类的单硝酸异山梨酯和戊四硝酯，其中硝酸甘油是最常用的缓解心绞痛发作的药物。硝酸酯类化合物的化学结构为硝酸多元酯，具有较高的脂溶性，化学结构中的—ONO₂基团是该类药物发挥药理作用的关键部分（图5-26-2）。

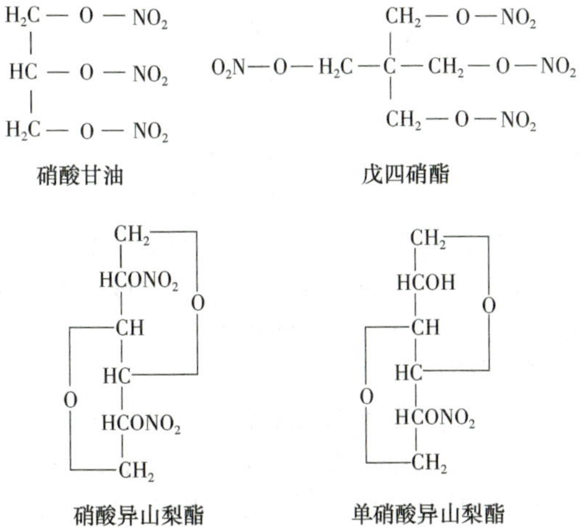

图 5-26-2　硝酸酯类化学结构

硝酸甘油

【别名】

三硝酸甘油酯。

【体内过程】

硝酸甘油（nitroglycerin）口服易被胃肠道吸收，但首过消除显著，生物利用度仅8%。舌下含服后经口腔黏膜迅速吸收，可避免首过消除，生物利用度达80%。硝酸甘油舌下含服后1～2分钟起效，4分钟血浆浓度达峰值，血浆 $t_{1/2}$ 约4分钟，作用持续20～30分钟。硝酸甘油在肝脏中代谢成易溶于水的脱硝酸代谢物和无机亚硝酸盐。线粒体醛脱氢酶（$ALDH_2$）参与硝酸甘油的代谢。代谢产物二硝酸甘油的舒血管效应是硝酸甘油的1/10，$t_{1/2}$ 约为40分钟。代谢产物由肾排泄。

【药理作用】

硝酸甘油的基本作用是舒张血管平滑肌，可同时舒张静脉与动脉血管，但对静脉血管的扩张作用更强，可能与静脉血管平滑肌细胞中富含将硝酸甘油转化为一氧化氮（NO）的酶有关。在动脉，硝酸甘油舒张大、中动脉的作用较小动脉更明显。低剂量硝酸甘油主要舒张静脉，引起左右心室容积和左室舒张末压下降，心脏前负荷降低，肺血管阻力和心输出量稍有降低，可舒张头、颈部小动脉，但对外周血管阻力影响较小；中等剂量的硝酸甘油可舒张冠脉的大、中传输动脉，使其阻力下降，冠脉流量增加；大剂量硝酸甘油可同时扩张动、静脉血管，从而降低心脏的前后负荷，降低心肌耗氧，并有一定的降压作用。由于其降低血压和心输出量，可导致交感神经系统反射性激活，心率可略加快。此外，硝酸甘油也可舒张其他组织平滑肌，如胃肠道、胆道、呼吸道、泌尿道和子宫。

硝酸甘油释放NO对心脏的直接作用表现为较弱的负性肌力作用，但其对心脏的作用主要是继发于其扩张血管的作用。正常人及无心功能衰竭的冠心病患者应用硝酸甘油后每搏量和心输出量减少,心率不变或轻微反射性增加;较大剂量时,由于血压下降而引起反射性心率加快。在充血性心力衰竭患者,硝酸甘油能改善心功能,增加心输出量。

【作用机制】

硝酸甘油在临床应用长达百余年后,直至 20 世纪 80 年代才发现其舒张血管效应通过生物转化释放 NO 实现。硝酸甘油的生物转化主要发生在线粒体,$ALDH_2$ 和谷胱甘肽硫转移酶(GST)等催化硝酸甘油转化为亚硝酸盐是生成具有生物活性 NO 的必要环节。NO 通过激活可溶性鸟苷酸环化酶(soluble guanylyl cyclase, sGC),从而增加细胞内第二信使 cGMP 的水平。cGMP 可激活 cGMP 依赖的蛋白激酶(cGMP-dependent protein kinase, PKG),后者可使平滑肌细胞中多种参与细胞内 Ca^{2+} 水平调节的蛋白质发生磷酸化,从而抑制肌浆网释放 Ca^{2+} 以及细胞外 Ca^{2+} 内流,降低胞质中游离 Ca^{2+} 浓度,使肌球蛋白轻链去磷酸化,血管平滑肌松弛。活化的 PKG 也可直接与肌球蛋白轻链磷酸酶结合,导致后者活化和肌球蛋白轻链去磷酸化,引起血管舒张。由于硝酸甘油发挥舒张血管平滑肌的作用为非内皮依赖性的,在动脉粥样硬化和高血压等病理生理状态下仍可独立地发挥舒血管效应。

研究发现,硝酸甘油释放的 NO 也可与蛋白质中的巯基形成加合物,或与还原型谷胱甘肽结合生成亚硝基硫醇(nitrosothiol),后者具有与 NO 不一样的生物学功能。此外,内源性活性物质前列腺素(prostaglandins, PGs)和降钙素基因相关肽(calcitonin gene-related peptide, CGRP)也参与介导硝酸甘油的舒血管作用和心肌保护作用(图 5-26-3)。

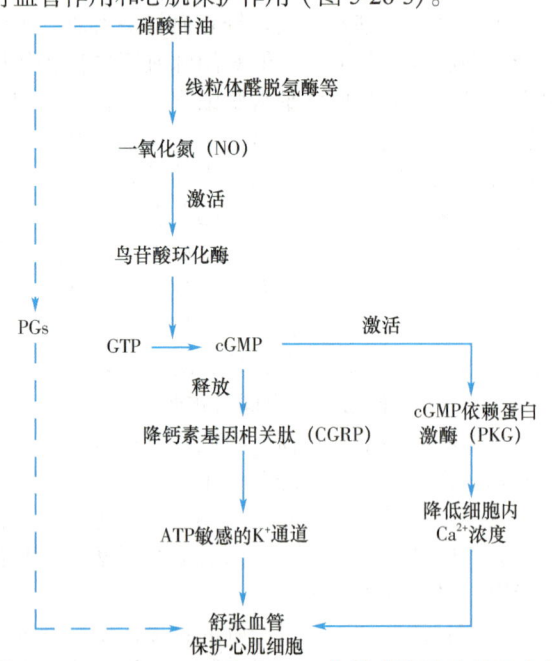

图 5-26-3 NO、PGs 和 CGRP 介导硝酸甘油的心血管作用

1. 降低心肌耗氧量 硝酸甘油舒张容量血管,减少回心血量,降低左、右心室的充盈压和容积,降低前负荷,降低心室壁张力,从而降低心肌耗氧量;扩张小动脉可使外周阻力下降,降低后负荷,减少心脏做功,以及缩短射血时间而降低心肌耗氧量。虽然硝酸甘油引起血管舒张和血压下降可引起反射性交感神经兴奋,使心率加快和心肌收缩力加强,导致心肌耗氧量增加,但其净效应仍是使心肌总耗氧量降低。向心绞痛患者冠状动脉内直接注射硝酸甘油可使冠脉流量显著增加,但并不能缓解心绞痛发作,而舌下含服硝酸甘油可缓解心绞痛;放血也可通过降低左心室舒张末压力,模拟硝酸甘油的效应。硝酸甘油使心绞痛患者的运动时间延长,然而,只要三项乘积达到一定值,无论是否应用硝酸甘油,都会出现心绞痛发作,提示硝酸甘油的抗心绞痛作用主要通过降低心肌耗氧量实现。

2. 增加冠状动脉血流量,改善心内膜下缺血区的血流供应 硝酸甘油舒张心外膜下大的冠状动脉及分支血管,在冠状动脉痉挛时此作用更为明显,因而增加冠状动脉血流量,缓解心肌缺血。自身调节机制在心肌局部血流的调节中起重要的作用,而缺血是冠状血管床舒张强有力的刺激因素。当冠状动脉因粥样硬化发生狭窄或冠脉痉挛时,缺血区的阻力血管因缺氧代谢物(如腺苷、乳酸等)堆积而处于舒张状态,由于硝酸甘油对小的冠状动脉阻力血管舒张作用较弱,且其降低心肌耗氧的作用可使非缺血区血管阻力继发性升高,加上冠脉血流量增加,这样可迫使血液从非缺血区经侧支血管流向缺血区,从而使冠脉血流发生重新分布,改善缺血区的血液供应(图 5-26-4)。此外,硝酸甘油可降低室壁张力和左心室舒张末期压,舒张心外膜下血管及其分支,因而可增加跨心室壁血管内的压力梯度,有利于血液流向缺血的心内膜下区域。

3. 对缺血心肌的保护作用 硝酸甘油释放 NO 并促进 CGRP 和 PGI_2 生成与释放,这些内源性活性物质对心肌细胞具有直接保护作用。

4. 抑制血小板聚集 硝酸甘油也可增加血小板内 cGMP 水平,降低血小板中 Ca^{2+} 浓度,抑制血小板聚集,从而发挥抗心绞痛作用。

【临床应用】

1. 心绞痛 硝酸甘油对各型心绞痛(包括稳定型、不稳定型和变异型心绞痛)均有效,用于治疗心绞痛的发作,用药后能迅速缓解疼痛症状,改善心电图的缺血性改变,提高患者的运动耐量。由于其作用持续时间短,一般不作为预防用药。在特殊情况下,如精神遭受意外强烈刺激时,或过于疲劳时,或体育锻炼时,也可用于预防心绞痛发作。

2. 急性心肌梗死 硝酸甘油能减少心肌耗氧量,增加缺血区的供血,保护或挽救存活的心肌组织或细胞,缩小心肌梗死范围;降低左心室充盈压,减轻肺充血；预防心室结构的重构。

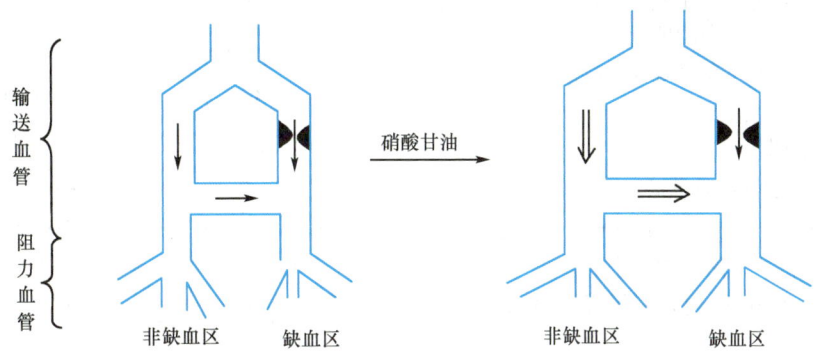

图 5-26-4　硝酸甘油对冠状动脉的作用部位示意图

3. 充血性心力衰竭　硝酸甘油通过舒张静脉，降低心脏前负荷，降低心室充盈压；大剂量应用可降低肺血管和外周血管阻力，减轻射血阻抗，降低肺楔压，缓解肺淤血，有利于增加每搏量和心排血量；通过选择性舒张心外膜下冠脉大的分支血管，增加冠脉流量，改善心室的收缩和舒张功能。

【不良反应】

主要由其舒张血管的作用所继发。扩张脑膜动脉血管所引起的搏动性头痛是最常见的不良反应，停药后数天可自行消失，减少用药剂量可减轻。由于硝酸甘油可使脑部血容量增加，故禁用于颅内压升高和颅内出血的患者。头、面、颈、皮肤血管扩张引起暂时性面颊部皮肤潮红。眼内血管扩张可升高眼内压，故禁用于眼内压升高如青光眼患者。大剂量或敏感者可出现直立性低血压，表现为头昏、乏力、脸色苍白，偶可出现意识丧失，饮酒可加重。自主神经功能紊乱的患者小剂量应用时即可发生直立性低血压，改变体位如采用卧位或半卧位或采取其他促进静脉回流的措施能缓解硝酸甘油引起的晕厥。大剂量应用硝酸甘油还可由于血压过度降低，引起交感神经过度兴奋，导致心率加快和心肌收缩力增强，加重心绞痛。自主神经功能紊乱的患者，由于血压降低后不能引起代偿性交感神经兴奋，大剂量应用硝酸甘油后由于血压过度降低，心排血量急剧减少，冠状动脉灌注压过低，可引起威胁生命的低血压，加重心绞痛。高剂量硝酸甘油还可引起高铁血红蛋白血症。偶尔可致皮疹。

【耐受性】

反复用药或连续大剂量用药可出现快速耐受性，且不同硝酸酯类药物间存在交叉耐受现象，一般 2～3 周达高峰，停用 1～2 周后耐受性可消失。出现耐受性后增加剂量虽能产生抗心绞痛作用，但不良反应相应加重。采用小剂量开始间歇用药可减少耐受性发生，停药间歇期为 8～12 小时。给药间歇期间若出现心绞痛发作频率增加，可服用其他抗心绞痛药。耐受性的发生可能与血管平滑肌细胞中硝酸甘油脱硝基生成 NO 的能力下降（真血管性耐受）有关，也可能与血管外机制的激活（假耐受）有关，但其具体的机制尚未完全阐明。早期认为硝酸甘油耐受与体内巯基（—SH）耗竭有关，巯基供体药物能部分逆转耐受。近年来的研究表明，硝酸甘油耐受时机体组织中巯基含量并不降低，硝酸甘油释放 NO 的过程中伴随活性氮簇（reactive nitrogen species，RNS）如过氧亚硝酸的生成增加，并可诱导产生氧化应激，从而抑制硝酸甘油的生物转化酶 ALDH2 的活性。此外，硝酸甘油耐受时血管平滑肌对缩血管物质如血管紧张素 II、5- 羟色胺和苯肾上腺素的反应性增强，血浆容量增加。

【药物相互作用】

硝酸甘油与磷酸二酯酶 5（PDE5）抑制药如西地那非（sildenafil）合用时可导致严重的低血压。这是由于 PDE5 抑制药通过抑制 cGMP 的水解，与硝酸甘油发挥协同效应，增加 cGMP 的聚集，增强硝酸甘油的舒血管效应，导致血压大幅度下降。因此，硝酸甘油与 PDE5 抑制药禁止联合应用。如两者必需合用，应分开给药，给药间隔时间应在 24 小时以上。本品禁用于低血压患者。

硝酸异山梨酯和单硝酸异山梨酯

硝酸异山梨酯（isosorbide dinitrate，消心痛）和单硝酸异山梨酯（isosorbide-5-mononitrate，5- 单硝酸异山梨酯）的药理作用和作用机制与硝酸甘油相似，但药理作用较硝酸甘油弱。硝酸异山梨酯舌下含服易被口腔黏膜吸收，口服也易吸收，首过消除明显。舌下含服血药浓度达峰时间为 6 分钟，半衰期为 45 分钟，作用可持续 2～3 小时，口服作用可持续 3～6 小时。硝酸异山梨酯在肝内代谢成 2- 单硝酸异山梨酯和 5- 单硝酸异山梨酯，其中 5- 单硝酸异山梨酯为主要活性代谢产物，$t_{1/2}$ 为 3～6 小时，硝酸异山梨酯的治疗作用可能主要经由 5- 单硝酸异山梨酯介导；2- 单硝酸异山梨酯的抗心绞痛作用比 5-单硝酸异山梨酯弱。5-单硝酸异山梨酯口服后无明显的首过消除现象，生物利用度高，口服和静脉滴注效果相当。两药的作用特点都是起效缓慢，作用持久，均可用于治疗和预防心绞痛的发作。单硝酸异山梨酯偏心模式给药或应用缓释制剂可在一定程度避免耐受性的发生。

戊四硝酯

戊四硝酯（pentaerithrityl tetranitrate，硝酸戊四醇酯；长效硝酸甘油；硝酸季戊醇）口服 40 分钟起效，作用持续 4～6 小时，可用于预防心绞痛发作。

第二节 钙通道阻滞药

钙通道阻滞药（calcium channel blockers）是一类能选择性阻滞细胞膜上电压依赖性钙通道，抑制细胞外 Ca^{2+} 内流，降低胞质内 Ca^{2+} 浓度，从而影响细胞功能的药物。

维拉帕米（verapamil）是最早发现的钙通道阻滞药，具有舒张冠状动脉以及负性肌力和负性频率作用。维拉帕米的负性肌力作用是通过使心肌细胞兴奋-收缩脱耦联实现，其机制涉及减少 Ca^{2+} 向心肌细胞内流动；升高细胞外溶液中 Ca^{2+} 的浓度可逆转维拉帕米的这种作用，从而首先提出钙通道阻滞药的概念。随着分子生物学及电生理膜片钳技术的发展和应用，对钙通道的功能及钙通道阻滞药作用机制的研究取得了重大突破，新的钙通道阻滞药不断问世，并广泛地用于高血压、心绞痛和心律失常等多种心血管疾病的治疗。

一、钙通道的特性与药物作用机制

（一）钙通道的特性

钙通道是细胞膜上的蛋白质小孔，允许 Ca^{2+} 和 Ba^{2+} 顺电化学梯度方向进入细胞内。根据激活方式不同，可将钙通道分为两类：即电压依赖性钙通道（voltage-dependent Ca^{2+} channels，VDCCs）和受体调控性钙通道（receptor-operated Ca^{2+} channels，ROCCs）。其中 VDCCs 普遍存在于多种组织细胞中，是 Ca^{2+} 内流的主要途径。

在不同的膜电压下，VDCCs 通道可发生构象变化而表现出 3 种不同的功能状态，即静息态（resting state）、激活态（activated state）或开放态（opening state）和失活态（inactivated state）。当细胞膜电位为 -60～-100 mV 时，钙通道呈静息态。当细胞膜迅速除极化，膜电位达 -40 mV 时，通道呈激活态，Ca^{2+} 迅速进入细胞内，使膜电位由负变正。随后，通道向失活态转化，此时细胞膜对 Ca^{2+} 不通透。在下次除极化之前，钙通道必须从失活态恢复到静息态，才可被再次激活开放。

根据电生理和药理学特性的不同，可将 VDCCs 分为 L、T、N、P、Q 和 R 六种亚型。不同亚型的 VDCCs 在电压和时间依赖性、电导以及药理学等方面的特性各不相同（表 5-26-1）。Ca^{2+} 和 Mn^{2+} 可抑制多种 VDCCs 的活性，而二氢吡啶类钙通道阻滞药只选择性地抑制其中 L-型钙通道的活性。L-型钙通道也称长型（long-lasting）慢通道，广泛分布在血管平滑肌细胞、心肌细胞、窦房结和房室结细胞，是细胞兴奋时外钙内流最主要的途径，功能上与兴奋-收缩耦联以及兴奋-分泌耦联密切相关。钙通道阻滞药主要通过阻断 L-型钙通道起作用。

表 5-26-1 电压依赖性钙通道的类型、电生理特性、组织分布及药理特性

亚型	激活电导	失活速度	组织分布	功能	敏感药物
L	高，25 pS	慢	心肌、骨骼肌、神经元、内分泌细胞	参与兴奋-收缩和兴奋-分泌耦联	钙通道阻滞药
T	低，5～8 pS	快	心肌、神经元及血管平滑肌	调节心脏自律性、血管张力以及细胞的生长、增殖	咪贝地尔
N	高，10～20 pS	中等	中枢神经系统神经元和突触	神经递质释放	ω-conotoxin
P	中，10～12 pS	中等	大脑浦肯野纤维	中枢神经递质释放	蜘蛛毒素
Q	高	中等	小脑颗粒细胞神经元	神经递质释放	ω-conotoxin-MVIIC
R	中	快	副交感心内神经元	神经递质释放	$NiCl_2$

（二）L 型钙通道的分子结构与药物作用机制

L 型钙通道由 α_1、α_2、β、γ 和 δ 共 5 个亚单位构成（图 5-26-5A）。其中 α_1 亚单位是钙通道的主要功能单位和钙通道阻滞药的作用部位，通过二硫键相结合的 $\alpha_2\delta$ 亚单位和位于胞膜内侧的 β 亚单位可能参与 α_1 亚单位功能的调节。α_1 亚单位上有 4 个重复的跨膜结构域，即 Ⅰ、Ⅱ、Ⅲ 和 Ⅳ 亚区，每个跨膜结构域由 5 个疏水性片段（S_1、S_2、S_3、S_5、S_6）和一个亲水性片段（S_4）组成（图 5-26-5B）。

S_5 与 S_6 之间有一较长的小襻陷入膜内形成亲水性小孔，Ca^{2+} 通过的部位，称为孔道区（pore region）或 P 区，该区也是钙通道阻滞药或毒素等影响通道功能的重要部位。

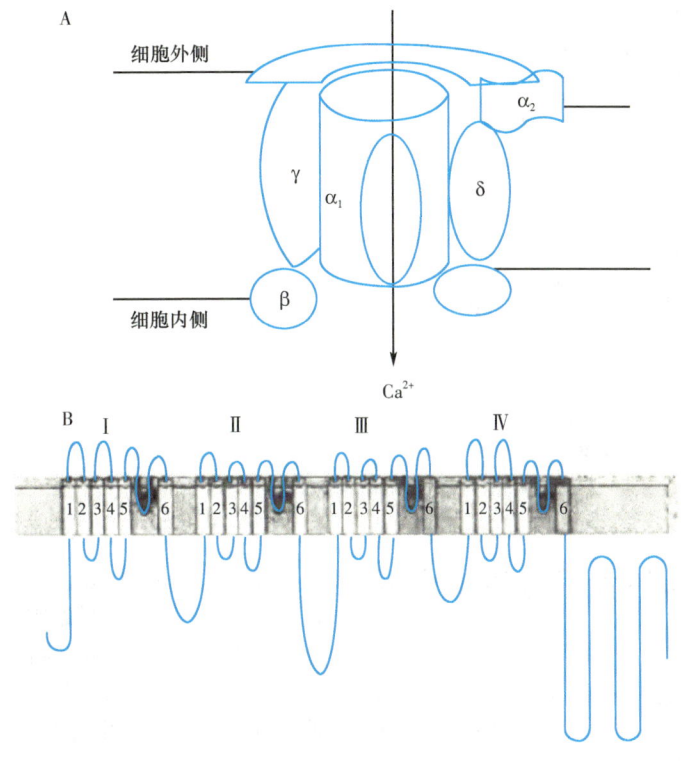

图 5-26-5　L 型 Ca^{2+} 通道的各亚单位 (A) 及 α_1 亚单位 (B) 结构示意图

所有的钙通道阻滞药都是通过与 α_1 亚单位结合，引起钙通道蛋白质构象变化，从而抑制 Ca^{2+} 内流。不同化学结构的钙通道阻滞药在 α_1 亚单位上的结合部位和作用方式不尽相同。二氢吡啶类药物结合位点位于 α_1 亚单位的 Ⅲ S6 和 Ⅳ S6 肽链片段的细胞膜外侧端与 P 区连接处，二氢吡啶类药物主要与失活态通道蛋白结合，抑制 Ca^{2+} 内流。苯烷胺类与第Ⅳ跨膜区的 S6（ⅣS6）片段结合，结合位点靠近细胞膜内侧，在细胞内侧阻滞钙通道，降低通道开放的概率。因这类药物在发挥作用前必须先经钙通道进入膜内侧，因此，其通道阻滞作用与通道的激活态密切相关。单位时间内钙通道开放次数越多，药物进入其结合位点的量就越多，对通道的阻滞作用也就越强，也即具有频率依赖性（frequency dependence）或使用依赖性（use dependence）。地尔硫䓬类与第Ⅲ（ⅢS）和第Ⅳ（ⅣS）跨膜区连接环膜中的近外侧部位结合，其对通道的阻滞作用也具有频率依赖性。

二、钙通道阻滞药分类

根据化学结构、药理学特点、对钙通道离子转运的影响程度、组织特异性等的不同，钙通道阻滞药有多种分类方法。1992 年，国际药理学联合会（IUPHAR）按照作用的 VDCCs 的亚型将钙通道阻滞药分为 3 类：

1 类　选择性作用于 L 型 VDCCs，根据化学结构特点（图 5-26-6），又可分为 4 亚类：

1_a 类：二氢吡啶类（dihydropyridines，DHPs），如硝苯地平、尼卡地平、尼群地平、非洛地平、氨氯地平、尼莫地平、拉西地平、尹拉地平等。

1_b 类：地尔硫䓬类（benzothiazepines，BTZs），如地尔硫䓬、克仑硫䓬、二氯呋利等。

1_c 类：苯烷胺类（phenylalkylamines，PAAs），如维拉帕米、加洛帕米、噻帕米等。

其他类：如 SR33557、HOE166 等。

2 类　选择性作用于其他 VDCCs 的药物：

（1）作用于 T 型钙通道：咪贝地尔、苯妥英、汉防己碱等。

（2）作用于 N 型钙通道：conotoxins。

（3）作用于 P 型钙通道：某些蜘蛛毒素。

3 类　非选择性钙通道调节物，如普尼拉明、苄普地尔、卡罗维林和氟桂利嗪等。

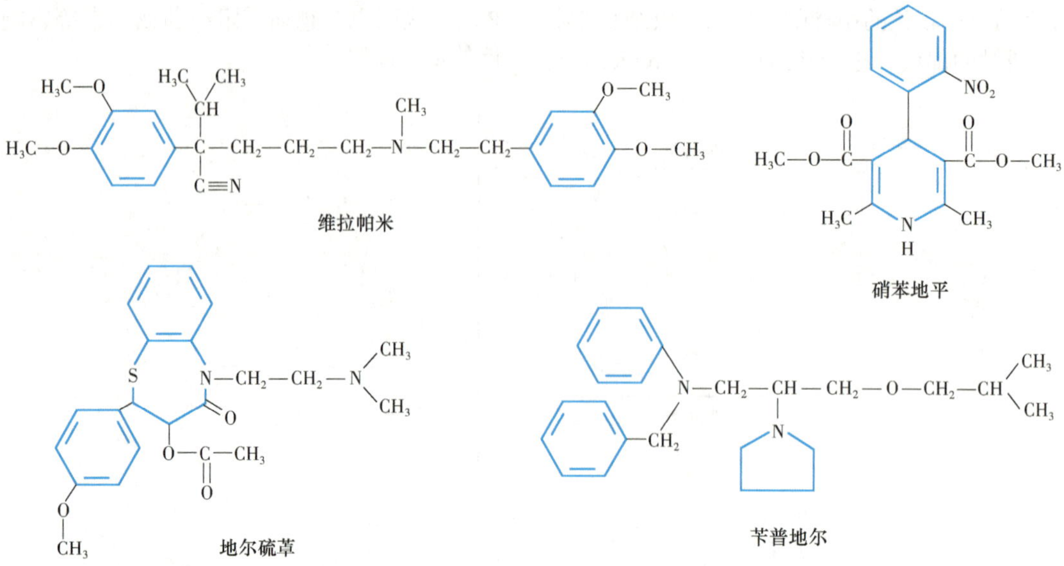

图 5-26-6　钙通道阻滞药的化学结构

三、钙通道阻滞药的作用与临床应用

【体内过程】

钙通道阻滞药均为脂溶性药物，口服给药易被胃肠道吸收，但因首关消除明显，生物利用度不高。除作用持续时间较长的氨氯地平、非洛地平和伊拉地平吸收较慢外，大部分钙通道阻滞药口服后 30～60 分钟起效。本类药物血浆蛋白结合率为 70%～98%，血浆中游离药物浓度低。本类药物主要在肝脏代谢，$t_{1/2}$ 相差较大（1.3～64 小时），其中氨氯地平的半衰期可长达 35～50 小时。反复用药后由于肝脏药物代谢酶代谢能力饱和，本类药物的生物利用度增加，半衰期延长。老年人和有肝脏疾病如肝纤维化的患者因生物利用度增加，半衰期延长，应减少用药剂量。地尔硫䓬的脱乙酰代谢产物为活性代谢产物，其扩血管效应为地尔硫䓬的 50%。维拉帕米的主要代谢产物 N-去甲维拉帕米也具有一定的药理活性，其 $t_{1/2}$ 为 10 小时。二氢吡啶类药物的代谢产物无药理活性或活性很低。钙通道阻滞药代谢产物主要经肾排出，地尔硫䓬的部分代谢产物由肠道排泄。除了地尔硫䓬和硝苯地平，所有其他钙通道阻滞药物都是以消旋体的方式存在。

【药理作用】

1. 对心脏的作用

（1）负性肌力作用：心肌细胞胞质 Ca^{2+} 浓度的变化调控心肌的舒缩活动。在心肌细胞内，Ca^{2+} 与肌钙蛋白结合可引起后者构象变化，导致肌丝滑行而使心肌收缩。在心肌兴奋-收缩耦联过程中，心肌细胞膜快钠通道开放，Na^+ 内流引起膜快速除极化，进而激活 VDCCs，Ca^{2+} 内流进入细胞，并可触发细胞内的钙池释放 Ca^{2+}。钙通道阻滞药通过阻滞钙离子通道，抑制 Ca^{2+} 内流，使胞质 Ca^{2+} 浓度降低，产生心肌兴奋-收缩脱耦联，因而产生负性肌力作用。地尔硫䓬还可抑制线粒体的 Na^+-Ca^{2+} 交换。

所有的钙通道阻滞药在离体条件下都具有负性肌力作用，其作用相对强度的顺序为：二氢吡啶类＞苯烷胺类＞地尔硫䓬类。在整体条件下，由于二氢吡啶类药物扩张外周血管的作用较强，引起血压下降，导致反射性交感神经兴奋，从而抵消其负性肌力作用，在过度代偿时，甚至可表现出轻微的正性肌力作用。

（2）负性频率及负性传导作用：窦房结和房室结等慢反应心肌细胞的细胞膜除极化主要取决于慢 Ca^{2+} 内流。钙通道阻滞药通过抑制 Ca^{2+} 内流，降低慢反应细胞 0 相上升速率、动作电位振幅和 4 相缓慢除极斜率，因而可降低窦房结的自律性，减慢房室结的传导速度，表现为心率减慢，P-R 间期延长，即负性频率及负性传导作用。钙通道阻滞药对窦房结和房室结的抑制作用取决于其是否延迟慢钙通道的恢复。维拉帕米不但抑制慢 Ca^{2+} 内流，同时也降低 Ca^{2+} 通道的恢复速率，且对钙通道的阻滞作用具有频率依赖性。维拉帕米对房室结的作用较强，地尔硫䓬的作用相对较弱，但两者都能显著延长房室结有效不应期，消除折返激动。尽管二氢吡啶类药物也可剂量依赖性地抑制慢钙内流，但这类药物不影响 Ca^{2+} 通道的恢复速率，因此在治疗量时对窦房结和房室结无明显影响，无负性频率及负性传导作用；在整体情况下，由于舒张血管后引起反射性交感神经兴奋，部分药物甚至可加快心率，加速房室传导，但尹拉地平对窦房结细胞有直接的抑制作用。苄普地尔可同时抑制慢钙内流和快 Na^+ 内流，使得心率减慢，房室结有效不应期延长，并可延长 Q-T 间期。

(3) 对缺血心肌的保护作用：心肌缺血时能量代谢发生障碍，钠泵与钙泵的功能降低，同时大量细胞外 Ca^{2+} 沿浓度梯度流入细胞内，造成细胞内 Ca^{2+} 超负荷（calcium overload），特别是 Ca^{2+} 聚集在线粒体，线粒体为排出过多的 Ca^{2+} 而消耗大量 ATP，造成心肌细胞能量代谢障碍，形成恶性循环。胞质中 Ca^{2+} 浓度增加，使胞质中蛋白激酶等活性增加，细胞膜磷脂分解，膜结构受损，同时脂质过氧化产物增多，加重心肌细胞损伤，导致心肌细胞坏死，降低心肌的收缩和舒张功能。钙通道阻滞药能阻滞 Ca^{2+} 内流，从而防止细胞内 Ca^{2+} 超负荷，对缺血心肌发挥保护作用。

(4) 抗心肌肥厚作用：细胞内 Ca^{2+} 浓度增加在心肌肥厚中起重要作用。钙通道阻滞药能抑制内源性物质的促生长作用，防止或逆转左心室肥厚，其负性肌力作用可舒张心室肌，改善心室充盈，增加冠脉储备，减少室性心律失常的发生率，维持左室泵血功能。

2. 对血管的作用　血管平滑肌细胞兴奋除极过程主要依赖 Ca^{2+} 跨膜内流，且 Ca^{2+} 参与血管平滑肌收缩的调节。血管平滑肌收缩过程中胞质 Ca^{2+} 浓度升高的机制至少包括以下 3 种：①细胞膜兴奋除极时，膜上 VDCCs 开放，膜外 Ca^{2+} 顺电化学梯度流入细胞内；②在激动药诱发平滑肌收缩过程中，激动药与细胞膜上的受体结合，在不引起膜电位变化的情况下，使膜上的 ROCCs 开放，胞外 Ca^{2+} 通过 ROCCs 内流，激活磷脂酶 C- 三磷酸肌醇（PLC-IP$_3$）系统，触发肌浆网释放 Ca^{2+}，并可进一步触发胞外 Ca^{2+} 内流；③当 ROCCs 与激动药结合后，胞外 Ca^{2+} 也可通过 ROCCs 进入胞内。平滑肌细胞胞质中游离 Ca^{2+} 水平升高可促使 Ca^{2+} 与钙调素结合形成复合物，该复合物可活化肌球蛋白轻链激酶，使肌球蛋白轻链磷酸化，引发肌球蛋白和肌动蛋白相互作用，产生平滑肌收缩。钙通道阻滞药在远低于干扰细胞内 Ca^{2+} 释放或阻滞细胞膜 ROCCs 的浓度下，即可对平滑肌细胞膜上的 VDCCs 发挥阻滞作用。因此，钙通道阻滞药物主要通过阻滞 VDCCs 而引起血管平滑肌松弛。

所有的钙通道阻滞药都能舒张动脉血管平滑肌，特别是冠状动脉，可舒张冠状动脉大的输送血管和小的阻力血管，解除冠脉痉挛，增加冠脉流量和改善侧支循环，并可使缺血区血流再分布。二氢吡啶类药物体内、体外舒张冠状动脉的作用均显著强于维拉帕米，地尔硫䓬舒张冠状动脉的作用最弱。尼卡地平对冠状动脉的选择性高于硝苯地平。非洛地平对血管的选择性强于硝苯地平和氨氯地平。钙通道阻滞药也能舒张肾、脑、肠系膜及肢体血管，增加组织血流量。氟桂利嗪和尼莫地平可选择性舒张脑血管。本类药物对多数静脉血管床作用很弱，故对心脏前负荷影响不明显。几种钙通道阻滞药对心脏和血管作用的比较见表 5-26-2。

表 5-26-2　五种钙通道阻滞药对心血管作用的比较

	地尔硫䓬	尼卡地平	硝苯地平	尼莫地平	维拉帕米
扩张外周血管和冠脉	3	5	5	5	4
抑制心肌收缩性	2	0	1*	1	4
抑制窦房结自律性	5	1	1	1	5
抑制房室结传导	4	0	0	0	5

注：从 0 到 5 作用逐渐增强，0 无作用，5 作用最强；* 可反射性增强心肌收缩力

3. 抗动脉粥样硬化作用　动脉粥样硬化形成机制复杂，动脉壁平滑肌细胞内 Ca^{2+} 含量超负荷是其形成的重要因素之一。钙通道阻滞药能延缓或防止动脉粥样硬化斑块的形成、降低斑块的厚度、缩小斑块的面积、减轻动脉粥样硬化性损害，而对已形成的斑块无明显作用。钙通道阻滞药抗动脉粥样硬化的作用机制尚不清楚，可能与其减少细胞内 Ca^{2+} 超负荷、抗氧化、抑制血小板聚集、减少血管痉挛性收缩、抑制血管平滑肌增殖和动脉基质蛋白合成以及保护血管内皮细胞等有关。

4. 对其他平滑肌的作用　钙通道阻滞药能明显松弛支气管平滑肌，抑制肥大细胞释放组胺和其他慢反应物质，减少支气管黏液分泌，有利于控制支气管哮喘的发展。较大剂量也能松弛胃肠道、胆道、泌尿道及子宫等内脏平滑肌。

5. 其他药理作用

(1) 抑制血小板聚集：血小板变形、聚集和释放均与血小板内 Ca^{2+} 密切相关。钙通道阻滞药通过阻滞血小板膜外 Ca^{2+} 跨膜内流，从而抑制血小板内源性活性产物的合成和释放；抑制膜磷脂的合成，稳定血小板膜；抑制 TxA_2 生成并促成 PGI_2 的生成，从而发挥抑制血小板聚集的作用。

(2) 抑制内分泌功能：钙通道阻滞药可通过抑制内分泌腺细胞的兴奋 - 分泌耦联过程，抑制垂体分泌催产素、升压素、肾上腺皮质激素、促性腺激素和促甲状腺素等，还可减少胰岛 β 细胞释放胰岛素。

(3) 对肾功能的作用：当肾血管阻力增加时，维拉帕米和地尔硫䓬均可扩张入球小动脉和出球小动脉，增加肾血流量及肾小球滤过率，有效降低肾血管阻力，并抑制肾小管对水和电解质的重吸收，有不同程度的排钠利尿作用。钙通道阻滞药还可抑制肾小球系膜的增生，改善肾微循环。

【临床应用】

1. 心血管系统疾病

(1) 心绞痛：钙通道阻滞药能治疗各种类型的

心绞痛，由于不同钙通道阻滞药对心脏及血管作用的强度不同，因此临床应用略有区别。

1) 变异性心绞痛：此型心绞痛发病主要由冠状动脉痉挛，冠脉流量减少所致，常在夜间或休息时发作。钙通道阻滞药对此型心绞痛有效。在变异型心绞痛患者，钙通道阻滞药对麦角新碱所致冠脉痉挛效果良好，表明其抗心绞痛作用主要通过扩张冠状血管。硝苯地平是治疗变异性心绞痛的最佳药物，维拉帕米治疗此型心绞痛的效果与硝苯地平相当。此外，尼卡地平、氨氯地平、非洛地平和地尔硫䓬也可用于变异性心绞痛的治疗。

2) 劳累性心绞痛：钙通道阻滞药对此型心绞痛同样有效，可能与其舒张冠脉、减慢心率、降低血压、抑制心肌收缩，从而增加冠脉流量、降低心肌氧耗有关，而降低心肌氧耗可能起主要作用。钙通道阻滞药可减少劳累性心绞痛患者心绞痛的发作次数，减轻运动所致心电图ST段下降。但是在某些患者，二氢吡啶类如硝苯地平因降压导致反射性心率加快，可能诱发或加重心绞痛。由于β受体阻断药可抵消二氢吡啶类所致的反射性心率加快，而二氢吡啶类不影响传导，不加重β受体阻断药的负性传导作用，因此临床上将这两种药物合用治疗劳累性心绞痛的效果更佳。维拉帕米能明显抑制心肌收缩力和减慢心率，地尔硫䓬降低血压和减慢心率的作用也较强，两药也可用于此型心绞痛。

3) 不稳定性心绞痛：由于不稳定性心绞痛常伴有冠状动脉痉挛，钙通道阻滞药物也可用于此种类型心绞痛的治疗。维拉帕米和地尔硫䓬对此型心绞痛疗效较好。然而，尚没有足够的证据表明钙通道阻滞药可降低不稳定性心绞痛患者的病死率。硝苯地平因可反射性加快心率，有增加心肌缺血的危险而限制其应用，必要时可与β受体阻断药合用。

(2) 高血压：硝苯地平降压作用较强，可用于各型高血压的治疗。维拉帕米和地尔硫䓬降压作用弱，适用于治疗轻、中度高血压的治疗（详见第二十八章）。

(3) 心肌梗死：钙通道阻滞药对缺血心肌有保护作用，特别是在缩小梗死范围、减轻心肌再灌注损伤及预防心律失常上有一定的作用。但目前尚无临床证据表明钙通道阻滞药对急性心肌梗死的早期治疗和次级预防有益，而大剂量应用短效的二氢吡啶类药物硝苯地平还可增加心肌梗死的死亡率。对心电图显示无Q波又不宜用β受体阻断药的初发心肌梗死患者，地尔硫䓬和维拉帕米可显著降低再发梗死率及梗死后难治性心绞痛的发生率。

(4) 室上性心动过速：维拉帕米和地尔硫䓬对快速性室上性心律失常和后除极触发活动所致的心律失常有良好的疗效（详见第二十四章）。

(5) 充血性心力衰竭：钙通道阻滞药具有负性肌力作用，对心力衰竭不利，其应用争议较多。目前较为一致的观点是：当充血性心力衰竭合并心绞痛或高血压时，可应用钙长效通道阻滞药（详见第二十五章）。

(6) 肥厚性心肌病：维拉帕米可对肥厚性心肌病患者左室流出道梗阻，改善症状。

(7) 动脉粥样硬化：二氢吡啶类药物具有良好抗动脉粥样硬化作用，主要在于防止新的血管损伤形成，延缓动脉粥样硬化的发展过程。

2. 脑血管疾病

(1) 脑血管痉挛及脑缺血：氟桂利嗪、尼莫地平和尼卡地平等对脑血管的解痉作用明显。尼莫地平可用于治疗短暂性的脑缺血发作，防治脑血栓形成、脑供血不足、脑血管痉挛及脑动脉硬化等疾病。

(2) 蛛网膜下腔出血：尼莫地平和氟桂利嗪等可预防蛛网下腔出血引起的脑血管痉挛及血管性头痛。

(3) 偏头痛：氟桂利嗪对脑血管具有较高选择性，可使60%偏头痛患者的头痛减轻。维拉帕米也可用于预防偏头痛发作。

3. 周围血管性疾病　硝苯地平、地尔硫䓬、氨氯地平和非洛地平可改善大多数雷诺病（Raynaud's disease）患者的肢端动脉血管痉挛。肉桂嗪、氟桂利嗪及利多氟嗪治疗肢端血管缺血性疾病，能增加缺血区的血流量和运动耐量，治疗间歇性跛行。

4. 其他　钙通道阻滞药还可用于支气管哮喘、早产、消化性溃疡以及糖尿病肾病的防治。

【不良反应】

常见的不良反应有头痛、面部潮红、头晕、恶心、脚踝水肿和低血压，是由于过度扩张血管所致。有时也可出现便秘、周围水肿、咳嗽、呼吸困难和肺水肿。尼莫地平大剂量应用可出现肌肉痉挛。少见的不良反应有皮疹、幻觉和肝功能稍异常。这些不良反应可随用药时间的延长或通过调整剂量逐渐缓解。部分患者可出现心绞痛恶化，其原因可能与血压过度下降导致冠脉流量减少，冠脉"窃血"，以及反射性交感神经兴奋导致心肌耗氧量增加，心肌缺血加重有关。服用维拉帕米和地尔硫䓬的患者可出现心动过缓和心力衰竭。左室收缩功能降低的患者应用钙通道阻滞药后可出现心力衰竭恶化。窦房结或房室结功能异常、合用β受体阻断药的患者应用维拉帕米可导致心动过缓或心脏停搏。因此，心室功能异常、窦房结病变或房室传导异常以及收缩压低于90 mmHg的患者应慎用维拉帕米和地尔硫䓬。此外，静脉给予维拉帕米时应禁用β受体阻断药。苄普地尔可导致心电图Q-T间期延长，可引发尖端扭转型室性心动过速等严重心律失常，尤其在低钾和心动过缓时易发生。苄普地尔偶尔可引起粒细胞缺乏症。

四、常用钙通道阻滞药

硝苯地平

【别名】

硝苯啶；硝苯吡啶；心痛定。

【药理作用】

硝苯地平（nifedipine），其扩张血管的作用较抑制心脏的作用强10倍，松弛血管平滑肌的作用强于维拉帕米和地尔硫䓬。本品可选择性舒张外周阻力血管，使心脏后负荷降低，显著降低高血压患者的血压，对静脉影响小；明显扩张冠状血管，解除冠脉痉挛，特别是对处于收缩状态的冠状血管作用更为显著，增加冠脉血流量，可使正常心肌和冠脉狭窄区心肌的血流量增加。硝苯地平对离体心脏有轻度负性肌力作用，对房室结抑制作用较弱，对传导系统无明显的影响。但在整体条件下，由于血管扩张作用引起反射性交感神经兴奋，使心率加快，心肌收缩力增强，心排血量增加，抵消其对心脏的直接抑制作用。

【临床应用】

硝苯地平是目前临床应用较为广泛的钙通道阻滞药，是治疗变异性心绞痛的首选药。由于本品不抑制房室传导，适于伴有房室传导阻滞的心绞痛患者。其他临床应用包括高血压、支气管哮喘、急性心肌缺血或高血压时出现的急性左心衰竭、雷诺综合征、冻疮、脑动脉痉挛和偏头痛等的治疗。

【不良反应】

主要是由于其扩张血管的作用所引起，可出现头痛、低血压、肢端感觉异常、面部潮红、下肢水肿、眩晕及恶心呕吐等。禁忌证包括低血压、肥厚型梗阻性心肌病及严重动脉缩窄。另外，在心衰及可能发展为心肌梗死的不稳定型心绞痛患者应慎用。

【药物相互作用】

硝苯地平血浆蛋白结合率较高，与其他血浆蛋白结合率高的药物如苯妥英钠、奎尼丁、洋地黄毒苷和香豆素类等合用时产生竞争性抑制现象。普萘洛尔增加硝苯地平的生物利用度。西咪替丁抑制其肝代谢，地尔硫䓬增加其血浆水平。

临床常用的二氢吡啶类药物还包括尼群地平（nitrendipine）、尼索地平（nisoldipine）、伊拉地平（isradipine）、尼卡地平（nicardipine）、尼莫地平（nimodipine）和氨氯地平（amlodipine）等，这些药物的特性和主要临床应用见表5-26-3。

表5-26-3 常用二氢吡啶类钙通道阻滞药的特性和主要临床应用

	生物利用度	血浆蛋白结合率	$t_{1/2}$	主要临床应用
硝苯地平	70%～90%	90%	3～4小时	心绞痛、高血压、支气管哮喘和外周血管性疾病等
尼群地平	60%～70%	98%	7～8小时	心绞痛、高血压
尼索地平	4%～8%	99%	2～13小时	心绞痛、高血压
伊拉地平	17%	96%	8小时	心绞痛、高血压
尼卡地平	7%～30%	98%～99.5%	4～5小时	心绞痛、高血压、脑血管痉挛及脑缺血
氨氯地平	60%～65%	97.5%	35～50小时	心绞痛、高血压、慢性心力衰竭
尼莫地平	12%	>98%	3小时	脑血管痉挛、脑缺血及蛛网膜下腔出血

地尔硫䓬

【别名】

恬尔心；硫氮䓬酮；合心爽。

【药理作用】

地尔硫䓬（diltiazem）的电生理效应与维拉帕米相似，能抑制房室结传导及延长其不应期，其直接减慢心率的作用较强，对病窦综合征患者更有明显的抑制作用；其负性肌力作用弱于维拉帕米。本品可舒张大的冠状动脉及侧支循环，增加侧支循环血流量。地尔硫䓬也能舒张外周血管，降低血压，用药后平均动脉压下降，但脉压差无明显改变。对心肌具有保护作用。

【临床应用】

本品主要适应证有：①心绞痛，对劳累型心绞痛、变异型心绞痛和不稳定型心绞痛均有效，能减少发作次数和硝酸甘油的用量，对有ST-T段改变的患者能产生保护作用，对非Q波心肌梗死，能明显减少心脏事件的发生率；②轻、中度高血压；③心律失常，可用于治疗室上性心动过速、心房纤颤和心房扑动；④肥厚型心肌病。

【药物相互作用】

地尔硫䓬可升高洋地黄毒苷的血浆浓度；西咪替丁可使地尔硫䓬的血浆浓度升高。地尔硫䓬与阿替洛尔或胺碘酮合用时可致窦性停搏。

维拉帕米

【别名】

异搏定；戊脉安。

【药理作用】

1. 对心脏的作用 维拉帕米(verapamil)通过降低舒张期自动除极化速率，而使窦房结冲动发放频率减慢；也能抑制慢反应动作电位 0 相上升速率，使房室结传导减慢，心电图 P-R 间期延长，作用呈剂量依赖性。过高浓度甚至可使窦房结及房室结的电活动消失。维拉帕米在 Ca^{2+} 通道的结合点位于细胞膜内侧，易进入胞内。在胞内维拉帕米既能激活磷酸二酯酶活性，促进钙调素与游离 Ca^{2+} 的结合，又可直接抑制胞内收缩蛋白功能，对心脏的负性肌力作用特别强，较地尔硫䓬和硝苯地平明显。维拉帕米的负性肌力作用可部分被其舒张血管所致后负荷下降和反射性交感神经兴奋所抵消。心功能正常的患者应用维拉帕米后心室收缩功能无明显下降，由于维拉帕米可改善心肌缺血，心室功能甚至得到改善。相反，对于慢性充血性心衰患者，维拉帕米可引起心肌收缩力和心室收缩功能下降。

2. 对血管的作用 维拉帕米舒张冠状动脉，增加缺血心脏的冠脉流量；舒张心肌缺血区的侧支小动脉。对周围血管也有舒张作用，但弱于硝苯地平，其降压所引起的交感反射兴奋也较弱。

3. 其他作用 维拉帕米还能中等程度地阻断 α-肾上腺素受体和 5-HT 受体。

【临床应用】
可用于：①劳累型心绞痛及变异型心绞痛，也适用于伴有心律失常的心绞痛患者；②室上性心动过速，为首选药；③心房扑动和心房纤颤，以控制心室率；④轻、中度高血压；⑤肥厚性心肌病。

氟桂利嗪

氟桂利嗪(flunarizine，西比灵)为哌嗪类衍生物，脂溶性高，口服易吸收，在体内广泛分布于各器官组织中，能通过血脑屏障，经肝脏代谢，可在骨骼肌及脂肪组织中蓄积，$t_{1/2}$ 为 18～19 天。本品可防止缺血缺氧时大量 Ca^{2+} 进入神经细胞，改善脑的微循环及神经元代谢，并抑制脑血管痉挛，保护大脑功能。本品还可防止缺氧及酸中毒时大量 Ca^{2+} 进入红细胞，保护和恢复红细胞的形态及功能；能抑制血管内皮细胞收缩，对多种损伤因素引起的血管内皮损伤均有保护作用。本品临床上主要用于偏头痛、眩晕、癫痫、间歇性跛行、脑动脉硬化、脑卒中和老年痴呆等的治疗。氟桂利嗪不良反应少，治疗量对心功能无明显影响，但高于治疗剂量仍有负性频率和负性肌力作用。较严重的不良反应为抑郁症及锥体外系症状，出现时间 2 天至 10 个月不等，停药后可恢复，可能与其抑制 Ca^{2+} 内流有关，也可能与阻断中枢多巴胺受体有关。

苄普地尔

苄普地尔(bepridil，双苯吡丁胺，苄丙洛)为一种新型长效钙通道阻滞药，兼有阻滞 Ca^{2+} 通道及 Na^+ 通道的双重作用，同时抑制 Ca^{2+} 内流和快 Na^+ 内流。本品具有直接的负性肌力作用和负性频率作用，电生理学表现为心率减慢，房室结有效不应期延长。苄普地尔也舒张冠状动脉和外周血管。临床上主要用于心律失常和稳定性心绞痛的治疗，其预防和治疗室上性心动过速、房扑及房颤等效果明显，对心绞痛合并心律失常时，其应用价值更高。苄普地尔可导致心电图 Q-T 间期延长，可能引发尖端扭转型室速(torsades de pointes)等严重心律失常，可危及生命，因此常作为二线治疗药物用于其他抗心绞痛药物不能耐受的患者或难治性心绞痛的治疗。

第三节　β 肾上腺素受体阻断药

劳累、运动锻炼、精神紧张和情绪激动等因素可兴奋交感神经，使心肌局部及血中儿茶酚胺浓度升高，激动心脏 β 受体，使心率加快，心肌收缩力增强，心肌耗氧量显著增加。β 受体阻断药如普萘洛尔、吲哚洛尔、噻吗洛尔及选择性 $β_1$ 受体阻断药如阿替洛尔、美托洛尔、醋丁洛尔等均可用于治疗心绞痛，能减少或减轻心绞痛发作次数和程度，增加运动耐量，改善缺血性心电图的变化，减少硝酸甘油用量。

普萘洛尔

普萘洛尔(propranolol)是经典的 β 受体阻断药，具有多种心血管作用，临床用于治疗心绞痛、高血压和心律失常等多种疾病，本章仅介绍其抗心绞痛作用。

【别名】
心得安，萘心安。

【药理作用及作用机制】

1. 降低心肌耗氧量 β 受体阻断药的抗心绞痛作用主要通过降低心肌耗氧量实现。无论是在安静状态下还是在运动状态下，普萘洛尔都可通过阻断 $β_1$ 受体，使心率减慢，心收缩力减弱，并能降低外周阻力，降低动脉血压和后负荷，减轻射血阻抗，减少心肌耗氧量，对运动状态下心肌耗氧量的降低作用尤为明显，从而缓解心绞痛。

2. 增加缺血区供血 普萘洛尔抑制心脏功能降低心肌耗氧量，代谢性自身调节机制使非缺血区的阻力血管收缩，血管阻力增高，而缺血区的阻力血管因缺氧代谢物堆积而处于扩张状态，这样就促使血液流向缺血区。普萘洛尔减慢心率，使舒张期延长，冠状动脉的灌流时间相应延长，有利于血液从非缺血区流向缺血区。

3. 改善心肌代谢，保护心肌细胞 普萘洛尔减少游离脂肪酸生成，增加缺血组织对葡萄糖的利用。由于利用每单位氧气，葡萄糖代谢产能较脂肪酸代谢产能多，普萘洛尔的这种作用则能使心脏利用氧做更多功，维持缺血心肌能量的供应。

【临床应用】

普萘洛尔能有效降低稳定型心绞痛的心肌缺血发作频率和程度，提高运动耐量，改善生活质量，对心绞痛伴有高血压或心律失常患者尤为适用。对不稳定型心绞痛，普萘洛尔可减少心绞痛的发作次数和持续时间，减少心肌梗死发生率。对心肌梗死患者也有治疗作用，可缩小梗死范围，提高急性心肌梗死患者的生存率，预防再梗死的发生，降低其死亡率。本品不宜用于变异型心绞痛，因其阻断冠状动脉 β_2 受体，使 α 受体占优势，易导致冠状动脉收缩而加重心肌缺血症状。

【不良反应及禁忌证】

有效剂量的个体差异较大，一般宜从小剂量开始，以后每隔数日增加 10～20 mg，多数患者用量可达 80～240 mg/日。久用停药时，应逐渐减量，否则会加剧心绞痛发作，引起心肌梗死或突然死亡。这可能由于长期用药后 β 受体上调，突然停药后 β 受体对内源性儿茶酚胺的反应增强所致。有哮喘或慢性阻塞性呼吸道疾病、雷诺病、抑郁症、窦性心动过缓和房室传导阻滞的患者禁用。此外，普萘洛尔抑制心肌收缩力和减慢心率，使射血时间延长，左室舒张末期容积增大，增加心肌耗氧。普萘洛尔和硝酸甘油联合用药可互相消除增加心肌耗氧量的不利因素，产生协同抗心绞痛作用（表 5-26-4）。

表 5-26-4 硝酸酯类、β 受体阻断药及钙通道阻滞药对心肌氧供需量因素的影响

	硝酸酯类	β 受体阻断药	钙通道阻滞药
心率	↑	↓	±
动脉压	↓	↓	↓
心室容积	↓	↑	±
心室压力	↓	↓	↓
收缩力	↑	↓	↓
射血时间	↓	↑	±
舒张期灌注时间	↓	↑	↑

卡维地洛

卡维地洛（carvedilol）是非选择性的肾上腺素受体阻断药，能阻断 β_1、β_2 和 α 受体。卡维地洛抗心绞痛主要通过以下几个方面发挥作用：①阻断 β_1 受体，抑制心脏功能，降低心肌耗氧量；②阻断 α_1 受体，舒张动脉降低外周阻力，降低心脏后负荷，减轻射血阻抗，降低心肌耗氧量；③具有抗氧化作用，能改善内皮功能。卡维地洛可用于稳定型和不稳定型心绞痛的治疗。

第四节 抗血小板和抗血栓形成药

血小板在血栓形成，特别是在动脉血栓形成过程中起着重要的作用。抗血小板药物是治疗血栓性疾病的有效手段，广泛应用于临床。

阿司匹林

阿司匹林（aspirin，醋柳酸，乙酰水杨酸）通过与血小板内的还氧酶 1（cyclooxygenase-1，COX-1）共价结合，不可逆地抑制血小板中 COX-1 的活性，从而阻断血栓素 A_2（TxA_2）的生成，抑制血小板聚集，并能抑制组织纤溶酶原激活物（tPA）释放。由于较大剂量的阿司匹林也可抑制血管内皮细胞 COX-1 的活性，导致 PGI_2 的合成减少，而 PGI_2 是 TxA_2 的生理对抗物质，其合成减少可能促进凝血和血栓形成。小剂量阿司匹林（50～100 mg/日）即可显著抑制血小板 TxA_2 的合成，而对血管内皮细胞 PGI_2 的合成无明显影响。因此，每天给予小剂量阿司匹林可用于防治血栓性疾病如冠状动脉硬化性疾病和心肌梗死，能减少缺血性心脏病发作和复发的危险，降低心肌梗死发生率和死亡率。

双嘧达莫

双嘧达莫（dipyridamole，潘生丁）通过抑制磷酸二酯酶与激活腺苷活性而增加细胞内 cAMP 含量，以及增强 PGE_2 活性，抑制血小板集聚，发挥抗血栓形成作用。用于防治心肌梗死等血栓性疾病。

ADP 受体拮抗药

噻氯匹定（ticlopidine，抵克力得）口服吸收好，服药后 1～2 小时血药浓度达峰值，服药 2 天后产生抑制血小板聚集作用，4～6 天达最大作用。主要在肝脏代谢，$t_{1/2}$ 为 6 小时，代谢产物 50%～60% 由尿排出，其余随粪便排出。本品通过抑制由二磷酸腺苷（ADP）、胶原、花生四烯酸、TxA_2、凝血酶和血小板活化因子（PAF）等诱导的血小板黏附、聚集和释放的全过程，防止血栓的形成和发展。本品可用于心绞痛的治疗，防治心肌梗死，降低梗死发生率和死亡率。

氯吡格雷（clopidogrel，克拉匹多）是一种新型抑制血小板聚集的噻吩吡啶类衍生物，1998 年首先在美国批准上市。本品口服后迅速吸收，在肝脏中经 CYP2C19 和 CYP3A4 等代谢为其活性代谢产物，后者可选择性、不可逆地与血小板表面的 ADP 受体 P2Y12 结合，抑制 ADP 与血小板受体结合，阻断 ADP 对腺苷环化酶的抑制作用；抑制纤维蛋白原与血小板糖蛋白 GP Ⅱ b/Ⅲ a 受体结合及继发的 ADP 介导的糖蛋白 GP Ⅱ b/Ⅲ a 复合物的活化，进而抑制血小板的聚集。本品对血小板的抑制作用具有剂量依赖性，抗血小板聚集作用较噻氯匹定显著，体外无抗血小板聚集活性。连续服药 3～7 天作

达到稳态，停药5天后血小板凝集和出血时间恢复。临床上主要用于急性冠脉综合征（包括不稳定性心绞痛和ST段抬高的急性心肌梗死）和经皮冠状动脉介入治疗（PCI）术后的抗血栓治疗，可显著降低急性心肌梗死的死亡率和再梗死的发生率。值得注意的是，氯吡格雷对血小板聚集的抑制作用存在较大个体差异，CYP2C19编码基因的遗传变异是导致其反应个体差异的原因之一。本品不良反应较少较轻，主要表现为上腹不适，偶见中性粒细胞减少，严重出血事件发生率为1.4%，肝脏疾病患者出血风险增加。本品禁用于严重肝脏损伤和活动性病理性出血，如消化性溃疡和颅内出血的患者。本品禁止与华法林合用，以免诱发出血。质子泵抑制药奥美拉唑通过抑制CYP2C19的活性，降低氯吡格雷的疗效。

利多格雷（ridogrel）可与血小板表面ADP受体结合，抑制纤维蛋白原与血小板糖蛋白GPⅡb/Ⅲa受体结合，抑制血小板的聚集。此外，也具有抑制TxA_2合成酶作用，并能阻断TxA_2受体。临床用于血栓栓塞性疾病的治疗，能降低再栓塞及心绞痛的发生率。

替格瑞洛（ticagrelor）是一种新型ADP受体拮抗药，较氯吡格雷更快速、强效抑制血小板聚集，且血小板功能恢复较快，与阿司匹林双联抗血小板治疗能够进一步降低支架内血栓形成和主要心脑管事件发生率。

血小板膜糖蛋白Ⅱb/Ⅲa受体阻断药

血小板膜糖蛋白Ⅱb/Ⅲa作为黏附纤维蛋白原的受体，是ADP、凝血酶、血小板活化因子（PAF）和TxA_2等诱导血小板聚集的最终共同通路，在血小板聚集和血栓形成中起重要作用。血小板膜糖蛋白Ⅱb/Ⅲa受体阻断药，如**替罗非班**（tirofiban）、**埃替巴肽**（eptifibatide）和**阿昔单抗**（abciximab）通过阻止糖蛋白Ⅱb/Ⅲa受体与纤维蛋白原结合，抑制血小板聚集。阿昔单抗对血栓形成与预防血管再狭窄有明显的作用，并试用于急性心肌梗死和不稳定性心绞痛。替罗非班和埃替巴肽主要适应证为不稳定性心绞痛。

第五节 其他抗心肌缺血药

雷诺拉嗪

雷诺拉嗪（ranolazine）是美国FDA于2006年批准上市的新型抗心绞痛药物。本品口服后起效快，作用持续时间短，临床常用其缓释制剂。雷诺拉嗪主要经肝脏代谢清除，代谢产物73%经肾脏排泄，肝、肾功能异常者和老年人其半衰期明显延长。本品具有明确的抗心肌缺血作用，可缓解心绞痛症状，改善心电图心肌缺血症状，改善运动耐量，减少硝酸甘油的用量。其作用机制包括：①改善能量代谢。雷诺拉嗪可抑制脂肪酸β氧化，间接促进葡萄糖代谢，并增加丙酮酸脱氢酶的活性。由于葡萄糖代谢比脂肪酸代谢更有效，因此可使心肌细胞更有效地利用氧气，防止乳酸酸中毒。②抑制心肌细胞动作电位中的晚期钠离子电流（late Na^+ current），且呈剂量依赖性。当心肌缺血缺氧时，心肌细胞动作电位晚期可形成短暂的内向钠离子流，使细胞内钠离子浓度增加，从而促进钠-钙交换，使心肌细胞内出现钙超负荷。钙超负荷除了增加心肌细胞的电不稳定性，还可降低心肌的收缩和舒张功能，增加心肌舒张期压力，使心肌舒张期供血减少。雷诺拉嗪通过抑制I_{Na}，从而改善心肌缺血，增加心肌收缩功能，特别是对心肌的舒张功能改善更明显。此外，本品具有一定的抗心律失常作用，可抑制早后除极促发的心律失常。本品对静息或运动时的心率和血压几乎无影响。本品主要用于稳定性心绞痛的治疗，可单独应用，也可与其他抗心绞痛药物合用。此外，本品也可用于心律失常的治疗，包括室性心律失常、房颤和因冠状动脉疾病导致的心动过缓。本品最常见的不良反应为头晕、头痛、便秘和恶心。抗真菌类药物如酮康唑、地尔硫䓬可升高雷诺拉嗪的血药浓度。

尼可地尔

尼可地尔（nicorandil，烟浪丁，硝烟酯）是一种新型扩血管药，其化学结构以烟酰胺为基本骨架、同时具有硝基的化合物，兼有钾离子通道激活与硝酸酯类药物的特性。尼可地尔通过释放NO和促进平滑肌细胞ATP敏感的钾离子通道开放，促钾离子外流使细胞膜超极化，减少Ca^{2+}内流从而舒张血管。本品能增加冠状动脉流量，保护缺血心肌，改善心功能。适用于各种类型心绞痛的治疗，改善患者预后，且不易产生耐受性。

吗多明

吗多明（molsidomine，脉敏得，吗导敏，脉心导敏）作用机制与硝酸酯类相似，能舒张血管，降低心脏前、后负荷，降低室壁张力，从而降低心肌耗氧量；扩张冠状动脉及侧支血管，改善缺血区的血供。本品主要适用于稳定型心绞痛。

Na^+/H^+交换抑制药

心肌缺血时，细胞内H^+堆积，激活Na^+/H^+交换体，导致细胞内Na^+浓度增高，进而引起Na^+/Ca^{2+}交换增加而增加细胞内Ca^{2+}，加剧缺血心肌损伤。**阿米洛利**（amiloride）和**卡立泊来德**（cariporide，HOE642）等Na^+/H^+交换抑制药能阻断上述病理生理过程，产生抗心律失常、减少心肌梗死面积、减轻心肌顿抑和心室重构等多种保护作用，主要用于急性心肌梗死和心肌梗死心律失常的预防和治疗。

血管紧张素 I 转化酶抑制药

血管紧张素 I 转化酶抑制药具有抗心肌缺血与心肌梗死的作用。急性心肌梗死早期血浆肾素活性与血管紧张素 II（Ang II）水平显著升高，Ang II 直接收缩冠脉血管，以及促进交感神经释放去甲肾上腺素并增强其缩血管效应，导致冠脉供血不足，加重心肌缺血损伤；Ang II 能诱导纤溶酶原激活物抑制剂 -1 的生成，促血小板聚集，促进血栓形成；Ang II 诱导心肌细胞的肥大与成纤维细胞的增殖，引起心室重构。血管紧张素 I 转化酶抑制药通过降低循环与组织中 Ang II 水平，抑制缓激肽降解，促进血管内皮生成与分泌 NO 和 PGI_2，扩张血管，保护缺血心肌与血管内皮细胞，防止与逆转心室重构。

依那普利（enalapril）早期用药能提高心肌梗死患者的存活率，降低死亡率。

（中南大学湘雅医学院　胡长平）

第二十七章 调血脂药和抗动脉粥样硬化药

- Hyperlipidemia is a major and primary cause of atherosclerosis and atherosclerosis-associated conditions, such as coronary heart disease (CHD), ischemic cerebrovascular disease and peripheral vascular disease. Atherosclerosis is a condition characterized by lipid deposition and smooth muscle proliferation in the vascular system.
- The lipidemic regulators generally decrease the levels of cholesterol and triglyceride. They lower either the plasma levels of LDL or VLDL. Some drugs also can raise HDL level.
- The drugs used to lower plasma TC and LDL levels are 3-hydroxy-3-methylglutaryl coenzyme A (HMG-CoA) reductase inhibitors, also called statins (e.g. lovastatin), bile acid binding resins (e.g. cholestyramine) and inhibitors of cholesterol absorption (e.g. ezetimibe). Fibric acid derivatives (e.g. gemfibrozil) and niacin are mainly used for reduction of plasma triglycerides and VLDL. Other drugs used in the prevention and treatment of atherosclerosis are antioxidants (e.g. probucol), n-3 polyenoic fatty acids and mucopolysaccharides and polysaccharides.

动脉粥样硬化(atherosclerosis，AS)是心脑血管病的主要病理学基础，多发生在大、中动脉，特别是冠状动脉、脑动脉和主动脉。近年研究证明，动脉粥样硬化是一种慢性炎性反应。脂代谢紊乱、高血压、糖尿病、吸烟、肥胖等多种危险因素引起血管内皮细胞损伤，单核细胞黏附于血管内皮细胞，并移行至血管内皮细胞下间隙，转化为巨噬细胞摄取氧化低密度脂蛋白(ox-LDL)，成为泡沫细胞；受损内皮细胞释放某些活性因子，导致更多的炎性细胞浸润与活化、血管平滑肌细胞增殖和迁移，引发一系列慢性炎性反应，并形成更多的泡沫细胞。泡沫细胞的脂质逐渐累积形成脂质条纹，这种反应长期缓慢地持续发生，最终在动脉壁上形成动脉粥样硬化斑块，进而引起血管壁硬化、管腔狭窄和血栓形成。近年来，还发现多数急性心肌梗死的发生与粥样硬化斑块破裂有关，稳定斑块可以减少急性心血管事件的发生。长期应用抗动脉粥样硬化药治疗可以减轻炎症、稳定斑块、显著降低严重心脑血管事件的发生率。目前，防治动脉粥样硬化的药物主要为调血脂药(lipidemic regulators)和其他类抗动脉粥样硬化药(antiatherosclerotic drugs)。

第一节 调血脂药

血脂是血浆或血清中所含的脂类，包括胆固醇(cholesterol，Ch)、三酰甘油(triglyceride，TG)、磷脂(phospholipid，PL)和游离脂肪酸(free fatty acid，FFA)等。胆固醇又分为胆固醇酯(cholesterol ester，CE)和游离胆固醇(free cholesterol，FC)，两者合称为总胆固醇(total cholesterol，TC)。

血脂与载脂蛋白(apoprotein，apo)结合成脂蛋白(lipoprotein，Lp)后始能溶于血浆，并进行转运和代谢。脂蛋白呈微小颗粒状，由于所含脂类和蛋白的不同，应用超速离心或电泳的方法，可将Lp分为乳糜微粒(chylomicron，CM)、极低密度脂蛋白(very low density lipoprotein，VLDL)、低密度脂蛋白(low density lipoprotein，LDL)和高密度脂蛋白(high density lipoprotein，HDL)。此外，还有中间密度脂蛋白(intermediate density lipoprotein，IDL)，是VLDL在血浆的代谢物，密度为$1.006\sim1.019$。有些Lp尚需进一步分为若干亚类，如HDL一般又分为HDL_2和HDL_3，其密度分别为$1.063\sim1.125$和$1.125\sim1.21$。

apo主要有A、B、C、D、E五类，又各分为若干亚组分，不同的Lp含不同的apo，其主要功能是结合和转运脂质。此外尚各有其特殊的功能，如：apoA I 激活卵磷脂胆固醇酰基转移酶(lecithin cholesterolacyl transferase，LCAT)，识别HDL受体。apoAII稳定HDL结构，激活肝脂肪酶(hepatic lipase，HL)促进HDL的成熟及胆固醇逆向转运。apoB100能识别LDL受体。apoC II 是脂蛋白脂酶(lipoprotein lipase，LPL)的激活剂，促进乳糜微粒和VLDL的分解。apoC III 则抑制LPL的活性，并抑制肝细胞apoE受体。apoE参与LDL受体的识别。apoD促进胆固醇及TG在VLDL、LDL与HDL间的转运。

各种脂蛋白在血浆中有基本恒定的浓度以维持相互间的平衡，如果比例失调则为脂代谢异常。某些血脂或脂蛋白高出正常范围则称为高脂血症。一一般将高脂血症分为五型六类，其特点见表 5-27-1。

表 5-27-1　高脂血症的分型及特点

分型	脂蛋白变化	脂质变化
I	CM ↑	TC ↑ TG ↑↑↑
IIa	LDL ↑	TC ↑↑
IIb	VLDL、LDL ↑	TC ↑↑ TG ↑↑
III	IDL ↑	TC ↑↑ TG ↑↑
IV	VLDL ↑	TG ↑↑
V	CM、VLDL ↑	TC ↑ TG ↑↑↑

一般认为，高脂血症可促进动脉粥样硬化病变的形成和发展。但是脂代谢异常的含义，除上述高脂血症外，还应包括 HDL 降低和 LP(a) 增加等，它们也是动脉粥样硬化的危险因素。可见，并非所有的脂蛋白升高都能促动脉粥样硬化形成，因此将降血脂药（hypolipidemic drugs）称为调血脂药（lipidemic regulators）或调脂蛋白药（lipoprotein regulators）较为确切。

一、主要降低 TC 和 LDL 的药物

（一）羟甲基戊二酸单酰辅酶 A(HMG-CoA) 还原酶抑制药

羟甲基戊二酸单酰辅酶 A 还原酶抑制药（3-hydroxy-3-methylglutaryl coenzyme A (HMG-CoA) reductase inhibitors）亦称他汀类（statins）药，常用的药物有洛伐他汀（lovastatin）、辛伐他汀（simvastatin）、普伐他汀（pravastatin）、氟伐他汀（fluvastatin）及阿托伐他汀（atorvastatin）等。洛伐他汀是从土曲霉菌中分离得到的，是 1987 年美国 FDA 批准上市的第一个他汀类药物。普伐他汀和辛伐他汀是洛伐他汀的两种衍生物，氟伐他汀和阿托伐他汀则是化学合成品，更多的他汀类药物正在研发中。他汀类都具有二羟基庚酸结构，或为内酯环，或为开环羟基酸，是抑制 HMG-CoA 还原酶所必需的基团，但是内酯环必须转换成相应的开环羟基酸形式才能呈现药理活性。一般具内酯环的洛伐他汀和辛伐他汀亲脂性较强，具开环羟基酸形式的普伐他汀亲水性较强，氟伐他汀则介于两者之间。

【体内过程】
他汀类药物一般以羟酸型者吸收较好，内酯型者吸收后在肝脏内水解成活性的羟酸型。很少进入外周组织，大部分在肝脏代谢，经胆汁由肠道排出，少部分由肾排出。各药的药动学参数见表 5-27-2。

【药理作用及机制】
1. 调血脂作用　他汀类药物有明显的调血脂作用，在治疗剂量下，降低 LDL 的作用最强，TC 次之，依使用的药物不同，他汀类可降低 LDL 20%～55%，降 TG 作用很小，而 HDL 略有升高。呈剂量依赖性，约 2 周出现明显疗效，4 周～6 周达高峰，长期应用可保持疗效。他汀类药物调血脂的一般作用强度见表 5-27-3。

表 5-27-2　几种他汀类药物的药动学特点

特点	洛伐他汀	辛伐他汀	普伐他汀	氟伐他汀	阿伐他汀
生物利用度（%）	30	60～85	35	＞98	
t_{max}（小时）	2～4	1.2～2.4	1～1.5	0.6	1～2
血浆蛋白结合率（%）	≥95	＞95	50	≥98	≥98
肝摄取率（%）	≥70	≥80	45	≥70	
排泄途径：尿（%）	＜10	13	20	5	＜2
粪（%）	85	60	70	＞90	＞95
$t_{1/2}$（小时）	3	1.9	1.5～2	1.2	14
剂量范围（mg/日）	10～80	5～40	10～40	20～40	10～80
食物对生物利用度的影响（%）	+50	0	-30	0	-13

表 5-27-3　几种他汀类药物对血脂的影响

药物及剂量（mg/日）	血脂及脂蛋白变化（%）			
	TC	LDL	HDL	TG
洛伐他汀（10）	-30.0	-37.9	+3.0	-20.1
氟伐他汀（40）	-21.4	-30.1	+11.2	-7.3
普伐他汀（20）	-23.7	-31.5	+3.1	-12.0
辛伐他汀（10）	-27.4	-35.5	+4.2	-18.3
阿伐他汀（20）	-34.5	-44.3	+12.1	-33.2

人体内的胆固醇大约 1/3 来自饮食，其他大部分靠肝脏合成。HMG-CoA 还原酶是肝细胞合成胆固醇过程中的限速酶，能催化 HMG-CoA 生成甲羟戊酸（mevalonic acid, MVA），为内源性胆固醇合成的关键步骤，抑制此酶则阻碍内源性胆固醇合成。他汀类药物具有与 HMG-CoA 相似的结构，且和 HMG-CoA 还原酶的亲和力高出 HMG-CoA 数千倍，对该酶发生竞争性抑制，使胆固醇合成受阻。此外，肝脏胆固醇浓度降低还通过负反馈调节导致肝细胞表面 LDL 受体代偿性增加及活性增强，致使血浆 LDL 降低，继而导致 VLDL 代谢加快，再加上肝脏合成及释放 VLDL 减少，也导致 VLDL 及 TG 相应下降。HDL 的升高，可能是由于 VLDL 减少的间接结果。

2. 非调脂作用 他汀类尚有多种非调脂作用，如：①改善血管内皮细胞功能，提高血管内皮细胞对扩血管物质的反应性；②抑制血管平滑肌细胞（vascular smooth muscle cells, VSMCs）的增殖和迁移，促进 VSMCs 凋亡；③减少动脉壁巨噬细胞及泡沫细胞的形成，抑制单核细胞-巨噬细胞的黏附和分泌功能，使动脉粥样硬化斑块稳定和缩小；④降低血浆 C 反应蛋白，减轻动脉粥样硬化过程的炎性反应；⑤降低脂蛋白对氧化的敏感性；⑥抑制血小板聚集和提高纤溶活性等。他汀类的非调脂作用机制尚不明确，其潜在重要性需要进一步讨论。

【临床应用】

1. 调血脂 适用于高胆固醇血症或以血清胆固醇升高为主的混合型高脂血症。包括杂合子家族性和非家族性Ⅱa型高脂蛋白血症，Ⅱb 和Ⅲ型高脂蛋白血症亦可应用；也可用于 2 型糖尿病和肾病综合征引起的高胆固醇血症。是目前临床最常用的一线调血脂药。

2. 肾病综合征 对肾功能有一定的保护和改善作用。除调血脂作用外，该作用还可能与他汀类药物抑制肾小球膜细胞的增殖，延缓肾动脉硬化有关。

3. 血管成形术后再狭窄 一般认为血管成形术后再狭窄的发生与动脉粥样硬化病变有类似性，他汀类药物对再狭窄有一定的预防效应。

4. 预防心脑血管急性事件 他汀类药物能增加动脉粥样硬化斑块的稳定性或使斑块缩小，而减少脑中风或心肌梗死的发生。

【不良反应】

他汀类药物不良反应较小而轻，严重不良反应发生率低于 0.1%。大剂量应用时，约有 2%~9% 的患者出现胃肠反应、肌痛、失眠、头痛等，1%~2% 的患者有无症状性转氨酶升高，极个别者（<0.1%）有肌酸磷酸激酶（creatine phosphokinase, CPK）升高，停药后即恢复正常。偶有横纹肌溶解症，西立伐他汀（cerivastatin）因易引起此类严重不良反应，已被撤出市场。动物实验可见超大剂量引起犬的白内障。因此，用药期应定期检测肝功能，有肌痛者应检测 CPK，必要时停药。孕妇及有活动性肝病（或转氨酶持续升高）者禁用。有肝病史者慎用。

【药物相互作用】

他汀类药物与胆汁酸结合树脂类药物联合应用，可增强降低血清 TC 及 LDL 的效应。若与贝特类药物或烟酸联合应用可增强降血清 TG 的效应。但也能提高肌病的发生率（2%~5%）。若与环孢素或红霉素等配伍用，也能增加肌病的危险性。若与香豆素类抗凝药同时应用，有可能使凝血酶原时间延长，应注意检测凝血酶原时间，及时调整抗凝血药的剂量。

洛伐他汀

洛伐他汀（lovastatin）为无活性的内酯环型，口服后 30% 吸收，水解成开环羟酸型呈现活性。对肝脏有高度选择性。经肝脏的首关消除为 80%~85%，t_{max} 为 2~4 小时，$t_{1/2}$ 为 3 小时，2~3 天达稳态浓度。约 83% 经胆汁和粪便排泄，10% 经肾排出。调血脂作用稳定可靠，一般用药 2 周呈现明显效应，4~6 周可达最佳治疗效果，作用呈剂量依赖性。高胆固醇血症患者应用洛伐他汀可明显降低 TC、LDL，升高 HDL，apo B 相应降低，apo AI 有所提高。

辛伐他汀

辛伐他汀（simvastatin）为洛伐他汀的甲基衍化物，是无活性的内酯。口服吸收 60%~85%，首关消除高于 80%，5% 以活性形式入血循环，t_{max} 为 1.2~2.4 小时，60% 经胆汁和粪便排出，13% 由尿排出。$t_{1/2}$ 为 1.9 小时。调血脂作用与洛伐他汀相似，但约比洛伐他汀强一倍。升高 HDL 和 apoAI 的作用强于阿伐他汀。临床试验证明，长期应用辛伐他汀在有效调血脂的同时，显著延缓动脉粥样硬化病变进展和病情恶化，减少心脏事件和不稳定心绞痛的发生。

普伐他汀

普伐他汀（pravaststin）为开环活性结构，口服后吸收迅速，吸收率 35%，t_{max} 为 1~1.5 小时。血浆蛋白结合率 50%，亲水性较强，不能通过血脑屏障，对中枢神经系统无影响，对肝脏有高度选择性。20% 经尿排出，$t_{1/2}$ 为 1.5~2 小时。70% 由粪便排出。尿及粪便中排出的原形药物分别占 30% 和 48%。若与胆汁酸结合树脂合用，两者不能同时服用，一般应在用胆汁酸结合树脂前 1 小时或后 4 小时用。此药除降脂作用外，尚能抑制单核-巨噬细胞向血管内皮细胞的黏附和聚集，具有抗炎作用，可能通过抗炎作用减少心血管疾病的发生。

氟伐他汀

氟伐他汀（fluvastatin）是第一个全人工合成的

他汀类药，结构中具有一个氟苯吲哚环的甲羟内酯衍生物，吲哚环模拟 HMG-CoA 还原酶的底物，甲羟戊酸内酯模拟产物 MVA，所以氟伐他汀能同时阻断 HMG-CoA 还原酶的底物和产物，进而抑制 MVA 生成胆固醇，发挥调血脂作用。口服吸收迅速而完全，不受饮食的影响，肝脏首关消除明显，到循环中的浓度很低，98% 以上与血浆蛋白结合，吸收量的 90% 以上经胆道从粪便排出，仅 5% 由尿排出。$t_{1/2}$ 为 0.5 h。氟伐他汀在发生调血脂作用的同时，尚可抑制血小板活性和改善胰岛素抵抗。

阿托伐他汀

阿伐他汀（atorvastatin）口服吸收迅速，不受饮食影响，t_{max} 为 1～2 小时，绝对生物利用度为 12%，抑制 HMG-CoA 还原酶系统利用度为 30%。经肝脏代谢，活性代谢产物的作用占总抑制作用的 70%。原药在血浆的 $t_{1/2}$ 约 14 小时，而活性代谢产物对 HMG-CoA 还原酶的抑制 $t_{1/2}$ 却长达 20～30 小时。老年人 $t_{1/2}$ 较长，女性较男性为短。此药与氟伐他汀有相似的作用特性和适应证。但是降 TG 作用较强，大剂量对纯合子家族性高胆固醇血症也有效。

（二）胆汁酸结合树脂

胆汁酸结合树脂（bile acid binding resins）进入肠道后不被吸收，与胆汁酸牢固结合阻滞胆汁酸的肝肠循环和反复利用，从而大量消耗胆固醇，使血浆 TC 和 LDL 水平降低。

考来烯胺

考来烯胺（cholestyramine）又称消胆胺，为苯乙烯型强碱性阴离子交换树脂，其氯化物呈白色或淡黄色球状颗粒或粉末，无臭或有氨臭。氯能与其他阴离子交换，1.6 g 消胆胺能结合胆盐 100 mg。

【药理作用与机制】

本药能明显降低 TC 和 LDL。口服不吸收，在小肠通过离子交换与胆汁酸结合后发生下列作用：①被结合的胆汁酸失去活性，减少食物中脂类（包括胆固醇）的吸收；②阻滞胆汁酸的肝肠循环和重复利用；③由于大量胆汁酸丢失，肝内胆固醇经 7-α 羟化酶的作用转化为胆汁酸；④由于肝细胞中胆固醇减少，代偿性地使肝细胞表面 LDL 受体增加和活性增强；⑤大量含胆固醇的 LDL 经受体进入肝细胞，使血浆 TC 和 LDL 水平降低；⑥此过程中的 HMG-CoA 还原酶可继发活性增加，但不能补偿胆固醇的减少，若与 HMG-CoA 还原酶抑制药联合应用，有协同作用。

【临床应用】

适用于 Ⅱa 及 Ⅱb 型高脂蛋白血症、家族性杂合子高脂血症，对纯合子家族性高胆固醇血症无效。对 Ⅱb 型高脂蛋白血症者，应与降 TG 和 VLDL 的药物合用。

【不良反应】

由于本药的应用剂量较大，又有特殊的臭味和一定的刺激性，少数人用后可能有便秘、腹胀、嗳气和食欲减退等，一般在两周后可逐渐消失；若便秘过久，应停药。偶可出现短时的转氨酶升高、高氯酸血症或脂肪痢等。

【药物相互作用】

考来烯胺在肠腔内可与 HMG-CoA 还原酶抑制药、氯噻嗪、保泰松、苯巴比妥、洋地黄毒苷、甲状腺素、口服抗凝药、脂溶性维生素（A、D、E、K）、叶酸、铁剂及某些抗生素等结合，影响这些药物的吸收，应尽量避免配伍使用，必要时可在服此药 1 小时前或 4 小时后服用上述药物。

考来替泊

考来替泊（colestipol）又称降胆宁，为二乙基五胺环氧氯丙烷的聚合物，是弱碱性阴离子交换树脂，呈淡黄色，无臭无味，有亲水性，含水分约 50%，但不溶于水。

考来替泊的药理作用、临床应用和不良反应与考来烯胺基本相同。适用于 Ⅱa 型高脂蛋白血症。

（三）酰基辅酶 A 胆固醇酰基转移酶抑制药

酰基辅酶 A 胆固醇酰基转移酶（acyl-coenzyme A cholesterol acyltransferase，ACAT）促进细胞内胆固醇转化为胆固醇酯，这种转化在肝细胞促进 VLDL 的组成和释放，在血管壁促进胆固醇的蓄积，在小肠促进胆固醇的吸收，在巨噬细胞则促进泡沫细胞的形成。其对胆固醇的吸收、蓄积和泡沫细胞的形成等动脉粥样硬化病变过程都有促进作用。因此，抑制 ACAT 的药物可发挥调血脂和抗动脉粥样硬化的效应。

甲亚油酰胺

甲亚油酰胺（melinamide）能阻滞细胞内胆固醇向胆固醇酯的转化，从而减少胆固醇在肝脏形成 VLDL，减少外源性胆固醇的吸收，阻滞外周组织胆固醇酯的蓄积和泡沫细胞的形成，并有利于胆固醇的逆向转运，使血浆及组织胆固醇降低。适用于 Ⅱ 型高脂蛋白血症。口服后约 50% 经门静脉吸收，体内分布广泛且均匀，最后大部分分解，约 7% 自胆汁排出。不良反应轻微，可有食欲减退或腹泻等。

（四）新型胆固醇吸收抑制药

依折麦布

依折麦布（ezetimibe）是一种新型的胆固醇吸收抑制药（inhibitors of cholesterol absorption），于 2002 年正式在美国上市。

【体内过程】

口服吸收迅速，主要在小肠和肝脏代谢，约

80% 成为有药理活性的依折麦布-葡萄糖苷酸结合产物。依折麦布和依折麦布-葡萄糖醛酸结合物均有肝肠循环，$t_{1/2}$ 接近 22 小时。依折麦布几乎不通过主要的药物代谢酶细胞色素 P450 代谢，从而减少了与其他药物的相互作用。

【药理作用及机制】

依折麦布作用于小肠细胞刷状缘，抑制饮食和胆汁中胆固醇和植物固醇的吸收，从而降低小肠中的胆固醇向肝脏中的转运。与安慰剂比较，依折麦布抑制小肠对胆固醇吸收的 54%，同时并不影响小肠对 TG、脂肪酸、胆汁酸、孕酮、乙炔雌二醇及脂溶性维生素 A、D 的吸收。由于减少了胆固醇的吸收，肝脏胆固醇储存减少，反馈性促进胆固醇自血液中清除增加，从而使循环胆固醇浓度降低。依折麦布能降低高胆固醇患者 TC 和 LDL 水平，同时升高 HDL。一般在 2 周内取得最大疗效，长期治疗能维持效应。

【临床应用】

该药所用剂量远远低于胆汁酸结合树脂，作为胆汁酸结合树脂的替代品使用，用于对他汀类药物反应性下降及禁用他汀类药物的高胆固醇血症患者。也可与他汀类药物联用，若与他汀类药物联用时需密切监测丙氨酸转氨酶（alanine aminotransferase，ALT）变化，当 ALT 升至正常上限 3 倍时应停用依折麦布。

【不良反应】

具有良好的耐受性和安全性，但也有报道引起腹泻、腹痛或头痛、皮疹和血管性水肿。

二、主要降低 TG 及 VLDL 的药物

（一）贝特类

20 世纪 60 年代上市的贝特类（fibrates）或称苯氧芳酸衍生物（fibric acid derivatives）氯贝丁酯（氯贝特，clofibrate）具有降低 TG 及 VLDL 的作用，曾广泛应用。后经大规模和长期临床试验，发现不良反应、特别是肝胆系统并发症较多，且不能降低冠心病的死亡率，现已少用。目前应用的新型贝特类如吉非罗齐（gemfibrozil）、非诺贝特（fenofibrate）、苯扎贝特（bezafibrate）等，调血脂作用增强而不良反应减少。

【体内过程】

贝特类一般口服吸收快而完全，在血液中与血浆蛋白结合，不易分布到外周组织。最后大部分在肝脏与葡萄糖醛酸结合，少量以原形经肾排出。因化学结构各异，代谢亦不同。吉非罗齐和苯扎贝特具活性酸形式，吸收后发挥作用快，持续时间短，$t_{1/2}$ 仅 1~2 小时；非诺贝特需先水解成活性酸形式始发挥作用，t_{max} 约为 4 小时，$t_{1/2}$ 约 22 小时。

【药理作用及机制】

贝特类既有调血脂作用也有非调脂作用。贝特类能明显降低血浆 VLDL 和 TG，对血浆 LDL 和 TC 水平也有一定降低作用，同时升高血浆 HDL。但各药的作用强度不同。非调脂作用方面有抗凝血、抗血栓和抗炎等作用，共同发挥抗动脉粥样硬化效应。

目前贝特类调血脂的作用机制仍不清楚，最近的研究提出，这些化合物对血脂的很多作用是与激活过氧化物酶体增殖激活受体 α（peroxisome proliferator activated receptor-α，PPARα）调节相关基因的转录有关。贝特类通过激活 PPARα 增加 LPL 合成，减少 apoC Ⅲ 表达，从而降低 TG 及 VLDL 水平；而刺激 apoAI、apoA Ⅱ 等基因的表达与增加 HDL 水平有关。贝特类非调血脂作用的机制，可能与降低某些促凝血因子的活性，减少纤溶酶原激活物抑制物（PAI-1）的产生有关。其抗动脉粥样硬化的炎性作用可能与贝特类药物作为 PPARα 的配体有关。

【临床应用】

主要用于原发性高 TG 血症，对 Ⅲ 型高脂蛋白血症和混合型高脂蛋白血症也有较好的疗效，也可用于 2 型糖尿病的高脂血症。

【不良反应】

主要为消化道反应，如食欲缺乏、恶心、腹胀等。其次为乏力、头痛、失眠、皮疹、阳痿等。偶有肌痛、尿素氮增加、转氨酶升高，停药后可恢复。各药的不良反应不尽相同，氯贝丁酯不良反应较多且严重，可致心律失常、胆囊炎和胆石症等，胃肠道肿瘤的发病率增加。肝胆疾病患者、孕妇、儿童、肾功能不全者禁用。

【药物相互作用】

与口服抗凝药同用，可使抗凝活性增强，常需减少抗凝药的剂量。与他汀类药物合用，有增加肌病发生的可能。

吉非罗齐

吉非罗齐（gemfibrozil）口服吸收迅速且完全，t_{max} 为 1~2 小时，2~3 天即达稳态血浓，平均 C_{max} 为 15~25 mg/L，$t_{1/2}$ 为 1.5~2 小时，66% 经尿排出，6% 由粪便排出。降低血浆 TG 和 VLDL 起效快、稳定，对血浆 TG 明显增高和伴有 HDL 降低或 LDL 升高类型的高脂血症疗效最好。长期应用可明显降低冠心病的发生率。

非诺贝特

非诺贝特（fenofibrate）口服吸收快，生物利用度 50%~75%，t_{max} 为 4 小时，血浆蛋白结合率 99%，在肠道或肝脏转化为活性物质，$t_{1/2}$ 为 22 小时，约 66% 随尿排泄，肾功能不全者慎用。除有调血脂作用外，能明显地降低血浆纤维蛋白原和血尿酸水

平，降低血浆黏稠度改善血流动力学，冠脉造影证明能阻止冠脉腔的缩小。

苯扎贝特

苯扎贝特（bezafibrate）口服易吸收，t_{max} 为 2 小时，94.6% 经尿排出，3% 由粪便排出，无蓄积性，肾功不全者应慎用。药理作用及临床应用同吉非罗齐，也用于伴有血脂升高的 2 型糖尿病，除调血脂外还降低空腹血糖，并降低血浆纤维蛋白原和糖化血红蛋白，抑制血小板聚集。长期应用可使血浆 Lp(a) 水平降低，两年后降低 36%。

（二）烟酸类

烟　酸

烟酸（nicotinic acid，niacin）为维生素 B 族之一，早年发现大剂量烟酸能降低血清 TG，预防实验性动脉粥样硬化，并证明其抗动脉粥样硬化作用与其在体内转化烟酰胺的作用无关，如将烟酸与其他物质结合成酯，服后在体内释放出烟酸仍然有效。

【体内过程】

口服吸收迅速且完全，生物利用度 95%，t_{max} 为 30～60 分钟。若服用 1 g，1 小时内血浆浓度可达 15～30 μg/ml。很少与血浆蛋白结合，迅速被肝、肾和脂肪组织摄取，代谢物及原形经肾排出，$t_{1/2}$ 为 20～45 分钟。

【药理作用及机制】

大剂量能降低血浆 TG 和 VLDL，服后 1～4 天生效，降低 LDL 作用慢而弱，用药 5～7 天生效，3～5 周达最大效应，与他汀类或胆汁酸结合树脂配伍用，降 LDL 作用增强。烟酸能升高血浆 HDL。此外，最近确认烟酸为少有的降低 Lp(a) 药物。

烟酸的调血脂作用机制为首先降低脂肪细胞内 cAMP 的水平，使脂肪酶的活性降低，脂肪组织中的 TG 不易分解放出 FFA，肝脏合成 TG 的原料不足，则难以进一步合成和释放 VLDL，继而 LDL 来源减少。烟酸升高 HDL 是由于使 TG 浓度降低导致 HDL 分解代谢减少所致。HDL 的增加有利于胆固醇的逆行转运，阻滞动脉粥样硬化病变的发展。此外烟酸还能抑制 TxA_2 的生成，增加 PGI_2 的生成，发挥抑制血小板聚集和扩张血管的作用。

【临床应用】

为广谱调血脂药，对多种高脂血症均有一定效应，对 Ⅱb 和 Ⅳ 型最好。适用于混合型高脂血症、高 TG 血症、低 HDL 血症及高 Lp(a) 血症。

【不良反应】

由于用量较大，开始数周常有皮肤潮红及瘙痒等，故应从小剂量开始，逐渐增加剂量。若与阿司匹林配伍用，可使反应减轻。实验证明，阿司匹林不仅能缓解烟酸所致的皮肤血管扩张，还能延长半衰期，并防止烟酸所致的尿酸浓度升高。另外，烟酸刺激胃黏膜发生消化道症状，加重或引起消化道溃疡，餐时或餐后服用可以减轻。长期应用可致皮肤干燥、色素沉着或棘皮症。个别患者可有肝功能异常、血尿酸增多、糖耐量降低等，停药后可以恢复。溃疡病、糖尿病及肝功能异常者禁用。

阿西莫司

阿西莫司（acipimox）化学结构类似烟酸。口服吸收快而全，t_{max} 约 2 小时，不与血浆蛋白结合，以原形由尿排出，$t_{1/2}$ 约 2 小时。药理作用类似烟酸，可使血浆 TG 明显降低，HDL_2 升高，与胆汁酸结合树脂配伍用可加强其降 LDL 作用，作用较强而持久，不良反应较少较轻。除用于 Ⅱb、Ⅲ 和 Ⅳ 型高脂血症外，也适用于高 Lp(a) 血症及 2 型糖尿病伴有高脂血症患者。此外，尚能降低血浆纤维蛋白和全血黏度。

三、降低 Lp(a) 的药物

脂蛋白 (a)[lipoprotein (a)，Lp (a)] 是血浆中一种特殊的脂蛋白，其理化性质和组成与 LDL 有很大的共同性，而 Lp(a) 中除含有 apoB 外尚含有 apo(a)，并含有较多的糖类。血浆 Lp(a) 升高是动脉粥样硬化的独立危险因素，也是 PTCA 术后再狭窄的危险因素。其原因可能一方面是 Lp(a) 与纤溶酶原有高度的相似性，竞争性地抑制纤溶酶原活化，促进血栓形成；另一方面是增进单核细胞向血管内皮细胞的黏附，参与泡沫细胞的形成。降低血浆 Lp(a) 水平，已经成为防治动脉粥样硬化研究的热点。现将有一定疗效的药物列于表 5-27-4。

表 5-27-4　降低血浆 Lp(a) 的药物

药物	剂量（日）	降 Lp(a) 率（%）
烟酸	4.0 g	33.3
烟酸戊四醇酯	1.5 g	22.6
烟酸生育酚酯	0.6 g	30.4
阿西莫司	0.75 g	32.3
新霉素	2.0 g	24.0
多沙唑嗪	1.0 mg	8.3
雌激素＋孕酮		50.0
司坦唑醇	6.0 mg	65.0
N-乙酰半胱氨酸	0.3 g	35.8

第二节　抗氧化剂

氧自由基（oxygen free radical，OFR）在动脉粥样硬化发生和发展中的作用已引起人们的注意。氧自由基是体内氧代谢的产物，有极强的氧化性。当血管内皮细胞及白细胞等受刺激或损伤时可产生大量氧自由基，进一步损伤生物膜，导致细胞功能障碍。同时氧化修饰脂蛋白，促进动脉粥样硬化病变的发展。

已证明，ox-LDL 影响动脉粥样硬化病变发生和发展的多个过程，如：①损伤血管内皮细胞，促进单核细胞向内皮细胞黏附并向内皮细胞下转移；②阻滞进入内皮细胞下的单核细胞所转化的巨噬细胞返回血流；③巨噬细胞无限制地摄取 ox-LDL 而成为泡沫细胞；④促进内皮细胞释放血小板衍生的生长因子（PDGF）等，导致 VSMCs 增殖和迁移，亦摄取 ox-LDL 成为泡沫细胞；⑤泡沫细胞的脂质积累形成脂质条纹和斑块；⑥被损伤的内皮细胞还可导致血小板聚集和血栓形成。Lp(a) 和 VLDL 也可被氧化，增强致动脉粥样硬化作用；本来具有抗动脉粥样硬化效应的 HDL 也可被氧化，转化为致动脉粥样硬化因素。因此，防止氧自由基的产生和脂蛋白的氧化修饰，已成为阻止动脉粥样硬化发生和发展的重要措施。常用的抗氧化剂为普罗布考等。

普罗布考

普罗布考（probucol）又称丙丁酚，1977 年被用于临床，有明显的降血浆 TC 和 LDL-C 作用，因其有较强的降 HDL-C 作用而未被重视。后经动物实验及长期临床试验证明，普罗布考能使动脉粥样硬化病变明显减轻，冠心病发病率明显减少，特别是能有效地消除纯合子型家族性高胆固醇血症患者的皮肤和肌腱的黄色瘤，其效应与其抗氧化作用密切相关，从而引起重新评价和应用。

【体内过程】

口服吸收低于 10%，且不规则，饭后服用可增加吸收。吸收后主要蓄积于脂肪组织和肾上腺。血清中浓度较低，t_{max} 为 24 小时，长期服用 3～4 个月达 C_{ss}，停药 1.5～6 个月后血药浓度分别降低 60% 和 80%。在血清中 95% 分布于脂蛋白的疏水核，在 LDL、VLDL 和 HDL 中分别占 44.4%、38.2% 和 13%。服药后 4 日内粪便排出 90%，仅有 2% 随尿排出。健康者单剂量口服 3 g，$t_{1/2\beta}$ 约为 23 天；患者口服 1 g/日，连续 12 周，$t_{1/2\beta}$ 为 47 天。

【药理作用及机制】

1. 抗氧化作用 能抑制 ox-LDL 的生成及其引起的一系列病变过程，如内皮细胞损伤、单核细胞向内皮下游走、清道夫受体摄取 ox-LDL 成泡沫细胞、VSMCs 增殖及迁移等。

2. 调血脂作用 可使血浆 TC 下降 10%～20%，LDL-C 下降 5%～15%；而 HDL 及 apoAI 同时明显下降，对血浆 TG 和 VLDL 一般无影响。若与他汀类或胆汁酸结合树脂合用，可增强调血脂作用。

3. 对动脉粥样硬化病变的影响 长期应用可使冠心病发病率降低，已形成的动脉粥样硬化病变停止发展或消退，黄色瘤明显缩小或消除。

普罗布考进入体内后分布于各脂蛋白，它本身被氧化为普罗布考自由基，阻断脂质过氧化，减少脂质过氧化物的产生，减少动脉粥样硬化病变的一系列过程。同时，普罗布考能抑制 HMG-CoA 还原酶，使胆固醇合成减少，并能通过受体及非受体途径增加 LDL 的清除，血浆 LDL 水平降低。对 HDL 可能是提高胆固醇酯转移蛋白（cholesteryl ester transfer protein，CETP）和 apo E 的血浆浓度，使 HDL 颗粒中胆固醇减少（HDL_2 减少、HDL_3 增加），HDL 颗粒变小，而数量和活性提高，增加了 HDL 的转运效率，使胆固醇逆转运清除加快。普罗布考的抗动脉粥样硬化作用可能是抗氧化和调血脂作用的综合结果。

【临床应用】

用于各型高胆固醇血症，包括纯合子和杂合子家族性胆固醇血症，长期服用可使肌腱黄色瘤消退，阻滞动脉粥样硬化病变发展或消退。对继发于肾病综合征或糖尿病的 2 型脂蛋白血症也有效。

【不良反应】

不良反应少而轻，以胃肠道反应为主，如腹泻、腹胀、腹痛、恶心等，偶有嗜酸性细胞增多、肝功能异常、高尿酸血症、高血糖、血小板减少、肌病、感觉异常等。临床曾发现 Q-T 延长者，但未见心律失常。故为用药安全，用药期间注意心电图的变化，Q-T 延长者慎用；不宜与能延长 Q-T 的药物同用。近期有心肌损伤者禁用，孕妇及小儿禁用。

第三节　多烯脂肪酸

多烯脂肪酸（polyenoic fatty acids）又称多不饱和脂肪酸（polyunsaturated fatty acids，PUFAs），用于防治心脑血管病已有 50 多年的历史。多烯脂肪酸可根据不饱和键在脂肪酸链中开始出现位置的不同，分为 n-3（或 ω-3）型及 n-6（或 ω-6）型。

一、n-3 型多烯脂肪酸

主要的 n-3 多烯脂肪酸有二十碳五烯酸（eicosapentaenoic acid，EPA）、二十二碳六烯酸（docosahexaenoic acid，DHA）和 α-亚麻酸（α-linolenic acid，α-LNA）。它们主要来自海洋生物的油脂，个别陆地生物油脂中含有微量 α-LNA。20 世纪 70 年代流行病学调查发现，格陵兰爱斯基摩人很少发生心血管病，后经证实主要与其长期食用海鱼等海生动物有关，这些动物的油脂中富含 n-3 多烯脂肪酸，其有多方面的抗动脉粥样硬化效应，从而开创了 n-3 多烯脂肪酸防治心脑血管病的途径。

二十碳五烯酸（EPA）和二十二碳六烯酸（DHA）

【药理作用及机制】

1. 调血脂作用 EPA 和 DHA 有明显的调血脂作用，能明显降低血浆 TG 及 VLDL，升高 HDL，而降低 TC 和 LDL 的作用不明显或略有升高。EPA 和 DHA 的调血脂作用机制可能与抑制肝脏 TG 和 apoB 合成，并提高 LPL 活性促进 VLDL 分解有关。

2. 非调血脂作用 由于 EPA 和 DHA 较广泛地分布于细胞膜磷酯，可取代花生四烯酸（arachidonic acid，AA），作为三烯前列腺素和五系白三烯的前体，产生多方面的作用：①在血小板取代 AA 形成 TxA_3，TxA_2 形成减少，因而促血小板聚集和收缩血管作用减弱；在血管壁取代 AA 形成 PGI_3，PGI_3 仍有 PGI_2 的扩张血管和抗血小板聚集作用。所以呈现较强的抗血小板聚集、抗血栓形成和扩张血管的作用。②由于抗血小板，抑制了血小板衍化生长因子（platelet-derived growth factor，PDGF）的释放，从而抑制 VSMCs 的增殖和迁移。③红细胞膜的 EPA 和 DHA 增加红细胞的可塑性，改善微循环。④ EPA 在白细胞可转化为五系白三烯的 LTB_5 等，而减弱四系白三烯 LTB_4 的促白细胞向血管内皮的黏附和趋化性，且 EPA 能使血中 IL-1β 和 TNF 浓度降低，抑制黏附分子的活性；EPA 和 DHA 对动脉粥样硬化早期的白细胞-内皮细胞炎性反应的多种细胞因子表达呈明显的抑制作用。

【临床应用】

EPA 和 DHA 可用于防治心脑血管病，适用于高 TG 性高脂血症。明显改善心肌梗死患者的预后。

【不良反应】

n-3 多烯脂肪酸为人体所必需的脂肪酸，一般应无不良反应，但是若长期或大剂量应用，有可能使出血时间延长、免疫反应降低。多烯脂肪酸制剂易被氧化，产生过氧化物及氧自由基，使毒性增加，因此制剂中应加适量 VE 以防氧化。

二、n-6 型多烯脂肪酸

来源于植物油的 n-6 多烯脂肪酸，主要有亚油酸（linoleic acid，LA）和 γ-亚麻酸（γ-linolenic acid，γ-LNA）。常用月见草油（evening primrose oil）和亚油酸（linoleic acid）。

月见草油是从月见草子所提取的油脂，其中含亚油酸约 70%，γ-亚麻酸占 6%～9%。制剂中的亚油酸和 γ-亚麻酸本身有较弱的调血脂作用，后者在体内有可能转化为二高-γ-亚麻酸（dihomo-γ-linolenic acid，DGLA），经第 1 系列前列腺素代谢产生 PGE_1，呈现调血脂、抗血小板等抗动脉粥样硬化效应，用于防治冠心病、心肌梗死等，但作用较弱。

亚油酸来源于植物油，进入体内后能转化为系列 n-6 多烯脂肪酸，发挥调血脂和抗动脉粥样硬化作用，常将其做成胶丸，或与其他调血脂药和抗氧化药配合制成多种复方制剂应用。

第四节 黏多糖和多糖类

黏多糖是杂多糖的一类，多由氨基己糖或其衍生物与糖醛酸构成的二糖单位多次重复组成的长链，其典型代表为肝素。肝素具有：①降低 TC、LDL、TG、VLDL，升高 HDL 的调血脂作用；②对动脉内皮细胞有高度亲和性，中和多种血管活性物质；③抑制白细胞向血管内皮黏附及其向内皮下转移的抗炎性反应；④阻滞 VSMC 的增殖迁移；⑤加强酸性成纤维细胞生长因子（aFGF）的促微血管生成；⑥抗血栓形成等作用，从多方面发挥抗动脉粥样硬化效应。但因易致出血和口服无效等缺点，不便临床推广应用。为此，人们研究既有类似肝素的抗动脉粥样硬化作用，又无不利于抗动脉粥样硬化时副作用的低分子量肝素和类肝素（heparinoids）。

低分子量肝素

低分子量肝素（low-molecular-weight heparin，LMWH）是由肝素解聚而成，平均分子量为 4～6 kD。由于分子量低，生物利用度较高，与血浆、血小板、血管壁蛋白结合的亲和力较低，抗凝血因子 Ⅹa 活力大于抗凝血因子 Ⅱa 活力，而具有抗凝血作用较弱，抗血栓形成作用强的特点。国外已有 fraxiparin、enoxaparin、fragmin、fluxum、ardeparin、logiparin、innohep、reviparin、bioparin、miniparin 等 10 多种产品。主要用于不稳定性心绞痛、急性心肌梗死、PTCA 术后再狭窄等。

天然类肝素是存在于生物体类似肝素结构的一类物质，如硫酸乙酰肝素（heparan sulfate，HS）、硫酸皮肤素（dermatan sulfate，DS）、硫酸软骨素（chondroitin sulfate，CS）及冠心舒等。冠心舒（脑心舒）是从猪肠黏膜提取的含硫酸乙酰肝素、硫酸皮肤素和硫酸软骨素的复合物，具有抗凝血因子 Ⅱa 作用弱，抗凝血因子 Ⅹa 作用强和半衰期更长的特点。研究证明冠心舒有调血脂、降低心肌耗氧量、抗血小板、抑制血管平滑肌细胞增殖、保护血管内皮细胞和阻滞动脉粥样硬化斑块形成等作用，用于缺血性心、脑血管疾病，且口服有效，表明天然类肝素可能是有较好前景的抗动脉粥样硬化药。

酸性糖酯类如糖酐酯（dextran sulfate sodium）、藻酸双酯钠（polysaccharide sulfate）等也具有肝素样的药理特性，能调血脂、抗血栓形成、保护动脉内皮细胞，从而抑制动脉粥样硬化病变的发展。临床用于缺血性心脑血管病等。

（山东大学医学院　刘慧青）

第二十八章 抗高血压药

- Hypertension is the most common cardiovascular disease. Hypertension is defined conventionally as a sustained increase in blood pressure ≥ 140/90 mmHg. Hypertension is the principal cause of stroke, a major risk factor for coronary artery disease and its attendant complications myocardial infarction and sudden cardiac death, and a major contributor to cardiac failure, renal insufficiency, and dissecting aneurysm of the aorta.
- Drugs lower blood pressure by actions on peripheral resistance, cardiac output, or both. Antihypertensive drugs are classified according to their sites or mechanisms of action. Diuretics, calcium channel antagonists, β-adrenergic receptor blockers, angiotensin-converting enzyme (ACE) inhibitors and angiotensin Ⅱ receptor blockers are the most widely used and considered as the first line antihypertensive drugs. Choice of an antihypertensive drug should be driven by likely benefit in an individual patient, taking into account concomitant diseases as diabetes mellitus, problematic adverse effects of specific drugs, and cost.
- Antihypertensive treatment is a lifelong therapy. Reversing or preventing hypertensive end-organ damage should be taken into account. Lowering blood pressure, decreasing blood pressure variability and blocking renin-angiotensin system may be the most important in organ protection in hypertension. Concurrent use of drugs from different classes is a common strategy for achieving effective control of blood pressure while minimizing dose-related adverse effects.

凡能降低血压而用于高血压治疗的药物称为抗高血压药。正常人血压应低于 140/90 mmHg。高于上述标准，即为高血压。绝大部分高血压病因不明，称为原发性高血压或高血压病，少数高血压有因可查，称为继发性高血压或症状性高血压。高血压病的发生率在成人大约为 15%～20%。目前我国约有 2.6 亿高血压患者。高血压病的直接并发症有脑血管意外、肾功能衰竭、心力衰竭等。大量证据表明，高血压患者容易并发冠心病。且这些并发症大多可致死或致残。总体而言，高血压人群若不经合理治疗，平均寿命较正常人群缩短 15～20 年。因此，世界各国都大力研制抗高血压药物。1949 年神经节阻断药作为第一种抗高血压药用于临床。在此后的半个世纪中抗高血压药物大量涌现，如 20 世纪 50 年代的肼屈嗪、利血平，60 年代的胍乙啶、甲基多巴、可乐定、β 受体阻断药，其后有钙通道阻滞药，80 年代的血管紧张素转化酶抑制药，90 年代又发展了血管紧张素 Ⅱ 受体阻断药。使用这些药物在一定程度上减少了高血压的并发症，尤其是减少了脑卒中、心力衰竭和肾损害的发生率，降低了高血压病的死亡率。

原发性高血压的发病机制不明，但已知体内有许多系统与血压的调节有关，其中最主要的有交感神经-肾上腺素系统及肾素-血管紧张素系统（renin-angiotensin system，RAS）。此外，血管舒缓肽-激肽-前列腺素系统、血管内皮松弛因子-收缩因子系统等都参与了血压变化的调节。抗高血压药可分别作用于上述不同的环节，从而降低血压。根据各种药物的主要作用和作用部位可将抗高血压药物分为下列几类：

1. 利尿药 如氢氯噻嗪等。
2. 交感神经抑制药
(1) 中枢性降压药：如可乐定、莫索尼定等。
(2) 神经节阻断药：如樟磺咪芬等。
(3) 去甲肾上腺素能神经末梢阻滞药：如利血平、胍乙啶等。
(4) 肾上腺素受体阻断药
1) β 肾上腺素受体阻断药：如普萘洛尔等。
2) α 肾上腺素受体阻断药：如哌唑嗪等。
3) β 和 α 肾上腺素受体阻断药：如卡维地洛等。
3. 肾素—血管紧张素系统抑制药
(1) 血管紧张素转化酶抑制药：如卡托普利等。
(2) 血管紧张素 Ⅱ 受体阻断药：如氯沙坦等。
(3) 肾素抑制药：如雷米克林等。
4. 钙通道阻滞药 如硝苯地平等。
5. 血管扩张药 如肼屈嗪和硝普钠等。

目前，国内外应用广泛的一线抗高血压药物是利尿药、钙通道阻滞药、β 受体阻断药，ACE 抑制药和血管紧张素 Ⅱ 受体阻断药等药物，统称为常用抗高血压药物。其他抗高血压药物如中枢性降压药和血管扩张药等较少单独应用。

第一节　常用抗高血压药物

一、利尿药

限制钠盐的摄入是治疗高血压早期的手段之一。随着20世纪50年代噻嗪类利尿药（thiazides）的问世，用药物改变体内Na^+平衡成为治疗高血压的主要方法之一。各类利尿药单用即有降压作用，并可增强其他降压药的作用。

【药理作用及作用机制】

利尿药降低血压的确切机制尚不十分明确。用药初期，利尿药可减少细胞外液容量及心输出量。长期给药后心输出量逐渐恢复至给药前水平而降压作用仍能维持，此时细胞外液容量仍有一定程度的减少。若维持有效的降压作用，血浆容量通常比治疗前减少约5%，伴有血浆肾素水平持续升高，说明体内Na^+持续减少。利尿药长期使用可降低血管阻力，但该作用并非直接作用，因为利尿药在体外对血管平滑肌无作用，在肾切除的病人及动物使用利尿药也不能发挥降压作用。利尿药降低血管阻力最可能的机制是持续地降低体内Na^+浓度及降低细胞外液容量。平滑肌细胞内Na^+浓度降低可能导致细胞内Ca^{2+}浓度降低，从而使血管平滑肌对缩血管物质的反应性减弱。

【临床应用】

噻嗪类利尿药是利尿降压药中最常用的一类，以氢氯噻嗪（hydrochlorothiazide）最为常用。大规模临床试验表明噻嗪类利尿药可降低高血压并发症如脑卒中和心力衰竭的发生率和病死率。单独使用噻嗪类利尿药作降压治疗时，剂量应尽量小。研究发现许多患者使用小至12.5 mg的氢氯噻嗪或氯酞酮（chlorthalidone；氯噻酮，hygroton）即有降压作用，超过25 mg降压作用并不一定增强，而且可使不良反应发生率增加。因此建议单用利尿药降压时的剂量不宜超过25 mg，若25 mg仍不能有效地控制血压，则应合用或换用其他类型抗高血压药。

单用噻嗪类利尿药降压治疗，尤其是长期使用应合用留钾利尿药或合用血管紧张素转化酶抑制药亦可减少K^+的排出。长期大量使用噻嗪类利尿药除引起电解质改变外，尚对脂质代谢、糖代谢产生不良影响。

对合并有氮质血症或尿毒症的患者可选用高效利尿药呋塞米。吲哒帕胺（indapamide；吲满胺，lozol）不良反应少，不引起血脂改变，故伴有高脂血症患者可用吲哒帕胺代替噻嗪类利尿药利尿降压。

二、钙通道阻滞药

血管平滑肌细胞的收缩有赖于细胞内游离Ca^{2+}，若抑制了Ca^{2+}的跨膜转运，则可使细胞内游离Ca^{2+}浓度下降。因此钙通道阻滞药通过减少细胞内Ca^{2+}含量而松弛血管平滑肌，进而降低血压。钙通道阻滞药品种繁杂，结构各异。从化学结构上可将其分为二氢吡啶类和非二氢吡啶类。前者对血管平滑肌具有选择性，较少影响心脏，作为抗高血压药常用的有硝苯地平、尼群地平和尼卡地平等。非二氢吡啶类包括维拉帕米等，对心脏和血管均有作用。

根据钙通道阻滞药在体内的药代动力学和药效动力学特点将药物分为第一、二、三代。①第一代钙通道阻滞药如硝苯地平、维拉帕米和地尔硫䓬，由于生物利用度低且波动大，药物血浆浓度波动大，用药后快速导致血管扩张和交感神经系统激活，引起反射性心动过速、心悸和头痛；由于此类药物半衰期短、清除率高、作用持续时间短，使其对血压控制时间短，很难实现24小时的有效控制血压。②第二代钙通道阻滞药通过改革剂型为缓释或控释剂型使药代动力学特性有了明显改善，也有部分具有新的化学结构如尼群地平、非洛地平。③第三代钙通道阻滞药克服了第一代和第二代的多数缺点，包括氨氯地平和拉西地平，药物本身为长效制剂，起效缓慢，作用平稳，持续时间久，抗高血压的谷峰比值高，血压波动小。

硝苯地平

【别名】

尼非地平，nifelat；硝苯啶，procardia。

【体内过程】

硝苯地平（nifedipine）口服易吸收，且完全，生物利用度为65%，$t_{1/2}$为2.5小时。主要在肝脏代谢，少量以原形药从肾脏排出。普通片剂口服后20～30分钟内产生降压作用，最大降压作用在1～2小时后出现，作用持续约6～8小时。缓释片剂口服吸收较慢，血药浓度达峰时间为1.2～4小时，作用可持续24小时。

【药理作用】

硝苯地平作用于细胞膜L型钙通道，通过抑制Ca^{2+}从细胞外进入细胞内，从而使细胞内Ca^{2+}浓度降低，导致小动脉扩张，总外周血管阻力下降而降低血压。由于周围血管扩张，可引起交感神经活性反射性增强而引起心率加快。

【临床应用】

硝苯地平对轻、中、重度高血压均有降压作用，亦适用于合并有心绞痛或肾脏疾病、糖尿病、哮喘、高脂血症及恶性高血压患者。目前多推荐使用缓释片剂，以减轻迅速降压造成的反射性交感活性增加。

【不良反应】

主要的不良反应为血管过度扩张造成的症状，如心率加快、脸部潮红、眩晕、头痛、踝部水肿（系毛细血管扩张而非水钠潴留所致）。缓释制剂亦有上述不良反应。长期使用可引起牙龈增生。

其他钙通道阻滞药

1. 尼群地平 (nitrendipine，硝苯甲乙吡啶，bayotensin) 为中效钙通道阻滞药，作用与硝苯地平相似，但对血管松弛作用较硝苯地平强，降压作用温和而持久，适用于各型高血压。每日口服 1~2 次。不良反应与硝苯地平相似，肝功能不良者宜慎用或减量，可增加地高辛（digoxin）血药浓度。

2. 拉西地平 (lacidipine) 血管选择性强，不易引起反射性心动过速和心搏出量增加，用于轻、中度高血压。降压作用起效慢，持续时间长，每日口服 1 次。具有抗动脉粥样硬化作用。不良反应有心悸、头痛、面红、水肿等。

3. 氨氯地平 (amlodipine，苯磺酸氨氯地平，amlodipine besylate) 作用与硝苯地平相似，但降压作用较硝苯地平平缓，持续时间较硝苯地平显著延长。每日口服 1 次。不良反应同拉西地平。

以上各种钙通道阻滞药均有良好的降压作用。短效药硝苯地平等价格低廉，降压效果确实，最为常用。从保护高血压靶器官免受损伤的角度以长效类新药为佳，但价格较贵。因此，中效类如尼群地平等效果确实、价格低廉，是安全有效的钙通道阻滞药。

三、β受体阻断药

不同的β受体阻断药在许多方面如脂溶性、对$β_1$受体的选择性、内在拟交感活性及膜稳定性等方面有所不同，但均为同样有效的降压药，广泛用于各种程度的高血压。长期应用一般不引起水钠潴留，亦无明显的耐受性。不具内在拟交感活性的β受体阻断药可增加血浆甘油三酯浓度，降低HDL-胆固醇，而有内在拟交感活性者对血脂影响很小或无影响。

普萘洛尔

【别名】

恩得来，恩特来，inderal。

【体内过程】

普萘洛尔（propranolol）为高度亲脂性化合物，口服吸收完全。1~1.5小时血药浓度达峰值，但肝脏首过消除显著，生物利用度约为25%，且个体差异较大。$t_{1/2}$ 约为4小时，主要经肾脏排泄，但降压作用持续时间较长，1~2次／日。

【药理作用】

普萘洛尔为非选择性β受体阻断药，对$β_1$和$β_2$受体具有相同的亲和力，缺乏内在拟交感活性。可通过多种机制产生降压作用，即减少心输出量、抑制肾素释放、在不同水平抑制交感神经系统活性（中枢部位、压力感受性反射及外周神经水平）和增加前列环素的合成等。

【临床应用】

用于各种程度的原发性高血压，可作为抗高血压的首选药单独应用，也可与其他抗高血压药合用。对心输出量及肾素活性偏高者疗效较好，高血压伴有心绞痛、偏头痛、焦虑症等选用β受体阻断药较为合适。

【不良反应】

普萘洛尔可升高血浆三酰甘油水平，使HDL-胆固醇降低，其机制不十分明确。高血压合并糖尿病的患者若发生低血糖反应，使用普萘洛尔可延缓血糖恢复的速度，应予以避免。高血压患者长期应用β受体阻断药，骤然停药，可使血压反跳性升高，心绞痛加剧，甚至诱发急性心肌梗死，血压升高甚至超过给药前水平。因此，高血压患者长期应用β受体阻断药停药时必须逐渐减量（减药过程 10~14 天）。普萘洛尔降低血流量及肾小球滤过率，高血压伴有肾病及老年患者应用普萘洛尔时应适当减少剂量，并注意监测血肌酐及尿素氮水平。

普萘洛尔禁用于哮喘、病态窦房结综合征及房室传导阻滞患者。

其他β受体阻断药

1. 阿替洛尔 (atenolol，氨酰心安，tenormine) 降压机制与普萘洛尔相同，但对心脏的$β_1$受体有较大的选择性，而对血管及支气管的$β_2$受体的影响较小。但较大剂量时对血管及支气管平滑肌的$β_2$受体也有作用。无膜稳定作用，无内在拟交感活性。口服用于治疗各种程度高血压。降压作用持续时间较长。每日服用一次。

2. 拉贝洛尔 (labetalol，柳胺苄心安，benzaminosalicylamidi hydrochloridum) 在拮抗β受体的同时也拮抗α受体。其中拮抗$β_1$和$β_2$受体的作用强度相似，对$α_1$受体作用较弱，对$α_2$受体则无作用。本品适用于各种程度的高血压及高血压急症、妊娠期高血压、嗜铬细胞瘤、麻醉或手术时高血压。合用利尿药可增强其降压效果。静注或静滴用于高血压急症，如妊娠高血压综合征。大剂量可致直立性低血压，少数患者用药后可引起疲乏、眩晕、上腹部不适等症状。

3. 卡维地洛 (carvedilol) 为α、β受体阻断药，阻断β受体的同时具有舒张血管作用。口服首过效应显著，生物利用度为22%，药效维持可达24小时。不良反应与普萘洛尔相似，但不影响血脂代谢。用于治疗轻度及中度高血压，或伴有肾功能不全、糖尿病的高血压患者。

四、血管紧张素转化酶抑制药

ACE 抑制药的应用，是抗高血压药物治疗学上的一大进步。从 1981 年第一个口服有效的 ACE 抑制药卡托普利被批准应用以来，ACE 抑制药的发展很快，现已被批准上市的 ACE 抑制药至少有 17 种。不同的 ACE 抑制药有共同的药理学作用，通过抑制 ACE 活性，使血管紧张素 Ⅱ（Ang Ⅱ）的生成减少以及缓激肽的降解减少，扩张血管，降低血压。由于化学结构的差异，它们在药代动力学、临床应用、作用效能和不良反应等方面也有一定差异。药物一般在治疗的 1～2 周内血压明显下降，在加大剂量或联合用药的 3～6 周后可获得最佳的降压疗效；降蛋白尿的作用可达 40% 左右。

卡托普利

【别名】
巯甲丙脯酸。

【药理作用】
卡托普利（captopril）具有轻至中等强度的降压作用，可降低外周血管阻力，增加肾血流量，不伴反射性心率加快。其降压机制如下：抑制 ACE，使血管紧张素 Ⅱ 生成减少，从而舒张血管；阻止血管紧张素 Ⅱ 促血管平滑肌和心肌肥大作用，从而减轻心肌肥厚及血管壁增厚，抑制高血压时的心血管重构；同时减少醛固酮分泌，以利于排钠；特异性肾血管扩张亦加强排钠作用；由于抑制缓激肽的水解，使缓激肽增多；卡托普利亦可抑制交感神经系统活性。

【临床应用】
适用于各型高血压。目前为抗高血压治疗的一线药物之一。约 60%～70% 患者单用本品能使血压控制在理想水平，加用利尿药则 95% 患者有效。本品尤其适用于合并有糖尿病及胰岛素抵抗、左心室肥厚、心力衰竭、急性心肌梗死后的高血压患者。可明显改善生活质量。无耐受性，连续用药 1 年以上疗效不会明显下降，而且不引起停药反跳症状。

卡托普利与利尿药或 β 受体阻断药合用于重度或顽固性高血压疗效较好。

【不良反应】
不良反应较少，主要为长期用药后出现的频繁干咳。偶见一过性的皮疹、瘙痒、嗜酸粒细胞增多、味觉缺失等。重度心衰、重度高血压患者在应用大量利尿药基础上首次应用卡托普利可使血压陡降，应注意。双侧肾动脉狭窄者应用卡托普利后可使肾小球滤过率下降，故禁用。孕妇禁用。

【药物的相互作用】
抗酸药可降低本品的生物利用度。辣椒素（capsaicin）可加重咳嗽。非甾体类抗炎药能抑制前列环素合成，故合用降低其降压作用。补 K^+ 及合用留钾利尿药可诱发高血钾。本品可增加地高辛血药浓度，增加对别嘌呤醇（allopurinol）的过敏反应。

依那普利

【别名】
苯丁酯脯酸。

【药理作用】
依那普利（enalapril）于 1985 年经美国 FDA 批准上市，为不含—SH 基的长效、高效 ACE 抑制药。依那普利为前体药，在体内被肝脏脂酶水解转化为苯丁羟脯酸（enalaprilat，依那普利拉），后者能与 ACE 持久结合而发挥抑制作用。降压机制与卡托普利相似，但抑制 ACE 的作用较卡托普利强 10 倍。能降低总外周血管阻力，增加肾血流量。降压作用强而持久。口服后最大降压作用出现在服药后 6～8 小时，作用持续时间较长，可每日给药一次。剂量超过 10 mg 后，增加剂量只延长作用持续时间。

【临床应用】
与卡托普利相似，用于高血压的治疗。有报道对心功能的有益影响优于卡托普利。不良反应、药物相互作用与卡托普利相似。但因为其不含—SH 基，故无典型的青霉胺样反应（皮疹、嗜酸细胞增多等）。因作用强，引起咳嗽较多，合并有心衰时低血压亦较多见，应适当控制剂量。

其他 ACE 抑制药

其他 ACE 抑制药还有赖诺普利（lisinopril）、贝那普利（benazepril）、福辛普利（fosinopril）、喹那普利（quinapril）、雷米普利（ramipril）、培哚普利（perindopril）和西拉普利（cilazapril）等。它们的共同特点是长效，每天只需服用一次。除了赖诺普利外，其余均为前体药。作用及临床应用同依那普利。

五、AT_1 受体阻断药

血管紧张素 Ⅱ 受体分两型，即 AT_1 受体和 AT_2 受体。Ang Ⅱ 的经典作用均是由 AT_1 受体介导的，这些作用包括血管收缩、促细胞生长、水钠潴留等。AT_2 受体的功能与之相反，具有血管扩张、利尿排 Na^+、促进细胞凋亡等。目前发现的 Ang Ⅱ 受体阻断药主要为 AT_1 受体阻断药，可阻断 AT_1 受体介导的所有作用。AT_1 受体阻断药具有良好的降压作用，而没有 ACE 抑制药的血管神经性水肿、咳嗽等不良反应。但它缺乏 ACE 抑制药的缓激肽—NO 途径的心血管保护作用，也无增敏胰岛素和降低血浆纤维蛋白原的作用。

氯沙坦

【药理作用】

氯沙坦（losartan）为第一个用于临床的非肽类 Ang Ⅱ 受体阻断药。在体内转化成 5-羧基酸性代谢产物 EXP-3174，后者有非竞争性 Ang Ⅱ 受体阻断作用。它们都能与 AT_1 受体选择性地结合，对抗 Ang Ⅱ 的绝大多数药理作用，从而产生降压作用。

【临床应用】

可用于各型高血压，若 3～6 周后血压下降仍不理想，可加用利尿药。

【不良反应】

与 ACE 抑制药不同，使用本品不会出现咳嗽、血管神经性水肿。由于抑制了 Ang Ⅱ 的作用，与 ACE 抑制药一样，氯沙坦也可引起低血压、肾功能障碍、高血钾等。高血钾一般仅发生于肾功能不全、摄入过多 K^+ 及同时合用留钾利尿药的情况。其他不良反应如胃肠不适、头痛、头昏等亦有报道。本品不宜用于妊娠中、晚期，早期妊娠一旦确诊应尽早停止使用。本品在动物的乳汁中含量很高，故哺乳者不宜应用。

其他沙坦类药物

这类药物尚有缬沙坦（valsartan）、厄贝沙坦（irbesartan）、坎替沙坦（candesartan）和替米沙坦（telmisartan）等。其中坎替沙坦作用强度大、应用剂量小、维持时间久、谷峰比值高（>80%），是目前这类药物之最优者。

第二节 其他经典抗高血压药物

一、中枢性降压药

交感神经系统在高血压发病中具有重要作用。在高血压中枢调节过程中，压力感受器发放的冲动投射至延髓腹外侧核、孤束核，通过调节交感神经传出冲动而调节血压。最新研究发现，α_2 肾上腺素受体主要存在于孤束核与蓝斑核，腹外侧核主要是 I_1 咪唑啉受体，刺激该受体不仅引起交感神经传出活动下降，也有排水利尿作用，并协同降压。中枢性降压药包括可乐定、甲基多巴、胍法新、胍那苄、莫索尼定和利美尼定等，主要作用于这两类受体。可乐定的降压作用是以上2种受体共同作用的结果，而莫索尼定等主要作用于咪唑啉受体，甲基多巴则作用于孤束核 α_2 受体（图 5-28-1）。

可乐定

【别名】

可乐宁。

【体内过程】

可乐定（clonidine）本品口服易吸收，服后 1.5～3 小时血药浓度达峰值，口服后 $t_{1/2}$ 为 5.2～13 小时，口服生物利用度为 71%～82%。血浆蛋白结合率为 20%，约 50% 以原形药从尿中排出，能透过血脑屏障。

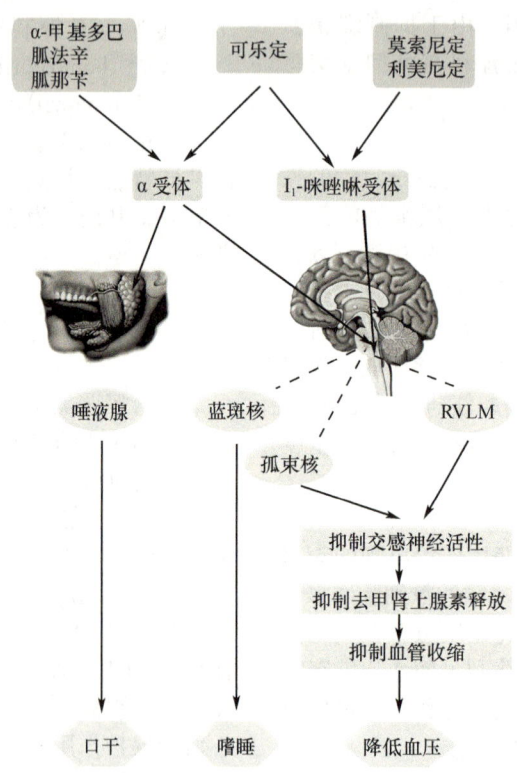

图 5-28-1 中枢降压药作用机制示意

RVLM（rostral ventrolateral medulla medulla）：延髓嘴端腹外侧区

【药理作用】

可乐定的降压作用中等偏强，并可抑制胃肠分泌及运动，对中枢神经系统有明显的抑制作用。以往认为其降压机制主要是通过兴奋延髓背侧孤束核突触后膜的 α_2 受体，抑制交感神经中枢的传出冲动，使外周血管扩张，血压下降。后来的研究表明，可乐定也作用于延髓嘴端腹外侧区（rostral ventrolateral medulla oblongata，RVLM）的咪唑啉受体（I_1 受体，imidazoline-I_1），使交感神经张力下降，外周血管阻力降低，从而产生降压作用。可乐定引起的嗜睡等副作用主要由 α_2 受体介导。过大剂量的可乐定也可兴奋外周血管平滑肌上的 α_2 受体，引起血管收缩，使降压作用减弱。

【临床应用】

适于治疗中度高血压，常用于其他药无效时，降压作用中等偏强，不显著影响肾血流量和肾小球滤过率，可用于高血压的长期治疗。与利尿药合用有协同作用，用于重度高血压。口服也用于预防偏头痛，或作为治疗吗啡类镇痛药成瘾者的戒毒药。其溶液剂点眼用于治疗开角型青光眼。

【不良反应】

常见的不良反应是口干和便秘。其他有嗜睡、抑郁、眩晕、血管性水肿、腮腺肿痛、恶心、心动过缓、食欲缺乏等。可乐定不宜用于高空作业或驾驶机动车辆的人员，以免因精力不集中，嗜睡而导致事故发生。

【药物相互作用】

可乐定能加强其他中枢神经系统抑制药的作用，合用时应慎重。三环类化合物如丙咪嗪等药物在中枢可与可乐定发生竞争性拮抗，取消可乐定的降压作用，不宜合用。

莫索尼定

莫索尼定（moxonidine）为第二代中枢性降压药，作用与可乐定相似，但对咪唑啉 I_1 受体的选择性比可乐定高。降压效能略低于可乐定，这与其对 α_2 受体作用较弱有关。由于选择性较高，莫索尼定的不良反应少，无显著的镇静作用，亦无停药反跳现象。长期用药也有良好的降压效果，并能逆转高血压患者的心肌肥厚。

二、血管平滑肌扩张药

血管平滑肌扩张药通过直接扩张血管而产生降压作用。其中有一些药如肼屈嗪（hydralazine；肼苯哒嗪）等，主要扩张小动脉，对容量血管无明显作用，由于小动脉扩张，外周阻力下降而降低血压。同时通过压力感受性反射，兴奋交感神经，出现心率加快、心肌收缩力加强，心排出量增加，从而部分对抗了其降压效力。且有心悸、诱发心绞痛等不良反应，还反射性增加肾脏醛固酮分泌，导致水钠潴留。并可能增加高血压患者的心肌肥厚程度。另一些药如硝普钠对小动脉和静脉均有扩张作用，由于也扩张静脉，使回心血量减少，因此不增加心排出量，但也反射性兴奋交感神经。血管平滑肌扩张药不会引起直立性低血压及阳痿等。

由于直接扩张血管平滑肌的药物不良反应较多，一般不单独用于治疗高血压，仅在利尿药、β 受体阻断药或其他降压药无效时才加用该类药物。米诺地尔、二氮嗪以往亦归属为血管平滑肌扩张药，后来发现它们的作用机制与钾通道开放有关，故现将它们归入 K^+ 通道开放药。

硝 普 钠

【别名】

亚硝基铁氰化钠。

【体内过程】

硝普钠（sodium nitroprusside）口服不吸收，静脉滴注给药起效快。以每分钟 1～100 μg/kg 给药能降低收缩压和舒张压，停药后 5 分钟内血压回升，故可通过调整滴注速度维持血压于所需水平。本品在体内产生的 CN^- 可被肝脏转化成 SCN^-，后者经肾排泄。

【药理作用】

硝普钠可直接松弛小动脉和静脉平滑肌，属硝基扩张血管药，在血管平滑肌内代谢产生一氧化氮（NO），NO 具有强大的舒张血管平滑肌作用。近年发现 NO 与内皮衍生的松弛因子（endothelium-derived relaxing factor，EDRF）在许多性能上相似，认为 EDRF 与 NO 是同一物，是一种内源性血管舒张物质。NO 可激活鸟苷酸环化酶，促进 cGMP 的形成，从而产生血管扩张作用（图 5-28-2）。本品属于非选择性血管扩张药，很少影响局部血流分布。一般不降低冠脉血流、肾血流及肾小球滤过率。

【临床应用】

适用于高血压急症的治疗和手术麻醉时的控制性低血压。也可用于高血压合并心衰、嗜铬细胞瘤发作引起血压升高时的治疗。

【不良反应】

静滴时可出现恶心、呕吐、精神不安，肌肉痉挛、头痛、皮疹、出汗、发热等。大剂量或连续使用（特别在肝肾功能损害的病人），可引起血浆氰化物或硫氰化物浓度升高而中毒，可导致甲状腺功能减退。用药时须严密监测血浆氰化物浓度。

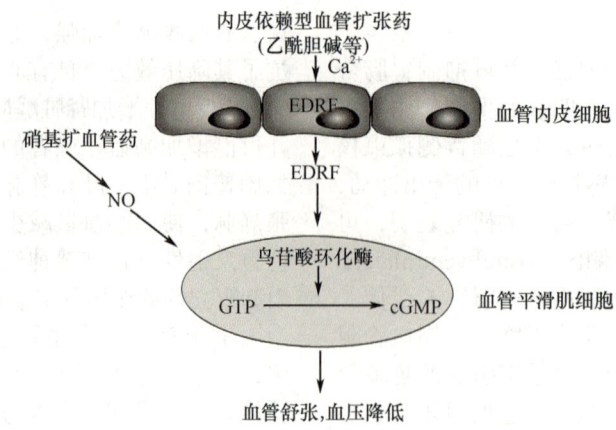

图 5-28-2　硝普钠的抗高血压机制

三、α₁ 受体阻断药

用于抗高血压治疗的 α 受体阻断药主要为具有选择性 α₁ 受体阻断作用而不影响 α₂ 受体的药物。本类药物可降低动脉血管阻力，增加静脉容量，增加血浆肾素活性，不易引起反射性心率增加。长期使用后扩血管作用仍存在，但肾素活性可恢复正常。许多患者用药后出现水、钠潴留。α₁ 受体阻断药最大的优点是对代谢没有明显的不良影响，并对血脂代谢有良好作用。可用于各种程度的高血压治疗，但其对轻、中度高血压有明确疗效，与利尿药及 β 受体阻断药合用可增强其降压作用。其主要不良反应为首剂现象（低血压），一般服用数次后这种首剂现象即可消失。本类药物有：哌唑嗪（prazosin；脉宁平，minipress）、特拉唑嗪（terazosin；盐酸四喃唑嗪，terazosin hydrochloride）、多沙唑嗪（doxazosin）。

四、去甲肾上腺素能神经末梢阻滞药

去甲肾上腺素能神经末梢阻滞药主要通过影响儿茶酚胺的贮存及释放产生降压作用。如利血平（reserpine；利舍平，reserpine crystalline）及胍乙啶（guanethidine；依斯迈林，ismelin）。利血平作用较弱，不良反应多，可引起副交感神经功能紊乱、胃溃疡、抑郁症及性功能障碍等，目前已不单独应用。胍乙啶较易引起肾、脑血流量减少及水、钠潴留。主要用于重症高血压，但亦已少用。

尚有一些人工合成的胍乙啶类似物，如倍他尼定（bethanidine）、胍那决尔（guanadrel）等，作用与胍乙啶相似，可作为胍乙啶的替代品，但较少用。

五、神经节阻断药

神经节阻断药对交感神经节和副交感神经节均有阻断作用，它对效应器的具体效应则视两类神经对该器官的支配以何者占优势而定。由于交感神经对血管的支配占优势，用神经节阻断药后，则使血管特别是小动脉扩张，总外周阻力下降，加上静脉扩张，回心血量和心排出量减少，结果使血压显著下降。又因肠道、眼、膀胱等平滑肌和腺体以副交感神经占优势，因此用药后常出现便秘、扩瞳、口干、尿潴留等。

本类药物曾广泛用于高血压的治疗，但由于副作用较多，降压作用过强过快，现已仅限用于一些特殊情况，如高血压危象、主动脉夹层动脉瘤、外科手术中的控制性低血压等。

本类药物有：樟磺咪芬（trimethaphan camsylate）、美卡拉明（mecamylamine；美加明）、六甲溴铵（hexamethonium bromide；溴化六甲双铵，hexamethonium bromide hydrate）等。

六、钾通道开放药（钾外流促进药）

钾通道开放药有吡那地尔（pinacidil）、尼可地尔（nicorandil）和米诺地尔（minoxidil；长压定，loniten）等。这些药能特异性促进钾通道开放，K⁺ 外流增多，细胞膜超极化，膜兴奋性降低，Ca²⁺ 内流减少，血管平滑肌舒张，血压下降。这类药物在降压时常伴有反射性心动过速和心输出量增加。血管扩张作用具有选择性，见于冠状动脉、胃肠道血管和脑血管，而不扩张肾和皮肤血管。若与利尿药和（或）β 受体阻断药合用，则可纠正其水钠潴留和（或）反射性心动过速的副作用。

七、其他

作用机制与上述药物不同的新型抗高血压药物有：前列环素合成促进药西氯他宁（cicletanine；沙克太宁，cycletanide）、肾素抑制药阿利吉仑

(aliskiren)、5-HT$_{2A}$ 受体阻断药酮色林（ketanserin；酮舍林，ritanserin）、内皮素受体阻断药波生坦（bosentan）等。这些药物目前尚较少应用，但有可能在将来的抗高血压治疗中起重要作用。

第三节 高血压药物治疗的新概念

1. 有效治疗与终生治疗 确实有效的降压治疗可以大幅度地减少并发症的发生率。一般认为，经不同日的数次测压，血压仍≥150/95 mmHg 即需治疗。如有以下危险因素中的 1～2 条，血压≥140/90 mmHg 就要治疗。这些危险因素是：老年、吸烟、肥胖、血脂异常、缺少体力活动、糖尿病等。所谓有效的治疗，就是将血压控制在 140/90 mmHg 以下。但是，全国只有 3% 左右的高血压病人血压得到良好的控制。因此，必须加强宣传工作，纠正"尽量不用药"的错误倾向，抛弃那些无效的"治疗"。所有的非药物治疗，只能作为药物治疗的辅助。高血压病病因不明，无法根治，需要终生治疗。有些病人经一段时间的治疗后血压接近正常，于是就自动停药。停药后血压可重新升高；另外，病人的靶器官损伤是否继续进展也需考虑和顾及，因血压升高只是高血压病的临床表现之一。因此，在高血压的治疗要强调终生治疗。

2. 保护靶器官 高血压的靶器官损伤包括心肌肥厚、肾小球硬化和小动脉重构等。在抗高血压治疗中必须考虑逆转或阻止靶器官损伤。一般而言，降低血压即能减少靶器官损伤。但并非所有的药物均如此。如肼屈嗪虽能降压，但对靶器官损伤无保护作用。目前认为对靶器官的保护作用比较好的药物是 ACE 抑制药、长效钙通道阻滞药和 AT$_1$ 受体阻断药。除了血流动力学的效应之外，抑制细胞增生等非血流动力学作用也在其中起重要作用。其他药物对靶器官损伤也有一定的保护作用，但较弱。

3. 平稳降压 国内外的研究证明血压不稳定可导致器官损伤。血压在 24 小时内存在自发性波动，这种自发性波动被称为血压波动性（blood pressure variability，BPV）。在血压水平相同的高血压病人中，BPV 高者，靶器官损伤严重。降压药通常分成长效和短效两种，每天服用 1 次的属于长效降压药，而需要每天服用 2 次、3 次的药属于短效降压药。使用短效的降压药常使血压波动增大，而降压应优先选用真正 24 小时有效的长效降压药比较好。24 小时平稳降压的标志是给药 24 小时后仍保持 50% 以上的最大降压效果。

4. 联合用药 当单药控制血压效果不理想时，患者就需要采用两种或多种降压药物联合治疗，目的是有效控制血压、降低不良反应。抗高血压药联合用药的基本原则是：①选择药代动力学和药效学可以互补的药物；②避免联合应用降压原理相近的药物；③联合治疗应较单药治疗提高疗效，加强靶器官保护；④减少或抵消不良反应；⑤简化治疗方法，尽可能降低费用。目前临床上常将 ACE 抑制药或 AT$_1$ 受体阻断药联用利尿药、ACE 抑制药或 AT$_1$ 受体阻断药联用二氢吡啶类钙通道阻滞药、β 受体阻断药联用二氢吡啶类钙通道阻滞药，效果较好。此外，固定配比复方制剂也是常用的一组高血压联合治疗药物。其通常由不同作用机制的两种小剂量降压药组成，也称为单片固定复方制剂。与分别处方的降压联合治疗相比，其优点是使用方便，可改善治疗的依从性，是联合治疗的新趋势。

（第二军医大学　李　玲）

第六篇　作用于内脏和血液系统的药物

第二十九章　作用于呼吸系统的药物

- Asthma is an extremely common disorder, which is defined as recurrent reversible airway obstruction. In the past decade, substantial progress has been made in understanding the pathophysiology of asthma.
- There are two characteristic features: a) inflammatory changes in the airway, increased numbers of inflammatory cells in bronchoalveolar lavage fluid from asthmatic patients; b) bronchial hyper-responsiveness to stimuli.
- β_2-adrenergic receptor agonists are first-line drugs for asthma. They act as physiological antagonists of the spasmogenic mediators.

呼吸系统与外界直接相通，容易受到各种因素影响而发生疾病，如上呼吸道感染、支气管哮喘、慢性阻塞性肺病、肺纤维化、肺癌等。呼吸系统疾病最常见的症状有喘息、咳嗽、咳痰与呼吸衰竭等。本章主要讨论平喘药 (antiasthmatic drugs)、镇咳药 (antitussives)、祛痰药 (expectorants)。

第一节　平　喘　药

支气管哮喘（简称哮喘）是由多种细胞特别是肥大细胞、嗜酸性粒细胞和T淋巴细胞参与的慢性气道炎症和气道高反应性为特征的疾病，导致急性支气管收缩、气道黏膜水肿、黏液分泌增加和气道重塑，从而引起气道狭窄与阻塞。主要表现为发作性或持续性喘息、气促、胸闷和咳嗽等症状，可由免疫（过敏性）或非免疫刺激所引起。

近年来，对哮喘发病机制的新认识，使哮喘的治疗目标由过去的控制哮喘急性发作，转变为防治慢性气道炎症，最终消除哮喘症状，保护和维持正常肺功能，并避免或减少药物的不良反应。哮喘目前尚无法治愈，治疗一方面应用 β_2 肾上腺素受体激动药、茶碱类、抗胆碱药等松弛气道平滑肌，缓解支气管痉挛；另一方面使用糖皮质激素与其他抗炎药物控制气道炎症；还可应用抗过敏平喘药预防哮喘的发作（表6-29-1）。近年来，单克隆抗体药物在哮喘治疗中的应用发展迅速，特别是在常规药物疗效不佳的中度至重度哮喘的治疗中具有重要地位，甚至有望在特定哮喘群体中实现个性化治疗。

常用的平喘药物有三类：抗炎平喘药、抗过敏平喘药、支气管扩张药。

表 6-29-1　支气管哮喘发病与药物治疗

诱发因素	病理变化	治疗药物
过敏原等特异性刺激	支气管炎症 黏膜肿胀、炎症细胞浸润、炎性渗出；对支气管收缩因素的反应性增高	抗炎药 糖皮质激素：倍氯米松等 抗过敏药：色甘酸钠等
运动、冷空气等非特异性刺激	支气管平滑肌收缩	支气管扩张药 β_2 受体激动药：沙丁胺醇等 茶碱类：氨茶碱等 抗胆碱药：异丙托溴铵
	综合结果：气道阻力增高、喘息	

一、抗炎平喘药

（一）糖皮质激素

糖皮质激素 (glucocorticoids) 用于哮喘治疗已有50多年历史，具有显著和广泛的抗炎作用，但不能直接松弛支气管平滑肌，其治疗哮喘的作用机制涉及多个环节：①抗炎作用：缓解气道局部炎症；②抑制过敏反应的多个环节，可使过敏介质释放减少及抑制渗出；③诱导磷脂酶 A_2 抑制蛋白如巨皮质素（macrocortin）的产生，抑制细胞膜磷脂释放花生四烯酸，从而使炎性介质白三烯及前列腺素的合成减少；④防止 β 肾上腺素受体下调，增强 β 肾上腺素受体的反应性等。

由于长期应用能引起严重的不良反应，因此本类药物全身给药的适应证仅限于：①严重的哮喘急性发作；②严重的慢性哮喘。近年来采用气雾吸入给药，取得了较好的疗效，明显地减轻了全身性不良反应。

糖皮质激素发挥作用比较缓慢，即使应用大剂量也需要一定的潜伏期，因此对严重哮喘患者使用该类药物时，必须在早期配伍使用其他平喘药物并配合吸氧，以免发生窒息。

丙酸倍氯米松

【别名】

必可酮（becotide）；安得新（aldecin）。

【药理作用】

丙酸倍氯米松（beclomethasone dipropionate，BDP）为地塞米松的衍生物，其局部抗炎作用比地塞米松强数百倍。吸入给药后，能较好地控制哮喘病情，而全身作用轻微，对下丘脑－垂体－肾上腺皮质轴无明显抑制作用。糖皮质激素抑制哮喘时炎症的多个发病环节，主要有以下方面：

1. 抑制多种参与哮喘发病的炎症及免疫细胞 可抑制血液巨噬细胞、中性粒细胞、T 淋巴细胞及肺巨噬细胞的功能；减少肺肥大细胞数量；减少嗜酸性粒细胞在支气管的聚集和介质释放；减少支气管上皮树突状细胞数量；抑制炎症细胞与内皮细胞的相互作用，并降低微血管通透性；减少免疫球蛋白（包括 IgE）的产生等。

2. 抑制细胞因子与炎症介质的产生 抑制多种细胞因子、趋化因子、黏附分子的产生；诱导生成抑制性蛋白脂皮素（lipocortin）；通过稳定溶酶体膜，抑制溶酶体蛋白水解酶类的释放。

3. 抑制气道高反应性 由于抑制炎症反应，可降低哮喘患者吸入抗原、胆碱受体激动药、二氧化硫、冷空气以及运动后的支气管收缩反应。也有利于支气管黏膜损伤上皮的修复。

4. 增强支气管及血管平滑肌对儿茶酚胺的敏感性 使体内儿茶酚胺类物质的支气管扩张及血管收缩作用加强，有利于缓解支气管痉挛和黏膜肿胀。

【体内过程】

吸入本药后，仅 10%～20% 进入肺内产生治疗作用，约 80%～90% 药物沉积在咽部而被吞咽。吞咽后大部分在肝脏代谢，生物利用度 <20%，$t_{1/2}$ 约 15 小时。其代谢产物 70% 经胆汁排泄，10%～25% 经尿排泄。

【临床应用】

用于支气管扩张药不能满意控制病情的慢性哮喘患者，反复用药可减少或中止发作，减轻病情严重程度，但不能缓解急性症状。气雾吸入后，一般在 10 天后降低支气管阻力的作用才达高峰，每日吸入本品 0.4 mg 约与口服泼尼松 7.5 mg 的疗效相当。需口服较大剂量糖皮质激素的病例，气雾吸入本品后，可减少口服激素用量或逐步替代口服激素。对于哮喘持续状态，因不能吸入足够的气雾量，往往不能发挥其作用，故不宜应用。

【不良反应】

1. 局部反应 少数患者可发生口腔霉菌感染（鹅口疮）与声音嘶哑。每次用药后漱口，不使药物残留于咽喉部，可明显减少其发生率。

2. 全身反应 本品在治疗剂量对下丘脑－垂体－肾上腺皮质功能无明显抑制作用，但吸入大剂量（＞0.8 mg/日）则有抑制作用。

其他吸入用糖皮质激素

布地奈德（budesonide，BUD）本品为不含卤素的糖皮质激素类药物，与倍氯米松有相似的局部抗炎作用，但在肝内代谢灭活快，故全身不良反应轻；吸入后也有 10%～20% 进入肺内，其余被吞咽后的生物利用度约 11%。

除上述两药外，本类药物还有曲安奈德（triamcinolone acetonide，TAA）、丙酸氟替卡松（fluticasone propionate）及氟尼缩松（flunisolide，FNS）。

（二）白三烯调节药

半胱酰胺白三烯（cysteinyl leukotrienes）包括 LTC4、LTD4、LTE4 等，是哮喘发病中的一种重要的炎症介质，可增加支气管黏液分泌，降低支气管纤毛功能，促进气道微血管通透性增加和水肿形成，促使嗜酸性粒细胞在气道组织浸润，引起炎症反应；刺激 C 神经纤维末梢释放缓激肽等。目前用于临床的本类药物有白三烯受体阻断药和白三烯合成抑制药。

扎鲁司特（zafirlukast）和孟鲁司特（montelukast）是选择性的半胱酰胺白三烯受体 1(CysLT1) 阻断药，用于轻度至中度慢性哮喘的预防和治疗，也可作为严重哮喘患者的辅助治疗，减少激素用量。不良反应偶见以全身血管炎为特征的 Chung-Strauss 综合征，该反应多见于服用本品的糖皮质激素依赖型患者所用激素减量或停用后，这可能是由于激素掩盖了血管炎性病变，激素停用后表现出相应症状，与阻断 CysLT1 受体无直接关系。

齐留通（zileuton）是选择性的 5-脂氧酶（5-LOX）抑制剂，阻止花生四烯酸生成白三烯，还能抑制 LTB4 的作用。临床应用与扎鲁司特相似，不良反应少，约 4%～5% 患者出现肝脏转氨酶增高，停药后可恢复。妊娠期及哺乳期妇女慎用。

二、抗过敏平喘药

抗过敏平喘药主要通过抗过敏和轻度抗炎作用来发挥疗效，起效较慢，不宜用于哮喘急性发作期的治疗，临床上主要用于预防哮喘的发作。本类药物包括炎症细胞膜稳定剂，如色甘酸钠、奈多罗米钠以及 H_1 组胺受体阻断药如酮替芬。

色甘酸钠

【别名】

咽泰，咳乐钠。

【药理作用】

色甘酸钠（sodium cromoglycate）无直接扩张支气管作用，但可抑制特异性抗原以及非特异性刺激引起的支气管痉挛，其作用主要有两方面：

1. 抑制抗原引起的肺肥大细胞释放炎症介质　可抑制抗原诱导的速发反应和迟发反应。本品可能在肥大细胞膜外侧的钙通道部位与 Ca^{2+} 形成复合物，加速钙通道关闭，抑制钙内流，从而稳定肥大细胞膜，阻止抗原诱导的脱颗粒。

2. 抑制非特异性支气管痉挛　抑制二氧化硫、冷空气、甲苯二异氰酸盐、运动等非特异性刺激引起的支气管痉挛。现认为，上述刺激因素诱导感觉神经末梢释放神经多肽（P物质、神经激肽A等），诱发支气管平滑肌痉挛和黏膜充血水肿，增高气道反应性。本品抑制感觉神经肽释放，从而降低气道高反应性。

【临床应用】

本品为哮喘预防药物，用后不能立即控制发作，需在接触哮喘诱因前 7～10 天用药。对外源性（过敏性）哮喘疗效较好，特别对抗原已明确的年轻患者；也能预防运动性哮喘；但对内源性（感染性）哮喘疗效较差。常年发作的慢性哮喘（不论外源性或内源性），长期应用可使半数以上病例有不同程度好转；糖皮质激素依赖型哮喘患者，用本品可减少激素用量。本品需采用粉剂定量雾化器方式吸入，一般用药 1 个月见效，8 周无效者可放弃。

本品还可用于过敏性鼻炎、溃疡性结肠炎和直肠炎。

【不良反应】

少见。少数患者吸入药物后有咽喉和气管的刺激症状，出现胸部紧迫感，甚至诱发哮喘。必要时可同时吸入 β 受体激动药加以防止。

其他抗过敏平喘药

曲尼司特（tranilast）从南天竹提取并经结构改造而得，药理作用与色甘酸钠相似。对支气管哮喘、过敏性鼻炎及过敏性皮炎疗效较好，对荨麻疹及过敏性结膜炎也有效。主要副作用为胃肠道反应，如恶心、腹痛、胃部不适等。

酮替芬（ketotifen）又名噻哌酮。除了有类似色甘酸钠的作用外，还有强大的 H_1 组胺受体阻断作用，并能预防和逆转 $β_2$ 受体的"向下调节"，增强 $β_2$ 受体激动药的平喘作用。口服给药对各型哮喘有一定的预防效果，对儿童疗效好，一般需用药 12 周以上。对糖皮质激素依赖型哮喘病例，可减少激素用量。部分患者可见镇静、疲倦、头晕、口干等副作用，连续用药几天可自行减轻。驾驶员、精密机器操纵者应慎用。

奈多罗米钠（nedocromil sodium）与色甘酸钠相似，有稳定肥大细胞膜作用，作用强于色甘酸钠，还有明显的抗炎作用，但较糖皮质激素弱。抑制呼吸道感觉神经末梢释放 P 物质，并能抑制嗜酸性粒细胞、中性粒细胞及巨噬细胞的功能。可作为长期预防性平喘药，吸入给药；用支气管扩张药疗效不显著者，合用本品常能收效。不良反应轻微，约 10% 患者有异常味觉（主要为苦味），偶见恶心、呕吐、咽部刺激、咳嗽、头痛等。

三、支气管扩张药

支气管扩张药是常用的平喘药，目前有三类可供选择。

（一）β 肾上腺素受体激动药

本类药物主要通过激动支气管平滑肌 $β_2$ 受体，激活腺苷酸环化酶，使细胞内 cAMP 合成增加，激活 cAMP 依赖的蛋白激酶 A（PKA），进而引起平滑肌松弛，支气管口径扩大。也可一定程度抑制肥大细胞释放炎症介质，抑制毛细血管通透性的增高，促进黏液-纤毛系统的清除功能，这些都可加强平喘作用。

本类药物起效较快，用于控制哮喘症状，还可用于减轻喘息性支气管炎症状。用于平喘的肾上腺素受体激动药分为非选择性 β 受体激动药和选择性 $β_2$ 受体激动药两类，前者包括肾上腺素和异丙肾上腺素，这些药物除平喘作用外，对心血管有较强作用，应慎用；后者对呼吸道的选择性高，疗效较好而不良反应少，是控制哮喘症状的首选药。

沙丁胺醇

【别名】

喘乐宁；柳丁氨醇；羟甲叔丁肾上腺素。

【药理作用】

沙丁胺醇（salbutamol）的主要特点是对呼吸道有高选择性，对支气管平滑肌 $β_2$ 受体的激动作用远大于对心脏 $β_1$ 受体，对 α 受体基本无作用。对慢性顽固性哮喘病例，由于不能有效抑制炎症基本过程，因此仅能控制症状而不能根治，需要配合其他有效的抗感染治疗。

【体内过程】

口服后65%～84%被吸收，血药浓度的达峰时间为1～3小时。$t_{1/2}$为2.7～5小时。本品经肝脏生物转化成无活性代谢物，最后随尿液和粪便排泄。气雾吸入后约10～15分钟作用达高峰，维持3～4小时，$t_{1/2}$为1.7～7.1小时，但大部分药物被吞咽，从消化道吸收。

【临床应用】

1. 气雾吸入 吸入的药物除直接作用于支气管平滑肌外，小部分吸收入支气管静脉到右心室，然后进入肺循环，所以作用快，而心脏和其他全身作用更小，可迅速缓解哮喘症状。使用时掌握正确吸入方法，喷药后即作深而慢的吸气，然后屏气片刻，以利气雾在呼吸道内充分沉积。

2. 口服 口服后约30分钟起效，2～3小时作用达高峰，作用持续4～6小时，心脏和其他不良反应较气雾吸入多见，用于频发性或慢性哮喘的症状控制和预防发作。

【不良反应】

1. 心脏反应 一般治疗量时少见，如超过治疗量数倍至数十倍，可见窦性心动过速，对甲状腺功能亢进患者应慎用。

2. 骨骼肌震颤 好发于四肢和面颈部，可随着用药时间延长而逐渐减轻或消失。这是由于激动骨骼肌慢收缩纤维的$β_2$受体，使之收缩加快，干扰了快慢收缩纤维间的融合。

3. 血钾降低 过量应用或与糖皮质激素合用时，可降低血钾，必要时补充钾盐。

4. 低敏感性 长期应用可使部分病例疗效降低，停药1～2周后可恢复敏感性。可以有计划地与其他类型平喘药交替应用，但不应盲目频繁使用大剂量。

其他选择性$β_2$受体激动药

1. 特布他林（terbutaline，博利康尼，间羟舒喘宁，叔丁喘宁） 基本作用与沙丁胺醇相似，但作用强度较沙丁胺醇弱；可口服、气雾吸入给药，皮下注射给药可替代肾上腺素控制哮喘急性发作。

2. 克仑特罗（clenbuterol，氨哮素，克喘素） 为强效制品，用微量即有明显平喘作用，且不良反应少见而轻微。可气雾吸入、口服、直肠内给药。

3. 福莫特罗（formoterol）**和沙美特罗**（salmeterol） 均为长效选择性$β_2$受体激动药，作用可维持12小时以上，主要用于慢性哮喘与慢性阻塞性肺病的维持治疗与预防发作。不良反应与其他$β_2$受体激动药相似。

非选择性β受体激动药

肾上腺素（adrenaline）对α和β受体均有强大的激动作用，激动$β_2$受体可扩张支气管平滑肌，激动黏膜血管的α受体可减轻黏膜充血水肿，有利于改善通气功能。皮下或肌内注射可迅速控制哮喘急性发作。但因其作用持续时间短暂，易产生心血管不良反应，多次使用后易产生耐受性等缺点，目前已不作为平喘的常用药物，只适用于哮喘的急性发作。

异丙肾上腺素（isoprenaline）对$β_1$和$β_2$受体均有明显激动作用，气雾吸入或注射给药，主要用于控制哮喘急性症状。有明显的心脏兴奋作用，可诱发心动过速、心律失常和心绞痛，因此，已逐渐被选择性$β_2$受体激动药所取代。

这两药对伴有心血管疾病、甲状腺功能亢进、糖尿病等的患者应慎用或禁用。

（二）茶碱类

【药理作用】

本类药物作用较广，有平喘、强心、利尿、血管扩张、中枢兴奋等作用，其平喘作用机制较复杂。

茶碱是一类甲基黄嘌呤类衍生物，为常用的支气管扩张药，对气道平滑肌有直接松弛作用，其作用机制包括：①抑制磷酸二酯酶（PDE）：茶碱为非选择性PDE抑制药，包括抑制主要水解cAMP的PDE_3和PDE_4，使细胞内cAMP和cGMP水平升高；cAMP和cGMP分别通过激活蛋白激酶A（PKA）与蛋白激酶G（PKG），而舒张支气管平滑肌。然而茶碱在血浆的浓度处于治疗水平时对PDE的抑制作用只有5%～20%，提示茶碱可能有其他的作用；②阻断腺苷受体：腺苷能使气道肥大细胞释放组胺和白三烯而引起气道收缩。茶碱在治疗浓度时为腺苷受体阻断药，可预防腺苷所致的哮喘患者的气道收缩；③增加内源性儿茶酚胺的释放：治疗浓度的茶碱可促进肾上腺髓质释放儿茶酚胺而参与支气管舒张作用；④干扰气道平滑肌的钙离子转运：茶碱可能通过受体操纵的钙通道，影响细胞外钙离子内流和细胞内质网储存钙离子释放或影响磷脂酰肌醇代谢，从而产生气道平滑肌的松弛作用；⑤茶碱在较低的血浆浓度（5～10 mg/L）时具有免疫调节作用与抗炎作用；⑥茶碱能增加膈肌收缩力，减轻膈肌疲劳，该作用有利于慢性阻塞性肺病的治疗；⑦促进纤毛运动，加速黏膜纤毛的清除速度，有助于哮喘急性发作时的治疗；⑧近年发现茶碱具有抗炎作用，体外试验表明，治疗浓度的茶碱可抑制肥大细胞释放炎症介质。

【临床应用】

$β_2$受体激动药不能控制的急性哮喘病例，用氨茶碱静脉注射可收到满意疗效。慢性哮喘病例可口服茶碱制剂来防止其发作，如能掌握适宜的剂量，可获满意疗效；氨茶碱还可以直肠给药；对夜间哮喘发作者还可用茶碱的缓释制剂。本类药物还能缓解慢性阻塞性肺病、中枢型睡眠呼吸暂停综合征以及心源性哮喘的喘息症状。

【不良反应】

不良反应发生率与其血药浓度密切相关，血药浓度超过 20 μg/ml 时，易发生不良反应。严格掌握用药量，及时调整剂量是避免茶碱中毒的主要措施。

1. 胃肠反应 有些制剂口服后有较强的刺激作用，引起恶心、呕吐、食欲减退。

2. 中枢兴奋 多见不安、失眠、易激动等反应，必要时可用镇静药对抗。

3. 急性毒性 静脉注射过快或浓度过高时，可引起心动过速、心律失常、血压骤降、谵妄、惊厥、昏迷等征象，甚至呼吸、心跳停止而死亡。静脉注射氨茶碱时应充分稀释，并且缓慢注射，防止急性毒性的发生，儿童更应谨慎。

【常用茶碱类药物】

1. 氨茶碱 (aminophylline) 为茶碱与乙二胺的复盐，水溶解度较茶碱大 20 倍，可作注射剂用。口服吸收较好，2～3 小时达最大效应，维持 5～6 小时，但易引起胃肠道刺激症状，重症患者静脉注射本品可迅速控制症状，经 15～30 分钟达最大作用，亦可直肠给药。

2. 二羟丙茶碱 (diprophylline) 又称甘油茶碱，水溶性较高，作用较弱，对胃肠刺激性小，适用于因胃肠道刺激症状明显而不能耐受氨茶碱的患者。

3. 胆茶碱 (cholinophylline) 为茶碱与胆碱的复盐，水溶性更大。口服易吸收，胃肠道刺激反应较轻，患者易耐受，对心脏和中枢神经系统的作用不明显。

【茶碱的缓释或控释制剂】 如葆乐辉（protheo，优喘平），舒弗美片，具有以下特点：① 血药浓度稳定；② 作用持续时间长，对慢性反复发作性哮喘与夜间哮喘有较好的疗效；③ 胃肠道刺激反应明显减少，患者易耐受。

（三）抗胆碱药

呼吸道 M 胆碱受体有 M_1、M_2、M_3 三种亚型，M_1 受体阻断药抑制副交感神经节的神经传递，从而松弛气道，但作用较弱；M_2 受体激动时抑制胆碱能神经节后纤维释放乙酰胆碱，而哮喘患者的 M_2 受体功能失调，抑制反馈调节作用明显减弱，胆碱能节后纤维末梢释放乙酰胆碱增加，从而加剧气道收缩；M_3 受体存在于大、小气道平滑肌，气道黏膜下腺体与血管内皮细胞。该受体被激动可使气道平滑肌收缩，气道口径缩小，促进黏液分泌与血管扩张等。阿托品为非选择性 M 受体阻断药，不仅作用于气道所有 M 受体，还对全身组织的各型 M 受体产生阻断作用，因此用药后副作用多见，并且因为抑制腺体分泌而使呼吸道分泌物黏稠不易咳出，故不能用于哮喘治疗。选择性阻断 M_1、M_3 受体可产生支气管扩张作用。

异丙托溴铵

异丙托溴铵（ipratropium，异丙托品）是阿托品的异丙基衍生物，为季铵类 M 受体阻断药，口服后不易吸收，采用气雾吸入给药。本品对支气管平滑肌具有较高的选择性作用，对心血管系统的作用不明显，也不影响痰液分泌和痰液黏稠度。本品对伴有迷走神经功能亢进的哮喘和喘息性支气管炎患者有较好疗效，对其他类型哮喘的疗效不如 β_2 受体激动药。一般用作 β_2 受体激动药疗效不满意时的替代药，或与 β_2 受体激动药联合应用。不良反应少见，少数患者有口干、口苦感。

泰乌托品（tiotropium，噻托溴铵）是新型的长效 M_1 和 M_3 胆碱受体阻断药，平喘作用强，疗效较好，不良反应较少，被批准用于治疗慢性阻塞性肺病和肺气肿。$t_{1/2}$ 约 5 天，作用可维持 24 小时。

四、单克隆抗体药物

奥马珠单抗

奥马珠单抗（omalizumab，索雷尔）为 IgG1k 亚类的重组人类单克隆抗体，是第一个批准用于治疗哮喘的生物药品。本品靶向结合 IgE，使之不能和肥大细胞和嗜碱粒细胞上的 IgE 受体结合，从而阻止炎症反应的早期阶段。该药的适应证为：①皮肤试验或体外检测显示致敏原反应呈阳性，以及吸入性糖皮质激素控制不佳的 12 岁以上中度至重度持续性哮喘的患者，采用皮下注射给药，每 2～4 周注射一次。②该药可通过减少 IgE 和细胞激活机制的下游效应而抑制组胺诱导的皮肤反应，因此在某些国家，索雷尔还作为一种附加药物，用于对组胺 H_1 受体阻断药反应不足的 12 岁以上慢性特发性荨麻疹患者的治疗，每 4 周皮下注射一次。该药最常见的不良反应是注射部位的反应，关节痛、头痛、眩晕、疲劳等，偶可引起致命性过敏反应，近年有报道应用该药的患者中心脏病发作和中风的人数有所增加，需警惕。

美泊利单抗

美泊利单抗（mepolizumab）是人源化 IgG1 单克隆抗体，是全球获批的首个也是唯一一个靶向白细胞介素-5（IL-5）的生物药品，也是用于治疗重度嗜酸性粒细胞性哮喘的首个 IL-5 单抗。该药通过与人 IL-5 结合，阻断 IL-5 与嗜酸性粒细胞表面受体结合，从而降低血液、组织、痰液中的嗜酸性粒细胞水平，减轻嗜酸性粒细胞所介导的炎症，但对患者的肺功能没有显著改善。2015 年，美泊利单抗分别获得美国食品药品管理局（Food and Drug Administration，FDA）和欧盟委员会（European Commission，EC）批准，作为附加药物与其他平喘药联合用于 12 岁以上患者（欧盟委员会批准用于成人患者）重度嗜酸性粒细胞性哮喘的维持治疗。美泊利单抗每 4 周皮下注射一次。最常见的不良反应包括头痛，注射部位反应（疼痛、发红、肿胀、瘙痒或注射部位有烧灼感），背部疼痛和疲乏。给药数小时或数天内可发生过敏反应，包括面部、口腔和舌头肿胀，昏厥，头晕、胸闷、荨麻疹、呼吸困难和皮疹等，接受美泊利单抗的患者也出现过带状疱疹感染。

lebrikizumab 是一种人源化 IgG4 单克隆抗体，靶向结合 IL-13 而减轻炎症反应。IL-13 被认为是可触发严重哮喘的炎性细胞因子，与呼吸道炎症和黏液产生有关。研究发现，在高表达骨膜蛋白（periostin）的患者，lebrikizumab 显著降低哮喘发作，并帮助改善患者肺功能。骨膜蛋白被认为是 IL-13 活性的一个生物标志物，也可作为预测因子帮助评价 lebrikizumab 疗效，因此，lebrikizumab 有望作为其他疗法治疗无效的特定哮喘群体的首个个性化治疗药物。该药目前处于临床试验阶段，预计于 2016 年向欧美提交上市申请。

第二节 镇咳药

咳嗽是一种保护性反射，可促进呼吸道内的痰液和异物排出，保持呼吸道畅通，因此，痰液较多、痰液黏稠的病例一般不宜应用镇咳药，以免痰液滞留造成支气管阻塞，甚至窒息。但剧烈而频繁的咳嗽，特别是刺激性干咳，严重影响生活和休息，或引起其他并发症者，需要应用镇咳药。镇咳药按其作用机制可分为两类：抑制延髓咳嗽中枢的中枢性镇咳药；抑制咳嗽反射感受器、传入或传出神经任何一环节的外周性镇咳药（表 6-29-2）。

表 6-29-2 咳嗽与镇咳治疗

咳嗽发生环节	治疗药	作用特点
咳嗽中枢兴奋	中枢性镇咳药：可待因等	作用强，有依赖性，用于干咳，有痰者慎用
外周咳嗽反射途径激活	外周性镇咳药：苯佐那酯等	作用较弱，可用于多种原因引起的咳嗽
痰液刺激	祛痰药	通过清除痰液而减轻咳嗽

一、中枢性镇咳药

可待因（codeine）是阿片生物碱的一种，又称甲基吗啡，反复应用可产生依赖性。本品选择性抑制延髓的咳嗽中枢，镇咳作用强而迅速，疗效可靠。还有中等程度的镇痛作用。适用于各种原因引起的剧烈干咳，对胸膜炎干咳伴胸痛者尤为适用。不宜用于痰液黏稠而量多者。治疗量时不良反应少见，偶有恶心、呕吐、便秘及眩晕。大剂量可抑制呼吸中枢，并可发生烦躁不安等兴奋症状。小儿过量还可引起惊厥。不应反复使用，以避免依赖性形成。

右美沙芬（dextromethorphan）镇咳作用与可待因相等或稍强，无镇痛作用，治疗量对呼吸中枢无抑制作用，亦无依赖性和耐受性，不良反应少见。口服后 15～30 分钟起效，作用持续 3～6 小时。主要用于干咳。

喷托维林（pentoxyverine，咳必清）为人工合成镇咳药，对咳嗽中枢有直接抑制作用，兼有轻度阿托品样作用和局部麻醉作用，反复应用无依赖性。吸收后还轻度抑制支气管内感受器及传入神经末梢，并可解除支气管平滑肌痉挛，减低气道阻力。适用于上呼吸道炎症引起的干咳，禁用于多痰病例。不良反应轻，有头昏、口干、便秘。青光眼患者慎用。

二、外周性镇咳药

苯佐那酯（benzonatate，退嗽）具有较强的局部麻醉作用，选择性抑制肺牵张感受器，阻断迷走神经反射，抑制咳嗽冲动的传导，产生镇咳作用。疗效较可待因差，主要用于呼吸系统疾病如支气管炎、胸膜炎等引起的咳嗽。常见的不良反应有轻度嗜睡、头痛、鼻塞、眩晕等。

苯丙哌林（benproperin）主要阻断肺-胸膜的牵张感受器而抑制肺迷走神经反射，还有支气管平滑肌解痉作用，无呼吸抑制和便秘作用。口服后 15～60 分钟内发挥镇咳作用，维持 4～7 小时。镇咳作用比可待因强 2～4 倍，用于多种原因引起的咳嗽。可有疲乏、眩晕、嗜睡、食欲缺乏及胸闷等不良反应。

第三节 祛痰药

祛痰药是一类能使痰液变稀，黏稠度降低，易于咳出的药物。祛痰药排出呼吸道内积痰，减少痰液对呼吸道黏膜的刺激，间接起到镇咳、平喘作用，也有利于控制继发感染。

按作用机制不同，祛痰药主要分为两大类：痰液稀释药和黏痰溶解药。

一、痰液稀释药

痰液稀释药通过增加痰液中水分含量从而稀释痰液，可分为两类：①恶心性祛痰药：本类药物口服后，因刺激胃黏膜，通过迷走神经反射，促进支气管腺体分泌；少量药物分泌至呼吸道，提高管腔内渗透压，保留水分稀释痰液，使痰液释易于咳出。祛痰作用温和，对呼吸道急、慢性炎症较好。但稠厚的黏痰往往难以咳出。常用药物有氯化铵（ammonium chloride），治疗量祛痰作用不强，大剂量可引起恶心、呕吐，主要用作祛痰合剂的组成成分，溃疡病、肝肾功能不全者慎用。愈创木酚甘油醚（glyceryl guaiacolate）除了有祛痰作用外，还有较弱的抗菌防腐作用，可减轻痰液的恶臭味。不良反应有恶心、胃肠不适。②刺激性祛痰药：是一些挥发性物质，如桉叶油、安息香酊等，加入沸水中，其蒸气挥发也可刺激呼吸道黏膜，促进分泌，使痰稀释易于咳出。

二、黏痰溶解药

黏痰溶解药是一类能改变痰中黏性成分，降低痰液粘滞度使之易于咳出的药物，用于手术后咳痰困难或急、慢性呼吸系统疾病所致黏液稠厚咳痰困难者。分为四类：①酸性糖蛋白溶解药：通过使痰液中的酸性糖蛋白纤维断裂，抑制腺体和杯状细胞合成酸性黏多糖，并促进溶酶体酶释放，使黏多糖解聚，从而降低痰液黏稠度，代表药是溴己新（bromhexine，必嗽平）及其代谢产物氨溴索（ambroxol）与溴凡克新（brovanexine）；②黏蛋白裂解药：通过药物结构中的疏基使黏性痰液中的二硫键（—S—S—）裂解，从而降低痰液黏稠度。代表药是乙酰半胱氨酸（acetylcysteine），采用雾化吸入或气管内滴入给药；③酶制剂：使脓性痰中的DNA分解，黏度迅速下降，代表药物有脱氧核糖核酸酶、胰蛋白酶和糜蛋白酶等；④表面活性剂：水溶液雾化吸入可降低痰液的表面张力，从而降低痰液黏稠度，代表药有泰罗沙泊（tyloxapol）。

（兰州大学医学院　崔明霞）

第三十章 作用于消化系统的药物

- Digestive diseases are the most popular diseases met in the activities of clinical diagnosis and treatment. Therapeutic drugs of them mainly include those which can: ① improve gastric and duodenal ulcers-antipeptic ulcer drugs; ② correct gastrointestinal motility dysfunction-digestants, antiemetics, motility stimulants, laxatives and antidiarrheal; and ③ protect the function of the hepatic and biliary system-hepatic protectives and choleretics.

第一节 抗消化性溃疡药

消化性溃疡（peptic ulcer）是指发生在胃和十二指肠球部的慢性溃疡，因溃疡的形成与胃酸/胃蛋白酶的消化作用有关而得名。多数病人以长期反复发作、呈周期性、节律性的上腹疼痛为主要特征，是消化道的一种多发病和常见病。现已证明，超过90%的十二指肠溃疡和超过80%的胃溃疡都是由幽门螺杆菌引起的。此外，胃酸分泌过多及胃肠道黏膜的防御功能减弱等均与此病的发生密切相关。综合而言，消化性溃疡是机体在遗传、环境和精神因素的影响下，各种使肠道黏膜致病的因素与肠道免疫防御功能之间的动态平衡失调所致。

治疗消化性溃疡的药物根据其作用方式不同可分为四类：第一类抗酸药，如氢氧化铝、氢氧化镁等，通过酸碱中和的原理，中和胃酸，保护胃肠黏膜免受胃酸的损伤；第二类抑制胃酸分泌药，根据药物抑制胃酸分泌的作用机制不同又可分为四种，①H_2受体阻断药，如西咪替丁、雷尼替丁、法莫替丁、罗沙替丁等，②M受体阻断药，如哌仑西平等，③胃泌素受体阻断药，如丙谷胺，④H^+-K^+-ATP酶抑制药（质子泵抑制药），如奥美拉唑、兰索拉唑等；第三类胃黏膜保护药，根据保护作用发生机制不同又分为五种，①前列腺素衍生物，如米索前列醇，②硫糖铝，③枸橼酸铋钾，④胶体果胶铋，⑤替普瑞酮等；第四类抗幽门螺杆菌药，如阿莫西林、克拉霉素、甲硝唑等抗菌药。各类药物作用方式见图6-30-1和图6-30-2。

一、抗 酸 药

抗酸药（antacids）又称胃酸中和药，多属于弱碱性的铝盐、镁盐或钙盐化合物。口服后能直接中和过多的胃酸，降低胃内容物酸度，减轻胃酸对胃肠黏膜的损伤和刺激，降低胃蛋白酶的活性。某些抗酸药如氢氧化铝、三硅酸镁等还能形成胶状保护层，覆盖在胃黏膜和溃疡灶表面，保护受损的黏膜组织，缓解疼痛，促进溃疡的愈合。抗酸药的作用与胃充盈度有关，当胃内容物接近排空或完全排空后，抗酸药才能充分发挥疗效。故餐后1小时及晚上睡前各服一次抗酸药，抗酸疗效更高（图6-30-1）。

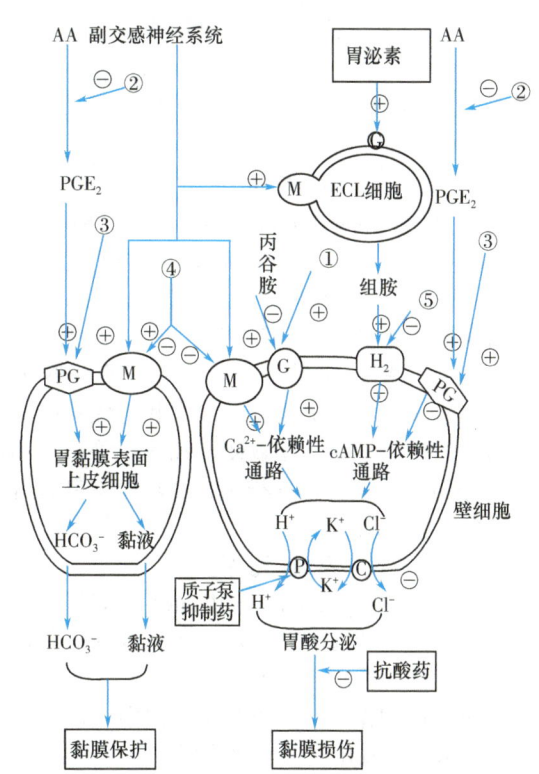

图6-30-1 影响胃酸分泌药物的作用部位

M.M胆碱受体；AA.花生四烯酸；ECL.肠嗜铬样细胞；H_2.H_2组胺受体；PG.前列腺素受体；G胃泌素受体；①.胃泌素；②.NSAIDs；③.米索前列醇；④.M胆碱受体阻断药；⑤.组胺受体阻断药；⑥.质子泵（H^+-K^+-ATP酶）；K^+和Cl^-共同转运载体

抗酸药主要治疗胃、十二指肠溃疡和胃酸增多症。

氢氧化铝

氢氧化铝（aluminum hydroxide）中和胃酸作用较强、缓慢而持久，还可与胃液混合形成凝胶，覆盖在溃疡表面发挥机械性保护作用。中和胃酸时产生的氯化铝有收敛、止血和致便秘作用。口服不易吸收，不引起碱血症，中和胃酸后不产生CO_2。长期用药可影响肠道对磷酸盐的吸收。

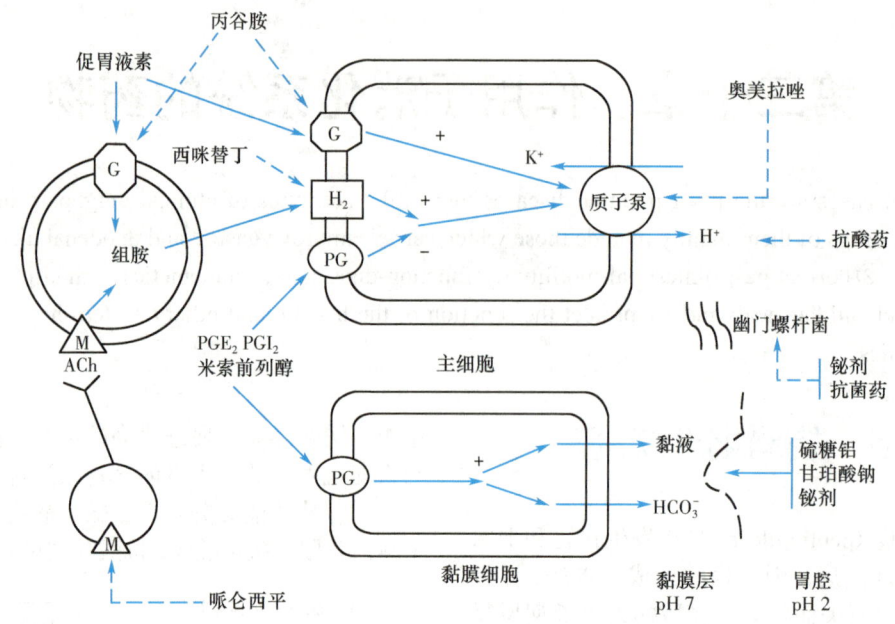

图 6-30-2 溃疡病发病因素与药物治疗

+：促进，—：抑制；虚线：药物的抑制作用；实线：药物的保护作用；G：胃泌素受体；H₂：组胺 H₂ 受体；PG：前列腺素受体；M：M 胆碱受体

氢氧化镁

氢氧化镁（magnesium hydroxide）抗酸作用迅速，中和胃酸后生成的氯化镁仍有抗酸能力，故其作用强而持久。不良反应主要是致泻。

由氢氧化铝和氢氧化镁制得的复合制剂 - 铝镁加（almagate，铝镁格特），口服后迅速分解为氢氧化铝和氢氧化镁，快而稳定地中和胃酸并能较好的平衡胃肠排空运动，无致便秘和腹泻等副作用。Mg^{2+} 少量吸收后经肾迅速排出，肾功能不良者可致血镁过高，应慎用。

三硅酸镁

三硅酸镁（magnesium trisilicate）抗酸作用弱、缓慢而持久。中和胃酸时生成二氧化硅和氧化镁。胶状二氧化硅可覆盖于胃及十二指肠溃疡表面，既发挥机械性保护作用，又可吸附游离酸，从而较好的保护溃疡面。氧化镁可轻度致泻。

碳酸钙

碳酸钙（calcium carbonate）中和胃酸作用快、强而持久。其中和胃酸时产生 CO_2 和氯化钙，前者引起嗳气和腹胀，后者在碱性肠液中形成磷酸钙和碳酸钙沉淀而引发便秘。碳酸钙口服难吸收，不引起碱血症。

碳酸氢钠

碳酸氢钠（sodium bicarbonate）俗称小苏打。口服后能迅速中和过剩的胃酸，抗酸作用快、弱而短暂。中和胃酸时产生的 CO_2 可引起嗳气、恶心、胃胀气以及继发性胃酸分泌增加等症状。口服后易被肠道吸收而致血液和尿液碱化。

目前抗酸药较少单独使用，大多组成复方制剂应用，复方制剂具有增效、减少不良反应和单味药剂量的优势，如复方制剂胃舒平，就是由氢氧化铝、三硅酸镁、颠茄浸膏等组成，兼具抗酸和解痉等功效。

二、抑制胃酸分泌药

"无酸就无溃疡"早已被人们所熟知并形成共识。胃壁细胞上存在有 H_2、M_1、胃泌素（促胃液素）受体，当上述受体被激动时，可引发一系列生化过程，最终激活 H^+-K^+-ATP 酶（H^+ 泵或质子泵），使胃壁细胞分泌 H^+，经胞膜上的 H^+ 泵泵入胃腔内形成胃酸，同时进行 H^+-K^+ 交换，将胃内的 K^+ 转入胃壁细胞内。因此，H_2、M_1 和胃泌素受体阻断药以及 H^+ 泵抑制药均可抑制胃酸分泌，提高胃液的 pH 值，有利于溃疡愈合。

（一）H_2 受体阻断药

自 1976 年 H_2 受体阻断药西咪替丁问世以来，1980 年、1985 年又相继合成了作用强、用量小、副作用低的雷尼替丁、法莫替丁、尼扎替丁及罗沙替丁等药物。它们是一类具有高度选择性的 H_2 受体阻断药。由于该类药的化学结构与组胺相似，因而能竞争性的阻断内源性或外源性组胺与壁细胞上的 H_2 受体结合，有效地抑制胃酸分泌，减少胃酸对胃肠黏膜的损伤。该类药物还可拮抗胃泌素以及由乙酰胆碱引起的胃酸分泌作用。

西咪替丁

【药理作用】

西咪替丁（cimetidine）抑制胃酸分泌作用比抗胆碱药强而持久。本品主要通过阻断壁细胞上的 H_2

受体，明显地抑制基础胃酸分泌、夜间胃酸分泌和由胃泌素、M 受体激动药以及食物、咖啡因、低血糖等引起的胃酸分泌。单次口服本品 300mg，可使基础胃酸分泌减少 90% 以上，胃液 pH 升至 5 左右。由于 pH 升高，使 H^+ 浓度降低，阻止了 H^+ 向胃黏膜内逆向扩散，同时胃蛋白酶活性下降，减少对胃黏膜及其屏障的破坏与损伤，有利于黏膜的修复。本品还有抗雄激素、促催乳素分泌等作用。

【体内过程】

口服血药浓度达峰时间约 1~2 小时，生物利用度为 60%~70%。一次服用 300mg 后，有效血药浓度（0.5μg/ml）可维持 3~4 小时。体内分布广，可经胎盘达胎儿体内，血浆蛋白结合率约 19%。该药主要以原形经肾排出。$t_{1/2}$ 约 2 小时，肾功能受损时 $t_{1/2}$ 延长。

【临床应用】

主要用于：①十二指肠溃疡与胃溃疡。可减少胃酸分泌，缓解疼痛，促进溃疡愈合。每日口服 1g（0.2 g/次，3 次/日，睡前加服 0.4 g），疗程为 6~8 周。十二指肠溃疡愈合率约 78%，胃溃疡愈合率约 68%。停药后溃疡病复发率为 24%。②卓-艾综合征（Zollinger-Ellison syndrome）。该症是由位于胰腺或胰腺外的腺瘤分泌大量胃泌素所致。临床特征为胃酸分泌过多，重度消化性溃疡，血清胃泌素水平显著升高。③反流性食管炎。该药能抑制胃酸分泌，缓解胃酸反流所引发的食管炎症状。④急性上消化道出血。对严重肝、肾功能不全，外伤以及广泛烧伤的消化道出血有预防作用，其有效率为 72%~88%。⑤应激性溃疡和急性胃黏膜出血。

【不良反应】

发生率约为 1%~5%。

(1) 消化道反应：口苦、腹胀、腹泻、便秘、转氨酶轻度升高。

(2) 中枢神经反应：头晕、头痛、嗜睡、焦虑、定向力障碍、幻觉等症状。

(3) 泌尿系统：少数患者出现肾功能损伤，如蛋白尿，偶见急性间质性肾炎。

(4) 造血系统：可逆性白细胞或粒细胞减少，偶发血小板减少及自身免疫性溶血性贫血，甚至有再生障碍性贫血的报道，应定期检查血象。

(5) 内分泌系统：长期用药有抗雄激素、促催乳素分泌作用，表现为精子数减少、性功能减退、男性乳腺发育、女性溢乳等。

(6) 心血管系统：心动过缓、面部潮红等。静脉注射偶见血压骤降、心跳加快等，停药后对症急救可缓解。

【药物相互作用】

(1) 西咪替丁是肝药酶抑制剂，可使苯二氮䓬类、华法林、苯妥英、普萘洛尔、茶碱、奎尼丁、卡马西平、维拉帕米、地西泮等药物在体内代谢减慢，血药浓度升高，作用增强。

(2) 与四环素、酮康唑、阿司匹林同服，可使上述药物吸收减少，疗效减弱。

(3) 因硫糖铝需经胃酸分解后方能发挥作用，故与硫糖铝合用，可降低后者的疗效。

(4) 抗酸药可干扰西咪替丁的吸收，两药间隔 1 小时以上服药可减少相互间影响。

(5) 本品可延缓咖啡因的代谢，合用时可增强咖啡因作用，易出现毒性反应，尤其是溃疡病患者。使用本药期间应禁忌咖啡因或咖啡饮料。

雷尼替丁

【药理作用】

雷尼替丁（ranitidine）为第二代 H_2 受体阻断药。其结构中含有呋喃环，可对 H_2 受体产生特异性竞争抑制作用。本品抑制胃酸分泌及降低胃蛋白酶活性作用与西咪替丁相似，但抗酸作用较强，约为西咪替丁的 4~10 倍。对肝药酶的抑制作用较西咪替丁弱。常用量不改变血中雄激素及催乳素浓度。

【体内过程】

口服易吸收，血药浓度达峰时间 1~2 小时，生物利用度约 52%。有效血药浓度（0.1~0.2μg/ml）可维持 8~12 小时。血浆蛋白结合率约 15%，体内分布广。30% 经肝代谢，70% 以原形经肾排出。$t_{1/2}$ 约 16~31 小时。

【临床应用】

适用于胃及十二指肠溃疡，尤对后者疗效更佳。亦用于反流性食管炎，该药不仅能抑制胃酸分泌，还可提高食管下端括约肌张力，减少酸性胃液向食管内反流。此外尚用于手术后溃疡。对卓-艾综合征疗效优于西咪替丁。每次 150 mg，每日 2 次或睡前一次服用 300 mg，4 周为一疗程，可缓解溃疡病症状，促进溃疡愈合。

【不良反应】

较西咪替丁轻，发生率约 38%。口服后常出现头痛、头昏、便秘、腹泻、嗜睡、乏力、幻觉、躁狂等。较少引起肾功能损伤、中枢神经系统不良反应和性功能失调。偶见白细胞和血小板减少、血转氨酶升高、男性乳房发育等，停药后可恢复。

法莫替丁

【药理作用】

法莫替丁（famotidine，法莫丁）为第三代 H_2 受体阻断药。具有选择性高、作用强大、持久且安全范围广的特点。抑制胃酸分泌作用约为西咪替丁的 40~50 倍、雷尼替丁的 7~10 倍。一次口服 20 mg，其抑制胃酸分泌的作用可持续 12 小时以上。不抑制肝药酶，无抗雄激素及影响催乳素的作用。

【体内过程】

口服吸收迅速，生物利用度为 37%~45%。

血药浓度达峰时间为 2.5～4 小时，一次用药后，有效血药浓度可维持 12 小时。血浆蛋白结合率为 15%～21.8%，体内分布广泛，不易透过胎盘屏障，少部分在肝脏代谢，大部分以原形经肾排出。$t_{1/2}$ 约 2.5～4 小时。

【临床应用】

①治疗胃及十二指肠溃疡。口服 20 mg/次，2 次/日，早、晚餐后或临睡前服用，也可采用每日 40 mg，临睡前一次服用。②治疗上消化道出血，可采用静脉注射或静脉滴注给药。

【不良反应】

发生率约 2.8%。常见有消化道反应，如恶心、食欲缺乏、腹胀、便秘以及头晕、头痛、耳鸣等。偶见有皮疹、白细胞减少、血转氨酶升高。罕见心率加快、血压升高、颜面潮红、月经不调等反应。

尼扎替丁（nizatidine）和罗沙替丁（roxatidine）两药作用和应用与雷尼替丁相似。

（二）M₁ 受体阻断药

传统的 M 受体阻断药（如阿托品、溴丙胺太林等）治疗量时抗胃酸作用弱，不良反应多，单用时促进溃疡愈合作用不明显，现已很少单独用于治疗消化性溃疡病。目前主要使用选择性阻断胃壁细胞上 M₁ 受体药，如哌仑西平等。

哌 仑 西 平

【药理作用】

哌仑西平（pirenzepine）对胃壁细胞上的 M₁ 受体具有高亲和力和选择性阻断作用，可抑制迷走神经兴奋所致胃酸分泌作用，在低剂量时即可产生疗效。还能抑制胃蛋白酶的分泌。因本药对胃肠道平滑肌、心肌、唾液腺的 M₂ 受体的亲和力低，故治疗量时较少对上述组织产生不良反应。

【体内过程】

口服吸收不完全，生物利用度约 25%，血药浓度达峰时间 2～3 小时，与食物同服可减少其吸收。蛋白结合率约 12%，体内分布广，以肝、肾含量较高，脾、肺、心次之，不易透过血脑屏障。体内很少代谢，约 85% 以原形经肠（40%～48%）和肾（12%～50%）排出，$t_{1/2}$ 约 10～11 小时。

【临床应用】

治疗胃和十二指肠溃疡、应激性溃疡、急性胃黏膜出血和促胃泌素瘤。因本药疗效不及 H₂ 受体阻断药和质子泵抑制药，故目前临床较少应用。

【不良反应】

较轻，有口干、头痛、眩晕、嗜睡、眼干燥、视力模糊和调节麻痹等反应。大量时可引起阿托品样副作用。本药难以透过血脑屏障，故不影响中枢神经系统功能。对青光眼和前列腺肥大患者亦无明显影响。孕妇和有过敏病史者忌服。

同类药物尚有抑制胃酸作用较强的替仑西平（telenzepine）和唑仑西平（zolenzepine）等。

（三）胃泌素受体阻断药

胃泌素由胃窦部 G 细胞产生，是胃酸分泌最有效的刺激物。体内有多种途径可刺激胃泌素释放，包括中枢神经系统的激活作用、胃局部的膨胀、胃内容物的化学组分改变等。胃泌素刺激胃酸分泌主要是通过间接诱导肠嗜铬细胞释放组胺，其次是直接作用于壁细胞而产生。

丙 谷 胺

【药理作用】

丙谷胺（proglumide）结构与胃泌素相似，能竞争性阻断胃泌素受体，抑制胃酸分泌，并促进胃黏膜黏液合成，增强胃黏膜的黏液 -HCO_3^- 盐屏障，进而保护胃黏膜，加速溃疡愈合。此外，该药还有缓解胃肠道平滑肌痉挛的作用。

【体内过程】

口服吸收迅速，生物利用度为 60%～74%。血药浓度达峰时间约 2 小时。主要分布于肝、肾和胃肠道，由消化道和肾排出，$t_{1/2}$ 约 3.3 小时。

【临床应用】

治疗胃及十二指肠溃疡、胃炎、十二指肠炎等，尤以慢性胃酸过多的溃疡病患者疗效好。

【不良反应】

较少。可见食欲减退、腹胀、便秘或腹泻等。

（四）H^+-K^+-ATP 酶抑制药

胃酸分泌是由胃黏膜壁细胞内的质子泵（proton pump）又称酸泵（acid pump）所介导。质子泵是一种 H^+-K^+-ATP 酶，可将壁细胞内的 H^+ 泵出至胃腔，同时将细胞外的 K^+ 以 1:1 的比率交换到壁细胞内。排出到胞外的 H^+ 与 Cl^- 结合，形成胃酸（HCl）。因质子泵是各种原因所致壁细胞泌酸的共同和最终环节，故其抑制药可产生强效而持久的抑制胃酸分泌作用。

1988 年首次推出第一代质子泵抑制药奥美拉唑。1992 年第二代质子泵抑制药兰索拉唑上市。随后又相继合成了泮托拉唑和雷贝拉唑等多个质子泵抑制药。其中雷贝拉唑具有抑酸快速、强大、持久和效价比高等多重优势。近年来又发现奥美拉唑的左旋体埃索美拉唑（esomeprazole），作用更强。H^+-K^+-ATP 酶抑制药对幽门螺杆菌亦有抑制作用。

质子泵抑制药是前体药物，需在酸性环境中被活化后才能发挥作用。该类药首先被吸收进入循环系统，随后弥散进入胃部的壁细胞内，浓集于壁细胞分泌部位的微囊和微管膜上，在酸性环境下通过质子泵催化，将前体药物转换为活性代谢产物次磺酰胺，后者与壁细胞内质子泵形成难逆性结合，使该酶失去活性,从而阻断基础胃酸分泌和由各种刺激因素引起的胃酸分泌。尽管前体药物的血浆半衰期较短(0.5~2小时),但其抑制胃酸分泌作用却可持续24~48小时之久。这是因为只有等待新的H^+-K^+-ATP酶生成并进入腔膜后,壁细胞才能恢复泌酸功能。

质子泵抑制药因其阻断的是壁细胞泌酸的最终环节,因而可在不影响其他刺激因子的作用下产生快速、强大、持续的抑制胃酸分泌作用。该类药对消化性溃疡具有疗效好、疗程短、治愈率高、复发率低等特点,是目前临床常用的治疗胃和十二指肠溃疡、反流性食管炎以及卓-艾综合征的首选药物。

奥美拉唑

【药理作用】

奥美拉唑(omeprazole)又称洛塞克(losec),为脂溶性质子泵抑制药,呈弱碱性。其抑酸作用强大而持久。用药后可使胃内pH升高至7。该药能抑制基础胃酸分泌及由胃泌素、组胺、乙酰胆碱、食物等引起的胃酸分泌。大剂量可导致无酸状态。停药后4~5日胃酸才逐渐恢复至治疗前水平。本品尚能增加胃黏膜血流量,且还有抑制胃蛋白酶分泌和抗幽门螺杆菌的作用。

【体内过程】

口服吸收快,在酸性环境易失活,因此常用肠溶胶囊。生物利用度约15%,反复用药后可增至70%,血药浓度达峰时间1~3小时,食物可延缓其吸收。血浆蛋白结合率为95%。主要分布在细胞外液、肾、十二指肠组织以及胃黏膜壁细胞中,其作用可持续20~24小时。本品经肝药酶代谢,80%以代谢物经肾排出,20%自粪便排泄。$t_{1/2}$为0.5~1小时。

【临床应用】

(1)治疗胃、十二指肠溃疡及反流性食管炎,本品疗效显著,治愈率高(连续用药4周,溃疡治愈率可达90%)、复发率低。其疗效优于H_2受体阻断药,尤对十二指肠溃疡疗效为佳,常作为首选药物。

(2)治疗卓-艾综合征,本品能迅速抑制胃酸分泌,改善症状。

(3)治疗幽门螺杆菌感染的辅助用药,约有80%以上的幽门螺杆菌可转阴。

【不良反应】

较少。发生率约3%。常见有恶心、呕吐、腹痛、腹泻、头晕、头痛、嗜睡、乏力等。偶有皮疹、白细胞减少、溶血性贫血、肝功能异常、肌肉和关节疼痛、外周神经炎、月经周期延长、阳痿、男性乳腺增生等。但均较轻微,停药后即可消失。本品可导致低酸甚至无酸状态,诱发胃内菌群过度繁殖,引起胃肠道感染。还可因胃内亚硝胺类化合物浓度升高,增加致癌倾向。长期用药,可引起胃泌素明显增多,刺激肠嗜铬样细胞增生,引起胃类癌。因此,长期服用者,应定期作胃镜检查。肝功能不全者,用量宜酌减。目前已有数百万患者使用此药,未发现致癌病变。大鼠长期口服实验也未见致突变、致癌和致畸胎作用。此外,对质子泵抑制药使用已进行了25年的大规模跟踪调查,没有发现严重的安全问题。但妊娠和哺乳妇女不宜服用。

【药物相互作用】

本药对肝微粒体酶P450有抑制作用,与华法林、地西泮、苯妥英等药合用,可使这些药物在体内代谢减慢。

兰索拉唑

【药理作用】

兰索拉唑(lansoprazole)为第二代质子泵抑制药。其在化学结构中引入氟元素,增加该药的化学稳定性、脂溶性和生物利用度。本药升高血胃泌素,胃黏膜保护作用与奥美拉唑相似,而抑制胃酸分泌及抗幽门螺杆菌作用则较奥美拉唑强。

【体内过程】

口服易吸收,生物利用度约85%(个体差异较大)。血药浓度达峰时间为1.5小时,3~4小时后迅速从血中消失,但有效抑酸时间为24小时,$t_{1/2}$为1.3~1.7小时。血浆蛋白结合率约98%。药物经肝药酶代谢,由肾脏排出。

【不良反应】

与奥美拉唑相似。

泮托拉唑

泮托拉唑(pantoprazole,潘托拉唑)与雷贝拉唑(rebeprazole)的抗溃疡病作用类似于奥美拉唑。泮托拉唑在pH 3.5~7时作用较稳定。雷贝拉唑在抑制胃酸分泌和缓解溃疡症状、治愈黏膜损伤、体外抗幽门螺杆菌作用方面疗效均优于其他抗酸药物。临床用途同奥美拉唑。

三、胃黏膜保护药

胃黏膜始终处于胃酸、胃蛋白酶、反流胆汁、理化刺激和化学药物等多种损害因子的侵蚀中,其仍能保持结构完整和功能正常,得益于胃黏膜的保护屏障—细胞屏障和黏液-碳酸氢盐屏障。细胞屏障由胃黏膜细胞顶部的细胞膜和细胞间的紧密连接而成,有抵抗胃酸和胃蛋白酶的作用。黏液-碳酸氢盐屏障是由黏液和碳酸氢盐组成,二者均由胃黏膜细胞分泌,并混合成黏液层,覆盖于黏膜表面,保护其黏膜细胞。胃黏膜保护药能促进黏液和碳酸氢盐的分泌,促进胃黏膜细胞前列腺素的合成,增加胃黏膜血流量,强化黏膜保护层,发挥其预防和治疗胃黏膜损伤,促进组织修复和溃疡愈合的作用。某些药物还兼有一定的抗酸和抗幽门螺杆菌作用。

（一）前列腺素类

前列腺素 E_2（PGE_2）和前列环素（PGI_2）是胃黏膜合成的主要前列腺素（PG）。它们可通过刺激黏蛋白和碳酸氢盐分泌、增加黏膜血流量、轻度抑制胃酸分泌等效应防止胃黏膜受损。但天然 PGE_2 代谢快，在体内易被迅速灭活，口服无效，注射给药作用又短暂，且不良反应多。为克服上述缺点，近年来合成了一些前列腺素衍生物，具有选择性高、作用强而持久、不良反应少等优点。

米索前列醇

【药理作用及机制】

米索前列醇（misoprostol）属前列腺素 PGE_1 的 15-脱氧、16-羟基衍生物。其作用特点是抗酸和抗溃疡作用比 PGE_1 强，不良反应则比 PGE_1 低。主要作用及机制是：①保护细胞，该药能促进胃黏膜内黏液和碳酸氢盐的分泌，增强黏液 -HCO_3^- 盐屏障作用，从而阻碍胃酸和消化酶反向渗入胃黏膜，产生细胞保护作用。②增加胃黏膜血流量，改善微循环，提高黏膜血氧供给，亦可促进受损的胃黏膜上皮细胞的重建和增殖，从而加速溃疡愈合。③抑制胃酸分泌，该药能抑制腺苷酸环化酶（AC），减少 cAMP 生成，阻滞 PG-cAMP 依赖性 Ca^{2+} 通道系统，抑制质子泵，减少 H^+ 分泌。对基础胃酸分泌及各种刺激，如食物、组胺、胃泌素及利血平等引起的胃酸分泌均有抑制作用，强度与治疗量 H_2 受体阻断药相当。④抑制胃蛋白酶分泌。

【体内过程】

口服吸收迅速，并快速形成活性代谢产物米索前列酸。单次用药 30 分钟内产生抗酸效应，达峰时间 1～1.5 小时，并可持续 3 小时。生物利用度约 70%～90%，血浆蛋白结合率约 85%。体内分布广泛，在胃肠道、肝、肾中浓度高于血药浓度 6～7 倍。代谢产物 75% 经肾排出，15% 自粪便排出。$t_{1/2}$ 约 20～40 分钟，其代谢产物的 $t_{1/2}$ 约 15 小时。

【临床应用】

治疗胃、十二指肠溃疡及急性胃炎引起的消化道出血，尤其对非甾体类抗炎药引起的胃肠黏膜损伤、溃疡、慢性胃出血疗效更好。其治愈率与 H_2 受体阻断药相似。本品不升高血清胃泌素水平，对防止溃疡复发效果较好。

【不良反应】

轻微。主要为恶心、腹痛、腹泻或稀便，但多不影响治疗，偶见头痛、头晕。本品可收缩子宫，引起流产，故孕妇禁用。

PGE_1 衍生物还有利奥前列素（rioprostil）。PGE_2 衍生物则有恩前列素（enprostil）、阿巴前列素（arbaprostil）、曲莫前列素（trimoprostil）。它们的作用、用途及不良反应类似于米索前列醇。

（二）其他胃黏膜保护药

目前认为，黏膜糜烂和溃疡是由于胃酸诱导损害及胃蛋白酶介导的胃黏膜蛋白水解所致。

硫糖铝

【药理作用及机制】

硫糖铝（sucralfate）是硫酸蔗糖和氢氧化铝的复合物，具有局部抗溃疡作用。其作用如下：①在胃的酸性环境下可聚合成黏性凝胶，牢固地黏附于上皮细胞和溃疡基底部，覆盖溃疡面或糜烂面，形成其保护膜，抵御胃酸和消化酶的侵蚀，促进黏膜上皮的再生和溃疡愈合。②能吸附胃蛋白酶和胆汁酸，抑制其活性。治疗量的硫糖铝使胃蛋白酶活性降低约 30%。③刺激内源性 PG 分泌，促进胃黏液和碳酸氢盐分泌，保护溃疡黏膜。④抑制幽门螺杆菌的繁殖，阻止病菌的蛋白酶、脂酶等对黏膜的破坏。

【临床应用】

本品主要用于胃、十二指肠溃疡、慢性胃炎。硫糖铝也可用于辐射性直肠炎和单纯性直肠溃疡。

【不良反应】

硫糖铝不被胃肠道吸收，不良反应较轻。久用可致便秘。偶有口干、恶心、胃部不适、腹泻、头晕、皮疹及瘙痒等。因铝能被部分吸收，故对铝负荷超载引起的肾衰患者禁用。

【药物相互作用】

该药在酸性环境下起保护胃、十二指肠黏膜作用，故不宜与食物、抗酸药及 H_2 受体阻断药同服，应在餐前空腹服用。硫糖铝进入胃后形成黏液层，可抑制其他药物的吸收，如苯妥英、地高辛、西咪替丁、酮康唑和氟喹酮抗菌药等，故应在服用此药 2 小时之后再服用其他药物。此外，本药在胃内可形成胶胨体，可能会导致某些患者，尤其是有潜在胃轻瘫者，出现肠胃结石。

甘珀酸钠（carbenoxolone sodium）为甘草提取物。主要有促进胃黏液分泌并增加其黏稠度作用，可减轻胃酸、胃蛋白酶对黏膜的侵蚀。由于本药在胃内浓度高于十二指肠，故对胃溃疡的疗效优于十二指肠溃疡。该药尚有醛固酮样作用，久用可引起水钠潴留、水肿、高血压和低血钾等不良反应。螺内酯可取消其水钠潴留和抗溃疡作用，噻嗪类利尿药则可取消其水钠潴留作用，且还保留其抗溃疡病作用。高血压、肾病和心脏病患者禁用。

枸橼酸铋钾（bismuth potassium citrate）又名三钾二枸橼酸铋、胶体次枸橼酸铋、丽珠得乐。该药为铋的螯合物，在酸性环境下能与溃疡基膜坏死组织中的蛋白或氨基酸结合，形成一层胶状的蛋白质-铋复合物屏障，覆盖于溃疡表面，抵御胃酸、胃蛋白酶对溃疡面的消化，进而起到黏膜保护和促进溃疡愈合的作用。本药还可促进胃黏膜合成 PG 及增加黏液和碳酸氢盐分泌,增强胃黏膜屏障功能。此外,胶体铋可使幽门螺杆菌与胃上皮分离,随后细菌溶解,起到了杀灭幽门螺杆菌作用,一定程度降低溃疡的复发率。对消化性溃疡的效果与 H_2 受体阻断药相似,但复发率明显低于后者。

临床主要用于胃及十二指肠溃疡、复合溃疡、慢性浅表性胃炎、慢性萎缩性胃炎、反流性食管炎及药物性溃疡(如阿司匹林等)等。与抗菌药合用可提高幽门螺杆菌的根除率,降低复发率。服药期间口腔、舌、粪便可被染黑,偶有便秘或恶心等反应。口服胶体铋吸收较少,对人体影响不大,但严重肾病患者及孕妇禁用,以防引起血铋过高,出现脑病和骨营养不良。避免与牛奶或抗酸药同服,以免影响疗效。

枸橼酸铋雷尼替丁(ranitidine bismuth citrate,瑞倍)具有铋剂和雷尼替丁的双重功效,能抑制胃蛋白酶的多种同工酶,阻断 H_2 受体、抑制胃酸分泌,保护胃黏膜及抗幽门螺杆菌(Hp)。抗溃疡作用明显优于各药单用的效果。临床主要适用于消化性溃疡和与 Hp 相关的溃疡性疾病。与克拉霉素或甲硝唑合用,对耐药 Hp 感染的疗效较单用更佳。不良反应为乏力、恶心、呕吐、便秘、粪便呈黑色及舌苔变色等。

胶体果胶铋(colloidal bismuth pectin)的胶体性比枸橼酸铋钾强,其在胃酸环境中可形成稳定的凝胶体,覆盖在胃黏膜表面,使糜烂面和溃疡灶与胃酸及胃蛋白酶隔离,较好的保护受损黏膜,促进溃疡组织的修复和愈合;同时该药还能刺激内源性前列腺素和表皮生长因子的产生,加速溃疡面的愈合和炎症的消失,且对消化道出血有止血作用,其余作用和注意事项均同枸橼酸铋钾。临床主要用于胃及十二指肠溃疡、慢性胃炎,与抗生素合用是胃幽门螺杆菌的根除治疗方案。

替普瑞酮(teprenone)为一种萜烯类衍生物。该药可促进胃黏膜修复因子高分子糖蛋白合成与分泌,增加黏液中磷脂含量,提高黏膜的防御能力,保护和修复受损的黏膜组织。临床上主要用于治疗急、慢性胃炎和胃溃疡,尤对活动性炎症的治疗、促进溃疡愈合及降低溃疡复发等方面疗效更为显著。本药与 H_2 受体阻断药合用可协同治疗胃溃疡。与兰索拉唑、阿莫西林联合用药可提高幽门螺杆菌感染所致胃溃疡的治愈率和根除率。不良反应轻,个别患者可见腹痛、便秘、皮疹、皮肤瘙痒、转氨酶轻度升高等症状,停药后可消失。

四、抗幽门螺杆菌药

1982 年 Warren 和 Marshall 发现并通过实验证实,超过 90% 的十二指肠溃疡和超过 80% 的胃溃疡都是由幽门螺杆菌(Helicobacter Pylori,Hp)感染引起的。这使得原本慢性的、经常无药可救的溃疡病变成了只需抗生素和一些其他药物短期就可治愈的疾病。因此这两位科学家获得了 2005 年生理或医学诺贝尔奖。

Hp 为 G^- 菌,贴附于胃黏膜上皮细胞表面及细胞间的小凹中,含有多种毒理因子,如尿素酶、Hp 过氧化氢酶、细胞毒素相关基因蛋白(CagA)、空泡毒素(VacA)等均可引起胃黏膜上皮细胞产生病理性损害,致使溃疡形成。根除 Hp 不仅能促进溃疡愈合,还可显著降低溃疡的复发率,使绝大多数消化性溃疡患者得以彻底治愈。

常用的抗 Hp 药有两类,一类为抗菌药,如阿莫西林(羟氨苄青霉素)、克拉霉素、甲硝唑、替硝唑、四环素等。第二类为抗溃疡病药,如含铋制剂、H^+-K^+-ATP 酶抑制药、硫糖铝等。

单用某类药物对 Hp 的清除率甚低,常需 2 种或 3 种药合用:①兰索拉唑和阿莫西林(或甲硝唑);②兰索拉唑(或奥美拉唑)、克拉霉素和阿莫西林(或甲硝唑);③四环素、甲硝唑和铋盐,即二元或三元疗法。联合用药后明显提高 Hp 的清除率,增加溃疡的愈合率并降低溃疡病的复发率。

应用抗菌药易出现 Hp 的耐药性而导致复发,目前临床上多采用四药联用治疗方案:即奥美拉唑＋甲硝唑或替硝唑＋胶体次枸橼酸铋＋四环素或阿莫西林,连续给药 14 天为一疗程,可减少 Hp 耐药性的产生和溃疡的复发率,明显提高 Hp 的根除率和溃疡的治愈率。

第二节 助消化药

助消化药(digestants)多为消化液中的成分或促进消化液分泌的药物,能加速食物消化,在消化液分泌不足时发挥替代作用,或抑制肠道内容物过度发酵,对消化不良者起辅助治疗作用。

胃蛋白酶

胃蛋白酶(pepsin)来自牛、猪、羊等动物胃黏膜,是一种蛋白水解酶。其能水解蛋白质为蛋白胨,也能水解多肽。主要在胃内发挥作用,最适宜 pH 为 2.0,当 pH>5 时便失活,故多与稀盐酸合用。

临床主要用于胃蛋白酶缺乏症、消化功能减退,如胃酸分泌不足、消化酶分泌不足及慢性萎缩性胃炎患者。常与稀盐酸配伍成合剂应用,可在餐前或进餐时服用。不宜与碱性药或硫糖铝同服。

胰酶

胰酶(pancreatin)来自牛、猪、羊等动物的胰腺,主要含有胰蛋白酶、胰脂肪酶和胰淀粉酶,该酶在中性及弱碱性环境中活性增强。能促进蛋白质、脂肪和淀粉的消化分解。主要用于消化不良、肝脏胆汁分泌、胆囊、胰液分泌不足以及慢性胰腺炎等引起的消化障碍。在酸性环境中易被破坏，故多用肠溶片制剂。因接触胃酸可失效并能消化口腔黏膜，从而引起溃疡，故必须吞服，不能嚼碎服用。

乳 酶 生

乳酶生（biofermin）又名表飞鸣。为干燥活乳酸杆菌制剂，能分解糖类产生乳酸，降低 pH，提高肠内酸度，抑制肠内腐败菌繁殖，减少由此造成的蛋白质发酵和产生 H_2S 气体。临床主要用于消化不良及腹胀、小儿消化不良性腹泻。不宜与能抑制乳酸杆菌的抗菌药如四环素类、氯霉素等合用，不宜与能吸附乳酸杆菌的药物如活性炭、白陶土等合用，不宜与碱性药物如抗酸药等合用，以免中和乳酸，使肠内酸度降低而影响疗效。

稀 盐 酸

稀盐酸（dilute hydrochloric acid）为 10% 盐酸溶液，服后可使胃内酸度增加，以促进胃蛋白酶原转变为胃蛋白酶，且胃蛋白酶在酸性环境中活性较高。稀盐酸适用于各种原因引起的胃酸缺乏症，如慢性萎缩性胃炎、胃癌、发酵性消化不良。服用后可消除餐后胃部不适、腹胀、嗳气等消化不良症状。

卡 尼 丁

卡尼丁（carnitine）为一种氨基酸衍生物，是脂肪代谢必需的辅助因子。内源性卡尼丁由食物获得，也可在肝脏合成，缺乏时影响线粒体氧化游离脂肪酸，导致脂质蓄积于细胞质中，对细胞产生毒性。卡尼丁是食欲兴奋药，可调整胃肠蠕动和分泌功能。临床适用于消化不良、食欲减退、慢性胃炎，亦可用于高脂血症。长期用药可出现恶心、呕吐、腹泻和腹痛，少数患者可发生体臭。慢性胰腺炎患者服用后可加重病情，故应禁用。

第三节 止吐药与促胃肠动力药

呕吐是机体的一种复杂反射过程。它可由人体的心理因素、体内外环境因素、胃肠道疾病、内耳眩晕症、晕动病、手术后、妊娠、放疗、化疗、药物中毒等诸多原因引起。呕吐中枢的催吐化学感受区（chemoreceptor trigger zone，CTZ）、前庭神经核、孤束核以及高级神经中枢传来的冲动均参与呕吐反射活动的调节。涉及的受体主要有：D_2、M_1、H_1 及 5-HT 亚型等。直接影响胃肠运动的递质是乙酰胆碱（Ach）。拮抗 D_2 或 5-HT_3 受体及激动 5-HT_4 受体均可影响 ACh 释放，或抑制胆碱酯酶，使 ACh 升高。ACh 可激动肠道上的 M 受体，促进胃肠运动。胃肠运动减弱可引起恶心、呕吐、消化不良、胃内容物向食管反流等变化。促胃肠动力药能改善多种原因引起的胃肠运动之乏力，减轻患者的呕吐症状。

止吐药是一类作用于不同环节抑制呕吐反应的药物。根据其作用原理可分为：① M 受体阻断药；② H_1 受体阻断药；③ 多巴胺受体阻断药；④ 5-HT_3 受体阻断药；⑤ 促胃肠动力药。

抗癌药对 CTZ 有直接致吐作用，而 5-HT_3 受体阻断药能同时阻断外周和 CTZ 的 5-HT_3 受体，故能对抗化疗或放疗的致吐作用。而妊娠呕吐和晕动病的冲动传导通路和受体类型都与化学治疗药不同，这两种呕吐的防治药物主要是通过影响 H_1 受体和 M 胆碱受体而产生作用（图 6-30-3）。

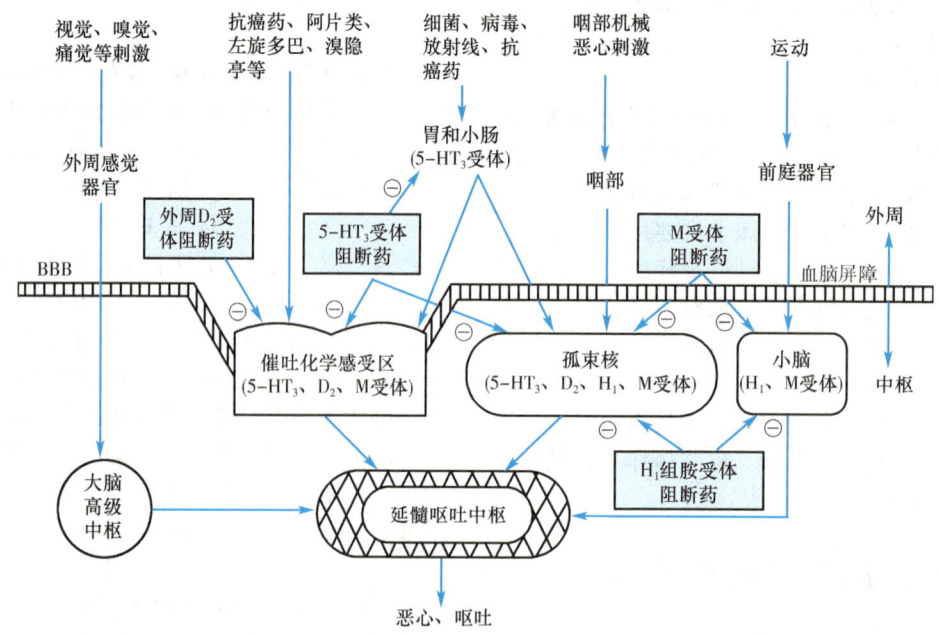

图 6-30-3　呕吐的生理调节和止吐药的作用原理
（改自 SAEB-PARSY，1999）BBB：血脑屏障

（一）M 受体阻断药

东莨菪碱

东莨菪碱（scopolamine）为 M 受体阻断药。可通过降低内耳迷路感受器的敏感性，抑制前庭小脑通路的传导，预防恶心、呕吐。主要用于防治晕动病及预防手术后恶心、呕吐，对阿扑吗啡引起的呕吐无效。不良反应有口干、视物模糊，较严重的有尿潴留、便秘。青光眼患者禁用，前列腺肥大者慎用。

（二）H_1 受体阻断药

包括苯海拉明（diphenhydramine）、茶苯海明（dimenhydrinate，晕海宁，乘晕宁）、异丙嗪（promethazine）、美克洛嗪（meclozine）和桂利嗪（cinnarizine）等均通过抑制前庭功能，产生中枢镇静和止吐作用。亦可用于防治晕动病、内耳性眩晕病等引起的呕吐。不良反应为中枢抑制、口干等阿托品样反应。

（三）多巴胺受体阻断药

通过阻断中枢 CTZ 的 D_2 受体产生抑制呕吐作用的一类药物。主要包括：①吩噻嗪类，如氯丙嗪（chlorpromazine）、奋乃静（perphenazine）、氟奋乃静（fluphenazine）和三氟拉嗪（trifluoperazine）等。此类止吐药主要用于尿毒症、放射病、癌症、妊娠中毒、病毒性胃肠炎等引起的呕吐。对于严重呕吐则难以控制，且对晕动病呕吐无效。②苯甲酰胺类，如甲氧氯普胺和多潘立酮。

1964 年首次问世的促进胃肠动力药甲氧氯普胺，因其能透过血脑屏障而产生中枢神经系统作用，如锥体外系症状等。之后又合成了优于甲氧氯普胺的第二代新药多潘立酮，后者是一个主要阻断外周多巴胺受体，促进胃肠蠕动，减少中枢神经系统副作用的促进胃肠动力药。西沙比利是第三代新药，该药能选择性地作用于胃肠壁平滑肌的肌层神经丛，使胆碱能神经末梢释放 Ach 增加，促进胃肠道蠕动。

近年来发现某些 5-HT 受体及多巴胺受体阻断药能协调胃肠运动，促进胃肠道推动性蠕动，增加食管下段括约肌张力，减少胃内容物向食管反流，加速胃的正向排空，促进肠内容物由十二指肠向回盲部推动。故这类药物被称为促胃肠动力药。

甲氧氯普胺

【药理作用与机制】

甲氧氯普胺（metoclopramide）又名胃复安（paspertin），该药能选择性阻断 D_2 及 $5\text{-}HT_3$ 受体。

1. 中枢神经系统作用 ①阻断延髓 CTZ 的 D_2 受体，较大量时亦可作用于 $5\text{-}HT_3$ 受体，从而产生强大镇吐作用。②阻断下丘脑多巴胺受体，减少催乳素抑制因子的释放，促进催乳素释放，引起溢乳。③引起明显的锥体外系症状、焦虑和抑郁等。

2. 对胃肠道作用 阻断胃肠道 D_2 受体：①提高静止状态胃肠道括约肌的张力。②增加贲门括约肌的张力和收缩幅度，防止胃内容物反流至食管。③增加胃蠕动，松弛幽门，加速胃的正向排空。④增强十二指肠、空肠和回肠的蠕动，加速肠内容物由小肠向大肠的转运和推进，从而发挥促进胃肠蠕动的作用。

【体内过程】

口服吸收迅速，用药后 15～20 分钟开始起作用，0.5～1 小时血药浓度达峰值。生物利用度为 32%～97%，体内分布广泛，易透过血脑屏障，乳汁中药物浓度高于血浆浓度。30% 原形药经肾排出，其余与硫酸盐或葡萄糖醛酸结合后随尿和胆汁排泄。$t_{1/2}$ 约 4 小时，肾功能损害者可达 24 小时。

【临床应用】

该药广泛用于防治各种原因所致的恶心、呕吐，包括：①止呕，防治术后、放疗、化疗、急性颅脑损伤、脑外伤后遗症、脑部肿瘤手术以及中枢神经系统疾病引起的呕吐。②胃肠动力性疾病，如糖尿病性胃轻瘫、反流性食管炎、胆汁反流性胃炎、各种消化功能障碍，如食欲缺乏、消化不良、胃部胀满、反酸、胃灼热、恶心、嗳气等。③晕动症、内耳眩晕、迷路障碍等所致的呕吐。④胃肠钡餐造影辅助用药，以减少恶心、呕吐反应，促进钡餐顺利通过。

【不良反应】

此药较安全，一般剂量未见严重不良反应。常见有头晕、嗜睡、倦怠、焦虑、抑郁、男性乳房发育等。大剂量静脉注射或长期用药可引起帕金森综合征样的锥体外系反应。偶见激动、便秘、腹泻、皮疹、口干、眶周水肿、头颈发硬和高铁血红蛋白血症。本药有潜在致畸作用，孕妇不宜使用。

【药物相互作用】

（1）不宜与吩噻嗪类药物合用，以防加重锥体外系和中枢抑制的不良反应。

（2）不宜与抗胆碱药（阿托品等）合用，以免减弱甲氧氯普胺加强胃肠运动的效应。

（3）本药可降低西咪替丁的口服生物利用度，应避免同用。如必须合用，可间隔 1 小时再使用。

【禁忌证】

本药可刺激儿茶酚胺分泌，故禁用于嗜铬细胞瘤患者。对正进行放疗或化疗的乳腺癌患者、机械性肠梗阻以及胃肠出血者应禁用。

多潘立酮

【药理作用】

多潘立酮（domperidone）商品名吗丁啉，是一种在外周发挥强大促胃肠动力的 D_2 受体阻断药。该药直接作用于胃肠壁，对胃肠运动具有推动和止吐作用，即增加食管下部括约肌张力，有效地防止胃内容物反流到食管（胃-食管反流），加强胃肠道蠕动，促进胃的排空。协调胃与十二指肠运动，抑制恶心、呕吐和防止胆汁反流。尚能加快十二指肠和空肠蠕动，缩短内容物通过消化道时间。因本药不易透过血脑屏障，对脑内多巴胺受体无抑制作用，故锥体外系反应罕见。

【体内过程】

口服吸收迅速，首关效应明显，生物利用度仅有15%。30～60分钟血药浓度达峰值，血浆蛋白结合率为90%。药物主要经肝代谢，由粪便排泄。$t_{1/2}$为7～8小时。

【临床应用】

①主要用于胃肠道动力低下性疾病，如糖尿病性胃轻瘫、食后消化不良、厌食、恶心、呕吐、腹胀、反酸、嗳气和胃潴留。②消化道炎症，慢性胃炎、慢性萎缩性胃炎、反流性食管炎、胆汁反流性胃炎。③止吐，可用于偏头痛、饮酒、晕动症、药物、毒物、颅脑肿瘤、脑外伤、放疗及化疗药物等原因引起的急慢性呕吐，尤对使用多巴胺受体激动药（如左旋多巴，溴隐亭）治疗帕金森病所引起的恶心、呕吐为特效适应证。其疗效优于甲氧氯普胺。但对术后或麻醉引起的呕吐无效。

【不良反应】

有轻度头痛、腹部痉挛、皮疹以及倦怠乏力等。因促进催乳素释放，可引起男子乳房发育、胀痛和溢乳等。孕妇慎用。

（四）5-HT$_3$受体拮抗药

致吐药促进外周胃肠黏膜的肠嗜铬细胞及中枢5-HT神经元中释放5-HT$_3$，5-HT$_3$可通过兴奋胃肠道迷走神经到CTZ的冲动传入通道，激动CTZ和呕吐中枢的5-HT$_3$受体而致恶心、呕吐。5-HT$_3$受体拮抗药可阻断这些受体，防止5-HT$_3$的作用，抑制呕吐。

临床应用的本类药有昂丹司琼（ondansetron）、格拉司琼（granisetron）、托烷司琼（tropisetron）及多拉司琼（dolasetron）等。

昂丹司琼

【药理作用】

昂丹司琼（ondansetron）为5-HT$_3$受体拮抗药，它能选择性阻断中枢及迷走神经传入纤维5-HT$_3$受体，产生强大止吐作用。由于化疗药引起的呕吐多与激动5-HT$_3$受体有关，而昂丹司琼恰好阻断该受体，故对顺铂、环磷酰胺等化疗药物引起的呕吐特别有效，是防止化疗药物致吐的首选药。但对晕动症及多巴胺受体激动药如阿扑吗啡引起的呕吐无效。该药对5-HT$_3$受体的亲和力较甲氧氯普胺强100倍，且无拮抗多巴胺作用，故没有锥体外系不良反应。

【体内过程】

口服吸收迅速，用药后30～60分钟达有效血药浓度，达峰时间约1.5小时，生物利用度为60%。血浆蛋白结合率约70%～76%。主要经肝羟化代谢，代谢产物大多由肾排泄。$t_{1/2}$为3小时，老年人则可延长至5小时。

【临床应用】

主要用于化疗和放疗引起的恶心、呕吐。对顺铂、环磷酰胺、多柔比星（阿霉素）等引起的呕吐疗效显著。但对晕动病及多巴胺受体激动药如阿扑吗啡引起的呕吐无效。

【不良反应】

较少。仅有暂时的轻度头痛、疲倦、便秘、腹泻、头晕等。偶见转氨酶升高。未见锥体外系反应。妊娠及哺乳期妇女禁用。

（五）5-HT$_4$受体激动药

西沙必利

【药理作用】

西沙必利（cisapride）是促全肠道动力药。5-HT$_4$受体存在于胃肠壁肌间神经丛的突触后膜上，该药通过激动5-HT$_4$受体，促进Ach释放而发挥促进胃肠动力作用。其效应较甲氧氯普胺强10～100倍。本药可增强食管、胃、十二指肠的收缩及蠕动，加速整个消化道的运动。改善胃窦部和十二指肠的协调作用，防止食物滞留与反流。此外，该药尚有较强的加速胆囊收缩和排空作用。本品不影响黏膜下神经丛，故不改变黏膜的分泌功能。对CTZ也无明显影响。

【体内过程】

口服吸收快，首关消除明显，生物利用度仅为30%～40%。分布广，其中以肝脏浓度最高，胃肠道、肺、肾等器官次之，脑中浓度最低。本药主要经肝脏代谢，代谢物为N-脱羟基化的去甲西沙必利和芳香族的羟化物。90%的西沙必利以代谢物形式经尿和粪便排出。$t_{1/2}$为10小时。

【临床应用】

主要用于治疗胃肠运动障碍性疾病，包括胃-食管反流、慢性功能性和非溃疡性消化不良、胃轻瘫、慢性自发性便秘和结肠运动减弱等。

【不良反应】

较少，偶见腹泻、胃肠痉挛、心动过速和低血压。少数患者有头晕、头痛、恶心、嗜睡、乏力。此药在美国使用发现个别人出现了严重的室性心律失常，故FDA责令限制使用。我国亦限定使用本药，并要求在给药期间定时检测心电图。

同类药物还有莫沙必利、普卡必利和替加色罗等。莫沙必利（mosapride）的作用、机制及药效同西沙必利。但不良反应较轻。目前临床使用剂量未见ST段延长，偶见腹泻、软便等副作用。普卡必利用于功能性便秘；替加色罗主要用于便秘型肠易激惹综合征。

第四节 泻 药

泻药是促进排便反射或促使排便顺利的药物。临床主要用于功能性便秘。泻药根据作用机制不同分为3类：①容积性泻药（bulk cathartics），包括膨胀性泻药与盐类泻药。②刺激性泻药（亦称接触性泻药）。③润滑性泻药和大便软化药。

一、容积性泻药

（一）膨胀性泻药

本类药物多属植物性或半合成纤维素，如甲基纤维素（methylcellulose）、羧甲基纤维素（carboxymethylcellulose）、果胶及其多糖类等。该类药口服后很少或不被肠内消化吸收；它们均有较强的亲水性，在肠道内吸水膨胀形成胶状，使肠内容物体积增大、变软且富含水分，肠容积增大后刺激肠壁，反射性地促进肠蠕动，使粪便易于排出。用药后1～3天自然排便，无严重不良反应。本类药主要适用于轻度慢性便秘或不能用力排便或食物过精缺乏纤维素而便秘的患者，如老年人、儿童、术后排便困难者。

（二）盐类泻药

盐类泻药是指不易被肠黏膜吸收且易溶于水的盐类离子，如硫酸镁（magnesium sulfate）、硫酸钠（sodium sulfate）、乳果糖（lactulose）等。

硫酸镁

【药理作用】

硫酸镁（magnesium sulfate）口服后由于Mg^{2+}和SO_4^{2-}难被吸收，在肠内形成高渗压，保留其大量水分不被吸收，肠内容积扩增，刺激肠道蠕动而加速排便。此外，该药尚有促胆囊收缩素释放的作用，后者可刺激肠道腺体分泌和运动增加，强化硫酸镁的导泻作用。口服高浓度（33%）硫酸镁溶液，可刺激十二指肠黏膜反射性地引起胆总管括约肌松弛，胆囊收缩，促其胆汁排空，产生利胆作用。

【体内过程】

口服后几乎不被吸收，作用快而强，一般服后1～6小时排出液体状粪便。空腹服用，并同时饮用大量温开水，可强化导泄作用。

【临床应用】

硫酸镁给药途径不同，所产生的药理作用及临床用途亦不同。

1. 口服给药 主要用于：①导泻，辅助排除肠内毒物和服用驱虫药后的导泻。②利胆，用于治疗阻塞性黄疸及慢性胆囊炎。③外科术前或结肠镜检查前排空肠内物。

2. 注射给药 用药后主要通过Mg^{2+}拮抗Ca^{2+}作用和中枢抑制作用，引起骨骼肌松弛、血管扩张，产生抗惊厥和降压作用。临床主要用于治疗子痫、破伤风、高热等引起的惊厥以及高血压脑病等。

3. 外用 可用50%硫酸镁高渗溶液作局部热敷，改善炎症反应。

【不良反应】

口服过量可引起恶心、呕吐、腹痛、腹泻等，应注意纠正水、电解质平衡失调。因硫酸镁、硫酸钠泻下作用较剧烈，可反射性引起盆腔充血和失水，孕妇、月经期妇女应禁用。大约20%的Mg^{2+}可被肠道吸收并经肾脏排出，肾功能不全者应慎用。硫酸钠则应禁用于充血性心力衰竭和水肿患者。对静脉注射过量造成的高镁血症所导致的中枢神经系统抑制、呼吸麻痹、血压下降，应紧急采用静脉注射10%的葡萄糖酸钙液进行救治。

乳 果 糖

【药理作用】

乳果糖（lactulose）又名半乳糖苷果糖，为半乳糖和果糖的双糖。本药在小肠内不被分解和吸收，通过提高肠腔内的渗透压使水分和电解质更多地保留在肠腔内。未被吸收的乳果糖进入结肠，被细菌分解成乳酸及其他有机酸，进一步提高肠腔内渗透压，使肠蠕动增加而促进排便。

【临床应用】

主要用于治疗慢性便秘。包括老人、儿童、婴儿和孕妇等。亦用于防治肝性脑病。

【不良反应】

用量过大可引起胃胀气、恶心、呕吐、腹痛、腹泻及低血钾症等，故应采用剂量个体化，以排出软便为宜。有糖尿病患者慎用，乳糖血症者禁用。

二、刺激性泻药

刺激性泻药又称接触性泻药。本类药物本身或其代谢物与肠黏膜接触，可刺激小肠和大肠，改变肠黏膜的通透性，使电解质和水分向肠腔扩散，肠腔水分增加，促进肠蠕动产生导泻作用。如蒽醌类化合物、酚酞、比沙可啶、蓖麻油、番泻叶等。

蒽醌类化合物

该类药有大黄（rheum officinale）、番泻叶（Senna）、决明子（Casssia seed）和芦荟（aloe）等，均含有蒽醌苷类。口服后，蒽醌苷被大肠内细菌分解释出蒽醌，刺激结肠增加推进性蠕动，减少水和电解质的吸收。但作用出现缓慢，用药后6～8小时可排软便或引起腹泻。故应于睡前服。因不影响小肠吸收，可用于急、慢性便秘。但大黄含有鞣酸，具有收敛作用，可引起继发性便秘

酚酞

酚酞（phenolphthalein）为二苯甲烷类药物。不溶于水，口服后约15%被吸收，并与碱性肠液形成可溶性钠盐，减少肠腔水钠吸收，增加肠容积，刺激结肠蠕动，促进排便。服药后6～8小时排出软便。本药主要经肾脏排泄，可使碱性尿液呈红色，有肝肠循环，可使药物作用持续3～4天。该药作用温和，适用于慢性便秘。偶见过敏反应，如药疹、皮炎、瘙痒、灼痛以及肠炎和出血倾向等。久用可致脱水和电解质紊乱。

比沙可啶

比沙可啶（bisacodyl）与酚酞同属刺激性泻药。酚酞是一个老药，但近年来因动物实验发现其致癌性已于1997年被美国FDA提议淘汰，而比沙可啶则是一个安全有效的新药。

使用本药后经肠道细菌分解迅速转化成有活性的去乙酰基代谢物，后者对肠壁有较强的刺激作用，通过反射活动，增强肠蠕动，促进其排便。该药效果好，作用快，一般口服6小时内或直肠给药15～60分钟后即可排出软便。

主要用于便秘、腹部X线检查、内腔镜检查前以及手术前后排空肠内容物。不良反应较少，多见轻度腹痛，偶致腹绞痛。长期使用栓剂可引起直肠炎。

三、润滑性泻药和大便软化剂

该类药物具有滑润肠壁、软化大便，使粪便易于排出的作用，如液状石蜡、甘油等；另有一类具有软便作用的表面活性剂，可降低粪便表面张力，使水分易于浸入粪便，使之软化、膨胀，如多库酯钠等。

液体石蜡（liquid paraffin）为矿物油。口服在肠道内不被消化吸收，并妨碍肠内水分吸收，产生润滑肠壁，稀释软便，使粪便易于排出的作用。适用于老年人和儿童便秘。长期服用可妨碍脂溶性维生素A、D、K和钙、磷吸收，引起营养不良，故不宜久用。

甘油（glycerin）又名开塞露（50%甘油）。该药可制成栓剂塞入或灌入肛门。由于高渗透压刺激直肠引起排便反射，并有局部润滑作用，几分钟内即可引起排便。本药不影响营养物质吸收。适用于儿童及老年便秘者。

多库酯钠（docusate sodium）为阴离子表面活性剂，亦是大便软化剂。其作用原理主要是在肠道内降低粪便表面张力，使水和脂类物浸入粪便，软化大便而易于排出。临床主要用于排便无力，如术后或心肌梗死患者，此外亦用于肛门直肠病及疝气患者。因不易吸收，不良反应少。长期服用可引起腹泻。本药不宜与液状石蜡合用，因可促进后者吸收。

第五节 止泻药

腹泻是多种疾病的症状。剧烈或持久的腹泻，可引起脱水、电解质紊乱及营养不良，对此首先应注重对因治疗，同时再适当给予止泻药以缓解症状。如由病原体、毒物、毒素引起的急性肠炎、腹泻，最好先进行抗感染，清除毒物治疗，而不宜急于先止泻，应待肠壁感染得到控制或毒物清除后再使用止泻药。

目前临床所指的止泻药多属非特异性（不包括细菌性）止泻药，通常分为4类。①抑制肠蠕动药，包括阿片类（如阿片酊、复方樟脑酊）和哌替啶类（如地芬诺酯、洛哌丁胺）。②胃肠道黏膜保护剂，如铋制剂（次水杨酸铋、次碳酸铋），能在胃肠道黏膜表面形成一层保护膜，减轻或保护肠道黏膜免受刺激而达到减轻腹泻效果。③吸附剂，如药用炭、矽炭银、八面体蒙脱石（思密达）等，可通过吸附毒物、毒素、细菌、水分、气体而止泻。④收敛剂，如鞣酸蛋白，通过凝固黏膜表面的蛋白质，形成保护层，使黏膜免受外界刺激，并减少其分泌。

阿片制剂（opiates and its analogues）包括阿片酊（opium tincture，含吗啡约1%）和复方樟脑酊（tincture camphor compound，含吗啡0.4%），均是阿片类的复方制剂。口服该类药能增强胃肠平滑肌张力，降低胃肠推进性蠕动，使粪便干燥而止泻。主要用于严重非细菌感染性腹泻和腹痛。因具有成瘾性，不可滥用。腹泻早期或腹胀者不宜使用。

地芬诺酯（diphenoxylate）为人工合成的哌替啶衍生物。本药口服后在体内代谢成地芬诺酸（diphenoxylic acid）发挥作用。后者止泻作用比母体强5倍，其可直接作用于肠道μ阿片受体，提高肠平滑肌张力，抑制肠蠕动，减少肠液分泌。该药能有效控制各种原因引起的急、慢性腹泻。治疗量、短期服用时不良反应少而轻，常见有嗜睡、恶心、呕吐、头晕、头痛、腹胀及腹部不适等，减量或停药即可消失。较少产生成瘾性。若大量（40～60 mg/次）或长期服用可产生成瘾性，过量可导致严重呼吸抑制和昏迷，故应严格控制剂量。肝病患者应慎用，肝硬化者可诱发肝昏迷。本药可增强中枢抑制药作用，故不宜与巴比妥类、阿片类和其他中枢抑制药合用。

洛哌丁胺（loperamide）化学结构、作用和用途均与地芬诺酯相似。止泻作用比地芬诺酯快、强且持久。本药既能直接抑制肠蠕动，还可抑制肠神经系统末梢释放Ach和肠道分泌。临床适用于急、慢性非细菌感染性腹泻、肠易激综合征和炎症性肠疾患所致腹泻。不良反应较少，有时出现口干、恶心、呕吐、腹痛、腹泻、头痛、眩晕、皮疹、瘙痒等症状。有一定成瘾性，应避免长期使用。肝功能不良者慎用。

次水杨酸铋（bismuth subsalicylate）、次碳酸铋（bismuth subcarbonate）具有结合肠道毒素，保护肠道免受刺激而达到收敛止泻之效。适用于非特异性腹泻、慢性胃炎。近年来亦用于治疗合并幽门螺杆菌感染的胃、十二指肠溃疡。

药用炭（medicinal activated charcoal，活性炭）、白陶土（kaolin）以及复方矽炭银（agysical）均为吸附性止泻药。它们能吸附肠道内细菌、气体、毒物等，产生阻止毒物吸收并止泻的作用。可用于腹泻、胃肠胀气和食物中毒等。活性炭可影响儿童营养吸收，3 岁以下儿童或长期腹泻患者忌用。不宜与维生素、抗生素、磺胺类及消化酶（蛋白酶、胰酶）等妨碍活性炭吸附的药物合用。

八面体蒙脱石（dioctahedral smectite）又名思密达（smecta），该药能与黏液蛋白结合，对肠黏膜具有很强的覆盖保护作用,因其是八面体蒙脱石微粒,具有特殊的层纹状分子结构、非均匀性电荷分布及大的表面积，对病毒、细菌和细菌毒素均有极强吸附力，可减少这些攻击因子的致病作用，恢复和维护黏膜的屏障功能，发挥其明显的止泻作用。可用于急、慢性腹泻。偶有便秘现象。

鞣酸蛋白（tannalbin）含鞣酸 50% 左右，为收敛剂。口服后在胃内不分解，至小肠内分解释出鞣酸，使肠黏膜表面蛋白质凝固沉淀，附着在黏膜表面形成保护膜，减少炎性渗出物，减轻刺激，发挥收敛、止泻作用。临床上主要用于急性胃肠炎及各种非细菌性腹泻的治疗。本品可影响胰酶、蛋白酶、乳酶生等的活性及疗效，不宜同服。

第六节　护肝及利胆药

一、护　肝　药

治疗肝病措施包括去除致病因子，改善和修复肝结构和功能，减轻肝脏损伤、坏死或促进肝细胞再生，以及纠正其病理状态，防止或减慢其疾病的恶化速度，缓解临床症状等。但迄今为止对肝病的治疗，多数药物仅能起到辅助和对症治疗的作用，而不能根治。常用的药物有以下几类。

（一）肝功能保护药
联苯双酯
【药理作用】

联苯双酯（bifendate）是我国创制的治疗肝炎药物，具有降低谷氨酸氨基转移酶，增强肝脏解毒功能，减轻脂质过氧化、保护肝细胞、促进肝细胞再生，改善肝功能，增强肝微粒体 CYP450 活性等作用。有临床试验表明，口服本药对近期降低谷氨酸氨基转移酶作用肯定，对改善肝区疼痛、乏力、腹胀等肝炎症状亦有疗效，但停药后谷氨酸氨基转移酶易反跳，且对肝脾肿大无疗效。复发后再用本药仍可降低谷氨酸氨基转移酶。

【临床应用】

主要适用于急、慢性肝炎以及谷氨酸氨基转移酶升高者。本品作用缓慢，用药 3 个月谷氨酸氨基转移酶才可降至正常，且较易复发。不良反应轻。个别用药有轻微胃肠道反应。

复方联苯双酯冲剂为联苯双酯与肌苷的复合剂。其优势之处在于可减少单方用药后的降酶反跳现象。

马　洛　替　酯

马洛替酯（malotilate）可增强肝细胞对氨基酸、核苷酸的摄取，促进肝细胞内核糖核酸和内质网载脂蛋白的合成、促进脂质向肝外输送，防止肝细胞脂肪变和坏死，抑制肝纤维化的发展；尚可增加肝血流量及胆汁分泌，改善肝循环，有助于肝脏的解毒和功能的恢复。

该药口服吸收迅速完全，在体内代谢成单异丙酯，与葡萄糖醛酸结合后自尿排出，无蓄积作用。主要用于慢性肝炎。急性肝炎不宜使用。不良反应有食欲缺乏、恶心、呕吐、胃部不适、腹胀、稀便、头痛、嗜睡、红细胞及白细胞减少、嗜酸粒细胞增加等。用药后偶有瘙痒、药疹、血清谷氨酸转氨酶活性和胆红素升高等。对本药过敏及肝脏有高度活动性病变的黄疸者不宜使用。小儿及孕妇慎用。

此外，门冬氨酸钾镁（potassium magnesium aspartate）、磷酸胆碱（phosphorylcholine）、奥拉米特（orazamide）、原卟啉钠（proporphyrin disodium）、核糖核酸（ribonucleicacid）、辅酶 A（coenzyme A）、牛磺酸（taurine）以及很多中草药及其成分（如水飞蓟宾、瓜蒂素、齐墩果酸、葫芦素、山豆根、猪苓多糖等）都有一定的保肝作用，但都不是特效药，应视病情合理选用。

促肝细胞生长素（hepatocyte growth promoting factors）系从乳猪新鲜肝中提取的小分子多肽类活性物质，①能刺激正常肝细胞 DNA 合成，促进肝细胞再生。②抑制内毒素对肿瘤坏死因子（TNF）的诱生作用，降低血清中 TNF 水平并防止肝功能进一步受损，抑制肝纤维化。③抑制脂质过氧化，减轻肝细胞损伤，保护肝细胞，改善肝功能。④保护线粒体和粗面内质网膜，促进氧化磷酸化过程，加速肝损伤的修复。⑤尚有降低谷氨酸氨基转移酶和血红素作用。主要用于亚急性重症肝炎、早期和中期的肝功能衰竭的辅助治疗。不良反应较少。有过敏反应，过敏体质者应慎用。

（二）治疗肝性脑病药

肝性脑病（最重期是肝昏迷）发病机制复杂，目前主要的病因学说有：①血氨增高学说，认为肝功能严重受损时，体内代谢所产生的氨不能在肝内合成尿素，而过多未经肝解毒的氨就可直接进入体循环，导致脑内血氨增高，出现一系列中枢神经系统功能失调综合征，如精神错乱、行为失常、昏迷等。临床应用降血氨药，如谷氨酸等治疗外源性血氨增加所致的肝昏迷确有疗效，但对血氨不增加的肝昏迷则无效。②假神经递质学说，正常情况下体内代谢所产生的胺类如苯乙胺和酪胺，在肝内可被分解而清除。当肝功能衰竭时，经肠道代谢产生的一些胺类不能在肝中被分解破坏，而直接经循环进入中枢神经系统。大量胺类在脑组织羟化酶的作用下，经β-羟化后生成一些结构与多巴胺或去甲肾上腺素相似，但作用很弱的伪递质—苯乙醇胺或羟苯乙醇胺。伪递质阻断了正常神经冲动的传递功能，从而造成精神障碍和肝昏迷。一些增加中枢神经递质多巴胺或去甲肾上腺素的药物，如左旋多巴，亦能收到较好的疗效。③氨基酸失平衡学说，近年来发现肝硬化患者支链氨基酸（包括缬氨酸、亮氨酸及异亮氨酸）降低，芳香族氨基酸（苯丙氨酸和酪氨酸）升高，肝昏迷者的支链氨基酸/芳香族氨基酸比值明显下降（比值<1.0）的情况。通过补充外源性支链氨基酸，减少异常氨基酸转入脑组织速度，来调整该比值，同样也起到了改善肝昏迷效果。

谷氨酸（glutamic acid）能与血氨结合成无毒的谷氨酰胺，再经肾小管细胞将氨分泌于尿中随后排出体外，使血氨降低。同时还参与血氨合成尿素的过程，可用于防治肝昏迷。此外，谷氨酸还参与脑内蛋白质及糖的代谢，促进氧化过程，改善中枢神经系统功能。临床用于防治各种原因引起的肝昏迷、肝昏迷恢复期及严重肝功能不全。

本品静脉滴注过速可引起流涎、潮红、恶心、呕吐、腹泻。过量可发生低血钾、碱中毒。

左旋多巴（levodopa）口服后能透过血脑屏障进入脑细胞，经中枢多巴脱羧酶脱羧生成多巴胺，部分多巴胺转化为去甲肾上腺素，后者竞争性拮抗伪递质作用，改善神经元之间的正常神经冲动传递，恢复大脑功能，使部分昏迷患者苏醒，但对肝功能无改善作用。

本药因有一定的副作用，力求选用能使患者苏醒的最小剂量即可，不宜盲目追求患者苏醒以致于用量过大。消化性溃疡、高血压、精神病、糖尿病、心律失常及闭角型青光眼患者禁用。

乳果糖（lactulose）口服不被吸收，到达结肠后才被细菌分解成乳酸和醋酸，使肠内pH降至6以下呈酸性，同时释出的H^+与NH_3结合成NH_4^+，后者从肠道排出，使血氨降低。此外，乳果糖在小肠内还可形成高渗，引起渗透性导泻作用，亦利于氨的排泄，服用24～48小时后起效。

主要用于血氨升高的肝昏迷、亚临床型肝昏迷的辅助治疗，神志清醒和改善率可达70%～80%。长期服用还可预防肝昏迷，并可用于导泻。不良反应有腹痛、腹泻、恶心、呕吐等。消化道出血、肠梗阻或穿孔、阑尾炎、不明原因腹痛者禁用。注意防止脱水及电解质紊乱。

支链氨基酸（branched-chain amino acid）肝昏迷患者体内支链氨基酸明显下降，本药可逆转血浆支链氨基酸/芳香氨基酸比值，减少负氮平衡，促进蛋白质合成及脑神经代谢，故早期应用可加速肝细胞功能恢复和肝昏迷的苏醒。临床用于肝昏迷、重症肝炎、肝硬化、慢性肝炎及因肝炎、肝功能不全所致的蛋白质营养缺乏症等的辅助治疗。

静脉滴注过快可引起恶心、呕吐、头晕、头痛、面部潮红等，老年及危重患者尤应注意。

（三）抗肝纤维化药

秋水仙碱（colchicine）为抗癌和抗痛风药。近年大量试验证实，该药可抑制四氯化碳造成的肝损伤，减轻肝脏炎性细胞浸润和脂肪病变，改善肝脏微循环，促进肝细胞增生与解毒，抑制前胶原纤维在微管内的聚集和分泌，进而抑制肝纤维化。本药尚有抗肝炎病毒及降丙氨酸氨基转移酶作用。主要用于治疗肝纤维化，以减慢肝纤维化的发展速度。本药不良反应多，非特殊需要，不宜首选。

甘草甜素（glycyrrhizin）是18-β甘草素单胺盐，同类产品还有18-α甘草酸二胺。二者均有抗炎、抗过敏、增强免疫调节、刺激网状内皮系统、抑制巨噬细胞产生前列腺素、诱导干扰素生成，提高血清干扰素的含量，促进肝细胞再生，抑制肝细胞纤维增生等多种功能，能有效地防止或延缓肝硬化的发生率。临床主要用于急、慢性肝炎。治疗肝纤维化，可延长肝纤维化患者的存活期。

少数患者服药后引起口渴、头痛、胸闷、低血钾、水肿、血压升高等，停药后多可恢复。长期用药需监测患者的血钾及血压水平。

二、利 胆 药

胆石症是我国一种常见病，随年龄增长发病率亦逐步增高。胆结石分为①以胆固醇为主，②以胆色素为主的两大类型。胆汁的三种主要成分为胆盐、胆固醇和磷脂。在胆汁里，胆固醇、胆汁酸和卵磷脂按一定的比例组成水溶性胶质微粒。当胆固醇过高或胆汁酸减少，都会导致胆固醇过饱和而从胆汁中析出结晶，形成胆固醇结石。正常胆汁中的葡萄糖醛酸胆红素，是可溶性的结合型胆红素，它使胆汁呈黄绿色。当胆道系统发生感染时，大肠埃希菌产生的β-葡萄糖醛酸酶可水解可溶性的结合型胆红素成为非结合性胆红素，后者与钙结合形成胆红素钙，进而沉淀积聚，形成胆色素结石。正常的胆囊收缩可产生 30 cm H_2O 内压，促使胆汁排出至十二指肠。当炎症或胆道口 Oddi 括约肌功能失调时，胆汁排出障碍，胆汁淤滞，胆汁内固体成分沉淀，进而形成胆结石。

胆汁的基本成分是胆汁酸。胆汁酸的主要成分是胆酸（cholic acid）、鹅去氧胆酸（chenodeoxycholic acid）和去氧胆酸（deoxycholic acid），约占 95%。次要成分为石胆酸和熊去氧胆酸。胆汁酸具有多种生理功能，如反馈性抑制胆汁酸合成，引起胆汁流动，调节胆固醇合成与消除，促进脂质和脂溶性维生素吸收等。胆汁酸常与甘氨酸、牛磺酸结合成胆汁酸盐。

（一）胆汁分泌促进药

本类药能直接作用于肝细胞而促进胆汁分泌，增加胆汁排出量，此有机械冲洗胆道作用，有助于胆道系统泥沙样结石或手术后少量残留结石的排出。

苯丙醇

苯丙醇（phenylpropanol）又名利胆醇。该药具有强效促胆汁中水分、胆酸、胆固醇、胆色素等成分分泌作用。对胆道平滑肌有轻微解痉作用，可松弛胆道口 Oddi 括约肌，促进胆汁排泄。并有增加食欲，促进消化，排除泥沙样结石，但不溶石。本药尚有促胆固醇转变成胆汁酸，促进胆汁分泌，从而降低血清胆固醇。用药后可减轻腹胀、腹痛、恶心、厌油等症状。适用于胆囊炎、胆道感染、胆石症、胆道术后综合征及高胆固醇血症等。部分患者有胃肠道反应，减量或停药后可缓解。胆道完全阻塞者禁用。

熊去氧胆酸

【药理作用与机制】

(1) 熊去氧胆酸（ursodeoxycholic acid, UDCA）长期服用可改变胆汁酸的组成比例，即增加胆汁酸中 UDCA 含量，胆酸含量不变。

(2) 降低胆汁的胆固醇饱和指数，本药通过抑制肝中 3-羟-3-甲戊二酰辅酶 A（HMG-CoA）还原酶，减少胆固醇的合成。并阻抑肠道吸收胆固醇，降低胆汁中胆固醇及胆固醇酯的饱和指数，促进胆结石中的胆固醇表面溶解，防止结石的形成。

(3) 该药尚能收缩胆囊，松弛胆道口 Oddi 括约肌，加速胆汁排泄，清除胆道中的沉淀物，防止胆道感染，减少胆汁淤积，清除结石形成因素。本药和它的异构体鹅去氧胆酸（chenodeoxycholic acid, CDCA）相比，具有起效快、疗效好、耐受性和安全性较好、不良反应少、腹泻发生率低、肝损伤少等优点。

【体内过程】

口服后由回肠迅速吸收，在肝内与甘氨酸或牛磺酸结合，从胆汁排入小肠，形成肝肠循环。血中药物浓度很低，其疗效主要取决于胆汁中的浓度。

【临床应用】

(1) 溶胆石，用于溶解不宜手术治疗的胆固醇性结石。

(2) 治疗胆囊炎、胆道感染及胆汁性消化不良。

【不良反应】

常见有腹泻。偶见便秘、过敏反应、瘙痒、头痛、头晕、胃痛、胰腺炎及心动过缓等。胆道完全性阻塞者禁用。

牛胆酸钠（sodium tauroglycocholate）是由牛或猪胆汁提取获得，含牛磺胆酸钠和甘氨胆酸钠。口服后可刺激肝细胞分泌胆汁，促进脂肪乳化和脂溶性维生素吸收。用于长期胆瘘所致胆汁丧失的患者，可补充胆盐不足。也用于脂肪消化不良和慢性胆囊炎。偶见胆内压升高，胆绞痛。胆道完全梗阻者禁用。

去氢胆酸（dehydrocholic acid）能增加胆汁中的水分含量，从而增加胆汁量，稀释胆汁，提高其流动性，发挥冲洗胆道和利胆作用，并促进脂肪的消化与吸收。用于胆石症、急慢性胆道感染、胆囊手术后促进 T 管清洗和促细小胆结石排出。不良反应有口干、腹泻、苦味感、嗳气、皮肤瘙痒，偶见血清转氨酶活性一过性轻度增高。禁用于胆道梗阻及严重肝肾功能减退者。

（二）促进胆汁排出药

本类药能引起胆囊收缩或使胆道口 Oddi 括约肌松弛而促进胆汁排出。

硫酸镁（magnesium sulfate）口服高浓度（33%）硫酸镁可刺激十二指肠黏膜，反射性引起胆总管 Oddi's 括约肌松弛、缩胆囊素分泌增加，产生促进胆囊收缩、利胆和促胆道小结石排出等作用。可用于慢性胆囊炎、胆石症和十二指肠引流检查。

曲匹布通（trepibutone）为非胆碱能作用的胆道扩张药，①能选择性收缩胆道平滑肌，并直接抑制胆道 Oddi 括约肌收缩，降低胆囊、胆总管内压，促进胆汁排泄。②具有明显胆道解痉止痛作用。③可促进胆汁和胰液分泌，有助于促进食欲、改善消化和消除腹胀。主要用于胆道运动障碍、胆石症、胆囊炎、胆囊术后综合征及慢性胰腺炎。部分患者有食欲缺乏、恶心、呕吐、唾液分泌过多、腹泻、便秘、过敏、眩晕、倦怠等不良反应。完全性胆道梗阻及急性胰腺炎患者慎用，孕妇禁用。用药期间患者出现皮疹或痛痒等过敏反应时应停药。

桂美酸（cinametic acid）又名利胆酸。本药为苯丙酸型利胆剂，能松弛胆总管 Oddi 括约肌，其解痉、止痛及促进胆汁排泄作用显著而持久。因能促进血中胆固醇分解成胆酸而排出,故有降低胆固醇作用。适用于急、慢性胆囊炎、胆石症或作为胆道感染的辅助用药。临床疗效优于去氢胆酸。口服偶有轻泻,无需特别处理。

茴三硫(anethol trithione)能促进胆汁、胆酸、胆色素及胆固醇等固体成分的分泌,特别是增加胆色素分泌。还可直接兴奋肝细胞,升高还原型谷胱甘肽,增强肝脏解毒功能。尚有促进尿素的生成和排泄以及明显的利尿作用。用于胆囊炎、胆石症、急慢性肝炎、肝硬化等。有腹胀、腹泻、皮疹、发热等不良反应,长期服用可致甲状腺功能亢进。胆道阻塞者禁用。

羟甲香豆素(hymecromone)本药具有明显的利胆和抗菌作用,且能舒张胆道 Oddi 括约肌、增强胆囊收缩、促进胆汁分泌,有利于结石的排出。主要用于胆道感染、胆囊炎、胆石症和胆囊术后综合征等。少数患者出现头晕、腹胀、胸闷、皮疹等,停药后可消失。过量时可致胆汁分泌过度和腹泻,梗阻性或传染性黄疸患者慎用。

(南开大学　张京玲)

第三十一章 子宫平滑肌兴奋药和抑制药

- Oxytocics causing uterine contraction include oxytocin, pituitrin, ergot alkaloids (e.g. ergometrine) and prostaglandin analogues (e.g. dinoprostone and dinoprost).
- Oxytocin's actions are mediated by specific, high affinity oxytocin receptors which are G-protein-coupled receptor. Oxytocin is used to help start or strengthen labor and reduce bleeding after delivery. In lactating (breastfeeding) mothers, oxytocin acts at the mammary glands to cause milk ejection.
- Tocolytic drugs suppressing uterine contraction include β_2-adrenergic receptor agonists (e.g. ritodrine), calcium channel blockers, prostaglandin synthetase inhibitors, magnesium sulfate and oxytocin receptor antagonists.

作用于子宫平滑肌的药物分为子宫平滑肌兴奋药和子宫平滑肌抑制药两大类。子宫平滑肌兴奋药是一类选择性兴奋子宫平滑肌的药物,包括垂体后叶素类、麦角生物碱类和前列腺素类,临床上用于催产和引产或产后止血和产后子宫复原;子宫平滑肌抑制药可抑制子宫平滑肌收缩,包括β_2肾上腺素受体激动药、钙通道阻滞药、硫酸镁和前列腺素合成酶抑制药等,临床上主要用于痛经和防治早产。

第一节 子宫平滑肌兴奋药

子宫平滑肌兴奋药对子宫的兴奋作用可因子宫的生理状态不同和剂量大小不同而分别产生子宫节律性收缩或强直性收缩。产生的子宫节律性收缩可用于催产和引产;产生的子宫强直性收缩可用于产后止血和产后子宫复原,但禁用于催产与引产。

一、垂体后叶素类

缩 宫 素

【别名】
催产素(pitocin)。

【来源及化学】
缩宫素(oxytocin)是垂体后叶激素的主要成分之一。脑垂体是由两个来源不同的部分组成。在发育过程中,垂体前叶是由胚胎口腔前庭的一个憩室发育而成,也被称为腺垂体;从第三脑室向下陷形成神经垂体,亦称垂体后叶,两者相贴形成脑垂体。神经垂体本身不含腺细胞,不能合成激素。神经垂体激素实际是在下丘脑视上核、室旁核的神经内分泌大细胞中合成的。在下丘脑的视上核与室旁核的神经元内首先合成大分子的垂体后叶素前激素,然后与后叶激素运载蛋白(neurophysin)结合成为复合体。此复合体存在于分泌颗粒中,沿神经轴突(下丘脑-垂体束)以每日约3 mm速度转运至垂体;在转运过程中,前激素转化为两个含有二硫键9肽的垂体后叶激素,即缩宫素和加压素(vasopressin;抗利尿激素,antidiuretic hormone,ADH),然后贮存在神经末梢;当神经冲动到达时即被释放,然后由毛细血管进入血循环,再到达靶器官而发挥作用。

缩宫素由9个氨基酸组成,其中2个半胱氨酸在1、6位组成1个二硫键,相对分子量为1007(图6-31-1)。

```
S ─────────────── S
半-酪-异亮-谷·NH₂-门·NH₂-半-脯-亮-甘·NH₂
1   2   3    4          5          6   7  8   9
         缩宫素的氨基酸序列

S ─────────────── S
半-酪-苯丙-谷·NH₂-门·NH₂-半-脯-精-甘·NH₂
1   2   3    4          5          6   7  8   9
         加压素的氨基酸序列
```

图6-31-1 缩宫素与加压素的氨基酸序列

加压素化学结构与缩宫素相似,二者区别只是氨基酸序列第3位与第8位的氨基酸残基不同,因此它们的作用既有各自的特点,又有一定的交叉。即缩宫素有较弱的抗利尿和加压活性,而加压素也有轻微的兴奋子宫作用。目前在临床上应用的缩宫素为人工合成品或从牛、猪的垂体后叶提取分离的制剂,一个单位(U)相当于2 μg缩宫素,也含有微量的加压素。

【体内过程】
缩宫素在血液循环中以自由肽的形式存在,在妊娠期间血浆中出现缩宫素酶,能使缩宫素的键断裂而失活,$t_{1/2}$较短,只有5~12分钟。妊娠期间母体的代谢清除率为每千克体重每分钟19~21 ml。缩宫素口服易被消化酶破坏而失效,故易采用胃肠外给药途径;喷雾剂鼻腔给药和锭剂口腔黏膜给药使用方便，均较易吸收；肌内注射 3～5 分钟开始起效，作用维持 20～30 分钟；静脉注射起效更快，但维持时间也更短，必要时采用静脉滴注给药。主要经肝、肾破坏，少部分以结合的形式经肾排泄。

【药理作用】

1. 兴奋子宫平滑肌 缩宫素能直接兴奋子宫平滑肌，增强子宫的收缩力，增加收缩频率，稍提高肌张力。其收缩强度与下列三个因素有关：

（1）用药剂量：小剂量（2～5 U）加强子宫（特别是妊娠末期子宫）的节律性收缩，其收缩性质和正常分娩相似，有利于胎儿娩出；大剂量（5～10 U）使子宫产生持续性强直收缩，不利于胎儿娩出。

（2）子宫部位：小剂量缩宫素对子宫底部产生节律性收缩，而对子宫颈产生松弛作用，促使胎儿顺利娩出。

（3）激素水平：子宫平滑肌对缩宫素的敏感性受性激素水平的影响。雌激素能提高子宫对缩宫素的敏感性，孕激素降低此种敏感性。在妊娠早期，孕激素水平高，子宫收缩较弱，可保证胎儿安全发育；在妊娠后期，雌激素水平高，特别在临产时子宫对缩宫素的反应更敏感，有利于胎儿娩出，故此时只需小剂量缩宫素即可达到引产或催产的目的。

2. 其他作用

（1）扩张血管：大剂量缩宫素能直接扩张血管，引起血压下降，但易产生快速耐受性；催产剂量的缩宫素不引起血压下降。

（2）促进排乳：乳腺小叶分支被平滑肌和肌上皮细胞所包绕，其中肌上皮细胞对缩宫素高度敏感，因此缩宫素能收缩乳腺小叶周围的肌上皮细胞，有助于乳汁排出，但不会增加乳汁分泌量。

【作用机制】

子宫平滑肌胞浆膜存在特异性缩宫素受体，缩宫素与子宫平滑肌上缩宫素受体结合后使子宫平滑肌收缩，而不同妊娠期缩宫素受体的密度是不同的，故收缩强度也不同。受体量在怀孕 20～30 周随孕周的增加而增多，在怀孕 34 周后渐渐趋平稳，临产时则达高峰。缩宫素受体形成的机制不清，但多数学者认为与雌 / 孕激素比值升高有关。缩宫素与特异的受体结合后，活化与之耦联的 G 蛋白，激活磷脂酶 C（PLC），使三磷酸肌醇（IP$_3$）生成增加，Ca^{2+} 向子宫平滑肌细胞内大量转移，细胞内游离钙离子浓度急剧上升，从而导致子宫平滑肌收缩，频率加快。此外，缩宫素与蜕膜上的受体结合，则促使前列腺素和 F$_2$ 代谢产物 13，14- 双氢 -15 酮 PGF$_{2α}$（PGFM）的合成。PGFM 作用于子宫颈，促使宫颈成熟；同时也能作用于子宫体而增强宫缩。

【临床应用】

1. 催产和引产 对胎位正常、头盆相称、无产道障碍的产妇，当诊断为子宫收缩乏力时，可用小剂量缩宫素催产，以增强子宫的节律性收缩，促进分娩。对于死胎、过期妊娠或由于某些疾病需要提前终止妊娠者等情况，可用小剂量缩宫素进行引产。

缩宫素用作催产或引产时，可将 2.5 U（催产）～5 U（引产）缩宫素加入 5% 葡萄糖溶液 500 ml 稀释后，以 8～10 滴 / 分钟的速度给药，根据宫缩及胎心情况调整滴注速度，以每 2～3 分钟出现一次宫缩、每次宫缩持续 50 s～1 分钟左右为宜，最快不得超过 40 滴 / 分钟。在静滴过程中必须有专人每 5 分钟观察产妇的宫缩、胎心及血压的变化，如发现胎心异常，应立即停止滴注。

小剂量静脉滴注缩宫素是目前常用而且安全的给药途径，它可随时调整用药剂量，保持生理水平的有效宫缩，一旦发生异常即可随时停药。使用输液泵脉冲式给药是近年来国外学者使用的一种给药方法，它可以模拟内源性缩宫素的释放，周期性提高血浆中缩宫素的浓度，从而引起子宫周期性节律性收缩，符合子宫平滑肌的生理状态，与持续性静脉滴注相比更为安全有效，具有可调性和可监测性等特点。

2. 产后止血 子宫体壁由三层组织构成，外层为浆膜层，中间层为肌层，内层为黏膜层。子宫肌层为子宫壁最厚的一层，肌层由平滑肌束及弹性纤维所组成。肌束排列交错，大致可分为三层：外层多纵行，内层环行，中层交织。肌层中含血管，子宫收缩时，血管被压缩，能使子宫肌层创面的血窦迅速关闭，阻断血流，达到止血的目的。

产后出血时，立即皮下或肌内注射较大剂量（5～10 U）缩宫素，使子宫平滑肌产生强直性收缩，压迫子宫肌层内血管而止血。因缩宫素作用时间短，常需加用麦角生物碱制剂维持疗效。

3. 促排乳 有报道表明缩宫素具有促排乳作用，且效果明显。缩宫素易经鼻黏膜吸收，故可在喂奶前几分钟通过鼻黏膜给药，促进乳汁排出。也可肌内注射小剂量催乳。

【不良反应】

（1）催产和引产时，缩宫素剂量过大可引起子宫持续强直性收缩，导致胎儿宫内窒息或子宫破裂。故使用时要严格掌握剂量、适应证和禁忌证，凡产道异常、胎位不正、头盆不称、前置胎盘，以及三次妊娠以上的经产妇或有剖宫产史者禁用，以防引起子宫破裂或胎儿窒息。

（2）在大量使用缩宫素时，也可导致抗利尿作用。如患者输液过多或过快，可出现水潴留和低血钠体征，使用时要注意。

（3）缩宫素的人工合成品不良反应较少，而生物制剂因含有杂质，偶见过敏反应。

（4）有报告缩宫素还可能引起母体恶心、呕吐、心率加快或心律失常等。

【禁忌证】

产道异常、骨盆狭窄、胎位不正、头盆不称、前置胎盘以及三次妊娠以上的经产妇或有剖宫产史者禁用；高敏感产妇、高张力型子宫功能障碍或有子宫破裂倾向者慎用或禁用。

【药物相互作用】

(1) 缩宫素与环丙烷等吸入麻醉药合用时，可导致产妇出现低血压、窦性心动过缓或（和）房室节律失常。恩氟烷浓度＞1.5%、氟烷浓度＞1.0%吸入全麻时，缩宫素对子宫的兴奋效应减弱。恩氟烷浓度＞3.0%可消除缩宫素兴奋子宫的效应，并可导致子宫出血。

(2) 缩宫素与其他宫缩药同时应用，可使子宫张力过高，产生子宫破裂或（和）宫颈撕裂。

垂体后叶素

【别名】

必妥生，垂体素，催生针，脑垂体后叶素。

【来源及化学】

垂体后叶素(pituitrin)是从猪、牛、羊等动物的垂体后叶中提取的粗制品，内含缩宫素及抗利尿激素（即加压素）两种成分。1895年Oliver和Schafer在研究垂体后叶时，发现垂体后叶的活体浸出物具有升高血压和使子宫收缩的作用。1906年Dale给孕猫注射牛的垂体后叶浸出液，发现可引起子宫收缩，这一作用后来在孕猴的实验中也得到证实；1948年Theobeld首先将垂体后叶浸出液引入临床静脉滴注用于引产。1954年Du Vigneaud从垂体后叶的活体浸出物中分离出了两种物质，即缩宫素和加压素，研究确定了缩宫素是一种九肽化合物，并进行了人工合成，因此获得诺贝尔奖。

【药理作用】

1. 兴奋子宫 垂体后叶素中的缩宫素可兴奋子宫，但由于其成分复杂，对子宫平滑肌的选择性低，不良反应较多，故作为子宫收缩药已被缩宫素取代。

2. 收缩血管 垂体后叶素中含的抗利尿激素剂量加大时，可收缩血管，特别是收缩毛细血管及内脏小动脉，此外尚有短暂的升高血压作用，故又称加压素。

3. 抗利尿作用 垂体后叶素中含的抗利尿激素还可作用于肾集合管，使水的重吸收增加，尿量明显减少。

【临床应用】

1. 催产、引产、产后出血及产后复旧不全 现已逐渐被缩宫素代替。

2. 治疗尿崩症 一般是肌注，每次5～10 U，极量为每次20 U。

3. 肺咯血及门脉高压引起的消化道出血 肺出血可静脉注射或静脉滴注，静滴加等渗盐水或5%葡萄糖500 ml稀释后慢滴，静注加5%葡萄糖20 ml稀释慢注。大量肺咯血，需静注10单位。

【不良反应】

可见面色苍白、出汗、心悸、胸闷、恶心、腹痛及过敏反应等，遇此情况应立即停药。

【禁忌证】

高血压、冠状动脉疾病、心力衰竭、肺源性心脏病患者忌用。凡胎位不正、骨盆过狭、产道障碍等均忌用本品引产。

二、麦角生物碱类

麦　角

【别名】

黑麦乌米，紫麦角。

【来源及化学】

麦角(ergot)是寄生在黑麦及其他禾本科植物上的一种麦角菌的干燥菌核，它在麦穗上突出似角，故名麦角。现已可用人工培养方法大量生产。妊娠妇女误服麦角的特异作用早在2000多年前已被认识。400年前开始以子宫兴奋药用于临床。

麦角中含有多种生物碱，按其结构可分为三类。第一类为麦角毒系生物碱，都是麦角酸的酰胺类衍生物，其中有麦角柯宁碱、麦角克碱、麦角隐亭碱、麦角胺、麦角生碱、麦角新碱及麦角西碱；第二类为相应的麦角异毒系生物碱，是异麦角酸的酰胺类衍生物，其中有麦角异柯宁碱、麦角异克碱、麦角隐宁碱、麦角异胺、麦角异生碱、麦角异新碱、麦角异西碱；第三类为棒麦角碱系生物碱，其中有喷尼棒麦角碱、肋麦角碱、裸麦角碱、田麦角碱、野麦碱等。此外尚含有脂肪油、麦角甾醇、维生素D_2、酪胺、组胺、胍基丁胺、三甲胺、甲胺、已胺-1甜菜碱、麦角硫因、乙酰胆碱、尿嘧啶、鸟苷、氨基酸、麦角色素如黑麦酮酸、金黄麦角酸、麦角黄素BC(2, 2′)、麦角黄素CC(2, 2′)、棒麦角黄素、棒麦角玉红素等（表6-31-1）。

临床上使用的麦角生物碱类是第一类，主要有麦角新碱、麦角胺、多种麦角毒系生物碱的混合物（如麦角毒）以及半合成的麦角碱衍生物（如溴隐亭、尼麦角林）等。

【药理作用】

1. 兴奋子宫 麦角有兴奋子宫平滑肌的作用，其作用与垂体后叶制剂相似，是直接作用于子宫平滑肌，但作用强大而持久，对怀孕子宫更敏感；临产和新产后应用小量即有明显作用，甚至产生强直性收缩。我国数种野生麦角制成的流浸膏，对在体和离体兔的子宫皆能促进其收缩，使之张力增加。离体兔子宫实验表明，其对产后和妊娠子宫比未孕子宫作用强。其中以麦角新碱对子宫作用最强，麦角胺和麦角毒次之（表6-31-2）。

表 6-31-1 麦角生物碱类的化学结构

母核	取代基 R	化合物名称
(麦角酸母核结构)	—OH	麦角酸
	—NH—CH(CH₃)—CH₂OH	麦角新碱
	(含苄基的环肽取代基)	麦角胺
	(含异丙基和苄基的环肽取代基)	麦角克碱
	(含两个异丙基的环肽取代基)	麦角柯宁碱
	(含异丙基和异丁基的环肽取代基)	麦角隐亭碱
(N-甲基麦角酸母核结构)	—NH—CH(CH₃)—CH₂—CH₂OH	甲基麦角酰胺

续表

母核	取代基 R	化合物名称
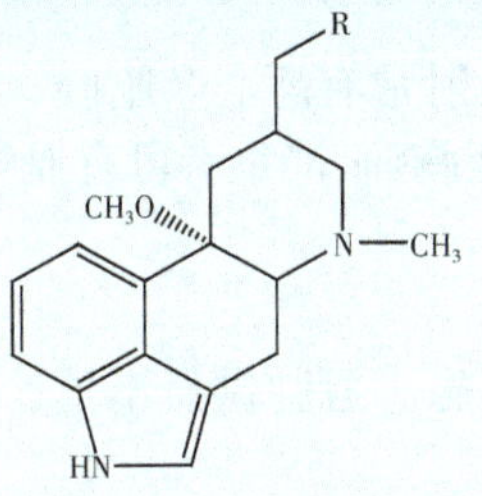 (结构式)	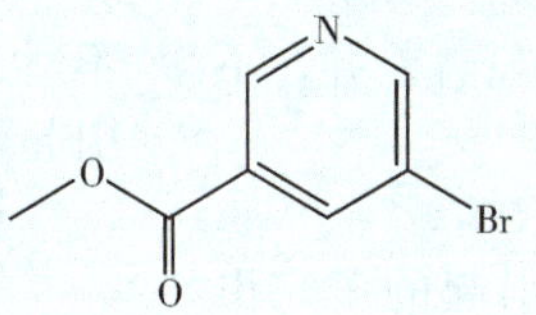 (结构式)	尼麦角林
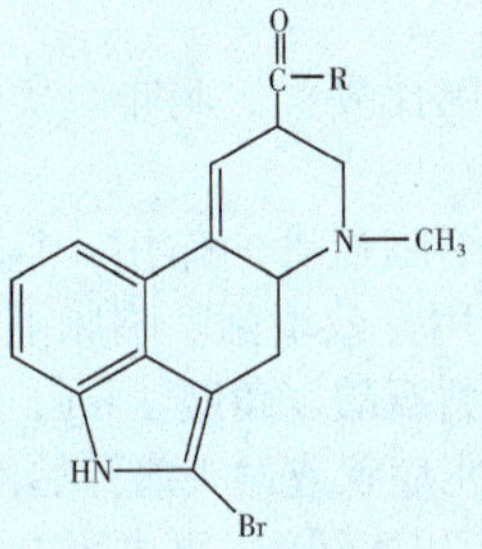 (结构式)	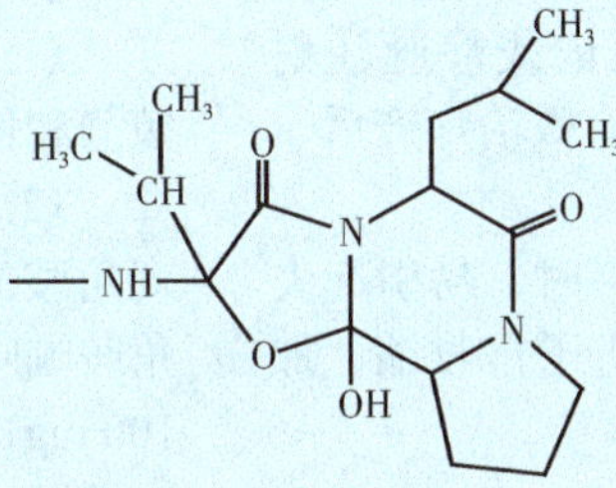 (结构式)	溴隐亭

表 6-31-2 麦角生物碱的作用及临床应用

麦角生物碱	α 受体	DA 受体	5-HT 受体	子宫平滑肌	应用
麦角新碱	0	+	−(PA)	+++	产后出血
甲基麦角酰胺	+/0	+/0	−(PA)	+/0	偏头痛
麦角胺	−	0	−(PA)	++	偏头痛（加咖啡因）
溴隐亭	−(PA)	+++	−	0	帕金森病
尼麦角林	−	+++	0	0	改善脑功能
甲磺酸双氢麦角碱	−	++	+	0	改善脑功能

2. 收缩血管 在离体血管实验中，麦角胺可使周围血管平滑肌收缩。在整体动物因血管收缩而升压，并产生代偿性心率减慢。此外，麦角胺亦能使脑血管收缩，减少脑动脉搏动幅度，从而减轻偏头痛。麦角毒对心脏的作用不及对血管的作用强，但在心率慢到某种程度时，则有增强心收缩力的作用。大量麦角胺还可损伤血管内皮细胞（原理不明），长期应用可导致肢端干性坏疽形成。麦角胺对血管作用最强，麦角毒次之，而麦角新碱几乎不影响血压和损伤血管内皮细胞。

3. 阻断 α 受体 大剂量麦角胺或麦角毒能阻断 α 肾上腺素受体，使肾上腺素的升压作用翻转。麦角新碱无此作用。

4. 其他作用 麦角小剂量兴奋延脑，可导致迷走性心率减慢、呼吸加快、惊厥等；大剂量使延脑麻痹可致死亡。有的麦角生物碱还可激动多巴胺受体，激动或阻断 5-HT 受体。

【临床应用】
主要用于产后出血，促使子宫早期复旧，并预防产后并发症。常制成麦角流浸膏，每次口服常用量 2～4 ml，每日 6～8 ml，口服极量 1 次 4 ml，每日 12 ml。

【不良反应】
过量可致中毒。急性中毒主要出现急性胃肠炎症状，此外还有皮肤刺痒、头晕、感觉迟钝、语言不清、痉挛、昏迷等，严重者可死于心力衰竭。麦角流浸膏中含有麦角毒和麦角胺，长期应用对血管内皮细胞有损害，肝功能不良和周围血管病患者尤为敏感，可出现剧痛、惊厥、幻觉或缺血坏疽等慢性中毒的表现。

麦 角 新 碱

【体内过程】
麦角新碱（ergometrine）口服或肌内注射后吸收快而完全。口服约 6～15 分钟，肌内注射 2～3 分钟，宫缩开始生效，作用持续 3 小时，静注立即见效，作用约 45 分钟，节律性的收缩可持续 3 小时。本品在肝内代谢，经肾随尿排出。

【药理作用】
麦角新碱为麦角成分中毒性最小、对子宫平滑肌选择性最强、兴奋作用也最为显著的一种。与缩宫素比较，麦角新碱兴奋子宫平滑肌的作用特点是：

(1) 作用强度也取决于子宫的生理状态，妊娠子宫较未孕子宫敏感，在临产前后则更敏感。

(2) 作用强而持久，剂量稍大即可引起子宫强直性收缩。

(3) 对子宫体和子宫颈的作用无显著差异，不利于胎儿娩出，不能用于催产和引产。

【临床应用】

1. 子宫出血　产后或其他原因引起的子宫出血，均可用麦角新碱治疗。利用其对子宫持久强直性收缩作用，机械地压迫肌纤维间血管而止血。麦角新碱口服 0.2～0.5 mg/次，肌内或静脉注射 0.1～0.3 mg/次，1～2 次/日，可有效治疗产后、刮宫或其他原因引起的子宫出血。

2. 子宫复原　产后子宫复原缓慢时，易引起失血过多或感染。使用麦角新碱可促进子宫收缩，加速子宫复原。

【不良反应】

注射麦角新碱可引起恶心、呕吐、血压升高等；偶见过敏反应，严重者出现呼吸困难、血压下降。

【禁忌证】

禁用于催产及引产；血管硬化及冠心病患者忌用；伴有妊娠毒血症的产妇应慎用。

【药物相互作用】

与血管收缩药同用，有出现严重高血压甚至脑血管破裂的危险。

麦 角 胺

【体内过程】

麦角胺（ergotamine）口服吸收少而不规则，吸入剂则吸收快而好；与咖啡因合用可提高麦角胺的吸收并增强对血管的收缩作用。口服一般在 1～2 小时起效，0.5～3 小时血药浓度达峰值，$t_{1/2}$ 约为 2 小时。在肝内代谢，90% 代谢物经胆汁排出，少量原形物随尿及粪便排泄。

【药理作用】

麦角胺对血管作用较强，可直接作用于血管，使末梢血管收缩。通过收缩脑血管，降低脑动脉搏动幅度，可缓解偏头痛。大剂量可阻断 α 肾上腺素受体，使肾上腺素的升压作用翻转。对子宫的作用弱且缓慢而持久。

【临床应用】

麦角胺在临床上不单独作为子宫兴奋药使用。因其可使脑血管收缩，减少脑动脉搏动幅度，故主要用于治疗由于脑血管扩张、搏动幅度增大所引起的偏头痛，有效率达 90%，但不能预防其发作。每次发作口服酒石酸麦角胺 1～2 mg，每次不超过 6 mg，因久用可损坏血管内皮细胞，导致肢端坏死，故以 2～4 天为限；皮下注射每次 0.25～0.5 mg，24 小时内不超过 1 mg。还可用于偏头痛的诊断。

【不良反应】

用量过大或皮下注射常有恶心、呕吐、上腹部不适、腹泻、肌无力，甚至胸痛；严重者可有血管痉挛，引起重要器官供血不足。

【禁忌证】

孕妇、末梢血管疾患、冠脉供血不足、心绞痛及肝、肾疾病者禁用。

【药物相互作用】

(1) 麦角胺能增强巴比妥类、吗啡、美沙酮的镇静和催眠作用。

(2) 咖啡因也有收缩脑血管的作用，且能促进麦角胺的吸收，两药合用疗效增强。临床上常用麦角胺咖啡因片（每片含酒石酸麦角胺 1 mg，咖啡因 100 mg）。偏头痛出现先兆症状或偏头痛开始发作时，立即服 2 片，如 30 min 后仍不缓解，可再服 1～2 片，但 24 小时内不得超过 6 片，一周内不可超过 10 片。

麦 角 毒

【药理作用】

麦角毒（ergotoxine）是麦角隐亭碱（ergokryptine）、麦角柯宁碱（ergocornine）和麦角克碱（ergocristine）三种麦角生物碱的混合物，其作用与麦角胺相似。

【临床应用】

麦角毒在临床上也不单独作为子宫兴奋药使用。其氢化物氢麦角毒（dihydroergotoxine，也称二氢麦角碱或双氢麦角胺）的中枢抑制作用和扩张血管作用较强，并可增加脑血流量、改善脑细胞代谢、促进中枢神经系统的传递功能，可与异丙嗪和哌替啶组成冬眠合剂、用于人工冬眠疗法，也可用于脑动脉硬化症、脑震荡后遗症、脑卒中后遗症及老年性痴呆等的头晕、头痛、记忆力减退、忧郁等症状的治疗。

【不良反应】

同麦角胺。

麦角二乙胺

麦角二乙胺（lysergide，LSD）是经典的 5-HT 竞争型拮抗药，可拮抗多种 5-HT 受体，因具有致幻、情绪极度改变、极度恐惧、思维障碍等不良反应，已少应用。

三、前列腺素类

【来源及化学】

前列腺素（prostaglandins，PGs）是一类具有广泛生理活性的不饱和脂肪酸类化合物，存在于人体的多种组织和体液中,现已可人工合成。PGs 对机体的作用极为广泛且较强,主要作用于心血管系统、呼吸系统、消化系统和生殖系统。作为子宫兴奋药,在临床应用的 PGs 类药物有地诺前列酮(dinoprostone,前列腺素 E_2,PGE_2)、地诺前列素(dinoprost,前列腺素 $F_{2\alpha}$,$PGF_{2\alpha}$)、硫前列酮(sulprostone)和卡前列素(carboprost,15-甲基前列腺素 $F_{2\alpha}$,15-Me-$PGF_{2\alpha}$)等(表 6-31-3)。

表 6-31-3 前列腺素类的化学结构

化合物名称	化学结构
前列腺素 E_2	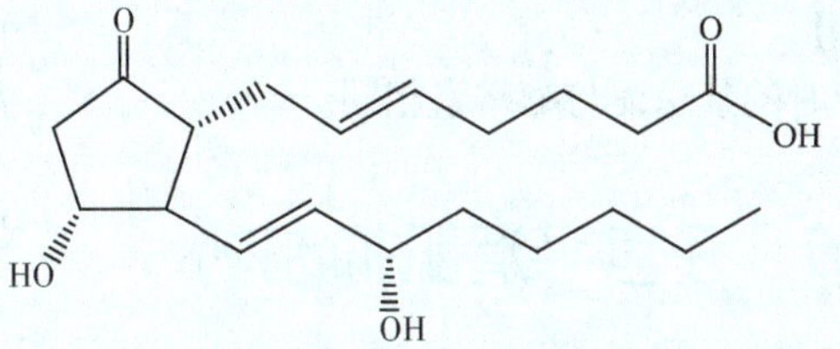
前列腺素 $F_{2\alpha}$	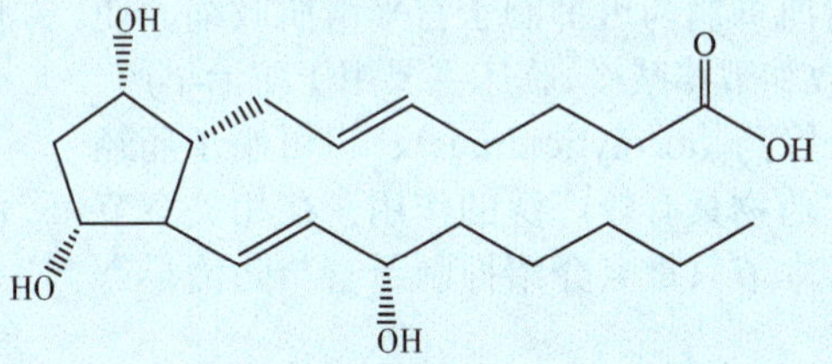
硫前列酮	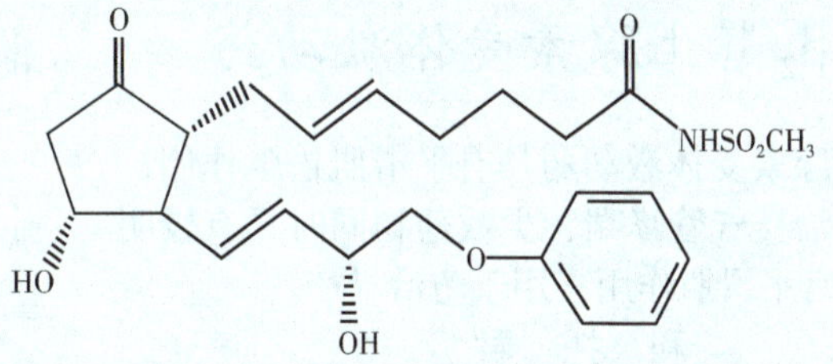
卡前列素	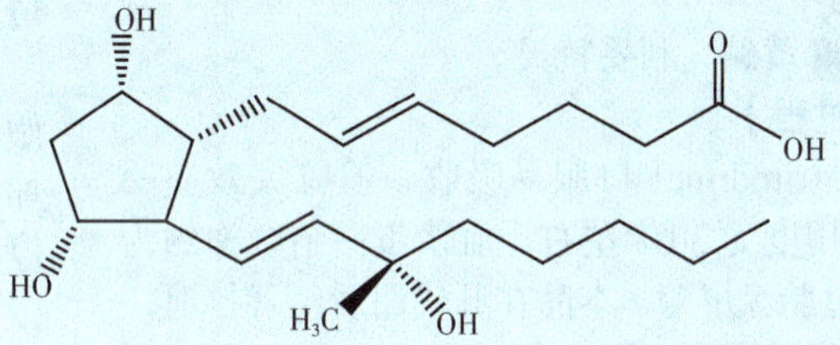

【药理作用】

PGs 对子宫有收缩作用,其中以 PGE_2 和 $PGF_{2\alpha}$ 作用明显。其特点是:

(1)对妊娠各期子宫都有兴奋作用,分娩前的子宫尤为敏感。对妊娠初期和中期子宫的收缩作用远比缩宫素强。

(2)引起子宫收缩的特性与生理性的阵痛相似,在增强子宫平滑肌节律性收缩的同时,尚能使子宫颈部肌肉松弛。

【临床应用】

1. 引产　除用于足月引产外,由于 PGs 对妊娠中期子宫的兴奋作用也较强,故妊娠中期引产亦可获得比较确实的效果。PGE_2 在整个孕期可引起子宫收缩,作为阴道栓剂高位送入阴道用于 2～3 月妊娠的流产,一般使用剂量是 20 mg,每隔 3～5 小时 1 次,流产预计时间为 17 h。$PGF_{2\alpha}$ 静脉注射不良反应发生率较高,故注射剂羊膜腔内注入,仅用于过期妊娠、葡萄胎和死胎的引产;对妊娠早期引产需用较大剂量,易导致严重不良反应。15-Me-$PGF_{2\alpha}$ 活性较 $PGF_{2\alpha}$ 高 10 倍,作用时间长,不良反应小,安全而简便,终止妊娠后能很快恢复月经和生育功能,主要用于终止妊娠和宫缩无力导致的产后顽固性出血。

2. 抗早孕　PGs 能促进黄体萎缩和溶解,黄体酮分泌急剧减少,导致月经形成终止妊娠;且子宫收缩、子宫内膜脱落也不利于受精卵着床。15-Me-

$PGF_{2\alpha}$ 对下丘脑-垂体-卵巢轴几乎无影响，是一种很有希望的抗早孕避孕药。

【不良反应】

(1) 因兴奋胃肠平滑肌，可引起恶心、呕吐、腹痛、腹泻等。

(2) $PGF_{2\alpha}$ 能收缩支气管平滑肌，诱发哮喘，不宜用于支气管哮喘患者。

(3) PGE_2 能升高眼压，不宜用于青光眼患者。

【禁忌证】

用于引产时的禁忌证与缩宫素相同。

第二节 子宫平滑肌抑制药

子宫平滑肌抑制药可抑制子宫平滑肌收缩，使收缩力减弱，收缩节律减慢，临床主要用于防治早产，故又称为抗分娩药（tocolytic drugs）；也可用于痛经的治疗。有些药物具有较广泛的作用，在相关章节中已经介绍，本节只重点介绍抑制子宫与防治早产有关的作用。

一、$β_2$ 肾上腺素受体激动药

$β_2$ 肾上腺素受体激动药具有平滑肌松弛作用，主要用于防治支气管哮喘，少数药物同时具有较明显的抑制子宫平滑肌作用，用于防治早产。

利托君

【别名】

羟苄羟麻黄碱，利妥特灵。

【体内过程】

利托君（ritodrine）口服易吸收，但首关效应明显，生物利用度为30%左右；血浆蛋白结合率约为32%，能通过胎盘屏障。本品在肝代谢后经肾排泄，也可以原形从肾排泄。

【药理作用】

利托君为选择性 $β_2$ 肾上腺素受体激动药，可特异性地作用于子宫平滑肌而使子宫平滑肌松弛。对妊娠和非妊娠子宫均有抑制作用，减弱收缩强度，减慢频率，并缩短子宫收缩时间。

【临床应用】

早产妇女使用本品后，可延缓分娩，使妊娠时间接近正常，用于防治早产，一般先采用静脉滴注方式，取得疗效后，再口服本品维持疗效。先以 50 μg/分钟剂量静脉滴注给药，每隔10分钟可增加 50 μg 药物，通常剂量为 150～350 μg/分钟，至宫缩停止后继续静脉滴注给药 12～48 小时。在静脉给药停止前30分钟，口服给药开始，剂量为 10 mg/2 小时，持续24小时。

【不良反应】

(1) 对 $β_2$ 受体兴奋的同时也作用于 $β_1$ 受体，故可发生心悸、胸闷、胸疼和心律失常等反应。反应严重者应中断治疗。

(2) 静脉注射时，可出现震颤、恶心、呕吐、头痛和红斑以及神经过敏、心烦意乱、焦虑不适等。口服时也有发生。

(3) 有些患者可见血红蛋白降低，血糖升高，血钾降低，游离脂肪酸升高。个别妇女可出现肺水肿，甚至有生命危险。

(4) 本品能通过胎盘屏障使新生儿心率改变和出现低血糖，应密切注意。

【禁忌证】

妊娠20周以前禁用。有严重心血管疾病的患者禁用。糖尿病及有低钾倾向的患者禁用或慎用。

【药物相互作用】

(1) 与糖皮质激素合用，可出现肺水肿，极严重者可导致死亡。

(2) 与阿托品等副交感药物同用，可能使高血压加剧。与其他拟交感药物同用可使后者作用加强。

(3) 与硫酸镁、二氮嗪、哌替啶或强效全身麻醉药同用，可能引起心血管反应。

其他 $β_2$ 肾上腺素受体激动药

(1) 特布他林（terbutaline）用于防治早产，静脉滴注的初始剂量 5 μg/分钟，以后每隔20分钟剂量可增加 2.5 μg/分钟，通常剂量增至 10 μg/分钟。宫缩停止后逐渐减少剂量，然后可改用口服给药维持12小时，剂量为 2.5～5 mg/次，3次/日。

(2) 沙丁胺醇（salbutamol）用于防治早产，开始时用 10 μg/分钟速率静脉滴注，每隔10分钟增加剂量，直至出现反应，而后缓慢增量，直至宫缩停止（常用量为 10～45 μg/分钟），连续给药1小时，以后每隔6小时减少50%用量。口服维持剂量为 4 mg/次，3～4次/日。

(3) 海索那林（hexoprenaline）的作用及防治早产方面的应用与沙丁胺醇相似，但剂量较小，本品以 0.1 μg/分钟速率静脉滴注可治疗早产。

二、其他子宫平滑肌抑制药

硫酸镁

硫酸镁（magnesium sulfate）除具有抗惊厥、降压和导泻利胆作用外（在第十六章和第三十章已论述），亦可明显抑制子宫平滑肌收缩。妊娠期间应用硫酸镁可防治早产和妊娠高血压综合征及子痫发生，对于禁用 $β_2$ 受体激动药的产妇，还可用本品治疗早产。可先在20分钟内静脉应用 4 g 负荷量，随后以 1～2 g/小时的速率静脉滴注，持续用药 24～72 小时。

钙通道阻滞药

钙通道阻滞药可松弛离体子宫平滑肌，明显拮抗缩宫素所致的子宫兴奋作用。硝苯地平可作为防治早产的钙通道阻滞药。先舌下含服 10 mg；每隔 20 分钟重复 1 次，连续 2~3 次；以后 4~6 小时 1 次。

前列腺素合成酶抑制药

前列腺素合成酶抑制药，如吲哚美辛（消炎痛）已被用于早产，但由于前列腺素能维持胎儿的动脉导管开放，故吲哚美辛可使胎儿动脉导管过早关闭，临床应用时应慎重。本品仅限用于妊娠 34 周之内的妇女。

缩宫素受体拮抗药

阿托西班（atosiban）是一合成多肽，为一种新型缩宫素受体拮抗剂，具有高度子宫特异性，可在受体水平竞争性结合位于子宫肌层和蜕膜的缩宫素受体，阻止细胞内 Ca^{2+} 的增加，从而松弛子宫平滑肌，有效抑制子宫收缩，显著延长妊娠时间。该药母体耐受性好，不良反应少，可用于自发性早产的治疗，对于 $β_2$ 肾上腺素受体激动剂治疗不能耐受的患者可考虑改用阿托西班治疗。但其价格昂贵，在我国目前应用范围较窄。最常见的不良反应（发生率大于 10%）为恶心；常见的（发生率为 1%~10%）有头痛、头晕、潮红、呕吐、低血压和高血糖等；少见的（发生率为 0.1%~1%）有发烧、失眠、瘙痒和出疹。

（包头医学院　张　东）

第三十二章 作用于血液及造血器官药

- Drugs affecting blood mainly include anticoagulants, antiplatelet, thrombolytic and anti-anemia drugs. Heparin, low-molecular-weight heparin and coumarins inhibit the formation of an unwanted clot within the blood vessels or heart; antiplatelet drugs (like aspirin, ticlopidine and abciximab) inhibit platelet aggregation. Thus, they can be used in prevention of thrombosis-related diseases.
- Thrombolytic drugs, such as streptokinase and tissue type plasminogen activator (tPA) can be used for the treatment of myocardial and cerebral infarctions, pulmonary emboli and related diseases. However, vitamin K, tranexamic acid and aminomethylbenzoic acid can be used to treat bleedings. Iron, folic acid and vitamin B_{12} and erythropoietin can be used to treat anemia.

第一节 抗凝血药

血液凝固是由血浆和组织中多种凝血因子（表6-32-1）参与的复杂过程。生理情况下，血液凝固过程与抗凝血和纤维蛋白溶解过程保持动态平衡，这是制止出血、防止血管内血栓形成、保持血管内血流畅通的基本保证。一旦这种平衡遭到破坏，就会出现血栓栓塞性或出血性疾病。

表 6-32-1 血液凝固因子和同义名

因子	同义名
Ⅰ	纤维蛋白原 (fibrinogen)
Ⅱ	凝血酶原 (prothrombin)
Ⅲ	组织凝血激酶 (tissue thromboplastin)
Ⅴ	前加速素 (proaccelerin)
Ⅶ	前转变素 (proconvertin)
Ⅷ	抗血友病因子 (AHF)
Ⅸ	血浆凝血激酶 (plasma thromboplastin component, PTC, Christmas factor)
Ⅹ	凝血酶原激酶原 (Stuart-Prower factor)
Ⅺ	血浆凝血激酶前质 (plasma thromboplastin antecedent, PTA)
Ⅻ	接触因子 (hageman factor)
ⅩⅢ	纤维蛋白稳定因子 (fibrin-stabilizing factor)

血液凝固由内源性或外源性激活系统激发，经历一系列级联反应，最后形成纤维蛋白为基础的血凝块（图6-32-1）。纤维蛋白形成后，可激活纤维蛋白溶解（简称纤溶）过程。纤溶是抗凝系统的重要组成部分，能使体内产生的局部性纤维蛋白凝块随时得到清除。纤溶系统激活包括纤溶酶原（plasminogen）在纤溶酶原激活物作用下，转为纤溶酶（plasmin）；纤维蛋白及纤维蛋白原在纤溶酶参与下转为纤维蛋白降解产物，使血栓溶解。

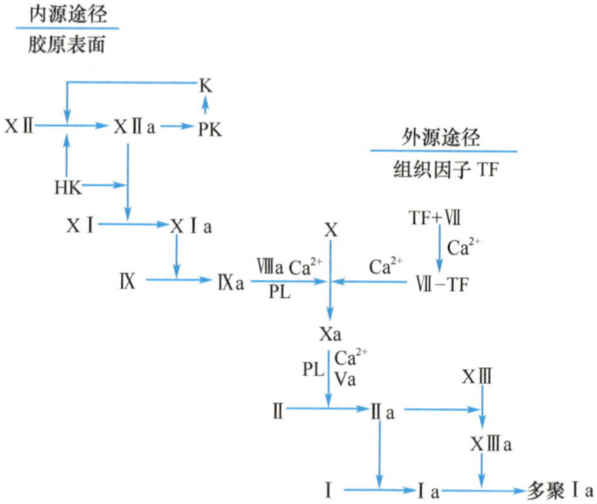

图 6-32-1 血液凝固过程

PK：前激肽释放酶；K：激肽释放酶；HK：高分子激肽原；PL：血小板磷脂；Ia：纤维蛋白单体

除了凝血机制外，血液中还存在抗凝血机制，分为细胞抗凝和体液抗凝两类。参与体液抗凝机制的蛋白质包括三类：①丝氨酸蛋白酶抑制物，有抗凝血酶Ⅲ (antithrombin Ⅲ, AT Ⅲ)、C_1抑制物、$α_1$抗胰蛋白酶 ($α_1AT$)、抗纤溶酶 ($α_2AP$)、$α_2$巨球蛋白 ($α_2M$) 及肝素辅助因子 (HC Ⅱ)；②蛋白质C系统，有蛋白C、蛋白S、凝血调节蛋白 (thrombomodulin, TM) 和蛋白C抑制物；③内源性组织因子通路抑制剂 (tissue factor pathway inhibitor, TFPI)。这些抗凝蛋白质缺乏，容易发生静脉血栓栓塞等疾病。

抗凝血药 (anticoagulants) 是一类通过影响凝血因子而阻止血液凝固过程的药物，用于预防和治疗血栓栓塞性疾病。

一、凝血酶间接抑制药

肝　素

肝素（heparin）是一种硫酸化的糖胺聚糖（glycosaminoglycan，GAGs）的混合物，相对分子量为 3～15 kDa（平均 12 kDa）。因与大量硫酸基和羧基共价结合，而带有大量负电荷，呈强酸性。药用肝素是从猪小肠和牛肺中提取的生物制剂。

【药理作用】

肝素在体内和体外均有强大的抗凝作用。静脉注射后，抗凝作用立即发生，可使血液中活化的部分凝血激酶时间（activated partial thromboplastin time，APTT）轻度延长，对凝血酶原（prothrombin，PT）影响弱，增强 AT Ⅲ 对抗因子 Ⅹa 的作用。APTT 与出血倾向有关，抗因子 Ⅹa 活性则反映其抗血栓能力。

肝素的抗凝机制有以下几方面：

1. 增强抗凝血酶Ⅲ（AT Ⅲ）活性　AT Ⅲ（单链糖蛋白，相对分子量 58 kDa）由肝细胞和血管内皮细胞分泌，是凝血酶（Ⅱa）和因子 Ⅹa 以及Ⅸa、Ⅺa、Ⅻa 等含丝氨酸残基蛋白酶的抑制剂。AT Ⅲ 通过精氨酸-丝氨酸肽键结合，形成凝血酶-AT Ⅲ 复合物而抑制凝血活性。肝素与 AT Ⅲ 赖氨酸残基形成可逆性复合物，使 AT Ⅲ 构象改变，暴露出精氨酸活性位点，后者与凝血因子丝氨酸活性部位结合，如与凝血酶结合，形成肝素-AT Ⅲ-Ⅱa 复合物，灭活丝氨酸蛋白酶（图 6-32-2）。肝素与血浆中 AT Ⅲ 结合，增强 AT Ⅲ 与凝血因子的亲和力达一千倍以上，加速形成凝血酶-AT Ⅲ 复合物，促进凝血酶等因子灭活，产生抗凝作用。生理情况下，血管内皮表面存在肝素和肝素样物质，内皮不断分泌 AT Ⅲ，因此，肝素和 AT Ⅲ 可预防内皮表面血栓形成。

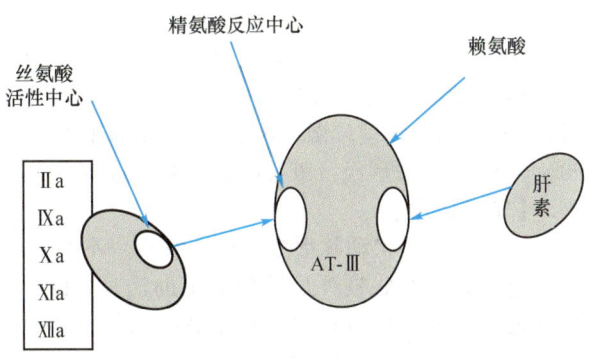

图 6-32-2　肝素的抗凝作用机制

2. 其他抗凝作用　高浓度肝素（＞5 U/ml）与肝素辅助因子Ⅱ（HC Ⅱ）结合，使 HC Ⅱ 与凝血酶结合速率提高 100 倍以上，增强抗凝作用。但肝素与 HC Ⅱ 的亲和力比与 AT Ⅲ 的亲和力小得多，故仅高浓度肝素才有此作用。肝素还促进血管内皮细胞释放组织型纤溶酶原激活剂（t-PA）和内源性组织因子通路抑制物（TFPI）。t-PA 可激活纤溶系统；TFPI 可抑制组织因子（tissue factor，TF）。TF 是血管内皮细胞的一种整合蛋白，是因子Ⅶ对其底物因子Ⅸ和Ⅹ作用的重要辅助因子。肝素促进细胞内释放 t-PA 和 TFPI，有抗血栓作用。除了抗凝作用外，肝素可使内皮细胞释放脂蛋白酶，后者水解血中乳糜微粒和极低密度脂蛋白中的三酰甘油，发挥降血脂作用。肝素还能抑制炎症、血管平滑肌细胞增生以及血小板聚集。这些作用目前尚无重要临床意义。

【体内过程】

肝素口服不被吸收；肌内注射的吸收速率不易预测，易引起局部出血和刺激症状。通常静脉给药，静脉给药后约 80% 与血浆蛋白结合，分布容积很小（0.05～0.07 L/kg）。不能透过胸膜、腹膜和胎盘，不进入乳汁。主要在肝脏中经肝素酶分解代谢；低剂量肝素被单核-吞噬细胞系统清除和降解。其降解产物或肝素原形（高剂量时）经肾脏排泄。生物 $t_{1/2}$ 因剂量而异，个体差异较大，例如，静脉注射 100、400、800 U/kg，其 $t_{1/2}$ 分别为 1、2、5 小时左右；肺气肿、肺栓塞患者 $t_{1/2}$ 缩短；肝、肾功能严重障碍时 $t_{1/2}$ 明显延长，对肝素的敏感性也提高。

【临床应用】

由于其抗凝作用快且强，临床主要用于以下疾病：

（1）血栓栓塞性疾病，防止血栓形成和扩大。如深部静脉血栓、肺栓塞、脑梗死、心肌梗死等。尤其适用于急性动、静脉血栓形成，肝素是最强的快速抗凝药。

（2）弥散性血管内凝血（DIC），是肝素的主要适应证，应早期应用，防止纤维蛋白原及其他凝血因子耗竭而发生继发性出血。

（3）体外抗凝，如心血管手术、心导管检查、血液透析及体外循环等。

【不良反应】

（1）出血：是肝素最主要不良反应，表现为各种黏膜出血、关节腔积血和伤口出血等；严重者可引起致命性出血。对轻度出血患者停药即可，严重者可静脉缓慢注射硫酸鱼精蛋白（protamine sulfate），每 1 mg 鱼精蛋白可中和 100 U 肝素。用药期间应监测 APTT 值。

（2）血小板减少症：发生率高达 5%～6%，多数发生在给药后 7～10 天，与免疫反应有关。可能因肝素促进血小板因子 4（platelet factor 4，PF4）释放并与之结合，形成肝素-PF4 复合物，后者再与特异抗体形成 PF4-肝素-IgG 复合物，引起病理性免疫反应。

（3）其他：妊娠妇女长期用肝素可引起骨质疏松，自发性骨折，但分娩 1 年后可恢复正常。也可引起皮疹、发热等过敏反应。肝、肾功能不全,有出血体质、消化性溃疡、严重高血压患者、孕妇禁用。不能与碱性药物合用。

低分子量肝素

低分子量肝素（low-molecular-weight heparin, LMWH）是指相对分子量小于 7 kDa 的肝素,从普通肝素分离或由普通肝素降解后再分离而得。LMWH 可选择性抗凝血因子 Xa 活性,而对凝血酶（Ⅱa）及其他凝血因子作用较弱。肝素抑制凝血酶时须与凝血酶和 AT Ⅲ 三者结合,形成复合物;而抑制 Xa 时只需与 AT Ⅲ 结合。LMWH 分子链较短,不能与 AT Ⅲ 和凝血酶同时结合形成复合物,因此主要对 Xa 发挥作用（图 6-32-3）。

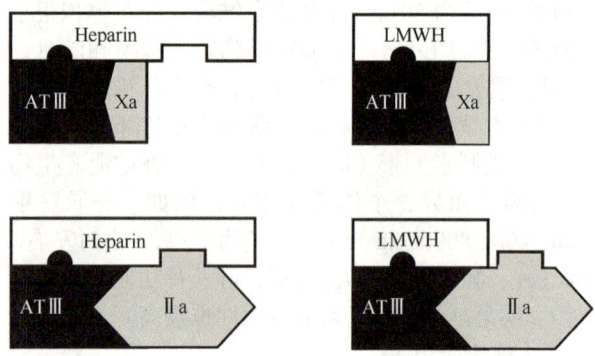

图 6-32-3　肝素与低分子肝素作用方式比较

与普通肝素比较,LMWH 具有以下特点:①抗血栓作用较强。按照肝素对 AT Ⅲ 的亲和力,可将其分为高、低亲和力两类。高亲和力的肝素具有较强的抗凝活性;低亲和力的 LMWH 抗凝血活性较弱,对抗凝血因子 Xa 与 Ⅱa 的活性比值（Xa/Ⅱa）明显增加为 1.5～4.0,而普通肝素为 1 左右,仅轻度延长 APTT,故其抗血栓作用增强,出血危险减少。②生物利用度高,$t_{1/2}$ 较长,体内不易被清除。③LMWH 不易引起血小板释放 PF,较少引起血小板减少。LMWH 逐渐取代普通肝素用于临床。但各制剂选用时,仍应注意出血不良反应。常用的 LMWH 有依诺肝素（enoxaparin）、替地肝素（tedelparin）、那屈肝素（nadroparin）、瑞维肝素（reviparin）等。

依诺肝素（enoxaparin）为第一个上市的 LMWH,相对分子量约 3.5～5 kDa,对抗凝血因子 Xa 与 Ⅱa 的活性比值在 4 以上,具有强而持久的抗血栓形成作用。皮下注射后吸收完全且迅速;注射后 3 小时出现最高活性,血浆中抗凝血因子 Xa 的活性可持续 24 小时;不易透过胎盘屏障,部分经肾脏排泄,$t_{1/2}$ 约 4.4 小时。主要用于防治深部静脉血栓、外科手术和整形外科（如膝、髋人工关节更换手术）后静脉血栓形成,防止血液透析时体外循环中的凝血发生。常规给药途径为皮下注射。与普通肝素比较,本药抗凝剂量较易掌握,毒性小,作用持续时间较长。较少出现出血,如误入静脉或大剂量皮下注射则会发生严重出血,用鱼精蛋白 1 mg 可中和本药 1 mg 的抗凝血因子 Ⅱa 的活性以及部分（最多 60%）抗凝血因子 Xa 的活性。偶见血小板减少。严重出血、对本药过敏患者,严重肝、肾功能障碍患者,应禁用。

其他 LMWH 的药理作用、临床应用及不良反应与依诺肝素相似。但由于其来源和制作方法不同,分子量和硫酸化程度也不同,其药动学有一定差异,临床应用剂量也有一定区别。

二、凝血酶直接抑制药

与肝素及 LMWH 不同,本类药物为水蛭有效成分水蛭素（hirudin）及其类似物,直接作用于凝血酶而抑制其活性,根据作用位点分为双位点结合,如水蛭素可以结合于凝血酶的催化位点和底物识别位点;也有仅与催化位点结合,进而抑制凝血酶活性,如阿加曲班。

来匹卢定

来匹卢定（lepirudin）是经基因重组技术制成的水蛭素,相对分子量 7 kDa。

【药理作用】

对凝血酶具有高度亲和力,能结合于凝血酶的催化位点和底物识别位点,抑制其裂解纤维蛋白原、激活血小板等活性。与肝素比较,有以下特点:①抗凝作用不需要 AT Ⅲ 存在,其抗凝作用远比肝素弱,故较少引起出血;②仅抑制凝血酶介导的血小板聚集,不影响血小板数量和功能;③对与纤维蛋白（或凝块）结合的凝血酶也有抑制作用,故其抗血栓作用强而持久,对溶栓治疗后血管再栓塞有预防作用。

【体内过程】

本药口服不被吸收,静脉注射后进入细胞间隙,并被迅速消除。皮下注射 8 小时后血浓度持续较高。本药经胎盘转运较慢,不易透过血脑脊液屏障。90%～95% 以原形经肾脏排出,$t_{1/2}$ 约 1 小时。

【临床应用】

用于防治冠状动脉形成术后再狭窄、不稳定型心绞痛、急性心肌梗死后溶栓的辅助治疗、DIC、血液透析中血栓形成;也可用于 AT Ⅲ 缺乏症和血小板减少症患者的抗凝治疗。

【不良反应】

耐受性较好,大剂量可引起出血,建议用药时每天监测 APTT。

比伐卢定（bivalirudin）是人工合成的 20 肽,能与凝血酶催化位点结合而抑制其活性。比伐卢定经静脉给药，其 $t_{1/2}$ 约 25 分钟，作为肝素的替代品用于冠状动脉血管成形术。

阿加曲班（argatroban）是小分子凝血酶抑制药，为精氨酸衍生物，可与凝血酶催化位点结合而抑制其活性。本品 $t_{1/2}$ 短，安全范围窄，过量后无特异性对抗剂，使用时需要监测 APTT，使其保持在 55～85 秒。不良反应少，但易耐受。临床上与阿司匹林合用，使 APTT 延长，但不延长出血时间。也可用于移植物上防血栓形成。

三、口服抗凝血药

口服抗凝血药亦称香豆素（coumarin）类药物或维生素 K 拮抗药。常用华法林（warfarin）、双香豆素（dicoumarol）、醋硝香豆素（acenocoumarol，新抗凝）等。它们均含有 4-羟基香豆素的基本结构，药理作用及临床应用相似（图 6-32-4）。

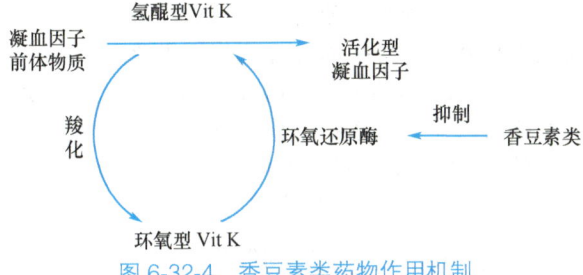

图 6-32-4　香豆素类药物作用机制

华法林

【药理作用】

华法林等香豆素类无体外抗凝作用，体内抗凝作用缓慢而持久。抗凝作用机制主要是竞争性抑制维生素 K 依赖的凝血因子 Ⅱ、Ⅶ、Ⅸ、Ⅹ 的功能活性。这些凝血因子前体由无活性型向活性型转变过程中，需要前体中第 10 个谷氨酸残基（Glu）经羧基化变为 γ-羧基谷氨酸。γ-羧基谷氨酸具有很强的螯合 Ca^{2+} 能力，使这些凝血因子转为活性型。催化这一反应的是 γ-羧化酶，维生素 K 是该酶的辅酶。在羧化反应中，在 Ca^{2+}、CO_2、O_2 参与下，氢醌型维生素 K 氧化为环氧化型维生素 K；在维生素 K 环氧化物还原酶作用下，维生素 K 的环氧化型又可还原为氢醌型，继续参与羧化反应。华法林抑制肝脏维生素 K 环氧化还原酶，阻断维生素 K 的环氧化型向氢醌型转化，从而阻碍维生素 K 的再循环利用，抑制凝血因子 Ⅱ、Ⅶ、Ⅸ、Ⅹ 的功能活性，产生抗凝作用，作用缓慢而持久。

【体内过程】

华法林口服吸收完全，生物利用度约 100%。吸收后 0.5～4 小时血药浓度达峰值，97% 与血浆蛋白结合，能透过胎盘。华法林（消旋混合物）的 R—和 S—同分异构体，均主要经肝脏代谢，可经胆汁排入肠道再吸收，最终从尿中排出。消除较慢，$t_{1/2}$ 约 42～54 小时。

【临床应用】

主要用于防止血栓形成和扩大，临床用于防治血栓栓塞性疾病，如：①心房纤颤和心脏瓣膜病所致血栓栓塞，华法林作为常规应用；心脏瓣膜修复术，需长期服用华法林。②髋关节手术患者，可降低静脉血栓形成的发病率。③预防复发性血栓栓塞性疾病，如肺栓塞、深部静脉血栓形成，用肝素或溶栓药后，常规用华法林维持 3～6 个月。体外无抗凝作用。

【不良反应】

主要是出血，如血肿、关节出血、胃肠道出血等。在服药期间，应密切监测凝血酶原时间（PT）。如出血严重，应立即停药，给予维生素 K 10 mg 静脉注射，一般在给药 24 小时后，PT 可恢复正常。罕见"华法林诱导的皮肤坏死"，通常发生在用药 2～7 天内。也可引起胆汁淤滞性肝损害，停药后可消失。有致畸作用，孕妇禁用。

【药物相互作用】

许多药物可增强或减弱香豆素类药物的作用：①食物中维生素 K 缺乏或应用广谱抗生素抑制肠道细菌，致使体内维生素 K 含量减少，本类药物作用增强。②阿司匹林等抗血小板药，可与本类药物产生协同作用。③水合氯醛、羟基保泰松、甲苯磺丁脲、奎尼丁等可因血浆蛋白置换，使游离的香豆素类浓度增高，作用增强。④水杨酸盐、丙咪嗪、甲硝唑、西咪替丁等因抑制肝药酶，可降低本类药物代谢，作用增强。⑤苯妥英、苯巴比妥等可诱导肝药酶，减弱本类药物的作用。⑥口服避孕药、肾上腺皮质激素因增加凝血作用，可使本类药物作用减弱。

第二节　抗血小板药

血小板在血管壁损伤时激活，通过黏附、聚集、释放活性物质等功能变化，在生理性凝血过程中发挥重要作用（图 6-32-5）。在血栓栓塞性疾病，特别是在进行期动脉血栓栓塞性疾病的发病过程中，也具有重要意义。抗血小板药（antiplatelet agents）是指对血小板功能有抑制作用的各种药物，能抑制血小板激活，用于预防和治疗多种血栓栓塞性疾病。

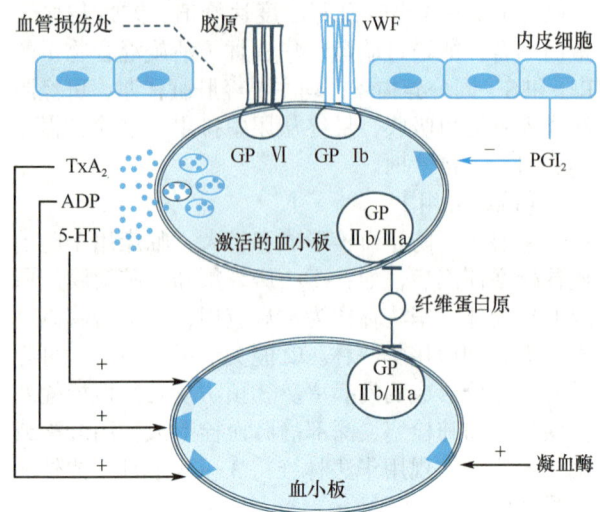

图 6-32-5 血管损伤与血小板聚集
vWF：血管性血友病因子；GP Ⅵ/Ⅰb：血小板膜上的糖蛋白
＋：增强；－：抑制

疾病的发生率。应用阿司匹林的预防剂量国内推荐每天 75～100 mg。

（2）溶栓治疗早期，由于血栓中含有大量与纤维蛋白结合的凝血酶，可引起血小板活化和新的血栓形成，血液出现反常的高凝状态，又因各种溶栓药物的 $t_{1/2}$ 短暂，因此，在溶栓早期需以阿司匹林等抗血小板药作为抗血栓辅助治疗。需要强调的是，小剂量阿司匹林可选择性抑制血小板 TxA_2 合成；但使用大剂量（解热、镇痛、抗风湿时用的剂量），则可抑制具有内源性抗血栓形成作用的 PGI_2，反而对血栓治疗不利。

【不良反应】

长期应用小剂量阿司匹林的主要不良反应是胃肠道出血，应用时须警惕。

一、抑制血小板代谢酶的药物

（一）环氧酶抑制药

阿司匹林

【药理作用】

阿司匹林（aspirin）是花生四烯酸代谢中环氧酶的抑制药。花生四烯酸（arachidonic acid，AA）在环氧酶催化下，生成不稳定的中间产物 PGG_2 和 PGH_2；然后，在血栓素（TxA_2）合成酶的作用下生成 TxA_2；在前列环素（PGI_2）合成酶的作用下生成 PGI_2。TxA_2 主要在血小板内生成；PGI_2 在血管内皮细胞内生成。但是，在内皮完整的情况下，内皮细胞可利用被激活的血小板及中性粒细胞释放的 TxA_2 前体，不经环氧酶而是直接经内皮细胞的 PGI_2 合成酶合成 PGI_2。阿司匹林可使血小板中环氧酶活性中心丝氨酸残基乙酰化而灭活，不可逆地抑制 TxA_2 的生成（图 6-32-6）；而对 PGI_2 合成酶仅有弱而可逆的抑制作用，因此对 PGI_2 合成的影响较小。阿司匹林一次服药，对血小板中 TxA_2 合成酶的抑制达 90%。由于血小板为无核细胞，不能再生成环氧酶，需待 7 天后新生的血小板进入外周血液，才恢复该酶活性。

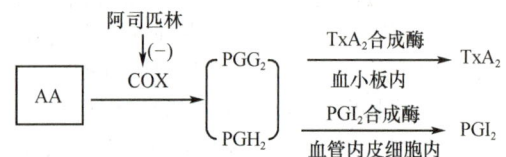

图 6-32-6 阿司匹林抗凝血机制

【临床应用】

（1）用于预防血栓栓塞性疾病，如心肌梗死、脑梗死、深静脉血栓形成和肺梗死等，可减少这些

（二）血栓素 A_2（TxA_2）合成酶抑制药

利多格雷（ridogrel）为强大的 TxA_2 合成酶抑制药，兼有中度 TxA_2 受体阻断作用。由于本药对 TxA_2 合成酶的抑制，使血管内 PG 环氧化产物增多，进而提高 PGI_2 水平，抑制血小板聚集效应，这可能比清除 TxA_2 更为重要。本药用于防治急性心肌梗死、心绞痛及缺血性脑卒中，对预防新的缺血性病变更为有效。不良反应较轻，易耐受，有轻度胃肠反应。未发现出血性脑卒中并发症。

（三）磷酸二酯酶抑制药

双嘧达莫（dipyridamole，潘生丁，persantin）主要抑制血小板聚集，发挥抗血栓作用，可能机制是：①抑制磷酸二酯酶活性，增加血小板内 cAMP 的浓度，进而抑制血小板聚集；②增强内源性 PGI_2 活性；③抑制腺苷再摄取，增加血浆中腺苷含量，并通过腺苷再激活腺苷酸环化酶，增加血小板中 cAMP 浓度，协同抗血小板聚集作用。口服吸收缓慢，1～3 小时血浆浓度达峰值，生物利用度为 27%～59%，消除 $t_{1/2}$ 约 10～12 小时。本药单用作用很弱，但可与阿司匹林合用预防缺血性脑卒中；与华法林合用预防人工心脏瓣膜置换术后血栓栓塞。不良反应常见胃肠道刺激；血管扩张引起血压下降、头痛、眩晕、潮红、晕厥等。

西洛他唑（cilostazol）是磷酸二酯酶 3（PDE_3）抑制药，增加细胞内 cAMP 浓度，抑制血小板聚集，促进血管扩张，可治疗外周血管阻塞性疾病。主要用于治疗间歇性跛行，临床研究表明西洛他唑可明显增加患者无痛性行走距离，改善生活质量。不良反应包括头痛、心动过速、心悸、软便、腹泻等。

二、特异性抑制 ADP 活化血小板的药物

噻氯匹定（ticlopidine）能选择性、特异性干扰 ADP 介导的血小板活化，不可逆地抑制血小板聚集

和黏附。作用机制如下：①抑制ADP诱导血小板GP Ⅱb/Ⅲa受体上纤维蛋白原结合位点的暴露，阻止GPⅡb/Ⅲa与纤维蛋白原结合，抑制血小板之间的聚集。②抑制ADP诱导的α颗粒分泌。α颗粒可分泌黏附蛋白（纤维蛋白原、P-选择素等），抑制血管壁损伤的黏附反应。③拮抗ADP对血小板中腺苷酸环化酶的抑制作用，提高细胞内cAMP水平抑制血小板聚集。

噻氯匹定口服吸收迅速，$t_{1/2}$为8～12小时，起效缓慢，连续服药3～5天见效，停药后可持续10天之久。主要用于预防脑卒中、心肌梗死、外周动脉血栓性疾病的复发。不良反应常见有恶心、腹泻、轻度出血、皮疹等，严重反应是中性粒细胞减少，甚至全血细胞减少。因此，在用药3个月内需定期检查血象。

氯吡格雷（clopidogrel）与噻氯匹定是同一类药物，作用、用途均相似。其主要优点在于不良反应较轻，对骨髓无明显毒性，不引起白细胞减少。

三、血小板膜糖蛋白Ⅱb/Ⅲa受体阻断药

阿昔单抗

血小板膜表面的糖蛋白Ⅱb/Ⅲa受体（GPⅡb/Ⅲa-R）是一种黏附分子，即整合素αⅡbβ3（integrin αⅡbβ3），其配体包括纤维蛋白原、血管性血友病因子（von Wille-brand factor，vWF）、内皮诱导因子等大分子。血小板之间借助GPⅡb/Ⅲa受体与大分子配体结合，从而相互聚集。ADP、凝血酶、TxA_2等血小板激活剂共同的最终作用，表现为暴露血小板膜表面GPⅡb/Ⅲa受体，使其转变为高亲和力状态，并暴露出新的配体结合位点。因此，抑制GPⅡb/Ⅲa结合活性可阻止血小板聚集和激活（图6-32-7）。

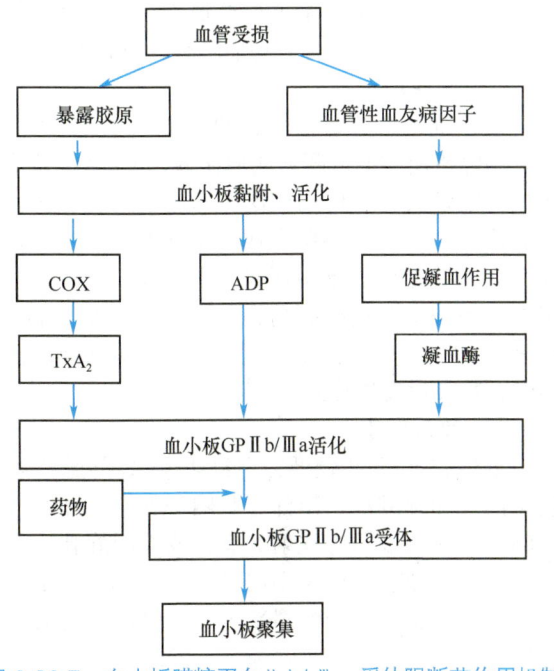

图6-32-7 血小板膜糖蛋白Ⅱb/Ⅲa受体阻断药作用机制

阿昔单抗（abciximab）是血小板GPⅡb/Ⅲa受体的人/鼠嵌合单克隆抗体，可特异性竞争阻断纤维蛋白原与GPⅡb/Ⅲa受体结合，产生抗血小板聚集作用。临床试用于不稳定型心绞痛，降低心肌梗死发生率；有出血危险，应严格掌握剂量。以后又开发出非肽类的GPⅡb/Ⅲa受体阻断药，如拉米非班（lamifiban）、替罗非班（tirofiban）。口服GPⅡb/Ⅲa受体阻断药珍米洛非班（xemilofiban）、夫雷非班（fradafiban）、西拉非班（sibrafiban）等，尚未用于临床。

第三节 纤维蛋白溶解药

当生理性止血后或病理因素引起小血管内形成血凝块时，需要血液循环中纤维蛋白溶解（纤溶）系统使之溶解，以防止血栓形成，保证血流畅通。纤溶系统的核心成分包括纤维蛋白溶解酶原（plasminogen，纤溶酶原）、纤维蛋白溶解酶（plasmin，纤溶酶）以及纤溶酶原激活物（t-PA）和抑制物（PAI）。当某些病理因素导致体内形成血栓时，需要给予外源性纤维蛋白溶解药（fibrinolytics，又称溶栓药），溶栓药在内源性或外源性纤溶酶原激活剂参与下，使纤溶酶原转为纤溶酶，使血栓溶解。

链激酶

链激酶（streptokinase，SK）为第一代天然溶栓药，是从β-溶血性链球菌培养液中提取的一种非酶性单链蛋白，相对分子量为47 kDa，现用基因工程重组的链激酶（recombinant SK，rSK）。链激酶进入血液后，迅速与纤溶酶原形成复合物；部分链激酶被蛋白水解酶降解，血浆$t_{1/2}$为23分钟。链激酶先与纤溶酶原形成SK-纤溶酶原复合物，使其中的纤溶酶原构象发生变化，转为SK-纤溶酶复合物，后者激活结合于或游离于纤维蛋白表面的纤溶酶原为纤溶酶，使血栓溶解。因此，SK的活性不需要纤维蛋白存在，SK纤溶酶原复合物也不受血液中$α_2$-抗纤溶酶（$α_2$-AP）的抑制。

主要用于血栓栓塞性疾病，如急性心肌梗死、静脉血栓形成、肺栓塞、动脉血栓栓塞、透析通道栓塞、人工瓣膜栓塞等。血栓形成6小时内用药，疗效最佳。易引起出血，严重者可注射氨甲环酸或氨甲苯酸，更严重者可补充纤维蛋白原或全血。本药具有抗原性，可引起过敏反应。

尿激酶

尿激酶（urokinase，UK）由人尿或肾细胞组织培养液提取的第一代天然溶栓药。尿激酶为体内纤溶系统的成员，可直接激活纤溶酶原转化为纤溶酶。纤溶酶裂解凝血块表面上纤维蛋白，也可裂解血液中游离的纤维蛋白原，故本药对纤维蛋白无选择性。

进入血液中的 UK，可被循环中纤溶酶原激活剂的抑制物（plasminogen activator inhibitor，PAI）所中和，但连续用药后，PAI 耗竭。产生的纤溶酶可被血液中 α_2-AP 灭活，故小剂量效果不佳，需大剂量 UK 使 PAI 和 α_2-AP 耗竭，才能发挥溶栓作用。UK 的 $t_{1/2}$ 约 16 分钟，作用短暂。主要用于心肌梗死和其他血栓栓塞性疾病。出血是其主要不良反应，但较链激酶轻；过敏反应少见。

阿尼普酶

阿尼普酶（anistreplase）又称茴香酰化纤溶酶原/链激酶激活剂的复合物（anisoylated plasminogen/streptokinase activator complex，APSAC），相对分子质量 131 kDa，为第二代溶栓药。本药是以链激酶：赖氨酸纤溶酶原（1∶1）形成的复合物，赖氨酸纤溶酶原的活性中心被茴香酰基所封闭。APSAC 进入血液后，弥散到血栓中纤维蛋白的表面，通过复合物的赖氨酸纤溶酶原活性中心与纤维蛋白结合，去茴香酰化，活性部位重新开放，激活血栓上纤维蛋白表面的纤溶酶原转化为纤溶酶，溶解血栓。本药在血液中不受 α_2-抗纤溶酶的灭活，一次静脉注射，不必静脉滴注。由于是赖氨酸纤溶酶原的复合物，较易进入血液凝块与纤维蛋白结合，很少引起全身性纤溶活性增强，故出血少。本药血浆 $t_{1/2}$ 为 90～105 分钟。临床应用同尿激酶，可致过敏反应，出血性脑卒中的发生率不比链激酶低。

组织型纤溶酶原激活药

组织型纤溶酶原激活药（tissue type plasminogen activator，t-PA），又称阿替普酶（alteplase），为第二代溶栓药。t-PA 是内皮细胞分泌的纤溶物质，现为基因工程重组产品，相对分子质量 70 kDa。t-PA 与纤维蛋白具有特异亲和力，为选择性纤维蛋白溶栓药。t-PA 与纤维蛋白结合后，激活血凝块中纤维蛋白表面的纤溶酶原转化为纤溶酶，溶解血栓。对血液中纤溶酶原的降解作用较弱，因此，低纤维蛋白原状态和出血的危险性相对较低。此外，t-PA 是人体正常成分，不引起过敏反应；溶栓速度较快。主要用于发病 6 小时内的急性心肌梗死，或发作后 3 小时的出血性脑卒中，越早用药效果越好。用于发病 6 小时内的急性心肌梗死，可使 70% 以上闭塞的冠状动脉重新开放。

由于本药价格昂贵，限制了其使用。

其他药物

雷特普酶（reteplase，瑞替普酶）为第三代溶栓药。第三代溶栓药是指用基因重组技术，改良天然溶栓药的结构，提高它们选择性溶栓效果，延长 $t_{1/2}$，减少用药剂量和不良反应。雷特普酶具有以下优点：①溶栓疗效高：血栓溶解快，防止血栓再形成，提高血流量。②见效快，耐受性较好，给药方法简便，不需要按体重调整。③用于急性心肌梗死患者。④常见不良反应为出血，血小板减少症、有出血倾向患者慎用。

西替普酶（silteplase）和那替普酶（nateplase）为基因重组的 t-PA，为第二代溶栓药。作用、用途、不良反应均同 t-PA。两药 $t_{1/2}$ 较长。葡萄球菌激酶（staphylokinase，SAK，葡激酶）现为基因工程制品，作用与链激酶相似。SAK 先与纤溶酶原形成复合物，后者裂解纤溶酶原为纤溶酶。葡激酶对纤维蛋白的溶解作用和对富含血小板血栓的溶栓作用，均较链激酶强。用于治疗急性心肌梗死等血栓性疾病，不良反应与链激酶相似。

第四节 促凝血药

维生素 K

维生素 K（vitamin K）的基本结构为甲萘醌。维生素 K_1 存在于绿色植物中，现为人工合成；维生素 K_2 是人体肠道细菌的代谢产物，K_1、K_2 均为脂溶性，其吸收需要胆汁参与。K_3、K_4 均为人工合成，水溶性，可以直接吸收。

【药理作用】

维生素 K 作为 γ-羧化酶的辅酶，参与凝血因子 Ⅱ、Ⅶ、Ⅸ、Ⅹ 前体的功能活化过程。肝脏合成的上述因子，由无活性型向活性型转变，需要这些因子前体的第 10 个谷氨酸残基（Glu），在 γ-羧化酶参与下，羧化成 γ-羧基谷氨酸，与 Ca^{2+} 螯合，使凝血因子前体转为活性型，产生凝血作用。γ-羧化酶的活化，需要还原的氢醌型维生素 K 氧化为环氧化型维生素 K，以及环氧化型维生素 K 再还原成氢醌型维生素 K，才能完成上述羧化反应（详见华法林）。当维生素 K 缺乏时，肝脏仅合成无活性的这些凝血因子前体蛋白，导致凝血功能障碍，引起出血。

【临床应用】

用于维生素 K 缺乏引起的出血：①继发于吸收或利用障碍所致的低凝血酶原血症，如阻塞性黄疸、胆瘘、慢性腹泻、胃肠广泛手术后的患者。②长期口服广谱抗生素（细菌合成维生素 K 减少）、新生儿出血（缺乏合成维生素 K 的细菌）。③口服过量华法林等香豆素类抗凝药、水杨酸等所致出血。维生素 K_1 为注射制剂；维生素 K_4 为口服制剂，作用缓慢，数日后发挥疗效。

【不良反应】

维生素 K 毒性较低，但维生素 K_1 静脉注射过快可出现面部潮红、出汗、胸闷、支气管痉挛，血压剧降。一般以肌内注射为宜，或控制静脉注射速度。维生素 K_3 和 K_4 可引起胃肠道反应，发生恶心、呕吐等，较大剂量对新生儿、早产儿或缺乏葡萄糖-6-磷酸脱氢酶的患者，可致溶血和高铁血红蛋白血症。

凝血因子制剂

凝血因子制剂（prothrombin complex concentrate，人因子Ⅸ复合物）是由健康人新鲜血浆分离而得，含有凝血因子Ⅱ、Ⅶ、Ⅸ、Ⅹ及少量其他血浆蛋白的混合制剂。主要用于乙型血友病（先天性凝血因子Ⅸ缺乏）、严重肝脏疾病、香豆素类抗凝药过量以及维生素K依赖凝血因子Ⅱ、Ⅶ、Ⅸ、Ⅹ缺乏所致的出血。不良反应有发热、畏寒等过敏反应，可产生血栓，还有传播乙型肝炎及其他血源性疾病的可能。

冻干人凝血因子Ⅷ（抗甲种血友病因子，antihemophilic globulin）含凝血因子Ⅷ及少量纤维蛋白原。用作甲型血友病（先天性凝血因子Ⅷ缺乏症）患者出血和手术的首要治疗措施，并用于溶血性血友病、抗因子Ⅷc抗体所致严重出血。可引起头痛、发热、荨麻疹等症状。

氨甲环酸及氨甲苯酸

氨甲环酸（tranexamic acid）及氨甲苯酸（aminomethylbenzoic acid，PAMBA）为抗纤维蛋白溶解药。两药的化学结构类似于赖氨酸，小剂量时竞争性阻断纤溶酶原与纤维蛋白结合，抑制纤溶酶原激活，从而抑制纤维蛋白溶解；大剂量时还能直接抑制纤溶酶的活性，从而抑制纤维蛋白溶解，促进凝血。

用于纤溶系统亢进引起的各种出血，如前列腺、尿道、肺、肝、胰、脑、子宫、肾上腺、甲状腺等富含纤溶酶原激活物的脏器，在外伤或手术后的出血。对一般慢性渗血效果较好。氨甲环酸疗效佳，其抗纤溶活性为氨甲苯酸的7～10倍。不良反应常见胃肠道反应；过量可引起血栓或诱发心肌梗死；合用避孕药或雌激素妇女，更易出现血栓形成倾向。肾功能不全者慎用。

第五节 抗贫血药及造血细胞生长因子

一、抗贫血药

铁制剂

【药理作用】

铁是人体必需的元素，是构成血红蛋白、肌红蛋白、组织酶系（如过氧化酶、细胞色素c等）所必需。人体铁的来源包括食物中的外源性铁，每天摄取10～15 mg即可；红细胞破坏后释放的内源性铁，每天约25 mg，可重新用于血红蛋白的合成。因此，每天从普通饮食中补充铁，完全能满足需要。但是，如果铁的摄入量不足，或胃肠道吸收障碍，或慢性失血造成机体铁缺乏时，就可出现低血色素性贫血。

【体内过程】

(1) 吸收：无机铁以Fe^{2+}形式在十二指肠和空肠上段吸收。胃酸缺乏、服用抗酸药、高钙、高磷酸盐食品、植物成分如茶叶中鞣质，以及四环素类均可妨碍铁的吸收。

(2) 转运、分布、贮存：进入肠黏膜细胞中的Fe^{2+}，部分转为Fe^{3+}，与去铁蛋白（apoferritin）结合为铁蛋白（ferrtin），滞留在细胞内。另一部分Fe^{2+}进入血浆，立刻被氧化为Fe^{3+}，并与转铁蛋白（transferrin, Tf）结合，再运送到肝、脾、骨髓。进入骨髓的Fe^{3+}与幼红细胞膜表面的转铁蛋白受体（Tf-R），结合成Tf-Tf-R复合物，然后Fe^{3+}从该复合物释放到细胞内，还原为Fe^{2+}，再与线粒体上的原卟啉、珠蛋白结合形成血红蛋白，发育为成熟的红细胞。Tf离开细胞膜再循环，可发挥其转运铁的功能。

(3) 排泄：肠道、皮肤等含铁细胞脱落是铁的主要排泄途径，少量铁经尿液、胆汁、汗液、毛发和指甲中排出。

【临床应用】

治疗缺铁性贫血，如慢性失血性贫血（月经过多、痔出血、钩虫病失血等），营养不良、妊娠、儿童生长发育期的缺铁性贫血。铁剂治疗4～5天后，症状逐渐改善，7～12天网织红细胞数上升达高峰，4～10周血红蛋白恢复正常。

【不良反应】

口服铁剂可致胃肠道刺激症状，如恶心、呕吐、上腹痛、腹泻等，饭后服或小剂量开始递增，可减轻反应；便秘、黑便，是因铁与肠腔中硫化氢结合，减少后者对肠壁刺激引起；应注意与上消化道出血鉴别。长期大剂量服用可致慢性铁中毒（血色病）。注射用铁剂极少采用。儿童误服1 g以上铁剂，可引起急性中毒，表现为头痛、头晕、恶心、呕吐、腹泻、惊厥，甚至死亡。在中毒早期，用1%～2%碳酸氢钠洗胃，特殊解毒剂去铁胺（deferoxamine）灌胃，以结合残留铁剂。

【制剂特点】

硫酸亚铁（ferrous sulfate）为Fe^{2+}，吸收良好，价格低，最为常用。枸橼酸铁铵（ferric ammonium citrate）为Fe^{3+}，吸收差，但可制成糖浆，供儿童应用。富马酸亚铁（ferrous fumarate）为Fe^{2+}，含铁量较高，起效快，不良反应少见。益补力-500（iberet-500）为特殊复合制剂，能控制硫酸亚铁释放，提高铁的吸收率，减少铁对胃的刺激。山梨醇铁（iron sorbitex）为注射用铁剂，比右旋糖酐铁吸收快，但不良反应较多见。

叶 酸 类

叶酸（folic acid）由蝶啶核、对氨苯甲酸、谷氨酸三部分组成。动物细胞内不能合成对氨苯甲酸，也不能将谷氨酸接到蝶酸，故人体所需的叶酸直接从食物中摄取。含叶酸较丰富的食物有肉类、水果、绿叶蔬菜等。叶酸性质不稳定，易被光和热破坏。正常人每日需要叶酸量约 50～100μg，一般食物中的含量已能充分补足机体需要。

【药理作用】

叶酸在血浆中的形式是 N-甲基四氢叶酸（MTHF），须在维生素 B_{12} 的作用下，去甲基形成四氢叶酸（THFA）才能发挥作用。THFA 在丝氨酸转羟甲基酶的作用下，形成 N-甲烯四氢叶酸，后者促进脱氧尿苷酸（dUMP）形成脱氧胸苷酸（dTMP）。dTMP 是参与 DNA 合成的重要成分。一旦叶酸缺乏，DNA 合成受阻，骨髓幼红细胞内 DNA 合成减少，细胞分裂速度减慢；但由于 RNA 和蛋白质合成影响小，故可出现骨髓红细胞体积变大、胞质丰富、细胞核中染色质松散为特征的高色素、巨幼红细胞性贫血。

【体内过程】

口服叶酸在空肠通过主动转运易被吸收，少部分经还原及甲基化转变为甲基四氢叶酸，大部分以原形进入血液循环，分布到各组织。通过细胞膜叶酸受体，进入细胞内，并以 N^5-甲基四氢叶酸形式存于肝内。叶酸及其代谢产物主要经肾排泄，少部分由胆汁经粪便排泄，部分经重吸收形成肝肠循环。

【临床应用】

用于各种巨幼红细胞性贫血，特别是妊娠期、婴儿营养性巨幼红细胞性贫血，叶酸应和维生素 B_{12} 合用。由二氢叶酸还原酶抑制剂，如甲氨蝶呤、乙氨嘧啶、甲氧苄啶等所致的巨幼红细胞性贫血，必须用甲酰四氢叶酸钙治疗。对维生素 B_{12} 缺乏所致恶性贫血，大剂量叶酸可纠正血象，但不能改善神经症状。由于叶酸治疗增加维生素 B_{12} 的需要量，可加剧维生素 B_{12} 缺乏，故禁止单用叶酸治疗恶性贫血。

维生素 B_{12}

维生素 B_{12}（vitamin B_{12}，钴胺素）在体内因结合基团不同，有多种存在形式，如氰钴胺素、羟钴胺素、甲钴胺素和 5′-脱氧腺苷钴胺素，后两者是维生素 B_{12} 的活化型，也是血液中存在的主要形式。成人每日需维生素 B_{12} 约 1～2μg。

【药理作用】

维生素 B_{12} 为细胞分裂和维持神经组织髓鞘完整所必需。主要参与以下两种代谢过程：①同型半胱氨酸甲基化生成蛋氨酸，催化这一反应的蛋氨酸合成酶（或称甲基转移酶）的辅基为维生素 B_{12}-甲钴胺素，参与甲基转移。维生素 B_{12} 缺乏时，N^5-甲基四氢叶酸上的甲基不能转移，导致蛋氨酸生成受阻，同时也影响四氢叶酸的再循环，影响嘌呤、嘧啶的合成，最终导致核酸合成障碍，产生巨幼红细胞性贫血，即恶性贫血。因此，维生素 B_{12} 缺乏同时引起叶酸缺乏症和同型半胱氨酸（堆积）血症。② 5′-脱氧腺苷钴胺素是 L-甲基丙二酰 CoA 变位酶的辅酶，催化 L-甲基丙二酰 CoA 转化为琥珀酰 4-磷酸泛酰基二酰 CoA。当维生素 B_{12} 缺乏时，L-甲基丙二酰 CoA 大量堆积，后者结构与脂肪酸合成的中间产物丙二酰 CoA 相似，因此，影响脂肪酸正常合成以及髓鞘更新转换，髓鞘退化，发生进行性脱髓鞘。

【体内过程】

口服维生素 B_{12} 必须与一种由胃黏膜分泌的糖蛋白（内因子）结合，进入回肠吸收，在通过小肠黏膜时，维生素 B_{12} 与蛋白解离，再与转钴胺素Ⅱ（transcobalamin Ⅱ，TCⅡ）结合，储存于血液中，维生素 B_{12}-TCⅡ 复合物与细胞表面受体结合进入细胞内，或进入线粒体内。进入肝脏的维生素 B_{12} 与转钴胺素Ⅰ（TCⅠ）结合，储存于肝内。维生素 B_{12} 大部分经胆汁随粪便排出，少量从泪液、唾液、乳汁排泄。注射的维生素 B_{12} 大部分随尿液排出。

【临床应用】

主要用于恶性贫血，例如，偶见的严重吸收障碍包括全胃切除、肠道吸收障碍、回肠黏膜损伤等；以及长期素食患者。也用于巨幼红细胞性贫血。

二、造血细胞生长因子

促红细胞生成素（erythropoietin，EPO）是人红细胞生成素的基因重组产品。EPO 主要由肾脏生成，通过位于肾脏的感受器感受血液氧含量变化，进而调节体内 EPO 生成。在失血、贫血、肺心病所致缺氧情况下，EPO 生成增加。EPO 加速红细胞生成，有以下作用：①促使骨髓内红系祖细胞加速分化为原红细胞；②加速红细胞分裂增殖和血红蛋白合成；③促进骨髓内网织红细胞和成熟红细胞释放入血。EPO 主要用于血液透析时的肾性贫血，疗效确切，使用安全。也用于慢性肾功能不全、恶性肿瘤化疗及艾滋病药物治疗引起的贫血。不良反应有高血压、头痛、癫痫发作，这是因红细胞压积增加过快所致。有血栓栓塞倾向的患者应慎用。

非格司亭（filgrastim）是重组人粒细胞集落刺激因子（granulocyte colony stimulating factor，G-CSF），由血管内皮细胞、单核细胞、成纤维细胞合成的糖蛋白。本药作用于其受体，促进粒细胞集落形成，促使造血干细胞向中性粒细胞增殖、分化；促进骨髓释放成熟粒细胞；增强中性粒细胞趋化及吞噬功能。临床用于肿瘤放疗、化疗引起的中性粒细胞缺乏症；自体骨髓移植时，促进中性粒细胞数增加；伴有骨髓发育不良症候群、再生障碍性贫血引起的粒细胞缺乏症。本药可静脉滴注或皮下注射，耐受性好。不良反应有胃肠道反应、肝功能损害和骨痛等。长期静注可致静脉炎。应定期查血象和骨髓象，如中性粒细胞数过度增加，应立即停药。对本药过敏患者应禁用。

沙格司亭（sargramostim）是人粒细胞/巨噬细胞集落刺激因子（granulocyte-macrophage colony stimulating factor，GM-CSF）的基因工程产品。人体GMCSF由T-淋巴细胞、单核细胞、成纤维细胞和内皮细胞合成。能刺激造血前体细胞增殖、分化；刺激中性粒细胞、单核细胞和T淋巴细胞的生长，诱导形成粒细胞、巨噬细胞集落，以及粒细胞/巨噬细胞集落；促进巨噬细胞和单核细胞对肿瘤细胞的裂解作用。临床用于防治肿瘤放疗、化疗引起的白细胞减少症；也用于骨髓衰竭患者白细胞低下；预防白细胞减少引发感染并发症。不良反应常见发热、皮疹、骨痛等；首次静脉滴注时可出现潮红、低血压等。罕见支气管痉挛、心功能不全、心律失常、颅内高压、肺水肿、晕厥等。有过敏史、自身免疫性血小板减少性紫癜的患者，18岁以下患者，孕妇、哺乳妇女，应禁用。

第六节　血容量扩张药

右旋糖酐

右旋糖酐（dextran）临床常用的制剂有右旋糖酐70（中分子，平均分子量为70 kDa）、右旋糖酐40（低分子，平均分子量为40 kDa）、右旋糖酐10（小分子，平均分子量为10 kDa）等。

【药理作用】

（1）扩充血容量，静脉注射后可提高血浆胶体渗透压，扩充血容量，其作用强度与持续时间，以中分子量右旋糖酐最强，低分子量次之，小分子量较弱。

（2）抗血栓和改善微循环，通过稀释血液，以及覆盖红细胞、血小板和胶原纤维周围，减少红细胞、血小板的黏附和聚集，降低血液的黏稠度；抑制凝血因子Ⅱ激活，使凝血因子Ⅰ和Ⅷ的活性降低，具有一定的抗血栓和改善微循环作用。小分子量较低、中分子量右旋糖酐好。

（3）渗透性利尿，小分子右旋糖酐从肾脏排出，产生渗透性利尿作用；低分子右旋糖酐的作用次之；中分子右旋糖酐则无利尿作用。

【临床应用】

主要用于低血容量性休克，也用于休克后期DIC及预防手术后血栓栓塞性疾病。中分子右旋糖酐的扩充血容量、升高血压的作用强，维持时间长；小分子右旋糖酐预防血栓、渗透性利尿的作用强。

【不良反应】

少数患者用药后可出现过敏反应，极少数发生过敏性休克。输注量过大，可因稀释凝血因子和干扰血小板功能，引起凝血障碍，造成出血倾向。心功能不全、少尿的肾脏疾患、血小板减少者禁用。

（江南大学　邱丽颖）

第七篇　作用于内分泌系统的药物

第三十三章　肾上腺皮质激素类药物

- Glucocorticoids effects are viewed as physiological and pharmacological at doses corresponding to normal daily production levels or over doses, respectively. The physiological effects of glucocorticoids include alterations in carbohydrate, protein, and lipid metabolism; maintenance of fluid and electrolyte balance. The pharmacological effects are numerous and widespread. These effects include the anti-inflammatory actions, immunosuppressive actions, antitoxic actions and anti-shock actions. Glucocorticoids also act on the central nervous system and hematological system.
- The mechanism of action concerns to receptor. Glucocorticoids bind to specific intracellular cytoplasomic receptors in target tissues. The receptor-hormone complex then translocates into the nucleus where it acts as a transcription factor to turn genes on or off, depending on the tissue.
- The indications include replacement therapy for primary and secondary adrenocortical insufficiency, relief of inflammatory symptoms in severe infective patients, allergic disorders, auto-immune disorders, shock and hematologic diseases.
- The adverse effects are similar to the symptoms of hyperfunction of the adrenal cortex. Long term corticosteroid therapy results in insufficiency of the adrenal cortex, induces or exacerbates infection, induces peptic ulcers and prolongs wound healing. Withdrawal of glucocorticoids after long term administration will induce severe consequence of abuse syndrome.

肾上腺皮质激素（adrenocortical hormones）是肾上腺皮质分泌的所有激素的总称。按其主要的生理作用可分为：①糖皮质激素（glucocorticoids，GC），由肾上腺皮质束状带细胞合成与分泌，包括氢化可的松（hydrocortisone）、可的松（cortisone）等，它的合成与分泌受腺垂体促肾上腺皮质激素（corticotropin、adrenocorticotropic hormone，ACTH）的调节，主要影响糖代谢及脂肪和蛋白质代谢，对水盐代谢影响较小。②盐皮质激素（mineralocorticoids），由肾上腺皮质球状带细胞合成与分泌，包括醛固酮（aldosterone）、去氧皮质酮（desoxycorticosterone）等，它主要受肾素-血管紧张素系统的调节，主要影响水盐代谢，对糖代谢影响较小。③性激素，由肾上腺皮质网状带细胞分泌。通常所指的肾上腺皮质激素不包括性激素。

肾上腺皮质激素的分泌受下丘脑-腺垂体-肾上腺皮质轴的调节。通过负反馈调节机制，促皮质素释放激素（corticotropin-releasing hormone，CRH）、ACTH和肾上腺皮质激素的水平得以保持相对稳定。创伤、感染、高热等应激刺激均可激活下丘脑-腺垂体-肾上腺皮质轴的功能（图7-33-1）。正常人的GC呈脉冲式分泌，有一定的昼夜节律性。一般情况下氢化可的松每天分泌10 mg，每天上午8时血浆浓度约为16 μg/100 ml，下午4时则只约有4 μg/100 ml。了解GC分泌的昼夜节律性对制订GC的给药方案具有指导意义。由于GC具有多种作用，

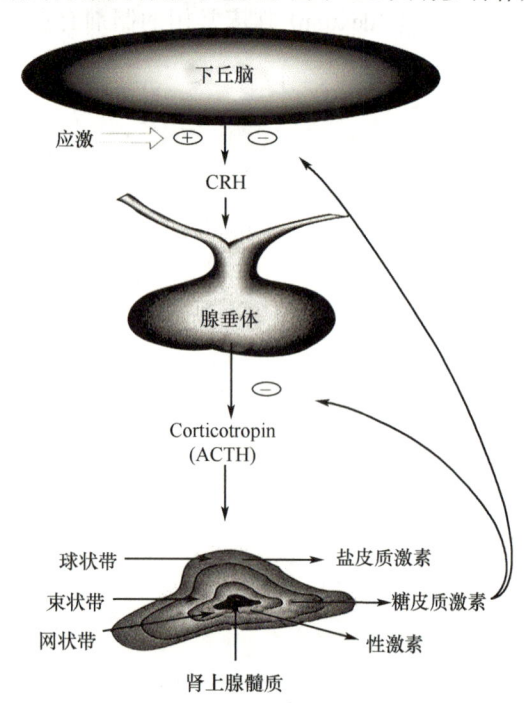

图7-33-1　肾上腺皮质激素分泌的调节

临床应用十分广泛,不良反应较多,有时也很严重。因此,深入了解其药理作用,充分认识其利弊,对其合理应用是非常必要的。

第一节 糖皮质激素类药物

由于 GC 的构效关系较为明确,因而除天然的 GC 已能合成外,还合成了许多人工合成品。GC 的作用广泛而复杂,且随剂量不同而变化。生理剂量的 GC 主要影响物质代谢过程,一旦缺乏将引起代谢失调甚至死亡。超生理剂量的 GC 除影响物质代谢外,还可发挥抗炎、免疫抑制、抗毒、抗休克等药理作用。1950 年,三位科学家 Hench、Kendall 和 Reichstein 因在 GC 的结构和功能研究方面取得卓越成就而获得诺贝尔生理学或医学奖。

【构效关系】

GC 的基本化学结构为甾体(steroids),它是由三个六元环与一个五元环组成,四个环分别称为 A、B、C、D 环(图 7-33-2)。构效关系研究证明,C_3 上的酮基、$C_{4\sim5}$ 的双链和 C_{20} 的羰基是保持生理活性的必需基团。GC 与盐皮质激素比较,在 C_{17} 上有羟基,C_{11} 上有氧或羟基,如可的松与氢化可的松。为了提高 GC 的临床疗效,减少其不良反应,对可的松与氢化可的松的化学结构进行改造,发现 $C_{1\sim2}$ 改成双键,调节糖代谢的作用及抗炎作用可增加 4～5 倍,而对水盐代谢的影响减少,如泼尼松(prednisone,又称强的松)和泼尼松龙(prednisolone,又称强的松龙)。在泼尼松龙的 C_6 上加甲基,其抗炎作用又有增强,如甲泼尼龙(methylprednisolone)。在 C_9 上引入氟,C_{16} 引入甲基或羟基,对糖代谢的作用及抗炎作用更强,而对水盐代谢影响更弱,如地塞米松(dexamethasone,又称氟美松)、倍他米松(betamethasone)、曲安西龙(triamcinolone,又称氟羟氢泼尼松)。但有的含氟制剂在增强抗炎作用的同时,对水盐代谢的作用也明显增加,如氟氢可的松(fludrocortisone)、氟轻松(fluocinolone acetonide)等,它们主要外用于皮肤局部(图 7-33-2)。

【生理效应】

生理情况下分泌的 GC 主要影响正常的物质代谢过程,用以维持自身的稳态。这些影响也是 GC 在临床应用时产生不良反应的重要原因。

1. 糖代谢 GC 对维持血糖的正常水平和肝、肌肉的糖原含量起着重要作用,能使肝、肌糖原增加,血糖升高。其原因一是促进糖原异生,能增加肝及肌肉组织中蛋白质分解产生的氨基酸及其中间代谢产物合成糖原;二是减慢葡萄糖分解为二氧化碳的氧化过程,从而有利于中间代谢产物如丙酮酸和乳酸等在外周组织再合成葡萄糖,增加血糖的来源;三是减少机体组织细胞摄取葡萄糖。以上作用有加重或诱发糖尿病的倾向。

2. 蛋白质代谢 GC 能加速肌肉、皮肤、骨、淋巴、胸腺等肝外组织的蛋白质分解,抑制其合成,因而血中游离氨基酸含量与尿氮排泄量增加,造成负氮平衡。长期大量应用可使儿童生长减慢、肌肉萎缩无力、皮肤变薄、骨质疏松、淋巴组织萎缩与伤口愈合不良等。

3. 脂肪代谢 GC 能加速脂肪组织中脂肪的分解,抑制其合成,使血中甘油与游离脂肪酸含量增多。长期应用,可激活四肢皮下的脂酶,使四肢皮下脂肪减少,并使脂肪重新分布在面、颈、上胸部、背、腹及臀部,形成向心性肥胖。

4. 水盐代谢 GC 对水盐代谢影响较少,尤其是人工合成品。但长期应用也能产生盐皮质激素样作用,使肾小管对 Na^+ 再吸收增加,K^+、H^+ 分泌增加,造成水钠潴留、碱中毒、细胞外液增多,进而导致高血压与水肿等。GC 还可促进肾脏排泄钙、磷,减少肠内钙的吸收。长期用药可致骨质脱钙。

【药理作用】

超生理剂量时,GC 除影响物质代谢外,还可产生抗炎、免疫抑制、抗毒、抗休克等药理作用,这也是其临床主要治疗作用的基础。

1. 抗炎作用 超生理剂量的 GC 对各种原因所致的炎症以及炎症的不同阶段均有强大的抗炎作用。表现为增加机体对炎症的耐受性以及降低炎症的血管反应与细胞反应,从而减轻早期炎症的渗出、充血、水肿、毛细血管扩张、白细胞浸润,也能减轻慢性炎症的成纤维细胞增生和肉芽组织生成,防止粘连及瘢痕形成,减少炎症后遗症。

GC 的抗炎机制十分复杂,可能通过以下几个方面抑制炎症过程(表 7-33-1):

(1) 抑制炎性介质的产生及释放。GC 可使脂皮素 -1(lipocortin 1) 的合成增加,后者抑制磷脂酶 A_2(PLA_2)的活性,使细胞膜上的花生四烯酸(AA)释放减少,进而减少致炎物质前列腺素(PGE_2、PGI_2 等)和白三烯(LTA_4、LTB_4、LTC_4 和 LTD_4)的生成,减轻急性炎症反应。GC 能抑制黏附分子(adhesion molecules)及趋化因子(chemotaxin)的基因表达,减少其生成量,从而抑制其促进炎性细胞向炎症部位的移行和浸润。

(2) 调节细胞因子的生成。与炎症反应有关的细胞因子(cytokine)有两类:一类是致炎细胞因子,另一类是抗炎细胞因子。致炎细胞因子有白细胞介素 -1(interleukin-1,IL-1)、IL-2、IL-3、IL-4、IL-5、IL-6、IL-8、IL-11、IL-12、IL-13、肿瘤坏死因子(tumor necrosis factor,TNF)、γ- 干扰素(γ-IFN)及粒细胞 / 巨噬细胞集落刺激因子(GM-CSF)等。GC 能抑制上述细胞因子的基因转录,使其产生减少,因而能降低炎症的细胞反应与血管反应。抗炎细胞因子有 IL-10、IL-1 受体拮抗因子（IL-1 receptor antagonist，IL-Ira）等。GC 对这些细胞因子的基因转录有正性调节作用，从而增加 IL-10 及 IL-Ira 的生成。并且 IL-10 能够进一步抑制某些致炎细胞因子，如 IL-1、TNF、IL-8 等的合成，而 IL-Ira 能阻断致炎细胞因子 IL-1 与其受体结合，从而减轻炎症反应。

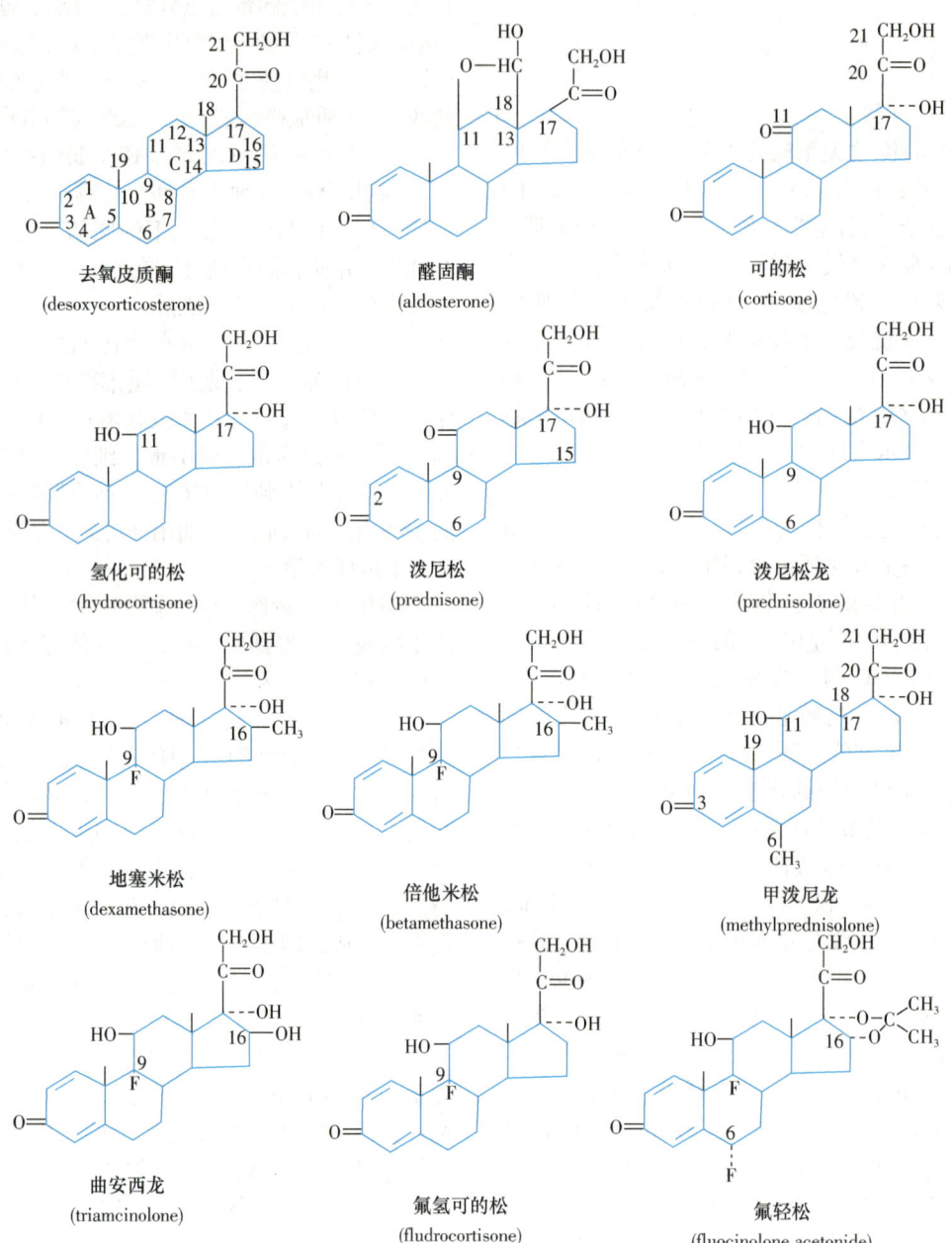

图 7-33-2　肾上腺皮质激素类药物的化学结构

表 7-33-1　GC 对炎症/免疫反应物质的影响

细胞类型	因子	注解
巨噬细胞和单核细胞	花生四烯酸及其代谢产物包括：前列腺素和白三烯	GC 介导对 COX-2 和 PLA_2 的抑制作用
	细胞因子包括：IL-1，IL-6，TNF-α	GC 抑制细胞因子的产生和释放。细胞因子对炎症产生多种效应，如激活 T 细胞，刺激成纤维细胞增殖。
	急性期反应物	包括补体的第三组份
内皮细胞	内皮白细胞黏附因子-1（ELAM-1）和细胞间黏附因子-1（ICAM-1）	ELAM-1 和 ICAM-1 是细胞间黏附因子，对白细胞定位起关键作用。
	急性期反应物	与巨噬细胞和单核细胞相同
	细胞因子如：IL-1	与巨噬细胞和单核细胞相同
	花生四烯酸衍生物	与巨噬细胞和单核细胞相同

续表

细胞类型	因子	注解
嗜碱性粒细胞	组胺，白三烯 C4	GC 抑制 IgE 依赖的释放作用
成纤维细胞	花生四烯酸代谢产物	与巨噬细胞和单核细胞相同。GC 也抑制生长因子诱导的 DNA 合成，成纤维细胞增殖。
淋巴细胞	细胞因子（IL-1, IL-2, IL-3, IL-6, TNF-α, GM-CSF, γ-IFN）	与巨噬细胞和单核细胞相同

(3) 抑制诱导型一氧化氮合酶和环氧酶-2 的活性。许多细胞因子可激活诱导型一氧化氮合酶（inducible nitric oxide synthase，iNOS），使致炎物质 NO 生成增多。环氧酶-2（COX-2）亦可催化产生致炎性 PGE_2 等，介导炎症反应过程。GC 可抑制 iNOS 基因的表达，减少 NO 生成，抑制 NO 的致炎作用。同时，GC 可减少 PGE_2 的生成。

(4) 收缩血管。GC 能增加血管对儿茶酚胺类的敏感性，收缩血管，降低血管的通透性。皮肤局部应用，GC 可抑制肥大细胞脱颗粒，使组胺释放减少，也可使用药局部的血管收缩，降低血管通透性。

2. 免疫抑制作用 免疫反应是机体免疫系统在抗原刺激下所发生的一系列变化，可分为感应期、增殖分化期及效应期。超生理剂量的 GC 能抑制病理性的免疫反应，它对免疫过程的许多环节均有抑制作用。

(1) 抑制巨噬细胞对抗原的吞噬和处理，干扰淋巴细胞的识别并阻断淋巴母细胞的增殖。已知巨噬细胞对抗原的吞噬和处理是免疫反应的始动阶段，被激活的巨噬细胞可分泌 IL-1，它能使静息的 T 淋巴细胞激活并识别被处理的抗原以及产生许多细胞因子（如 IL-2、IL-3、IL-6、TNF、γ-IFN、GM-CSF 等），使淋巴母细胞增殖。GC 通过抑制细胞因子基因的表达，从而产生上述两方面的作用。

(2) 加速敏感动物淋巴细胞的破坏和解体，使血中淋巴细胞迅速减少。大剂量 GC 可使人体淋巴细胞移行至血液以外的组织，如骨髓、肝、淋巴结等，使血中淋巴细胞减少。

(3) 干扰体液免疫，使抗体生成减少。

(4) 消除免疫反应所致的炎症反应。治疗剂量的 GC 仅能抑制细胞免疫，从而抑制迟发性超敏反应和异体器官移植的排斥反应，并能减轻一些自身免疫性疾病的症状。大剂量的 GC 还能抑制体液免疫，其原因可能与其选择性作用于 T 细胞亚群有关。已知辅助性 T 细胞（helper T cell，Th）能促进 B 细胞增殖，抑制性 T 细胞（suppressor T cell，Ts）能抑制 B 细胞分化，而后者的作用可被 GC 所增强。

3. 抗毒作用 细菌内毒素可致人体高热、乏力、食欲减退等中毒症状。GC 虽不能中和细菌内毒素，但能提高机体对内毒素的耐受力，能迅速退热并缓解中毒症状。这与 GC 能稳定溶酶体膜而减少内源性致热原的释放以及降低下丘脑体温调节中枢对致热原的反应性有关。

4. 抗休克作用 一般认为，超大剂量 GC 对多种原因引起的休克具有拮抗作用。其原因除抗炎、免疫抑制及抗毒作用外，可能还与下列因素有关：①加强心肌收缩力，使心排血量增多；②使痉挛血管扩张，并降低血管对某些缩血管物质的敏感性，改善微循环；③稳定溶酶体膜，减少心肌抑制因子（myocardial depressant factor，MDF）的形成，从而防止 MDF 所致的心肌收缩无力与内脏血管收缩。

5. 对血液成分的影响 GC 能使中性粒细胞增多，可能由于：①从骨髓释放入血增多；②消除变慢；③从血液循环向血管外游走减少。大剂量 GC 虽然使中性粒细胞增多，但却抑制其游走、吞噬及消化功能，因而减轻炎症浸润。GC 使血中红细胞计数和血红蛋白含量增加，大剂量使血小板数及纤维蛋白原浓度增加，凝血时间缩短。此外，GC 还能使血中淋巴细胞、单核细胞、嗜酸性粒细胞及嗜碱性粒细胞数目减少。该作用是这些细胞从血管床重新分布到淋巴组织的结果。

6. 中枢作用 GC 能影响认知能力及精神行为，并能提高中枢神经系统的兴奋性，出现欣快、失眠、激动，少数人可出现焦虑、抑郁，甚至诱发精神失常。大剂量给予儿童时，偶致惊厥或癫痫样发作。

7. 其他作用 GC 可以增强血管对缩血管物质的敏感性，这与血管壁上 GC 受体表达水平有关。GC 能使胃酸和胃蛋白酶分泌增多，增强食欲，促进消化。同时，由于对蛋白质代谢的影响，胃黏液分泌减少，上皮细胞更换率减低，使胃黏膜自我保护与修复能力减弱。长期大剂量应用可诱发或加重溃疡病。

【作用机制】

GC 的大部分作用是通过与细胞质中的糖皮质激素受体（glucocorticoid receptor，GR）结合，经由复杂的信号转导，增加或减少靶基因的表达而实现的。

GR 由 777 个氨基酸构成，在其结构上至少有三个重要的功能部位：一是与 GC 的结合部位，位于受体的含碳末端，该部位的主要功能是与 GC 结合而激活受体；二是受体与特异性 DNA 相互作用的部位，位于受体的中央，它是由两个锌原子各连接肽链中四个半胱氨酸残基折叠而成的两个指状结构，称为锌指（zinc fingers）。锌指插入靶基因 DNA 双螺旋结构的深沟中识别特异的序列并与之结合，控制激活基因转录，并与受体形成二聚体；三是受体的含氮末端（Tau 1 区，τ_1），其功能涉及与 DNA 结合后的基因转录的激活。τ_1 部位也参与和其他转录因子的结合，共同调节基因转录。在人的 GR 上还有一个与激活基因转录有关的 τ_2 部位，它位于与 GC 的结合部位及与 DNA 相互作用部位之间，对受体进入核内有重要作用（图 7-33-3）。

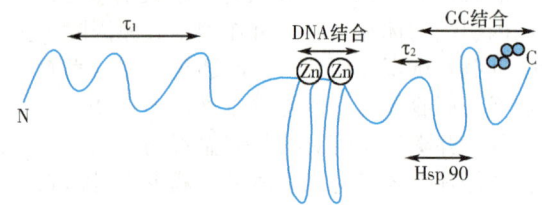

图 7-33-3　糖皮质激素受体功能区示意图
GC：糖皮质激素；Hsp90：热休克蛋白 90

GR 经活化后产生作用。未活化的 GR 与热休克蛋白 90（heat shock protein 90，Hsp90）等几种蛋白质结合组成复合物。GC 与 GR 结合后，Hsp90 等蛋白从 GR 上解离，暴露出 DNA 结合部位与靶基因启动子（promoter）的正性糖皮质激素反应元件（positive glucocorticoid response element，+GRE）或负性糖皮质激素反应元件（negative glucocorticoid response element，nGRE）相结合，相应地引起基因转录增加或减少，继而通过 mRNA 影响蛋白质合成，由此产生生物效应（图 7-33-4）。活化的 GR 也可与转录中介因子（transcriptional intermediary factors，TIF）或共调节因子（co-regulators）相互作用，促进靶基因的表达。如转录因子活性蛋白-1（transcriptional factor activator protein-1，AP-1）能诱导 IL-2、IL-4、IL-5 等多种细胞因子和胶原酶的基因表达，使它们合成增加而引起炎症反应。活化的 GR 与 AP-1 相互作用能抑制后者的活性，使致炎细胞因子生成量减少。核因子-κB（NF-κB）是炎症及免疫反应的关键性转录因子，它能诱导促炎细胞因子、趋化因子、黏附分子及相关酶的基因表达。活化的 GR 与其相互作用能抑制该转录因子的作用。

【体内过程】

GC 类药物口服或注射都可被吸收。可的松与氢化可的松口服后吸收快而完全，1～2 小时血药浓度达峰值，一次服药作用维持 8～12 小时。氢化可的松入血后 90% 与血浆蛋白结合，其中 80% 与皮质激素转运球蛋白（transcortin，corticosteroid binding globulin，CBG）结合，10% 与白蛋白结合，游离型激素约占 10%。结合型无生物活性。CBG 与氢化可的松的亲和力高，结合容量低，当血中 GC 浓度过高（如氢化可的松超过 20～30 μg/100 ml），CBG 易达饱和而使游离型 GC 迅速增加。CBG 在肝中合成，肝病时 CBG 合成受损，肾病时则因蛋白质随尿排出，都可使 CBG 含量减少，游离型药物浓度增加，故肝、肾疾病时 GC 的作用可能增强，且较易发生不良反应。泼尼松和地塞米松与 CBG 结合较少（约 70%），这或许是人工合成品作用较强的原因之一。

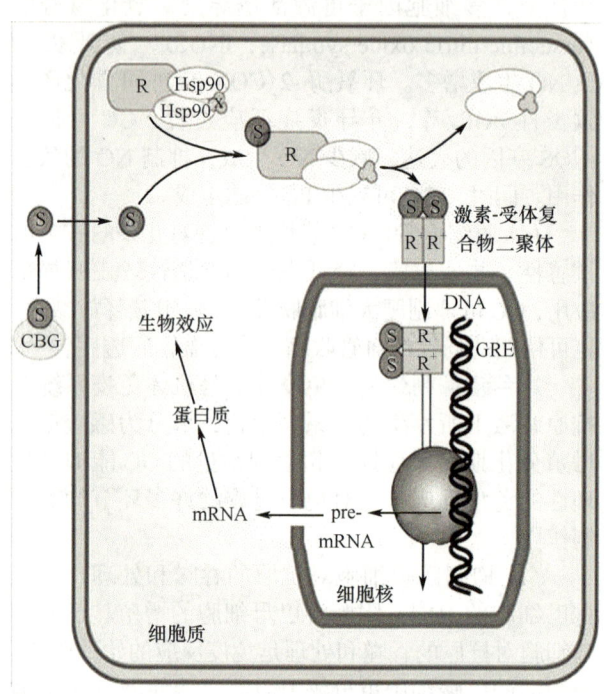

图 7-33-4　糖皮质激素作用机制示意图

GC 分布于全身。主要在肝生物转化，但肝外组织如肾、小肠、肌肉、皮肤等也可对其代谢。GC 在肝主要通过 A 环上 $C_{4～5}$ 间的双键加氢还原成无活性的代谢物。另外，C_3 位的酮基可转化为羟基，继而与葡萄糖醛酸或硫酸结合成水溶性代谢物随尿排出。正常时氢化可的松的 $t_{1/2}$ 约为 90 分钟。肝、肾功能不良者对 A 环还原作用减弱，可使 $t_{1/2}$ 延长，甲状腺功能亢进、妊娠或口服避孕药者肝中还原酶活性升高，灭活加速，$t_{1/2}$ 缩短。人工合成品 GC 的 A 环上 $C_{1～2}$ 是双键，使 $C_{4～5}$ 双键不易还原，灭活变慢，$t_{1/2}$ 可长达 5 小时以上。

可的松无生物活性，必须在肝内经 11-羟基类固醇脱氢酶（11-hydroxysteroid dehydrogenase）催化，将可的松 C_{11} 位的酮基还原为羟基，即转化为氢化可的松后才能发挥作用。同样，C_{11} 位为酮基的泼尼松也必须经过同样的步骤转化 C_{11} 位为羟基的氢化泼尼松（泼尼松龙）才有活性。严重肝病不易发生这种转化，宜使用氢化可的松或泼尼松龙。

GC 的代谢物大部分随尿排出。排出较为迅速，约 90% 以上在 48 小时内可出现于尿中，测定尿中 GC 代谢物如 17- 羟皮质素、17- 酮皮质素可间接反映肾上腺 - 垂体系统的功能。

根据 GC 作用时间的长短，可将其分为短效（＜ 12 小时）、中效（12～36 小时）和长效（＞ 36 小时）三类（表 7-33-2）。

表 7-33-2 常用糖皮质激素类药物的比较

类别	药物	糖代谢作用（比值）	抗炎作用（比值）	水盐代谢作用（比值）	与受体亲和力（比值）	$t_{1/2}$(min)	维持时间(h)	等效剂量(mg)
短效	氢化可的松	1.0	1.0	1.0	1.0	90	8～12	20
	可的松*	0.8	0.8	0.8	0.01	90	8～12	25
	氟氢可的松	10.0	10.0	250.00	3.0		8～12	
中效	泼尼松*	4.0	4.0	0.8	0.05	＞200	12～36	5
	泼尼松龙	4.0	4.0	0.8	2.2	＞200	12～36	5
	甲泼尼龙	5.0	5.0	0.5	12	＞200	12～36	4
	曲安西龙	5.0	5.0	0	2～3	＞200	12～36	4
长效	地塞米松	25.0	25.0	0	10	＞300	36～72	0.75
	倍他米松	30.0	30.0	0	5.4	＞300	36～72	0.60

*体外无效，在体内可转化为活性代谢物

【临床应用】

除替代疗法外，GC 临床应用的药理学基础主要是抗炎、免疫抑制作用，而炎症与免疫性疾病种类繁多，临床应用甚广。但对许多疾病仅能缓解症状，不能根治，且易复发，故切忌滥用。

1. 替代疗法 适用于治疗急、慢性肾上腺皮质功能减退症（包括肾上腺危象和艾迪生病）、腺垂体功能减退症及肾上腺次全切除术后。对肾上腺危象用量较大，对艾迪生病，轻者用小量 GC，重者需伍用去氧皮质酮。

2. 严重感染 原则上应限于严重感染并伴有明显中毒症状者，如中毒性菌痢、暴发型流行性脑膜炎、中毒性肺炎、重症伤寒、急性粟粒性肺结核、猩红热及败血症等。应用 GC 的目的在于抑制对机体有害的炎症和过敏反应，迅速缓解症状，防止脑、心等重要器官的损害，有助于患者度过危险期。但必须指出，GC 没有抗菌作用，同时还降低机体的防御功能。因此，在治疗严重感染性疾病时一定要与足量有效抗生素合用，以免感染病灶扩散而导致严重后果。

病毒性感染一般不用 GC，因为本品没有抗病毒作用，且用后可使感染扩散。例如带状疱疹、水痘病人用 GC 后，病情反而加重。但对严重传染性肝炎、流行性腮腺炎、流行性乙型脑炎、麻疹等，为了迅速控制症状，防止并发症产生，也可考虑应用。

对于人体重要器官或要害部位的炎症，感染虽不严重，但为了避免组织粘连或疤痕形成，也可用 GC 以防止或减少后遗症的发生。例如，结核性脑膜炎、脑炎、胸膜炎、心包炎、风湿性心瓣膜炎、损伤性关节炎、睾丸炎等。

3. 自身免疫性疾病及过敏性疾病 对于自身免疫性疾病例如风湿热、风湿性心肌炎、风湿性及类风湿性关节炎、系统性红斑狼疮、溃疡性结肠炎、自身免疫性溶血性贫血、结节性动脉周围炎、多发性肌炎、皮肌炎、硬皮病、重症肌无力及肾病综合征等，可适当选用 GC 治疗，但只有缓解症状的作用，停药后易复发。对于过敏性疾病如血清病、过敏性皮炎、过敏性鼻炎、剥脱性皮炎、顽固性重症支气管哮喘、顽固性荨麻疹、湿疹、严重输血反应、血管神经性水肿、过敏性血小板减少性紫癜等，通过此类药物的免疫抑制作用，可迅速缓解症状，但停药后易复发。必须指出，上述疾病应采取综合治疗，GC 不是首选药，仅在试用其他药物无效或不能耐受时才考虑应用。近年来有人主张，支气管哮喘患者可首先选用 GC 治疗，特别是应用 GC 的吸入制剂，因系局部用药不仅减少吸收，使全身不良反应减少，而且能有效地控制哮喘症状。

对于异体器官移植手术后所产生的免疫排斥反应也可使用 GC。若与其他免疫抑制药合用效果更好。

4. 休克 GC 适用于各种休克，有助于患者度过危险期。对感染中毒性休克，须与抗生素合用，剂量要大，用药要早，短时间突击使用，产生效果时即可停用。对过敏性休克，本类药物是次选药，有时可与首选药肾上腺素合用。对心源性休克，须结合病因治疗。对低血容量性休克，应首先补足液体、电解质或血液，如果疗效不明显可合用超大剂量 GC。

5. 血液病 可用于治疗急性淋巴细胞性白血病、再生障碍性贫血、粒细胞减少症、血小板减少症等。停药后易复发。

6. 局部应用 可用于治疗接触性皮炎、湿疹、肛门瘙痒、银屑病等，宜选用氢化可的松、泼尼松龙或氟轻松等。也可局部用于眼前部的炎症如结膜炎、角膜炎、虹膜炎，能迅速奏效，对于眼后部炎症如脉络膜炎、视网膜炎则需全身或球后给药。

【不良反应】

GC 的不良反应有两大类：长期大量应用引起的不良反应以及停药反应。这些反应有时是很严重的。不良反应的发生不仅与患者的生理与病理状况有关，更重要的是取决于用量与疗程的长短。一次大量或仅用药数天（一般少于两周），一般不发生不良反应，但在使用超生理剂量和中程或长程治疗时可以产生不良反应。

1. 长期大量应用所引起的不良反应

（1）医源性肾上腺皮质功能亢进症：是指长期应用超生理剂量的 GC 所致的肾上腺皮质功能亢进症状（库欣综合征），是过量应用 GC 致物质代谢与水盐代谢紊乱的后果。表现为肌无力与肌萎缩（多发于四肢的大肌群，也可在骨盆与肩胛骨肌群）、皮肤变薄、满月脸、水牛背、痤疮、多毛、水肿、高血压、动脉粥样硬化、低血钾、糖尿等。一般不需特殊治疗，停药后症状自行消失，但肌无力恢复慢，且不完全。低盐、低糖、高蛋白饮食及适量补钾可减轻这些症状。由于 GC 抑制骨基质蛋白质合成，增加钙、磷排泄，抑制肠内钙的吸收以及增加骨细胞对甲状旁腺的敏感性，长期应用可造成骨质疏松，儿童和绝经期妇女更易发生，严重者可致自发性骨折、骨缺血性坏死。骨缺血性坏死的原因不清，可能与骨内血管形成脂肪栓子有关，也可能是骨质疏松造成骨质塌陷的结果。为防治骨质疏松宜补充维生素 D 与钙盐。此外，由于抑制蛋白质的合成，GC 可延缓创伤患者的伤口愈合。在儿童因抑制生长激素分泌和造成负氮平衡，应用 GC 可抑制生长发育。

（2）诱发或加重感染：由于 GC 能降低机体防御能力，且无抗菌作用，故长期应用可诱发感染或使体内潜在病灶扩散，如病毒、霉菌、结核病灶等。由于 GC 能掩盖这些疾病的症状，易漏诊，必须提高警惕，及早诊断，采取防治措施，必要时与有效抗菌药物合用。

（3）诱发或加重溃疡：由于 GC 增加胃酸与胃蛋白酶的分泌，减少胃黏液产生，阻碍组织修复以及减弱 PG 保护胃壁的功能，故可诱发或加重胃、十二指肠溃疡，甚至出血或穿孔。长期大量应用时可考虑加用抗胆碱药或抗酸药，不宜与可引起胃出血的药物（如阿司匹林、吲哚美辛、保泰松）合用。

（4）其他：欣快、食欲增加、激动、失眠，偶致精神失常或诱发癫痫发作。此外，还能使眼内压升高以及引起白内障等眼部并发症，全身或局部给药均可发生。应对眼内压进行监测，并定期作裂隙灯检查。眼内压增高的原因可能是由于 GC 使前房角小梁网结构的胶原束肿胀阻碍房水回流所致。白内障的产生可能与 GC 抑制晶状体上皮 Na^+-K^+ 泵功能，导致晶体纤维积水和蛋白质凝集有关。

2. 停药反应

（1）医源性肾上腺皮质功能不全　长期使用 GC 后，由于体内 GC 超过正常水平，通过负反馈作用，使下丘脑-垂体-肾上腺皮质系统抑制，腺垂体 ACTH 分泌减少，因而内源性肾上腺皮质激素分泌功能减退，甚至肾上腺皮质萎缩。这时一旦突然停药，外源性 GC 减少，而内源性肾上腺皮质激素不能立即分泌补足，可出现肾上腺皮质功能不全。表现有恶心、呕吐、食欲缺乏、肌无力、低血糖、低血压等，尤其机体处于应激状态时（如感染、外伤、出血、手术等）更易出现。对于长期使用 GC 的患者，应注意下述问题：①不可骤然停药，应缓慢减量；②尽量减少每天维持量或采用隔日给药法；③在停药数月或更长时间内如遇应激情况，应及时给予足量的 GC。

（2）反跳现象及停药症状　长期用药因减量太快或突然停药所致原病复发或加重的现象，称为"反跳现象"。其原因可能是患者对 GC 产生了依赖性或病情未充分控制所致。此外，长期用药因减量太快或突然停药时有些患者出现一些原来疾病没有的症状，如肌痛、肌强直、关节痛、疲乏无力、情绪消沉、发热等，称为"停药症状"。

【禁忌证】

精神病、癫痫、消化性溃疡、手术后、创伤和骨折后、骨质疏松、严重高血压、糖尿病、孕妇、药物不易控制的感染、角膜溃疡、青光眼、白内障等均可列为禁忌。当适应证与禁忌证同时存在时，应权衡利弊，慎重决定。一般来说，病情危重的适应证，虽有禁忌证存在，仍不得不用，以帮助患者度过危险期，达到目的后应尽早停药。

【疗程及用法】

1. 大剂量突击疗法　适用于危重患者的抢救，如严重中毒性感染及各种休克。一般不超过 3～5 天，可突然停药。如氢化可的松首次可静脉注射 200～300 mg，每天 1.0 g（或其他制剂的等效量）。对休克有人主张用超大剂量，每次静脉注射氢化可的松 1.0 g，每天 4～6 次。

2. 一般剂量长程疗法　适用于反复发作、累及多种器官的慢性疾病，如结缔组织病、肾病综合征、顽固性支气管哮喘、中心性视网膜炎、各种恶性淋巴瘤、淋巴细胞性白血病等。一般用泼尼松口服 10～20 mg（或其他制剂的等效量），每天 3 次，产生疗效后不能突然停药，应逐渐减量至最小维持量。

3. 隔日疗法　在长程疗法中对某些慢性病例可采用隔日一次给药法，即将两天的总药量在隔日早晨一次给予，每天下午和第二天早晨则不用药，这是一种能减轻对肾上腺皮质功能抑制的有效方法。其理论根据是肾上腺皮质分泌氢化可的松具有昼夜节律性，即每天上午8时分泌可达高峰，而后逐渐降低，昼夜间血浆氢化可的松的水平可相差4倍之多。推测循环中氢化可的松对垂体-肾上腺皮质系统的生理性负反馈作用在上午8时最强，若清晨一次给药，此刻正与生理性负反馈作用时间一致，对肾上腺皮质功能的抑制较小。同时，隔日给药一次，则通过负反馈抑制肾上腺皮质功能后在两天时间内能有恢复时间。隔日疗法常采用中效制剂如泼尼松或泼尼松龙。

4. 小剂量替代或补充疗法 用于腺垂体功能减退、艾迪生病及肾上腺皮质次全切除术后。一般选用氢化可的松，早晨20 mg，下午10 mg，须长期应用。

5. 局部用药 用于眼病和皮肤病，可用氢化可的松及泼尼松龙等。

第二节　促皮质激素及皮质激素抑制药

一、促皮质激素

ACTH是腺垂体分泌的一种含有39个氨基酸的多肽类激素。ACTH入血后作用于肾上腺，促进肾上腺皮质合成和分泌GC及盐皮质激素。ACTH的合成和分泌是腺垂体在下丘脑CRH的作用下，在腺垂体嗜碱细胞内进行的。GC对下丘脑及腺垂体起着负反馈抑制作用，使CRH及ACTH分泌减少。ACTH本身还能负反馈抑制ACTH的分泌。在应激状态时下丘脑产生的精氨酸加压素（AVP）能促进ACTH分泌。此外，免疫系统所产生的免疫递质也能刺激下丘脑-腺垂体-肾上腺皮质轴，增加ACTH及GC的分泌。ACTH缺乏将引起肾上腺皮质萎缩和分泌功能减退。

ACTH的主要作用是促进肾上腺皮质分泌GC，其中以氢化可的松为主。因此，ACTH的作用是通过氢化可的松而实现的，但只有在肾上腺皮质功能完好时方能发挥治疗作用。本品口服后在胃内被蛋白酶破坏而失效，必须注射给药。静脉注射起效快，于数分钟内产生作用。静脉滴注ACTH 20～25单位，8小时可达到肾上腺皮质的最大兴奋。肌内注射后4小时达最大作用，8～12小时作用消失。ACTH的血浆$t_{1/2}$为15分钟。它在正常人的血浆浓度，早晨8时为22 pg/ml，晚10时为9.6 pg/ml，具有规律性昼夜节律变化。临床上主要用于诊断或检测长期使用GC停药前后的脑垂体-肾上腺皮质功能水平，以防止发生皮质功能不全。应用由动物制备的ACTH可发生过敏反应，如发热、皮疹、血管神经性水肿，偶尔发生过敏性休克。

二、皮质激素抑制药

皮质激素抑制药按其作用方式包括两类药物。一类是抑制肾上腺皮质激素生物合成的药物；另一类是阻断GR或盐皮质激素受体的药物。本节只介绍抑制GC生物合成的皮质激素抑制药。

肾上腺皮质激素的生物合成是以胆固醇为原料，经多种酶的催化过程而逐步完成的。合成的第一步是由胆固醇侧链裂解酶即P450$_{SCC}$（cholesterol side-chain cleavage enzyme）酶将胆固醇转化为孕烯醇酮（pregnenolone），孕烯醇酮再经脱氢酶、不同的羟化酶、异构酶等的催化，分别合成GC及盐皮质激素（图7-33-5）

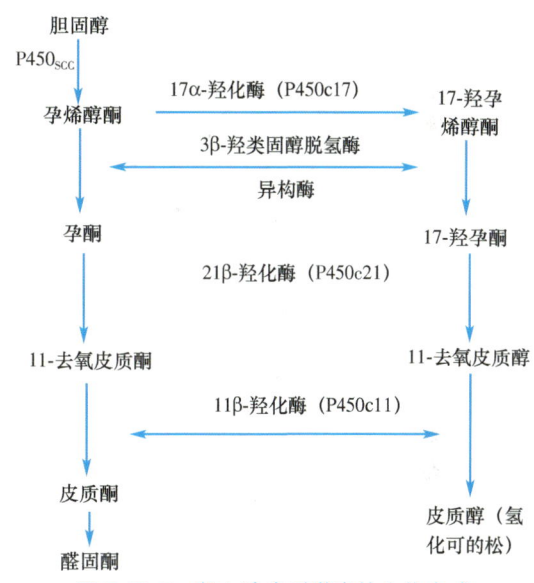

图7-33-5　肾上腺皮质激素的生物合成

美替拉酮

美替拉酮（metyrapone）又称甲吡酮。本药能抑制P450$_C$11和P450$_{SCC}$，干扰皮质醇和皮质酮的生物合成，使体内氢化可的松的水平降低。由于体内氢化可的松合成减少，可反馈性地促进ACTH的分泌，从而导致11-去氧皮质醇和11-去氧皮质酮代偿性增加，尿中17-羟类固醇的排泄也相应增加。临床上可用于治疗肾上腺皮质肿瘤所致的氢化可的松过多症，还可用于垂体释放ACTH功能试验。不良反应有眩晕、消化道反应等。

氨鲁米特

氨鲁米特（aminoglutethimide）抑制P450$_{SCC}$、P450$_C$11，使GC与盐皮质激素合成减少。本药是肝药酶诱导剂，可加快其他药物的代谢速度。当与地塞米松合用时，其$t_{1/2}$可由4～5小时缩短为2小时。

本品也能使自身的代谢加快，用药 6～32 周后本品的 $t_{1/2}$ 可缩短一半左右。临床上可用于治疗肾上腺皮质癌及肾上腺皮质增生所致的 GC 增多，也可与 GC 合用治疗乳腺癌。不良反应有厌食、恶心、呕吐、嗜睡及皮疹等。

第三节　盐皮质激素

盐皮质激素主要有醛固酮和去氧皮质酮。在化学结构上，与 GC 的区别是 C_{17} 上无羟基，C_{11} 上无氧或虽有氧而此氧原子与 C_{18} 相连（图 7-33-2）。盐皮质激素对维持机体正常的水盐代谢起着重要作用，能促进肾远曲小管 Na^+、Cl^- 的再吸收和 K^+、H^+ 的分泌，具有明显的保钠排钾作用。它们的作用主要是通过与肾远曲小管上皮细胞内的盐皮质激素受体结合，调节某些基因的转录和相应蛋白质的合成。主要用于慢性肾上腺皮质功能减退症，纠正失水、失钠和钾潴留等，以维持水与电解质的平衡。盐皮质激素过量应用可致高钠血症、低钾血症、高血压、肌无力等。

（天津医科大学　宋君秋）

第三十四章　胰岛素及口服降血糖药

- Insulin, e.g. rapid, intermediate and slow acting insulin, has an important role in the treatment of diabetes mellitus.
- The sulfonylureas, e.g. tolbutamide, chlorpropamide and glyburide, stimulate insulin release by closing ATP-dependent potassium channels in pancreatic cells.
- Repaglinide and nateglinide are a new class of short-acting non-sulfonylurea insulin secretagogues.
- Biguanides, e.g. metformin, are more appropriately termed "euglycemic" rather than hypoglycemic agents. Acarbose and miglitol are inhibitors of the intestinal α-glucosidase. Thiazolidinediones enhance target tissue to insulin sensitivity.
- Exenatide and liraglutide, GLP-1 analogues, and sitagliptin phosphate, an inhibitor of dipeptidyl aminopeptidase IV, stimulate insulin release and control postprandial blood glucose level.

胰岛素及口服降血糖药主要用于治疗糖尿病。糖尿病是一组由于胰腺的胰岛素分泌不足或相对不足，和/或胰岛素作用障碍所致的以高血糖为特征的代谢性疾病。持续高血糖与长期代谢紊乱等可导致全身组织器官，特别是眼、肾、心血管及神经系统的损害及其功能障碍和衰竭。糖尿病主要分为 1 型和 2 型。1 型糖尿病为胰岛素依赖型糖尿病（insulin-dependent diabetes mellitus，IDDM），自身免疫反应损伤胰岛 B 细胞，胰岛素分泌绝对不足，多发于儿童及青少年，病情重，必需用外源性胰岛素治疗。2 型糖尿病为非胰岛素依赖型糖尿病（non-insulin-dependent diabetes mellitus，NIDDM），胰岛 B 细胞功能缺陷，胰岛素分泌相对缺乏和胰岛素抵抗，血浆胰岛素水平可正常或升高，多见于成年肥胖者，病情相对较轻，不需要胰岛素治疗，多经饮食控制或口服降血糖药后可控制，无效者仍需用胰岛素治疗。近年来研制成功上市的 GLP-1 类似物（glucagon-like peptide-1）依克那肽、二肽基肽酶Ⅳ抑制药西他列汀和胰淀粉样多肽类似物普兰林肽，为糖尿病的治疗提供了新的用药选择。

第一节　胰　岛　素

胰岛素（insulin）是胰岛 B 细胞分泌的一种小分子的酸性蛋白质，由含 21 个氨基酸的 A 链和含 30 个氨基酸的 B 链通过二硫键连接而成。肽链氨基酸组成有种属差异，人胰岛素分子量为 5808 Da。药用胰岛素多从猪和牛胰腺中提取，有抗原性，可引起过敏反应，目前通过 DNA 重组技术和半合成技术制备人胰岛素。

【药理作用】

胰岛素主要作用于肝、肌肉和脂肪等靶组织促进糖原和脂肪的储存，控制血糖平衡，发挥代谢调节作用，对其他组织也有一定作用。其主要药理作用表现为：

1. 糖代谢　使血糖的利用增加而来源减少，降低血糖。

（1）促进葡萄糖转运：葡萄糖经细胞膜易化扩散进入细胞内需细胞膜上的葡萄糖转运载体 4（glucose transporter type 4，GLUT4）蛋白，胰岛素可使 GLUT4 从细胞内转位到细胞膜上，加速葡萄糖向细胞内的转运，加速组织对葡萄糖的摄取和利用。

（2）加速葡萄糖酵解和氧化，促进糖原合成并抑制糖原分解和糖异生，从而促进糖的利用而减少糖的生成。

2. 脂代谢　可抑制脂肪酶的活性，促进脂肪合成并抑制其分解，减少游离脂肪酸和酮体的生成，减轻脂肪酸对葡萄糖氧化的抑制。

3. 蛋白质代谢　可促进氨基酸进入细胞并促进蛋白质合成，抑制蛋白质分解。

4. 促进钾离子转运　可激活细胞膜上的 Na^+-K^+-ATP 酶，促进 K^+ 转移到细胞内。

5. 其他　加快心率，加强心肌收缩力，减少肾血流量。

【作用机制】

胰岛素与其受体结合而发挥作用。胰岛素受体是由 2 个 α 亚基和 2 个 β 亚基组成的大分子糖蛋白复合物。α 亚基位于胞膜外，有胰岛素结合位点；β 亚基为跨膜蛋白，胞内部分含酪氨酸蛋白激酶（tyrosine protein kinase，TPK）活性。胰岛素与其受体 α 亚基结合后，迅速引起 β 亚基自身磷酸化，进而激活 β 亚基上的 TPK，活化的 TPK 使胰岛素受体底物（insulin receptor substrates，IRS）磷酸化，进而使细胞内其他特异性信号转导蛋白磷酸化，启动了磷酸化的级联反应（phosphorylation cascade），调节糖代谢关键酶的活性，促进葡萄糖、脂肪酸和氨基酸的转运，促进蛋白转位，调节基因转录而改变活性蛋白的合成，产生降血糖等生物效应。

【体内过程】

胰岛素易被消化酶破坏，口服无效，需注射给药。皮下注射后30分钟起效，血浆蛋白结合率低于10%，主要经肝、肾灭活，由蛋白水解酶水解成短肽或氨基酸，$t_{1/2}$为9～10分钟，作用可维持5～8小时。用DNA重组技术将胰岛素B链的个别氨基酸用其他氨基酸换位或替换后，制成的速效人胰岛素类似物（赖脯胰岛素和门冬胰岛素），皮下注射后15分钟起效，可在餐前即刻甚至餐后立即注射，能很好地控制餐后血糖且不易发生低血糖。为延长胰岛素的作用时间，可加入碱性蛋白质使其溶解度降低，再加入微量锌使之稳定，制成中效及长效制剂，经皮下注射后，药物沉淀在注射部位并缓慢释放、吸收，从而作用持续时间延长。所有中、长效制剂均为混悬剂，不可静脉注射。见表7-34-1。

表 7-34-1 常用胰岛素制剂的分类

制剂分类	给药途径	作用时间（h）			给药时间和次数
		显效	高峰	持续	
短效					
正规胰岛素（regular insulin）	皮下静脉	0.3～0.7 立即	1.5～4	5～82	餐前半小时，3～4次/日，急症用
赖脯胰岛素（insulin lispro）	皮下	0.25	0.5～1.5	2～5	餐前0～15分钟，3～4次/日
门冬胰岛素（insulin aspart）	皮下	0.25	0.6～0.8	3～5	同上
中效					
低精蛋白锌胰岛素（isophane insulin）	皮下	1～2	6～12	18～24	早餐前1小时，1次/日，或早餐、晚餐前1小时各1次
慢胰岛素锌混悬液（lente insulin zinc suspension）	皮下	1～2	6～12	18～24	同上
长效					
精蛋白锌胰岛素（protamine zinc insulin）	皮下	4～6	14～20	24～36	早餐或晚餐前1小时，1次/日
特慢胰岛素锌混悬液（ultralente insulin zinc suspension）	皮下	4～6	16～18	20～36	同上

【临床应用】

1. 糖尿病　用于各型糖尿病：①1型糖尿病；②2型糖尿病经饮食治疗和口服降血糖药治疗未获良好控制者；③糖尿病酮症酸中毒、高渗性非酮症糖尿病昏迷和乳酸性酸中毒伴高血糖者；④合并重症感染、消耗性疾病、高热、妊娠、创伤及手术前后的各型糖尿病；⑤全胰腺切除引起的继发性糖尿病。

胰岛素制剂需根据糖尿病病情选择：①急需者可用短效胰岛素，病情稳定后可改用中效胰岛素；②稳定型糖尿病可先选用短效胰岛素，剂量确定后改用中效或长效胰岛素；亦可直接选用中效或长效胰岛素。③胰岛素的用药量应个体化，随病情、饮食、运动量等的变化，并根据每日尿糖量或血糖浓度来调整用量。④小型胰岛素连续释放装置，可根据血糖浓度的反馈调节，或按时按量向体内自动输注胰岛素，控制血糖水平。

2. 细胞内缺钾　胰岛素和葡萄糖、氯化钾合用（GIK极化液）可促进钾内流，纠正细胞内缺钾，防治心肌梗死时的心律失常。

【不良反应】

1. 低血糖反应　最为常见也是最严重的不良反应，多为胰岛素用量过大或未及时进食引起。早期，患者可出现饥饿感、出汗、心悸、头痛、焦虑、震颤等症状，严重者可出现低血糖休克，如不及时抢救可引起死亡。为了预防低血糖的严重后果，应教会患者熟知其前驱症状或轻微症状，随身携带糖类食品，以备随时进食。发生低血糖后，轻者可口服糖水或进食，重者应立即静脉注射50%葡萄糖溶液救治。有些老年患者，发生低血糖时往往无典型症状，迅速出现昏迷，称为"无警觉性低血糖昏迷"。β受体阻断药能阻断低血糖时的代偿性升血糖反应，且可掩盖心率加快等早期低血糖症状，导致严重的低血糖反应，应避免合用。

特殊类型的低血糖反应有"苏木杰效应"（Somogyi effect），为凌晨3时低血糖、早餐前高血糖的现象，是胰岛素使用过量致夜间低血糖反应后，升糖激素如糖皮质激素等反馈性地分泌增加，出现的血糖反跳性升高现象，呈"低后高"的特征。需监测凌晨3时血糖值以区别"苏木杰效应"和"黎明现象（dawn phenomenon）"，后者为糖尿病患者凌晨3～9时血糖明显升高的现象，是因胰岛素分泌不足或用量不足，午夜后升糖激素分泌增加，使血糖升高的现象，呈"高后高"的特征。对"苏木杰效应"需减少睡前胰岛素用量，防止夜间发生低血糖，而对"黎明现象"需增加胰岛素用量或睡前注射中长效胰岛素，以控制清晨出现的高血糖现象。

2. 过敏反应 较多见，一般反应轻微而短暂，如荨麻疹、血管神经性水肿，偶见过敏性休克。系胰岛素及其制剂的抗原性所致，必要时用组胺 H_1 受体阻断药和糖皮质激素治疗。或换用高纯度胰岛素或人胰岛素。

3. 胰岛素抵抗 糖尿病患者对胰岛素敏感性降低，应用超过常用量的胰岛素后未出现明显的低血糖反应，即胰岛素抵抗（insulin resistance）或胰岛素耐受。

（1）急性抵抗：由创伤、感染、手术、情绪激动等应激因素引起，可能与血中具有抗胰岛素的物质增多有关，处理方法是消除诱因，并加大胰岛素用量。

（2）慢性抵抗：无并发症的糖尿病，临床每日用量需 200 U 以上的，可认为其出现慢性胰岛素抵抗。其产生原因复杂，包括体内产生胰岛素抗体、胰岛素受体数目减少以及受体与胰岛素亲和力降低、靶细胞膜上葡萄糖转运系统失常等。处理方法是换用胰岛素并适当调整剂量，如牛胰岛素换为猪胰岛素或人胰岛素。

4. 脂肪萎缩 胰岛素注射部位皮下脂肪萎缩（lipoatrophy），改用高纯度胰岛素或经常更换胰岛素注射部位可减少该反应的发生。

第二节 口服降血糖药

口服降血糖药（oral hypoglycemic agents）用药较胰岛素方便，用于治疗轻、中度2型糖尿病。主要有促胰岛素分泌药（磺酰脲类和非磺酰脲类）、双胍类、α-葡萄糖苷酶抑制药、胰岛素增敏药（噻唑烷二酮类）和餐时血糖调节药等。各类口服降血糖药可以单用，也可和胰岛素或其他类口服降血糖药合用以增强效疗，减少用量。

一、磺酰脲类促胰岛素分泌药

磺酰脲类（sulfonylureas）药物分两代。第一代包括甲苯磺丁脲（tolbutamide, D860）和氯磺丙脲（chlorpropamide）。第二代包括格列本脲（glibenclamide, glyburide）、格列美脲（glimepiride）、格列齐特（gliclazide）、格列吡嗪（glipizide）、格列喹酮（gliquidone）等，较第一代的降血糖活性强数十倍至上百倍。格列美脲、格列齐特不仅能降血糖，尚能改变血小板功能。

【药理作用】

1. 降血糖作用 对正常人及胰岛功能尚存的糖尿病患者均有降血糖作用，但对严重糖尿病患者或完全切除胰腺的糖尿病患者无效。其作用机制有：

（1）刺激胰岛 B 细胞释放胰岛素：这是此类药物降低血糖的主要作用机制。胰岛 B 细胞膜含有磺酰脲受体（SUR1）及与之耦联的 ATP 敏感的钾通道。当磺酰脲类药物与其受体结合后，可关闭 ATP 敏感的钾通道而阻止钾外流，致使细胞膜去极化，开放电压依赖性钙通道，使胞内钙浓度增加，触发胰岛素释放。

（2）胰外作用：在长期应用磺酰脲类后胰岛素已恢复至给药前水平的患者，该类药的降血糖作用仍然存在，说明其降血糖作用机制还有胰外作用。机制不清，可能有：①抑制肝对胰岛素的代谢灭活；②长期高血糖时的葡萄糖毒性损害胰岛素分泌作用，可抑制胰岛素的分泌，本类药长期降低血糖后可减轻葡萄糖毒性而提高靶细胞对胰岛素的敏感性；③可能通过刺激生长抑素（somatostatin）的释放而抑制胰高血糖素的分泌。胰外作用不是本类药物降血糖的主要作用机制。

2. 抗利尿作用 格列本脲、氯磺丙脲可促进抗利尿激素的分泌并增强其作用，有抗利尿作用，可减少尿崩症患者的尿量。

3. 其他 格列齐特有抑制血小板聚集和黏附的作用，可能对预防或减轻糖尿病微血管并发症有一定作用。

【体内过程】

口服易吸收，氯磺丙脲和格列本脲血药浓度达峰时间为 2～6 小时，其他药物约，2～4 小时。血浆蛋白结合率高，在 88%～99.5%。氯磺丙脲大部分以原形经肾排出，格列喹酮经肾排泄最少（<5%），其他多数药物主要由肝代谢成无活性代谢产物后经肾排出。$t_{1/2}$ 和作用持续时间不完全一致。氯磺丙脲作用持续时间最长（24～48 小时），格列美脲、格列齐特和格列本脲次之（24 小时），格列吡嗪和甲苯磺丁脲约为 6～12 小时，格列喹酮最短（2～3 小时）。

【临床应用】

1. 糖尿病 用于胰岛功能尚未完全丧失且经饮食控制无效的 2 型糖尿病患者。近期有效率可达 50%～80%，对每日需用胰岛素 40 U 以上者多无效。与胰岛素或双胍类药物有协同作用。胰岛素抵抗患者如尚残存 B 细胞，加用本类药可增强胰岛素的作用。

选用磺酰脲类药物时应注意其特点并结合病情。一般轻、中度中年糖尿病患者常选用甲苯磺丁脲或格列本脲；格列喹酮作用持续时间短，适用于轻、中度老年糖尿病患者。格列齐特有抑制血小板黏附聚集的作用，适用于糖尿病伴微血管并发症者。格列喹酮经肾排泄最少，可用于轻度肾功能不全的糖尿病患者。

少数糖尿病患者用某种磺酰脲类药物治疗有效，6～12 个月后突然或逐渐变得效果极差或无效，称磺酰脲类继发性失效（secondary failure to sulfonylureas），原因未明，可能与药物长时间的刺激使胰岛 B 细胞功能衰竭有关。处理时可改用其他口服降血糖药，但大多数患者需终身用胰岛素治疗。

2. 尿崩症 仅用氯磺丙脲，可明显减少患者尿量。

【不良反应】

较安全，不良反应较少。

1. 低血糖反应 氯磺丙脲和格列本脲可引起持久性低血糖，处理不当可引起不可逆性损伤或死亡，需反复注射葡萄糖溶液解救。格列美脲与格列吡嗪较少引起严重的低血糖反应。老人及肝肾功能不良者更易发生低血糖。

2. 胃肠道反应 较常见，有恶心、呕吐、胃痛、厌食和腹泻，多与剂量有关，减少剂量或继续服药可消失。

3. 其他反应 常引起体重增加。少数患者可出现皮疹或红斑等过敏反应，以及白细胞和血小板减少、溶血性贫血等血液系统反应。偶见肝损害和胆汁郁积性黄疸。

【药物相互作用】

磺酰脲类药物的血浆蛋白结合率高，表观分布容积小，因此可与保泰松、水杨酸钠、吲哚美辛、青霉素、双香豆素等竞争结合血浆蛋白，使血浆磺酰脲类游离型药物浓度升高而诱发低血糖反应。糖皮质激素可对抗胰岛素的作用，噻嗪类利尿药可抑制胰岛素分泌，均可减弱磺酰脲类药物的作用。

二、非磺酰脲类促胰岛素分泌药

主要有瑞格列奈（repaglinide）和那格列奈（nateglinide），分别为苯甲酸和苯丙氨酸的衍生物，为短效非磺酰脲类口服促胰岛素分泌药（short-acting oral insulin secretagogues）。

【药理作用】

主要降低餐后血糖水平，作用起效快，持续时间短。长期使用可降低糖化血红蛋白（HbA1c）水平，延缓 B 细胞功能衰竭。本类药作用机制类似于磺酰脲类，与细胞膜上的磺酰脲类受体结合，通过关闭 ATP 敏感的 K^+ 通道、开放钙通道，使 Ca^{2+} 内流增加，从而刺激胰岛 B 细胞分泌胰岛素而降低血糖。但与磺酰脲类不同的是，①本类药刺激胰岛素分泌的作用有葡萄糖依赖性：当血糖浓度较高时刺激胰岛素分泌，血糖浓度降低时，其作用也减弱，可引起类似于生理模式的胰岛素分泌，适合于降低餐后血糖水平，被称为"餐时血糖调节药"；②作用快速、短暂：与受体结合与解离快，短暂关闭 ATP 敏感的 K^+ 通道，因而起效快，餐前服用，数分钟即显效；作用持续时间短，避免了长时间刺激引起的 B 细胞功能衰竭。

【体内过程】

瑞格列奈口服吸收快，15 分钟起效，30 分钟血药浓度达峰值，$t_{1/2}$ 为 1 小时，部分经肝代谢，部分经肾排泄，肝、肾功能不良者慎用。那格列奈主要经肝代谢，肝功能不良者慎用，少量经肾排泄，肾功不良时无需调整剂量。

【临床应用】

主要用于降低 2 型糖尿病患者餐后血糖。

【不良反应】

主要不良反应是低血糖反应，但发生率低于磺酰脲类。

三、双 胍 类

常用的双胍类（biguanides）药物主要有二甲双胍（metformin，甲福明）、苯乙双胍（phenformin，苯乙福明），后者易诱发乳酸性酸中毒，许多国家目前已停用。

【药理作用】

1. 抗高血糖作用 双胍类能明显降低糖尿病患者血糖水平，但不影响正常人血糖水平，为抗高血糖药，而非降血糖药。不刺激胰岛 B 细胞分泌胰岛素，主要是通过增加外周组织对葡萄糖的摄取和利用，其作用机制是：①抑制肝内糖异生使肝葡萄糖生成减少；②增加肌肉对葡萄糖的摄取，促进脂肪酸氧化，从而增强肌肉和脂肪组织对胰岛素的敏感性，改善胰岛素抵抗。作用机制部分可能与双胍类活化 AMP 激活的蛋白激酶（AMP-activated protein kinase，AMPK）有关。

AMPK 是糖尿病治疗的新靶点。活化的 AMPK 可磷酸化下游靶蛋白，关闭消耗 ATP 的合成代谢途径，开启生成 ATP 的分解代谢途径，发挥"细胞能量调节器"的作用。其机制为：①通过增加 GLUT4 转位于细胞膜上而增强肌肉组织对胰岛素的反应及对葡萄糖的摄取，同时减少肝糖原的输出而改善糖尿病糖代谢；②增加细胞内脂肪酸氧化、减少甘油三酯合成而改善脂代谢，并减轻脂毒性加重胰岛素抵抗和损害胰岛 B 细胞功能的作用，增加胰岛素敏感性。

2. 降脂减重作用　可降低高血脂患者的血低密度脂蛋白、三酰甘油、游离脂肪酸和胆固醇水平，延缓 2 型糖尿病患者微血管并发症的发生。能减轻体重。

【体内过程】

二甲双胍口服吸收快，不与血浆蛋白结合，几乎全部以原形经肾排出，$t_{1/2}$ 约为 1.5 小时。

【临床应用】

二甲双胍主要用于轻、中度 2 型糖尿病患者，尤其适用于肥胖和单用饮食控制无效者。

【不良反应】

本类药物可增加肌肉组织中糖的无氧酵解，最严重的不良反应为乳酸性酸中毒，故禁用于肝、肾功能不良，慢性心功能不全，慢性缺氧性肺脏病和尿酮体阳性者；术前 48 小时应暂停使用。其他常见不良反应有恶心、呕吐、腹泻，低血糖、口中有金属味等。能抑制维生素 B_{12} 在肠道的吸收，引起巨幼红细胞性贫血。

四、α- 葡萄糖苷酶抑制药

用于临床的有阿卡波糖（acarbose）、伏格列波糖（voglibose）、米格列醇（miglitol）等。

【药理作用】

主要通过抑制小肠黏膜上皮细胞刷状缘上的 α- 葡萄糖苷酶，阻止 1,4- 糖苷链水解，减慢多糖及蔗糖分解为葡萄糖的速度，延缓糖的吸收，使餐后血糖降低。其中抑制葡萄糖淀粉酶的作用最强，其次是蔗糖酶和麦芽糖酶等，对乳糖酶无影响，不抑制乳糖消化吸收。

【临床应用】

由于降血糖作用较弱，主要用于轻、中度 2 型糖尿病患者。

【不良反应】

由于口服后吸收很少（1%），几无全身不良反应。主要有胃肠胀气，偶有腹泻，与糖类在肠道内滞留、酵解产气有关，疝、肠梗阻、肠道术后和肠溃疡禁用。阿卡波糖不引起低血糖反应，但可加强胰岛素或促胰岛素分泌药的作用而导致低血糖反应，需补充葡萄糖解救。

五、胰岛素增敏药

胰岛素增敏药（insulin sensitizers）为噻唑烷二酮（thiazolidinediones，TZDs）的衍生物，包括罗格列酮（rosiglitazone）、吡格列酮（pioglitazone）等。

【药理作用】

1. 降血糖作用　本类药物是过氧化物酶体增殖活化受体 -γ（peroxisomal proliferator activated receptor-γ，PPAR-γ）的选择性激动药。主要通过激活 PPAR-γ 增加外周组织对胰岛素的敏感性，同时减少肝糖原生成，从而降低血糖。其作用发挥需胰岛素存在。

激活 PPAR-γ 后改善胰岛素抵抗的机制是：①增强葡萄糖转运载体蛋白的合成和向细胞膜转位而促进葡萄糖进入肌肉和脂肪组织，从而增强组织对胰岛素的敏感性；②活化调节糖和脂质代谢的胰岛素反应性基因的转录，这些基因表达产物增多可增强肝和其他组织胰岛素受体后的反应；③抑制脂肪组织游离脂肪酸释放、转移进入肌肉组织，增加肌肉对胰岛素的敏感性；④通过活化脂肪细胞分泌的激素脂联素（adiponectin），进而激活 AMPK（见双胍类），后者促进葡萄糖转运进入肌肉组织并促进脂肪酸氧化，从而提高肌肉对胰岛素的敏感性。

2. 调血脂作用　可纠正胰岛素抵抗患者的脂质代谢异常，降低血浆三酰甘油和游离脂肪酸浓度，增加血浆高密度脂蛋白胆固醇水平。

3. 防治 2 型糖尿病血管并发症　可抑制血小板聚集、炎症反应和内皮细胞增殖，抗动脉粥样硬化，降低血管并发症的病死率。

【临床应用】

主要用于其他降血糖药疗效不佳的 2 型糖尿病，尤其是对胰岛素抵抗者，可单用或与胰岛素或其他口服降血糖药联合应用。

【不良反应】

低血糖发生率低。主要有嗜睡、头痛、胃肠道刺激症状等。少数患者用药后出现水肿，与体液潴留有关。肝功能损伤极为少见。禁用于严重心脏病和肝病患者。

第三节　其他新型降血糖药

一、GLP-1 类似物和二肽基肽酶Ⅳ抑制药

【药理作用】

胰高血糖素样肽片段（glucagon-like peptide-1，GLP-1）主要由肠道 L 细胞分泌，是肠促胰岛素家族中的一员，在餐后分泌，具有促进胰岛素分泌，抑制胰高血糖素释放，降低血糖的作用。还能抑制胃排空，刺激胰岛 B 细胞增殖、增加 B 细胞数量。但天然 GLP-1 很容易被体内的二肽基肽酶-4（dipeptidyl peptidase- Ⅳ，DPP- Ⅳ）降解而失去生物活性，半衰期很短（静脉注射 $t_{1/2}$ < 1.5 分钟），不能用于糖尿病的治疗，GLP-1 的长效类似物和 DPP- Ⅳ 抑制药却有治疗糖尿病的价值。

依克那肽（exenatide）为 GLP-1 类似物，可激活 GLP-1 受体，且可耐受 DPP-Ⅳ 的降解，$t_{1/2}$ 长于天然 GLP-1，约为 3.3～4.0 小时。依克那肽血糖水平较高时刺激胰岛素的分泌，降低餐后血糖水平。能使糖化血红蛋白维持在理想水平。还能增加饱感，减缓胃肠排空，减少进食量，降低体重。

利拉鲁肽（liraglutide）药理作用与依克那肽相似，但 $t_{1/2}$ 较长，约为 12～14 小时，每天 1 次皮下给药就能起到良好的降糖作用。

西他列汀（sitagliptin phosphate）为 DPP-Ⅳ 抑制药，$t_{1/2}$ 约为 12 小时。糖尿病患者血糖升高时，可刺激肠内分泌细胞分泌 GLP-1，西他列汀通过抑制 GLP-1 的降解，使血中 GLP-1 水平升高，通过后者促进胰岛素分泌，产生降血糖效应，在糖尿病患者血糖升高时控制其血糖水平。还能促进胰岛 B 细胞再生、降低糖基化血红蛋白水平，降低体重。

【临床应用】

主要用于降低 2 型糖尿病患者餐后血糖。依克那肽和利拉鲁肽用于二甲双胍和磺脲类药物控制不理想的 2 型糖尿病患者，可与二甲双胍和（或）磺脲类或噻唑烷二酮类联用。依克那肽在早餐和晚餐前 60 分钟皮下注射，1 日 2 次。利拉鲁肽皮下注射 1 日 1 次。西他列汀口服给药，单药或与二甲双胍和（或）磺酰脲类或噻唑烷二酮类联用，每天给药 1 次，给药与进餐无关，不适用于 GLP-1 分泌有障碍的患者。

【不良反应】

较安全，不会增加患者的体重，仅在血糖升高时增加胰岛素分泌，很少引起低血糖反应。依克那肽主要不良反应是恶心、呕吐、腹泻，常为轻、中度，继续用药可减轻，禁忌证为严重胃肠道疾病和明显的肾功能不全。西他列汀极少引起胃肠道反应，但可引起鼻咽炎、上呼吸道感染和头痛。

二、胰淀粉样多肽类似物

普兰林肽

普兰林肽（pramlintide）是人工合成的胰淀粉样多肽的类似物，二者的氨基酸序列差异表现在胰淀粉样多肽 25 位的丙氨酸、28 位和 29 位的丝氨酸用脯氨酸代替，是稳定的水溶性物质。普兰林肽作用与内源性胰淀粉样多肽相似，具有显著的降血糖作用，可以延缓葡萄糖的吸收，抑制胰高血糖素的分泌，减少肝糖生成和释放，因而具有降低糖尿病患者体内血糖波动频率和波动幅度，改善总体血糖控制的作用。可用作 1 型和 2 型糖尿病的辅助用药，也是迄今为止继胰岛素之后第二个获准用于治疗 1 型糖尿病的药物（2005 年 3 月获得 FDA 批准上市），但不能替代胰岛素。单独使用本品不易引起低血糖反应，但与胰岛素合用可增加胰岛素引起的低血糖的风险。主要不良反应是低血糖和胃肠道症状包括恶心、呕吐和厌食。其他不良反应有关节痛、咳嗽、头晕、疲劳、头痛、咽炎等。

（新疆医科大学 康金森）

第三十五章 甲状腺激素和抗甲状腺药

- The thyroid hormones include triiodothyronine (T_3) and thyroxine (T_4), which are essential for growth, development and regulation of energy metabolism by binding to nuclear thyroid hormone receptors and modulating transcription of specific genes. The therapeutic use of thyroid hormones is for hormone replacement therapy in patients with hypothyroidism or cretinism.
- Antithyroid drugs consist of thioureas, iodide, radioiodine (^{131}I) and β-adrenoreceptor antagonists. Thioureas drugs inhibit the synthesis of thyroid hormones. High doses of iodide appear to influence almost all important aspects of iodide metabolism in the thyroid gland. ^{131}I exerts a destruction of thyroid gland by beta particles. Antithyroid drugs are used in the treatment of hyperthyriodism individual.

甲状腺激素（thyroid hormones）由甲状腺滤泡上皮细胞所分泌，是维持机体正常代谢和生长发育所必需的激素。该激素分泌过少引起甲状腺功能减退，分泌过多引起甲状腺功能亢进（甲亢），应以甲状腺激素或抗甲状腺药治疗。

第一节 甲状腺激素

甲状腺激素包括甲状腺素（thyroxine，T_4）和三碘甲状腺原氨酸（triiodothyronine，T_3）。1891年，Murray采用绵羊甲状腺提取物治疗黏液性水肿，开始了甲状腺激素疗法。随后，1914年Kendal提得结晶化的甲状腺素，1926年Harington确定了T_4的分子结构，1952年Gross和Pitt-Rivers发现了活性更强的三碘甲状腺原氨酸（图7-35-1）。

【构效关系】
甲状腺激素都含有无机碘，两个苯环以醚键或硫醚键相连，环Ⅰ和环Ⅱ相互垂直，环Ⅰ有带羧基的侧链，环Ⅱ有酚羟基，是维持活性的基本结构。环Ⅰ 3位和5位的碘参与受体结合，环Ⅱ 5′位上的碘则妨碍受体结合，使活性降低。如3′, 3, 5-三碘甲状腺原氨酸（T_3）的作用明显强于3, 3′, 5′-三碘甲状腺原氨酸（reverse T_3，rT_3），rT_3在生理情况下几乎无活性。

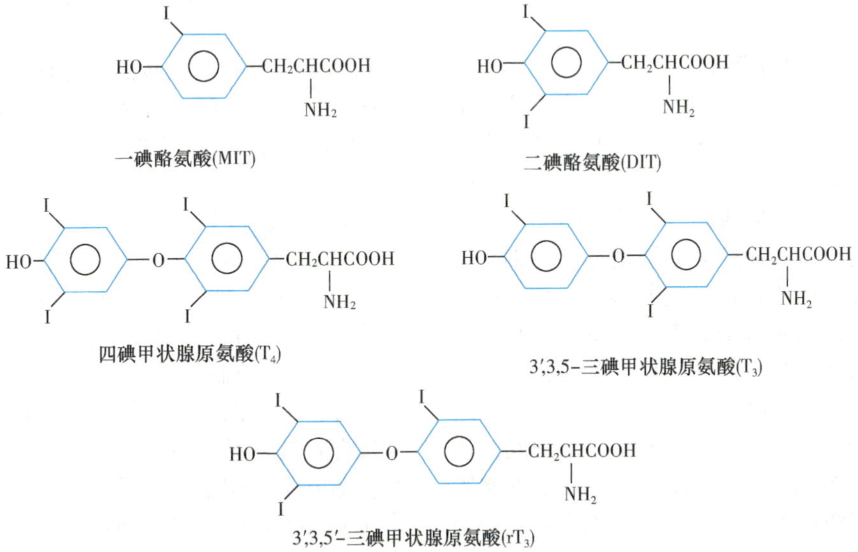

图7-35-1 甲状腺激素的化学结构

【甲状腺激素的合成、贮存、分泌及调节】
1. 碘的摄取 甲状腺具有高度摄取和浓集碘的能力。正常人每日摄入的碘约一半由甲状腺摄取，腺泡细胞靠碘泵主动摄取血液中的碘化物，正常时甲状腺中碘化物浓度为血浆中浓度的25倍，甲亢时可达250倍。摄碘率是甲状腺功能的指标之一。食物含碘量高时，甲状腺摄碘能力下降，缺碘时摄碘能力增高。

2. 合成　碘化物在腺泡上皮细胞通过过氧化物酶作用被氧化成较高氧化状态的活性碘（I^0 或 I^+），活性碘与甲状腺球蛋白（thyroglobulin，TG）上的酪氨酸残基结合，生成一碘酪氨酸（monoiodotyrosine，MIT）和二碘酪氨酸（diiodotyrosine，DIT）。在过氧化物酶作用下，两个 DIT 耦联而生成 T_4，一个 DIT 和一个 MIT 耦联则生成 T_3。合成的 T_4、T_3 贮存于滤泡腔的胶质中，T_4 和 T_3 的比例取决于碘的供应情况，正常时 T_4 较多，缺碘时则 T_3 所占比例增大。这可更有效地利用碘，以维持甲状腺激素的正常活性。

3. 释放　在蛋白水解酶作用下，TG 分解并释放出 T_4、T_3 进入血液。正常人每日分泌 T_4 与 T_3 量分别为 70～90 μg 和 15～30 μg，外周组织中部分 T_4 脱碘转化成 T_3，20% 的 T_3 直接由甲状腺分泌，其余 80% 由外周 T_4 转化而成。

4. 调节　垂体分泌的促甲状腺激素（thyroid stimulating hormone，TSH）促甲状腺激素合成和分泌，而 TSH 的分泌又受下丘脑分泌的促甲状腺激素释放激素（thyrotropin releasing hormone，TRH）的调节。应激状态、环境温度改变和某些疾病均可通过 TRH 影响甲状腺功能。另一方面，血中 T_4 和 T_3 浓度对 TSH 和 TRH 的释放均有负反馈调节作用（图 7-35-2）。

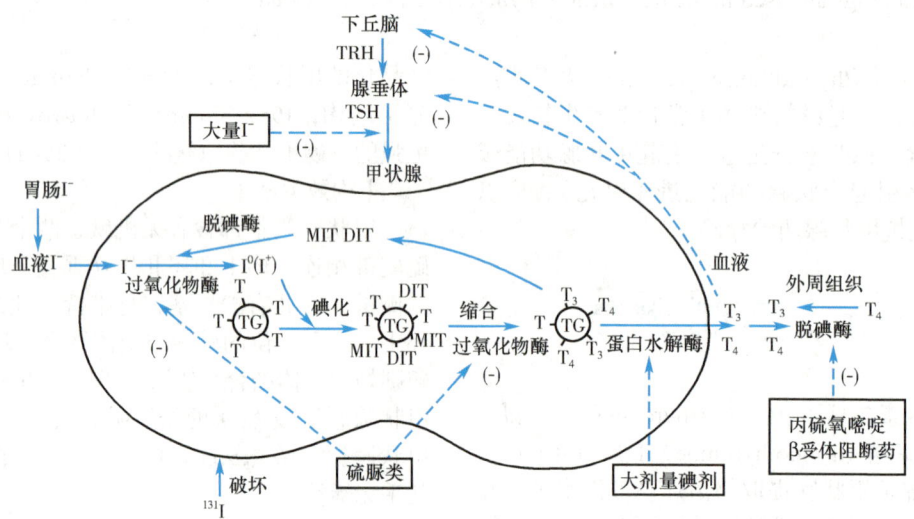

图 7-35-2　甲状腺激素合成、分泌调节和抗甲状腺药物作用环节
TG：甲状腺球蛋白；T：酪氨酸；MIT：一碘酪氨酸；DIT：二碘酪氨酸；T_4：甲状腺素；T_3：三碘甲状腺原氨酸

【生理作用及药理作用】

1. 维持正常生长发育　甲状腺激素为人体正常生长发育所必需，能促进蛋白质合成及骨骼、中枢神经系统的生长发育，激素分泌不足或过量都可引发疾病。如因缺碘、母体应用抗甲状腺药物等所致甲状腺功能不足时，可使胎儿或婴幼儿神经细胞轴突和树突形成发生障碍，神经髓鞘形成延缓，引起呆小病（克汀病，cretinism），表现为身体矮小，肢体粗短，智力低下。T_4、T_3 还可加速胎儿肺发育，新生儿呼吸窘迫综合征常与 T_4、T_3 不足有关。成人甲状腺功能低下者，可致水钠潴留，细胞间液增加，大量黏蛋白沉积于皮下组织，产生黏液性水肿（myxedema），表现为中枢神经系统兴奋性降低，记忆力减退等。

2. 促进代谢　能维持蛋白质、糖、脂肪正常代谢。促进氧化，增加耗氧，提高基础代谢率高，产热增多。甲亢时，常有怕热多汗、疲乏、消瘦等症状。甲状腺功能低下时，基础代谢率降低，产热减少，患者畏寒怕冷。

3. 提高机体对交感-肾上腺髓质系统的敏感性　甲亢时由于对儿茶酚胺的敏感性提高，患者可出现紧张、烦躁、失眠、心率加快和心输出量增加等症状，严重者可发生甲亢性心脏病，表现为心律失常、心脏增大或心力衰竭等。

【作用机制】

甲状腺激素的作用大多是通过激活位于细胞核的甲状腺激素受体（thyroid hormone receptor，TR）所介导。TR 通常与靶基因启动子区域的特定序列 DNA 结合，抑制基因转录。当 T_3 与 TR 结合后，可解除抑制而激活基因转录，通过影响蛋白质合成而发挥效应（图 7-35-3）。T_4 也可与核受体结合，但结合后并不影响基因转录，因此，T_4 可能为前体激素（prohormone），主要通过 T_3 发挥作用。T_3 与 TR 的亲和力比 T_4 大 10 倍，故 TR 又称为 T_3 受体。

TR 是 c-erb 原癌基因的同源受体之一，分为 α 和 β 两种类型。广泛分布于激素效应器官如垂体、肝、肾、心、骨骼肌、肺和肠等，在不同组织中两型受体比例不同，作用也不一致。许多因素可影响 T_3 受体数目，如饥饿、营养不良、糖尿病、尿毒症等均可使其数目减少。

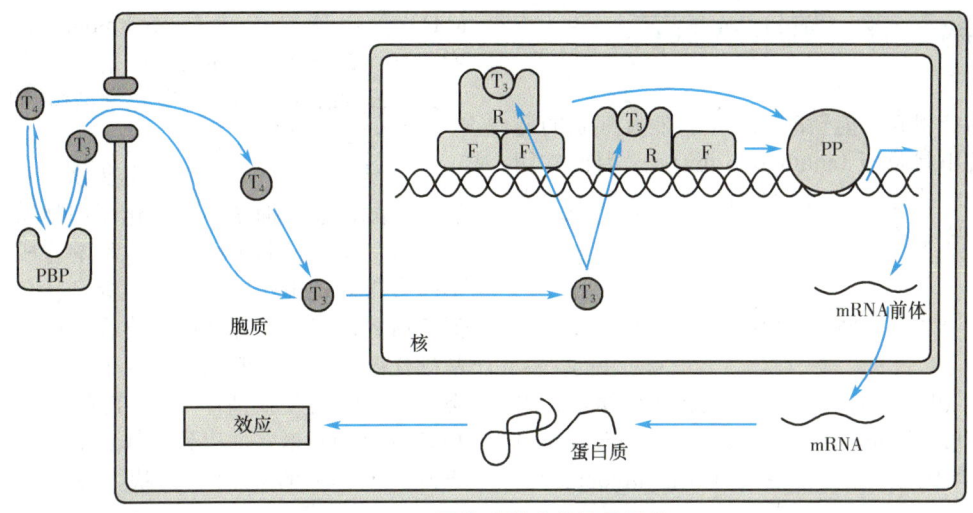

图 7-35-3 甲状腺激素的转录调节
PBP：血浆结合蛋白；F：转录因子；R：T₃核受体；PP：结合在启动子部位的蛋白质

甲状腺激素还具有某些非基因作用，如可通过与细胞膜、线粒体等上的受体结合，影响膜的转运和能量代谢等而发挥作用。

【体内过程】

口服易吸收，吸收程度 T_3 高于 T_4，且吸收速率也较 T_4 恒定。严重的黏液性水肿时口服吸收不良，须肠外给药。两者血浆蛋白结合率均在 99% 以上，T_3 亲和力低于 T_4，主要是与甲状腺结合球蛋白（thyroxine-binding globulin，TBG）结合，血浆总 T_4、T_3 浓度可随 TBG 的量而变化，游离 T_4、T_3 水平则不受 TBG 影响。约 35% 的 T_4 在效应器组织内脱碘成 T_3 后才产生效应，故 T_3 作用快而强，维持时间短，T_4 则作用慢而弱，维持时间较长。T_3 用药后 6 小时内起效，24 小时作用达高峰。T_4 用药后 24 小时内无明显作用，7～10 日作用达高峰。主要在肝、肾线粒体内脱碘，并与葡萄糖醛酸、硫酸结合而经肾排泄。可通过胎盘，也可进入乳汁，在妊娠期或哺乳期应慎用。T_4 和 T_3 的药动学特点见表 7-35-1。

表 7-35-1 甲状腺激素的药动学特点

药动学参数	T_4	T_3
效价强度	1	4
日分泌量（μg）	70～90	15～30
日清除率（L/d）	1.1	2.4
口服吸收率（%）	80	95
血浆蛋白结合率（%）	99.96	99.6
血清总水平（μg/L）	50～110	0.95～1.9
血清游离水平（ng/L）	7～18.6	2～5.2
分布容积（L）	10	40
生物半衰期（d）	7	1

【临床应用】

主要用于甲状腺功能减退的替代治疗。

1. 呆小病 甲状腺功能减退始于胎儿或新生儿，若尽早诊治，发育仍可正常。若治疗过晚，躯体虽可发育正常，但智力仍然低下。常口服甲状腺片，从小剂量开始并逐渐增加剂量，有效者应终身治疗，并随时调整剂量。

2. 黏液性水肿 甲状腺片应从小剂量开始，逐渐增至足量，2～3 周后如基础代谢率恢复正常，可逐渐减至维持量。儿童和青年可迅速采用足量，老年、循环系统严重疾患等宜缓慢增量；伴有垂体功能低下者，应先用皮质激素再给予甲状腺激素，以防发生急性肾上腺皮质功能不全；黏液性水肿伴有昏迷者须立即注射大剂量 T_3，待患者苏醒后改为口服。

3. 单纯性甲状腺肿 常以含碘食盐、食物预防为主。其治疗取决于病因，由于缺碘所致者应补碘。未发现明显原因者可给予适量甲状腺激素，以补充内源性激素的不足，并可抑制 TSH 分泌，缓解或减轻腺体增生。甲状腺片宜从小剂量开始，逐渐增量，疗程一般为 3～6 个月。

4. T_3 抑制试验 对摄碘率高的患者作鉴别诊断用。服 T_3 后摄碘率比用药前对照值下降 50% 以上者为单纯性甲状腺肿，摄碘率下降低于 50% 者为甲亢。

【不良反应】

若用量适当无任何不良反应。使用过量引起甲亢的临床表现，如心悸、多汗、失眠、手震颤、消瘦等，重者可出现腹泻、呕吐、发热、心悸等。对老年人和心脏病患者，可致心绞痛和心肌梗死，应立即停药，必要时用 β 受体阻断药对抗。糖尿病、冠心病、快速型心律失常患者禁用。

第二节 抗甲状腺药

用以治疗甲亢，能暂时或长期控制其症状的药物统称为抗甲状腺药（antithyroid drugs）。目前常用的有硫脲类、碘和碘化物、放射性碘和β肾上腺素受体阻断药等4类。

一、硫 脲 类

硫脲类（thioureas）是最常用的抗甲状腺药，可分为硫氧嘧啶类（thiouracils）和咪唑类（imidazoles）两类。前者包括甲硫氧嘧啶（methylthiouracil，MTU）、丙硫氧嘧啶（propylthiouracil，PTU）；后者包括甲巯咪唑（thiamazole，他巴唑）、卡比马唑（carbimazole，甲亢平）。其化学结构见图7-35-4。

【药理作用】

1. 抗甲状腺作用 硫脲类药物主要通过抑制过氧化物酶，通过抑制碘的活化而抑制酪氨酸的碘化及耦联，从而抑制了甲状腺激素的合成。本类药物不能直接对抗甲状腺激素，须等已经合成的激素被消耗后才能显效。症状改善常在用药后2～3周，基础代谢率恢复正常需1～3个月。长期应用硫脲类药物后，可使血清中T_4和T_3的浓度显著降低，TSH分泌相对增多，以致腺体和血管增生、肿大、充血，严重者可出现压迫症状。

图7-35-4 硫脲类抗甲状腺药的化学结构

丙硫氧嘧啶还能抑制外周组织T_4转化为T_3，故能迅速降低血清中生物活性较强的T_3水平，故在甲状腺危象、重症甲亢、妊娠甲亢时常列为首选。

2. 减弱β受体介导的糖代谢 硫氧嘧啶可减少心肌、骨骼肌的β受体数目，降低腺苷酸环化酶活性而减弱β受体介导的糖代谢。

3. 免疫抑制作用 硫脲类药物有轻度的免疫抑制作用，能轻度抑制免疫球蛋白的合成，使血液循环中甲状腺刺激性免疫球蛋白（thyroid stimulating immunoglobulin，TSI）下降。故对自身免疫性甲亢除能控制高代谢症状外，还具有一定的对因治疗作用。

【体内过程】

硫氧嘧啶类药物口服吸收迅速，2小时血药浓度达峰值，吸收率为80%。血浆蛋白结合率约75%。在体内分布较广，但在甲状腺浓集较多。主要在肝代谢，$t_{1/2}$约2小时。

甲巯咪唑的血浆$t_{1/2}$为4～9小时，但在甲状腺组织中可维持有效药物浓度达16～24小时。卡比马唑在体内转化成甲巯咪唑后才生效，作用缓慢，不宜用于甲状腺危象。

硫脲类药物能通过胎盘，并易进入乳汁，因此妊娠和哺乳妇女应慎用或禁用。

【临床应用】

1. 甲亢的内科治疗 适用于轻度、不适于手术和^{131}I治疗的甲亢患者，如儿童、青少年及术后复发等，也可作为^{131}I治疗的辅助疗法。开始治疗时应给大剂量，对甲状腺激素的合成产生最大的抑制作用，1～3个月后症状明显减轻，当基础代谢率接近正常时，药量即可递减，直至维持量，疗程1～2年。如遇有感染或其他应激时可临时酌加剂量。内科治疗可使约40%～70%患者获得痊愈。疗程过短则易复发。

2. 甲亢手术前准备 为减少甲状腺次全切除手术患者在麻醉和手术后的合并症，防止甲状腺危象的发生，在手术前应先服用硫脲类药物，使甲状腺功能恢复或接近正常。但因用药后TSH分泌增多，致使腺体增生，组织脆而充血，须在手术前两周左右加服大剂量碘剂。

3. 甲状腺危象的辅助治疗 甲亢患者由于精神刺激、感染、手术、外伤等诱因，使甲状腺激素突然大量释放入血，导致病情恶化，患者出现高热、心力衰竭、肺水肿、电解质紊乱等而危及生命，称甲状腺危象。应使用大剂量碘剂阻止甲状腺激素的释放和对症治疗，并同时应用大剂量丙硫氧嘧啶作辅助治疗。

【不良反应】

发生率为3%～12%，以甲硫氧嘧啶发生率较高。

1. 一般反应 多为胃肠道反应，表现为厌食、呕吐、腹痛、腹泻等，还有头痛、关节痛和眩晕等。

2. 过敏反应 最常见，多为药疹、瘙痒、发热等，停药后可自行消退，少数可发生剥脱性皮炎等严重过敏反应，须用糖皮质激素处理。

3. 粒细胞缺乏症 为最严重的不良反应，发生率为 0.3%～0.6%，老年人较易发生。多在用药后 2～3 个月发生，应定期检查血象，白细胞低于 $3×10^9/L$ 应立即停药。若用药后出现咽痛或发热，应立即就诊检查，停药及时往往可以恢复，有时需用糖皮质激素处理。

4. 甲状腺肿和甲状腺功能减退 为用量过大所致，发生率有增高趋势。一般多不严重，及时停药后可自愈，必要时可考虑替代疗法。

硫脲类药物可使 TSH 分泌增加，而 TSH 能促使甲状腺癌发展；结节性甲状腺肿合并甲状腺功能亢进者有癌变可能，因此甲状腺癌、结节性甲状腺肿等患者禁用。

【药物相互作用】

硫脲类与口服抗凝血药合用可使后者作用增强。锂盐、磺胺类、对氨水杨酸、保泰松、巴比妥类、酚妥拉明、妥拉唑啉、磺酰脲类、维生素 B_{12} 等均可不同程度地抑制甲状腺功能，硫脲类药物与其合用时可增强抗甲状腺效应。碘剂可明显延缓硫脲类起效时间，一般不应合用。

二、碘和碘化物

碘（iodine）是人体内必需的微量元素之一，正常人每日需碘 100～150 μg。碘和碘化物（iodide）是防治甲状腺疾病的最古老的药物，我国古代《神农本草经》就有采用海带等含碘食物治疗"瘿瘤"（甲状腺肿大）的记载。目前常用复方碘口服液（liguor iodine Co），又称卢戈液（Lugol's solution），含碘 5%、碘化钾 10%，也可单用碘化钾或碘化钠。

【药理作用】

不同剂量的碘对甲状腺功能可产生两种性质不同的作用。

1. 促甲状腺作用 小剂量碘剂可促进甲状腺激素的合成。碘是甲状腺激素合成的必需原料，甲状腺具有浓集碘的能力，甲状腺内含碘量约为人体总碘量的 80%。当碘摄入量不足时，甲状腺激素合成减少，反馈性地增加 TSH 分泌，刺激甲状腺组织增生性肥大，称为单纯性甲状腺肿（地方性甲状腺肿）。

2. 抗甲状腺作用 大剂量碘剂产生抗甲状腺作用。碘每日用量超过 6 mg，则发挥抗甲状腺作用。大剂量的碘能抑制甲状腺激素的释放。该作用是通过抑制谷胱甘肽还原酶，抑制 TG 的水解而抑制甲状腺激素的释放，因为 TG 水解时需要足够的谷胱甘肽还原酶使 TG 中的二硫键还原。此外，还可抑制过氧化物酶，影响酪氨酸碘化和耦联，使 T_4、T_3 合成减少。大剂量的碘剂能抑制垂体分泌 TSH，使甲状腺缩小。

大剂量碘剂的抗甲状腺作用快而强，用药后 1～2 天起效，10～15 天达最大效应。此时若继续用药，反使碘的摄取受抑制，胞内碘离子浓度下降而失去抗甲状腺效应，甲亢的症状又可复发。因此，碘化物不能单独用于甲亢的内科治疗。

【临床应用】

1. 单纯性甲状腺肿 用小剂量碘剂。缺碘地区在食盐中按：$1:10^5$～$1:10^4$ 的比例加入碘化钾或碘化钠，早期患者疗效显著。对晚期患者疗效差，应考虑手术治疗。如腺体太大已有压迫症状者应考虑手术治疗。

2. 甲亢手术前准备 用大剂量碘剂。在硫脲类药物控制症状的基础上，于术前两周加用复方碘溶液，以纠正硫脲类药物引起的腺体增生、充血，以利于手术进行并减少出血。

3. 甲状腺危象 大剂量的碘剂可阻止甲状腺激素的释放，可将碘化钾加到 10% 葡萄糖溶液中静脉滴注，也可服用复方碘溶液，一般 24 小时即可充分发挥作用，并在两周内逐渐停服。需同时配合服用硫脲类药物。

【不良反应】

1. 过敏反应 给药后立即或几小时内发生，表现为皮疹、药热、皮炎、血管神经性水肿，严重者可因上呼吸道黏膜水肿及喉头水肿而窒息。停药后即可消退，必要时给予抗过敏治疗。

2. 慢性碘中毒 长期应用可出现咽喉烧灼感、流涎、鼻炎和结膜刺激症状等，停药后可消退。

3. 诱发甲状腺功能紊乱 长期或过量应用可诱发甲亢，也可诱发甲状腺功能减退和甲状腺肿。碘能进入乳汁并能通过胎盘，引起新生儿甲状腺肿，严重者可压迫气管而致命，故孕妇与哺乳妇女慎用。

三、放射性碘

放射性碘（radioiodine）的同位素有 ^{131}I、^{125}I、^{123}I 等。^{125}I 的 $t_{1/2}$ 长，为 60 天，^{123}I 的 $t_{1/2}$ 太短，为 13 h，均不便于临床应用。^{131}I 的 $t_{1/2}$ 为 8 天，用药后两个月内可消除其放射性的 99% 以上，作用时间适中，故临床最为常用。

【药理作用】

甲状腺有高度的摄碘能力。口服或静脉注射 $Na^{131}I$ 溶液后，^{131}I 被甲状腺摄取、浓集，释放出 β 射线（99%）和 γ 射线（1%）。β 射线在组织内的射程为 0.5～2 mm，辐射损伤仅限于甲状腺实质，因增生组织对辐射更为敏感，损伤很少波及周围其他组织。γ 射线射程远，在体外可测得，故可用于测定甲状腺摄碘功能。

【临床应用】

1. 甲亢治疗 由于放射性物质对人体具有广泛影响，故应严格限制其适应证。适用于不宜手术、手术后复发或其他药物无效者、过敏者。^{131}I 的剂量对疗效和远期并发症有决定性影响，通常按估计的甲状腺重量和最高摄碘率计算，但个体差异较大。一般用药后一个月见效，3～4 个月后甲状腺功能恢复正常。见效前需加用其他抗甲状腺药控制症状。

2. 甲状腺摄碘功能测定 小剂量 ^{131}I 可用于测定甲状腺摄碘功能。甲亢时，摄碘高峰时间前移；甲状腺功能低下时，摄碘率低，摄碘高峰时间后延。应注意试验前两周应停用一切可能影响甲状腺碘摄取和利用的药物和食物。

【不良反应】

剂量过大易致甲状腺功能低下，一旦发生可补充甲状腺激素对抗，服 ^{131}I 前 2～4 周应避免用碘剂及其他含碘食物。卵巢是碘的集中场所，可能影响遗传，因此禁用于妊娠、哺乳期妇女、20 岁以下患者及肾功能不全者。

四、β 肾上腺素受体阻断药

β 肾上腺素受体阻断药以阿替洛尔、美托洛尔、比索洛尔等较为常用，主要通过阻断 β 受体，减轻甲亢患者交感 - 肾上腺髓质系统兴奋症状，此外，还可抑制甲状腺激素分泌及外周组织 T_4 脱碘成为 T_3。

临床主要用于控制甲亢症状、甲亢术前准备及甲状腺危象的辅助治疗。甲亢患者用药后，可迅速减轻焦虑、震颤及窦性心动过速等症状；甲亢手术前应用大剂量本类药物可避免甲状腺充血，缩短手术时间，利于手术进行；静脉注射给药可帮助甲状腺危象患者度过危险期。若与硫脲类药物合用则疗效更佳。

（郑州大学　乔海灵）

第三十六章　性激素类药与避孕药

- The therapeutic use of estrogens and progestins largely reflects extensions of their physiological activities. The most common uses of these agents are menopausal hormone therapy and contraception in women, but the specific compounds and dosages used in these two settings differ substantially.
- Estrogen-receptor and progesterone-receptor antagonists also are available. The main uses of anti-estrogens including the pure estrogen antagonists (e.g. clomiphene) and the selective estrogen receptor modulators (SERMs) (e.g. tamoxifen) are treatment of hormone-responsive breast cancer and infertility. The anti-progestins have been used for medical abortion.
- The main uses of androgens are treatment of male or female hypogonadism, male contraception, catabolic and wasting states, and blood dyscrasia.
- Oral contraceptives are among the most widely used agents for family planning and the avoidance of unplanned pregnancies.

性激素（gonadal hormones）是性腺分泌的甾体类激素，包括雌激素、孕激素和雄激素。临床应用的性激素类药物为人工合成品及其衍生物。性激素类药物通过细胞核内性激素受体发挥作用。避孕药（contraceptives）是通过干扰复杂生殖过程达到避孕效果的一类药物。常用的避孕药大多属于雌激素和孕激素的复方制剂。

第一节　生殖过程及其调控

生殖过程包括精子和卵子的发生、成熟、排卵、受精、着床及胚胎发育等环节，每个环节均有赖于下丘脑-垂体-性腺轴复杂而精细的神经内分泌调控。

1. 性激素的分泌及调节　性激素的产生和分泌受下丘脑和腺垂体调节，体内性激素的水平又通过正/负反馈影响下丘脑和腺垂体的功能。下丘脑分泌促性腺激素释放激素（gonadotropin-releasing hormone, GnRH）和催乳素抑制因子（prolactin inhibiting factor, PIF），经下丘脑正中隆起的门脉系统运送到腺垂体。GnRH 促使腺垂体分泌促性腺激素，包括卵泡刺激素（follicle stimulating hormone, FSH）及黄体生成素（luteinizing hormone, LH）。FSH 可刺激卵巢的卵泡生长发育，并使 LH 受体增加。在 FSH 及 LH 的共同作用下，促使成熟卵泡合成和分泌雌激素。性激素对下丘脑、腺垂体的分泌功能具有正、负反馈调节作用，以维持性激素水平的动态平衡和生殖功能。这种反馈调节有三种途径：①长反馈：是雌激素对垂体和丘脑下部的反馈，在排卵前血中雌激素水平较高，可直接或通过下丘脑促进腺垂体分泌 LH，导致排卵，表现为正反馈调节；在月经周期的分泌期（黄体期），血中雌、孕激素水平均较高，可减少 GnRH 的释放及 LH、FSH 的分泌，从而抑制排卵，表现为负反馈调节。②短反馈：是垂体分泌的促性腺激素（LH、FSH）对丘脑下部的负反馈调节，月经分泌期 FSH、LH 的水平高，通过短反馈减少下丘脑 GnRH 的释放；③超短反馈：是腺体内的自行正反馈调节，雌激素可局部刺激成熟的卵泡，增加卵泡对促性腺激素的敏感性，促进雌激素的合成；丘脑下部分泌的 GnRH 又可作用于丘脑下部（图 7-36-1）。

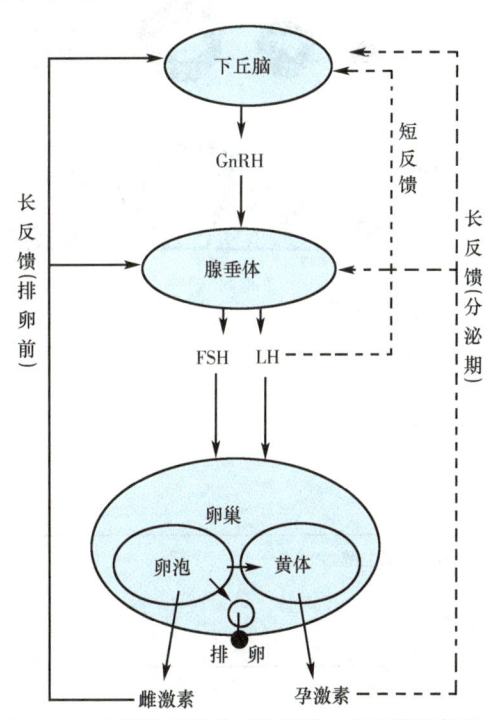

图 7-36-1　女性激素的分泌与调节（长反馈和短反馈）
——示意正反馈；-----示意负反馈；GnRH：促性腺激素释放激素；FSH：卵泡刺激素；LH：黄体生成素

在男性体内，腺垂体释放的 LH 可促进睾丸间质细胞生长和增加睾酮的分泌，故 LH 又称为间质细胞刺激激素（interstitial cell stimulating hormone, ICSH）。FSH 则能促进男性睾丸曲精细管的成熟和精子的生成。雄激素同样可通过反馈机制抑制促性腺激素释放。

2. 女性激素与性周期 卵巢具有重要的配子形成和分泌雌激素功能。在幼年快速发育期，卵巢处于相对静止状态；在青春期来临后，下丘脑产生的 GnRH 以脉冲式分泌，刺激 FSH 和 LH 周期性分泌，从而使卵巢逐渐开始周期性变化并产生及分泌雌激素，促使子宫形成月经周期；月经周期持续 30～40 年；随后，卵巢对腺垂体分泌的促性腺激素逐渐停止反应，月经周期停止，进入更年期。每一个月经周期开始时，FSH 刺激卵泡开始增大，5～6 天后，其中一个卵泡快速发育，其颗粒细胞快速增殖，并在 LH 作用下，加速合成雌激素。在月经中期，雌激素分泌达高峰，颗粒细胞开始分泌孕激素，从而正反馈刺激 LH、FSH 分泌峰值出现，促进卵泡破裂而排卵。破裂的卵泡膜细胞和颗粒细胞增殖形成黄体，并继续产生雌激素和孕激素维持月经周期。如果受孕，黄体持续分泌以维持妊娠，胎盘开始合成雌激素，并释放到母体；如未受孕，黄体逐渐退化形成白体，停止分泌激素。在卵泡期，子宫内膜逐渐增殖；在黄体期（分泌期），子宫内膜出现腺体结构；在月经期，子宫内膜逐渐脱落（图 7-36-2）。

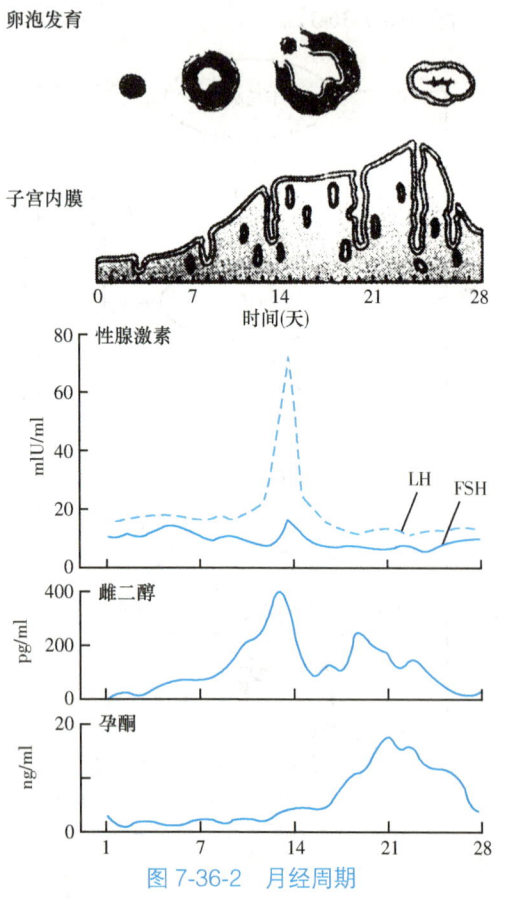

图 7-36-2　月经周期

第二节　雌激素类药及抗雌激素类药

一、雌激素类药

【来源及化学】

天然雌激素（estrogens）包括雌二醇（estradiol, E_2）、雌酮（estrone, E_1）和雌三醇（estriol, E_3）。卵巢分泌的雌激素主要是雌二醇，从孕妇尿中提出的雌酮、雌三醇及其他雌激素，多为雌二醇的代谢产物。天然雌激素中雌二醇活性最强，但口服效果较差；长效雌激素苯甲酸雌二醇（estradiol benzoate）、戊酸雌二醇（estradiol valerate）和环戊丙酸雌二醇（estradiol cypionate）等主要以注射剂使用。以雌二醇为母体，现已人工合成许多能口服的高效、长效雌激素类药，如强效的炔雌醇（乙炔雌二醇，ethinylestradiol，EE）、长效的炔雌醚（quinestrol，炔雌醇环戊醚）等。雌三醇作用比雌二醇弱，但对阴道及子宫颈管具有选择性，其长效衍生物为尼尔雌醇（nilestriol）。己烯雌酚（乙蔗酚，diethylstilbestrol，stilbestrol）和氯烯雌醚（chlorotrianisene）则是合成的非甾体类药物，具有雌激素样作用，口服有效，作用维持时间较长。

【体内过程】

雌二醇口服后生物利用度低。吸收后在肝内迅速代谢成雌酮与雌三醇，这些代谢产物大部分形成葡萄糖醛酸酯或硫酸酯，随尿排出。部分通过胆汁排出，形成肝肠循环。在血浆中雌激素与性激素结合球蛋白和血浆白蛋白结合，结合率 50% 以上。人工合成的炔雌醇、炔雌醚、氯烯雌醚口服吸收后贮存于体内脂肪组织，然后缓慢释出，在肝内代谢较慢，作用时间长。己烯雌酚口服后在肝内代谢也较慢，故口服疗效好，维持时间亦长。

大多数雌激素易从皮肤和黏膜吸收，可制成贴片经皮肤给药，也可制成栓剂或霜剂在阴道发挥局部作用。

【药理作用与作用机制】

雌激素主要促进和调节女性性器官及第二性征的正常发育，但剂量不同可能会影响作用的性质。

1. 女性成熟　促进女性性器官的发育和成熟，维持女性第二性征。

2. 子宫反应　促使子宫肌层和内膜增殖变厚，在孕激素的共同作用下，使子宫内膜发生周期性的变化，形成月经周期。雌激素刺激阴道上皮增生，浅表层细胞角化，并增加子宫平滑肌对缩宫素的敏感性。

3. 影响排卵　小剂量雌激素，特别在孕激素配合下，促进促性腺激素分泌，促进排卵，但大剂量通过负反馈机制能减少其释放，抑制排卵。

4. 乳腺增生发育和分泌　小剂量雌激素能刺激乳腺导管及腺泡的生长发育，大剂量能抑制催乳素对乳腺的刺激作用，减少乳汁分泌。

5. 影响代谢　雌激素激活肾素 - 血管紧张素 - 醛固酮系统，使醛固酮分泌增加，能促进肾小管对水、钠的再吸收，故有轻度的水钠潴留作用，使血压升高；能增加骨骼的钙盐沉积，促进长骨骨骺愈合；大剂量能升高血清三酰甘油、磷脂和高密度脂蛋白水平，降低血清胆固醇和低密度脂蛋白水平。

6. 其他作用　雌激素可增加凝血因子Ⅱ、Ⅶ、Ⅸ、Ⅹ、Ⅻ的活性，减少蛋白 C（protein C）、蛋白 S（protein S）和抗凝血酶Ⅲ，促进血液凝固。

雌激素通过雌激素受体（ER）发挥作用。雌激素受体存在于细胞核内，与稳定受体的热休克蛋白（Hsp90）结合。雌激素进入核内与受体结合，受体分子构型改变与 Hsp90 分离。受体与雌激素形成二聚体复合物，与雌激素反应元件（特殊序列的核苷酸）结合，并调节基因转录，产生基因组效应。进而合成蛋白，产生生物活性，发挥各种药理作用。雌激素受体有两种亚型，即 ERα 和 ERβ。体内大多数细胞存在两种受体，ERα 主要分布在女性生殖道（尤其子宫、阴道和卵巢）以及乳腺、胎盘、肝脏、下丘脑、内皮细胞、血管平滑肌、骨组织等，而 ERβ 主要分布在前列腺、睾丸、松果体、甲状腺、甲状旁腺、胰腺、胆囊、皮肤、淋巴组织和红细胞等。另外，某些雌激素受体存在于细胞膜，与雌激素的一些快速作用有关，即非基因组效应。

【临床应用】

1. 绝经期综合征　妇女到更年期，由于卵巢功能降低，雌激素分泌不足，而垂体促性腺激素分泌增多，产生内分泌平衡失调现象，因而出现一系列症状，如面颈红热、恶心、失眠、情绪不安等，也称更年期综合征。每个月经周期前 21～25 日补充 10～50 μg/日的雌激素可抑制垂体促性腺激素分泌，减轻各种症状。

2. 卵巢功能不全　用于卵巢功能不全引起的子宫、外生殖器及第二性征发育迟缓、闭经等。

3. 功能性子宫出血　由于体内雌激素水平低，子宫内膜创面修复不良，引起持续少量阴道出血，雌激素能促进子宫内膜增生，修复出血创面而止血。

4. 乳房胀痛及回乳　部分妇女停止授乳后引起乳房胀痛，大剂量雌激素能干扰催乳素对乳腺的刺激作用，使乳汁分泌减少而退乳消痛。

5. 避孕　因大剂量雌激素可抑制 FSH 分泌，与孕激素合用于避孕。

6. 晚期乳腺癌　能缓解绝经五年后的乳腺癌患者症状。有研究认为，乳腺癌的发生与内源性雌酮有关，因为绝经期妇女卵巢停止分泌雌二醇，而肾上腺分泌的雄烯二酮在周围组织可转化为雌酮，它对乳腺的持续作用，可引起乳腺癌。用大剂量雌激素可抑制腺垂体分泌促性腺激素，而减少雌酮的产生。但绝经期以前的患者禁用，因可能促进肿瘤的生长。

7. 前列腺癌　大剂量雌激素抑制垂体促性腺激素的分泌，可使睾丸萎缩及雄激素分泌减少，且雌激素能拮抗雄激素的作用，故能治疗前列腺癌。

8. 骨质疏松症　雌激素治疗骨质疏松症尤其对绝经期骨质疏松有效，可减少骨质丢失，同时摄入适量的 Ca^{2+}、维生素 D 以及体育锻炼会增强雌激素的疗效。由于骨质疏松症的治疗需长期用药，雌激素长期应用又有风险，因此一般不作为一线药物。

9. 痤疮　多见于青年男女，由于过多的雄激素使皮脂腺分泌过多所致。雌激素能抑制雄激素分泌，并有抗雄激素作用。

10. 其他　局部应用雌激素对老年性阴道炎及女阴干燥症有效。小剂量雌激素长期应用可有效预防冠心病和心肌梗死等心血管疾病。

【不良反应】

（1）常见厌食、恶心、呕吐及头昏等。减少剂量或从小量开始逐渐增量的方法可减轻症状，注射用药也可减轻症状。

（2）长期大量应用可使子宫内膜过度增生，发生子宫出血，故子宫内膜炎患者慎用。

（3）可使水、钠潴留，长期大量应用可引起高血压、水肿及加重心衰。

（4）雌激素对前列腺癌及绝经期后乳腺癌患者有治疗作用，但禁用于其他肿瘤患者。研究表明，更年期雌激素替代疗法可明显增加子宫内膜癌的危险性，如同时辅用孕激素可减少其危险性。孕妇在孕期头三个月如使用己烯雌酚，其女儿阴道腺癌发生率有可能增加。低剂量的口服避孕药并不增加乳腺癌的发病率。

（5）妊娠期不应使用雌激素，以免引起胎儿发育异常。本药在肝灭活，故肝功能不良者慎用。

（6）雌激素可能会影响认知能力。在有些妇女会引起严重的偏头痛。

二、抗雌激素类药与选择性雌激素受体调制药

雌激素受体有两种亚型，药物通过改变受体的构象在不同组织呈现不同作用。有些药物可在所有组织发挥作用，而另一些药物仅在部分组织发挥作用。

氯 米 芬

氯米芬（氯蔗酚胺，clomiphene，克罗米芬）与己烯雌酚的化学结构相似，为三苯乙烯衍生物，为雌激素受体阻断药，同类药物还有氟维司群（fulvestrant）。

【药理作用与作用机制】

氯米芬和氟维司群在所有组织均有拮抗雌激素受体作用，显示出较强的抗雌激素活性，但也有较弱的雌激素样作用。低剂量氯米芬能促进人促性腺激素释放，诱发排卵。排卵作用可能与它在下丘脑竞争雌激素受体，阻断雌激素的负反馈作用有关。用药几日后可观察到血浆 LH、FSH 的升高。对男性则有促进精子生成的作用。但高剂量氯米芬则明显抑制垂体释放促性腺激素。

【临床应用】

氯米芬主要用于功能性不孕症，一个疗程（100 mg/日，连续5日）诱导一次排卵，故常需重复疗程。对卵巢和垂体功能完全丧失者无效。本药也可用于功能性子宫出血、月经不调、晚期乳腺癌及长期应用避孕药后发生的闭经以及男性不育症等的治疗。

氟维司群主要用于他莫昔芬和芳香化酶抑制剂耐药的绝经后乳腺癌的治疗。

【不良反应】

可见面部潮红、恶心、头晕、乏力、腹胀、乳胀、皮疹、肝功能障碍等，大剂量长期应用可引起卵巢肥大，一般停药后能自行恢复。

【禁忌证】

肝、肾功能不全者，卵巢囊肿及其他妇科肿瘤患者禁用。

他莫昔芬

他莫昔芬（tamoxifen，三苯氧胺）属选择性雌激素受体调制药（selective estrogen receptor modulators，SERMS）。雷洛昔芬（raloxifene）、托瑞米芬（toremifene）属同类药。

【体内过程】

他莫昔芬口服吸收迅速，口服 4～7 h 后血中浓度达高峰。消除半衰期 7 天。主要在肝代谢，其代谢产物为 N- 去甲他莫昔芬和 4- 羟他莫昔芬。大部分以结合物形式由粪便排出，少量从尿中排泄。雷洛昔芬口服可吸收，但肝首关消除明显，生物利用度仅 2%。血浆蛋白结合率 95% 以上，但全身分布广泛，表观分布容积很大。主要经粪便排泄。

【药理作用与作用机制】

这类药物有一定的组织选择性，在骨、脑、肝等组织产生雌激素样作用以减轻绝经期的症状，而在乳腺、子宫等组织则产生拮抗雌激素的作用。这类药物能促使阴道上皮角化和子宫重量增加，并能防止受精卵着床，延迟排卵。可与雌二醇在乳腺癌细胞内竞争性与雌激素受体结合，抑制雌激素依赖性肿瘤细胞的生长。

【临床应用】

他莫昔芬和托瑞米芬常用于治疗已绝经的晚期乳腺癌患者，对雌激素受体阳性的乳腺癌患者效果较好。雷洛昔芬主要用于预防和治疗绝经后妇女骨质疏松；国内一项临床研究显示雷洛昔芬能显著增加初次用药的绝经后骨质疏松症患者骨密度，应用阿仑膦酸钠治疗 3～5 年后失效者改用雷洛昔芬可显著减慢骨丢失率。

【不良反应】

常见食欲缺乏、恶心、呕吐、腹泻等胃肠道反应；也可出现月经失调、闭经、阴道出血、外阴瘙痒、子宫内膜增生等生殖系统问题；还可出现颜面潮红、皮疹、脱发等。罕见不良反应有精神错乱、肺栓塞、血栓形成、无力和嗜睡等。

第三节 孕激素及抗孕激素类药物

一、孕激素类药物

【来源及化学】

天然孕激素主要是由黄体分泌的黄体酮（孕酮，progesterone），妊娠 3～4 个月后，黄体即萎缩，随后由胎盘分泌。临床应用多为人工合成品。按化学结构可分为两类：① 17α- 羟孕酮类：由黄体酮衍生而得，如乙酸甲羟孕酮（安宫黄体酮，甲孕酮，medroxyprogesterone acetate）、乙酸甲地孕酮（megestrol acetate）、氯地孕酮（chlormadinone）及长效的己酸孕酮（17α-hydroxyprogesterone caproate）；② 19- 去甲基睾丸酮类：其结构与睾酮相似如炔诺酮（norethisterone，norethindrone，norlutin）、双醋炔诺酮（ethynodiol diacetate）、炔诺孕酮（甲炔诺酮，18- 甲炔诺酮，norgestrel）等。

【体内过程】

黄体酮口服后，因首关消除而失效，故需肌内注射或舌下给药。其代谢产物孕二醇，多与葡萄糖醛酸结合，经肾排出。人工合成的炔诺酮、甲地孕酮等，在肝破坏较慢，可口服。甲孕酮和甲地孕酮的微结晶混悬液和己酸孕酮的油溶液肌内注射，由于局部吸收缓慢而发挥长效作用。孕激素在血浆中蛋白结合率在 90% 以上。

【药理作用与作用机制】

孕激素通过孕激素受体（PR）发挥作用。孕激素受体是一种细胞核内受体，PR 蛋白由三个功能不同的结构域构成，即 C- 端结构域、中央结构域和 N- 端结构域。PR 有 PR-A 和 PR-B 两种异构体，且 PR-A 和 PR-B 的比例随月经周期而变化。PR 基因和蛋白受孕激素、雌激素、LH/hCG、FSH、cAMP、胰岛素、类胰岛素生长因子、血清因子等调节。

1. 对生殖系统作用

（1）保胎作用：在雌激素作用的基础上，促进子宫内膜由增殖期转化为分泌期，有利于孕卵的着床和胚胎发育。在妊娠期能降低子宫对缩宫素的敏感性，抑制子宫收缩活动，使胎儿安全生长。

（2）避孕作用：大剂量能抑制腺垂体分泌 LH，抑制卵巢的排卵过程。

（3）促进乳腺腺泡发育：为哺乳作准备。

2. 对代谢的影响 孕激素与醛固酮结构相似，有抗醛固酮作用，促进 Na^+、Cl^- 排出而利尿。此外，孕激素是肝药酶诱导药，促进药物代谢；可促进蛋白分解，增加尿素氮排泄。

3. 升高体温作用 黄体酮通过下丘脑体温调节中枢影响散热过程，使月经周期的黄体相基础体温轻度升高。

【临床应用】

主要用于激素替代治疗和避孕。

1. 功能性子宫出血 由于黄体功能不足，引起子宫内膜不规则的成熟与脱落，导致子宫持续性的出血。应用孕激素可使子宫内膜同步转为分泌期，停药后 3～5 天发生撤退性出血。自月经第 21 天起，肌内注射黄体酮 20 mg/日，或口服安宫黄体酮，5～10 mg/日，连用 5 日，可调整月经周期。

2. 痛经和子宫内膜异位症 采用雌、孕激素复合避孕药，抑制排卵和子宫痉挛性收缩，故可治疗痛经。采用长周期、大剂量孕激素，使异位宫内膜腺体萎缩、退化，可治疗子宫内膜异位症。自月经周期第 5 日起使用炔诺酮片每次 5 mg，每日 3 次，共用药 4～6 个月；用乙酸甲地孕酮片每日 30 mg，共 6 个月。

3. 子宫内膜腺癌 大剂量孕激素可使子宫内膜瘤体萎缩，部分患者病情缓解，症状改善。常用制剂为长效的己酸孕酮和甲地孕酮注射液，剂量均为每次 1 g，己酸孕酮每周 2 次，甲地孕酮每周 1 次。

4. 前列腺肥大和前列腺癌 大剂量孕激素可通过反馈抑制腺垂体分泌 ICSH，从而减少睾酮分泌，促使前列腺细胞萎缩退化，故有一定治疗作用。

5. 先兆流产与习惯性流产 对黄体功能不足所致的先兆流产与习惯性流产可用大剂量孕激素治疗，但疗效不确切。

6. 避孕 见本章第五节。

【不良反应】

用药过程中偶见恶心、呕吐及头痛等。有时可致乳房胀痛、腹胀。部分不良反应与雄性激素活性有关，如性欲改变、多毛或脱发、痤疮。大剂量使用 19-去甲基睾酮类可致肝功能障碍，可使女性胎儿男性化。大剂量黄体酮可引起胎儿生殖器畸形。甲地孕酮、炔诺酮等可引起突破性出血。

二、抗孕激素类药物

抗孕激素类药物可干扰孕酮的合成、影响孕酮的代谢以及阻断孕激素受体，包括：①孕酮受体阻断药，如孕三烯酮（gestrinone）、米非司酮；② 3β-羟甾脱氢酶（3β-SDH）抑制药，如达那唑（danazol）、曲洛司坦（trilostane）、环氧司坦（epostane）和阿扎斯丁（azastene）。

米非司酮

【来源及化学】

米非司酮（mifepristone）是炔诺酮的衍生物，炔诺酮的 17α 位上的乙炔基由丙炔基取代，提高了与孕激素受体的亲和力；11β 位连接二甲胺苯基增加了与受体结合的稳定性。

【体内过程】

口服有效，生物利用度 70%，血浆蛋白结合率 98%，血浆 $t_{1/2}$ 长达 20～40 小时，连续用药可延长下一个月经周期，不宜持续给药。90% 由肝代谢，经胆汁从消化道排出，其余经肾排泄。

【药理作用与作用机制】

米非司酮可与孕激素受体结合，但几乎无孕激素活性，是孕激素受体阻断药。同时也能阻断糖皮质激素受体，具有抗皮质激素活性。另还有较弱的抗雄激素作用。具有终止早孕、抗着床、诱导月经、促进宫颈成熟、软化和扩张宫颈等作用。

【临床应用】

主要用于终止早孕和紧急避孕。

1. 终止早孕 米非司酮为抗早孕药，用于终止停经 49 天内的妊娠。因不能引起足够的子宫收缩，单独使用时不完全流产率较高；与小剂量前列腺素（常用米索前列醇）合用，可显著提高完全流产率，流产成功率可达 99%。

2. 紧急避孕 用于无避孕措施的性交或避孕失败后预防妊娠的补救措施。性交后 72 小时内服用，服用越早效果越佳。

【不良反应】

主要不良反应是引起子宫出血延长，但一般无须特殊处理。较常见不良反应为恶心、腹泻和腹痛等，子宫痉挛所致疼痛，可用止痛药处理。个别可出现皮疹。

达 那 唑

达那唑（danazol）是 17α-乙炔睾丸酮的衍生物，具有抗孕激素作用，同时有轻度雄激素活性和同化作用。主要作用于下丘脑-垂体-卵巢轴，能抑制促性腺激素的分泌，还可直接抑制卵巢性激素的合成。本药在体内消除缓慢，$t_{1/2}$ 为 15 小时以上。达那唑作为性腺功能抑制药主要用于治疗子宫内膜异位症、纤维囊性乳腺病、男性乳房发育等。主要不良反应为体重增加、水肿、乳房缩小、性欲改变、出汗、不规则阴道出血和皮肤痤疮等。可引起部分患者肝损伤,慎用于肝功能不全患者。

第四节 雄激素类及抗雄激素类药物

一、雄激素和同化激素类药

【来源及化学】

天然雄激素睾酮(睾丸酮,testosterone)主要由睾丸间质细胞分泌。临床多用人工合成的睾酮衍生物,如甲睾酮(甲基睾酮,methyltestosterone)、丙酸睾酮(testosterone propionate)、十一酸睾酮(testosterone undecanoate)、美睾酮(甲二氢睾酮,mesterolone)、氟甲睾酮(fluoxymesterone)及苯乙酸睾酮(testosterone phenylacetate)等。

睾酮不仅有雄激素活性,还有促进蛋白质合成作用(同化作用)。某些人工合成的睾酮衍生物其雄激素活性明显减弱,而同化作用保留或增强,这些药物称同化激素类,如苯丙酸诺龙(nandrolone phenylpropionate,多乐宝灵,durabolin)、美雄酮(去氢甲睾酮,methandienone,大力补,dianabol)、司坦唑醇(司坦唑,stanozolol,康力龙)等。

【体内过程】

睾酮口服被肝脏代谢,故口服无效,一般用其油溶液肌内注射或植入皮下。睾酮的各种酯类化合物吸收缓慢,作用时间延长。甲睾酮不易被肝代谢,口服有效。

【药理作用与作用机制】

睾酮进入精囊、附睾、前列腺、肾、骨骼肌和皮肤等组织的靶细胞内,在5α还原酶作用下转化为5α-双氢睾酮后发挥生理或药理活性。与其他甾体激素一样,5α-双氢睾酮与细胞内受体结合而发挥作用。

1. 生殖系统作用

(1) 促进男性性器官及副性器官的发育和成熟:促进男性性征形成,促进精子的生成及成熟。睾丸间质细胞在LH的作用下合成和分泌睾酮,睾酮和FSH共同作用于生精细胞,使精子成熟,并在附睾中保持活性。因此,曲精管中精子的成熟有赖于LH、FSH和雄激素的协调作用。

(2) 抗雌激素作用:大剂量反馈性抑制腺垂体分泌促性腺激素,可减少女性卵巢分泌雌激素,并有直接抗雌激素作用。

2. 同化作用 能明显促进蛋白质合成,减少蛋白质分解,减少尿素生成,使尿素排泄减少,造成正氮平衡,因而促进生长发育,使肌肉发达,体重增加。同时有水、钠、钙、磷潴留现象。

3. 提高骨髓造血功能 雄激素既能刺激肾脏分泌红细胞生成素(erythropoietin),又能直接兴奋骨髓合成亚铁血红素,故使红细胞生成增加。

4. 其他 促进免疫球蛋白合成,增强机体免疫功能及抗感染能力。尚有糖皮质激素样抗炎作用,同化激素还有降胆固醇作用。

【临床应用】

1. 替代疗法 无睾症(两侧睾丸先天或后天缺损)或睾丸功能不足,男子性功能低下,用睾酮及其酯类进行替代治疗。使用睾酮皮下植入制剂600 mg,可维持血浆睾酮达生理水平4～5个月;丙酸睾酮每周注射2～3次,每次10～50 mg;甲睾酮、美睾酮可口服给药,甲睾酮每天10～50 mg;美睾酮每天50～75 mg。

2. 更年期综合征及功能性子宫出血 通过对抗雌激素作用,使子宫血管收缩、内膜萎缩,对更年期综合征更为合适。可使用丙酸睾酮25 mg,于月经期结束后每5～7天肌内注射1次,月经期改为每天1次,连用3天。

3. 晚期乳腺癌及卵巢癌 由于睾酮具有抗雌激素和抑制垂体促性腺激素分泌的作用,并能对抗催乳素刺激乳癌组织的作用,因此对晚期乳腺癌及卵巢癌有缓解作用。使用丙酸睾酮还可制止子宫肌瘤的生长。

4. 贫血 对于再生障碍性贫血可使骨髓功能得到改善,特别是红细胞生成加速。丙酸睾酮也可用于其他贫血的治疗。目前,重组红细胞生成素已基本替代了雄激素在治疗贫血方面的临床应用。

5. 其他用途 各种消耗性疾病、骨质疏松、肌肉萎缩、生长延缓、长期卧床、损伤、放疗等状况,可用小剂量雄激素治疗,使患者食欲增加,加快体质恢复。合成的雄激素可明显增强运动员(尤其女运动员)肌力,增加攻击性,提高竞争能力和体育比赛成绩,但在所有体育比赛中禁止使用以保障运动员的健康及竞赛的公正性。

【不良反应】

雄激素过量可引起女性男性化、男性女性化和毒性反应。

(1) 女性患者长期应用可引起男性化现象,如痤疮、多毛、声音变粗等。男性患者可发生性欲亢进;男性女性化如乳房肿大,这是由于雄激素在性腺外组织转化为雌激素所致;长期用药后的负反馈作用使睾丸萎缩,抑制精子生成。

(2) 甲基睾酮等17α位有烷基的睾酮类药物对肝有一定毒性,如发现黄疸应立即停药。

【禁忌证】

禁用于妊娠孕妇,前列腺癌和乳腺癌的男性患者。肾炎、肾病综合征、高血压及心力衰竭患者慎用。

二、抗雄激素类药

凡能抗雄激素生理效应的药物称为抗雄激素药,包括雄激素合成抑制药、5α还原酶抑制药、雄激素受体阻断药。

环丙孕酮

环丙孕酮(cyproterone,环甲氯地孕酮,色普龙)为17α-羟孕酮类化合物,具有较强的孕激素作用,反馈抑制下丘脑-垂体系统,使血浆 LH、FSH 水平降低,进而使睾酮分泌水平下降。环丙孕酮并可阻断雄激素受体,阻断内源性雄激素的作用。饭后服用环丙孕酮 50 mg,一日 2 次,用于抑制男性严重性功能亢进。在前列腺癌治疗中,当其他药物无效或患者无法耐受时,也可服用环丙孕酮 300 mg/日。与雌激素合用治疗女性严重痤疮和特发性多毛症。环丙孕酮 2 mg 与炔雌醇 35 μg 组成复方避孕片,不但避孕效果良好,而且使服药妇女的 HDL 胆固醇水平增加。本药抑制性功能和性发育,故禁用于未成年人。本药影响肝功能、糖代谢、肾上腺皮质功能等,用药期间应严密观察。

第五节 避 孕 药

避孕药(contraceptives)是指阻碍受孕或防止妊娠的一类药物。阻断生殖过程中任何一个环节均可达到避孕或终止妊娠的目的。使用避孕药是行之有效的避孕措施之一。避孕药可分为女用避孕药、男用避孕药及外用避孕药。现有的避孕药大多为女用药,男用药较少。

一、女用避孕药

女用避孕药主要为以雌激素和孕激素配伍组成的复方甾体类激素制剂,其中最常用的是短效口服复方甾体避孕药。这类避孕药的优点是:①高度有效;②使用方便;③停药后可迅速恢复生育能力;④可降低卵巢癌、子宫内膜癌、乳腺癌的发病率;⑤对月经有调节作用。

【药理作用与作用机制】

1. 抑制排卵 甾体类避孕药对排卵有显著抑制效应,用药期间避孕效果达 90% 以上。其机制为外源性雌激素和孕激素通过反馈作用,抑制 GnRH 的分泌,其中雌激素主要影响 FSH,使优势卵泡形成和发育受阻,孕激素抑制 LH 分泌,阻止排卵发生。停药后可很快恢复排卵功能。

2. 抗着床作用 孕激素干扰子宫内膜正常的增殖、转化,使腺体及间质提早发生类分泌期变化,形成子宫内膜分泌不良,不适于受精卵着床。

3. 改变宫颈黏液性状 宫颈黏液受孕激素影响,量变少而黏稠度增加,拉丝度减小,不利于精子穿透,从而影响卵子受精。

4. 其他 甾体类激素避孕药可以影响子宫和输卵管平滑肌的正常活动,使受精卵不能及时被输送至子宫内着床。还可抑制黄体内甾体类激素的生物合成等。本类药物应用不受月经周期的限制,排卵前、排卵期及排卵后服用,都可影响孕卵着床。

【分类及用途】

现用避孕药可分为口服剂、注射剂及缓释剂三类,各制剂的成分见表 7-36-1。

表 7-36-1 常用女用避孕药的组成成分

制剂名称	成分与含量	
	孕激素(mg)	雌激素(mg)
短效口服避孕药-单相片		
复方左炔诺孕酮片	左炔诺孕酮 0.15	炔雌醇 0.030
复方左炔诺孕酮滴丸	左炔诺孕酮 0.15	炔雌醇 0.030
复方炔诺酮片(口服避孕药片Ⅰ号)	炔诺酮 0.625	炔雌醇 0.035
复方甲地孕酮片(口服避孕药片Ⅱ号)	甲地孕酮 1.0	炔雌醇 0.035
短效口服避孕药-双相片		
去氧孕烯双相片(妈富隆双相片)		
第一相(第 1~7 片)	去氧孕烯 0.025	炔雌醇 0.04
第二相(第 8~21 片)	去氧孕烯 0.125	炔雌醇 0.03
炔诺酮双相片		
第一相(1~10 片)	炔诺酮 0.5	炔雌醇 0.035
第二相(11~21 片)	炔诺酮 1.0	炔雌醇 0.035

续表

制剂名称	成分与含量	
	孕激素（mg）	雌激素（mg）
短效口服避孕药三相片		
左炔诺孕酮炔雌醇三相片		
第一相（1～6片，黄色）	左炔诺孕酮 0.05	炔雌醇 0.03
第二相（7～11片，白色）	左炔诺孕酮 0.075	炔雌醇 0.04
第三相（12～21片，棕色）	左炔诺孕酮 0.125	炔雌醇 0.03
长效口服避孕药		
左炔诺孕酮炔雌醚片	左炔诺孕酮 6.0	炔雌醚 3.0
炔诺孕酮炔雌醚片	炔诺孕酮 12.0	炔雌醚 3.0
氯地孕酮炔雌醚片	氯地孕酮 12.0	炔雌醚 3.0
长效注射避孕药		
复方己酸孕酮注射液（避孕针1号）	己酸孕酮 250.0	戊酸雌二醇 5.0
复方甲地孕酮注射液	甲地孕酮 25.0	戊酸雌二醇 5.0
醋酸甲羟孕酮混悬注射液	甲羟孕酮 150.0	
探亲避孕药		
甲地孕酮片（探亲1号片）	甲地孕酮 2.0	
炔诺酮片（探亲避孕片）	炔诺酮 5.0	
双炔失碳酯片（53号避孕片）	双炔失碳酯 7.5	

1. 口服制剂

（1）短效避孕药：有复方左炔诺孕酮片、复方炔诺酮（口服避孕片Ⅰ号）、复方甲地孕酮（口服避孕片Ⅱ号）等，可任选一种。服用后可形成人工月经周期，阻止孕卵着床。从月经周期第5天开始，每晚服1片，连续22天，不能间断，停药后2～4天即发生撤退性出血。下次服药仍从月经周期第5天开始。如停药7天仍无月经来潮者，则应立即开始服下一周期的药物。偶尔漏服时，应在24小时内补服1片。短效避孕药避孕效果好，避孕成功率达99.5%。为减轻不良反应，对药物的剂量、配伍进行多次调整如降低炔雌醇剂量，同时也发掘效力更高的孕激素类药物。目前炔雌醇的剂量一般在30～35 μg/日，最近还有20 μg/日的报道，但雌激素剂量过低易发生突破性出血（break-through bleeding）。为了模拟月经周期中雌、孕激素的分泌规律，使用药者的性激素水平近似正常月经周期，减少经期出血的发生率，现有多相片（将每周期服用的药片分为两种剂量的称为双相片，三种剂量的称三相片）避孕药如炔诺酮双相片、去氧孕烯双相片、炔诺酮三相片和左炔诺孕酮炔雌醇三相片等。在这些制剂中雌激素含量相对固定，孕激素总含量减少，并按2～3个时相递增。按2～3个时相服用不同比例雌、孕激素更符合人体内源性激素的周期变化规律，故不良反应减少、程度减轻，突破性出血很少发生。

（2）长效避孕药：国内常用的有左炔诺孕酮炔雌醚片、炔诺孕酮炔雌醚片，是一类以长效雌激素炔雌醚为主，配伍各种孕激素的口服避孕药。每月只服一次，避孕成功率达98%。其服法是从月经来潮当天算起的第5天口服1片，最初两次间隔20天，以后每月服1次，每次1片。

（3）探亲避孕药：也称抗着床避孕药，用大剂量孕激素组成，如炔诺酮（5 mg）、甲地孕酮（2 mg）、双炔失碳酯（7.5 mg）等。优点是应用时间不受月经周期限制，服法较灵活，同居当晚或事后服用均可。避孕效果良好，成功率在99.5%～99.9%。

2. 长效注射剂

（1）单纯孕激素长效注射剂：将甲羟孕酮（150 mg）做成微晶水混悬液，首次在月经周期第5天注射，每3个月注射1次。将庚炔诺酮（200 mg）做成油注射液，首次在月经周期第5天注射，每2个月注射1次。避孕有效率高达99.7%。

（2）复方长效注射剂：复方甲地孕酮注射液（甲

地孕酮 25 mg，雌二醇 3.5 mg）为微晶水混悬液；复方己酸孕酮注射液（己酸孕酮 250 mg，戊酸雌二醇 5 mg）为油溶液。首次在月经周期第 5 天注射，7 天注射第 2 次，以后每 1 个月在月经周期 10～12 天注射 1 次，按期给药不能间断。

3. 缓释系统避孕药　将避孕药（主要是孕激素）与具备缓慢释放性能的高分子化合物（如聚二甲基硅氧烷）制成多种剂型，在体内持续恒定进行微量释放，起长效避孕作用。

（1）皮下埋植剂（norplant）：皮下埋植剂系应用硅橡胶材料作为释药管，内装避孕药物而制。左炔诺孕酮皮下埋植剂是第一个研制成功并应用于临床的。此装置的第一代产品称 NorplantⅠ，有 6 个硅胶囊，每个含左旋 18-甲基炔诺酮 36 mg。第二代称 NorplantⅡ，只需 2 根硅胶棒，每根含左旋 18-甲基炔诺酮 70 mg。药物通过硅橡胶的管壁渗透出来，在胶囊的外表面以均匀的速度进入人体的血液，进而到达靶器官发挥避孕作用。在月经来潮前 7 日内在上臂内侧做皮下扇形插入。可避孕 5 年，有效率为 99% 以上。具有高效、长效、使用简便、安全、可逆的特点，尤其适宜于需要长期避孕的妇女以及禁忌使用雌激素的妇女。不良反应主要是不规则阴道流血及闭经，其他如恶心、头痛、头晕、体重增加、食欲改变、嗜睡、抑郁、痤疮、色素沉着等，一般 3～6 个月后可逐渐减轻及消失。

（2）缓释药物阴道避孕环：避孕原理同皮下埋植剂。将避孕甾体激素装在载体上，制成环状放入阴道，阴道黏膜上皮可直接吸收药物进入血循环产生避孕效果。国内使用药物为 18-甲基炔诺酮（norgestrel）或醋酸炔诺酮（megestrol）。避孕时限为 3 个月及 1 年。使用者于月经干净后自行放于阴道顶，对性交无影响，避孕率为 90% 以上。不良反应为阴道不规则出血、分泌物增多及环脱落。

（3）微球和微囊注射针：采用具有生物降解作用的异分子聚合物与甾体避孕药混合或包裹制成的微球或微囊皮下注射，药物在体内缓慢释放，起到长效避孕作用。此法具有埋植剂特点，且不需手术植入取出，到期微球微囊自然吸收。

【不良反应】

1. 类早孕反应　雌激素刺激胃黏膜引起食欲缺乏、恶心、呕吐以至乏力、头晕、乳房胀痛等类早孕反应。轻症不需处理，一般 2～3 个周期后减轻或消失。较重者可口服维生素 B_6 10 mg、维生素 C 100 mg 及山莨菪碱 10 mg，每日 3 次，连续 1 周。

2. 闭经　服药时抑制内源性激素分泌，甾体避孕药替代性对子宫内膜发生作用。一般服药后月经变规则，经期缩短，经量减少，痛经减轻或消失。若用药后出现闭经，反映避孕药对下丘脑-垂体-卵巢轴抑制过度，应停药行人工周期治疗或应用促排卵药物。

3. 突破出血　服药期间发生不规则少量出血，称突破出血，为雌激素不足以维护内膜的完整性所致。可发生在漏服药后，也可发生于正常连续服用时。若在服药前半周期出血，可每晚增服炔雌醇 0.005～0.015 mg，与避孕药同时服至第 22 日停药。若在服药后半周期出血，或出血量多如月经，应即停药，待出血第 5 日再开始下一周期用药。

4. 心血管系统影响　甾体激素类避孕药可增加血液内某些凝血因子而易发生血栓性静脉炎、肺栓塞等。对于孕激素成分，认为其主要是改变脂代谢，与心血管疾病发病可能有关。

5. 其他影响　①体重增加：体内合成代谢增强或水钠潴留所致；②色素沉着：少数妇女颜面部皮肤出现淡褐色色素沉着如妊娠期所见，停药后不一定都能自然消退；③长期服药者 2/3 在停药 1 个月后能再孕，胎儿无异常发现，遗传学检查无致畸证据，为避免避孕药影响，以停药 3 个月后再受孕为妥，短期服用者例外。

【禁忌证】

肝炎、肾炎、乳房肿块者禁用。充血性心力衰竭、糖尿病需用胰岛素者、高血压、子宫肌瘤者慎用。

【药物相互作用】

用药期间如同时服用利福平、苯巴比妥、苯妥英钠、甲丙氨酯、对乙酰氨基酚等肝药酶诱导剂时，可加速类固醇避孕药在肝内的代谢，从而降低避孕效果，甚至导致突发性出血。维生素 C 能增强口服避孕药的作用，每天口服 1 g 维生素 C 可使炔雌醇生物利用度从 40% 提高到 60%～70%。

二、男用避孕药

目前，世界上尚无较成熟的男用避孕药可供广泛应用，下面介绍几种研究较多的男用避孕药。

棉　　酚

棉酚（gossypol）是从棉花的根、茎、种子中提取的一种黄色酚类物质。主要有乙酸棉酚、甲酸棉酚、普通棉酚等。

动物实验证明，棉酚作用部位在睾丸曲细精管的生精上皮细胞。用药 4～5 周后大部分曲细精管萎缩，生精上皮细胞几乎消失，管中可见大量脱落细胞和死精子。故棉酚是通过抑制精子生成而达到抗生育作用的。停药后逐渐恢复。起效量 20 mg/日，服 75 天后用维持量 40 mg，每周 1 次，连服 2 个月可达节育标准，有效率 90% 以上。

不良反应有胃肠道刺激症状、心悸、肝功能改变等。部分服药者发生低血钾无力症状。如果长期应用，个别人生育能力难以恢复。

孕激素 - 雄激素复合剂

孕激素和雄激素在较大剂量时可反馈性抑制腺垂体促性腺激素的分泌，从而抑制精子的发生。将两者合用，有协同作用，可减少各药剂量，从而减少副作用。雄激素可补充体内睾酮的不足，用以维持正常性功能。

环丙氯地孕酮

环丙氯地孕酮（cyproterone acetate，1，2-环次甲基氯地孕酮）是一种强效孕激素，为抗雄激素药物，可在雄激素的靶器官竞争性对抗雄激素作用。大剂量时可抑制促性腺激素的分泌，减少睾丸内雄激素结合蛋白的产生，抑制精子生成，干扰精子的成熟过程。

雷公藤多苷

雷公藤多苷（polyglycoside of tripterygium wilfordii，GTW）是从植物根木质部经提取和分离所得的混合物，临床主要治疗各种皮肤病及类风湿关节炎，有一定疗效。后发现服药者精子密度和活力均显著下降，动物实验结果亦与之类似，表明雷公藤多苷还具有抗生育作用。现已证明雷公藤多苷对附睾中精子作用较强，也能抑制睾丸精子的产生，但对精原细胞作用很弱。雷公藤长期应用也有较多不良反应，其抗生育作用及有效成分仍在研究中。

三、外用避孕药

目前常用的外用避孕药多是一些具有较强杀精作用的药物，可制成胶浆、片剂或栓剂等。将此类药放入阴道后，药物可自行溶解而散布在子宫颈表面和阴道壁，发挥杀精作用，从而达到避孕目的。这种避孕方法的副作用小，很少有全身反应。

常用的杀精子剂有壬苯醇醚（nonoxynol），辛苯醇醚（octoxynol-9）及孟苯醇醚（menfegol）等。苯醇醚为非离子型表面活性剂，有较强的杀精子作用，毒性小，不杀伤阴道杆菌。国内主要制剂为壬苯醇醚阴道片、壬苯醇醚栓、壬苯醇醚膜。将苯醇醚用聚乙烯醇（PVA）作赋形剂制成半透明药膜，男女可兼用。此种药膜进入阴道后迅速溶解，释放出苯醇醚而发挥杀精作用。药膜溶解后的黏稠性状，又可阻碍精子运动，避孕效果良好，副作用小。

（河南科技大学医学院　王建刚）

第八篇 化学治疗药物

第三十七章 抗菌药物概论

- The specific activity of antibacterial drugs is due to their selectivity for highly specific targets. These targets are specific bacterial cell walls synthesizing enzymes, the cytoplasmic membrane, the protein synthesis, the folic acid and nucleic acid metabolism.
- The resistance of antibacterial drugs is classified as either innate or acquired. Innate resistance refers to an intrinsic resistance, and acquired resistance refers to the acquisition of a resistance gene in a bacterium. The main mechanisms of acquired resistance are due to enzymatic alteration of antibacterial agents, altered target sites, reduced bacterial permeability and augmented active efflux system.
- The principles that are important for the selection of the appropriate antibacterial drugs, the use of antibacterial combination, and the role of chemoprophylaxis are discussed.

抗菌药物（antibacterial drugs）是指对病原菌具有抑制或杀灭活性，用于预防和治疗细菌性感染的药物。其中仅具有抑制病原菌生长繁殖的能力而无杀灭作用的抗菌药物称为抑菌药（bacteriostatic drugs），如四环素类、大环内酯类、磺胺类药物等；而既具有抑制病原菌生长繁殖的能力，又具有杀灭作用的抗菌药物称为杀菌药（bactericidal drugs），如青霉素类、头孢菌素类、氨基苷类药物等。

抗菌药物包括抗生素和人工合成抗菌药。抗生素是微生物（细菌、真菌和放线菌属）的代谢产物，能在低浓度时杀灭或抑制其他微生物的有机物质。抗生素分为天然和人工半合成品，前者由微生物产生，后者是对天然抗生素进行结构改造获得的半合成产品，如青霉素G是从青霉菌培养液中获取的一种天然抗生素，但由于其不耐酸和不耐青霉素酶等缺点，在青霉素母核连接不同侧链，从而合成了具有耐酸或耐酶的系列衍生物，如青霉素V、甲氧西林、阿莫西林等。人工合成抗菌药主要包括喹诺酮类和磺胺类等化学药物。

细菌感染的药物治疗与作为病毒、立克次体、螺旋体、衣原体、支原体、真菌、原虫等感染以及肿瘤的药物治疗，统称为化学治疗（chemotherapy），而用于这些治疗的药物称为化学治疗药物（chemotherapeutic drugs）。化学治疗的目的是利用化疗药物对病原微生物或肿瘤细胞具有强大的选择性抑制或杀灭作用，而对宿主无显著的毒性和损害性，在临床发挥对疾病的防治作用。化疗指数（chemotherapeutic index，CI）是评价化学治疗药物有效性与安全性的指标，常以化疗药物的半数动物致死量 LD_{50} 与治疗感染动物的半数有效量 ED_{50} 之比来表示（LD_{50}/ED_{50}），或者用5%的致死量 LD_5 与95%的有效量 ED_{95} 之比来表示（LD_5/ED_{95}）。化疗指数越大，表明该药物的毒性越小，临床应用价值越高。但应注意，对青霉素类等药物，化疗指数大，几乎对机体无毒性，但可能发生过敏性休克这种严重不良反应。

抗菌药物可以抑制或杀灭病原微生物，但在一定的条件下病原微生物可对其产生耐药性；药物进入体内后通过影响微生物从而对机体具有防治作用时，也产生不良反应，反之，机体对药物也会进行吸收、分布、代谢和排泄等体内过程的处理；与此同时，机体的免疫防御和病原微生物的免疫逃避之间也产生相互作用。另外，药物、微生物和机体对其他两者之间的相互作用过程中也具有影响和调控作用。因此，在应用化疗药物防治病原微生物感染性疾病过程中，应该考虑宿主机体、病原体和药物三者之间的相互作用和辩证关系（图8-37-1）。

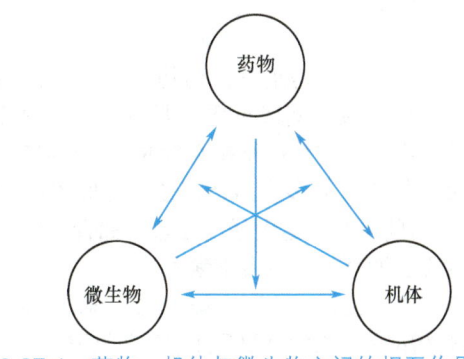

图8-37-1 药物、机体与微生物之间的相互作用及调控关系

第一节 抗菌药物的常用术语

1. 抗菌谱（antibacterial spectrum） 指抗菌药物的抗菌范围，是临床选用抗菌药物的基础。某些抗菌药仅对一种细菌或局限于某属细菌有抗菌作用，称为窄谱抗菌药，如异烟肼仅对结核杆菌有作用，而对其他细菌无效。某些抗菌药对多种病原微生物均有效，称为广谱抗菌药，如氟喹诺酮类药物，不仅对革兰阳性菌、革兰阴性菌有很强的抗菌作用，而且对结核杆菌、衣原体、支原体亦有作用。

2. 最低抑菌浓度（minimum inhibitory concentration，MIC） 是测定抗菌药物体外抗菌活性大小的一个指标，指在培养细菌 18～24 小时后能抑制培养基内病原菌生长的最低药物浓度。能抑制 50% 或 90% 受试病原菌的最低药物浓度，分别以 MIC_{50} 和 MIC_{90} 表示。

3. 最低杀菌浓度（minimum bactericidal concentration，MBC） 是指能够杀灭培养基内细菌或使细菌数减少 99.9% 的最低药物浓度。能将 50% 或 90% 受试菌株的活菌总数杀灭减少 99.9% 所需的最低药物浓度，分别以 MBC_{50} 和 MBC_{90} 表示。有些药物的 MIC 和 MBC 很接近，如氨基苷类抗生素，有些药物的 MBC 比 MIC 大，如 β-内酰胺类抗生素。

4. 首次接触效应（first exposure effect） 是指抗菌药物在初次接触细菌时有强大的抗菌效应，再次接触或与细菌连续接触，并不明显地增强或再次出现这种明显的抗菌效应，需要间隔一定时间（数小时）以后才会再起作用。氨基苷类抗生素有明显的首次接触效应。

5. 抗生素后效应（post antibiotic effect，PAE） 指抗生素与细菌短暂接触后，抗生素浓度下降至 MIC 以下，细菌生长仍受到持续抑制的效应。如氨基苷类抗生素、两性霉素 B、氟喹诺酮类等均具有较长的 PAE。可能是因为：①血药浓度虽低于 MIC 值，但可能仍有药物滞留于作用靶点或胞质周围间隙中；②细菌合成新的酶类或可逆的非致死性损伤的修复需要一定时间。

6. 时间依赖性抗菌药物（time-dependent antibacterial drugs） 是指抗菌药物的杀菌活性与其同细菌接触的持续时间成正比，即药物的抗菌疗效取决于药物在组织中浓度维持在 MIC 以上的持续时间。半衰期短者，需多次给药，使给药间隔时间长于 MIC 的时间延长，达到最佳疗效，如青霉素类、头孢菌素类、四环素、万古霉素等。

7. 浓度依赖性抗菌药物（dose-dependent antibacterial drugs） 是指抗菌药物的杀菌活性与其药物浓度（或给药剂量）成正比，即药物的抗菌疗效取决于其在组织中的分布浓度，如氨基苷类、氟喹诺酮类、甲硝唑等。该类抗菌药物对致病菌的杀菌作用取决于峰浓度，而与其作用时间关系不密切，因此在一定范围内可通过增加药物浓度来提高疗效，但超出一定范围可增加对机体的毒性反应。此类药物通常有首次接触效应和较长的抗生素后效应。

8. 细菌耐药性（drug resistance） 亦称抗药性，是指病原微生物对反复应用的抗菌药物敏感性降低或消失的现象，即细菌对抗菌药物的相对抵抗性。

9. 防突变浓度（mutant prevention concentration，MPC） 是防止第一步耐药突变菌株选择性增殖所需的最低抗菌药浓度。菌落数量随着抗菌药物浓度的增加出现两次明显下降。抗菌药物在 MIC_{99} 时，能抑制或杀灭了大量野生型敏感性细菌的生长，菌落数出现第一次下降；之后菌落数维持在一个相对稳定的平台期，平台期生长的是耐药选择突变菌株（第一步突变菌），随着药物浓度进一步增加，菌落数出现第二次明显下降，直到浓度增高至某一限度时完全抑制菌落生长，提示该 MPC 可抑制发生第一步突变菌株的生长。

10. 突变选择窗（mutant selection window，MSW） 指 MIC 与 MPC 之间的浓度范围，在此范围内，耐药菌株可以被选择性富集。MSW 越宽，越容易出现耐药菌株；反之，MSW 越窄，产生耐药菌株的可能性越小。因此，在制定抗菌药物选择及用药方案时，应该综合考虑细菌发生耐药突变的机制、MPC 和 MSW，缩短体内药物浓度落在 MSW 内，有效抑制耐药细菌的产生。

第二节 抗菌药物的作用机制

细菌维持其生长繁殖，有赖于其结构完整和代谢功能正常。抗菌药物通过作用于病原菌的某些靶位，干扰其正常的生化代谢过程，影响其结构和功能，使细菌失去生长繁殖的能力，最终达到抑制或杀灭病原菌的作用。根据抗菌药物对细菌的干扰环节不同，抗菌机制主要有以下四个方面。

一、抑制细菌细胞壁的合成

细菌细胞壁位于细胞浆膜之外，是维持细菌细胞外形完整的坚韧结构，其主要成分是肽聚糖（peptidoglycan），又称粘肽（mucopeptide）。根据细菌细胞壁的构造和化学组成不同，可将其分为革兰阳性细菌（G^+ 菌）与革兰阴性细菌（G^- 菌）。G^+ 菌细胞壁厚约 20～80 nm，肽聚糖层数多，约 15～50 层，含量约占细胞壁干重的 50%～80%，肽聚糖结构由聚糖骨架、四肽侧链和五肽交联桥三部分组成。磷壁酸是 G^+ 菌细胞壁的特有成分，根据结合部位的不同，分壁磷壁酸与膜磷壁酸两种，前者与肽聚糖的 N-乙酰胞壁酸相连，后者与细胞膜中的磷脂相连，二者均伸到肽聚糖的表面，构成 G^+ 菌重要的表面抗原。G^- 菌细胞壁厚约 10 nm，肽聚糖层数少，约 1～3 层，仅占细胞壁干重的 1%～10%，类脂质较多，占 60% 以上。肽聚糖层外侧有类似细胞膜的外膜结构，由磷脂、脂多糖及一组特异蛋白组成，是 G^- 菌对外界的保护屏障。脂多糖由类脂 A、核心多糖和特异性多糖组成，为细菌的内毒素，与细菌的致病性有关，也是 G^- 的菌体抗原，决定了细菌的抗原性；外膜中镶嵌着多种特异性蛋白，与细菌的物质交换有关；脂蛋白位于外膜与肽聚糖之间，由蛋白和脂质组成，脂质连接于外膜脂质双层的磷脂上，蛋白连接在肽聚糖的侧链上，使外膜和肽聚糖构成一个稳定的整体。由于细菌细胞壁位于细胞浆膜之外，而哺乳类细胞无细胞壁，因此特异性抑制细菌细胞壁合成是理想的抗菌机制。

青霉素类、头孢菌素类、磷霉素、万古霉素、杆菌肽等抗菌药物均可以通过抑制细胞壁的合成而发挥作用，然而它们干扰细菌细胞壁生物合成的环节不同。青霉素与头孢菌素属于 β-内酰胺类抗生素，主要与青霉素结合蛋白（penicillin binding proteins，PBPs）结合，抑制转肽作用，阻碍了肽聚糖的交叉联结，导致细菌细胞壁缺损；磷霉素结构与细菌磷酸烯醇丙酮酸相似，通过与丙酮酸转移酶竞争结合影响细胞壁的合成；万古霉素主要通过阻止 N-乙酰胞壁酰基和 N-乙酰葡糖酰基参与肽聚糖骨架的形成而干扰细菌细胞壁的合成；杆菌肽的机理主要使焦磷酸酶失活，从而特异性地抑制细菌细胞壁合成阶段的脱磷酸化作用，影响了磷脂的转运和向细胞壁支架输送粘肽，从而抑制了细胞壁的合成。

二、影响细菌细胞膜的通透性

细菌细胞膜与一般生物膜特性类似，是双层类脂中镶嵌着蛋白质的一种半透膜，厚约 8～10 nm，外侧紧贴细胞壁，具有选择性运输和屏障作用，能防止细菌细胞质内的蛋白质、氨基酸、核苷酸和磷脂等重要生命物质漏出膜外。某些 G^+ 菌细胞膜内褶形成小管状结构，扩大了细胞膜的表面积，提高了细菌代谢效率。某些 G^- 菌还具有细胞外膜。通常不形成内膜系统。

抗 G^- 杆菌的多肽类（多黏菌素类）、抗真菌的多烯类抗生素（两性霉素 B 和制霉菌素）及唑类（酮康唑、咪康唑、伊曲康唑、氟康唑）抗菌药物主要通过损伤细菌细胞膜，影响其功能而发挥抗菌作用。多黏菌素 E 含有多个阳离子极性基团和一个脂肪酸直链肽，其阳离子能与细胞膜中的磷脂结合，使膜功能受损；两性霉素 B 能选择性与真菌细胞膜中的麦角固醇结合，在细胞膜上形成孔道，增加膜通透性，细菌内的蛋白质、氨基酸、核苷酸等重要物质外漏，导致细菌死亡。

三、抑制细菌蛋白质的合成

细菌蛋白质的合成在细胞质内通过核糖体循环完成，包括合成起始、肽链延伸及合成终止三阶段。细菌核糖体的沉降系数为 70S，在核糖体循环起始阶段中可解离为 50S 和 30S 两个亚基，而哺乳类细胞的核糖体沉降系数为 80S，可解离为 60S 和 40S 两个亚基，与细菌核糖体的生理和生化功能不同，抗菌药物可以选择性影响细菌蛋白质合成的不同阶段而具备抗菌活性。

抗菌药物分别作用于细菌蛋白质合成的以下阶段抑制其合成：①起始阶段：氨基糖苷类抗生素与 30S 核糖体亚基结合，通过固定 30S 和 50S 核糖体复合物而抑制 mRNA 与核糖体结合，在起始阶段干扰细菌蛋白质的合成，从而导致细菌死亡。②肽链延伸阶段：四环素类抗生素通过与细菌核糖体 30S 亚基结合，阻止氨基酰 tRNA 与 mRNA 核糖体复合物 A 位结合，阻碍肽链的形成；氯霉素通过与核糖体 50S 亚基结合，抑制肽酰基转移酶，影响肽链的延长与蛋白质合成；大环内酯类能与核糖体 50S 亚基可逆性结合，抑制氨基酰 tRNA 从核糖体 A 位转移到 P 位，干扰细菌蛋白质合成。③终止阶段：氨基苷类抗生素阻止终止因子与 A 位结合，使合成的肽链不能从核糖体释放出来，致使核糖体循环受阻以及无功能的异常蛋白质产生。

四、影响细菌叶酸和核酸代谢

叶酸是一种水溶性维生素，参与嘌呤和嘧啶的合成，进一步合成 DNA 和 RNA。由于细菌细胞的通透性差，细菌不能直接利用环境中的叶酸，而必须自身合成。细菌以蝶啶、对氨苯甲酸（PABA）为原料，在二氢蝶酸合成酶作用下生成二氢蝶酸，二氢蝶酸与谷氨酸生成二氢叶酸，在二氢叶酸还原酶的作用形成四氢叶酸，四氢叶酸作为一碳单位载体的辅酶参与了嘧啶核苷酸和嘌呤核苷酸的合成。磺胺类药物与 PABA 结构相似，与 PABA 竞争二氢蝶酸合成酶，影响细菌体内的叶酸代谢，由于叶酸缺乏，细菌体内核苷酸合成受阻，导致核酸、核蛋白的合成受到抑制，细菌生长繁殖不能进行。

核酸是由许多单核苷酸相互连接而成的生物大分子化合物，为生命的最基本物质之一，分为脱氧核糖核酸（DNA）和核糖核酸（RNA）。喹诺酮类药物主要是抑制细菌螺旋酶（拓扑异构酶Ⅱ），从而抑制细菌的 DNA 复制，导致细菌死亡。利福平能特异性地抑制依赖于 DNA 的 RNA 聚合酶（转录酶）活性，阻碍 mRNA 的合成而杀灭细菌。抗真菌药氟胞嘧啶在体内代谢为氟尿嘧啶，替代尿嘧啶进入真菌的核糖核酸中，从而干扰了真菌的 DNA 合成。

第三节　细菌耐药性及其发生机制

细菌耐药性的产生是细菌在自身生存过程中的一种特殊表现形式。天然抗生素是细菌产生的保护自身安全的次级代谢产物，用以抵御对其构成威胁的其他微生物。人类将细菌产生的这种化学物质作为抗菌药物用于杀灭病原体的同时，细菌也会通过改变自身代谢途径或合成出相应的酶灭活抗菌药物，从而导致细菌耐药性。细菌耐药性可分为固有耐药（intrinsic resistance）和获得性耐药（acquired resistance）。固有耐药性又称天然耐药性，是指细菌对某些抗菌药物天然不敏感，其耐药基因来自亲代，由细菌染色体基因决定而代代相传。如链球菌对氨基苷类抗生素天然耐药，以及肠道阴性杆菌对青霉素 G 天然耐药。获得性耐药是由于细菌 DNA 的改变导致其获得耐药性表型，耐药基因来源于基因突变或获得新基因，通过改变自身的代谢途径，使其不被抗菌药物杀灭。如金黄色葡萄球菌产生 β-内酰胺酶而对 β-内酰胺类抗生素耐药。在原先对药物敏感的细菌群体中出现了对抗菌药物的耐药性，这是获得耐药性与固有耐药性的重要区别。同时，细菌的获得性耐药可因为不再接触抗菌药物而消失，也可由质粒将耐药基因转移给染色体而代代相传，成为固有耐药。细菌耐药的发生机制主要有以下几种方式（图 8-37-2）：

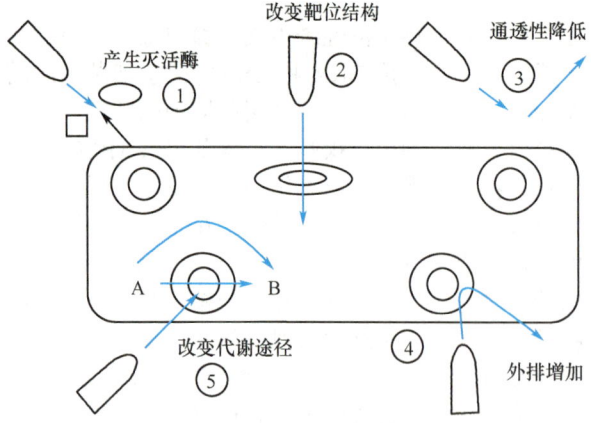

图 8-37-2　细菌对抗菌药物的耐药机制

一、产生灭活酶

细菌通过质粒和染色体基因表达生成的灭活酶是耐药性产生的重要机制之一，使抗菌药物在作用于细菌之前即被酶破坏而失去抗菌活性。耐药细菌产生的灭活酶主要有：

1. β-内酰胺酶　裂解 β-内酰胺环而使具有 β-内酰胺化学结构的抗菌药物丧失活性。β-内酰胺酶因细菌所接触的抗菌药物不同而形成的类别有所差异，并具有不同特性的 β-内酰胺酶谱，如主要水解青霉素类抗生素的酶称青霉素酶，既能水解青霉素类又能水解头孢菌素类抗生素的酶称头孢菌素酶，且其类型随着新抗菌药物在临床的应用不断增加。

2. 氨基苷类抗生素钝化酶　许多 G^- 杆菌、肠球菌属细菌及金黄色葡萄球菌在接触氨基苷类抗生素后，产生使氨基苷类抗生素钝化而失去抗菌作用的酶，此酶称为钝化酶或修饰酶。常见的氨基苷类钝化酶有乙酰转移酶、腺苷转移酶和磷酸转移酶。乙酰转移酶将乙酰辅酶 A 的乙酰基转移至氨基苷类抗生素的游离氨基上使其乙酰化；腺苷转移酶将腺苷三磷酸的腺苷一磷酸转移至氨基苷类抗生素的游离羟基上使其腺苷化；磷酸转移酶则将腺苷三磷酸的磷酸根转移至氨基苷类抗生素的游离羟基上使其磷酸化，这些酶通过使氨基苷类的结构发生改变而失去抗菌活性。另外，由于氨基苷类抗生素分子结构中存在着多个作用位点，可同时被多种不同的钝化酶所修饰。

3. 其他酶类　大肠埃希菌产生的酯酶能水解大环内酯类抗生素结构中的内酯环，使其丧失抗菌活性；金黄色葡萄球菌等 G^+ 菌和某些 G^- 杆菌可产生氯霉素乙酰转移酶可使氯霉素结构中的羟基乙酰化成无抗菌活性的乙酰化代谢产物；金黄色葡萄球菌产生的核苷转移酶可使大环内酯类、林可霉素等抗生素核苷化、乙酰化或水解而丧失活性。

二、改变抗菌药物作用靶位

由于细菌自身发生突变或细菌产生某种酶的修饰作用，使抗菌药物无法发挥作用，主要有：

（1）细菌细胞壁上与抗菌药物相结合的靶蛋白发生改变，药物与靶蛋白的亲和力下降或不能与其结合，细菌产生耐药。如肺炎链球菌通过此机制对青霉素产生高度耐药。

（2）细菌与抗菌药物接触之后合成一种新的靶蛋白，但药物不能与新合成的靶蛋白结合，产生高度耐药。如耐甲氧西林金黄色葡萄球菌由于合成了一种新的青霉素结合蛋白组分 PBP_{2a}，且这种 PBP_{2a} 的功能超过敏感细菌原有青霉素结合蛋白的功能，其与 β-内酰胺类抗生素的亲和力也极低，形成耐药机制。

（3）靶蛋白数量的增加，细菌也可增加靶蛋白的生成数量，保证有足够量的靶蛋白用以维持细菌的生长和繁殖，从而使抗菌药物不能达到原有的抗菌效果。如肠球菌对β-内酰胺类的耐药性则是既产生β-内酰胺酶，又增加青霉素结合蛋白的量，同时降低青霉素结合蛋白与抗生素的亲和力，形成对多种抗菌药物产生耐药性。

三、改变渗透屏障通透性

渗透屏障是细菌对外界不利因素的一种防卫机制，渗透屏障通透性的改变是细菌对抗菌药物产生耐药的重要机制。细菌对抗菌药物渗透性的屏障作用主要包括细菌细胞壁和细胞膜的改变，以及生物被膜的形成。

1. 细胞壁通透性的改变 肠球菌等革兰阳性球菌的细胞壁坚厚，氨基苷类和多黏菌素类抗生素不易渗透通过此类细菌的细胞壁，因此在临床使用时需较大剂量或与β-内酰胺类抗生素合用才能发挥其抗菌作用。青霉素类抗生素穿透细菌细胞壁的能力不同，因此抗菌谱有所差异。而粪肠球菌细胞壁通透性及代谢途径的改变，导致细菌对万古霉素的耐药性增加。

2. 细胞外膜通透性的改变 如多种广谱抗菌药都不能通过铜绿假单胞菌的外膜进入菌体内，因此铜绿假单胞菌对这些抗菌药具有天然耐药性。但铜绿假单胞菌外膜存在孔道蛋白特异性通道，碳青霉烯类抗生素亚胺培南能通过进入菌体内发挥强大的抗菌作用，而当铜绿假单胞菌多次接触抗生素后，菌株孔道蛋白的结构基因突变，通道失活而发生障碍，抗菌药进入菌体明显减少，铜绿假单胞菌对亚胺培南亦产生特异性耐药。

3. 生物被膜（bacterial biofilm，BF）的形成 生物被膜是细菌为适应自然环境，黏附于接触表面，由细菌分泌物（多糖基质、纤维蛋白、脂质蛋白等）将其自身包绕其中而形成的大量细菌聚集膜样物。细菌生物被膜可以阻止药物渗透作用于菌体和吸附钝化酶促进抗菌药物水解，对抗菌药物产生耐药。可产生细菌生物被膜的细菌有铜绿假单孢菌、葡萄球菌、肠球菌、肺炎链球菌、克雷伯氏杆菌、沙门氏菌属等。

四、增强主动外排系统功能

细菌主动外排系统是能将有害底物排出菌体外的一组转运蛋白，其过量表达可引起细菌对抗菌药物的耐药。细菌的主动外排系统由内膜转运载体、外膜孔道蛋白和连接两者的连接蛋白组成。大肠埃希菌、金黄色葡萄球菌、表皮葡萄球菌、铜绿假单胞菌、肺炎链球菌、化脓链球菌、空肠弯曲菌等细菌能将进入胞体的抗菌药物通过外排系统泵出体外，因而对β-内酰胺类、氟喹诺酮类、四环素类、氯霉素、大环内酯类等抗菌药物产生多重耐药。目前已知的细菌多重耐药外排系统有5种，分别是：耐药结节细胞分化超家族（resistance nodulation cell division family，RND），主要易化子超家族（major facilitator superfamily，MFS），小多重耐药家族（small multidrug resistance family，SMR），多药和毒性化合物外排家族（multidrug and toxic compound extrusion family，MATE）和ATP耦联盒家族（ATP binding cassette，ABC）。敏感细菌同样有主动外排系统的存在，但其功能状态远低于耐药细菌的主动外排系统。

五、改变细菌代谢途径

细菌可通过改变代谢途径逃避抗菌药物的作用，如呈休眠状态的细菌可出现对多种抗菌药物耐药。金黄色葡萄球菌可以通过增加对氨基苯甲酸的产量，对氨基苯甲酸是细菌合成二氢叶酸的必需物质，磺胺类药物因化学结构与对氨基苯甲酸相似，与二氢叶酸合成酶结合后阻碍细菌利用对氨苯甲酸合成叶酸，达到抑菌和杀菌的目的。但当细菌内对氨基苯甲酸产量增高，与磺胺类竞争结合二氢叶酸合成酶，从而导致细菌对磺胺类抗菌药物耐药。

随着抗菌药物在临床的广泛使用，细菌的耐药性已引起了广泛关注。在20世纪90年代，WHO首次认为细菌对抗生素的耐药问题已经是全球性问题。新的抗菌药物被研发并应用于临床后，细菌会产生新的耐药基因或新的耐药途径，随着细菌组学技术的快速发展和X射线晶体衍射技术、计算机模型技术等新技术陆续应用于细菌耐药分子机制的研究，将为抗菌药物新靶点的发现提供有力帮助。

第四节 抗菌药物合理应用基本原则

抗菌药物的发明是人类与细菌感染性疾病斗争中的伟大成就，有效治愈了许多细菌感染性疾病，但随着抗菌药物的广泛应用，尤其是头孢菌素类、青霉素类和喹诺酮类等抗菌药物的滥用，促进了细菌耐药性及多重耐药性的发展。耐药基因在同种或不同种细菌之间移动，更导致了多重耐药细菌（multiple resistant bacteria）的产生，对三类或三类以上抗菌药物同时耐药，甚至成为对几乎所有类别的抗菌药物耐药的泛耐药菌株（pan drug-resistant bacteria），比如泛耐不动杆菌，对氨基苷、青霉素、头孢菌素、碳青霉烯、四环素、氟奎诺酮及磺胺类等耐药。多重耐药性已成为一个世界范围内的严重问题，导致抗菌药物对于耐药细菌治疗失败的同时，也引起各种不良反应和药源性疾病，甚至危及生命。

抗菌药物的合理应用是指在明确疾病诊断的指征下，根据抗菌药物的抗菌谱和 PK/PD 参数选用恰当的药物，采用合适的剂量与疗程，达到抑制或杀灭病原菌，是提高抗菌药物疗效、降低不良反应发生率以及减少或延缓细菌耐药发生的关键。

一、抗菌药物临床应用的基本原则

2012 年 4 月，中国卫生部颁布了抗菌药物临床应用管理办法，旨在对临床抗菌药物的使用建立分级管理系统。该办法明确了抗菌药物的选择、采购和医疗机构临床使用流程、监测和早期预警监测、干预和撤药，对医生开具抗菌药物处方进行了限制，要求医生在病人全面查体、血液检查和尿检结果的基础上谨慎地应用抗菌药物。

（一）细菌性感染的确认诊断

对感染性疾病病原菌的尽早正确诊断，是合理应用抗菌药物的先决条件。在患者应用抗菌药物之前，应根据患者的症状、体征、实验室检查等明确诊断感染是否由细菌或真菌导致。有条件的医疗机构，对临床诊断为细菌性感染的患者应在开始抗菌治疗前，及早从患者的血液、痰液或感染局部采样经培养分离出病原菌，并对病原菌进行细菌体外抗菌药物敏感度试验。若由结核分枝杆菌、非结核分枝杆菌、支原体、衣原体、螺旋体、立克次体及部分原虫等病原微生物所致的感染亦可以考虑应用抗菌药物。如果缺乏上述病原微生物感染的临床或实验室证据，或者感染由病毒导致的，均无应用抗菌药物指征。

（二）根据适应证选择合适的抗菌药物

由于抗菌药物的抗菌谱、药效学和药动学特点等不同，因此各种抗菌药物的临床适应证有所不同。在导致感染的病原菌尚未分离确认或无法获取培养标本时，或抗菌药物敏感度试验没有获得明确的结果前，可根据患者的感染部位、基础疾病、发病情况等推测可能的病原体，并结合当地细菌耐药性监测数据采用经验治疗；一旦细菌诊断和药物敏感度试验明确，则应根据各种抗菌药物的抗菌作用及其体内过程特点，按临床适应证选择相应的抗菌药物。各类抗菌药物适应证和注意事项具体可参考国家卫生和计划生育委员会发布的 2015 年版《抗菌药物临床应用指导原则》。

（三）制订合理的抗菌治疗方案

根据病原菌种类、感染部位、感染严重程度和患者的情况及抗菌药物药效学和药动学特点制订合理的抗菌治疗方案，包括抗菌药物的品种选择、给药剂量、给药途径、给药次数、疗程及联合用药。

1. 品种选择 进行经验治疗者可根据可能的病原菌及当地耐药状况选用抗菌药物；病原菌及药敏试验结果明确者可根据结果尽可能选择针对性强、窄谱、安全、价格适当的抗菌药物。

2. 给药剂量 一般按各种抗菌药物的治疗剂量范围给药。治疗单纯性下尿路感染时，由于多数药物尿药浓度远高于血药浓度，宜选择接近药物治疗剂量范围低限的较小剂量应用；治疗如中枢神经系统等抗菌药物不易达到的部位的感染，或血流感染、感染性心内膜炎等重症感染时，宜选择接近抗菌药物治疗剂量范围高限的较大剂量应用。

3. 给药途径 对于轻、中度感染可接受口服给药的患者，应选择口服吸收良好的抗菌药物，不必采用静脉或肌内注射给药。重症感染、全身性感染患者初始治疗应予静脉给药，以确保药效；病情好转能口服时应及早转为口服给药。皮肤黏膜局部应用抗菌药物后吸收较少，在感染部位不能达到有效浓度，易导致耐药菌产生或引起过敏反应，因此治疗全身性感染或脏器感染时应避免局部应用抗菌药物。抗菌药物的局部应用只限于少数情况，例如全身给药后在感染部位难以达到治疗浓度时可加用局部给药作为辅助治疗。此情况见于治疗中枢神经系统感染时某些药物可同时鞘内给药；包裹性厚壁脓肿脓腔内注入抗菌药物以及眼科感染的局部用药等。某些皮肤表层及口腔、阴道等黏膜表面的感染可采用抗菌药物局部应用或外用，但应避免将主要供全身应用的品种作局部用药。局部用药宜采用刺激性小、不易吸收、不易导致耐药性和不易致过敏反应的杀菌剂。青霉素类、头孢菌素类等易产生过敏反应的药物不可局部应用，氨基苷类等耳毒性药不可局部滴耳。

4. 给药次数 为保证药物在体内能发挥最大抗菌效果，应根据药物的药动学和药效学特点相结合的原则给药。时间依赖性抗菌药（如青霉素类、头孢菌素类、克林霉素、红霉素等）应每日多次给药，浓度依赖性抗菌药（如氟喹诺酮类和氨基苷类等）可每日一次给药。

5. 疗程 抗菌药物疗程因感染不同而异，一般宜用至感染症状消退后 72～96 小时，有局部病灶者需用药至感染灶控制或完全消散，特殊情况需妥善处理。但败血症、感染性心内膜炎、化脓性脑膜炎、伤寒、布鲁病、骨髓炎、溶血性链球菌咽炎、扁桃体炎、深部真菌病、结核病等需较长的疗程方能彻底治愈，并防止复发。

6. 联合应用 联合用药的目的是利用抗菌药物的协同作用而减少用药剂量和提高疗效，从而减少或降低药物的毒性等不良反应，延迟和减少细菌耐药性的产生。单一药物能有效治疗的感染不需联合用药，仅在下列情况时需要联合用药：①病原菌尚未查明的严重感染,包括免疫缺陷者的严重感染。②单一抗菌药物不能控制的感染性心内膜炎或败血症等重症感染;需氧菌及厌氧菌混合感染;2种或2种以上病原菌感染;以及多重耐药菌或泛耐药菌感染。③需长疗程治疗,但病原菌易对某些抗菌药物产生耐药性的感染,如结核病或某些侵袭性真菌病。④毒性较大的抗菌药物,联合用药时剂量可适当减少,但需有临床资料证明其同样有效。如两性霉素B与氟胞嘧啶联合治疗隐球菌脑膜炎时,前者的剂量可适当减少,以减少其毒性反应。联合用药时宜选用具有协同或相加作用的药物联合,如青霉素类、头孢菌素类或其他β-内酰胺类与氨基苷类联合。联合用药通常采用2种药物联合,3种及3种以上药物联合仅适用于个别情况,如结核病的治疗。联合用药过程中应注意药物理化性质方面的配伍禁忌,以及联合用药后药物不良反应的可能增多,用药时需密切观察和做好应对措施。

二、抗菌药物预防性应用的基本原则

(一)内科及儿科预防用药

在预防一种或两种特定病原菌引起的感染、或预防在一段时间内发生的感染可能有效,但为了防止任何细菌入侵或长期预防用药则往往无效。患者原发疾病可以治愈或缓解者,预防用药可能有效。原发疾病不能治愈或缓解者(如免疫缺陷者),预防用药应尽量不用或少用。对免疫缺陷患者,宜严密观察其病情,一旦出现感染征兆时,在送检有关标本作培养同时,首先给予经验治疗。

(二)外科手术预防用药

抗菌药物的选择视预防目的而定,为预防术后切口感染,应针对金黄色葡萄球菌选用药物。预防手术部位感染或全身性感染,则需依据手术野污染或可能的污染菌种类选用,如结肠或直肠手术前应选用对大肠埃希菌和脆弱拟杆菌有效的抗菌药物。选用的抗菌药物必须是疗效肯定、安全、使用方便及价格相对较低的品种。接受清洁手术者,在术前0.5~2小时内给药,或麻醉开始时给药,使手术切口暴露时局部组织中已达到足以杀灭手术过程中入侵切口细菌的药物浓度。抗菌药物的有效覆盖时间应包括整个手术过程和手术结束后4小时,总的预防用药时间一般不超过24小时。接受清洁-污染手术者的手术时预防用药时间亦为24小时,必要时延长至48小时。污染手术可依据患者情况酌量延长。对手术前已形成感染者,抗菌药物使用时间应按治疗性应用而定。

三、抗菌药物对特殊病理和生理状况患者应用的基本原则

(一)肾功能减退患者抗菌药物的应用

由于抗菌药物主要经肾脏排出体外,而某些抗菌药物具有肾毒性,肾功能减退的感染患者应用时尽量避免使用此类抗菌药物,确有应用指征时,必须调整给药方案。根据感染的严重程度、病原菌种类及药敏试验结果等选用无肾毒性或肾毒性低的抗菌药物。对主要经肾排泄或对肾脏有损害的抗菌药物,视具体情况采用不同的应用对策:①氯霉素、磺胺类、四环素宜避免应用;②林可霉素类、两性霉素B及青霉素类对中度肾功减退者宜减少剂量;③万古霉素、多黏菌素、头孢菌素类等应按肾功减退程度调整给药剂量或给药间隔时间;④氨基苷类抗生素最好能监测血药浓度而制定个体化给药方案。

(二)肝功能减退患者抗菌药物的应用

肝脏是人体对大多数药物进行代谢的最重要的器官,当肝功能减退时,由于肝药酶活性下降,减少了对药物的代谢和解毒作用。另外,肝病时白蛋白合成减少而蛋白结合率下降,导致游离药物增加,使药物作用增强或不良反应增加。对有慢性肝病或肝功能减退的患者,应避免应用或禁用主要经肝脏清除或代谢,并可导致毒性反应发生的药物,如磺胺类、四环素类、氯霉素、利福平、红霉素酯化物等,以及对肝脏有损害作用的抗菌药物,如利福平、异烟肼、林可霉素、两性霉素B等。

(三)新生儿患者抗菌药物的应用

新生儿期肝酶的分泌不足或缺乏,肾脏未发育成熟,肾清除功能较差,因此新生儿感染时应避免应用氯霉素等主要经肝脏代谢的药物,以及主要经肾脏排泄的β-内酰胺类、氨基苷类、万古霉素、去甲万古霉素等抗菌药物。另外,新生儿期避免应用或禁用可影响新生儿骨骼生长发育的四环素类、喹诺酮类药物,以及可导致脑性核黄疸及溶血性贫血的磺胺类药及呋喃类药物。

(四)小儿患者抗菌药物的应用

由于氨基苷类抗生素、万古霉素和去甲万古霉素有明显耳、肾毒性,小儿患者应尽量避免应用;四环素类抗生素可导致牙齿黄染及牙釉质发育不良,不可用于8岁以下小儿;喹诺酮类抗菌药对骨骼发育可能产生不良影响,该类药物避免用于18岁以下未成年人。

(五)老年患者抗菌药物的应用

老年患者宜选用毒性低并具杀菌作用的抗菌药

物，青霉素类、头孢菌素类等β-内酰胺类为常用药物，毒性大的氨基苷类、万古霉素、去甲万古霉素等药物应尽可能避免应用。由于老年人肾功能呈生理性减退，主要经肾脏排泄的抗菌药物排出减少，按一般常用量给药时易导致药物在体内积蓄，血药浓度增高，发生药物不良反应。因此对于老年患者，尤其是高龄患者接受主要自肾脏排出的抗菌药物时，应按轻度肾功能减退情况减量给药，可用正常治疗量的2/3～1/2。

（六）妊娠期和哺乳期患者抗菌药物的应用

妊娠期抗菌药物的应用需考虑药物对母体和胎儿两方面的影响。妊娠期感染时可选用β-内酰胺类和磷霉素等毒性低，对胎儿及母体均无明显影响，也无致畸作用的抗菌药物。避免使用四环素类、喹诺酮类等对胎儿有致畸或明显毒性作用的药物，以及氨基苷类、万古霉素、去甲万古霉素等对母体和胎儿均有毒性作用的药物。美国食品药品管理局（FDA）按照抗微生物药物在妊娠期应用时的危险性分为A、B、C、D及X类，可供药物选用时参考（参见表8-37-1）。哺乳期患者应用抗菌药物后，药物可通过乳汁进入乳儿体内，造成不良反应，如氨基苷类抗生素可导致乳儿听力减退，氯霉素可致乳儿骨髓抑制，磺胺甲噁唑等可致核黄疸、溶血性贫血，四环素类可致乳齿黄染，青霉素类可致过敏反应等。因此哺乳期患者应用任何抗菌药物时，均宜暂停哺乳，避免选用氨基苷类、喹诺酮类、四环素类、氯霉素、磺胺药等抗菌药物。

表8-37-1 抗微生物药物在妊娠期应用时的危险性分类

FDA 分类	抗微生物药物
A. 在孕妇中研究证实无危险性	
B. 动物中研究无危险性，但人类研究资料不充分，或对动物有毒性，但人类研究无危险性	青霉素类；红霉素；两性霉素B；甲硝唑；扎那米韦；头孢菌素类；阿奇霉素；特比萘芬；呋喃妥因；阿昔洛韦； 青霉素类/β-内酰胺酶抑制药；克林霉素；利福布丁； 吡喹酮；乏昔洛韦；氨曲南；磷霉素；去羟肌苷； 美罗培南；达托霉素；奈非那韦；厄他培南；替比夫定； 替诺福韦
C. 动物研究显示毒性，人体研究资料不充分，但用药时可能患者的受益大于危险性	亚胺培南/西司他丁；氟康唑；SMZ/TMP；乙胺嘧啶； 金刚烷胺；恩替卡韦；氯霉素；伊曲康唑；替硝唑； 阿苯达唑；金刚乙胺；齐多夫定；克拉霉素；酮康唑； 氟喹诺酮类；甲苯达唑；奥塞米韦；扎西他滨； 万古霉素；泊沙康唑；利奈唑胺；氯喹；更昔洛韦； 司他夫定；特拉万星；氟胞嘧啶；利福平；甲氟喹； 膦甲酸；阿巴卡韦；多黏菌素E；卡泊芬净；利福昔明； 喷他脒；西多福韦；奈韦拉平；阿尼芬净；异烟肼； 伊维菌素；拉米夫定；地拉韦定；米卡芬净；吡嗪酰胺； 蒿甲醚/本芴醇；阿德福韦；茚地那韦；卷曲霉素； 阿托伐醌；氨苯砜；氯胍
D. 已证实对人类有危险性，但仍可能受益多	氨基苷类；伏立康唑；四环素类；替加环素
X. 对人类致畸，危险性大于受益	奎宁；沙利度胺；利巴韦林

注：1. 妊娠期感染时用药可参考表中分类，权衡用药后患者的受益程度及可能的风险决定。A类：妊娠期患者可安全使用；B类：有明确指征时慎用；C类：在确有应用指征时，充分权衡利弊决定是否选用；D类：避免应用，但在确有应用指征且患者受益大于可能的风险时严密观察下慎用；X类：禁用。2. 妊娠期患者接受氨基苷类、万古霉素、氯霉素、磺胺药、氟胞嘧啶时必须进行血药浓度监测，据以调整给药方案

（第四军医大学　李明凯）

第三十八章　β-内酰胺类抗生素

- The penicillins and cephalosporins are classified as β-lactam drugs because of their unique four-membered lactam ring. Penicillins and cephalosporins are bactericidal, they inhibit bacterial growth by interfering with a specific step in bacterial cell wall synthesis.
- Resistance to penicillins and other β-lactam is due to inactivation of antibiotics by β-lactamase or other mechanisms.
- Cephalosporins can be classified into four generations, depending mainly on the spectrum of antimicrobial activity.
- The penicillins are markably nontoxic. Most of the serious adverse reactions are due to hypersensitivity. Although the frequency of allergic reaction is much lower in cephalosporins, patients with a history of anaphylaxis to penicillins should not receive cephalosporins, because of the similarity in structures of the both group drugs.

β-内酰胺类（β-lactams）抗生素是指化学结构中含有一个β-内酰胺环（β-lactam ring）的一类抗生素，包括青霉素类、头孢菌素类、非典型β-内酰胺类（头霉素类、碳青霉烯类与青霉烯类、氧头孢烯类及单环β-内酰胺类）。此类抗生素大多具有抗菌活性强、毒性低、临床疗效好的优点。另外，β-内酰胺酶抑制药（克拉维酸、舒巴坦等）虽本身的抗菌作用很弱，但由于其对β-内酰胺酶的活性具有抑制作用，可与多种β-内酰胺类抗生素配伍用以增强抗菌作用或用于产酶耐药菌株引起感染的治疗。

第一节　抗菌作用机制及耐药机制

一、抗菌作用机制

β-内酰胺类抗生素的作用机制是抑制细菌细胞壁黏肽合成酶，即青霉素结合蛋白（penicillin binding proteins，PBPs）的活性，从而阻碍细菌细胞壁的合成，使细菌细胞壁缺损，外环境水分渗入，菌体膨胀裂解而死亡，若还具有触发细菌自溶酶活性的作用，则可杀灭细菌（见第三十七章）。各种细菌细胞膜上PBPs数量与相对分子质量不同，对β-内酰胺类抗生素的敏感性虽有差异，但分类学相近的细菌，其PBPs类型及其生理功能则是相似的。如大肠杆菌、铜绿假单胞菌均具有7个PBPs，相对分子质量为40 000～90 000，它们各自的功能及与抗生素结合的作用见表8-38-1。哺乳动物细胞无细胞壁，不受β-内酰胺类抗生素的影响，故对人体的毒性小。因β-内酰胺类抗生素对已合成的细胞壁无影响，故对繁殖期细菌的作用较静止期强。

表 8-38-1　大肠埃希菌 PBPs 的功能与其结合的抗生素与作用

PBPs		相对分子质量	酶的功能	结合抗生素与作用
-1A		约90 000	两种功能的糖肽合成酶，即黏肽转聚糖酶及转肽酶（体外试验占交联40%），对β-内酰胺类敏感，1A与细菌的延长阶段有关	青霉素G，氨苄西林和大多数头孢菌素，使细菌溶解，死亡
-1B	α β γ	约90 000	三种蛋白各具有两种合成酶的作用，即黏肽转聚糖酶及转肽酶（体外试验占交联25%），1B与细菌的延长阶段有关	青霉素G，氨苄西林和大多数头孢菌素，使细胞溶解，死亡
-2		66 000	有美西林（氨䓬NFDAF-脒青霉素）敏感的转肽酶，形成杆状细胞	美西林，克拉维酸，甲砜霉素，使细胞呈圆形而不溶解
-3		60 000	同1A，但量少，与中隔形成有关	头孢氨苄，第三代头孢菌素及哌拉西林，使细菌呈丝状

续表

PBPs	相对分子质量	酶的功能	结合抗生素与作用
-4	49 000	D-D-丙氨酸转肽酶（1B）、可分解 DAMP（二氨基庚酸）的黏肽侧链，缺乏此酶的变异株生长正常	不甚重要，抗生素结合后对细菌无明显影响
-5 -6	42 000	D-D-丙氨酸转肽酶（1A）主要活性，缺乏此蛋白仍能生长	不甚重要，抗生素结合后对细菌无明显影响
	40 000	D-D-丙氨酸转肽酶（1A）次要活性，缺乏此蛋白不会致死	不甚重要，抗生素结合后对细菌无明显影响

二、耐药机制

细菌对 β-内酰胺类抗生素产生耐药性的机制可概括为下列几种：

（一）产生水解酶

耐药菌能产生水解 β-内酰胺类抗生素的酶（青霉素酶、头孢菌素酶），使 β-内酰胺类抗生素水解，β-内酰胺环裂开而失去抗菌活性发生耐药（见第三十七章）

（二）酶与抗生素牢固结合

β-内酰胺酶与某些耐酶抗生素迅速而牢固地结合，使抗生素滞留于细菌细胞膜外间隙中，而不能到达靶点（PBPs）发生抗菌作用，该非水解机制的耐药现象又称"牵制机制"（trapping mechanism）。

（三）改变 PBPs 的组成和功能

耐药菌株 PBPs 可发生结构改变或合成量增加或产生新的 PBPs，降低 PBPs 与 β-内酰胺类抗生素结合的亲和力，这也是最为常见的耐药机制之一。如淋球菌耐药菌株 3 个 PBPs 中有 2 个与 β-内酰胺类抗生素结合的亲和力较低；肠球菌对 β-内酰胺类抗生素的耐药不仅是降低了 PBPs 与其结合的亲和力，且产生 β-内酰胺酶和促进 PBPs 的合成，形成多种耐药机制。耐甲氧西林金黄色葡萄球菌具有的多重耐药性则是由于其原来的 PBP-2 与 PBP-3 之间产生一种新的 PBP-2α，抗生素不能与之结合而具有高度耐药性，且此菌亦能使甲氧西林与 PBPs 结合的亲和力降低并促进 PBPs 合成量增多。

（四）细胞壁外膜通透性的改变

已知革兰阴性菌的胞壁外膜是阻止 β-内酰胺类抗生素进入菌体的第一道屏障，通常药物通过胞壁外膜的非特异性与特异性两种通道进入菌体，通道是由外膜蛋白（outer membrate protein，OMP）组成，称为孔道蛋白（porin 蛋白），如大肠杆菌 K_{12} 外膜是由 OmpF 和 OmpC 两个孔道蛋白组成的亲水性非特异性的 porin 蛋白通道，许多 β-内酰胺类抗生素大多经 OmpF 通道进入菌体，当菌株发生突变，造成 OmpF 通道蛋白丢失，β-内酰胺类如头孢噻吩、头孢唑啉等透入菌体显著减少而出现耐药，铜绿假单胞菌的胞壁外膜因缺少经典的非特异性孔道蛋白而固有地对 β-内酰胺类抗生素耐药，其胞壁外膜具有的特异性通道 OprD porin 蛋白只允许亚胺培南通过，突变菌后使该药不能进入菌体内，形成特异性耐药（见第三十七章）。

（五）自溶酶的缺乏

β-内酰胺类抗生素通过与 PBPs 结合阻断细菌自溶酶的释放，导致细菌自溶酶减少而产生耐药。

第二节 青霉素类抗生素

青霉素类抗生素的母核是由噻唑环（A）与 β-内酰胺环（B）骈合而成 6-氨基青霉烷酸（6-aminopenicillanic acid，6-APA）（图 8-38-1）。β-内酰胺环对抗菌活性起着关键作用，但不同的侧链将影响其抗菌活性以及药动学特性。

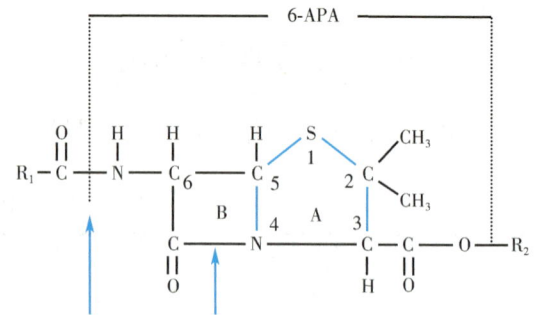

图 8-38-1 青霉素类抗生素的基本化学结构

一、天然青霉素

青霉素 G

青霉素 G（penicillin G），又名苄青霉素（benzylpenicillin），是由青霉菌（*Penicillium notatum*，*P. Crysogenum* 和 *P. Crustosum*）培养液中提取获得的 5 种青霉素（F、G、X、K 和双氢 F）之一，因其化

学性质较稳定，抗菌作用较强，产量高，毒性低，价格低廉，故目前仍是临床广泛应用的天然抗生素。常用其钠盐或钾盐，为结晶性白色粉末，在室温下稳定，易溶于水，但水溶液不稳定，20 U/ml 的水溶液于 30℃ 放置 24 h 后效价可降低 56%，并生成具有抗原性的青霉烯酸，遇酸、碱、醇和金属离子也易被破坏，遇热分解失效，故临床应用时需临时配成新鲜水溶液后及时使用。

【别名】

盘尼西林、苄西林。

【抗菌作用】

青霉素 G 主要作用于革兰阳性、阴性球菌、嗜血杆菌属、各种致病螺旋体及放线菌。

不产 β-内酰胺酶的葡萄球菌属，A、B 组溶血性链球菌和某些草绿色链球菌对其高度敏感，对肺炎球菌亦具有高度抗菌活性，不产 β-内酰胺酶的金黄色葡萄球菌以及多数表皮葡萄球菌虽对其敏感，但这两种细菌产青霉素酶的菌株数量占有甚高的比例，故对青霉素耐药是一个严重的问题。另外肠球菌属对青霉素一般呈中度敏感，亦有高度耐药菌株，流感杆菌与百日咳杆菌对青霉素有中、高度敏感性，白喉杆菌、炭疽杆菌及厌氧杆菌的产气荚膜杆菌、破伤风杆菌、难辨梭菌、丙酸杆菌、真杆菌、乳酸杆菌等均对青霉素高度敏感。

脑膜炎球菌、淋球菌对青霉素高度敏感，前者耐药株罕见，但后者对青霉素的敏感性日益减少，而代之以能产生由质粒介导的 β-内酰胺酶的耐药菌株。

各种螺旋体（梅毒螺旋体、回归热螺旋体、钩端螺旋体、鼠咬热螺旋体）以及大多数放线菌对青霉素高度敏感。但本品对支原体属、衣原体属、立克次体、韦荣球菌属无抗菌活性。

【体内过程】

青霉素 G 不耐酸，口服吸收很少且不规则，肌内注射吸收迅速且完全。注射 100 万 U 后 0.5 小时达血药浓度峰值（20 U/ml），$t_{1/2}$ 为 0.5 小时，但个体差异较大。因其脂溶性低，进入细胞少，主要分布于细胞外液，能广泛分布于各种关节腔、浆膜腔、间质液、淋巴液、胎盘、肝、肾、横纹肌、中耳液等；房水和脑脊液中含量较低，但炎症时较易进入并达到有效浓度；唾液、乳汁、骨骼中含量均低，但胆汁中的浓度可为血药浓度的 2～4 倍。青霉素 G 部分在肝内代谢，几乎全部以原形迅速经尿排泄，约 10% 经肾小球滤过排出，90% 经肾小管分泌排出。

为延长青霉素的作用时间，可采用水溶性较差的普鲁卡因青霉素（procaine benzylpenicillin，苄青霉素普鲁卡因）或长效青霉素——苄星青霉素（benzathine benzyl penicillin，长效西林，bicillin）。前者一次肌内注射 40 万 U～80 万 U 后缓慢释放，作用可持续 48 小时；后者一次肌内注射 60 万 U～120 万 U，作用可维持 15 天，但由于血药物浓度低，仅限于轻症病人或作预防感染使用。另外，青霉素也可与丙磺舒配伍，丙磺舒虽无抗菌作用，但因能与青霉素竞争肾小管分泌，从而提高青霉素的血药浓度，延长半衰期和作用时间。

【临床应用】

本药肌内注射或静脉滴注是敏感革兰阳性球菌、革兰阴性球菌、螺旋体所致感染的首选治疗药，如溶血性链球菌引起的咽炎、扁桃体炎、丹毒、蜂窝组织炎、猩红热、产褥热等。草绿色链球菌引起的心内膜炎；肺炎链球菌引起的大叶肺炎、中耳炎、脑膜炎、菌血症等。脑膜炎球菌引起的流行性脑脊髓膜炎，但耐药菌株治疗后易复发。淋球菌虽耐药较普遍，但对不产酶的菌株，青霉素仍有效。另外，青霉素 G 还可作为放线菌、梅毒、回归热、钩端螺旋体病以及风湿性心脏病、先天性心脏病患者进行口腔科、胃肠道、生殖道手术前的首选用药。也可用于白喉、破伤风、气性坏疽和流产后产气荚膜杆菌所致的败血症治疗，但因青霉素 G 对细菌产生的外毒素无效，故必须加用抗毒素血清。

【不良反应】

1. 变态反应 是青霉素 G 最常见的不良反应，在各种药物中居首位，Ⅰ、Ⅱ 和 Ⅲ 型变态反应总发生率约为 3%～10%，可发生过敏性休克、溶血性贫血、血清病样反应、药疹、药热、接触性皮炎、间质性皮炎、哮喘发作等，还可发生罕见的嗜酸性粒细胞增多症和肺部浸润及由过敏性血管炎引起的颅内压增高。这是由青霉素降解产物青霉噻唑蛋白、青霉烯酸、青霉素与 6-APA 高分子聚合物等致敏原所致。为防治变态反应的发生，应：①详细询问病史、用药史、药物过敏史及家族过敏史；②凡初次使用、用药间隔 3 天以上或换批号者均应进行皮肤过敏试验，反应阳性者禁用；③皮试时必须做好抢救准备，如肾上腺素、氢化可的松等药物，便于一旦发生过敏性休克能及时抢救治疗，以防死亡等意外情况发生；④避免在饥饿时注射青霉素 G；⑤患者每次用药后需观察 30 分钟，无反应者方可离去。

2. 赫氏反应（Herxheimer reaction） 青霉素 G 治疗梅毒螺旋体或钩端螺旋体、雅司、鼠咬热或炭疽等感染时，可出现症状加重的现象，表现为全身不适、寒战、高热、咽痛、肌痛、心跳加快等，一般发生于开始治疗的 6～8 小时，12～24 小时内消失，这种治疗矛盾的现象称为赫氏反应，可能系螺旋体抗原与相应的抗体形成免疫复合物的结果，或与螺旋体释放非内毒素致热原有关。

3. 毒性作用 除青霉素钾、钠盐大量静脉注射易引起引起高血钾、高血钠症和钾盐肌内注射局部疼痛外，肌内注局部可发生周围神经炎。鞘内注射或静脉滴注大剂量可引起腱反射增强、肌肉阵挛、抽搐、昏迷等神经系统反应，称青霉素脑病，此多见于老年人，婴儿和肾功能减退患者。大剂量应用（4000万U/天）可影响血小板功能，干扰纤维蛋白原转变为纤维蛋白和抗凝血酶Ⅲ活性增加而可导致凝血障碍。个别患者应用普鲁卡因青霉素可出现焦虑、发热、呼吸急促、高血压、心率加快、幻觉、抽搐、昏迷等。

二、半合成青霉素

青霉素虽具有杀菌能力强、毒性低的优点，但其抗菌谱较窄，又易被胃酸破坏而不能口服，金黄色葡萄球菌也易产生耐药性及引起过敏反应等缺点。酰胺酶水解羧基侧链（图8-38-1），再以化学合成方法接上各种基团，从而得到耐酸、耐酶、广谱、抗铜绿假单胞菌、抗革兰阴性菌等不同特性的多种半合成青霉素。

（一）耐酸口服青霉素

本类青霉素属苯氧青霉素类（phenoxymethyl penicillins），包括青霉素V、非奈西林（phenethicillin）等，抗菌谱与青霉素相同，抗菌作用较青霉素弱。耐酸，口服虽较注射相同剂量的青霉素的血药浓度低，但因吸收好仍具有较高的血药浓度。

青霉素V

青霉素V（penicillin V, phenoxymethyl penicillin，苯氧甲青霉素）是目前广泛应用的口服青霉素，常用其钾盐，由十二指肠吸收，血药浓度达峰时间为0.5~1.0小时，绝对生物利用度约60%，血药浓度较高，广泛分布于各组织和体液中，但难通过血脑屏障。约相当给药量的56%经肝脏代谢失活，代谢产物与原形药物随尿排泄。抗菌谱与青霉素相同，但抗菌活性较差。口服后血药浓度个体差异大和感染严重程度的影响较大，故不宜用于严重感染。适用于轻度敏感菌感染、恢复期的巩固治疗和防止感染复发的预防用药。

（二）耐酶青霉素类

本类药物化学结构特点是增大了侧链基团，通过空间结构的位置障碍作用，保护了β-内酰胺环不被青霉素酶水解。

奈夫西林

奈夫西林（nafcillin，乙氧萘青霉素）为耐酸耐酶青霉素，对耐青霉素葡萄球菌的活性与苯唑西林相仿，口服吸收不规则，且由于其在体内分布容积大，肝代谢快，故血药浓度较低，丙磺舒可减低其肾排泄、提高血药浓度。临床用于产酶金黄色葡萄球菌所致的败血症、心内膜炎、脑膜炎、骨髓炎等。

异噁唑类青霉素

异噁唑类青霉素（isoxazolyl penicillins）包括苯唑西林（oxacillin，苯唑青霉素，双氯青霉素）、氯唑西林（cloxacillin，邻氯青霉素）、双氯西林（dicloxacillin）和氟氯西林（flucloxacillin，氟氯苯青霉素，奥佛林）等。它们对溶血性链球菌、草绿色链球菌、肺炎球菌、表皮葡萄球菌的抗菌作用较青霉素弱，但对产青霉素酶的金黄色葡萄球菌具有较强的抗菌作用，以双氯西林最强，其次为氟氯西林、氯唑西林和苯唑西林。本类青霉素耐酸、耐酶，口服吸收好，以双氯西林最好，氯唑西林次之，苯唑西林最差，但食物可影响吸收，故宜空腹服用。口服后1~1.5小时达血药浓度峰值，有效血药浓度可维持2~3小时。本类青霉素仅限用于产青霉素酶的金黄色葡萄球菌所致的败血症、心内膜炎、肺炎等严重感染的治疗，亦可用于需长期用药的慢性感染。不良反应较少，除与青霉素G有交叉过敏反应外，少数患者口服后可出现嗳气、恶心、腹痛、腹胀、口干等胃肠道反应。

（三）广谱青霉素类

本类药物对革兰阴性和革兰阳性菌均有杀菌作用，耐酸，可以口服，但因不耐酶而对耐药金黄色葡萄球菌感染无效。

氨苄西林

氨苄西林（ampicillin，安比西林，安西林，安泰林）对溶血性链球菌、肺炎球菌和对青霉素敏感的金黄色葡萄球菌等革兰阳性球菌有较强的抗菌活性，但略逊于青霉素，对青霉素耐药的肺炎球菌仍有抗菌活性，且对草绿色链球菌也有较好的作用，对肠球菌属和李斯特菌属的作用还优于青霉素，对革兰阴性杆菌，如流感杆菌、大肠杆菌、沙门菌属和志贺菌属也有较强的抗菌作用，对铜绿假单胞菌和不动杆菌属无效。口服吸收好，口服后2小时达血药浓度峰值。体内分布广，肝肾组织浓度最高，脑组织浓度最低，胆汁中可达血药浓度的4~10倍，且可渗入到腹水、胸水、乳汁和眼中达有效浓度。经肾小球过滤和肾小管分泌排泄。主要用于敏感菌引起的呼吸道感染、败血症、心内膜炎、脑膜炎、胃肠道感染和尿路感染等，亦可作为伤寒、副伤寒的选用药物之一。另在细菌学诊断尚未明确之前常用于流感杆菌、大肠杆菌、肺炎球菌、脑膜炎球菌所致的儿童脑膜炎，也可用于新生儿败血症和治疗球菌性心内膜炎。

口服可出现胃肠道反应，肌内注射可发生显著疼痛。传染性单核细胞增多症、淋巴瘤、淋巴细胞白血病等患者，用药后皮疹发生可高达10%~20%。大量静脉注射可发生青霉素脑病，少数可出现血清转氨酶升高、中性粒细胞减少、间质性肾炎等，白色念珠菌的二重感染以及伪膜性肠炎也可偶尔发生。

阿莫西林

阿莫西林（amoxicillin，羟氨苄青霉素，阿莫灵，阿莫仙）的抗菌谱及抗菌活性与氨苄西林相似，但对粪肠球菌、沙门氏菌属及布鲁菌属的作用比氨苄西林强，对志贺菌属的作用弱，其穿透细菌细胞壁的能力较强。虽对β-内酰胺酶不稳定，但克拉维酸可增强其对军团菌属、诺卡菌属的抗菌活性。

本药耐酸能力强，口服吸收较氨苄西林迅速而完全，约可吸收给药量的60%～75%，与肌内注射的血药浓度相似，食物较少影响其吸收；也可静脉注射。广泛分布于各种组织和体液中，痰和支气管分泌液中药物浓度可达4%～23%，虽不易透过血脑屏障，但可进入炎性脑脊液和通过胎盘，脐带血药浓度为孕妇血药浓度的6%。服药后随尿排出，部分可从胆汁排泄，胆汁中药物浓度较高。与丙磺舒合用可使其血药浓度提高30%～40%。主要用于敏感菌引起的尿路、呼吸道、胆道、皮肤软组织感染及伤寒治疗。恶心、呕吐、腹泻等胃肠道反应较为常见，其次可发生皮疹，少数患者出现血清转氨酶升高、嗜酸性粒细胞增多和白细胞降低。也可见白色念珠菌以及耐药菌株引起的二重感染。

本类药物还包括匹氨西林（pivampicillin）与海他西林（hetacillin，缩酮青霉素），两药口服吸收均较氨苄西林好，在体内迅速水解出氨苄西林而发挥作用，海他西林还可肌内注射和静脉滴注。

（四）抗铜绿假单胞菌广谱青霉素类

此类药物除对铜绿假单胞菌有显著的抗菌活性外，对多数革兰阳性菌、革兰阴性菌也有较好的作用。

羧苄西林

羧苄西林（carbenicillin，羧苄青霉素，卡比西林，卡巴西林）是第一个用于治疗铜绿假单胞菌感染的青霉素，具有广谱的抗菌作用，除对铜绿假单胞菌有显著的抗菌活性外，尚对普通变形杆菌、普罗威登菌和摩氏摩根菌亦具有良好的抗菌作用，且优于氨苄西林，对大肠埃希菌、沙门菌属和志贺菌属等革兰阴性菌的作用亦与氨苄西林相当，但对革兰阳性菌的作用较弱。不耐酶，但对铜绿假单胞菌和某些变形杆菌产生的由染色体介导的β-内酰胺酶仍稳定。对产黑素类杆菌、放线菌属和某些厌氧菌也有抑制作用。

口服不吸收，肌内注射后0.5～1.0小时达血药浓度峰值，亦可静脉滴注或静脉注射。体内分布与其他青霉素类相似，可少量进入乳汁和脑脊液，在肾皮质和皮下组织中的药物浓度较血药浓度高。以原形随尿排泄，配伍丙磺舒可增加血药浓度并使半衰期延长约30%。

主要用于铜绿假单胞菌所致的全身感染，如败血症、肺部感染、尿路感染、脑膜炎等，也可用于变形杆菌属、大肠杆菌、沙雷菌属、肠杆菌属感染的治疗。由于单用容易产生耐药性，常与庆大霉素合用，但不能混合静注，以防药物相互作用而药效下降。不良反应为皮疹、皮肤瘙痒等，约有3%患者发生，大剂量静脉注射应注意防止电解质紊乱、神经系统毒性和出血。

替卡西林

替卡西林（ticarcillin，替卡青霉素，的卡西林，铁卡西林）的抗菌谱与羧苄西林相似，对铜绿假单胞菌的抗菌活性较羧苄西林强2～4倍，对其他革兰阴性杆菌的作用强2～20倍。口服不吸收，肌内注射后1h达血药浓度峰值，亦可静脉滴注。胆汁中浓度很高，可为血药浓度的几倍，脑膜炎患者脑脊液中浓度可达血药浓度的30%～50%，痰液、胸腔液的浓度分别为血药浓度的3%～5%和30%～60%。临床主要用于铜绿假单胞菌感染的治疗，如败血症、肺炎，泌尿系统和胆道感染等。也可用作普通变形杆菌和肠杆菌属细菌感染的治疗。不良反应与羧苄西林相似，但因其含钠量少，影响血小板功能较少见。

哌拉西林

哌拉西林（piperacillin，氟哌嗪青霉素，哔哌西林）抗菌谱与羧苄西林相似，但因与PBPs形成多位点结合及其对细菌细胞膜强大的穿透作用，故对铜绿假单胞菌有强大的抗菌活性，与氨基苷类抗生素配伍应用具有协同作用。对革兰阴性杆菌有很强的抗菌作用，脆弱类杆菌和多种厌氧菌对其高度敏感。除对耐甲氧西林金黄色葡萄球菌外的革兰阳性菌也有较好的作用。采用肌内和静脉注射，体内分布广泛，多数组织和体液可达有效药物浓度，胆汁、前列腺中浓度较高，脑膜炎患者有30%可透入脑脊液。$t_{1/2}$为1小时，主要经肾随尿液排泄。主要用于治疗铜绿假单胞菌、大肠杆菌和其他肠杆菌科细菌引起的败血症及呼吸道、腹腔、胆管、尿路、妇科创伤和手术后等感染的治疗，还可用于中性粒细胞减少症和免疫缺陷患者的感染治疗。不良反应较少，约3%患者出现皮疹、皮肤瘙痒和以腹泻为主的胃肠道反应等。

本类药物供注射用的还有：磺苄西林（sulbenicillin）、呋苄西林（furbenicillin，呋苄青霉素）、阿洛西林（azlocillin）、美洛西林（mezlocillin）、阿帕西林（apalcillin）等。供口服用的药物主要为羧苄西林的酯化物，在体内水解出羧苄西林发挥作用，如卡茚西林（carindacillin）和卡非西林（carfecillin）。

（五）抗革兰阴性杆菌青霉素类

本类药物供注射用的有美西林（mecillinam）和替莫西林（temocillin），供口服用的有匹美西林（pivmecillinam），匹美西林在体内水解为美西林而发挥作用。本类药物对革兰阴性菌作用强，对铜绿假单胞菌、吲哚阳性杆菌、脆弱拟杆菌无效，对革兰阳性菌作用弱。美西林和匹美西林仅对部分肠道革兰阴性菌有效，替莫西林对耐β-内酰胺酶类抗生素的多种肠杆菌科细菌有作用。主要用于敏感菌所致的尿路、软组织感染和伤寒的治疗，若用作败血症、脑膜炎、肺炎、心内膜炎等严重感染治疗时，宜与氨苄西林、替卡西林、头孢西丁等配伍应用。不良反应主要为胃肠道反应和过敏反应。

第三节 头孢菌素类抗生素

1945年意大利Brotzu首先发现了头孢菌素C(cephalosporin C)的产生菌（*Cephalosporium acremonium*），由头孢菌素C裂解获得共同母核7-氨基头孢烷酸(7-aminocephalosporinic acid, 7-ACA)，经化学合成的方法在7-ACA上加上不同侧链而制成的一类半合成头孢菌素类(cephalosporins)抗生素（图8-38-2）。与青霉素类相比较，相同之处是也有一个β-内酰胺环，不同的是另一个是六元双氢噻嗪环；母核7位取代基（R_1）的不同，将影响其抗菌活性和对β-内酰胺酶的稳定性；3位取代基（R_2）的不同会影响其体内过程。头孢菌素类抗生素与青霉素类抗生素除上述化学结构相似外，其理化性质、生物特性、耐药性和临床应用相似，抗菌作用机制相同；但其具有抗菌谱广、抗菌作用强、对青霉素酶稳定，过敏反应较小的特点。根据头孢菌素类抗生素的抗菌谱、对β-内酰胺酶的稳定性、抗革兰阴性杆菌活性的不同、对肾脏的毒性以及临床应用的差异，目前可将头孢菌素类分为四代（表8-38-2）。

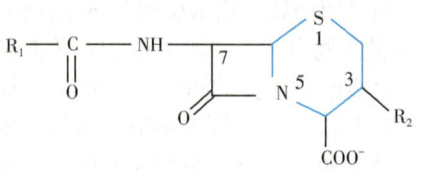

图8-38-2 头孢菌素类抗生素的基本化学结构

【抗菌作用和临床应用】

第一代头孢菌素对革兰阳性菌的抗菌作用较第二、三代强，但对革兰阴性菌的作用差，对铜绿假单胞菌无效。可被细菌产生的β-内酰胺酶破坏。主要用于治疗敏感菌所致的呼吸道和尿路、皮肤及软组织感染。

第二代头孢菌素对革兰阳性菌的作用与第一代品种相仿或略差，对革兰阴性菌有明显作用，对厌氧菌有一定作用，但对铜绿假单胞菌无效。对多种β-内酰胺酶比较稳定。主要用于敏感菌所致各种肺炎、胆道感染、菌血症、尿路感染和其他组织器官感染等。

表8-38-2 头孢菌素类抗生素分代及代表性药物的特性

分代	药名	别名	特性				对酶稳定性	
			给药途径	血清半衰期/h	蛋白结合率/%	尿排泄/%	G^+	G^-
第一代	头孢唑林(cefazolin)	先锋霉素V 华乐林	im, iv	1.8~2.0	74~86	75~100	3+	-
	头孢拉啶(cephradine)	先锋霉素VI	im, iv	0.8~1.0	6.0~10	66~90	3+	+
	头孢氨苄(cephalexin)	先锋霉素IV	p.o	0.6~1.0	10~15	80~100	3+	
	头孢羟氨苄(cefadroxil)		p.o	1.5	20	86	3+	-
第二代	头孢孟多(cefamandole)	先锋羟苄唑	im, iv	0.7~1.0	78	65~85	3+	+
	头孢呋辛(cefuroxine)		im, iv	1.3	31~41	80	3+	3+
	头孢克洛(cefaclor)		p.o	0.5~1.0	25	80~90	3+	3+
	头孢替安(cefotiam)		im, iv	0.6~1.1	8.0	60~70	2+	3+

续表

分代	药名	别名	特性					对酶稳定性	
			给药途径	血清半衰期/h	蛋白结合率/%	尿排泄/%	G⁺	G⁻
第三代	头孢噻肟（cefotaxime）		im, iv	1.0	30～45	50～60	3+	3+
	头孢曲松（ceftriaxone）	头孢三嗪	im, iv	5.8～8.7	85～95	33～67	3+	3+
	头孢他啶（ceftazidime）		im, iv	1.8～2.0	10～17	80～90	3+	3+
	头孢哌酮（cefoperazone）	先锋必，头孢必	im, iv	2.0	82～93	20～30	3+	3+
	头孢地嗪（cefodizime）		im, iv	2.5	81	70～80	3+	3+
	头孢甲肟（cefmenoxime）		im, iv	0.9～1.2	77～85	80	3+	3+
第四代	头孢匹罗（cefpirome）		im, iv	1.2～1.7	5.0～10	80～92	3+	3+
	头孢吡肟（cefepime）		im, iv	2.6	15～19	80～90	3+	3+
	头孢克啶（cefclidin）	头孢立定	iv	1.7～2.0	4.0	82～86	3+	3+

注：△表示暂缺，-，+～3+表示不耐酶和耐酶程度

第三代头孢菌素对革兰阳性菌的作用不及第一、二代，但对革兰阴性菌有较强的作用，对铜绿假单胞菌及厌氧菌也有较强的作用。对β-内酰胺酶有较高的稳定性。可用于危及生命的败血症、脑膜炎、肺炎、骨髓炎及尿路严重感染的治疗，能有效控制严重的铜绿假单胞菌感染。

第四代头孢菌素对革兰阳性菌、革兰阴性菌均有良好的抗菌作用，对β-内酰胺酶高度稳定，可用于治疗对第三代头孢菌素耐药的细菌感染。

【不良反应】

第一代头孢菌素的头孢噻吩和头孢唑林有潜在的肾毒性，故不宜与具肾毒性药物（如氨基苷类）联合应用；第二头孢孟多可发生低凝血酶原血症和双硫仑样反应，可合用维生素K防出血和禁用酒类饮品；第三代头孢哌酮常可引起腹泻，亦可偶致二重感染和假膜性肠炎。有5%～10%的青霉素类过敏患者应用头孢菌素类亦可发生过敏反应，但总的来说，头孢菌素类毒性低，不良反应少，常见的如皮疹、发热等过敏反应，而过敏性休克少见。口服品种常可引起胃肠道反应。

第四节　非典型β-内酰胺类抗生素

本类包括碳青霉烯类、头霉素类、氧头孢烯类和单环β-内酰胺类。

一、碳青霉烯类

碳青霉烯类（carbapenems）抗生素的抗菌谱广，抗菌活性强，对β-内酰胺酶稳定，具有较好的临床应用前景。

亚胺培南（imipenem，伊米配能）是硫霉素（thienamycin）的脒基衍生物（图8-38-3），故又称亚胺硫霉素，因其易为肾脱氢肽酶降解，故临床使用的是与酶抑制药西司他丁（cilastatin，希拉司丁）1∶1配伍的制剂，称泰宁或泰能（tienam，谱能）。西司他丁主要通过抑制肾脱氢肽酶活性，减少亚胺培南的降解发挥作用，但其本身并无抗菌作用，也不能抑制β-内酰胺酶的活性。

亚胺培南抗菌作用强，抗菌谱极广，对多重耐药或产β-内酰胺酶菌株亦有良好的抗菌作用。肺炎球菌及其耐青霉素菌株、链球菌、李斯特菌、芽胞杆菌、流感杆菌、淋球菌、弯曲菌属和嗜肺军团菌属细菌对其敏感，其对耐甲氧西林金黄色葡萄球菌、表皮葡萄球菌和粪肠球菌有较好的抗菌作用，但对耐甲氧西林的其他菌株无效。对各类厌氧菌具良好的抗菌活性。虽对大多数β-内酰胺酶稳定，但仍可被嗜麦黄单胞菌、黄杆菌、蜡样芽胞杆菌及某些脆弱类杆菌产生的金属酶水解，也可因为细菌外膜通

道蛋白丢失而产生耐药。本品不能口服，肌注的生物利用度约70%～80%，广泛分布于肺、肾、扁桃体、上颌窦、胆汁、前列腺、女性生殖器官、痰液、腹腔渗出液以及伤口引流液等，且可达有效浓度。蛋白结合率约20%，$t_{1/2}$为1小时左右。大部分在肾近曲小管刷状缘中被肾脱氢肽酶水解为具有肾毒性的代谢物，仅7%～15%以原形于给药后6小时随尿排出。临床主要用于革兰阳性和革兰阴性需氧菌和厌氧菌所致的各种严重感染，如尿路、皮肤软组织、呼吸道、腹腔和妇科感染，以及败血症和骨髓炎等，且为其他常用药物疗效不佳者。不良反应有恶心、呕吐、腹泻、药疹、静脉炎、血清转氨酶升高、血小板和嗜酸性粒细胞增多等，一般可耐受。当中枢神经系统有疾患，尤其合并有肾功不良，大剂量可致惊厥、意识障碍等严重中枢神经系统反应，故不宜用于中枢神经系统感染及3个月以下婴儿感染性疾病，且哺乳妇女应用时应停止哺乳。肌内注射粉针剂因含利多卡因而不能用于严重休克和传导阻滞患者。

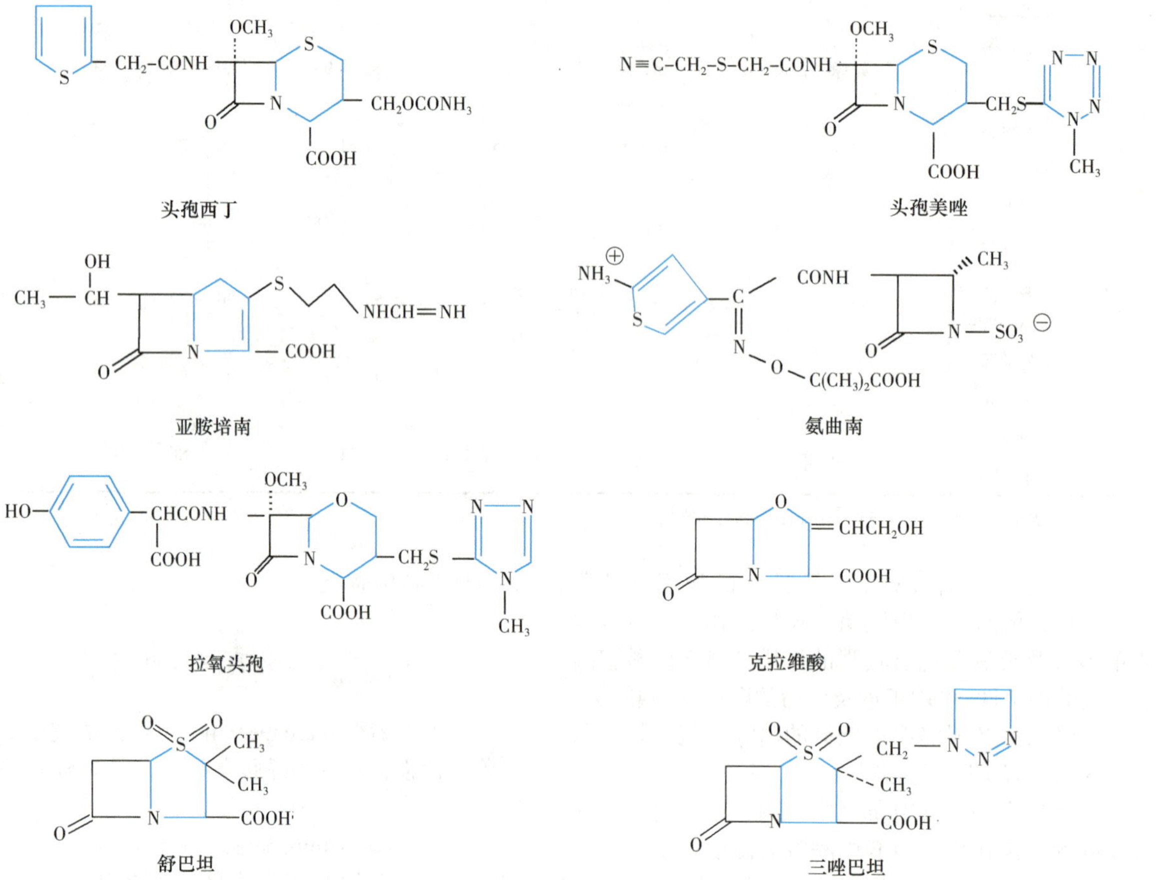

图8-38-3 非典型β-内酰胺类抗生素的化学结构

美罗培南(meropenem)对肾脱氢肽酶稳定，因此不需要配伍脱氢肽酶抑制药西司他丁，致惊厥的不良反应较亚胺培南发生率低。

帕尼培南(panipenem)与氨基酸衍生物倍他米隆(betamipron)组成复方制剂，倍他米隆可抑制帕尼培南在肾皮质的蓄积而减轻其肾毒性，其他同亚胺培南。

同类药还有厄他培南(ertapenem)、法罗培南(faropenem)、多利培南(doripenem)等。

二、头霉素类

头霉素类(cephamycins)自链霉菌(S. Lactamclurans)获得的β-内酰胺类抗生素，有A、B、C三型，以头霉素C的抗菌作用最强。头霉素的化学结构与头孢菌素相似，仅在其母核7-ACA的7位碳上多一个甲氧基，其抗菌谱和抗菌活性与头孢菌素亦相似，因此，也可将其列为第二代头孢菌素类，但对大多数超广谱β-内酰胺酶稳定，对厌氧菌尤其是脆弱类杆菌的抗菌作用较第二代头孢菌素强。头霉素C的半合成衍生物（图8-38-3）头孢西丁(cefoxitin，头霉噻吩)抗菌谱广，对β-内酰胺酶高度稳定，对革兰阳性菌、革兰阴性菌均有较强的杀菌作用，对厌氧菌有高效，但对沙雷菌属、阴沟肠杆菌、多数铜绿假单胞菌无效。口服吸收差，注射给药广泛分布至肌肉、脂肪、胸腔积液、腹腔液和乳汁等，胆汁中药物浓度也很高，不能进入正常脑膜，化脓性脑膜炎患者脑脊液药物浓度为同期血药浓度的10%左右，合用丙磺舒可使脑脊液药物浓度相当血药浓度的 16%。血浆蛋白结合率为 73%，几乎全部以原形由尿排出。用于治疗由需氧和厌氧菌引起的盆腔、腹腔及妇科的混合感染，亦可用作肠道手术、阑尾切除术前的预防用药和菌血症。不良反应多但较轻微，可有皮疹、静脉炎、蛋白尿、嗜酸性粒细胞增多、一过性转氨酶、乳酸脱氢酶升高等；另肌注疼痛显著。一般不宜与羧苄西林及头孢菌素合用，以免与前者发生拮抗作用和增加后者肾毒性。

本类中还有头孢美唑（cefmetazole）、头孢替坦（cefotetan）、头孢拉宗（cefbuperazone）、头孢米诺（cefminox）等。头孢美唑用药期间不宜饮酒，否则易发生双硫仑样反应（面部潮红、心悸、眩晕、头痛和恶心）。

三、单环β-内酰胺类

单环β-内酰胺类（monolactams）抗生素仅有一个β-内酰胺环（图 8-38-3），由土壤中多种增殖细菌产生，经化学结构修饰后得到第一个应用于临床的药物——氨曲南（aztreonam），对革兰阴性菌有较强的抗菌活性，对革兰阳性菌和厌氧菌无抗菌活性，对β-内酰胺酶稳定，但仍可为洋葱假单胞菌和臭鼻克雷伯杆菌产的酶水解，也可因通透障碍、靶蛋白 PBPs 改变而耐药。口服不吸收，注射给药后，广泛分布于心、肝、肺、肾、胆囊、前列腺、骨、胆汁、脑脊液等组织。蛋白结合率为 45%～60%，$t_{1/2}$ 为 1.3～2.2 小时，以原形随尿排出。临床主要用于敏感革兰阴性菌所致下呼吸道、尿路、胆道、腹腔、骨关节、皮肤软组织等感染，也可用于败血症、脑膜炎、淋病的治疗。不良反应少而轻微，偶见皮疹等过敏反应，胃肠道不适以及头痛、静脉炎等，为避免出血，使用抗凝血药患者应慎用之。

四、氧头孢烯类

氧头孢烯类（oxacephems）抗生素系头孢菌素母核 7-氨基头孢烷酸（7-ACA）1 位上的 S 被 O 取代（图 8-39-3）。代表药是拉氧头孢（latamoxef，头孢拉他，moxalactam），具有与第三代头孢菌素相似的抗菌谱广和抗菌作用强的特点。对革兰阴性菌作用强，对拟杆菌属等厌氧菌亦有较强抗菌活性，对铜绿假单胞菌抗菌作用弱，对肠球菌属无作用。对β-内酰胺酶稳定。体内分布广，在痰液、腹水、羊水、脑脊液、尿液以及胆汁中药物浓度高。血浆蛋白结合率为 60%，$t_{1/2}$ 为 2.3～2.75 小时，以原形随尿及胆汁排泄。临床主要用于敏感菌所致的肺炎、气管炎、胸膜炎、腹膜炎以及皮肤软组织、五官、创面部、骨关节等感染。也可用于败血症、菌血症。主要不良反应有皮疹、药物热等过敏反应。尚有肝肾功能损害、中性粒细胞减少和嗜酸性粒细胞增多等。还能减少凝血酶原造成血小板功能障碍，可致出血倾向，严重者可致死亡，故应补充维生素 K。

五、β-内酰胺酶抑制药

β-内酰胺酶抑制药（β-lactamase inhibitors）是通过与β-内酰胺酶结合形成稳定的复合物，抑制细菌产生的β-内酰胺酶，从而保护β-内酰胺类抗生素的活性来发挥作用。主要包括克拉维酸、舒巴坦及其衍生物。它们本身没有或仅有较弱的抗菌活性，但可与β-内酰胺类抗生素合用产生协同作用，使后者抗菌谱扩大，抗菌作用增强，增强程度取决于配伍使用的β-内酰胺类抗生素，但两药应有相似的药代动力学特征。β-内酰胺酶抑制药对不产酶的细菌无增强效果。

克拉维酸

克拉维酸（clavulanic acid，棒酸）（图 8-38-3）不仅对金黄色葡萄球菌产生的β-内酰胺酶有强大的抑制作用，且对肠杆菌、嗜血杆菌属、淋球菌、卡他莫拉菌产生的由质粒介导的酶也有强大的抑制作用，还对肺炎杆菌、变形杆菌、脆弱类杆菌产生的由染色体介导的酶具快速抑制作用，但对铜绿假单胞菌、沙雷菌属等少数细菌所产生的由染色体介导的酶无抑制作用。口服吸收良好，服后 1 小时可达血药峰浓度，全身分布广泛，可渗入体液中，易透过胎盘屏障，脐带中可达有效浓度，但不能穿透血脑屏障，血浆蛋白结合率低。$t_{1/2}$ 为 0.76～1.4 h，经肾排泄。

阿莫西林-克拉维酸钾（amoxicillin potassium clavulanate）是克拉维酸钾与阿莫西林以 1：2 组成的复方制剂，商品名为奥格门汀（augmentin），除对原阿莫西林敏感细菌有作用外，还对产β-内酰胺酶的葡萄球菌属、淋球菌、脑膜炎球菌、卡他莫拉菌、流感嗜血杆菌及肠杆菌科细菌具有良好的抗菌作用。脆弱拟杆菌、消化链球菌等厌氧菌亦对其敏感，但对铜绿假单胞菌、MRSA 等作用差。口服两者生物利用度为 70%，血浆蛋白结合率低。$t_{1/2}$ 为 1 小时，穿透性好，在腹腔渗出液、滑膜液、骨组织、女性盆腔器官内均可达到有效抗菌浓度，还可透过胎盘和少量进入乳汁。但难通过血脑屏障。主要经肾排泄。临床主要用于敏感菌引起的呼吸道、皮肤软组织、盆腔、尿路等感染及淋菌性尿道炎，中耳炎、鼻窦炎、咽炎、扁桃体炎的治疗。不良反应有胃肠道反应及皮疹等，但多较轻微。

替卡西林-克拉维酸钾（ticarcillin-potassium clavulanate，替门汀）是克拉维酸钾与替卡西林 1：15 组成的复方制剂，商品名称为泰门汀（timentin），扩大了替卡西林的抗菌谱。对产β-内酰胺酶的金黄色葡萄球菌、铜绿假单胞菌、大肠埃希菌、卡他莫拉菌、克雷伯菌属、脑膜炎球菌、淋病球菌、沙雷菌属、流感嗜血杆菌、变形杆菌、不动杆菌属、枸橼酸杆菌属等均具有良好的抗菌作用，脆弱类拟杆菌及其他拟杆菌属对其亦敏感。静注后，体内分布广泛，但大多数分布于细胞外液，平均血浆 $t_{1/2}$ 为 1 小时。临床主要用于产β-内酰胺酶需氧、厌氧菌引起的下呼吸道、腹腔、盆腔、尿路等感染及败血症的治疗。有皮疹、嗜酸性粒细胞增多、胃肠道反应及静脉炎等不良反应，但较轻微。

舒 巴 坦

舒巴坦（sulbactam，青霉烷砜，penicillanic acid sulfone）是半合成的β-内酰胺酶抑制药（图 8-38-3），性质较克拉维酸稳定，抑酶谱也稍宽但作用较弱，与克拉维酸相似的是对质粒介导的β-内酰胺酶有较强的抑制作用。体内药动学特点与氨苄西林、阿莫西林相似，注射给药后可分布至组织间液、腹腔液及脑膜炎症患者的脑脊液中，血浆蛋白结合率 32%，$t_{1/2}$ 为 1 小时，70% ~ 80% 随尿排泄。

氨苄西林 - 舒巴坦（ampicillin-sulbactam，舒他西林，sultamicillin）是舒巴坦与氨苄西林以 1：2 组成的复方制剂或以 1：1 的分子比，称舒他西林酯（sultamicillin tosilate），用于临床，商品名均为优立新（unasyn）。口服吸收后，在体内水解成舒巴坦与氨苄西林，绝对生物利用度为 80%，两药在组织液、腹腔液中浓度与血药浓度相仿，脑膜炎症时脑脊液中可达有效血药浓度。$t_{1/2}$ 为 1 小时，主要以原形从尿中排出。临床主要用于敏感产酶菌引起的皮肤软组织、腹腔、盆腔感染及淋病等的治疗，也可用于呼吸道、尿路感染及化脓性脑膜炎的治疗，更适用于需氧与厌氧菌混合感染。有皮疹、嗜酸性粒细胞增多、胃肠道反应、肝功能异常及注射部位疼痛等常见的不良反应。

头孢哌酮 - 舒巴坦（cefoperzone-sulbactam，舒普深，sulperazone，舒巴哌酮），是舒巴坦与头孢哌酮 1：1 组成的复方制剂。对产或不产β-内酰胺酶的大肠埃希菌、克雷伯菌属、变形杆菌、金葡菌、表葡菌、铜绿假单胞菌和不动杆菌属等均具有良好的抗菌活性，淋病奈瑟球菌、脑膜炎奈瑟球菌、厌氧菌对其也敏感。分布至机体各组织和体液中，包括胆汁、皮肤及子宫等。临床主要应用于敏感产酶菌所引起的呼吸道、腹腔、盆腔、尿路等感染及败血症的治疗。不良反应与头孢哌酮相似。

三 唑 巴 坦

三唑巴坦（tazobactam，他唑巴坦，TAZ）是舒巴坦的衍生物（图 8-38-3），为不可逆竞争性β-内酰胺酶抑制药，抑酶作用强于克拉维酸和舒巴坦，对铜绿假单胞菌、阴沟杆菌、黏质沙雷菌所产生的染色体介导的β-内酰胺酶有一定的抑制作用。

哌拉西林 - 三唑巴坦（piperacillin-tazobactam，tazocillin，三唑西林，zosyn）是三唑巴坦钠与哌拉西林 1：8 的复方制剂，对耐哌拉西林的大肠埃希菌、肺炎杆菌、不动杆菌、奇异变形杆菌、厌氧菌等具有良好的抗菌作用。注射给药后，胃肠道、胆囊、胆汁、前列腺液、肾、女性生殖器官、皮肤组织均有较高浓度，且脑脊液中药物浓度较单用哌拉西林高，随尿排泄。常用于腹腔、下呼吸道、皮肤软组织的各类混合感染及菌血症的治疗。不良反应较少发生，偶见恶心、腹泻、头痛及皮疹、皮肤瘙痒、血小板减少等。

（华中科技大学同济医学院　王　芳）

第三十九章 大环内酯类、林可霉素类及其他抗生素

> • Macrolide antibiotics contain a multi-membered lactone ring, i.e., a 14-membered ring for erythromycin and clarithromycin, a 15-membered ring for azithromycin, and a 16-membered ring for rokitamycin and miokamycin. It has been demonstrated that macrolides are bacteriostatic drugs which inhibit protein synthesis by binding reversibly to 50S ribosomal subunits of sensitive microorganisms. Lincomycin and clindamycin are congeners of each other. Although both of them and erythromycin are not structurally related, they all act at sites close proximity, that is, lincomycin and clindamycin also bind to the 50S subunits of the bacterial ribosome and suppress protein synthesis. Vancomycin is active against gram-positive bacteria, especially against methicillin-resistant *Staphylococcus aureus* (MRSA) and methicillin-resistant Staphylococcus epidermidis (MRSE). The bacitracins are a group of polypeptide antibiotics; multiple components have been demonstrated in the commercial products. The major constituent is bacitracin A.

第一节 大环内酯类抗生素

一、概　述

大环内酯类抗生素是一类具有 14～16 元大环内酯基本化学结构的抗生素。常用的大环内酯类抗生素可以分成天然和半合成两类（表 8-39-1）。红霉素是此类抗生素的典型代表，包括螺旋霉素、麦迪霉素、交沙霉素等为天然大环内酯类或称第一代大环内酯类，其抗菌谱与青霉素极为相似，常用于革兰阳性、阴性菌、厌氧菌和支原体属、衣原体属等病原体感染的治疗，亦常用于对青霉素过敏的患者，它们疗效确切，但抗菌谱相对较窄，生物利用度低而需应用剂量较大，故易发生不良反应，也易产生耐药性等，因此，临床应用受到一定程度的限制。20 世纪 80 年代以来，半合成大环内酯类新品种被不断开发并进入临床应用，如 14 元环的克拉霉素（clarithromycin）、罗红霉素（roxithromycin）；15 元环的阿奇霉素（azithromycin）；16 元环的罗他霉素（rokitamycin）、米欧卡霉素（miocamycin）等，亦称为第二代大环内酯类，其特点是生物利用度高，血液组织中药物浓度高，$t_{1/2}$ 延长；抗菌活性增强、有较强的抗生素后效应及临床适应证扩大；减少了不良反应，且不易产生耐药性，有些药物在剂量较大时还具有免疫调节作用。

【抗菌作用】

大环内酯类通常起抑菌作用，但药物浓度高时具有杀菌作用。第一代大环内酯类对大多数需氧革兰阳性菌、革兰阴性球菌和厌氧球菌有强大的抗菌活性，对衣原体属、支原体属、军团菌属、弓形虫、非典型分枝杆菌等亦具有良好的作用，对产 β-内酰胺酶的葡萄球菌和耐甲氧西林金黄色葡萄球菌（MRSA）也有一定的抗菌作用。半合成的第二代大环内酯类的抗菌谱虽与红霉素相仿，但增强了对流感嗜血杆菌、卡他莫拉菌等革兰阳性菌的作用，以阿奇霉素最强，克拉霉素次之。同时也增强了对厌氧菌、空肠弯曲菌、军团菌、支原体、衣原体、分枝杆菌及弓形虫等的作用。半合成的第二代大环内酯类对葡萄球菌的抗菌活性与红霉素相仿，对需氧革兰阳性球菌有较强的抗生素后效应，并对嗜血流感杆菌等革兰阴性菌亦具有此效应，但对病毒、酵母菌、真菌无作用。另外，第二代大环内酯类除抗菌活性外，还具有免疫调节作用、抗炎作用等，亦已在临床被采用。

表 8-39-1 常用的大环内酯类抗生素

类别	药物
天然大环内酯类	
14 元环大环内酯类	红霉素（erythromycin）
16 元环大环内酯类	螺旋霉素（spiramycin）、乙酰螺旋霉素（acetylspiramycin）、吉他霉素（kitasamycin）、乙酰吉他霉素（acetylkitasamycin）、麦迪霉素（midecamycin）、交沙霉素（josamycin）、竹桃霉素（oleandomycin）、罗沙米星（rosaramicin）
半合成大环内酯类	
半合成 14 元环	克拉霉素（clarithromycin）、罗红霉素（roxithromycin）、地红霉素（dirithromycin）
半合成 15 元环	阿奇霉素（azithromycin）
半合成 16 元环	罗他霉素（rokitamycin）、米欧卡霉素（miocamycin）

大环内酯类均能不同程度地抑制细菌蛋白质的生物合成，它们能与细菌核糖体 50S 亚基的 23S

核糖体（23S rRNA）的特殊靶位及核糖体的某些蛋白质结合，从而抑制了肽酰基转肽作用和干扰了mRNA的移位反应，致使细菌蛋白质生物合成受阻，细菌生长繁殖受抑。第二代大环内酯类具有较强的穿透细菌细胞膜的能力和抑制细菌流出泵的功能，还能增强粒细胞对金黄色葡萄球菌的吞噬作用，克拉霉素尚能损害支原体的胞壁层，影响胞膜的完整性，促使细菌产生溶菌作用。这些均成为它们对军团菌、支原体、衣原体引起的细胞感染发挥治疗作用的基础。

细菌对大环内酯类的耐药性是：①药物的核糖体结合部位的改变，即23S rRNA上的腺嘌呤残基的甲基化，使药物不能结合而发生耐药性；②质粒介导的细菌细胞膜成分发生改变，使大环内酯类经细胞膜穿透细胞的量减少而产生耐药性，但此时，药物与核糖体的亲和力并没有改变；革兰阴性菌对其的耐药性，可能系细菌脂多糖外膜屏障使药物不能进入菌体内的结果；③经由质粒介导的能量依赖性的流出泵使药物流出细胞而发生耐药性；④某些细菌可产生磷酸化酶、酯酶、葡萄糖酶等各种药物灭活酶，药物受灭活而产生耐药性。大环内酯类各药物间存在不完全的交叉耐药性。

【临床应用】

1. 细菌感染性疾病　红霉素主要用于耐青霉素的金黄色葡萄球菌感染和对青霉素过敏患者，但是，对由敏感的化脓性金黄色葡萄球菌所致的咽炎、猩红热、丹毒等的治疗作用不如青霉素，且易产生耐药性；而第二代大环内酯类对金黄色葡萄球菌、化脓性链球菌、肺炎球菌等引起的呼吸道感染具有良好的疗效，且对嗜血流感杆菌、嗜肺军团菌等的感染亦有较好的治疗效果。

2. 军团菌病、百日咳、白喉、皮肤软组织感染、空肠弯曲菌肠炎　克拉霉素和阿奇霉素尚可用于免疫缺陷患者的分枝杆菌属、弓形体等感染的治疗。

3. 衣原体和支原体感染　大环内酯类尤其是第二代药物，可用于肺炎支原体感染和沙眼衣原体、支原体等所致的泌尿生殖系统、直肠等感染的治疗，其疗效相当于或优于多西环素或环丙沙星等。

【不良反应】

大环内酯类的毒性较低，严重的不良反应亦较少见，但仍可发生的不良反应为：

1. 胃肠道反应　这是大环内酯类的主要不良反应，有恶心、呕吐、腹胀、腹痛、腹泻等，红霉素无论口服或静脉注射，其发生率可达28.5%，严重时病人难以耐受，但第二代药物因给药次数和剂量的减少而发生率较低，且患者可以耐受。

2. 肝损害　常见有阻塞性黄疸、转氨酶升高等，红霉素的酯化物易引起的胆汁淤积为主的肝脏实质性损害，发生率高40%，其余大环内酯类此不良反应的发生率较低，因此，凡肝功能不良患者应禁用红霉素。

3. 心脏毒性　静脉快速滴注大环内酯类时易发生心脏毒性，主要表现为心电图复极异常，心律失常、QT波间期延长及尖端扭转型室性心动过速，甚至可发生晕厥或猝死。

4. 耳毒性　老年及肾功不全患者或用药剂量大时容易发生，以耳蜗神经损害的耳聋为多见，前庭功能亦可受损害，常发生于用药后1～2周。

【药物相互作用】

（1）乙醇减少琥乙红霉素的口服吸收，食物亦减少除肠包衣红霉素和克拉霉素外的其余大环内酯类的口服吸收；

（2）利托那韦能抑制红霉素、克拉霉素的体内代谢；西咪替丁能抑制肝脏微粒体CYP450，使红霉素瞬间血药浓度增高而造成一过性耳聋；

（3）红霉素、克拉霉素可使10%的特非那定应用病人产生心脏毒性，如与卡马西平配伍用，则抑制其代谢，于用药后1至数天内发生卡马西平的毒性，若与西沙必利合用，可能导致室性心律失常，Q-T间期延长；

（4）应用环孢素患者，若同时口服或注射大环内酯类时，环孢素的蓄积和毒性作用可立即发生；红霉素可增高他克莫司血药浓度，从而增加其对器官移植病人的毒性；

（5）红霉素或克拉霉素合用茶碱，可增加茶碱的蓄积和毒性。

二、主要大环内酯类抗生素的特点

红霉素

红霉素（erythromycin）为自红链霉菌培养液提得的14元环白色碱性晶体抗生素，易溶于有机溶媒，盐类易溶于水，遇酸即降解灭活，碱性条件下抗菌作用增强，为避免口服受胃酸的破坏，供临床用的是制成肠溶片、包肠溶膜或制成酯类或酯化物的盐类，如红霉素肠溶片、红霉素硬脂酸盐、琥乙红霉素、依托红霉素等。

【抗菌作用】

红霉素是抑菌剂，在高浓度时对敏感细菌具有杀菌作用。红霉素对金黄色葡萄球菌、表皮葡萄球菌、各属链球菌等革兰阳性细菌都具有强大的抗菌作用；脑膜炎奈瑟球菌、淋病奈瑟球菌、流感杆菌、百日咳杆菌、布鲁菌属等革兰阴性菌亦对其敏感；对除脆弱拟杆菌和梭杆菌属以外的各种厌氧菌亦具有相当的作用；对军团菌属、胎儿弯曲菌、某些螺旋体、肺炎支原体、衣原体属和立克次体属等也有较好的作用；但大部分金黄色葡萄球菌对其耐药，脑膜炎奈瑟球菌、流感杆菌、溶血链球菌等的耐药菌株亦日益增多。

【体内过程】

红霉素不耐酸，口服肠溶片后，药物在十二指肠内溶解被吸收，食物可影响其吸收，吸收后可广泛分布于各组织与体液中，其维持时间较在血清中长。能通过胎盘屏障，但不能透过血脑屏障。主要经胆汁排泄，故胆汁中药物浓度高，具有肝肠循环。无论口服或注射给药分别约有 2.5% 和 1.5% 的活性药物经肾排泄，故尿中药物浓度较低。血清 $t_{1/2}$ 约为 1.6～1.7 小时。

【临床应用】

主要用于耐青霉素的金黄色葡萄球菌感染或对青霉素过敏患者的治疗。可作为金黄色葡萄球菌、肺炎球菌、链球菌属等革兰阳性菌引起的感染诸如扁桃体炎、猩红热、丹毒、肺炎和耳鼻喉科感染的治疗。亦可用于支原体肺炎、衣原体尿道炎及回归热、沙眼衣原体引起的婴儿肺炎及结肠炎、螺杆菌所致的败血症或肠炎的治疗。还可用于治疗军团菌病、白喉及白喉带菌者、百日咳等。

【不良反应】

口服大剂量可出现恶心、呕吐、上腹部不适及腹泻等胃肠道反应。红霉素硬脂酸盐或琥乙红霉素可引起转氨酶升高、肝肿大及胆汁淤积性黄疸的肝损害，此反应在停药后数日可恢复正常。尚可引起药疹、药热等过敏性反应。口服给药可造成肠道菌群失调，可引起假膜性肠炎。静脉给药可致血栓性静脉炎。

阿 奇 霉 素

【别名】

舒美特，泰力特。

【抗菌作用】

阿奇霉素（azithromycin）的抗菌谱较红霉素有所扩大，对革兰阳性、阴性菌、厌氧菌及其他病原菌均具有强大的作用。对金黄色葡萄球菌、肺炎球菌、链球菌属等革兰阳性菌有较强的抗菌活性，且对革兰阴性球菌、杆菌，尤其是流感嗜血杆菌、淋病奈瑟菌有强大的抗菌活性，均比红霉素的作用强数倍。对肺炎支原体、人型支原体、脲原体的作用也优于红霉素，还对沙眼衣原体、鹦鹉热衣原体、梅毒螺旋体、弓形虫等也有明显的作用。阿奇霉素不同于其他大环内酯类的是具有对革兰阴性菌的杀菌作用。

【体内过程】

口服生物利用度约37%，氢氧化铝与氢氧化镁抗酸类药能降低其血药峰浓度，但不会影响其生物利用度，不宜与食物同服。由于吸收后能迅速而广泛地为组织所摄取，然后缓慢地释放，导致血药峰浓度较低。阿奇霉素在肝内代谢生成无活性的代谢产物，主要由胆汁排泄，仅有 12% 的原形药物经肾随尿排泄，$t_{1/2}$ 为 40～68 小时，是大环内酯类中最长者。

【临床应用】

用于链球菌咽炎、扁桃体炎、急性中耳炎、急性鼻窦炎、急性支气管炎、慢性支气管炎急性发作、轻中度细菌性肺炎等呼吸道感染的治疗。也用于泌尿生殖系感染及其他性传播疾病。对沙眼衣原体、淋球菌、解脲支原体引起的尿道炎、宫颈炎、直肠炎、淋病、沙眼等的有效率均在 90% 以上。对艾滋病患者的鸟分枝杆菌感染，可有效地减少血液中鸟分枝杆菌数量及减轻患者临床症状。

【不良反应】

患者对阿奇霉素的耐受性较好，与红霉素相比，其给药的剂量及次数减少，因此，其不良反应发生率明显下降，最常见的是轻度和中度的胃肠道反应，如呕吐、腹痛、腹泻等。其次是中枢及外周神经系统的不良反应约占 1.3%，偶可发生肝功能异常，外周白细胞下降或皮疹等。

罗 红 霉 素

【别名】

罗力得。

【抗菌作用】

罗红霉素（roxithromycin）抗菌谱大致与红霉素相似，由于罗红霉素在粒细胞、巨噬细胞中和组织细胞内蓄积而药物浓度高于周围基质，故有利于它对如军团菌、分枝杆菌及李斯特菌胞内感染的抗菌活性的发挥。

【临床应用】

罗红霉素临床主要用于呼吸道感染、泌尿道感染、皮肤软组织感染、牙周感染、儿科各种感染、扁桃体炎、中耳炎等的治疗，疗效与红霉素相当。对支原体引起的非典型性肺炎、衣原体、支原体引起的泌尿系统感染亦有较好的疗效。亦用于性传播性疾病的治疗。

【不良反应】

少见，如皮疹、皮肤瘙痒、头昏、头痛等。

克 拉 霉 素

克拉霉素（clarithromycin）亦称甲红霉素，因其内酯环中的一个羟基被甲基取代的关系，由此增加其对酸稳定性，增强抗菌活性和改善其体内过程的特点。

【别名】

利迈先，克拉仙。

【抗菌作用】

克拉霉素的抗菌谱虽与红霉素相似，但对革兰阳性球菌的抗菌活性强于红霉素，是大环内酯类中作用最强者。如对嗜肺军团菌、肺炎衣原体、沙眼衣原体、肺炎支原体、脲原体的作用强度是红霉素的数倍，对嗜肺军团菌、肺炎衣原体及脲原体的作用亦是大环内酯类中最强的。对革兰阴性杆菌、卡他莫拉菌也有很强的抗菌活性，对弓形虫也有作用，但不及罗红霉素。对厌氧菌的作用强于红霉素。对鸟分枝杆菌亦具有抑制作用。

【临床应用】

克拉霉素可用于急性或慢性呼吸道感染、尿路感染、皮肤软组织感染、颌面部感染的治疗，疗效较佳，在泌尿生殖系统感染中，克拉霉素主要用于衣原体、脲原体感染的治疗。克拉霉素单用或与其他抗菌药物伍用治疗艾滋病患者合并鸟分枝杆菌、不典型分枝杆菌感染，对艾滋病患者的弓形虫脑炎也有治疗效果。而且，克拉霉素可长时间刺激增强细胞介导的免疫功能，包括提高吞噬作用与吞噬指数，增强细胞杀伤和自然杀伤作用，这也有利于增强抗感染的治疗效果。还可防治幽门螺杆菌所致的消化道溃疡病。

【不良反应】

患者对克拉霉素的耐受性较好，不良反应发生率较红霉素低，主要为轻、中度的恶心、食欲缺乏、腹泻等胃肠道反应。

麦迪霉素

麦迪霉素（midecamycin）抗菌谱与红霉素相似，但抗菌作用略弱，对革兰阳性菌和奈瑟菌属具较好活性。本品不易诱导细菌产生耐药性，部分耐红霉素的金黄色葡萄球对本品仍可敏感。本品口服后吸收迅速，约1小时后血药浓度达峰值。广泛分布于腮腺、咽部、扁桃体、皮肤软组织及肺、肝、肾等脏器，组织中药物浓度均较同时期血药浓度高，持续时间也较长。在痰及支气管分泌液中的分布也较多。主要在肝代谢，本品难以透入脑脊液中。适用于敏感葡萄球菌、各组溶血性链球菌、肺炎链球菌、肺炎支原体等所致的毛囊炎、疖痈、蜂窝织炎、皮下脓肿、中耳炎、咽峡炎、扁桃体炎和肺炎等。在正常剂量下本品的肝毒性较小，主要表现为胆汁淤积和暂时性血清氨基转移酶升高等，一般停药后可恢复。可出现过敏反应，主要表现为药物热、药疹和荨麻疹等。偶见恶心、呕吐、上腹不适、食欲缺乏等胃肠道反应。

螺 旋 霉 素

螺旋霉素（spiramycin）抗菌谱与红霉素相似，主要对革兰阳性菌及一些革兰阴性菌、立克次体及大型病毒等有作用，如链球菌、脑膜炎球菌、百日咳杆菌、肺炎支原体、白喉杆菌、沙眼衣原体、钩端螺旋体及梭状芽胞杆菌等。对青霉素、链霉素、四环素及氯霉素耐药细菌作用强。临床主要用于各种敏感菌所致的感染，如上呼吸道感染、尿路感染、脑膜炎、乳腺炎、骨髓炎、猩红热、中耳炎、颊口部感染及鼻窦炎等。偶有轻微胃肠不适，如恶心、呕吐、食欲缺乏、便稀、腹泻。

第二节　林可霉素类抗生素

林可霉素和克林霉素

林可霉素（lincomycin）的化学结构与大环内酯类不同，但抗菌谱相似，为窄谱抗生素。克林霉素（clindamycin）是林可霉素的半合成衍生物，其抗菌活性明显增强，胃肠道吸收完全，不良反应相对减少。

【别名】

特丽仙。

【抗菌作用】

林可霉素与克林霉素的抗菌谱相同，但克林霉素的抗菌活性强度是林可霉素的4~8倍。其次，克林霉素对MRSA、恶性疟原虫、弓形体亦有一定作用。但是，肠球菌属大多对该类抗生素耐药，又因它们是窄谱抗生素，所有的革兰阴性菌包括对红霉素敏感的脑膜炎球菌、淋球菌、流感杆菌等均对此类抗生素耐药。但克林霉素还具有增强免疫修饰作用和吞噬细胞的吞噬作用。

林可霉素类抗生素的作用机制与红霉素相同，由于它们作用于细菌核糖体50S亚基与之结合，抑制酞酰基转移酶的活性，使肽链延伸受阻，故而使细菌蛋白质合成受抑制。

【体内过程】

林可霉素口服吸收差，且易受食物的影响。克林霉素口服吸收良好，明显优于林可霉素，且不受食物的影响，林可霉素在体内分布较广，在骨组织中的浓度是血药浓度的1.5倍，林可霉素和克林霉素均易透过胎盘屏障，但均不能透过血脑屏障。

【临床应用】

该类药物可用于葡萄球菌属引起的轻、中度感染，如由金黄色葡萄球菌所致的急、慢性骨髓炎和脓性关节炎的治疗。也适用于对β-内酰胺类抗生素过敏者。两者还可用于严重类杆菌属厌氧菌感染的治疗。

【不良反应】

主要是胃肠道反应，口服比注射给药多见，表现为轻微的食欲缺乏、恶心、呕吐和腹泻，少数可引起假膜性肠炎，此多见于老年患者或危重病患者、腹部手术后更易发生。

第三节　其他抗生素

一、多肽类抗生素

多肽类抗生素包括万古霉素（vancomycin）与去甲万古霉素（norvancomycin）、替考拉宁（teicoplanin）、多黏菌素类（polymyxins）、杆菌肽

(bacitracin)等抗生素。大多由多黏杆菌产生，亦可由链丝菌、放线菌、诺卡菌属等产生。虽其抗菌谱较窄，但抗菌活性强，属杀菌药。不过，它们的毒性较大，尤其是肾毒性较为突出，临床上仅用于因氨基苷类、半合成广谱青霉素类及第三代头孢菌素治疗疗效不佳或耐药的患者，因此，本类药物一般不作常规的首选药物。

万古霉素和去甲万古霉素

万古霉素自链霉菌培养液中分离获得，临床用其盐酸盐。去甲万古霉素是我国从诺卡菌属的培养液分离获得，它与万古霉素的化学结构极为相似，仅较万古霉素结构中少一个甲基，故称其为去甲万古霉素。

【抗菌作用】

万古霉素与去甲万古霉素主要对革兰阳性菌具有强大的抗菌活性，产酶金黄色葡萄球菌、MRSA、表皮葡萄球菌、化脓性链球菌、肺炎球菌和草绿色链球菌均对它们高度敏感。对白喉杆菌、炭疽杆菌、破伤风杆菌及产气荚膜梭菌的作用也强。对棒状杆菌属亦有较强的抗菌活性。放线菌属及梭状芽孢杆菌属多数敏感。肠球菌属虽多数也敏感，但近年来耐药性发生率为5%～10%，尤其是屎肠球菌。万古霉素的作用机制是以高亲和力结合到敏感细菌细胞壁前体肽聚末端的丙氨酰丙氨酸，阻断构成细菌细胞壁的高分子肽聚糖合成，导致细胞壁缺损而杀灭细菌。MRSA是由于在细胞壁上有新的青霉素结合蛋白（PBP）形成从而使其对甲氧西林耐药。而万古霉素通过抑制细胞壁前体肽聚末端的丙氨酰丙氨酸的形成，从而对MRSA有效，此外，它也可能改变细菌细胞膜渗透性，并选择性地抑制RNA的合成。肠球菌的耐药性是因D-丙氨酰-D-丙氨酸靶位改变成D-丙氨酰-D-乳糖或D-丙氨酰-D-丝氨酸的结果，由于丧失了氢结合的关键位置使万古霉素与之结合减少而产生耐药性。革兰阴性菌通常是耐药的，但与其他抗生素之间无交叉耐药性。

【体内过程】

口服不易吸收，肌内注射因易引起疼痛与组织坏死，故仅作静脉滴注给药，连续多次给药在体内可轻度蓄积，能迅速分布至各种体液中，脑膜炎症时可进入脑脊液。但不易进入房水和正常脑膜。主要以原形药物经肾随尿排泄，其$t_{1/2}$约为6小时。

【临床应用】

主要适用于一些严重感染的治疗，如MRSA和表皮葡萄球菌所致的感染，以及肺炎、脓胸、心内膜炎、骨髓炎及软组织脓肿感染，尤其适用于对β-内酰类抗生素过敏的患者，但其快速的杀菌作用不如β-内酰胺类抗生素，故疗效可能稍差。用于MRSA引起的败血症、心内膜炎均有良好疗效。可适用于棒状杆菌引起的心瓣膜修复术后感染以及脑膜败血性黄杆菌脑膜炎的治疗

【不良反应】

(1) 耳毒性：用药后，可出现耳鸣和听力减退。

(2) 肾毒性：可发生蛋白尿、管型尿、血尿、少尿、氮质血症等肾损害，甚至肾功能衰竭。

(3) "红人"综合征：静脉滴注过快时，可出现面部、颈部、上肢、上身皮肤潮红、瘙痒、血压下降等"红人"现象。

(4) 由于具有明显的耳毒性，甚至潜在的肾毒性，故肾功能不全、老年人、新生儿、早产儿以及轻症感染患者不宜选用。

替 考 拉 宁

替考拉宁（teicoplanin）是放线菌属 Teichomyetius 产生的多肽类抗生素，它是由6个密切相关的化合物组成（TA$_1$、TA$_{2-1\sim 5}$），又称壁霉素。

临床适应证与万古霉素相同，适用于严重革兰阳性球菌感染。用于由耐甲氧西林表皮葡萄球菌（MRSE）或MRSA、链球菌和肠球菌引起的各种感染，包括骨髓炎、心内膜炎、败血症、肺炎、皮肤软组织感染、尿路感染等较广泛感染的治疗。口服还可用于难辨梭菌、金黄色葡萄球菌和肠球菌所致结肠炎的治疗。由于替考拉宁肾毒性及耳毒性较万古霉素小，故可用于中性粒细胞减少和对万古霉素过敏患者的治疗。

不良反应较万古霉素少见而轻微，最常见者为肌内注射时局部轻微疼痛。暂时性的肝功能异常，偶见恶心、呕吐、眩晕、颤抖、嗜酸性粒细胞增多、粒细胞减少、血小板增多等。偶有气管痉挛、药物热等过敏反应，极少引起"红人"综合征。

杆 菌 肽

杆菌肽（bacitracin）是自苔藓样杆菌或枯草杆菌培养液中分离获得的多肽类。市售产品中含有多种组分，其中主要含杆菌肽A。

多种革兰阳性菌和杆菌、奈瑟菌、流感嗜血杆菌及梅毒螺旋体对其高度敏感，对放线菌属、梭状芽孢杆菌属亦有一定的抑制作用，但所有的革兰阴性杆菌、真菌和诺卡菌属均对其耐药。由于杆菌肽有严重的肾毒性故而目前临床仅作局部应用，用于敏感菌引起的皮肤伤口、软组织、眼、耳、鼻、喉和口腔等感染的治疗。

二、环肽类抗生素

普 那 霉 素

普那霉素（pristinamycin）是由链丝菌培养液中提得的环肽内酯（ⅠA、ⅠB、ⅠC）和大环内酯（ⅡA、ⅡB）两类抗生素组成的复合物。抗菌谱与红霉素相似，对溶血性链球菌、肺炎球菌、脑膜炎球菌、淋球菌、流感杆菌等革兰阳性菌及部分革兰

阴性菌具有抗菌作用。抗菌活性机制是抑制肽链的延伸而阻止细菌蛋白质的合成。与红霉素间有交叉耐药。口服血药浓度低，尿排泄约 13%。临床主要用于耐药性葡萄球菌及其他敏感菌所致的各种感染。不良反应主要是胃肠道反应，偶可发生过敏与光敏反应。

奎奴普丁和达福普汀

奎奴普丁（quinupristin）与达福普汀（dalfopristin）属于普拉霉素类抗生素，分别是普拉霉素ⅠA 和普拉霉素ⅡA 的半合成衍生物，又名链阳菌素 B 和链阳菌素 A 两者以 30∶70 的比例混合而成。

【抗菌作用】

奎奴普丁和达福普汀对肺炎链球菌、溶血性链球菌、屎肠球菌及葡萄球菌等革兰阳性细菌具有抗菌作用，对大多数革兰阴性菌无抗菌作用；但对肺炎支原体、肺炎衣原体和军团菌属有作用；其对链球菌和多数葡萄球菌发挥杀菌作用，而对屎肠球菌起抑制作用。

奎奴普丁与达福普汀的作用机制是它们与核糖体 50S 亚基结合抑制细菌蛋白质的合成，奎奴普丁在核糖体 50S 亚基结合位置与大环内酯类相同，抑制肽链的延伸而早期终止细菌蛋白质的合成；达福普汀在奎奴普丁作用靶位附近结合，使核糖体 50S 亚基构型发生变化，协同增强奎奴普丁与靶位的结合，且达福普汀具有直接妨碍肽链的延伸，从而起到杀菌的协同作用。

细菌对两者的耐药性均是由质粒介导；奎奴普丁可为甲基化酶阻止其与靶位结合，而乙酰化酶使其失活；达福普汀亦被乙酰化酶灭活，并可被流出系统将药物泵出细胞。

【临床应用】

主要用于多重耐药革兰阳性菌如耐万古霉素的屎肠球菌所致的感染和对 MRSE 及化脓葡萄球菌引起的复杂性皮肤及皮肤组织感染的治疗，也可用于肺炎和 MRSA 所致感染的治疗。

【不良反应】

多数不良反应与静脉输注有关，如注射部位疼痛和静脉炎、关节痛和肌肉痛。

（四川大学华西医学中心　周黎明）

第四十章　氨基苷类及多黏菌素类抗生素

- The aminoglycoside group includes gentamicin, tobramycin, amikacin, etimicin, kanamycin and streptomycin. These agents contain amino sugars linked to an aminocyclitol ring by glycosidic bonds. The aminoglycosides are bactericidal by interference with protein synthesis in susceptible bacteria and used primarily in the treatment of infections caused by aerobic gram-negative bacteria. Although they are important agents and widely used, serious toxicity is a major limitation to their use in the clinic. The same spectrum of toxicity is shared by all members of this class. Most notable are ototoxicity, nephrotoxicity and neuromuscular blockade. Mutations affecting proteins in the bacterial ribosome, the target for these drugs, can confer marked resistance to their action. However, most commonly resistance is due to acquisition of plasmids or transposon-encoding genes for aminoglycoside-metabolizing enzymes or from impaired transport of drug into the cell. Thus, there can be cross-resistance between members of the class.
- The polymyxins are a group of closely related antibiotics, e. g. colistin (polymyxin E) and polymixin B. Because of the extreme nephrotoxicity associated with parenteral administration of these agents, they are now rarely if ever used except topically.

第一节　氨基苷类抗生素

氨基苷类（aminoglycosides）是临床常用的广谱抗生素，其基本结构为氨基糖与氨基环醇通过氧桥连接而成的苷类。氨基苷类可分为天然和半合成两大类。

天然来源的氨基苷类主要由链霉菌和小单孢菌产生。来自链霉菌的有：链霉素（streptomycin）、卡那霉素（kanamycin）、妥布霉素（tobramycin）、新霉素（neomycin）、大观霉素（spectinomycin）、核糖霉素（ribostamycin）、巴龙霉素（paromomycin）等。来自小单孢菌的有庆大霉素（gentamicin）、小诺米星（micronomicin）、西索米星（sisomicin）、阿司米星（astromicin）等。

半合成氨基苷类是某些天然来源的氨基苷类经改造结构获得的，主要品种有奈替米星（netimicin）、依替米星（etimicin）、异帕米星（isepamicin）、卡那霉素 B（bekanamycin）、阿米卡星（amikacin）、地贝卡星（dibekacin）、阿贝卡星（arbekacin）等。

链霉素是第一个用于临床的氨基苷类，现在仍然是抗结核治疗的一线药物。1957 年，人们从卡那霉素链霉菌（*Streptomyces kanamyceticus*）中提取出卡那霉素，用于治疗革兰阴性菌感染。1963 年，人们从小单孢菌发酵液中分离了庆大霉素，有较好的抗革兰阴性菌，特别是对卡那霉素无效的假单胞菌和耐药菌有效，加之相对低的毒性，临床应用比较广泛。为了解决卡那霉素耐药菌株的问题，人们在卡那霉素的基础上进行结构改造，开发了阿米卡星、妥布霉素等新药。新一代的氨基苷类具有抗菌活性强、对多种耐药菌有效、耐钝化酶、低肾毒性和耳毒性等优势。

一、氨基苷类抗生素的共同特点

氨基苷类抗生素具有以下共同特性：①抗菌谱广，作用机制均为抑制细菌蛋白质的合成，并能产生杀菌作用；②氨基苷类的极性强，解离度均较大，口服均难吸收，多采用非肠道途径给药，具有相似的体内过程；③安全范围较窄，不良反应主要表现为耳毒性、肾毒性以及神经肌肉阻滞作用；④普遍存在耐药性问题，在不同品种之间存在交叉耐药现象。

【氨基苷类抗生素的抗菌作用及作用机制】

1. 抗菌作用　氨基苷类具广谱抗菌作用，对各种需氧革兰阴性杆菌包括大肠埃希菌、铜绿假单胞菌、变形杆菌属、克雷伯菌属、肠杆菌属、志贺菌属、枸橼酸杆菌属具有强大抗菌活性；对沙雷菌属、沙门菌属、产碱菌属、不动杆菌属和嗜血杆菌属也有一定抗菌作用；对淋病奈瑟球菌、脑膜炎奈瑟球菌等革兰阴性球菌作用较差；对甲氧西林敏感葡萄球菌包括金黄色葡萄球菌和表皮葡萄球菌也有较好抗菌活性，对各组链球菌抗菌作用微弱。少数对结核杆菌有抗菌作用，如链霉素、卡那霉素。肠球菌和厌氧菌对氨基苷类不敏感。与 β-内酰胺类抗生素合用，对肠球菌属、李斯特菌属、草绿色链球菌和铜绿假单胞菌可产生协同抗菌作用。

氨基苷类抗生素抗菌作用的特点有：①具有初次接触效应（first exposure effect，FEE），即细菌首次接触氨基苷类时，能被迅速杀死；②对革兰阴性杆菌和阳性球菌有明显的抗生素后效应（post antibiotic effect, PAE); ③氨基苷类抗生素需要通过氧依赖性的主动转运过程进入细菌细胞内，故仅对需氧菌有效；④在碱性环境中抗菌作用增强。

2. 作用机制　氨基苷类抗生素为静止期杀菌药，作用机制包括如下两个方面：

(1) 抑制细菌蛋白质的合成：细菌体内蛋白质的生物合成以 mRNA 为模板，tRNA 为运载体，核糖体为装配场所，共同协调完成。细菌的核糖体是由 50S、30S 大小亚基组成，形成的复合体是 70S。蛋白质合成的过程包括三个阶段。起始阶段：由 mRNA、tRNA 及其携带的氨基酸（氨酰基 tRNA）与核糖体的大小亚基共同形成 70S 始动复合物；延伸阶段：即翻译过程。核糖体在 mRNA 上移动，氨酰基 tRNA 和合成的肽链经过 50S 亚基上 A 位点和 P 位点之间的进位、转肽及移位的不断循环，使肽链不断延伸；终止阶段：mRNA 上出现终止信号时，肽链释放因子与终止密码子结合，使蛋白质合成过程终止，合成的肽链脱落，核糖体解聚，进入新的蛋白质合成过程。

氨基苷类抗生素进入菌体内，与细菌核糖体 30S 亚基结合，通过影响下列环节，抑制细菌蛋白合成的全过程（图 8-40-1）。①在起始阶段，氨基苷类抗生素与 30S 亚基结合后，使 A 位歪曲，阻止氨酰 t-RNA 在核糖体上的正确定位，造成异常始动复合物（链霉素单体，streptomycin monosome）堆积，抑制 70S 始动复合物的形成，干扰功能性核糖体的组装（图 8-40-1A）。②在肽链延伸阶段，由于 A 位歪曲，可使 mRNA 的遗传密码被错译，导致核糖体复合物过早解聚，翻译过程过早终止，抑制肽链延伸，产生无意义肽链（图 8-40-1B）；还可造成错误的氨基酸插入蛋白质结构，导致合成异常的、无功能的蛋白质（图 8-41-1C）。③在终止阶段，结合于 30S 亚基上的氨基苷类抗生素能阻止肽链释放因子与终止密码子结合，导致已合成的肽链不能脱落，同时也阻碍核糖体的解聚，最终造成细菌体内核糖体耗竭，核糖体循环受阻（图 8-40-1C）。

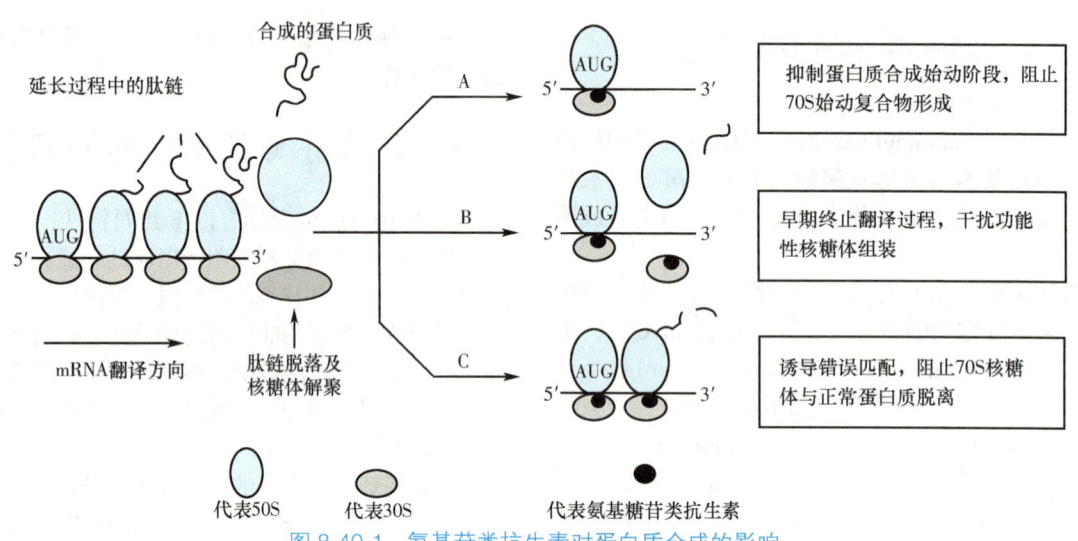

图 8-40-1　氨基苷类抗生素对蛋白质合成的影响

(2) 使细菌细胞膜通透性增加：带正电荷的氨基苷类抗生素通过离子吸附作用，附着于细菌体细胞膜带负电荷的磷脂上。由错误翻译所形成的异常的蛋白质也可能插入细菌细胞膜。这些作用，破坏细菌细胞膜的完整性，增加了通透性，使氨基苷类抗生素进入细胞内的量增加，并使细菌体胞内 K^+、腺嘌呤核苷酸、酶等重要物质外漏，导致细菌死亡。

【体内过程】

氨基苷类的极性强，解离度较大，口服均难吸收，多采用非肠道途径给药。肌内注射时吸收迅速而完全，血药浓度达峰时间为 0.5 小时左右。为避免血药浓度过高而导致不良反应，通常不主张静脉注射给药。新霉素因其严重肾脏毒性，不能采用注射途径给药。

所有氨基苷类的血浆蛋白结合率均较低，链霉素为 35%，其他多在 10% 以下。氨基苷类可渗入大多数体腔中，在肾皮质和内耳内、外淋巴液可有较高浓度蓄积，且药物浓度下降缓慢，因而容易引起肾脏毒性和耳毒性。氨基苷类不能渗入机体细胞，在大多数组织中浓度较低；其分布容积近似于细胞外液体积。也不能透过血脑屏障，甚至在脑膜发炎时，脑脊液中也难以达有效浓度；但可透过胎盘屏障并聚积在胎儿血浆和羊水中。

氨基苷类抗生素以原形通过肾小球滤过，除奈替米星外，其他均无肾小管再吸收过程，因而排泄迅速，尿中排除率达 80%～90%，$t_{1/2}$ 一般在 2～3 小时范围，但在肾功衰竭患者可延长 20～30 倍以上而致药物蓄积，此时应减小剂量或延长给药间隔时间。

【耐药性】

病原菌对临床常用的氨基苷类抗生素例如庆大霉素、阿米卡星、妥布霉素、链霉素等的耐药性迅速增加，已经成为严重问题，而且在不同抗生素之间还存在交叉耐药现象。细菌对氨基苷类抗生素产生耐药性的机制包括产生钝化酶、改变菌体细胞膜通透性以及修饰抗生素靶位蛋白。

通过修饰氨基苷类抗生素的化学结构而使其失去抗菌活性，是细菌产生耐药性的主要机制。耐药菌株产生的灭活氨基苷类抗生素的钝化酶包括乙酰化酶（acetylase）、腺苷酰化酶（adenylase）和磷酸化酶（phosphorylase），这些酶可将乙酰基、腺苷酰基、磷酰基连接到氨基苷类的氨基或羟基上，从而使药物失去活性。不同类型的酶可灭活不同抗生素，有些酶对多种抗生素产生灭活作用，因而耐药菌在氨基苷类抗生素之间存在不完全和完全交叉耐药现象。

菌体细胞外膜膜孔蛋白结构的改变，可降低细胞外膜对氨基苷类的通透性。细菌也可能通过改变氧依赖性主动转运系统，抑制氨基苷类抗生素与细菌体内核糖体30S亚基结合，从而减少药物被细菌细胞膜摄取。

细菌对抗生素靶位蛋白的修饰作用系由核糖体30S亚基上S12蛋白质中一个氨基酸被替代，形成一个不能结合氨基苷类（为链霉素特有）的靶蛋白，致使rRNA对链霉素的亲和力降低而不能形成复合体。

【临床应用】

氨基苷类抗生素主要用于敏感需氧革兰阴性杆菌所致的全身感染。由于该类药物对铜绿假单胞菌、肺炎杆菌、大肠埃希菌等常见革兰阴性杆菌有较长时间的抗生素后效应，所以，虽然近年来有多种头孢菌素类和氟喹诺酮类药物在临床广泛应用，氨基苷类抗生素仍然常用于治疗需氧革兰阴性杆菌所致的严重感染，如脑膜炎、呼吸道感染、泌尿道感染、皮肤软组织感染、胃肠道感染、烧创伤感染及骨关节感染等。单独应用氨基苷类抗生素治疗败血症、肺炎、脑膜炎等革兰阴性杆菌引起的严重感染时疗效欠佳，此时与广谱半合成青霉素、第三代头孢菌素及氟喹诺酮类等联合应用可产生协同作用。

【不良反应与注意事项】

氨基苷类抗生素的主要不良反应是肾毒性和耳毒性，在儿童和老人更易发生。毒性的产生与用药剂量和时程有关，有时在停药以后，也可出现不可逆的毒性反应。发现毒性反应的早期症状应立即停药，以避免或减少严重毒性的发生。

1. 耳毒性 氨基苷类的耳毒性直接与其在内耳淋巴液中较高药物浓度有关，可损害内耳柯蒂器内、外毛细胞的能量产生及利用，引起细胞膜上 Na^+-K^+-ATP酶功能障碍，造成毛细胞损伤。耳毒性包括前庭功能障碍和听神经损伤。前庭功能障碍主要表现为眩晕并伴有头昏、视力减退、眼球震颤、眩晕、恶心、呕吐和共济失调等。听神经损伤表现为耳鸣、听力减退和永久性耳聋。氨基苷类抗生素均有不同程度的耳毒性。卡那霉素、阿米卡星和新霉素常引起听神经损伤，奈替米星、庆大霉素和链霉素则多引起前庭毒性，妥布霉素引起前庭和耳蜗毒性反应的机会几乎均等。耳毒性能影响子宫内的胎儿。氨基苷类与呋塞米、依他尼酸、布美他尼或顺铂等耳毒性药物同服时明显增强耳毒性。

2. 肾毒性 氨基苷类是诱发药源性肾脏衰竭的最常见原因之一。肾毒性通常表现为蛋白尿、管型尿、血尿等，严重时可产生氮质血症和导致肾功能降低。肾功能减退可使氨基苷类血浆浓度升高，这又进一步加重肾功能损伤和耳毒性。该类药物经肾小球滤过，与肾组织亲和力极高，可通过细胞膜吞饮作用使药物大量积聚在肾皮质和髓质，特别是在皮质近曲小管上皮细胞溶酶体内，溶酶体因肿胀而破裂，使大量溶酶体酶和聚积的氨基苷类释放。前者造成线粒体的损害，减少能量产生，后者与 Ca^{2+} 络合而干扰钙调节转运过程，轻则引起肾小管肿胀，重则产生急性坏死，但一般不损伤肾小球。各种氨基苷类抗生素的肾毒性取决于其在肾皮质中的聚积量及其对肾小管的损伤能力，新霉素的肾毒性最强，妥布霉素其次，庆大霉素、奈替米星和阿米卡星的肾毒性相似而居中，链霉素的肾毒性最低。

3. 神经肌肉阻滞作用 神经肌肉阻滞作用可引起心肌抑制、血压下降、肢体瘫痪和呼吸衰竭。最常见于大剂量腹膜内或胸膜内应用后，也偶见于肌内或静脉注射后。其原因可能是药物与神经肌肉接头处神经末梢上的钙通道结合，使通过钙通道的 Ca^{2+} 内流降低，抑制神经末梢释放乙酰胆碱并降低突触后膜对乙酰胆碱的敏感性，造成神经肌肉接头处传递阻滞，引起呼吸肌麻痹。肾功能减退、血钙过低及重症肌无力患者易发生，葡萄糖酸钙和新斯的明能翻转这种阻滞。不同氨基苷类抗生素引起神经肌肉麻痹严重程度（由轻到重）的顺序依次为妥布霉素＜庆大霉素＜阿米卡星或卡那霉素＜链霉素＜新霉素＜奈替米星。氨基苷类抗生素避免与肌肉松弛药、全麻药等合用。

4. 变态反应 变态反应较少见，可能发生皮疹、发热、血管神经性水肿，偶见链霉素引起过敏性休克。接触性皮炎是局部应用新霉素最常见的反应。

5. 其他反应 偶见血清转氨酶升高，面部及口周围发麻，周围神经炎，血小板下降，中性粒细胞下降及贫血。

二、主要的氨基苷类抗生素

链霉素

链霉素（streptomycin）是1944年从链霉菌培养液中获得，并用于临床的第一个氨基苷类抗生素，也是第一个用于治疗结核病的化疗药物。

【体内过程】

链霉素口服吸收极少，肌内注射吸收快，30～40分钟可达血药浓度峰值，血浆蛋白结合率为35%。主要分布在细胞外液，容易渗入胸腔、腹腔、结核性脓腔和干酪化脓腔，并达有效浓度。不易透过血脑屏障，只有在患脑膜炎时才能进入脑脊液。90%链霉素可经肾小球滤过从尿中排出体外，其排泄速度可随肾功能的减退或年龄的增加而逐渐减慢，如年轻患者的$t_{1/2}$为2～3小时，在年龄超过40岁的患者延长至9小时，在肾功能衰竭的患者延长至50～110小时，故应根据患者具体情况而调整用药剂量。

【抗菌作用】

链霉素通过抑制细菌蛋白质合成过程中多个位点，发挥抗菌作用。链霉素的抗菌谱较广，包括结核分枝杆菌、肠杆菌属、克雷伯菌属、沙门菌属、志贺菌属、嗜血流感杆菌、布氏杆菌属、巴斯德菌属、奈瑟菌属等。革兰阳性球菌中除少数敏感金黄色葡萄球菌外，其他各类链球菌均对链霉素耐药。链霉素与青霉素联合对肠球菌呈协同作用，除高度耐药肠球菌外，对一般肠球菌感染有较好的协同治疗作用。链霉素是氨基苷类中对铜绿假单胞菌和其他革兰阴性杆菌的抗菌活性最低的抗生素。

【临床应用】

链霉素主要作为抗结核病联合用药中的品种之一，也用于其他敏感菌引起的感染。链霉素是治疗鼠疫和兔热病的首选药。链霉素与青霉素联合可用于治疗溶血性链球菌、草绿色链球菌及肠球菌等引起的感染性心内膜炎。该药与四环素伍用可产生协同作用。

【不良反应】

链霉素常见的不良反应为耳毒性，其前庭反应较耳蜗反应出现早，且发生率高。其次为神经肌肉阻滞作用；少见肾毒性，其发生率较其他氨基苷类抗生素低。链霉素亦易引起眩晕、口周发麻、皮疹、发热、血管神经性水肿等，也可引起过敏性休克，通常于注射链霉素后10分钟内突然发作。

庆大霉素

庆大霉素（gentamicin）由小单孢菌发酵产生，于1969年发现并开始用于临床，其为含庆大霉素C_1、C_{1a}和C_2三种成分的混合物，通常用其硫酸盐。

【别名】

正泰霉素。

【体内过程】

口服吸收很少，肌内注射吸收迅速而完全，血药浓度在1小时内达峰值。主要分布在细胞外液，极少在体内代谢，21小时内40%～65%以原形由肾脏排出，可在肾脏大量积聚，在肾皮质中的药物浓度可比血浆浓度高出许多倍，停药20天后仍能在尿中检测到本品。

【抗菌作用】

庆大霉素抗菌作用机制为抑制蛋白质合成过程中多个位点，为杀菌药。庆大霉素的抗菌谱包括：肠杆菌属、变形杆菌（吲哚阳性与阴性杆菌）、摩氏杆菌属、克雷伯菌属、沙雷菌属、枸橼酸杆菌属、铜绿假单胞菌、沙门菌属、志贺菌属、金黄色葡萄球菌等。链球菌属包括肺炎链球菌、化脓性链球菌、肠球菌等对氨基苷类天然耐药。

【临床应用】

庆大霉素是治疗各种革兰阴性杆菌感染的主要抗生素，尤其对沙雷菌属作用更强。由于疗效确实，价格便宜，在氨基苷类中为首选药。与青霉素或其他适当抗生素合用，治疗严重的肺炎球菌、铜绿假单胞菌、肠球菌、葡萄球菌或草绿色链球菌感染。但需注意，β-内酰胺类与庆大霉素之间存在配伍禁忌，不可放在同一输液瓶内滴注。局部用于皮肤、黏膜表面感染和眼、耳、鼻部感染。口服用于敏感菌所致肠炎、胃炎、菌痢及术前清洁肠道。

【不良反应】

耳毒性是庆大霉素最重要的不良反应，其对耳前庭损伤大于对耳蜗损伤，通常为双侧受累，症状常表现为耳鸣、头昏、眩晕、麻木、共济失调等，多于用药1～2周内发生，亦可在停药数周后出现。耳鸣一般不伴随听力减退，仅有极少数患者在出现耳鸣后可继续发展至听力减弱或耳聋。庆大霉素较多引起肾毒性，常表现为多尿和蛋白尿，停药后可恢复；少尿和急性肾功能衰竭少见，可部分恢复，但极个别患者可继续加重至尿毒症而死亡。目前庆大霉素除静滴和口服以外，还有雾化吸入、外伤换药和膀胱冲洗等途径，不管何种给药途径，都应警惕其耳毒性、肾毒性的发生。该药亦可引起恶心、呕吐、食欲缺乏等胃肠道反应。

卡那霉素

卡那霉素（kanamycin）是1957年由链霉菌得到的抗生素，含有卡那霉素A，B，C三种成分，以卡那霉素A为主，临床用其硫酸盐。卡那霉素对多数常见革兰阴性菌和结核杆菌有效，曾广泛用于各种肠道革兰阴性杆菌感染，由于细菌耐药性增长，已逐渐被庆大霉素、妥布霉素等所取代。目前仅与其他抗结核病药物合用治疗对第一线药物有耐药性的结核菌感染患者。也可口服作为肝昏迷的辅助治疗，以减少肠内产氨菌数。常见不良反应为耳毒性,主要为耳蜗神经损伤,前庭损害不多见。肾毒性低于新霉素但大于链霉素,也可引起神经肌肉接头阻滞、味觉丧失、视觉异常等。

妥布霉素

妥布霉素(tobramycin)来自链霉菌培养液,亦可从卡那霉素 B 经脱氧制备,临床制剂为其硫酸盐。

【别名】

托普霉素,妥布拉霉素。

【体内过程】

口服难吸收,肌内注射吸收迅速,血药浓度可在 30 min 内达高峰。主要分布于细胞外液,可渗入胸腔、腹腔、滑膜腔并达有效治疗浓度。极少在体内代谢,主要经肾小球滤过,21 小时内约有 80%~85% 以原形由肾脏排出。可在肾脏中大量积聚,在肾皮质中的半衰期达 71 小时。

【抗菌作用】

妥布霉素系杀菌性抗生素,其抗菌谱包括革兰阳性需氧菌金黄色葡萄球菌,以及革兰阴性需氧菌中的枸橼酸杆菌属、肠杆菌属、大肠埃希菌、克雷伯菌属、铜绿假单胞菌、奇异变形杆菌、莫氏摩根杆菌、普通变形杆菌、普罗菲登菌属和沙雷菌属。革兰阳性球菌中链球菌属包括化脓性链球菌、肺炎链球菌和肠球菌对本品耐药。与 β-内酰胺类抗生素呈协同作用,如妥布霉素与青霉素 G 联合应用对粪肠球菌(Enterococcus faecalis)有协同抗菌作用。妥布霉素对肺炎杆菌、肠杆菌属、变形杆菌属的抑菌作用或杀菌作用分别较庆大霉素强 4 倍和 2 倍,对铜绿假单胞菌的作用是庆大霉素的 2~5 倍,而且对耐庆大霉素菌株仍然有效。对其他革兰阴性杆菌的抗菌活性不如庆大霉素。

【临床应用】

适用于治疗铜绿假单胞菌及其他敏感菌所致的各种感染,包括神经系统、呼吸道及泌尿系统感染。该药通常与抗铜绿假单胞菌的 β-内酰胺类药物合用治疗铜绿假单胞菌感染。对其他革兰阴性杆菌引起的非复杂性尿路感染,妥布霉素一般不作为首选药物。

【不良反应】

主要表现为耳毒性和肾毒性,但均较庆大霉素为轻,亦可引起恶心、呕吐、血清转氨酶升高等,偶见神经肌肉接头阻滞和二重感染。

阿米卡星

阿米卡星(amikacin)是由卡那霉素 A 的 C-1 位上氮原子酰化得到的半合成衍生物,临床应用广泛,所用制剂为其硫酸盐。

【别名】

丁胺卡那霉素。

【体内过程】

肌内注射后吸收迅速,血药浓度在 60 分钟内达高峰,血浆蛋白结合率低于 35%,主要分布于细胞外液,不易透过血脑屏障。经肾小球滤过,在给药后 8 小时内有 91.9% 的药物以原形经尿中排出,24 小时内可排出 98%,$t_{1/2}$ 为 2.2 小时,但当肾功能减退时可延长至 56~150 小时。

【抗菌作用】

阿米卡星是抗菌谱较广的氨基苷类抗生素,对革兰阴性杆菌和金黄色葡萄球菌均有较强的抗菌活性,其他革兰阳性球菌对其不敏感,链球菌属对其耐药。对敏感细菌的作用与卡那霉素相似或略强,较庆大霉素为弱。该药对肠道革兰阴性杆菌和铜绿假单胞菌所产生的能灭活氨基苷类抗生素的多种钝化酶稳定,故对一些耐常用氨基苷类的菌株所致感染仍能有效控制,常作为治疗此类感染的首选药物。但对阿米卡星耐药者均同时对其他氨基苷类耐药。该药与 β-内酰胺类抗生素联合可获协同作用,如与羧苄西林或哌拉西林合用对铜绿假单胞菌有协同作用,与头孢菌素合用对肺炎杆菌有协同作用,与阿洛西林或头孢噻肟合用对肺炎杆菌、大肠埃希菌和金葡球菌均有协同作用。因此,当粒细胞缺乏或其他免疫缺陷患者合并严重革兰阴性杆菌感染时,阿米卡星与 β-内酰胺类联合用药比其单独使用疗效更佳。

【临床应用】

主要用于对卡那霉素或庆大霉素耐药的革兰阴性杆菌所致的尿路、下呼吸道、腹腔、软组织、骨和关节、生殖系统等部位的感染以及败血症等。

【不良反应】

阿米卡星的耳毒性主要表现为耳蜗神经损害,其发生率(13.9%)明显高于庆大霉素(8.3%)、妥布霉素(6.1%)和奈替米星(2.4%);少数患者可出现前庭功能损害,其发生率与庆大霉素和妥布霉素相近(3.2%~3.7%)。肾毒性较庆大霉素和妥布霉素低,一般较少引起神经肌肉接头阻滞反应,偶见皮疹、药热、头痛、恶心、呕吐,长期应用可导致二重感染。

依替米星

依替米星(etimicin)是一种新的半合成水溶性氨基苷类。该抗生素抗菌谱广,杀菌力强,对大部分 G^+ 及 G^- 菌有良好抗菌作用,尤其对大肠杆菌、克雷白肺炎杆菌、沙雷菌属、奇异变形杆菌、沙门菌属、嗜血流感杆菌及葡萄菌属等有较高的抗菌活性。对临床分离的多种耐药菌(包括 MRSA)、对部分庆大霉素、小诺霉素和头孢唑啉耐药的金葡菌、大肠杆菌和克雷白肺炎杆菌,显示良好的抗菌作用。临床使用发现本药不良反应为耳毒性、肾毒性、变态反应、肝损害以及恶心呕吐等胃肠道反应。不良反应发生率大多在 1% 以下且低于阿米卡星,肝损害发生率显著低于妥布霉素,耳毒性发生率略低于奈替米星,其他不良反应发生率与奈替米星大致相当。

第二节 多黏菌素类抗生素

多黏菌素类（polymyxins）是从多黏杆菌（Bacilus polymyxa）培养液中发现的一组抗生素，含有多黏菌素 A、B、C、D、E 和 M 等多种成分，其中多黏菌素 B（polymyxin B）、多黏菌素 E（colistin E）和多黏菌素 M（polymyxin M）用于临床，其他几种成分则因毒性太大已被淘汰。多黏菌素 B 和多黏菌素 E 亦因毒性较强，目前主要供局部应用，全身应用多被新型 β-内酰胺类、氨基苷类或氟喹诺酮类药物取代。

多黏菌素 B

多黏菌素 B（polymyxin B）为多黏菌素 B1 和多黏菌素 B2 的混合物。

【体内过程】

多黏菌素类口服不吸收，肌内注射后 2 小时血药浓度达峰值。药物的血浆蛋白结合率较低，可分布到全身，但由于分子量相对较大，不易渗入胸腔、关节腔和感染灶内，也难以透入脑脊液中。多黏菌素 E 在肺、肾、肝及脑组织中的浓度比多黏菌素 B 为高。多黏菌素类体内代谢较慢，主要经肾脏排泄，尿排泄率可达 60%，但给药后 12 小时内仅有 0.1% 经尿排出，随后才逐渐增加，故连续给药会导致药物在体内积蓄。其 $t_{1/2}$ 为 6 小时，儿童较短，约 1.6～2.7 小时，肾功能不全者则可长达 2～3 天。

【药理作用】

多黏菌素 B 属窄谱抗生素，只对某些革兰阴性杆菌具有强大抗菌活性，大肠埃希菌、肠杆菌属、克雷伯菌属及铜绿假单胞菌对该药高度敏感，志贺菌属、沙门菌属、真杆菌属、流感杆菌、百日咳杆菌及除脆弱类杆菌外的其他类杆菌也较敏感。而所有革兰阳性菌、革兰阴性球菌、变形杆菌、脆弱杆菌及沙雷菌属均对多黏菌素类不敏感。与利福平、磺胺类和 TMP 合用对大肠埃希菌、肠杆菌属、肺炎杆菌、铜绿假单胞菌，以及对多黏菌素类不敏感的革兰阴性菌株均具有协同抗菌作用。多黏菌素类为慢效杀菌药，对生长繁殖期和静止期细菌均有杀菌作用。多黏菌素 B 的抗菌谱与多黏菌素 E 相似，但前者的抗菌活性稍高于后者。

多黏菌素类主要作用于细菌细胞膜。当此药与细菌细胞膜接触时，其亲水基团与细胞外膜磷脂上的磷酸基形成复合物，而亲脂链则可立即插入膜内脂肪链之间，因而解聚细胞膜结构，导致膜通透性增加，使细菌细胞内的重要物质外漏而造成细胞死亡。另外，多黏菌素类抗生素进入细菌细胞质后，也影响核质和核糖体的功能。

多黏菌素在治疗过程中很少出现耐药菌株。但耐药性一旦出现，则在多黏菌素 B 与多黏菌素 E 之间存在交叉耐药性。

【临床应用】

目前治疗铜绿假单胞菌和其他革兰阴性杆菌引起的严重感染主要选用新型 β-内酰胺类或新型氨基苷类等高效、低毒的抗生素治疗。而该药具有良好的抗菌活性，细菌又不易对其耐药，仍被用于对上述抗菌药物耐药的革兰阴性菌感染。

1. 铜绿假单胞菌感染　对某些有严重原发病的铜绿假单胞菌败血症、泌尿道感染有较好疗效。全身或局部给药可用于治疗烧伤创面的铜绿假单胞菌感染，全身给药或鞘内给药用于治疗铜绿假单胞菌性脑膜炎。

2. 其他耐药革兰阴性杆菌感染　对其他抗菌药耐药的大肠埃希菌、肺炎杆菌等其他革兰阴性杆菌引起的脑膜炎、败血症等有一定疗效，与利福平、磺胺类和 TMP 等合用可产生协同作用，用以治疗多重耐药的革兰阴性杆菌引起的医院内感染。

3. 其他　口服给药用于肠道手术前准备或白血病伴中性粒细胞缺乏者的细菌感染预防；局部应用于创面、五官、呼吸道、泌尿道及鞘内革兰阴性杆菌感染。

【不良反应】

此药在常用量下即可出现明显不良反应，总发生率可高达 25%。

1. 肾毒性　为常见不良反应，发生率约为 22.2%，多黏菌素 B 较多黏菌素 E 多见，硫酸盐比甲磺酸盐明显。肾小管上皮细胞损伤最明显，主要表现为蛋白尿、血尿和管型尿，毒性进一步加重时可出现血清肌酐及尿素氮升高，直至急性肾小管坏死，但停药常可恢复。肾毒性一般发生在用药后 4 天内，有时停药后肾损害仍能继续加重。同服其他肾毒性药物可加重损伤。

2. 神经毒性　发生时间与肾毒性相似，停药后可消失。轻者表现为头晕、面部麻木和周围神经炎，严重时出现意识混乱、昏迷、共济失调等。滴耳可引起耳聋，也可出现可逆性神经肌肉阻滞，症状发生迅速且无先兆。这与氨基苷类引起的神经肌肉阻滞不同，为非竞争性阻滞，因此不能用新斯的明治疗，只能进行人工呼吸抢救。

3. 变态反应　包括瘙痒、皮疹、药热等，气溶吸入可引起支气管痉挛。

4. 其他　偶见诱发白细胞减少和肝毒性。肌内注射可致长时间局部疼痛。静脉注射可引起静脉炎。

为减少不良反应，多黏菌素类一般不作首选药物，不宜与其他肾毒性药物合用，静脉滴注速度不宜过快，注射剂量不宜过大，用药疗程也不宜超过 10～14 天，肾功能减退患者慎用。

【相互作用】

(1) 与氨基苷类抗生素、万古霉素、甲氧西林等合用时，可增加肾毒性。

(2) 与箭毒、肌肉松弛药和麻醉药合用时，可增强其神经肌肉阻滞作用。

(3) 酸化尿液，可增强该药抗菌活性。

多黏菌素 E

多黏菌素 E（polymyxin E，Colistin E，杆菌肽）与多黏菌素 B 在药理作用、体内过程、不良反应、临床应用以及相互作用方面均相似，唯其肾毒性较多黏菌素 B 弱。

多黏菌素 M

多黏菌素 M（polymyxin M）的制剂有盐酸盐和硫酸盐两种。盐酸多黏菌素 M 口服吸收好，肌内注射或皮下注射可迅速吸收，硫酸多黏菌素 M 口服不吸收。二者药理作用、临床应用及不良反应等方面与多黏菌素 B 相似，主要用于铜绿假单胞菌等革兰阴性杆菌所致感染。

（第三军医大学　陈晓红）

第四十一章 四环素类及氯霉素类抗生素

- The tetracyclines are broad-spectrum bacteriostatic antibiotics that inhibit protein synthesis by binding to 30S ribosomal subunit and preventing access of tRNA to the mRNA-ribosome complex. The severe adverse effects of tetracyclines include gastrointestinal irritation, damaging effects on growth of bones and teeth, superinfection, hepatotoxicity and renal toxicity etc. In addition, many strains of organisms have become resistant to tetracyclines. Therefore, therapeutic use of tetracyclines is limited in clinical application.
- Tigecycline, a newly approved tetracycline analog, is a glycylcycline and a semisynthetic derivative of minocycline. Its spectrum is very broad. Many tetracycline-resistant strains are susceptible to tigecycline.
- Chloramphenicol binds reversibly to the 50S subunit of bacterial ribosomes and thereby prevents addition of new amino acids to the growing peptide chain. Because chloramphenicol is potential to cause fatal aplastic anemia and increase the risk of severe blood disorders, it is only applied for the treatment of serious infections.

四环素类及氯霉素类均靶向细菌核糖体抑制蛋白质合成，从而抑制细菌繁殖，属广谱抗生素，对其敏感的病原体有需氧及某些厌氧的革兰阳性菌和革兰阴性菌、立克次体、衣原体、支原体和螺旋体等。四环素类对某些原虫也有效。

第一节 四环素类

四环素类属菲烷结构的抗生素，为酸、碱两性物质，溶解性低，临床一般用其盐酸盐，溶解性更高。它们共同的化学结构特征是均含有氢化骈四苯母核，依其5、6、7位上的取代基的不同，形成多个药物（图8-41-1和表8-41-1）。

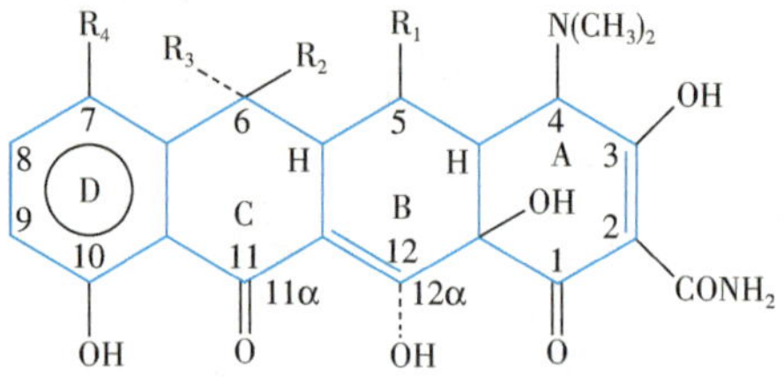

图8-41-1 四环素类的基本化学结构

表8-41-1 不同取代基的四环素类药物及其分类

抗生素	取代基				$t_{1/2}$/(h)
	R_1	R_2	R_3	R_4	
短效（天然）					
四环素	H	OH	CH$_3$	H	6~9
金霉素	H	OH	CH$_3$	Cl	5.5
土霉素	OH	OH	CH$_3$	H	9.6
中效（半合成）					
地美环素	H	OH	H	Cl	12
美他环素	OH	OH	=CH$_2$	H	14
长效（半合成）					
多西环素	OH	H	CH$_3$	H	15~25
米诺环素	H	H	H	N(CH$_3$)$_2$	16~18

根据药物来源的不同，四环素类可分为天然和半合成两类。天然品有四环素、土霉素、金霉素和地美环素；半合成品有美他环素、多西环素和米诺环素。替加环素（tigecycline）是新批准的四环素类合成类似物，属甘氨酰环素（glycylcycline），是米诺环素的半合成衍生物（图8-41-2）。本类药物的抗

菌谱、抗菌作用机制和临床应用相似。

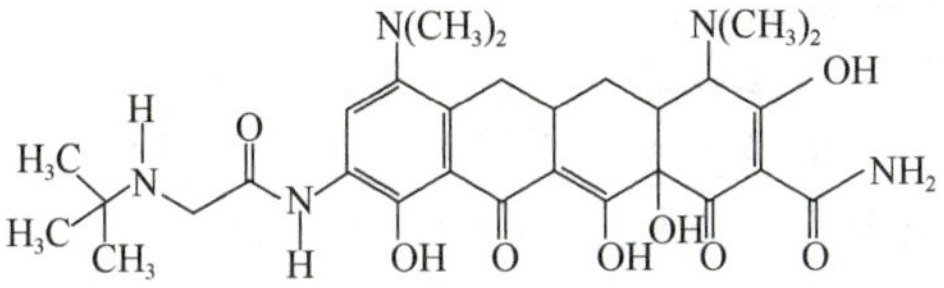

图 8-41-2 替加环素的化学结构

一、短效四环素类

四 环 素

四环素（tetracycline）的抗菌谱广，口服有效，但副作用较多。近年来，由于耐药菌株的日渐增多，其疗效更显不理想，现已少用。

【体内过程】

口服吸收但不完全，能与 Mg^{2+}、Ca^{2+}、Al^{3+}、Zn^{2+} 及 $Fe^{2+/3+}$ 等多价阳离子络合，从而降低它的吸收。食物、药物和胃酸等影响其吸收。口服给药，2～4 小时血药浓度达峰值，$t_{1/2}$ 为 6～9 小时。每次服用量超过 0.5 g，血中药物浓度并不平行增加，只能增加粪便中的排泄量。广泛分布于各组织中，可进入胎儿循环、羊水及乳汁，可沉积于骨及新形成的牙组织中，不易透过血脑屏障。胆汁中的浓度是血药浓度的 10～20 倍，此与其存在着"肠肝循环"有关。主要以原形经肾排泄，尿中药物浓度较高，可达有效浓度。碱化尿液能增加药物排泄。

【抗菌作用】

属快速抑菌药，高浓度时也有杀菌作用。它对革兰阳性菌的抑制作用较革兰阴性菌更强，对其敏感的革兰阳性菌有溶血性链球菌、肺炎球菌、草绿色链球菌及部分葡萄球菌、破伤风杆菌和炭疽杆菌等；对其敏感的革兰阴性菌有脑膜炎球菌、淋球菌、痢疾杆菌、大肠杆菌、流感杆菌、巴氏杆菌属、布氏杆菌等。它对某些厌氧菌如拟杆菌、梭形杆菌、幽门螺杆菌亦有效。此外，对肺炎支原体、衣原体、脲原体、立克次体、螺旋体、放线菌也有抑制作用。还能用于恶性疟的防治及间接抑制阿米巴原虫。但对铜绿假单胞菌、病毒与真菌无效。

【作用机制】

药物进入细菌后，特异性地与核糖体（也称核蛋白体）30S 亚单位的 A 位结合，阻止 aa-tRNA 在该处的连接，从而抑制了肽链的延长，最终导致蛋白质合成障碍（图 8-41-3）。它还能引起细菌细胞膜的通透性改变，胞内的核苷酸及其他重要物质外漏，从而抑制 DNA 的复制。

耐药性：病原微生物可对四环素类药物产生耐药性且不同品种间有交叉耐药发生。主要耐药机制有：①通过减少抗生素的流入或增加抗生素的能量依赖性主动外排，降低四环素在细胞内的蓄积。②由基因突变，产生一种与四环素非亲和的核糖体蛋白，使四环素失去作用靶点。③增强酶对四环素的灭活。

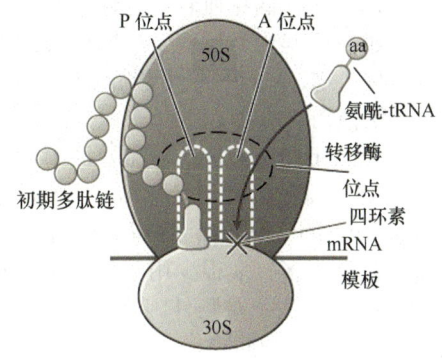

图 8-41-3 四环素类抑制细菌蛋白质合成示意图

【临床应用】

主要用于立克次体感染如斑疹伤寒、立克次体痘和恙虫病等，支原体感染如非典型肺炎和非特异性尿道炎等，衣原体感染如非特异性尿道炎、子宫颈炎、性病淋巴肉芽肿、鹦鹉热和衣原体肺炎等，螺旋体感染如回归热和慢性游走性红斑等，四环素类可作为首选药物应用。也可用于百日咳，痢疾，肺炎杆菌性呼吸道、尿道、胆道感染，但只作次选。

【不良反应】

不良反应较多，应予重视。①胃肠道反应：因口服后直接刺激胃肠神经而引起恶心、呕吐、腹泻等，反应程度随剂量增大而加剧。每日 1 g 时，反应一般并不严重。餐后服用、减药量或停药可减轻。个别患者可出现食道炎、食道溃疡和胰腺炎。②二重感染：因抗菌谱广，四环素长期大剂量应用（大于 20 天）可抑制正常寄生于口腔、鼻咽、肠道菌群中的某些敏感菌，打破菌群间的平衡共生，使非敏感菌（或耐药菌）乘机得以生长繁殖，可引起二重感染，尤其是老幼及体弱患者。常见者有念珠菌性口腔炎、难辨梭状菌引起的伪膜性肠炎、非敏感细菌性肺炎和尿道感染。四环素与糖皮质激素、抗代谢及抗肿瘤药合用，将更容易诱发二重感染。③对骨骼及牙生长的影响：四环素能与新形成的牙及骨组织中沉积钙结合，出现牙釉质发育不全，棕色色素沉积（俗称牙齿黄染），引起畸形或生长抑制。妊娠五个月以上的妇女服用四环素，出生的幼儿几乎无一例外的发生；药物对乳牙危害的最严重时期为妊娠中期至出生后 4～6 个月；对恒牙危害的严重时期为 6 个月至 5 岁，最严重时期为 1 岁以内。④肝脏及肾脏损伤：长期大剂量服用或静脉给药可造成肝损害，临床表现类似急性肝炎，患者厌食、乏力、恶心及呕吐等。个别严重者可出现肝昏迷、出血倾向等。四环素通过抑制蛋白质的合成，加快分解代谢，也可加剧原有的肾功能不全。⑤其他：可见头痛、头晕，眼花、复视、视力减退等，停药后可恢复；长期应用可引起血象改变；可见皮疹、多形红斑、水泡疹、药物热等变态反应，偶见血管神经性水肿，罕见过敏性休克；也可引起光敏反应。过期变质的四环素类可产生多种产物，它们的毒性更强，更易造成肝、肾及神经系统损伤。

金霉素（chlortetracycline）口服及注射制剂已被淘汰，仅保留外用制剂，用于治疗结膜炎和沙眼等。

土霉素（oxytetracycline）耐药菌株普遍，抗菌活性差，不良反应多，现很少用于治疗细菌感染。其可治疗肠阿米巴病（对肠外阿米巴病无效），且疗效优于其他四环素类药物。

二、中效四环素类

美他环素（metacycline）其抗菌作用、作用机制、临床应用及不良反应等与四环素相似。抗菌活性较四环素强，口服吸收率约 60%，蛋白结合率为 80%～95%，以原形经肾排出，$t_{1/2}$ 为 14 小时，有效血药浓度维持时间较长。

地美环素（demeclocycline）属天然四环素，其抗菌药效学和药代动力学特征与美他环素相似。其导致皮肤光敏反应和肾性尿崩症的风险较高，因而很少作为抗生素使用；反而利用其拮抗肾小管抗利尿激素的作用，将其用于治疗某些肿瘤导致的抗利尿激素异常分泌。

三、长效四环素类

多西环素

多西环素（doxycycline）又名强力霉素，其作用强度是四环素的 2～10 倍。

【体内过程】

脂溶性高，口服吸收迅速，吸收率 95%，受食物影响小，分布广泛，脑脊液中可达到有效浓度。因药物经肾脏和随胆汁排泄时均存在重吸收，故 $t_{1/2}$ 长达 20 小时。大部分以结合或络合的无活性形式从粪便中排泄，故对肠道正常菌群影响小，肾功能不全者仍可使用。

【抗菌作用】

其抗菌谱与四环素相似，对大多数敏感菌的 MIC 为 0.1～2 mg/L，已取代天然四环素作为各种适应证的首选或次选药物应用。它与其他四环素类药物之间存在交叉耐药性。

【临床应用】

已成为治疗立克次体、衣原体、螺旋体、支原体感染的首选药物，如：成人和儿童洛基山斑疹热、流行性斑疹伤寒、恙虫病、非典型肺炎、性病淋巴肉芽肿等。也用于预防或治疗炭疽热，治疗尿道和胆道感染等。

【不良反应】

常见胃肠刺激反应，如恶心、厌食、口腔炎、舌炎等。少见皮炎、光敏反应、二重感染。静脉注射可出现舌头麻木，个别人出现口腔内特殊气味等。对肾功能不全者的肾外感染也可使用。

【药物相互作用】

与肝药酶诱导剂合用，其 $t_{1/2}$ 缩短，作用减弱。

米诺环素

米诺环素（minocycline）又名二甲胺四环素，为长效、高效品种。

【体内过程】

口服易吸收，2～3 小时血药浓度达峰值，排泄缓慢，主要经肾排除，$t_{1/2}$ 为 16～18 小时，体内存留时间长，给药后 10 天尿中仍可测出。

【抗菌作用】

抗菌作用是四环素类药物中最强的，抗菌谱与四环素相似。对四环素耐药的金葡菌、链球菌和大肠埃希菌等仍对其敏感。它是四环素类中唯一有抗麻风分枝杆菌活性的药物。

【临床应用】

用于治疗尿路感染、呼吸道感染如支气管炎、肺炎等，也用于胆道感染、骨髓炎、淋病及沙眼衣原体性疾病等。

【不良反应】

不良反应与四环素相似，且更多见。因能引起可逆性前庭反应而出现运动失调，影响其使用。

替加环素

替加环素（tigecycline）又名丁甘米诺环素，首个被批准用于临床的静脉给药的甘氨酰环素类药物，是四环素的新一代药物，是为解决早期四环素的抗药性而研发的。

【体内过程】

口服不易吸收，仅静脉给药，迅速广泛分布于组织，血药峰浓度低，主要经胆消除，少部分以原形经肾排出，$t_{1/2}$ 为 27～42 小时，肾功能不全患者不需调整用药剂量和时间。

【抗菌作用及机制】

超广谱抗菌，替加环素对许多耐四环素类菌株敏感。对其敏感的有凝固酶阴性和金黄色酿脓葡萄球菌（包括耐甲氧西林、万古霉素中敏和耐万古霉素菌株）、青霉素敏感和耐药链球菌、肠球菌包括耐万古霉素菌株、革兰阳性杆菌、不动杆菌多药耐药菌株、革兰氏阳性和阴性厌氧菌、立克次体、衣原体、嗜肺军团菌和快速生长的分枝杆菌。但变形杆菌和铜绿假单胞菌对其耐药，病毒和真菌无效。

替加环素抗菌机制与四环素类相似，但与核糖体的结合能力是其他四环素类的 5 倍。替加环素能克服外排泵和保护核糖体，故不易产生耐药性。

【临床应用】

目前被批准为治疗复杂皮肤及软组织感染、腹腔感染,包括复杂阑尾炎、烧伤感染、腹内脓肿、深部软组织感染及溃疡感染等,以及社区获得性肺炎。

【不良反应】

最常见的是恶心和呕吐,通常发生于治疗1~2天之内,程度多为轻中度,停药可缓解。对胎儿及新生牙齿造成损害,故孕妇、婴儿期和8岁前幼儿期禁用。

第二节 氯霉素类

氯霉素属对硝基苯氨类,因其化学结构简单,问世后次年即可人工合成。现氯霉素仅限用于那些危及生命而又无其他药物可用的疾病。

氯霉素

氯霉素(chloramphenicol)的抗菌谱广,对革兰阴性菌及革兰阳性菌都有抑制或杀灭作用。

【体内过程】

口服后自肠道上部吸收,$t_{1/2}$为2.5小时。血中有效药物浓度可维持6~8小时。分布广泛,脑脊液中药物浓度较其他部位高。大部分与葡萄糖醛酸结合,经肾脏排泄,尿中原形物仅占5%~15%,但已达到有效浓度。

【抗菌作用】

低浓度能杀灭流感杆菌、脑膜炎球菌及淋球菌,对其他细菌仅有抑制作用。一般而言,其对革兰阴性菌尤其是肠杆菌科细菌的抑制作用强大,而对革兰阳性菌相对较弱。伤寒及副伤寒杆菌、布鲁菌及百日咳杆菌对其敏感。对厌氧菌如脆弱类杆菌、梭形杆菌、消化球菌、破伤风杆菌等作用也强大。支原体、衣原体及立克次体对它敏感。

【作用机制】

氯霉素主要与细菌70S核糖体的50S亚基结合,特异性地阻止氨酰tRNA进入受位(A位),抑制肽链延长,从而阻碍了蛋白质的合成(图8-41-4)。

耐药性:各种细菌对氯霉素均可产生耐药性,主要有三种机制:①由质粒介导(多为嗜菌体M1型),细菌产生乙酰基转移酶而发生耐药性。在乙酰基转移酶作用下,氯霉素转化成乙酰化衍生物而失去活性。②由细菌细胞膜渗透性降低所致,较常见于铜绿假单胞菌、大肠埃希菌、痢疾杆菌等。③通过基因突变获得,伤寒杆菌的耐药性发生较慢可能与此有关。

【临床应用】

特别适合于治疗伤寒、副伤寒感染及立克次体病,其他药物疗效不佳的脑膜炎。氯霉素与青霉素合用首选治疗需氧、厌氧菌混合感染引起的耳源性脑脓肿等。在危及生命的紧急情况下,再生障碍性贫血并非是使用氯霉素的绝对禁忌症。

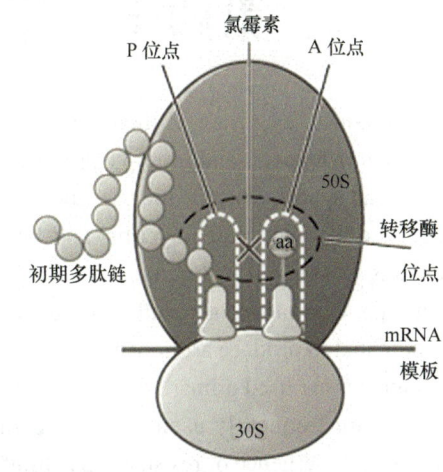

图8-41-4 氯霉素抑制细菌蛋白质合成示意图

【不良反应及注意事项】

1. 抑制骨髓造血系统功能 分为两种情况:①可逆性地减少各类血细胞,首先出现粒细胞的降低,与剂量有关,停药后可恢复。②不可逆性地损害骨髓造血功能,引起再生障碍性贫血,虽发生率低,但死亡率却高(≥50%),此与剂量无直接关系。预防方法:避免滥用,严格掌握用量及疗程,勤查血象;有药源性造血系统毒性既往史或家族史者,不宜使用;白细胞低于$2.5×10^9/L$时,应停药。

2. 灰婴综合征 早产儿及新生儿用药剂量过大时,常于用药后4天(2~9天)发生循环衰竭,患儿出现呕吐、呼吸急促、发绀、代谢性酸中毒等,称灰婴综合征(gray baby syndrome)。其原因是新生儿的肝脏发育不全,缺乏葡萄糖醛酸酶,对氯霉素的代谢、解毒功能受到限制,排泄能力差,导致药物在体内蓄积中毒。另外,高浓度氯霉素还抑制肝脏、心肌及横纹肌中线粒体酶系的电子传递。人及哺乳动物某些细胞的线粒体中的核蛋白体与细菌70S核糖体相似,故氯霉素亦可能抑制宿主细胞线粒体蛋白合成,这与其抑制骨髓造血功能有关,甚至与灰婴综合征的发生也有关。禁用于新生儿及早产儿,妊娠后期及哺乳期妇女也应避免使用。

3. 其他 口服用药可引起恶心、呕吐、腹泻等。少数病人有皮疹和血管神经性水肿等过敏反应、二重感染、肝、肾功能损害等。偶见视神经炎,视力障碍,幻视、幻听,中毒性精神病等。

禁忌证:在其他抗生素能安全有效治疗或病情未明时,不得使用本品。

(华中科技大学同济医学院 肖军花)

第四十二章 人工合成抗菌药

- The quinolones, by virtue of their broad spectrum of antibacterial activity against aerobic gram-negative bacilli, staphylococci, and gram-negative cocci and their oral bioavailability, are a very important class of antibacterial agents. Therapeutic uses include treatment of urinary tract infections, prostatitis, several sexually transmitted diseases, osteomyelitis, and bacterial diarrhea. New agents with excellent activity against the organisms of atypical pneumonia, anaerobes, and pneumococci are available for single-agent treatment of pneumonia. Quinolones generally are not recommended for use in children or during pregnancy because of their potential to produce arthropathy.
- Sulfonamides are used primarily in the treatment of urinary tract infections. In combination with trimethoprim, they also are frequently used for the treatment of otitis, bronchitis, sinusitis, and pneumocystis carinii pneumonia. Emergence of resistance has limited their usefulness in other settings.

第一节 喹诺酮类药物

一、概述

自20世纪60年代初发现第一个喹诺酮药物萘啶酸（nalidixic acid）以来，目前喹诺酮类药物已发展为一类具有4-喹诺酮类母核、品种繁多、抗菌谱广、抗菌活性强、毒副反应较低的临床常用抗感染药物（图8-42-1；表8-42-1）。

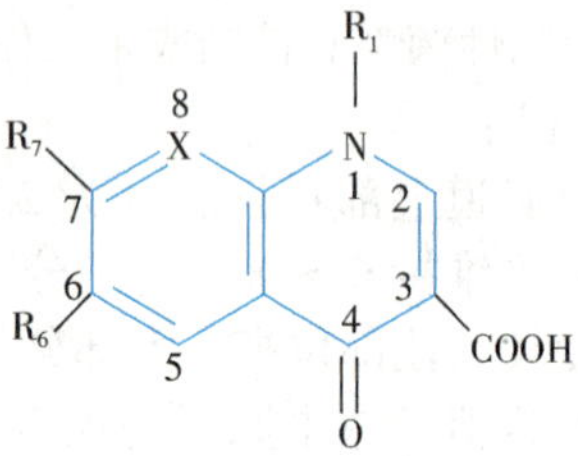

图8-42-1 4-喹诺酮类母核

表8-42-1 喹诺酮类药物的结构式

药物	R_1	R_6	R_7	X
萘啶酸	—C_2H_5	—H	—CH_3	—N=
吡哌酸	—C_2H_5		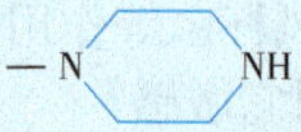 —N○NH	—N=
依诺沙星	—C_2H_5	—F	 —N○NH	—N=
诺氟沙星	—C_2H_5	—F	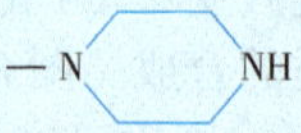 —N○NH	—CH=
环丙沙星	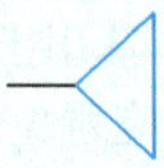 —△	—F	 —N○NH	—CH=
培氟沙星	—C_2H_5	—F	 —N○N—CH_3	—CH=
氧氟沙星	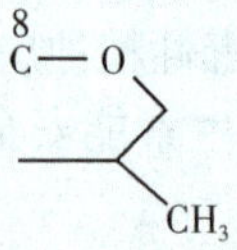 —CH_2—O—CH(CH_3)	—F	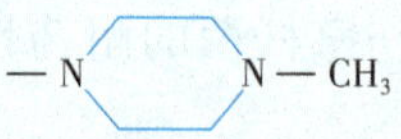 —N○N—CH_3	—C—

续表

药物	R₁	R₆	R₇	X
左氧氟沙星	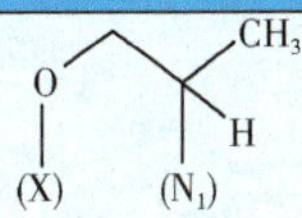 —O—CH(CH₃)—H (X)(N₁)	—F	 —N__N—CH₃	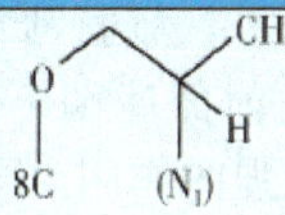 —O—CH(CH₃)—H 8C (N₁)
氟罗沙星	—CH₂—CH₂—F	—F	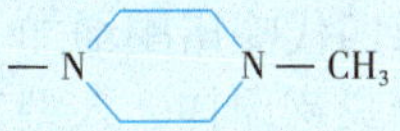 —N__N—CH₃	—F—C=
洛美沙星	—C₂H₅	—F	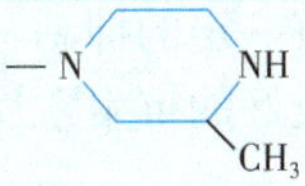 —N__NH (CH₃)	—F—C=
斯帕沙星	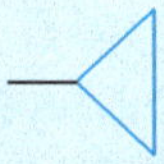 —△(环丙基)	—F	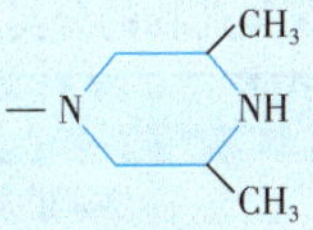 —N__NH (CH₃, CH₃)	—F—C=
加替沙星	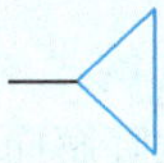 —△(环丙基)	—F	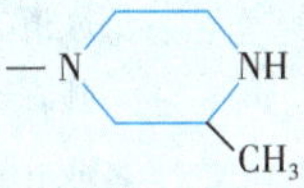 —N__NH (CH₃)	—OCH₃—C=
莫西沙星	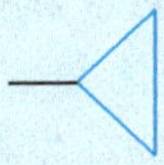 —△(环丙基)	—F	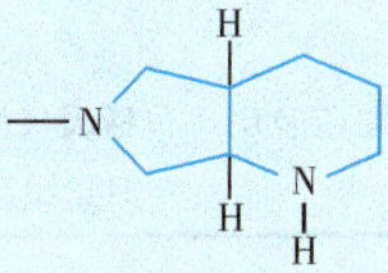 —N_(H)_NH (双环)	—OCH₃—C=
妥舒沙星	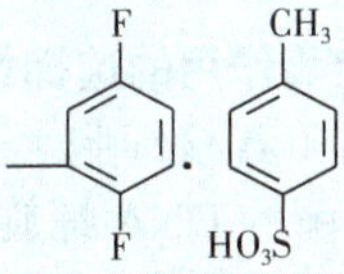 (2,4-二氟苯基, CH₃, HO₃S)	—F	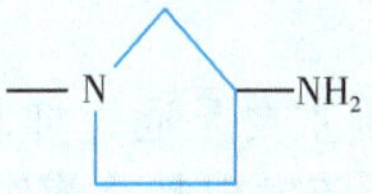 —N__NH₂ (吡咯烷)	—N=

萘啶酸对革兰阴性（G⁻）菌有抑菌作用而成为第一代喹诺酮类抗菌药，其抗菌谱窄，活性低，吸收差，副作用多，现已被淘汰。

吡哌酸（pipemidic acid）的抗菌活性较萘啶酸强，对包括铜绿假单胞菌的革兰阴性菌亦具有作用。其口服吸收虽较少，但尿中仍可达有效的抗菌浓度，不良反应较萘啶酸少，主要用于革兰阴性杆菌引起的尿路及肠道感染而成为第二代喹诺酮药物的代表药。

诺氟沙星（norfloxacin）的问世，不但是4-喹诺酮结构的C-7引入哌嗪环，且在C-6位接上氟原子以后，扩大了抗革兰阳性（G⁺）菌和增强了抗革兰阴性菌的作用。从而在构效关系的研究中获得一系列含氟喹诺酮类化合物，称其为氟喹诺酮，即成为第三代喹诺酮药物（表8-42-2）。

表8-42-2　4-喹诺酮化构中引入基团与抗菌效果的关系

引入基团	抗菌效果及药动学特点
N_1-1-环丙基或噁嗪等	抗菌谱更广，抗衣原体、支原体；吸收增多，$t_{1/2}$更长，不良反应少等
N_1-2,4-二氟苯	抗菌谱扩大至抗厌氧菌
C_3-羧基，C_6-氟	抗菌活性增强，抗菌谱扩大，抗金黄色葡萄球菌

续表

引入基团	抗菌效果及药动学特点
C_7-哌嗪	抗菌谱扩大，抗金黄色葡萄球菌，铜绿假单胞菌等
C_7-甲基哌嗪	吸收增多，$t_{1/2}$延长等
C_7-3-氨基吡咯烷	抗菌谱扩大至抗厌氧菌，不良反应减少等
X-F	吸收更多，$t_{1/2}$更长等
X-甲氧基	光敏反应明显降低

在第三代喹诺酮的基础上合成的加替沙星（gatifloxacin）、莫西沙星（moxifloxacin）、妥舒沙星（tosufloxacin）等，不但增强了抗厌氧菌的作用，且对多数致病菌引起的感染的综合疗效达到甚至超过了β-内酰胺抗生素，从而成为第四代喹诺酮药物（表8-42-3）。

【抗菌作用】

喹诺酮的抗菌谱广，抗菌活性强，属杀菌药。对革兰阴性杆菌中肠杆菌科的各类细菌如大肠埃希菌、肠杆菌、枸橼酸杆菌、克雷伯菌、沙雷菌属、变形杆菌、沙门菌属、痢疾杆菌等均具有很强的抗菌作用。嗜血杆菌属、奈瑟菌属、卡他球菌、空肠弯曲杆菌等其他的革兰阴性菌对其亦敏感。其中第三代氟喹诺酮的环丙沙星、依诺沙星、氧氟沙星、洛美沙星等对铜绿假单胞菌也有相当的作用，而环丙沙星、氧氟沙星、左氧氟沙星、司帕沙星等对金黄色葡萄球菌（包括 MRSA）、链球菌、军团菌亦有较强的作用。环丙沙星、氧氟沙星、左氧氟沙星、斯帕沙星对结核分枝杆菌还具有较强的抗菌活性，作为二线抗结核病药。第四代喹诺酮增加了对厌氧菌的作用。该类药物对肺炎支原体、人型支原体、沙眼衣原体及立克次体亦有一定的抑制、杀灭作用，且多数的氟喹诺酮药物有较好的抗生素后效应。

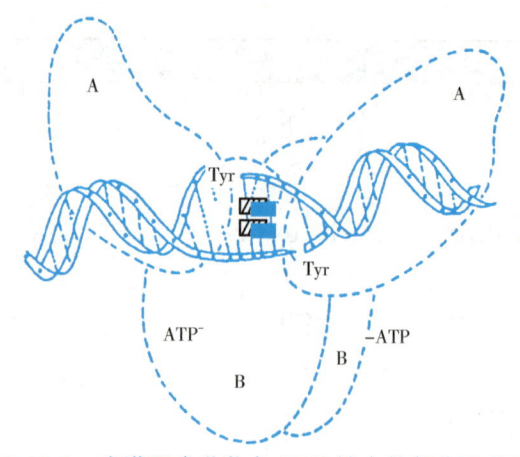

图 8-42-2　喹诺酮类药物与 DNA 结合的部位及其抑制 DNA 螺旋酶活性示意图

表 8-42-3　喹诺酮类药物的分类

分类	代表药	抗菌谱	主要应用范围
第一代	萘啶酸	G⁻杆菌	泌尿道及肠道感染
第二代	吡哌酸	G⁻杆菌为主	泌尿道、肠道及呼吸道感染
第三代	氧氟沙星 司帕沙星	G⁻杆菌及G⁺球菌	各种组织及系统感染
第四代	曲伐沙星 莫西沙星	G⁻、G⁺细菌及厌氧菌	包括厌氧菌引起的各种组织及系统感染

【作用机制】

喹诺酮类的作用机制主要是通过抑制 DNA 螺旋酶而发挥抗菌作用。近年发现其杀菌作用还与导致细菌产生新的黏肽水解酶和自溶酶等有关。

1. 抑制 DNA 螺旋酶　喹诺酮类通过抑制 DNA 螺旋酶，阻碍 DNA 合成而导致细菌死亡。它们影响 DNA 螺旋酶的 A 亚单位功能，使 DNA 超螺旋结构不能封口，这样 DNA 单链暴露，导致 mRNA 与蛋白质合成失控，终使细菌死亡，见图 8-42-2。

近年来发现革兰阳性菌中的拓扑异构酶Ⅳ，由 2 个 C 亚单位和 2 个 E 亚单位组成四叠体，其中 C 亚单位负责 DNA 前链的断裂与封口，E 亚单位催化 ATP 的分解及前链后移，喹诺酮类则主要作用于前链的断裂与封口环节。

2. 改变细胞壁糖肽的构成　喹诺酮类通过改变细胞壁多糖肽成分，使糖肽降解而出现菌体溶化裂解。此可能与细菌产生新的黏肽水解酶或自溶酶有关。

3. 诱导 DNA 的 SOS 修复　喹诺酮类通过诱导 DNA 的 SOS 修复，使药物在发挥抑制 DNA 螺旋酶作用的同时，引起 DNA 的错误复制，从而造成基因突变或细菌死亡。

【抑制 DNA 螺旋酶作用的选择性及意义】

哺乳动物细胞内（真核细胞）不含 DNA 螺旋酶，而含有功能与细菌的 DNA 螺旋酶（图 8-42-3）相似的拓扑异构酶（topoisomerase），喹诺酮类与之也能结合，但抑制率低。治疗量的喹诺酮类对人体的毒性小，是因为其选择指数较高，如氧氟沙星的选择指数是 2461，即它抑制大肠埃希菌 DNA 螺旋酶的 IC$_{50}$（0.76 mg/L）是抑制胎牛胸腺拓扑异构酶的 IC$_{50}$（1870 mg/L）的 2461 倍（1870/0.76），表明其对哺乳动物的拓扑异构酶影响不大，故毒副作用较小；而萘啶酸的选择指数仅为 17，因此毒副作用较大。因此，一般而言选择性抑制细菌 DNA 螺旋酶作用越强，对哺乳动物毒性作用越低。

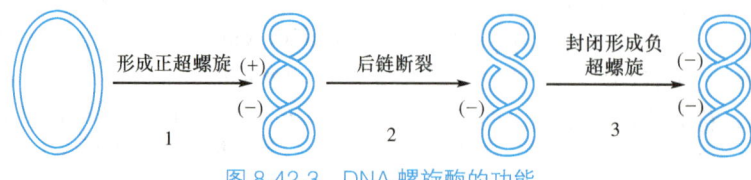

图 8-42-3　DNA 螺旋酶的功能

【耐药机制】

随着喹诺酮类药物在临床的广泛使用，细菌对其产生耐药性，特别是铜绿假单胞菌、葡萄球菌属、梭状芽胞杆菌、沙门菌属、淋病奈瑟菌（淋球菌）及链球菌等日益增加，目前认为其耐药机制属于染色体介导的，主要由于编码 DNA 螺旋酶的基因突变和膜通透性改变所致。

1. 喹诺酮类药物作用靶点的改变　即细菌 DNA 螺旋酶 A 亚单位发生突变，使喹诺酮与酶的亲和力下降，阻止药物与酶相结合，这种基因突变造成的耐药性与细菌高药物浓度耐药性有关。DNA 螺旋酶 B 亚单位的突变亦可造成细菌对喹诺酮类的耐药性，但由于这种基因突变所致酶 B 亚单位的改变较少见，故它在细菌对喹诺酮类的耐药性机制中是次要的。

2. 喹诺酮类在细菌体内蓄积的减少 这是由于如肠杆菌科中的大肠埃希菌、黏质沙雷菌、阴沟杆菌、肺炎克雷伯菌等的外膜膜孔蛋白的减少或缺失，影响了菌膜对药物的通透性，致使细菌对药物的摄入减少，从而发生耐药性，这与细菌低药物浓度耐药性有关。在革兰阳性菌中，对喹诺酮类的膜通透性了解还不多，但金黄色葡萄球菌的细胞质膜存在着对喹诺酮类的流出泵，使药物流出细胞增加，导致细菌体内药物浓度下降而发生耐药性。

3. 质粒介导的耐药性 曾被认为在喹诺酮类的耐药性中并不存在，但近年发现金黄色葡萄球菌具有质粒携带耐药性基因，除此之外，也发现其他细菌具有质粒携带耐药性基因，命名为"质粒介导的对喹诺酮类的耐药基因"qnr。

【药物相互作用】

（1）口服喹诺酮类，尤其是环丙沙星，若与二价或三价阳离子药物伍用时，由于在小肠上部形成不被吸收的络合物，喹诺酮类的生物利用度下降。如与含 Mg^{2+}、Al^{3+} 的抗酸药合用可使喹诺酮类的生物利用度下降 90%。与硫糖铝、含 Ca^{2+} 抗酸药及含 Ca^{2+} 食物、含 Fe^{2+}、Zn^{2+} 等药物合用虽然影响较小，但仍可使喹诺酮类的吸收明显减少，常可导致治疗失败。

（2）依诺沙星、环丙沙星能抑制肝微粒体细胞色素 P450 代谢酶而影响茶碱的代谢，导致茶碱的体内蓄积与毒性。不过，诺氟沙星对此影响稍弱。氧氟沙星、左氧氟沙星、斯帕沙星因不抑制肝细胞色素 P450 代谢酶，故与茶碱不发生相互作用，但如果再加用细胞色素 P450 抑制药西咪替丁时，则可加重喹诺酮类与茶碱间的相互作用。若同时使用环丙沙星和治疗水平的茶碱时，可能会造成患者的癫痫发作，这也许是由于增强了对神经递质 γ- 氨基丁酸的拮抗作用所致。

（3）依诺沙星、环丙沙星可抑制肝微粒体细胞色素 P450 对咖啡因的代谢，因而延长了咖啡因的 $t_{1/2}$ 4～5 倍，并提高其血药峰浓度。

（4）有研究报道，环丙沙星可改变美托洛尔、普萘洛尔、美西律、地西泮和普鲁卡因胺的药代动力学。也有与环孢素、他克莫司存在药效学的相互作用而导致肾毒性的报道。环丙沙星合用膦甲酸有可能导致强直 - 阵挛性癫痫的发作。

（5）据监测报告提示，氟喹诺酮类若与皮质激素合用，有可能增加肌腱断裂的风险，尤其是老年患者。

二、主要喹诺酮类药物的药理特点与临床应用

（一）第一代喹诺酮类药物

萘 啶 酸

萘啶酸（nalidixic acid）仅对大肠埃希菌、变形杆菌、产气杆菌、沙门菌、流感杆菌和克雷伯菌等革兰阴性杆菌有作用，对铜绿假单胞菌和革兰阳性菌无抗菌作用。可用于尿道感染，也可用于胆道感染和菌痢，但细菌易产生耐药性，且有较多的不良反应。除恶心、呕吐和过敏反应外，尚有头痛、眩晕、嗜睡、视觉障碍等中枢神经系统的不良反应，偶有惊厥及诱发癫痫。还可致儿童血压升高、关节痛等，故限制了它的临床应用。

（二）第二代喹诺酮类药物

吡 哌 酸

吡哌酸（pipemidic acid）的抗菌活性较萘啶酸稍强，对大肠埃希菌、变形杆菌、克雷伯菌属、沙雷菌属及痢疾杆菌等革兰阴性菌具有较强的抗菌活性，较高药物浓度时对铜绿假单胞菌及金黄色葡萄球菌也有抑制作用。吡哌酸经口服吸收迅速，血浆蛋白结合率约为 30%，体内几乎不被代谢，约 70% 经肾随尿排泄，胆汁也可排泄，故存在肠肝循环，尿、胆汁及粪便中药物浓度较高。临床上可用于难治的尿路感染，如肾盂肾炎、肾盂炎、膀胱炎及尿道炎；亦用于肠炎、痢疾等胃肠道感染及耳鼻喉科感染；还可用于前列腺炎、伤寒等的治疗。有恶心、呕吐等胃肠道反应；也有头痛、头晕及倦怠等神经系统反应，还可有药疹、皮疹等过敏反应及血清转氨酶升高、肌酐、血尿素氮升高等。婴幼儿、儿童禁用。

（三）第三代喹诺酮类药物

诺 氟 沙 星

【别名】

氟哌酸，力醇罗，淋克星。

【抗菌作用】

诺氟沙星（norfloxacin）是第一个氟喹诺酮药物，也是较为常用的抗菌药物之一，抗菌谱明显较第二代的吡哌酸宽，抗菌活性亦较强。对包括铜绿假单胞菌的多数革兰阴性菌具有较强的抗菌活性。除对葡萄球菌属有一定的作用外，革兰阳性球菌的肺炎球菌、溶血链球菌对其产生耐药性。对厌氧菌的作用差，对结核杆菌、军团菌、支原体、衣原体无作用。

【体内过程】

口服诺氟沙星吸收为给药量 30%～40%，体内分布广泛，少部分可在肝中被代谢，主要经肾随尿排泄原形药物约 33%，$t_{1/2}$ 约为 3～4 小时。

【临床应用】

主要用于敏感菌所致的上呼吸道、泌尿生殖道、肠道等感染，也可用于耳鼻喉科、外科、妇科、皮肤科等感染及无并发症急性淋病的治疗，还可用于耐药菌株所致的伤寒及其他沙门菌属的感染。

【不良反应】

副作用少，主要有恶心、呕吐、头晕、头痛、失眠等，也可发生皮疹、皮肤瘙痒及光感皮炎等过敏反应及一过性转氨酶升高、白细胞减少等。

依诺沙星

【别名】

氟啶酸，久诺。

【抗菌作用】

依诺沙星（enoxacin）体外抗菌活性与诺氟沙星相似，但体内抗菌活性强约2倍，对包括铜绿假单胞菌的革兰阴性细菌具有较强的作用。

【体内过程】

口服吸收完全，口服后2小时可达较高的血药峰浓度。体内分布广泛，以50%～60%的原形药和10%的代谢物形式经肾随尿排泄。

【临床应用】

适用于敏感菌引起的咽喉部、支气管、肺、尿道、前列腺、胆囊、中耳、鼻窦、肠道等部位的感染，亦可用于皮肤软组织、腹腔、胆道感染，还可用作伤寒的治疗。

【不良反应】

以消化道反应为主，偶可发生过敏及中枢神经系统的毒性反应。

环丙沙星

【别名】

特美力，悉复欢。

【抗菌作用】

环丙沙星（ciprofloxacin）是抗菌谱较广的第三代喹诺酮，对革兰阴性菌具较强的抗菌活性，对肠杆菌科、铜绿假单胞菌、流感嗜血杆菌、金黄色葡萄球菌、链球菌、淋病奈瑟球菌、军团菌及脆弱类杆菌等的作用，显著优于其他氟喹诺酮类及头孢菌素类抗生素、氨基苷类抗生素。一些耐第三代头孢菌素和氨基苷类抗生素的革兰阳性菌、革兰阴性菌，对其仍敏感，对结核分枝杆菌、沙眼衣原体、支原体等也具抑制作用，且与其他抗结核药无交叉的耐药性。

【体内过程】

口服吸收较好，在体内可广泛分布，大部分以原形（80%）经肾随尿排泄，$t_{1/2}$约3.3～4.9小时。

【临床应用】

适用于对其他抗菌药产生耐药性革兰阴性杆菌引起的呼吸道、胃肠道、胆道、泌尿道、皮肤软组织感染及骨髓炎、化脓性关节炎及败血症等严重感染的治疗。尚可用于急性淋病奈瑟球菌尿道感染的治疗，但对耐药的革兰阳性菌所致的感染及铜绿假单胞菌引起的感染的治疗，则需与其他抗菌药联合应用。

【不良反应】

副作用轻，患者较易耐受，常见有腹泻、呕吐、腹痛、头痛、失眠等，勿须停药。

氧氟沙星

【别名】

氟嗪酸，奥复星，泰利必妥。

【抗菌作用】

氧氟沙星（ofloxacin）亦是广谱的氟喹诺酮。对葡萄球菌、溶血性链球菌、肺炎链球菌、肠球菌、淋病奈瑟球菌、大肠埃希菌、肺炎克雷伯杆菌、志贺杆菌、沙雷杆菌属、肠杆菌属、流感嗜血杆菌、变形杆菌、枸橼酸杆菌、不动杆菌等均有强的抗菌活性，对铜绿假单胞菌包括耐庆大霉素菌株均有较强的抗菌活性。还对耐异烟肼、链霉素、利福平等抗结核药的结核杆菌具有抑制作用，并显示其与其他抗结核药之间无交叉的耐药性，它是喹诺酮中抗结核作用最强者。对厌氧消化链球菌属也有很高的抗菌活性。对沙眼衣原体也有一定的作用。并对铜绿假单胞菌、大肠埃希菌、葡萄球菌、粪肠球菌具有明显的抗生素后效应。

【体内过程】

口服吸收迅速且较安全，组织分布广泛，胆汁与胆囊壁中药物浓度较高，胆汁中的含量可达7倍于血药浓度。亦能通过血脑屏障。在体内几乎不被代谢，70%～90%经肾随尿排泄，$t_{1/2}$约2.4～4.2小时。

【临床应用】

氧氟沙星适用于敏感菌引起的呼吸道感染、多重耐药菌所致的伤寒、淋球菌与衣原体或支原体混合引起的泌尿系统、胆道、腹腔及耳鼻喉科、眼科、口腔科、妇科的盆腔感染等的治疗。它还可用于多重耐药结核杆菌所致的结核病的治疗，特别是用于难治性结核病。

【不良反应】

主要是胃肠道反应，有轻度的恶心、呕吐、胃不适等，还可出现头昏、头痛、失眠等，偶见转氨酶升高，白细胞减少等。即使结核病患者5～9个月的长程用药治疗，患者耐受亦良好。

左氧氟沙星

左氧氟沙星（levofloxacin）是氧氟沙星的左旋光学异构体，其抗菌谱虽与氧氟沙星相同，但水溶性是后者的8倍，抗菌活性强度是氧氟沙星的2倍。其体内过程虽也与氧氟沙星相似，但口服吸收非常完全，生物利用度几乎可达100%，在体内组织与体液中广泛分布，其给药量的80%～86%以原形随尿排泄，自粪排出约2%。$t_{1/2}$约为5～7小时。

其临床应用与氧氟沙星相同。不良反应虽与氧氟沙星相似，但较轻微或少见，发生率约 2.8%，是喹诺酮类中不良反应最少的药物。

培氟沙星

【别名】

培氟哌酸，甲氟哌酸，培福新。

【抗菌作用】

培氟沙星（pefloxacin）抗菌谱相似于诺氟沙星，但抗菌活性弱于后者，对肠杆菌科细菌、铜绿假单胞菌、不动杆菌、奈瑟球菌以及对甲氧西林敏感或耐药性葡萄球菌属均具有作用，对金黄色葡萄球菌的作用与万古霉素相当，但抗铜绿假单胞菌的作用不如环丙沙星。

【体内过程】

口服吸收好，生物利用度为 90%～100%，血浆蛋白结合率约 30%，在体内可广泛分布，在肝脏中被代谢，主要通过肾及肝脏消除，约 50%；另外从胆汁中排出，$t_{1/2}$ 约 10～11 小时。

【临床应用】

培氟沙星主要用于革兰阴性菌和葡萄球菌的严重感染，如败血症、细菌性脑膜炎、心肌内膜炎和呼吸系统、泌尿系统、消化系统、骨关节、妇科及皮肤软组织等感染的治疗。

【不良反应】

轻且短暂。常见的有恶心、呕吐等胃肠道反应，皮疹等过敏反应，其中以光敏性皮炎为多见。其次尚有眩晕、失眠、头痛、肌肉或关节痛、血小板降低等，个别患者可出现白细胞总数下降和肝、肾功能下降，因此，肝、肾功能不全者应慎用，孕妇、哺乳妇女、儿童禁用。

氟罗沙星

【别名】

氟沙星，严力达，麦佳乐杏。

【抗菌作用】

氟罗沙星（fleroxacin）抗菌谱广，对革兰阴性菌和革兰阳性菌有较强的抗菌活性，对厌氧菌、分枝杆菌、衣原体、支原体也有较强的作用，对弯曲菌、不动杆菌属、铜绿假单胞菌及其他革兰阴性菌的作用与诺氟沙星、氧氟沙星的作用相当，但不如环丙沙星。脑膜炎奈瑟球菌、淋病奈瑟球菌、嗜血流感杆菌属对其亦敏感。对革兰阳性菌的作用与氧氟沙星、环丙沙星相似，且 MRSA 对其仍敏感。

【体内过程】

口服吸收迅速且完全，生物利用度接近 100%，服后 1.5 小时达血药峰浓度，体内分布很广，主要经肾小球滤过排泄，尿中原形药约占 50%～60%。

【临床应用】

氟罗沙星适用于敏感菌所致的中、重度感染，如呼吸道、消化道感染，单纯性、复杂性淋病及衣原体、支原体尿路感染，皮肤软组织感染，子宫内及子宫附件感染等的治疗，亦可用于伤寒的治疗。

【不良反应】

与诺氟沙星相似，主要有恶心、呕吐、腹胀、腹泻或便秘等胃肠道反应，尚有头晕、头痛、失眠等中枢神经系统反应，以失眠最多见，但均不严重。个别患者可发生皮肤光敏性反应。其与茶碱伍用，并不发生药物相互作用。

洛美沙星

【别名】

罗氟酸，美西肯。

【抗菌作用】

洛美沙星（lomefloxacin）对革兰阴性菌的抗菌活性与诺氟沙星、氧氟沙星相似，对大多数的厌氧菌的抗菌活性不如氧氟沙星而强于诺氟沙星和依诺沙星，对大肠埃希菌、肺炎杆菌、铜绿假单胞菌的抗菌作用亦明显优于诺氟沙星，与其他喹诺酮类之间存在着部分交叉的耐药性，但与其他类的抗菌药之间无交叉耐药现象。

【体内过程】

单剂口服后约 1.3～1.7 小时达血药峰浓度，其生物利用度可达 90%，血浆蛋白结合率较低约 15%。体内广泛分布，肾组织中药物含量最高，药物经肾由尿排泄约为给药量的 70%～80%，$t_{1/2}$ 约为 8～13 小时。

【临床应用】

用于敏感细菌所致的败血症、心内膜炎、细菌性脑膜炎、消化道、呼吸道、泌尿道、肝胆系、盆腔、腹部、耳鼻喉科及皮肤软组织等感染的治疗，亦可用于化脓性细菌感染、眼科感染、风湿病并发感染、性传播疾病和结核病等的治疗。

【不良反应】

患者耐受一般良好，不良反应多较轻微，有胃肠道反应、神经系统症状、皮肤过敏反应、光敏感皮肤病。

斯帕沙星

【别名】

海正立特，司巴乐，巴沙。

【抗菌作用】

斯帕沙星（sparfloxacin）抗菌谱广，对革兰阳性菌、革兰阴性菌及厌氧菌均有作用，特别是对肺炎球菌、支原体、衣原体、结核杆菌及非典型分枝杆菌也有很强的抗菌活性。对革兰阳性菌、粪链球菌的抗菌活性明显优于环丙沙星与氧氟沙星，对肺炎链球菌的抗菌活性约是环丙沙星的 8 倍，且 MRSA 对其亦高度敏感。对大肠埃希菌、沙门菌属、变形杆菌等革兰阴性菌的作用与环丙沙星相似，优于依诺沙星和氧氟沙星。对厌氧菌的抗菌活性亦强于其他三代喹诺酮类。对肺炎支原体、沙眼衣原体和鹦鹉热衣原体的作用，亦明显优于环丙沙星和氧氟沙星。对结核分枝杆菌的抗菌活性也较环丙沙星和氧氟沙星分别强 3 倍和 10 倍。

【体内过程】

口服吸收好，单剂口服约于 1～3 小时达血药峰浓度，但抗酸药对其吸收有轻度的抑制。由于组织穿透力强，其分布容积较大，可通过血脑屏障，脑脊液中的药物浓度可为血药浓度的 24%。胆汁中原形药与结合型药的浓度分别是血药浓度的 5 倍和 80 倍。药物由胆汁及尿排泄，存在肠肝循环。$t_{1/2}$ 约为 16～20 小时。与茶碱、非甾体类抗炎药不存在药物相互作用。

【临床应用】

斯帕沙星适用于敏感菌引起的呼吸道、泌尿道、肠道、皮肤、生殖道、眼部、耳鼻喉部等感染的治疗。

【不良反应】

主要不良反应为光敏反应，眩晕、头痛、蹒跚等神经系统的症状，皮疹及过敏反应，光敏感反应有的还较为严重。

（四）第四代喹诺酮类药物

加 替 沙 星

【别名】

加西。

【抗菌作用】

加替沙星（gatifloxacin）不但抗菌谱较第三代的环丙沙星和氧氟沙星广，且活性更强，不仅对革兰阳性菌和革兰阴性菌有高度的抗菌活性，而且对厌氧菌也有很强的抗菌活性。

【体内过程】

口服吸收良好，体内分布广泛，约 79%～88% 以原形药物经肾随尿排泄。

【临床应用】

主要用于敏感原菌引起的各种感染性疾病的治疗，如慢性支气管炎急性发作、急性鼻窦炎、社区获得性肺炎、单纯性及复杂性尿路感染、急性肾盂肾炎、直肠感染及淋球菌性宫颈炎等。

【不良反应】

少见，主要是恶心、胃不适、腹泻等消化道反应。并可发生眩晕、头痛、嗜睡等神经系统症状。还能发生皮肤过敏症状。

莫 西 沙 星

【别名】

拜复乐。

【抗菌作用】

莫西沙星（moxifloxacin）属广谱的氟喹诺酮类，对金黄色葡萄球菌、肺炎球菌以及肠球菌等革兰阳性菌具有很强的抗菌活性，较环丙沙星、氧氟沙星的作用约强 4～8 倍，对耐青霉素和头孢菌素的肺炎链球菌、嗜血流感杆菌、卡他莫拉菌属亦具有高度的抗菌活性。对革兰阴性菌的抗菌活性亦较环丙沙星强。对厌氧菌的抗菌活性相当或强于斯帕沙星或甲硝唑。其次，肺炎支原体、肺炎衣原体、肺炎军团菌、结核分枝杆菌等对其亦敏感。

【体内过程】

口服吸收迅速，吸收后可迅速分布至体液及组织中，约有 22% 的原形药和 50% 的结合型代谢物经肾随尿排泄。多次反复给药体内可形成蓄积。$t_{1/2}$ 约 11～15 小时。

【临床应用】

适用于敏感菌所致的呼吸道感染，也可用于消化道、泌尿生殖道、皮肤软组织等感染，且耳鼻喉科感染亦可应用，尤其适用于混合感染。

【不良反应】

发生率很低，且较环丙沙星和氧氟沙星轻。仅有少而轻微的恶心、胃不适、头痛等，光毒性低，故是安全性和耐受性均较良好的药物。

妥 舒 沙 星

【别名】

赐尔泰，诺力思。

【抗菌作用】

妥舒沙星（tosufloxacin）亦属广谱的氟喹诺酮类，抗菌活性强，对革兰阳性菌的抗菌活性是氧氟沙星、诺氟沙星的 2～16 倍，对革兰阴性菌活性也高于氧氟沙星和诺氟沙星，而与环丙沙星相似，对大多数厌氧菌的作用强于氧氟沙星。

【体内过程】

口服吸收迅速，食物不影响其吸收。分布广泛，男性和女性生殖器官等组织都有较高的药物浓度，但不易通过血脑屏障，故脑组织中药物含量极低。在体内可被代谢。原形药物经肾随尿排泄，代谢物随粪便排泄。$t_{1/2}$ 约 3.1～3.9 小时。

【临床应用】

主要用于呼吸系统、泌尿生殖系统、消化系统、皮肤软组织以及由敏感致病菌引起的感染的治疗。

【不良反应】

轻微，主要有恶心、呕吐、胃部不适、食欲减退等胃肠道反应，也可出现头晕、头痛、头胀、失眠或嗜睡、手指颤抖等神经系统症状。

第二节 磺胺类抗菌药

一、概　　述

1935 年德国化学家 Domagk 观察到百浪多息对

溶血性链球菌及其感染的小鼠具有保护作用以后，合成了一系列的磺胺类化合物，成为有效防治全身性细菌性感染的第一类化学治疗药物。但由于后来抗生素和喹诺酮类的研发，磺胺类药物逐渐被这些低毒、高效的抗菌药所替代。

【抗菌作用】

抗菌谱广且各磺胺药基本相同，仅抗菌活性略有差异。通常对该类药物敏感的革兰阳性菌有溶血性和化脓性链球菌、肺炎球菌，革兰阴性菌有脑膜炎奈瑟球菌、淋病奈瑟球菌、嗜血流感杆菌、鼠疫杆菌等。其次对大肠埃希菌、痢疾杆菌、变形杆菌、肺炎杆菌、肉芽肿假膜杆菌、杜克雷嗜血球菌、放线菌、沙眼衣原体等亦具抗菌活性。

【作用机制】

磺胺类是抑菌药，由于它们的化学结构与对氨基苯甲酸（PABA）极为相似，而成为 PABA 的竞争性拮抗药，因为对磺胺类敏感细菌需从外环境中获得 PABA、蝶啶和谷氨酸等物质，在菌体内经由二氢蝶酸合成酶（dihydrofolate synthase）的作用合成二氢叶酸，再经二氢叶酸还原酶（dihydrofolate reductase）转化为四氢叶酸，而作为载体参与嘌呤、DNA、蛋白质的合成。磺胺类则可与 PABA 竞争结合二氢叶酸合成酶，抑制其活性，从而使二氢叶酸合成受阻，细菌的生长繁殖也就受到抑制（图 8-42-4）。由于人或哺乳动物能直接利用食物中的叶酸，故磺胺类不影响哺乳动物细胞二氢叶酸的合成。

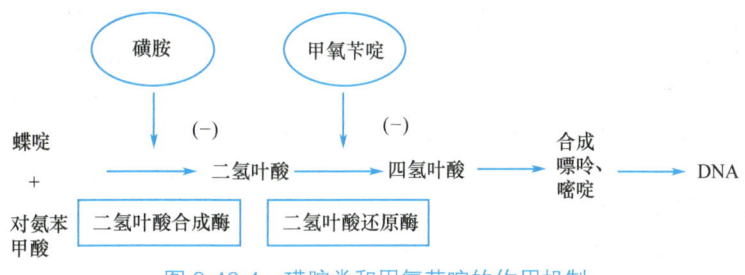

图 8-42-4　磺胺类和甲氧苄啶的作用机制

【耐药性】

随着临床对磺胺类的广泛使用，细菌尤其是奈瑟菌属和革兰阳性菌对磺胺类的耐药性日益增多，故当前常与甲氧苄啶合用而很少单独应用。

细菌对磺胺类的耐药性，可能由于质粒的转导或酶的突变产生。①利用 PABA 的二氢叶酸合成酶与磺胺类结合的亲和力下降；②细菌降低了药物的通透性或增加了药物的流出；③细菌基本代谢物的合成途径发生改变；④细菌增加了磺胺类拮抗物 PABA 的产生，导致磺胺类对酶结合的竞争力下降，此点可能是最主要的，如某些耐药性葡萄球菌可以合成比原有敏感菌株高 70 倍的 PABA。

细菌在磺胺类间可产生交叉的耐药性，但在与其他类别抗菌药间不存在，当与甲氧苄啶合用时可减少和延缓此种耐药性的产生。

【药物相互作用】

(1) 磺胺类包括 SMZ（磺胺甲𫫇唑）复方常能提高华法林诱导的抗凝作用。

(2) 磺胺类（SD、复方 SMZ 等）可干扰肝药酶对苯妥英钠的代谢作用。

(3) 磺胺类若与甲氨蝶呤合用，可使与血浆蛋白结合的甲氨蝶呤被置换下来，游离的甲氨蝶呤血药浓度可瞬间升高，引起骨髓抑制。

(4) SMZ 可降低环孢素 A 的血药浓度，导致发生移植排斥反应。

(5) 甲氧苄啶与 SMZ 合用时再联用口服避孕药、匹莫齐特、6-巯基嘌呤时，可减弱这些药物的作用。

二、常用磺胺类药物

（一）肠道易吸收磺胺类药物（表 8-42-4）

1. 短效磺胺类药物（$t_{1/2}$ 短于 10 小时）

磺胺异𫫇唑

【别名】

菌得清，净尿磺。

【抗菌作用】

磺胺异𫫇唑（sulfafurazole，SIZ）的抗菌谱广，对金黄色葡萄球菌、化脓性链球菌、肺炎球菌、大肠埃希菌、伤寒杆菌等有良好的抗菌活性，炭疽杆菌及部分李斯特菌对其也很敏感，脑膜炎球菌、淋病奈瑟球菌、流感杆菌大多对其亦敏感。

【临床应用】

主要用于敏感菌所致的尿路感染、脑膜炎，也可用于化脓性扁桃体炎及鼻窦炎、慢性胆囊炎及前列腺炎。

【不良反应】

常见有恶心、呕吐、胃不适等胃肠道反应。亦可发生皮疹、血管神经性水肿等过敏反应。虽其乙酰化合物溶解性较高而很少形成尿结晶，但仍应多饮水。新生儿、婴幼儿及临产期妇女不宜用，因它能取代出与血浆蛋白结合的胆红素，并促使其进入中枢神经系统而导致核黄疸。

磺胺二甲嘧啶

磺胺二甲嘧啶（sulfadimidine，SM_2）抗菌谱和抗菌活性与 SIZ 基本相同。口服吸收迅速完全，单剂服后 2～3 小时达血药峰浓度。血浆蛋白结合率 80%～90%。临床口服用于治疗敏感菌所致的中、轻度感染。由于其经乙酰化灭活的代谢产物的溶解度大，尿结晶物比 SMZ 为少。$t_{1/2}$ 为 1.5～4 小时，但慢代谢型患者可延长。

2. 中效磺胺类药物（$t_{1/2}$ 为 10～24 小时）

磺胺嘧啶

磺胺嘧啶（sulfadiazine，SD）抗菌谱及抗菌活性与 SIZ 相似，溶血性链球菌、葡萄球菌、脑膜炎奈瑟球菌、肺炎球菌等对其敏感，对沙眼衣原体也有一定的作用。临床主要用于呼吸道感染、肠道感染、泌尿道感染、中耳炎、疖痈等的治疗，亦可用于流行性脑膜炎、链球菌感染与风湿复发的防治，还可用于艾滋病患者弓形虫及诺卡菌感染的治疗。易在肾中形成乙酰化合物结晶而造成肾损害，故用药期应多饮水及同服碳酸氢钠碱化尿液。其他不良反应与 SIZ 同。

磺胺甲噁唑

磺胺甲噁唑（sulfamethoxazole，SMZ）是 SIZ 的同类物，又称新诺明，抗菌活性与 SIZ 相同。口服吸收较慢，临床主要用于全身性及泌尿道感染的治疗，也可用于伤寒及流行性脑膜炎等的治疗。不良反应主要是其可高度乙酰化且在尿中溶解度小，为避免尿结晶而应多饮水和同服碳酸氢钠碱化尿液增加其溶解度，其他不良反应同 SIZ。

3. 长效的磺胺类药物（$t_{1/2}$ 长于 24 小时）

磺胺间甲氧嘧啶

磺胺间甲氧嘧啶（sulfamonomethoxine，SMM）是目前磺胺类药物中抗菌活性最强的，属广谱抗菌药，对金黄色葡萄球菌、大肠埃希菌的作用较 SD 强 3 倍。临床主要用于呼吸道感染、尿路感染、皮肤软组织感染、化脓性脑膜炎、扁桃体炎、风湿热及疟疾等的治疗。

磺胺多辛

磺胺多辛（sulfadoxine，SDM）又称周效磺胺，其抗菌活性虽弱但作用维持时间长，是目前应用的长效磺胺中最长者。目前临床较少单独使用于细菌感染的治疗，常与乙胺嘧啶合用于耐氯喹的恶性疟疾的预防与治疗。其不良反应与 SIZ 相同。

表 8-42-4　肠道易吸收磺胺类药物分类与主要药代动力学参数

分类	药名	t_{max}/h	$t_{1/2}$/h	药物浓度比（脑脊液/血液）/(%)	乙酰化率（%） 血	乙酰化率（%） 尿	肾排出率（%）
短效	磺胺异噁唑	2	5～8	30～50	30	30	95
	磺胺二甲嘧啶	2～3	1.5～4	30～80	20	60	73～85
中效	磺胺嘧啶	4	17	57	40	15～40	57
	磺胺甲噁唑	2～4	10～12	50～60	38	58	50～60
长效	磺胺间甲氧嘧啶	6	36～48	57	5	10	50～60
	磺胺对甲氧嘧啶	4	30		15	32	57
	磺胺多辛	4	175	—	60	30	

（二）肠道难吸收磺胺类药物

柳氮磺吡啶

柳氮磺吡啶（sulfasalazine）口服不易吸收，在远端小肠和结肠内受微生物作用分解成 5-氨基水杨酸和磺胺吡啶，前者具有抗炎、免疫抑制作用，后者具较弱的抗菌活性并可被吸收，其原形及乙酰化代谢物经肝肠循环由粪和尿排泄，其他分解产物随粪排出。临床可用于非特异性溃疡性结肠炎和节段性回肠炎，亦可用于急、慢性关节炎、早期类风湿关节炎、坏疽性脓皮病；尚可用作肠道手术前预防感染。有恶心、呕吐、皮疹、药热，偶见多形渗出性红斑、粒细胞减少、溶血性贫血等不良反应。若与叶酸、地高辛合用，可影响两药的吸收。

（三）外用磺胺类药物

磺胺米隆

磺胺米隆（sulfamylon，SML）是广谱抗菌药，对多数的革兰阳性菌和阴性菌均具有抗菌活性，而且对铜绿假单胞菌的作用也较强，对金黄色葡萄球菌、破伤风杆菌亦具抗菌活性。由于其在血液中迅速灭活，而又因其穿透力强和抗菌活性不受脓液、坏死组织及 PABA 的影响，故其仅作局部外用，临床用于局部烧伤感染及化脓性创面。不良反应有创伤疼痛及烧灼感，偶见过敏反应。

磺胺嘧啶银

磺胺嘧啶银（sulfadiazine silver，SD-Ag）对铜绿假单胞菌具有强大的抗菌活性，SD 与银均具有抗菌活性，且银还具收敛作用，使创面不易受污染，因此，不仅控制创面感染，还能促进创面干燥、结痂及早期愈合。故临床主要用于烧伤、烫伤，外科创面等，防止感染，促进愈合。除局部使用时有一过性疼痛外，无其他显著不良反应。

第三节 其他合成抗菌药物

甲氧苄啶

【抗菌作用】

甲氧苄啶（trimethoprim，TMP）又称磺胺增效剂或抗菌增效剂。抗菌谱与SMZ相似，抗菌活性稍强，虽对革兰阳性及革兰阴性菌等均有作用，但单用极易产生耐药性，铜绿假单胞菌、脆弱类杆菌及肠球菌通常对其具有耐药性。其抗菌作用机制是它能与二氢叶酸还原酶结合而抑制其活性，与抑制二氢叶酸合成酶的磺胺类合用，使细菌的叶酸代谢受到双重的阻断作用（图8-43-4），可大大地增强抗菌作用，故称其磺胺增效剂，且可减少耐药菌的产生。

【体内过程】

口服吸收迅速完全，服后1～2小时达血药峰浓度。生物利用度在90%以上，血浆蛋白结合率30%～60%，广泛分布于肝、脾、肺、肾、肌肉、支气管分泌物、阴道分泌物及前列腺液等，其药物浓度均可超过血药浓度。可透过血脑和胎盘屏障。大部分以原形经肾随尿排泄，24小时的排出量为40%～60%，尿中浓度可为血药浓度的100倍，少量可随胆汁及粪便排泄。$t_{1/2}$约8～10小时。

【临床应用】

由于单用时虽具抗菌活性，但易产生耐药性，故常与SMZ或SD合用，两者的复方制剂分别称复方新诺明和双嘧啶，也可与SIZ合用，用于敏感菌所致的呼吸道、泌尿道、肠道感染及脑膜炎等的治疗，也可用作伤寒、痢疾、卡氏肺包虫病、全身诺卡菌病等的治疗，与长效磺胺合用预防或治疗耐药恶性疟疾。

与磺胺类中的SMZ或SD合用是基于①抗菌谱相似，适应证相同；②体内过程相似，尤其是$t_{1/2}$均在8～10小时左右；③合用不易产生耐药菌，对原耐药菌亦具抗菌活性，且可提高磺胺类的抗菌活性数十倍而出现杀菌作用，也可与庆大霉素、四环素合用增强其抗菌活性；④合用可减少磺胺药用量，相对减少不良反应发生。

【不良反应】

不良反应少见，但长期大量应用可发生白细胞与血小板减少、巨幼细胞性贫血、以及造成由于二氢叶酸还原酶抑制引起的四氢叶酸的缺乏。另外，亦可发生恶心、呕吐、腹泻等胃肠道反应及皮疹、瘙痒等过敏反应。动物试验有致畸作用，故孕妇禁用。

溴莫普林

溴莫普林（brodimoprim，BDP）是属TMP类药物，在体外对金黄色葡萄球菌、表皮葡萄球菌、肺炎链球菌、化脓链球菌、粪链球菌的作用与TMP相同，对奈瑟菌属、嗜肺军团菌、拟杆菌属、梭菌属等的作用较TMP强2～4倍。在体内其抗菌活性亦明显强于TMP。由于其亲脂性高，故对二氢叶酸还原酶的抑制作用强于TMP。口服易吸收，体内分布广，因其组织穿透性好，较易进入组织和支气管分泌液中。体内消除缓慢，$t_{1/2}$为3～4小时。临床虽可单独用于慢性支气管疾病伴发的细菌感染的治疗，但常与磺胺类联合用于呼吸道、泌尿道感染的治疗，也可与氨苯砜合用于麻风病的治疗。主要有恶心、呕吐、食欲缺乏等胃肠道反应，也可发生头痛、眩晕等症状，长期应用可引起叶酸缺乏。

硝基呋喃类

此类药物抗菌谱广，且细菌不易产生耐药性，口服能吸收但易迅速破坏，部分以原形经肾随尿排泄，故血药浓度低，不适于全身感染的治疗，而主要用于肠道、泌尿道感染及局部外用。

呋喃妥因（nitrofurantoin）对金黄色葡萄球菌、表皮葡萄球菌、腐生葡萄球菌、肠球菌、大肠杆菌、淋病奈瑟球菌、枯草杆菌等革兰阳性菌和革兰阴性菌均有良好的抗菌活性，临床仅用于治疗已知敏感菌的泌尿道感染。最常见的不良反应为恶心、呕吐和腹泻，偶见寒战、发热、白细胞减少、粒细胞减少、溶血性贫血。

呋喃唑酮（furazolidone）又名痢特灵，对沙门菌属、志贺菌属、肠杆菌属、弯曲菌属、金黄色葡萄球菌、粪链球菌、霍乱弧菌、大肠埃希菌、肺炎杆菌等均具有抗菌活性。口服很少被吸收，肠内浓度高，故主要用于细菌性痢疾、肠炎、伤寒及霍乱等肠道感染。主要不良反应有恶心、呕吐等胃肠道反应，药热、药疹等过敏反应及头痛、头晕等。

呋喃西林（furacilin）因口服毒性大而仅作局部或创面用药，主要作为表面消毒药。外用于化脓性中耳炎、结膜炎、泪囊炎、褥疮、伤口感染的治疗，也可作膀胱冲洗治疗，若出现皮肤过敏反应时则应立即停药。

硝基咪唑类

甲硝唑（metronidazole）除具抗滴虫和抗阿米巴原虫作用外，因在细胞内无氧环境中硝基被还原为氨基，生成细胞毒作用的还原物质，而抑制DNA的合成，显示抗厌氧菌的作用。对脆弱拟杆菌、破伤风杆菌、部分真杆菌、消化球菌等均具有较好的抗菌活性。较少引起耐药性。另外对贾第鞭毛虫亦有作用。

口服吸收良好，体内分布广泛，可进入唾液、乳汁，也可进入脑脊液。约80%在体内侧链发生氧化或与葡萄糖醛酸结合代谢，原形药与代谢物由尿排泄，少量由粪便排泄。

临床将其作为治疗贾第鞭毛虫病、阴道滴虫病的首选药；也主要用于口腔、腹腔、消化道、女性生殖系统、下呼吸道、皮肤软组织、骨和关节等部位的厌氧菌感染治疗，还可用于败血症、破伤风、心内膜炎、脑膜感染、阿米巴病等的治疗。

不良反应一般较少且轻，常见有恶心、口腔金属味，少数出现白细胞暂时性减少，偶见呕吐、腹泻、腹痛、头痛、眩晕等反应。

替硝唑（tinidazole）对脆弱杆菌、黑色素拟杆菌、梭状芽孢杆菌、真菌、消化球菌、消化链球菌等厌氧菌均具有抗菌活性，另外对阴道毛滴虫、溶组织阿米巴等原虫也有抑制作用。作用机制与甲硝唑相同，只是比甲硝唑更易透入细胞内，具有更强的抗厌氧菌作用。临床主要用于口腔、术后（尤其是结肠、胃肠道、妇科）厌氧菌感染预防；亦可用于腹腔内感染、子宫内膜炎、输卵管卵巢脓肿、皮肤、脓胸、肺脓肿等厌氧菌感染；还可用于男女泌尿生殖道滴虫病或与念珠菌混合感染、贾第鞭毛虫病、肠道阿米巴病、阿米巴肝病及非特异性阴道炎等的治疗。不良反应少见，且较轻和具自限性。

利奈唑胺

【抗菌作用】

利奈唑胺（linezolid）是合成的噁唑烷酮类新型的抗菌药。对葡萄球菌、链球菌、肠球菌、厌氧球菌、白喉杆菌等革兰阳性菌具有抗菌活性，对耐青霉素肺炎链球菌、MRSA和万古霉素中度敏感的葡萄球菌、耐万古霉素肠球菌仍具有抗菌作用，对链球菌具杀菌作用，对肠球菌、葡萄球菌具抑菌作用。但对多数的革兰阴性的需氧菌或者厌氧菌均无作用。

利奈唑胺的抗菌作用机制是抑制细菌蛋白质的合成，它与核糖体50S亚基的23S亚基结合，而妨碍70S核糖体复合物的形成，阻止了蛋白质合成的起始阶段，也正因为其作用于蛋白质合成的核糖体装配阶段而显现其独特性，故与其他类别的抗菌药无交叉的耐药性，而细菌对其耐药性的产生是由于核糖体结合部分突变所致。

【体内过程】

口服吸收好，食物对其吸收无影响，生物利用度为100%。单剂口服1～2小时达血药峰浓度。蛋白结合率约为31%。能广泛分布于机体各组织。在体内经非酶氧化代谢为氨基乙氧基乙酸和羟乙基甘氨酸，随尿排泄30%原形活性化合物和约50%的两个代谢产物，10%的代谢产物可随粪便排泄。$t_{1/2}$约为4.0～6.0小时。

【临床应用】

主要用于由耐万古霉素屎肠球菌所致的感染、对MRSE或MRSA引起的肺炎和对青霉素敏感的肺炎链球菌所致的肺炎，以及由链球菌和对MRSE或MRSA引起的复杂性和非复杂性皮肤和皮肤结构的感染治疗。故建议利奈唑胺应作为多重耐药（MDR）菌株感染的最后治疗药物，以免耐药性迅速形成。

【不良反应】

目前观察似乎对其耐受比较好，不良反应不严重，通常有胃肠道症状、头痛、药疹和血小板减少症或血小板计数显著减少，因此，接受治疗两周以上的患者应进行血小板检测。另由于利奈唑胺是一个弱的非特异性单胺氧化酶抑制药，当合用拟肾上腺素药物或5-羟色胺、酪胺时均可增强利奈唑胺的作用。

（四川大学华西医学中心　周黎明）

第四十三章　抗真菌药及抗病毒药

- Fungal infections have been traditionally divided into two distinct categories: systemic and superficial infections. Consequently, the major antifungal drugs roughly fall into two kinds: systemic drugs for systemic infections, and oral/topical drugs for mucocutaneous infections. The azoles and allylamines can inhibit the ergosterol synthesis. Polyenes increase membrane permeability via binding to ergosterol in fungal cell membranes. Echinocandins act at the level of the fungal cell wall by inhibiting the synthesis of β-(1,3)-D-glucan. Flucytosine is deaminated to 5-FU which inhibits the RNA and DNA synthesis of fungus. And griseofulvin inhibits fungal mitosis via binding to the microtubular protein.
- The antiviral agents described in this chapter are mainly for the treatment of infections due to DNA and RNA viruses, including retroviruses, such as HIV. Disrupting one of the many steps in viral infection and replication, and evoking immunomodulating and antiproliferative actions in host cells are involved in the antiviral mechanisms of the agents.

第一节　抗真菌药

真菌感染分为浅部和深部感染两类。前者常由各种癣菌引起，主要侵犯皮肤、毛发、指（趾）甲等，发病率高，治疗药物多、疗效较好。后者常由念珠菌、隐球菌等引起，主要侵犯内脏器官和深部组织，发病率虽低，但诊断较难，危险性大，常可危及生命。长期使用广谱抗生素、皮质激素、免疫抑制药及抗肿瘤药和机体免疫功能低下，特别是人类免疫缺陷病毒（HIV）感染者易致深部真菌感染，其死亡率高。

一、抗真菌药的分类

具有抑制或杀死真菌生长或繁殖的药物称为抗真菌药。全身用抗真菌药主要用于深部真菌感染，常用的有两性霉素B、氟康唑、伊曲康唑、卡泊芬净和氟胞嘧啶等；口服和外用抗真菌药主要用于浅部真菌感染治疗，常用的有灰黄霉素、特比萘芬、制霉菌素、克霉唑、咪康唑和酮康唑等。根据化学结构的不同，常用抗真菌药可分为以下几类：

1. 唑类（azoles）

（1）咪唑类（imidazoles）：克霉唑、咪康唑、酮康唑等。

（2）三唑类（triazoles）：氟康唑、伊曲康唑、伏立康唑、泊沙康唑等。

2. 多烯类（polyenes）　两性霉素B、制霉菌素等。

3. 棘白菌素类（echinocandins）　卡泊芬净、米卡芬净、阿尼芬净等。

4. 嘧啶类（pyrimidine）　氟胞嘧啶。

5. 烯丙胺类（allylamines）　特比萘芬、萘替芬和布替萘芬。

6. 其他类　灰黄霉素。

二、常用抗真菌药

两性霉素B

【药理作用】

两性霉素B（庐山霉素，amphotericin B）是多烯类广谱抗真菌药，对多种深部真菌如新型隐球菌、白色念珠菌、皮炎芽生菌、曲霉菌、毛霉菌及组织胞浆菌等有强大抑制作用，高浓度有杀菌作用。但葡萄牙念珠菌和波士假阿利什菌对它耐药。它能选择性地与真菌细胞膜的麦角固醇结合，在细胞膜上形成孔道，从而增加膜的通透性，导致胞内重要物质如氨基酸、核苷酸等外漏，而使真菌死亡。细菌的胞膜不含麦角固醇，故对细菌无效。

【体内过程】

口服生物利用度＜5%，肌内注射难吸收。血浆蛋白结合率＞90%，不易透过血脑屏障。体内消除缓慢，一次静脉滴注，有效浓度可维持24小时以上。主要在肝脏代谢，约2%～5%以原形随尿排出，停药2周后仍可从尿中检出。

【临床应用】

静脉滴注主要用于治疗深部真菌感染。治疗真菌性脑膜炎时，需加用小剂量鞘内注射。

【不良反应及注意事项】

不良反应较多且严重。静脉滴注开始或滴注后数小时可发生寒战、高热、头痛、恶心、呕吐、肌痉挛和低血压。肾毒性呈剂量依赖性，主要表现为肾小管损伤、低血钾、低血镁、酸血症、氮质血症，与氨基苷类抗生素、环孢素合用可增加肾毒性。

应用注意：①静脉滴注液应新鲜配制；减慢滴注速度、减少每日用量、滴注前给予解热镇痛药、抗组胺药和哌替啶或滴注液中加生理剂量的糖皮质激素可减轻不良反应。②定期检查血钾、尿常规、肝肾功能和心电图。

两性霉素 B 的脂质体制剂如两性霉素 B 脂质复合体、两性霉素 B 脂质体以及胶样分散剂型等可提高其疗效，并降低其毒性。

制霉菌素

制霉菌素（nystatin）属多烯类抗真菌药，其体内过程和抗菌作用与两性霉素 B 基本相同，但毒性更大，不作注射用。口服用于防治消化道念珠菌病，局部用药对口腔、皮肤、阴道念珠菌病有效，较大剂量口服可致恶心、呕吐、腹泻。局部用药刺激性小，阴道用药个别可见白带增多。

唑类抗真菌药物：均属广谱抗真菌药物，有相似的作用机制，可与真菌细胞膜上细胞色素 P450（CYP450）依赖性的 14α- 去甲基酶选择性结合，从而抑制细胞膜麦角固醇合成，改变细胞膜通透性，致胞内重要物质外漏而使真菌死亡。唑类药物与真菌 CYP450 的亲和力远大于人，而三唑类药物对真菌的选择性更高，加上体内代谢相对缓慢，其抗真菌作用更强，毒副作用更小。故近年来三唑类药物研发明显多于咪唑类。

克霉唑

克霉唑（clotrimazole）口服吸收少，不易透过血脑屏障，不良反应多，仅作局部用药，治疗浅部真菌病或皮肤黏膜的念珠菌感染，对深部真菌感染的疗效差。

咪康唑

咪康唑（miconazole）抗菌谱和抗菌强度与克霉唑相似。口服吸收差。静脉给药不良反应多。主要局部用药治疗皮肤黏膜真菌感染。局部应用不良反应少。

酮康唑

酮康唑（ketoconazole）对念珠菌和表浅癣菌有强大抗菌力。口服易吸收，酸性环境有助于溶解，故与食物、抗酸或抑制胃酸分泌药物同服可降低酮康唑的生物利用度。主要用于治疗多种浅部和深部真菌病。口服酮康唑不良反应多，常见胃肠道不良反应，血清转氨酶一过性升高，偶有严重肝毒性及过敏反应，可致睾酮与肾上腺皮质激素的合成下降等，故全身应用受限。

伊曲康唑

伊曲康唑（itraconazole）对真菌 CYP450 的选择性比咪唑类药物高，抗真菌谱和抗真菌活性较酮康唑广和强。口服和静脉给药均有效。对浅部及深部真菌病疗效好。不良反应较轻，常见胃肠道反应，也可出现头痛、头昏、瘙痒、血管神经性水肿、一过性肝功能异常（主要为转氨酶升高）、高三酰甘油和低钾血症等，停药后可自行消失。对大鼠有致畸作用，妊娠妇女禁用。

氟康唑

氟康唑（fluconazole）抗菌谱与酮康唑相似，体外抗真菌作用不及酮康唑，但体内抗真菌作用较酮康唑强 10～20 倍。口服吸收迅速而完全，且不受食物或胃酸影响，生物利用度 90%，1.5～2.0 小时血药浓度达峰值，血浆蛋白结合率约 11%，体内分布广，脑脊液浓度可达血药浓度的 50%～90%。体内代谢少，约 63% 以原形随尿排出，血浆 $t_{1/2}$ 为 22～31 小时。可供口服及注射。主要用于念珠菌病与隐球菌病。不良反应较轻，有轻度消化系统反应、过敏反应、头痛、头晕、失眠等。本药可明显增加他克莫司、西沙必利、环孢素、齐多夫定、华法林、利血平和磺酰脲类药物的血药浓度。妊娠期禁用。

伏立康唑

伏立康唑（voriconazole）为三唑类广谱抗真菌药，抗真菌活性为氟康唑的 10～500 倍。其可抗多种条件性真菌和地方流行性真菌，对多种耐氟康唑、两性霉素 B 的深部真菌感染也有显著治疗作用。口服和静脉给药均有效。口服生物利用达 90%，血浆蛋白结合率为 60%，能分布到各种组织和体液内，主要经肝脏代谢，约 1% 以原形经肾排出。不良反应主要为胃肠道反应，其发生率较氟康唑低。

棘白菌素类抗真菌药物：一类新型广谱抗真菌药物，有相似的作用机制，是葡聚糖合成酶抑制药，非竞争性地抑制真菌细胞壁的 β-(1，3)-D- 葡聚糖的合成而发挥杀菌作用。葡聚糖是一种真菌细胞壁多糖，是细胞壁的重要成分，它能使细胞壁保持完整性并使其渗透压保持稳定。目前已上市的有卡泊芬净（caspofungin）、米卡芬净（micafungin）和阿尼芬净（anidulafungin）。

卡泊芬净

卡泊芬净为棘白菌素类抗真菌药的第一个上市产品，对白色念珠菌、热带念珠菌、光滑念珠菌、克柔念珠菌等有良好的抗菌活性，对烟曲霉、黄曲霉、土曲霉、黑曲霉和除曲菌以外的几种丝状真菌和二形真菌也有抗菌活性。临床主要用于治疗对其他治疗无效或不能耐受的侵袭性曲霉菌病。也可用于治疗念珠菌败血症、念珠菌感染所致腹腔脓肿、腹膜炎和腹腔感染以及食管念珠菌病。

氟胞嘧啶

【药理作用】

氟胞嘧啶（flucytosine）又称 5- 氟胞嘧啶，其抗菌谱比两性霉素 B 窄。对新型隐球菌、念珠菌和拟酵母菌等有较高的抗菌活性，对着色真菌、少数曲霉菌有一定抗菌活性，对其他真菌和细菌作用差。它为抑菌药，但高浓度时有杀菌作用。其进入真菌细胞后，在胞内经胞嘧啶脱氨酶转化为氟尿嘧啶（5-FU），后者经 UMP- 焦磷酸酶（UMPpyrophosphorylase）形成5-氟尿苷单磷酸（5-FUMP）并进一步转变成5-氟尿苷三磷酸（5-FUTP）后掺入RNA中，或通过核糖核苷酸还原酶转变成5-氟脱氧尿苷单磷酸（5-FdUMP），后者为强效胸苷酸合成酶抑制剂，使脱氧尿苷单磷酸（dUMP）不能转变为脱氧胸苷单磷酸（dTMP），最终均影响DNA的合成。哺乳动物的细胞不能将氟胞嘧啶转变为氟尿嘧啶，故其选择性作用于真菌，而对宿主细胞影响较小。

【体内过程】

口服吸收好，生物利用度＞90%，3～4小时血药浓度达峰值，血浆蛋白结合率低，分布广泛，可透过血脑屏障。$t_{1/2}$为3～6小时，肾衰者$t_{1/2}$可延长至200小时。约80%以原形经肾排出。

【临床应用】

用于念珠菌和隐球菌感染，单用效果不如两性霉素B，且易产生耐药性，与两性霉素B、三唑类抗真菌药合用有协同作用，现多主张联合用药，不单独使用。

【不良反应】

可产生骨髓抑制作用，表现为白细胞、血小板减少等。偶有一过性转氨酶升高、碱性磷酸酶升高等，应定期检查肝功能及血象。其他尚有消化道反应等。孕妇慎用。

特 比 萘 芬

特比萘芬（terbinafine）为人工合成的丙烯类广谱抗真菌药，可抑制真菌细胞膜的鲨烯环氧化酶，使鲨烯在细胞内蓄积，阻碍麦角固醇的合成而发挥杀菌作用。口服生物利用度为40%，血浆蛋白结合率＞99%，在皮肤角质层、毛发、指（趾）甲内浓度较高，$t_{1/2}$为16～17小时。可外用和口服治疗浅部真菌所致的指（趾）甲真菌感染和其他一些浅部真菌感染，为杀菌药。不良反应发生率较低，可见消化道反应、皮疹等，偶见味觉改变和肝功能损害。

灰 黄 霉 素

【药理作用】

灰黄霉素（griseofulvin）对各种皮肤癣菌（表皮癣菌属、小孢子菌属和毛癣菌属）有较强的抑制作用，能与微管蛋白结合而抑制真菌细胞的有丝分裂，但对深部真菌无效。

【体内过程】

口服吸收差异大，颗粒大小影响其吸收，现有微晶型与超微晶型制剂，油脂食物能促进药物吸收。吸收后，分布全身，以脂肪、皮肤、毛发等含量较高，能掺入并贮存在皮肤角质层和新生的毛发、指（趾）甲角质部分，可避免新的真菌感染。$t_{1/2}$约14小时。大部分在肝代谢为6-去甲基灰黄霉素而失效。约16%～36%随粪排泄。

【临床应用】

主要用于治疗敏感真菌所致的头癣、体癣、股癣、甲癣等。以对头癣的疗效最佳，疗程2～6周，治愈率可达90%以上。巴比妥类酶诱导药可加速其在肝灭活而减弱药效。

【不良反应】

常见恶心、呕吐等消化道反应，偶见皮疹、头痛、白细胞减少、转氨酶升高等。用药期间定期检查血常规和肝功能。

第二节 抗病毒药

多数流行性传染病由病毒感染所引起，它严重危害人类的健康和生命。80年代初发现的人类免疫缺陷病毒（human immunodeficiency virus，HIV）所致的艾滋病（获得性免疫缺陷综合征，acquired immunodeficiency syndrome，AIDS），是危害性最大、死亡率极高的传染病。

理想的抗病毒药应对病毒有选择性杀伤作用而对机体无害，迄今在临床上确证安全有效的抗病毒药为数极少，远不能满足临床的需要。目前主要从三个方面治疗病毒感染：抗病毒的化学治疗（抑制病毒复制的抗病毒药）、生物治疗（干扰素的应用）和免疫治疗（增强机体免疫功能或免疫调节药）。三种疗法的联合应用，能使药物作用于病毒复制的不同部位，在抗病毒效应上产生协同作用，延缓或避免耐药性的产生，使疗效得到提高。

病毒只含一种核酸，即DNA或RNA，须依赖宿主细胞的代谢系统复制自身核酸和蛋白质，并最终装配成完整的病毒颗粒。这一过程主要包括病毒吸附于宿主细胞膜，继之穿入细胞，在胞内脱去蛋白质外壳，释放出感染性核酸，并进行生物合成（包括核酸的复制、转录与蛋白质合成），最后合成的核酸与蛋白质装配成子代病毒颗粒，释放后再感染新的细胞（图8-43-1）。

药物可通过阻断或抑制病毒增殖的不同阶段而发挥抗病毒作用，如①阻断病毒与宿主细胞受体的结合，即与病毒竞争细胞膜表面的受体，阻止病毒吸附于细胞表面，使其不能侵入细胞内，如免疫球蛋白等。②阻止病毒穿入细胞或脱壳，可改变细胞膜电荷而阻止病毒进入胞内或脱壳而抑制甲型流感病毒的复制，如盐酸金刚烷胺，金刚乙胺等。③抑制病毒的生物合成，病毒的复制在很大程度上依赖于病毒编码酶（病毒核酸合成所必需的酶）及宿主的代谢系统，多数抗病毒药以病毒编码酶为靶点，在体内被病毒编码酶转化成活性抑制物，后者选择性地抑制病毒DNA的复制，如阿糖腺苷通过抑制病毒DNA聚合酶，阻碍DNA的合成。④抑制新病毒颗粒的释放，如神经氨酸酶抑制剂。⑤产生增强宿主抗病能力的效应蛋白，病毒进入机体后诱导产生的干扰素，能激活宿主细胞的某些酶，从而抑制病毒蛋白质的合成。

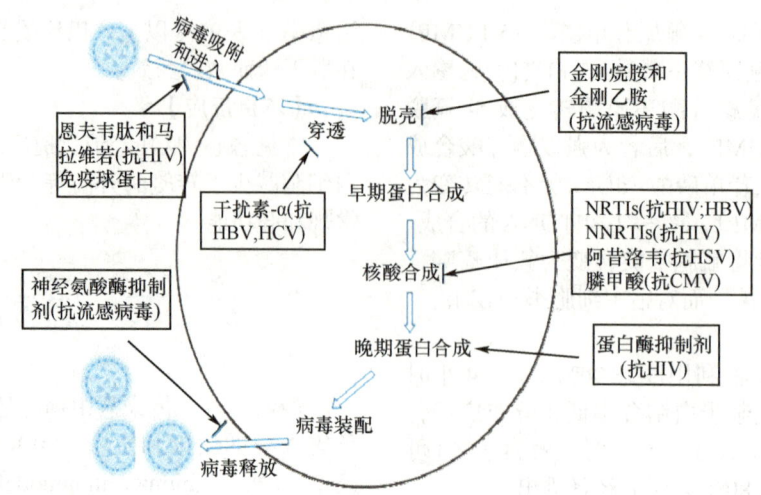

图 8-43-1　病毒生物合成及抗病毒药物作用环节

HIV：人类免疫缺陷病毒；HBV：乙型肝炎病毒；HCV：丙型肝炎病毒；HSV：单纯疱疹病毒；CMV：巨细胞病毒；NRTIs：核苷反转录酶抑制剂；NNRTIs：非核苷反转录酶抑制剂

目前，抗病毒药仅对复制期病毒有活性而对潜伏期病毒无影响，均为抑病毒药。根据主要临床用途不同，抗病毒药可分为：广谱抗病毒药，抗疱疹病毒、巨细胞病毒、流感病毒和肝炎病毒等感染的药，及抗 HIV 药。

一、广谱抗病毒药

利巴韦林

【药理作用】

利巴韦林（ribavirin）又名三氮唑核苷、病毒唑，为核苷、次黄嘌呤核苷类似物，能抑制病毒核酸的合成，对 DNA 病毒和 RNA 病毒均有抑制作用，属广谱抗病毒药。抗 RNA 病毒作用较强，对 DNA 病毒敏感性较差。对甲型、乙型流感病毒最敏感；对呼吸道合胞病毒、副流感病毒、麻疹病毒、拉萨热病毒、甲型和丙型肝炎病毒（HAV、HCV）等均有抑制作用。其作用机制可能是其在病毒感染的细胞内被腺苷激酶磷酸化，生成单磷酸利巴韦林（RMP）和三磷酸利巴韦林（RTP）。RMP 是单磷酸肌苷（IMP）脱氢酶的强抑制剂，使 IMP 不能转变为单磷酸鸟苷（GMP），从而阻断了多种病毒核酸的合成；而 RTP 能选择性地抑制某些病毒的 RNA 聚合酶、GMP 转移酶和 N7-甲基转移酶，影响 mRNA 5′-帽的合成，使 mRNA 不具有翻译功能，因而对 RNA 和 DNA 病毒均有抑制作用。

【体内过程】

口服吸收迅速，生物利用度约 50%，1～1.5 小时血药浓度达峰值，达稳态时脑脊液浓度为血液的 70%，$t_{1/2}$ 为 27～36 小时，主要经肾排泄。一次静脉注射 600 mg 或 1200 mg，平均血药浓度分别为 43 μmol/L 及 72 μmol/L。

【临床应用】

主要用于婴幼儿合胞病毒肺炎，甲、乙型流感，副流感病毒，小儿腺病毒肺炎、流行性出血热，拉萨热，甲型及丙型肝炎，皮肤单纯疱疹病毒感染，麻疹及上呼吸道病毒感染，流行性结膜炎，呼吸道病毒引起的鼻炎、咽峡炎，带状疱疹和生殖器疱疹等。治疗丙型肝炎时宜与重组干扰素 α 合用。

【不良反应】

食欲减退、胃部不适、轻度腹泻和便秘等胃肠道反应及血清胆红素、血清 Fe^{2+}、尿酸等含量升高；偶见皮疹、眩晕、头痛等，停药后可自行消失。大剂量或长期用药可引起骨髓抑制，表现为贫血及网织红细胞增多。吸入给药有时会损伤肺功能。有致癌、致畸和生殖毒性作用，孕妇禁用。利巴韦林可抑制齐多夫定转变成活性型的磷酸齐多夫定，故两药不能合用。

干　扰　素

干扰素（interferons，IFN）是具有抗病毒、抗肿瘤和双向调节免疫功能的蛋白质，也是最早基因克隆和批准用于临床的细胞因子，IFN 分 IFN-α（白细胞干扰素）、IFN-β（成纤维细胞干扰素）、IFN-γ（免疫干扰素）三种。临床应用的是人 IFN，它又分天然 IFN（nIFN）、重组 IFN（rIFN）和长效 IFN（pegylated IFN）。

【药理作用】

干扰素是病毒进入机体后诱导宿主细胞产生的具有高度生物活性的物质，作用邻近细胞膜特定受体后，通过信号转导和转录激活，诱导被称为"抗病毒蛋白"的效应蛋白产生（图 8-43-2）。这些效应蛋白主要包括蛋白激酶、2′, 5′-寡聚腺苷合成酶、2′, 5′磷酸二酯酶和核糖核酸酶 L 等。干扰素主要通过诱导这些酶的产生，使病毒的 mRNA 降解、抑制多肽链的起始阶段和延伸而发挥抗病毒作用。此外，干扰素能增强杀伤细胞（NK）、T 细胞的抗病毒活性，激活与增强巨噬细胞的吞噬活力而调节免疫功能。

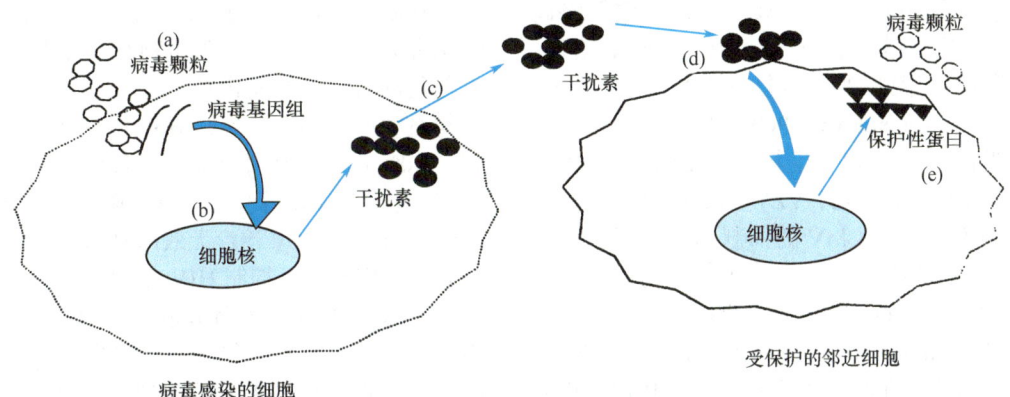

图 8-43-2　干扰素的作用机制

（a）：病毒颗粒进入细胞，在胞浆释出病毒基因组；（b）：病毒基因通过与核相互作用刺激细胞产生干扰素；（c）：细胞分泌出干扰素；（d）：分泌出的干扰素与相邻细胞表面受体结合；（e）：形成的保护性蛋白抑制邻近细胞病毒的复制

【体内过程】

口服无效，可皮下、肌内或静脉注射，在某些体液（如唾液、血清和尿）和肌肉组织中很易失活。肌内注射后 5 小时，皮下注射后 8 小时血药浓度达峰值后迅速从血中消失。肌内注射后 $t_{1/2}$ 为 8 小时。不易进入脑脊液。

【临床应用】

治疗带状疱疹、小儿病毒性肺炎及上呼吸道感染、病毒性脑膜炎、尖锐湿疣、慢性宫颈炎、慢性乙型、丙型和丁型肝炎等病毒性疾病，以及乙型肝炎和免疫缺陷患者合并单纯疱疹病毒、带状疱疹病毒或巨细胞病毒感染、鼻病毒引起的感冒等。另外还用于肿瘤治疗。

【不良反应】

少数患者可出现发热、寒战、乏力、肌痛、厌食、注射部位出现红斑等。偶见白细胞和血小板减少、低血压和转氨酶升高。大量长期使用可引起中枢神经系统毒性。禁用于过敏体质、严重心脏病、肾功能不全、中枢神经系统功能紊乱者。孕妇慎用。

二、抗疱疹病毒药

阿昔洛韦

【药理作用】

阿昔洛韦（aciclovir，ACV）又名无环鸟苷，是鸟嘌呤核苷类似物，具有广谱抗疱疹病毒活性，对单纯疱疹病毒（HSV-1，HSV-2）、水痘 - 带状疱疹病毒（VZV）和 EB 病毒（EBV）有很强的抑制作用。其机制是：它在感染细胞内经病毒胸苷激酶（thymidine kinase，TK）磷酸化，生成单磷酸 ACV、二磷酸 ACV 和三磷酸 ACV，后者可抑制 HSV 和 VZV 的 DNA 聚合酶、中止病毒 DNA 链的延伸，进而抑制病毒 DNA 的复制。其抗疱疹病毒作用比碘苷和阿糖腺苷分别强 10 倍及 160 倍。EBV 胸苷激酶含量很低，使 ACV 磷酸化的数量有限，但已达到抑制 EBV 的有效浓度。对缺乏 TK 的 HSV 突变株，ACV 无作用。巨细胞病毒（CMV）无 TK，故 ACV 抑制 CMV 的活性较低。

【体内过程】

口服生物利用度 10%～30%，血浆蛋白结合率 9%～23%，可分布至全身组织。肾中药物浓度最高，为同期血药浓度的 10 倍，脑脊液、唾液、泪液和阴道分泌物的药物浓度分别为血药浓度的 50%、13%、18% 和 17%，已达到抑制 HSV 和 VZV 的药物浓度。主要经肾排泄，$t_{1/2}$ 约 2.9 小时，无尿患者 $t_{1/2}$ 可延长至 18 小时。

【临床应用】

治疗各种疱疹病毒感染，如皮肤及黏膜 HSV 感染、水痘及带状疱疹、疱疹性脑炎，预防和治疗生殖器疱疹。

【不良反应】

常见恶心、呕吐、腹泻等胃肠道反应及头痛、头晕、关节痛；偶见皮疹、发热、乏力、失眠、咽痛、肌痉挛、淋巴结肿大。外用可出现局部暂时性刺痛与灼热感，眼用制剂偶见短暂刺痛和浅层点状角膜病，静脉给药偶有局部刺激现象及静脉炎。采用大剂量静滴、合用干扰素或甲氨蝶呤时以及骨髓移植患者偶可出现各种神经系统症状，如嗜睡、精神错乱、谵妄、幻觉、震颤、抽搐或昏迷等。少数患者发生可逆性肾损害、肾小管内结晶及肾功能减退，应注意定期复查肾功能。免疫缺陷患者用药后偶见肝功能异常、转氨酶升高及骨髓抑制。大剂量可致大鼠睾丸萎缩，临床未发现明显致畸、致突变作用。

伐昔洛韦（valaciclovir，VCV）是 ACV 的前药，口服吸收迅速，并立即水解为 ACV 和 L-缬氨酸。其抗病毒作用和机制与 ACV 相似，效能略高于 ACV。不良反应略轻于 ACV。主要用于带状疱疹、皮肤及黏膜 HSV 感染、原发或复发性生殖器疱疹等。

喷昔洛韦（penciclovir，PCV）的抗病毒作用和作用机制类似 ACV。口服生物利用度约 5%。体内外试验对 HSV-1、HSV-2、VZV、EBV 和鸭肝炎病毒都有抑制作用，对 CMV 的抑制作用较弱。常见不良反应有局部灼热、刺痛、麻木，停药后消失。主要外用治疗复发性唇和生殖器疱疹。

泛昔洛韦（famciclovir，FCV）是 PCV 的前药，口服后吸收迅速，在肠壁和肝经脱酯酶和黄嘌呤氧化酶作用转化为 PCV，生物利用度约 70%。其抗病毒作用和作用机制与 PCV 相同。常见头痛、恶心，偶见眩晕、疲劳、腹泻和呕吐等。口服高剂量 FCV 有致癌作用。主要治疗 VZV 引起的带状疱疹及防治原发或复发性生殖器疱疹。

三氟尿苷

三氟尿苷（trifluridine）为卤代嘧啶类核苷，在细胞内磷酸化转换成三磷酸三氟尿苷活化形式，可掺入病毒的 DNA 分子从而抑制其合成，主要抑制 HSV-1、HSV-2、CMV、牛痘病毒和某些腺病毒。局部应用治疗眼部感染，是治疗疱疹性角膜-结膜炎和上皮角膜炎应用最广泛的核苷类类似物。其单用或与干扰素 α 合用对阿昔洛韦耐药 HSV 感染有效。滴眼时可能引起浅表眼部刺激和出血。

阿糖腺苷

阿糖腺苷（vidarabine，Ara-A）为腺嘌呤核苷类似物，对 HSV、VZV、CMV、HBV 和某些 RNA 病毒有明显的抑制活性，具有广谱抗病毒作用。Ara-A 进入体内后受腺苷脱氨酶的作用，迅速转化为次黄嘌呤核苷（Ara-Hx），使 Ara-A 抗病毒活性显著降低。如与腺苷脱氨酶抑制剂喷司他丁合用可提高其抗病毒活性。局部应用可有效治疗 HSV-1 和 HSV-2 引起的急性角膜-结膜炎、表皮结膜炎和反复性上皮结膜炎。静脉注射可有效治疗 HSV 脑炎、新生儿疱疹和免疫功能低下患者的 VZV 感染。主要不良反应为神经毒性和胃肠道反应。由于其疗效低、毒性大，现已较少应用。

三、抗巨细胞病毒药

更昔洛韦

更昔洛韦（ganciclovir）为嘌呤核苷类似物，对 HSV 和 VZV 抑制作用与阿昔洛韦相似，对 CMV 抑制作用强于阿昔洛韦约 100 倍。主要用于艾滋病、器官移植、恶性肿瘤时严重 CMV 感染性肺炎、肠炎及视网膜炎等。最常见的不良反应是骨髓抑制。

膦甲酸

膦甲酸（foscarnet）为焦磷酸类似物，能特异性抑制病毒 DNA 聚合酶和逆转录酶，体外对 5 种疱疹病毒有抑制作用。口服生物利用度低，静脉给药时药代动力学参数变化较大，稳态下玻璃体药物浓度与血中浓度相近，脑脊液浓度约为血浆的 66%，超过 80% 以原形从肾排泄。无致畸、致突变和致癌作用。主要用于治疗免疫功能缺陷患者 CMV 感染，艾滋病患者对 ACV 治疗无效的 HSV-1、HSV-2 感染。与齐多夫定合用可抑制 HIV 复制。常见不良反应有肾功能损害，电解质紊乱和静脉炎；偶见疲劳、寒战、不适、头痛、恶心、贫血、粒细胞减少、皮疹、口腔和阴茎溃疡等。少数病例出现低血糖或癫痫发作。

四、抗流感病毒药

金刚烷胺和金刚烷乙胺

【药理作用】

金刚烷乙胺（rimantadine）是**金刚烷胺**（amantadine）的 α-甲基衍生物，均可较强的抑制 A 型流感病毒，大剂量也可抑制 B 型流感病毒、风疹和其他病毒。金刚烷乙胺抗 A 型流感病毒的作用优于金刚烷胺，抗病毒谱也较广。它们主要是干扰病毒穿入细胞后的脱壳和早期的转录阶段而抑制其复制，还可能抑制某些病毒株的装配环节。口服均易吸收，3~4 小时血药浓度达峰值，$t_{1/2}$ 12~17 小时，主要以原形经肾排出。

【临床应用】

预防和治疗 A 型流感。金刚烷胺也可治疗帕金森病。

【不良反应】

常见轻度和短暂的神经系统症状，如失眠、眩晕、注意力不集中、神经紧张等；停药后可恢复。还可见幻觉、精神抑郁、厌食、恶心、呕吐、直立性低血压等；若与抗胆碱药物或抗组胺药物合用可使症状加重。禁用于严重的心血管、肝、肾疾病者。老人、精神患者和哺乳妇女慎用。长期使用者不宜突然停药。有胚胎毒性和致畸作用。金刚烷乙胺脂溶性较低，不易通过血脑屏障，故中枢神经系统副作用较少。

奥斯他韦

奥斯他韦（oseltamivir）为唾液酸类似物，是强效的选择性流感病毒神经氨酸酶抑制药，可干扰新形成的病毒颗粒从被感染细胞的释放和感染性病毒在人体内进一步传播。口服生物利用度高。治疗流行性感冒，且可以减少并发症（气管与支气管炎、肺炎、咽炎等）的发生和抗生素的使用，故是目前治疗流感的最常用药物之一，也是公认的抗禽流感、甲型 H1N1 病毒最有效的药物之一。恶心和呕吐是最常见的不良反应，其他还见腹泻、头晕、疲劳、鼻塞、咽痛和咳嗽，绝大多数不良反应都可以耐受。

扎那米韦

扎那米韦（zanamivir）为唾液酸类似物，通过抑制流感病毒的神经氨酸酶，干扰流感病毒在感染细胞内的聚集和释放。体外实验发现，即使药物浓度不断增加，仍有流感病毒对扎那米韦敏感性下降。临床用于成年患者和 12 岁以上的青少年患者，治疗由 A 型和 B 型流感病毒引起的流感。对哮喘或慢性阻塞性肺疾病患者治疗无效，甚至可能引起危险。不良反应包括头痛、恶心、呕吐、眩晕等，多为轻度反应。

五、抗肝炎病毒药

肝炎病毒分为甲、乙、丙、丁和戊五型，西方国家以丙型肝炎为最多，我国主要流行乙型肝炎。目前尚无特效抗肝炎病毒药。临床上多以干扰素和利巴韦林联合应用治疗慢性病毒性肝炎和急性丙型肝炎。长效干扰素是目前临床上治疗乙肝和丙肝的基础药物。

拉米夫定

拉米夫定（lamivudine）除了用于 HIV 治疗外，也抑制 HBV 复制，有效治疗慢性 HBV 感染，成为目前治疗 HBV 感染最有效的药物之一。

阿德福韦酯

阿德福韦酯（adefovir dipivoxil）为无环腺嘌呤核苷类似物。口服后被体内酯酶水解、释放出阿德福韦而起作用。阿德福韦在细胞内被磷酸激酶转化为具有抗病毒活性的二磷酸盐，竞争天然底物二脱氧腺苷三磷酸，抑制 HBV DNA 聚合酶；并可掺入到病毒 DNA，中止 DNA 链的延长，从而抑制 HBV 的复制。可促进 ALT 复常、改善肝组织炎症、坏死和纤维化。乙肝病毒对其不易耐药，与拉米夫定无交叉耐药。其联合拉米夫定，对耐拉米夫定的慢性乙肝患者能有效抑制 HBV DNA，促进 ALT 复常，且耐药率更低。适用于 HBeAg 和 HBV DNA 阳性、ALT 增高的慢性乙肝患者，特别是对拉米夫定耐药的患者。

恩替卡韦

恩替卡韦（entecavir）为鸟嘌呤核酸类似物，抑制 HBV DNA 的聚合酶。其抑制乙肝病毒的作用较拉米夫定强。用于治疗慢性乙肝，连续服用 2 年或以上可增加 HBeAg 血清转换率和 HBsAg 消失。

六、抗艾滋病药

随着对艾滋病（AIDS）的研究，陆续发现了一些新的对艾滋病病毒有抑制作用的药物，它们分为核苷反转录酶抑制药（nucleoside reverse transcriptase inhibitors，NRTIs）、非核苷反转录酶抑制药（non-nucleoside reverse transcriptase inhibitors，NNRTIs））、蛋白酶抑制药（protease inhibitors，PIs）、整合酶抑制药（integrase strand transfer inhibitors）和进入抑制药（entry inhibitor）五类。这些药物的应用，能改善 HIV 患者的生活质量、推迟疾病进展和延长患者生存期，但尚无法根治 HIV。因此，积极开展艾滋病的预防依然是防治 AIDS 的关键。

NRTIs：第一类用于临床治疗 HIV 阳性患者的药物，包括嘌呤类似物如阿巴卡韦（abacavir）、去羟基苷（didanosine）和替诺福韦（tenofovir）等和嘧啶类似物如拉米夫定（lamivudine）、扎西他宾（zalcitabine）和齐多夫定（zidovudine）等，均为天然核苷类的人工合成品。它们具有相同的作用机制。NRTIs 首先被宿主细胞内的胸苷酸激酶磷酸化成活性三磷酸代谢物，与相应的内源性核苷三磷酸盐竞争反转录酶，并可掺入到病毒 DNA，进而导致 DNA 链合成中止。也可抑制宿主细胞 DNA 聚合酶而表现出细胞毒作用。HIV-1 病毒可逐步获得耐药性，单一药物进行长期治疗时更易发生，主要与编码反转录酶的基因产生突变有关。由于病毒可遭受频繁的突变，故目前避免耐药的唯一途径是联合用药以防止 HIV 复制。

齐多夫定

【药理作用】

齐多夫定（zidovudine，AZT）为胸腺嘧啶核苷类似物。1987 年被美国 FDA 第一个批准为抗 HIV 感染药。它可抗 HIV-1 和 HIV-2 病毒感染，降低感染患者的发病率并延长其存活期；显著减少 HIV 从感染孕妇到胎儿的子宫转移发生率，为防止这种转移，需从怀孕第 14 周给药到 34 周；此外，它也能治疗 HIV 诱发的痴呆和血栓性血小板减少症。

【体内过程】

口服吸收迅速，0.5～1 小时血药浓度达峰，生物利用度为 52%～75%。血浆蛋白结合率 34%～38%。易通过血脑屏障，脑脊液中浓度为血药浓度的 50%～60%，$t_{1/2}$ 为 1 小时，无蓄积作用。

【临床应用】

为治疗艾滋病的一线药，常与拉米夫定或去羟肌苷合用，但不能与司他夫定合用，因为二者互相拮抗。

【不良反应】

主要为骨髓抑制，表现为贫血、白细胞减少等，发生率与剂量和疗程有关。其他如喉痛、无力、发热、头痛、恶心、呕吐、皮疹、失眠、肝功能异常及味觉改变等。用药期间应定期检查血象。大量应用时可抑制中枢神经系统，应慎用。

拉米夫定

【药理作用】

拉米夫定（lamivudine）又名贺普丁，为脱氧胞苷类似物，动物试验证明其对HBV有很强的抑制作用，体外在不同细胞内也能抑制HIV的复制。1997年在我国完成其治疗乙型肝炎的临床试验，结果表明其能迅速抑制HBV的复制，使血清转氨酶降至正常。长期应用可减轻或阻止肝纤维化的进展。

【体内过程】

口服吸收好，1小时左右血药浓度达峰。生物利用度80%～88%，食物不影响其生物利用度。血浆蛋白结合率36%，分布于全身体液，易通过血脑屏障和胎盘屏障，主要以原形经肾排泄，$t_{1/2}$为5～7小时，轻、中度肾功能不全者，其清除明显滞后，应适当调整剂量。肌酐清除率 < 30 ml/分钟者，不宜用此药。

【临床应用】

治疗乙型肝炎，与IFN合用有协同作用。与齐多夫定或司他夫定合用治疗HIV感染。本药停药后易于复发，大多数患者在停药后不久血中HBV-DNA量又迅速回升。用药期间要定期检查病毒学指标。

【不良反应】

有上呼吸道感染样症状、乏力、疲倦、发热、头痛、恶心、身体不适、腹痛、腹泻、咳嗽、咽部和扁桃体疼痛或不适等，青少年胰腺炎发生率较成人有所增加，须提高警惕，症状一般较轻并可自行缓解。

司他夫定

司他夫定（stavudine）为脱氧胸苷类似物，具有抗HIV-1和HIV-2活性，常用于不能耐受齐多夫定或齐多夫定治疗无效的患者。不能与齐多夫定合用，因为齐多夫定能减少它的磷酸化。与去羟肌苷或拉米夫定合用可产生协同效应。口服生物利用度为80%，不受食物影响。血浆蛋白结合率极低，脑脊液浓度为血清浓度的55%。主要经肾排泄，血浆$t_{1/2}$为2小时，细胞内$t_{1/2}$为3.5小时。外周神经炎为其主要不良反应，当与扎西他宾和去羟肌苷等其他易引起外周神经炎的药物合用时，发生率明显增加。也可引起胰腺炎、关节痛和血清转氨酶升高。

扎西他宾

扎西他宾（zalcitabine）为脱氧胞苷类似物，与其他多种抗HIV药合用有协同抗HIV-1作用。可有效治疗HIV感染，单用时疗效不如齐多夫定，更低于联合用药疗效。常与齐多夫定和一种PI三药合用。适用于AIDS和AIDS相关综合征，也可与齐多夫定合用治疗临床状况恶化的HIV感染患者。口服生物利用度大于80%，食物或抗酸药同服可降低至35%～39%，血浆蛋白结合率小于4%，脑脊液浓度约为血清浓度的20%，主要经肾排泄，血浆$t_{1/2}$为2小时，但细胞内$t_{1/2}$可长达10小时。肾功能不全者应减少服药剂量。剂量依赖性外周神经炎为其主要不良反应，发生率为10%～20%，停药后能逐渐恢复。应避免与其他能引起神经炎的药物同服，如司他夫定、去羟肌苷、氨基苷类和异烟肼等。也可引起胰腺炎，发生率低于去羟肌苷。

去羟肌苷

去羟肌苷（didanosine）为脱氧腺苷类似物，可作为严重HIV感染的一线药物，特别适合于不能耐受齐多夫定或齐多夫定治疗无效患者。与齐多夫定或米多夫定合用，再加上一种蛋白酶抑制剂或一种NNRTIs效果更好。口服生物利用度为30%～40%，食品干扰其吸收，与更昔洛韦同服可增加其吸收，却降低更昔洛韦吸收。血浆蛋白结合率低于5%，脑脊液浓度约为血清浓度的20%。主要经肾排泄，血浆$t_{1/2}$为0.6～1.5小时，但细胞内$t_{1/2}$可长达12～24小时。可发生外周神经炎、胰腺炎、腹泻、肝炎、心肌炎、消化道和中枢神经反应等不良反应，发生率较高，儿童发生率高于成人。

NNRTIs：包括地拉韦定（delavirdine）、依法韦恩茨（efavirenz）和奈韦拉平（nevirapine）等。NNRTIs可直接结合到反转录酶并破坏催化位点，从而抑制反转录酶活性；也可抑制RNA或DNA依赖性DNA聚合酶活性。其与NRTIs和PIs合用可协同抑制HIV复制。可有效预防HIV从感染孕妇到胎儿的子宫转移发生率，也可治疗分娩后3天内的新生儿HIV感染。但从不单独应用于HIV感染，因单独应用时HIV迅速产生耐药性。

PIs：是目前联合用药治疗艾滋病的主要药物，包括阿扎那韦（atazanavir）、地瑞那韦（darunavir）、福沙那韦（fosamprenavir）、茚地那韦（indinavir）、洛匹那韦（lopinavir）、奈非那韦（nelfinavir）、沙奎那韦（saquinavir）、利托那韦（ritonavir）和替拉那韦（tipranavir）等。在HIV增殖周期后期，基因产物被翻译成蛋白前体，形成无感染性的未成熟病毒颗粒，HIV编码的蛋白酶能催化此蛋白前体裂解，形成有感染性的成熟蛋白。PIs阻止前体蛋白的裂解，因而导致无感染性蛋白前体的堆积，产生抗病毒作用。可有效抗HIV，与NRTIs或NNRTIs联合用药可显著减少AIDS患者病毒量并延缓其临床进展。高糖血症和高脂血症是最常见的不良反应。

PIs主要经肝CYP450酶代谢，可不同程度地抑制肝CYP3A4酶，故可与其他许多药物通过抑制CYP450酶发生相互作用，甚至一种PI可以抑制另一种PI的代谢。

整合酶抑制药：雷特格韦（raltegravir）为嘧啶酮类似物，可与HIV-1和HIV-2病毒复制所必需的整合酶结合，防止感染早期 HIV 基因组共价插入或整合到宿主细胞基因组。

进入抑制药：包括马拉韦罗（maraviroc）和恩夫韦肽（enfuvirtide）。马拉韦罗阻断宿主 CD4+ 细胞上的 CCR5 蛋白，该蛋白是 HIV 进入 CD4+ 所必需的两个趋化因子受体之一，从而在 CCR5- 热带 HIV-1（R5 嗜性病毒）进入 T 细胞前将其阻止在细胞膜外。被批准用于其他抗 HIV 药耐药治疗失败的 R5 病毒感染的成年患者。

恩夫韦肽为 HIV-1 跨膜融合蛋白 gp41 内高度保守序列衍生而来的一种合成 36 个氨基酸肽类物质，为融合抑制药。它可与病毒包膜糖蛋白的 gp41 亚单位上的第一个七肽重复结构结合，阻止病毒与细胞膜融合所必需的构象改变，从而防止病毒融合进入细胞内。

（华中科技大学同济医学院　肖军花）

第四十四章 抗结核病药及抗麻风病药

- Tuberculosis and leprosy are caused by mycobacterial organisms. Tuberculosis remains the primary worldwide cause of death due to infectious disease.
- Drugs used in the treatment of tuberculosis can be divided into two major categories. "First-line" drugs possess the greatest level of efficacy and less toxicity including isoniazid, rifampin, ethambutol, streptomycin, and pyrazinamide. Most patients with tuberculosis can be treated successfully with these drugs. "Second-line" drugs whereas possess less efficacy and more toxicity including category of drugs such as para-aminosalicylic acid, ethionamide, protionamide, capreomycin, kanamycin, cycloserine, viomycin. These drugs are mainly used for the treatment of tuberculosis caused by resistant bacteria.
- Drugs used in the treatment of leprosy include dapsone, clofazimine, rifampin and other newly developed agents.
- Effective therapy of mycobacterial infections requires a prolonged course (months to years) of multiple drugs.

第一节 抗结核病药

结核病（tuberculosis）是由结核分枝杆菌引起的慢性传染病，通常结核分枝杆菌通过空气传播使肺部受到感染，亦可累及人体其他组织器官，如脑、骨等。治疗结核病的主要手段是化学药物治疗。目前，国际上通常将抗结核病药分为两大类，即一线抗结核病药和二线抗结核病药。一线抗结核病药是指疗效高、不良反应少、患者容易耐受的药物，包括异烟肼、利福平、乙胺丁醇、链霉素、吡嗪酰胺等；二线抗结核病药是指疗效较差、毒性作用较大的药物，包括对氨基水杨酸、乙硫异烟胺、丙硫异烟胺、环丝氨酸、紫霉素、卷曲霉素、利福喷汀、司帕沙星等。绝大部分结核病患者使用一线抗结核病药便可治愈，二线抗结核病药主要作为结核分枝杆菌对一线抗结核病药产生耐药性或患者无法耐受一线抗结核病药物时的备选药物。在某些特殊情况下，如HIV病毒感染或艾滋病合并结核，也必须借助于二线抗结核病药。由于结核分枝杆菌生长缓慢且可在宿主细胞内生长，以及对单一的化疗药物容易产生耐药，所以抗结核分枝杆菌感染的有效治疗需要几个月到几年的长期多药联合应用。

一、一线抗结核病药

异 烟 肼

异烟肼（isoniazid，INH）具有抗结核杆菌作用强、疗效高、毒性小、可口服及价格低廉的优点。1952年进入临床，目前仍是最好的一线抗结核病药。

【别名、来源及化学】

异烟肼又名雷米封（rimifon），是异烟酸的酰肼类衍生物，水溶性好，性质稳定。

【体内过程】

异烟肼口服或注射均易吸收，口服后1~2小时血药浓度达峰值。药物可分布于全身各组织细胞及体液中，其中脑脊液、胸腹水、关节腔、肾、纤维化或干酪样病灶及淋巴结中含量较高。其能通过胎盘屏障进入胎儿体内，浓度可超过母体的血药浓度。

口服后24h内75%~95%药物从尿中排出，其中大部分为代谢物，部分为原形。异烟肼主要经肝、肠黏膜及肾内的乙酰化转移酶水解为乙酰异烟肼、异烟酸等。这些代谢物基本上失去其抗结核菌作用。由于乙酰化转移酶的活性个体差异较大，对异烟肼的乙酰化代谢速度有明显差异，且具有明显种族差异。根据体内异烟肼乙酰化代谢的快慢，人群可分为快代谢型和慢代谢型两种，前者血浆中原形药含量仅为后者的1/3~1/2。快代谢型者$t_{1/2}$为70分钟，慢代谢型者为3~5小时。中国人中快代谢型约占49.3%，中间型约占25.1%，慢代谢型约占25.6%，白种人多为慢代谢型。肝功能不全时，$t_{1/2}$可延长，易致蓄积中毒。患者每日给异烟肼时，两种代谢型的疗效相差不大；如采用间歇给药疗法，特别是每周一次给药时，快代谢型的疗效显著低于慢代谢型。应根据不同的代谢类型确定给药方案。对于慢代谢型的患者，如果肾功能受损，药物蓄积也可能达到中毒浓度。

【药理作用】

异烟肼对结核分枝杆菌具有高度选择性，对结核杆菌的最低抑菌浓度为0.025~0.05 mg/L。当浓度超过500 mg/L时，对其他微生物的生长亦可产生抑制作用。异烟肼对生长旺盛的结核杆菌有杀灭作用，对静止期结核杆菌仅有抑菌作用。用药后，结核杆菌经1~2次分裂后停止增殖，清除药物后结核杆菌又能恢复正常的增殖。异烟肼优于链霉素，它易于穿透细胞，杀灭细胞内的结核杆菌，对细胞内生长的结核杆菌与培养基中生长的结核杆菌作用效果相同。因此，异烟肼为杀灭细胞内、外结核杆菌的全效杀菌药。在各种非结核分枝杆菌中只有堪萨斯分枝杆菌对异烟肼敏感。

【作用机制】

异烟肼作用机制尚未完全阐明。目前认为异烟肼在菌体内被过氧化氢酶-过氧化物酶氧化成活性形式并与 inhA 基因表达产物脂烯酰基酰基载体蛋白还原酶结合，影响了脂肪酸及分枝菌酸的合成。分枝菌酸是分枝杆菌细胞壁的重要组成部分，因而细胞壁的完整性受到破坏，使细胞内的碳水化合物、氨基酸及磷酸盐等丢失导致细菌死亡。由于分枝菌酸是分枝杆菌所特有的，因而异烟肼对其具有高度选择性，而对其他细菌无效。也有研究表明，异烟肼可与结核分枝杆菌内的一些辅酶结合，发挥干扰脱氧核糖核酸和核糖核酸合成的作用，从而达到杀灭结核杆菌的目的或异烟肼与分枝杆菌中的一种酶结合，引起结核杆菌代谢紊乱而死亡。

结核杆菌对异烟肼易产生耐药性，特别是在单独使用异烟肼的情况下，临床应用治疗 3 个月后约 60% 痰菌可对其耐药，如联合使用其他抗结核病药，可延缓耐药菌的出现。异烟肼与链霉素、对氨基水杨酸及利福平等其他结核杆菌抑制药（乙硫异烟胺除外，其结构与异烟肼相似）之间无交叉耐药性。耐药性产生的机制与菌体内基因突变有关。其中，最常见的途径是 katg 基因突变，使其表达产物过氧化氢酶-过氧化物酶含量减少，阻止了异烟肼活性形式的转化；与分枝菌酸合成有关的 inhA 基因（表达产物脂烯酰基酰基载体蛋白还原酶）和 kasA 基因（表达产物 $β_2$ 酮酰基载体蛋白合酶）突变使异烟肼失去了作用靶点；ndh 基因（表达产物 NADH 脱氢酶）突变也与耐药有关。耐药菌的致病能力降低，一般停药一段时间后可恢复对药物的敏感性。

【临床应用】

异烟肼对于全身各部位各种类型的结核病均为首选药。对渗出性病灶疗效最佳。除早期轻症肺结核或预防应用可单独使用外，均应与其他一线药联合应用，以避免或延缓耐药性的产生。对粟粒性结核或结核性脑膜炎应增大剂量，延长疗程，必要时采用静脉滴注。

【不良反应】

不良反应与过敏或使用大剂量有关，一般剂量时不良反应少而轻。

1. 外周神经系统 常见为周围神经炎，多发生于给药剂量大、维生素 B_6 缺乏及慢乙酰化代谢型患者。表现为四肢感觉麻木、反应迟钝、共济失调，随后出现肌肉萎缩。常伴有的神经病理学改变包括突触囊泡消失、线粒体水肿或固缩及轴突末梢破裂。偶尔可发生腰、骶部的脊神经节和脊髓的病变。其原因为异烟肼与维生素 B_6 结构相似，能竞争同一酶系妨碍维生素 B_6 的利用或促进维生素 B_6 从尿中排泄，导致维生素 B_6 缺乏。临床表现与维生素 B_6 缺乏症类似。常用量为 5 mg/(kg·d) 时发生率为 2%，大剂量时可达 20%。重症结核病应用 10～20 mg/(kg·d) 时宜加服维生素 B_6 60～100 mg/天。长期应用异烟肼应服维生素 B_6 以降低其外周神经毒性反应。

2. 中枢神经系统 一般剂量可引起眩晕、失眠、反射亢进等。本药治疗中曾出现视神经炎和视神经萎缩，也可见肌肉抽搐、眩晕、运动失调、感觉异常、木僵等神经毒性症状。应用本药还可出现多种精神异常。大剂量或长期服药可出现记忆力减退，注意力不能集中。剂量过大可引起昏迷、抽搐甚至死亡。急性中毒者，除一般处理外，应按 1 g 异烟肼对 1 g 维生素 B_6 比例迅速静注。癫痫及精神病患者同时服用异烟肼和苯妥英钠可引起过度镇静、运动失调等中枢神经系统症状，故应慎用。

3. 肝脏毒性反应 异烟肼可损伤肝细胞，引起转氨酶升高和黄疸，严重时可出现肝细胞坏死。单用异烟肼预防的患者 10%～20% 出现一过性转氨酶升高。此种变化多见于用药后 1～2 个月或 4～6 个月，患者多无自觉症状。大多数肝炎病例于 6 个月疗程内出现，其发生率与年龄有关，年龄越大发生率越高，20 岁以下罕见。肝脏中毒机制不明，多见于快代谢型患者，可能为异烟肼在体内乙酰化后形成具有肝脏毒性的物质。用药期间应定期检查肝脏功能，一旦出现肝脏毒性应立即减量或停药。

4. 过敏反应 单用很少引起过敏反应，多数由于服用本药前或同时服用了对氨基水杨酸钠而诱发过敏症状，包括发热、皮疹等。

5. 其他 尚有口干、上腹不适、耳鸣、尿潴留等反应。血液系统可有粒细胞缺乏症、嗜酸粒细胞增多、血小板减少、高铁血红蛋白血症。可出现关节症状如膝、肘及腕关节痛等。

【药物相互作用】

（1）异烟肼为肝药酶抑制药，可抑制苯妥英钠、香豆素类抗凝血药与拟交感胺等的代谢，使其血药浓度升高，出现相应不良反应，合用时应减少后者的剂量。

（2）同时应用糖皮质激素，可增加异烟肼在肝脏代谢和排泄，降低异烟肼药效。

（3）饮酒会增加异烟肼的肝炎发病率；异烟肼与利福平合用，可增加肝毒性。

利 福 平

利福平（rifampicin，RFP）于 1972 年开始用于临床结核病的治疗，是目前最有效的抗结核病药物之一。口服有效，并能达到高而较持久的有效血药浓度。

【别名、来源及化学】

利福平，又名甲哌利福霉素（rifampin），是利福霉素 B 的人工半合成品，橙红色结晶粉末，对光不稳定。

【体内过程】

利福平口服容易吸收，给药后 2～4 小时血药浓度达峰值。$t_{1/2}$ 为 1.5～5 小时。由于其对肝药酶的诱导作用，连续用药 1～2 周，可使 $t_{1/2}$ 降至 2 小时，血药浓度也逐渐下降。利福平穿透力强，在体内分布广，以肝、胆、肾、肺等组织浓度较高，脑脊液中含药量较低，但脑膜炎时脑脊液中浓度可达血药浓度的 20%。也可分布至胸腹水、结核空洞及通过胎盘屏障进入胎儿体内。该药主要在肝脏代谢为去乙酰基利福平，抗菌作用大为减弱。利福平及代谢物由胆汁排泄，其中的原形药可进行肝肠循环。因药物及其代谢物呈橘红色且分布广，可使尿液、唾液、痰液、泪液和汗液呈橘红色。

【药理作用】

利福平为广谱抗生素，对结核分枝杆菌、非核分枝杆菌及麻风分枝杆菌均有效。能增强链霉素和异烟肼在体外的抗结核分枝杆菌作用。对繁殖期结核杆菌作用最强，对静止期的结核杆菌也有杀菌作用，但所需浓度较高。利福平能透入细胞内，故对吞噬细胞内的结核杆菌也有杀灭作用。对大多数 G^+ 菌和 G^- 菌均有明显抗菌作用，如金黄色葡萄球菌、脑膜炎奈瑟菌、表皮链球菌、肺炎军团菌、大肠埃希菌、变形杆菌、流感杆菌等。其抗 G^+ 菌的活性低于青霉素 G，但比红霉素、林可霉素稍高；而抗 G^- 菌的活性则明显地低于四环素、氯霉素、卡那霉素和多黏菌素。高浓度对沙眼衣原体和某些病毒亦有抑制作用。

【作用机制】

利福平的抗菌作用机制为通过与分枝杆菌及其他微生物的 DNA 依赖性 RNA 多聚酶的 β 亚基结合，抑制该酶活性，从而抑制 RNA 合成的起始阶段，最终阻碍 RNA 的合成。对人和动物细胞内的 RNA 多聚酶无影响。

利福平单用时，病原体对其易产生耐药性。利福平与其他抗结核病药之间无交叉耐药性，因此利福平在治疗结核病时不宜单独使用。耐药性的产生与编码细菌 RNA 聚合酶 β 亚基的 *rpoB* 基因突变有关，使利福平结合位点的构象发生变化，与药物结合减少有关。

【临床应用】

1. 结核病 与其他抗结核药物合用对各种类型的肺结核，包括初治及复治患者，均有良好效果。与异烟肼合用是最有效的初治药物疗法。对复治者由于结核杆菌已对多数一线药耐药，利福平则常与乙胺丁醇及吡嗪酰胺合用。对肺外结核也有一定疗效，如泌尿生殖系统结核、骨关节结核及淋巴结核伴有瘘管者等。但对后者除口服外尚可局部用药，加速瘘管闭合。利福平与异烟肼合用治疗结核性脑膜炎，可使病死率降低，后遗症减少。

2. 麻风病 对氨苯砜敏感或耐药的麻风病患者均有快速而显著的疗效。

3. 其他细菌感染性疾病 可用于严重的和经其他抗菌药物治疗无效的多种 G^+ 菌感染，可用于预防脑膜炎球菌与流感嗜血杆菌脑膜炎。因利福平在胆汁中浓度较高，可用于重症胆道感染。也可局部用于治疗沙眼、急性结膜炎及病毒性角膜炎。

【不良反应】

不良反应发生率低。在间歇治疗中，较易引起过敏反应。

1. 肝脏毒性 常见肝肿大与黄疸，可出现转氨酶含量无症状性一过性升高，在疗程中可自行恢复。肝损害一般于用药后 6～49 天出现，老年人、长期嗜酒者、营养不良者、对异烟肼慢代谢型及原有肝病或其他因素造成肝功能异常者较易发生。故用药期间应定期复查肝功能，严重肝病、胆道阻塞患者禁用。

2. 消化道反应 常见恶心、呕吐、厌食、腹痛、胃灼热感、腹泻或便秘，发生率约为 1.7%，一般不影响继续用药。

3. 神经系统症状 个别病例出现无力、嗜睡、眩晕、共济失调、精神错乱、注意力不集中、全身麻木、肢端疼痛、肌痛、视力模糊、暂时听力丧失等神经系统症状。

4. 流感症候群 大剂量间隔使用利福平（每周用药少于两次，每天用药 ≥ 12 g），20% 的患者可出现发热、寒战、肌肉酸痛等类似感冒的症状。还可出现嗜酸性粒细胞增多、间质性肾炎、急性肾小管坏死、血小板减少、溶血性贫血及休克等。所以间隔给药法现已不再使用。

5. 过敏反应 多出现在间歇、大剂量用药病例，多数患者血清中可检测到利福平抗体。症状为发热、瘙痒、荨麻疹、各种皮疹、舌溃疡、嗜酸性粒细胞增多。罕见溶血、血红蛋白尿、血尿和肾功能不良。血小板减少、一过性白细胞减少和贫血也偶有发生。

6. 致畸作用 利福平在动物实验中有致畸胎作用，妊娠期女性应避免使用。

【药物相互作用】

（1）利福平为肝药酶诱导剂，从而能加速自身和许多药物的代谢，如糖皮质激素、口服抗凝血药、女性激素、口服避孕药、口服降糖药、美沙酮、普萘洛尔、奎尼丁、地高辛、洋地黄毒苷、巴比妥类药、氟烷（吸入麻醉药）、茶碱等。

(2) 食物及对氨基水杨酸钠可减少利福平的吸收。因此，合用时应间隔 8～12 小时。利福平与异烟肼或对氨基水杨酸钠合用可增加肝毒性。

乙胺丁醇

乙胺丁醇（ethambutol）于 1961 年因具有抑制人型和牛型结核杆菌的作用而被发现。属阿拉伯糖类似物，水溶性好，对热稳定。

【来源及化学】

乙胺丁醇为人工合成的乙二胺衍生物。

【体内过程】

口服吸收良好，2～4 小时血药浓度达峰值。体内分布广，但脑脊液中浓度较低，在脑膜炎时可获有效浓度。大部分以原型经肾排泄，少部分在肝脏转化为醛及二羧酸衍生物后经肾排泄。肾功能不全者可致蓄积中毒，应慎重使用。

【药理作用】

对繁殖期结核杆菌有较强抑制作用，对静止期结核杆菌基本无效。与异烟肼、利福平相比，抗结核杆菌作用较弱，故常与其他抗结核病药合用。乙胺丁醇单用可产生耐药性，体外实验表明病原菌对其耐药性形成缓慢。与其他抗结核病药无交叉耐药现象。

【作用机制】

乙胺丁醇与菌体内 Mg^{2+} 结合，干扰结核分枝杆菌 RNA 的合成。也可抑制阿拉伯糖基转移酶，抑制阿拉伯半乳聚糖-肽聚糖复合物的形成，从而阻止细菌细胞壁的生物合成。

【临床应用】

适用于各型肺结核及肺外结核。因其不良反应少，病人容易耐受，耐药性产生较慢，目前已取代对氨基水杨酸钠成为一线抗结核药物。常与异烟肼及利福平合用作为肺结核病初治的常规用药；与利福平及其他抗结核病药如卷曲霉素等联合应用治疗复治患者。临床上主要用于对异烟肼、链霉素耐药或对氨基水杨酸不能耐受的结核病治疗。

【不良反应】

常用量不良反应较少，发生率低于 2%。若连续用药 2～6 个月，可出现严重的球后视神经炎，表现为视力减退及对红、绿辨色能力丧失。可单侧也可双侧，其发生率与剂量成正比。每日 15 mg/kg 的剂量下较少发生，当每日剂量高于 25 mg/kg 时较易发生。用药期间应定期进行眼科检查，早期发现并停药，并给予大剂量维生素 B_6，常可使视觉恢复。5 岁以下儿童因无法判断毒性而禁用此药。其他尚有胃肠道反应，偶有过敏反应、肝损害、下肢麻木、关节炎、粒细胞减少、高尿酸血症及精神症状如幻觉、失眠等。已发生糖尿病性眼病者不宜用本药，肾功能不全及孕妇慎用。

吡嗪酰胺

吡嗪酰胺（pyrazinamide）是人工合成的烟酰胺类似物，微溶于水，性质稳定。

【体内过程】

口服吸收良好，血药浓度 2 小时达峰值，$t_{1/2}$ 为 8～11 小时。吸收后分布广泛，能渗入巨噬细胞内，在肺、肝、脑脊液中药物浓度与血药浓度相似。主要在肝脏代谢，生成有活性的代谢产物吡嗪酸，并进一步转化为无活性的羟基代谢物，代谢产物和部分原型药物经肾脏排泄。

【药理作用与临床应用】

吡嗪酰胺在酸性环境下对结核杆菌有杀灭作用。抗结核作用强于对氨基水杨酸、环丝氨酸、紫霉素，但弱于异烟肼、利福平、链霉素。单用易产生耐药性，与其他抗结核病药之间无交叉耐药性，故主要与异烟肼、链霉素、利福平联合用于治疗耐药菌株的感染，或用于抗结核的短程化疗。

【作用机制】

吡嗪酰胺的作用机制可能为在吡嗪酰胺酶的作用下生成吡嗪酸，吡嗪酸进入结核分枝杆菌细胞内，作用于脂肪酸 I 型合酶基因，抑制脂肪酸合成酶的活性，从而发挥其杀菌作用。此外，吡嗪酰胺在化学结构上与烟酰胺相似，通过取代烟酰胺而干扰脱氢酶的脱氢作用，妨碍结核杆菌对氧的利用，影响细菌的正常代谢。

【不良反应】

本药毒性反应较大，因而主张小剂量短疗程使用。对肝脏损害最常见，个别患者对光敏感，长期服药可使皮肤呈古铜色，停药后可恢复正常。有胃肠道反应，偶有发热、皮疹等过敏反应及贫血、排尿困难等。肝功不全及 3 岁以下小儿禁用。因其能减少尿酸排泄，有痛风倾向的患者忌用。

链霉素

链霉素（streptomycin）为氨基糖苷类抗生素，是第一个用于治疗结核病的抗生素。抑制结核杆菌的作用仅次于异烟肼和利福平。低浓度有抑菌作用，高浓度有杀菌作用。但在临床允许的剂量范围内，在人体内难以达到杀菌浓度。本药穿透力弱，仅少量渗入细胞内，故对细胞内结核菌无效。不易渗入纤维化、干酪及厚壁空洞病灶，也不易透过血脑屏障，故对慢性空洞性肺结核、结核性脑膜炎、骨结核等疗效较差，但对浸润性肺结核、粟粒性肺结核等活动性肺结核疗效较佳。由于链霉素长期应用耳毒性发生率高以及结核杆菌对其易产生耐药性，目前为一线抗结核病药中应用最少者。抗菌作用机制及不良反应详见第四十章。

二、二线抗结核病药

对氨基水杨酸钠

对氨基水杨酸钠（sodium aminosalicylate，PAS-Na）是1949年发现的抗结核病药物。

【体内过程】

口服后先解离成对氨基水杨酸，随后从小肠上部迅速而完全吸收，2小时后血药浓度达峰值，$t_{1/2}$为1小时。吸收后药物广泛分布于全身体液、器官与组织中，在胸水和干酪样组织中可达较高浓度。体内药物浓度以肾为最高，依次为肝、血、肺与肌肉，在脑脊液中药物浓度低。组织及干酪坏死灶内药物浓度可接近血浆药物浓度。药物主要经肝脏代谢，原型药和乙酰化代谢产物从肾脏排泄，肝、肾功能不全者慎用。

【药理作用】

抗菌谱窄，仅对细胞外的结核杆菌有抑制作用。其疗效明显弱于链霉素、异烟肼或利福平，单独使用无临床价值。单独应用时，结核杆菌可逐渐产生耐药性，一般为4个月，与链霉素、异烟肼无交叉耐药性。

【作用机制】

对氨基水杨酸钠的抗菌作用机制与磺胺类药物相似，均可竞争性抑制二氢叶酸合成酶，减少二氢叶酸的合成，从而使蛋白质合成受阻，细菌不能繁殖。但磺胺类药物对结核杆菌无效，而对氨基水杨酸钠对磺胺类药物敏感菌也无效。这说明不同菌种的叶酸合成酶系统是不同的。

【临床应用】

由于本药抗结核效果差，不良反应较多，多被利福平、乙胺丁醇所取代。目前临床主要与异烟肼和链霉素合用，延缓耐药性产生，增加疗效。本药静脉滴注可提高脑脊液中药物浓度，可用于治疗结核性脑膜炎及急性播散型结核病，但久用易致静脉炎。

【不良反应】

不良反应较多，常见为胃肠道反应如恶心、呕吐、腹痛、腹泻等，其次为过敏反应。也可出现白细胞减少症，某些病例可出现急性溶血性贫血。此外可有肾脏刺激症状，如结晶尿、蛋白尿等。

乙硫异烟胺

乙硫异烟胺（ethionamide）是异烟酸的衍生物，抗菌作用强于链霉素，弱于异烟肼，单用易产生耐药。作用机制与抑制分枝菌酸合成有关。口服吸收后广泛分布各器官，其浓度与血药浓度相等。不良反应较多且常见，有较强的胃肠道刺激性，可引起恶心、呕吐、腹痛、腹泻等，患者多难以耐受，故用药应从小剂量开始，逐渐增加至全效量。20%～30%患者肝功能有影响，应定期检测肝功能。仅用于一线抗结核病药无效的结核病治疗。孕妇和12岁以下儿童不宜用。

丙硫异烟胺

丙硫异烟胺（protionamide）系乙硫异烟胺的同类产品，对结核杆菌有较强的抑制作用，疗效较链霉素或异烟肼差，胃肠道反应较乙硫异烟胺轻。临床常与链霉素、异烟肼或利福平联合使用可延缓耐药性产生。口服吸收好，1～2小时即达血药峰值浓度，有效浓度可持续6小时。本药与乙硫异烟胺有交叉耐药性。可引起末梢神经炎，少数患者有肝功能损伤。服用期间应定期（每月）检查肝功能。

环丝氨酸

环丝氨酸（cycloserine）抗结核作用比异烟肼、链霉素弱，但不易产生耐药性和交叉耐药性。环丝氨酸通过抑制细菌细胞壁的合成而发挥杀菌作用，对多种G^+与G^-菌有较好抗菌活性。口服吸收好，组织分布广，脑脊液、母乳等药物浓度与血中浓度相当。本药不良反应大，主要为神经系统毒性反应，也有胃肠道反应及发热等。主要用于复治的耐药结核杆菌患者，应与其他抗结核病药合用。

紫霉素

紫霉素（viomycin）是一种氨基苷类抗生素，可抑制结核杆菌体内蛋白质的合成。单用时，结核杆菌可迅速产生耐药性。与卡那霉素、链霉素有部分交叉耐药。胃肠道吸收差，药物不易透入脑脊液和胸、腹水中。不良反应与链霉素、卷曲霉素相似，但更严重。肾、耳毒性均可发生，还可导致电解质紊乱、心电图异常，反应程度与剂量有关。临床用于对异烟肼、链霉素耐药的复治患者。

卷曲霉素

卷曲霉素（capreomycin）又名缠霉素，为多肽类抗生素，主要抑制细菌蛋白质的合成，抗结核杆菌作用与紫霉素相当。单用迅速产生耐药，与卡那霉素、新霉素、紫霉素有交叉耐药性，但与链霉素、环丝氨酸、对氨基水杨酸钠、异烟肼、乙硫异烟胺、乙胺丁醇、利福平之间尚无交叉耐药的报告。肾毒性和耳毒性与链霉素相同，可出现肾损害，偶可出现不可逆耳聋。过敏反应包括皮疹、药热。临床作为二线抗结核病药与其他抗结核病药物合用治疗耐药菌感染的复治患者。

利福喷汀

利福喷汀（rifapentine）为利福霉素的衍生物，为半合成广谱杀菌药，体外对结核杆菌有很强的抗菌活性，比利福平强2～10倍。$t_{1/2}$长达14～20小时，每周只需给药1～2次。其作用机制与利福平相同。对HIV感染者，每周1次，连续使用6个月，可作为对结核病的预防用药。本药不良反应比利福平轻微，少数病例可出现白细胞、血小板减少、丙氨酸氨基转移酶升高、皮疹、头昏、失眠等。胃肠道反应较少。未发现流感症候群和免疫性血小板降低，也未发现过敏性休克样反应。利福喷汀是一个很有前景的药物。

司帕沙星

司帕沙星（sparfloxacin，SPX）为第三代喹诺酮类药物，抗菌谱广，对 G^+ 菌、G^- 菌、厌氧菌、支原体、衣原体、分枝杆菌均有较强的杀灭作用。抗菌机制为抑制细菌 DNA 回旋酶，阻碍细菌 DNA 合成。本药口服后 3~5 小时血药浓度达峰值，体内分布广，能有效地渗入细胞外液，组织中的药物浓度与血浆浓度相似或略高，但脑脊液中的浓度较低。该药半衰期为 15~20 小时。司帕沙星是目前临床应用的氟喹诺酮类药物中抗结核杆菌活性最高的一种，与常用的抗结核病药之间无交叉耐药性。目前该药已成为耐药结核病的主要选择用药。该药突出的不良反应为光敏性皮炎，用药期间尽可能少接触阳光。与含有铝或者镁的制酸剂并用，可降低对本药的吸收，降低药效。

三、抗结核病药的应用原则

化学药物治疗是目前治疗结核病的主要手段，合理、有效的药物治疗应遵循以下五个原则：

1. 早期 结核病一旦确诊就应及时给予抗结核病药物治疗。早期结核活动病灶内的结核杆菌生长旺盛，对抗结核病药比较敏感，细菌易被抑制或杀灭。早期病灶处于渗出阶段，局部病灶血运丰富，有利于炎症吸收。患病早期，机体抵抗力强，可获较好治疗效果。早期治疗可降低患者传染性，减少病原菌传播。

2. 联合 根据疾病的严重程度、病灶部位及体外药敏实验等因素，合理选用两种或两种以上抗结核病药物联合应用，可以增强疗效，减少不良反应，延缓耐药性的产生。

3. 适量 是指采用既能发挥有效抗菌作用又可减少毒副反应的剂量。用药剂量不足，难以达到治疗效果且亦诱发细菌产生耐药性。剂量过大则容易诱发严重的不良反应而使治疗难以继续。

4. 规律 治疗一旦开始，就应严格按照治疗方案，包括药品种类、剂量、服药方法等有规律地服用。规律用药可减少过敏反应和病情复发。

5. 全程 是指患者按规定的治疗方案完成疗程。结核病是一种容易复发的疾病，过早停药会使已被抑制的细菌重新繁殖或迁延，导致复发。

第二节 抗麻风病药

麻风病为麻风分枝杆菌引起的慢性传染病，病变主要侵犯皮肤黏膜、神经组织。中晚期可累及眼、耳、鼻及内脏器官。早期治疗效果好，常用抗麻风病药物为氨苯砜、苯丙砜、氯法齐明等。麻风病的治疗原则为早期发现，早期隔离，早期治疗，联合用药，长期给药。

一、常用抗麻风病药

氨苯砜

氨苯砜（dapsone，DDS）为砜类化合物。

【体内过程】

口服胃肠道吸收迅速且完全。服药后 2~8 小时血药浓度达峰值。体内分布范围广，以肝、肾中浓度最高，其次为皮肤和肌肉。氨苯砜在肝脏经乙酰化酶代谢，代谢产物经肾脏排泄，慢乙酰化型患者对药物代谢缓慢，不良反应较多。部分药物经胆汁排泄并形成肝肠循环，药物代谢缓慢，因而 $t_{1/2}$ 达 24~48 小时。因易蓄积，建议周期性停药。

【药理作用】

氨苯砜对麻风杆菌有较强的抑菌作用，是治疗麻风病的首选药物。抗菌机制为竞争性抑制二氢叶酸合成酶，干扰细菌叶酸形成。此作用可被对氨基苯甲酸拮抗。

【临床应用】

由于氨苯砜毒性较大，故不适于作为一般抗菌药物应用。单独使用氨苯砜易产生耐药性，与利福平联合使用可延缓耐药性的产生。治疗通常以小剂量开始，1~2 个月达最适剂量，用药 3~6 个月后患者自觉症状好转，治疗需持续 1~3 年。

【不良反应】

砜类药物的不良反应相似，较常见的不良反应为溶血。氨苯砜每日剂量为 0.1 g，约有 25% 患者可产生溶血反应，葡萄糖 -6- 磷酸脱氢酶（G-6-PD）缺乏的患者尤易发生。时有恶心、呕吐、食欲缺乏等胃肠道反应和皮疹、药热、头痛、失眠、视力模糊、血尿、中毒性精神病及外周神经病变，停药后可恢复。在砜类治疗中偶可出现传染性单核细胞增多症样综合征，并可导致死亡。在治疗早期或剂量增加过急，患者可发生麻风症状加剧的反应即"氨苯砜综合征"，表现为发热、不适、剥脱性皮炎、黄疸伴肝坏死、淋巴结肿大等。一旦发现立即停药，可用沙利度胺或糖皮质激素类药物治疗。对砜类或磺胺类药物过敏者、严重肝功能损害、精神障碍者和孕妇禁用。

氯法齐明

氯法齐明（clofazimine，氯苯吩嗪）为一种吩嗪染料，对麻风分枝杆菌有较弱的杀菌作用，兼有抗炎作用，因而该药还用于治疗或预防麻风结节性红斑。氯法齐明对耐氨苯砜的麻风菌株有效，为目前推荐作为多重耐药麻风病的治疗药物。氯法齐明易蓄积于皮肤和角膜,可使皮肤显红色及色素沉着于角膜,并使尿、痰、汗液显红色,少数病人可发生光敏反应。停药后可缓慢消退。也可发生恶心、呕吐和腹泻症状,与剂量大小密切相关。本品可通过胎盘屏障及随乳汁排泄,使新生儿和乳儿皮肤染色。

二、其他抗麻风药

沙利度胺(thalidomide,反应停)对于各型麻风反应如发热、结节红斑、神经痛、关节痛、淋巴结肿大等有一定疗效,对麻风病本身无治疗作用,是抗麻风反应的首选药物。沙利度胺有致畸作用,怀孕期女性禁止使用。

利福平杀灭麻风杆菌的作用较氨苯砜快,毒性小。单用易产生耐药性,需与其他抗麻风病药物联合应用。

(石河子大学 胡艳丽)

第四十五章 抗 疟 药

- Malarial parasites have complex life cycle that permits drug action at several points or stages. Some drugs have more than one type of anti-malarial activity. Anti-malarial agents can be categorized by the stages of the parasite that they affect and the clinical indication for their use.
- Drugs used to treat against blood schizonts are known as blood schizonticides, e.g. artemisinin and artemisinin derivatives, chloroquine, quinine, mefloquine, etc. Drugs used to prevent relapse for radical cure kill schizonts (parasites) in the liver, e.g. primaquine. Pyrimethamine is used for causal prophylaxis to prevent the attack of erythrocytes and further transmission.

疟疾是一种经按蚊传播的疟原虫感染引起的寄生虫病。据 WHO 报告，疟疾流行于 102 个国家和地区，86% 的疟疾病例发生在非洲，我国疟疾主要流行于云南、海南、贵州等南部地区和安徽、河南、江苏、湖北等中部地区。全球大约 40% 的人口受疟疾威胁，临床病例数达 5 亿多人，每年死于疟疾的人数约 300 万。2008 年 4 月 25 日为首个世界疟疾日。寄生于人体的疟原虫有间日疟原虫（Plasmodium vivax）、恶性疟原虫（Plasmodium falciparum）、三日疟原虫（Plasmodium malariae）和卵形疟原虫（Plasmodium ovale）四种，分别引起间日疟、恶性疟、三日疟和卵形疟，其中恶性疟患者的死亡率最高。

目前随着人们交流的日益频繁，来自疫区的移民和到疫区旅行的游客仍然是疟疾的传播者，在一些热带区域仍有疟疾流行，给当地居民的健康和经济发展带来极为不利影响。现有抗疟药中尚无一种能对疟原虫生活史的各个环节都有杀灭作用的药物，因此必须了解各种抗疟药对疟原虫生活史不同环节的作用，以便根据不同目的正确选择药物。疟原虫的生活史可分为雌性按蚊体内的有性生殖阶段和人体内的无性生殖阶段，根据其发育过程又可分为原发性红细胞外期、继发性红细胞外期、红细胞内期和配子体四个阶段（如图 8-45-1）。

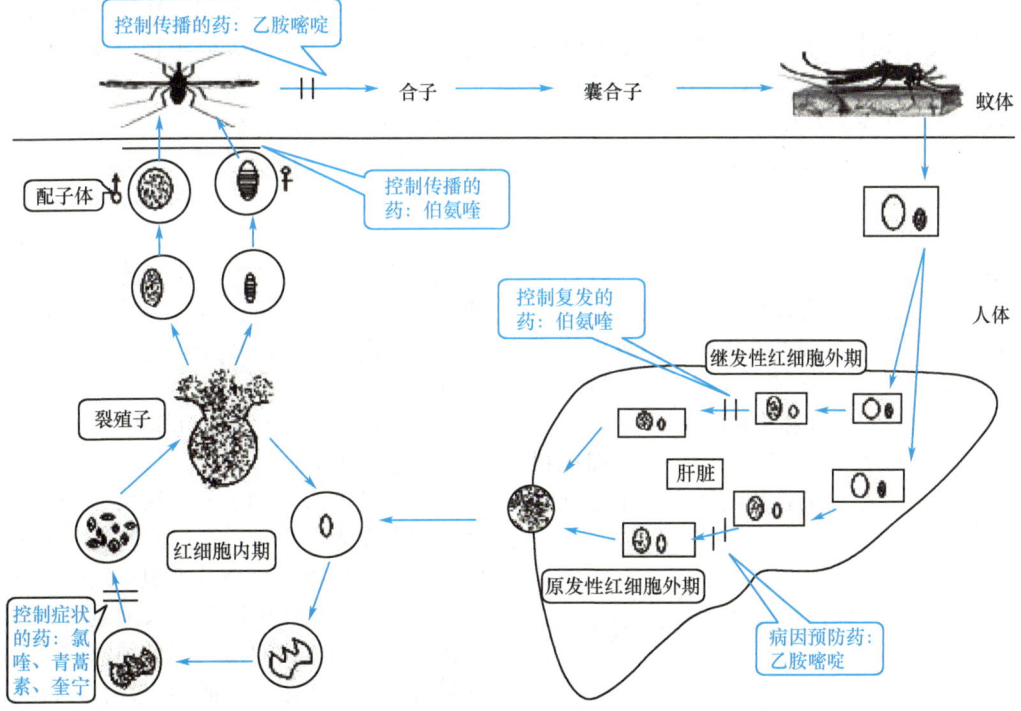

图 8-45-1 疟原虫的生活史及抗疟药作用环节示意图

1. 原发性红细胞外期 感染疟原虫的雌性按蚊叮咬人体时，其唾液中的疟原虫子孢子传入人体血液，约 30 分钟后，即随血流侵入肝细胞内，开始其红细胞前期发育和裂体增殖，经过 10～14 天，生成大量裂殖子。此期不出现症状，为潜伏期。对此期有杀灭作用的药物（如乙胺嘧啶）可起病因性预防作用。

2. 继发性红细胞外期 间日疟原虫和卵形疟原虫的原发性红细胞外期裂殖子释放至血液后，除有些进入红细胞内发育外，另有一些则再次侵入肝细胞内，称为继发性红细胞外期。也有人认为，恶性疟原虫和三日疟原虫的裂殖体破裂后，在肝组织中不会留有任何形态的疟原虫，但间日疟原虫和卵形疟原虫则在部分裂殖体破裂后，还有部分组织型疟原虫可长期在肝组织中持续存在，处于休眠状态。此长期存在于肝组织中的潜伏组织型叫休眠子，经长短不同的间隔时间后可再次进行增殖，释放裂殖子，是引起间日疟和卵形疟再次复发的根源。能杀灭继发性红细胞外期的药物（如伯氨喹）对间日疟和卵形疟有防止复发、起到根治的作用。恶性疟和三日疟原虫无继发性红细胞外期，故无须用药进行根治。

3. 红细胞内期 原发性红细胞外期裂殖子释放至血液后，侵入红细胞内，继续发育为滋养体（环状体）、大滋养体和裂殖体，并破坏红细胞，释放出大量裂殖子及其代谢产物，再加上红细胞破坏产生的大量变性蛋白，刺激机体引起寒战、高热等症状。目前应用的抗疟药大部分为红细胞内期裂殖体杀灭药，如青蒿素及其衍生物、氯喹、奎宁、甲氟喹和咯萘啶等，有控制症状发作和症状抑制性预防作用。目前最有效的就是青蒿素类药物。

4. 配子体阶段 红细胞内期疟原虫一方面不断进行裂殖体增殖，另一方面也产生雌、雄配子体。按蚊在叮人吸血时，雌、雄配子体随血液进入蚊体，两者结合成合子，进一步发育产生子孢子，移行至唾液腺内，成为感染人的直接传染源。伯氨喹对各种疟原虫的配子体均有较强的杀灭作用，故可防止疟疾传播；乙胺嘧啶能抑制雌、雄配子体在按蚊体内发育，亦有控制疟疾传播和流行的作用。

在实际应用时一般将抗疟药分为三类，即控制症状的抗疟药、用于根治的抗疟药和主要用于预防的抗疟药物。

第一节 控制症状的抗疟药

疟疾的临床症状发作是由红细胞内期疟原虫的裂殖体增殖所引起，故红细胞内期裂殖体杀灭药可用以迅速控制疟疾的临床症状。

一、青蒿素类抗疟药

青蒿素

青蒿素（artemisinin）属倍半萜内酯过氧化物，是中国科学家屠呦呦等于 1972 年从菊科植物黄花蒿中成功分离、提取出来的有效成分，并发现其有抗疟作用。随后又人工合成了抗疟作用更强的衍生物，如蒿甲醚、青蒿琥酯和双氢青蒿素。青蒿素及其衍生物是一组高效杀灭红细胞内期裂殖体的抗疟药，作为新一代抗疟特效药是世界抗疟药史上的一个新的重要里程碑。

【药理作用】

本药对良性疟及恶性疟红细胞内期滋养体和裂殖体均有强大杀灭作用，对继发性红细胞外期无效。目前研究发现青蒿素还具有抗血吸虫的作用，并具有抗炎、调节免疫和抗肿瘤等多方面的药理作用。

有关青蒿素杀灭红内期疟原虫的作用机制，最早的研究表明青蒿素可能作用于疟原虫食物胞膜，从而阻断营养摄取的最早阶段，使疟原虫较快出现氨基酸饥饿，迅速形成自噬泡，并不断排出虫体外，使其损失大量胞质而死亡。进一步研究发现其抗疟作用可能与青蒿素的化学结构中含有过氧桥密切相关。在疟原虫破坏红细胞并吞噬血红蛋白后，疟原虫体内的血红蛋白酶将吸收的血红蛋白催化降解成游离氨基酸，并释放出血红素和少量游离的二价铁离子；二价铁离子再催化青蒿素类药物中的过氧桥裂解，产生大量自由基和活性氧，从而修饰或抑制疟原虫生长所需的大分子物质，进而作用于疟原虫的膜系结构，破坏其泡膜、核膜以及质膜，使其线粒体肿胀且内外膜脱落，最终破坏疟原虫的细胞结构和功能。在这个过程中，疟原虫细胞核内的染色体也会受到影响。光学和电子显微镜观测结果显示，青蒿素可以直接进入疟原虫的膜系结构，有效地阻断疟原虫依赖的宿主红细胞浆的营养供给，进而对疟原虫的表膜—线粒体功能造成干扰（而非干扰其叶酸代谢），最终导致疟原虫虫体的全部瓦解。青蒿素的应用还会使疟原虫摄入的异亮氨酸的量大大减少，从而抑制疟原虫虫体内蛋白质的合成。

【体内过程】

口服吸收迅速，0.5～1 小时后血药浓度达峰值，血浆半衰期为 4 小时，在红细胞内的浓度低于血浆中的浓度。分布于全身各组织，以肠、肝、肾的含量较多，可透过血脑屏障进入脑组织。药物在体内很快代谢失活，代谢物大部分经肾排泄，部分经胆汁排泄。由于代谢与排泄均快，有效血药浓度维持时间短，不利于彻底杀灭疟原虫，故复发率较高。

【临床应用】

本药为一种高效、速效、安全的抗疟药，适用于间日疟、恶性疟的症状控制以及耐氯喹和多药耐药的恶性疟原虫株感染的治疗,也可用以治疗凶险型恶性疟,如脑型疟、黄疸型疟疾等,特别是对脑型疟抢救较好。其退热时间及疟原虫转阴时间都较氯喹短。青蒿素的抗疟机制不同于氯喹,两者之间无交叉耐药性,为当前治疗耐氯喹恶性疟原虫感染的重要药物之一。据 WHO 统计,过去十年以青蒿素为基础的联合用药方案使全球疟疾的发病率降低了 47%,死亡率下降了 50%。2004 年 5 月,世界卫生组织已正式推荐将青蒿素复方药物作为治疗疟疾的首选药物。

此外,青蒿素还可用于治疗系统性红斑狼疮及盘状红斑狼疮,可获得不同程度的缓解,治疗初期病情可能有所加重,全身出现蚁走感,半个月后逐渐减轻,月余后一般情况改善。

【不良反应】

可出现轻度恶心、呕吐及腹泻等胃肠道反应。临床偶见一过性 I 度心脏传导阻滞、剂量相关性可逆性网织红细胞和中性粒细胞数降低及暂时性转氨酶升高。肌内注射可引起局部疼痛和硬块。妊娠早期妇女慎用。动物实验表明,高剂量青蒿素可引起神经毒性、Q-T 间期延长、骨髓抑制、肝损害及胚胎毒性等不良反应。

蒿甲醚

蒿甲醚(artemether)由青蒿素还原并甲醚化而制得。对红细胞内期裂殖体有较强的杀灭作用,能迅速控制症状和杀灭疟原虫,对于抗氯喹株恶性疟具有同样效果,但对恶性疟配子体无效。其抗疟作用较青蒿素强 10~20 倍,作用机制同青蒿素。

蒿甲醚对恶性疟(包括抗氯喹恶性疟及凶险型疟)的近期疗效可达 100%,用药后 2 日内多数病例血中疟原虫转阴并退热,复发率 8% 左右。

近年研究还发现蒿甲醚尚能促使血吸虫成虫肝移和被杀死,且对不同发育阶段的血吸虫童虫亦有效,以虫龄 1 周的童虫对药物最敏感,对雌虫作用较雄虫明显,即时疗效良好。

不良反应较轻,仅少数患者注射局部有暂时性胀痛,可自行消失。个别病人有一过性低热,谷草转氨酶、谷丙转氨酶轻度升高,网织红细胞一过性减少。动物实验表明,本品毒性较低,但有一定的胚胎毒性,妊娠 3 个月内妇女慎用。

青蒿琥酯

青蒿琥酯(artesunate)是青蒿素的衍生物,对疟原虫红内期有强大且快速的杀灭作用,能迅速控制临床发作及症状,但对恶性疟配子体无效。适用于脑型疟及各种危重疟疾的救治。其作用机制同青蒿素,宜与防止疟疾复发的药物合用,以达根治目的。治疗剂量未见不良反应,如使用过量(大于 2.75 mg/kg),可能出现外周网织红细胞一过性降低。动物毒理实验表明本品有明显胚胎毒性作用,孕妇应慎用。

双氢青蒿素

双氢青蒿素(dihydroartemisinin)为青蒿素的衍生物,对疟原虫红内期有强大且快速的杀灭作用,能迅速控制临床发作及症状。适用于各种类型疟疾的症状控制,尤其是对抗氯喹的恶性及凶险型疟疾有较好疗效。其作用机制同青蒿素。口服吸收良好,起效迅速。口服双氢青蒿素 2 mg/kg 后,1.3 小时血药浓度达峰值,血浆半衰期为 1.5 小时。体内分布广,排泄和代谢迅速。常规治疗剂量未见不良反应,少数病例有轻度网织红细胞一过性减少。在动物生殖毒性的研究表明,小鼠妊娠感应期给药,能增加胚胎吸收,但未见致畸作用。

二、氯 喹

氯喹(chloroquine)是人工合成的 4- 氨基喹啉类衍生物。

【药理作用】

氯喹对各种疟原虫的红细胞内期裂殖体均有较强的杀灭作用,可迅速控制临床症状。对间日疟、卵形疟和三日疟原虫的配子体和未成熟的恶性疟原虫配子体亦有杀灭作用。但对红细胞外期疟原虫无效,也不能作用于间日疟原虫和卵形疟原虫的休眠子,因此不能根治这些疟原虫引起的感染,也没有病因预防作用。氯喹的抗疟原虫作用机制可能涉及以下几个方面。

1. 碱化效应 受感染的红细胞能使氯喹大量积聚其内,原虫的食物泡和溶酶体是其浓集的部位。氯喹为弱碱性药物,可使食物泡的 pH 升高,影响原虫的血红蛋白酶活性,以致原虫不能消化其摄入的血红蛋白,引起氨基酸的缺乏和核糖核酸崩解。疟原虫红细胞内期的滋养体需要大量氨基酸,故对氯喹特别敏感;而原发性红细胞外期和继发性红细胞外期均寄生在肝细胞内,不以消化血红蛋白为生,故对此药不敏感。

2. 引起疟原虫细胞溶解 血红蛋白在疟原虫食物泡内降解释放出氨基酸后的剩余产物叫疟色素。参与疟色素组成的高铁原卟啉(ferriprotoporphyrin IX,FP)对氯喹有很高的亲和性,而且对阿莫地喹、阿的平和甲氟喹亦有特异性,故 FP 被认为是抗疟药的高亲和性受体。FP 可破坏疟原虫细胞膜,使细胞肿胀,最后破裂,对疟原虫有溶解作用。在正常情况下,疟原虫的 FP 和胞质中某些血红素螯合形成暂时无毒性的复合物,从而阻止 FP 对疟原虫细胞膜的损害。而复合物中的 FP 能与氯喹发生反应,使 FP 游离并形成氯喹 -FP 复合物,且两者皆可削弱细胞膜维持阳离子梯度的能力,造成疟原虫迅速溶解死亡。

3. 影响 DNA 复制 氯喹可插入疟原虫 DNA 双螺旋结构中，形成稳固的 DNA-氯喹复合物，影响 DNA 复制和 RNA 转录，并使 RNA 断裂，从而抑制疟原虫的分裂繁殖。

氯喹还能杀灭阿米巴滋养体，具有抗肠外阿米巴作用。大剂量氯喹还能抑制免疫反应。

【体内过程】

氯喹在胃肠道能充分吸收，也能自肌内和皮下注射部位迅速吸收，一般采用恒速缓慢静脉滴注或皮下、肌内小剂量给药，否则产生暂时性高血药浓度，而引起氯喹的严重毒性反应。口服给药较为安全，一般口服给药后 1～2 小时血药浓度达峰值，且维持较久，氯喹血浆蛋白结合率约 55%。氯喹在红细胞中的浓度为血浆内浓度的 10～20 倍，而在被疟原虫感染的红细胞内的浓度又比正常红细胞高 35 倍，此为杀灭红细胞内的裂殖体创造了良好条件。肝、脾、肾等组织中的浓度更高，常达血浆浓度的 200～700 倍。氯喹在肝脏进行代谢转化，血浆 $t_{1/2}$ 约为 48 小时，其主要代谢产物是去乙基氯喹，此物仍有抗疟作用。小部分（10%～15%）氯喹以原形经肾排泄，其排泄速度可因尿液酸化而加快；约 8% 随粪便排泄。氯喹也可由乳汁中排出。

【临床应用】

氯喹用于治疗疟疾急性发作，可迅速控制临床症状，多数患者在使用治疗量氯喹 24～48 小时内就可完全停止发热，48～72 小时内外周血涂片可呈疟原虫阴性；但其作用正在减弱，主要原因是出现了抗氯喹作用的恶性疟原虫株，如果用药后第二天仍无疗效，则应疑为恶性疟原虫抗药性虫株感染，并应改用其他抗疟药。对间日疟、三日疟、卵形疟和敏感的恶性疟，氯喹仍可作为首选治疗药物，但对间日疟或卵形疟无根治作用，需要与伯氨喹合用才能根治。氯喹尚可用于治疗肠外阿米巴病、华支睾吸虫病、肺吸虫病，对盘状红斑狼疮、肾病综合征和类风湿关节炎等结缔组织疾病亦有一定缓解作用。另可用于治疗光敏性疾患，如日盼红斑症。

【不良反应】

氯喹在治疗剂量使用时，不良反应较少，口服可能出现头晕、头痛、眼花、食欲减退、恶心、呕吐、腹痛、腹泻、皮肤瘙痒、皮疹，甚至剥脱性皮炎、耳鸣、烦躁等。反应大多较轻，停药后可自行消失。但注射给药速度太快时，可出现氯喹急性毒性，表现为低血压、心功能被抑制、心电图异常甚至心跳停止。若注射剂量超过 5 g 可引起死亡。一旦发生，立即人工呼吸，并给予肾上腺素和安定抢救。偶见粒细胞减少、不可逆耳毒性以及因角膜浸润和视网膜病变而引起的视力障碍，其发生与血药浓度有关，每日剂量低于 0.25 g 就可避免。氯喹还可使葡萄糖-6-磷酸脱氢酶缺乏症的患者发生溶血，可致胎儿耳聋、脑积水、四肢缺陷，故孕妇禁用。个别患者用氯喹后，可引起药物性精神病。患有癫痫、肌无力、肝脏疾病或严重胃肠疾病的患者慎用或禁用。氯喹对角膜和视网膜有损害，对长期接受高剂量氯喹治疗的患者，要每隔 3～6 个月检查视觉与神经系统功能。值得注意的是，随着氯喹的广泛使用，目前疟原虫对氯喹耐药的现象日益严重，其耐药的机制尚不十分清楚，可能与药物从虫体排出增多或浓集能力降低有关。

三、奎 宁

奎宁（quinine）是金鸡纳树皮中所含的主要生物碱之一，是奎尼丁的立体异构体。奎宁作为第一代抗疟特效药，拯救了很多生命，是世界抗疟药史上的一个重要发现。

【药理作用】

奎宁主要通过杀灭红细胞内期的裂殖体而起作用，对各种疟原虫都有效，可用以控制各种疟疾的症状，其中对间日疟疗效最好，三日疟次之，恶性疟较差。奎宁还能杀灭间日疟原虫和三日疟原虫的配子体，但对恶性疟原虫的配子体无效，也不能杀灭红细胞外期的疟原虫，故不用于预防用药。奎宁治疗疟疾疗效不及氯喹，毒性却比氯喹大，但在治疗某些抗氯喹和多药抗药性的恶性疟原虫株感染方面有重要价值。

奎宁抗疟原虫的作用机制与氯喹相仿，部分因其为弱碱，在疟原虫的酸性食物小泡中高浓度聚集；也有认为奎宁可通过抑制血红素多聚酶活性，导致血红素聚集在细胞器中，产生细胞毒作用而起到抗疟作用。血红素是血红蛋白在疟原虫食物小泡中降解的副产物，通常在多聚酶的作用下转化为对疟虫无害的疟色素；此外，奎宁能与疟原虫的 DNA 结合，形成复合物抑制 DNA 的复制和 RNA 的转录，从而抑制疟原虫的蛋白质合成，干扰疟原虫的生长、繁殖。作用较氯喹弱。奎宁对中枢神经系统有抑制作用；尚有解热镇痛、抑制心肌，减弱心肌收缩力，延长心肌不应期，减慢传导作用和增强子宫节律性收缩的作用。

【临床应用】

主要用于耐氯喹或耐多药的恶性疟，尤其是严重的脑型疟。对于危重疟疾患者，可静脉注射，迅速应用负荷剂量，以抢救那些无免疫力的患者生命。此外，奎宁尚可缓解先天性肌强直和夜间痛性痉挛的症状。

【不良反应】

1. 金鸡纳反应 主要表现为恶心、呕吐、耳鸣、头痛、听力和视力减弱，甚至发生暂时性耳聋。因为奎宁来自金鸡纳树皮，金鸡纳树的其他生物碱也有此反应，故称金鸡纳反应。多见于重复给药时，停药可恢复。

2. 心血管反应 大剂量的奎宁对心肌有抑制作用。用药过量或静脉滴注速度过快时可致严重低血压和致死性心律失常。

3. 特异质反应 少数恶性疟患者即使应用很小剂量也能引起急性溶血，发生寒战、高热、血红蛋白尿和急性肾功能衰竭，甚至死亡。某些过敏患者可出现皮疹、瘙痒、哮喘等。

4. 其他 奎宁能刺激胰岛细胞，可引起高胰岛素血症和低血糖；对妊娠子宫有兴奋作用，可导致流产，故孕妇禁用；可使重症肌无力患者发生严重呼吸困难和吞咽困难。

四、甲氟喹

甲氟喹（mefloquine）是人工合成的4-喹啉-甲醇衍生物。

甲氟喹能有效杀灭红细胞内期裂殖体，特别是对成熟滋养体和裂殖体有强效杀灭作用。对红细胞外期疟原虫和配子体无效。与长效磺胺和乙胺嘧啶合用可增强疗效，延缓耐药性的发生，可用于耐氯喹或对多药耐药的恶性疟，起效较慢。甲氟喹口服吸收好，胃肠外给药局部刺激强烈，仅能口服给药。在体内分布广，红细胞内浓度高。血浆蛋白结合率约98%。主要经粪便排泄，少量原形药从肾排泄，消除慢，血浆 $t_{1/2}$ 较长，约20天，有长效抑制疟原虫作用。用于症状性预防，每2周给药一次。不良反应有轻度恶心及头晕。若重复大剂量用药，对视网膜和听觉有损害。妇女和儿童不宜服用。

五、咯萘啶

咯萘啶（malaridine）是人工合成的苯并萘啶衍生物。对恶性疟和间日疟原虫的红细胞内期裂殖体均有强大杀灭作用，其机制可能是通过破坏复合膜的结构和功能以及食物泡的代谢活力而迅速发挥杀虫作用。因氯喹对疟原虫的主要作用部位是食物泡，对复合膜则无影响，这可能是耐氯喹的疟原虫对咯萘啶仍敏感的缘故。

咯萘啶适用于治疗各种疟疾，包括脑型疟和凶险疟疾的危重患者，对氯喹有耐药性的患者亦有效。磺胺多辛、乙胺嘧啶或伯氨喹与咯萘啶合用可增强疗效，延缓耐药性的产生，防止复发。与伯氨喹合用，有较好的根治间日疟作用，根治率达98%。不良反应主要表现为轻度胃部不适，偶见便稀；部分患者有头昏、头痛、恶心、呕吐，反应较轻，停药后即消失；用药后尿液呈红色；个别患者肌内注射部位有轻度疼痛、红肿、硬块，能自行消失；严重心、肝、肾病患者慎用。

第二节 用于根治的抗疟药

伯氨喹

伯氨喹（primaquine）是人工合成的8-氨基喹啉类衍生物，是目前唯一应用于根治间日疟和卵形疟的药物。

【药理作用】

伯氨喹为继发性红细胞外期裂殖体杀灭药，因其能杀灭间日疟和卵形疟在肝细胞内的休眠子，故对此两种疟疾有根治作用。伯氨喹对感染人类的四种疟原虫的配子体均有较强的杀灭作用，但对疟原虫红细胞内期的作用较弱，不能控制症状发作。

伯氨喹能抑制疟原虫线粒体的氧化作用，使线粒体形态发生改变，表现为线粒体肿胀，出现胞质空泡，使疟原虫摄氧量显著减少。伯氨喹在体内代谢成为具有较强氧化性的喹啉醌衍生物，将红细胞内的还原型谷胱甘肽（GSH）转变为氧化型谷胱甘肽（GSSH），当后者还原时，需要消耗还原型烟酰胺腺嘌呤二核苷酸磷酸（还原型辅酶Ⅱ，NADPH）。由于疟原虫红细胞外期在肝实质细胞内发育已消耗烟酰胺腺嘌呤二核苷酸磷酸（辅酶Ⅱ，NADP），而伯氨喹的作用又干扰辅酶Ⅱ的还原过程，使辅酶Ⅱ进一步减少，严重破坏疟原虫的糖代谢及氧化过程。

【体内过程】

口服后在肠内吸收快而完全，生物利用度约96%，主要分布在肝组织内，其次为肺、脑和心等组织。血浆半衰期为5.8小时（3.7～7.4小时），大部分在体内代谢，仅1%由尿中排出。因有效血药浓度维持时间较短，故需反复多次服药才能收效。

【临床应用】

用于防治间日疟和卵形疟的复发，与控制症状的抗疟药合用可根治。又因其对各种疟原虫的配子体有效，故又可用于防止疟疾的传播，但需与红细胞内期裂殖体杀灭药合用。

【不良反应】

用量大时，易引起疲倦、头昏、恶心、呕吐、腹痛等不良反应，少数人可出现药热、粒细胞缺乏和高铁血红蛋白血症等。而葡萄糖-6-磷酸脱氢酶（G-6-PDH）缺乏者则易发生急性溶血性贫血、血红蛋白尿以及高铁血红蛋白过多症，出现发绀、胸闷等缺氧症状。

第三节　主要用于病因性预防的抗疟药

乙胺嘧啶

【药理作用】

乙胺嘧啶（pyrimethamine）对人体恶性疟原虫及间日疟某些株的原发性红细胞外期有效，故可用作病因性预防药。对疟原虫红细胞内期裂殖体的核分裂亦有抑制作用，但当原虫发育至成熟阶段时，则不能阻止其分裂，需待下一周期才能起作用，故临床奏效缓慢，不能用以控制疟疾症状。此外，乙胺嘧啶虽对配子体无杀灭作用，但能抑制配子体在蚊体内发育，从而可起到阻断传播疟疾的作用。

乙胺嘧啶是二氢叶酸还原酶抑制药，使二氢叶酸不能还原成四氢叶酸，不能参与嘌呤、嘧啶核苷酸的生物合成，最后使核酸合成减少，细胞核的分裂和疟原虫的繁殖受到抑制。磺胺类或砜类为二氢叶酸合成酶抑制药，乙胺嘧啶与这些药物合用，在叶酸代谢的两个环节上起双重抑制作用，可增强预防效果，且可延缓耐药性的发生。

【临床应用】

主要用于疟疾的病因性预防。也利用它对蚊体内疟原虫发育的影响，达到阻断传播的效果。合用其他抗疟药或磺胺类药物等，可提高其抗疟效果。

【不良反应】

（1）长期较大量口服可致叶酸缺乏而影响消化道黏膜及骨髓等细胞的增殖功能，引起恶心、呕吐、腹痛及腹泻，较严重者出现巨幼细胞贫血或白细胞减少。长期用药应定期检查血象。

（2）可透过胎盘屏障并可进入乳汁，引起胎儿畸形和干扰叶酸代谢，孕妇和哺乳期妇女禁用。

（3）急性中毒，往往因误服（特别注意小儿误服）或超剂量引起惊厥、抽搐甚至死亡。

对于疟疾的预防，除乙胺嘧啶外目前已开发出3种主要疫苗："抗孢子疫苗"，用于预防感染；"阻断传播"疫苗，用于阻断疟原虫在蚊体中的发育；"抗虫性血液期"疫苗，用于减轻疟疾的严重并发症。

第四节　抗疟药的合理应用

1. 抗疟药的选择在于控制症状　对氯喹敏感疟原虫选用氯喹；脑型疟：用青蒿素类注射、磷酸氯喹、二盐酸奎宁给药以提高脑内药物浓度；耐氯喹的恶性疟：选用青蒿素类、奎宁、甲氟喹；为防治或延缓疟原虫耐药性的发生，2004 年 2 月，WHO 对疟疾治疗用药政策进行改革，提出停止使用青蒿素类单方抗疟疾药，而提倡采用以青蒿素类药物为基础的联合用药方案（简称 ACTs 疗法）。目前在大多数国家中，复方青蒿素已经成为一线治疗药物，其治疗疟疾的治愈率可达到 95%，起效时间比青蒿素单方制剂要短，但价格较后者昂贵。休止期：乙胺嘧啶和伯氨喹合用。预防用药：乙胺嘧啶预防发作和阻止传播，氯喹能预防性抑制症状发作。

2. 联合用药　现有抗疟药尚无一种对疟原虫生活史的各个环节都有杀灭作用，因此宜联合用药。对间日疟和卵形疟宜选用青蒿素类或氯喹与伯氨喹合用于发作期的治疗，既控制症状，又防止复发和传播。乙胺嘧啶与伯氨喹合用于休止期患者，可防止复发。不同作用机制的药物联合应用，可增强疗效，减少耐药性发生，如乙胺嘧啶与磺胺可协同阻止叶酸合成；对耐氯喹的恶性疟使用青蒿素与甲氟喹或咯萘啶联合治疗。

（三峡大学医学院　郑卫红）

第四十六章 抗阿米巴病药及抗滴虫药

- Metronidazole, the first choice for treatment of amebiasis, which kills trophozoites but not cysts of *E. histolytica* and effectively eradicates intestinal and extraintestinal tissue infections.
- Tinidazole, the analog of metronidazole and the drug of choice for the treatment of amebic colitis, amebic liver abscess, and any other extraintestinal form of amebiasis.
- Emetine, Once used widely to treat severe invasive intestinal amebiasis and extraintestinal amebiasis, now it has been replaced by metronidazole, which is as effective and far safer.

第一节 抗阿米巴病药

阿米巴病是由溶组织内阿米巴引起的一种人兽共患寄生虫病。阿米巴原虫多寄生于人和动物的肠道和肝脏，以滋养体和包囊两种形式存在。包囊从外界随着污染的食物被人吞食后，在肠腔内脱囊而出成为小滋养体，并不断繁殖。当机体抵抗力下降时，小滋养体侵入肠壁成为大滋养体，并在肠黏膜下层繁殖扩展使肠壁形成溃疡，而引起急性阿米巴痢疾或肠炎。大滋养体可随血流进入肝、肺、脑组织内引起继发性阿米巴病，以阿米巴肝脓肿和肺脓肿最常见。当机体抵抗力强时，小滋养体就变为包囊，随粪便排出体外，机体不表现任何症状，称为无症状排包囊者，成为阿米巴病的传染源。

抗阿米巴病药（antiamoebic drugs）可分为作用于肠道内、肠道外或两者兼有作用的几种类型。多数抗阿米巴药物对滋养体具有杀灭作用，少数药物具有杀灭包囊作用，某些抗生素如巴龙霉素、土霉素、红霉素等可直接杀灭滋养体或抑制共生菌群，而发挥抗阿米巴作用。

一、抗肠内、外阿米巴病药

甲硝唑

甲硝唑（metronidazole）又称灭滴灵，是人工合成的 5-硝基咪唑类衍生物。

【体内过程】

口服吸收迅速，血药浓度达峰时间为 1～3 小时，血浆蛋白结合率约 10%～20%，生物利用度约 95% 以上。吸收后广泛分布在各组织和体液中，且能通过血-脑脊液屏障，故对各部位的阿米巴均有效，对重症阿米巴痢疾及阿米巴肝脓肿的疗效显著。$t_{1/2}$ 为 8～10 小时，有效血药浓度可维持 12 小时，甲硝唑主要在肝脏代谢，代谢产物与原形药主要经肾排泄，少量经乳汁排泄。

【药理作用和临床应用】

1. 抗阿米巴作用 甲硝唑对肠内、外阿米巴滋养体均有强大的杀灭作用，治疗急性阿米巴痢疾和肠道外阿米巴感染效果显著。因其在肠内浓度偏低，对小滋养体及包囊作用较弱，故在治疗阿米巴痢疾时宜与抗肠腔内阿米巴药交替使用。在治疗阿米巴肝脓肿时，与氯喹等交替使用，疗效更为显著。

2. 抗滴虫作用 甲硝唑口服后，药物可分布于阴道分泌物、精液和尿液中，对阴道毛滴虫有直接杀灭作用，且治疗剂量下对阴道内的正常菌群无影响，故对男、女性泌尿生殖系统滴虫感染患者都具有良好疗效，是治疗阴道毛滴虫的首选药物。但要注意必须夫妻同治，才能达到疗效。

3. 抗厌氧菌作用 对厌氧性革兰阳性和阴性菌都有较强的抗菌作用，对脆弱拟杆菌感染尤为敏感。用于预防和治疗厌氧菌引起的感染，如呼吸道、消化道、腹腔及盆腔感染，皮肤软组织、骨和骨关节等部位的感染以及脆弱拟杆菌引起的心内膜炎、败血症及脑膜炎等。甲硝唑既可杀灭厌氧菌又可杀死口腔原虫，因此还广泛应用于口腔厌氧菌感染、口腔原虫病的预防和治疗，较少引起耐药性。

4. 抗贾第鞭毛虫作用 甲硝唑是目前治疗贾第鞭毛虫最有效的药物，治愈率在 90% 以上。

甲硝唑对病原体的作用机制可能是由于其可在体内从还原性底物（如 NADPH）得到电子而形成还原型的硝基咪唑化合物，进入易感的微生物细胞，抑制其细胞 DNA 的合成，并使已合成的 DNA 降解，破坏 DNA 的双螺旋结构或阻断其转录复制，从而使细胞死亡，而杀灭病原体。

【不良反应】

甲硝唑不良反应轻微，以消化道反应为主，可出现恶心、呕吐、食欲缺乏、口干、金属味感、腹痛、腹泻等。少数人出现血白细胞减少、尿路刺激、面部潮红等。个别人可能有神经毒性反应，如眩晕或感觉性周围神经病或共济失调及惊厥。如发现有中枢神经系统中毒症状，应立即停药。有器质性中枢神经系统疾病及血液病患者、妊娠三月内及哺乳期内妇女禁用。

【药物相互作用】

本药是乙醇脱氢酶的抑制药,可抑制乙醇代谢,与乙醇合用会出现恶心、呕吐、胸闷、胸痛、呼吸困难、意识模糊,甚至血压下降和休克,故服药期间禁忌饮酒。本药可抑制华法林和其他香豆素类的代谢而加强其抗凝血作用,使凝血酶原时间延长,故有出血危险。苯巴比妥和苯妥英钠能加速甲硝唑代谢。

替硝唑

替硝唑(tinidazole)是甲硝唑的衍生物,药理作用和作用机制与甲硝唑相似,对阿米巴痢疾的疗效也与甲硝唑相仿,对阿米巴肝脓肿、厌氧菌感染、贾第鞭毛虫病的疗效均优于甲硝唑,也用于阴道滴虫病的治疗。本药易从胃肠道吸收,口服后6小时血药浓度达高峰,口服的生物利用度高,口服后血药浓度高于甲硝唑2倍。$t_{1/2}$较长,约13小时。替硝唑排泄稍慢于甲硝唑,口服72小时后,尿中仍能检出37%的药物。不良反应少,剂量大时,有胃肠道不适、头痛、背痛及瘙痒等症状。

奥硝唑

奥硝唑(ornidazole)是第三代硝基咪唑类衍生物,确切作用机理尚不清楚,其原药和具有细胞毒作用的活性中间代谢产物可作用于厌氧菌、阿米巴原虫和毛滴虫细胞的DNA,使其螺旋结构断裂或阻断其转录复制而致其死亡。临床用于厌氧菌感染引起的多种疾病,治疗男女泌尿生殖道毛滴虫、贾第鞭毛虫感染及消化系统阿米巴虫病。奥硝唑容易经胃肠道吸收,血浆消除半衰期为14小时,广泛分布于人体组织和体液中,包括脑脊液。奥硝唑在肝中代谢,小量在粪便中排泄。主要不良反应有嗜睡、头痛、眩晕、胃肠不适,个别患者可出现震颤、运动失调、意识短暂消失等中枢神经系统障碍或周围神经病。

依米丁

依米丁(emetine)是茜草科吐根属植物根中提取的异喹啉类生物碱,又称吐根碱,其衍生物去氢依米丁(dehydroemetine)的作用与依米丁相似,但毒性较低。

【体内过程】

两药口服吸收很不规则,有较强刺激性,能引起恶心、呕吐。静注或肌注时,易在注射部位引起肌肉疼痛、坏死及蜂窝织炎。因此一般采用深部皮下注射给药,吸收良好。分布到肝脏的浓度最高,其次为肺、肾、脾,而肠壁、心、脑含量较少,而分泌于肠腔者更少,因而本药对阿米巴肝脓肿疗效最好。主要经肾缓慢排泄,连续给药易致积蓄中毒。

【药理作用】

依米丁和去氢依米丁对组织内阿米巴滋养体有直接杀灭作用,但不能杀灭肠腔中的滋养体,由于依米丁只能杀灭肠壁的滋养体,所以能迅速控制急性阿米巴痢疾症状,但不能根治,因治疗浓度不能杀灭其包囊,故不能消除其传播感染能力。本药通过抑制核蛋白体上肽酰基tRNA的移位,阻止蛋白质合成而干扰溶组织阿米巴滋养体的分裂与增殖,从而杀灭阿米巴原虫。

【临床应用】

主要用于急性阿米巴痢疾急需控制症状者,控制急性症状疗效好,但根治作用差,故不适用于慢性阿米巴痢疾及无症状的带包囊者。对肠外阿米巴病如肝、肺、脑、肾阿米巴性脓肿疗效亦佳,因其毒性大,现已少用,基本被甲硝唑取代,仅用于甲硝唑无效或禁用甲硝唑的患者。此外,还可用于蝎子蜇伤。

【不良反应】

两药治疗指数低,且易蓄积,毒性较大。不良反应有:①心脏毒性,常为心前区疼痛、心动过速、低血压、心律失常,甚至心力衰竭,心电图改变表现为T波低平或倒置,Q-T间期延长;②神经肌肉阻断作用,表现为肌无力、疼痛、震颤等;③局部刺激,注射部位可出现肌痛、硬结或坏死;④胃肠道反应,恶心、呕吐、腹泻等。治疗应在医师监护下进行。孕妇、儿童和有心、肝、肾疾病者禁用。

二、抗肠内阿米巴病药

卤化喹啉类

本类药物包括喹碘方(chiniofon)、氯碘喹啉(clio-quinol)、双碘喹啉(diiodohydroxyquinoline)。

【体内过程】

本类药物口服吸收较少,肠腔内浓度高,能有效杀灭肠腔内阿米巴滋养体。绝大部分直接由粪便排出,进入血液中的药物大部分以原形经尿排出。

【药理作用】

对肠道内阿米巴有较强的作用,抑制滋养体的生长繁殖,以致杀灭。由于杀灭了滋养体,从而间接清除了包囊。作用机制可能是抑制阿米巴滋养体内酶的活性和肠腔内共生菌群,从而抑制阿米巴原虫的分裂与繁殖。

【临床应用】

用于治疗慢性阿米巴痢疾,对无症状带包囊者的疗效更好,可起到根治和切断传染源的效果。对急性阿米巴痢疾及较顽固病例,宜与甲硝唑、依米丁等药物合用,以达根治效果。对肠外阿米巴病无效。

【不良反应】

最主要不良反应为腹泻,其次是引起恶心、呕吐和出现甲状腺轻度肿大,极少数对碘过敏者可出现发热、皮疹等。大剂量长期应用可引起亚急性脊髓-视神经病变。

巴龙霉素

巴龙霉素（paromomycin）是氨基苷类抗生素，口服吸收少，肠道浓度高，通过抑制蛋白质合成直接杀灭阿米巴滋养体。还能抑制阿米巴的肠道共生性细菌，从而使阿米巴的生长繁殖发生障碍，间接发挥抗阿米巴作用。用于治疗阿米巴痢疾、菌痢和肠炎。不良反应常见头晕、食欲减退、恶心、呕吐、腹部不适及轻度腹泻和皮疹。长期口服后，也有可能引起肾脏损伤及听力损害，肾功能不良者禁用。

二氯尼特

二氯尼特（diloxanide）是二氯乙酰胺类衍生物，是目前最有效的杀包囊药。单独应用时是治疗无症状或仅有轻微症状的携带包囊者的首选药，对急性阿米巴痢疾，用甲硝唑控制症状后，再用二氯尼特可清除肠腔内的包囊，可有效地防止复发。对肠外阿米巴病无效。口服吸收迅速，1 h 血药浓度达高峰，分布全身。

不良反应轻，偶有恶心、呕吐和皮疹等。大剂量时可致流产，但无致畸作用。

三、抗肠外阿米巴病药

氯喹

氯喹（chloroquine）为抗疟药，也有杀灭阿米巴滋养体的作用。因其口服吸收完全，在肝、肺、脾、肾等组织内的浓度高于血浆数百倍，因而对阿米巴肝脓肿、肺脓肿有效。由于其在肠壁组织内分布较少，故对阿米巴痢疾无效。本药起效快，可使阿米巴病的体征和症状迅速消失。由于肠内感染是肠外阿米巴病的根源，为了防止复发，应加用抗肠内阿米巴病药。

第二节 抗滴虫病药

滴虫性阴道炎是由阴道鞭毛滴虫所引起的妇科常见寄生虫病，滴虫寄生于妇女的阴道、尿道、男性的尿道、前列腺，引起阴道炎、尿道炎或前列腺炎，多通过性接触而传染。抗滴虫病首选药为甲硝唑（灭滴灵）、替硝唑，此外尚有乙酰胂胺、曲古霉素等，局部治疗可使用滴维净、灭滴灵等。

甲硝唑

甲硝唑（metronidazole）除具有抗阿米巴滋养体作用外，还具有强大的杀灭滴虫作用。口服后可出现于阴道分泌物、精液和尿中，在杀死阴道内、精液及尿液中阴道毛滴虫的同时，不影响阴道内正常菌丛的生长，是治疗阴道滴虫病的首选药。因滴虫亦感染男性，为保证疗效，配偶双方应同时治疗，并讲究个人卫生，勤换洗内裤，以求根治。

乙酰胂胺

乙酰胂胺（acetarsol）为五价胂剂，对阴道毛滴虫有明显直接杀灭作用。因毒性大，仅供外用。此药有轻度局部刺激作用，可使阴道分泌物增多。

（湖北民族学院 刘 红）

第四十七章 抗血吸虫病药和抗丝虫病药

- Praziquantel, a pyrazinoisoquinoline derivative, is effective for schistosomal infections of all species and most other trematode and cestode infections. Praziquantel appears to increase the permeability of schistosomal cell membrane to calcium, resulting in marked contraction, spastic paralysis, vacuolization of epidermis, causing rapid shift of schistosome to the liver, and death. Praziquantel is the drug of choice for all forms of schistosomiasis, clonorchiasis, paragonimiasis, taeniasis, neurocysticercosis and other parasitic diseases. Artesunate and artemether, derivatives of artemisinin, are comfirmed effective in prophylaxis of schistosomiasis.
- Diethylcarbamazine is a drug of first choice in the treatment of filariasis. It immobilizes microfilariae and alters their surfaces structure, making them more susceptible to destruction by host defense mechanisms.

第一节 抗血吸虫病药

血吸虫病由血吸虫寄生于人体而引起，主要病原有日本血吸虫、曼氏血吸虫、埃及血吸虫等5种。血吸虫病广泛流行于亚洲、非洲和拉丁美洲，全世界约有2亿感染者。我国流行的血吸虫病是日本血吸虫所致，流行区分布在长江流域和长江以南的十二个省、市、自治区。

药物治疗不仅是治疗血吸虫病最重要的手段，也能达到控制传播的效果。酒石酸锑钾是治疗血吸虫病的第一个特效化疗药物，自1918年起作为治疗血吸虫病的主要药物，但该药需静脉注射给药，且疗程长、毒性大，自20世纪80年代已不再使用。自70年代中期上市，吡喹酮的面世使血吸虫病的化疗进入了一个新阶段，该药先后取代了奥沙尼喹、美曲磷酯、硝硫氰胺、尼立达唑、海恩酮等抗血吸虫病药，成为目前治疗血吸虫病的首选药。近年来，青蒿素衍生物蒿甲醚和青蒿琥酯作为口服预防血吸虫病的药物也得到广泛认可。

吡喹酮

吡喹酮（praziquantel）是20世纪70年代开发的广谱抗吸虫、抗绦虫药，属吡嗪异喹啉衍生物，具有高效、低毒、疗程短、口服有效等优点。我国于1978年用于临床，是目前治疗日本血吸虫病的唯一药物。

【体内过程】

口服吸收迅速，生物利用度约为80%，血药浓度达峰时间为1～3h，血浆蛋白结合率约80%。体内分布较广，在肝、肾中浓度最高，其次为肺、胰、肾上腺、脑垂体和唾液腺，很少通过胎盘。脑脊液中药物浓度为血药浓度的14%～20%。哺乳期患者服药后，其乳汁中药物浓度相当于血清药物的25%。吡喹酮在肝脏迅速代谢，$t_{1/2}$为0.8～3小时，代谢产物主要经肾脏排泄，其次通过胆汁排泄，晚期血吸虫病患者肝功能减退可致$t_{1/2}$延长。

【药理作用与作用机制】

吡喹酮对日本血吸虫、埃及血吸虫、曼氏血吸虫均有明显而快速的杀灭作用，杀成虫作用明显，对童虫作用较弱。对华支睾吸虫、姜片吸虫、肺吸虫也有明显杀灭作用，对各种绦虫成虫和其幼虫都有不同程度的作用。

吡喹酮的杀虫作用包括对虫体的直接作用和虫体经药物作用受损后宿主的免疫效应两方面。直接作用引起虫体活动兴奋、虫肌痉挛性麻痹和皮层损害。血吸虫与吡喹酮接触后出现活动增加，继而引起虫体收缩及痉挛性麻痹，虫体失去附着于血管的能力，随血液快速迁移至肝脏，被吞噬细胞消灭。较高浓度的吡喹酮可迅速引起虫的皮层广泛损害，表现为皮层肿胀和空泡形成，继而发生皮层糜烂、破溃，虫体肌肉溶解，分泌体消失。皮层损伤暴露出隐蔽抗原，使血吸虫易受宿主的免疫攻击而死亡。大量研究表明吡喹酮的抗血吸虫作用表现出对宿主免疫反应的依赖性，宿主体内特异性抗体及细胞免疫反应可能参与调节吡喹酮的杀虫机制。

吡喹酮对血吸虫的作用机制与Ca^{2+}密切相关，其影响虫体Ca^{2+}稳态的机制尚未完全阐明，可能是作用于虫体细胞的电压门控钙通道（VGCCs）的β亚单位，增加虫体细胞膜对Ca^{2+}的通透性，促使Ca^{2+}内流所致；最近也有证据表明吡喹酮引起Ca^{2+}在虫体内的分布发生变化，即虫皮层的Ca^{2+}减少，而肌层的Ca^{2+}增加，从而导致虫体挛缩和皮层受损。

吡喹酮对虫代谢也有广泛影响。可阻止日本血吸虫对葡萄糖的摄入致糖原含量明显减少；抑制虫体RNA合成，降低RNA和蛋白质含量；吡喹酮明显抑制虫体的ATP酶，抑制虫皮层的碱性磷酸酶，高浓度时可抑制胆碱酯酶。

【临床应用】

吡喹酮是一种广谱抗蠕虫药，治疗各种血吸虫病均有效，无预防作用。对日本血吸虫病，治愈率可达 98.0～99.4%。各种慢性血吸虫病采用总剂量 60 mg/kg 的 1～2 日疗法，每日量分 2～3 次服。急性血吸虫病总剂量为 120 mg/kg，每日量分 2～3 次服，连服 4 日。也可用于治疗华支睾吸虫病、肺吸虫病和姜片虫病以及多种绦虫和囊尾蚴病等。

【不良反应与注意事项】

吡喹酮不良反应轻微短暂，患者耐受良好，98% 以上患者可顺利完成治疗，约 40% 的患者无任何不良反应。部分患者可出现腹痛、腹胀、腹泻等症状，偶尔出现消化道出血。心血管系统表现有心电图变化，主要是 T 波低平、双相，其次是期前收缩和 ST 段压低。神经系统症状以头痛、头昏、乏力为多见。服药期间不要从事驾车等需要高度协调和警觉性的工作，眼囊虫病患者禁用，严重肝病患者需调整剂量。

青蒿琥酯

青蒿琥酯（artesunate）为青蒿素的衍生物。

【药理作用与作用机制】

对日本血吸虫和曼氏血吸虫童虫有杀灭作用。日本血吸虫童虫经青蒿琥酯作用后，虫体体表肿胀，皮层变薄、糜烂，肌层坏死和肠腔上皮细胞破坏脱落。青蒿琥酯确切的杀虫机制尚未明确，有研究表明其对血吸虫童虫的苹果酸脱氢酶、6-磷酸甘露糖酶和酸性磷酸酶有抑制作用，可引起虫体能量代谢障碍。

【临床应用】

主要用于预防血吸虫病，迄今为止，在我国已有 20 万人服用青蒿琥酯预防日本血吸虫病，保护率达 95%。通常于接触疫水后 7～10 天开始服药，每周一次；如与吡喹酮联合应用，必须在服用吡喹酮后 5～7 天服用本药。

不良反应轻微，可见发热、头痛、恶心、呕吐等，动物实验有胚胎毒性作用，故妊娠期妇女慎用。

蒿甲醚

蒿甲醚（artemether）为青蒿素衍生物，广泛用于治疗疟疾。80 年代初证明有抗血吸虫作用，现已成为预防血吸虫病的药物。

【药理作用与作用机制】

主要杀灭血吸虫童虫，对日本血吸虫、曼氏血吸虫、埃及血吸虫均有效。蒿甲醚能使受血吸虫尾蚴感染的实验动物体内虫的数量显著减少，使体外培养血吸虫的皮层广泛损害。

其主要作用机制是抑制虫体皮层的腺苷三磷酸（ATP）酶和碱性磷酸酶（AKP），影响虫对葡萄糖的摄入，并促进糖原的分解，导致虫实质组织的糖原含量明显减少。蒿甲醚对血吸虫的糖酵解亦有抑制作用，致乳酸产生减少，其作用的靶酶可能是磷酸果糖激酶、磷酸甘油酸激酶和丙酮酸激酶。

【临床应用】

与青蒿琥酯相似，主要用于预防血吸虫病。不良反应较轻。

第二节 抗丝虫病药

淋巴丝虫病（简称丝虫病）为丝虫寄生于人体淋巴系统所引起的寄生虫病，在所有寄生虫病中其致残率位居第二位。我国流行的丝虫病的病原体为班氏丝虫和马来丝虫。2007 年，我国成为全球第一个消灭丝虫病的国家，但仍有约 40 万慢性丝虫病患者需要治疗和关怀。

乙 胺 嗪

乙胺嗪（diethylcarbamazine，海群生），常用其枸橼酸盐。

【体内过程】

口服易吸收，1～2 小时血药浓度达峰值。$t_{1/2}$ 为 5～13 小时，服药后 48 小时内 50% 以上的原型药及代谢产物由肾脏排泄，反复给药无蓄积现象。乙胺嗪在酸性尿中排泄快，而在碱性尿中排泄明显减慢。

【药理作用】

乙胺嗪在体内对班氏丝虫、马来丝虫微丝蚴均有杀灭作用，使血液中的微丝蚴迅速消失，大剂量对成虫有作用。在体外，乙胺嗪对两种丝虫的微丝蚴和成虫无杀灭作用，表明其杀虫作用对宿主免疫反应具有依赖性。乙胺嗪对易感微丝蚴的作用有两个方面：一是使肌组织超极化，失去活动能力，随血液被动流入肝脏，在肝窦内被吞噬细胞杀灭；二是破坏微丝蚴表层的完整性，使之更易遭受宿主免疫系统的攻击和破坏。

【临床应用】

适用于班氏丝虫、马来丝虫感染，作为首选药。

【不良反应】

毒性甚低，偶可引起食欲减退、恶心、呕吐、乏力、失眠等。治疗期间由于大量微丝蚴和成虫被杀灭后释放出异性蛋白，患者可出现畏寒、发热、头痛、肌肉关节酸痛、皮疹、瘙痒等反应。对活动性肺结核、严重心脏病、肝肾疾病、急性传染病以及孕妇、哺乳期妇女应暂缓治疗。

（长江大学医学院　王贵林）

第四十八章 抗肠蠕虫药

> • Anthelmintics are drugs that act either locally to expel worms from the gastrointestinal tract or systemically to eradicate adult helminths or developmental forms that invade organs and tissues. Due to discovery and development of anthelmintics, particularly for veterinary applications, physicians now have effective, and in some cases broad-spectrum agents that will cure or control most human infections caused by either flukes or intestinal helminths.

全球有超过 20 亿的人感染肠道蠕虫，在我国肠蠕虫病以肠道线虫（蛔虫、钩虫、蛲虫和鞭虫等）感染最为普遍。抗肠蠕虫药（intestinal anthelmintics）是从胃肠道驱除蠕虫或杀灭侵入组织或器官的蠕虫的一类药物。肠道寄生的蠕虫分为三大类：肠道线虫、肠道绦虫和肠道吸虫。不同蠕虫对不同药物的敏感性不同，因此，必须针对不同的蠕虫感染正确选药。近年来，高效、低毒及广谱抗肠蠕虫药不断问世，使多数肠蠕虫病得到有效治疗和控制。目前，由于在农业生产领域中使用抗蠕虫药，耐药性的问题也不容忽视。

第一节　广谱抗肠蠕虫药

甲苯达唑

【药理作用】

甲苯达唑（mebendazol，安乐士）是合成的苯并咪唑类衍生物，属广谱驱蠕虫病药。能杀灭钩虫、蛔虫和鞭虫的虫卵，是治疗钩虫、蛔虫、鞭虫和蛲虫感染的首选药物。

【抗虫机制】

甲苯达唑与虫体的 β- 微管蛋白结合，抑制微管聚集、分泌颗粒转运和其他亚细胞器运动，但几乎不影响人体的微管系统，因而在治疗浓度下对人体毒性较小。抑制虫体线粒体延胡索酸还原酶系统，干扰葡萄糖转运，使氧化磷酸化脱耦联，减少虫体 ATP 生成，抑制其生存、繁殖，促其死亡。

【体内过程】

甲苯达唑几乎不溶于水，口服吸收少，首关消除明显，生物利用度为 22%，脂肪类食物有利于增加药物的吸收量。血浆蛋白结合率约 95%，$t_{1/2}$ 为 2～9 小时，肝功能不全者 $t_{1/2}$ 延长。90% 以上的原药随胆汁由粪便排出体外，故药物在肠腔内浓度较高，利于驱除肠道蠕虫，但不利于杀灭组织内寄生虫。

【临床应用】

临床适用于治疗钩虫、蛔虫、蛲虫和鞭虫单独或混合感染，具有安全、高效的特点，也可治疗部分肠绦虫病和包虫病。本品与左旋咪唑合用可提高其疗效和安全性。

【不良反应】

本品不良反应少。在药物治疗时，大量虫体排出体外，少数病例可出现短暂腹痛或腹泻。

【禁忌证】

动物实验表明本品有致畸作用，孕妇禁用。2 岁以下幼儿不宜使用。肝肾功能不全者禁用。

阿苯达唑

【药理作用】

阿苯达唑（albendazole，肠虫清）亦是苯并咪唑类衍生物，是高效、低毒的广谱驱虫药。

【抗虫机制】

阿苯达唑的驱虫谱和作用机制基本同甲苯达唑。

【体内过程】

阿苯达唑不溶于水，口服后 2.5～3 小时血药浓度达峰值。本品在体内分布依次为肝、肾和肌肉，可透过血脑屏障到达脑组织内。本品经肝脏代谢，主要代谢产物阿苯达唑亚砜仍有较强的驱虫活性，经尿液排泄。

【临床应用】

临床主要用于杀灭多种肠道线虫、绦虫和吸虫单独或混合感染。本品尚可用于治疗各种类型的囊虫病和包虫病，疗效优于甲苯达唑。

【不良反应】

短期治疗肠线虫病不良反应少，偶有腹痛、腹泻、恶心、头痛等症状。长期治疗包虫病时，常见血清转氨酶活性增高，停药后可恢复正常。

【禁忌证】

动物实验表明有致畸和致突变作用，孕妇禁用。肝肾功能不全者慎用。

噻苯达唑

噻苯达唑（thiabendazole）亦是苯并咪唑类化合物，广谱驱虫药，对人、家畜或家禽的多种肠道蠕虫均有作用。本品是虫体延胡索酸还原酶抑制剂。该药不仅对粪类圆线虫、旋毛虫、蛔虫和鞭虫的成虫有杀灭作用，而且在低浓度时对其幼虫亦有杀灭作用。本品因不良反应严重（达 50%），现主要用于治疗粪类圆线虫病、旋毛虫病以及皮肤幼虫移行症等。对该药过敏者及肝肾功能不全者禁用。孕妇禁用。

奥苯达唑

奥苯达唑（oxibendazole，又名丙氧咪唑）为甲苯达唑的同类药，是广谱驱虫药。主要用于治疗钩虫、蛔虫和鞭虫感染。其中，对十二指肠钩虫和美洲钩虫病的治疗效果明显。

左旋咪唑

左旋咪唑（levamisole，驱钩蛔）为四咪唑的左旋异构体。本品高效、低毒，属于广谱驱虫药。对线虫、绦虫和吸虫的成虫及虫卵均有杀灭作用。机制为抑制虫体肌肉内琥珀酸脱氢酶活性，阻止延胡索酸还原为琥珀酸，使虫体发生持续性收缩而麻痹，失去附着能力，排出体外。用于治疗蛔虫、钩虫及蛲虫病，对丝虫病和囊虫病亦有一定疗效，与噻嘧啶合用可治疗严重钩虫感染。

本品可提高病人对细菌及病毒感染的抵抗力。目前试用于肺癌、乳腺癌手术后、恶性淋巴瘤化疗后的辅助治疗等。

不良反应轻而短暂，偶有头晕、恶心、呕吐、发热、乏力、嗜睡、发痒和皮疹等不良反应。大剂量或多次用药，偶可出现发热、流感样症状、肝功能损伤、粒细胞和血小板减少症等。妊娠早期、肝功能异常及肾功能减退的患者慎用，肝炎活动期忌用。

双羟萘酸噻嘧啶

双羟萘酸噻嘧啶（pyrantel pamoate，又名抗虫灵），四氢嘧啶衍生物，为人工合成的广谱、高效驱虫药。本品既是除极化型神经肌肉阻滞药，亦是胆碱酯酶抑制药。发挥除极化型神经肌肉阻滞样作用时，使虫体肌肉强烈收缩，痉挛性麻痹，虫体不能附着肠道管壁，排出体外。抑制胆碱酯酶时，使神经肌肉接头处乙酰胆碱堆积，神经-肌肉兴奋性增强。

临床主要用于驱钩虫、蛔虫和蛲虫。对鞭虫无效。

双羟萘酸噻嘧啶治疗剂量时不良反应少而轻，偶有发热、头痛、腹部不适和皮疹。少数患者可出现血清转氨酶增高。孕妇及 2 岁以下幼儿禁用，肝功能不全者禁用。

第二节 其他抗肠蠕虫药

吡喹酮

吡喹酮（praziquantel）为广谱抗吸虫和绦虫药物，适用于各种血吸虫病、华支睾吸虫病、肺吸虫病和姜片虫病等。本药不仅对血吸虫成虫有强大而迅速的杀灭作用，对各种绦虫感染和幼虫引起的囊虫病、包虫病也有不同程度的疗效。治疗囊虫病，有效率为 82%～98%，且杀灭作用迅速。治疗脑型囊虫病时，可因虫体死亡后的炎症反应引起脑水肿、颅内压增高，宜同时使用脱水药和糖皮质激素以防意外。本品不能用于治疗眼囊虫病，因眼内囊虫被杀死后会引起危险的炎症反应。

哌嗪（piperazine，驱蛔灵）为常用驱蛔虫药，临床常用其枸橼酸盐。其抗虫作用机制主要是通过改变细胞膜对离子的通透性，引起膜超极化，阻断乙酰胆碱在神经-肌肉接头的传递功能，导致虫体迟缓性麻痹，随粪便排出体外；亦可抑制琥珀酸合成，干扰虫体糖代谢，使肌肉收缩的能量供应受阻。治疗蛔虫所致的不完全性肠梗阻和早期胆道蛔虫病。对蛲虫病有一定疗效，但用药时间长（7～10 天），远不如阿苯达唑等方便，现已少用。

本品不良反应轻，但大剂量时可出现恶心、呕吐、腹泻和上腹部不适等症状，也可出现如嗜睡、眩晕、共济失调和肌肉痉挛等神经系统症状。肝肾功能不良和神经系统疾病者禁用。孕妇禁用。

氯硝柳胺（niclosamide，灭绦灵）是水杨酰胺类衍生物。早期为杀钉螺药，因对血吸虫尾蚴和毛蚴有杀灭作用，可用于血吸虫病的预防。后发现其对多种绦虫（牛肉绦虫、猪肉绦虫、阔节裂头绦虫等）感染具有较好疗效，其中对牛肉绦虫病疗效为佳。本品通过抑制绦虫线粒体内 ADP 的无氧磷酸化，阻碍产能过程，杀死虫体头节和近端节片，使虫体从肠壁脱落，排出体外。

本品口服几乎不吸收，不良反应少，仅偶见头晕、恶心、乏力和皮肤瘙痒等。

伊维菌素（ivermectin）既有较强的抗丝虫作用，也有抗昆虫和肠线虫的作用。目前主要用于治疗盘尾丝虫病。它不仅对粪类圆线虫感染有突出疗效，也对蛔虫、鞭虫等肠道感染有较好疗效，不良反应低。

健康个体对本品易耐受，偶尔引起较严重的低血压、心动过缓、淋巴系统炎症以及眼科疾患等。孕妇、哺乳妇女和 5 岁以下儿童禁用。

酚嘧啶（oxantel，奥克太尔）为噻嘧啶的衍生物，对鞭虫效果较好，非广谱驱虫药。单用对蛔虫、钩虫感染无效，与噻嘧啶联合制成复方制剂，对蛔虫、钩虫和鞭虫的混合感染疗效较好。

第三节 抗肠蠕虫药的应用原则

抗肠蠕虫药的选用依据既要考虑药品的疗效、安全性，也要考虑药品价格和厂家等，更要根据患者的病情来制定应用原则（见表 8-48-1），具体如下：

1. 须采用综合疗法 根据肠道蠕虫的种类、患者体质强弱和病情缓急选药。体弱患者宜先采用支持疗法和对症治疗，如贫血症状明显者，须先纠正贫血。蛔虫造成的急性肠梗阻和胆道蛔虫病腹痛未缓解时，不宜采用驱蛔虫药。

2. 合并感染用药 严重蛔虫感染合并肠道其他寄生虫病感染时，一般应先采用对虫体无刺激性的广谱驱蛔虫药物。

3. 避免药物吸收 驱肠虫药一般只需在肠道局部发挥作用，服药期间应避免饮酒及进食过多的脂肪性食物，以免药物溶于乙醇和脂肪，促进药物吸收，增加毒性，降低疗效。

4. 使用方法 空腹或半空腹时服药为宜，促进口服驱虫药在肠道内与蠕虫充分接触。如该驱虫药本身无导泻作用，应于服药数小时后服用导泻药或采用清洗灌肠，尽快排出被杀死或麻痹的虫体，避免死虫在体内分解引起中毒。

5. 力求根治 疗程完毕后应观察治疗结果，未能根治者需进行第二疗程的治疗，但至少需间隔 1~2 周。应同时宣传防治方法避免治疗后再次感染。

表 8-48-1 肠蠕虫病药物的适应证及合理选用原则

适应证	首选药物	次选药物
蛔虫感染	甲苯达唑、阿苯达唑	双羟萘酸噻嘧啶、哌嗪、左旋咪唑
蛲虫感染	甲苯达唑、阿苯达唑	双羟萘酸噻嘧啶、哌嗪、恩波吡维胺
钩虫感染	甲苯达唑、阿苯达唑	双羟萘酸噻嘧啶
鞭虫感染	甲苯达唑	
绦虫感染	吡喹酮	氯硝柳胺
姜片虫感染	吡喹酮	
华支睾吸虫感染	吡喹酮	阿苯达唑
囊虫病	吡喹酮、阿苯达唑	
包虫病	阿苯达唑	吡喹酮、甲苯达唑

（湖北科技学院　吴基良）

第四十九章　抗恶性肿瘤药

- Antineoplastic agents are divided into four categories according to their chemical structures and sources, which are synthetic chemicals (alkylating agents, antimetabolites and platinum coordination complex), natural products (antibiotics, phytomedicine, arsenic trioxide), steroid hormones and their antagonists, and bioengineering antineoplastic products.
- Each of commonly used antineoplastic drugs is detailly described in term of general principles of antineoplastic effect, potential targets, major indications, pharmacokinetics and adverse drug reactions.
- The main obstacles to successful cancer chemotherapy include the natural and acquired resistance of cancer cells to chemotherapeutic agents, and the unavoidable toxicities to normal cells caused by currently available cytotoxic antineoplastic drugs. Besides, some delayed toxicities affecting the heart, lungs, or kidneys may be irreversible, leading to permanent organ damage even death. Fortunately, such toxicities can be minimized by adhering to standardized protocols and the guidelines for drug use.

恶性肿瘤（癌症）已经成为严重威胁人类健康的常见和多发疾病。在对恶性肿瘤的手术治疗、化学（药物）治疗、放射治疗和生物治疗等综合措施中，化学治疗（chemotherapy，简称化疗）仍然占有重要地位。随着近年来肿瘤生物学研究的迅速进步，新理论和新靶点的发现，除了传统的细胞毒类药物外，新的选择性较好、毒副作用较少的治疗药物正不断出现并陆续被用于恶性肿瘤的临床治疗，使得患者的生存时间和生活质量得以改善。

第一节　抗肿瘤药物的作用机制及分类

目前已知的恶性肿瘤细胞特点是分化程度低且无限制增殖，具有侵袭性，结构及功能均不成熟，呈幼稚状。因此药物治疗恶性肿瘤可以采用如下策略：①诱导肿瘤细胞分化进而变成正常成熟细胞；②诱导肿瘤细胞凋亡或失去侵袭性不再危害机体；③破坏肿瘤细胞生长环境；④抑制肿瘤细胞生长增殖以控制其发展。第四种策略是目前临床应用最广泛的。这是因为肿瘤细胞在生长增殖过程中与正常细胞结构或功能的本质性区别尚有待发现。抑制细胞增殖的药物往往缺乏对肿瘤细胞的针对性，具有非选择性细胞毒性作用。机体存在着多种终生不断生长增殖的正常组织细胞（毛囊细胞、胃肠道上皮细胞、骨髓造血细胞等），故而使用细胞毒药物抗肿瘤的同时，往往会产生明显的毒副作用。

一、抗肿瘤药物的作用机制

（一）抗肿瘤作用的细胞生物学机制

根据肿瘤细胞生长繁殖的特点，可将肿瘤细胞分为增殖细胞群、静止细胞群（G_0期）和无增殖能力细胞群。增殖细胞群占全部肿瘤细胞群中的比率称为生长比率（growth fraction，GF）。根据GF大小，将GF值接近于1的，称为增长迅速的肿瘤细胞群，它们对药物敏感，如急性白血病、霍奇金病和绒毛膜上皮癌等；将GF值为0.01～0.5间的，称为增长缓慢的肿瘤细胞群，它们对药物不敏感，如慢性白血病和许多实体瘤。G_0期细胞代谢十分缓慢，暂时不会分裂增殖。但当各种原因如药物导致增殖细胞群大量死亡时，G_0期细胞就可进入增殖周期，成为肿瘤复发的根源。肿瘤细胞从一次分裂结束到下一次分裂结束的时间称细胞增殖周期，该过程分为四个期（时相）：G_1期（DNA合成前期）；S期（DNA合成期）；G_2期（DNA合成后期或有丝分裂准备期）；M期（有丝分裂期）。另外，在G_1/S期、S/G_2期及G_2/M期的交界时段存在着细胞周期时相控制点（checkpoint），精密地控制着细胞周期的运行（图8-49-1）。

（二）抗肿瘤药物对细胞周期影响的特异性分类

1. 细胞周期非特异性抗肿瘤药（cell cycle non-specific agent，CCNSA）　凡破坏DNA结构、影响其复制或转录功能的药物，包括烷化剂、抗肿瘤抗生素和铂类配合物等，它们可抑制或杀灭处于增殖周期各时相的细胞,以及 G_0 期细胞,产生细胞周期非特异性的抗肿瘤作用。这类药物杀灭肿瘤细胞的作用强且呈剂量依赖性,在机体能耐受药物毒性的限度内,随剂量增加,杀灭肿瘤细胞的作用成倍增加。

2. 细胞周期特异性抗肿瘤药(cell cycle specific agent,CCSA) 凡能影响 DNA 合成(抑制 S 期)的药物如抗代谢药,或抑制有丝分裂(抑制 M 期)的药物如长春碱类药物,均产生细胞周期特异性的抗肿瘤作用。其他如紫杉醇类和鬼白毒素类等也属于此类药物。因受药物作用时相所限(自限性),周期特异性药物的杀伤肿瘤细胞作用往往表现较弱,达到一定作用后,再增加剂量其作用也不增加;药物作用呈时间依赖性,需要一定时间才能发挥效果。

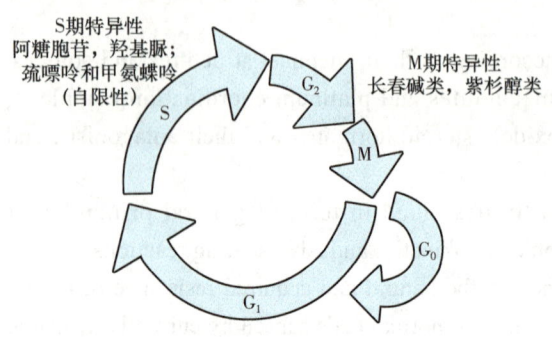

图 8-49-1 细胞周期及抗肿瘤药物作用的时相性

(三)抗肿瘤作用的生物化学机制

核酸是生物体内最重要的生命遗传物质,它包含着控制蛋白质合成的信息。抗肿瘤药物的作用机制多是干扰或阻遏核酸及蛋白质代谢的生化过程而发挥抗肿瘤作用(图 8-49-2)。

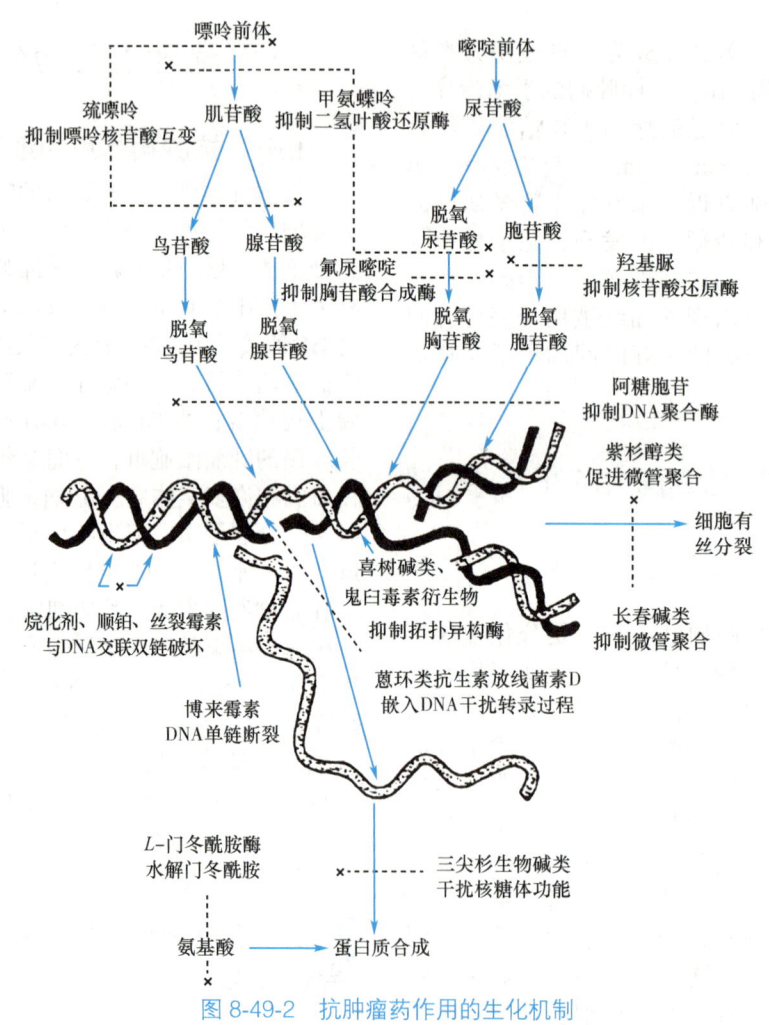

图 8-49-2 抗肿瘤药作用的生化机制

1. 干扰核酸(DNA、RNA 及其前体)的生物合成 肿瘤细胞生长繁殖迅速,需要大量合成核酸的原料。有些抗肿瘤药物的化学结构与这些原料如叶酸、嘌呤、嘧啶相似,可以通过掺伪机制与正常原材料竞争相关合成酶,分别在不同环节干扰核酸尤其是 DNA 的生物合成,使肿瘤细胞不能进行分裂,最后导致死亡。如:①胸苷酸合成酶抑制药,如 5-氟尿嘧啶;②嘌呤核苷酸互变抑制药,如 6-巯基嘌呤;③二氢叶酸还原酶抑制药,如甲氨蝶呤;④DNA 多聚酶抑制药,如阿糖胞苷;⑤核苷酸还原酶抑制药，如羟基脲。它们属周期特异性药物，主要作用于 DNA 合成期（S 期）细胞，也称抗代谢药。

2. 影响 DNA 结构、功能及其复制 药物直接破坏 DNA 结构，或抑制拓扑异构酶活性，影响 DNA 复制和修复功能。又分为：① DNA 交联剂 - 烷化剂，如美法仑、环磷酰胺、卡莫司汀、白消安和二溴甘露醇等；②直接破坏 DNA 的铂类配合物，如顺铂及卡铂等；③破坏 DNA 的抗生素，如丝裂霉素类及博莱霉素等；④拓扑异构酶抑制药，如喜树碱及鬼臼毒素类。

3. 干扰转录过程及阻止 RNA 合成 药物嵌入 DNA 碱基对之间，干扰转录过程，阻止 mRNA 合成，如放线菌素类、蒽环类和普卡霉素类抗肿瘤抗生素。

4. 影响蛋白质合成与功能 药物作用于蛋白质合成的不同环节，影响蛋白质的功能，抑制肿瘤细胞的生长增殖。可进一步归纳为：①影响微管蛋白活性，如长春新碱及紫杉醇类；②干扰核糖体功能，如三尖杉酯碱类；③影响氨基酸供应，如 L- 门冬酰胺酶。

5. 影响激素平衡，抑制肿瘤生长 严格地讲，此类药物不属于化疗药物，而应属于内分泌治疗药物。它们抗肿瘤作用机制是通过调控激素的平衡，抑制某些激素依赖性肿瘤的生长。细分为：①肾上腺皮质激素；②雌激素及抗雌激素；③雄激素及抗雄激素；④孕激素。

6. 其他机制 ①诱导肿瘤细胞分化，如维 A 酸；②促进肿瘤细胞凋亡，如三氧化二砷；③抑制肿瘤血管增生，如抗内皮生长因子抗体；④影响肿瘤细胞增殖相关信号转导机制，如伊马替尼；⑤抗肿瘤侵袭转移；⑥逆转肿瘤耐药性，如钙拮抗药等。

二、抗肿瘤药物的分类

依据来源与化学分类可将抗肿瘤药物分类为：

1. 人工合成品

（1）烷化剂：①氮芥类，②亚硝脲类，③乙撑亚胺类，④甲烷磺酸酯类，⑤三氮烯类，⑥甲基肼类，⑦环氧化物类。

（2）抗代谢药：①嘧啶类似物，②胞苷类似物，③嘌呤类似物，④叶酸类似物，⑤取代脲素类。

（3）铂类配合物：顺铂及卡铂。

（4）其他：沙利度胺、伊马替尼、吉非替尼等。

2. 天然及半合成产物

（1）植物药：①长春碱类，②紫杉醇类，③鬼臼毒素类，④喜树碱类，⑤三尖杉酯碱类。

（2）抗生素：①放线菌素类，②丝裂霉素类，③博莱霉素类，④蒽环类，⑤普卡霉素类。

（3）酶类：L- 门冬酰胺酶。

（4）矿物药：三氧化二砷。

（5）维生素 A 衍生物：维 A 酸。

3. 激素类及相关药

（1）甾体激素及拮抗药：①肾上腺皮质激素类，②雌激素及抗雌激素类，③雄激素及抗雄激素类，④孕激素类。

（2）芳香化酶抑制药。

4. 生物工程产品 如白介素 -2，以及针对不同肿瘤靶标的单克隆抗体等。

第二节　常用抗肿瘤药

一、干扰核酸（DNA、RNA 及其前体）的生物合成的药物

干扰核酸生物合成的药物又称抗代谢药（antimetabolites），是指能与体内代谢物发生特异性结合，从而影响或拮抗代谢功能的药物，通常它们的化学结构与体内的核酸或蛋白质代谢物相似。其作用方式有两种，其一，两者竞争同一酶系，影响酶与代谢物间的正常生化反应速率而减少或取消代谢物的生成；其二，以"伪"物质身份参与生化反应，生成无生物活性的产物，而阻断某一代谢，致使该合成路径受阻。

● 嘧啶类似物

氟尿嘧啶

氟尿嘧啶（5-fluorouracil，5-FU）全称 5- 氟尿嘧啶，是尿嘧啶 5- 位上 -H 被 -F 取代的衍生物，为胸苷酸合成酶抑制药或拮抗嘧啶代谢药。

【体内过程】

口服吸收不规则，需静脉给药，静脉注射 15 mg/kg 后，血浆 $t_{1/2}$ 为 10～20 分钟，20% 以原形经肾脏排泄，其余大部分被肝脏及其他组织代谢，进入脑脊液中的药物量较少。

【药理作用及作用机制】

氟尿嘧啶对多种肿瘤尤其是对消化道癌症和乳腺癌疗效较好。其在细胞内转变成 5- 氟尿嘧啶脱氧核苷酸（5F-dUMP）后才发挥作用。5F-dUMP 抑制脱氧胸苷酸合成酶，使脱氧尿苷酸不能甲基化变为脱氧胸苷酸，影响 DNA 合成。另外，氟尿嘧啶在体内还可转化为 5- 氟尿嘧啶核苷，掺入 RNA 中，干扰蛋白质合成。对各期细胞都有效。

【临床应用】

用于治疗食管癌、胃癌、结肠癌、直肠癌、胰腺癌及肝癌，也用于卵巢癌、子宫癌、乳腺癌、鼻咽癌、膀胱癌及前列腺癌等。常参与组成几种联合治疗方案，是重要的抗癌药物之一。还可局部应用其软膏剂治疗皮肤癌前病变和表浅基底细胞瘤，但不用于

浸润性皮肤癌。

【不良反应】

静脉滴注后常见消化道反应且最早出现；一般于用药后第二周出现骨髓毒性，白细胞及血小板减少；约 5% 患者出现小脑共济失调征（急性小脑综合征）；其他有口腔黏膜炎、皮疹、色素沉着等。

卡培他滨

卡培他滨（capecitabine）为 5-氟尿嘧啶（5-FU）的衍生物，可口服给药。在肿瘤组织中通过胞苷脱氨酶、胸苷磷酸化酶等转化为 5-FU 而发挥作用，其临床应用及不良反应与 5-FU 相似。卡培他滨用于治疗：①对紫杉醇和蒽环类抗生素无反应或蒽环类抗生素治疗后的乳腺癌转移患者；②推荐单用 5-FU 治疗的转移结肠直肠癌患者。

● 胞苷类似物

阿糖胞苷

阿糖胞苷（cytarabine，Ara-C）为胞苷及脱氧胞苷类似物，它主要杀伤 S 期细胞，属细胞周期特异性药物；是治疗急性髓细胞性白血病（acute myeloid leukemia，AML）最重要的抗代谢药之一。

【体内过程】

口服仅 20% 药物到达体循环中，故必须静脉给药。静脉注射给药，血浆 $t_{1/2}$ 分布相为 10 分钟、消除相为 2~5 小时，进入体内的药物迅速被胞苷脱氨酶代谢，主要以无活性阿糖鸟苷经肾排泄。易透过血脑屏障，脑脊液中药物浓度为血中浓度的 40%。持续静脉滴注时脑脊液中药物浓度明显高于快速静脉注射时脑脊液浓度。鞘内注射 50 mg/m² 时，发生脱氨反应的可能性较小，药物维持时间延长，$t_{1/2}$ 为 2~3 小时。

【药理作用及作用机制】

阿糖胞苷在胞质内经脱氧胞苷激酶及磷酸或二磷酸嘧啶核苷酸激酶催化形成二磷酸或三磷酸胞苷，抑制 DNA 多聚酶的活性而影响 DNA 合成。此外，还干扰和抑制与 DNA 修复有关的 β-DNA 聚合酶。近年来，认为其有诱导某些白血病细胞分化作用，但机制未明。

【临床应用】

主要用于治疗成人急性淋巴细胞性白血病（acute lymphoblastic leukemia，ALL）或单核细胞白血病；对恶性淋巴瘤亦有一定疗效，但须与柔红霉素等合用。鞘内注射用于治疗脑膜白血病及淋巴瘤，常需与甲氨蝶呤交替使用，疗效更佳。

【不良反应】

主要为骨髓抑制及胃肠道反应，可出现巨幼细胞性贫血及发热反应、呕吐、腹痛及胃肠出血。偶见肝功能异常及高尿酸血症，肝肾功能不全者禁用。鞘内注射偶见蛛网膜炎或神经系统毒性。

阿扎胞苷

阿扎胞苷（azacitidine）有抗白血病和诱导分化活性，用于治疗脊髓发育不良，使 15%~20% 的患者骨髓发育正常化，并使 1/3 的患者减少输血的需求。它掺入 DNA 和 RNA 中，抑制 DNA 的甲基化，诱导沉默基因的表达，也可以用于镰状细胞性贫血，诱导胎儿血红蛋白（HbF）合成。其主要毒性为骨髓抑制，静脉给予后出现严重的恶心和呕吐。

● 嘌呤类似物

巯嘌呤

巯嘌呤（6-mercaptopurine，6-MP）全称 6-巯基嘌呤，又名乐疾宁，是腺嘌呤 6 位上的 -NH₂ 被 -SH 取代的衍生物，为嘌呤核苷酸互变抑制药或嘌呤核苷酸合成抑制药。

【体内过程】

口服吸收不完全，经过肝脏黄嘌呤氧化酶首关代谢后，生物利用度降低。口服生物利用度仅 10%~50%，个体差异较大，与食物或口服抗生素同服会降低其吸收。其血浆半衰期相对较短，$t_{1/2}$ 为 50 分钟。

【药理作用】

经过黄嘌呤-鸟苷酸酶的催化，6-MP 首先转变成伪核苷酸 -6-硫代肌苷酸，后者阻止肌苷酸转变为腺苷酸和鸟苷酸，从而干扰嘌呤代谢、阻碍 DNA 合成，使肿瘤细胞不能增殖。它对 S 期细胞及其他期细胞有效。

【临床应用】

主要用于儿童急性淋巴细胞和粒细胞性白血病的治疗，大剂量亦用于治疗绒毛膜上皮癌等。

【不良反应】

骨髓抑制及胃肠反应较多见，成年患者约 1/3 出现黄疸，停药后可恢复。肿瘤细胞对 6-MP 可产生耐药性。耐药机制：①激活次黄嘌呤鸟嘌呤磷酸核糖转移酶（HGPRT）的不足或完全缺失；②特有的碱性磷酸酶活性增加；③药物载体减少；④改变 5-磷酸核糖胺合成酶的变构抑制；⑤改变对 6-MP 诱导的 DNA 断裂和错译的识别；⑥多重耐药蛋白-5 活性增加，排出核苷类似物。

克拉屈滨

克拉屈滨（cladribine）为抗腺苷脱氨酶的嘌呤类似物，核糖核苷酸还原酶抑制药。一般采用静脉给药，血浆 $t_{1/2}$ 为 6~7 小时。口服吸收，经肾脏排泄；可透过血脑屏障，脑脊液中药物浓度约为血浆浓度的 25%，脑膜炎时可达到血浆浓度。它被细胞内脱氧胞苷激酶磷酸化后转变成三磷酸克拉屈滨，进而掺入 DNA 中。它可使 DNA 链断裂，使 NAD 和 ATP 消耗，细胞凋亡，是核糖核苷酸还原酶的有效抑制药。该药是治疗毛细胞性白血病（hairy cell leukemia，

HCL）的首选药物，80% 的患者在治疗一个疗程后可完全缓解。对慢性淋巴细胞性白血病（CLL）也有效。是治疗其他白血病和低分化的淋巴瘤、郎格汉斯（Langerhans）细胞组织细胞增生症、皮肤 T 淋巴细胞瘤等的二线药。常见骨髓抑制，反复化疗后发生累积性血小板减少，机会感染。其他毒性包括：恶心、高热、头痛、疲乏、皮疹等。

磷酸氟达拉滨

磷酸氟达拉滨（fludarabine phosphate）是具有阻止脱氨作用的含氟核苷酸类似物。静脉给予磷酸氟达拉滨，在血浆中迅速转变成氟达拉滨，终末 $t_{1/2}$ 约 10 小时，主要通过肾脏排泄。在细胞外，脱磷酸化形成核苷氟达拉滨，进入细胞内被脱氧胞苷激酶再次磷酸化成有活性的三磷酸衍生物。它抑制 DNA 多聚酶、DNA 引物酶、DNA 连接酶和核糖核苷酸还原酶，并掺入 DNA 和 RNA 中。三磷酸核苷酸掺入 DNA 后是一有效的肽链延长终止因子，掺入 RNA 抑制 RNA 延伸和 mRNA 的翻译，促进细胞凋亡。

主要用于慢性淋巴细胞性白血病，也用于常规治疗无效的 B 细胞淋巴瘤，对标准烷化剂治疗无效的 CLL 患者仍有效，有效率可达 32%~48%。对前髓细胞性白血病、表皮 T 细胞淋巴瘤等也有效。毒性反应包括：骨髓抑制、淋巴细胞减少和血小板减少、恶心和呕吐、寒战和高热、不适、食欲减退和乏力。可发生周围神经病变，精神状态改变、癫痫发作、视神经炎和昏迷等。

● 叶酸类似物

甲 氨 蝶 呤

甲氨蝶呤（methotrexate，MTX）也称二氢叶酸（FH_2）还原酶抑制药，为叶酸拮抗药。

【体内过程】

口服吸收程度与剂量有关，存在饱和现象，高剂量（大于 30 mg/m²）吸收不完全；静脉给药后，呈三时相消除，第一相是快速分布相，第二相是肾脏清除相，$t_{1/2}$ 约 2~3 小时，第三相是终末相，$t_{1/2}$ 约 8~10 小时。血浆蛋白结合率约为 50%，主要以原形经肾脏排泄。

【药理作用】

甲氨蝶呤的化学结构与叶酸相似，可阻断二氢叶酸还原成四氢叶酸，造成 5,10-甲酰四氢叶酸（甲酰 FH_4）供应不足，导致胸腺嘧啶及嘌呤合成过程中的一碳单位转移障碍，影响脱氧胸苷酸合成而阻碍 DNA 和 RNA 合成。主要作用于 S 期，对增殖迅速的细胞最有效。

【临床应用】

用于治疗儿童急性白血病，疗效显著。也用于绒毛膜上皮癌、恶性葡萄胎、卵巢癌、头颈部肿瘤及消化道癌等。

【不良反应】

常见肝功能损伤及口腔、消化道黏膜损伤。其骨髓毒性较大，表现为白细胞及血小板减少，甚至全血象下降，为了减轻这一毒性，主张先用大量 MTX，一段时间后再用甲酰 FH_4 制剂作为"救援剂"，以保护正常细胞，减少毒性。癌细胞对 MTX 较易产生耐药性，获得性耐药机制包括：①损伤甲氨蝶呤向细胞内的转运；②产生变异型二氢叶酸还原酶（DHFR），使之对抑制剂的亲和力下降；③通过基因扩增或改变基因调节增加细胞内 DHFR 浓度；④合成甲氨蝶呤谷氨酸聚合体的能力下降；⑤使药物泵出的转运体和多药耐药蛋白（multidrug resistance related protein，MRP）的表达增加。

【药物相互作用】

磺胺药和阿司匹林能使已与血浆蛋白结合的 MTX 游离，加重其毒性，合用时须注意。

● 取代脲素类

羟 基 脲

羟基脲（hydroxycarbamide，hydroxyurea，HU）为核苷酸还原酶抑制药，选择性作用于 S 期细胞。

【体内过程】

口服吸收，1~1.5 h 血药浓度达峰值，血浆消除 $t_{1/2}$ 为 3~4 h；可透过血脑屏障，在母乳中大量存在，主要在肝脏代谢，经肾脏排泄。

【药理作用】

羟基脲抑制核苷酸还原酶，阻止胞苷酸转变为脱氧胞苷酸，从而抑制脱氧胞苷酸掺入 DNA，并能直接损伤 DNA。它使部分细胞滞留于 G_1/S 期边缘，导致癌细胞部分同步化，有利于增加癌细胞对放射治疗的敏感性。通过耗竭脱氧核苷酸，它还增强 DNA 损伤药如烷化剂、顺铂等的抗增殖效应，促进阿糖胞苷等掺入 DNA。另外，该药还有胎儿血红蛋白（HbF）诱导作用。

【临床应用】

主要用于治疗慢性髓细胞白血病（chronic myelocytic leukemia，CML），对白消安无效者仍有效；可暂时缓解晚期黑色素瘤、头颈癌和卵巢癌。也用于特发性血小板增多症和镰状细胞贫血患者。

【不良反应】

用药 10 天后出现骨髓抑制，白细胞、血小板减少，停药 1~2 周可恢复。其他有恶心、呕吐、胃肠功能紊乱等消化系统反应可见脱屑性间质肺炎，轻度皮肤反应，少见口腔炎、神经症状、皮肤和指甲色素沉着、皮疹、脱发及高尿酸血症等。偶见头痛头晕、幻觉、惊厥等。羟基脲是一个强大的致畸药，孕妇禁用。

二、影响 DNA 结构、功能及其复制的药物

（一）烷化剂

烷化剂（alkylating agents）是一类药物分子中含有烷化功能基团，化学性质活跃的化合物，其共同特点：①均属周期非特异性药物，对增殖周期中各期细胞均有作用。②它们的化学结构差异较大，但所含烷化功能基团能取代细胞中 DNA 或蛋白质分子中的氨基、巯基、羟基、羧基等的氢原子，从而破坏 DNA 的结构和功能。其中包括：阻止 DNA 双链复制，烷化活性基团与 DNA 两条链上鸟嘌呤 7 位氮结合，形成交叉联结，使碱基配对错码；脱嘌呤作用，使烷化后的鸟嘌呤从 DNA 上脱落，造成 DNA 链缺损；使烷化后嘌呤环断裂，进而造成 DNA 断裂。③缺乏组织细胞选择性，对人体正常组织也有杀伤作用，尤其是对骨髓毒性作用更为明显。另外，对增殖中的黏膜细胞和中枢神经系统有高度毒性。④单独使用烷化剂时，很容易产生耐药性。肿瘤对烷化剂耐药机制包括：降低主动转运药物的通透性，增加亲核物质如谷胱甘肽的细胞内浓度，增加 DNA 修复途径的活性等。

● 氮芥类

环磷酰胺

环磷酰胺（cyclophosphamide）为细胞周期非特异性药，其特点是体外无效而进入体内后有效。

【体内过程】

小剂量（100 mg）口服，生物利用度为 97%，大剂量（300 mg）口服，生物利用度变异较大，约为 74%。在肝脏转化，经肾脏排泄。静脉注射后，$t_{1/2\alpha}$ 及 $t_{1/2\beta}$ 分别为 0.96 小时和 6.5 小时，肾功能不全时 $t_{1/2\beta}$ 可延长到 10 小时以上。

【药理作用】

药物进入体内后，在肝脏微粒体酶系的作用下生成中间产物醛磷酰胺，部分醛磷酰胺经血液循环转运至肿瘤细胞，进一步发生氧化、裂环、分离出具有强大烷化作用的磷酰胺氮芥；它使 DNA 烷化并形成交叉联结，影响 DNA 功能，出现显著地抑制肿瘤细胞生长繁殖作用。环磷酰胺亦有免疫抑制作用，抑制 T 及 B 淋巴细胞功能，使淋巴结及脾脏缩小等。

【临床应用】

抗瘤谱广，对恶性淋巴瘤疗效显著，对多发性骨髓瘤、急性淋巴细胞性白血病（ALL）、儿童神经母细胞瘤疗效良好；对卵巢癌、乳腺癌、肺癌等有一定疗效。也可作为免疫抑制药用于某些自身免疫性疾病及抗器官移植排斥反应。

【不良反应及注意事项】

常引起脱发，发生率为 30%～60%；抑制骨髓，降低白细胞，应定期检查血象。刺激膀胱黏膜，引起出血性膀胱炎，表现为尿频、尿急、血尿、蛋白尿等；此与其代谢产物丙烯醛（acrolein）具有强烈的膀胱刺激性有关，用药期间多饮水或给予美司钠（mesna，巯乙磺酸钠）可减轻或预防之。

美 法 仑

美法仑（melphalan）又名左旋苯丙氨酸氮芥（米法兰）。属于细胞周期非特异性化疗药。口服吸收不恒定，差异大，血浆中原形药物的 $t_{1/2}$ 为 1～2 小时，大部分被转化，10%～15% 的原形经肾脏排出。口服给药用于治疗多发性骨髓瘤，对乳腺癌和卵巢癌有辅助治疗作用；动脉给药治疗恶性黑色素瘤等。美法仑可产生骨髓抑制，尤其是剂量较大时更易发生，可出现白细胞减少、血小板减少和贫血；也引起继发性、急性骨髓抑制性白血病。大剂量常引起恶心和呕吐。美法仑还可引起延迟性肺浸润和肺纤维化。此外，肾功能不全患者应谨慎使用。

● 亚硝脲类

卡莫司汀

卡莫司汀（carmustine）又名卡氮芥、双氯乙亚硝脲及亚硝基脲氮芥。

【体内过程】

经静脉给药后 1 h，即进入脑脊液，药物浓度为血浆浓度的 30%～50%，主要依赖肝微粒体酶代谢，代谢产物主要经肾脏排出，血浆 $t_{1/2}$ 为 15 分钟。

【药理作用】

卡莫司汀除与 DNA 交联外，也与 RNA 交联而发挥作用，还使蛋白质及氨基酸氨甲基化，主要是赖氨酸的 ε- 氨基。抗瘤谱广，作用快而强。属于细胞周期非特异性药，但对 G_1-S 过渡期细胞作用最强。

【临床应用】

主要用于治疗中枢神经系统肿瘤，对多发性骨髓瘤、霍奇金病、非霍奇金淋巴瘤、黑色素瘤等也有作用。

【不良反应】

常见骨髓抑制，用药后 3～4 周出现白细胞及血小板减少症，持续 2～3 周。约 50% 患者出现恶心、呕吐等不良反应，还可能发生肺毒性、肾毒性及肝毒性，偶见神经炎。

● 乙撑亚胺类

噻 替 哌

噻替哌（thiotepa）由三个乙撑亚胺基结合于亲核的硫代磷酰化碱基而成。在肝脏经 CYP 迅速转化，

主要生成三乙烯磷酰胺，它引起 DNA 交叉联结而发挥作用。为细胞周期非特异性、广谱抗癌药。主要用于治疗乳腺癌、卵巢癌、黑色素瘤和膀胱癌等。局部刺激性大，常用作静脉或动脉内注射，以及腔内注射。对骨髓抑制作用较强，可引起白细胞及血小板减少等。

● **甲烷磺酸酯类**

白 消 安

白消安（busulfan）又名马利兰（myleran），为细胞周期非特异性抗肿瘤药。

【体内过程】

口服经胃肠道吸收，血药浓度达峰时间为 1~2 小时，$t_{1/2}$ 为 2~5 小时不等。在体内主要代谢成甲基磺酸和烷基丁烯衍生物，后者具有亲脂性，可透过细胞膜及血脑屏障。

【药理作用】

白消安是一种双功能的烷化剂，其烷化作用主要发生在 DNA 双螺旋链内的鸟嘌呤上，而不在连接鸟嘌呤残基的链间。对粒细胞生成有显著的抑制作用，低剂量即可发挥作用；较大剂量也可抑制红细胞及血小板。

【临床应用】

主要用于治疗慢性髓细胞白血病，缓解率为 80%~90%，但对慢性髓细胞白血病急性变无效。对真性红细胞增多症及原发性血小板增多症也有一定疗效。

【不良反应】

常引起骨髓造血功能障碍，白细胞缺乏，血小板减少。长期使用可导致药物性再生障碍性贫血。大剂量使用时，10% 患者出现肝脏静脉闭塞性疾病。可见出血性膀胱炎、肺纤维化、癫痫发作、皮肤色素沉着、性功能减退及高尿酸血症等，少见白内障、多形性红斑皮疹及结节性动脉炎。

● **三氮烯类**

达 卡 巴 嗪

达卡巴嗪（dacarbazine）的初始快速清除相半衰期约为 20 min，终末半衰期约为 5 小时，肝肾功能不良者半衰期延长，约 50% 原型药物经肾排泄。在肝脏中代谢激活后发挥甲基化作用，达卡巴嗪的活性形式是单甲基三连氮基代谢产物。它为细胞周期非特异性药物，可以杀死细胞周期各阶段的细胞。主要用于霍奇金病的联合治疗方案中，也用于恶性黑色素瘤的治疗，总有效率约为 20%，对成人肉瘤疗效较差。主要不良反应有：90% 以上的患者出现恶心和呕吐，白细胞减少和血小板减少，寒战、发热和肌痛等。

● **甲基肼类**

丙 卡 巴 肼

丙卡巴肼（procarbazine）口服吸收快且完全，能通过血脑屏障，肝、肾组织中浓度较高，血浆 $t_{1/2}$ 为 10 min。丙卡巴肼为广谱抗肿瘤药，可抑制瘤细胞的有丝分裂，使染色体断裂，使 G_1 至 G_2 间期延长，细胞分裂指数下降。在体内，其自身氧化产物偶氮甲基苄肼，释放活性甲基正离子，与 DNA 结合并使其解聚而发挥抗肿瘤作用。其与烷化剂、长春新碱等之间不发生交叉耐药性。主要用于晚期霍奇金病，对原发性和转移的脑肿瘤、小细胞肺癌和非霍奇金淋巴瘤也有效。丙卡巴肼的主要毒性反应有骨髓抑制和胃肠道紊乱等；可见嗜睡、抑郁、周围神经炎和感觉异常、眼球震颤、共济失调等；也可见肌肉痛、关节痛、体位性低血压、皮肤炎、瘙痒、色素沉着和脱发等。

● **环氧化物类**

二溴甘露醇

【体内过程】

口服吸收迅速而完全，分布广泛，部分在肝中代谢。24 小时内，大多数药物以原形及其代谢物经肾排出。

【药理作用】

二溴甘露醇（dibromomannitol）在体内脱去溴化氢形成双环氧化物，表现出烷化剂及抗代谢药的双功能特征，发挥其抗肿瘤作用。

【临床应用】

主要用于治疗慢性淋巴细胞白血病，疗效显著，缓解率为 80%。最大特点是对白消安耐药的患者仍有效。也用于真性红细胞及血小板增多症。

【不良反应】

主要为骨髓抑制，引起白细胞及血小板减少。也可见脱发及色素沉着，胃肠反应较轻。

（二）破坏 DNA 结构的铂类配合物

铂类配合物包括顺铂和卡铂等，它们主要破坏 DNA 结构与功能，而发挥抗肿瘤作用，属细胞周期非特异性药物。

顺 铂

顺铂（cisplatin）又名顺氯氨铂。

【体内过程】

静脉注射后，初始血浆消除 $t_{1/2}$ 为 25~50 分钟，此后药物浓度下降，$t_{1/2}$ 为 24 小时或者更长。蛋白结合率约为 90%，肾脏中药物浓度最高，肝、肠和睾丸中浓度较高，肾上腺、肺、骨骼、皮肤等次之，很少透入中枢神经系统。原形药物经肾脏缓慢排泄，24 h 排泄达 25%，给药后 5 天排泄药物总量的 43%。胆汁或肠中排泄的顺铂很少。

【药理作用】

顺铂是由两个氯原子和两个氨基与二价铂结合的化合物，进入体内氯解离后，二价铂与 DNA 上的碱基鸟嘌呤、腺嘌呤和胞嘧啶交叉联结而破坏

DNA 的结构和功能，导致 DNA 断裂和错配，如被 p53 和其他关键点蛋白识别则发生凋亡。虽然顺铂的交联反应在 S 期最显著，但它对细胞周期的特异性因细胞类型的不同而各异。

【临床应用】

抗瘤谱较广，是迄今治疗非精原细胞性睾丸瘤最有效的药物，对卵巢癌、头颈部鳞癌、膀胱癌、前列腺癌、淋巴肉瘤及肺癌等疗效肯定，为联合化疗较常用的药物，常与环磷酰胺、长春碱和博来霉素等合用。

【不良反应】

胃肠道反应、肾脏毒性、造血功能低下及听力减退等，与应用剂量有关。

耐药性：肿瘤细胞对顺铂耐药性产生的原因仍不清楚，卡铂与顺铂有交叉耐药，铂类配合物与顺铂的交叉耐药程度也不同。影响细胞对顺铂敏感性的因素很多，包括：细胞内药物的蓄积，细胞内谷胱甘肽的水平以及 DNA 加合物的修复速率。

卡　　铂

卡铂（carboplatin）为第二代铂类抗肿瘤药。该药在血浆中大部分以母体形式存在，不与血浆蛋白结合，经肾脏排泄消除，$t_{1/2}$ 约为 2 小时；一小部分与血浆蛋白不可逆结合，消除缓慢，$t_{1/2}$ 达 5 天。其抗癌作用与顺铂相似，用于治疗小细胞肺癌、卵巢癌、睾丸癌及头颈部肿瘤等，常与紫杉醇或环磷酰胺合用治疗晚期卵巢癌和肺癌的患者。胃肠道、肾及耳毒性比顺铂低，主要毒性反应是骨髓抑制，停药 4～6 周后可恢复。

（三）破坏 DNA 结构的抗生素类

● 丝裂霉素类

丝裂霉素 C

丝裂霉素 C（mitomycin C，MMC）又名自力霉素，系从链霉菌（*Streptomyces caespitosis*）培养物中提取的抗生素。属细胞周期非特异性抗肿瘤药。因其毒性大效力低，近年来有被其他品种药物取代的趋势。

【体内过程】

口服有效，其有效剂量是静脉注射剂量的 8 倍。分布广泛，肌肉、心、肺等浓度较高，不能透过血脑屏障；肝代谢，经肾脏排泄，血浆 $t_{1/2}$ 约为 5～40 分钟。

【药理作用及作用机制】

丝裂霉素 C 化学结构中含有活性的苯醌、乙撑亚胺及氨甲酰酯三个功能基团，它们的作用机制是：①分子中的乙撑亚胺基及氨甲酰基能与 DNA 链中碱基产生交叉联结，而干扰 DNA 的模板作用；②分子中的苯醌在 NADPH 及苯醌还原酶作用下形成半醌基，使脂质过氧化而破坏细胞膜结构并引起 DNA 断裂。对各期细胞均有杀伤作用，其中 G_1 晚期及 S 早期细胞最敏感。另外，它还具有放射增敏及免疫抑制作用。

【临床应用】

主要用于治疗胃癌、胰腺癌、结肠癌、肝癌、肺癌、乳腺癌和宫颈癌等。常与氟尿嘧啶、多柔比星、阿糖胞苷和长春碱等合用以提高治疗效果。

【不良反应】

主要有白细胞及血小板明显降低等骨髓抑制反应。可见心、肾毒性及间质性肺炎等。动物实验表明其致畸作用强，禁用于妊娠期妇女。

● 博来霉素类

属多糖肽类复合抗生素，主要含 A2、A5 组分。其代表药为博来霉素，它直接破坏 DNA 并阻止其复制而产生抗肿瘤作用，属细胞周期非特异性药。

博　来　霉　素

博来霉素（bleomycin，BLM）又名争光霉素，属广谱抗肿瘤药。

【体内过程】

口服吸收差，须注射给药。它分布广泛，以皮肤、肺及淋巴组织中浓度较高，此与这些组织中水解 BLM 的肽酶活性低有关，其血浆 $t_{1/2}$ 为 4 小时。

【药理作用】

博来霉素主要作用于 G_2 期及 M 期，干扰细胞分裂增殖，并延缓 S/G_2 边界期及 G_2 期时间。其能与铜或铁离子络合，使氧分子转化成氧自由基而引起 DNA 单链或双链断裂，阻止 DNA 复制。

【临床应用】

主要用于治疗头、颈、口腔、食管、阴茎、外阴、宫颈等部位的鳞状上皮癌及淋巴瘤和睾丸癌，与长春碱或顺铂合用治疗效果更好。

【不良反应及注意事项】

肺毒性是其最严重的不良反应，可引起肺间质炎性样变或肺纤维化，此与剂量有关，老年患者的发生率明显增加。用药期间应定期做肺 X 线及肺功能检查，避免肺纤维化的发生。约 1/3 的患者出现发热反应，少数患者出现过敏反应，甚至发生休克。

（四）抑制 DNA 复制的药物 - 拓扑异构酶抑制药

● 鬼臼毒素类

鬼臼毒素类系从小檗科西藏鬼臼中提取的有效成分鬼臼毒素（podophyllotoxin）的衍生物，抑制拓扑异构酶Ⅱ，属细胞周期特异性药。鬼臼毒素因细胞毒作用现已不用，代之用其衍生物，但它们的作用机制与鬼臼毒素不同。

依　托　泊　苷

依托泊苷（etoposide）又名鬼臼乙叉苷（VP-16），

为半合成鬼臼毒素类衍生物。

【体内过程】

口服生物利用度为54%，血药浓度达峰值时间为0.5～4小时。静脉注射后，血浆蛋白结合率为74%～90%，Vd为3.1 ± 0.61 L/m^2，血浆$t_{1/2}$为5～7小时。约40%的药物以原型经肾排泄。

【药理作用及作用机制】

依托泊苷的细胞毒作用机制与干扰拓扑异构酶Ⅱ（Topo-Ⅱ）的功能有关。它与拓扑异构酶Ⅱ和DNA形成三元复合物，阻止拓扑异构酶Ⅱ与DNA结合后引起的DNA断裂和修复，即阻止DNA开链及重新连接反应（DNA breakage-reunion reaction），致使DNA双链断裂，剩余酶与断裂DNA链的自由末端结合，致使断裂DNA的蓄积，细胞死亡。处于S期和G_2期的细胞对依托泊苷最敏感。

【临床应用】

主要用于治疗晚期睾丸癌，须与博来霉素或顺铂合用；单独应用或与顺铂合用治疗小细胞肺癌；与阿霉素、顺铂合用治疗晚期胃癌等均有明显效果。此外，其对食管癌、神经母细胞瘤、肾母细胞瘤、大细胞淋巴瘤及淋巴细胞白血病也有一定疗效。

【不良反应】

常见食欲减退、恶心、呕吐及腹泻等胃肠道反应；白细胞数减少、贫血等骨髓抑制反应。少见过敏反应、轻度神经炎，偶见肝功能异常。

● 喜树碱类

喜树碱类系从我国特有珙桐科乔木喜树的根、皮及果实中提取的生物碱，常用品种包括喜树碱及其衍生物，它们为DNA拓扑异构酶Ⅰ抑制药，属细胞周期特异性药，主要杀伤S期细胞。

喜 树 碱

【药理作用及作用机制】

喜树碱（camptothecin，CPT）类在体内、外均有抗肿瘤活性，能特异性地抑制DNA拓扑异构酶Ⅰ，干扰DNA功能，甚至引起单链断裂。喜树碱类对S期细胞作用较强，也作用于G_2期细胞，属细胞周期特异性抗肿瘤药。正常情况下，通过可逆的反式酯化反应，拓扑异构酶Ⅰ与双链DNA共价结合，产生中间体复合物并导致单链DNA断裂，DNA单链通过缺口或使DNA围绕未断裂链自由转动，使扭转的DNA链松弛；一旦DNA链扭转解除，拓扑异构酶Ⅰ立即重新密封断裂端，并从刚刚松弛的双螺旋上解离。喜树碱类与拓扑异构酶Ⅰ结合并使正常的反式DNA-拓扑异构酶Ⅰ复合物稳定。喜树碱类不影响拓扑异构酶Ⅰ最初断裂DNA作用，但抑制再连接过程，导致DNA单链断裂累积。

【临床应用】

用于治疗结肠癌、直肠癌、卵巢癌、小细胞肺癌、胃癌、膀胱癌、肝癌、绒毛膜上皮癌、头颈部肿瘤及急、慢性淋巴细胞白血病等。喜树碱类的低剂量长时程疗法的效果与大剂量短时程疗法相比较，前者的抗癌作用更优且毒性更低。

【不良反应】

主要有胃肠道反应，骨髓抑制，少数有脱发、皮疹等，较严重的是膀胱毒性，表现为尿频、尿痛、血尿等。

托 泊 替 康

托泊替康（topotecan）又名拓扑特肯，为半合成喜树碱类衍生物。静脉注射后，药代动力学呈线性，与其他喜树碱类相比，从体循环消除迅速，$t_{1/2}$为3.5～4.1小时。血浆蛋白结合率相对较低，为7%～35%。在血浆中药物总量的20%～35%以活化内酯环形式存在，内酯的消除先被快速水解成羧化物，再经肾脏排泄，给药量的30%～40%在24小时内从尿液中排出，肝脏代谢是一个相对较少的药物消除途径。拓扑特肯对其他药物治疗过的卵巢癌和小细胞肺癌患者有效，也用于慢性髓细胞性白血病（CML）和骨髓发育不良综合征。其特点是不良反应较少且轻微。

羟基喜树碱

羟基喜树碱（hydroxyl-camptothecin，10-OH-CPT）与喜树碱相比较，羟基喜树碱的抗瘤谱更广，毒性却较小。

三、干扰转录过程及阻止RNA合成的药物

● 放线菌素类

放线菌素 D

放线菌素D（actinomycin D）又名更生霉素（dactinnomycin），是从链霉菌属中分离出的抗生素，属细胞周期非特异性、窄谱抗肿瘤药。

【体内过程】

静脉注射后，肝、肾、脾及颌下腺中药物浓度较高，很少被代谢，50%以原形随胆汁排泄，10%经肾脏排泄。组织中滞留时间长，其$t_{1/2}$长达30～40小时。

【药理作用】

药物对G_1期作用较强且使G_1/S期的转化受阻。它能嵌入DNA双链中，在G—C碱基对之间形成非共价键，阻止转录过程，使mRNA合成受阻，从而抑制蛋白质的合成。通过自由基中间体或通过影响拓扑异构酶Ⅱ的作用，放线菌素D也可引起DNA的单链断裂。放线菌素D抑制快速增殖的肿瘤细胞，

是已知最强的抗肿瘤药之一。

【临床应用】

用于治疗实体瘤如肾母细胞瘤、横纹肌肉瘤、神经母细胞瘤等,常需与长春碱等合用。也用于治疗睾丸癌,须与氟尿嘧啶合用。对甲氨蝶呤耐药的绒毛膜上皮癌仍有效果。

【不良反应】

常见恶心呕吐、腹痛、腹泻、胃肠溃疡等胃肠道反应。白细胞减少、血小板减少、贫血及淋巴细胞减少等骨髓抑制及免疫抑制反应。其他可见脱发、皮疹、色素沉着等。妊娠期用药可致畸胎,注射液外漏出血管可致组织损伤。

● 蒽环类

属蒽环类抗肿瘤抗生素,有多柔比星和柔红霉素等。

多柔比星

多柔比星(doxorubicin)又名阿霉素(adriamycin, ADM),系从真菌(streptococcus peucetius var. caesius)培养液中分离获得的抗生素,对 S 期细胞有较强的杀灭作用,并延缓 G_1 期及 G_2-M 期进程,为细胞周期非特异性药。

【体内过程】

口服无效,须静脉注射。主要分布于肝、心、肾、脾及肺组织中。主要在肝脏代谢,其脱糖苷物进一步去甲基并与硫酸或葡萄糖醛酸结合,此代谢物与心脏毒性有关。血浆药物呈二室开放模型衰减,$t_{1/2\alpha}$ 为 1.1 小时和 $t_{1/2\beta}$ 为 16.7 小时。约 40% 的药物通过胆道排泄,肝功能不全者血浆 $t_{1/2}$ 明显延长。

【药理作用及作用机制】

多柔比星对实体瘤有广泛活性,具有广谱抗肿瘤作用。其分子中的胺基糖插入 DNA 双螺旋沟中并与碱基对广泛结合;另外,其分子中的胺基与 DNA 的磷酸根相互作用,形成稳定的复合物,从而改变了 DNA 的模板性质,干扰并阻止 DNA 聚合酶活性;更重要的是,它还与拓扑异构酶 II 和 DNA 形成三联体,抑制断裂 DNA 链的再连接,导致细胞凋亡。

【临床应用】

主要用于治疗恶性淋巴瘤、乳腺癌、急性及慢性白血病;对胃癌、肺癌、睾丸癌、膀胱癌、宫颈癌、甲状腺癌及黑色素瘤也有一定疗效,常需与其他药物合用以进一步提高治疗效果。

【不良反应及注意事项】

多柔比星的心脏毒性分两类:其一为急性毒性,发生率为 6%~40%,多于给药后数小时或数天内发生,患者出现心电图异常改变,偶见室性心动过速而死亡;其二为迟发毒性,与剂量有关,总剂量低于 450 mg/m^2 时,约 1%~10% 的患者引起渐进性心肌病变,总剂量 > 550 mg/m^2 时,危险增加到 20% 以上,其中 17%~27% 出现急性心力衰竭且死亡率高达 30%~50%,一旦发生心衰,强心苷及其他常用强心药均难以奏效。早期给予维生素 B_6 及辅酶 Q_{10} 可降低毒性而不影响其抗肿瘤作用。它的心脏毒性发生机制可能与其诱导氧自由基及脂质过氧化物大量产生并破坏细胞及细胞器有关。右丙亚胺(dexrazoxane)又名右雷佐生,作为化学保护剂,可降低心脏毒性,但不影响其抗肿瘤疗效。另外,多柔比星还引起骨髓抑制、消化道反应、脱发、口腔炎、皮疹及药物热等。

长期使用可出现耐药性,除与柔红霉素间发生交叉耐药外,还与长春碱及长春新碱等之间产生多药耐药(multidrug resistance)现象。

柔红霉素

柔红霉素(daunorubicin),国产品曾称为正定霉素,为细胞周期非特异性抗肿瘤药。

【药理作用及作用机制】

S 期细胞对其最敏感,G_2/M 期细胞次之,G_1 期细胞敏感性较低。柔红霉素可嵌入肿瘤细胞的 DNA 分子,直接影响转录和复制;另外,它与拓扑异构酶 II 和 DNA 形成三联化合物,抑制断裂 DNA 链的再连接,导致细胞凋亡;在微粒体酶 P450 和 NADPH 共同参与下,生成半醌自由基而引起 DNA 链断裂与模板失活,阻止 DNA 的复制及 RNA 的转录。其特点之一是对 6-MP、MTX、CTX 耐药的肿瘤细胞仍然对它敏感。

【临床应用】

仅作静脉给药,为防止药物外漏引起局部腐蚀作用,推荐静脉注射 10~15 分钟。主要用于治疗急性粒细胞性白血病,尤其适合于儿童;对耐其他药物的急性粒细胞性白血病仍有效,但缓解期短,须与其他抗肿瘤药物合用。

【不良反应】

常见厌食、恶心、呕吐、腹泻、口腔炎、脱发及药热,较严重的有骨髓抑制和白细胞减少等。最严重的是心脏毒性,性质及防治与多柔比星相似。

● 色霉素类

由四氢蒽酮取代物和色霉糖(4~5 糖)构成的物质,主要有普卡霉素及色霉素 A3。

普卡霉素

普卡霉素(plicamycin),国产品称光辉霉素,属细胞周期非特异性抗肿瘤药。

【体内过程】

口服吸收少,须静脉给药。肝、肾中药物浓度较高,脑脊液中药物达有效浓度,经肾及胆道排泄。

【药理作用】

药物对 RNA 合成的抑制作用较强,也能可逆性地与 DNA 形成复合物,干扰 DNA 的模板活性,阻止 RNA 的合成,对各期增殖细胞均有杀伤作用。它还能降低血钙及尿钙,此可能与其抑制破骨细胞的骨消溶作用有关。

【临床应用】

主要用于治疗睾丸胚胎瘤，也用于脑胶质瘤及转移性脑瘤、恶性淋巴瘤及黑色素瘤等。也用于晚期肿瘤伴有的高血钙。

【不良反应】

毒性较大，常见腹泻、胃炎、皮疹及发热。最严重的是出血性腹泻，常同时伴有鼻出血及进行性广泛性内脏出血，其原因与血小板减少、血管及其内皮受损，多种凝血因子功能受抑制等有关。血小板减少症及出血倾向者禁用。另有肝脏毒性、肾脏毒性，低血钙、低血磷及低血钾等。

四、抑制蛋白质合成与功能的药物

（一）影响微管蛋白活性

● 长春碱类

为夹竹桃科植物长春花（vinca rosea）所含生物碱。属细胞周期特异性抗肿瘤药，主要作用于 M 期细胞，抑制微管蛋白活性。

长春碱、长春新碱

长春碱（vinblastine，VLB）及长春新碱（vincristine，VCR）是细胞周期特异性药物，能抑制肿瘤细胞的有丝分裂，使细胞分裂停止于早中期。

【体内过程】

药物口服吸收不完全，故静脉给药。它们的药物代谢动力学相似，长春碱的消除 $t_{1/2}$ 为 3～23 小时；长春新碱的消除 $t_{1/2}$ 为 1～20 小时。80% 药物与血浆蛋白结合，在肝脏代谢，主要随胆汁排泄，仅有一小部分以原形从尿中排出。

【药理作用】

长春碱抑制有丝分裂的作用较长春新碱强，它抑制有丝分裂的机制是：特异性与 β-微管蛋白结合，阻止它与 α-微管蛋白聚合形成微管。由于缺乏完整的有丝分裂纺锤体，复制的染色体不能定位于分割区，使细胞分裂停止于中期，导致细胞凋亡。主要杀伤 M 期细胞，大剂量也影响 S 期细胞。

【临床应用】

长春碱主要用于急性白血病、恶性淋巴瘤、绒毛膜上皮癌。对乳腺癌、头颈部肿瘤、肾母细胞瘤等也有效。长春新碱对小儿急性淋巴细胞白血病疗效较好，起效较快；常与强的松合用作为诱导缓解药。其他适应证与长春碱相同，常需与其他抗肿瘤药物合用以提高疗效减轻毒性。

【不良反应】

骨髓抑制反应，引起白细胞及血小板减少等，长春新碱较长春碱轻。神经毒性，表现为手指及足趾麻木，感觉异常，腱反射迟钝或消失，外周神经炎、四肢酸软、麻痹性肠梗阻、复视、眼睑下垂及声带麻痹等。常见恶心呕吐、腹泻腹痛、便秘等胃肠反应。可见脱发、乏力、头晕及失眠等，药物从血管外漏可引起疼痛和局部组织坏死。肿瘤细胞可对长春碱类、依托泊苷、蒽环类抗生素和紫杉烷类产生交叉耐药。

● 紫杉烷类

紫 杉 醇

紫杉醇（paclitaxel）系从植物紫杉和红豆杉树皮中提取的紫杉烷二萜成分，属细胞周期特异性药。

【体内过程】

紫杉醇水溶性小，必须溶于由 50% 乙醇溶液和 50% 聚氧乙烯蓖麻油组成的溶剂中使用。采用静脉输注，剂量为 80～100 mg/m²，每周输注 1 小时。该药主要经过肝脏 CYP2C8 代谢，仅有不到 10% 的剂量以原型药从尿中排泄。紫杉醇的血浆清除 $t_{1/2}$ 为 10～14 小时，清除率为每小时 15～18 L/m²。

【药理作用】

它结合 β-微管蛋白的位点不同于长春碱类，选择性地促进微管形成，但阻止微管蛋白解聚，形成稳定的非功能性微管束，导致有丝分裂停止。

【临床应用】

尤其适用于转移性卵巢癌和乳腺癌，疗效独特；特别是对顺铂耐药的卵巢癌仍有良好的治疗效果。也用于食管癌、肺癌、头颈部癌、脑癌及淋巴瘤等。

【不良反应】

引起骨髓抑制，白细胞及血小板减少，周围神经性病变、肌肉痛、心脏毒性等。罕见肠穿孔。阻止细胞周期进入有丝分裂期的药物可抵抗紫杉醇的毒性。

多 西 他 赛

多西他赛（docetaxel），为紫杉醇的半合成同类物，其药代动力学与紫杉醇相似，血浆消除 $t_{1/2}$ 约 12 小时，清除率为每小时 22 L/m²，主要通过 CYP3A4- 和 CYP3A5- 介导的羟基化作用清除，生成无活性的代谢产物。它已成为治疗转移性卵巢癌、乳腺癌、肺和头颈部癌症方案中的核心。多西他赛可导致严重但短暂的中性粒细胞减少，引起周围神经病变和无力的程度轻，发生过敏反应的几率低。液体潴留随化疗次数逐渐递增，导致外周性水肿、胸水和腹水，严重时出现肺水肿。极少数情况下，多西他赛可引起渐进性间质性肺炎，如果不停药会并发呼吸衰竭。

（二）干扰核糖体功能的药物

● 三尖杉酯碱类

三尖杉酯碱（harringtonine，HRT）及高三尖杉酯碱（homoharringtonine）系从三尖杉植物

（Cephalotaxus）的枝叶及树皮中提取获得的有效成分，属细胞周期非特异性药。

【体内过程】

两者口服吸收迅速但不完全，静脉注射三尖杉酯碱后，肾中药物浓度最高，脑中最低，$t_{1/2}$ 为 50 分钟，经肾及胆道排泄。静脉滴注高三尖杉酯碱后骨髓中药物浓度最高，$t_{1/2}$ 为 3~50 分钟，主要在肝中代谢，经肾和胆汁排出。

【药理作用】

药物主要抑制真核细胞蛋白质合成的起步阶段，并使核糖体分解，释放出新生肽链，抑制肿瘤的有丝分裂，使核 DNA 及胞质 RNA 减少，但它不阻止 mRNA 及氨基酰 tRNA 与核糖体结合。

【临床应用】

主要用于急性粒细胞白血病，疗效显著，对急性单核细胞白血病也有效。

【不良反应】

特殊毒性反应有心脏毒性，出现心动过快、心肌缺血、心肌受损、骨髓抑制和胃肠反应等。

（三）影响氨基酸供应的药物

L- 门冬酰胺酶

L- 门冬酰胺酶（L-asparaginase，L-ASP）系大肠埃希菌培养液中提取的水解酶，影响不能自行合成 L- 门冬酰胺的肿瘤细胞的氨基酸供给而抑制蛋白质的合成。

【体内过程】

口服被破坏，静脉注射较肌内注射血药浓度高出 10 倍，淋巴组织中药物浓度较高，血药浓度可维持 5~6 天，不能通过血脑屏障。少量经肾排泄。血浆 $t_{1/2}$ 为 8~48 小时。

【药理作用】

L- 门冬酰胺是机体合成蛋白质所不可缺少的氨基酸。某些肿瘤细胞不能自行合成，需从细胞外摄取。L- 门冬酰胺酶使血清中 L- 门冬酰胺水解，导致肿瘤细胞从外界获得 L- 门冬酰胺量减少而阻碍蛋白质合成，抑制肿瘤细胞生长繁殖。与其他抗肿瘤药不同，它对消化道及毛囊等快速增殖细胞几乎无细胞毒作用，也不引起骨髓抑制。

【临床应用】

主要用于治疗急性淋巴细胞白血病（ALL），有效率为 60%，但缓解期不长。也用于治疗淋巴瘤。为延缓耐药性发生、提高疗效，常与长春碱、甲氨蝶呤等合用。联合用药的顺序至关重要，例如，甲氨蝶呤先于 L- 门冬酰胺酶使用产生协同作用，反之则不然。

【不良反应及注意事项】

主要为过敏反应，轻者出现荨麻疹，重者发生过敏性休克，故临用前先用 5~10 U/0.1 ml 做皮试观察 3 小时，如无红肿、皮丘疹等方可使用。间歇给药使过敏反应发生率增高。其他可见肝功能异常，血氨增高，血浆白蛋白降低，凝血因子Ⅶ、Ⅷ、Ⅸ下降，凝血酶原及纤维蛋白原下降。偶见困倦、脱发等。

五、激 素 类

某些肿瘤如内分泌腺及生殖器的肿瘤与体内相应的激素平衡失调有关，若能改变体内环境，解除失调，可达到抑制肿瘤生长的目的。

（一）肾上腺皮质激素

常用肾上腺皮质激素有泼尼松、泼尼松龙和地塞米松等。肾上腺皮质激素抑制淋巴组织，使淋巴组织溶解，用于治疗急性淋巴细胞性白血病和恶性淋巴瘤。疗效较好，显效快，但作用短暂，易产生耐药性。与抗叶酸、抗嘌呤药之间无交叉耐药性，因此常与影响核酸代谢类药物合用，可增强疗效。短期小剂量应用，可缓解患者的某些症状，如高烧不退、毒血症状明显等；一旦缓解，可停用激素，继续使用抗肿瘤药。因它们有抑制免疫功能的作用，存在助长肿瘤扩展的可能性，应慎重使用。

（二）雌激素及抗雌激素药

常用雌激素类药有己烯雌酚（diethylstilbestrol）及雌二醇（estradiol）等，用于男性前列腺癌，对抗雄激素促进前列腺癌组织的生长作用；抑制下丘脑及垂体释放促间质细胞激素（luteinizing hormone，LH；interstitial cell stimulating hormone，ICSH）的分泌，从而减少来源于睾丸间质细胞与肾上腺皮质网状带的雄激素。雌激素还用于晚期及停经 5 年后的绝经期乳腺癌患者，尤其对骨髓转移者疗效较好，缓解率达 40%。常用抗雌激素类药有他莫昔芬（tamoxifen）及雷洛昔芬（raloxifene），为人工合成的雌激素受体部分激动药，拟雌激素样作用弱。其抗雌激素作用主要表现在对生殖系统的作用上，因此可抑制雌激素依赖性肿瘤细胞的生长。用于治疗乳腺癌，疗效与雄激素相当，但不引起第二性征雄性化的副作用。氟维司群（fulvestrant）是第一个被 FDA 批准的新型雌激素受体下调药，用于绝经后伴雌激素受体阳性，经抗雌激素治疗有所改善的转移性乳腺癌。

（三）雄激素及抗雄激素药

常用雄激素类有丙酸睾丸酮（testosterone propionate）、甲基睾丸酮（methyltestoserone）等。其抑制垂体前叶分泌促卵泡激素，使卵巢释放雌激素减少并对抗雌激素作用。用于治疗晚期乳腺癌，尤其是有骨髓转移者，或男性乳腺癌，雄性激素可促进蛋白质合成，有利于晚期患者一般状况的改善。抗雄激素类有氟他米特（flutamide，氟他胺）和尼鲁米特（nilutamide）等。它们为非甾体类抗雄激素药，能阻断前列腺细胞上的二氢睾丸素受体，对抗睾丸素刺激前列腺生长的作用。主要用于治疗前列腺癌，对各期治疗效果均良好。

（四）孕激素类

甲羟孕酮（medroxyprogesterone，MPA）及甲地孕酮（megestrol）等为黄体酮的衍生物。其作用与黄体酮相似，可用于治疗子宫内膜癌、乳腺癌、肾癌等，也可增加患者食欲，改善全身状况。

（五）芳香化酶抑制药

氨鲁米特（aminoglutethimide）为能特异性地抑制雄激素转化为雌激素的芳香化酶，可减少雌激素的生成；还能诱导肝微粒体混合功能酶系，加速雌激素的代谢。绝经期妇女的雌激素主要由雄激素转化而来，因此，其可用于治疗绝经期后晚期乳腺癌。它还有抑制肾上腺皮质激素合成的作用，也用于治疗库欣（Cushing）综合征，尤其适合手术治疗无效者。

六、其他抗肿瘤药

（一）诱导分化药

维A酸（tretinoin）属类视黄醇，维A酸（全反式维A酸；ATRA）可单独使用或与蒽环类抗生素合用，用于诱导缓解急性早幼粒细胞性白血病，完全缓解率高，已成为此病有效治疗方案的一部分。

（二）诱导凋亡药

三氧化二砷（arsenic trioxide，ATO，As_2O_3，砒霜）具有诱导细胞凋亡、抗肿瘤血管增生及抗肿瘤转移的作用，用于治疗急性早幼粒白血病（APL）的方案已被美国FDA正式批准；临床也用于实体瘤如肝癌和胃癌的治疗。其与顺铂或多柔比星联合用药，在体内外均可显著提高抗肝癌效果，具有明显的协同和增敏作用。三氧化二砷治疗APL的使用剂量是0.15 mg/(kg·d)，2小时静脉输注完成，共用60天，直到病情缓解。停药3周后，需进一步巩固治疗。药物的血浆峰浓度为5～7 μmol/L，并迅速转化为代谢产物。极少有药物从尿中排出，肝肾功能不全的患者不需要减少剂量。患者对药理剂量的三氧化二砷耐受性好，可能出现的可逆性不良反应包括高血糖、肝酶升高、疲劳、感觉迟钝和头晕。

（三）蛋白酪氨酸激酶抑制药

在很多人类肿瘤中发现蛋白酪氨酸激酶（protein tyrosine kinase，PTK，也称酪氨酸蛋白激酶）的异常激活，它们被视为癌症治疗的分子靶点。蛋白酪氨酸激酶抑制药特异性地抑制这些靶点，已成为治疗癌症的新式武器。

1. 伊马替尼（imatinib） 甲磺酸伊马替尼（imatinib mesylate，GLEEVEC，GLIVEC），属酪氨酸激酶抑制药。它对BCR-ABL阳性慢性髓细胞性白血病（CML），c-kit基因突变阳性的胃肠间质肿瘤（GISTs），EVT6-PDGFR相关的慢性粒单核细胞白血病，融合基因FIP1L1-PDGFRα阳性相关的嗜酸性粒细胞增多综合征和隆凸性皮肤纤维肉瘤的患者有显著治疗效应。最常见的不良反应有恶心、呕吐、水肿和肌肉痛性痉挛。

2. 吉非替尼（gefitinib） 在很多常见恶性组织上，表皮生长因子受体（EGFR）1型（ErbB1或HER1）过度表达，在部分恶性胶质瘤患者发现其被激活。吉非替尼主要适用于治疗既往接受过化学治疗或不适于化疗的局部晚期或转移性非小细胞肺癌（NSCLC）。常见的不良反应为腹泻、皮疹、瘙痒、皮肤干燥、恶心、呕吐和厌食等；在日本，间质性肺病的总发生率约为2%，其他国家约为0.3%。

3. 埃罗替尼（erlotinib） 为一种人类HER1/EGFR酪氨酸激酶抑制药。用于治疗局部晚期或转移性非小细胞肺癌。最常见的不良反应是腹泻和皮疹，严重的间质性肺病也有报道。

4. 色瑞替尼（ceritini） 为间变性淋巴瘤激酶（araplastic lymphoma kinase，ACK）酪氨酸激酶抑制药，用于晚期转移的非小细胞性肺癌。常见不良反应有胃肠道症状，还可能有如肝功能、胰酶和血糖等指标异常。

（四）沙利度胺

沙利度胺（thalidomide）也叫反应停。该药曾因严重致畸而停用。近年发现其治疗麻风结节性红斑（ENL）及复发和顽固的多发性骨髓瘤（MM）疗效显著，被再次应用于临床。沙利度胺临床作用的确切机制还不清楚，现提出很多不同而又能互相补充的机制，用于解释其抗瘤活性，包括刺激T细胞和NK细胞，抑制血管发生和肿瘤细胞增殖，以及调节造血干细胞分化。低于常规治疗MM和ENL的剂量200mg/天时，患者耐受性好。常见的不良反应是水肿和便秘；治疗中，大约10%～30%患者会出现突发的周围感觉神经病。

（五）生物反应调节药

1. 白介素-2（interleukin-2，IL-2） IL-2在人体内的半衰期短（$t_{1/2\alpha}$ 13分钟，$t_{1/2\beta}$ 85分钟），为维持有效血浓，需持续静脉滴注给药。IL-2对癌细胞没有直接的细胞毒作用，通过诱导和增强对肿瘤细胞的T细胞反应性细胞溶解作用而生效。其毒性可能与器官及血管的细胞毒性淋巴细胞的激活和增殖有关，给予最大耐受剂量[600 000 U/(kg·8 h)]，用5天，IL-2可引起低血压、心律失常、外周水肿、肾前性氮质血症、肝脏转氨酶升高、贫血、血小板减少、恶心、呕吐、腹泻、精神错乱和发热。

2. 单克隆抗体（monoclonal antibodies） 肿瘤细胞表达大量抗原成为单克隆抗体治疗的靶点，一些单克隆抗体已用于治疗肿瘤（表 8-49-1），用于治疗淋巴恶性肿瘤的有利妥昔单抗和阿仑单抗，治疗乳腺癌的有曲妥单抗等。单克隆抗体的作用可用多细胞杀伤机制来描述，包括抗体依赖性细胞介导的细胞毒作用（ADCC）、补体依赖性细胞毒作用（CDC）和凋亡的直接诱导作用等。

表 8-49-1 单克隆抗体药物的作用及毒性

药物	作用及机制	主要毒性
利妥昔单抗（rituximab）	靶点是 CD20 B 细胞抗原，ADCC，CDC，凋亡。单用或与氟达拉滨合用于复发性浸润型 B 淋巴细胞瘤和慢性淋巴性白血病。	与输注相关的毒性：发热、皮疹和呼吸困难；B 细胞缺失；迟发性中性粒细胞减少。
阿仑单抗（alemtuzumab）	靶点是 CD52 抗原，ADCC，CDC，凋亡。用于 T 淋巴细胞瘤；也用于嘌呤类治疗无效的低分化的淋巴瘤和慢性淋巴性白血病。	与输注相关的毒性；T 细胞缺失伴感染增加；造血抑制；全血细胞减少。
曲妥单抗（trastuzumab）	用于 HER2/neu 过表达的转移性乳腺癌；抑制 HER2 信号并伴 G_1 期停止，ADCC，凋亡。或单一疗法用于化疗复发。	与输注相关的毒性；心肌病等。
西妥昔单抗（cetuximab）	识别 EGF 受体（EGFR），抑制 EGFR 信号，ADCC，凋亡；治疗转移性结直肠癌、肺癌、前列腺、乳腺和胰腺癌及头颈部癌等。	与输注相关的毒性，皮疹约 75%。
贝伐单抗（bevacizumab）	作用于血管内皮生长因子受体（VEGFR1/VEGFR2），抑制血管发生/新血管形成，与 5-FU 或化疗药合用治疗转移性结直肠癌或小细胞肺癌、乳腺癌等。	高血压；肺出血；胃肠穿孔；蛋白尿；充血性心力衰竭。

第三节 肿瘤耐药性机制及抗肿瘤药的不良反应

一、肿瘤耐药性机制

肿瘤细胞对抗肿瘤药产生耐药性是化学治疗失败的重要原因之一，肿瘤细胞耐药性产生的原因复杂且机制各异。耐药性可分为两类：其一，是肿瘤细胞固有的，一开始它们就对抗肿瘤药物不敏感，称天然耐药性（natural resistance），如处于 G_0 期的细胞通常对抗肿瘤药不敏感；其二，于治疗过程中产生的，肿瘤细胞取得的，称获得性耐药性（acquired resistance），或发生在肿瘤细胞与药物为数不多的接触后，或发生在与药物的长期接触中，逐步形成的。在获得性耐药性中，表现最突出的、最常见的为多药耐药性（multidrug resistance，MDR）或称多向耐药性（pleiotropic drug resistance），系指肿瘤细胞与某一抗肿瘤药物接触后，除对其产生耐受性外，还对其他多种结构不同且作用机制各异的抗肿瘤药物产生耐受性，即所谓的交叉耐药现象。多药耐药性的产生常见于天然来源的抗肿瘤药的治疗过程中，这些药物包括植物药长春碱类、鬼臼碱及衍生物类、紫杉醇类以及抗肿瘤抗生素蒽环类、丝裂霉素类及放线菌素类。耐药性产生原因有：①增殖过程中，肿瘤细胞有较固定的突变概率，每次突变都可能导致耐药瘤株的出现，分裂次数越多，耐药瘤株产生的机会就越大；②肿瘤细胞内活性药物浓度减少，其机制包括细胞膜通透性改变，减少对药物的摄取，加速药物的灭活过程，亦减少原形药物向活性形式的转化；③药物受体或靶位的数目减少或药物与之亲和力降低；④肿瘤细胞生化代谢途径的改变，更多地利用替代途径；⑤增强肿瘤细胞 DNA 修复功能等。易产生多药耐药性的天然来源抗肿瘤药均为亲脂性药物，分子量在 230～900 kD 之间，主要通过被动扩散方式跨膜进入细胞内。在发生耐药的细胞，胞内药物积聚浓度明显低于敏感细胞，结果难以达到产生细胞毒作用的浓度而表现出耐药性。其细胞内浓度低下的主要原因有三：其一，细胞膜通透性降低，被动扩散进入细胞内药物量减少；其二，药物外排量增加，耐药细胞膜上出现一种具有排除细胞内药物功能的跨膜蛋白，称之为 P-糖蛋白（P-glucoprotein，P-gp），它是 ATP 依赖性药物载体，又称药物外排泵（drug efflux pump）；其三，多药抗耐药性相关蛋白（multidrug resistance associated protein）如蛋白激酶 C（PKC）、谷胱甘肽及谷胱甘肽 S-转移酶、拓扑异构酶等增加，加速药物灭活或受损 DNA 的修复。

MDR 逆转药可在一定程度上缓解肿瘤治疗过程中的多药耐药局面。常用药物有钙通道拮抗药，环孢菌素等。

二、抗肿瘤药的不良反应

根据抗肿瘤药物毒性反应发生时间的近远，分近期毒性和远期毒性两类，又根据毒性反应的特点分为共有毒性反应和特殊毒性反应（图 8-49-3）。

（一）近期毒性

1. 共有的毒性反应

（1）对骨髓造血系统的抑制：表现为白细胞降低、血小板降低，甚至白细胞、红细胞及全血象减少；其后果导致出血倾向、贫血、感染等。预防措施包括：当白细胞低于 $3×10^9/L$，血小板低于 $80×10^9/L$ 时，停药或更换其他骨髓抑制作用较小的药物如长春新碱、博来霉素；对症处理，应用升高白细胞、血小板药物；预防感染等。

（2）胃肠道毒性：可出现恶心、呕吐等症状，尤见于应用烷化剂后，一般发生率与所用剂量成正比，改用静脉注射也不可避免，其原因除与药物及代谢产物刺激延脑催吐中枢及催吐化学感受器有关外，还与刺激胃肠道有关。中枢性止吐药氯丙嗪、甲氧氯普胺，特别是 5-HT_3 受体阻断药昂丹司琼（奥丹西隆）可对抗之。消化道黏膜损害：口腔炎、咽喉炎、黏膜水肿、腹痛腹泻等，严重者可使消化道出血，出现黑便等，抗代谢药较多见。

（3）皮肤及毛发损害：皮肤出现红斑、水肿、以博来霉素多见；色素沉着多见于应用 5-氟尿嘧啶、环磷酰胺后，此与药物沉着于皮下组织有关；脱发，多见于应用烷化剂后。

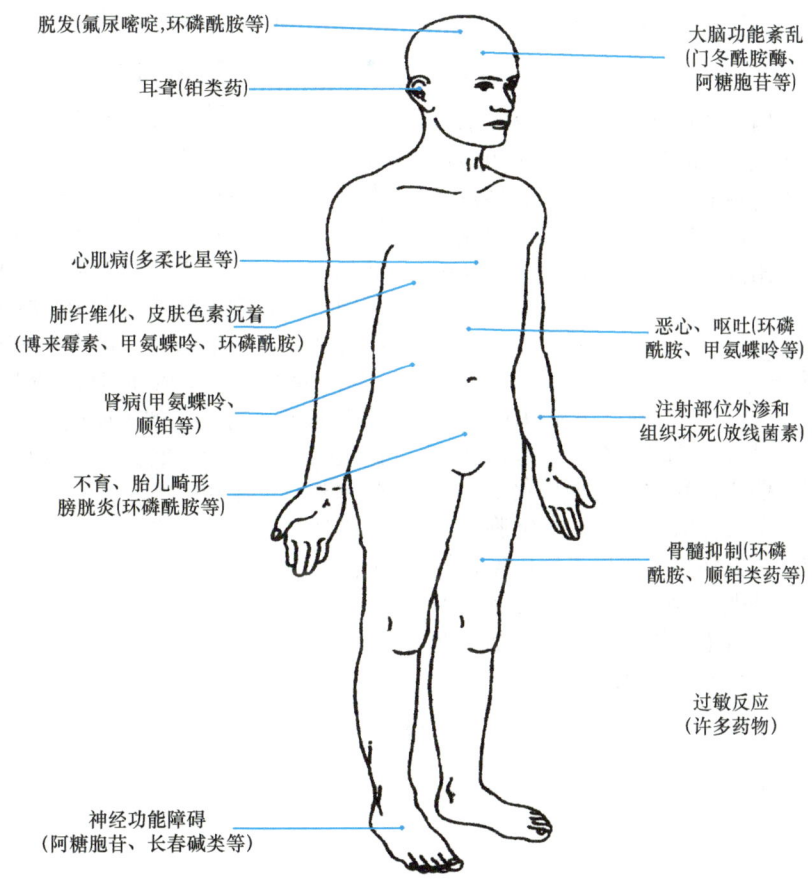

图 8-49-3　抗恶性肿瘤药的主要不良反应

2. 特殊性毒性反应

（1）肺部毒性：肺间质纤维蛋白渗出、纤维化、呼吸困难、咳嗽等，以博来霉素、环磷酰胺多见。

（2）心脏毒性：三尖杉酯碱可致心率增快、心肌缺血性受损；多柔比星致心脏心电异常、渐进性心肌病变并发急性心力衰竭，发生机制可能与其诱导产生大量氧自由基及脂质过氧化物破坏细胞器有关，柔红霉素及丝裂霉素 C 亦之。

（3）肝、肾、膀胱毒性：6-巯基嘌呤、甲氨蝶呤可致肝肿大、黄疸、肝功能降低；环磷酰胺可致膀胱炎；L-门冬酰胺酶、顺铂可致肾小管坏死，引起蛋白尿、血尿等。

（4）神经系统毒性：长春新碱易引起植物神经功能紊乱、腱反射迟钝。L-门冬酰胺酶可致大脑功能异常，出现精神错乱、谵妄等。

(5) 免疫抑制：许多抗肿瘤药物能抑制和杀伤免疫细胞，使机体抵抗力下降而容易继发感染。

(6) 其他：注射局部药物外渗，引起组织坏死；引起药源性发热，尤其是博来霉素可诱发内热源释放。

（二）远期毒性

1. 引起不育或致畸胎 许多抗肿瘤药特别是烷化剂的长期应用可使少数患者出现生殖功能障碍，发生不育症，此与药物影响生殖细胞的产生及内分泌功能，致畸与遗传基因突变等有关。

2. 第二原发性恶性肿瘤 因抗肿瘤药特别是烷化剂可致突变，加之其抑制免疫功能等，因此在抗肿瘤药治疗后获得长期生存的患者中，可能诱发第二原发性恶性肿瘤。

第四节 抗肿瘤药物的合理应用

抗肿瘤药物的应用一般应考虑以下因素：①肿瘤细胞增殖动力学规律；②抗肿瘤药物的作用机制；③药物抗肿瘤谱；④药物的毒性；⑤给药途径及方法；⑥患者对抗肿瘤药毒副反应的耐受程度。因此，在抗肿瘤药物临床应用的实践中，可以采用如下用药方法。

（一）序贯疗法

1. 招募作用（recruitment） 按预先制定的用药程序，依次给药。对增长缓慢的实体瘤，如腺癌 G_0 期细胞较多，先用周期非特异性药物如烷化剂，杀灭大量增殖细胞和部分 G_0 期，驱使 G_0 期细胞进入增殖周期，即所谓的招募作用，然后再用周期特异性药物，杀灭 S 或 M 期癌细胞，反复几个疗程，可收到满意疗效。反之，对增长迅速的肿瘤，如急性白血病，先用作用于 S 或 M 期的周期特异性药物，杀灭大量繁殖期癌细胞后，再用周期非特异性药物，杀灭残留的癌细胞，这样也可驱动 G_0 期细胞进入增殖周期。反复几个疗程，同样可收到满意疗效。

2. 同步化作用（synchronization） 首先应用周期特异性药物，使肿瘤细胞滞留于某一期，待药物作用消失后，细胞同步进入下一时期，即经前一个药的同步化作用后，再用作用于后一时期药物，亦可收到满意治疗效果。如：先用羟基脲使细胞滞留在 G_1 期，再用 G_1/S 期药物。

（二）联合用药疗法

在患者能耐受的情况下，同时使用几种不同类型的抗肿瘤药，以提高疗效。①作用于不同细胞周期的药物合用，可分别杀伤不同期的肿瘤细胞，疗效增强。②作用机制不同的抗肿瘤药合用，往往可产生协同作用。③主要毒性反应不同的药物合用，达到降低毒性，协同增加疗效。

（三）大剂量间歇疗法

大多数抗肿瘤药物采用大剂量间歇疗法的效果比小剂量连续给药要好，通常采用机体能耐受的最大剂量，特别是早期、健康状况良好的患者，如应用环磷酰胺、多柔比星、卡莫司汀和甲氨蝶呤等时。这是因为①一次大剂量所杀灭的肿瘤细胞数远远超过同一种药物小剂量多次用药所杀灭的肿瘤细胞数的总和，有利于杀灭一定比率的肿瘤细胞，疗效往往增加数倍至数十倍。同时，大量肿瘤细胞被杀灭后，G_0 期细胞则可进入增殖周期，有利于下一次杀灭，以求达到可根治。②大量间歇给药，经过一段时间的停药，机体状况改善，尤其是有利于造血功能及免疫功能的恢复。③减少小量多次给药所诱导产生的耐药性。

（江汉大学　叶少剑）

第九篇　影响免疫功能的药物

第五十章　免疫调节药

- Immunomodulators are used to modulate the immune response in three ways: immunosuppression, tolerance and immunostimulation.
- Four major classes of immunosuppressive drugs are discussed: glucocorticoids, calcineurin inhibitors, antiproliferative, antimetabolic agents and antibodies.
- A few immunostimulatory drugs have been developed with applicability to infection, immunodeficiency and cancer.

第一节　概　　述

一、免疫反应

免疫反应（immune response）包括先天性免疫（innate immunity）和获得性免疫（adaptive immunity）。先天性免疫系统的效应细胞由补体、粒细胞、单核细胞、巨噬细胞、自然杀伤细胞、肥大细胞和嗜碱性粒细胞组成。获得性免疫系统的效应细胞由 B 细胞、T 细胞组成。B 细胞的主要功能是产生抗体，辅助型 T 细胞（T helper cells, Th）为 CD4 阳性；主要发挥免疫辅助和调节作用，而细胞毒性 T 细胞（cytotoxic T cells, Tc, CTL）为 CD8 阳性，有细胞溶解作用。机体免疫系统在抗原刺激下发生的一系列应答反应，可分为细胞免疫和体液免疫：①细胞免疫：抗原呈递细胞如树突状细胞和巨噬细胞等摄取和消化抗原，经消化处理的抗原多肽结合到细胞表面的主要组织相容性复合物，然后将抗原信息通过细胞表面的 T 细胞受体传递给 T 细胞。Ⅰ型主要组织相容性复合物递呈抗原给细胞毒性 T 细胞，而Ⅱ型主要组织相容性复合物递呈抗原给辅助型 T 细胞。当协同刺激分子 CD80/CD86、细胞黏附分子-1、淋巴细胞功能抗原、以及抗原呈递细胞上的 CD40 配基与辅助 T 细胞上相应的配基或配体结合时，抗原特异 T 细胞就获得高度活化分裂增殖。活化的辅助 T 细胞分泌白介素-2（IL-2）。在细胞因子白细胞介素 12（IL-12）存在时分化为辅助 T 细胞-1 型（Th1）；在细胞因子白细胞介素 4（IL-4）存在时分化为辅助 T 细胞-2（Th2）；在转化生长因子-β（TGF-β）和细胞因子白细胞介素 6（IL-6）存在时分化为辅助 T 细胞-17（Th17）；而如果只有 TGF-β 存在时分化为调节 T 细胞（Treg）四个亚群。辅助 T 细胞-1 可产生 γ 干扰素，可直接活化天然杀伤（NK）细胞，并辅助 B 细胞分化为浆细胞分泌 IgG 和 CD8 细胞毒性 T 细胞功能。辅助 T 细胞-2 可产生 IL-4、IL-5 和 IL-13 以直接活化肥大细胞等产生过敏反应，IL-4 是 B 细胞生长因子，而 IL-5 刺激 B 细胞分化为浆细胞分泌 IgE。辅助 T 细胞-17 产生 IL-17 和粒-巨噬细胞集落刺激因子（GM-CSF），在炎性神经损伤中起重要作用。调节性辅助 T 细胞则主要通过产生抑制性细胞因子 TGF-β 和 IL-10，抑制免疫反应。活化的细胞毒性 T 细胞产生 γ 干扰素和颗粒酶 B，后者直接对组织细胞产生损伤作用。②体液免疫：B 细胞表面的免疫球蛋白与抗原结合后即被激活，然后被辅助 T 细胞-2 分泌的 IL-4 和 IL-5 诱导增生和分化成记忆性 B 细胞和浆细胞。浆细胞产生大量抗体以中和感染病原体或在炎症中造成组织损伤（图 9-50-1）。

正常的免疫功能对机体的防御反应、自我稳定及免疫监视是不可缺少的。参与免疫反应的各种细胞、组织和器官的任何一方的缺陷都将导致免疫功能的障碍、丧失，形成免疫性疾病；任何一方的功能过甚，亦会形成免疫性疾病。免疫功能异常的免疫病理反应，包括变态反应（过敏反应）、自身免疫性疾病、免疫缺陷病和免疫增殖病等。影响免疫功能的药物正是通过影响免疫反应的一个或多个环节而发挥免疫调节作用的。

二、T 淋巴细胞激活的双信号传导

T 细胞激活需要通过双信号传导，信号 1 是表面的主要组织相容性复合物与 T 细胞受体结合而介导，决定 T 细胞激活的抗原特异性。信号 2 是抗原递呈细胞表达的共刺激表面分子，主要由 CD80/

CD86，和 T 细胞表面的 CD28 结合介导，两个信号都是 T 细胞激活所必需的，其过程简要示意见图 9-50-2 及其注解。信号转导所产生的后果有两种：①当信号 1 和信号 2 同时存在时，诱导信号激活转录因子包括 NF-AT、NF-kB 和 AP-1 等，使 T 细胞激活；②当只有信号 1 时，T 细胞灭活或耐受。因为抗原呈递细胞表面的共刺激表面分子 CD80/CD86 是由感染的病原微生物诱导表达，所以单信号刺激 T 细胞只有在没有感染时发生，这时因抗原递呈细胞所递呈的抗原往往是自身抗原而诱导免疫耐受。T 细胞被激活后，表面还表达 CTLA4 分子，它和 CD28 竞争 CD80/CD86 的共刺激表面分子，从而抑制 T 细胞免疫反应。根据 T 淋巴细胞特异性免疫应答的双信号传导机制，免疫耐受可通过某些协同刺激信号诱导获得并加以维持，该理论为抗器官移植排斥反应和自身免疫性疾病治疗药物研究提供了重要指导，据此开发出的免疫耐受原（药）理论上可克服目前常用免疫抑制药引起的感染和继发性肿瘤。例如，已进入临床研究的协同刺激阻滞药有 CTLA-4Ig（一种嵌合蛋白）、CD80 和（或）CD86 单克隆抗体，它们阻滞协同刺激信号，使 T 细胞进入非应答性激活状态，阻碍或下调免疫应答，产生免疫耐受（图 9-50-2）。

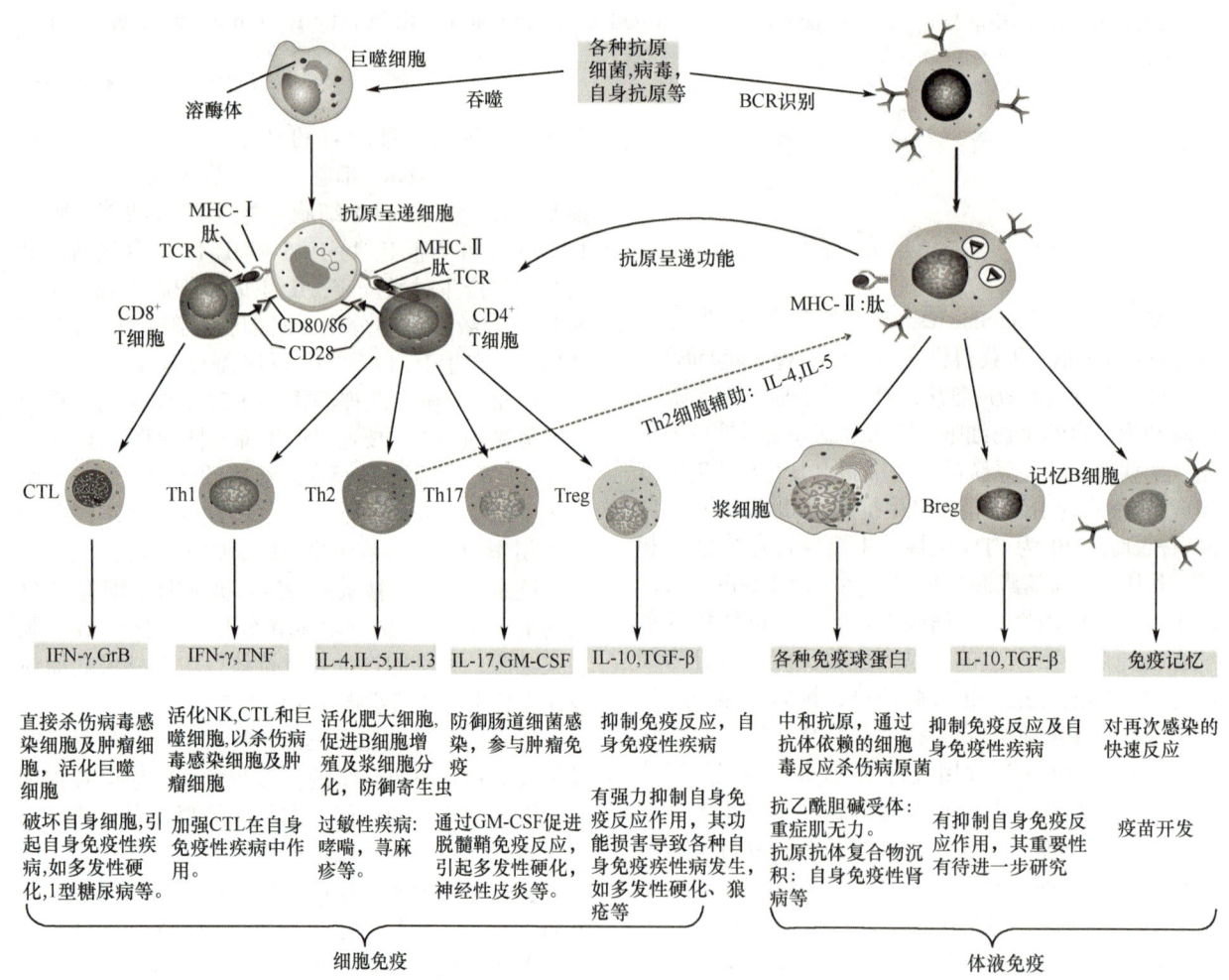

图 9-50-1　免疫反应过程中细胞相互作用示意图

BCR：B 细胞受体；Breg：调节性 B 细胞；CTL：细胞毒性 T 细胞（CD8 阳性）；Th：辅助 T 细胞（CD4 阳性）；Treg：调节 T 细胞；MHC-I & MHC-II：I 型及 II 型主要组织相容性复合物；IFN：干扰素；IL：白介素；GrB：颗粒酶 B；TCR：T 细胞受体；TGF-β：转化生长因子 -β；GM-CSF：粒细胞巨噬细胞集落刺激因子

三、免疫调节药的分类

作用于免疫系统并影响其功能的药物统称为免疫调节药（immunomodulators），包括免疫抑制药（immunosuppressive agents）、免疫增强药（immunopotentiating agents）以及免疫耐受原（药）（tolerogens）。按主要药理作用、作用部位及作用机制，免疫调节药分为如下三大类：

1. 免疫抑制药　抑制不利的或过度的免疫反应，这类药物包括：①肾上腺皮质激素（glucocorticoids）；

②具有免疫抑制作用的抗生素，又称钙调磷酸酶抑制药（calcineurin inhibitors），包括环孢素、他克莫司和色瑞莫司等；③抗增殖及抗代谢药（antiproliferative and antimetabolic agents），有霉酚酸酯、硫唑嘌呤和6-硫嘌呤等；④烷化剂（alkylating agent）；⑤抗淋巴细胞抗体（anti-lymphocyte antibody）为生物制剂，有抗淋巴细胞球蛋白，抗CD3单克隆抗体等。

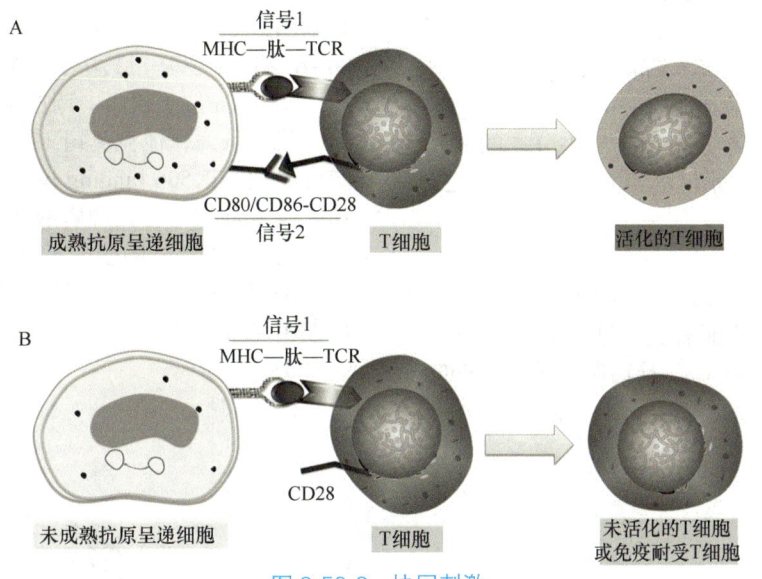

图 9-50-2　协同刺激

A. T细胞活化所需的两种信号。信号1（MHC，主要组织相容性复合物）经T细胞受体（TCR），信号2经协同刺激配体-受体对，即在抗原呈递细胞（APC）上的 B7-1（CD80）和 B7-2（CD86）与T细胞表面的CD28共同组成一条重要的协同刺激途径为信号2，双信号的存在为T细胞活化所必需。CD80/86只有在成熟的抗原呈递细胞表面表达。B. 未成熟的抗原呈递细胞不表达CD80/86，当T细胞受体遇到其提供的抗原时，只有信号1，T细胞便不能激活或诱导免疫耐受

2. 免疫刺激药，又称免疫增强药（immunopotentiating agents）　上调处于低下状态的免疫功能，它们中的大多数对免疫功能起双向调节作用，既使过低的免疫功能趋向增高，又使过高的免疫功能有所降低。主要包括左旋咪唑、白细胞介素、干扰素、转移因子、胸腺素等。

3. 免疫耐受原（药）　诱导和保持引起抗原特异性非应答活化状态，包括免疫协同刺激阻滞（costimulatory blockade）、供体细胞嵌合（donor cell chimerism）、可溶性人白细胞抗原（human leukocyte antigens）和抗原基础治疗（antigen-based therapies）。此类药物仍处于试用阶段，故不作详细叙述。

第二节　免疫抑制药

免疫抑制药是一类非特异地抑制免疫功能的药物，临床主要用于防治器官移植的排斥反应和治疗自身免疫性疾病，长期应用可造成机体抵抗力降低而易诱发感染等。目前仅钙调磷酸酶抑制药的选择性相对较高。

一、肾上腺皮质激素

【药理作用】

常用药包括泼尼松、泼尼松龙、地塞米松等。它们对先天性和获得性免疫反应的许多环节均有影响，主要是抑制巨噬细胞对抗原的吞噬和处理；也阻碍淋巴细胞DNA合成和有丝分裂，破坏淋巴细胞，使外周淋巴细胞明显减少，并损伤浆细胞，从而抑制细胞免疫反应和体液免疫反应，缓解变态反应对人体的损伤。

【临床应用】

本类药物可与其他免疫抑制药联合用于防治器官移植时的排斥反应，常用高剂量逆转急性移植排斥和自身免疫性疾病病情加重，对骨髓移植时的移植物抗宿主病亦有效，也常用于类风湿性关节炎和其他关节炎、系统性红斑狼疮、全身性皮肌炎、牛皮癣、哮喘、炎性肠炎、炎性眼炎、多发性硬化症病情加重等。此外，肾上腺皮质激素可降低其他免疫抑制药引起的过敏反应，也减弱首剂应用某些细胞因子如莫罗莫那-CD3（muromonad-CD3）产生的不良反应。

二、具有免疫抑制作用的抗生素

具有免疫抑制作用的抗生素有环孢素 (cyclosporin)、他克莫司 (tacrolimus) 等，对免疫功能的抑制相对较高，是一类迅速发展中的药物。

【来源与化构】

环孢素是从真菌 *Tolypocladium inflatum* 培养液中分离出的一种脂溶性环状十一肽，现已能人工合成。他克莫司是由日本筑坡山土壤中分离的放线菌 *Streptomycines tsukubaensis* 培养液中获得，属 23 元大环内酯类抗生素。

【作用机制】

环孢素、他克莫司的分子作用机制与抑制钙调磷酸酶 (calcineurin) 功能有关。钙调磷酸酶属丝氨酸/苏氨酸酶，是一种 Ca^{2+} 及钙调素 (calmodulin, CaM) 依赖性的磷酸酶，由 A（相对分子质量 61 000）及 B（相对分子质量 15 000）两个亚单位组成的二聚体酶。A 亚单位含有 CaM 的结合及催化位点，而 B 亚单位有 4 个与 Ca^{2+} 结合的位点。另一与其作用有关的物质是活化的 T 淋巴细胞核因子 (nuclear factor of activated T cell, NF-AT)。NF-AT 包括 NF-ATc 及 NF-ATn 两个亚基，其中 NF-ATc 是钙调磷酸酶的底物，NF-ATn 位于核内，调控基因表达。

目前认为，他克莫司 (FK506) 首先与其细胞内结合蛋白 (FK506 binding protein, FKBP) 形成复合物，该复合物再与钙调磷酸酶结合并抑制其功能，使原有的 NF-ATc 的脱磷酸化过程受阻，不能转移进入核内与 NF-ATn 结合，阻止 IL-2 基因转录，抑制 IL-2 的合成，发挥强大的免疫抑制作用（图 9-50-3）。

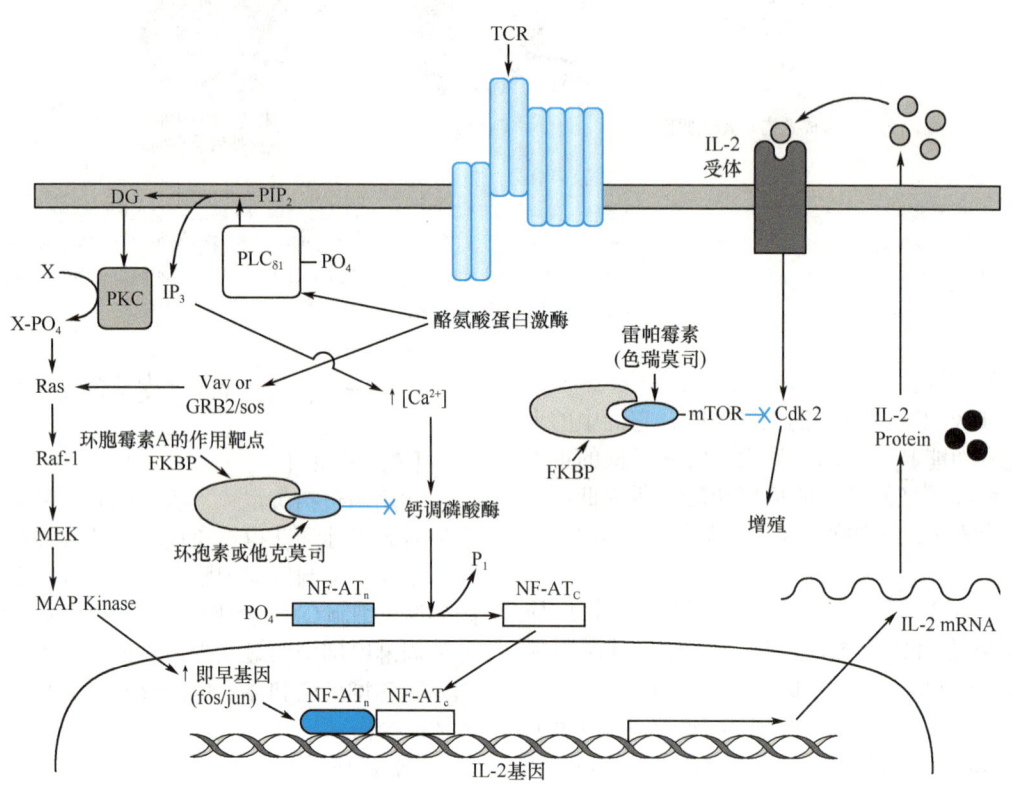

图 9-50-3　环孢素（环孢霉素 A）、他克莫司 (FK506) 和色瑞莫司（雷帕霉素）在 T 细胞的作用机制

FKBP：FK506 结合蛋白；NF-AT：活化的 T 细胞核因子；mTOR：雷帕霉素的哺乳动物靶蛋白，一种涉及细胞增殖的激酶；TCR：T 细胞受体

环孢素

环孢素 (cyclosporin) 又称环孢霉素 A (cyclosporin A, CsA)。

【药理作用】

选择性地作用于 T 淋巴细胞活化初期，抑制 Th 细胞，使 Th 细胞数量明显降低，对细胞毒性 T 淋巴细胞亦有极强的抑制作用，但对调节 T 细胞 (Treg) 的影响微弱。抑制巨噬细胞产生 IL-1 并使 Th 细胞表达 IL-1 受体减少，从而导致 Th 细胞分泌 IL-2 减少及抑制 Th 细胞表达 IL-2 受体。也抑制 T 淋巴细胞产生干扰素 (interferon-γ, IFN-γ)。小剂量环孢素对巨噬细胞的吞噬功能无明显影响，也不直接抑制 NK 细胞，但可间接通过干扰 IFN-γ 的产生而影响其功能。总之，环孢素的作用不同于细胞毒类药物，它仅抑制细胞免疫和胸腺依赖性抗原的体液免疫，而不显著影响机体的一般防御能力。

【体内过程】

口服可吸收，但不完全，其生物利用度仅为

20%～50%，口服后3～4小时血药浓度达峰值。血液中药物总量的50%和10%分别被红细胞和淋巴细胞摄取，其余约40%存在于血浆中，且绝大部分与脂蛋白及其他蛋白结合，游离的药物不足5%。大部分在肝脏代谢，随胆汁排泄，极少量经肾脏排泄，其$t_{1/2}$约为16小时。

【临床应用】

主要用于防治异体器官或骨髓移植时的排异反应，与糖皮质激素合用，疗效更佳。也适用于其他药物无效的难治性自身免疫性疾病如类风湿性关节炎、系统性红斑狼疮、皮肌炎、银屑病等。

【不良反应】

剂量过大可造成肾和肝脏损伤，应用过程中宜监测肾、肝功能。另外，长期应用，牙龈肥大的发生率约为12%，牙龈炎发生率约为31%，严重影响患者的生活质量。

他克莫司

他克莫司（tacrolimus，FK506），其作用强度是环孢素的10～100倍。

【药理作用】

他克莫司抑制淋巴细胞增殖，主要抑制Th细胞产生IL-2，抑制细胞毒性T淋巴细胞产生γ干扰素，但不影响Treg细胞功能；抑制Ca^{2+}依赖性T及B淋巴细胞的活化，也抑制T细胞依赖的B细胞产生免疫球蛋白的能力。

【体内过程】

口服吸收迅速，但不完全，与其存在首关消除效应有关。主要在肠道上段吸收，胆汁对其吸收无明显影响。血中药物浓度达峰时间为0.5～3小时，$t_{1/2}$为5～8小时，有效浓度持续12小时，99%药物在肝脏代谢后排出体外。

【临床应用】

①用于肝脏移植，由于他克莫司存在所谓的"亲肝效应"，促进肝细胞的再生和修复，故主要用于肝脏移植，显著降低急性排斥反应的发生率及再次肝移植率，减少糖皮质激素的用量；②用于其他器官移植，包括肾脏移植及骨髓移植等，取得了满意的疗效。在减少急性排斥反应发生率、增加移植存活率和延长患者生存时间三方面，疗效优于环孢素；③对类风湿性关节炎、肾病综合征、胰岛素依赖型糖尿病等有一定疗效。

【不良反应】

①静脉给药最常见神经毒性，轻者可出现头痛、震颤、失眠、畏光、感觉迟钝等，重者可出现运动不能、缄默症、癫痫发作、脑病等，大多在减量或停药后自行消失；②由于可直接或间接地影响肾小球滤过率及肾小管对电解质的转运，可发生急性和慢性肾毒性；③对胰岛细胞具有毒性作用，可导致高血糖；④大剂量产生生殖系统毒性反应；⑤长期应用也引起牙龈炎及牙龈肥大，但发生率较环孢素低。

色瑞莫司

色瑞莫司（sirolimus）又名雷帕霉素（rapamycin），是由Easter岛土壤放线菌 Streptomyces hygropicus 培养液中分离得到的一疏水物质，其化学结构类似于他克莫司，属31元大环内酯类。原为一种抗真菌药物，1988年发现其有免疫抑制作用。

【药理作用】

它抑制T细胞的增殖与活化，减少IL-2及T细胞受体的表达；色瑞莫司在胞浆内与FKBP结合形成复合物，抑制细胞由细胞周期G_1期进入S期的关键酶雷帕霉素的哺乳动物靶蛋白（mammalian target of rapamycin，mTOR），从而抑制IL-2和IL-4及生长因子诱导的成纤维细胞、内皮细胞、肝细胞和平滑肌细胞增殖。

【体内过程】

口服吸收迅速，约1小时达血浆峰浓度，主要由细胞色素P450 3A4代谢，一些转化产物仍有免疫抑制作用，主要经P-糖蛋白转运，经肾脏排泄，血浆$t_{1/2}$为62小时。此外，停药后其疗效可维持数月之久，提示色瑞莫司有免疫耐受原（药）作用。

【临床应用】

单独或与环孢素联合应用，能延长移植物的存活时间，治疗多种器官和皮肤移植物的急性排斥反应，尤对慢性排斥反应疗效更为明显。与环孢素有协同抑制作用，能延长移植物存活时间，减轻环孢素的肾毒性，扩大两种药物的治疗指数。色瑞莫司与他克莫司均与胞浆内FKBP结合，因此，低剂量两药联合使用，也能达到有效的免疫抑制作用。

【不良反应】

包括厌食、呕吐和腹泻，严重者可出现消化性溃疡、间质性肺炎和脉管炎。联合用药和监测血药浓度是减少不良反应并发挥最大免疫抑制作用的有效措施。

三、抗增殖及抗代谢药

霉酚酸酯

霉酚酸酯（mycophenolate mofetil，MMF），是由青霉菌 Penicillium stoloniferum 中获得的霉酚酸（mycophenolic acid，MPA）的酯类衍生物，具有独特的免疫抑制作用，无明显的肝脏及肾脏毒性，安全性较高，1995年美国FDA批准上市。

【药理作用】

霉酚酸酯在体内迅速水解转化成活性产物霉酚酸而发挥免疫抑制作用。

1. 对淋巴细胞的作用　①明显抑制淋巴细胞DNA的生物合成，这种抑制效应能被鸟苷或脱氧鸟苷逆转；②MMF剂量依赖性地抑制B细胞增殖和抗体分泌；③与环孢素不同，MMF 抑制 B 淋巴细胞的增殖，降低淋巴瘤的发生。

2. 对其他细胞的作用 ①治疗剂量的霉酚酸能快速抑制单核巨噬细胞的增殖，减轻炎症反应；②霉酚酸抑制有丝分裂原活化的血管平滑肌细胞增殖。用霉酚酸酯代替传统三联治疗（环孢素＋硫唑嘌呤＋甲泼尼松龙）中的硫唑嘌呤时，移植心脏存活状况改善，冠脉增生改变消失；③霉酚酸对中性粒细胞功能几乎无影响，此可能与中性粒细胞中嘌呤合成不依赖经典途径及主要表达 I 型次黄嘌呤核苷磷酸脱氢酶（inosine 5-monophosphate dehydrogenase，IMPDH）有关。

【作用机制】

霉酚酸酯抑制免疫的作用机制涉及三个方面：①抑制淋巴细胞内的 II 型 IMPDH，减少鸟嘌呤核苷酸，产生免疫抑制作用。机体细胞嘌呤核苷酸来源主要有从头合成途径（de novo pathway）及补救途径（salvage pathway）。IMPDH 是从头合成途径的关键限速酶，它有 I 型和 II 型两种同工酶，MPA 对 II 型 IMPDH 的抑制作用较 I 型强 4～5 倍。人 T、B 细胞高度依赖于从头合成途径合成鸟嘌呤核苷酸，而且活化的淋巴细胞大量表达 II 型。MPA 选择性、可逆性地抑制 IMPDH，从而抑制从头合成途径中嘌呤的生物合成，导致鸟嘌呤核苷酸减少，表现为选择性阻断 T、B 淋巴细胞的增殖，诱导、加速活化 T 细胞的凋亡。②抑制淋巴细胞表面岩藻糖、甘露糖及整合素的形成，从而阻碍黏附分子的糖基化过程，故削弱炎症部位及移植排异位点募集单核细胞及淋巴细胞作用。③抑制细胞因子的产生。MFA 迅速抑制 GM-CSF 的产生；而对其他细胞因子生成的抑制 48 小时后才出现。

【体内过程】

口服易吸收，相对生物利用度为 94.1%。血浆药物浓度达峰时间为 40～60 分钟，血浆蛋白结合率高达 98%。霉酚酸在肝脏经葡萄糖醛基转移酶转化为无活性的霉酚酸葡萄糖醛酸苷（MPAG），在小肠细菌作用下 MPAG 重新转化为 MPA，经门脉入血形成肝肠循环，约 10～12 小时出现第二次血药浓度高峰，霉酚酸 $t_{1/2}$ 为 16～17 小时。

霉酚酸酯代谢后主要经肾脏排出，90% 以 MPAG 经肾小球滤过及肾小管分泌自尿液中排出，极少量的 MMF 随粪便排出。肾功能不全的患者可出现血浆 MPA 及 MPAG 浓度的改变，严重肾功能不全的患者平均 MPA 血浆曲线下面积（AUC）增加两倍，而 MPAG 则增加近 3～6 倍。

【临床应用】

①器官移植：霉酚酸酯广泛用于肾脏和心脏、肝脏和小肠等移植，能显著减少急性排斥反应的发生；②自身免疫性疾病：用于治疗银屑病和类风湿性关节炎，疗效良好。此外，对系统性红斑狼疮、重症 IgA 肾病患者也有一定效果；③卡氏肺囊虫：由于霉酚酸酯抑制了卡氏肺囊虫生长需要的 IMPDH 的活性，因此可用于预防卡氏肺囊虫的感染。

【不良反应及注意事项】

常见有恶心、呕吐、腹泻等胃肠道反应，调整剂量可减轻；血液系统损伤，包括贫血和白细胞减少，常出现在用药后 30～120 天，停药一周后，多数可缓解或恢复；可能诱发感染或肿瘤。动物实验已观察到霉酚酸酯有致畸作用，孕妇慎用。严重肾功能不全时应减少用量。

【药物相互作用】

氢氧化镁和氢氧化铝等可减少 MMF 的吸收，不宜同服。大剂量呋塞米、阿司匹林以及血清白蛋白水平降低可增加游离 MPA 的水平。丙磺舒及阿昔洛韦等影响肾小管分泌功能的药物可能改变 MPAG 的血药浓度。考来烯胺与 MMF 合用可使其 AUC 减少，应避免合用。肾移植患者 MMF 与磺唑酮合用可增加 MPA 的毒性，可能会干扰肾小管分泌 MPA，应予注意。建议不与硫唑嘌呤合用。

四、烷 化 剂

包括环磷酰胺、白消安及噻替哌等，其中最常用的是环磷酰胺。

环 磷 酰 胺

【药理作用】

环磷酰胺（cyclophosphamide，CTX）为强效免疫抑制药之一，对增殖期及某些静息期淋巴细胞均有抑制作用。非特异性杀伤抗原敏感性淋巴细胞，限制其转化为免疫母细胞，同时也杀伤免疫活性细胞，B 细胞较 T 细胞对其更加敏感，因而能选择性地抑制 B 淋巴细胞；还可明显降低 NK 细胞的活性，从而抑制初次和再次体液与细胞免疫反应。但在免疫抑制药剂量下，不影响已活化的巨噬细胞功能。由于其免疫作用明显，不良反应相对较少且可口服，所以成为烷化剂中最常用的免疫抑制药。

【临床应用】

用于自身免疫性疾病的治疗，对系统性红斑狼疮、类风湿性关节炎、肾病综合征等疗效较好；对韦格内（Wegener）肉芽肿病、皮肌炎、结节性多发动脉炎等也可改善症状；与皮质激素合用治疗天疱疮。用于器官移植中预防和治疗排斥反应，效果与硫唑嘌呤相当，在临床实际应用中，常与泼尼松和抗淋巴细胞球蛋白合用。

【不良反应】

骨髓抑制，胃肠道反应，出血性膀胱炎及脱发等。偶见肝功能障碍。

五、抗淋巴细胞抗体

抗淋巴细胞球蛋白

抗淋巴细胞球蛋白（antilymphocyte globulin，ALG）为直接抗淋巴细胞的多克隆抗体。采用人的淋巴细胞免疫动物而获得的抗淋巴细胞血清，经提纯得到。它与淋巴细胞结合，主要是与T细胞结合，在补体的共同作用下，使淋巴细胞裂解，因此对细胞免疫的抑制作用较强。临床常与硫唑嘌呤、肾上腺皮质激素合用，预防器官移植的排斥反应。由于制剂来源未标准化，治疗效果不稳定，加之可引起血清反应，故多在其他免疫抑制药无效时使用。常见不良反应有寒战、高热、血小板减少、关节疾病和血栓性静脉炎等。静脉注射可引起过敏性休克和血清病，还可引起血尿、蛋白尿，停药后消失。注射前需作皮肤过敏试验，发生变态反应或过敏体质者禁用，有急性感染者慎用。

CD3单克隆抗体

CD3单克隆抗体（anti-CD3 monoclonal antibodies）是直接针对人类T淋巴细胞表面CD3抗原的抗体。用于防治器官移植后的急性排斥反应。常出现以高热、寒战、头痛、恶心、呕吐、腹痛及腹泻为特征的"细胞因子释放综合征"，多发生于首次用药后30分钟。注射CD3单克隆抗体前，给予肾上腺皮质激素可预防之。

利妥昔单抗

利妥昔单克隆抗体（rituximab/rituxan），美国FDA于1997年批准上市。是直接针对人类B淋巴细胞表面CD20抗原的抗体，可裂解成熟及未成熟的B淋巴细胞。对于自身抗体引起的自身免疫疾病，如红斑狼疮和风湿性关节炎等有非常好的疗效，也用于CD20阳性的B细胞增多症，B细胞淋巴瘤及韦格内（Wegener）肉芽肿病等。副作用有头痛、恶心、呕吐、腹痛及由免疫功能低下引起的感染性疾病等。

白细胞介素-2受体抗体

白细胞介素-2受体抗体（anti-IL-2 receptor antibodies，daclizumab），它与IL-2受体的α亚单位（CD25）高度亲和，阻滞IL-2介导的T淋巴细胞活化。主要抑制T细胞分化增殖，也抑制B细胞、自然杀伤细胞等的分化增殖。常与肾上腺皮质激素或钙调磷酸酶抑制药等合用，治疗器官移植排异反应。可引起过敏反应，偶见淋巴细胞增殖障碍。

英夫利昔单抗

英夫利昔单抗（infliximab），为一嵌合的抗TNF-α单克隆抗体，与TNF-α有高度亲和力，阻止该细胞因子与相应的受体结合。主要用于类风湿性关节炎、节段性回肠炎、回肠炎肠瘘。给药后1~2小时可能出现发热、荨麻疹、低血压、呼吸困难。

六、其 他

硫唑嘌呤（azathioprine，AZa）、6-巯嘌呤（mercaptopurine，6-MP）主要通过干扰嘌呤代谢，抑制嘌呤核苷酸生物合成，抑制DNA、RNA和蛋白质合成而发挥免疫抑制效应；抑制T、B两类母细胞，兼有抑制细胞免疫和体液免疫的作用，对T细胞的抑制作用更明显，且不同亚群的T细胞对其敏感性各异。也抑制NK细胞的效应，但不抑制巨噬细胞的吞噬功能。用于肾移植的排异反应和自身免疫性疾病，如类风湿性关节炎和系统性红斑狼疮等。

第三节 免疫增强药

免疫增强药也称免疫刺激药，是一类非特异地增强免疫功能的药物，主要用于治疗免疫缺陷性疾病，或作为慢性感染和肿瘤的辅助治疗。

卡 介 苗

卡介苗（Bacillus Calmette-Guerin-vaccine，BCG）又名结核菌苗，是牛型结核分枝杆菌的减毒活菌苗。可在给药部位引起肉芽肿反应。除用于预防结核病外，还可作为非特异性免疫增强药。它可刺激多种免疫细胞如巨噬细胞、T细胞、B细胞和NK细胞活性；能增强与其合用的各种抗原物质的免疫原性，加速诱导免疫应答，提高细胞和体液免疫的功能，从而增强机体的非特异性免疫水平。

临床最常用于恶性黑色素瘤、白血病及肺癌，也用于乳腺癌、消化道肿瘤，可延长患者的生命。近年来，也用于膀胱癌术后灌洗，可预防肿瘤的复发。其疗效与肿瘤的抗原性强弱、宿主的免疫状态以及其给药途径有关。

注射局部可见红斑、硬结和溃疡，也可出现寒战、高热、全身不适等。反复瘤内注射可发生过敏性休克。剂量过大，又可导致免疫功能降低，甚至促进肿瘤生长。

左 旋 咪 唑

左旋咪唑（levamisole，LMS）为四咪唑的左旋体，原为一种抗肠蠕虫药，有免疫增强作用，可恢复抑制的B淋巴细胞、T细胞、单核细胞和巨噬细胞免疫功能。其可能的作用机制为激活磷酸二酯酶（phosphodiesterase，PDE），加快cAMP分解，降低淋巴细胞和巨噬细胞内cAMP的含量。主要用于免疫功能低下者，恢复免疫功能。常用于肺癌手术后的恢复，尤其对鳞癌疗效较好，可减少转移。也可改善多种自身免疫性疾病，如类风湿性关节炎、红斑狼疮。可见胃肠道症状、头痛、出汗、全身不适等，偶见肝功能异常。少数病人有白细胞及血小板减少，停药后可恢复。

干 扰 素

干扰素（interferon，IFN）是一族可诱导的分泌糖蛋白，分 α、β 和 γ 三类，具有高度的种属特异性，动物的干扰素对人无效，现采用 DNA 重组技术生产。

【药理作用与用途】

①抗病毒作用，是一广谱抗病毒药，其作用机制可能是作用于蛋白质合成阶段。临床可用于治疗各种病毒感染性疾病，如疱疹性角膜炎、病毒性眼病、皮肤带状疱疹和慢性乙型肝炎等；②免疫调节作用，小剂量时增强细胞免疫和体液免疫，大剂量则产生抑制作用；③抗肿瘤作用，直接抑制肿瘤细胞的生长，又可通过免疫调节发挥作用。可用于各种肿瘤的治疗，如毛细胞性白血病、恶性黑色素瘤、滤泡性淋巴瘤、艾滋病卡波济氏肉瘤等。但对肺癌、胃肠道癌及某些淋巴瘤无效；④抑制细胞增殖作用。可与病毒唑合用于慢性丙型肝炎等。

【不良反应】

流感样症状（发热、寒战、肌痛）和注射部位反应是常见的不良反应。有胃肠道反应，发热和白细胞减少，嗜睡、精神紊乱、抑郁等神经系统症状，少数病人快速静脉注射可出现血压下降、心律失常和罕见的心肌病和心肌梗死。约 5% 的病人用后可产生干扰素抗体。

白细胞介素 -2

白细胞介素 -2（interleukin-2，IL-2）又名 T 细胞生长因子（TCGF），系 Th 细胞产生，为 Treg 和 Tc 细胞分化增殖所需的调控因子，所以既可以使 Treg 增加产生免疫抑制，又可以扩增 Tc 细胞提高免疫反应。同时可促进 B 细胞、NK 细胞、抗体激活的杀伤细胞和淋巴因子激活的杀伤细胞等的分化增殖。目前所用为重组人 IL-2，1.1 mg 重组的 IL-2 等于 1800 万国际单位。临床用于恶性肿瘤如黑色素瘤、肾细胞癌、霍奇金淋巴瘤等的辅助治疗，及免疫缺陷病和自身免疫性疾病的治疗。不良反应有发热、寒战、厌食、肌痛及关节痛、神经系统症状。

集落刺激因子

集落刺激因子（colony stimulating factor，CSF）由单核细胞、成纤维细胞及淋巴细胞等产生，主要有 4 种：巨噬细胞集落刺激因子（macrophage colony stimulating factor，M-CSF）、粒细胞集落刺激因子（granulocyte colony-stimulating factor，G-CSF）、粒 - 巨噬细胞集落刺激因子（granulocyte- macrophage colony stimulating factor，GM-CSF）和多系祖细胞集落刺激因子（multiprogenitor cells colony-stimulating factor，multi-CSF）。目前均可用 DNA 重组技术生产，其中重组人 GM-CSF 和重组人 G-CSF 已供临床应用。

CSF 作用于多向干细胞和多向祖细胞等较原始细胞，刺激粒细胞、单核细胞、巨噬细胞和巨核细胞集落形成和增生，促进粒细胞和单核细胞成熟；刺激骨髓向外周血液释放成熟的中性粒细胞，增加成熟粒细胞的吞噬和细胞毒作用；间接促进红细胞增生。G-CSF 和 GM-CSF 的临床应用和不良反应见第 29 章作用于血液和造血器官的药物。

转 移 因 子

【药理作用】

转移因子（transfer factor，TF）是从健康人的白细胞提取的一种多核苷酸，不被 RNA 酶、DNA 酶及胰酶所破坏，无抗原性。TF 可将供体的细胞免疫信息转移给受体，使受体的淋巴细胞转化并增殖分化为致敏淋巴细胞，获得供体的特异性和非特异性的细胞免疫功能，其作用能维持 6 个月。

【作用机制】

通过反转录酶作用，掺入到受者的淋巴细胞中，形成含有 TF 密码的特异 DNA。从而提高免疫缺陷患者的皮肤迟发性过敏反应，防止感染；对细胞免疫有增强和抑制的双向调节作用。该药还可诱导产生干扰素。

【临床应用】

主要用于先天性或获得性细胞免疫缺陷的替代治疗，但对先天性淋巴细胞障碍、胸腺发育不全或 T 细胞功能完全缺失的患者，单用无效。还可用于治疗自身免疫性疾病，如系统性红斑狼疮、类风湿性关节炎及难以控制的病毒性和霉菌性感染和肿瘤的辅助治疗。

【不良反应】

不良反应少，注射局部有酸、胀、痛感，个别病例出现风疹性皮疹、皮肤瘙痒，少数人有短暂发热。慢性活动性肝炎用药后可见肝功能损害加重，然后逐渐恢复。

胸 腺 素

胸腺素（thymosin）是从胸腺中分离、提取的一组活性多肽，按纯化过程分为 $F_1 \sim F_5$ 组分，其中 F_5 活性最强，按等电点又分成 α、β 和 γ 部位，现已成功采用基因工程生物合成。可诱导 T 细胞分化成熟，并调节 T 细胞的多种功能，从而调节和增强人体细胞免疫功能，临床用于治疗胸腺依赖性免疫缺陷疾病（包括艾滋病）、某些自身免疫性疾病和肿瘤等。一般无严重不良反应，少数人出现发热、皮疹、头昏等过敏反应，注射前常规作过敏实验。

异 丙 肌 苷

异丙肌苷（isoprinosine）为肌苷与乙酰基苯甲酸和二甲胺基异丙醇以 1∶3∶3 组成的复合物。具有免疫增强作用，可诱导 T 细胞分化成熟，并增强其功能；对 B 细胞无直接作用，但可增加 T 细胞依赖性抗原的抗体产生；可增强单核巨噬细胞和 NK 细胞的活性，促进 IL-1、IL-2 和干扰素的产生，恢复低下的免疫功能。此外，异丙肌苷还具有抗病毒作用。临床用于急性病毒性脑炎和带状疱疹等病毒性感染，某些自身免疫性疾病，肿瘤的辅助治疗，以及改善艾滋病患者的免疫功能。不良反应少，安全范围较大。

牛膝多糖

牛膝多糖（achyranthan）是从中药牛膝中分离得到的一种小分子量的多糖成分，为非特异性免疫增强药。它增加脾脏内抗体形成细胞数，提高血清 IgG 水平，激活网状内皮系统的吞噬功能，促进 TNF 和 IL-2 的生成及淋巴细胞增殖，增强 NK 细胞和 CTL 细胞的活性。促进因化疗及放疗引起的白细胞降低及免疫系统功能损伤的恢复，临床有效率达 97%；恢复慢性肝炎患者的肝功能，显著改善胃纳差、乏力及黄疸等症状。

云芝多糖 K

云芝多糖 K（krestin polysaccharide K，PS-K）的主要成分为蛋白多糖，为非特异性免疫增强药。能增强食欲，保护肝细胞，提高网状内皮系统的吞噬功能。促进肝脏 Kupffer 细胞吞噬功能，诱导产生血清干扰素。临床用于慢性肝炎的治疗。该药也能直接作用于肿瘤细胞，可改善癌症患者的症状。

（遵义医学院　石京山）

索 引

A

阿巴卡韦（abacavir） 347
阿巴前列素（arbaprostil） 234
阿贝卡星（arbekacin） 319
阿苯达唑（albendazole，肠虫清） 368
阿德福韦酯（adefovir dipivoxil） 347
阿伐斯汀（acrivastine，新敏乐） 151
阿伐他汀（atorvastatin） 207，209
阿加曲班（argatroban） 257
阿卡波糖（acarbose） 277
阿拉明（aramine） 70
阿利吉仑（aliskiren） 220
阿利吉仑（aliskiren，tekturna） 169
阿罗洛尔（arottnolol） 82
阿洛西林（azlocillin） 307
阿霉素（adriamycin，ADM） 380
阿米卡星（amikacin） 319，323
阿米洛利（amiloride） 204
阿米洛利（amiloride，氨氯吡咪） 160
阿米替林（amitriptyline） 124
阿莫西林（amoxicillin，羟氨苄青霉素，阿莫灵，阿莫仙） 307
阿莫西林-克拉维酸钾（amoxicillin potassium clavulanate） 311
阿尼芬净（anidulafungin） 342
阿尼普酶（anistreptase） 260
阿帕西林（apalcillin） 307
阿片酊（opiumtincture） 240
阿片制剂（opiatesanditsanalogues） 240
阿扑吗啡（apomorphine） 114，131
阿奇霉素（azithromycin） 313，315
阿曲库铵（atracurium） 65
阿司咪唑（astemizole，息斯敏） 151
阿司米星（astromicin） 319
阿司匹林（aspirin） 143
阿司匹林（aspirin） 203
阿司匹林（aspirin） 258
阿糖胞苷（cytarabine，Ara-C） 374
阿糖腺苷（vidarabine，Ara-A） 346
阿替洛尔（atenolol） 216
阿替洛尔（atenolol） 82，177
阿托品（atropine） 60
阿托西班（atosiban） 253
阿西莫司（acipimox） 211
阿昔单抗（abciximab） 204
阿昔单抗（abciximab） 259

阿昔洛韦（aciclovir，ACV） 345
阿扎胞苷（azacitidine） 374
阿扎那韦（atazanavir） 348
阿扎斯丁（azastene） 289
阿佐塞米（azosemide） 159
埃替巴肽（eptifibatide） 204
埃托啡（etorphine） 131
艾司洛尔（esmolol） 82，177
艾司唑仑（estazolam） 103
安贝氯铵（ambenonium chloride） 57
安理申（aricept） 115
安博维（aprovel） 168
安体舒通（aldactone） 169
安体舒通（antisterone） 160
氨苯蝶啶（triamterene，三氨蝶啶） 160
氨苯砜（dapsone） 355
氨苄西林（ampicillin） 306
氨苄西林-舒巴坦（ampicillin-sulbactam，舒他西林，sultamicillin） 312
氨茶碱（aminophylline） 226
氨甲苯酸（aminomethylbenzoic acid，PAMBA） 261
氨甲环酸（tranexamic acid，RMCHA） 261
氨力农（amrinone，氨吡酮） 190
氨鲁米特（aminoglutethimide） 271，383
氨氯地平（amlodipine） 190，201
氨氯地平（amlodipine） 216
氨曲南（aztreonam） 311
氨戊酰胺（aminopentamide） 63
氨酰心安，tenormine） 216
氨溴索（ambroxol） 228
昂丹司琼（ondansetron） 154，238
奥苯达唑（oxibendazole，丙氧咪唑） 369
奥芬溴铵（oxyphenonium bromide） 63
奥格门汀（augmentin） 311
奥卡西平（oxcarbazepine） 108
奥拉米特（orazamide） 241
奥马珠单抗（omalizumab） 226
奥美拉唑（omeprazole） 233
奥沙普秦（oxaprozin，丙嗪） 145
奥斯他韦（oseltamivir） 346
奥硝唑（ornidazole） 364
胺碘酮（amiodarone） 177

B

八面体蒙脱石（dioctahedral smectite） 241
巴龙霉素（paromomycin） 319，365

白三烯（leukotriene，LTs） 154
白陶土（kaolin） 241
白细胞介素 -2（interleukin-2） 394
白细胞介素 -2 受体抗体（anti-IL-2 receptor antibodies, daclizumab） 393
白消安（busulfan） 377
贝那普利（benazepril） 182，217
贝那普利（benazepril，洛汀新，lotensin） 167
贝那普利拉（benazeprilat） 167
贝那替嗪（benactyzine） 63
倍他米隆（betamipron） 310
倍他米松（betamethasone） 265
倍他司汀（betahistine，抗眩啶） 150
倍他唑（betazole，氨乙吡唑） 150
苯巴比妥（phenobarbital，luminal） 109
苯苄胺（dibenzyline） 77
苯丙醇（phenylpropanol） 243
苯丙哌林（benproperin） 227
苯丙酸诺龙（nandrolone phenylpropionate，多乐宝灵，durabolin） 290
苯海拉明（diphenhydramine） 150
苯海拉明（diphenhydramine） 237
苯海索（trihexyphenidyl） 115
苯磺酸氨氯地平（amlodipine besylate） 216
苯甲酸雌二醇（estradiol benzoate） 286
苯噻啶（pizotifen，新度美安） 154
苯肾上腺素（neosynephrine） 70
苯妥英钠（phenytoin sodium） 106，175
苯溴马隆（benzbromarone） 148
苯乙双胍（phenformin，苯乙福明） 276
苯乙酸睾酮（testosterone phenylacetate） 290
苯茚胺（phenindamine，抗敏胺） 151
苯扎贝特（bezafibrate） 210，211
苯扎托品（benzatropine） 115
苯佐那酯（benzonatate，退嗽） 227
苯唑西林（oxacillin，苯唑青霉素，双氯青霉素） 306
比伐卢定（bivalirudin） 256
比沙可啶（bisacodyl） 240
比索洛尔（bisoprolol） 184
吡格列酮（pioglitazone） 277
吡喹酮（praziquantel） 366，369
吡咯他尼（piretanide） 159
吡罗昔康（piroxicam，炎痛喜康，费啶，feldene） 145
吡那地尔（pinacidil） 220
吡哌酸（pipemidic acid） 331，333
吡嗪酰胺（pyrazinamide） 353
吡斯的明（pyridostigmine，吡啶斯的明） 56
苄氟噻嗪（bendroflumethiazide） 159
苄普地尔（bepridil） 202
苄青霉素（benzylpenicillin） 304
苄噻嗪（benzthiazide） 159
苄丝肼（benserazide） 113
苄星青霉素（benzathine benzyl penicillin，长效西林，bicillin） 305

别嘌醇（allopurinol） 148
丙吡胺（disopyramide，吡二丙胺，达舒平） 174
丙泊酚（propofol，异丙酚） 99
丙谷胺（proglumide） 232
丙磺舒（probenecid） 148
丙卡巴肼（procarbazine） 377
丙硫氧嘧啶（propylthiouracil，PTU） 282
丙硫异烟胺（protionamide） 354
丙米嗪（imipramine） 123
丙炔苯丙胺（deprenyl） 113
丙酸倍氯米松（beclomethasone dipropionate，BDP） 223
丙酸氟替卡松（fluticasone propionate） 223
丙酸睾酮（testosterone propionate） 290
丙酸睾丸酮（testosteronepropionate） 382
丙戊酸钠（sodium valproate） 108
波生坦（bosentan） 221
伯氨喹（primaquine） 361
泊利噻嗪（polythiazide） 159
博来霉素（bleomycin，BLM） 378
布比卡因（bupivacaine，麻卡因，marcaine） 95
布地奈德（budesonide，BUD） 223
布桂嗪（bucinnazine） 137
布克利嗪（buclizine，氯苯丁嗪，安其敏） 151
布洛芬 [ibuprofen，brufen，芬必得（缓释胶囊），FENBID] 145
布美他尼（bumetanide，丁苯氧酸） 159
布托啡诺（butorphanol） 136

C

茶苯海明（dimenhydrinate） 237
茶苯海明（dimenhydrinate，乘晕宁） 151
长春碱（vinblastine，VLB） 381
长春新碱（vincristine，VCR） 381
长压定（loniten） 220
垂体后叶素（pituitrin） 247
雌二醇（estradiol） 382
雌二醇（estradiol，E_2） 286
雌三醇（estriol，E_3） 286
雌酮（estrone，E_1） 286
次水杨酸铋（bismuth subsalicylate） 241
次碳酸铋（bismuth subcarbonate） 241
促肝细胞生长素（hepatocyte growth promoting factors） 241
促红细胞生成素（erythropoietin，EPO） 262
促肾上腺皮质激素（corticotropin、adrenocorticotropic hormone，ACTH） 264
醋甲胆碱（methacholine） 49
醋硝香豆素（acenocoumarol） 257
醋唑磺胺（diamox） 161

D

达非那新（darifenacin） 63
达福普汀（dalfopristin） 318
达卡巴嗪（dacarbazine） 377
达那唑（danazol） 289

达爽（tanatril） 167
大观霉素（spectinomycin） 319
大黄（rheum officinale） 239
单硝酸异山梨酯（isosorbide-5-mononitrate） 195
胆茶碱（cholinophylline） 226
氮斯汀（azelastine） 151
低分子量肝素（low-molecular-weight heparin） 213
低分子量肝素（low-molecular-weight heparin，LMWH） 256
地贝卡星（dibekacin） 319
地泊溴铵（diponium bromide） 63
地尔硫（diltiazem） 201
地尔硫卓（diltiazem） 178
地芬诺酯（diphenoxylate） 240
地氟烷（desflurane，地氟醚、脱氟醚） 98
地高辛（digoxin） 185
地卡因（dicaine） 95
地拉韦定（delavirdine） 348
地氯雷他定（desloratadine） 151
地美环素（demeclocycline） 328
地美溴铵（demecarium bromide） 57
地诺前列素（dinoprost） 251
地诺前列酮（dinoprostone） 251
地瑞那韦（darunavir） 348
地塞米松（dexamethasone） 265，382
地西泮（diazepam） 102
地西泮（diazepam，安定） 99
地昔帕明（desipramine） 124
地佐辛（dezocine） 136
碘（iodine） 283
碘化物（iodide） 283
碘解磷定（pralidoxime iodide） 59
丁丙诺啡（buprenorphine） 136
丁卡因（tetracaine） 95
丁螺环酮（buspirone） 104
丁螺环酮（buspirone） 154
代文（diovan） 169
东莨菪碱（scopolamine） 237
冬眠灵（wintermine） 119
冻干人凝血因子Ⅷ（antihemophilic globulin，抗甲种血友病因子） 261
毒扁豆碱（physostigmine） 56
毒毛花苷K（strophanthin K） 185
毒蕈碱（muscarine） 52
度冷丁（dolantin） 134
对氨基水杨酸钠（sodium para-aminosalicylate） 354
对乙酰氨基酚（paracetamol，扑热息痛） 144
多巴胺（dopamine） 72，190
多巴酚丁胺（dobutamine） 75，190
多非利特（dofetilide） 177
多库铵（doxacurium） 65
多库酯钠（docusate sodium） 240
多拉司琼（dolasetron） 238
多利培南（doripenem） 310

多奈哌齐（donepezil） 115
多黏菌素B（polymyxin B） 324
多黏菌素E（polymyxin E，Colistin E，杆菌肽） 325
多黏菌素M（polymyxin M） 325
多黏菌素类（polymyxins） 316
多潘立酮（domperidone） 237
多柔比星（doxorubicin） 380
多塞平（doxepin） 124
多沙唑嗪（doxazosin） 78，220
多西环素（doxycycline） 328
多西他赛（docetaxel） 381
多系祖细胞集落刺激因子（multiprogenitor cells colony-stimulating factor，Multi-CSF） 394

E

厄贝沙坦（irbesartan） 168
厄贝沙坦（irbesartan） 183，218
厄他培南（ertapenem） 310
恩夫韦肽（enfuvirtide） 349
恩氟烷（enflurane，安氟醚） 98
恩前列素（enprostil） 234
恩他卡朋（entacapone） 114
恩特来（inderal） 216
恩替卡韦（entecavir） 347
二醋吗啡（dia-morphine） 131
二甲双胍（metformin，甲福明） 276
二甲茚定（dimetindene） 151
二氯尼特（diloxanide） 365
二羟丙茶碱（diprophylline） 226
二十二碳六烯酸（docosahexaenoic acid） 212
二十碳五烯酸（eicosapentaenoic acid） 212
二溴甘露醇（dibromomannitol） 377

F

伐地昔布（valdecoxib） 146
伐昔洛韦（valaciclovir，VCV） 346
法罗培南（faropenem） 310
法莫替丁（famotidine） 152
法莫替丁（famotidine，法莫丁） 231
番泻叶（Senna） 239
泛昔洛韦（famciclovir，FCV） 346
放射性碘（radioiodine） 283
放线菌素D（actinomycin D） 379
非布司他（febuxostat） 148
非格司亭（filgrastim） 262
非洛地平（felodipine） 190
非那西丁（phenacetin） 144
非诺贝特（fenofibrate） 210
非诺洛芬（fenoprofen） 145
非索非那定（exofenadine） 151
芬太尼（fentanyl） 100，134
酚苄明（phenoxybenzamine） 77
酚嘧啶（oxantel，奥克太尔） 369

酚酞 (phenolphthalein) 240
酚妥拉明 (phentolamine) 76
奋乃静 (perphenazine) 120, 237
夫雷非班 (fradafiban) 259
呋苄西林 (furbenicillin, 呋苄青霉素) 307
呋喃妥因 (nitrofurantoin) 339
呋喃西林 (furacilin) 339
呋喃唑酮 (furazolidone) 339
呋塞米 (furosemide, 速尿) 158
伏格列波糖 (voglibose) 277
伏立康唑 (voriconazole) 342
氟胞嘧啶 (flucytosine) 342
氟比洛芬 (flurbiprofen) 145
氟伐他汀 (fluvastatin) 207, 208
氟奋乃静 (fluphenazine) 120, 237
氟甲睾酮 (fluoxymesterone) 290
氟卡尼 (flecainide) 176
氟康唑 (fluconazole) 342
氟氯西林 (flucloxacillin, 氟氯苯唑青霉素, 奥佛林) 306
氟罗沙星 (fleroxacin) 335
氟马西尼 (flumazenil) 103
氟尼缩松 (flunisolide) 223
氟哌啶醇 (haloperidol) 121
氟哌利多 (droperidol) 100, 121, 135
氟哌噻吨 (flupenthixol) 121
氟轻松 (fluocinolone acetonide) 265
氟氢可的松 (fludrocortisone) 265
氟他米特 (flutamide, 氟他胺) 382
氟烷 (fluothane, halothane) 98
氟维司群 (fulvestrant) 287, 382
氟西汀 (fluoxetine) 125, 154
福莫特罗 (formoterol) 225
福沙那韦 (fosamprenavir) 348
福辛普利 (fosinopril) 167
福辛普利 (fosinopril) 182, 217
福辛普利拉 (fosinoprilat) 167
辅酶 A (coenzymeA) 241
复方碘口服液 (liguor iodine Co) 283
复方矽炭银 (agysical) 241
复方樟脑酊 (tincturecamphorcompound) 240

G

干扰素 (interferon) 394
干扰素 (interferons, IFN) 344
甘草甜素 (glycyrrhizin) 242
甘露醇 (mannitol) 161
甘珀酸钠 (carbenoxolone sodium) 234
甘油 (glycerin) 240
杆菌肽 (bacitracin) 316, 317
肝素 (heparin) 255
高三尖杉酯碱 (homoharringtonine) 381
睾酮 (睾丸酮, testosterone) 290
格拉司琼 (granisetron) 238
格列本脲 (glibenclamide, glyburide) 275
格列吡嗪 (glipizide) 275
格列喹酮 (gliquidone) 275
格列美脲 (glimepiride) 275
格列齐特 (gliclazide) 275
格隆溴铵 (glycopyrronium bromide) 63
更昔洛韦 (ganciclovir) 346
谷氨酸 (glutamic acid) 242
胍乙啶 (guanethidine) 220
胍乙啶 (guanethidine) 46
鬼臼毒素 (podophyllotoxin) 378
桂利嗪 (cinnarizine) 237
桂美酸 (cinametic acid) 243
咯萘啶 (malaridine) 361
炔雌醇 (乙炔雌二醇, ethinylestradiol) 286
炔雌醚 (quinestrol, 炔雌醇环戊醚) 286
炔诺酮 (norethisterone, norethindrone, norlutin) 288
炔诺孕酮 (norgestrel, 甲炔诺酮, 18-甲炔诺酮) 288

H

海索那林 (hexoprenaline) 252
海他西林 (hetacillin, 缩酮青霉素) 307
蒿甲醚 (artemether) 359, 367
和伦扎必利 (renzapride) 154
核糖核酸 (ribonucleicacid) 241
核糖霉素 (ribostamycin) 319
红霉素 (erythromycin) 314
后马托品 (homatropine) 62
琥珀胆碱 (suxamethonium, succinylcholine) 65
华法林 (warfarin) 257
环孢素 (cyclosporin) 390
环丙氯地孕酮 (cyproterone acetate, 1, 2-环次甲基氯地孕酮) 294
环丙沙星 (ciprofloxacin) 334
环丙孕酮 (cyproterone, 环甲氯地孕酮, 色普龙) 291
环磷酰胺 (cyclophosphamide) 376
环磷酰胺 (cyclophosphamide) 392
环喷托酯 (cyclopentolate) 62
环丝氨酸 (cycloserine) 354
环戊丙酸雌二醇 (estradiol cypionate) 286
环戊噻嗪 (cyclopenthiazide) 159
环氧司坦 (epostane) 289
黄体酮 (孕酮, progesterone) 288
磺胺多辛 (sulfadoxine) 338
磺胺二甲嘧啶 (sulfadimidine) 338
磺胺甲唑 (sulfamethoxazole) 338
磺胺间甲氧嘧啶 (sulfamonomethoxine) 338
磺胺米隆 (sulfamylon) 338
磺胺嘧啶 (sulfadiazine) 338
磺胺嘧啶银 (sulfadiazine silver) 338
磺胺异唑 (sulfafurazole) 337
磺苄西林 (sulbenicillin) 307
灰黄霉素 (griseofulvin) 343

茴三硫（anetholtrithione） 244

J

枸橼酸铋钾（bismuth potassium citrate） 234
枸橼酸铋雷尼替丁（ranitidine bismuth citrate） 235
枸橼酸铁铵（ferric ammonium citrate） 261
及喷噻溴铵（penthienate bromide） 63
吉非罗齐（gemfibrozil） 210
吉哌隆（gepirone） 154
吉哌隆（gepirone） 154
己酸孕酮（17α-hydroxyprogesterone caproate） 288
己烯雌酚（diethylstilbestrol） 382
己烯雌酚（diethylstilbestrol，stilbestrol，乙菧酚） 286
加兰他敏（galanthamine） 56，116
加替沙星（gatifloxacin） 331，336
甲苯达唑（menbendazol，安乐士） 368
甲苯磺丁脲（tolbutamide，D860） 275
甲丙氨酯（meprobamate） 105
甲地孕酮（megestrol） 383
甲氟喹（mefloquine） 361
甲睾酮（methyltestosterone，甲基睾酮） 290
甲磺酸伊马替尼（imatinibmesylate，GLEEVEC，GLIVEC） 383
甲基睾丸酮（methyl testosterone） 382
甲基纤维素（methylcellulose） 239
甲卡拉芬（metcaraphen） 63
甲喹酮（methaqualone） 105
甲硫氧嘧啶（methylthiouracil，MTU） 282
甲氯噻嗪（methyclothiazide） 159
甲泼尼龙（methylprednisolone） 265
甲羟孕酮（medroxyprogesterone，MPA） 383
甲硝唑（metronidazole） 339，363，365
甲亚油酰胺（melinamide） 209
甲氧苄啶（trimethoprim） 339
甲氧氯普胺（metoclopramide） 237
甲氧明（methoxamine） 71
甲状腺素（thyroxine，T4） 279
间羟胺（metaramine） 70
捷斯群尔（Zestril） 167
金刚烷胺（amantadine） 115
金刚烷胺（amantadine） 346
金刚烷乙胺（rimantadine） 346
金霉素（chlortetracycline） 328
肼屈嗪（hydralazine） 189
肼屈嗪（hydralazine） 219
巨噬细胞集落刺激因子（macrophage colony stimulating factor，M-CSF） 394
卷曲霉素（capreomycin） 354
决明子（cassiapodspods） 239

K

开博通（capoten） 166
坎地沙坦（candesartan） 169，183
坎地沙坦酯（candesartan cilexetil） 169
坎替沙坦（candesartan） 218
考来替泊（colestipol） 209
考来烯胺（cholestyramine） 209
科索亚（cozaar） 168
可待因（codeine） 134，227
可的松（cortisone） 264
可乐定（clonidine） 218
克拉霉素（clarithromycin） 313，315
克拉屈滨（cladribine） 374
克拉维酸（clavulanic acid，棒酸） 311
克林霉素（clindamycin） 316
克仑特罗（clenbuterol） 225
克仑特罗（clenbuterol，双氯醇胺） 75
克霉唑（clotrimazole） 342
奎尼丁（quinidine） 80，173
奎宁（quinine） 360
奎奴普丁（quinupristin） 318
喹碘方（chiniofon） 364
喹那普利（quinapril） 217
喹乙宗（quinethazone） 159

L

拉贝洛尔（labetalol） 216
拉贝洛尔（labetalol） 82
拉布立酶（rasburicase） 148
拉米非班（lamifiban） 259
拉米夫定（lamivudine） 347，348
拉莫三嗪（lamotrigine） 109
拉西地平（lacidipine） 216
拉氧头孢（latamoxef） 311
来匹卢定（lepirudin） 256
赖诺普利（lisinopril） 167，182，217
兰索拉唑（lansoprazole） 233
劳拉西泮（lorazepam） 99
雷贝拉唑（rebeprazole） 233
雷公藤多苷（polyglycoside of tripterygium wilfordii，GTW） 294
雷洛昔芬（raloxifene） 288，382
雷美替胺（ramelteon） 105
雷米吉仑（remikiren） 169
雷米普利（ramipril） 182，217
雷米封（rimifon）又名异烟肼 350
雷尼替丁（ranitidine） 231
雷尼替丁（ranitidine，呋喃硝胺） 152
雷诺拉嗪（ranolazine） 204
雷特格韦（raltegravir） 348
雷特普酶（reteplase，瑞替普酶） 260
立其丁（regitine） 76
利奥前列素（rioprostil） 234
利巴韦林（ribavirin） 344
利多格雷（ridogrel） 204
利多格雷（ridogrel） 258

利多卡因 (lidocaine) 175
利多卡因 (lidocaine) 95
利凡斯的明 (rivastigmine) 116
利福喷汀 (rifapentine) 354
利福平 (rifampicin) 351
利拉鲁肽 (liraglutide) 278
利奈唑胺 (linezolid) 340
利培酮 (risperidone) 122
利舍平 (reserpine crystalline) 220
利托君 (ritodrine) 252
利托那韦 (ritonavir) 348
利妥昔单克隆抗体 (Rituximab/Rituxan) 393
利血平 (reserpine) 47, 220
粒 - 巨噬细胞集落刺激因子 (granulocyte- macrophage colony stimulating factor, GM-CSF) 394
粒细胞集落刺激因子 (granulocyte colony-stimulating factor, G-CSF) 394
联苯双酯 (bifendate) 241
链霉素 (streptomycin) 319, 322, 353
两性霉素 B (庐山霉素, amphotericin B) 341
林可霉素 (lincomycin) 316
磷酸胆碱 (phosphorylcholine) 241
磷酸氟达拉滨 (fludarabinephosphate) 375
膦甲酸 (foscarnet) 346
硫利达嗪 (甲硫达嗪, thioridazine) 121
硫霉素 (thienamycin) 309
硫脲类 (thioureas) 282
硫喷妥钠 (thiopental sodium) 99
硫前列酮 (sulprostone) 251
硫酸镁 (magnesium sulfate) 110, 239, 243
硫酸镁 (magnesiumsulfate) 239
硫酸镁 (magnesium sulfate) 252
硫酸钠 (sodiumsulfate) 239
硫酸皮肤素 (dermatan sulfate) 213
硫酸软骨素 (chondroitin sulfate) 213
硫酸亚铁 (ferrous sulfate) 261
硫酸乙酰肝素 (heparan sulfate) 213
硫唑嘌呤 393
柳胺苄心安 (benzam-inosalicylamidi hydrochloridum) 216
柳氮磺吡啶 (sulfasalazine) 338
六甲溴铵 (hexamethonium bromide) 220
卢戈液 (Lugol's solution) 283
芦荟 (aloe) 239
鲁米昔布 (lumiracoxib) 146
铝镁加 (almagate) 230
氯胺酮 (ketamine) 99
氯贝胆碱 (bethanechol chloride) 52
氯贝丁酯 (氯贝特, clofibrate) 210
氯苯那敏 (chlorphenamine, 扑尔敏) 151
氯吡格雷 (clopidogrel) 203
氯吡格雷 (clopidogrel) 259
氯丙嗪 (chlorpromazine) 237
氯丙嗪 (chlorpromazine) 100, 119

氯氮 (chlordiazepoxide, 利眠宁) 103
氯氮平 (clozapine) 122
氯碘喹啉 (clio-quinol) 364
氯法齐明 (clofazimine, 氯苯吩嗪) 355
氯化铵 (ammonium chloride) 228
氯磺丙脲 (chlorpropamide) 275
氯解磷定 (pralidoxime chloride, PAM-Cl) 59
氯喹 (chloroquine) 359, 365
氯雷他定 (loratadine) 151
氯霉素 (chloramphenicol) 329
氯米芬 (clomiphene, 氯蔗酚胺, 克罗米芬) 287
氯米帕明 (clomipramine) 124
氯普噻吨 (chlorprothixene) 121
氯噻嗪 (chlorothiazide) 159
氯噻酮 (chlorthalidone) 159
氯沙坦 (losartan) 168, 183, 218
氯酞酮 (chlorthalidone; 氯噻酮, hygroton) 215
氯烯雌醚 (chlorotrianisene) 286
氯硝柳胺 (niclosamide, 灭绦灵) 369
氯唑西林 (cloxacillin, 邻氯青霉素) 306
仑西平 (telenzepine) 63
罗非昔布 (rofecoxib) 146
罗格列酮 (rosiglitazone) 277
罗红霉素 (roxithromycin) 313, 315
罗库铵 (rocuronium) 65
罗匹尼罗 (ropinirole) 114
罗沙替丁 (roxatidine) 232
罗他霉素 (rokitamycin) 313
罗通定 (rotundine) 137
螺内酯 (spironolactone) 160
螺内酯 (spironolactone) 169
螺内酯 (spironolactone) 183
螺旋霉素 (spiramycin) 316
洛伐他汀 (lovastatin) 207, 208
洛美沙星 (lomefloxacin) 335
洛哌丁胺 (loperamide) 240
洛匹那韦 (lopinavir) 348
洛塞克 (losec) 233

M

麻黄碱 (ephedrine) 46, 73
马拉韦罗 (maraviroc) 349
马利兰 (myleran) 377
马洛替酯 (malotilate) 241
马普替林 (maprotiline) 125
吗丁啉 (domperidone) 237
吗多明 (molsidomine) 204
吗啡 (morphine) 131
麦迪霉素 (midecamycin) 316
麦角 (ergot) 247
麦角胺 (ergotamine) 250
麦角毒 (ergotoxine) 250
麦角新碱 (ergometrine) 249

脉宁平（minipress）220
毛果芸香碱（pilocarpine）50
毛花苷 C(lanatoside C) 185
美吡拉敏（mepyramine，吡拉明）151
美泊利单抗 226
美泊利单抗（mepolizumab）226
美法仑（melphalan）376
美芬丁胺（mephentermine）73
美睾酮（甲二氢睾酮，mesterolone）290
美加明（mecamylamine）64
美金刚（memantine）116
美卡拉明（mecamylamine）220
美克洛嗪（meclozine）237
美克洛嗪（meclozine，氯苯甲嗪，敏克静）151
美罗培南（meropenem）310
美洛西林（mezlocillin）307
美洛昔康（meloxicam，莫比克，MOBIC）145
美曲膦酯（metrifonate）116
美沙拉嗪（mesalamine）144
美沙酮（methadone）135
美他环素（metacycline）328
美替拉酮（metyrapone）271
美托拉宗（metolazone）159
美托洛尔（metoprolol）82，184
美西林（mecillinam）307
美西律（mexiletine，慢心律，脉律定）175
美雄酮（去氢甲睾酮，methandienone，大力补，dianabol）290
门冬氨酸钾镁（potassium magnesium aspartate）241
蒙诺（monopril）167
孟苯醇醚（menfegol）294
孟鲁司特（montelukast）223
孟鲁司特钠（montelukast sodium）154
咪哒唑仑（midazolam）99
咪达普利（imidapril）167
咪达普利（imidapril）182
咪康唑（miconazole）342
咪库铵（mivacurium）65
咪噻芬（trimetaphan camsilate）64
米安舍林（mianserin）126
米氮平（mirtazapine）126
米非司酮（mifepristone）289
米格列醇（miglitol）277
米卡芬净（micafungin）342
米力农（milrinone，甲氰吡酮）190
米洛非班（xemilofiban）259
米诺地尔（minoxidil）220
米诺环素（minocycline）328
米欧卡霉素（miokamycin）313
米索前列醇（misoprostol）234
宓胆碱（hemicholinium）46
嘧啶类似物如拉米夫定（lamivudine）347
棉酚（gossypol）293

莫沙必利（mosapride）238
莫西沙星（moxifloxacin）331，336

N

那格列奈（nateglinide）276
那屈肝素（nadroparin）256
那替普酶（nateplase）260
纳布啡（nalbuphine）136
纳多洛尔（nadolol）82
纳洛酮（naloxone）137
纳美芬（nalmefen）137
纳曲酮（naltrexone）137
奈多罗米钠（nedocromil sodium）224
奈非那韦（nelfinavir）348
奈夫西林（nafcillin，乙氧萘青霉素）306
奈替米星（netimicin）319
奈韦拉平（nevirapine）348
萘啶酸（nalidixic acid）330，333
萘普生（naproxen）145
尼尔雌醇（nilestriol）286
尼非地平（nifelat）215
尼卡地平（nicardipine）201
尼可地尔（nicorandil）204
尼可地尔（nicorandil）220
尼鲁米特（nilutamide）383
尼美舒利（nimesulide，茂欣，瑞芝清）146
尼莫地平（nimodipine）201
尼群地平（nitrendipine）201
尼群地平（nitrendipine）216
尼索地平（nisoldipine）201
尼扎替丁（nizatidine）152，232
尿激酶（urokinase，UK）259
凝血因子制剂（prothrombin complex concentrate，人因子Ⅸ复合物）261
牛胆酸钠（sodium tauroglycocholate）243
牛磺酸（taurine）241
牛膝多糖（achyranthan）395
奴佛卡因（novocaine）95
诺氟沙星（norfloxacin）331，333

P

帕罗西汀（paroxetine）126
帕尼培南（panipenem）310
帕瑞昔布（parecoxib）146，147
哌库铵（pipecuronium）65
哌拉西林（piperacillin，氟哌嗪青霉素，哔哌西林）307
哌拉西林 - 三唑巴坦（piperacillin-tazobactam，tazocillin，三唑西林，zosyn）312
哌仑西平（pirenzepine）63，232
哌嗪（piperazine，驱蛔灵）369
哌替啶（pethidine）134
哌唑嗪（prazosin）78，189，220
派姆（PAM）59

潘库铵(pancuronium) 65
潘妥卡因(pantocaine) 95
泮托拉唑(pantoprazole) 233
培哚普利(perindopril) 167,182,217
培氟沙星(pefloxacin) 335
喷他佐辛(pentazocine) 135
喷托维林(pentoxyverine,咳必清) 227
喷昔洛韦(penciclovir,PCV) 346
匹氨西林(pivampicillin) 307
匹罗卡品 50
匹美西林(pivmecillinam) 307
匹莫苯(pimobendan) 190
匹莫齐特(pimozide) 122
泼尼松(prednisone) 265,382
泼尼松龙(prednisolone,又称强的松龙) 265,382
葡萄球菌激酶(staphylokinase,SAK,葡激酶) 260
葡萄糖(glucose) 161
普伐他汀(pravaststin) 207,208
普卡霉素(plicamycin) 380
普拉克索(pramipexole) 114
普兰林肽(pramlintide) 278
普鲁卡因(procaine) 95
普鲁卡因胺(procainamide) 174
普鲁卡因青霉素(procaine benzylpenicillin,苄青霉素普鲁卡因) 305
普罗布考(probucol) 212
普罗帕酮(propafenone) 176
普那霉素(pristinamycin) 317
普萘洛尔(propranolol) 80,82,176,202,216

Q

卡巴胆碱(carbamylcholine) 49
卡巴可(carbachol) 49
卡巴拉汀(利乏斯的明,rivastigmine) 56
卡比多巴(carbidopa) 113
卡比马唑(carbimazole,甲亢平) 282
卡泊芬净(caspofungin) 342
卡铂(carboplatin) 378
卡非西林(carfecillin) 307
卡介苗(Bacillus Calmette-Guerin-vaccine) 393
卡立泊来德(cariporide,HOE642) 204
卡马西平(carbamazepine) 107
卡莫司汀(carmustine) 376
卡那霉素B(bekanamycin) 319
卡那霉素(kanamycin) 319,322
卡尼丁(carnitine) 236
卡培他滨(capecitabine) 374
卡前列素(carboprost) 251
卡托普利(captopril) 166,182,217
卡维地洛(carvedilol) 83,184,203,216
卡茚西林(carindacillin) 307
齐多夫定(zidovudine,AZT) 347
齐留通(zileuton) 223
前列腺素(prostaglandins) 250
强痛定(fortanodyn) 137
羟苄利明(oxyphencyclimine) 63
羟基脲(hydroxycarbamide,hydroxyurea,HU) 375
羟基喜树碱(hydroxyl-camptothecin,10-OH-CPT) 379
羟甲香豆素(hymecromone) 244
羟甲唑啉(oxymetazoline) 71
青蒿琥酯(artesunate) 359,367
青蒿素(artemisinin) 358
青霉素G(penicillin G) 304
青霉素V(penicillin V,phenoxymethylpenicillin,苯氧甲青霉素) 306
氢氟噻嗪(hydroflumethiazide) 159
氢化可的松(hydrocortisone) 264
氢氯噻嗪(hydrochlorothiazide) 159,215
氢氧化铝(aluminum hydroxide) 229
氢氧化镁(magnesium hydroxide) 230
庆大霉素(gentamicin) 319,322
秋水仙碱(colchicine) 148,242
巯甲丙脯酸 217
巯嘌呤(6-mercaptopurine,6-MP) 374
曲安奈德(triamcinolone acetonide,TAA) 223
曲安西龙(triamcinolone) 265
曲吡那敏(tripelennamine,吡苄明,扑敏宁) 151
曲洛司坦(trilostane) 289
曲马多(tramadol) 136
曲莫前列素(trimoprostil) 234
曲尼司特(tranilast) 224
曲匹布通(trepibutone) 243
曲唑酮(trazodone) 126
去甲肾上腺素(noradrenalin,NA) 68
去甲替林(nortriptyline) 125
去甲万古霉素(norvancomycin) 316
去甲肾上腺素(norepinephrine,NE) 68
去羟肌苷(didanosine) 347,348
去氢胆酸(dehydrocholic acid) 243
去氢依米丁(dehydroemetine) 364
去铁胺(deferoxamine) 261
去氧皮质酮(desoxycorticosterone) 264
去氧肾上腺素(phenylephedrine) 70
醛固酮(aldosterone) 264
群多普利(trandolapril) 182

R

壬苯醇醚(nonoxynol) 294
柔红霉素(daunorubicin) 380
鞣酸蛋白(tannalbin) 241
乳果糖(lactulose) 239,242
乳酶生(biofermin) 236
瑞格列奈(repaglinide) 276
瑞维肝素(reviparin) 256

S

塞来昔布（celecoxib） 146
塞来昔布（celecoxib，西乐葆） 147
塞罗卡因（xylocaine） 95
噻苯达唑（thiabendazole） 368
噻氯匹定（ticlopidine） 258
噻吗洛尔（timolol） 82
噻替哌（thiotepa） 376
噻唑嗪酮（thiadizinone） 190
赛庚啶（cyproheptadine） 151，154
三碘甲状腺原氨酸（triiodothyronine，T_3） 279
三氟拉嗪（trifluoperazine） 120，237
三氟尿苷（trifluridine） 346
三硅酸镁（magnesium trisilicate） 230
三尖杉酯碱（harringtonine，HRT） 381
三氯噻嗪（trichlormethiazide） 159
三氧化二砷（arsenic trioxide，As_2O_3，砒霜） 383
三唑巴坦（tazobactam，他唑巴坦，TAZ） 312
三唑仑（triazolam） 103
色甘酸钠（disodium cromoglycate） 224
沙丁胺醇（salbutamol，羟甲叔丁肾上腺素） 75，224，252
沙格司亭（sargramostim） 263
沙可美林（sabcomedine） 117
沙克太宁（cycletanide） 220
沙奎那韦（saquinavir） 348
沙利度胺（thalidomide，反应停） 356，383
沙美特罗（salmeterol） 225
山梨醇（sorbitol） 161
山梨醇铁（iron sorbitex） 261
舍曲林（sertraline） 126
肾上腺素（adrenaline，epinephrine） 71，225
十一酸睾酮（testosterone undecanoate） 290
石杉碱甲（huperzine A） 57，116
舒巴坦（sulbactam，青霉烷砜，penicillanic acid sulfone） 312
舒必利（sulpiride） 122
舒林酸（sulindac） 146
舒马普坦（sumatriptan） 154
双醋炔诺酮（ethynodiol diacetate） 288
双碘喹啉（diiodohydroxyquinoline） 364
双环维林（dicyclomine） 63
双氯芬酸 [diclofenac，凯扶兰，CATAFLAM；扶他林（缓释剂），VOLTARIN] 146
双氯西林（dicloxacillin） 306
双嘧达莫（dipyridamole，潘生丁，persantin） 203，258
双羟萘酸噻嘧啶（pyrantel pamoate，又名抗虫灵） 369
双氢青蒿素（dihydroartemisinin） 359
双香豆素（dicoumarol） 257
水合氯醛（chloral hydrate） 105
顺铂（cisplatin） 377
司来吉兰（selegiline） 113
司帕沙星（sparfloxacin） 355
司他夫定（stavudine） 348
司坦唑醇（司坦唑，stanozolol，康力龙） 290
丝裂霉素C（mitomycinC，MMC） 378
思密达（smecta） 241
斯帕沙星（sparfloxacin） 335
四环素（tetracycline） 327
羧苄西林（carbenicillin，羧苄青霉素，卡比西林，卡巴西林） 307
羧甲基纤维素（carboxymethylcellulose） 239
索他洛尔（sotalol） 177
吲达帕胺（indapamide；吲满胺，lozol） 159，215
吲哚洛尔（pindolol） 82
吲哚美辛（indomethacin，消炎痛） 145

T

他克林（tacrine） 57
他克莫司（tacrolimus） 390
他莫昔芬（tamoxifen，三苯氧胺） 288，382
泰罗沙泊（tyloxapol） 228
泰门汀（timentin） 311
泰能（tienam，谱能） 309
泰宁 309
泰乌托品（tiotropium） 226
坦洛新（tamsulosin） 78
碳酸钙（calcium carbonate） 230
碳酸锂（lithium carbonate） 122
碳酸氢钠（sodium bicarbonate） 230
糖酐酯（dextran sulfate sodium） 213
糖皮质激素（glucocorticoids，GC） 222，264
特比萘芬（terbinafine） 343
特布他林（terbutaline，间羟叔丁肾上腺素） 75，225，252
特非那定（terfenadine） 151
特拉唑嗪（terazosin） 78，220
特耐（Dynastat） 147
腾喜龙（tensilon） 57
替地肝素（fraxiparin） 256
替格瑞洛（ticagrelor） 204
替加环素（tigecycline） 328
替卡西林（ticarcillin，替卡青霉素，的卡西林，铁卡西林） 307
替卡西林-克拉维酸钾（ticarcillin-potassium clavulanate，替门汀） 311
替考拉宁（teicoplanin） 316，317
替拉那韦（tipranavir） 348
替仑西平（telenzepine） 232
替罗非班（tirofiban） 204，259
替米沙坦（telmisartan） 169，183，218
替莫西林（temocillin） 307
替诺福韦（tenofovir） 347
替普瑞酮（teprenone） 235
替硝唑（tinidazole） 340，364
咕诺美林（xanomeline） 116
酮康唑（ketoconazole） 342
酮咯酸（ketorolac） 146

酮洛芬 (ketoprofen) 145
酮色林 (ketanserin, 凯坦色林) 154, 221
酮舍林 (ritanserin) 221
酮替芬 (ketotifen) 224
筒箭毒碱 (d-tubocurarine) 65
头孢拉他 (moxalactam) 311
头孢拉宗 (cefbuperazone) 311
头孢美唑 (cefmetazole) 311
头孢哌酮-舒巴坦 (cefoperzone-sulbactam, 舒普深, sulperazone, 舒巴哌酮) 312
头孢替坦 (cefotetan) 311
头孢西丁 (cefoxitin) 310
头霉素类 (cephamycins) 310
土霉素 (oxyterramycin) 328
褪黑素 (melatonin) 105
托吡卡胺 (tropicamide) 62
托吡酯 (topiramate) 109
托泊替康 (topotecan) 379
托卡朋 (tolcapone) 114
托拉塞米 (torasemide) 159
托瑞米芬 (toremifene) 288
托烷司琼 (tropisetron) 238
妥布霉素 (tobramycin) 319, 323
妥拉唑林 (tolazoline) 77
妥舒沙星 (tosufloxacin) 331, 336
拓扑特肯 379

W

瓦伦尼克林 (varenicline) 53
万古霉素 (vancomycin) 316
维A酸 (tretinoin) 383
维尔亚 (atacand) 169
维库铵 (vecuronium) 65
维拉帕米 (verapamil) 177, 196, 202
维生素 B_{12} (vitamin B_{12}, 钴胺素) 262
维生素 K (vitamin K) 260
维司力农 (vesnarinone) 190
伪麻黄碱 (pseudoephedrine) 73
胃蛋白酶 (pepsin) 235
乌拉胆碱 (urecholine) 52
五氟利多 (penfluridol) 122
戊四硝酯 (pentaerithrityl tetranitrate) 196
戊酸雌二醇 (estradiol valerate) 286

X

胶体果胶铋 (colloidal bismuth pectin) 235
西地兰 (cedilanid) 185
西地那非 (sildenafil) 195
西拉非班 (sibrafiban) 259
西拉普利 (cilazapril) 217
西立伐他汀 (cerivastatin) 208
西氯他宁 (cicletanine) 220
西洛他唑 (cilostazol) 258

西咪替丁 (cimetidine, 甲氰咪胍) 152, 230
西沙必利 (cisapride) 154, 238
西司他丁 (cilastatin, 希拉司丁) 309
西索米星 (sisomicin) 319
西他列汀 (sitagliptinphosphate) 278
西替利嗪 (cetirizine, 仙特敏) 151
西替普酶 (silteplase) 260
希帕胺 (xipamide) 159
烯丙吗啡 (nalorphine) 131
稀盐酸 (dilutehydrochloricacid) 236
喜树碱 (camptothecin, CPT) 379
腺苷 (adenosine) 178
硝苯地平 (nifedipine) 215
硝苯啶 (procardia) 215
硝苯甲乙吡啶 (bayotensin) 216
硝普钠 (sodium nitroprusside) 189, 219
硝酸甘油 (nitroglycerin) 189, 193
硝酸异山梨酯 (isosorbide dinitrate) 189, 195
硝替卡朋 (nitecapone) 114
硝西泮 (nitrazepam) 103
小诺米星 (micronomicin) 319
缬沙坦 (valsartan) 169, 183, 218
心得安 176
心律平 176
辛苯醇醚 (octoxynol-9) 294
辛伐他汀 (simvastatin) 207, 208
新霉素 (neomycin) 319
新斯的明 (neostigmine, prostigmine) 55
胸腺素 (thymosin) 394
熊去氧胆酸 (ursodeoxycholic acid, UDCA) 243
溴苯那敏 (brompheniramine) 151
溴苄铵 (bretylium) 177
溴丙胺太林 (propantheline bromide) 63
溴凡克新 (brovanexine) 228
溴化六甲双铵 (hexamethonium bromide hydrate) 220
溴己新 (bromhexine, 必嗽平) 228
溴莫普林 (brodimoprin) 339
溴隐亭 (bromocriptine) 114
血清素 (serotonin) 153
叶酸 (folic acid) 261

Y

雅施达 (acertil, aceon) 167
亚胺培南 (imipenem, 伊米配能) 309
亚油酸 (linoleic acid) 213
烟碱 (nicotine) 53
烟酸 (nicotinic acid, niacin) 211
延胡索乙素 (tetrahydropalmatine) 137
盐皮质激素 (mineralocorticoids) 264
洋地黄毒苷 (digitoxin) 185
氧氟沙星 (ofloxacin) 334
氧化亚氮 (nitrous oxide, N2O) 98
药用炭 (medicinal activated charcoal) 241

液状石蜡（liquid paraffin） 240
伊拉地平（isradipine） 201
伊马替尼（imatinib） 383
伊曲康唑（itraconazole） 342
伊沙匹隆（ipsapirone） 154
伊维菌素（ivermectin） 369
依法韦恩茨（efavirenz） 348
依酚氯铵（edrophonium） 57
依克那肽（exenatide） 278
依米丁（emetine） 364
依那普利（enalapril） 167，182，205，217
依诺肝素（enoxaparin） 256
依诺沙星（enoxacin） 334
依诺昔酮（enoximone） 190
依普利酮（eplerenone） 169，183
依普罗沙坦（teveten） 169
依普沙坦（eprosartan） 169
依色林（eserine） 56
依斯迈林（ismelin） 220
依他尼酸（ethacrynic acid，利尿酸） 159
依替卡因（etidocaine） 95
依替米星（etimicin） 319，323
依托泊苷（etoposide） 378
依托咪酯（etomidate） 99
依托昔布（etoricoxib） 146，147
依折麦布（ezetimibe） 209
胰岛素（insulin） 273
胰酶（pancreatin） 235
乙胺碘呋酮，安律酮 177
乙胺丁醇（ethambutol） 353
乙胺嘧啶（pyrimethamine） 362
乙胺嗪（diethylcarbamazine） 367
乙琥胺（ethosuximide） 108
乙硫异烟胺（ethionamide） 354
乙酸甲羟孕酮（安宫黄体酮，甲孕酮，
　　medroxyprogesterone acetate） 288
乙酰半胱氨酸（acetylcysteine） 228
乙酰胆碱（acetylcholine，ACh） 48
乙酰甲胆碱（mecholyl） 49
乙酰胂胺（acetarsol） 365
乙酰水杨酸（acetylsalicylic acid） 143
乙酰唑胺（acetazolamide） 161
异丙肌苷（isoprinosine） 394
异丙嗪（promethazine） 237
异丙嗪（promethazine，非那根） 151
异丙肾上腺素（isoprenaline，isoproterenol） 74，225
异丙托品 226
异丙托溴铵（ipratropium bromide） 63，226
异氟烷（isoflurane，异氟醚） 98
异帕米星（isepamicin） 319
异烟肼（isoniazid） 350
益补力-500（1beret-500） 261
茚地那韦（indinavir） 348

英夫利昔单抗 393
英普咪定（impromidine，甲双咪胍） 150
尤卡托品（eucatropine） 62
右丙亚胺（dexrazoxane） 380
右芬氟拉明（dexfenfluramine） 154
右雷佐生 380
右美沙芬（dextromethorphan） 227
右旋糖酐（dextran） 263
右佐匹克隆（eszopiclone） 104
育亨宾（yohimbine） 78
愈创木酚甘油醚（glyceryl guaiacolate） 228
原卟啉钠（proporphyrin disodium） 241
月见草油（evening primrose oil） 213
悦宁定（vasotec） 167
云芝多糖K（krestin） 395
孕三烯酮（gestrinone） 289

Z

藻酸双酯钠（polysaccharide sulfate） 213
扎来普隆（zaleplon） 104
扎鲁司特（zafirlukast） 154，223
扎莫特罗（xamoterol） 184
扎那米韦（zanamivir） 347
扎西他宾（zalcitabine） 347，348
占诺美林（xanomeline） 52
樟磺咪芬（trimethaphan camsylate） 220
支链氨基酸（branched-chain amino acid） 242
制霉菌素（nystatin） 342
转移因子（transfer factor） 394
紫霉素（viomycin） 354
紫杉醇（paclitaxel） 381
组织型纤溶酶原激活药（tissue type plasminogen activator，t-PA） 260
左卡巴斯汀（levocabastine） 151
左西孟旦（levosimendan） 190
左旋多巴（levodopa，L-dopa） 112，242
左旋咪唑（levamisole，驱钩蛔） 369，393
左氧氟沙星（levofloxacin） 334
左乙拉西坦（levetiracetam） 109
佐匹克隆（zopiclone） 104
唑吡坦（zolpidem） 104
唑仑西平（zolenzepine） 232

其他

α-甲基多巴（α-methyldopa） 46
α-甲基多巴肼（α-methyldopa） 113
α-亚麻酸（α-linolenic acid 212
γ-亚麻酸（γ-liinolenic acid 213
1-（9H-咔唑-4-氧基)-3-[2-(2-甲氧基苯氧基）乙基氨基]-2-丙醇，1-（9h-carbazol-4-yloxy)-3-((2-(2-methoxyphenoxy)ethyl)amino)-2-propano） 216
5-氨基水杨酸，5-aminosalicylic acid） 144
5-羟色胺（5-hydroxytryptamine，5-HT） 153